中国播音学

修订版

Chinese Broadcasting Announcing

主编◎张　颂

中国传媒大学出版社

·北京·

中国传媒大学播音主持艺术学院

《中国播音学》编辑委员会

主　编

张　颂

副主编

陈京生

编　委

（以姓氏笔画为序）

白　龙　毕　征　祁　芃　李　钢　吴　郁

陈京生　张　颂

撰　搞

（以姓氏笔画为序）

马桂芬　王　玲　王　璐　白　龙

毕　征　宋世雄　祁　芃　李　钢

吴　郁　李瑞英　陈京生　罗　莉

张　颂　张　慧　姚喜双　高蕴英

柴　璠　傅　程　鲁景超　曾志华

蔡乃雅

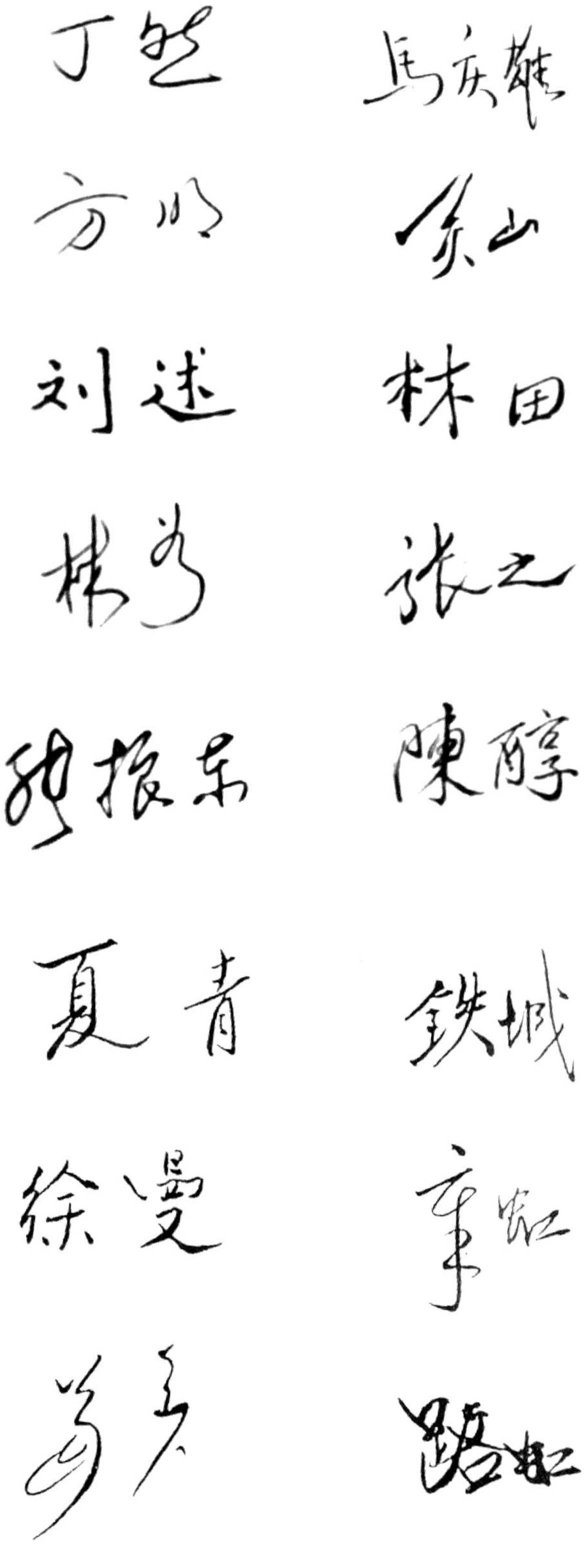

顾问

（以姓氏笔划为序）

丁然　马庆雄　方明　关山　刘述　林田　林如　张之　张振东　陈醇　夏青　铁城　徐曼　章虹　葛兰　路虹

图书在版编目(CIP)数据

中国播音学/张颂主编.—2 版.--北京:北京广播学院出版社,2003.1(2021.12 重印)
ISBN 978-7-81085-058-2

Ⅰ.中… Ⅱ.张… Ⅲ.①播音—理论—中国 Ⅳ.G222.2

中国版本图书馆 CIP 数据核字(2002)第 091178 号

中国播音学(修订版)
ZHONGGUO BOYINXUE(XIUDING BAN)

主　　编　张　颂
责任编辑　杨田村　杜丽华
装帧设计　闫志杰
责任印制　李志鹏

出版发行　中国传媒大学出版社
社　　址　北京市朝阳区定福庄东街 1 号　　邮　　编　100024
电　　话　86-10-65450528　65450532　　传　　真　65779405
网　　址　http://cucp.cuc.edu.cn
经　　销　全国新华书店

印　　刷　北京中科印刷有限公司
开　　本　787mm×1092mm　1/16
印　　张　42.25
字　　数　975 千字
版　　次　2003 年 1 月第 2 版
印　　次　2021 年 12 月第 14 次印刷

书　　号　ISBN 978-7-81085-058-2/G·058　　定　　价　98.00 元

再版序言

Preface Again

《中国播音学》问世八年之后，经过修改、增补、扩充，现在，以新的面貌再版了。

八年来，世界和我们的祖国都发生了巨大的变化。经济全球化的态势日趋明显，我国加入了世界贸易组织，北京获得了2008年奥运会的主办权，第四媒体——网络传播，经过整合愈加规范和成熟。广播电视事业在发展中，由多样化时期进入了规范化时期，“重视导向”“净化荧屏”已经成为人们的共识。播音主持理论不断吸收新鲜的实践经验，不断加强与相关学科的互补，特别汲取了新闻学、传播学、语言学、艺术学、心理学、美学等学科的前沿成果。《中国播音学》在马克思主义哲学的观照下，坚持了本学科的主体性和独立性，为科学的、民族的、大众的社会主义文化的先进性，为继承中国作风和中国气派的优秀民族传统，为社会主义精神文明和物质文明建设，为充分发挥先进文化的凝聚力和感召力，为在各强势媒体的激烈竞争中独树一帜、在世界重大事件中出席并发言，已经和正在做出开拓性、前瞻性阐释。

《中国播音学》的问世，宣告了一个新学科的诞生，受到了广大同行和相关专家的关注和赞同，很多从业人员和业余爱好者都感到“开卷有益”。《中国播音学》，已经成为攻读本学科硕士、博士学位的必读书，“中国播音学”也已成为语言学及应用语言学博士点的一个专业方向。但是，一个新兴学科、交叉学科，必须一步一步扎扎实实向前迈进，而不可能一蹴而就。许多专家和读者给我们提出了不少意见和建议，增强了我们进一步修改的信心和紧迫感。于是，我们夜以继日、全力投入。我们不断开阔学术视野，提高研究水平，深入实践领域，汇聚各种观点，深化“感性——知性——理性——悟性”的多维度融合，这些都使我们进一步认识到，语言传播应该体现时代精神，应该充满人文关怀。我们还认识到，大众传播不同于人际交流，它应该舍弃“私欲化”“私语化”的价值取向，它应该屏弃生存空间的渣滓和垃圾。广播电视必须为提升全民族的思想道德素质、科学文化素质和艺术审美素质而尽心竭力地传播人类历史文化的精华，坚持正确的舆论导向，坚持高尚的文化品位和格调。因此，我们主张，播音主持语言一定要进入规范空间和审美空间。播音员、节目主持人应该在实践中积极探索，在理论上刻苦钻研，强化语言功力，丰满媒体形象。节目创新、语言创新、风格创新、形象创新，都离不开“德才兼备、声形俱佳”的特定要求。与此同时，我们不能不警惕小农经济的狭隘眼界、西方中心主义价值观念、后殖民文化心态等对我们的侵蚀。在这方面，我们的研究真是任重道远。

《中国播音学》的再版，仍然是我国广播电视播音主持历史里程上的一个标志，它肯定还要发展，它还需要填充全球化视野下更科学、更前沿的理论话语，它还需要几代人的殚精竭虑。

金秋送爽的季节，我们共同的希望是有一个好收成，成熟在前，丰收在望。

2002 年 10 月

绪论

Introduction

自广播电台、电视台开播之日起，播音便作为一个重要环节发挥着它不可替代的作用。这早已成为一种人们所共知的常识。但是，播音作为一门学科，人们的认识就不那么一致了。“播音容易，嗓子好，认识字，照着念就行了。”这类看法至今仍较普遍地存在着。这其中有各种各样的社会原因和历史原因，但我们在宣传普及方面有所忽视、不够得力，应是重要原因之一。现在，该是让我们大家一起更多地认识内中的奥秘，了解个中的甘苦的时候了。与此同时，我们在共同探讨中，可以进一步认识自身，相互借鉴，不断实现学科的自我完善。

一

播音，在广播电视传播系统里，是一个中介。它的前面，是广阔的社会生活、精神生活大背景，众多的人为它提供各类素材，形成创作依据；它的后面，不但有复杂的传输技术、接收器件，而且有庞大的受众群体。可以说，它是前后沟通、上下贯通的“咽喉要道”。它的通畅阻塞、宽敞狭窄、平坦坎坷、灵敏迟滞，直接关系到传播质量、传播效果。

播音，是一种有声语言的创作，有自己的创作道路、创作规律和创作方法；在语言内容和语言形式的结合上，有一系列层次、品位、功力、技巧的多种要素及其整合方法。在体味、发出、丰富、驾驭有声语言的进程中，要不断地解决生理和心理、气息和声音、感情和技巧、主体与客体、主观与客观、传者与受者的各种关系。其间，自有学科独立性的整体特征。

播音，作为一门学科，它的理论体系大体可以分为下列五个部分：

第一部分：导论。重点阐述播音工作的性质、任务、要求，播音创作的原则、过程、层次。

第二部分：发音与发声。介绍普通话语音在播音中的作用与应用，说明气息、声音、吐字、共鸣诸方面的生理心理根据及其调节使用的法则。

第三部分：创作与表达。有稿播音和无稿播音的创作方法，思想感情的运动。

第四部分广播播音与主持和第五部分电视播音与主持，分别介绍广播播音和电视播音的不同语言内容的各种共性要求及不同表达方法。

这五部分都有各自的研究对象和研究内容，划分还是比较明显的。在“播音心理学”、“播音美学”的范畴中，同这五部分密不可分，只是层次较高，舍弃了一般的、基础性的阐述论证。“播音心理学”、“播音美学”，还有“播音教学法”是学科的延展内容，应该另行论述。

二

广播电视事业，发展的速度一向很快，发展的态势不易具体把握，在这一点上，理论总带有点“灰色”。不过，生活之树常青，定会给理论以生机，提供永不枯竭的泉源。因此，概念符合逻辑的变化，切合实际的丰富，由表及里的深化，是一种必然。历史的发展，往往使人们迷惘于今是而昨非，历史的陈迹却又往往使人们沉湎于昨是而今非。广播电视发展过程中的螺旋式前进，带来了人们认识上的差异，拓展了理论研究的领域，也造成了不少实践中的困惑。这也是一种必然。

我们并不惊异于这必然，反而欢迎这必然，因为，理论研究需要清醒，需要多视角辨析，以求得公允而久远的结论。不必追求终极真理本身，而应大胆地探索在那相对真理的长河里，鱼龙混杂、泥沙俱下的景观中，有益、有效的方法论的真谛。如何认识语言的应用过程中文野、高下、粗细、美丑，既有战略规划又有战术对策，这正是所谓“真谛”的核心。在语言范畴（包括副语言）之外去攻城掠地，虽也有利于扫清外围，但终究不是登堂入室。离开这些去谈改革，去谈提高，恐怕会徒劳往返，事倍功半。

诚然，语言并不孤立，许多学科、许多智慧均结晶于此。众多的支撑与积淀更使语言显示出巨大的潜能与张力。所谓局限于斯、封闭于斯的说法，正想逃离语言的真身，“顾左右而言他”。

当前的研究，不能不注意以下几种倾向。

一是轻视语言功力的内涵，把它简单化、空洞化，以此为“表面现象”、“抱残守缺”。表现在广播电视传播中，把语言功力当做“单调”、“生硬”的同义语，力图从语言功力的“魔圈”中“解放”出来。好像“语言功力”同“自然亲切”势不两立，不把它赶出语言传播的规律中便永不罢休。这种倾向，并不自今日始，也不会在明日终，应该说，自从人们认识到它那一天，就有了这个伴随物，语言功力的再认识和再加强就是在同这个伴随物的扭打撞击中实现的，并将这一现象归结到“对立统一”的法则里去。

二是摒弃播音创作的传统，把它公式化、丑化，以此为前进的羁绊、改革的阻碍。在一些“现代派”的理论和观点中，我国播音创作的传统，比青面獠牙还可怕，比帝王将相还可恨，认为广播电视的居高临下，教训口吻等种种弊端皆由此生，“憎爱分明”是“罪该万死”，“昂扬严谨”是“虚张声势”，“党的宣传员”是千人一面、千篇一律的祸根，“照着别人写的稿子念”是“智力低下、思维僵化的反映……这些理论和观点认为，只有以自己的身份，自己去采、去写、去编、去“说”，才能使广播电视“脱胎换骨，重新做人”，只有“小音量、近话筒、一对一、快节奏”才是新时期的“新风格”。历史，被以点带面地“概括”了，宝贵的经验也被一笔勾销了。这种倾向，并不仅表现在广播电视一家，正如有人说的“五千年的文化并没有灿烂过”一样，反传统的思潮往往集中在改革时期，以显示自己的卓尔不群、超尘出俗。结果，却更证明了：缺乏历史知识，缺乏严肃学风，会走到怎样的胡同里去。

三是忽视传播者素质和节目质量，却以此为口号，一味追求“创新”、“出彩”。广播电视的服务性质被扭曲为“迎合”，不顾政治、经济、文化的大背景，不顾广播电视发展的规律，机械地去效仿港台和外国的办法，亦步亦趋，自认为这就是“创新”，这就会“出彩”。于是，殖民地、半殖民地的某些文化渣滓也蜂拥而至，优秀的民族文化却被冷落，许多高品位的内容不见了，那些应知应懂的东西成了古董，奇闻轶事之类变得十分时髦。这在一定程度上表现了某种蒙昧状态与相当狭隘的功利思想。在广播电视中，从总体要求上看，陶冶情操不可变成游戏人生，信息传播也不应全部变为商品交换。如果，深邃的哲学思考好像只有加上插科打诨才叫幽默，高层的美学欣赏似乎只有杂以打情骂俏才叫情趣，这些，不是同宗旨相悖，和生活远离了吗？

三

建立中国播音学，现阶段，仍是属于启蒙范围。这同整个大文化背景不可分离，更不可超越。因此，这研究，这阐述，都不可避免地带有初创、草成的印记。

但是，中国播音学作为一门新兴的学科，她终究是植根于中国这片广袤而丰腴的土地上，吸收了中外广播电视播音业务的养分，在饱经沧桑、风云变幻的历练中，涌现了众多名家和后继者，积累了扎实的实践经验，有正反两个方面的借鉴，为数虽不多的论著却也闪烁着有志者的不可抑制的热诚和探索精神。研究我国的广播电视，研究播音理论，这是不可忽视的材料。《中国播音学》正是以此为基石充实、丰富起来的。

然而，我们的理论仍不是完善的，有许多概念、判断、论证，有许多视角、表述、思路，应该说，还是属于探索中的产物，是事业发展到这个阶段的成果，这是一种常识性的理解，并非自谦。我们乐观地期待着：在我们的体系之外，又有新的理论体系出现，在我们的研究之后，将有新的学术成果问世。那时，便是中国播音理论更加普及、日臻成熟的阶段了。我们将同大家一起，携手共进，继续耕耘，不断求索，去迎接播音学更加姹紫嫣红的春天！

理论是历史的结晶，理论更应是未来的大纛！

目 录 Contents

目录 Contents

第二编 发音与发声

目 录 Contents

目 录 Contents

目 录 Contents

目录 Contents

目录 Contents

目录 Contents

目 录 Contents

目录 Contents

目 录 Contents

第一编

导　论

Broadcasting Announcing in China

点。它既从微观上体现着千丝万缕的联系，又从宏观上包容着千河百渠的汇集。从共时的角度看，它既包含着从微观上研究某个人、某一次的播音创作，也包容着从宏观上研究某个电台、某个群体的播音创作。它既可以研究中央台的播音创作，也可以研究地方台的播音创作；既可以研究广播的播音创作，也可以研究电视的播音创作；既可以研究新闻的播音创作，也可以研究文艺类的播音创作；既可以研究播音员的播音创作，也可以研究主持人的播音创作。从历时的角度看，它既可以研究一个阶段、一个时期的播音，又可以研究不同时代的播音；既可以研究延安、陕北时期的播音，也可以研究改革开放新时期的播音，还可以展望未来播音的发展趋势。

播音创作这个研究对象是一个全息的系统

播音创作既包括创作系统内部各要素及其相互关系，又包括各要素所承接的外部各种信息。这一对象，既包括创作活动自身，又包括前创作过程的创作准备活动和创作活动的物化体创作成果；既包括对创作主体、对象、依据、条件、载体的研究，又包括对创作内容、形式、方法、技巧、规律、原则、个性、风格、鉴赏、批评、继承、借鉴、创新等的研究。

播音创作活动，正是播音这一事物矛盾运动的结果。由于播音创作系统的运动性、开放性和全息性、综合性，使得处在不同时空（其中包括不同的传播媒介、不同的节目形式、不同的创作主体、不同的创作对象、不同的创作依据、不同的创作环境、不同的创作时期等）中的矛盾运动千变万化，呈现出不同的特征。尽管有许多矛盾，但其中必定有一个是基本矛盾，有构成这一个矛盾的基本要素。基本要素包括三个方面：创作者（播音员、主持人等）、创作素材（稿件、音响、画面等）、受众（听众、观众）。对于创作者来说，创作素材和受众都是客体，他的任务，是充分发挥自己的主观能动性，把创作素材组织结构成适合于视听觉接收的播音作品，传达给受众。所以，播和受，就构成这一基本的矛盾运动，它在不同的创作时空中，有着不同的体现方式，但无论有多少形式，它又是最基本的。在这一基本矛盾中，其创作主体的创作方法、内容、形式、特点、风格、原则等便构成播音的内部规律，即创作活动系统内容要素有其相互关系；其创作活动与生活、政治以及其他艺术的关系，即创作活动系统与外部的联系，以及外部各系统的作用，便构成播音的外部规律。中国播音学正是要对这内外部规律进行研究。

由于播音创作基本矛盾运动的特征，决定了播音创作自身的规律性，决定了播音学科的独立性。由于创作系统的开放性、综合性，涉及许多学科，也决定了播音学科的边缘性。这样使得播音创作同其他一些语言艺术活动有许多相通和相似之处，这些相通和相似之处，也需要进行研究。同时，还要将播音创作与其不同之处，从其中剥离出来，这剥离，也需要进行分析研究。如，话剧、电影、朗读、朗诵等，都是语言艺术。同话剧、电影相比，播音则更强调新闻的真实性；同朗读、朗诵相比，播音创作则更强调广播电视的时效性。同广播电视其他环节，如新闻编采等创作活动相比，播音则更显示出语言表达艺术的特征。这些也都说明了播音创作活动的特殊性、播音学科的独立性以及确定播音研究对象的必要性。

第三节　中国播音学研究的方法

由于播音创作活动的复杂性和播音学科的边缘性，使得中国播音学的研究不能不成为一个复杂的系统工程。要对其进行研究，掌握正确的研究方法就显得尤为重要。

研究方法的确定，应从两个方面考虑：一个是确定富于指导意义的基本的方法；一个是确定针对学科特点的具体的研究方法。

马克思主义的世界观和方法论，是一切科学研究的指导思想和科学方法，同样也应是中国播音学的指导思想和科学方法。坚持这一指导思想，在中国播音学的研究中，就要以历史唯物主义和辩证唯物主义观点为指导，坚持理论与实践的统一，共性与个性的统一，同时要坚持实事求是的科学态度，坚持百花齐放、百家争鸣的方针。

根据中国播音学学科特点，可以采用以下的研究方法。

系统的方法

恩格斯指出："我们能达到的整个自然界，组成了某个系统，组成了物体的某种共同联系，并且我们在这里把物体一词理解为一切物质现实，从星星开始到原子为止。"播音创作也是一个复杂的系统工程。在对其进行研究时，不仅要考虑到每一个要素的特点，而且还要分析它们之间的相互作用、相互联系、相互影响。比如，当我们研究创作主体——播音员的语言表达方式时，就不能不考虑创作客体——听众或观众的收听收看习惯和规律；当我们研究电视解说词的表达时，就不能不考虑其画面内容和运动方式，等等。

全息的方法

由于播音这一创作系统的复杂性、开放性，我们在研究时，就必须对其进行立体的透视，把其系统内容要素的所有联系，看做一个开放的系统；对其同系统外的所有关系，以及系统外要素对系统内要素的作用，进行综合分析，才能奏效。比如，当我们研究播音情感的表达时，我们就不能不把播音创作作为一个开放的系统来考虑，看看播音与生活之间的关系。生活是播音创作的源泉，生活中情感的表达规律正是播音情感表达规律之本。从全息方法考虑，还应该看到，播音情感的表达，不仅是播音员"小我"这个情感，还应该体现党的宣传员这个"大我"所应有的情感，体现出政治水平和政策分寸感。从言语活动的角度来看，还应该体现出语言表达情感所应有的线性规律、时间和过程性规律。全息地研究，就应综合、全面、发展、运动地考虑播音创作活动和所含要素的内外部各种联系。

比较的方法

由于播音学科的边缘性和创作活动的复杂性和多样性，许多规律只有通过对比才能认清，各种特征只有进行比较才能发现。比较可以通过横向比较和纵向比较。

横向比较。这里包括同一时期不同的播音员、不同的播音创作、不同的播音作品的比较研究。

纵向比较。这里包括不同时期同一个播音员、同一类播音创作活动、同一类播音作品的比较研究。

借鉴的方法

由于播音学科的边缘性和学科自身较为年轻的特点，对播音学的研究就需要借鉴相近学科的一些内容和方法。比如借鉴歌唱用气和戏曲咬字方面某些有用的东西，借鉴朗读、朗诵、话剧、电影在语言表达技巧方面某些有用的东西，也包括借鉴国外播音和主持节目方面一些可取之处。当然，这种借鉴应是取我所需，为我所用，而不是照搬照抄，生搬硬套。

实验的方法

由于播音是一门实践性很强的学科，播音研究，必须通过大量地分析录音、录像作品；声音的鉴定，必须通过有关仪器的测试来完成。这样，定性分析才有量化的基础，定量分析也才有一定的可能，理论联系实际才能得到真正的落实，播音学科的科学性才有一定的保证。

当然，方法应是多种多样的。播音学研究方法也远不止上述五条，这五条只是起码应该做到的。同时，上述五种方法的运用，也应结合实际，综合运用。

第二章

播音发展概说

这里所讲的播音发展，是指人民广播播音事业的发展历程。从 1940 年 12 月 30 日中国共产党领导的第一座广播电台——延安新华广播电台开始播音算起，人民广播播音事业已经走过了六十多年的光辉历程。六十多年来，人民广播的播音员由最初延安新华广播电台的几个人，发展到现在全国的万人大军；播音理论建设由陕北台的“十天工作总结”，发展到现在的《中国播音学》；播音业务的研究、播音队伍的培养，由最初学习苏联经验，发展到现在在高等学府有专门的系科、专业，有一支包括教授、专家在内的师资队伍，能培养本科生、研究生等不同层次的播音专门人才。人民广播播音事业的发展史，内容十分丰富。这里仅用两节，对延安陕北时期和新中国成立后的播音历史作一简单介绍。

第一节　延安陕北时期的播音

1940 年 12 月 30 日，从陕北高原的革命圣地延安，发出了一个明朗响亮、振奋人心的声音：“延安新华广播电台，XNCR，现在开始播音……”这是人民广播第一位播音员徐瑞璋（麦风）发出的第一声呼号，她同当时弥漫在中国天空的反动、虚伪、庸俗、没落的声音形成了鲜明的对照；这声音，代表着中国几万万劳苦大众的心声；这声音，体现着中国共产党坚定豪迈、堂堂正正的真理之声；这声音，宣告了中国人民广播的诞生，标志着人民广播播音的开始。

卢沟桥事变爆发后，日本帝国主义向中国内地大举进攻。在中华民族生死存亡的关头，为宣传党的抗日民族统一战线政策，团结各族人民共同抗日，中共中央多次提出要在延安建立广播电台。1940 年春天，党中央决定成立广播委员会，由周恩来同志担任主任，负责领导筹建工作。筹建电台的同志们用周恩来同志从苏联治病回国时带来的一部广播发射机，进行了改装试调，使它适用于语言广播。经过半年多的艰苦奋斗，反复试验，我国第一座人民广播电台，延安新华广播电台在 1940 年 12 月 30 日开始播音了。它的呼号是 XNCR（按当时国际上有关规定，中国无线电台呼号的第一个字母应为英文字母 X。NCR 为 New China Radio，意思是新中华广播电台。）

当时延安新华广播电台的广播稿，由新华社广播科提供，地点在延安的清凉山。广播发射机房和播音室设在离延安城20公里以外的偏僻山村王皮湾。担任播音工作的是徐瑞璋、姚雯、萧岩、孙茜4位女同志。徐瑞璋同志播音名字叫麦风，她是人民广播历史上的第一位播音员。徐瑞璋、姚雯两位同志调走后，一直是萧岩同志播音，共有两年，直到1945年春天，新华广播电台中断播音，她才离开电台。

当时工作条件极差。播音室是十几平方米的一间窑洞，洞内四周钉着延安生产的粗毛毯，作为隔音用。播音桌上只有一只话筒和一本字典。除此以外，播音室里还有一台破旧的手摇唱机和二十几张唱片，这就是播音的全部设备了。清凉山和王皮湾之间隔着延河，水涨时，通讯员就用油布包好稿件，顶在头上，泅水过河，按时把稿件送到电台来，保证播音。这段时间播出过的重要文件和广播稿有：毛泽东同志为皖南事变发表的命令和谈话、《陕甘宁边区施政纲领》、《在毛泽东旗帜下前进》和《伟大的国际劳动节》等。此外还播送八路军、新四军抗日战果的消息以及少量的文艺节目。

延安的广播使国民党反动派恐慌不安。1941年上半年，曾密令其广播机构侦测、收听，并逐日上报广播内容。同时还指令河南国民党广播电台就近干扰，甚至策划利用特务破坏延安台。从敌人对延安广播的干扰破坏，也可以清楚地看到延安广播的威力，看到播音员所起的重要作用。

那时不仅工作条件差，生活也非常艰苦。但播音员对工作都是极其认真的。当时主管延安台的王诤对萧岩同志说："播音工作可不是什么简单的技术工作，这是一项十分重要的政治工作呀。你想想看，现在日本侵略者和国民党投降派对我们实行新闻封锁，党中央的抗日救国主张，新华社的许多重要消息，都传不出去。所以，我们才开辟这条广播战线，和敌伪、国民党投降派展开空间战，这还不是头号的政治工作吗?"① 因此，最早的播音员虽然都没有经过正规的专业训练，但是，她们都怀着饱满的政治热情和高度的责任感，以勇敢的开拓者的姿态，独立开创人民广播的一代新风。她们每天认真读报，互相切磋，探讨和掌握播音要领。接到稿件，她们全身心地投入，认真准备，先通读一遍，然后再分段默读或朗读，仔细体会稿件的中心思想，以便把党的政策精神准确无误地传达给听众。当时没有任何录音设备，全部节目都是直播。如果出错就无法挽回。她们面对这样艰苦的环境和极差的工作条件，靠高度的责任感和严细的工作作风，出色地完成了党交给他们的任务。

由于战时环境、设备简陋，人员缺少，播音员不仅要播新闻等政治性节目，还要学习唱歌、演戏，根据宣传需要，配合演播文艺节目。如，由播音员演唱的革命歌曲有《延安颂》《游击队歌》《大刀进行曲》《五月的鲜花》《兄妹开荒》《打回老家去》等。有时还吹奏口琴，还参加了郭沫若创作的话剧《屈原》《棠棣之花》等的演播。

播音员在播音之余，还积极地投入劳动生产：种地、种菜、捡柴、拾粪、捻毛线、烧木炭等等，克服生活上的困难，同时也积极投入军事训练，练习打靶、投弹，站岗放哨，体验并适应紧张的战斗生活。

---

① 杨兆麟、赵玉明：《人民大众的号角——延安（陕北）广播史话》，第22页，中国广播电视出版社出版。

1943 年的春天，广播发射机发生了重大故障，被迫中断播音。

延安新华广播电台从 1943 年春天，到 1945 年 8 月停播两年多。抗日战争胜利后经过紧张的工作，在 8 月 30 日，延安台恢复了播音，当时调来的播音员有李慕琳、孟启予、于毅、钱家楣和杨慧琳、王恂、吴作贤等同志。播音室设在离清凉山编辑部二十多里的盐店子山上。这年冬天播音室迁到裴庄。

1945 年延安新华广播电台恢复播音后直到 1949 年，孟启予同志领导播音组工作，为播音组的建设，新播音员的培养付出了心血。她的播音独树一帜。她播的五评白皮书语言犀利，分寸恰当，“有理、有利、有节”地表达出了中国共产党人的气魄而又保持了女声的特色。一位当年的听众在回忆录中写道：“……特别是陕北新华广播电台的一位女同志，听她的广播使人深思，催人奋发……”孟启予同志与当时的一批老播音员为播音事业的建设和人民播音风格的形成，起到了开创和奠基的作用。

在延安新华广播电台恢复播音前后，张家口台和哈尔滨等人民广播电台也相继建立。

延安台恢复播音以后，提出延安台是“人民的喉舌，民主的呼声”和“大家办广播”的口号。

在全国内战爆发前，延安新华广播电台主要报道在党的领导下全国人民同美蒋反动派进行的和平方式的斗争，揭露敌人“假和平、真备战”的阴谋。号召人民保持警惕，发展壮大自己的力量，准备粉碎蒋介石的军事进攻。这段时间的广播，对国民党占领区起到了很好的宣传作用。国民党空军驾驶员刘善本就是在这个时期收听延安广播，看清了蒋介石的真面目。后来利用飞行之便，在 1946 年初夏驾机起义，飞奔了延安。刘善本在回忆录《飞向传播毛泽东思想的地方》中写道，“到了延安之后，我很想到延安新华广播电台，看看这真理的播种机……不久，我的愿望得到了实现。我看到了声音熟悉，未见其人的广播员同志们，参观了播音室和机房。原来电台的电力就是靠一台旧汽车发动机供给的，使我深为惊讶……就是在这样极端困难的条件下，他们把毛主席的思想传播到了遥远的地方，使茫茫大海中的人们在暗夜中看见了远方的灯塔……”①

1946 年 6 月，为了适应解放战争宣传工作需要，新华社把原来的口头广播组扩建为语言广播部（通称口播部），由温济泽任部主任。语言广播部设在清凉山。同年 9 月，延安的发射机房、播音室迁到大砭沟，不久又迁到延安北关。1947 年初，发射机房和播音室又迁回盐店子。在那里一直工作到 3 月中旬，我军撤出延安前夕。

1946 年 11 月，周恩来同志召集有关会议，研究和安排了新华社和延安广播电台在战争中的转移事宜，以便确保广播不致中断。1947 年 3 月国民党军进犯延安。在这以后的两年多的时间里，延安新华广播电台四次迁移台址，行程两千多公里，人民广播的声音，始终坚持不断。

第一次转移是在瓦窑堡的好坪沟顺利接替了盐店子的广播，时间是 1947 年 3 月。延安新华广播电台改名为陕北新华广播电台。在这里坚持播音的是钱家楣同志和杨慧琳同志。播音室设在一个破败不堪的小庙里。这是我们广播史上最简陋的一间播音室了。据当

① 《中国人民广播回忆录》，第 249 页，中国广播电视出版社出版。

时的播音员钱家楣同志回忆说："这个小庙分上下两层，下层隔成内外两间，前面一间是播音室，放话筒的桌子有一条腿是断的，那条断桌腿由土坯垫着，连门也没有，只用一块羊皮做门帘……"播音员和其他广播工作者就是在这样的条件下，坚持工作，保证人民广播不中断。

1947年3月21日起，国民党空军飞机开始狂轰滥炸。延安台的播音员同编辑和机务人员一道，始终坚守工作岗位，直到最后撤离延安。钱家楣同志回忆说："3月15日那天，几十架敌机轮番轰炸，历时8个小时，投弹几十枚。14日从上午9点开始到下午4点，轰炸了7个小时，并且还进行低空扫射。有一次轰炸，震得我们窑洞顶上的土都簌簌掉下来，但始终没有打断我们正常的播音工作。"3月19日延安台迁到瓦窑堡播音。3月20日，延安台向全中国宣布，在给予国民党军重大杀伤以后，人民解放军主动撤离延安，中共中央机关仍留在陕北，指挥全国的爱国自卫战争。21日延安台改名为陕北新华广播电台。

当时，毛主席、周总理、朱德、陈毅等老一辈革命家，十分重视广播和播音工作。1947年春节，杨家岭中央大礼堂举行晚会，毛主席见到了延安台女播音员钱家楣同志，亲切地对她说："你们广播得很好。广播工作很重要，要努力把工作做好。"① 1947年3月25日，周恩来、朱德同志分别来好坪沟看望广播战士。周恩来副主席勉励大家坚持工作，保证播音不要中断。朱总司令还到播音室听钱家楣同志播音，亲切地鼓励了她的工作。在中央领导同志的亲切关怀和鼓励下，尽管敌人距我只有30多里地，但我们的播音员仍沉着自若，在这里播出了陕北战场和全国各战场胜利的捷报；播出了党中央和人民解放军总部发言人的重要谈话和评论。3月28日接到转移命令的那天晚上，他们还用更加坚定有力的声音广播了青化砭大捷的消息。这是我军主动撤出延安，诱敌深入，打的第一个大胜仗。他们播完这个胜利消息，才连夜坚壁清野，撤出瓦窑堡。

3月29日，设在晋冀鲁豫解放区的第二战备台开始用陕北电台呼号播音，30日正式接替了陕北电台的广播。

1947年3月初，晋冀鲁豫解放区接到中央指示，立即着手筹建新的广播电台，以便在必要时接替陕北台的播音。经过紧张的准备工作，陕北台新址与邯郸新华广播电台一起设在太行山麓的沙河村。3月底，这里接替了陕北新华广播电台的播音，保证了真理的声音没有中断。邯郸台同志们克服了许多困难，提出了许多措施。在播音方面他们选择了于韵琴、兰林、胡迦陵三人。于韵琴是南方人，口音、语气像陕北台的南方口音的播音员，兰林则像陕北台北方口音的播音员。她们认真收听陕北台播音，反复模仿、试播；播出来，几乎和陕北台的播音一样，使听众难以分辨。由于准备工作充分，她们顺利地接替了陕北台的播音。4月底，陕北台的同志东渡黄河来到太行，到达涉县的沙河村。这时的播音员除孟启予、钱家楣同志外，又增加了齐越、夏沙同志，还有于韵琴、兰林、胡迦陵、柏立等同志，9月份开办英语广播节目。播音员是李敦白、魏琳同志。梅益同志分工主管语言广播部。

---

① 杨兆麟、赵玉明：《人民大众的号角——延安（陕北）广播史话》，第45页，中国广播电视出版社出版。

陕北台的广播得到了党中央的重视和表扬。毛泽东、周恩来、任弼时、陆定一等同志在转战陕北之际，用随军携带的干电池收音机，经常收听陕北台的广播。4月，在安塞县的王家湾，有一天，毛泽东、周恩来、任弼时和陆定一等同志坐在院子里，边听广播边谈论着。陕北新华广播电台女播音员的声音，是大家十分熟悉的。她不但吐字清晰，而且感情充沛。这天广播的是羊马河战斗的消息。周恩来同志高兴地说："这个播音员讲得很好，应通令嘉奖。"5月的一天，还是在王家湾，天气炎热，毛泽东、周恩来、陆定一等同志都到小棚子里歇凉。陆定一同志打开了放在瓮上的干电池收音机。陕北新华广播电台正在广播蟠龙大捷和真武洞祝捷大会的消息和评论。女播音员钱家楣同志播到国民党反动派背信弃义，发动内战时严词痛斥、慷慨激昂；讲到真武洞欢庆胜利的时候热情奔放、鼓舞人心，毛泽东同志称赞说："这个女同志好厉害，骂起敌人来义正词严！讲到我们的胜利也很能鼓舞人心。真是憎爱分明。这样的播音员要多培养几个！"

第二天，在太行工作的陕北台同志收到了新华总社工作队受党中央的委托拍来的嘉奖电报，勉励播音员再接再厉，努力做好工作。党中央的亲切关怀和表扬，给陕北台的同志们带来了巨大的鼓舞。大家决心更加努力工作，不辜负党和人民的期望。

在太行时期，陕北台的广播宣传和播音也得到了刘伯承、邓小平和陈毅等同志的关怀和重视。1947年7月的一天，刘伯承、邓小平同志视察了电台。邓小平同志在听取了汇报之后说："你们的工作很重要。现在全国大反攻开始了。我们的部队已经过了黄河。我们很快也要过河去。部队过河以后，看不到报纸，要得到消息，就靠听你们的广播了。希望你们广播的新闻和记录新闻，要注意适应部队的需要。我们在行军和作战中每天都要派人抄收。"11月下旬，陈毅同志前往陕北参加中央会议途中，经过太行，他来到电台，接见了电台工作的同志们。陈毅同志亲切地对播音员说："你们的播音有力量，听得很清楚。这个工作很重要。希望你们努力学习政治，钻研业务。"陈毅同志代表华东野战军的指战员向陕北台的同志们致谢，并且坚定有力地说："我可以签字保证，明年将有更大的胜利，将为我们的子孙后代奠定民族解放的大业。你们就等着播捷报吧！"①

1948年3月下旬，党中央和毛泽东同志离开陕北东渡黄河于5月下旬来到河北平山县西柏坡村，陕北台也随新华总社一起由太行迁到平山。发射机房和播音室先设在滹沱河畔的张胡庄，后迁到窟窿峰。在这里，播音队伍大大加强，晋察冀台、邯郸台的播音员先后并入陕北台播音组。由孟启予任组长，丁一岚任副组长。播音员有：齐越、钱家楣、李惠一、柏立、秋原、杨洁、柏培思、智世民等同志。

在张胡庄，播音室设在东北方向一座狭小的院落里。为了隔音，播音室没有窗户，白天也要点灯。就在这间不惹人注意的小屋里，播音员兢兢业业地工作着。他们和编辑同志紧密配合，播出了一篇又一篇重要稿件。

不久，陕北台接到了播出毛泽东同志起草的党内指示《一九四八年的土地改革工作和整党工作》的任务。5月29日，播音组接到了编辑部写来的一封短信，信中说："今天播送的中央指示，十分重要。主席亲笔指示，叫不要播错一个字。请你们万分注意。"中央

① 杨兆麟、赵玉明：《人民大众的号角——延安（陕北）广播史话》，第69页，中国广播电视出版社出版。

的指示需要在晚上 8 点播出，但是，当稿件从 20 公里以外的编辑部送到张胡庄播音室的时候，已经快 7 点钟了。要在一小时内做好一切准备工作，把一篇 3300 字的中央文件一字不错地播送了出去，确实十分紧张。当时没有录音机，稿件都是直接播出的。担负播出任务的是陕北台的男播音员齐越同志。他抓紧时间阅读文件，充分理解文件的精神实质，同时，还就具体播法和其他播音员交换意见。直到临播出前的几分钟，同志们还在提醒他："不要怕，你已经准备好了，你不会播错的！"毛主席的指示，战友们的鼓励，使齐越充满了信心，他一字未错地把党中央的重要指示顺利地播送了出去，受到编辑部负责同志的表扬。

在平山时期，人民解放战争已经发展到了夺取全国胜利的决定性阶段。从解放战争的各个战场上，捷报不断传来。通信员每天骑马传送稿件，有时还不能把当天的战报送出去。为了争取广播宣传的时效，陕北台还利用电话传送稿件，编辑部的同志一字一句地念稿，播音员一字一句地抄录，经校对无误以后，立即播送出去。1948 年 9 月 24 日晚，陕北台打破惯例，播出了"号外"消息——济南全部解放的重要捷报。当天的节目快要结束的时候，编辑部从电话中传来了捷报，播音员迅速、准确地抄录下来。最后一个字刚刚落笔，一位女播音员抓起稿件，直奔播音室，顷刻间，她那激动、有力的声音传向了四面八方："各位听众！现在播送刚刚收到的济南前线捷报：进攻山东省会济南的人民解放军，已经完全占领了商埠和外城全部，现正在内城进行最后阶段的巷战。到 23 号早晨为止，守敌被歼灭和起义的总共已有 6 万多人……"这个消息刚刚播完，电话铃又响了，传来了急切的声音："不要结束，还要播解放济南的消息！"这时候，播音员已经向听众道了"晚安"。电话里又传出："总编辑决定：不要关机，加播'号外'，快传！""女声、男声轮播，多播几遍！"孟启予和齐越两位播音员，拿起传来的稿件跑进播音室，满怀胜利的喜悦，向听众报告："陕北新华广播电台，XNCR，各位听众：人民解放军今天下午 5 点钟全部解放济南，守敌全部歼灭，无一漏网，战果正在清查中！"这个"号外"，轮番播出了 7 遍。胜利的喜讯传向了解放区，传向了解放军各部队，传向了国民党统治区。

在平山，陕北台的播音员播出了一个个人民解放战争胜利的捷报；他们还对敌喊话，播出了《人民解放军总部向黄维兵团讲话》等一篇篇毛主席亲笔修改和亲自撰写的广播讲话稿，为配合人民解放战争的胜利做出了贡献。

随着解放战争的节节胜利，人民广播也不断发展。据 1947 年 9 月统计，各解放区已经有广播电台 10 座。播音员的队伍也随之扩大了。

晋察冀张家口新华广播电台，是在 1945 年 8 月 25 日张家口市解放后建立的。8 月 30 日开始播音，呼号 XGMC，当时的播音员是丁一岚同志。

东北新华广播电台在 1946 年 9 月 23 日正式播音。广播节目除新闻外，还有政治及青年讲座、人民呼声、解放区介绍、名人讲话、各种常识、音乐及广播剧等。节目形式已较为丰富多彩。

1949 年 1 月 31 日，北平和平解放。齐越、刘涵、吴影、姚淇、康普、刘淮、韩浩等播音员由徐迈进带队参加接管了西长安街的国民党电台。当晚 8 点，电台还正在播音，齐越同志奉命走进播音室，把徐迈进同志写的通告交给国民党北平广播电台的值班播音员，看着他播出去。通告是这样写的："各位听众！从今天起，北平宣告解放，本台奉中国人民解放军北平军事管制委员会命令，立即停止广播，等待接管。从后天，2月2号上午起，北平新华广播电台将使用本台原来波段播音，请注意收听。"[①]

"北平新华广播电台！波长353公尺，850千周；393公尺，770千周。各位听众，你们好！"

1949年2月2日上午11时40分，北平新华广播电台以聂耳作曲的《大路歌》为前奏曲开始播音了！

从此，人民的声音永远占领了北平的上空。

由于国民党政府拒绝在《国内和平协定》上签字，决心顽抗到底，4月21日，我北平新华广播电台播音员以气壮山河之势，反复播送毛泽东主席、朱德总司令发布的《向全国进军的命令》，要求中国人民解放军全体指战员"奋勇前进，坚决、彻底、干净、全部地歼灭中国境内一切敢于抵抗的国民党反动派，解放全国人民，保卫中国领土主权的独立和完整。"[②] 同一天，人民解放军百万雄师，分作西、中、东三路，在长达五百余公里的战线上，强渡长江，直指国民党反动派统治中心——南京。千千万万人从收音机里听到了齐越等播音员播出的毛泽东同志执笔撰写的两篇脍炙人口的消息：《我三十万大军胜利南渡长江》和《人民解放军百万大军横渡长江》。

4月23日，正当人民解放军兵临南京城下，南京即将解放之际，北平新华广播电台根据上级领导的决定，在广播中向南京"中央广播电台"呼叫，通知该台第二天上午9点通话。

24日9点起，一次不寻常的广播通话开始了。

北平新华台首先播放了一段音乐，接着，播音员齐越开始呼叫："北平新华广播电台！请南京广播电台注意，我向你呼叫，请你回话。"这样反复多次以后，南京电台也开始放音乐了，过了一会儿，传来了播音员的声音："我是南京广播电台，我来回话。"随后，双方继续对话。

北平方面说："我奉本台领导的指示跟你通话。现在你报告一下南京的情况。"

南京方面说："红军已经在凌晨进入南京城。"

"不对！不叫红军，叫中国人民解放军。"

"是，是，是中国人民解放军。"

"我要求你负责保护好电台和机器……"

"是，是是……"

"你要等待军事管制委员会接管，不许破坏，不许听信谣言。"

"是。"

我方播音员齐越洪亮、有力的声音，传到了千里之外的南京，产生了强大的威慑作用。通过这次通话，北平新华台及时得知了我军进入南京的胜利消息。这一天，北平新华

---

① 齐越、沙林：《情系七彩人生》，第25页，经济管理出版社出版。

② 同上，第87页。

台又一次播出了毛泽东同志撰写的重要消息："在人民解放军百万大军攻击下，千余里国民党长江防线全部崩溃，南京国民党反动卖国政府已于昨日宣告灭亡。"同一天，南京的广播电台奉命开始转播北平新华台的全部节目。

此后，北平新华广播电台不断播出江南大地喜获解放的捷报。杭州、武汉、南昌、上海、福州等大中城市的人民广播电台相继建立，通过它们的转播，北平新华台的声音越传越远。

12 月，北平新华广播电台改用中央人民广播电台呼号。

回顾战争年代，即延安陕北时期的播音历程，总结其播音创作的特点和播音工作的经验，归结到一点，那就是延安精神的具体、形象、生动的体现。延安精神概括起来就是"坚定正确的政治方向，艰苦奋斗的工作作风。"具体表现在播音员身上的是，他们都能把自己的工作与当时的革命目标结合起来，把自己的工作看成是革命事业的一部分。因此，他们在硝烟弥漫、炮声隆隆中播音能镇定自若。在生活困难、设备简陋的条件下工作，严肃认真，一丝不苟；在业务上，勤学苦练，精益求精；在播音风格上，昂扬向上，气势磅礴，憎爱分明，坚定有力；在集体生活中团结互助，并肩战斗。下面分为几个方面阐述。

（一）延安陕北台的播音特点和风格

延安陕北新华广播电台的播音，开创中国无产阶级的、民族化的一代新风，是革命战争年代中国无产阶级和人民大众战斗风格的生动体现。其播音中"包容着时代的风云、人民斗争的烈火、民族解放的巨澜"①，所以，体现出"摧枯拉朽、势不可挡"② 的磅礴气势；贯穿着憎爱分明、坚定豪迈的情感；同时又显示出沉着从容、真理在握、稳健大度、朴素平易的气派。

（二）延安陕北台的播音员有强烈的革命事业心和高度的政治责任感

陕北台的播音员把播音工作看作是整个人民解放事业的一个组成部分，这是他们播音获得成功的基石。在延安窑洞，在瓦窑堡的破庙，在太行山村……无论条件怎样艰苦，工作怎样紧张，播音员们始终把延安、陕北的声音传向四面八方。究其原因，正如齐越所说："世界上有各种各样的播音员，我是中国人民的播音员、中国共产党的播音员，我以此引为自豪。"③ "我传的是中国人民战胜艰难险阻、走向胜利的声音；我传的是人民和党政治上和谐一致的声音；我传的是中国共产党堂堂正正的真理之声……我感到无比幸福和自豪！"④ "我的命运和中国人民、中国共产党、中华人民共和国的命运紧密地联系在一起，这就是我引以自豪的原因。"⑤ 延安台较早的播音员萧岩同志是带着"播音工作是最重要的政治工作"的认识走上播音岗位的；孟启予同志通过原国民党空军上尉刘善本架机起义一事，更深刻地体会到广播在革命事业中的作用和播音工作的重要；钱家楣、杨慧琳同志，在蒋胡军进攻延安和陕北时，坚守播音岗位，不顾炮弹在窑洞四周爆炸，一心想的

---

① 《播音界》1989 年春季号第 3 页。

② 同上，第 1 页。

③ 齐越：《献给祖国的声音》，第 182 页，中国广播电视出版社出版。

④ 同上。

⑤ 同上，第 183 页。

是不能中断党的声音。他们把播音同伟大的人民革命和解放事业紧密联系在一起，把自己的生命同党的播音事业融为一体。正是这样一个群体，开创了延安陕北人民广播播音的一代新风。

（三）延安陕北台的播音员十分注重马克思主义理论和党的方针政策的学习，注重政治素质的培养和政策水平的提高，并以此指导他们的播音创作

在《陕北台播音组关于训练和培养播音员的意见》和《北平新华广播电台训练播音员的方法》中，都把“要有一定的政治水平”，“定期传达宣传方针、宣传策略”[①] 和“有一定的政治水平”[②] 列为播音员的必备条件和选择播音员的重要标准。在延安和陕北台的播出稿件中，许多是中央文件和毛泽东同志亲笔写的文章、讲话、宣言、声明等等。即使是一般的新闻、通讯、评论等稿件，也都具有很强的政策性。播音员们深知，要播好这些稿件，要把党中央的精神准确、透彻地传达给听众，自己必须首先学好学透，必须不断地提高政治素养，加强马克思主义理论修养，提高政策水平。所以，在当时战争环境中，无论工作怎样紧张，条件怎样艰苦，“他们总是自觉地挤出时间来学习”。[③] 他们收到稿件，“只要时间允许，都首先争分夺秒地认真学习，从中领会政策精神”。[④] 编辑部也经常向播音组进行时事和政策传达。例如，在全面内战爆发不久，编辑部负责人温济泽同志就给播音员传达了毛泽东同志对战争形势的科学论断。1948 年除夕，当时的新华社社长廖承志同志曾亲自带着毛泽东同志写的《将革命进行到底》的新年献辞来到播音组，给大家讲解这篇文章的重要意义。每当编辑部总结工作时，播音组同志都参加，工作总结的重点是政策宣传。哪些宣传得好，哪些宣传得不够，都一一指出。这些都帮助了播音员更好地理解政策，提高理论水平。

（四）积极投身革命斗争的实际，深入生活，深入实践，艰苦奋斗，保持同人民群众的紧密联系

当年延安陕北台的播音员积极参加各种各样的实际斗争。在大生产运动中，在 1945 年生产救灾的热潮中，播音员在完成本职工作的同时，积极投身劳动生产。在 1947 年延安保卫战中，留在延安坚持工作的播音员和其他同志一起编成自卫军，开展打靶、投弹等军事训练，还站岗放哨。他们既是一支宣传队，又是一支工作队、生产队、战斗队。

在向劳动人民学习及和劳动人民共同生活中，陕北台的播音员同劳动人民建立了深厚的感情。延安台播音员钱家楣等同志在撤离陕北的行军途中，走到哪里老乡都如见亲人，倾吐衷肠，有个老大娘把自己仅有的一点小米全为他们熬了粥。在太行，老乡们自觉自愿、百般警惕地掩护着隐蔽在村子里的广播发射台，使得敌人派飞机侦察也好，乱扔炸弹也好，都无法找到和破坏我们的电台。人民群众尽其所有、豁出身家性命贡献一切的行为品格，深深地印在陕北台的播音员心间，所以，他们在播音中，想人民所想、急人民所

---

① 《解放区历史资料选编》(1940—1949)》，第 168 页，中国广播电视出版社出版。

② 同上，第 188 页。

③ 《播音界》1989 年春季号第 7 页。

④ 同上，第 19 页。

急、恨人民所恨、爱人民所爱。齐越回忆他播音创作生涯时总结说："当我的心和人民的心息息相通，和时代的脉搏一起跳动时，我的播音才有生命力。"① "与人民同呼吸，共爱憎，这就是我播音中激情的主要来源。"②

（五）严肃认真的创作态度，一丝不苟的工作作风，精益求精的钻研精神

延安陕北台的老播音员谈到他们的共同体会：当年他们拿到稿件，犹如战士即将奔赴战斗岗位，从来没有想过脱离稿件内容去纯粹表现技巧、表现个人。他们首先想到的，也是一心一意追求的，就是如何准确无误地传达好稿件的思想内容和精神实质。他们备稿时一字一句不放过，绝不掉以轻心，每逢遇到不认识、难理解或读不准的字，总是一个个细心查字典，在稿件上注明。发音不准，平时就一遍遍反复练习，请别人纠正。播出时，负责监听的播音员发现哪个字或哪个地方播错了，哪些不符合稿件内容的要求，哪些恰切地表达了稿件内容，等等，都记录下来，定期检查总结。孟启予同志到今天仍保存着1948年9月的一份《十天工作总结汇报》，其中就详细地记录着播错、播漏的每个字，断得不当的每个词句，以及播得好的稿件和今后怎样注意改进，十分详细、具体。齐越同志在他的《十天播音工作个人总结》中写道："一般来说，播音已较前有进步，固定的调子基本上已克服。……播音的缺点与错误：（一）个别语句不自然。（二）有一些语句分段过多。（三）某些字的四声不准（地方音）。（四）播通讯放不开，呆板、生硬。（五）大错误有三：1. 中央指示中'农民'播'人民'（这个错误应由我负责，看稿子疏忽——济泽）。2.《人民公敌蒋介石》的预告中'中华民族'播'中国人民'（这还不能算大错误——济泽）。3. 呼号'XNCR'播'XNMR'（这个错得不好——济泽）。"③ 齐越同志在总结中更多地是认真寻找自己的不足。他在谈到犯上述错误的原因和今后改正办法时是这样说的："1. 中央指示中'农民'播'人民'是稿子上抄错的，未播前曾想到和记录原稿校对一下，但又想：编辑部都校过了，不会有错。结果就出了错。这说明自己全面认真负责的精神是非常不够的。如果自己这样想：编辑部人少工作忙，可能出错，出了错就是我党和人民的损失，那么自己就不会不分些时间校对一下。今后应尽量掌握胡必成同志④ 在报告中所指示的精神：'不但对自己所担任的工作负责，同时对同自己工作有关的其他工作也要负责。'今后在准备稿子时，应多加强对稿件的研究与学习，多方面校对（如果有条件的话），有问题立即向编辑部提出解决，以便减少播出的错误。2. 预告中'中华民族'播'中国人民'，呼号'XNCR'播'XNMR'，这两个错误发生在同一天内。那天未播音前，自己打算要放开一点，要播得自然些（因为前一天开技术研究会，同志们批评我播音有些不自然）。结果，自己在纠正缺点上掌握不得法，矫枉过正，一反往日谨慎小心，流于粗心大意，以致顺口溜，将'中华民族'播成'中国人民'自己都没有发觉。这足以说明，当时自己没有经过脑子就播出去了，这种粗心大意不负责是十分要不得的！除自己继续深

① 《献给祖国的声音》第86—87页。

② 同上，第182页。

③ XNMR是东北新华广播电台呼号。

④ 胡必成是周恩来在解放战争期间的化名。

入检讨外，愿接受组织的处分（这类错误不必处分，你能在今后保证不再错就好了——济泽）。这次的教训，使我更深深地认识到，我们的广播电台是和一般电台根本不同的，我们的电台是我们党的喉舌，是服务于人民革命事业，代表党中央发言的。一个播音员应时时刻刻小心谨慎，认真负责，不容许有丝毫错误发生，即便是一字之错，也是全党和人民的损失，影响我党的威信，对不起人民的。今后，首先应当时时刻刻坚持认真负责的精神，并将此精神贯穿到播音的每一字每一句，每一呼号中。……我们的播音，首先要稳重沉着，不出错误，坚持认真负责的态度，并在容易顺口溜播错的一些名词上，在准备稿子时作提醒注意的记号。每个节目前的呼号一定要写在稿子前面，看着呼叫。”① 陕北台还制定了关于培养训练播音员的意见。《北平新华广播电台训练播音方法》详细指出了选择播音员的标准，播音应注意的事项，如怎样准备稿件，如何掌握抑、扬、顿、挫、快、慢、轻、重，如何表达语气情感，规定了播音手续，播音员应遵守的制度等。在第五条中这样写道：“……每一稿件在话筒上试播，经负责人认为满意后再换另一稿件，到这一节目的各种稿件都能播得合乎标准时，即可开始工作。在该节目完全胜任熟练时，除担任该节目之外，同时练习另一节目，至另一节目练习成功后，即可换播该节目，直至全部节目均能胜任为止。”② 由此可见当时严格认真的管理和严谨的工作态度。

（六）团结协作的精神

延安陕北台的播音员和编辑技术人员，工作上互相支持；业务上互相帮助；生活上互相关心，形成了一个团结奋进、并肩战斗的集体，为播音任务的顺利完成奠定了基础。这种团结，首先体现在播音员之间的团结互助上。从《解放军广播历史资料选编》中记载的“训练播音员必须注意”的几条中，我们便窥见一斑：“一、新老播音员必须互相帮助，虚心研究。……四、召开技术座谈会，发挥集体智慧，提高播音技术。……”③ 齐越在他的《编播之间》一文中写道：“一次广播节目的产生到播出，是编辑、记者、播音员、录音员、机务员等共同劳动的成果。其中，编播之间的关系尤其密切。……编播之间互知甘苦，彼此尊重，相互帮助，密切合作，是人民广播事业的好传统。”④ 齐越回忆说，有两件小事至今难忘。1948年电台在平山，编播相距几十里。那时播音用的表不太准确。温济泽同志得知后，立即向廖承志和梅益同志汇报，要求设法解决。几天后，温济泽同志就把一只准确的表送到播音组。还有一件事，就是那时编辑用的稿纸正面反光，反面粗糙，用有光一面写稿，在灯下反光晃眼，有碍播音。播音员提意见的第二天，温济泽同志就复信播音组说：接受你们的意见，不要用稿纸有光一面写稿一事，已告诉部里各同志。从此，编辑同志都把稿纸翻过来使用。至于编辑对播音的意见，除随时打电话告知外，每天还随稿件送来前一天的收听意见。意见中不仅登记播出差错，还有对字音不准、断句不当的纠正，对文章播法、发声方法等的评述和探讨。下面就从仅存的一点资料中摘录几条编

① 《献给祖国的声音》第27、28页。

② 《解放区广播史料选编》第189页。

③ 同上。

④ 《献给祖国的声音》第97页。

辑收听意见：

“孟启予播评述山东蒋军罪行，播得很好。列举罪行时非常沉痛愤慨，评论时理直气壮。钱家楣播的通讯好，对话语气够味，播活捉敌军官刘英时，刘英说：‘有匪无我，有我无匪’讥讽味很足。播刘英被捉时说：‘我就是刘英’应颤抖着说出，表示恐惧。”[①]（1947年11月24日）

“供‘应’，不能念成供‘英’，要读第四声。‘冀东各县人民地方武装’，冀东各县应连在一起念。”[②]（1948年2月4日）

“播记录新闻的新同志口齿尚清楚，唯听来精神过分紧张（喉部像有颤音），希望自然些，别怕！”[③]（1948年3月8日）

“丁、齐、孟、柏诸同志声音很强，虽有干扰，也可以听清楚。有个别同志声音很弱，一有干扰，声音便被压住。这可能是发声方法问题。一种是把声音吐出口腔以外，故声音强；一种是把声音限制在口腔里，吐不出来，故声音弱。是否如此请研究。”[④]（日期不详）

第二节　新中国成立后的播音

从1949年10月1日新中国成立，到改革开放的今天，人民广播的播音发展可分为三个阶段：即和平建设时期的播音；十年动乱期间的播音；改革开放新时期的播音。

和平建设时期的播音

1949年10月1日新中国成立，当时，全国的广播电台已发展到40多座，并具备了一定数量的播音队伍。随着广播事业的蓬勃发展，人民播音也进入了一个生机勃勃的大发展时期。

1949年10月1日，丁一岚和齐越登上天安门城楼，现场广播了开国大典的盛况。这是我人民广播首次对全国进行重大政治庆典的实况广播工作，并由所有的地方电台联播。丁一岚和齐越，站在人民领袖的身边，以无比喜悦和自豪的心情，“连续广播7个小时，一点也不觉得累！”[⑤] 丁一岚和齐越望着正在升起的鲜艳的五星红旗，激动地对听众说：“中华人民共和国的国旗，现在正由毛主席亲手把她升起。”“参加大会的30多万人都整齐肃立致敬，注视着人民祖国的庄严而美丽的五星红旗徐徐升起，各队带队指挥员行举手礼，在队列中间的干部和战士，以及执行勤务的人员都肃然立正。”“国旗已经升到旗杆的顶尖，开始在人民首都的晴空迎风招展。她象征着中国的历史已经走入一个新的时代。我

---

① 引自《献给祖国的声音》。

② 同上。

③ 同上。

④ 同上。

⑤ 齐越谈话录。

们的国旗——五星红旗将永远飘扬在人民祖国的大地上。”① 从这一天起，人民播音事业也揭开了新的一页。

1949 年 12 月 5 日，北京新华广播电台正式定名为中央人民广播电台。当时又从全国各地电台抽调来一批优秀播音员，并从青年学生中招收了一批新人。广大播音员继承和发扬延安时期的光荣传统，投身到抗美援朝、肃反、镇反、三反五反等运动中。“他们在广播宣传上保持和发扬了无产阶级的战斗风格。在建设新中国，在抗美援朝斗争中，对全国人民起到鼓舞、激励的作用。”②

1952 年 12 月 2 日在北京中央广播事业局召开了第一次全国广播工作会议。在这次会议期间，由中央人民广播电台主持召开了播音工作座谈会，参加座谈会的有北京台、天津台、甘肃台、上海台的播音组组长，西南台的播音员，中央台和北京市台的全体播音员，以及一部分地方台的台长和编辑共 73 人。

这是在建国后新形势下召开的第一次播音工作会议。这个座谈会讨论了播音工作的性质、任务、作用、重要性，以及对播音员的要求和应学习的内容。会后将讨论内容写了一份情况报告。座谈会上大家的发言可归为三个方面：

关于播音的重要性。第一次提出播音是广播节目最后直接和听众接触的环节（当时广播节目全部是直播）。“播音工作的好坏常常严重影响我们广播工作的全部效果，影响到我们广播工作在广大群众中的威信。”并明确指出：“任何轻视播音工作的观点或不重视对播音工作的领导都是错误的。”

关于对播音员的要求，提出“播音员不是传声筒”，“播音员应是有丰富的政治情感和艺术修养的宣传鼓动家”。“要求每一个播音员都应是人民的喉舌，要使自己的声音真正表现出伟大的中华民族的气魄，他要使自己广播的一言一句都深深地打动人心。”

关于播音员的学习提出要从三个方面着手：1. 政治理论和时事政策的学习，并要求理论联系实际，提高个人的思想政治水平。2. 联系群众，联系实际。播职工节目的要下工厂，播学生节目的要去学校，与有关听众多联系，使播音员了解群众的生产、学习、生活和思想感情以便使播音员掌握稿件的精神，不是关在播音室里念稿子（当时很多电台的节目是相对固定播音员播出）。3. 业务学习包括练声，录音研究，观摩话剧、电影，排练广播剧或开朗诵会等多种方式。

要求建立严格的工作制度，例如与编辑的联系制度；试播制度；监听制度和播音员考绩制度等。

这次座谈会是播音工作建设的良好开端。从播音工作的重要性，对播音员的要求，播音员学习的内容、方法，以及工作制度等都有了明确的规定。这次播音工作会议对各台的播音工作，特别是对播音员的学习起了促进和指导作用。各地电台多数都有业务学习时间，定期或不定期召开全组业务学习会，一起听录音，共同研究业务，切磋技艺，互相学习和帮助，提高播出质量。与此同时都制定了严格的工作制度，组长随时检查执行情况。

① 《当礼炮响起的时候》，第 14—15 页，《中华英烈》编辑部编，宝文堂书店出版。

② 《中央人民广播电台台史资料汇编》，第 627 页。

其中的监听制度、检查稿件和与编辑试播制度等，对播音员准备稿件、安全播音和密切与编辑记者合作等方面起到了促进和保证作用。

建国初期，播音员播出大量的生产建设消息，鼓舞了人民群众在党的领导下自力更生，奋发图强，建设新中国的热情。

解放初期中央台记录新闻节目的播音在广播中作出了贡献。记录新闻播音员通过电波及时地把党和政府的政策、法令、消息用记录速度提供各地抄收员，为交通不便和边远地区的群众，解决了看不到当天报纸的困难，发挥了广播这个现代化传播工具的作用。同时，记录新闻的播音，也成为播音员吐字发音训练和语言表达基本功训练的基本方法之一。

1949 年到 1954 年，是广播事业迅速发展的时期。这一时期节目内容较建国前要广泛得多，形式也更为丰富。播音员在播新闻、评论、通讯的同时，也开始参加录音报道、时事对话、广播大会、剧场实况转播的播音。

这一时期较为重大的宣传报道就是抗美援朝战争的报道。从朝鲜战争开始，许多播音员都报名参加志愿军，中央台播音组姚琪、张洛被批准。姚琪在前沿对敌广播，张洛与记者进行录音报道。当时，留在电台的播音员提出的口号是：把保家卫国的行动，化作话筒前爱憎分明的激清。据齐越同志回忆："记得我们备稿室的墙板上经常贴满志愿军寄来的信和纪念品，用缴获敌人的'尼龙避弹衣'做的书签，上面有热情的诗句，还有用桦树皮写的信等。我们晚上朗诵他们写的诗作，在广播里播送他们的来信，在报刊上发表他们的来信，为的是让更多的人受到教育和鼓舞。"在这样的背景下，中央和全国各地广播电台的播音员满怀激情播出了大量的来自朝鲜战场的捷报、书信，以及消息和通讯，歌颂了中国人民志愿军保家卫国的英勇事迹，对全国人民进行了爱国主义和国际主义教育。魏巍同志写的《谁是最可爱的人》播出以后，反响极大，全国掀起抗美援朝的热潮。人民播音日益深入人心。尤其对那些浴血奋战在朝鲜境内的志愿军战士，广播成了他们了解祖国信息的来源。他们把广播当作祖国的声音，把播音员看成是自己的亲人。这里摘录 1953 年 1 月 15 日发表在《人民日报》上的一位志愿军同志给中央台播音员齐越同志的一封信的片断。

"……远离祖国的我，是多么想了解祖国的一切啊！你就是经常给我们介绍祖国情况的人。我们当然热爱你。我们这里虽然战斗是频繁的，工作是紧张的。但我们每晚都要挤出时间，翻过一个山岗跑到收音员那里，听听来自祖国的消息。应该休息了，可是我们总是兴奋地谈论着祖国的现在，想着祖国的美好的将来。这一切都鼓舞着我勇敢地战斗下去。……"

还有一封给中央台播音员的信是这样写的："我再说一次，你们的声音，代表祖国的声音，的确给我们带来了无穷的鼓舞力量。每当同志们听完广播受到鼓舞并以自己的实际行动回答祖国的时候，我越觉得自己责任的重大和岗位的光荣，在这时候越想念你们！"①

回国的志愿军战士见到播音员，都是满含热泪，像见到久别的亲人。《谁是最可爱的

① 《当礼炮响起的时候》。

人》等稿件的播音，在志愿军、在全国人民中间，留下了难忘的印象。

国民经济经过三年恢复后，大规模的建设时期开始了。祖国蒸蒸日上，捷报频传。播音员播出的《鞍山无缝钢管厂建成》、《长春第一汽车厂动工兴建》、《跑在时间前面的人——王崇伦》等一系列新闻报道，组成了新时代的颂歌。这些播音，感人至深，催人奋进。

随着播音事业的发展，这一时期播音业务和理论研究，也逐步深入、系统、正规。

1954 年 7 月，中央台齐越同志作为中国广播代表团成员去苏联学习。回国后先在中央台传达了苏联播音工作经验，并翻译了苏联播音员撰写的一些文章。当时，中央台播音组在学习借鉴苏联播音经验的同时，开始总结自己的播音经验，经过全体播音员讨论，共写出五篇文章：《播音员和播音工作》，徐恒执笔；《克服报告新闻的八股腔》，夏青执笔；《播社论的体会》，李兵执笔；《把现实中的情景鲜明地再现在听众面前》，张洛执笔；《播音员和实况广播》，齐越执笔。这五篇文章是总结我国播音工作经验最早的文章。文章总结了几种主要新闻体裁的播音以及播音组工作管理和培训播音员的方法。在学习和总结中筹备召开了“全国播音业务学习会”。

“全国播音业务学习会”是 1955 年 3 月由中央广播事业局地播处主持在北京召开的。这是全国解放以后召开的第一次全国性的播音会议。这次会议受到中央广播事业局领导的重视和关怀。局长梅益同志、副局长温济泽同志，地播处处长左荧同志都到会讲了话。会上齐越同志介绍了苏联播音经验。代表们当场试播和讨论，除此项活动外，还请了在北京的一些专家、学者、著名演员做专题报告。其中有中央实验歌剧院导演牧虹讲了台词课和练声。诗人徐迟和北京人民艺术剧院演员苏民讲了诗朗诵。中国科学院语言研究所研究员吴晓铃讲了语音学。北京电影演员剧团导演吴天介绍了斯坦尼斯拉夫斯基体系和演员的修养问题。著名耳鼻喉医生徐荫祥、著名歌唱家张权、著名京剧演员郝寿臣等讲了嗓音锻炼和保护等。这次会议是一个内容十分丰富的业务学习会。大家不仅学到了许多有关业务方面的知识和方法，更重要的是，认识了播音的重要性，巩固了专业思想，端正了对工作的认识。不仅出席的代表收获很大，而且对以后全国播音工作都起到了很好的影响。

这里，着重介绍一下梅益和左荧同志的两篇讲话。

梅益同志的讲话谈了播音工作的重要性，有关播音业务的几个问题和播音员的工作态度等。

他首先针对当时中央台的播音差错问题谈了播音员的工作态度问题。他说：“首先在于以饱满的热情对待工作，那就是在最困难的条件下也能把工作做好。在陕北时候，曾经在土地庙里播音。炮弹在头上飞，电台马上就要拆走，能说不比现在更紧张吗？……最主要的是做工作的人，对工作采取什么态度。在这里指明，播音工作是党的宣传工作，是对广大人民进行宣传教育的，是十分重要的工作。播音员说的每一句话，全国或全省全市都能听到，你播音的时候吊儿郎当，敷衍塞责，那简直是犯罪。……我们向千百万人进行宣传教育，能说这个工作不重要吗？”他认为一个播音员可以把一篇稿子播得非常好，也可能播得非常坏。“播好了作用就很大，播坏了，影响也很大”。“一言既出，驷马难追”。一篇稿子写了出来，经过多少人的辛勤劳动，播音员可能把它随便糟蹋了。他说：“我们从来没有轻视播音工作，也许有个别人轻视这个工作，那是他的思想有问题。”

其次，他谈到播音员要具备一定的文化水平。他针对有的播音员认为自己声音好，不播错，就会成为好播音员的片面认识，提出，“播音员不是一部机器，而是向千千万万的人进行宣传鼓动的宣传家。”……广播内容是无所不包，播音员就应该有广泛的知识，掌握知识越多、越广泛，播音才会有成就。

第三，他提到业务能力的问题。声音、语言标准化和播音技巧方面，都需提高和锻炼。

除此以外，这次讲话提出要更好地提高业务水平，还有一个熟悉生活问题。他认为播音实际上是表现我们的生活，他说：“生活熟悉，播起来就自然、实在，不像雾里看花或隔靴搔痒；有实感，就会丰富我们的感情，也就能提高我们的技巧，加强我们的艺术感染力”。

在播音表达方面他提出反对公式化和模仿，强调“播音要有个性”。

最后，他提醒一点，播音工作很重要，但不能得出结论说，播音工作是广播电台惟一的、最重要的，不能片面地讲重要。

梅益同志的讲话，涉及到播音创作的方向、播音员工作态度，以及创作手段、情感、技巧和修养等多方面的问题，为以后的播音队伍的建设，播音创作等重大问题指出了方向。

左荧同志讲话的题目是：《播音是一种语言艺术活动》。讲话较为系统地论述了播音在广播工作中的重要性，播音艺术与其他艺术的区别；播音创作中的不良倾向等。

在播音创作的几个问题中，第一次提出怎样播的问题（播音方法问题），把过去讲的播音三要素（是什么？为什么？对谁播？）增加为四要素，四要素为：1. 播给谁听？就是播音对象问题；2. 播些什么？就是广播内容的问题；3. 为什么播讲？就是播音的最高目的性的问题；4. 怎样播讲？就是播音技术的问题。

这次大会是一次学习和研究的大会。其主要成绩在于：一、对播音工作的重要性，包括性质、地位、作用，有了明确的认识，从而清除了全国解放初期轻视播音工作的错误认识，使播音员安心工作，稳定了专业思想，为以后播音队伍的建设打下了思想基础。五六十年代成长起来的播音员，绝大多数都有较强的事业心和严肃认真的工作态度，这是与对播音工作的正确认识分不开的。二、学习了苏联播音工作经验和许多专家学者的报告，在业务上是一次大学习、大提高。这种博采众长的方法丰富了播音的表达方法，对以后播音的业务学习，起到了一定的指导作用。三、促进了各地播音组和播音员个人总结播音经验，为以后的播音理论建设积累了资料。

会议以后，各地代表回去都进行了传达，播音员的业务学习迅速开展起来。以中央台为例，当时请了北京大学教授林涛讲汉语语音知识；请中央戏剧学院教师讲发声课；电影演员讲表演技巧；组内也开展结合稿件播法的业务研究讨论会。各地电台也都根据自己的实际，开展各式各样的学习活动。

这一时期老播音员日趋成熟，他们不仅努力学习，钻研业务，而且把他们自己积累的宝贵经验，传给年轻一代。广播局和中央台领导同志都很重视播音工作，关心播音员生活。像梅益同志（当时中央广播事业局局长）1961 年 1 月、2 月和 11 月 3 次与中央台播音组谈话和写信谈播音工作问题，对播音的个性、播音风格多样化等问题都提出了具体的指示。同年 9 月梅益同志与江苏台同志座谈时，对江苏台播音的改革给予了肯定。

这一时期，播音员的工作和生活也一直得到了中央领导同志的关怀和重视。

50 年代，每年的国庆节、五一节，播音员在天安门城楼广播庆祝大会实况，周总理经常去检查工作，十分关心播音员的工作和生活。播音员播音有时来不及吃午饭，他就让服务员给送来点心。"有一年，邓颖超同志很早就登上了天安门城楼，见到本台播音员就一一握手，问他们的姓名、家庭、工作和生活情况。邓大姐说：'去年，我闹病住进医院，不能看报，就天天听你们广播，对你们的声音都很熟悉。像我这样听你们广播的人很多，广播工作很重要，你们要努力做好这个工作。'邓大姐每次在人民大会堂开会，见到播音员，总是亲切地询问一些老播音员的情况。"①

1954 年，中央台播音员在全国人大会议宣读宪法，周总理指示说："读的速度要慢点，声音收着点，因为下面坐着许多老先生，他们的心脏都不大好"②。

1959 年，周总理视察广播大楼，来到机房，站在播音室的窗外，播音结束以后，周总理和播音员握手说："我来看看你们的工作，你们是不是紧张了？"他深情地对齐越等同志说："广播大楼建成了，比起延安窑洞的条件好多了，你们要用延安精神做好工作。"周总理来到电视台一间播音室，发现椅子很高，就叫一个身材矮小的女播音员坐上去，她的双脚沾不着地，总理对电视台的领导同志说："你们要他们工作，又不注意他们的劳动条件，这怎么行呢？要注意改善他们的工作环境。"③

有一次，周总理在首都体育馆看比赛，中央台播音员现场解说的声音很大，工作人员怕影响主席台，就叫播音员关上窗子，总理说："不要关，他们的房子很热，你看，他们一直在擦汗。"

在三年经济困难时期，周总理亲自批准给中央台、国际台播音员生活上的特殊照顾。

1959 年，吴玉章同志参观广播大楼，和中央台播音员亲切见面。吴老说："播音工作是个重要的工作，把党的文件的精神，通过语言正确、生动地传达出去，会起很大的作用。"他勉励播音员要努力工作，努力学习马克思列宁主义，提高政治思想水平，要锻炼语言艺术技巧，爱护嗓子，注意休息。他还非常关心地询问过去陕北台老播音员的情况，嘱咐老播音员注意培养新生力量。

在领导的关怀和党组织的培养下，许多播音员在自己的岗位上做出了优异的成绩，受到听众称赞，也受到党和国家的表彰。一些播音员被授予"社会主义建设积极分子"、"三八红旗手"、"先进工作者"的光荣称号；有的还被选为中共党代表、全国人大代表、全国政协委员、全国青联委员、全国记协理事。

从 1955 年第一次全国播音业务学习会到 1965 年的十年是播音业务大提高，播音队伍

---

① 《当礼炮响起的时候》。

② 夏青谈话录。

③ 同①。

成长的十年。虽受“左”倾路线干扰，几经曲折，还是取得很大的成绩。

在这一时期各地播音部门都有较严格健全的工作制度，有各种形式的业务学习。在这种形势下，播音质量有明显提高。例如中央台的新闻和较长篇幅的政论文章播音效果好，影响大。

在队伍建设方面，无论中央台和各个省台都培养出了不少受听众欢迎的播音员。例如中央台知名度高的有齐越、夏青。其他像潘捷、费寄平、林田、林如、葛兰、王欢，北京台的刘露、恒山，上海台的陈醇，天津台的关山等都在听众中有一定影响。其中除齐越同志来自解放区，其他均为50年代初培养出来的播音员。60年代初又有一批年轻的播音员脱颖而出。如方明、铁城、雅坤、徐曼、虹云、赵培、曹山等在十年动乱之前都已崭露头角。

1958年5月，我国第一座电视台——北京电视台开始试播。最早没有专职播音员，由中央台和北京市台播音员代播，不出图像，以后从中央台播音部调来沈力同志，才有了正式的专职电视播音员。沈力同志成为我国第一位电视播音员。60年代，赵忠祥被选到电视台，成为第一位电视男播音。

为了适应广播电视发展对专门人才的需要，1954年我国建立了第一座培养广播专门人才的学校——北京广播学院。60年代初中央台播音部的马尔方和天津台播音组的徐恒同志调到学院，牵头筹建了播音专业。1963年正式招收播音专业学生，学制为3年，从此在我国有了培养播音人才的正规院校。

十年动乱期间的播音

正当人民播音事业向前发展之际，1966年5月，开始了史无前例的“文化大革命”。在这一特殊历史时期，播音事业同其他事业一样，遭到严重破坏。主要表现在：

建国初期建立起来的播音队伍被打散了。许多老播音员和建国后成长起来的新一代优秀播音员，被扣以“反动权威”、“黑五类”、“修正主义苗子”等帽子，受到批判，调离播音岗位。“文革”初期各地方台都撤销自办节目，全天转播中央台节目，有的台播音员全部下放劳动。

播音理论和业务建设遭破坏。在极“左”路线影响下，建国后建立起的播音理论和积累的播音经验，统统被污蔑为修正主义黑货。由政治代替一切，所有播音理论学习、播音业务培训、播音语言基本训练都被迫停止、中断。

优良传统被抛弃，播音风格遭扭曲。在极“左”路线的冲击下，延安、陕北和建国后播音方面的许多优良传统被抛弃，“高、平、空”的大喊大叫，充斥广播。

否定选拔播音员的科学方法和培训方法，广播学院被迫停办。

改革开放新时期的播音

1976年10月，我们党粉碎了江青反革命集团。党的十一届三中全会以后，人民播音事业进入了恢复、发展和创新的时期。

1981年8月，在北京召开了第二次播音经验交流会，着重讨论了新闻播音特点和当前新闻播音存在的主要问题。会议提出了播音工作必须根据改革需要，勇于创新，探索新的播音方法。大会提出“大胆创新、百花齐放”的口号。会后，全国各地播音员贯彻会议精神，认真学习和实践，在播音业务和理论建设方面，都取得了可喜的成绩。

会后，北京广播学院张颂同志发表了《研究播音理论是一项紧迫的任务》一文，构筑了播音理论研究的框架，促进了播音理论研究工作。之后的仅十余年中，便有一大批播音论著问世，比如《朗读学》《播音创作基础》《播音语言通论》（张颂著），《播音发声学》（徐恒著），《播音学简明教程》（吴郁主编），《播音导论》（李越著），《播音文体业务理论》（毕征主编），《寄语青年播音员》《献给祖国的声音》（齐越著），《播音风格探》（姚喜双著），《论播音艺术》（张颂、乔实著），《小说播讲艺术》（汪良著），《播音·朗诵·演播》（石雨著），《语言表达艺术》（姚喜双、罗奕著），《语言发声原理　语言发声练习》（李钢、陈京生编著），《播音心理学》（祁芃著），《语言发声基础》（王璐、白龙著）等；还翻译了国外的播音论著，如《朗诵艺术》《苏联功勋播音员》（齐越、崔玉陵译）等，还出版了《播音创作漫谈》1、2、3 集。这些都使播音理论与业务的研究和探讨更加深入系统。

1987 年，中国播音学研究会正式成立，齐越任名誉会长，夏青任会长，张颂、铁城、陈醇、关山等任副会长。创办了《播音界》为学会会刊。各省市、自治区之间，各城市电台、电视台之间，也纷纷成立了研究会和协作会。这都为促进播音理论建设和播音业务的开展创造了良好条件。

随着播音理论研究的不断深入、系统，播音实践园地里的百花也竞相开放。随着广播、电视节目形式的增多，播音创作的内容和形式也更加丰富。从“徐曼小姐”主持的“空中之友”节目开始的主持人播音，为播音创作的百花园又增加了一个新品种。在有稿播音的基础上，无稿播音的样式也越来越多。这些都不断地丰富着播音理论和播音创作实践的内容。

与此同时，播音学科的对外交流也在不断扩大。在国际交流中，也更加显示出我国当时播音理论研究所处的领先地位。

播音专业的高等教育也得到了恢复和发展。北京广播学院 1974 年恢复办学，并招收了播音专业学生，学制两年。1977 年改为四年制本科。80 年代初由专业扩大为系。从中央台和地方台陆续调来一批中老播音员任教，师资队伍进一步加强，播音学有了自己的教授、副教授和一批讲师，并培养出了硕士研究生、本科生、专科生等一大批不同层次的播音高级专门人才。还成立了播音员、节目主持人培训中心，培养轮训了几千名在职播音员。1986 年，广播电影电视部又在杭州开办了浙江广播电视高等专科学校，开办了播音专业，已培养了多批播音专科毕业生。

现在，我国专职播音队伍已发展到几万人，其中一大批同志都获得了专业职称。他们中有播音指导、主任播音员、一级播音员、二级播音员等，播音队伍的素质不断提高。在改革开放的今天，随着我国广播电视事业的飞速发展，播音学科、播音事业，这一年轻的学科和充满前途的事业，正以其独具的特色和优势，以其强大的生命力走向更加辉煌的明天！

第三章 播音的性质和创作特征

第一节　播音的性质

由于播音学科的边缘性和播音创作的复杂性和多样性，所以对播音性质的认识不应是单一的、平面的，而应是全方位的、立体的。

播音，既具有自然属性（如声音的传播，形象建立的物理、生理属性，以及传播的特性等），又具有社会属性（如播音创作中的党性原则，民族、时代、阶级、社会等因素的限定）；既具有新闻属性，又具有某些艺术的特征；既具有再造性，又具有创造性等等。

这里从播音工作的创造性，播音的言语传播、新闻、艺术属性等方面来论述。

播音的创造性

传统的观点以为创造是从无到有，其实并不尽然。因为从总体讲，大千世界、万事万物是不灭的。所以，也就无所谓从无到有，而只是一个转化过程。现代意义上的创造，是看是否通过人的主观能动性的发挥，人的本质力量的显现，改变旧的符号系统，建立新的符号系统。如果通过人的主观能动性的发挥，改变了原有的符号系统，建立了新的符号系统，就是创造。这里，一方面强调，要有符号系统的改变，一方面强调要有人的参与，有主观能动性的发挥和作用，比如，日月星辰的运行，每时每刻都在改变原有的符号系统，但也不能认为是创造，因为没有人的参与。卫星上天是创造，它在天上运转过程，是人化了的过程，是人的主观能动性发挥的结果，是人的本质力量的显现，是人的力量，改变原来材料的符号系统，并在此基础上建立起一套能够围绕地球运转的新的材料符号系统，所以我们说是创造。这些材料并不是从无到有的，而是转化过来的。“101”毛发再生精，我们说这是发明创造，这也是因为发明创造者改变了原有几种溶液原料的符号系统，将其兑制在一起，建立了能促使毛发再生的新的符号系统，所以我们称之谓发明创造。以上两例，是说自然科学方面的创造。社会科学，包括艺术方面的创造，也是通过人的主观能动性的发挥，改变旧的符号系统，建立新的符号系统。但社会科学，尤其是艺术，主要是通过情感的力量来改变旧的符号系统，建立新的符号系统。如，作为舞蹈艺术创作材料的人的肢体，日常生活中的运动，也是在改变着旧的符号系统，但这显然不能说是创造。而按照舞蹈艺术编导的意图，通过情感的力量，改变旧的肢体运动符号的系统，建立起了新的符合舞蹈艺术要求的符号系统，所以，我们说这是艺术创造。绘画、音乐等艺术创造都是如此，它们都是通过人的情感的力量改变旧的符号系统，建立新的符号系统。

播音这一事物是由播音员、稿件（素材），听、观众之间的矛盾运动构成的。其中，播音员是播音创作的主体，稿件（素材）和听、观众是客体。从播音员同稿件的关系看，播音员通过主观能动性的发挥，通过感情的力量，建立起了一套新的符号系统。即把按文字排列传递信息的符号系统，转化为按有声语言和副语言（体态语）传递信息的符号系统。从播音员同听、观众的关系看，播音员播音时，坐在播音室里，面对的是话筒和摄像机的镜头，看不到听众或观众。这本身对播音员感情、语言的表达和交流都是一种限制。创造性正是在限制中显现出来。如果没有了限制，也就无须创造了。播音员播音时，正是要通过主观能动性的发挥，去感受听、观众的存在，面前无人，心中有人。从而与听、观众在感情上、语言上沟通，所以，无论是从播音员同稿件的关系看，还是从播音员同听、观众的关系看，播音都是一项创造性的活动。

播音的多质性

由于播音学科的边缘性和创作活动的复杂性，从创造活动中至少反映出这样几点属性：播音是一项特殊的言语活动，具有言语传播的性质；播音是一项新闻实践活动，具有新闻性；播音是一项艺术创作活动，具有某些艺术属性。

播音这一创作活动，至少直接集语言、新闻、艺术于一身，是一个复杂的系统工程。从语言学角度看，播音是一项特殊的言语活动。播音言语活动的过程是：心理——生理——物理——生理——心理。其中，第一个心理、生理活动，是发送信息的人，即播音员发送信息的过程；第二个生理、心理活动，是接受信息的人，即听众或观众接收信息的过程；物理活动的过程，是声音在空间传播的过程（包括电子技术的运用）。上述所说的五个运动过程，实则瞬间完成。其中，生理和物理活动的过程，具有自然属性；心理活动的内容，具有社会属性。播音这一言语活动的特殊性在于：一般生活中的言语活动，交流对象在场，言语交流，即言语活动的过程，是一个完整和相对封闭的系统。信息发送者，即说话人可以及时获得交流对象的信息反馈，并根据这种反馈随时调整自己的交流状态。播音时，播音员（除现场主持节目外）一般是坐在播音间里的，面对话筒和镜头，听、观众不在场。播音员听不到、看不到听众和观众的反馈，无法和听、观众产生真正意义上的交流（只是单向地将信息传递给听、观众，没有办法互相交流）。播音员只能凭自己的经验和感觉，去寻示“对象感”，在播音创作中尽可能做到与想象中的听、观众“交流”。所以，播音这一言语活动的过程，是一个相对不完整的、开放的系统。这种听、观众在交流时不在场所形成的言语活动交流过程的“残缺”性，正是播音言语活动的特殊性之一。播音言语活动的特殊性还在于：日常生活的言语活动，是言语者自己要说的话；播音这一言语活动，必须依据稿件，并且要把文字稿件转化为自己要说的话。播音言语活动的特殊性又在于，日常生活中的言语活动，言语者是代表自己讲话；播音这一言语活动，播音员是代表电台、电视台以至于代表党和政府讲话。同时，播音这一言语活动，言语者还受到话筒、镜头等传播条件的限制，副语言不能充分运用，尤其是电台播音员，只能靠声音，等等，这些都构成了播音言语活动的特殊性。所以说，播音是一项特殊的言语活动。从新闻学的角度看，播音又是一项新闻实践活动。播音是广播电视宣传的最后一环，播音员是电台、电视台的“门面”，也是电台、电视台宣传过程中的一个工序，所以，播音创作也必须遵从新闻学的基本规律和原则。陆定一同志给新闻下的定义一直为新闻界沿用，即：“新闻是新近发生的事实的报道。”[①] 这个定义中讲了三个要素，即一个是“新”，“新”是新闻的生命，它要求新闻报道要注重时效性；一个是“事实”，事实的准确无误，是新闻价值得以实现的保证，它要求新闻报道必须遵循真实性原则；一个是“报道”，“报道”使新闻价值的实现成为可能，新闻报道要遵照客观报道的原则。客观报道，不同于“客观主义”，所谓“客观主义”要“纯客观”，“不加进自己的感情态度”，实际上做不到，实则是一种主观随意性的东西。而客观报道，则要求按照客观实际，根据人民群众改造自然、改造社会的实践活动进行报道。它不仅要反映人民群众实践活动的事件本身这一客观方面，也要反映人民群众在这一个实践活动中的喜怒哀乐这一客观实际，所以客观报道不是没有感情态度的，而是具有表态性的。这里的客观不是指无态度，而是指要从客观实际出发，防止主观随意性。播音既然是一项新闻实践活动，新闻定义的这三要素，必然反映在播音创作中，播音创作也无时无刻不在体现这三要素。“新”、“时效性”体现在播音创作中，就是要有“新鲜感”和“时代感”；“事实”、“真实性原则”体现在播音创作中，就是要有“真实感”和“分寸感”；“客观报道”体现在播音创作中，就是要有表态性。从艺术的角度看，播音创作从感受到表达，从情感引发到表现，具有某些艺术属性，又是一项艺术创造活动。

播音性质的主调

对播音性质的立体透视和全方位认识，使我们看到了播音的多性质，即其性质中既包含自然属性，又包括社会属性；既包括新闻性，又具有言语传播和艺术的属性，等等。这众多属性，同时发挥作用，构成了播音的性质。同时，这众多属性又不是平均用力，作用均等，其中，新闻性在其中占据举足轻重的位置。新闻的真实性原则，使得播音创作中播音员情感的表达与演员表演中情感的表达，有了质的区别。新闻的时效性、报道的连续性、政策分寸的把握，使得播音言语表达技巧区别于朗读、朗诵、讲演等，播音言语活动具有了自身的规定性。所以说，新闻性是主调。播音是广播电视宣传的重要一环，是新闻工作的重要组成部分。当然，强调主调，并不是说其他的不重要，主调正是在与其他属性的和谐统一中才能起作用，所以说，播音员是新闻工作者，也是语言艺术工作者。

第二节　播音创作的特征

考察播音创作的特征，是从播音创作活动的特点，创作活动中各要素特点，从这一创

① 康荫：《新闻广播电视研究》，北京广播学院出版社出版。

作活动同其他艺术创作活动和其他新闻广播电视实践活动比较中得来的。

创造和再创造的双重性

从广播电视节目制作到传送的大的系统来看，播音是在编辑、记者采写稿子这一次创造活动后的又一次创造，所以是再创造；从播音员对腹稿和稿件文字符号系统的转换，建立符合听觉、视觉规律的新的符号系统来说，又实属是创造。所以，播音具有创造和再造的双重性。

创作素材的二度性

播音员创作时所用的素材，包括文字稿件、资料、画面、音响等等，已经是编辑、记者、原作者观念形态化以后的东西了，已经不完全是原始的生活素材了，所以具有二度性。电台播音员看到的文字，已由编辑、记者对客观事物进行了抽象；电视播音员所看到的画面，已是摄影师和电视编辑对客观、现实的提炼和剪裁。这就要求播音员要更多地深入生活，增加“一度”的感性认识，以获得真切的感受。二度创作，还要求播音员在播音创作中，必须注意体现出原稿和原片的写作和拍摄风格。所以说播音创作是：“戴着镣铐的舞蹈。”

创作手段的声像性

播音创作的手段是指播音员运用的有声语言和副语言（体态语、形象）。有声语言和副语言都是按照时间序列运行的，稍纵即逝，有其长处，也有其局限。这种传播手段，有其很强的个体性。即一人一声，一人一面，便于形成不同的播音特色和风格。播音创作手段的这一物质材料：声音和形象，既有自然属性，即生理、物理运动的一面，又有社会属性，即这一手段本身是一个社会化的过程。所以在运用过程中既要注意按自然属性一面，按听觉、视觉规律，按个体接收特点来传播信息，又要注重其社会属性一面。因为语言是思维的直接现实，是思想感情的表达手段，语言赖以存在的物质基础是人，人虽具有个体性的一面，但不会孤立地存在于世界上，人的本质正是社会关系的总和，所以在传播过程中又必须反映出其态度、思想和感情。播音创作虽具有音像的传播手段，但较之日常生活中言语交际活动，其手段还是显得局限和单一。日常生活中，人们言语活动传递信息的手段是多渠道的、立体的、丰富的。播音创作中，在电台播音的播音员，只能用声音这一惟一的手段；电视播音员，虽有一定的副语言帮忙，但也大多是半身图像，体态语也不能充分展示。这种手段的单一局限，又为播音创作提出了更高的要求，也使其特点更为明显。

交流对象的虚拟性

前面已经谈过，日常生活中，人们的言语活动交流对象在场，而播音员播音时面对话筒或电视摄像镜头，交流对象（听众、观众）一般不在场。播音员为了与播音对象交流，必须在自己的面前假设一些听众、观众，播音时同这些假设的听众、观众交流。

吐字发音的规范性

播音员播音，要通过话筒，经过无线电波传送出去，要求声音必须集中，字音必须准确清晰。同时广播覆盖面广，无形中播音员又是听众、观众的语音教师。所以要求播音语言必须规范，其语音、语法、修辞等都必须严格遵守普通话所规定的标准，它比话剧、电影等语言艺术的规范性的要求更高一些。

感情表达的真实性

播音工作是广播电视工作的一部分，必须遵循新闻真实性原则。所以播音在表达感情时，要求真实，要把握好分寸，切忌艺术的渲染和夸张，要呈现出恰切、质朴的特点。在文艺性稿件的播音中（除小说讲播和电影配音外），包括：歌曲介绍，电影、戏剧、音乐、舞剧等的解说，文学作品赏析等的播音，播音员可以在稿件的基础上，借助某种艺术想象的手法来调动感情，但在语言表达样式上却不宜采用角色化、性格化的语言，而多用转述、介绍、解说、描写等语言样式。

创作时间的紧张性

由新闻广播电视的时效性决定，播音创作的时间是紧张的。播音员不可能像话剧、电影演员那样，对原作有一个反复准备的过程。播音员经常是拿到稿子就播，有时连看一遍的时间都没有，随着现代信息社会人们生活节奏的加快，时效性要求越来越高，所以，播音创作的紧张越来越明显。这就要求播音员必须具有广义备稿的能力，必须提高思想、文化等各方面的素质，才能胜任。

创作范围的社会性

尽管播音员面对话筒、镜头播音，多数时间所处的天地是小小的播音室，但是，由于广播电视传播的特性所决定，它具有广阔的时空，它以全社会的人们为受众。这一创作活动，比任何一场话剧表演或电影演出所拥有的受众不知要多多少倍，“而受众又是多层次、多情状的，以个别体现着一般，以个性蕴含着共性。因此，在播音过程中，‘这一个’和‘此一瞬’紧密结合，汇入传播总渠道，渗透到各个地方。”① 所以，“这个时代，这个社会，客观世界形势以及当今受众的收听收看心态，应该成为须臾不可漠视的现实。”②

创作活动的日常性

在所有的艺术创作活动中，可以说播音创作活动发生的频率最高，它是经常的每日每时都在进行着的。这种日常性，也就决定着播音创作的连续性和紧张性。这就要求播音员，既要具备敏捷快速的创作反应能力，又要具有持之以恒的毅力、耐力。这种日常性所导致的播音创作的连续性，就决定了播音创作主体形象的完成，不是一时一事的，听、观众对主体形象的评价，也是一个动态发展变化的过程：你今天创作得好，明天退步了，听、观众也不会认为你好。相反，尽管暂时形象效果不太理想，但是只要努力，形象会逐步好起来，听、观众也是会承认你的。这说明，播音创作的日常性就决定着你形象的建立是没有止境的，它贯穿于你创作生命的全过程中。所以应有持之以恒的毅力“每次都应从零做起”（齐越语）。

以上简述了播音创作的九个特点，当然播音创作运动的特征还可以有许多，这只是基本的几条。同时这些特点，有的是播音创作独有的，有的是同其他创作活动交叉共有的。

---

① 张颂：《中国广播电视学》第26章《播音》，第532页，中国广播电视出版社出版。

② 同上。

第四章
播音创作的分类、创作方法和原则

第一节　播音分类

播音分类的意义

所谓分类，就是“根据事物的特点分别归类”。播音创作的分类，就是根据播音创作这一事物自身矛盾运动所呈现出的不同特征对其进行划分归类。这种划分，对于充分认识和研究播音这一事物，对于增强研究的针对性和对象把握的具体化都具有重要意义。同时也可以使研究出的理论对播音创作的实践有更为具体、针对性更强的指导。

分类是播音学建立的必然，也是播音学科成熟的标志之一。随着播音这一事物不断发展、成熟，播音创作系统内部各种要素的组合方式不断地建立起来，同系统外部的联系也日益增多，其各种运动规律和特点也越来越多地呈现出来，这一方面标志着学科自身的成熟;一方面也要求我们必须进行分门别类地研究，才能把各种特征和规律具体揭示出来。

由于播音学科的边缘性和播音创作的多样性，使得分类在播音学的建立中显得尤为重要。这种边缘性和多样性，使得播音创作系统显得更为纷繁复杂，各种规律和特征交织在一起，只有分类，才能清楚地认识其规律和特征。

对播音创作分类，可以使播音研究对象进一步具体化，从而使理论的研究和实践的指导，更富有针对性。比如，分析播音语言的转化，有稿播音和无稿播音就不一样；研究播音创作的依据，广播播音和电视播音就有不同。再比如，笼统地谈播音语速的问题是很难说清楚的。只有区别广播播音和电视播音、新闻播音和文艺播音、播报式播音和谈话体播音、50 年代的播音和 90 年代的播音等等，才能说清楚。

播音分类的原则

由于播音学科的边缘性，创作系统的复杂性，创作过程的纷繁性，创作特征的多样性，在播音分类上就不能够简单孤立地采取一刀切的分类办法，而应该采取多视角、多分法原则，多层面、细分法原则。

多视角、多分法原则。对播音创作系统的分类应该作综合的多方面、多角度的考虑，才能分清。比如，从创作过程来看，可以分为创作准备阶段和实际播音阶段；从创作矛盾主客体的两个方面，可以分为创作主体和接受客体两个方面；从传播媒介分，可以分广播播音和电视播音；从传播符号分，可以分为语言传播和副语言传播；从对节目的参与制作过程和语言表达形式上，可以分为新闻播音员播音和节目主持人播音；从语言表达样式上，又可以分为宣读式、播报式、评述式、谈话体等的播音；从播音文体上，还可以分为新闻播音、通讯播音、评论播音、对话播音、文艺播音等等。

多层次、细分法原则。进行多视角分类后，也不能是分了一个层次就可以了事。比如，从传播媒介的角度可以分为广播播音和电视播音，但不能只到这个层面为止，还应该进一步划分。如电视播音，还可以分为口播、配音、采访、主持等等。口播又可以分为新闻类口播和艺术类出图像播音等；配音，又可以分为新闻片解说、专题片解说，给专题片中人物配音等。

边划分、边综合原则。由于播音创作各子系统构成的交叉性，所以其分类就意味着：对某个子系统的划分和同另一个子系统的联合。因此，播音分类，也就包含着边划分、边综合的内涵。比如，我们要划分出电视口播新闻这个类，就意味着一方面对电视传播系统的划分，一方面同新闻文体系统中一部分的联合，电视传播系统的一部分内容，新闻文体系统中的一部分内容，化合成为电视口播新闻这个类。这就说明，对分类的认识，不能把其简单地看成是分切，其中还包含一个分合联变的过程。只有这样，才能使我们的分类切合实际。

从传播媒介和创作文体上分类

从传播媒介上，播音创作可以分为广播播音和电视播音。

广播播音，信息传递的渠道单一，播音员只能靠有声语言来传送信息，具有音声性。这种单一性和限制性，给播音员的声音质量、语言表达技巧都提出了很高的要求，同时也给播音员提供了无限广阔的创作天地。这种创造性，正是在这种限制性中生发出来的。

电视播音，信息传递可以通过图像、声音、文字等进行，播音员可以用语言和副语言传递信息，具有声像性。这就要求播音员不仅声要过关，而且像也要达标，同时在声像的协调配合上只有具备一定的水平才能胜任。其播音创作的综合性特征尤为明显。

从创作文体上，广播播音可以分为：新闻（消息）播音、通讯播音、评论播音、对话播音、文艺播音、知识性服务性稿件的播音、主持类节目的播音等。

电视播音，可以分为：口播、配音、主持、采访等。口播（即出图像播音），又可以分为口播新闻和口播专题等。配音，又可以分为新闻片解说、专题片解说、给专题片中人物配音等。主持，又可分为新闻类节目主持、专题类节目主持、文艺节目主持等。采访，又可分为新闻采访、专题采访等等。

从创作过程和创作要素上分类

从创作过程上，可以分为播音创作的准备和播音创作的表达两个阶段。其准备，既具有广义，又具有狭义。从广义上讲，包括修养的加深和素质的提高。从狭义上讲，包括声音、形象的训练和塑造，创作素材（文字稿件，电视片声音、画面等）的理解感受，创作对象（听、观众）的设计确定。其表达，是创作准备的具体实现，它包括对自身声音、形象、情感的具体把握；对创作素材的综合转化；对创作对象的心理感知。这其中，也包括内、外部技巧的综合运用。

从创作要素上分。决定播音这一事物基本矛盾运动的可分为三大要素：创作主体（播音员、主持人）、创作素材（文字稿件，电视画面、声音等）、受众（听众、观众）。

从传播方式和语言样式上分类

从传播方式上，可以分为录播（事先录音、录像，然后播出）、直播（为保证其时效，不录音、录像，直接播出，播出和接收是同步的）。录播可以有一定准备的时间，创作过程即准备到表达，可以明显地展开。直播，有时来不及看一遍稿子，准备和表达过程处于共时状态，同步进行，综合体现。这就要求播音员平时要增强广义备稿的能力，提高自身的素质。

从对语言的组织和转化上，可分为有稿播音和无稿播音。无稿播音和有稿播音都有一个形之于声像（即语言和副语言）的问题，都需要对其规律进行很好地把握，都包含着创造性，没有高低贵贱之分。只不过是有稿播音更注重转化，无稿播音更注重生成。作为播音员或主持人，应做到“有稿播音锦上添花；无稿播音出口成章”（张颂语）。

从语言表达样式上，可分为有声语言表达和副语言的体现。有声语言表达，又可以分为音质、音色的体现，如是高音、中音，还是低音；是浑厚的，还是甜美的等；可以分为不同的语体形式，如：宣读式、评述式、播报式、交谈式等；可以分为不同语言表达技巧，如内部技巧：情景再现、内在语、对象感；外部技巧：停连、重音、语气、节奏。副语言体现，可分为动态的展现和静态的体现。由于图像、画面的运动是在时间上展开的，所以，所谓动态展现，是指播音员（主持人）通过面目表情和身体动作过程所展现出的信息。同时，副语言符号有时不通过运动，也可以传递信息，如播音员（主持人）化妆、着装等。

第二节　主要播音文体和语言表达样式的特征

以上论述了播音创作的具体分类。由于文字所限，其特征无法一一表述。这里仅就几种主要播音文体形式和语言表达样式进行简要论述。

几种主要播音文体

（一）新闻播音

“新闻是新近发生的事实的报道”。[①] 同其他几种文体形式比，新闻对客观事物的反映是概述的，同时要求准确、及时，以体现出新闻的真实性和时效性。新闻播音要准确地体现出这一特征，在语言表达样式上多采用播报式，以体现准确和及时的特征，同时强调播好导语，处理好导语与主体的表达关系，体现出新鲜感、时代感、分寸感和庄重感。在用

---

① 陆定一语，参见康荫：《新闻广播电视研究》，北京广播学院出版社出版。

声及表达上要求语言节奏明快，声音纯正明朗。

（二）通讯播音

消息是对客观事物的概述，通讯则是详细生动的描述。通讯播音，是播音员以真实的情感体验，具体、生动、形象地报道新闻事实。通讯播音需充分地展开想象、联想，用声及语言表达，要求虚实强弱，高低疾缓，变化丰富。

（三）评论播音

评论，主要“运用说理手段，通过对事件或问题的政治的思想的分析，旗帜鲜明地阐述对于该事件或问题的见解和主张”[①]。它具有很强的逻辑性和表态性，所以评论播音要以宣读和评述语言样式为主，要态度鲜明，直抒胸臆，语气肯定，重音坚实；要体现出语言表达的庄重感和分寸感。

（四）对话播音

对话播音，是由两人或多人按特定人物要求进行交谈的一种播音创作形式。对话播音的内容主要是阐述党的方针政策，传播科学知识，介绍先进经验等。对话播音要求对人物和语言环境进行设计，交流双方在语言表达中要遵循言语交流的规律，要有听、想、说这一过程的展示，以交谈、讲解的语体为主。

（五）文艺播音

文艺播音，是对文艺性稿件进行再创造的一项播音创作活动。它包括串连词、解说词和评介稿件的播音。文艺播音的语言表达应注意同所介绍的作品内容和谐一致，多用介绍、讲解、抒情、描写、议论、评介的语言表达样式。

（六）知识性、服务性稿件的播音

知识性、服务性稿件的播音，主要是指各类知识的介绍、各种信息的介绍，节目的预告、天气的预报等等。语言表达的特点是以介绍、说明为主，要求感情态度亲切、朴实、自然。

（七）广告播音

由于广告本身所具有的商业性、信息性、艺术性、诱导性等，广告播音要求语言表达具有新颖性、生动性和鼓动性，有时可采用声音特技和渲染夸张的语言表达手法。

（八）体育解说

体育解说，是对体育比赛现场实况进行报道的一种播音创作活动。它要求解说员情绪活跃，反应敏捷，语言组织迅速，多采用快速介绍、评述的语言表达样式。

（九）主持人节目播音

主持人节目播音，是指以节目主持人身份在固定的广播电视节目中对听众、观众进行播音的创作活动。这一播音创作形式，要求创作者对节目的整体进行把握和驾驭。在语言表达上要具有个性鲜明、亲切热情、交流感强的特点，多采用谈话体。

（十）电视口播新闻

电视口播新闻，是指播音员出现在电视屏幕上，运用有声语言和副语言传达新闻信息的一项播音创作活动。口播新闻，要求播音员的形象端庄大方、朴实自然，符合新闻真实

① 《广播电视简明辞典》第80页，中国广播电视出版社出版。

性的要求。在语言表达上，除了要符合新闻播音的一般要求外，还要注意语言与副语言的和谐一致。语言表达多采取播报式，比广播新闻播音语速稍快。

（十一）电视新闻片解说

电视新闻片解说就是播音员给电视新闻画面配音。这一播音创作活动，要求配音与画面整体内容和谐一致。新闻片解说要注意体现出新鲜感。

（十二）电视专题片解说

电视专题片解说是播音员给电视专题片配音。这一播音创造活动，除了要求配音与画面协调一致外，还应该注意其艺术性，体现出美感。

几种主要语言表达样式

（一）宣读式

播音语言表达样式之一。其特点是语速稍慢节奏稳健、语句工整、讲究顿挫、语气庄重。

（二）朗诵式

播音语言表达样式之一。语气奔放，节奏跌宕，富于变化。

（三）讲解式

播音语言表达样式之一。此种样式语句舒展，节奏平缓，包含讲说、叙述、描写、评述等多种特征。

（四）谈话式

播音语言表达样式之一。语言表达灵活、自然，交流感强。

第三节　播音创作的方法

所谓播音创作方法，就是人们在播音创作活动中，认识和把握其矛盾运动规律的基本规则和办法。

这种基本的规则和办法，是由播音基本矛盾运动的特征所决定的，概括起来即是还原、转化、表达。

还原

深入理解，具体感受。播音创作的素材（稿件、提纲、资料、画面、音乐、音响等）是观念形态化以后的东西，具有二度性。播音应充分理解、感受文字稿件和电视画面音响等的表达内容和形式，透过文字、画面、音响，感受现实生活本身。在这样的感受中，对素材的背景、主题、针对性进行充分的挖掘，深入的理解，这是播音创作过程的必需，也是播音基本矛盾的特殊性反映在播音创作中的必然。即透过第二信号系统的文字、画面等，还原感受到文字、画面所反映的现实生活。

转化

按视听规律，对文字稿件和其他素材进行重新组织结构，以使其纳入视听觉系统，符合视听规律的体现体系。比如文字的标记系统（包括标点符号的位置，自然段落的构成等）在转化为声音传达系统时，必须按听觉的规律对其进行重新组织结构。新组建的结构系统，才是供有声语言、副语言传播表达的系统。

以上所说的还原和转化，一方面是创作主体播音员对创作客体的素材进行认识、感受、理解、归纳、组织、结构的过程；一方面也是创作主体自身思想感情生发和运动的过程。所谓思想感情的运动状态，是指“播音员的思想感情沿着创作依据的序列，循着创作思路的轨迹，随着播送内容的发展而不断变化的状态”。[①] 思想感情的运动状态，是理解的深化、感受的升华，是对创作素材组织和结构的动力。当然播音创作中思想感情的运动，不是主观随意的感情的波动，而是依据创作素材所含情感的发展变化。所以，还原、转化中的感情的运动，是创作主体与创作客体情感相统一的过程。

表达

把转化过来的系统，把运动着的思想感情，通过有声语言和副语言体现出来，传达给听众、观众。这既是“还原”、“转化”的物化、实现，又是思想感情运动的外化、展现。这一传达活动，就其内容来看，是对创作素材的体现；究其本质来讲，又是对现实生活的反映。所以，表达，一方面要掌握创作材料（有声语言和副语言）的结构运作方式；一方面要把握现实生活本身的发展运动规律。从某种意义上讲，创作材料的运作方式，同生活规律有着紧密的联系，后者是源，前者是流。如，播音中停连、重音、语气、节奏等等技巧，往往同生活中人们语言活动的一些规律相映。而所传达的消息、通讯等等内容，也是现实生活的反映。所以，无论是传达形式和内容，都受现实生活的制约，要求创作者把握现实生活的规律。与此同时，播音表达系统的运作，不是封闭的，而是开放的，它需要传达者在传播的同时，又接受想象中听众、观众的反馈和刺激；在有声语言和副语言表达中又同其创作素材协调一致。

第四节　播音创作的原则

播音创作的原则，是人们对播音这一事物矛盾运动规律认识和把握的基本准则。原则是观念形态的东西，它是根据规律发展而来的。要研究播音创作原则，必须依据播音基本矛盾运动的特点、播音创作内外部系统各要素发展运动和相互作用的规律来认识。按照这种指导思想，播音创作原则至少可以概括为以下两个方面。

坚持创造性原则

在“播音的性质和特征”一章中，曾论述了播音的创造性，这是播音自身矛盾运动规律所决定的。所以要正确地把握播音创作活动，必须坚持播音创造性原则。

坚持创造性原则，就要充分发挥创作主体（播音员）的主观能动性，强调其对创作活动的驾驭、创作素材的把握，强调其对符号转换系统的操作，在转化过程中体现出其主体的重要作用。

坚持创造性原则，就要充分体现创作主体（播音员）的创造性劳动。播音这一创作过

---

① 张颂：《中国广播电视学》第26章《播音》，中国广播电视出版社出版。

程是复杂的艰苦的，其劳动既有心理的，也有生理的；既有脑力的，也有体力的。只有花费大量心血、付出艰辛的劳动才能实现。那种把播音看成是不动脑筋地“照本宣科”，简单地“见字出声”，机械的“传声筒”的认识，都是同播音这一创造性活动格格不入的。

坚持播音的创造性原则，就要坚持播音语言的规范化，同时应承认播音是一门语言艺术。那种把不标准不规范的语音当作自己的个性、特色，充斥播音中，那种把貌似“生活化”、“自然亲切”的语言掺入播音中，是对播音创作的玷污。这样的自然主义、随意性的倾向，只能把播音从创造性的殿堂拉入荒漠和歧途，所以，必须力戒“随心所欲”[①]。

坚持播音的创造性，就要既遵循传播的规律，又把握其宣传属性；既看到其符号系统的作用，又注意其社会实践的决定；既注意其创作主体声音、形象的可听性和可视性，又注意其可信性；既研究受众的个性心理，又研究受众的社会心理。

坚持创造性原则，就要坚持“广采博收、百花齐放的创作方针”。[②] 由于播音创作系统的开放性、播音学科的边缘性、播音内容的多样性、播音对象的多重性，所以在播音创作中必须广采博收，“汇天下之精华”[③]，才能适应不同创作内容、创作对象的需要和审美追求。坚持百花齐放，就要鼓励不同播音风格的创立，反对千篇一律、千人一面、千口一腔，反对播音创作中的机械模仿。

坚持创造性原则，就要坚持“自己走路、独树一帜的创作理想”[④]。在“汇天下之精华”[⑤] 的同时，还必须“扬独家之优势”[⑥]。我们中国人民广播电视的播音创作有着自己独特的优势，比如：“优美的民族语言，深挚的民族情感，丰厚的民族遗产，质朴的民族性格，凝聚的民族心理，坚韧的民族气质，高洁的民族品德，果敢的民族精神”[⑦] 等等。在世界上多种电波纵横交织、国际间各种传播相互撞击中，有我们可以借鉴的东西，但是我们千万不能只注意到传播的“现代化”，而丢掉了我们自己的播音创作的优势和创作理想。

坚持正确的播音创作道路

正确的播音创作道路可以表述为：“站在无产阶级党性和党的政策的立场上，以新闻工作者特有的敏感，把握国内外形势的发展变化和人民群众的思想实际，准确及时地、高效率高质量地完成‘理解稿件——具体感受——形之于声——及于受众’的过程，以积极自如的话筒前状态进行有声语言的再创造，达到恰切的思想感情与尽可能完美的语言技巧的统一，体裁风格与声音形式的统一，准确、鲜明、生动地传达出稿件的精神实质，发挥广播电视教育和鼓舞广大人民群众的作用”。[⑧]

坚持正确的播音创作道路，首先就要坚持播音创作的党性原则。党性即阶级性和倾向

---

① 齐越：《献给祖国的声音》，中国广播电视出版社出版。

② 张颂：《中国广播电视学》第26章《播音》，中国广播电视出版社出版。

③ 吴冷西语。

④ 同②。

⑤ 同③。

⑥ 同③。

⑦ 同②。

⑧ 张颂：《中国广播电视学》第26章《播音》，中国广播电视出版社出版。

性。党性体现在播音创作中，即鲜明的无产阶级感情。由于无产阶级代表生产力发展的必然，具有强大的生命力，其社会实践的丰富性、多样性，所以无产阶级感情及其表现方式也应是向上的，又是丰富的、多样的。这种向上和多样性的统一，才是无产阶级感情表达的特征。所以不能把无产阶级感情仅仅理解为“硬邦邦”的。它既有“四海翻腾”、“五洲震荡”，又有“莺歌燕舞”、“潺潺流水”。播音创作中坚持党性原则，就要站在党性和党的政策的立场上，坚持播音员这个“小我”和党的宣传员这个“大我”的有机统一。在播音创作中，既要有自己感情的表达特点，又要把握党的政策的分寸，既要有自己的形象特征，又要符合党的宣传员这一总体形象的准则。

坚持正确的播音创作道路，就要坚持播音创作的真实性原则。播音，是广播电视新闻宣传中的一环，播音员是党的新闻工作者中的一分子，播音创作具有新闻性特征，所以播音创作中，必然要坚持真实性原则。新闻真实性含义，既包括现象真实，更要求本质真实，是现象真实与本质真实的统一；既包括局部真实更要求整体真实，是局部真实与整体真实的统一；既包括静态真实，更要求动态真实，要从运动的现在看到运动的未来。所以，播音创作中的真实性，也应是全息的体现。它既包括播音员不读错字音、不播错内容，又包括播音创作情感表达的准确性和党的政策分寸的准确把握。同时，这种真实性还体现在形象的塑造、身份的把握等语言和副语言表达的各个方面。

坚持正确的播音创作道路，就要坚持播音创作中的时效性原则。这是由广播电视新闻宣传的时效性所决定的，因此播音创作也必须体现时效性。这一时效性的体现，一方面反映在播音创作活动的紧张性上，即准备的时间很短，不像其他艺术创作活动那样有充分的准备时间；一方面反映在新鲜感和时代感的态度感情的体现上。有时你的播音可能是按时播出去了，但是没有体现出新鲜感和时代感，也不能说你就很好地体现出了新闻的时效性。

坚持正确的播音创作道路，还要很好地把握创作环节的有序性和创作要素的协同性。所谓创作环节的有序性，就是指“理解稿件——具体感受——形之于声——及于受众”，这个过程不能颠倒，不能割断。比如，不去深入细致地分析理解稿件，不去具体感受，就形之于声，就上口去播，这样的播音创作肯定是不成功的。至于有些急稿或直播，也并不是说就不要理解感受了，只不过是播音员，尤其是一些有经验的老播音员，由于根底深厚，广义备稿基础好，这一过程在瞬间完成罢了。这也说明这种有序性的开放性把握的特征，即广义备稿对狭义备稿的基础和支撑的作用。所谓创作要素的协同性，就是指播音的创作中各要素的相互协调统一。比如，语言和副语言的统一；声音和画面的统一。当然也包括感受与理解的和谐一致，理解与表达的有机统一；传播稿件内容同“接受”受众反馈的协调等等。

第五章 播音员的素质、修养和播音风格

第一节 播音员的素质和修养

播音是一项创造性的活动。这就要求作为创作主体的播音员必须具备一定的能力。这种能力的获得，一方面靠播音员素质中先天的成分，更多的则是通过播音员加强各方面的修养，提高自己的综合素质获得。根据播音创作活动的特点，播音员素质的提高和修养的加强可以从以下几个方面进行：政治素养、文化素养、业务素养、生活实践。

增强政策观念，提高政治水平

播音员（主持人）每天都在宣传党的路线、方针、政策，传达国内外发生的各种信息。播音创作是一项创造性的新闻实践活动。这就要求播音员应具有较高的政治水平和思想修养，较强的政策观念和新闻敏感。政治水平、思想修养、政策观念、新闻敏感，作用于整个播音创作活动，决定着全部播音技巧的运用，是播音创作成败与否的关键。

要加强这方面的修养，首先就要加强马克思主义理论的学习，树立辩证唯物主义的世界观和科学的方法论。马克思主义理论，是我们党制定路线、方针、政策的理论基础，是我们认识和分析客观现实和新闻事实的指导思想。所以，只有加强马克思主义理论的学习，才能深入地领会、准确地宣传党的路线、方针、政策，才能全面地理解、正确地报道新闻事实。学习马克思主义理论，关键是要建立起正确的世界观，掌握科学的方法论，从而指导播音创作实践。其中的核心，就是要运用辩证唯物主义和历史唯物主义的观点指导播音创作。比如，电台报道某某地方降了陨石雨，或报道一些未被揭示的宇宙天体的自然现象，有的播音员一见到这样的报道，就以神秘、奇特的语气和感情基调去播。而著名播音员夏青则认为，要对其进行历史的思辨。他说，历史唯物主义认为，世界上存在奇怪现象并不奇怪，没有奇怪现象反而奇怪了。所以播这样的消息，不必以过于神秘奇怪的语气去播，因为，目前出现的这种现象，虽然暂时解释不了，但随着科学的发展，人类的进步，其奥秘终将会被揭示。人类就是在不断地揭示这些奥秘，不断地认识和改造自然、改造社会的过程中，获得不断发展和进步的。所以，夏青在播评价这些事件的稿件时，总是

以“终将会被揭示”的充满信心的语气来播。

用辩证唯物主义的观点指导播音创作，就要本质地、联系地、发展地看问题，对稿件进行由表及里、由此及彼、由近及远地分析理解。比如新华社播发的一条消息，从文字表面上看，是24个县改市的名字，如果不进行由表及里地分析，很可能把这些城市的名字读出了事。但是如果进一步挖掘，就可以发现作者报道这条消息的意图是要通过这些具体城市的名字，宣传我国城市改革取得巨大进展，赞扬和歌颂我国改革开放所取得的成绩。这样分析理解后，才会激发起赞扬的感情和强烈的播讲愿望。再比如，播报河南花生丰收的消息，要播出新鲜感，播出特点来，就得联系山东花生丰收的消息，这样我们就可以看到，河南花生丰收是在大灾之年获得的，而山东花生的丰收是在上一年丰收的基础上进一步获得的。通过这样由此及彼的比较性思考，各自的特征便探究出来了。这样我们播花生丰收的消息，就不会都是单一的赞扬的调子，播河南花生丰收的消息，在赞扬的语调中包含坚毅的语气，以体现出河南人民抗灾夺丰收的精神；播山东花生丰收的消息，在表彰的语气中显示出昂扬语调，以表达山东人民连年夺丰收的喜悦心情。还比如，播报一篇有关一位农民党员带头致富的稿件，稿件中相当一部分篇幅是写他如何致富的，只是后边一段点了他致富不忘国家和广大人民群众，拿出钱来修路。稿件本身的结构安排与致富和修路所占篇幅的比例以及记者所给的分量不够理想，如果我们在播音时，不去认真分析，不去进行由近及远的思考，就很容易把重点放在他如何挣钱致富上。而作为播音员，要提高政治思想修养，就必须以发展的观点，以从运动的现在看到运动的未来的革命的政治家预见性，重点突出他致富不忘国家和群众的精神，因为我们改革开放的根本目的是共同致富的道路，共产党人更应如此。

作为播音员，在加强政治思想修养的同时，在播音创作中，还要通过分寸感的把握，体现出较高的处理问题的政策水平。以夏青播送毛泽东主席逝世的《告全国人民书》为例。毛泽东主席逝世，举国上下，一片哀痛。作为夏青本人，也沉浸在万分悲痛之中。他在中央人民广播电台四楼的播音室里接到此稿时，声泪俱下。但播出时，他立刻又意识到，毛主席是深受全党、全军、全国人民爱戴和尊敬的伟大的领袖和导师，消息传出后，必然会引起全国人民极大的悲痛。播音员的任务是，既要把这无比悲痛的消息告诉全国人民，又要让全国人民化悲痛为力量。为了准确地把握这一分寸，他从一个高度，进行了心态调整。他认为，播音员不是我个人，我是中国共产党的播音员，是人民共和国的播音员，毛主席的去世，无疑是我党、我军、我国各族人民的巨大损失，但是他的党还在，他的祖国、人民共和国还在。我现在，是代表这个党，代表人民共和国，评价自己领袖的一生，评价祖国自己伟大儿子的光辉的一生。毛主席逝世，天安门广场下半旗致哀，红旗并没有落地，我们的党、我们的人民、我们的军队，一定会继承他的遗志，化悲痛为力量，中华人民共和国仍然巍然屹立在世界的东方。夏青以这样的态度感情，成功地播出了《告全国人民书》。

又比如，像这样一条消息：

“新华社消息：中华人民共和国政府照会日本驻华使节，谴责日本文部省在修改教科书时篡改侵华史实，把侵略中国说成是进入中国……”

一位新同志在中央台播这条消息时注意到了态度要鲜明，对其进行了强烈的谴责。夏青听了录音后，首先肯定态度是鲜明的，但他又说，播这条消息时，既要态度、感情鲜明，不能对日本篡改侵华史实无动于衷，又不能以剑拔弩张，如临大敌之势去播。后者就是分寸过火了，失去了大国的风度。他认为，播音员播这样的消息，是代表我国政府发言，通过播音员的声音体现出来的态度、感情，不光是反映我国的立场，也体现我国的风度和气度。我国在国际事务中，不光要处理同日本文部省的关系，还要处理同中日友好协会的关系；不光是要处理同日本的关系，还要处理同美国、同苏联的关系，同欧共体和第三世界的关系；不光处理外交关系，还要处理经济、政治、文化、科技、体育等各个方面的关系。中国是一个大国，要有大国的风度和气度，遇事要沉着稳健，任凭风浪起，稳坐钓鱼船。中国政府处理这件事，既要认真对待，又要让人感到游刃有余。在处理这件事的同时，又要让人感觉到中国完全有能力处理其他事情。所以，如果按那种“如临大敌、剑拔弩张”的态度播出，会让人感到中国政府全力对付日本修改教科书这件事，甚至一切都不顾了。这样就没有反映好我国政府的形象。夏青在示范播出时，既有明确观点和感情，又以稳重坦然的态度表达。为了显示这条消息的分量，他语速稍慢，声调不高，声音不飘，句首出口稳健，为了显示分量，他只将“照会”二字上扬加重，予以突出，其余所有语句并未追求表面的严厉，听去只是摆事实讲道理的语气，这样既表达出了分量，又把握住了分寸，虽未有表面形式的“剑拔弩张”，却又给人以内在的威慑力。

再比如，在汉城奥运会的射击比赛中，韩国给我们搞了个小动作，出了难题。这样的报道怎样播？夏青认为，播这个消息时，如果播音员一张口就是义愤填膺，那就混同于球迷的水平了，显得小家子气，没见过世面。应该把这篇报道放在全天的报道中去看，放到党和国家整个的政治生活中去看，从而找到它合适的位置，给予它应有的分量：既指出韩国搞小动作这一事实，又以大将的风度对待它，这样分寸才能得当。

由于播音内容政策性强，所以播音员就必须加强时事政治和政策的了解和学习。试想，如果不了解当前经济改革的有关政策，就很难播好这方面的消息。如果不了解时事，也就很难准确地把握各种事件报道的态度。由于事件的多样性，由于政策的连续性和综合性，我们对事件和政策的了解和掌握，也应该是全面的、深入的。有一天，一位新同志在中央台播“新闻和通讯”节目。他拿到一篇稿子，题目是《市长爱鸟》，找林如辅导。稿件表扬陕西省某市一位副市长亲自登门拜访，表扬一位七旬老人牺牲自己利益去保护国家珍稀鸟类的事迹。这位老人家院子里有一棵大树，他原打算用这棵树做寿材，可是看这树是鸟群的栖息处，就一直没锯这树。后来市长知道后，表扬这位为保护国家野生动物所做的贡献，并当场决定，由市里出钱给他买木料备寿材。林如看了稿子后马上就提出，这篇稿件只注意了宣传国家保护野生动物的有关规定，但忽视实行火葬是殡葬改革方面的有关政策规定，从而把住了播出的最后一关。由此可见，政策水平的高低和政策的全面把握，是播音员政治修养的一项重要内容。

加强政治修养，始终不渝地加强党性锻炼，坚持正确的政治方向，树立牢固的事业心和高度责任感，是培养党和人民可以信赖的合格的广播电视工作者的根本保证。

扩大知识结构，提高文化素质

提高文化素质，扩大知识结构，既是客观形势的要求，又是播音队伍素质现状的需要。

从客观上讲，当今社会，是信息的社会；当今时代，是知识爆炸的时代。广播电视，是信息的集散地、知识的汇集处、社会的联结点，要求从业人员必须具备较高的文化水平、较宽的知识面。播音工作又是电台、电视台各个节目传播的综合，要求播音员有较宽的知识面。播音员每天播送的稿件，古今中外、天文地理、人文自然，无所不包，只有具备较高的文化知识水平，才能对稿件深入地理解感受。播音创作活动自身，也是一项复杂的系统工程。播音创作的时间又很紧迫，播音学科还具有边缘性。作为创作主体的播音员，只有具备较高的文化素质，才能把握其创作规律，完成这一创造性的工作。

从播音队伍和播音创作的实际情况来看，许多台、站的播音员文化水平还不高。在播音中，由于其文化水平低下和知识面不宽而造成的差错屡见不鲜。比如，由于数学知识缺乏，把“勾三、股四、弦五”，播成“勾三股，四弦五”；由于近代史知识匮乏，把“五卅运动”，播成“五州运动”；由于文学知识贫乏，把“捉放曹”播成“提放曹”①；由于音乐知识缺乏，把“春江花月夜”播成“夜月花江春”（当唱片转动时看着唱片上的曲名读的）等等。

由于知识贫乏所造成的差错，实际播音中的例子不胜枚举。这里有上边说的播错字句的，也有虽然字句未错，但感情表达不准的。比如，一位地方台的新播音员，给夏青试朗诵毛主席诗词《七律·长征》。其中“金沙水拍云崖暖，大渡桥横铁索寒”两句，他都用喜悦的感情、高昂的语调念出来了。夏青听后，给他讲了我们红军是巧渡金沙江，强渡大渡河，在渡大渡河时牺牲了不少红军战士，毛主席用一个“寒”字以显示战事之艰苦，以悼念牺牲的烈士。夏青说，如果你有了这个历史知识，了解了强渡大渡河战事，才能体会到主席用一个“寒”字来悼念牺牲的红军战士的感情，在感情表达时，就自然不会盲目地以兴奋喜悦的心情去高喊这一句了。而是应该和前一句形成鲜明对照：“金沙水拍云崖暖”，以上扬喜悦的心情突出“暖”字；“大渡桥横铁索寒”，以深沉内在的感情体现“寒”字。

一篇稿子，有时甚至是一个字、一句话，要想表达准确，都必须有深厚的知识积累作为支撑。比如：

1982年夏青应邀给北京广播学院播音系的学生辅导新闻播音。其中有一条是他播过的我国领导人会见一位第三世界国家领导人维埃拉总统的消息。在试播中很多同学都把其中我国领导人讲的两句话作为重点，加重强调突出，即：“要警惕有人插手你们的事务，搞小动作。”“中国人说话是算数的。”夏青认为，“要警惕有人插手你们的事务，搞小动作”这句话，点到为止，不必突出，因为谈话的人是我国领导人，谈话的对象也是一个国家的总统。夏青说，只要你一点，人家就会理解。虽然这句话所含的信息，所表达的内容我们认为很重要，但不必突出。第二句要突出的话：“中国人说话是算数的”，夏青认为应该把它作为重点予以突出，但突出时并不是趾高气扬地“拍胸脯”。夏青播这句话，语调

① 李越：《播音导论》，第83页，北京广播学院出版社出版。

并不高，他的语言表达稳重扎实，以诚恳的态度、令人信服的语言，向第三世界国家表明我们将一如既往地发展同他们的友好关系以及对他们进行援助的态度。夏青说，这句话既不要拔高，播得扎实，又要播出分量，这就要对它进行历史的思考。他说他是这样想的：在中国近代史上，英帝国主义侵略我国，杀我同胞，占我国土，似乎不可一世，我三元里人民一挥而起，说抗英，就抗英，杀他个人仰马翻，中国人说话是算数的；抗日战争时期，日本帝国主义大举进犯我国，侵占了我半壁河山，他们实行“烧光、杀光、抢光”的三光政策，一时间，神州大地，满目焦土，遍地火光；一时间“恐日症”和“亡国论”在一些地方流行，中国共产党领导中国人民说起来抗日，就起来抗日，用血肉筑起了新的长城，不怕牺牲，英勇奋战，终于打败了日本帝国主义，中国人说话是算数的；解放战争时期，蒋介石破坏和谈，国共两党谈判失败，有人想以长江为界，毛主席一声令下，“宜将剩勇追穷寇”，打到南京去，百万雄师过大江，解放了全中国，中国人说话是算数的；1950 年，美帝国主义把战火烧到鸭绿江边，有人说，中国刚解放，国内百废待兴，无力出兵再战，我党中央、毛主席经过深思熟虑，决定抗美援朝，于是，中国人民志愿军雄赳赳、气昂昂跨过鸭绿江，与朝鲜人民一起，打败了美帝国主义及其一切走狗，中国人说话是算数的。基于这样的内心依据，夏青出口播这句话，必定是内涵丰富，充满自信，稳健扎实的。它仿佛是史学家在对历史进行考证后所得出的令人无可置疑的答案：今天，中国人说话仍然是算数的。过去我们说过第三世界是我们的朋友，我们也是第三世界，我们首先要同第三世界发展关系。今后我将一如既往同第三世界的朋友发展关系，在这样的内在语的支持下，夏青成功地播出了：“中国人说话是算数的”这个重点句子。可见没有党史和革命史知识，是很难播好这一句的。

增强文化素质，增加知识结构，对于播音员来说，就得学习、学习、再学习，刻苦地学习，不断地学习。

要组织系统的培训，进修学习各有关文化课。

要在工作中向稿件学习，通过各方面稿件了解掌握信息，学习积累知识。

由于播音学科的边缘性，要增加学习的广度，政治、新闻、传播、语言、文学、史地、心理、美学、社会学以及自然科学等所有有关知识都要学；由于播音创作的特殊性，还要强调学习的深度，对于直接作用于播音创作的新闻、语言、艺术、传播等，还要进行深入的研究。

加强专业修养，提高业务水平

专业修养是播音员修养中最直接的一环。播音员的专业修养，是指其从事播音创作所必需的关于创作规律性的知识、本领的培养、锻炼、积累和掌握。

从事播音创作活动所依据的各个要素，包括传播工具、传播内容、传播方式、表达手段、语言样式、受众心理等，都对播音创作者的能力和水平提出了要求，都从不同的方面规定着播音员专业修养的内涵和特点。

从播音创作的规律和特点看，播音员的专业修养至少应该由这样几个方面组成：理解感受能力的培养；语言表达能力的锻炼；生活实践的积累；姊妹艺术的借鉴。

(一) 理解感受能力的培养

任何艺术家艺术修养的内容中，都包括要具有一定的感受能力。播音员作为语言艺术工作者也不例外。同时，由于播音创作活动的特殊性，播音员理解感受能力的培养便显得尤为突出。这是由播音学科的边缘性、播音创作内容的多样性、播音创作所具有的二度性所决定的。播音员每天要播大量的各种类型的稿件，尤其是大量的政策性很强的新闻稿件，如果没有深入理解的能力，是难以吃透其精神实质，把握好稿件的。播音员在播音时，看到的是一个个方块字，他只有把这些文字，通过自己的感受理解，还原到文字所反映的客观现实自身，才能真正地理解和表达好。这就需要播音员平时注意培养自己的观察力、分析力，同时注重形象思维和逻辑思维能力的锻炼和提高，以培养其理解和感受力。

(二) 语言表达能力的锻炼

语言表达能力，应包括语言基本功（发声、内外部技巧）的训练，对语言的组织结构能力，即兴表达能力和副语言表现力的培养和锻炼。

语言基本功的训练，是语言表达能力培养的最基本的一环，无论什么时候都不能放松。播音员是以语言为最基本的创作工具进行播音创作的。良好的声音状态是播音创作成功的最基本的保证。而要获得良好的声音，必须进行长期的、艰苦的声音训练。由于声音训练不能一劳永逸，今天获得了好的声音状态，明天不练，就没有了，所以，必须播到老，练到老。语言内外部技巧的训练，是语言表达的基础，也必须经常练，无论是什么文体的播音，都离不开它。当然，基本功的训练，既要把握基本的共同的训练规律，又要根据每个人发声器官不同的生理构造特征和心理特征，实施不同的训练方法，切忌相互模仿，千人一腔。

由于电视新闻播音和主持人节目播音等不同播音创作形式的出现，口头报道、现场采访等语言能力的训练，语言结构和组织能力的培训，即兴表达和副语言表现能力的培养和锻炼，也必然纳入语言表达能力训练的范畴。播音员这方面语言能力的培养和加强，应着重训练其适应力、应变力、敏捷反应力，其核心是训练其思维和组织语言的能力。副语言的训练，一方面要训练其形象形体；一方面要训练其同传播媒介的配合；一方面要注意其基本的规范要求，锻炼其可视性；一方面要强调加强自身思想文化素质的提高，注重气质的培养，增强其可信性。

语言和副语言的训练，还应注意研究受众心理、接受方式等制约因素，以增强语言表达的针对性和感染力。

(三) 生活实践的积累

丰富的生活实践，是播音创作取得成功的基石。这一点已被许多著名播音员优秀的播音创作所证实。

播音作品的内容来自于现实生活，其反映生活之广之深，是其他一些艺术难于比拟的。要理解作品的内容，创作者必须要有多方面的深入的生活实践。

播音创作要有感受，要引向情感，真实的感受和情感也只有在生活实践中获得。

调动感情要靠想象和联想，而想象和联想又必须以深厚的生活实践为根基。

生活实践的积累，在专业修养中占有举足轻重的地位。在进行生活实践的过程中，要注意深入进去，认真体验，多方面地观察和思考，这样才能使实践的质量提高。同时，还要注意把生活实践同业务实践紧密地挂起钩来，这样才能使得生活实践与业务实践相互促进，使其真正用于播音创作。

(四) 姊妹艺术的借鉴

由于各门艺术之间有许多相通之处，由于播音艺术尚很年轻，所以，在播音业务的修养中，借鉴其他姊妹艺术便显得尤为必要。

播音属语言艺术，包括语言和副语言的表达运用。电影、戏剧、歌唱、朗诵等艺术在语言运用和声音训练上都有了一套成熟的经验；在语言表达上也都有了一套完整的理论。这些经验和理论的学习，都有助于播音发声和语言技巧的训练。当然这种学习和借鉴要注意为我所用，不能照搬照抄。

除了借鉴电影、戏剧、歌唱、朗诵等与播音相近的艺术外，还可以博采众家，借鉴音乐、美术、舞蹈、雕塑等艺术，这其中的许多表现方式在深层次上也都有与播音表达技巧相通之处。

第二节　播音风格

播音风格的基本含义和特征

(一) 播音风格的基本含义

“风格”一词的词义，不同的时代，不同的国度，不同的学科，不同的职业有着不同的理解和解释。

“风格”一词源于希腊文，本义是表示一个长度大于厚度的不变的直线体，也有“木堆”、“石柱”、“雕刻刀”的意思。希腊人取了后一种含义，并加以引申，表示“写字的方法”、“说话的方式”、“演讲的技巧”、“言语的类型”，还称作“用文字装饰思想的特定方式”。近代瑞士的著名语言学家索绪尔（Ferdinand de Saussure）认为“风格是个人语言的特点”[①]。他的学生，瑞士语言学家巴里（Charles Bally）第一个写出了关于风格学的专著《风格学概论》（1905 年），也认为“风格是说话者个人语言感情的表达特点”。把风格限定在语言的范围，从而为语言风格的研究奠定了基础。

在我国，汉语中“风格”一词始出于晋朝，最早把“风格”用来评论文章，进行文学批评的则是南朝·梁·刘勰的《文心雕龙》。刘勰在《文心雕龙》的《议对》篇中评陆机的文章时说：“及陆机断议，亦有锋颖，而辞弗剪，颇累文骨；亦各有美，风格存焉。”到了唐代，文学艺术发达，风格成熟的作家、艺术家甚多，谈论风格的人也多了起来。杜甫《苏端薛复筵简薛华醉歌》：“坐中薛华善醉歌，歌辞自作风格老。”到此，风格已经指作品的风度和气派，和现代的所谓风格有些接近了。唐代以后，评论风气发展，风格的理论研讨日精，风格概念运用渐广，及至扩大到文学艺术评论的各个领域。

---

① 索绪尔：《普通语言学》。

播音艺术，随着电子技术、广播电视的产生而产生。其历史很短，只是近几十年的事情。然而，当播音艺术一出现，“播音风格”这个词就出现了。最早有播音艺术出现的苏联，也是最早提到播音风格的。在我国，1940 年 12 月 30 日人民广播诞生，形成了自己独特的风格。解放战争时期，毛泽东主席表扬播音员：“这个女同志好厉害，骂起敌人来义正词严，讲起我们的胜利又很能鼓舞人心，真是憎爱分明。这样的播音员要多培养几个。”① 毛主席的话，虽未直接用“风格”二字，却已点出人民广播播音风格的内核：“憎爱分明”。梅益 1955 年 4 月 2 日在中央人民广播电台播音业务学习会上就已明确指出播音风格问题。他说：“我们播音要有个性。梅兰芳就是梅兰芳，程砚秋就是程砚秋，周信芳就是周信芳……能不能所有的人演戏都和梅兰芳一样呢？假如是这样，那就是贫乏……当一个小孩还没有长成的时候，他可能有一些模仿的动作，长成了以后，就有了他自己的个性和风格，播音员也应该如此。”② 在 1961 年 1 月 26 日，梅益同中央人民广播电台播音组同志的谈话中，专门谈了播音风格问题。他谈到：“人们不同的要求和爱好，也对播音员提出了不同的要求。播音员不能老是一种腔调，必须根据不同的题材采取不同的播法。……我想播音应该有更多的表现形式，而且应该鼓励播音风格多样化。”③ 之后，风格一词便在播音界广泛使用。

风格属于美的范畴。创作主体用属于他自己的独特手段，去揭示某种艺术美的本质和规律。同时，这种手段必须达到把艺术美的本质和规律揭示出来的目的，两个方面，缺一不可。如果只强调一个方面，即：或是强调手段的异样，没有揭示和体现出美的本质，这不能称其为风格。比如，当前播音界有人认为，只要自己的播音“格色”，和别人不一样，有的甚至连起码的要求还没有达到，发音还不准，声音有毛病，语句的停连、重音都错了，还说是自己的风格。岂不知，风格非一日之功，是千锤百炼后的水到渠成，是属于这一个自己独有的方法，并非主观随意。当然，另一方面，那种千篇一律、千人一面、千口一腔、相互模仿，都用一种方法，也就没了创作个性，也不会形成风格。所以两方面必须通盘考虑。正如著名的美学家王朝闻所言：“在具有真正的风格的作品中，我们看到艺术家对现实的反映一方面具有不可重复的独创性，另一方面这种独创性又正是客观真实的深刻的揭示。脱离现实的真实反映的‘独创性’或‘风格化’，不过是艺术家的主观任意性的表现，它不可能形成与艺术的真实性相一致的风格，而只能产生虚假的、肤浅的以至歪曲现实的‘风格’”。④

播音风格的实质是播音创作美的多种形态的表现。

播音风格，从广义上讲，包括播音创作中所体现出来的时代风格、民族风格、阶级风格，节目和稿件的风格，播音员的风格。正如上面已经阐述过的，其风格体现的核心和焦点，都是播音员的风格。所以，这里播音风格的含义所指的，也正是播音员的风格。

---

① 闰长林：《胸中自有百万兵》，解放军文艺出版社 1961 年 4 月第 1 版。

② 《梅益谈广播电视》，第 73 页，中国广播电视出版社 1987 年版。

③ 同上。

④ 王朝闻：《美学概论》，第 282 至 283 页，人民出版社出版。

因此，播音风格，就是指播音员在播音创作中所体现出来的创作个性和艺术特色。它以运动的状态贯穿播音创作的全过程，又以相对稳定的状态凝结在播音作品上。播音是一种创作，所以播音风格又是播音员同原文字作品风格有机统一的结果。播音是一门实践性很强的艺术创作活动，所以播音风格是播音员在长期艰苦的播音创作实践中逐渐积累形成的。

（二）播音风格的特征

播音风格的特征，呈现在许多方面。这里仅从附着性、可感性、独特性、一贯性、多样性和可变性几个方面来加以阐述。

附着性

有稿播音是一种创作。播音风格是在表现稿件风格的同时体现出来的。没有稿件，也就没有播音，更谈不上播音风格。所以播音风格有着很强的附着性。播音员的能力，就在于使稿件的风格和自己的风格有机地统一起来。比如齐越、夏青，这两位中国播音界的巨将，一个风格雄浑豪放，一个风格严谨端庄。但当他们朗读毛主席诗词时，都体现出主席诗词大气磅礴的风格：一个是雄浑豪放中体现出磅礴的气势；一个是在严谨庄重中体现出宏大的气魄。这时，只有他们朗读毛主席的诗词，表现主席风格特征时，他们的风格才有了表现的依托。他们的风格正是有了表现作品风格的时候，才有可能成为现实。即：其雄浑豪放只有在磅礴的气势中体现；其严谨端庄只有在宏大的气魄中实现。抽象的、孤立的、雄浑豪放、严谨端庄，都是无法表现的。所以说，播音风格具有附着性特征。

可感性

播音创作的材料是声音和形象。声音和形象直接作用于听众、观众的耳目感官，具有明显的直观性、可感性特性。同时，又由于收音机和电视屏幕，会将其形象声音的特征集中、放大，所以其可感性就更为鲜明。还由于声音、形象这一播音创作材料传递信息，同文字这一传递信息的材料不同，文字自身不具有表态性，无所谓思想感情，只是文字所体现的内容具有思想感情。播音所运用的声音、形象这一材料的物质基础是人，具有其特殊性，即声音、形象本身，就具有表态性，具有强烈的可感性。人们了解一个人的播音风格，首先是从声音形象表现的特征中感觉到的，所以播音风格具有可感性。

独特性

创作主体和对象之间存在着某种内在的联系。即，美的形态是多种多样的，表现的方法也是多种多样的。这是客观存在。而审美追求和当时客观环境的不同，都有一个属于创作主体自己的发现和创造美的方法和手段。这种主客体之间的内在联系是在长期的实践中才能发现并形成的。比如，当中央电视台播音员罗京刚在电视屏幕上出现时，有的观众认为他播音的表情太严肃了，便给他写信建议："播音员同志，请你笑一笑。"罗京并没有因此去笑着播。因为他知道那个"笑"不属于他。生活中的罗京，性格内向，不苟言笑。如果硬要他在电视播音时"笑一笑"，可想而知，那效果一定会令观众哭笑不得。罗京通过多年的电视播音实践，寻找到了属于自己的揭示电视播音美的稳健庄重的特征，现已为观众认同。

独特性，是风格的生命。播音风格的独特性，正是上面所言的每个人对播音创作美所具有的，也只能是这一个所具有的“专利”权。当然，独特性也反映在声音相貌上的不同，理解感受上的各异；但毕竟前面讲的是核心，它从深层上决定其独特性的质量。

比如，有人播音，模仿夏青、赵忠祥的声音，乍听很像。但无论怎样以假乱真，最后个个都还是露了“马脚”。这并非模仿者的“功夫”不到，而是无法为之。因为模仿，只能是一个声音外壳，深层次的、内在的东西，是模仿不到的。由此可见，风格的独特性，是个有规律的东西。世界上只能有一个夏青、一个赵忠祥。夏青的声音内涵、生活经历、思想素养、文化知识结构、审美追求等等，决定了这个世界上只能有这一个。

一贯性

作为一个成熟的播音艺术家，他的播音风格，不可能仅仅体现在一次节目、一篇稿件或一个时期的播音中，而是贯穿于他整个的播音创作生涯中。其风格特征具有其一贯性。这是由播音员的世界观、艺术观所决定的播音员创作个性。一旦形成、成熟之后，不会轻易改变，会有一个相对稳定的状态和过程。一贯性，也正是这种相对稳定的创作个性在创作实践中连续不断地相继叠现的结果。正像丹纳所说：“人人知道，一个艺术家的许多不同的作品都是亲属，好像一父所生的几个女儿，彼此有明显的相像之处。”① 布封也说：“知识、事实与发现都很容易脱离作品而转到别人手里。它们经过更巧妙的手笔一写，甚至会比原作还要出色些哩。这些东西都是身外之物，风格却就是本人。因此，风格既不能脱离作品，又不能转借，也不能变换。”②

又如，林如播音风格的基调是含蓄。无论怎样变化，时代的变迁，生活经历的变化，节目稿件的不同，时而质朴自然，时而典雅深沉，但都没有离开“含蓄”这一主旋律。质朴自然也好，典雅深沉也好，都是在含蓄这一主旋律引导下的变奏。含蓄，显示出她风格的一贯性。再比如，虹云的播音风格是热情，这一风格基调贯穿于她各个时期的代表作。她在“大众经济”节目中的播音热情活泼；她在《话说长江》中的播音热情奔放；她在“午间半小时”中的播音热情爽朗。“热情”这一风格的主调一直贯穿始终。

中央电视台“为您服务”的主持人沈力在主持节目的播音中，十分注重保持自己形象的稳定性。她说：“为了节目的需要，有时要请一些演员或专家一起主持，但主持人不可忘记自己的身份，不该‘让权’的地方，决不能让，不能失去自己的身份和性格。如果不考虑自己主持栏目的任务，不考虑自己的性格和身份，一味地去背编辑的稿子，那我今天是个‘马大哈’，明天又是个捧哏者，就不会有一个稳定的形象”③。

多样性

听广播看电视，我们可以发现：同一时代的播音员具有不同的播音风格，同一播音员在不同时代风格也会有变化；同一篇稿件不同的播音员播会有不同的风格，同一播音员播不同稿件风格也会有变化。这些现象，都反映了播音风格多样性特征。

任何艺术风格都具有多样性特征，这是艺术创作本身的规定性所决定的。从根本上

① 丹纳：《艺术哲学》，第4页，人民文学出版社出版。

② 布封：《论风格》译文，1959年9月。

③ 沈力谈话录。

说，这是因为：艺术所反映的客观世界本身丰富多彩，艺术家的生活经历、思想感情、审美追求、创造才能千差万别，人民群众对艺术的审美需求多种多样。艺术作品只有具有多样的风格，才能反映丰富多彩的客观世界，才能体现艺术家的创作个性，才能满足人民群众的多种需求。播音艺术也不例外，它也遵循和体现着风格多样性的规律。

具体地讲，由于受时代、民族、阶级以及电台、节目、稿件等外部条件的制约，受播音员生活经历、性格气质、思想修养、审美追求、业务条件等内部要素的影响，播音风格便呈现出多样性的特色，其多样性，概括来讲体现在两个方面：一个是从播音员群体上看，由于各个播音员之间风格的差异，形成了风格的多样化；一个是从播音员个体来看，即一个播音员处在不同的创作时空、创作条件，其风格所呈现出的不同特色。

当然，探讨播音风格多样化问题，并不排斥播音风格具有相对稳定性的特征。这里所说的变化，是在相对稳定的风格主旋律上的变奏。

播音风格的体现

播音风格，体现在播音创作上。它以运动状态贯穿于播音创作的全过程，又以相对稳定的状态凝结在播音作品上。具体来讲，播音风格以动态的方式体现在播音创造的各个环节和要素上，又以整体美的形式通过播音作品综合地体现出来。

这里从独特的感受、独特的表达和整体美三个方面进行分析。

（一）独特的感受

独特的感受，是在遵循播音创作感受一般规律的同时，由于播音创作者的不同的性格特征、生活经历、文化知识、思想修养等决定了不同的播音创作的审美追求，以及所造成的播音创作者所独有的体验。它包括播音创作者独特的审美认识和发现。这种独特的体验是独特的表现的内在依据。

齐越和方明都播过魏巍的长篇通讯《谁是最可爱的人》。齐越的感受是：自己进入了战场，同志愿军战士一起同敌人拼杀。牺牲的战士，都是他身旁的战友。他对他们的一举一动看得十分清楚。他和他们同呼吸、共命运，所以听齐越的播音，仿佛我们也进入了场景，感到、看到眼前正在发生的这活生生的壮烈的场面，使你感到振奋与激励，对志愿军战士肃然起敬。方明的感受是：站在历史的长河之上，追溯 40 年前那波澜壮阔的一页。他的播音如同一首壮丽的史诗，唤起人们对我志愿军战士深深的怀念与眷恋。

许多电视观众都感到，赵忠祥在“动物世界”中的解说别具一格。这是同他独特的感受分不开的。他感到，播“动物世界”就要和动物的心灵沟通，自己的命运和它们紧密地联系在一起。它们是自己的同伴朋友，同路人，同行者。如：“茫茫雪海，这群斑马将向何处去呢”播这句话时，他的体验是：自己就是斑马中的一员和同伴们一起探寻前途和命运。在这样的感受下播，使他的解说具有强烈的感情色彩，其语言真切动人。由此可见，独特的感受，是播音风格的内在表现。独特的感受，在播音风格中占有重要地位，它决定着独特的外部表达的可靠性和真实性。没有独特感受，独特的表达只能是没有内核的矫揉造作的外部形式。

（二）独特的表达

有了独特的感受，还要通过独特的表达形式体现出来，播音风格才能具有可感性。独特的表达，包括有声语言的表达和副语言（体态语）的表现。

1．有声语言的表达

有声语言表达技巧的独特运用。播音的语言表达技巧分为内部技巧和外部技巧。内部技巧主要有：情景再现、内在语、对象感。外部技巧有停连、重音、语气、节奏。

（1）内部技巧的独到运用。内部技巧情景再现的一般规律，在实际运用中，由于每个播音创作者的具体感受不同，每个人所展现出的情景，以及由此引发出的情感的样式也会有差异。比如齐越朗读《海燕》，由于他有战斗生活的经历，以及他顽强倔强、爱憎鲜明的性格，使他对《海燕》的感受具有很强的参与感。他所展现的镜头，更多的是一些中景和特写。他不是站在一旁评判，他把“海燕”看成一个勇敢的革命战士，是他的战友，仿佛海燕又是他自己，他要同海燕一起翱翔，一起冲破乌云，一起迎接暴风骤雨，一起开怀大笑，一起高声吟唱。从他的播音中，我们听到了一个正在战斗的革命战士的誓言！

我们听夏青《海燕》的朗读，雄健有力，庄重铿锵。从他的朗读中，我们听到了一个满怀胜利信心的预言家的宣言！因为，夏青善于哲学的思考，拿到《海燕》，他首先感受到“这是黎明前的黑暗，风暴过后必定是胜利的曙光，这是历史的辩证法”①，所以在他的脑海里展现的画面：“是那个风起云涌的革命时代的整个波澜壮阔的革命浪潮”。② 他善用远景和长镜头，站在历史长河之中，从漫漫的黑夜，看到了黎明的曙光，透过压顶的乌云，望见了遮不住的太阳。所以，他以胜利的预言家的身份，敲响反动势力的丧钟，吹响了人民革命胜利的号角。

内部的三个技巧的运用，由于选择的不同，也会体现出风格的不同。比如，齐越善用想象联想，即情景再现的技巧，来激发自己的情感和播讲愿望。他的播音形象生动，激情饱满。夏青则善用内在语来显示播音的情感态度，激发自己的播讲愿望，所以他的播音严谨端庄，寓意深刻。

对象感，也是内部技巧之一。播音员坐在播音室里播音，眼前看不到观众、听众，为了和观众、听众交流，必须在心里感到观众、听众的存在，并同感觉到的听众、观众进行情感交流。由于每个播音员设想的观众的不同，也会体现出其风格的差别。徐曼播音时，设计的收听对象是一个人，是自己亲爱的台湾同胞，所以她的对台广播体现出了亲切、热情、甜美的风格；丁然的播音，喜欢设计几个或更多一点听众，体现出了持重、昂扬的风格。

（2）外部技巧的独到运用。播音语言表达的外部技巧，包括停连、重音、语气、节奏四个方面。外部技巧赋予思想感情以一定的物质形式。

外部技巧的运用，不同的播音创作者的方式方法不同，体现出的创作特点和风格也不同。

（3）语言表达样式的独特运用。播音语言表达样式，有宣读式、报告式、评述式、交谈式、讲解式等。不同播音员在播音中，习惯于以某种语言样式为主的表达；这样也体现

---

① 同夏青谈话录。

② 同上。

出了其某种风格特点。

比如，夏青的播音，以宣读式为主，即工整规范、重音长重，显示出其严谨端庄的风格特色。林如的播音以报告式为主，即“半说半读”，“一些非重点和句子，可以放下来说”(林如语)，显出质朴自然的风格特点。如，播“中国共产党章程（草案)”这句话时，听夏青的播音字字铿锵，体现出了宣读式的特点，显示出其规范性、权威性和庄重性；林如播这句话时，只把“章程”选为重点，以读的方法强调，其余的词都放下来说，体现了她的“半说半读”，听她的播音，我们也同样感到了其法规性和权威性。

(4) 有声语言声音形式的不同。无论是独特的感受，还是独特的表达，最后都要通过声音形式体现出来。离开了声音形式这个表现的物质载体，听众和观众也就无从感知播音风格美的存在，犹如离开了油彩笔墨无法感知绘画美，离开了大理石无法感知大理石的雕塑美一样。播音的声音形式，同油彩笔墨、同大理石等有相同的一面，它们都是艺术创作的物质材料，都是体现艺术风格美的物质基础。作为物质材料本身，都具有自然属性，同时，播音创作的声音形式还有其社会属性的一面。它是人体的一部分，是一个社会化的过程。这中间，每个人的生理构造不同，音质、音色必然各异，有的人声音浑厚，有的人声音高亢，这些都是体现风格的基础。这里，既有静态的声理构造等自然属性的声音本色，又有动态的由社会属性决定的情感态度的体现。只有二者结合起来，才是有意义的声音，才能具有风格。

比如夏青，声音自然条件浑厚，但单是浑厚，并不能说他的声音体现了他的风格，只有这浑厚的声音同其情感态度结合在一起，才能是我们所指的体现播音风格的声音要素；只有这个声音，才能体现出他庄重的播音风格。再比如，徐曼的声音并不宽厚，应该说相对单薄。这个单薄，并不能成为体现她风格的要素，只有在这个单薄中蕴含了亲切的感情时，才可能成为体现其播音风格的要素，即亲切甜美的声音。

声音条件虽然各异，但普通话播音的语音标准则是共同的，标准只有一个，汉语拼音方案。那种把不标准的普通话作为一种风格特色，是一种错误的理解。

当然，由于有音位变体理论的客观依据，在同一个标准下，可以有不同的变体。这种变体，也为风格的不同体现创造了条件。比如，为了表示亲切一些，或是对少儿广播，发音可以稍前一点；为了显示庄重的色彩，发音可以稍后一点。这种变体都是在不改变原普通话字音意思的基础上，才能成为可能。

总之，当声音的自然属性与社会属性同时展示的时候，声音才成其为体现风格的要素。

2. 副语言的表达

电视播音员在播音或主持节目以及现场采访时，不光有声语言在传递着信息，而且其眼神、表情、体态、服饰等，也都在传递着信息。后者，我们称之为副语言。副语言的不同，也成为不同播音风格的体现要素。

目前，电视屏幕上所见的电视播音员的图像，大多是半身图像和特写镜头。这说明两个问题：一个是近景或特写，容易使副语言，即面目表情的动作在屏幕上放大夸张。电视播音员面部一个微小的动作，如是在日常生活中，是不大会被人们留意，而在电视屏幕上，则会非常明显地显露，成为一种明确的信息符号，形成传递某种信息的标志。所以，副语言在电视播音中起举足轻重的作用。出半身图像和特写镜头还说明，目前，电视播音副语言展示的天地还不宽，还有进一步挖掘和运用的潜力。

电视播音，观众首先看到的是电视播音员的形象。其形象，既具有自然属性，又具有社会属性；既具有外在的表象，又具有内在的气质；既要求静态美，更要求动态美；既要求可视性，更要求可信性。所以，从形象上来看，一人一面，从性格上来看一人一样。有的文静典雅，有的活泼开朗，有的亲切热情，有的持重端庄。比如，张悦和李扬共同主持“为您服务”节目，一个面目表情亲切文静，体现出持重典雅的风格；一个神态举止变化丰富，体现出活跃滑稽的特点。同是主持“正大综艺”节目，赵忠祥身体动作幅度不大，肢体动作不多，显得朴实持重；姜昆则动作频繁，溢于夸张，观众都不会忘记他给“不看不知道，世界真奇妙”这句话配以向上大幅度伸手臂的夸张动作。类似这样的副语言的夸张的动作再同他的语言表达相配合，体现出了他活泼诙谐的风格。同是主持少儿节目，鞠萍更多地是投身孩子们中间，跟他们一起做剪纸，有明显的参与感，体现出“知心姐姐”的形象；晓白则是坐在桌前，以更多的示范，向孩子们讲解剪纸的窍门，有明显的引导性，体现出“家庭教师”的特征。“观察与思考”节目的主持人肖晓琳，手拿一支笔，体现了文静善思的特点。“文化生活”的主持人刘璐，身披一身纱，显示了洒脱华丽的特色。

以上所述，那一举手、一投足的副语言的不同，时时刻刻都在体现着不同的风格特征。

（三）整体美

先看几个实例。

某电视台的一位播音员形象俊美，衣着典雅，平时在电视屏幕上给人秀美文静的风格。一次她参加一场扑救重大火灾的现场报道，她身上溅满了泥浆，脸上流淌着泥水和汗水，但她全然不顾，她密切关注现场动向，全身心地投入到紧张的现场报道中，给电视观众以强烈的感染，受到许多观众的好评。试想，如果她报道时为了保持平时那漂亮的形象，还是那样温文尔雅，那么无论她长得多漂亮，穿得多美丽，声音多好听，此时观众也不会认为美，只能是反感。

某一节目主持人，春节前到国家电影发行公司去采访有关领导，请他向观众介绍一下春节期间将要上映的影片。采访是在室外边走边谈。这位播音员身着一件深红色呢制风衣，又系上一条淡绿色围巾，显得很漂亮。当这位播音员回到电视台进行后期制作，坐在播音室出半身图像介绍当时采访的概况时，还系着那条围巾，使观众感到很不协调。因为客观上播音间里没有室外那么冷，所以再漂亮的围巾也没有必要系。

一位一时很有名气的少儿节目主持人，接到一位观众来信，说她的表情神态“做作”，给这位主持人泼了一瓢冷水，使她又开始重新总结自己几年来的播音和主持节目的创作。几年前，她以“亲切活泼的姐姐”的形象出了名。近几年，她一直以“要保持住这一良好的形象”的心态投入播音创作，无论是用声，还是化妆和面目表情，都要以“姐姐”为准则，没想到几年后的今天，她受到了观众的批评。这是因为，那时她才 19 岁，是一个姐姐的形象，今天的她已经结婚，成为“阿姨”的形象了。否则，作为播音员或主持人的她，应该根据自身的情况，去寻求“阿姨”美的形象了。否则，如同刻舟求剑，无论花费多大力气，也是没有用的。

从上边三个例子我们可以看出：美在和谐中，美在环境中，美在流动中。

由此可见，播音创作必须注重整体，播音风格，也正是在整体美中体现。

看看播音创作实践，我们就会发现，那些著名的播音艺术大师们，无不是从自己独有的播音创作的整体美中，体现他们的风格特色。

齐越说：“从整体把握，是我的一个重要的业务观点。”[①] 他在播音创作中，其整体的把握，时空跨度大。他播歌颂自卫反击战中“新一代最可爱的人”，联想到朝鲜战场上我志愿军战士这“最可爱的人”，同他几十年前播魏巍的长篇通讯《谁是最可爱的人》进行对比，找出他们的共同点和新一代最可爱的人的时代特征。他播《把一切献给党》歌颂中国的保尔吴运铎，想到了苏联的保尔·柯察金。他播《县委书记的榜样——焦裕禄》，联想到了全国成千上万做农村工作的干部。他播《为了周总理的嘱托》，歌颂植棉劳模吴吉昌，想到了包括他自己在内的千百个被周总理从“四人帮”的迫害下解救出来的人。他播歌颂拥军优属模范的报道，想到了几十年前人民解放战争中那车轮滚滚的支前大军。他的想象跨时代、跨国度，他整体把握时空跨度大的特点，体现了他气势磅礴、雄浑豪放的风格。

夏青说：“播音不能光从自己出发，单看稿件也不够，要多从听众那里想一想”[②]。他主张“把逻辑的链子拴到听众那里去”[③]。他在播音语句表达中，从听众的需要着想，语速缓进，节奏稳健，体现了他开放形态的逻辑严谨、庄重稳健的风格。

林如说：“构成整体美，一方面要求各要素自身相对完美；一方面还要求多要素之间的关系统一协调。如果说，片子拍摄得好、剪辑得好，曲好、词也好，这几个‘好’相加，不一定等于总体好。各种表现力相争，只能相互抵消。各种表现相让，那么在‘美’的创造中，各自都能起到最好的作用，收到最佳的效果。”[④] 林如在她这一整体创作观的指导下，在电视片解说中，注重“跟”、“贴”、“让”。“跟”，就是跟上片子的发展，把握全篇的整体，使语言表达的感情情绪不断线。“贴”，就是贴切，从总体上注重同全篇风格的吻合，使自己的语言表达情绪发展不游离。“让”，就是把表现力让给片子，把创造天地让给观众。比如，一部风光片中有一组丰收场面的镜头，画面相继出现了苹果、山楂、梨、柿子……解说词很简洁：“金色的秋天，丰收的季节。”林如认为：“在这种情况下，如果在苹果的画面刚一露头就忙着去读，便令人感到沉不住气，有‘抢先’的感觉。这一组镜头很优美、很具体、很诱人，可以让画面的表现力充分发挥，然后解说者再说出观众心中发生的感叹：‘金色的秋天，丰收的季节’”[⑤]。林如的这一创作的整体美，体现了她含蓄内在的风格。

方明的语句处理上的“爬坡”；重点强调上的“句眼”；层次关系上的“连点”；篇章

---

① 同齐越谈话录。

② 夏青谈话录。

③ 同上。

④ 林如：《电视片解说刍议》。

⑤ 同上。

把握上的“红线”；创作想象中的“立体图像”；创作意境表现中的“动静虚实”等等，构成了他一系列的整体创作观点，体现了他气脉贯通、洒脱畅达、意境生动的风格。

以上四位播音大师，从不同的方面，把握了播音创作整体美的特征，体现了他们的不同风格。

我们再看电视节目主持人沈力，她在组织修改解说语言，要使其适于自己平易特点的一贯性中，体现了她整体上的亲切自然的风格。

中央电视台播音员李娟，从声音与画面统一的整体上，体现了她解说的精巧细腻的风格。她强调，电视播音员要熟悉电视镜头的表现手段，使自己的语言表现手段与之相吻合。播音员对电视镜头的推、拉、摇，画面表现速度的快慢，中、近、远、特写等景别的运用，画面色调的冷与暖等，都要有一个总体把握，使整个创作和谐统一。

播音创作是一个复杂的系统工程。播音创作的整体美有多种表现形态和范畴。它包括语句之间的相互关系；篇章结构的完整统一；感受理解与表达的统一；形象感受与逻辑感受的统一；具体感受与整体感受的统一；内部技巧与外部技巧的统一；声音与形象的统一；语言与副语言的统一；配音与画面的统一；思想感情与艺术表现的统一；自身风格与原作风格的统一；稿件的处理与节目风格的统一；传达手段与听觉视觉规律的统一；播音员的“小我”与党的宣传员的“大我”的统一；创作实践与生活实践的统一等等。播音员只有处理好这些关系，以自己独有的方式把握住播音创作整体美，才能从整体上完整地体现出自己的播音风格。

播音风格的成因

播音风格的成因是多方面的，概括起来有两大方面，即客观原因和主观原因。客观原因包括时代、民族、阶级、地域与电台、节目和稿件等；主观原因包括播音员的性格特征、生活经历、审美追求、业务条件等。而这主客观的两个方面，又是通过播音员的播音创作实践统一起来的。

（一）客观原因

1. 时代

任何艺术风格的形成，都同时代密切相关。所有艺术家的创作个性，也都带有其深刻的历史必然性。正如恩格斯所指出：“没有能超出他们自己时代所给予他们的限制”①。鲁迅先生也说：“风格情绪之类，不仅因人而异，而且因地而异、因时而异。”② 这些都说明了时代对播音风格形成的重要作用。

新闻是时代的产儿，播音是时代的艺术，时代对播音创作的影响，对播音风格的形成，较之对其他艺术的影响，就更为明显。不同时代的政治、经济，人们的实践活动、社会思潮、价值观念、审美追求，对播音风格都会产生强烈的影响。

战争年代，延安、陕北台的播音员直接参加了当时人民革命和人民解放的战争，他们既是宣传员，又是战斗员。他们播音时尽管头上盘旋着敌机，旁边爆炸着炸弹，但他们透

---

① 恩格斯：《社会主义从空想到科学的发展》《马克思、恩格斯全集》第三卷，第405页。

② 鲁迅：《准风月淡·难得糊涂》。

过这弥漫的硝烟，看到了蒋家王朝行将灭亡的必然，看到了人民共和国即将诞生的明天。所以，他们信心百倍，从容坚定，“骂起敌人来义正词严，讲起我们的胜利又很能鼓舞人心”[①]，体现出了憎爱分明、昂扬刚健、气势磅礴的战斗风格。和平建设时期，播音风格朴实坚定，亲切自然。改革开放新时期，播音风格亲切活泼，清新明快。

时代对播音风格的制约作用，既体现在同一时期给不同播音员造成的相同之处，还体现在不同时期同一播音员的不同之处。比如，中央人民广播电台播音员张悦，她参加播音工作的时间是60年代末70年代初，正值那“火红”的年代，所以她的播音不能不打上时代的高喊的烙印，那时的播音被人们称为“高、平、空、冷、僵、远”；改革开放新时期，她找到了适合自己声音条件的亲切、甜美的播音风格，创造出了属于她自己独有的播音风格的美。林如的播音风格是含蓄，50年代和60年初，她的含蓄中体现出了质朴的特点；十年动乱过后，她的含蓄又体现出了深沉的特征；改革开放新时期，她的含蓄又透出畅达清新的特征。

由此可见，时代对于播音风格的成因，具有重要作用。

2．民族

播音创作的风格，不仅受制于时代的风尚，而且还根植于民族的土壤，“镌刻上民族性的烙印”[②]。

民族性是在特定的民族条件下，由于政治、经济环境的制约，社会风尚和文化传统的影响，所产生的民族共同感情、心理，所显示出来的民族特征。别林斯基说：“法国人的民歌常常是放肆的，永远快乐的，德国人的民歌沉郁或有宗教气味，俄国人的民歌则阴郁、沉思、有力。”[③] 鲁迅也说：“法人善于机锋，俄人善于讽刺，英美人善于幽默。”[④] 歌德称：“中国人在思想、行为和情感方面”，“更明朗，更纯洁，也更合乎道德”[⑤]。这些都从某些方面，道出了不同民族的民族素质、民族性格和民族精神。

那些已形成自身播音风格的我国优秀播音员的播音创作实践，都体现着中华民族的民族精神和民族性格，显示出中国作风和中国气派。中华民族是一个勤劳、智慧、勇敢、顽强、坚定、自信、豪迈的民族，其民族精神的内涵，既有区别于其他民族的独特性，又有其丰厚性。体现在艺术创作中，它具有：刚健豪迈的气派，飞动传神的韵致，空灵含蓄的境界。在播音创作中，我们可以从齐越的播音创作中感受到那移山填海的浩然之气和磅礴之势；从夏青播音中，我们可以感受到那庄重稳健、不亢不卑之态，落落大方、泱泱大国之派；从方明的播音创作中，我们可以感受到那飞动传神之韵，那骨峻坚韧之质；从林如的播音创作中，我们可以感受到那无我空灵之境，那质朴含蓄之风。

由此可见，播音风格的形成，离不开民族的土壤，只有那体现着民族精神、民族性格、民族特色的播音风格，才能适应中华民族的审美要求，才为广大人民群众所喜闻乐

---

① 毛泽东对陕北台播音员的表扬。见《中国人民广播回忆录》，中国广播电视出版社出版。

② 普希金：《短论抄》，《文学的战斗传统》，第42页，新文艺出版社1953年版。

③ 别林斯基：《论人民的诗》，《别林斯基论文学》，第77页，新文艺出版社1958年版。

④ 《准风月谈·“滑稽”例解》，《鲁迅全集》第五卷，第389页。

⑤ 《歌德谈话录》，第112页，人民文学出版社1978年版。

听，才具有生命力。

3. 阶级

原中央广播事业局局长梅益同志1965年从广东给齐越写信：“……海丰的天空不全是我们的，一到夜晚，美帝的、日本的、南朝鲜的、南越的、蒋帮的，甚至澳门的电波都交织在一起，可是哪个电台是我们的，哪个是敌人的，可以从播音的风格中立刻区别出来。我们的播音是谨严的（主要是政治上的严肃，以及由此而来的正派、认真、工整等等）、乐观的（大国风度的、坚定的、充满信心的、说理的）和爱憎分明的（战斗性的、鲜明的、感情饱满的等等）”，“我时常为我们的播音风格而自豪”①。

这段话充分表明，播音风格中包含着阶级因素。播音风格的形成，受阶级的影响。

在阶级社会里，任何艺术风格，都会受到一定的物质生活条件所产生的一定阶级的审美要求和审美理想的影响和制约。播音风格当然也不例外。而且，由于播音工作具有广播电视的新闻属性，广播电视是宣传和体现阶级意志的工具，是党的喉舌，所以，播音风格的阶级性特征就较为明显了。

与此同时，应该看到，播音风格所体现的无产阶级的情感的内涵是丰富的。这是因为，一方面，无产阶级从事伟大的社会革命和社会实践活动，其实践的内容是丰富的，无产阶级认识世界和改造世界的内容也是丰富的，所以无产阶级播音创作的情感的内涵也应该是丰富的，风格的形式也应该是多样的，既有“四海翻腾、五洲震荡”，也有“莺歌燕舞、潺潺流水”。另一方面，我们还应看到，无产阶级是人类历史上最先进的阶级，它肩负着埋葬旧世界，开创新世界的光荣使命；代表历史发展趋势，具有强大的生命力，而集中体现无产阶级利益的中国共产党，则更是一个朝气蓬勃的党。因此无产阶级播音风格的一个特点就是：向上，即朝气蓬勃，亲切明朗。这种“向上”和“多样”的辩证统一，便构成了无产阶级播音风格的特征。那种片面地“高喊”，那种在十年动乱中形成的“高、平、空、冷、僵、远”的播音腔调，是与无产阶级的播音风格格格不入的。

4. 地域与电台

地域。我国地域辽阔，电台、电视台分布全国各地。不同地区的社会风俗习惯不同，艺术审美情趣各异，这些也影响播音风格的形成。比如，江南一带电台、电视台播音员的播音风格比较委婉、柔和；北方电台、电视台的播音风格较为刚直、粗犷。

电台。中央台、省台、市台，彼此播音风格都有不同。一个播音员长期在一个台工作，他的播音风格会受那个台的特点和台里其他同志播音风格的影响，比如，中央台的庄重、大度，地方台的活泼、亲近。由于电台和电视台传播手段不同，电台播音员只能凭声音，电视台播音员除声音外可以借助形象和画面等来传播信息，所以，在电台播音的同志体现出规范、稳健的特点，搞电视播音的同志显示出自然、轻快的特色。

5. 节目与稿件

节目与稿件对播音风格的形成，起着直接的制约作用。长期主持农村节目的播音员，播音朴实无华、亲切热情；长期主持少儿节目的播音员其播音活泼开朗，娓娓动听；经常

① 梅益：《给齐越的信》（1965年12月4日），《梅益谈广播电视》，第392页，中国广播电视出版社出版。

播评论、消息等书面语稿件，容易形成严肃、端庄的风格；经常播出对话等口语比较强的稿件，容易形成活泼、自然的风格。

比如，同是虹云，她播“大众经济”节目显示出活泼、灵动的特点；播“午间半小时”节目体现出热情、持重的风格；播“新闻和报纸摘要”节目又表现出热情、明快、昂扬的特征。可见，不同的节目为她在热情这一总基调上的风格的丰富和变奏起到了作用，这些节目也都同时促进了她热情风格的形成。

中央人民广播电台“午间半小时”节目的三位主持人虹云、傅成励、陈希，是按节目对他们提出的“三个人的性格要拉开距离，加大反差，以求各自的鲜明”[①] 来寻找自己表达个性和在节目中的位置的。傅成励在总结时说：“按照这一节目方针，联系三位主持人本身各方面的特点，分别考虑了三位主持人的形象特征。虹云，应当是热情、善良、温柔，又有事业心的职业妇女的形象；陈希，应当是思想比较开放，反应敏捷，乐于并善于接受新知识、新观念的年轻女性；傅成励则应当知识面较宽、大度、有见解，经常对人们关心的问题发表看法。”[②] 在播音实践中，他们成功地做到了这一点，通过节目的要求，促使他们的创作个性和风格特征更加鲜明。

（二）主观原因

1. 性格特征

不同性格特点，影响着语言表达的方式。播音员的性格不同，也直接体现其风格的不同。比如，虹云的性格较为活泼，其播音显得开朗、洒脱；张悦的性格较为温柔，其播音显得甜美、细腻。

性格气质，是人的一种生理心理素质的综合，是人类高级神经活动特性的有机结合，是先天素质与后天陶冶交互作用的“合金”。性格气质具有独特性和稳定性。它是播音员进行播音创作的心理和生理方面的内在动力，它构成播音员审美个性的生理心理基础，它主要通过情感、情绪的途径作用于播音员的语言表达方式。播音员外在的表达方式，必须与其构成审美个性的心理生理相统一，才能具有确实属于自己独有的稳定性和生命力的风格。比如，十年动乱期间，硬让张悦按照不符合她内在生理心理的“高喊”的方式来播音，其结果只能是失败。1979 年，她开始“放下来说”，找到与她性格气质相吻合的表达方式，她的播音“开始被听众承认，被同行关注了”[③]，她从而逐步取得了成功。

2. 生活实践

播音员不是生活在真空中，社会生活的时空时时刻刻都在作用于他们。由播音员生理心理相统一的审美个性，不光具有其先天性，而且还有其社会性。所以，播音员的生活经历和社会实践，也影响着播音风格的形成。比如，齐越三岁丧母，自幼在家里受到继母的虐待和歧视，养成了富于反抗的倔强的性格；人民革命和人民解放战争的实践，培养了他憎爱分明、坚韧刚毅的精神，所以他的播音中体现出坚定豪放的风格特征。林如曾在教会

---

① 中央人民广播电台“午间半小时”节目总结。

② 傅成励：《主持人形象与节目的个性》。

③ 张悦谈话录。

学校学习，养成了她内在含蓄的性格特点，她的播音中显露出质朴清淡、含蓄自然的风格。她后来在十年动乱中受到了不公正的待遇，使她对生活有了更深的认识，她的播音风格更加含蓄、深沉、坚毅。由此可见，生活经历和实践对播音风格的形成具有重要作用。

3. 审美追求

播音风格的形成过程，是播音美的创造过程。所以不同的审美追求和理想，对播音风格的形成具有重要作用。

比如，林如追求“无我”的审美境界，她在播音创作中便总是力求“跟”、“贴”、“让”，体现出了清淡含蓄的风格，具有感染力；铁城追求“洒脱”美，因而其播音体现出了粗犷酣畅、神采飞扬的风格，具有感召力。

审美追求以性格气质、生活实践为基础，同时还融进了文化素质、思想修养等重要特征。比如，齐越在播音创作中强调要追求一个“真”字，“对所播稿件要真动心，对广大听众要动真情”（齐越语）。他的这种审美追求，同他思想修养密切相关。他对党的事业，对人民的广播事业赤胆忠心，具有高度的使命感和责任感，所以他在播音创作中，才具有一片赤子之心。因此他的播音总是给人以现场感、形象感、真实性和可信性。

4. 业务条件

这里主要是指嗓音条件和形象特征。前面已论述过，一人一面，一人一声，形象的不同，嗓音的各异，为播音风格的形成确定了前提和条件。夏青的庄重，通过他浑厚的声音体现出来；陈希的清新，通过她明快的声音表现出来；刘佳的大方，通过她端庄的形象体现出来；沈力的平易，通过她和蔼的面容表现出来。由此可见，每个人的声音、形象条件是形成不同风格的基础。当然，这种条件只有和感情结合起来，才能具有生命力和表现力。离开了感受、感情，它只能是一个空壳。

以上从主客观两个方面分析了播音风格的成因。播音是实践性很强的艺术。诚然，播音风格的形成，还要靠播音员长期艰苦的播音创作实践。播音员在实践中，只有善于发现自己的特长，扬长避短，保持自己的创作个性，才有助于形成自己的风格。一味地模仿别人，是不会形成自己的独特播音风格的。

第二编

发音与发声

Broadcasting Announcing in China

第六章

发音总论

第一节　发音的生理基础

播音是一门说话的艺术。它与一般语言活动一样，以发音器官作为生理基础。播音员对发音器官的详细了解，会有助于改善自己的发音，纠正不良发音习惯，使语言表达更完美。

发音器官的构成

语言依靠发音器官形成，但对发音器官的解释不同教科书并不相同。有的教科书在谈到发音器官时，仅指口腔内的唇、齿、舌等器官，有些教科书则将喉、气管、肺也列入发音器官范围，甚至有的语言学家建议将耳看做是发音器官的组成部分。初听似乎有点风马牛不相及，但如果了解耳在发音过程中具有必不可少的监听修正发音的作用，这种认识也未必没有道理。

发音器官是指人体中参与发音活动的器官（见图1）。根据这一基本认识，与口腔相关联的各器官组织，如唇、舌、牙齿、软腭等都属发音器官。在发音过程中，这些器官组织具有明显的动作过程。还有一些器官组织在发音中的作用也是可以感觉到的，如有些音在发音时会有明显的鼻腔振动。通常，人们将鼻腔也看做是发音器官的一部分。显然，参与发音活动的器官并不止上面所说的这些，例如，人体中的喉和肺都是与发音有密切关联的具

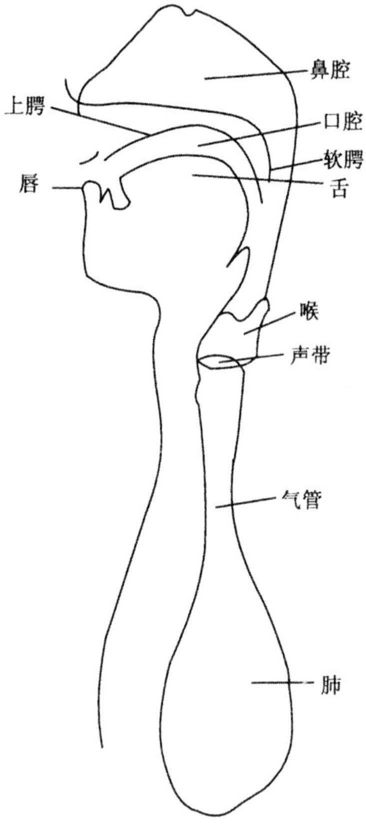

图1　发音器官示意图

有独立功能的器官，但对于这些器官是否应当归入发音器官，人们有不同的认识。产生分歧的原因是不同时代和不同学科在研究范围的划定上有所不同，其概念含义也不一样。传统语音学以区别意义的语音要素作为研究对象，因此格外注重能产生不同语音的唇、舌、牙齿等喉以上各器官，在谈到发音器官时，主要是指口腔和鼻腔各器官组织，而发声器官喉和呼吸器官肺则被排除在发音器官之外。近年来，随着语言学的发展，对语音的研究范围逐步扩大，人们越来越认识到在语言活动中，发声器官喉、呼吸器官肺与传统发音器官唇、舌、齿等有密不可分的关系。发声和呼吸不仅对非意义区别的音高、音色等声音要素有直接影响，而且在一些语言中，它们与区别意义的语音要素也有直接联系。例如汉语普通话中的辅音送气与不送气的区别就被认为是由喉和气流状态不同形成的。某些语言中的吸气音与呼气音的区别也是由气流机制不同引起的。由于人们认识的扩展，近年来，对发音器官的含义有了新的认识，发音器官已由过去的单纯喉以上各器官扩大为包括喉和肺在内的庞大系统，概念内涵的扩大表明人们对事物的认识逐步深入。

作为人体中具有发音功能的结构单位，发音器官已不是由简单器官组织构成的独立单位，而是一个由呼吸器官——肺，发声器官——喉，吐字器官——口腔、鼻腔构成的庞大体系。称之为发音系统似乎更合适一些，从生理学的分类上看，这样划分也更为科学。不过，发音器官毕竟是一个人们习惯了的名词，它仍然被人们使用，除原有意义之外，它还具有了更宽广的含义。

声道

人体发音器官的有序排列组合，使它们在兼顾原有生理功能的基础上完成发音。从生理学角度来看，这些发音器官分属不同生理系统。例如，口腔是消化系统的组成部分，其功能是咀嚼食物；鼻腔通道、气管和肺都属呼吸系统，它们的作用是吸进氧气，呼出二氧化碳，进行气体交换。但这些器官也可以在兼顾生理功能的同时进行发音。口腔在不进食时用于吐字，鼻腔通道、气管和肺可以在进行气体交换的同时，借助呼气形成的气流，为发音提供动力。由于被归类于发音器官的这些人体器官原有生理功能并非发音，有些语言学家认为发音器官一词是不准确的。美国著名语言学家萨丕尔曾认为，称这些器官为发音器官就如同称手是弹琴的器官或膝盖是祈祷的器官一样可笑。不过，萨丕尔忽略了语言是人类区别于动物的标志这一重要事实，忽略了语言之于人类，有着与一般活动性质和作用明显不同这样一个事实，也忽略了人类在使用语言的漫长年代中，这些器

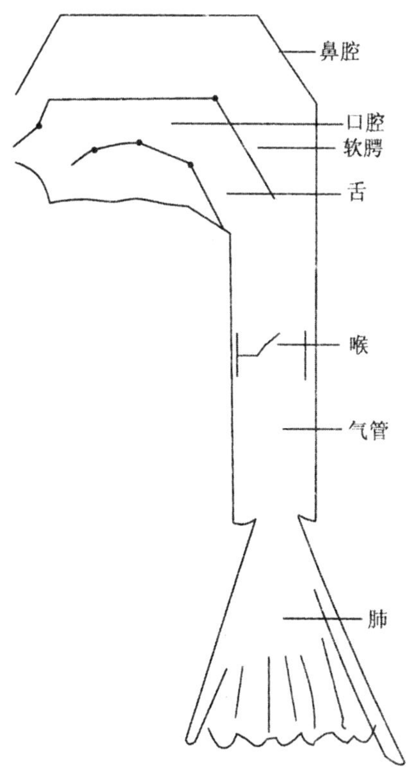

图 2 声道示意图

官已发生了更有利于发音的变化。

发音器官之所以能够发音，是因为它们排列组合成为一个特殊的、符合物理学原理的结构，我们将其称为声道。声道是人体发音器官构成的能够产生语音的特殊结构。过去，人们常将从喉到口、鼻出口之间的空气通道称为声道。现在，更多的语言学家将喉之下的气管和肺也归入声道范围，因为这些器官在产生语音的过程中同样必不可少。

为了更清楚地了解发音过程，我们可以将声道中的各发音器官高度抽象化，将其看做腔体或阀门，进而了解它们在语音形成过程中所起的作用。根据发音器官在发音过程中的作用，我们可将它们分为三部分：

（一）动力器官

动力器官构成一个为发音提供空气动力的系统。这一系统以肺为中心，包括与呼吸有关的器官和组织。动力器官主要有肺、横膈、胸廓和气管。发音离不开空气动力，肺在这里的作用就像是一个产生空气动力的风箱，在周围肌肉组织的带动下，作扩张或收缩动作，形成气流的进出。通常，当呼气时，气流经过气管到达喉部，可促使声带振动，发出声音。

（二）发声器官

发声器官的作用是为发音提供声音素材，它由喉构成。喉是一个由多块软骨和肌肉组织组合成的复杂器官，它有点儿像一个可开可闭的阀门。这个阀门具有双重作用，它既可以通过开闭控制通过的气流流量，也可以在气流的作用下产生振动，发出声音。这些声音经过口腔内各器官组织的加工，变成能够表达特定意义的声音。发声器官形成的声音是构成语音中的元音所必不可少的。另外，喉的状态不同还可以使语音，特别是元音，产生音高、音长、音色的变化，在呼气强度变化作用下，还可产生音量变化。

（三）吐字器官

指喉以上各器官组织，包括传统发音器官所指的唇、齿、舌、软腭等。这些器官可以像阀门一样打开或关闭，形成各种爆破音或摩擦音，也可以通过位置移动，使鼻腔与口腔连通或断开，形成鼻音或非鼻音，还可以通过唇形或舌位变化，使声音产生共鸣变化，形成不同的元音。吐字器官处在语音最后完成阶段，它们是声道上端最活跃的器官，尤其是舌，由于其重要性和灵活性，成为吐字器官的中心部分。

了解声道后，我们可以清楚地知道人为什么能够发出富于变化的、能够表达意义的语音。人的发音器官具有巨大的潜在发音能力。语言学家通过有限的调查证明，人的吐字器官可以发出一百多种辅音和几十种元音。这仅仅是对占世界语言总数十分之一的500种语言进行研究作出的结论。由于大量语言尚未被认识和研究，人们所能发出的用于语言的声音显然远不止这些。如果再加上喉能发出的各种不同音高、不同音色的声音变化，那人们能发出的声音数不胜数。依靠这些声音变化，我们不仅表达不同的意义，同时也传递着极为丰富的感情色彩。

第二节　发音的心理过程

发音时可直接感受到发音器官动作，因此人们常把学习发音看做是“口耳之学”。其实，发音器官动作是发音过程的外部表现，在发音器官动作背后，还有着由于不易观察而常常被人忽视的复杂心理过程。这一心理过程是指发音过程中大脑和与其联系的神经系统活动。许多发音问题有时不能简单归咎于发音器官，问题的根源往往隐蔽在心理过程中。

发音的不同心理阶段

人脑是一个极为复杂的组织。由于研究手段不足，人们对大脑的活动过程还知之甚少。根据已有的研究成果，发音的心理过程大致经过这样几个心理阶段。

在头脑中把将要讲的话组织起来，这一阶段是由大脑负责思维的高级中心完成的。在这一阶段中，一个个的词被有序排列成表达一定思想的句子。一个句子组织好了之后，再组织下一个句子，形成一连串的话语。我们有时会把一句话中前后两个词说颠倒证明这一排列过程的存在。这一阶段我们可称之为大脑编码阶段。

语言编码传送到负责语言活动的大脑皮层（布罗卡区）。在布罗卡区，语言编码转变成一系列的神经冲动。如果这一部分大脑皮层受到破坏，人们可以进行思考，但却不能用话语将意思表达出来。因为编码不能转变成神经冲动，话语信号无法再向发音器官传递。

神经冲动信号经过神经中枢传递到发音器官肌肉，这一阶段是神经传递过程。这些信号到达神经中枢后，由它安排传递路线，将这些信号传递到有关发音器官的肌肉组织。

发音器官肌肉在神经冲动信号的刺激下活动起来，带动发音器官产生发音动作。由于发音是许多肌肉组织协调运动完成的，因此发音器官肌肉组织的微小误差会造成发音的失误。

发音的反馈过程

人们在发音过程中，不仅需要大脑发出命令使发音器官产生发音动作，而且还需要随时监视发音状态，确保发音的准确，这种监视是通过发音时的反馈过程完成的。这种反馈过程依赖于发音中使用的两套反馈系统。

（一）内部反馈系统

由大脑中的某些部位和联系发音器官的神经网络构成的可在发音过程中随时检查核对发音动作的系统。当发音器官开始发音动作时，分布在发音器官上的神经组织就以感觉接受器的身份开始收集发音动作信息。这些信息传回大脑感觉中心，通过感觉中心将其送到语言皮层和大脑中专用于分析动作信息的锥体外系统。由两者进行判断分析，对下一步动作做出修正，保证发音动作的准确性。这种检查核对与导弹发射过程中随时修正飞行方向的制导系统有相似之处。

值得一提的是大脑中的锥体外系统，这一大脑组织能够将平时通过练习熟练化的发音动作记录储存下来，随时与发音时的动作进行核对修正。它能使熟练化的发音动作不需有意识注意就能顺利完成，这样，我们在讲话时就不必考虑发音动作，而将注意力集中在所

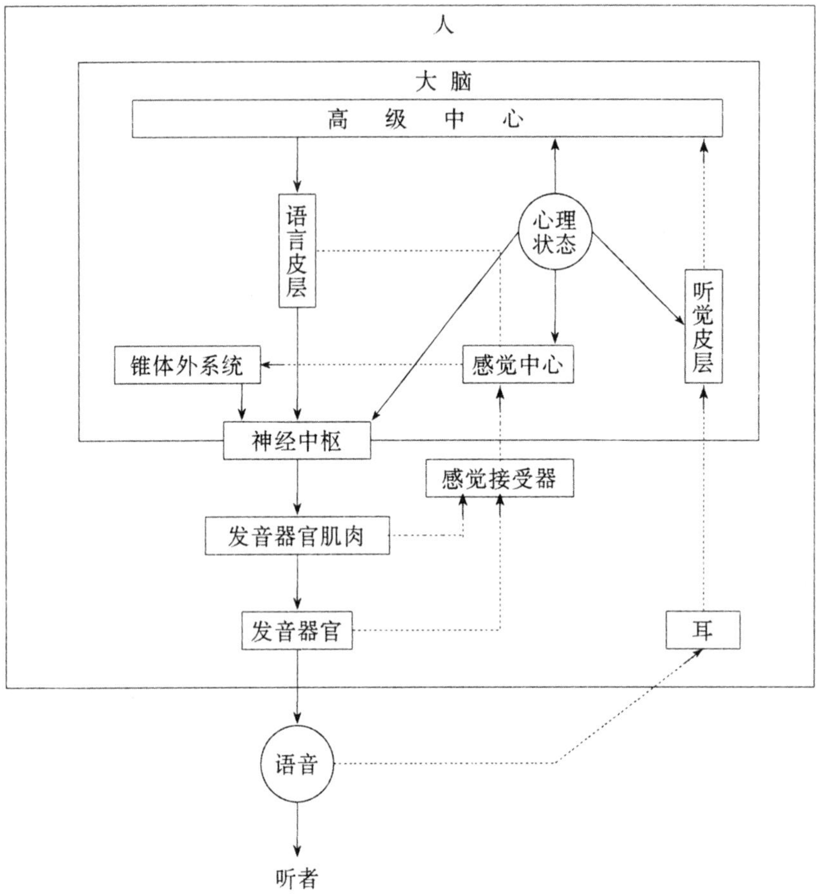

图 3　发音过程示意图

要讲的内容上。

（二）外部反馈系统

由耳接收自己发出的声音，再将有关的信息传送至听觉皮层，再进入大脑高级中心，由大脑高级中心分析判断发音是否准确。这一反馈系统反应速度较慢，只能在发音动作完成之后才做出判断，因此只能起检查和改正发音错误的作用。当然，这种通过耳检验发音的过程也是必不可少的，耳聋会导致发音能力的丧失就证明了这一点。人耳对发音的重要作用使有些语言学家认为耳应被看作是发音器官的组成部分。

在发音过程中，心理状态也是直接影响发音的一个重要因素。实验表明，积极愉快的心理状态会使大脑各部位的活动积极灵敏，发音流畅自如，而紧张、悲哀等消极心理状态则会使发音的心理过程受阻，影响发音的顺畅。消极心理状态主要对以下几个发音心理环节有不良影响：

1. 影响大脑高级中心思维过程，使发音的编码环节产生混乱，造成发音中词句不连贯或词不达意。

2. 影响神经中枢的传导功能，使神经传导迟钝或造成传导错误，表现为发不出音或发音磕巴。

3. 影响感觉中心分析能力，造成反馈系统迟钝，发音动作容易出错。

4. 影响听觉感受，错误发音感觉不到。

正常的心理状态是发音的必要条件，它使发音所涉及的心理过程能顺利完成。作为发音过程的一个组成部分，心理过程虽然不像发音动作那样显而易见，但它对发音的影响却日益为人们所重视，只有将发音动作和心理过程联系起来进行分析，才能对发音有全面深入的了解，也才能更有效地解决各种发音问题。

第三节　语音的物理分析

发音产生的语音与自然界中的其他声音一样，都是物体振动形成声波，传到人耳中形成的。语音与其他声音一样具有物理属性，每个声音片断中都包含了音高、音强、音长和音质四个要素。

音高

音高取决于物体的振动频率，频率变化作用于人耳，使人们感觉到声音的高低。人耳感觉的频率范围是有限的，大约在20—20,000赫兹之间。发音时，声音的高低与发音体声带的长短、厚薄有关。妇女和儿童的声带短而薄，声音显得高一些；男子声带厚而长，声音显得低沉浑厚。人们的声带形态并不完全一致，能发出的声音高度也不同，因此，不同的人发音时有不同音高。而同一个人，由于发音的需要，也可以通过肌肉力量改变声带状态，形成错落有致的声音高低变化。在语音中，音高变化主要体现在声带振动的元音或辅音上。一些辅音发音时声带并不振动，虽然这些音也具有音高特征，但其构成主要是噪音成分，因此，音高变化不如声带振动的乐音明显。

音强

音强是指声音的强弱，即我们平时所讲的声音大小。音强取决于振动体的振动幅度。振动幅度越大，声音越强。语音的强弱主要与声带的振动幅度有关。声带的振幅又与其承受的气流强度相关联。语音中非声带振动产生的声音，其强度也与气流强度相关。可以说，在语音中，声音强度的变化，主要依靠气流的支持。

音长

音长是指声音的时间长度，一般来说，它取决于发音体持续振动时间。在语音中，依靠声带振动发音的语言成分，如元音、鼻音、浊辅音，其音长取决于声带持续振动时间。非声带振动的语音成分，如清辅音，其音长取决于发音动作持续时间。对汉语普通话音节来说，往往是声带振动和非声带振动声音长度的总和，而并非只由声带振动时间所决定。

音质

音质是声音四要素中最复杂的要素。音质与发音体的种类，发音方法及共鸣腔形态、大小有关。语音中的多数辅音是由不规则气流振动形成的噪音构成，而元音则是规则振动的乐音，两者形成不同的音质。而这两类不同的声音中，又由于发音部位和发音方法不同，有不同音质的许多音。在元音的发音中，共鸣腔的形态、大小和组合特点对元音音质有重要影响。每个共鸣腔都有自身的振动频率，发音时由发音动作构成的不同共鸣腔组合，产生不同频率特性的声音组合，形成不同的元音。

在评价语音时，音质除指与意义有关的语音成分的音色的特点外，有时也指发音中持续表现出的具有个人风格的声音特点。这种声音特点中包含了音高、音量和个人音色特征等多种成分，带有主观评价色彩，含义较为模糊。如形容某种声音“明亮”、“宽厚”、“沉闷”等等。这种不改变意义的声音变化，有时也称为声音色彩或音色，以便与语音分析中的音质相区别。

从物理学角度对语音进行分析是现代科学认识语音的重要方法。尽管在一般的语言学习过程和包括播音训练在内的特殊语言训练和使用中，主要是用主观感觉的模糊量对语音进行评价，较少接触物理学上精确的定量分析，但声音的这四种要素却是经常涉及的重要概念。

第四节　播音的发音特点

播音是借助电子传播媒介传递信息的语言活动，与生活中个体传播的交谈相比，不仅在传播内容和方式上有所不同，发音状态也有明显区别，照搬生活状态的发音会影响表达效果。了解播音语言的发音特点，要先了解播音的声音特点；了解这种语言活动的心理过程和特殊环境，进而才能探索发音动作和用声方法上的独到之处，使自己具有使用电子传播媒介进行自如表达的能力。

播音的声音特点

这里所谈的声音特点主要指播音语言的语音和音色特点。粗略分析，播音的声音特点可归纳成以下几点：

（一）准确清晰

包括两个含义：准确是指吐字合乎规范，字音标准；清晰指语音具有较高分辨率，即使在杂音环境中也能听清楚。当然，这里所讲的清晰是完美表达出语言的意义和感情前提下的清晰，而不是机械地念字。吐字清晰在运用时往往受到其他表达因素制约，并容易使人产生片面认识，认为吐字清晰会影响表达的流畅自如。然而正是这种制约，才更能显示出一个播音员是否具有语言功底。

（二）圆润动听

指播音要有较好的声音音色和较高的吐字技巧。圆润动听与嗓音条件有直接关系，先天因素在其中起着很大作用，但后天训练也有不容忽视的影响。实践表明，许多人嗓音条件不够好，并非先天不足，而是使用方法不当。经过一段时间的科学训练，这些人的嗓音往往会有很大改善。圆润动听的另一方面涉及吐字技巧。这一点在以元音为主，字音内部组合极有规律的汉语普通话中尤为重要。完美的吐字会使人感到声音圆润动听，并可弥补嗓音方面的某些不足。我国民间常用“吐字如珠”来形容吐字技巧。由此可见吐字对声音圆润动听有着不可低估的影响。

（三）朴实大方

是指播音发音接近生活中的讲述，与朗诵或表演有明显区别。作为新闻工作者的播音员，其工作以传递新闻信息为主，新闻的真实性要求播音员的语言表达不能过分夸张和过多修饰，不能片面追求艺术效果。在声音的音高和音色上，播音的用声与口语接近。

（四）富于变化

指播音员的发音要避免单调。人们在生活语言中，为了省力，常采用单一音高、单一音色或单一节奏的发音方式。这种单调发音方式可借助讲话者手势或面部表情加以弥补，因而不致使人产生厌烦。但如果将这种发音方式照搬到播音之中，无疑会使听众感到厌烦。为了有效地吸引听众，播音员的发音应力求变化。无论吐字力度，还是音高、音色、节奏，都应尽可能随节目内容和感情色彩发生变化。

由于归纳角度不同，我们可以提出更多的播音声音特点，但以上这些已基本概括了播音的主要声音特点，为播音的发音训练提供了简单明确的目标。

播音的心理过程特点

播音员的工作范围涉及到多种类型的节目，其中有些节目是依据文字稿进行播讲的。这种播讲方式与日常口语交谈有所不同，其中心理过程上的区别最为显著，只是由于心理过程的隐蔽性，未能引起人们的足够重视。了解播音心理过程特点，可以使播音减少“念”的痕迹，更接近于使人接受的“讲”或“说”的感觉。

我们在前面已谈到一般言语发音的心理过程，当播音员脱离文字稿即兴主持节目时，其心理过程与之相同。但在依据稿件播读时，发音的心理过程会产生变化。首先是编码过程容易丢失。造成编码过程易于丢失的原因是文字稿已清楚地写明要讲的内容，说话人可以不必去经过思考确定讲话内容的语音形式，只要按照稿件去辨认文字，并将其顺序转换成语音就可以将意思表达出来。不过这种缺少思考的表达有一个不可避免的弱点，那就是，反映在播读者头脑中的语言单位可能不是表达完整思想的句子，而是一个个孤立的词，整句话是不同词的机械排列。这样就无法在表达中显露出完整的形象和准确的感情色彩，扼杀了语句的生命力。这样的发音方式给人一种“念”的感觉，它是缺少经验的播音员和播音初学者最易产生的问题。

解决编码过程丢失的有效办法是将稿件内容重新思考，变成自己要说的话，即有意识地恢复编码过程。具体方法是：播音员在准备稿件播出时，要尽可能深刻理解稿件内容，并将其存入自己的记忆中。在发音时，眼睛采用快速扫描方式将整句话输入大脑，而并非只注意单个词。这样，在每句话发音之前，播音员就已知道下一句话是什么，而不仅仅知道下一个词。这种发音形成的表达，其流畅性和可理解性都会得到改善。播讲者的感情态度也能更完整准确地表达出来。恢复编码使播音的心理过程更接近于自然生活状态的发音，这时的文字稿对播音员来讲只起一种提示作用，其主要内容已通过备稿转化为“自己”要说的话，播音员已驾驭了稿件。

除了编码过程易于丢失，播音发音的心理过程中还常会出现注意力飘移问题，注意力飘移也会使表达产生念的效果。

播音中的注意力飘移主要指播讲时心理活动的指向偏离播讲内容，分散到其他地方。在较为随便的口语交谈中，对发音并无严格要求，说话人的注意力很容易集中在要讲的内容上，注意力飘移的情况并不常见。而播音则不同，它对发音有准确清晰，吐字圆润等各种要求，初学者或经验不足的播音员在话筒前会想得过多，注意力极易飘移。常见的情况是，发音开始时注意力集中在内容上，过一段时间后，头脑中开始出现杂念，注意力在不知不觉中转移到别处去了。

注意力通常易于向两个方向飘移：

（一）发音器官动作

注意力移向发音器官动作常见于语音存在问题的播音员。这些播音员在发音时会不自觉地将注意力集中于发音器官动作上，特别到了容易读错的地方更是小心翼翼，格外注意。这样做的结果虽然可以避免发音错误，但却顾此失彼，留下念的痕迹，影响表达。

（二）视觉感知

这种情况在播音员不熟悉稿件或心理负担过重，害怕读错时容易出现。当注意力偏移到视觉感知时，播讲者的注意力会集中于稿件文字的字形辨认上，大脑机械地将文字转变成语言，顾不上考虑整个语句的含义，播音成了毫无生气的念字。

克服注意力飘移时，要分析产生飘移的原因。播讲者需要仔细回忆播音时注意力集中在什么地方。对许多播音员来说，注意力飘移是因为不了解心理活动规律，不会合理分配注意力。人们在进行复杂活动时常常要同时兼顾几个方面，以播音为例，播音时既要表达出稿件的内在含义，又不能读错；同时还要使自己的发音准确清晰，声音圆润动听。这些要求不可能在同一时刻都加以注意，需要播讲者有一个统筹安排，确定一个适当的注意中心。对以传播信息为目的的播音员，播讲时的注意中心应集中在表达内容上，发音上的各种要求，尽管也很重要，但只能通过熟练化的练习过程，使其成为不用有意识注意的“自动化”动作，不需要大脑有意识地加以注意。这样，播音时的注意力才可能集中在最需要的地方。播音员所进行的各种吐字发音训练，都是为在话筒前减轻注意力负担创造条件。良好的播音效果功在平时，而并非一般人所想象的话筒前的一时之功。

播音上述心理活动特点是文字稿件介入造成的。克服文字稿对播音心理活动的不良影响，使播音向生活语言的心理过程靠拢是摆脱念字，走向传情达意的重要途径。

播音的发音环境

播音员的发音方式除受传播内容影响外，还受传播对象、发音场合及语言传递方式制约。这三个因素的影响使播音的发音方式与口语交谈相比有明显区别。

（一）传播对象

播音的传播对象是听众，但播音的听众不是明晰的具体形象。播音员不可能十分确切地了解听众的数量、身份、年龄、性别等影响发音方式的因素。在这种特殊的大众传播方式中，为了兼顾各种人的收听要求，播音员不得不采用一种有别于针对某一具体对象的折衷发音方式，这种发音方式与口语交谈相比，吐字的准确性和清晰度却有明显提高，以便于不同听众都能听清楚。在声音上也力求圆润动听，以求吸引更多的听众。

（二）发音场合

播音的发音场合以面前没有交流对象的播音室为主。通常，面对面交谈时，说话人可通过面部表情和身体动作作为语言的辅助表达手段。但在播音这种特殊发音场合，这些信息多数情况下只能通过语言传达给听众，加大了语言的负荷，也对播音发音提出更高的要求。单调的发音方式在面对面交谈时可通过表情等手段弥补，但在广播中表情有时并无用武之地。因此，播音员的发音要避免单调，力求变化，以吸引听众。电视播音员虽然可借助表情弥补语言表达上的某些不足，但使用富于变化的发音方式，同样会使表达更为生动。另外，当口语面对面交谈时，说话人可根据交谈对象的反应随时调整发音方式，以适应对方。但在播音时，由于听众不可见，这种反馈无法进行，为了取得更好的传播效果，播音员要根据自己的经验，采用适当的发音方式，以达到类似相互交流的目的。这无疑增加了发音难度。

（三）传递方式

口语面对面交谈以空气作为声音传递媒介，播音却要依靠复杂的电子传播完成信息传递。在电子传播过程中，播音员的声音要经过不同形式的多次转换，由声波变成电波，再由电波还原为声波，才能最后进入听众耳中。在一系列声电转换中，声波的性质会发生变化，其中尤以音色变化最为明显。因此，同样的发音，交谈和播音两种不同传播方式的听觉效果并不完全一致。电子传播要求播音员对日常使用的发音方式做适度调整，以适应这种传播方式的需要。电子传播在有些方面为发音带来了便利，特别是在音量上。口语交谈的音量随传播距离变化，但在播音中，灵敏的电子设备能将极小的声音扩大，使远距离听众也能听到，对于播音员，发音的音量只作为表达思想感情的次要手段，在传播中的重要性相对降低。

第五节　播音员的发音训练

播音要将各类信息及不同感情色彩通过语言传递给听众，发音是完成这一传递过程的基础。表达能力的高低，除了与认识理解水平有关，还与播音员的发音能力直接关联。发音能力强有助于表达，发音能力弱会制约表达，因此，凡从事播音者，无不将发音看做一项基本功，视为职业训练的首要环节。

纵观发音训练，我们可将准确清晰、圆润动听、朴实大方和富于变化作为其总体训练目的，达到这些要求，表达就有了一个借以伸展的声音基础，声音就能够灵活使用，以适应不同表达需要。除了明确的训练目标，发音训练还应把握适当的训练原则和训练方法。

训练原则

发音训练中明确训练原则是确定训练方法，达到训练目的的重要保证。训练原则包括训练的性质和总体训练方针。发音的训练原则有以下几点。

发音训练是一种技能训练。这就要求训练者遵从身体技能训练规律，认识熟练化过程对于技能性训练的重要性，在训练时有量的保证，而不能浅尝辄止，仅仅满足于会发某个音。对于播音，会发音只是进一步训练的开始，只有把这些音训练到不用脑子去想就能脱口而出，形成习惯时，它才能在表达中灵活自如地运用。

发音训练是对已有发音习惯的改进和补充。播音员的发音训练并不是要训练者完全改变生活中的发音习惯，换上一副新嗓音。发音训练应主要是改变发音人的不良发音习惯，并对欠缺能力进行补充。对从事播音工作的人来说，其声音中总有一部分是可供播音使用的，发音训练没有必要将这些声音全部否定，而应当在此基础上提高和完善发音能力。这一训练原则与歌唱或表演的声音训练原则可能有所不同，其原因是播音更接近生活，作为一种说的艺术语言，它必定保留口语中好的东西，而不会将其一概否定。由于每个人的发音习惯不同，所要改进和补充的内容也不尽相同，训练中要因人而异，选用不同的训练材料和训练方法。

发音训练具有阶段性。字音是音义的结合，它涉及声音和意义两个层面。仅就声音来说，它又包含着表现意义的声音音质、表现非意义的声音色彩两种形式。对于字音这一多层结构体，我们只能将其分解训练。因此，发音训练通常分为语音和发声两个训练阶段，在不同阶段中，训练的重点应侧重于字音的一个方面。这种阶段划分是基于字音包含的声音成分具有不同功能，并有不同生理基础。语音较多地与吐字器官动作有关，发声则与呼吸发声器官动作联系密切。前者涉及意义，后者与感情色彩相接。当然，两者也有部分功能重合，如喉可影响具有意义功能的送气音或不送气音；口腔内发音器官位置也会影响音色。不过，两者之间仍存在着明显界限。发音训练两个阶段的训练顺序应为先语音，后发声。先训练语音，后训练声音可在语音训练中兼顾发声，进入发声训练时，语音不必再做调整。如果先训练声音，再调整语音的发音部位，发音部位变化还需再调整音色，训练内容会有较多重复。在训练顺序上，播音与歌唱训练顺序相反，原因是播音是传递信息的表达艺术，音色要服从语音；歌唱是具有欣赏性的表演艺术，它以旋律为主，字音要服从旋律变化。

训练方法

适当的训练方法是达到训练目的的手段。播音员的发音训练方法很多，使用上要因人而异，归纳起来有这样一些：

（一）听音练习

发音需要听觉器官的配合，听力不好直接影响发音。学习发音时，首先要训练敏锐的听觉能力，使耳能清晰地分辨语音在音准、音高、音色、音量上的细微差别。对声音的分辨能力是学习发音的基本条件。

（二）自我判断

发音训练带有模仿性质，模仿准确与否应以旁听者感觉为准。发音时，说话人自我听感与旁听者的感觉并不一致。因为说话人听自己的声音除了经由耳进入之外，还有一部分声音是经骨骼、肌肉振动传入内耳的。由于骨传导作用，主观与客观的音感会在音高、音色上有一定差距。为保证发音的准确性，要经常使用录音机录音，并反复审听，纠正骨传导作用造成的声音偏差。

（三）感觉记忆

学习发音，除了记忆声音，在头脑中形成声音印象外，还要有意识地体会和记忆发音时的动作感觉，回味发音器官的发音位置和动作过程。

（四）重复练习

重复练习是学习发音的重要方法。发音达不到脱口而出的熟练程度，语言便不会流畅自如。播音的发音难度超过一般口语，更需重复练习才能纯熟。

第七章

字音准确的基础——声母

语音是语言的声音形式，标准的普通话语音是播音中的神采。听众对语音有着敏锐的感觉。提炼的普通话语音是产生感染力的基础。

我们说的一句句话，是由一个个的词连接起来构成的。一个个的词又是由一个个音节组成的。一个音节就是一个方块汉字，音节则是由几个音素构成的。播音员是以有声语言作为自己的工具，因此必须对普通话的语音系统有一个概括性的了解。

我国的语言学家根据传统的分析方法，把汉语字音分析成声母、韵母、声调三部分。一个字起头的音叫声母，其余部分叫韵母，全字的音高叫声调。语音音素是根据发音特征分为元音、辅音两类。普通话语音中可做声母的辅音有 21 个。播音中语音含混不清，唇舌没有力度，往往和这 21 个声母有直接关系。它是吐字准确清晰的基础，声母发音时值虽短，但却十分重要。下面介绍几个专用名词：

音节和音素

语音最小单位是音素，一个或几个音素构成一个音节。“音节”在听感中，有头有尾，有起有住，是个整体声音。一个方块汉字就是一个音节。“音素”是语音里最小的单位。“音节”则是语音里最小的结构单位。

例如：ā　（啊）　一个音素

ān　（安）　二个音素

iān　（烟）　三个音素

jiān　（煎）　四个音素

jiāng　（江）　四个音素

zhuāng　（装）　四个音素

“zh”、“ng”两个字母代表一个音素。

元音和辅音

我们的说话声音分成两类，一类是元音（母音），一类是辅音（子音）。普通话里有 10 个元音，22 个辅音，它们各有自己的特点并在音节中担任不同的角色，起着不同的作用。掌握好元音、辅音的发音特点是播音员必备的基本功之一。

声母和韵母

汉语传统语音学把音节划分为两部分：声母和韵母。声母处于音节的前半部分，一般由辅音充当。韵母处于音节的后半部分，由元音和元音＋鼻辅音充当。其中有16个鼻韵母的尾音分别由n和ng两个鼻辅音音素做韵尾。例如：根gēn，g是声母，en是韵母。

综上所述，我们可以把普通话的音节结构归纳如下：

音节 ＝ 声母 ＋ 韵母
韵母 ＝ 韵头 ＋ 韵腹 ＋ 韵尾

	声母	韵头	韵腹	韵尾
	(1)	(2)	(3)	(4)
啊			a	
爱			a	i
腰		i	a	o
安			a	n
煎	j	i	a	m

(1) 声母由21个辅音担任，它们是：b、p、m、f、d、t、n、l、g、k、h、j、q、x、zh、ch、sh、r、z、c、s。此外还有一个零声母，即当一个音节中没有以上21个辅音中任何一个时，就被认为是存在一个“零声母”；

(2) 普通话只有三个音素可以充当韵头：i、u和ü，韵头不是普通话不可缺少的成分；

(3) 韵腹是普通话音节中不可缺少的部分，由10个单元音分别充当；

(4) 充当韵尾的只有i、u(o)和n、ng。-i、-u(o)构成元音韵尾，-n、-ng构成鼻音韵尾。

第一节　辅音的特点

气流在通过发音器官某一部分时，受到一定阻碍，只有参与阻碍的那一部分口腔是紧张的，气流在口腔里必须突破，冲过或回避所遇到的各种阻碍才能成声。例如：b是突破上下唇阻碍，f是冲过唇齿的阻碍，n是回避舌尖与上牙床之间的阻碍。

辅音的气流较强，多数辅音是用呼出的强气流冲击阻碍而形成音波，经过口腔或鼻腔发生共鸣作用而成声。只有较强的气流，才能造成辅音的音响。

口腔中阻碍气流的那一部分肌肉紧张，不阻碍气流的部分不紧张。

普通话中大部分辅音在发音时声带不颤动，声音不响亮，只有m、n、l、r、ng等5个浊辅音颤动声带，声音响亮。

辅音是噪声，只有 m、n、l、r、ng 5 个浊辅音带有乐音成分。其他的如 b、p、f、d、t、g、k、h、j、q、x、zh、ch、sh、z、c、s 都属噪音，叫清辅音。

汉语普通话声母，都是由辅音充当的，所以它的特点与辅音相同。

第二节　声母发音条件

发音部位

发音部位即气流在口腔中受阻的位置。因受阻部位不同，可以分为下面 7 种“阻”。这些“阻”都是由口腔里的两个部分接触或接近而形成的 7 处阻碍气流的地方（参见图 1）。

（一）双唇阻

上唇和下唇。下唇向上运动，上唇微动，两唇紧闭构成阻碍，如：b、p、m。

（二）唇齿阻

上齿和下唇，上齿和下唇内缘接触构成阻碍，如：f。

（三）舌尖前阻

舌尖和上门齿背。舌尖平伸，向上门齿背接触或接近，如：z、c、s。

（四）舌尖中阻

舌尖和齿龈前部。发音时，舌尖和齿龈前部（牙床）接触，如：d、t、n、l。

（五）舌尖后阻

舌尖和齿龈后部，舌尖稍后缩，向齿龈后部翘起接触或接近，如：zh、ch、sh、r。

（六）舌面阻

舌面前部和硬腭前部。发音时，舌尖下垂在下门齿背后，舌面向上贴接触或接近硬腭前部，如：j、q、x。

（七）舌根阻

舌根和软腭。发音时，舌头后缩，舌根抬起和软腭接触或接近，如：g、k、h。

发音方法

指发音时，气流克服阻碍的方法，一般可以把声母的发音归纳为三个阶段，即成阻、持阻和除阻。

成阻：构成阻碍。发音器官某部分由静止状态到形成阻碍的发音状态。也就是说构成正确的发音状态，要求部位准确。

持阻：准备发音。是正确发音状态的延续。要蓄积足够的气流，要求有控制，有一定的力度。

除阻：解除阻碍，发出声音。除阻时要干脆，弹吐有力，才能带动后面的韵母，声音才会响亮，清晰，送得远。

成阻、持阻、除阻是声母发音时的一般过程，不过不同性质的辅音，声母发音情况也不完全一样，如 b 要在除阻时才能发出声音。s 在第二阶段持阻时就发出声音了。

成阻、持阻、除阻三者不同形式的组合，可以把发音方法区分为很多种，下边分别谈谈普通话 21 个声母的 5 种发音方法。在每种方法中，各有两个条件：

（一）清辅音和浊辅音

清辅音发音时，声带不闭拢，气流不冲击声带，声带不颤动。气流从肺中直接流到口腔，受到口腔中某两部分不同程度的阻碍，气流较强，如：b、p、f、d、t、g、k、h、j、q、x、zh、ch、sh、z、c、s。

浊辅音发音时，气流从肺中流出，声带闭拢，气流冲开声门，使声带发生振动，造成声波，气流较弱，声波到达口腔后受到口腔中某两部分不同程度的阻碍，如：m、n、l、r、ng。

（二）送气和不送气

是指气流出来的两种情况。任何音素没有不用气而发音的，而是根据除阻时，气流强弱不同，有的音气流微弱而短，自然地放出。也就是说不送气的辅音，虽然也是由较强的气流造成的，但在除阻后没有显著的强气流，如：b、d、g、j、zh、z。

送气的辅音，除阻后紧跟着有一股显著的强气流喷出来，在时程上比不送气的来得长。在实际运用中，发送气音时，要有控制，要有吸气的感觉，否则气流太强，冲击话筒产生噪音。普通话里有 6 个送气音，如：p、t、k、q、ch、c。送气和不送气音在汉语中有区别意义的作用。如：被套和配套，肚子和兔子，例如：

肚子饱了　——兔子跑了

dù zi bǎo le　　tù zi pǎo le

↓　↓　　↓　↓

不送气　　　送　气

“肚饱”这两个音节的声母 d 和 b 是不送气音。

“兔跑”这两个音节的声母 t 和 p 是送气音。

5 种发音方法中，配合着“清、浊”和“不送气与送气”的区别，可以产生许多辅音，下面介绍 5 种发音方法。

（一）塞音

发音的某两部分紧闭在一起，阻塞气流通道，从肺中呼出的气流拥满口腔，这时发音的某两个部位突然离开，气流冲击爆发，破裂而成声。这声音是短暂的。塞音也叫爆发音或破裂音，如：b、d、g 和 p、t、k。送气音 p、t、k 发音过程和不送气的 b、d、g 一样。只是除阻后有一股强气流跟在后面，造成送气的成分。

（二）擦音

也叫摩擦音。成阻时发音部位两点相接近。但接得不太紧，中间留下一道窄缝，持阻时气流由发音部位两点之间挤过，发出摩擦的声音，到除阻时，这种摩擦就结束了。在普通话里分清、浊两类。发浊擦音 r 时，声带闭拢，气流冲击声带而成声，它们和清擦音 f、h、x、sh、s 是相对而言的。5 个清擦音声带不颤动，发擦音时气流持续时间比塞音要长。从强度上看，擦音是由弱渐强的，而塞音则是陡然增强的。

（三）塞擦音

是塞音和擦音两种方法结合。两个部位接触堵住气流，然后两个部位突然离开（产生破裂音）并形成一条小缝，使气流挤出，造成摩擦的声音，这是擦音的“持阻”和“除阻”阶段（见右图示）。

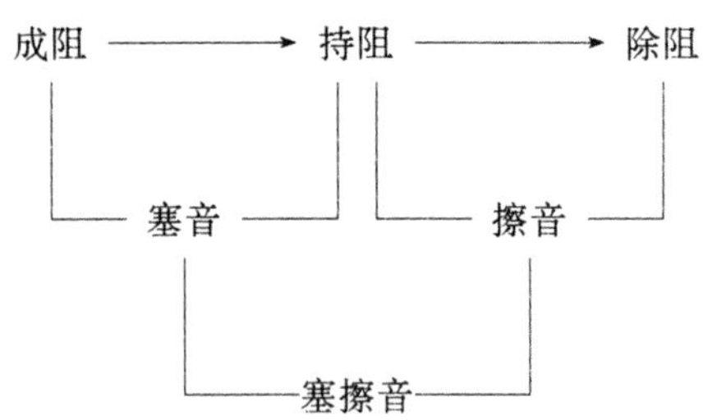

普通话塞擦音有 j、q、zh、ch、z、c 等 6 个音，其中 q、ch、c 是送气的塞擦音，和不送气的塞擦音 j、zh、z 相比，表现为气流的相对加强和擦音部分的相对延长。塞擦音和塞音的送气虽然都用较强的气流，但是情况不同，塞音的送气，表现在塞音除阻后有一股强气流。塞擦音的送气，强气流不是除阻后出现，而是在塞音过渡到擦音的混合阶段开始，直到擦音最后完了。

（四）鼻音

成阻时发音部位两点闭紧，封锁口腔出气道路；持阻时，肺中呼出的气流冲开闭合的声门，声带颤动，声波进入口腔，但此时口腔已被封锁，气流出不去，同时，软腭小舌下垂，鼻腔和口腔形成联合通道。鼻腔是固定的。声腔的变化全凭口腔中阻碍的部位不同，口腔的形状就不同，再加上鼻腔双重共鸣的作用，形成不同鼻音。最后声波从鼻腔流出。除阻时，开放口腔的封锁，发音就终止了。普通话里只有三个鼻音 m、n、ng。其中 m 只出现在字音的前头，如：mā（妈），n 在字音前后都出现，如：nán（南）；ng 只出现在音节尾上，如：niáng（娘）。

（五）边音

普通话里只有 l 是边音。成阻时，舌体后缩，舌尖向上和齿龈前部接触，比 d、t、n 靠后一点。持阻时，声带颤动，带音气流从舌头两边透出；除阻时声音就完了。由于发音时声带颤动，故是浊边音。

第三节　声母的分类

声母的分类

22 个辅音，除 ng 外，都可以做普通话声母。发音时，气流从声门冲出之后，都要受到口腔中某两个部位的阻挡，这是所有声母的共同特点，但是不同的声母，由于气流在口腔中受阻部位不同，就会造成不同的声母。如：双唇音、舌面音、舌根音等。受阻的方式不同也会造成不同的声母。如：塞音、鼻音等。气流的强弱不同和声带颤动不颤动，还会造成不同的声母。

总的来说，发音部位受阻方式，送气与不送气，清音与浊音，要从这几个方面结合起来看声母的发音。

为了清晰易记，我们归纳成表，请看图 1：

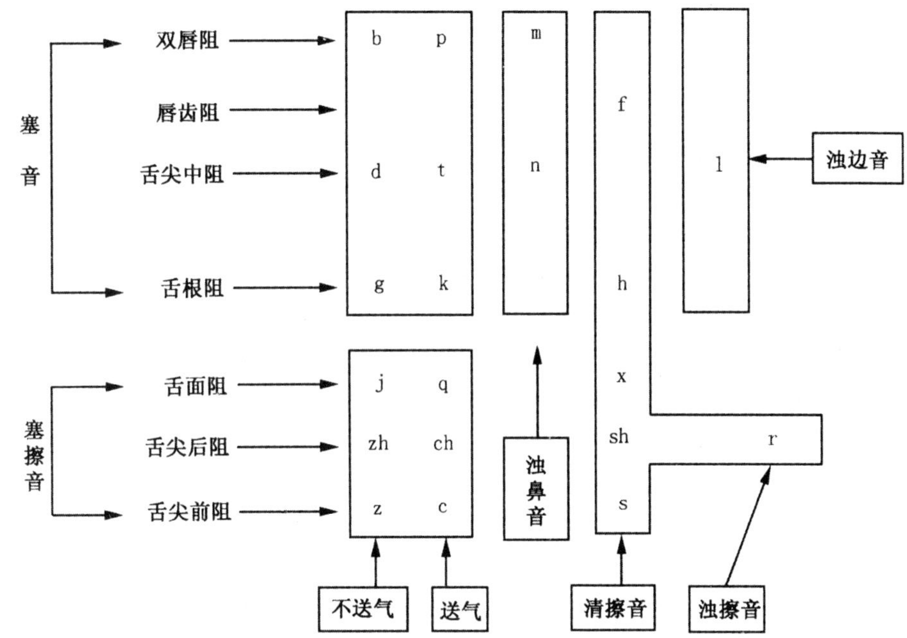

图 1　声母发音表（一）

- 声母发音条件
  - 发音部位（发音位置）
    - 双唇音：b、p、m——上唇和下唇紧闭。
    - 唇齿音：f——上齿接触下唇。
    - 舌尖中音：d、t、n、l——舌尖抵住齿龈前部。
    - 舌根音：g、k、h（ng）——舌根和软腭接触。
    - 舌面音：j、q、x——舌面与硬腭接触。
    - 舌尖后音：zh、ch、sh、r——舌尖与齿龈后部接触或接近。
    - 舌尖前音：z、c、s——舌尖与上齿背接触。
  - 发音方法（受阻方式）
    - 塞　音：b、p、d、t、g、k——闭紧堵塞、爆发。
    - 擦　音：f、h、x、sh、s、r——闭不紧，有缝隙，气流挤出摩擦成声。
    - 塞擦音：j、q、zh、ch、z、c——先堵塞后摩擦出声。
    - 鼻　音：m、n（ng）——口腔闭住，气流走鼻腔。
    - 边　音：l——鼻腔闭住，气流从舌边出来。
  - 控制气流的强弱
    - p、t、k、q、ch、c——送气音。气流较强，时程较长。
    - b、d、g、j、zh、z 这 6 个音是不送气音。气流较弱，时程较短。
  - 清音与浊音
    - b、p、f、d、t、g、k、h、j、q、x、zh、ch、sh、z、c、s 这 17 个音发音时，声带不颤动，声音不响亮，是清音。
    - m、n、l、r 这 4 个音发音时，声带颤动，声音响亮，是浊音。

说明：

ng 是辅音，但只做鼻韵母尾音，未列出。y、w 属半元音半辅音性质。作为零声母时，出现在音节开头做字头用。例如：yin、yang、wu、wang

图 2　声母发音表（二）

第四节 普通话声母的发音

双唇音

指上唇与下唇接触构成阻碍后发出的一种辅音，共有 b、p、m 三个。

b [p]* 双唇阻不送气清塞音。发音时，声带不颤动，成阻时双唇闭合，气流不能从口腔流出；软腭上升，堵塞鼻腔通道，舌尖是自然静止状态。除阻时双唇突然打开，爆发而出，气流较弱。例如“报表”（bào biǎo）的声母就是双唇音 b。

p [p'] 双唇阻送气清塞音，发音时的状态与 b 相似，只是除阻时有一股较强的气流冲开双唇，然后才是元音。例如：“澎湃”（péng pài）的声母就是双唇音 p。

m [m] 双唇阻浊鼻音。发音时，声带颤动。成阻时双唇闭合，气流不能从口腔流出；除阻时软腭下降，鼻腔畅通，舌头自然放平。除阻时虽也有爆发的声音，但较柔和，随后才是元音，例如“美满”（měi mǎn）的声母就是双唇音 m。

双唇音 b、p、m 这三个声母的读音是在其本音之后配上单韵母 o，就成了它们的读音：玻（bo）、坡（po）、摸（mo）。

双唇音在播音员的口中一般不会发生发音部位的错误。在没有经过训练的播音员中发音唇舌无力、口腔松软的毛病，与这三个音发不好有直接关系。

有些播音员播音时咧嘴角，影响了口腔的开度，同时力量也会分散，双唇的爆发力必然减弱，结果使字音的清晰度下降，在发 m 这个双唇鼻音时，如果双唇没有力量，鼻音色彩加重，字音是闷暗的。个别人也有的发音时双唇抿起，影响了音准，延缓了发音的动程，语句也不会是流畅的。有的人发 p 这个送气音时，气流太强，以致产生了噪音，使话筒传出“扑扑”的杂音。生活中，发带有双唇音的音节时无须讲究，但是在播音中，要想字音准确、清晰、响亮，必须加强这三个音的力度。发双唇音时要注意唇部收紧，接触有力。这里气息的运用很重要，小腹要控制好，气流要集中，冲击双唇时要富于弹性。怎样才能运用好气息呢？这就是要造成一个有利的环境，要加强口腔各部分肌肉包括双唇肌肉的紧张度，加强口腔壁的硬度，这样就会给气流造成一定的压力。由于气息得到了控制，口腔共鸣环境得到了改善，这样再冲击双唇的阻碍，发出的字音必然是清楚有力的。力量虽然集中到双唇，但并不是平均分配，注意焦点在双唇中部。声音集中了，喉部的负担也会减轻。中国传统戏曲所说的“喷口”就是指带双唇音的音节。它讲究喷口时（发音）有力，干净利落，所谓“喷口”也是须先要蓄集足够的气流，利用空气的压力，通过紧张的口腔肌肉，冲击双唇的阻力，一下子把字喷出。

如上所述，这几个声母一般不会发生部位的错误。但也有些播音员，由于受方言的影响，在结合韵母发音时会发生错误。例如双唇音带上圆唇的韵母 o，有的人会发成扁唇的 e（东北、山东）。我们从普通话语音音节表中可以看出，双唇音 b、p 是不和扁唇音 e 相

---

* 方括号 [ ] 内的字母表示国际音符号。

拼的，否则，会影响双唇音的准确性。这是因为 b、p 等辅音唇型的圆扁程度，要受到后接元音性质的影响。这就是“协同发音”的作用。所以，声母发得是否准确，还要看后面的元音发得是否准确。有这样毛病的播音员应该加强记忆，不要把 guǎng bō 发成 guǎng bē。

练习双唇音的方法比较多，如每天可活动双唇肌肉（双唇打响），以音节表为内容，做双唇音与韵母的拼合练习。变换四声的练习（bā bá bǎ bà），带双唇音的两字词及“绕口令”。开始时要有意识地把力量集中在双唇上，这是对的，但听起来较拙。过一段时间就会感到发出的声音会变得轻巧，而且有弹性，尤其是发送气音，体会到了有吸气的感觉，这样就达到了练习的目的。

唇齿音

指下唇与上齿接触构成阻碍后发出的一种辅音，只有 f 一个。

f［f］唇齿阻清擦音。发音时，声带不颤动，成阻时下唇接近上齿，形成窄缝，软腭上升，堵塞鼻腔通路，舌位自然。除阻时气流从窄缝中挤出，摩擦成声，例如：“方法”（fāng fǎ）的声母就是唇齿音 f。

在 f 这个唇齿音的声母本音之后配上单韵母 o，就成了它的读音：佛（fo）。

在播音中，发唇齿音应该注意的是：上齿与下唇形成阻碍时要自然接触，不要上齿咬住下唇发音。一个是成阻部位的面积大，力量分散；二是容易有发成塞音趋势，听起来会觉得笨拙。注意动作不要太长，控制好气息，除阻后紧接元音，这样音就清楚了。扬声器中传出的杂音，一部分就是发擦音造成的。要学会节制气流。另外，汉语拼音方案里有一个字母 v，它是唇齿浊擦音，在吴方言中有这个辅音声母，我们应该注意和唇齿阻清擦音的区别。受方言影响，舌根音 h 易和 f 发生混淆。

舌尖中音

指舌尖抵住上齿龈，气流在这一部位受到阻碍后发出的一种辅音，有 d、t、n、l 四个音。

d［t］舌尖中阻不送气清塞音。发音时，声带不颤动。成阻时舌尖抵住上齿龈，气流不能从口腔中流出。软腭上升，堵塞鼻腔通路，除阻时，气流冲破舌尖的阻碍，爆发成声，气流较少。例如：“大胆”（dà dǎn）的声母就是舌尖中音 d。

t［t‘］舌尖中阻送气清塞音。发音时的状态与 d 相似，只是除阻时有一股较强的气流冲出。例如：“团体”（tuán tǐ）的声母就是舌尖中音 t。

n［n］舌尖中阻浊鼻音。发音时，声带颤动。成阻时舌尖抵住上齿龈，要顶满，气流不能从口腔流出。除阻时软腭下降，鼻腔畅通，带音气流从鼻腔通过。发出的声音较柔和。例如：“牛奶”（niú nǎi）中的声母就是舌尖中音 n。

l［l］舌尖中阻浊边音。发音时，声带颤动。成阻时，舌尖抵住上齿龈，不顶满，软腭上升，堵住鼻腔通路，气流从舌头两边流出，所以叫边音。除阻时没有爆发的声音。例如：“嘹亮”（liáo liàng）中的声母就是舌尖中音 l。

声母 d、t、n、l 本音之后配上一个单韵母 e 就成了它们的读音：得（de）、特（te）、讷（ne）、勒（le）。

d、t、n、l 这四个音也叫舌尖音。在播音中最大的问题是气流冲破成阻部位时，舌尖表现无力度、无弹性，从而使得整个字音松散，失去了准确性。在个别情况下，也有产生浊鼻音 n 与浊边音 l 相混淆的现象。

我们平时所说的“唇舌无力”的“舌”就是指舌尖音无力。具体表现在舌尖抵上齿龈成阻后，气流没有形成一定的压力。冲击成阻部位时，气流较弱，舌尖肌肉又紧张不起来，因而除阻也就没有力度。由于辅音起“领头音”的作用，整个音节甚至句子听起来“立”不住，给听众以懒散之感。也有个别播音员舌尖伸不出来或没有舌尖，甚至也有的有两个舌尖，由于力量集中不到舌尖上，因而 d、t 这两个音除阻时要“爆发成声”就困难了。更重要的是影响了音准（先天的生理条件也是很起作用的）。发 n 这个浊鼻音时，如果舌尖顶不满上齿龈，一部分气流就会轻而易举地跑到口腔外，由于进入鼻腔的气流减少，鼻音的色彩就会被冲淡。相反，发 l 这个浊边音时，舌尖如顶满了上齿龈，舌面会相应地平坦，无力、松弛的舌肌不能给气流造成一定的压力，不但发音浪费气息，而且会产生噪音。可以说，舌尖音与双唇音在训练播音员发音准确、有力这方面，占有举足轻重的地位。

舌尖音的发音练习除了在发音上要准确外，还要加强舌尖的力度练习，这样就会锦上添花。首先要调动发音的动力——气息，使受腹部控制的饱满气流，不断地冲击成阻部位，让舌尖灵活有力地弹动上齿龈，这就是所谓的“舌的弹卷力”要能够“敲响”它。所以“弹力”就是指舌尖阻被“突然”冲开，而不是拖泥带水地冲开。舌尖音练习有很多，从普通话音节表中找出舌尖音，与韵母做拼合练习，练习含舌尖音的词组句子。注意着力点应放在舌尖上。平时我们有意识地用舌尖来打嘟噜，就是锻炼舌尖的这种力度。不会的人也不妨试一试。只是舌尖抵上齿龈后，不要死死贴住，要轻抵，蓄好足够的气流后，由于舌尖受到了强气流的冲击，就会连续不断地发生震颤，因而听起来就有嘟噜声了。另外中国传统说唱很注意用“绕口令”来训练演员的吐字发音技巧。有关于舌尖音的练习段子很多，练声时用上几段，久而久之就会发生作用。在教学中，采用的口形操是苏联戏剧家斯坦尼斯拉夫斯基体系里的面部肌肉练习。它对于加强唇舌的力度，口腔各部肌肉练习得到控制，起到了良好的作用。唇舌练习灵活有力了，就会使播音增添色彩。

另一个问题是浊鼻音 n 与浊边音 l 相混。由于有的播音员来自方言区，产生这样的问题是难免的。首先应该明确 n、l 的发音部位相同，不同的是发音方法，n 是鼻音，发音时气流应该从鼻腔流出；l 是边音，发音时气流从舌的两边流出。如果感觉不到，可以把鼻子堵住。发音困难的就是 n，因为发 n 时软腭下降，气流从鼻腔流出。相反发音不困难的就是 l 音。练习发 l 音时，可以适当地把嘴角拉开一些，这样可以帮助气流从舌头的两边顺利流出。再有，可以利用形声字偏旁类推等规律，熟记哪些音节念 n，哪些音节念 l。

舌根音

指舌根抵住或接近软腭，气流在这一部位受到阻碍后发出的一种辅音。舌根指的是后舌面，因此从这里面发出来的音也叫舌面后音，包括 g、k、h 三个音。

g [k] 舌根阻不送气清塞音。发音时，声带不颤动。成阻时舌头后缩，舌根隆起顶住，软腭上升，口腔鼻腔不通气。除阻时气流冲破舌根的阻碍，爆发成声，气流较弱，例如："钢轨"（gāng guǐ）中的声母就是舌根音 g。

k [k'] 舌根阻送气清塞音。发音时的状况与 g 相似，但两唇的开度比 g 窄。成阻时舌尖后缩，舌尖离齿背比 g 远，舌根隆起顶住成阻部位时要比 g 紧。除阻后有一股较强的气流冲击，然后才是元音，例如："刻苦"（kè kǔ）中的声母就是舌根音 k。

h [x] 舌根阻清擦音。发音时，声带不颤动。双唇的开度和上下齿的距离比 g、k 窄。成阻时舌头后缩，舌根隆起，舌高点对着软腭，有缝隙。除阻时软腭上升，堵塞鼻腔通路气流从缝隙中挤出，摩擦成声。成阻时的位置比 g、k 稍后，舌位也比 g、k 低，例如："欢呼"（huān hū）中的声母就是舌根音 h。

在发 g、k、h 这三个声母的本音之后配一个单韵母 e 就成了它们的读音：哥（ge）、科（ke）、喝（he）。

舌根音在播音员口中还是容易发的。但是，一定要发好，发得准确也需要下功夫，个别播音员也有把舌根音 h 与唇齿音 f 相混淆的现象。

舌根音 g、k、h 是气流通过喉部进入口腔后，发音部位的第一站——舌根发出的音。因而它们在 21 个声母中发音是靠后的。我们的发音器官从声带到嘴唇有 170 毫米长的通道。从发音到音波冲出口腔，这三个音相对来说要经过较长的一段距离。和其他声母比较音色也是属于最暗的一组。一些男播音员为了追求声音的宽厚，有气势，把这三个本来已经靠后的舌根音发得更后。这样的发音会带动韵母，以至其他声母靠后，导致成为发音状态的问题。喉音的产生不能不说是和它有直接的关系，对于播音来说重要的是字音不清楚了。为了避免这样情况的发生，在播音部位准确的前提下，舌位要有意识地前移。g、k 在成阻时要有力地顶住软腭，要有往口腔外输送的感觉，这样可以避免声音发得空糠。特别是发音稍后的 h，它在除阻时舌根和软腭是没有接触的。但如果不加控制地过分强调这个音，就会有少量的接触，这样会造成小舌音或喉音的趋势。不但有音准问题，产生的噪音也会形成对听众的干扰。所以发音时口腔要稍张开一些。控制好气流是控制好发音的先决条件。舌根音成阻部位周围空间窄小，正好在产生口腔共鸣的口腔后部，因而气流的通道由于舌与腭的部位而变得更加狭小。舌根音的发音较之其他声母发音来说，产生杂音的机会多，这就要求发音时节制好气流，气流要有力地冲击成阻部位，使得发音具有一定的弹性，使其更加符合播音的实际。

另外有个别播音员对舌根音 h 与唇齿音 f 有分辨不清的问题。这就要注意 f 和 h 在发音上有什么不同。它们的发音方法是一样的，都是清擦音，区别只在成阻部位上，唇齿音 f 是上齿和下唇形成阻碍，而舌根音 h 的成阻部位是舌根与软腭。了解发音部位，着重练习发音部位是分辨两个声母的前提。在这个基础上，根据音节表加强记忆。发舌根音靠后的人可做 g、k、h 与韵母 ai、ei、an 的拼合练习。

舌面音

指舌面前部抵住或接近硬腭前部，气流在这一部位受到阻碍而形成的音。它们是 j、q、x 三个音。

j [tɕ] 舌面阻不送气清塞擦音。发音时，声带不颤动。成阻时舌面前部抵住硬腭前部。发塞音时突然离开，气流从窄缝挤出，摩擦成声，气流不明显。例如："坚决"（jiān jué）中的声母就是舌面音 j。

q ［tɕ'］舌面阻送气清塞擦音。发音时的状况与 j 相似，只是除阻时气流增强，擦的阶段用强气流发出。例如："恰巧"（qià qiǎo）中的声母就是舌面音 q。

x ［ɕ］舌面阻清擦音。发音时，声带不颤动。成阻时舌面前部接近硬腭部，成阻部位呈现出缝隙，软腭上升，堵塞鼻腔通道。除阻时气流从缝隙中挤出，摩擦成声。例如："消息"（xiāo xi）中的声母就是舌面音 x。

舌面音在 j、q、x 这三个声母的本音之后，配上单韵母 i 就成了它们的读音：基（ji）、欺（qi）、希（xi）。

j、q、x 目前在部分播音员的语音中是最容易出问题的一组音。我们知道，声母 j、q、x 跟 i、ü 或者以 i、ü 起头的韵母相拼叫团音。在某些方言里尖音和团音是分开的。在普通话里，声母 z、c、s 不能和 i、ü 起头的韵母相拼，所以在普通话里没有尖音。按理说受方音影响的播音员在遇到 z、c、s 跟 i、ü 或以 i、ü 起头的韵母相拼时，应该一律改成 j、q、x，这样就符合普通话语音的要求了。可是目前原来已经改掉的尖音又出现了，并且大有蔓延的趋势。例如 qián jìn（前进）发成了 cián zìn；xīn xiān（新鲜）发成 sīn siān。这样的发音不但使听众感到不习惯，而且会产生杂音。对于做播音工作的人来说，尖音太多，尤其是播政论性或较严肃的稿件时，显得不庄重，不朴实。出现了尖音，应该认识到这是发音上的错误。为了避免尖音的出现，除了做好辨证外，注意舌尖，不要让它碰牙或到两齿中间。舌尖抵住下门齿背要保持不离开。也可以练习 j、q、x 与 iao、üe、iang 等相拼的音节。除了尖音问题以外，个别人在发音时，不会用舌面来发音，而是用整个舌尖贴住硬腭前部来发。也有的受方音影响把它们发得舌位比较靠后了。要找准发音部位，不如先发一个延长的元音 i 来练习，然后舌面前部往高移动，直到贴在硬腭前端，上下齿要有距离。

舌尖后音

指舌尖与上齿龈后部接触构成阻碍后发出的一种辅音，有 zh、ch、sh、r 四个。

zh ［tʂ］舌尖后阻不送气清塞擦音。发音时，声带不颤动。成阻时舌尖翘起顶住上齿龈后部，口腔不通气；软腭上升，鼻腔也不通气。然后舌尖离开上齿龈后部，气流从呈现出的间隙里挤出，气流不明显。例如："庄重"（zhuāng zhòng）中的声母就是舌尖后音 zh。

ch ［tʂ'］舌尖后阻送气清塞擦音。发音时的状况与 zh 相似，只是除阻时有明显的气流从口腔中流出。例如："车床"（chē chuáng）中的声母就是舌尖后音 ch。

sh ［ʂ］舌尖后阻清擦音，发音时，声带不颤动，成阻时舌尖翘起与上齿龈后部硬腭前部相对，有空隙，软腭上升，鼻腔不通气。除阻时气流从空隙间擦出。例如：上税（shàng shuì）中的声母就是舌尖后音 sh。

r ［ʐ］舌尖后阻浊擦音。发音状况与 sh 相似，只是颤动声带。例如："柔软"（róu ruǎn）中的声母就是舌尖后音 r。

在舌尖后音 zh、ch、sh、r 这四个声母的本音之后，配上一个舌尖后元音韵母-i 就成为它们的读音：知（zhi）、吃（chi）、师（shi）、日（ri）。

从播音教学及实际工作中看，有的人对舌尖后音的发音部位掌握不准，有的人容易和舌尖前音相混。从部位上说，一种情况是这组声母发得比较靠后，把翘舌音（即舌尖后音）发成了卷舌音，这就要练习舌尖翘起的这个动作，嘴张开后可以对着镜子，以便自己能够看到。翘舌的动作是前伸，接近于伸平，目标是上齿龈后部，反复练习多次，就会达到翘起的目的了。另一种情况是发音偏前，舌位较平，接近于平舌音的位置。这几个声母偏前也会带动其他声母偏前，矫枉必须过正，练习时舌尖应尽量往后移，顶住齿龈后部或硬腭前缘，再发舌尖后音，相对听起来就不那么偏前了。另外，偏前的原因与口腔开度也有关系。口腔不开，空间小，声音会发扁，自然也就偏前了。发音时注意下巴松弛，牙关打开，气息通畅，遇到窄元音时要宽发，可以练习与开口度大的韵母相拼合的音节。如zha、cha、sha、ra、zhang、chang、shang、rang 等。

个别人应注意发音时双唇勿噘起，上下齿之间应有距离。否则声音发不出来，同时也会由于噪音太多，影响了字音的清晰。双唇噘起后，无形中又给口腔共鸣增加了一个筒子，声音会变得闷暗，也会影响美观。练习时要提笑肌，以使共鸣腔增大；发 sh 的时候，成阻力量不要太强，勿使拙劲。不然舌两边会翻卷，出现空隙，气流从舌面两侧通过，会成为清的边擦音。此音成阻后，舌两侧要接触上腭，让气流从舌中部流出。

关于与舌尖前音相混的问题下面再谈。

舌尖前音

舌尖抵住或接近上齿背，气流在这一部位受到阻碍后发出的辅音。由于它的发音部位比舌尖中音靠前，故称为舌尖前音。有 z、c、s 三个。

z［ts］舌尖前阻不送气清塞擦音。发音时，声带不颤动。成阻时舌尖抵住上齿背，口腔不通气，软腭上升，堵住鼻腔通路。除阻时舌尖离开上齿背，气流从呈现的间隙中挤出。

气流较弱，肌肉比较放松。例如："总则"（zǒng zé）中的声母就是舌尖前音 z。

c［ts'］舌尖前阻送气清塞擦音。发音时的状态与 z 相似，只是除阻时有明显的气流从口腔中流出。例如："苍翠"（cāng cuì）中的声母就是舌尖前音 c。

s［s］舌尖前阻清擦音。发音时，声带不颤动，成阻时舌尖和上齿背相阻，有空隙，软腭上升，鼻腔不通气。除阻时气流从中间的空隙中挤出。例如："松散"（sōng sǎn）中的声母就是舌尖前音 s。

在舌尖前音 z、c、s 的本音之后配上一个舌尖前元音-i 就成了它们的读音：资（zi）、雌（ci）、私（si）。

z、c、s 这三个声母在播音中也是属于容易产生问题的一组音。发音部位问题有三：一是舌叶前部与上齿背接触面积大，常有噪音色彩；二是舌尖没有与上齿背成阻，跑到两齿中间去了，这就是所谓"大舌头"，听起来带有齿间音的色彩；三是成阻时舌尖与上齿背接触太紧，气流冲破阻碍时较困难，出现"丝丝"的声音。因此，第一是解决部位准确的问题，舌尖与上齿背成阻，而不是舌前部整个贴在上齿背上。注意成阻面要小，力量集中。第二，为了避免舌尖伸到两齿中间或碰牙，播音时，成阻部位应为舌尖轻抵上齿背。第三个问题的解决办法是，口腔要开，舌尖肌肉要放松，两齿之间要留有一定的距离，这样也防止了声音偏前的问题。

一部分播音员由于受方音的影响，z、c、s 这三个舌尖前音总是与 zh、ch、sh 这三个舌尖后音相混。练习时要首先能够听辨，其次要找出这两组发音区别在什么地方。这两组音，它们的共同点是舌头整个呈现出元宝型（马鞍型），即有两个焦点，一个在前（舌尖与齿背），一个在后（舌面后部与硬腭），前高后低，舌面中部呈下凹形态，舌尖前音的第一焦点比舌尖后音靠前，但第二焦点舌尖前音比舌尖后音靠后。再有，舌尖前音舌面中部下凹度较浅，甚至个别人舌面是平的，舌尖后音的舌面下凹度较深，不可能出现舌面伸平现象，练习时要能体会出发音的区别。

零声母

普通话语音除了 21 个辅音声母外，还有一个零声母，也就是没有辅音声母的音节被认为存在一个“零声母”。按照普通话音节的拼合规则将全部音节区分为开、齐、合、撮四组。

对于播音员来说，应该了解的是零声母音节不是纯元音开头，多少带有摩擦成分。例如：ài（爱）这个开口呼音节发音时，就带有喉塞音（喉头声门闭紧一下）。wū（乌）这个合口呼音节发音时就带有双唇浊擦音，发 yi（依）这个齐齿呼音节时，也会带有舌面摩擦音。播音时为了加强声音的清晰度及力度，零声母音节的第一个音素不要发成单纯元音，让它带有摩擦成分，以达到准确清晰的目的。如果受方音影响，零声母的发音加了声母的，应该去掉这个声母，以符合普通话语音的要求。例如：“爱”（ài）有的方音加了声母 n 发成了“耐”（nài）。应加强语音记忆，去掉不必要的声母成分。

也有少数播音员把 u 或 u 起头的音发成唇齿浊擦音［v］，例如：“新闻”（xīn wén）发成了（xīn vén），“因为”（yīn wèi）发成（yīn vèi）。u 是圆唇元音，应该把双唇撮圆，以避免上唇和下齿接触。

从以上分析可以看出，声母都由辅音充当，辅音是气流通过声门后到达口腔受到了不同部位和不同方式阻碍发出来的。气流受到阻碍的部位叫发音部位。解决阻碍的方法叫发音方法。同时还根据气流的强弱，声带振动与否来区分不同的声母。可以说，要想发准普通话语音中的声母，必须掌握这些发音要领。但是，对于播音员来说，这还是不够的。要在掌握这些要领的基础上，运用发声方面的技巧，使声母的发音更加清晰有力。

第五节　运用中的问题

发音难点

b、p、m：

双唇音在播音员的口中一般不会发生发音部位的错误。只是大部分人发这三个音时，唇显得无力。有的播音员在播音时，咧嘴角，影响了口腔开度，同时力量也会分散，其结果双唇的爆发力必然减弱，字音的清晰度下降。声母 m 的发音如果力量不够，鼻音色彩就会加重，字音闷暗。有人发音时双唇抿起，影响了音准，延缓了发音动程，语句也不会流畅。声母 p 的发音，气流太强，则会产生噪音，话筒传出“扑扑”的声音。生活中这三个音不用太讲究，但在播音中要做到字音准确、清晰响亮，就必须加强这三个音的力度。

注意：唇部收紧，接触有力，小腹要有控制，气流集中，力量集中在双唇中部，这样声音也就集中了。发这三个音还要注意的一点，就是双唇音后面带的圆唇韵母 o，而不是 e，有的播音员因受方音影响把 guǎng bō 读成 guǎng bē。练习双唇音办法很多，如可练习双唇打响；音节表中双唇声母和韵母相拼音节，还有变换四声的练习（bā、bá、bǎ、bà），还有两字词、绕口令等。

f：

播音中要注意上齿与下唇自然接触，不要上齿咬住下唇发音。成阻面积大，力量则分散。f 本身是擦音，摩擦大，要注意节制气流。

d、t、n、l：

舌尖抵住上齿龈前部。播音中，气流冲破成阻部位时，舌尖表现无力度，无弹性，使整个字音松散，失去准确性，产生 n、l 混乱现象。平时说“唇舌无力”的“舌”就是指舌尖音发音无力。成阻后，气流没形成一定的压力，冲击成阻部位时，气流软弱，舌尖肌肉紧张不起来，因而除阻没力度。所以听起来整个音节甚至句子立不住，有懒散的感觉。因声母起字音领头作用，也有个别人舌尖伸不出或没舌尖，这就更影响音准。发 n 没鼻音，舌尖顶不住上齿龈，一部分气流轻易跑到口腔外，进入鼻腔的气流减少，鼻音色彩被冲淡。相反发 l 没边音，舌尖顶满了上齿龈，就影响了音的准确。同时注意气息控制，让舌头灵活有力地弹动上齿龈，这就是舌的弹卷力，练习时应注意舌尖的力量。除口部训练操以外，还可以多练习音节表中 d、t、n、l 音节和绕口令等。

g、k、h：

舌根音在舌面后部，也叫舌面后音。舌根音 h 在有的方言中易和 f 相混淆。有些播音员，为了追求声音宽厚，有气势，特别是男声，把这三个音发得太靠后，这样的发音会带动韵母和其他声母都靠后，使整个发音状态不正确，也容易产生喉音。发音时要注意舌根和硬腭与软腭交界处接触。声音靠后的可以通过音节表中舌位靠前韵母的拼合练习来解决。

j、q、x：

这三个音在播音中，最容易出问题。j、q、x 和 i、ü 相拼叫团音。将舌面音 j、q、x 舌尖化了，发出的音称为尖音，普通话里不应该有尖音。播音时，尖音太多太重，尤其播政论性等比较严肃的稿件就会显得不庄重、不朴实。发音时舌尖顶下齿背，不能靠上也不能靠下，舌面必须上贴或接近硬腭。

zh、ch、sh、r：

有人把它们与舌尖前音相混，有人发成卷舌音，有人发得偏前，这一切都和口腔开度有关系。练习时，可把牙关打开。练习开口韵时，不要把两唇噘起，上下齿之间要留有距离。双唇噘起加个声筒，声音显得闷暗，造型也欠美。练习时，舌两边必须上卷接触上腭的两边。

纠错练习

辅音并不是在每个音节中都出现，但在绝大部分音节中做声母用。例如：guǎng bō 的“g”和“b”。辅音“n”和“ng”还可以为一部分音节做韵尾用，例如：shēng chǎn 中的

“eng”和“an”。

北京地区和各方言地区的人，只要掌握好发音部位和发音方法，就能念出比较标准的音来。

22个辅音中有21个可做声母用。21个声母中m、n、l、r颤动声带，其他都是清辅音。单独发音不响亮，只是由于人为地把它们配上元音就响亮多了，这些元音的出现是本音发完后，口形、舌头在恢复时，自然趋势中的元音。请试读。

bo、po、mo、fo——唇音后附加个圆唇元音。

de、te、ne、le、ge、ke、he——舌尖、舌根恢复到中央部位，自然是元音e［ə］。

ji、qi、xi——舌面音后附加前高元音i，正是j、q、x除阻后舌面稍稍下降时的部位。

zhi、chi、shi、ri、zi、ci、si——后面附加特殊舌尖后元音-i［ʅ］和特殊舌尖前元音-i［ɿ］。zh、ch、sh、r和z、c、s除阻后正是特殊前元音和特殊后元音。

声母起审理字音作用。字音不清晰、音包字、有声无字、字音混乱、方言差别（还有其他音素）都是由声母发音部位不对或发音无力造成的。部位不准，产生字音混乱。例如：平翘舌混乱（东北、湖北、天津等地）：

私人——诗人

打闪——打伞

1．辽宁多数地区没有zh、ch、sh声母，北京读zh、ch、sh的字，辽宁多数读成z、c、s。东北地区也有把z、c、s读成zh、ch、sh的。如：zǔ guó（祖国）读成zhǔ guó，chī cù（吃醋）读成chī chù。这种平翘舌混乱现象，在播音员嘴里不能出现。除混乱不分以外，还有准确性问题。zh、ch、sh这几个声母有的地方是不发翘舌音，而把它发成卷舌音，这是不对的。当zh、ch、sh发音时，舌尖翘起对着硬腭前端。还有的播音员为了追求声音柔美、亲切，不是从感情和稿件内容去处理，而把zh、ch、sh翘舌音，发得偏前，例如：听众、知道、解说，这种情况我国南方各省出现得多一些。

z、c、s除与翘舌音产生混乱以外，也有个部位准确性问题。许多方言把它发成齿间音，例如：湖南、山东等地。还有的在发音时舌的面积接触大，而发成像大舌头音。例如：暂时、第三、酸枣。可用词组、绕口令来练习：

镇江路、镇江醋、镇江名醋出此处，此处买错醋，老崔买醋太疏忽，匆匆促促买错醋，买错次醋味不足。

山随水，水随山，三山四水四处艳。

2．n—l混乱。n是鼻音，l是边音。例如：四川、福建、南京、湖北、湖南、江西等地方，这两个音因为方法、部位不一样，往往把“男子”读成“篮子”，“水牛”读成“水流”。鼻音n发音时，舌尖顶上牙床，阻挡气流通路，气流不能从口腔中流出，而后声带颤动，软腭下降，气流从鼻腔流出。发边音l，舌尖也顶上牙床，但两边留有空隙，声带颤动，软腭上升，声音和气流从舌两边流出。试区别：那月—腊月，大怒—大路，眼泪—眼内，无耐—无癞，送你—送礼。

3．f—h混乱。湖南省最严重，把“开花”读成“开发”（kāi huā读成kāi fā）。f是唇齿音，福建、广东、江西等地易误读这两个音，例如：公费—公会，幸福—姓胡。

4. r—l 混乱。江苏、江西、浙江、湖南、湖北易误读这两个音，例如：出路—出入，天然—天蓝，褥子—路子。

5. 尖团音：普通话不分尖团音（京白“尖团不分”，韵白要分尖团，还有上口字。分尖团，讲上口是传统京戏韵母的突出特点）。北京舌面音 j、q、x 三个声母只和 i、ü 相拼。舌面音有两种不同的来源，一是古舌根音和古舌尖前音（在今音 i、ü 前面同音，就叫尖团不分）。普通话里 z、c、s 不能和齐齿、撮口相拼，只有 j、q、x 才能和齐齿、撮口相拼（所以普通话不分尖团音）。z、c、s 和齐齿、撮口相拼就会出现尖音。有的人嘴里尖音多、很难听，应该纠正发音部位。

6. 唇舌弱、力度差的人可多练 b、p、m、d、t、n、l。播音中要求字音准确、清楚，不能一句话没说清楚再重复一遍。这就要把声母念得有力。在声母成阻时部位一定要准确；持阻时要有力，气要集中；除阻要干脆。可练习下面段子：

初八十八二十八，几个小孩拔萝卜，你也拔，我也拔，看谁拔的多，看谁拔的大。你拔的不多个不小，我拔的不少个不大，一个萝卜一个坑儿，算算多少用车拉。一个加俩，俩加仨，七十二个加十八，拿个算盘打一打，一百个差俩九十八。

我拍得稳，拍得准，能直拍、横拍、斜拍、竖拍、左拍、右拍和对拍，左旋拍，右旋拍。上旋拍，下旋拍，拍得不响，拍得不舒服我保证不拍。

播音员练习喷、弹、啃、吐、摩，进一步念好声母，掌握如下技巧：

喷：双唇声母用喷法（不能裹唇）；

弹：舌尖音用弹法（舌有力度）；

啃：舌根音用啃法（舌根顶住）；

吐：z、zh，要吐得干净利落；

摩：擦音摩擦声不能太大。

播音语言要求语音纯正，字音清楚，自然流畅。练习时，唇有喷闭收缩力，舌有舒卷顶挤力。

在学习声母过程中，注意各组声母的不同特点和要求。声母是一字之首，字头对了虽然不能保证每个字都对，可是如果出口一错则全字必错，如：n、l 不分，牛、流两字念不准，男、篮不分；平翘不分，“三、四”念成“山、士”。只有部位准确，发音才能清晰而富有弹性。

第八章

字音响亮的关键——韵母

语音音素可以分为两大类：元音（母音）和辅音（子音），元音在普通话语音中占优势。普通话语音中没有不包含元音的音节，而且有不少音节只由元音充当。除了极少数语气词或象声词是用辅音构成的特殊音节之外，辅音不能自成音节，必须和元音配合应用。作为播音员练好每个元音的发音不单是为了学好普通话，而且要和练声、吐字两方面结合起来。

元音的性质

语言里元音最响亮，发元音时气流通过声门，冲开闭拢的声带，声带颤动产生乐音声波，经过口腔时，受口腔形状、大小变化的影响，发出不同的元音 ɑ、o、e、i、u、ü。声带音经过口腔共鸣使声音美化扩大了。

元音的特点

响亮、通畅、乐音成分多，语音中没有无元音的音节；声带颤动；不用较强的气流就能产生乐音（即有基音和谐音成分），而且声音也很响亮；发音时，气流在口腔中不受阻碍；发音器官均衡紧张，不像辅音只有阻碍气流的那部分肌肉紧张。

因为元音可以充当普通话韵母，所以单元音韵母的特点与元音相同。

第一节　单元音韵母

单元音

单元音韵母指单独一个元音构成的韵母，简称单韵母。普通话里有 10 个单元音韵母，其中舌面元音有 7 个，ɑ、o、e、ê、i、u、ü，两个舌尖元音-i（前），-i（后）和一个卷舌元音 er。

这 10 个单元音韵母中有 8 个，(ɑ、o、e、i、u、ü、ê、er）可以自成音节。er 音除自成音节外，不能跟任何声母相拼，但它可以将其卷舌成分附着在别的韵母后面，构成儿化韵。

所谓“自成音节”就是前面没声母，韵母自己独立成为一个音节。

单元音韵母发音条件

发音时口腔形状的变化与舌位的高低前后、嘴唇圆或不圆有着直接的联系。舌头抬高，口腔就缩窄；舌头降低，口腔就放宽。嘴唇撮圆前声腔延长，嘴唇平展前声腔缩短。

（一）唇形的圆展

在相同舌位状态下，由于唇形的圆展不同，就形成两个不同的元音。如：i—ü，e—o。在北京语音中，ü、o、u这三个是圆唇元音。在播音发声中，圆唇元音，若发得太圆，声音容易发闷、混浊，不够清晰；不圆唇的音也就是展唇元音。发音时，嘴不能太扁，否则声音没力度，松散，不集中。在播音中要灵活掌握，圆唇扁发，扁唇圆发。例如：

山茶花　　(a)

山茶花

洁白的山茶花　（体会扁唇圆发）

爷爷说：小黑虎，你别哭，这是十五只小黑猪。　　（体会圆唇扁发）

（二）舌位高低

“舌位”就是发音时舌面隆起部分的最高点，也就是接近上腭最近的一点。有人叫它是“舌高点”。发音时它和上腭距离小就叫“舌位高”。这样状态发出的元音叫“高元音”，或叫“窄元音”；距离大就是舌位低，这样状态发出的元音就叫“低元音”，或叫“宽元音”。也就是说舌位的高低与口腔开合的程度有紧密关系。舌位高，口腔开口度小，如：i、u、ü音；舌位低，口腔开度就大，如：a音。口腔开合变化分四种情况，舌位低＝口腔开，如：a音；舌位次低＝口腔半开，如：ê；舌位半高＝口腔半闭，如：o、e音；舌位高＝口腔闭，如：i、u、ü音。在练习时要掌握最基本的发音状态，在实际工作中，则要注意窄元音宽发，宽元音窄发的要领。例如：

窄音宽发：“情意缝在我心里”。

宽音窄发：“装点江山美如画”。

（三）舌位前后

舌位隆起最高点在上腭前部，叫舌位前，发出的元音叫前元音，如i、ü。最高点在上腭后部叫舌位后，发出的元音叫后元音，如：o、u。舌高点在中央，发出的元音叫央元音，如：a音。在播音中注意前音不能太偏前，后音不能太靠后。例如：

白雪飘飘，飘飘白雪。

大海呀！我的故乡。

图1是辅音发音部位（上）和元音舌位（下）示意图。现对元音舌位说明如下：

1. 平行四边形的左边代表口腔的前部，右边代表口腔后部，前边上下两点距离宽，后边两点距离窄，说明口腔前部活动范围大，这是由人的口腔生理条件决定的。

2. 从舌的水平线移动来看，开口度小时，舌的前后移动距离大；开口度大时，舌的前后活动幅度小，这也是受口腔生理条件决定的。

3. 综上两点，元音发音时舌位移动派生出第一特点是：前元音随着开口度的增长，舌位自然地后缩；后元音随着开口度的增长，舌位自然地前移。参见周殿福、吴宗济：《普通话发音图谱》。

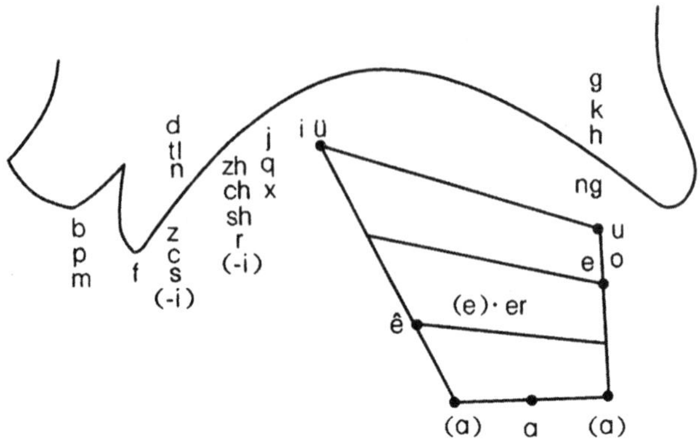

图 1 元音舌位图

根据舌位图标出单元音韵母发音条件：

ɑ 央低不圆唇元音

o 后半高圆唇元音

e 后半高不圆唇元音

ê 前半低不圆唇元音

i 前高不圆唇元音

u 后高圆唇元音

ü 前高圆唇元音

er 央不圆唇卷舌元音

-i （舌尖后元音）舌尖后高不圆唇元音

-i （舌尖前元音）舌尖前高不圆唇元音

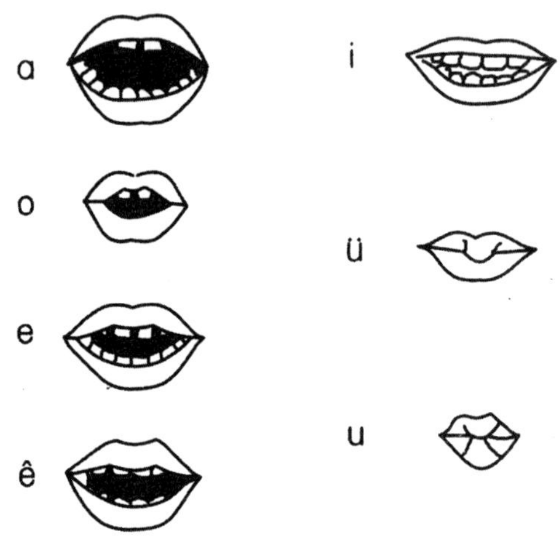

图 2 普通话单元音唇形图

单元音韵母发音

ɑ—啊：央低不圆唇元音，口腔张开，舌头自然放平，舌尖接触下齿龈，上下齿微露。发音时，打开后声腔，呈半打哈欠状态，软腭挺起避免走鼻腔，舌面比较低，它不是圆唇元音，音质明亮圆润。如：

“发达”、“打击”；

“开黄花、紫花的是棉花，圆溜溜的是西瓜……”

o—喔：后半高圆唇元音。发音时，口腔半闭，舌头后缩，舌根抬起，舌高点靠后，舌面两边微卷，舌中部凹进。发音时注意两唇要收敛。嘴角略撮一些，但唇不要向前噘，上下唇的距离比食指略宽。这个音在普通话中单独出现的情况很少，因而不易念准。发音时要注意唇形，唇形一咧就成了 e，收唇时又不能太小，太小就近似 u 了。唇形摆好后再发音，嘴不能动，把握不好，很容易发成“ou”或“uo”，就成为复元音韵母了。东北人发这个音易与 e 混淆。o 音本身音质较闷暗。如：

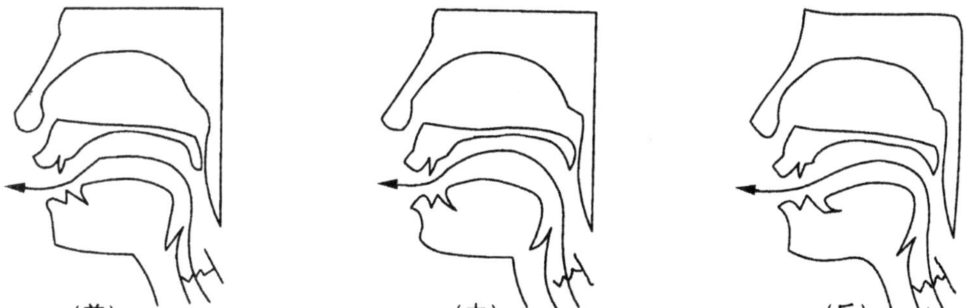

a（前）　　a（中）　　a（后）

图 3　元音 a 舌位图

“磨破”、“模范”；

“现在广播某工厂制薄膜车间，一位模范工人的事迹”。

e—鹅：后半高不圆唇元音，与“o”不同就是发音时唇不圆，而嘴角展开，舌尖稍离下齿背，舌面平，舌高点靠后。舌根不要动，要放松，舌高点尽量向前一些。

发这个音时，要保持微笑状态，上下齿从外观上可见到，要稍有些距离，这样可使 e 音更圆润、明亮些。这就是播音中做到的扁唇圆发。如：

“特色”、“合格”；

“一般和个别相结合，领导和群众相结合……”

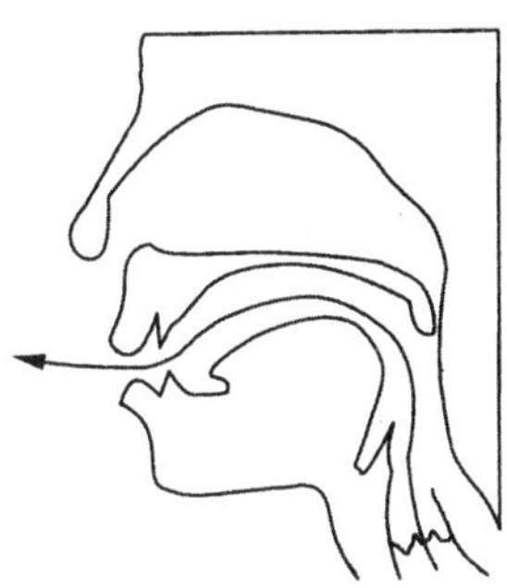

图 4　o、e 舌位图

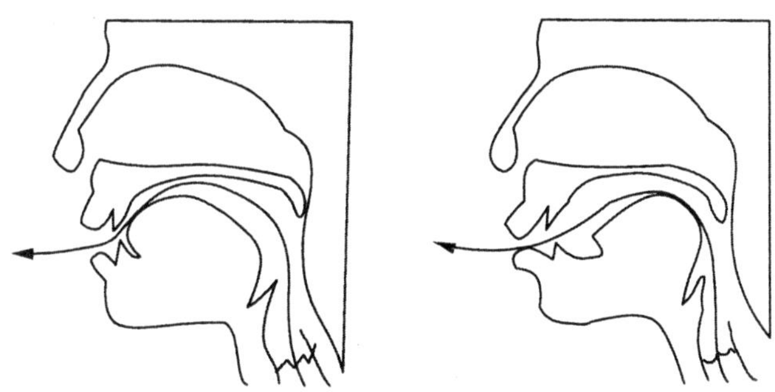

图 5　元音 i（左）和 u（右）舌位图

i—衣：前高不圆唇元音。发音时，它的口腔开度较小，舌尖抵下齿背，舌面前部稍隆起并上升接近硬腭，舌高点偏前。嘴角向两边展开成扁平状，气流通路狭窄。

发这个音口腔开度小，声音容易挤产生摩擦。实际运用中，尽可能把口腔打开一些，舌位后移一点儿，上下齿中间要有一定距离，使口腔开一点，这就是窄音宽发。使话筒前杂音减少。i 音本身音质明亮、尖锐。如：

“衣服”、“高低”；

“夜里天冷北风急，班长下岗月儿西。

手拿针线灯下坐，为我熬夜缝军衣。”

u—屋：后高圆唇元音。发音时，口腔开度小，舌尖离下齿背也稍远。舌尖后缩，后舌面上升接近软腭，气流通路狭窄，但不发生摩擦声。唇向前撮，呈圆形，如吹气状。音质本身较暗。

这个音舌位在后，气流及音波输送距离长，而又撮唇，所以发出的声音发闷、发暗。为了改善它的音色，舌位前移一点儿，口腔稍开一些，嘴不要噘起，软腭要挺起，不要发带鼻音色彩的 u。如：

“图书”、“首都”；

“金蝉操琴蝴蝶舞，青蛙蝈蝈打锣鼓。

农村八月多欢乐，满场满院堆五谷。”

ü—迂：前高圆唇元音。发音时，口腔开度很小，双唇聚拢，两嘴角撮起，没有 u 圆。“ü” 和 “i” 的舌位情况基本相同，区别就在于唇形的圆扁。“ü” 没有 “i” 那么明亮。

在实际运用中，由于快速的语流，撮口的 “ü” 音容易发成扁唇的 “i”，影响语意。如：

“居住”、“妇女”；

“社里新开一条渠，弯弯曲曲上山去。

河水雨水渠里流，满山庄稼一片绿。”

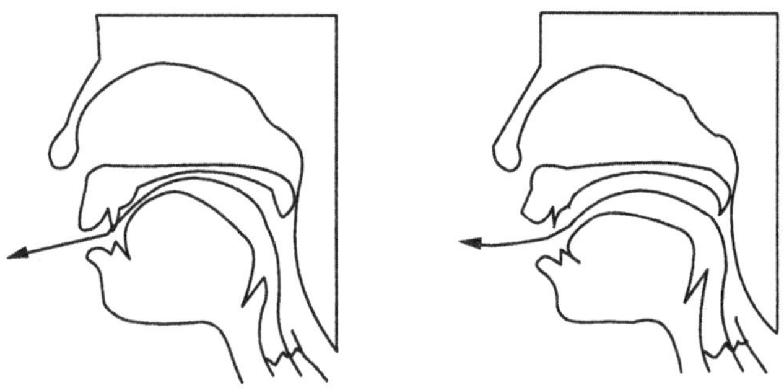

图 6　元音 ü（左）和 ê（右）舌位图

ê—欸：前半低不圆唇元音。发音时，口腔半开，舌尖微接下齿背，舌中部隆起，舌高点在舌面前部，舌面前部升到半低程度，两唇的开度比 e 大。上下门齿的距离相当于自己拇指的宽度。

ê 这个音素在普通话里单独用的只有一个 “欸” 字，经常和 “i、ü” 连在一起用，跟在 i 或 ü 的后面结合成复合元音（复韵母），如：iê 和 üê。由于 “ê” 不单独使用，这个音显得不太好发，如果是这样的话，可以把 “阶”、“约” 等字的字音来拉长念，最后停止发音时，口形、唇形、舌位等保持停止发音状态，再重新吸气发音，就是这个 ê 音了。如：

“强烈”、“事业”；

“1976 年，严峻的 10 月，伟大的领袖和导师，已和我们永别……”

-i［ɿ］——特殊元音，舌尖前元音。发音时，舌尖前伸，对着上门齿背。但不要靠得太近，也不能发生摩擦。比 i 音低点靠后一点，口腔也要开一些。在普通话里只能和 zi、ci、si 相拼，不能自成音节。发音时把思（si）字拉长，取后半部分就是-i［ɿ］音了。书写就用 i 兼代。如：

"四次"、"相似"、"思想"

-i [ʅ] ——特殊元音，舌尖后元音。发音时，舌尖翘起对着硬腭前部，舌尖后缩，使气流受到节制，但不致发生摩擦的程度。把知（zhi）字拉长，取其后一半，就是这个音。它只能和四个声母有关系，zhī、chī、shī、rī。如：

"支持"、"时事"、"开始"、"日月"

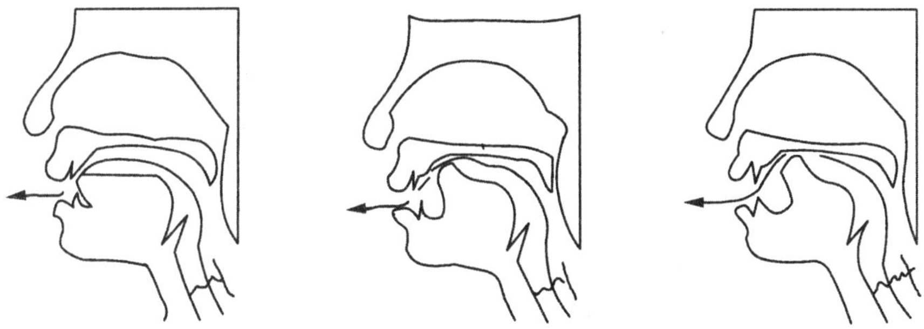

图 7 舌尖前元音-i（左）、舌尖后元音-i（中）和 er（右）舌位图

er—儿：舌尖中不圆唇卷舌元音。发音时，口腔在半开半闭之间，舌尖卷起，对着硬腭，舌位居中。这个韵母只能自成音节，不能和任何声母相拼。发音时，舌头先放平，然后舌尖卷起。在普通话中只有几个音，儿 ér 耳 ěr 二 èr。

实际运用中应该注意的问题

（一）元音音素是汉语普通话中的重要部分

除了极少数语气词之外，没有不包含元音的音节，在一个音节中元音是主要的，并可以自成音节，还可以与其他元音组成复合元音。我们是使用汉语普通话的语言艺术工作者，不但要发准每个元音，而且还要发得圆润、明亮、有力度。发每个元音都要注意口形的开闭，舌位的高低、前后，唇形的圆展，把握好分寸、口形，舌位固定后不能乱动。

（二）元音并不等于韵母

汉语音节结构可以分声母和韵母两部分，韵母这一部分的音素并不限于元音，如：an、ang 韵就是元音和鼻辅音的复合。元音充当韵母，但决不可以说韵母就是元音，或元音就是韵母。元音、辅音的分类是根据音素的特性；而声母、韵母则是从音节结构分出的两大成分。这样可以很清楚地知道元音与韵母概念不同，分析的角度也不同。

（三）普通话语音中的元音，都是从口腔发音

发音时，软腭挺起，接触咽壁，挡住鼻腔通路，音波从口腔发出。但在有些方言里或习惯性发音中，发成了鼻化音，音波同时从口鼻流出，也可以叫它元音鼻化。这样的发音是错误的。在播音语言中不该出现元音鼻化。它既影响了声音的清晰度，同时也使声音变得沉闷，缺少亮度。另一方面听起来似伤风感冒，给广大观众、听众病态的感觉，纠正元音鼻化，必须提起软腭，加大口腔容积，加强唇舌力度。

（四）发任何元音都必须在生活语言的基础上，对这个元音加以改进，以适应语言艺

术的要求

根据语音学的分类，按口腔的开闭，舌头部位的前后，双唇圆展的程度，分为闭元音、开元音；前元音、后元音；圆唇元音、扁唇元音。所谓宽窄开闭，也就是指舌头和上腭间的距离，距离大的叫开元音，也叫宽元音；距离窄的叫窄元音，也叫闭元音。

常用的 ɑ、o、e、i、u、ü 六个元音，在实际运用中，采取开音稍闭、闭音稍开、前音稍后、后音稍前、圆唇扁发、扁唇圆发的方法，使其在语流中更加响亮、清晰、集中。

开元音：ɑ、o、e 在发音时，如果口腔开得过大，易使声音发散。采用宽音稍窄的方法，可对口腔开度有所控制，会使声音更加明亮、集中、圆润、有力度。

闭元音：i、u、ü 这三个音口腔开度小，舌与上腭距离近，口腔容积较小，舌头肌肉紧张容易声劈。不但容易产生摩擦，而且容易使声音捏挤。采用闭音稍开的方法，可以加大口腔的容积，不但帮助缓解声带的紧张，而且可以改进声音的响度。

前元音：i、ü、ê 这三个音的发音位置靠前。如果把握不适当，不但明亮度增加，而且很容易使声音更加偏前，直接影响到对内容的表达。如果是男同志偏前就会出现女气的感觉。采用前音稍后的方法，可以对三个音的亮度有所控制。音的位置和内容结合得更一致，同其他音素可达到同步。

后元音：u、o、e 这三个音发音位置靠后，与唇的距离长，如果把握不好，后元音的音素更加闷暗。采用后音稍前的方法，可以使后元音的亮度增加。

圆唇音：u、ü、o 发音时双唇向前撮敛成圆形，好像声腔前部加了个声筒，使声腔延长了，容易使声音发闷。如果出电视图像，则影响美观，采用圆唇扁发的方法，使其唇形呈扁圆形，利用双唇口部聚拢的力量，带动嘴角微向前，这样双唇肌肉也容易绷紧，发出声音自然响亮也不闷。

扁唇音：ɑ、e、i 这三个音发音时不能太扁、太咧嘴，否则影响声音的圆润度。采用扁唇圆发的方法，使其控制稍圆些，宽度增强一些，以增加其响亮和圆润度。

值得注意的是，每个元音都有自己的特性，也就是有它们自己的声腔形态，不能随意改变，否则声音的性质就会改变。采取的方法，只能在每个元音允许的范围内活动，使用这个元音最大的开度与闭度。要是为了追求一种音色而过于改变元音的声腔形式，就会失去元音的本来面目。采用这种方法，也只是相对而言，而没有绝对之理。生来口腔过大的人各部分活动范围大，口齿灵活性能稍差，如果再过于强调扩大声腔，就会改变元音音色。同样道理，生来口腔过于小的人，共鸣腔小，音波在窄小的共鸣腔里得不到较好的共鸣。如果再过于强调宽音窄发的话，不但影响元音的音色，而且也得不到应有的响亮度。

（五）发好 ɑ 音。单元音 ɑ 在 400 多个基本音节中出现比较多，大约在 150 多个音节中出现

ɑ 音发得好，可以使声音美化。

ɑ 音发得不好，可以使声音偏前发嗲，男声女气，在朗诵、播音中不大方、不庄重。

ɑ 音靠后，压舌根喉音重，吐字不清楚，男声显老气。

ɑ 音口腔开大了，声音散，不集中。

ɑ 音口腔开度小，声音扁，没力度。

a 音发音时，软腭挺不起来，气流通过鼻腔，带鼻音色彩，平时说元音鼻化，声音闷暗，不健康似感冒，训练好可以使声音集中、圆润。

（六）普通话里的 a、o、e、i、u、ü 是最响亮的音，汉语音节离开它们就不会响亮

要以这六个元音音素做练声的基本内容，并且和气息练习结合起来使其响亮、圆润。如和辅音结合起来，使其清晰、有力。一般说来，声音的偏前、偏后主要表现在元音上，发声位置的正确与否和这六个主要元音的位置是相关的。单元音练习，首先把单个音素、舌位、口形摆对，然后通过词、段子、民歌、短诗、成语去进行练习。练好六个元音可以解决声音颤、挤、扁、软、白、走鼻音。可以使中声区自如、均匀、统一，做到高音不挤不破，低音不压不散。在语言中运用自如，色彩各异。播稿时声音才会铿锵有力、圆润饱满。

在练习过程中，腹肌力量要加大，胸部保持挺起不要塌下，要放松。在口腔打开的同时，下颚、舌根要放松，要求自然不要挤压喉部。

第二节 复元音韵母

复合音包括复元音韵母和复鼻音韵母两类。复合音是一串音素的复合，音素间互相影响而发生变化，复合后成为一种新的声音。在普通话里已经结合成固定的音组，是有一定数目的。人们已把它们当做一个语音单位了。

复元音韵母

复元音韵母是由两个或三个元音复合成的韵母，而不是两个或三个元音的简单相加。如：uai 不等于 u + a + i，单元音发音时，共鸣腔自始至终没有变化，因此，声音是单一的。发复元音韵母时，舌、唇和整个共鸣的形状要逐步变化。例如：发 ai 时从 a 到 i 舌位逐步升高，口腔由开到闭，a 音长而响亮，i 音轻而短，合起来一口气读成 ai（哀）。

复元音韵母简称复韵母。复韵母由三个部分组成，即韵头、韵腹和韵尾（参见第八章中之音节结构表）。如 i（韵头）——a（韵腹）——o（韵尾）。但不是所有的复韵母都必须具备这三个环节，有的只有韵头和韵腹，如：ia；有的只有韵腹和韵尾，如 ai。其中韵腹不可以少，复韵母中各个成分，在口腔开度和声音响度等方面是不同的，其中开口度大的声音响亮，是韵母中心，称之为主要元音。

复元音韵母并不是两个、三个元音的简单相加，而是一种有机的结合。当它们结合成复韵母以后，实际上具有特殊的音色，和原来单元音音色不完全相同了。

复韵母的分类，普通话里有 13 个复韵母

ai ei ao ou
ia ie ua uo üe } 二合复韵母

iao iou uai uei ——三合复韵母

（一）前响复韵母

ai、ei、ao、ou 这四个复韵母发音时，舌位由低到高，嘴由开到闭，声音由响到不

响。前边一个音是韵腹也叫主要元音，发音时开口度大，声音响亮、清晰；后一个音叫韵尾，发音短，没韵腹响亮，所以称之为“前响复韵母”或“前响复合元音”。

词组发音练习：

爱戴 ài dài	牢靠 láo kào	灾害 zāi hài	高潮 gāo cháo
配备 pèi bèi	兜售 dōu shòu	肥美 féi měi	欧洲 ōu zhōu

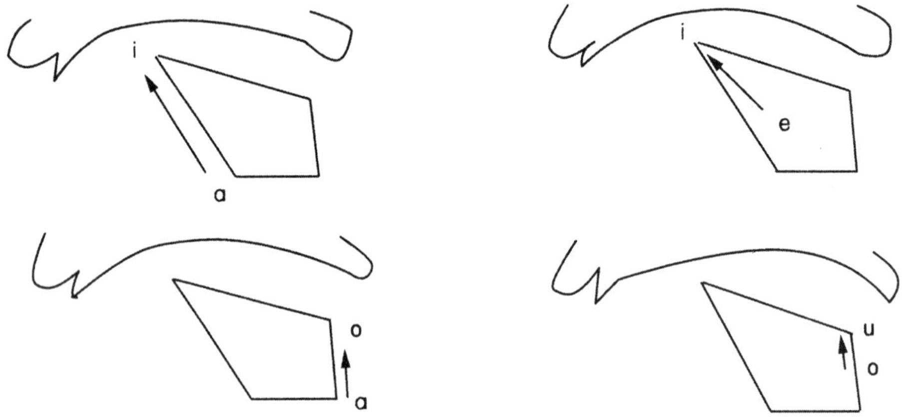

图 8　复元音韵母 ai、ei、ao、ou

（二）后响复韵母

ia、ie、ua、uo、üe 这五个复韵母发音时，后边一个音素比较响亮，所以叫后响复韵母。它们是由单元音 a、e、o 前面加上 i、u、ü 构成的。i、u、ü 是韵头，a、e、o 是韵腹，没韵尾。

这几个韵母如果自成音节，在书写时 ia、ie 里的 i 换成半元音 y，变成 ya、ye；ua、uo 写成 wa、wo；üe 写成 yue，半元音 y、w 因带有摩擦成分而区别于 i、u。

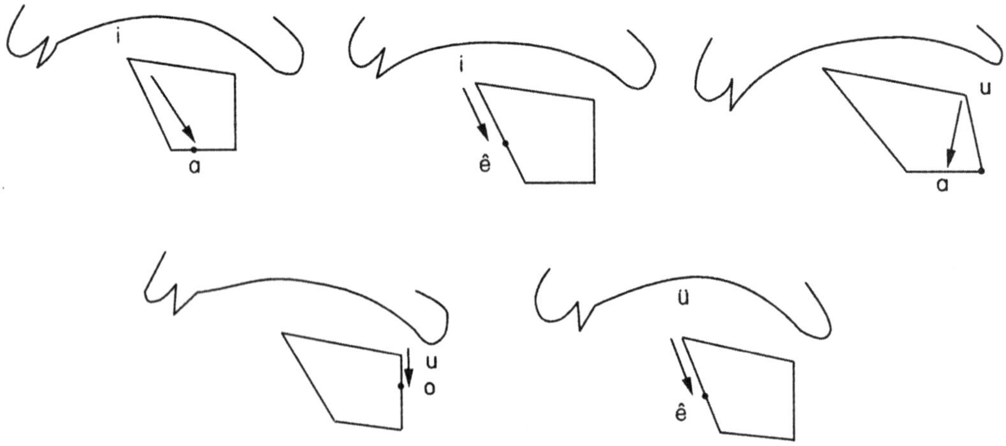

图 9　复元音韵母 ia、ie、ua、uo、üe

ie、üe 中的 e，不是单韵母 e，而是 ê。为书写方便去掉了“^”。

发音时韵头 i、u、ü 起音要柔和，过渡要准确、自然。

韵腹 a、o、e 要清楚、响亮、有力度。

词组发音练习：

假牙 jiǎ yá　　增加 zēng jiā　　强烈 qiáng liè　　大街 dà jiē

中华 zhōng huá　　南瓜 nán guā　　祖国 zǔ guó　　花朵 huā duǒ

音乐 yīn yuè　　喜悦 xǐ yuè

（三）中响复韵母

iao、iou、uai、uei 这四个复韵母发音时，中间一个音（韵腹）比较明亮，所以叫中响复韵母，也叫三合复韵母。前响和后响也叫二合复韵母。

iao、iou、iai、uei 是 ao、ou、ai、ei 加上韵头 i、u 构成的。i、u 是韵头也叫介音，中间 a、o、e 是韵腹，后面 i、o、u 是韵尾。自成音节时，写成 yao、you、wai、wei。在 iou、uei 两个韵前拼声母时，o、e 去掉，如 liú（流）、zhuī（追）。

下面分别说说 iao、iou、uai、uei 的发音，这四个三合复韵母是复韵母 ao、ou、ai、ei 加上韵头 i、u 构成的。i、u 是韵头也叫介音。中间 a、o、e 是韵腹，后面 i、o、u 是韵尾。iao 的发音是从韵头 i 开始，舌位先降后升起，呈由前到后曲折形状，幅度大，i 轻而短，韵腹响亮清楚，韵尾收到家。

例如：比较　　微笑

iou 是舌位先降后升起，由前到后小曲折形状。i 介音轻而短，韵腹响亮，韵尾要收住。

例如：优秀　　成就

uai 是 ai 前加个 u 介音，舌位先降后升。发音时声音由后到前，uai 韵自成音节时，不能发成唇齿音。有的播音员把 guó wài 念成 guó vài。

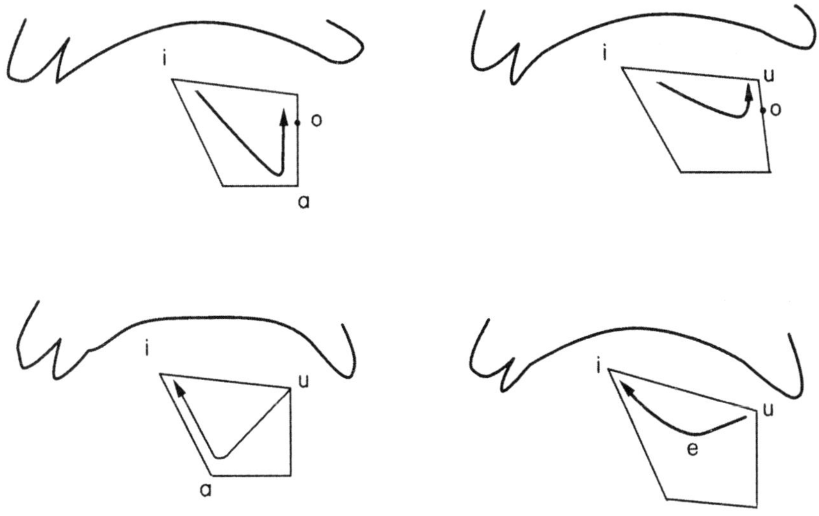

图 10　复元音韵母 iao、iou、uai、uei

例如：飞快　　关怀

uei 是 ei 前加 u，舌位先降再升起，由后到前，u 音轻而短。ei 的口腔舌位要拉开，最后 i 要收到家，但这个韵前加声母时，当中的 e 会弱化，甚至消失。注意 uei 自成音节时不能发成唇齿音。wèi rén mín 不能发成 vèn rén mín。同时它由于受声调影响，在阴平、阳平的发音中，由于受高音的影响，e 不显著。舌位高，口腔闭。e 在上声、去声中，由于低音影响，e 较为明显。

第三节　复合鼻尾音韵母

复合鼻尾音韵母简称鼻韵母

是由一个或两个元音（复元音）后面带上鼻辅音“n”和“ng”组成前鼻音和后鼻音两类。发音时，发音器官由元音的发音状态向鼻音的发音状态逐步变化，软腭小舌下垂，最后完全变成鼻音。

鼻韵母的分类

普通话里带鼻音的韵母共16个，可分为带舌尖鼻音“n”和带舌根鼻音“ng”两类。

（一）舌尖鼻音（前鼻音）有 8 个

an、en、ian、in、uan、uen、üan、ün。发鼻韵尾“n”时，舌尖收到“n”音位置上，但没有除阻阶段。舌尖不能放在两齿中间，要收到上齿龈。

谈判　　认真　　重点　　来宾

an—an　　en—en　　ong—ian　　ai—in

团体　　标准　　宣布　　风云

uan—i　　iao—un　　üan—u　　eng—un

（二）舌根鼻音（后鼻音）有 8 个

ang、eng、iang、ing、uang、ueng、ong、iong 在各韵母中 ɑ、o、e、i 是韵腹，ng 是韵尾。

解放　　更正　　中央　　北京

ie—ang　　eng—eng　　ong—iang　　ei—ing

工农　　永远　　状况　　老翁

ong—ong　　iong—üan　　uang—uang　　ao—ueng

鼻韵母的发音

（一）舌尖鼻音

an［an］——舌尖鼻音也叫前鼻音，发音时 an 中“ɑ”的舌位因受前鼻韵尾“n”的影响，“ɑ”处于比较前的位置，为前低不圆唇元音［a］。“n”的归音部位比它充当声母时的除阻部位稍后。

en［ən］——舌尖鼻音 en 是元音 e 与鼻辅音 n 结合而成。发音时，e 的舌位比单发时靠前，舌头处于静止的位置。不前、不后、不高、不低是央［ə］。接着舌位升高，舌尖顶

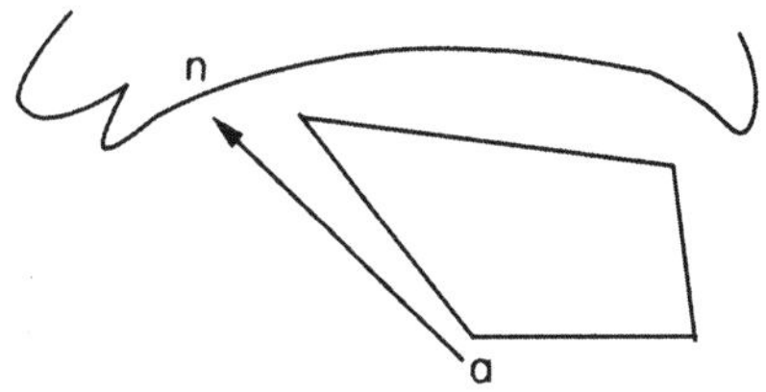

图 11　**鼻音韵母** an

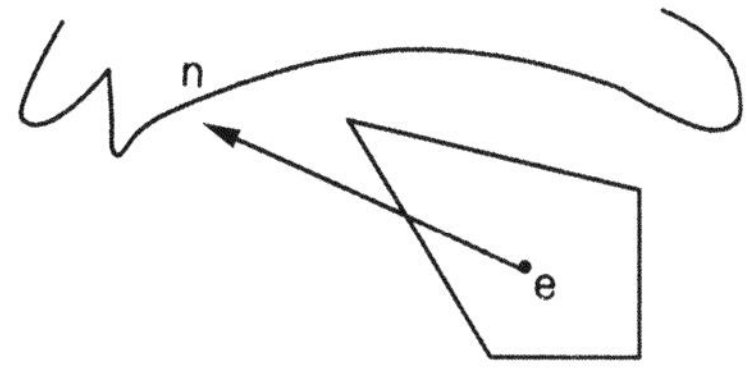

图 12　**鼻韵母** en

着上齿龈，软腭下垂，气流从鼻腔流出，发出鼻音 n。

前鼻韵母 en 的发音在运用时与生活语言没有什么区别，有时与 eng 这个后鼻韵母容易产生混淆，注意收尾时舌头要前仰，舌尖顶住上齿龈，舌根不能后缩。

ian [ian] ——舌尖鼻音 an 韵前加了一个轻短的 i 韵头结合而成。发音时 ian 中 a 的舌位因同时受到 i、n 的影响，a 处于比较前、比较高的位置。a 发音靠近前半低不圆唇的 ê [ε]。这是因为 i 的发音部位与 n 的归音部位较为接近。主要元音 a 的舌位如果还处在前低元音时，ian 的发音往返运程既宽而且活动范围又小。舌位的这种动程是适应不了播音中的快速语流的。为了适应这种情况，高元音的 i 发完后，舌位渐渐降到 ê [ε] 就快速返回发 n 了。a 音舌位的这种变化完全是舌尖牵连的结果。

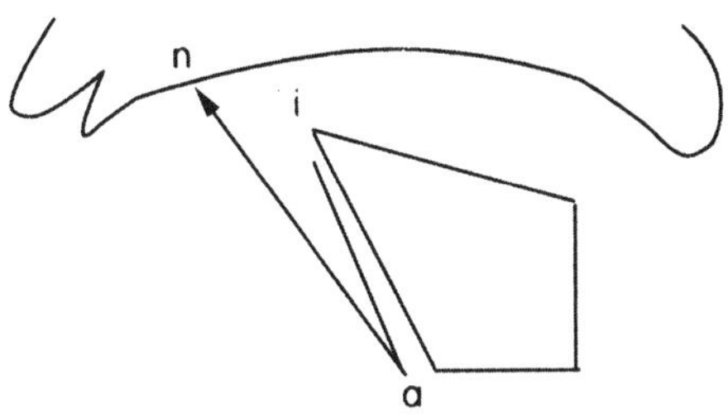

图 13　**鼻韵母** ian

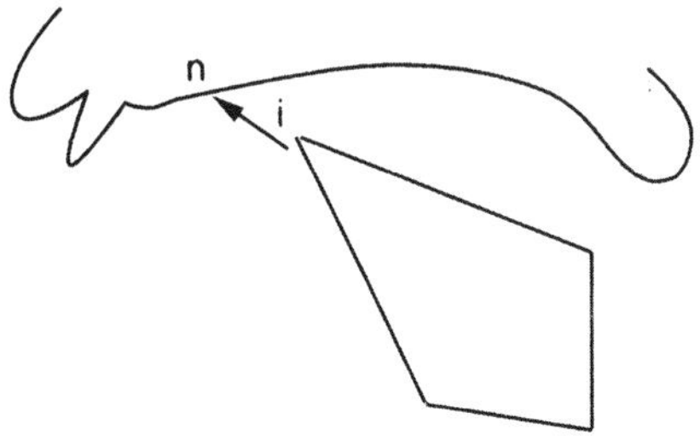

图 14　**鼻韵母** in

in [in] ——舌尖鼻音 in 是元音 i 与鼻辅音 n 结合而成。发音时，舌尖抵到下齿背发出 i 音，然后舌尖上翻顶住上齿龈，同时软腭下降，气流从鼻腔出来，发出鼻音 n。

前鼻韵母 in，往往有的人发成后鼻韵母 ing。在发出 i 后舌尖向上翻的时候，舌头不能向后移动，一移动就是 ing 了。另外在运用中，这个音的动程较窄，i 的开口度要适当扩大，以增加声音的圆润度。

uan [uan] ——舌尖鼻音 an 韵前加了一个轻短的"u"的韵头结合而成，发音时，uan 中 a 的舌位由于 n 的舌尖的作用，比单发时靠前。a 是前低不圆唇元音。u 是较高且靠后的圆唇元音，因而也影响到 a，使它的口形比单发时稍圆。这个音的整个动程较大，但和缓，使前 a 受到的影响不大。

uen [uən] ——舌尖鼻音 uen 是 en 韵前加了韵头 u 的舌位移动过程。发音时，先发 u，舌根抬高接近软腭，u 发得较短，紧接着舌尖前伸，抵上齿龈，软腭下降，气流从鼻腔流

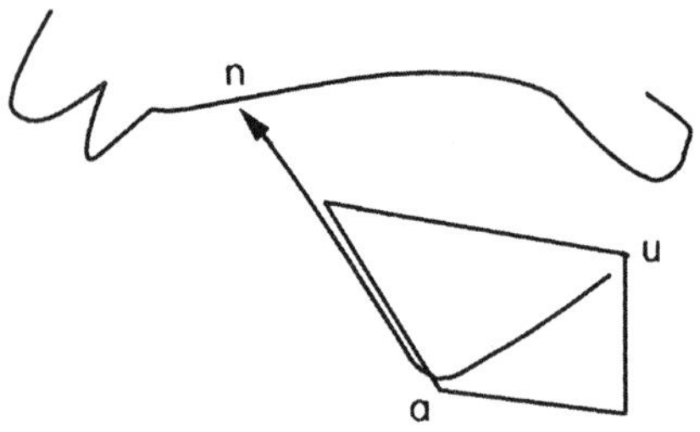

图 15 **鼻韵母** uan

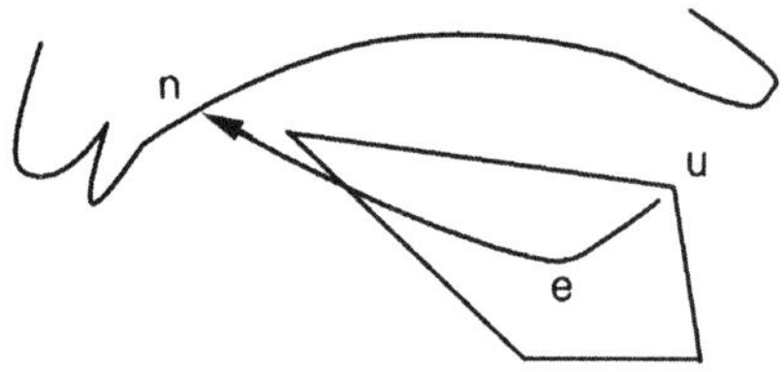

图 16 **鼻韵母** uen

出，发出 uen。

在运用时应知道，这个前鼻韵母也会受到声调的影响，中间的 e 音会弱化。在阴平、阳平的音节里 e 被弱化，而在上声和去声的音节里，要保持 e，实际发音是 uen。uen 自成音节时，不可把 u 发成唇齿音“v”。在语流中，注意 u 的圆唇和口腔开度的保持。

üan［yan］——舌尖鼻音 an 韵前加了一个轻短的 ü 韵头结合而成。发音时 üan 中的 a 舌位比单发时偏高，略在中部，发成［ə］与［ɐ］之间的 a。a 音在这里的变化是由于“ü”这个撮口音带来的。ü 发为撮口音后，ü 的舌位比 i 略低略后，故而不像 ian 中的 a 那样靠前，也就是说到不了 ê 的部位。ü 舌位高靠前，唇形较圆。舌位降下后经过［e］再升到前鼻 n 的部位。由于 ü 是圆唇音也影响到 a 的口形较圆。üan 里主要元音 a 的实际读音，目前有几种意见，但总的看来是 a 的变体。以上所说的 üan 中 a 的发音位置是适合播音语言需要的，a 处在这个位置口腔开度大，有利于声音的明亮清晰。

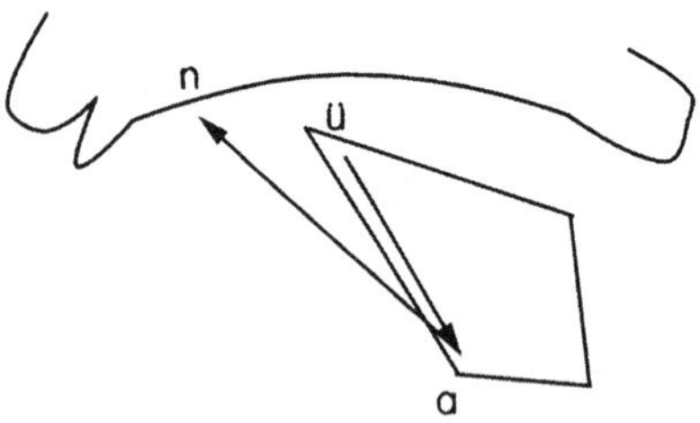

图 17 **鼻韵母** üan

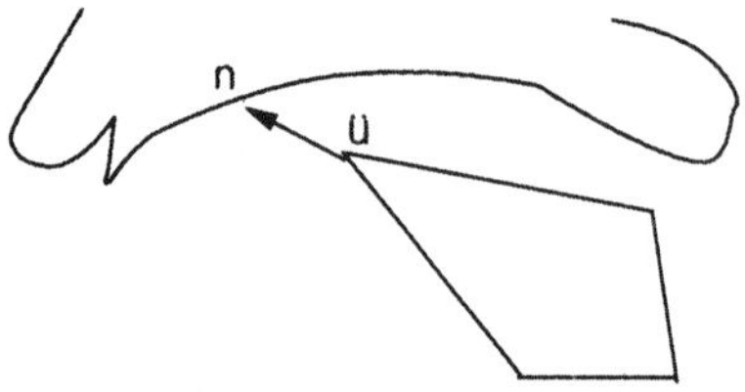

图 18 **鼻韵母** ün

ün［yn］——舌尖鼻音 ün 是元音 ü 与鼻辅音 n 结合而成。发音时，ü 唇形没有单发那么圆，舌面接近硬腭，紧接着舌尖前伸抵上齿龈，软腭下垂。气流从鼻腔透出，发鼻音 n。

ün 在实际运用中，要加大口腔开度，以使这个音发得更响亮。除注意撮口外，舌面不要升得太高，感觉 ü 是在向后拉。

（二）舌根鼻音（后鼻音）

ang［aŋ］——后鼻韵母 ang 中的 a 的舌位因受后鼻韵尾 ng 的影响，a 处于较后的位置。a 为后低不圆唇元音。a 的口腔开度大于单发的 a，这也是受到后鼻韵尾 ng 影响的结果。

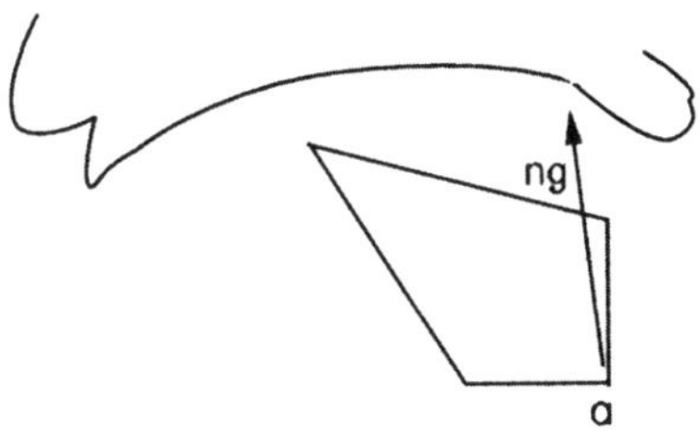

图 19 鼻韵母 ang

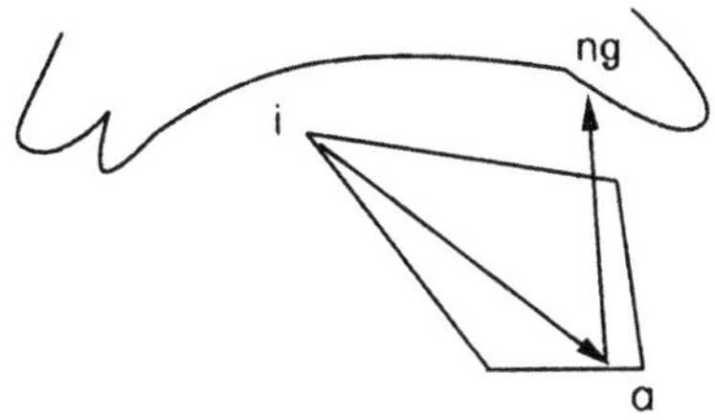

图 20 鼻韵母 iang

eng［əŋ］——后鼻韵母 eng 是元音 e 与鼻辅音 ng 结合而成。发音时，e 的舌位比单发时偏前且低，然后舌根后缩，与软腭接触，此时软腭下垂，气流从鼻腔流出，发出鼻音 ng。eng 在实际运用中，一方面避免与前鼻音 en 混同，另一方面，对于口腔窄小的人来说，也可把 e 发得比央 e 再靠后一些，以增大口腔开度，同时提高声音响度。

iang［iaŋ］——舌根鼻音 ang 韵前加了一个轻短的 i 韵头结合而成。发音时 iang 韵母的发音动程宽，ang 受到 i 的影响，a 的唇形稍扁。

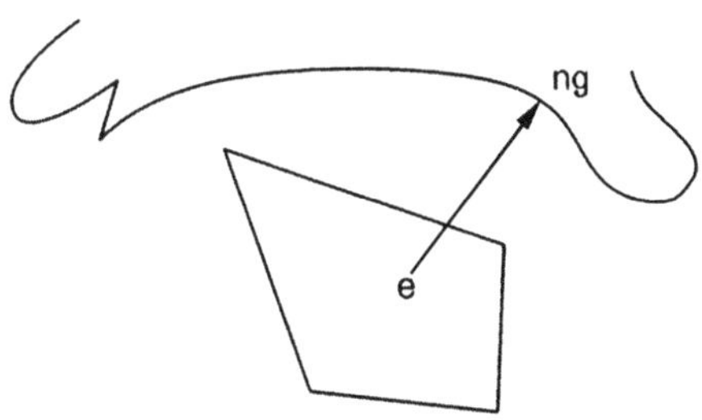

图 21 鼻韵母 eng

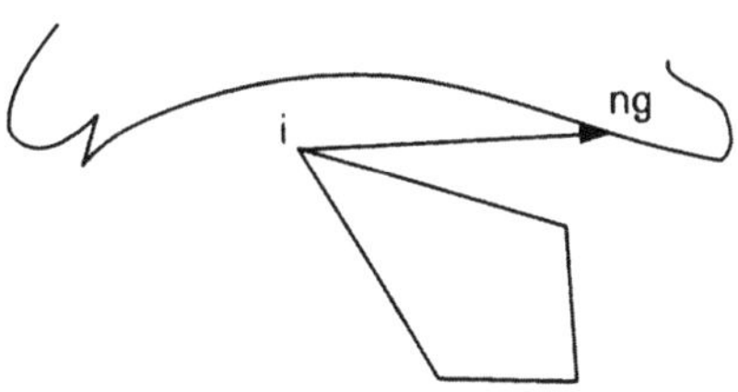

图 22 鼻韵母 ing

ing［iŋ］——舌根鼻音 ing 是元音 i 与鼻辅音 ng 结合而成。发音时，舌面接近硬腭先发出 i，然后舌头后缩，舌根与软腭接触，口腔关闭，气流从鼻腔透出，发出鼻音 ng。

ing 在实际运用中，易与前鼻音 in 混淆，要严格区分。另外注意韵腹 i 这个前高元音，发得松弛一些，以便在语流中不致太偏太挤，声音更柔和一些。

uang［uaŋ］——后鼻韵母 ang 韵前加了一个较强的 u 韵头结合而成。发音时 uang 韵的发音动程较宽但范围较窄。ang 受到 u 的影响，a 的唇形较圆。

ueng［uəŋ］——后鼻韵母 ueng 是 eng 韵母前加上 u 韵头结合而成。发音时，u 要发得较短，然后接着发 eng。

ong［uŋ］——后鼻韵母 ong 是元音 o 与鼻辅音 ng 结合而成。ong 里 o 的发音与单韵母 o 不同，它是在 u 与 o 之间，口腔开度比 u 的开度稍大，舌位稍低，然后舌根接触软腭，口腔通路封闭，发出后鼻音 ng。

ong 在实际运用中，注意口形的圆度，避免发成 ueng 或 eng。另外，o 不能再移前，

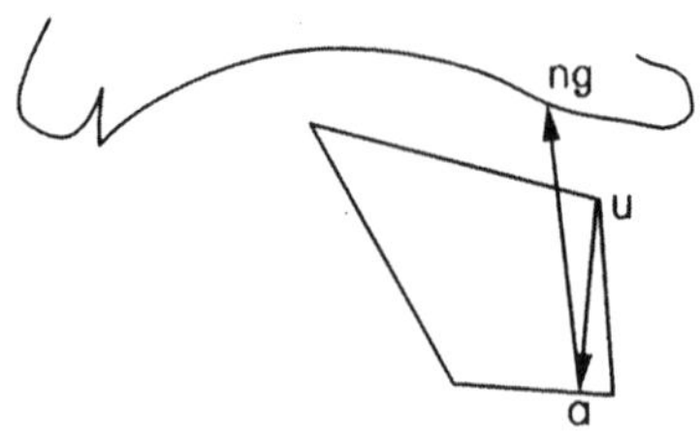

图 23　**鼻韵母** uang

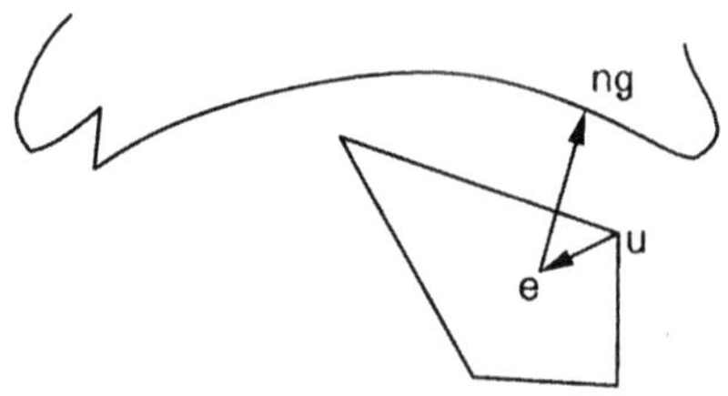

图 24　**鼻韵母** ueng

否则字音会死扁，影响音的准确度。

iong［iuŋ］——后鼻韵母 ong 前加个轻短的 i 韵头的过渡变化。i 韵头由于受到圆唇 o 的影响，唇形不是扁的，接近于 ü 音，或者先扁后圆，特别在零声母音节中应注意这一特点。

iong 在实际运用中，应注意在发音开始时就撮口了，否则会影响使用的清晰度。另外口腔的开度适当增大，运动幅度要小。

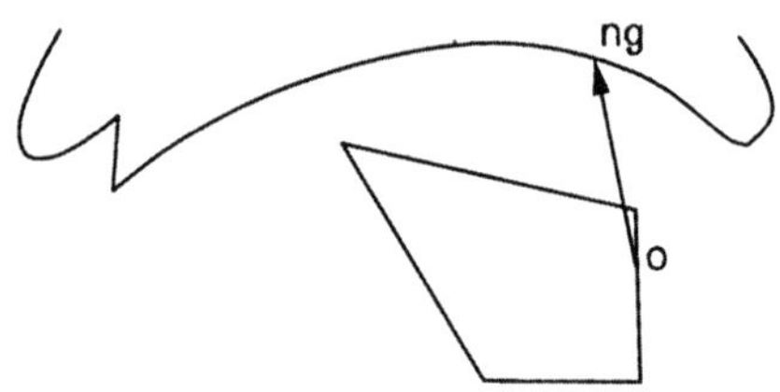

图 25　**鼻韵母** ong

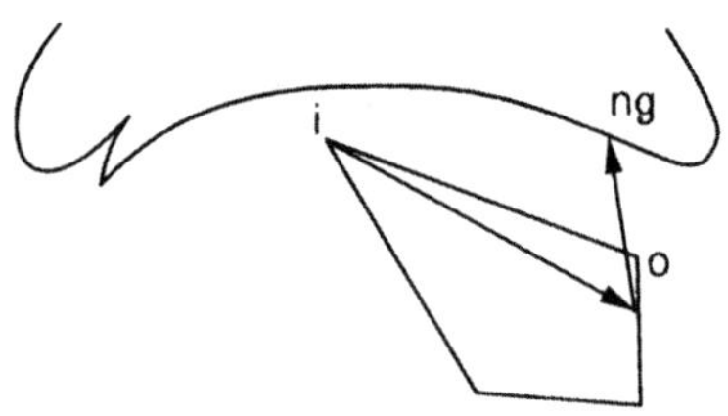

图 26　**鼻韵母** iong

鼻韵母在实际运用中应注意的问题

（一）作为韵尾的鼻辅音与作为声母的鼻辅音的发音是不同的

作为声母的辅音，因处在音节的前头，所以具备成阻、持阻、除阻这三个阶段。气流从鼻腔流出后，发音位置才会撤离，而作为鼻韵尾时，它处在音节的尾部，音值比作声母的时候弱多了，它只有成阻状态，只要发音部位到了，不用发出明显的鼻音。

（二）在运用中，有的人将鼻韵母发成鼻化元音，却没有鼻尾的发音位置

致使前后鼻音混淆不清，同时也会降低声音的响度。从事语言艺术的人，不管声音的色彩变化如何，气息变化如何，鼻尾的发音要到位。而对于鼻音很重的，又有发声毛病的人来说，更不能过分追求鼻韵尾的效果。

（三）鼻韵母是练声中不可缺少的材料，有的人声音扁，立不住，口腔松。解决办法是可练习一些开口度大的鼻韵母

一方面可增加口腔的开度，另一方面也要锻炼口腔的控制力。有些人吐字不清，也可以结合鼻韵母的音节作拼合、拆开的过渡练习以增加吐字归音的能力。

（四）鼻辅音在鼻韵母中，虽然处在弱势，但也还是到鼻音位置就该收住，不能再延长了

同时也不能用元音鼻化来代替发鼻音。也就是说在播稿中不要把元音带上鼻音色彩，音不能过早地进入鼻腔，而是到尾音时才进入鼻腔。

普通话韵母，可以按韵母开头的元音和发音口形不同分为开口呼、齐齿呼、合口呼、撮口呼四类。简称“四呼”。

注：本章各图均引自徐世荣编著《普通话发音示意图》，上海教育出版社 1979 年版。

第九章 字音抑扬的核心——声调

bā——pā　是声母不一样
bā——bō　是韵母不一样
bā——bǎ　是声调不一样

zhǐ dǎo——zhī dào	指导——知道
bǎo wèi——bāo wéi	保卫——包围
huǒ chē——huò chē	火车——货车
gǔ lì——gū lì	鼓励——孤立
yán sè——yǎn sè	颜色——眼色
wú lǐ——wǔlì	无理——武力
kàn shū——kǎnshù	看书——砍树

从上面的词看出，声、韵都一样，声调不一样，意思就不一样。声调起着区别意义的作用。

第一节　声调和声调作用

什么是声调

一个方块汉字是一个音节。音节是汉语中最小的使用单位。构成这最小的使用单位有三种因素，就是声、韵、调。声母、韵母已在前面介绍过了，本章着重介绍声调。请看下面四个声韵相同的音节：mā 妈 ˥、má 麻 ˧˥、mǎ 马 ˨˩˦、mà 骂 ˥˩，其差别就是音节中声调的变化。这种变化表现为音节音调高低、升降、曲直、长短的不同。声调高低是由声带松紧造成的。发声时，声带颤动频率高音调就高；声带颤动频率低音调就低。小孩和妇女声带短、薄，音调就高；老年人和男人声带长、厚，音调就低。声带颤动频率的高低、升降、曲直、长短的变化就是声调。

我们知道声调的差别是由声带颤动的频率（快慢）决定的。振动快，频率就高，声调就高；振动慢，频率就低，声调就低。如果说声带振动由慢变快，声调就是上升调，声带振动由快变慢，声调就是下降调。

声带振动的快慢由什么来控制的呢？人的喉中有两片平行的声带，前端附着在甲状软骨上，后面分别附着在左右两个杓状软骨突上，形成前窄后宽呈三角形的声门。声带像两根皮筋（弦），皮筋越长越厚，像男人、老人的声带，振动就慢，声调就低沉；皮筋越短越薄，像女人、小孩的声带，振动就快，声调就高扬。声带的厚薄、长短则是由喉内各种肌肉收缩或放松的结果。因此，在声调训练中，要去体味喉肌紧张感的程度。

在语言里，声调虽然属于整个音节，但并不是一个音节中所有的音素都有显著的音高变化，而集中表现在韵腹上。如果说声和韵是音节的骨头，那么，声调就是一个音节的血肉。我们要想掌握好一个音节的读音，必须把声、韵、调三者结合起来，忽略了声调，就会语义不明，引起误会。比如你说想“看书”、“砍树”这两个词，假若你不注意“看书”、“砍树”之间声调的区别，就会引起语义的混乱。再比如：“煤油、火柴”，若把油（阳平）念成上声调，就会变成“有”，“没有火柴”。如果广播中读错，就会造成误会，以为火柴短缺。由此可见，在学习普通话时学好声调是非常重要的。同时声调如读不准确，也就失去了汉语的特点，显露不出抑、扬、顿、挫的自然音乐美。

世界上的语言可以分成两大类，一种叫声调语言，如汉语和许多汉藏语系中的其他语言，以及非洲的一些语言。欧洲的瑞典语只有两个声调。这些语言的最大特点是声调能区别词义的不同，一般说来，一种语言中声调的数量越多，音节的数量往往就越少。声调给语言增加了音乐美，声调多的和变化明显的语言，音乐性就越强。其次声调在电声系统中抗干扰性能强，声母、韵母即使遭到较大的破坏，而声调往往能保持原来的高低起伏的变化。这就使得人们有可能依据声调来辨别语言的意义，所以播音员掌握好声调是非常重要的。

另一种语言叫非声调语言，或称语调语言，如英、俄、法、德等语言，声调的变化不起区别词义的作用。如英语：

one　　two　　three

一　　二　　三

既可念成平声调，也可念成上升调。虽然这些语言没有声调的差别，但是都有不同的语调，不同的句型（陈述、疑问、祈使、命令、感叹）的调型是不一样的。由于这些语言声调不起辨义作用，所以音节的数量相应的就比较多。英语有两三千个音节，而汉语只有四百一十几个音节。

声调的作用

声调可以纯正字音，区别词义。一个音节中声母、韵母都相同，由于声调的不同，就表示不同的词义。例如：

tōng zhī —tóngzhì —tǒngzhì —tòngzhǐ

通知　—同志　—统治　—痛指

因声调的不相同，如果念不准，就会引起对意思的误解。比如：

教师同志——教室通知　　优等鼓励——油灯孤立

大家立志——打架离职　　我去搭柜子——我去打鬼子

从山西运来一货车松树　　从陕西运来一火车松鼠

上面这些词都是由于声调不同，意思也不一样了。声调除了能区别词义外，还可以调节气息。根据声调高扬转降不同的音势，掌握用气的方法，可使气息灵活自如，强弱适度。

通过练习四声，一方面解决音准问题，同时也可以训练气息的控制。比如高音不好可以练上升调的 a↗；低音不好，可以练 a↘下降的声调，从中体会气息的运用。在两字词、四字词的练习过程中，一方面解决音准问题，另一方面，也可以训练控制气息和变化气息。实际运用中，可以根据声调高扬转降不同的音势，掌握不同的用气方法，可以使气息灵活自如，强弱适度。

第二节 调值和调类

调值

调值就是声调的高低、升降、曲直、长短的形式，也就是声调的实际读法。简单地说是声调的“实”。就是说调类在某个地区所读的实际音值。比如说调类都是阴平，不同地区的念法都不一样。如把最高音标为 5 度，最低音标为 1 度。从“花”字的读音中可以看出：

北京人把“花”读成高而平的调，55 度；

天津人把“花”读成最低调，11 度；

开封人把“花”读成中调，24 度；

沈阳人把“花”读成中平调，33 度；

济南人把“花”读成降升调，213 度。

调类

上面提到声调具有高、低、升、降、曲、直、长、短不同的调值变化。我们把相同的调值归纳起来加以分类，这就是调类。普通话中阴、阳、上、去就是四个调类，也就是常说的“四声”，是声调的“名”。

如：“今天播音”是阴平声，也叫第一声。声音开始是“5 度”，结束时还是 5 度，不升高，也不降低，是高平调。

“和平人民”是阳平声，也叫第二声。声调开始是 3 度，然后从 3 度滑向 5 度。就是从中起音往上升，是中升调。

“永久友好”是上声，也叫第三声。声调开始从 2 度降到 1 度，然后转升至 4 度。这种降升调的特点是先降再扬起。

“胜利万岁”是去声，也叫第四声。声音一开始是 5 度，然后降到 1 度，从高降到最低层是全降调。

调值的标记法

用五度标记法来描写一个音节声调的调值。

用一条竖线作标尺，中分五度，由下而上，就是音调由低而高，然后再用一条延长线表示升降起止度数，把不同的调值形状用线条画在五线谱上，使声调形象化，便于学习掌握。

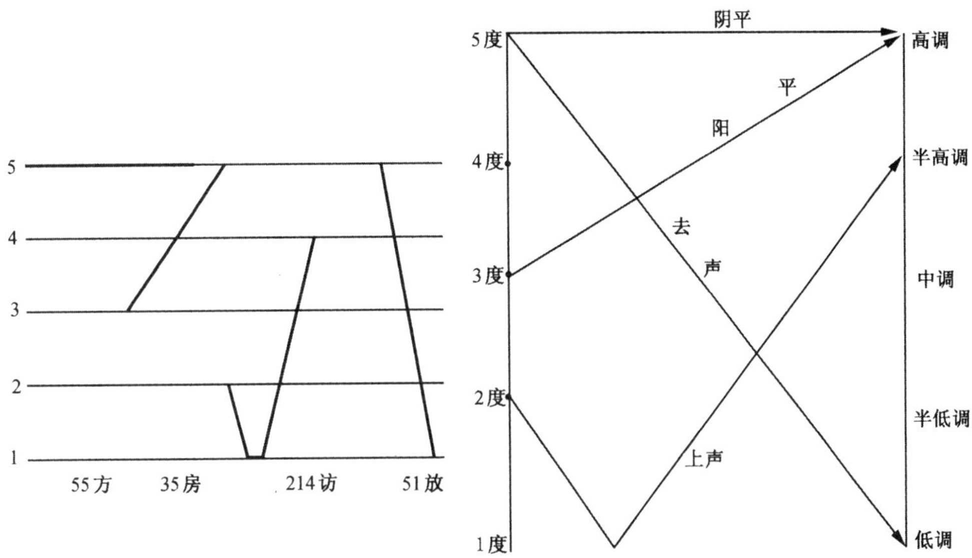

调值示意图

第三节 声调的方言差异及把握

阴平、阳平、上声、去声分别用˥ 55、˧˥ 35、˨˩˦ 214、˥˩ 51来表示。声调虽然是整个音节的音高现象，调号却应该标在主要元音（韵腹）上。

声调方言差异

古汉语有四类声调：平、上、去、入。根据声母的清浊不同，每一调类又分为两类，如阴平、阳平，阴上、阳上，阴去、阳去，阴入、阳入。现在全国各地的汉语方言声调都是由这八类演变而来的，在演变中有分有合，因此形成了现代方言声调的纷繁现象。方言之间即使调类相同，但实际的调值是不一样的。

就全国来说，声调差异很大，虽然大部分地区都有阴、阳、上、去四类，它们的调值不一样，也就是实际读法不一样。从调类上看也有三类的，多的也有十类的。不管是几类，方言区的人想学好普通话声调，只要找到对应规律，也就便于掌握学习了。

例如："花红柳绿"在各地方言中读法是不一样的。尽管它们调类相同，因为实际调值不同，读法也就不一样。

	花	红	柳	绿
北京	˥ 55	˧˥ 35	˨˩˦ 214	˥˩ 51
武汉	˥ 55	˧˩˧ 313	˦˨ 42	˧˥ 35
沈阳	˧ 33	˧˥ 35	˨˩˧ 213	˥˧ 53
天津	˩ 11	˦˥ 45	˨˦ 24	˦˨ 42
济南	˨˩˧ 213	˦˨ 42	˥ 55	˧˩ 31
开封	˨˦ 24	˥˨ 52	˥ 55	˧˩˧ 313

再比如：北京人说　　　　开封人说

　　　　辉煌伟大　　　　回晃威打

　　　　我已选好　　　　卧意镟号

　　　　生活好过　　　　省豁号国

从上边情况来看，调值上相差一点，读音就不一样。

北京人念阴平声，开封人听起来像他们的上声；北京人念阳平声，开封人听起来像他们的阴平声；北京人念上声，开封人听起来像开封的去声；北京人念去声，开封人听起来像开封的阳平声。

声调的把握

阴平特点和气息运用：起音高平莫低昂，气势平均不紧张。发元音 ā 体会。

阳平特点和气息运用：从中起音向上扬，用气弱起逐渐强。发 á 体会。

上声特点和气息运用：上声先降转上挑，降时气稳扬时强。发 ǎ 体会。

去声特点和气息运用：高扬直送向低唱，强起到弱气通畅。发 à 体会。

在练习声调过程中，可以调节气息。

两字词和四字词中声调的把握

（一）两字词连读是声调练习中的基本单位

播音中，有的播音员不太注意同样声调连读时调值的准确性。例如：“播音、工兵、东风”两个阴平连读时，第二个音节读得低了短了，这样不好。

1. 现在开始播音　˥　˥　55　55

2. 现在开始播音　˥　˦　55　44

3. 现在开始播音　˦　˥　44　55

应该处理成第三种读法，前面一个音节低点短点，第二个音节高点长点，这是符合变化规律的。

“和平、滑翔、儿童”两个阳平连读时，容易出现阳平带弯，影响稿件的朴实大方。当声音往上走时，应该注意气息的控制，使声音别挤，别捏或鼻音加重。

1. 文学节目　˧˥　35　˧˥　35

2. 文学节目　˧˨˥　325　˧˥　35

3. 文学节目　˧˦　34　˧˥　35

应取最后一种读法。

“永久、友好、展览”两个上声连读时，里边有变调问题，后文再谈，先就播音时容易出现的问题来说。当读上声字“好”时，如：“晚上好”，气息如果控制不好就下不去，影响声音下行，气托不住，声音压、暗、哑。要想保持声音饱满、响亮、圆润，在训练时可以有意识夸大上声。如，“ǎ”，美（měi），很好（hěn hǎo）。注意不能压舌根。好播音员要注意丹田控制气息。当声音上行时，就更需要丹田的控制，使声音不挤。

“布告、日月、大庆”两个去声连读时，要注意气息通畅，声音不能劈。在播音时，有的播音员一碰到去声就容易劈，一方面是音域不够宽，另一方面是气息控制不好。

上面谈的是四种声调容易出现的问题。

（二）四字词在声调练习中也起了很大的作用

四字词按四声顺序排列的成语，在练习过程中，一方面可以逐步读准四声，另一方面又可以逐步掌握气息的控制。试读：

中国伟大　　山河美丽　　光明磊落

心明眼亮　　山明水秀　　阴阳上去

也可以练不按四声顺序排列的成语。试读：

百炼成钢　　翻江倒海　　豪言壮语

（三）四字词的练习要求

要按词的含意带感情地读；声、韵、调要求十分准确；要注意结合运用气息，上行阳平音注意气的支撑，下行上声字要托住气，使高音不挤，低音不散；练习时，声音要由小到大，由弱到强，应注意声音的刚柔结合，声音大小适度；音量加大时，音高不要高。

（四）声调练习应掌握下列几条原则

音高要有限度，高而不喊；音低要有力，低而不散；音高要声轻，轻而不浮（加强低频共鸣控制）；音低要字沉，沉而不浊（加强高频共鸣控制）；音量加大时，气足而不拙；音量减少时，气竭而不衰。

举例：

《题菊花》

黄巢

飒飒西风满院栽，
蕊寒香冷蝶难来。
他年我若为青帝，
报与桃花一处开。

《江畔独步寻花》

杜甫

黄四娘家花满蹊，
千朵万朵压枝低。
留连戏蝶时时舞，
自在娇莺恰恰啼。

第十章
语言流动的表征——音变

无论我们即兴说话，还是播读稿件时，并不是孤立地发出一个个音节，而总是连续发出一串串音节，形成语流，由于音节间的互相影响，就产生了语音的变化，我们称之为语流音变。

任何语言的语音变化都服从于一定的变化规律，但语音的变化规律不是可以应用于任何语言的一般规律。比方说，生活在某一方言区的播音员，平时用方言讲话十分自如，但坐到话筒前播音时语言就显得不够流畅，原因就在于他受生活环境的影响，已经不自觉地掌握了某种方言的语音变化规律，而对普通话语音的变化规律还没有完全认识与掌握，这样，即使他能按普通话声韵调的要求单个发好每个音节，但到语流中，由于不能熟练把握音素与音素、音节与音节、声调与声调间互相影响所产生的语音变化，所以听起来，仍然被认为是不够规范的普通话。因此，做一个普通话播音员，在学习汉语音节的三要素（声、韵、调）基础上，掌握和运用普通话的语流音变规律是尤为重要的。

下面对普通话里几种主要的音变现象进行分析。

第一节　轻　　声

普通话的每个音节都有它的声调，可是在词或句子里有些音节常常失去了原有的声调而念成一种较轻较短的调子，就叫做轻声。例如：

各位听众，你们好！

请听歌曲：《党啊，我亲爱的妈妈》。

再请听《吐鲁番的葡萄熟了》！

以上例句中，带黑点的几个轻声音节，都失去了原有声调，要念得较轻较短，如果仍按其固有声调念，听起来就很不舒服。

所有轻声字都读得轻而短，在音高上这种差别往往取决于前一个音节声调的高低：

阴平后面的轻声字念半低调（2度）：妈妈

阳平后面的轻声字念中调（3度）：葡萄

上声后面的轻声字念半高调（4度）：你们

去声后面的轻声字念低调（1度）：亲爱的

普通话轻声往往有区别词性和词义的作用。例如：

请听电影《地道战》的录音剪辑。

地道：dì dào 地下坑道（名词）

他学的上海话还真地道呢。

地道：dì dao 真正的（形容词）

马来西亚歌曲《茉莉花》的歌词大意是：……

大意：dà yì 主要的意思（名词）

您可千万别大意了。

大意：dà yi 粗心疏忽（形容词）

为此，播音员在播读稿件时，应当特别注意有些必须读成轻声的音节，避免造成词义不清，使听众产生误解。有些轻声字虽然不区别词义，但在普通话中应该读轻声，也要注意学习和积累，否则会影响语言的流畅和语气的变化。

那么，一个字在什么情况下读轻声呢？下面提供一些规律供参考：

1. 语气词“吧、吗、啊、呢”等。例如：

听众朋友，您也许到风景如画的杭州游览过吧？那么您听过我国作曲家们取材于西湖景物谱写的歌曲吗？

2. 助词“着、了、过、的、地、得、们”。例如：

在我们生活的自然界里，盛开着无数美丽的鲜花，它装扮着大地，美化了人们的生活。

3. 名词的后缀“子、头”等。例如：

这头牛个儿大，膘肥，四条腿像木头柱子一样。

4. 重叠式名词、动词的后一个音节。例如：

懒哥哥和懒弟弟，你看看我，我看看你，干瞪着眼睛没办法。

5. 表示趋向的动词。例如：

一切都像刚睡醒的样子，欣欣然张开了眼。山朗润起来了，水涨起来了，太阳的脸红起来了。

6. 方位词或词素。例如：

天上的风筝渐渐多了，地上孩子也多了。城里乡下，家家户户，老老少少，也赶趟似的，一个个都出来了。

此外，还有些双音节词的第二个音节，按习惯要读成轻声。例如：

秘书 书记 大夫 老婆 闺女 相声 窗户 玻璃 扫帚 萝卜

豆腐 庄稼 太阳 月亮 云彩 耳朵 眉毛 眼睛 哆嗦 犹豫

马虎 衣服 刺猬 告诉 打听 明白 商量 清楚 性子 意思

总之，轻声是普通话中一个重要的音变现象，一个音节要不要读轻声，除了上面谈到的从词义、从习惯分析外，还应结合广播语体来考虑，如“棉花”一词，在新闻语体中

“花”可不读轻声，但在广播对话、主持人节目中“花”就可以读轻声，使语言更口语化。另外，轻声音节是弱化音节，在播读时既不要拖长，又不能过于短促，造成吃字。

第二节　变　调

音节在连读时，声调发生变化的现象叫变调，主要有以下情况：

上声变调

上声字单念或在句尾时不变，仍读本调。

1. 上声在非上声（阴平、阳平、去声、轻声）前变“半上”，即调值由 214 变成 211。
2. 两个上声字相连，前一个上声变得近似阳平，即调值由 214 变成 34。

例如：

我^{211}们的提高，是在普^{211}及基础上的提高；我们的普及，是在提高指^{34}导下的普及。

去声变调

去声在非去声字前一律不变。在去声字前则由全降变成半降，即调值由 51 变成 53。例如：

人生的意^{53}义在于奉^{53}献，而不是索取。

“一”的变调

“一”单用或在词句末尾念本调——阴平。例如：第一、星期一、初一、万一、统一、始终如一、二百三十一。

1. 非去声前变去声；
2. 去声前变阳平；
3. 夹在重叠动词中间念轻声。

例如：

少年朋友，今天的“录音电话”请你们说一说，考试结束了，你最想说的一（yí）句话和最想干的一件事。然后向你们推荐一（yì）首新歌。

“不”的变调

“不”字单用或在词句末尾，以及在阴平、阳平、上声前念本调——去声。例如：我不、不说、不能、不为。

1. 在去声前变阳平。
2. 夹在词语中间念轻声。

例如：

“我赞美白杨树，就因为它不（bú）但象征了北方的农民，尤其象征了今天我们民族解放斗争中所不可缺的朴质、坚强、力求上进的精神。

“让那些看不起民众、贱视民众，顽固的倒退的人们去赞美那贵族化的楠木，去鄙视这极常见、极易生长的白杨树吧，我要高声赞美白杨树！”

第三节　儿　　化

儿化又称儿化韵，是普通话和某些汉语方言中的一种语音现象，即后缀“儿”字不自成音节，而同前头的音节合在一起，使前一音节的韵母成为卷舌韵母，例如“点儿”不是发成两个音节 diǎn'er，而是发成一个音节 diǎr。

“儿化”在普通话里起着修辞和表示语法功能的积极作用。

1. 表示喜爱、亲切的情感：

这小孩儿长得真漂亮。

我老伴儿退休在家也闲不住。

2. 表示少或小的意思：

我一会儿就回来。

他笑着，用手指比个铜子儿大小。

3. 区分词性：

这幅画儿画得真不错。(“画儿”是名词，“画”是动词)

4. 区分词义：

火星是太阳系中接近太阳的第四个行星。

可别小看烟头的这点火星儿，稍不注意就有可能造成一场火灾。

儿化音变方式比较复杂，具体有以下几种：

1. 音节末尾是 a、o、e、u 的，直接加上卷舌动作-r。

2. 韵母是 ai、ei、an、en 的，失落韵尾，加卷舌动作-r。

3. 韵尾是 ng 的，失落韵尾（ing 还要加 e），韵腹变成鼻化元音，同时加卷舌动作。

4. 单韵母 i、ü 直接加 er。

5. 舌尖特殊元音韵母-i，韵母失落变成 er。

6. 韵母是 ui、in、un、ün 的，失落韵尾加 er。

看上去这么多规律似乎不容易记，但由于儿化韵的“儿”和它前面的韵腹是融合在一起的，因此，在实际播读儿化音节时，只要略放松口腔肌肉，在发出韵腹的同时，舌头顺势向上一卷，就可自然发出儿化音节的特殊音色。必须注意，舌头不要过卷，应尽量保持原韵母的音色。

请看例句：

“对生活的强烈渴望和倔强的天性，使小梅不顾小伙（bàn→bàr）伴儿的讥笑，四肢着地爬行着出了家（mén→mér）门儿。”

“这些健壮得像一群小牛（dú→dúr）犊儿似的孩子们，一下子对这个残废的小女（hái→hár）孩儿 崇拜得五体投地。”

“年初一早晨，人们穿着新衣来给小梅拜年，欢声笑语洒满了小（tún→tuér）屯儿。”

广播电视语言中运用儿化，确有表情达意的积极作用，使语言更生活化。但注意不能随意乱用，尤其是新闻节目中尽量不用儿化。

例如：

“今天是一月一号，星期二。”

“下面请听本台记者王军的口头报道。”

“今天下午三点三十分。”

“春节期间，将增开18对列车。”

其中，“号”、“头”、“点”、“对”都不应儿化。

第四节　语气词“啊”的变化

“啊”是一个表达语气感情的基本声音，作为叹词用在句前，仍念“a”的声音，例如：

啊（á）？你说什么？

啊（à），伟大的祖国！

如果是语气助词，用在句尾，因受它前面音节收尾音素的影响会发生不同的音变。具体情况如下：

1. 前一音节收尾音素是a、o（ao、iao除外）、e、ê、i、ü时，“啊”读成ya；

2. 前一音节收尾音素是u时（包括ao、iao），“啊”读成wa；

3. 前一音节收尾音素是n时，“啊”读成“na”；

4. 前一音节收尾音素是ng时，“啊”读成nga；

5. 前一音节收尾音素是-i（舌尖后元音）、r和er（包括儿化韵）时，“啊”读成ra；

6. 前一音节收尾音素是-i（舌尖前元音）时，“啊”读成［za］。

以上规律，看上去复杂，其实并不用死记，只要你注意，“啊”的变化基本上是在前一音节的归音过程中顺势产生的，有些记者在写稿时，直接就写出了“啊”变化后的读音，例如：

67岁的老农孟庄凯感慨地说：“乡亲们的心真齐呀！”（qí ya）

但有不少稿件，则需要播音员自己来弄清某字的真正读音。例如：

有人背后议论陈菊英：“这么大年纪了，还练个什么劲呀！”（实际应读 jìn na）

“咱们得快点走呀！你看，太阳快落了，天黑以前咱们必须赶上部队。”（实际应读zǒu wa）

“什么？药拿错了！邱波妈大吃一惊，连忙拿起药来一看，果然是大人吃的药。好险啊！”（实际应读 xiǎn na）

“要宽慰这颗慈母的心，只有把面吃了，但它真重啊！”（实际应读 zhòng nga）

第五节　词的轻重格式

我们播音时，一句话中的每个音节都有轻重强弱的不同，造成这种变化的原因，除了音节与音节之间声调的区别外，还因为构成一句话的词或词组的每个音节，在音量上不均衡，也就是说，多音节词的各个音节有着约定俗成的轻重强弱差别，称为词的轻重格式。

我们将短而弱的音节称为轻，长且强的音节称为重，介于二者之间的称为中。一般有以下几种情况：

双音节词有三种格式

1. 中重格式，例如：

广播　电台　飞机　儿童　图画　语言　国家　火车　晚会　房间

2. 重中格式，例如：

学者　读者　作家　画家　消极　积极　春季　冬季　相对　绝对

3. 重轻格式，例如：

月亮　太阳　起来　木头　兔子　相声　眼睛　意思　告诉　秘书

这里要说明的是，当一个词处在句子里，有时为区别不同意思，“中重”格式的词有可能念成“重中”格式，例如：

问：你是坐长途汽车来的吗？

答：不，坐火车来的。

“火车”一词单念时本是“中重”格式，但上面例句中，回答者说成“重中”格式，则使语义更鲜明了。

三音节词有两种格式

1. 中中重格式。例如：

电视机　展览馆　红楼梦　松花江　招待会　喜洋洋　劳动节

2. 中重轻格式。例如：

老头子　小伙子　枪杆子

四字词有两种格式

1. 中重中重格式。例如：

光明正大　争先恐后　高高兴兴　自力更生　艰苦奋斗

2. 重中中重格式。例如：

惨不忍睹　义不容辞　敬而远之

总之，我们要把每个词说得清楚而自然，必须掌握词的轻重格式，符合普通话的要求。

第十一章 口腔控制与吐字归音

吐字在播音中占有举足轻重的地位。如果一个播音员吐字含混不清，那他就不具备从事播音工作的基本条件。吐字含混不清不仅会造成听众理解上的困难，有时甚至还会造成误解，产生不可预料的严重后果。对多数播音员来说，吐字含混可能不是他们的主要问题，但吐字不够清晰圆润却是很常见的毛病，影响了这些播音员或节目主持人专业水平的进一步提高。无论对初学播音者还是已有一定经验的播音员来说，吐字都是需要认真注意的重要问题。作为播音的一项基本功，掌握正确的吐字方法，达到吐字准确清晰、圆润动听和富于变化，以便完美地表达出语音中所蕴含的思想感情，是每一个播音员和节目主持人不懈追求的目标之一。

第一节　播音吐字的基本要求

每个播音员都具有与众不同的独特嗓音特征，在发音方式上也各有特点。我们对播音吐字提出要求，并不是要强求一律，抹煞播音员的发音个性。播音员应当保持自己的风格，但保持个人风格不应以牺牲听众需求为代价，两者应相辅相成。

播音吐字的基本要求可以归纳为准确、清晰、圆润和富于变化。这些要求与播音总的发音特点有关，但与吐字方法之间的联系更为紧密。

吐字准确是指发音要合乎规范，发音部位和方法要准确无误。例如，送气音 p 不能发成不送气的 b；pà（怕）不能发成 bà（爸）；如果弄混了，人们会认为发音不准。这种大的发音误差与吐字准确相悖，属纠正之列。也有一些音虽属发音不准，可并非每个人都能听得出来，一般人可能感到听起来不顺耳，却讲不出原因所在，这种需要专业人员才能讲清原委的发音问题才是更需要播音员引起注意并加以改正的。例如，有些人常常将双唇不送气清塞音 b 发成双唇不送气浊塞音，由于在汉语普通话中双唇塞音只存在送气与不送气的区别，即使将双唇不送气清塞音发成双唇不送气浊塞音，也不会造成词义上的混乱，但从语音规范角度来看，这样的发音显然是不规范的。类似这样的情况在汉语普通话中还有很多，如将 zhī（知）或 zī（资）中的 i 这个符号代表的两个不同的舌尖元音发成类似浊辅音的半元音，以及将唇齿清擦音 f 发成唇齿浊擦音也都属于这种情况。从上面的分析中，我们可以看出，播音吐字的准确更着重于强调改正一般人不易察觉的细微的发音部位和发音方法问题，它所涉及的发音规范较之一般人理解的发音规范更为严格和精细。

吐字清晰是播音吐字给人的另一明显感觉。播音员清晰的吐字建立在发音准确基础上，但准确并不能代替清晰，吐字清晰也不是像有些人所想象的那样，是单纯依靠加大发音音量获得的。在播音实践中，吐字清晰建立在一系列行之有效的发音技巧上。许多优秀播音员都是在经过多年的磨炼之后，才具备“声声入耳”的吐字能力，即使在十分嘈杂的背景杂音中，他们的声音也能穿透杂音进入听众耳中。

吐字圆润是播音吐字的第三个基本要求。人们常常将圆润的声音与嗓音联系在一起。的确，嗓音是字音的载体，吐字与嗓音构成一个密不可分的结合体。不过通过仔细分析，我们还是可以把由嗓音形成和与吐字形成的圆润音色区别开来。我国传统说唱中形容圆润吐字为“吐字如珠”，这种说法形象地勾画出字音的圆润与吐字动作间的密切关系。汉语普通话的音节特点是音节分明，结构工整，以及音节具有明显而完整的动作过程。另外，每个音节还具有自己的声调。在发音过程中，汉语对吐字动作有着与其他语言不同的特殊要求，满足这些要求，发音会给人一种圆润动听之感。不能满足这些要求，发音就显得干瘪、松散。在长期的语言实践，特别是民间说唱艺术实践中，我国人民总结出许多行之有效的吐字方法，“吐字归音”是这些方法的集中体现。播音吐字虽然与说唱艺术吐字有一定区别，但吐字归音是建立在汉语音节结构基础上的发音方法，它对不同艺术语言活动具有普遍意义，不仅戏曲、说唱艺术可以从中受益，现代的话剧、电影表演艺术也可以从中汲取有益的成分，播音当然也不例外。甚至一般的语言交际也可以借鉴这种吐字方法，使发音得到改善，增加语言的魅力。

吐字富于变化是播音吐字的另一特点。我们知道，在日常生活中，生动的语言是富于变化的，其吐字是错落有致的，该强则强，当弱则弱。字与字，词与词之间并不是同等对待，需要突出的字可能发音时间较长，吐字也较工整，而那些不需突出的字则弱化，吐字也相对松散些。正是这种丰富的吐字变化，再配合以声音的抑扬起伏，构成了一个富于变化的生动的语言世界，表达出人们多样的思想和丰富的感情色彩。

严格地讲，吐字富于变化是语言表达对吐字提出的要求，它更明显地体现在语言的应用阶段。从表面上看，吐字富于变化与上述的吐字准确、清晰、圆润似有矛盾，其实不然。从总体对比来看，播音吐字在准确、清晰和圆润动听诸方面，的确比生活语言中大量存在的吐字含混松散技高一筹。准确、清晰、圆润构成播音吐字的特点和播音吐字的基本要求。但从另一面来看，作为说的语言艺术，播音仍需保持自己说的形式，它是对生活语言固有形式的改进提高，而不是完全改变它。播音吐字的准确、清晰、圆润是就整体比较而言，并不意味着播音中每个字都保持同一方式，都要达到同一标准。如果采用那样的吐字方式，播音语言就会丧失掉其应有的表现力，成为一种脱离大众、脱离生活的“字话”。这绝不是播音吐字的真正含义。为避免这种情况发生，需要在播音实践中强调遵循生活语言富于变化的发音方式，强调吐字依表达需要不同而“活用”的原则，以克服由于片面认识播音吐字特点而造成的僵死不变的吐字方式。

播音对吐字的基本要求不是人们的主观臆造，它来源于播音这种特殊传播形式本身和听众需求两方面。作为信息的传播者，播音员的主要交流对象并不在身边，他们无法确切得知收听者具体情况，如年龄、性别、职业、爱好等影响语言方式的各项要素，也不能通过观察所得到的反馈及时调整讲话内容和讲话方式。另外，通过电波传递的语音会使发音清晰度受到削弱。所有这些都要求播音尽可能吐字准确、清晰，最大限度地降低听众收听理解的难度。

听众对播音员的吐字发音会有各种不同要求，他们会依据自己的喜好对同一播音员作出不同的主观评价，当多数人的意见趋向一致时，就产生一种社会性的需求和评价标准。这种需求和评价标准就成为播音员发音方式的指导原则。当然，每个时代都会由于时代特征不同，对播音方式提出自己的要求。因此，播音会烙有那个时代的印迹，不仅播讲内容，连播讲方式，甚至吐字发声的方式也都会折射出那一时代的影响。在这些随时代变迁而不断变化的要求之中，有一些要求是相对稳定的。从某种意义上讲是超越时代的。例如，吐字的圆润，吐字的富于变化，不仅有利于表达，同时又给人以声音美感，不论何时都不会丧失其本身价值。

第二节　播音吐字的口腔控制

为了达到播音吐字的要求，使字音听起来准确、清晰且富于美感，播音员的吐字，使用了一些行之有效的技巧，这些技巧可以归纳为吐字的口腔状态调整和吐字动作过程处理两部分，即吐字的静态控制和吐字的动态控制。

吐字的静态控制主要是指口腔状态的调整，也可称为口腔控制。它是对口腔各部分的自然常态做适度调整，使其满足播音吐字的需要。在口腔各部分自然常态中，有些是一般人所共有的，如讲话时软腭较为松弛，软腭下垂是一般口语的常态，也是造成日常口语吐字不够清晰的重要原因。但也有些常态是非共性的，它只是部分人所具有。如有的人说话时噘唇，造成吐字含混，其原因可能是生理因素，也可能是习惯因素的影响。对这类情况，需要具体分析，有针对性地对口腔状态进行调整，不可强求一律。

将吐字的口腔状态调整称为静态控制是因为这种调整后的口腔状态贯穿在整个发音过程中，构成发音动作的基础。它与修正某一字音的发音动作不同，对某一字音发音动作进行调整是改进某一音的发音，而对口腔状态调整会对各种字音都产生影响。

播音吐字中常用的口腔控制方法有以下几种：挺软腭、打开牙关、适当收唇和吐字力度集中于中线。

挺软腭是播音吐字调整口腔状态的基本方法之一。它的要求是将软腭适当上抬，改变口语松散下垂的状态。软腭上抬后，上口盖较为平直，扩大了口腔容积，使共鸣得到改善。同时，也给舌的前后活动增加了空间，使舌位的前后对比加强，增加了吐字的清晰度。另外，挺软腭还使通向鼻腔的通道变窄，减少流向鼻腔的气流，使鼻音色彩得到控制，相对增加了口腔共鸣，改善吐字清晰度。

挺软腭的状态可以用体会打哈欠的方法来获得。当然，打哈欠时软腭上抬较高，并不完全适用于发音。播音吐字时，软腭只需适当提起，并不是抬得越高越好。在使用挺软腭这一方法时，应该用吐字效果是否得到改善作为检验依据。这一方法的使用应有助于吐字，而不应使吐字变得不自然。使用过度或单纯扩大口腔会破坏口腔内各部位的自如状态，有时还会使吐字不自然。

打开牙关是指上下颌在发音时要有较大的开度。上下颌开度增大可使口腔在纵向上加大容积，使舌位形成较明显的高低对比，增加吐字的清晰度。它与挺软腭互相配合，从横、纵两个方向扩大口腔容积。在播音吐字实践中，有相当多的问题出现在基本元音 a 的发音上，a 音不清晰是造成带有 a 音音节吐字不清的主要原因，而 a 音之所以发得不清晰，往往与 a 的舌位不够低有关，而口腔开度不够是造成 a 音舌位偏高的常见原因。实践表明，打开牙关，扩大口腔开度是播音员吐字基本训练的重要内容，对播音初学者尤为重要。

打开牙关，顾名思义是要克服牙关的阻碍。下颌关节由于其结构特殊，在开启的过程中会有轻微的位移。在日常口语状态，由于开合度较小，这种位移并不明显。上下颌开度加大，这种位移也会随之加大，往往使人感到很不自然，关节部位也会产生明显的酸胀感。只有经过较长时间训练，逐渐习惯后，这种不适感才会慢慢消失。当然，打开牙关并不意味着口腔开度越大越好。实践表明，口腔开度过大时，声音会变得松散，听感上也会变得不自然。再有，在掌握打开牙关这一要领时，要在意念上把握下颌整体下移，下颌在打开时略微前移，避免下颌打开时向后错动。在实际训练中可用啃苹果的动作来体会打开牙关，扩大上下颌开度。这一动作将着力点放在上颌上，可使上下颌活动配合得自然，减轻下颌负担。

适当收唇是播音吐字另一常用要领。这一要领与常用的提颧肌大体相同。收唇是指唇齿适当贴近，而唇齿贴近主要依靠颧肌收缩带动完成。两者不同在于提颧肌指示的是动作的根源，收唇或唇齿贴近是指明这种根源造成的结果。另外，提颧肌着重描述面部表情变化，收唇则与发音直接相关。

适当收唇可以克服由于噘唇引起的吐字含混。如果从侧面观察人的面部轮廓可以发现，有不少人的唇部明显向前突出，这种唇形如不加以适当修正，会造成发音时圆唇音和扁唇音对比不明显，也容易造成语音普遍带有 u 音色彩，影响发音的清晰。其实，一般人在放松的口语状态，唇齿间也常有一定距离，双唇实际上构成一个突出的喇叭口。根据共鸣原理，当声音出口长度加长时，共鸣音色降低。因此，口语的含混，与唇突出有密切的关系。无论生理条件如何，适当收唇，使唇齿贴近都是改善吐字的一种有效方法。唇齿贴近后，缩短了加在口腔出口的“管子”，使声音整体音色变得较为清晰。另外，唇齿贴近，使口裂的长度加大，圆唇和扁唇对比度增加，像 i、ü 这样依靠唇形区别的音会变得更清楚。

唇齿贴近不仅适用于扁唇音，也同样适用于圆唇音。人们在发圆唇音时，往往有一种错觉，认为唇越突出，圆孔越小，字音越清楚，其实不然。这样发音的结果是声音变暗，响度降低，音量过小，同样影响其清晰度。正确的方法应当是在发圆唇音时避免唇的突起，唇齿适当贴近。同时，出口要稍微大些，只要保持相对圆形即可。这样，那些不易发得明亮的带有 u、ü 或 o 的音也能发得较为响亮，可以明显改善吐字效果。

收唇主要是依靠颧肌收缩完成的，而颧肌又是面部重要的表情肌肉，收唇除了使吐字得益之外，还会使面部表情更为生动，使精神状态为之振奋。这些心理因素也会对吐字产生积极的影响。

播音吐字中还有一个不容忽视的要领，那就是吐字着力点要集中于口腔中线。这一口腔控制要领贯穿在吐字过程中，除了少数音之外，大多数的字音在发音时都需运用这一要领。这一要领可改变吐字的“笨拙”感，使吐字轻而不飘，重而不拙。

我们知道，播音这种话筒前的语言工作与舞台或银幕上的发音是有所不同的，它虽然要求吐字清晰、有力，但并不要求很大的音量。由于播音时距离话筒很近，音量过大常常会使声音中的不良音色暴露得很明显，影响声音效果。但如果音量较小，有时又会造成吐字无力，字音松散，不够清晰。吐字着力点集中于中线就是播音实践中在较小音量下保持吐字力度行之有效的方法。在发音过程中，辅音间的区别主要是依靠上下发音器官的成阻部位和发音方法不同形成的，元音则主要依靠舌位的高低、前后及唇形等因素不同形成区别。无论是辅音的成阻部位还是元音的舌位状态，都只描述其大致部位，如双唇阻、唇齿阻。通常，发音部位的纵向部位描述得很细致，而横向部位的描述则较为笼统。例如双唇阻，是用双唇的哪一部分着力更好呢？一般语音学书籍忽略这一点是因为这种更精细的区别并不具有音位作用，不会影响语义，因此可以忽略不计。但对播音来说，仅仅考虑音位区别是不够的，还要满足更多的要求，因此吐字着力点位置成为一个不可忽视的因素。

播音吐字的用力部位，即吐字的着力点应集中在唇、舌、上腭的中线上。对于 b、p、d、t、g、k 这样的塞音，爆破的有力部位应在唇横面、舌尖和舌根横面的中段，这样发出的爆破音在气流强度不很大的情况下也可产生饱满有力的效果；对于 f、s、sh、h 这样的擦音，产生摩擦的缝隙也应处于唇、舌横面的中段。如果缝隙过宽，声音会显得扁而松散，其余的塞擦音、边音也应遵循这一原则。对于元音来说，吐字集中于中线不像辅音那样明显，这是因为元音都是发音部位不阻塞发出的音，发音时舌位使用的部位不如辅音那样易于感觉，如果用 i、u、ü 等高元音做例子，体会舌高点横面对发音的影响，你会发现舌高点集中在舌的中部会使声音集中。相反，如果舌高点横面过宽，声音会显得松散，甚至会有发扁的感觉。由此可见，吐字着力点集中在口腔中线的原则不仅适用于辅音发音，也适用于元音发音。它是改善播音吐字发音行之有效的方法。

除了上面谈到的口腔控制方法，在播音实践中还可根据播音员发音的具体情况，采取有针对性的方法对吐字的口腔状态进行调整。在使用这些方法时，应注意吐字与表达之间的关系，吐字是服务于表达的工具，不能单纯追求吐字完美，造成有字无情或有字无义，伤害表达。在丰富的语言表达中，发音器官动作不可能始终如一，包括吐字状态在内，播音吐字过程既有规矩、工整的一面，又有其变化的一面。对于吐字训练，我们应强调其规整性，而在实际应用中，则应注重其灵活性，唯有这样，才能使这些方法真正有助于表达。

第三节 吐字归音

在播音吐字中，吐字归音是值得借鉴且行之有效的重要方法。与上面所谈到的几种口腔控制方式不同，吐字归音作为一种吐字方法，它所强调的是吐字的动态控制，是对发音动作过程的控制，实际上是一种经过加工的艺术化的发音方法。

吐字归音是我国传统戏曲声乐艺术的发音方法。它根据汉语语音特点，把一个音节的发音过程分为几部分，一般将其分为出字（又称“出声”）、立字（又称“行音”）和归音（又称“收音归韵”）三个阶段，通过对吐字各阶段的精心控制，使其达到清晰有力、圆润自如的境界。一般认为，明代沈宠绥的戏曲理论著作《度曲须知》奠定了吐字归音的理论基础。实际上，《度曲须知》只是对当时戏曲艺术实践的总结，作为一种发音方法，吐字归音早已在这之前的艺术实践中使用。清代的戏曲家李渔和徐大椿等人也曾就吐字归音方法提出过自己的见解。尔后，吐字归音这种发音方法逐渐被歌唱、话剧以至播音等艺术语言所借鉴，为人们所熟知。

明清时代的沈宠绥、李渔、徐大椿等人对音节各发音阶段的划分标准和划分方法认识虽不相同，但都认为一个字音可分为字头、字腹、字尾。沈宠绥在其《度曲须知》中总结前人提出的出字、过腔、收音的概念，并加以补充，首先提出：“凡敷演一字，各有字头、字腹、字尾之音。”此说为吐字归音奠定了基础。实践证明，沈宠绥的看法符合汉语独特的发音规律。汉语中，词所包含的音节数量少，单音节词大量存在，音节信息负载量大。汉语音节结构比较规整，音节多以声母开头，韵母接其后。韵母中又以舌位滑动的复合元音韵母和鼻音韵母居多。多数音节的发音存在着口腔由闭到开，再由开到闭明显的动作过程，而响亮的元音往往居于中间，这些都构成了汉语音节发音速度较慢，自成表义单位和发音过程阶段性明显的特点。沈宠绥所提出的观点，恰恰是建立在这些特点的基础上。

音节发音的头腹尾说是吐字归音的精髓，它将一个音节分为三部分，例如“白(bái)”这个字，其中的声母 b 是字头，韵母中的 a 是字腹，韵母中的 i 是字尾。又如“兰(lán)”，字头是声母 l，字腹是鼻韵母中的元音 a，字尾是鼻韵母中的鼻辅音 n。汉语中相当多的音节都可以用这种划分方法清楚地标示出字头、字腹、字尾，但也有许多音节并不完全符合头腹尾划分法，例如“阿（ā）”这个音只有一个元音，它就变成无字头、字尾音。再如“播（bō）”字，它有字头、字腹，却无字尾。语言学家还从音节结构角度分析吐字归音方法，归纳出这样一些结论：吐字归音中的字头相当于声母或声母加韵头（介音）；字腹相当于韵腹，字尾相当于韵尾。在汉语中，元音是不可缺少的，一个音节最少要有一个元音。零声母音节可以没有声母，因而被认为缺少字头，开尾音节可以缺少韵尾，因而缺少字尾。这样看来，不能说每个字音都有头腹尾。这种结论似乎与吐字归音理论相悖。我们可以用下表来表示汉语普通话音节字头、字腹和字尾的不同划分，见下表。

例字（类型）	字头		字腹	字尾
	声母	韵母		
		韵　头	韵　腹	韵　尾
变（头腹尾全）	b	i	a	n
班（头腹尾全）	b		a	n
烟（头腹尾全）		i	a	n
安（无字头）			a	n
别（无字尾）	b	i	e	
巴（无字尾）	b		a	
阿（无字头、字尾）			a	

吐字归音对声调的分析比较简略，这是因为传统戏曲中唱腔部分已有自己的旋律，音节本身的声调要服从行腔的需要。但对于说的艺术，声调仍应视为音节不可忽视的因素，后人有将声调称为“字神”，与字头、字腹、字尾并列。

从表中我们可以看到，在给音节划分字头、字腹、字尾时有这样几种音节类型：第一类是字头、字腹、字尾俱全的音。这里有三种情况，第一种情况是该音节由声母、韵头、韵腹、韵尾构成。第二种情况是该音节缺少韵头，只由声母、韵腹和韵尾构成。第三种情况是该音节只有韵头、韵腹和韵尾构成。这种音节虽属零声母音节，但应视作是有字头的，因为这类音节中用作韵头的 i 和 u、ü 在实际发音时都已部分改变其元音性质，变成了带有摩擦性质的半元音，从声音和发音动作上看都已接近辅音。将其称之为字头并非臆断，汉语播音方案也注意到了这一点，在记音时用变为或加上 y 和 w 这两个字母来表示。第二种音节类型是无字头音节，如“安（ān）”、“恩（ēn）”、“欧（ōu）”等字。这些音节在开口度大的韵腹前，既无声母，又无韵头，因此也是零声母音节。这些音节其实并非无字头，只不过不像声母或韵头那样明显。对此，语言学家周殿福在其《艺术语言发声基础》一书中曾有过明确解释。他认为在 i、u、ü 起头的零声母音节，如“音（īn）”、“月（üè）”、“无（ú）”都附加有半摩擦的“字头”，它与辅音字头有同样作用；而在非 i、u、ü 起头的零声母音节，如“安（ān）”、“鹅（é）”、“欧（ōu）”等音，虽然拼音字母并未标记出来，但实际上韵母前有一个喉塞音［ʔ］，发音时喉部闭拢，然后打开，气流冲出，喉部呈爆破状态，有点像咳嗽前的喉部状态。除去上面两种类型，还有一类无字尾音节，如“巴（bā）”、“比（bǐ）”、“别（bié）”等音，这些音一般被认为是无字尾的，也称为开尾音。这些音如果真的没有字尾，那就很难解释吐字归音理论的正确性，也会从根本上动摇吐字归音的基础，因为在汉语普通话中，有相当数量的音节属于这种开尾音。如果我们都将其作为例外来处理，那凡字必有字头、字腹、字尾之说是否能成立则大有问题。其实，仔细体会这些开尾音节的发音，我们会发现，这些音节在字腹之后会有一个喉部闭拢的结束动作，实际上是以一个不发出声音的喉塞音作为结束，尽管收音的声音不明显，但发音过程的动作是可以觉察的。我们以“西安”一词为例，如果不用喉塞音作为“xī”的结束和“ān”的开始，那“西安”很容易发成“先（xiān）”字。再如“河北”一词的“河”字，如果在“hé”这个音节中的“e”音的后面不附加一个喉塞音，我们会感到发音含混无力，吐字也不够清晰。可见所谓无字尾音节并非真的没有字尾，只是这种字尾的声音不如其他尾音那样清晰可察。除了上面所讲的这些音节类型，汉语普通话中还有一种只有字腹的无字头、无字尾音节，对这类音节也可根据上面的分析，补足字头、字尾。

从以上分析中产生一个需要探讨的问题，那就是判断字头、字腹、字尾的标准是什么。沈宠绥认为声音是划分标准，“凡敷演一字，各有字头、字腹、字尾之音”。如果以此为标准，那必定会产生大量无头、无尾之字。作为一种发音方法，吐字归音的应用范围会受到很大局限。其实，从更为科学的角度来看，将吐字归音纳入吐字动作过程，以发音器官动作作为划分字头、字腹、字尾的标准，会使吐字归音理论更完善。如果将吐字器官动作考虑在内，在汉语普通话中，就不存在无字头或无字尾的音节，这样分析不仅切合实际，也更便于掌握和应用。

在实际应用中，吐字归音会因不同艺术语言的需要而有内容上的区别。对戏曲演唱来说，学习吐字归音时更强调字腹的作用，这是因为戏曲或歌唱中一个音节的发音时间可能会长达几秒或十几秒，将字腹用于“缓音长曲”之中，可以使字音保持完整、自然。但对于像播音这种说的艺术形式，过分强调拖长字腹，照搬戏曲歌唱的使用方式并不妥当。播音应用吐字归音除强调字腹的饱满之外，还要求吐字过程的圆滑，力求做到字头、字腹、字尾浑然一体。戏曲或歌唱有时有拖腔，需要在字腹上拖长，如果播音也在字腹上拖长，发音动作保持静止状态，会给人一种“唱”的感觉，不合乎播音的要求。

播音运用吐字归音要把握以下要领：

字头有力

字头是音节的开头，其发音对整个音节都有不容忽视的影响。字头有力是指字头形成阻碍时阻塞部位要保持一定紧张度，阻气要有力，要有“叼住”的感觉。除去阻碍时要轻捷有力，具有弹动感。字头在发音时口腔相对闭合，同时具有阻气作用。如果字头咬字无力，气息会大量流失，影响字头或整个音节的力度。但如果咬字过死，也会使发音显得很笨拙，所以字头发音除了发音部位准确，还应适当把握咬字力度，成阻和除阻力量既不可过大，也不可过小。戏曲界将咬字恰当地比喻为大老虎叼着小老虎过山涧，既不能把小虎咬死，也不能让小虎掉下去。

字头中的介音（韵头）在发音时应与声母贴近，使字音迅速过渡到字腹。作为协同发音动作，声母的唇形应与紧接其后的元音一致，使整个发音过程更为协调。

零声母前的“附加”字头也应保持力度，做到出字有力。

在播音实践中，初学者常见的毛病是字头无力，造成吐字不清晰。而入门后又往往会由于理解偏差或使用过度，造成吐字“滞拙”，语流不畅。

字腹饱满

字腹饱满是指音节中的主要元音发音清晰有力，字音要能“立起”，因而又称“立字”。字腹饱满需要口腔开度适当扩大，以使元音间保有明显的对比，口腔随字腹立起而打开。需要注意的是，字腹的发音是在滑动中完成的，即使是单元音韵母，其发音动作也要在本音位范围内做轻微移动，不可僵死不变。复合元音韵母中，这种滑动更为明显。有人以为立字时字腹发音要保持一种固定的状态，这种认识是不正确的。

字腹在整个音节中明显突出，一方面由于处于字腹地位的主要元音开口度相对其他元音要大，因而比较响亮。另外，主要元音发音较完整，持续时间稍长，也使字腹在听感上较为突出。

字腹是 i、u、ü 等舌位较高元音时，口腔开度不要过小，否则声音会发暗，缺少圆润感。元音 a 作字腹时，常见的问题是口腔打不开，a 音接近于 e 音，影响字音的饱满清晰。

字尾归音

字尾归音是指字尾部分应发音完整，不应虎头蛇尾，只顾字头、字腹，不顾字尾。字尾不归音是生活语言中常见的发音现象，这是因为字尾元音多为开口度较小的元音，再加上所处的弱化地位，发音时只需大致显露出字尾去向就能使人听清，不致引起人们的误解，因此在生活语言中，用元音鼻化代替鼻韵母的鼻尾音和元音归音不到位的现象极为普遍。字尾归音首先要将尾音归到应有位置上，充当字尾的元音有 i、u；鼻音有 n 和 ng。归音时，字尾结束应当到达这些音的位置，i、u 应有一定舌位高度，n 和 ng 应抵腭，字母 o 作字尾，如“高（gāo）”、“交（jiāo）”，归音的实际部位应当是 u，归音到 o 则不够清晰。字尾归音还应当弱收，即尾音应当渐弱和简短，不应过分加重加长。对于开尾音“附加”的喉关闭形成的字尾动作，也应注意渐弱收止。

如果在播音中能恰当地运用吐字归音，做到字头有力、字腹饱满和字尾归音，那就会使吐字不仅准确清晰，而且圆润饱满。民间有人用“枣核形”来形容吐字过程，这种字头、字尾小，字腹大的形象描述，概括出吐字归音的发音特点。

第四节　播音吐字的训练

播音员吐字能力是检验其专业水平的重要指标。吐字能力强的播音员可以满足不同节目对发音的要求，使发音不仅能充分地表达出语言的思想感情，而且能给人以优美动听之感。吐字是播音员的一项基本功，是播音初学者入门的必修课，也是走上播音岗位的播音员需要反复锤炼，使其精益求精的专业基石。

学习吐字是一种技能训练。除了对理论的透彻了解，还需张口发音进行练习。在训练中首先要学会分辨不同音的细微差别。我们发出的声音，无一不是仿照或参考了耳所接受过的声音信号。发音需要听觉器官的配合，听力不好影响发音是众所周知的。学习吐字，首先要建立敏锐的听觉感受能力，能清楚分辨字音的细微差别。惟有在听觉上将两种声音分辨开，才有可能把音发准。有些人字音不准，总猜疑自己的发音器官有问题，其实原因并不在发音器官，而是因为听觉不敏锐。在这种情况下，大脑不可能发出产生不同发音动作的指令。艺术语言音色变化十分丰富。没有一对灵敏的耳朵去分辨其中的声音变化，是无法正确掌握发音的。吐字是离不开耳配合的“口耳之学”，要学好吐字，首先要练习听辨各种不同的音，把自己的听觉器官锻炼得更敏锐。

在进行发音训练时，有的人模仿别人可以把音发准确，音色也能自如控制。但离开模仿对象，发音效果就不理想了。造成这种状况的原因有多种，但其中重要原因，在学习发音的过程中没有有意识地运用感觉记忆，也就是我们平常所讲的，没有动脑筋去想。学习发音，除了用心体会声音音色的不同，还要有意识地体会和回忆发音时的动作感觉，仔细回味发音时舌的位置和活动过程，喉的状态和气息感觉，并试着重复。由人体发音器官上的动觉接受器接受并传递到大脑的感觉，我们称之为动觉感受。仔细体会和记忆这种感受，可以比较容易地再现已经学习过的声音，缩短发音的学习过程。

学习语言除了听说之外，还有一个必不可少的条件是重复练习，持之以恒。如果发音达不到不用去想就能脱口而出的熟练程度，那它在实际使用中并没有多大价值。有人单发某一字音时无可挑剔，但在连贯的语言表达中，字音却经常读错。这说明，会发某音与能够熟练使用并非等同。发音方法只有达到熟练得不用去想就能脱口而出的“自动化”程度，才具有使用价值。播音的发音不同于口语发音，其难度超过一般语言交流，只有进行大量的重复练习，达到纯熟的地步，才有可能将其用于丰富多彩的语言表达中。宋代大文学家苏东坡曾说过：“口必至于忘声而后能言，手必至于忘笔而后能书。”达不到“忘声”和“忘笔”的程度，是谈不上语言和书法技巧的。而“忘声”和“忘笔”的取得，除重复练习达到纯熟外，别无他法。学习吐字发声还要注意持之以恒，有人不理解为什么学会的东西还要长期不断地进行练习。其实道理很简单，发音时的声音变化是由发音器官肌肉动作控制的，长期不断的练习，除了锻炼肌肉动作相互配合的协调性，也增加了肌肉本身的力量，一旦练习间断，原有的肌肉力量会很快减退，已经获得的发音能力也就随之丧失，这时的发音就不会像以前那样轻松自如了。如果我们要想保持和巩固已经获得的发音能力，持之以恒的练习是必不可少的。

播音吐字训练除了掌握正确的方法，还应在练习内容上有所选择。根据以往的经验，吐字训练的重点应放在字词上，要先将声母和韵母练好，进而将单字和词的发音规范化，做到字音准确清晰、圆润有力。在做双音节或多音节词练习时，除了注意声母、韵母外，还应注意声调的准确，避免含混。古诗词朗读是这一阶段练习内容之一。古诗词中有许多名作，词句工整，意义清新，琅琅上口，是锻炼吐字的好材料。

吐字是为表达服务的，作为基本功，我们要求吐字工整，但在实际运用的语言中，则不应对每个字的发音都如此苛求。在语言表达中，吐字的工整是就整体而言的。具体到每句话中，应当根据内容和感情色彩的不同，遵循语言固有表达规律，错落有致地安排吐字。常有播音员片面理解吐字的重要性，过分强调每个字音都字正腔圆，忽视了语言表达中发音应有的动态变化，不是语言形式服从语言内容，而是将千变万化的语言内容和表达方式都套入僵死的吐字形式中，这样的吐字决非播音吐字所追求的目标，需要在训练过程中加以注意。

第十二章

呼吸原理与气息控制

任何一个物体都要在力的作用下才可能发出声音。人类的言语发声活动也是如此，在其过程中，制声、共鸣、构字都离不开气息，这正是“气动则声发”的道理。除动力作用之外，气息在艺术语言活动中还具有表情作用。

生活中人人都会呼吸，但播音时却感到力不从心，这是初学者经常遇到的问题。播音专业人员在发声过程中控制气息的能力和技巧需要经过专门的训练，它是取得理想声音效果的重要因素。此外，呼吸器官的健康状况和工作能力也影响着一个嗓音工作者的艺术寿命。所以，无论是“唱的艺术”还是“说的艺术”，历来都非常重视气息控制训练。

第一节　呼吸器官与呼吸原理

呼吸器官

从人的言语功能的角度，我们可以把呼吸通道、肺、胸腔和腹肌看做与呼吸控制有关的器官。

（一）呼吸通道

呼吸总是沿着一定的路线进行的，这条路线就是呼吸通道。它包括口、鼻、咽腔、喉、气管、支气管和肺泡：

吸——→ 鼻 / 口 → 咽腔（鼻咽 口咽 喉咽）←→喉←→气管←→支气管←→肺(泡)←——呼

这个通道中的气管、肺都属于呼吸器官。

（二）胸腔

胸内的体腔部分是胸腔。胸腔外部是胸廓，它是由肋骨、肋软骨、胸骨和胸椎构成的骨支架，形似鸟笼。胸廓的扩大和缩小是由胸部多组肌肉的收缩与放松来完成的。

肺在胸腔内部，以纵隔为界，左右各一。从生理角度讲，肺是呼吸系统中最重要的器官。肺组织呈海绵状，它可以随着胸廓的运动，使空气进入和排出。

膈肌(亦称横膈、横膈膜)，位于胸腔底部，它像圆顶帽一样扣在那里，周围和胸腔壁相连，把胸腔和腹腔上下隔开。膈肌属吸气肌。吸气时膈肌收缩下降，胸腔向下扩展；呼气时膈肌放松，恢复原位，胸腔缩小。实验表明，膈肌每降下 1 厘米，吸气量可以增加 250—300 毫升。

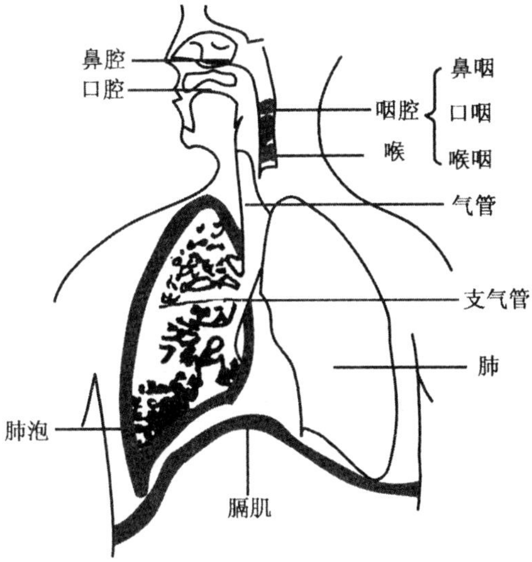

图 1　呼吸器官

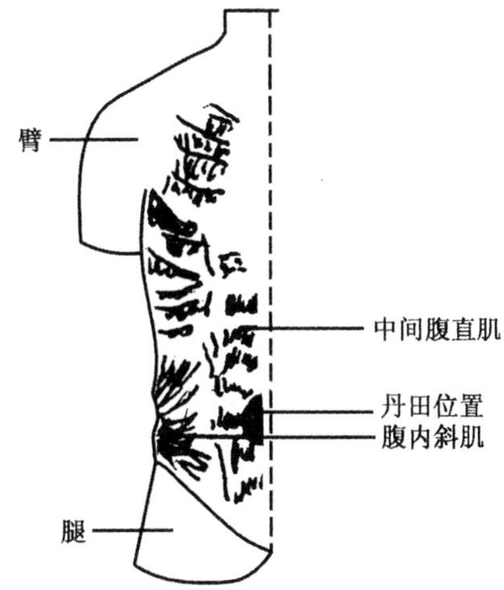

图 2　示腹部肌肉兼示丹田位

（三）腹肌

腹肌是腹直肌、腹内斜肌和腹外斜肌等腹部肌肉的统称。腹肌属呼气肌。

虽然我们在日常言语中对腹肌的作用没有什么明显感觉，但在艺术语言发声控制中，腹肌的作用却是不容忽视的，一方面它是调节气息压力的枢纽，使声音产生高低、强弱的变化；另一方面，由于腹肌的收缩，使呼吸的力量与降下横膈所形成的吸气的力量之间产生拮抗。这是支持理想发声状态的基础。

通常我们把使胸腔扩大以完成吸气的肌肉，统称为吸气肌肉群；把使胸腔缩小以完成呼气的肌肉，统称为呼气肌肉群。

呼吸原理

肺虽然是重要的呼吸器官，但它不会主动进行呼吸，是被动器官。呼吸要靠胸腔的扩大和缩小来完成。

吸气肌肉群收缩时，胸腔扩大，其内部气压就会小于体外气压，空气便由口、鼻经过呼吸道进入肺泡，使肺叶扩张起来，这就是吸气过程。反之，呼气肌肉群收缩，或吸气肌肉群自然放松，胸腔就会随之变小，肺叶里的气又会因受到挤压从肺经过呼吸通道排出体外，这就是呼气。理解呼吸原理，可以帮助我们明确呼吸两大肌肉群在呼吸控制中的重要作用。

生活中的呼吸与完成言语发声功能的呼吸之间存在着明显的差异。前者是一种自律性的生理活动，可以由下意识完成，而后者有情感的参与，受意识的控制。此外，表现在呼吸量和呼吸的时间比方面也不相同。据测算，生活中安静状态下的呼吸，呼与吸之间的空气交换量为 500 毫升，吸与呼的时间比约为 1:1.2。而在一般言语发声时，呼与吸之间的空气交换量在 1000—1500 毫升之间，吸与呼的时间比约为 1:5—1:8。如果经过严格训练，呼与吸之间的空气交换量可以达到 2400—3000 毫升，吸与呼的时间比可以达到 1:12—1:20，甚至更大。这些数字不仅表明了用于发声的呼吸，具有吸得多、吸得快和呼得省、呼得慢的特点，还表明了训练的明显效果。

几种呼吸方式的比较

生活中常见的有三种典型的呼吸方式，即胸式呼吸、腹式呼吸和胸腹联合呼吸。

（一）胸式呼吸

胸式呼吸又可以称为浅呼吸。胸式呼吸主要靠提起上胸扩大胸腔的前后左右径来吸气。吸气抬肩是这种呼吸方式的标志。在三种呼吸方式中，胸式呼吸不仅吸气量最小，而且利用胸式呼吸方式发出的声音，往往是窄细、轻飘的。播音中出现的胸式呼吸往往更为夸张，这样就会更加明显地表现出采用这种呼吸方式所带来的吸气浮浅、进气量小的弱点，和由此而造成的肩胸紧张、喉部负担重、易疲劳以及声音僵化，高不成低不就等问题。正是由于这些弊端的存在，艺术语言发声忌讳采用胸式呼吸。

（二）腹式呼吸

腹式呼吸是一种深呼吸方式。它主要靠降低膈肌扩大胸腔的上下径来吸气。如与胸式呼吸作比较，腹式呼吸具有吸气量较大和深沉的优点。吸气时腹部放松外突是采用这种呼吸方式的标志。正是由于这一现象的存在，使腹肌不能在发声时起到应有的作用，容易造成闷、暗、空的音色。所以，腹式呼吸也不能算做最科学、最理想的呼吸方式，不能成为艺术语言发声的主要呼吸方式。

（三）胸腹联合呼吸

这是胸腹两种呼吸方式的结合，在实践中显示出了前两种呼吸方式不可替代的优势。首先，胸腹联合呼吸在吸气时全面（前后、左右、上下）扩大了胸腔的容积，吸气量最大；其次，从动作特征来看，胸腹联合呼吸建立了胸、膈、腹之间的关系，增强了呼吸的稳健感，有利于控制；再次是采用胸腹联合呼吸后，易于产生坚实、响亮的音色，这种音色是多种音色变化的基础。所以胸腹联合呼吸是较为理想的用做艺术语言发声动力的基本呼吸方式。

在生活中，主要采用胸式呼吸的人多见于女性，主要采用腹式呼吸的多见于男性，采用胸腹联合呼吸的多见于身体强健者。经过严格训练，生活中采用胸式或腹式呼吸的是可以转变为胸腹联合呼吸的。生活中自然的胸腹联合呼吸也同样需要经过严格的训练，才能达到播音发声对呼吸的要求。

（四）丹田气

我国古老的戏曲艺术，讲究运用“丹田气”。“丹田”一词本源于道家，他们把眉心处称“上丹田”，心窝处称“中丹田”，下腹部称“下丹田”。这三个部位是“真气”运行的汇聚处。“丹田气”所说的“丹田”指的是“下丹田”。“下丹田”位于脐下二三指间，即气海穴至关元穴这样一个范围。

早在一千多年以前，唐朝的段安节就曾在《乐府杂录》中记载：“善歌者，必先调其气，氤氲自脐间出，至喉乃噫其词，即分抗坠之音，既得其术，即可致遏云响谷之妙也。”一般认为，此段文字就是对传统的丹田呼吸法的最早的描述。

随着时间的推移，力发“脐间”的呼吸法在艺术发声中被广泛采用。人们从实际经验中更加认识到讲究呼吸、运用丹田气的重要，并使这一说法有了进一步发展。在这一过程中，“丹田”一词逐渐取代了“脐间”。如明朝魏良辅所著《曲律》中说：“但得妙喉响润，发于丹田者，自能持久。若发口拗劣，尖粗沉郁，自非质料，勿枉费力。”元朝燕南芝庵所著《唱论》中结合丹田气的具体运用还提出“偷气、取气、换气、歇气、就气”等多种呼吸控制的具体方式。

近代，许多著名艺术家谈到了运用“丹田气”的实际感觉。如戏剧家程砚秋将其形容为“气沉丹田，头顶虚空，全凭腰转，两肩轻松”。歌唱家郭兰英说“唱时小肚子常是硬的，唱得越高就越硬”，“唱高音时须把嗓子放开、胸口放松、小肚子使劲顶着”。据考证、分析，可以说所谓“丹田气”，就是胸腹联合呼吸的早期说法。汤雪耕说：“所谓丹田之气，就是运用膈操纵的呼吸法。”舒模说：“我们民族声乐最早讲求的丹田法，实际就是用膈控制呼吸发出的声音。”

第二节　播音的气息控制训练

由于气息和发声器官整体运动乃至声音效果之间有着密切的关系，显而易见，对声音存在艺术要求的播音活动，就要强调气息控制和呼吸技巧的训练。

可以认为，播音发声总体要求的每一点无不与气息控制相联系，它都是通过以胸腹联合呼吸方式为基础的，以稳劲、持久、自如为目的的良好气息控制状态来实现的。科学、严格的气息控制训练，对于有无播音经验的专业人员来说，都是非常必要的，其训练规程和控制要领可以归纳为如下几个方面：

通过严格的基本功训练，掌握胸腹联合呼吸法

生活中存在三种呼吸方式。尽管每个人总是依据自身条件的变化，如年龄、健康状况、精神状态、身体姿势、工作性质等的变化下意识地调节变化呼吸方式，但在一般生活状态中还是以一种呼吸方式为基础的。前苏联学者拉勒诺夫曾对三种呼吸方式在男性和女性中的分布概况做过调查，并有所确认。拉氏的调查显然是在非中国人群体中进行的。中国虽缺少这方面的资料，但笔者在播音专业人员选拔中得到这样的印象：胸腹联合呼吸方式所占比例小于拉氏调查的结果，大约男性中占 50%多，女性中占 20%多；腹式呼吸方式所占比例极小，而且男性多于女性；胸式呼吸方式所占比例大于拉氏调查结果，大约男性中占 40%多，女性中占 70%多。这表明，在中国人的艺术嗓音职业培训中，呼吸的调教任务相对较大。

（一）呼吸肌的锻炼

呼吸运动的基础是呼吸肌肉组织的机能活动，呼吸肌肉分为吸、呼两大肌群，其中膈肌和腹肌在呼吸控制中起主要作用。膈肌、腹肌在日常生活中得不到充分的锻炼，所以我们应该通过特殊方法，使其接受发声者的有意支配并具备较强的活动能力。

腹肌的锻炼。可以运用体操训练法和发声训练法两种方法。体操训练包括“仰卧起坐”、“单双杠举腿”、“坐椅子前沿举腿”等一些规定动作的练习和日常生活中“提臀拎腹”等良好体态习惯的培养。发声训练着重于腹肌、呼吸、发声三种活动的关联体会和协调能力的培养。下面介绍两种具体方法：

平躺，在腹部放置一摞书，先做慢吸、慢呼动作，使腹部缓缓起落，反复几遍。之后，做快吸、慢呼动作。快吸时腹肌迅速向“丹田”位置收缩，而且不能使书本倾倒，慢呼时自然轻松地带出平稳的“yü”音。由此可以体会和提高腹部肌肉在保持呼吸稳劲状态中的作用和能力。

站立，放松喉部，以北方农民吆喝牲畜一般发出“yü”音，它应由弱到强、由低到高扬起，再由强到弱、由高到低落下。反复几遍之后，当对腹肌如何支持发声有了切实的体会的时候，再顺其感觉做朗读诗句的练习。由此体会发出通畅扎实的声音时如何控制、调节腹部肌肉。

锻炼膈肌的传统办法是“狗喘气”，即开口松喉，展开下肋，用笑的感觉（不出声）使膈肌做有节律的颤动。由于这种练习使气流在喉部急速摩擦，容易造成对发声器官的不良影响，因此被后人认为是得不偿失、不卫生的练声方法。经过改良的办法有二：一是变开口为闭口。这样做的好处是可以使空气吸入时喉部的一次直接挡气变为鼻孔和喉的两次挡气，从而减轻了气流对喉部的摩擦，另外气流经过鼻道时可以适当提高吸入空气的温度，这样也减少了对喉部的刺激；二是变无声为有声。在呼气的同时，弹发“hei”音。这样做不仅可以减轻气流对声带的摩擦，而且可以通过声音来鉴定练习的效果。

除了弹发“hei”音以外，还可以如领操员喊操般地弹发“1、2、3、4”、“2、2、3、4”；如京剧老生大笑般地连续弹发“ha”音；反复弹发“hè、yè、hà、huò”。做这些练习时，同样需要把握均匀、稳健、轻巧的要领和由慢到快、由稳定音高、音量、音色到变化音高、音量、音色等循序渐进、持之以恒的原则。在练习的最初阶段，可能会感到下肋、膈肌和腹部的动作不能协调一致，也会感到动作与声音“不同步”，练习久了还会腰酸腹痛，这些都是正常现象，如能按照上述步骤坚持练习，就能获得动作与声音的和谐与统一。膈肌的力量和灵活程度也会在练习中得到明显的提高。

（二）增加吸气量的锻炼

在播音中，无论是强机制发声还是弱机制发声，都需要在体内蓄积较日常呼吸为多的气量。根据呼吸原理，这就需要全面扩张胸腔，其要领如下：

吸到肺底——以吸到肺底的感觉，引导气息通达肺的深部，使膈肌明显收缩下降，有效扩大胸腔的上下径。

两肋打开——吸气时，在肩胸放松的情况下使下肋得到较充分的扩展，以有效扩大胸腔的前后左右径。此时，膈肌与胸廓的运动产生联系。一般感觉两肋打开，尤以后腰部感觉较为明显。

腹壁“站定”——吸气时，在胸部扩张的同时，使腹部肌肉向小腹的中心位置收缩，腹壁保持不凸不凹的状态。

以上提到的三条要领是胸腹联合呼吸一次吸气动作的分解，实际上它们在吸气过程中是同时完成的。所以在分解体会的基础上，还应获取综合感觉，以建立胸、膈、腹在吸气过程中的相互联系。正确的综合感觉应是随着吸气量的增加，腰带周围逐渐紧张，躯干部位逐渐“发胖”，胯下沉重有力，但肩仍处于放松状态，两臂能自由动作。由于生理特征的不同，吸气最后一刻男女感觉略有差异，男性似扇面一样打开，而女性则“发胖”的感觉较为明显。

（三）稳劲呼气能力的锻炼

稳劲状态是通过呼吸两大肌群的对抗实现的。为了便于理解，我们可把胸腔比作气球，喉口想象为气球的进出气口，充好气后——

1. 如果突然松开出口，球内的空气会由于球皮向内的弹力，不规则地一下放光。这就如同一般生活中的呼气一样，吸气肌肉群的力量一放松，胸廓马上回缩，体内的气就会无规则地一下排出。显然这是一种缺乏控制的、“自由式”的呼气。

2. 如果将气口收缩，出气便会受到明显的限制，变得规则而均匀。这似乎是一种有效的控制，但就人体来说，收缩气口等于束紧喉头，而人为地加强喉头在发声过程中的挡气作用，会造成发声器官的严重“损耗”和声音紧张僵持，所以这种方法虽有效却不可取。发声时脖颈变粗、颈静脉怒突，就与这种错误的呼气控制有关。

3. 如果在不束缚出气口的情况下又能规则放气，显然是最合理想的。但是气球只存在着一致向内的弹力，不可能产生这种状态。而人体却存在着这种可能性，这就是在呼气时仍适当保持部分吸气感觉，用吸气肌肉群的力量抵抗呼气肌肉群的力量，使呼气变得规则、均匀，达到稳劲控制呼气的目的。

把握稳劲的呼气状态，不能忽视“力发于丹田”的要领。用现代科学分析，这一要领表明了“丹田”与左右下肋三点之间的力的关系，如下图所示。

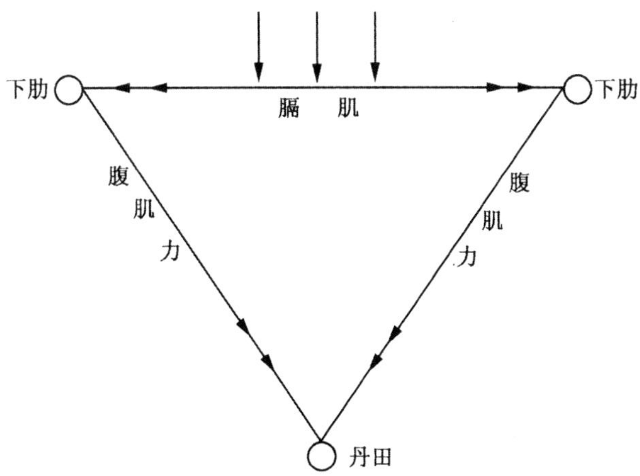

左右两侧下肋与“丹田”间由左右两侧腹肌和膈肌相连接，形成一个等边三角形。吸气结束时，腹肌向“丹田”收缩，腹壁“站定”，同时两肋打开，膈肌下降。呼气发声时，适度保持腹肌向“丹田”收缩的力量，以牵制膈肌和两肋，不致迅速回复到自然状态。在此基础上，“拉住”上行的气流，呼到最后“拉”到最后，从而产生稳劲呼气的效果。正是由于“丹田”在理想的呼吸状态中具有不容忽视的作用，所以在发声理论中把它强调为“气根”或呼吸的“支点”。

应该注意的是：稳劲呼气运用的是一种巧力，在发声过程中，吸气肌肉群的力量并非越大越好，而是要维持且战且退的局面。如果用力过度，战而不退，将会产生声音的僵直。稳劲的呼气状态，可以通过如下方法来体会：吸气，然后缓慢持续地发出“si”音；吸气，然后缓慢地吹去桌面上的尘土，并不使尘土飞扬；吸气，然后以每秒一个数的速度数数儿 1、2、3、4……不断重复这几个练习，以延长呼气时间，力求达到 30 秒以上。

（四）补气方式训练

在发声过程中，气息的补充是利用表达中的停顿进行的。补气的方法可以归纳为以下三种：

偷气——短时无声的吸气。

抢气——急促不顾及有无声音的吸气。

就气——虽有停顿，并不进气，而是调动体内暂留余气进行补充。

其中偷气是最常用的方式。

在较大的停顿中补气比较容易，而在短暂的顿挫中补气，就有一定难度。可以依照先用平和舒缓的古诗，再用句式较长的文章选段，最后用绕口令、贯口词的顺序，逐步来掌握这种技巧。

通过对呼吸相关因素的认识，综合掌握发声活动的呼吸控制要领

呼吸在人体发声活动中，不是一种孤立的运动，而是和人的言语活动中的许多因素相关联的，比如和心理因素、环境因素、语言表达技巧的要求等等都有直接关系。所以，播音员的气息控制训练，不能满足于胸腹联合呼吸方式的掌握，而要进一步在多变的发声活动中去掌握、控制气息的各种运动变化规律。我们这里需要培养的是一种更符合播音实际需要的运动着的气息的综合控制能力，其训练要领包括如下几个方面：

（一）掌握良好的发声姿势

为了保证身体内部发声器官的相对稳定和气息的畅通，无论是坐还是站，都要注意姿势端正。

坐，应坐在椅面前部。为避免躯干弯曲，力量松懈，不能“坐满臀”，也不要用软椅或沙发。站，应采用“丁字步”，双脚一虚一实，一个支点。胸部微含，头颈之间取平视角度。肩胸（指胸的前上部位）放松，这样既可以保证呼吸道畅通，也有利于呼吸肌肉群的运动。

（二）发挥情感作用

和其他艺术活动一样，播音要靠自己的独特表现手段——声音，来反映时代的脉搏和生活的气息。思想感情的一个个波澜，是形成声音色彩的源泉，但声音色彩的发生，又并非直接得利于感情。科学研究表明，它要经过心理（感情）变化——生理变化——物理（声音）变化的过程。从引发于内的感情到具形于外的声音，作为中介的生理过程，是肌体运动感觉的变化到气息状态变化的转换过程，也就是肌体在接受情感刺激后所引起的肌肉紧张度的变化，到完成对呼吸状态影响的力的转换过程。在播音创作活动即声音的具体运用中，这个变化过程表现出“情为力之源”，“力为声之本”的关系。认识并掌握这种关系，强调情感的作用，是使呼吸进入“自动化”控制的关键。

播讲者如果不通过对语言内容深刻理解、充分感受，便不能使自己的思想感情运动起来。情感淡漠势必导致呼吸的单调呆板，影响声音色彩的变化。利用感情调节呼吸运动的方式是呼吸控制的高级阶段，但在训练过程中，只有通过较为长期的、有意识的训练，熟练地掌握胸腹联合呼吸的基本要领，才可能获得自由的、本能的呼吸运动感觉。

（三）注意运用以实为主，虚实结合的中音

根据科学的分析和测试，人在使用低音，尤其是虚弱的低音时，由于声带松弛并留有间隙，耗气量最大。使用高音，尤其是高强音时，由于声带紧张，闭合严密，耗气量只相当于前者的一半。使用偏实的中音时，声带张力和气息压力都处于适中状态，其耗气量又只相当于使用高强音的一半。它们的用气量比例大约为4（低弱）∶2（高强）∶1（中实）。这一测试结果，既纠正了人们以为越发高音越费劲也就越费气，越发低音越省劲也就越省气的错误认识，也为我们选取了一种最节省气息的声音——以实为主，虚实结合的中音。

使用偏实的中音，不仅嗓音经久耐用、省气省力，而且由于它居于中音区，上下都留有充分运动的余地，更有利于表达。同时，由于它自然、平和以及富有个性特征，也最易让听众接受。因此，偏实的中音是播音中多种音色变化的基础。当然偏实的中音的大量使用，绝不等于排斥使用必要的高音和低音，只是不要一味地使用高强音和低弱音罢了。

（四）“吞”与“吐”结合

“吞”与“吐”是控制呼气发声的两种意识。以内收感为主导的控制方式叫“吞”，以外送感为主导的控制方式叫“吐”。

“吞”并不是倒吸气，而是在呼气过程中，吸气肌肉群最大限度地发挥作用，和呼的力量形成明显的抗衡，所以呼出的气量较少。“吐”是在呼气过程中，呼的力量明显大于吸的力量，呼出的气量较多。单从节省气息的角度考虑，当然运用“吞”的方式为宜，但是从人体的自然运动规律和习惯考虑，需要有张有弛；从声音色彩的变化和感情运动的需要考虑，也要有收有纵。因此，我们提倡“吞”、“吐”结合既有利于表达，也可以节省气息。

人们一般习惯运用“吐”的自然方式，而不习惯于控制力较强的“吞”的方式，这就需要一个有意识的练习过程。练习首先从最适宜采用“吞”的方式表达的词语开始较为有效。比如：处于句首且具有领进、引入趋势的词语；细腻、纤弱、含蓄的词语；利用高强音推向高潮的关键词语，等掌握好简单词语的发音以后，再逐渐向句、段等更大单位扩展。

（五）调节腹肌的发力状态

调节腹肌的发力状态是实现控制气流变化，影响声音色彩变化的重要手段。腹肌的支持力加强，就可以通过与膈肌的对抗使胸腔内的气息压力加大，发出较高、较强的声音；相反，腹肌支持的力量减弱，就使胸腔内的气息压力减少，发出较低较弱的声音。我们将第一种情况习惯地称为强控制，将第二种情况称为弱控制。气息压力和声音的这种关系，就如同水压机一样，给的压力大，水就喷得高，给的压力小，水就喷得低，而腹肌的支持力恰似控制压力的枢纽，对腹肌调节适度灵活，便会给气息造成一种有活力的控制，形成强弱之间的多层次变化。

随着欣赏习惯的变化，有很多人在追求亲切、自然的声音，这就更需要正确把握呼吸的弱控制状态。应当明确，强控制是弱控制的基础，弱控制是具有一定难度的、精细的控制，纯自然的低能与弱控制有着本质的区别。

（六）在情感的转换变化中补气

在艺术表达中补气是利用为表情达意服务的停顿进行的。对补气问题，一般容易从物理角度理解，初学者又往往机械地理解为停顿时间相同，补气的气量相同，而且都要补到一定量。其实不然，补气并非是简单机械的气的补充，而要和心理状态的转换相一致。播音员应是从情感的转换变化中获得气力的变化，无论是偷气、抢气、就气，哪种补气方式都与心理状态变化紧密相随。在进行补气技能的训练时，也应从调动情感入手，以情动来带动补气动作的进行。

（七）留有余地

留有余地主要指吸气不能过于饱和，呼气不能过于干净。一般情况下，气息只吸到七八分满即可，这样可以活动自如。如果吸得过满就会引起呼吸运动的僵持，或发声开始时的“喷射”，当然，吸气量也不能过小，低于一定限度，声门下压不足即会造成声音沙哑或轻飘。同样的道理，呼气也不能将剩余的气尽力向外挤净。从容自如的补气，应像手风琴演奏一样，随情感、旋律的起伏变化时进时出。我们强调留有余地，并不是排除特殊表达时对气息运动的特殊需要，在个别情况下，吸满吐净的用法也是必要的，但它绝不应成为我们播音呼吸的一般做法。

综合掌握发声活动中的呼吸控制要领，是需要通过不懈追求才能得到的。肌电及呼吸计量仪的测试结果表明，训练有术、技巧娴熟的专业人员发声时，肌肉运动协调、控制适当，气息流动曲线较常人平稳，无论音高、音强、音长、音色如何变化，腹肌总是参与控制的。要达到这样的水平，就要经过科学、严格的训练，就要在实践中不断摸索、积累，融会贯通。

第十三章

制声原理与喉部控制

人体中，介于咽和气管之间的部分称为喉，它是发声系统中最具代表性的器官。肺呼出的气流由喉部通过时，使其中的声带发生振动，形成供共鸣器官调制音量、音色，供构字器官加工语音的原始物质材料——喉原音。

喉的具体形态和健康状况，播音人员在发声过程中对它的支配能力和支配技巧，不仅决定音色特征和声音质量，影响语言表达效果，而且也影响着这一重要发声器官自身的艺术寿命。

播音专业人员的喉及其机能状况，往往经过医学检查和专业鉴别，具有非同一般的质量。但实际情况又告诉我们，仅仅依凭较好的先天条件和自然能力，是远远不能满足播音工作需要的。因此，作为一名专业人员还必须在了解喉和喉的功能的基础上，运用系统科学的练声方法修整、调制自己的嗓音，将这部分器官的潜在能力尽可能地开掘出来。

第一节　喉的解剖与喉的发育

喉的解剖

喉由软骨支架、肌肉、韧带和纤维组织膜等构成。它位于颈的中前部，成年男性在相当于第五颈椎平面的高度，成年女性和儿童的稍高。喉是呼吸时气流的必经之处，声带是喉的一部分。

（一）喉的软骨支架

喉的软骨支架由11块软骨借助于韧带、肌肉等组织连接而成，形状如同一间顶脊向前的小室。

在组成喉的软骨支架的11块软骨中，有5块对发声有直接意义，它们是：

1. 环状软骨——喉的基础软骨，它前窄后宽，如一枚带印章的指环。环状软骨是形成喉腔的“基座”，对保证喉的畅通有重要作用，它若发育异常或受到损伤，就会明显影响喉的制声功能。

2. 甲状软骨——喉软骨中最大的一块，它在环状软骨之上，喉支架的中部，盾甲状，两侧对称。甲状软骨正前位是一骨角，其角度男女有别：成年男性一般为50°—90°，交角最高处称为“喉结”，明显突出；成年女性一般为120°左右，过渡圆滑，不如男性突出明显。个别出现的男性“喉结”不明显或女性“喉结”突出，对制声的基本功能并无明显影响。

3．勺状软骨——又称披裂软骨，位于喉的后部，左右对称各一块，形状近似三面椎体。它底部的前角为声带突。

4．会厌软骨——树叶状，富有弹性，位于甲状软骨上部，喉的入口处。它由前下方

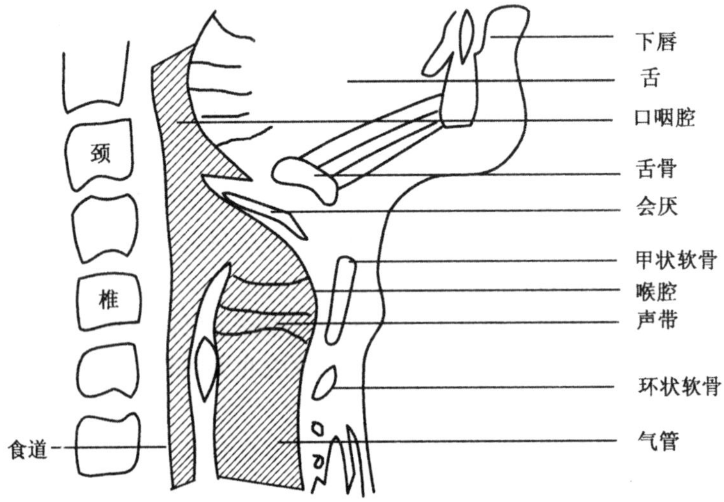

图1 头颈侧面示喉的位置

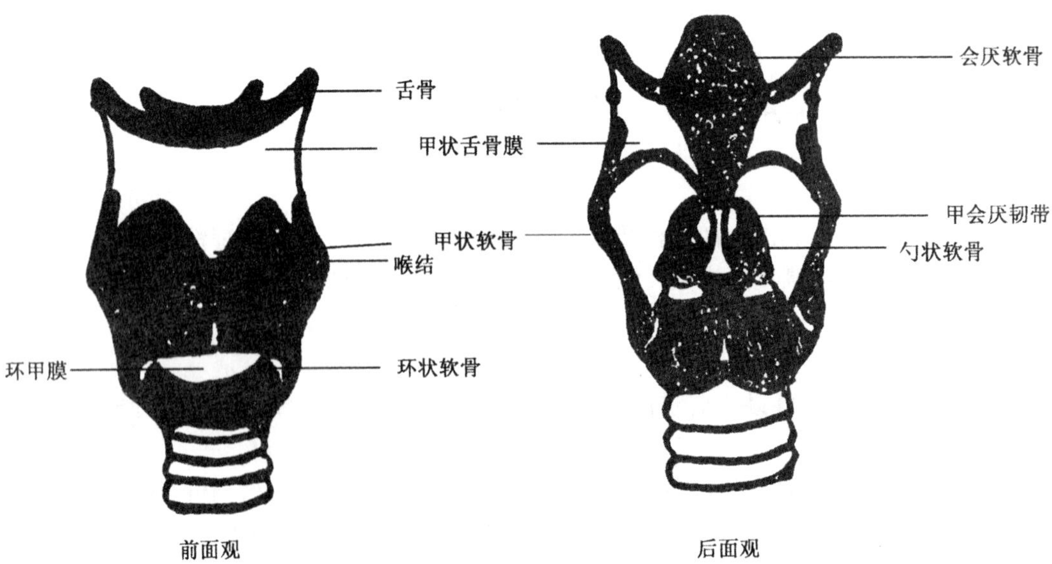

图2 喉的整体示意图（兼示喉软骨位置）

向后上方倾斜，下端称为“柄”，前上面称为“舌面”，后面下称为“喉面”。

除上述5块主要软骨之外，还有3对（6块）软骨：小角软骨，结节状，位于勺状软骨的披裂内，有时与其融合；楔状软骨，也位于勺状软骨内侧，在小角软骨的前面；麦粒软骨，位于甲状软骨的侧韧带之中。

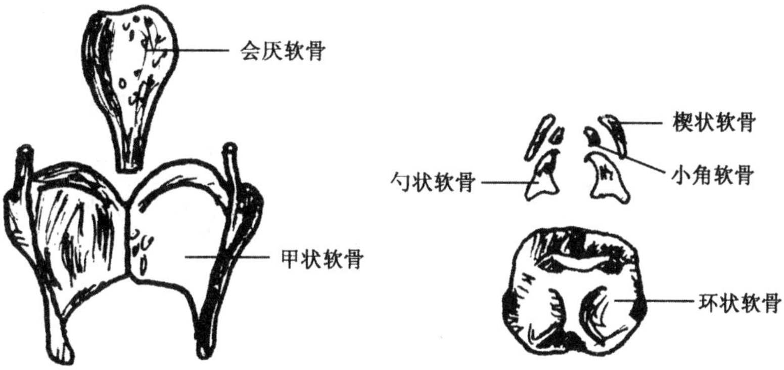

图3 喉的软骨

（二）喉关节

喉软骨间有两对关节，使之互相连接、活动。

1. 环甲关节——甲状软骨下角内侧面和环状软骨外侧面共同形成的关节。以此关节为轴的回转运动，可改变环状软骨和甲状软骨间的距离，从而使喉内的声带可能拉长、变紧。

2. 环勺关节——环状软骨后上面和勺状软骨突起下面共同形成的关节。以此关节为轴的内翻转运动使声门关闭，声带拉紧；外翻转运动使声门开启，声带放松。

（三）喉肌

喉部肌肉分为喉外肌和喉内肌两组。

1. 喉外肌——包括甲状舌骨肌、胸骨甲状肌、咽中缩肌等属于颈部及颏下肌群的肌肉，其作用是使喉位固定或上下运动。

2. 喉内肌——包括成对的环甲肌、甲勺肌、环勺侧肌、环勺后肌和单一的勺横肌，其作用是使声门启闭，声带张弛。

喉内各组肌肉的功能表

功能和肌组	包括的肌肉	位　　置
开启声门的外展肌组	环勺后肌	起于环状软骨板后面，止于勺状软骨的肌突。
关闭声门的内收肌组	①环勺侧肌 ②勺肌	①起于环状软骨侧面，止于勺状软骨的肌突。 ②位于两勺状软骨肌突及后面之间。
紧张声带肌组 {①外张 ②内张	①环甲肌 ②甲勺肌	①起于环状软骨侧面，止于甲状软骨下缘。 ②起于甲状软骨前角后面，止于勺状软骨外侧面及声带突。

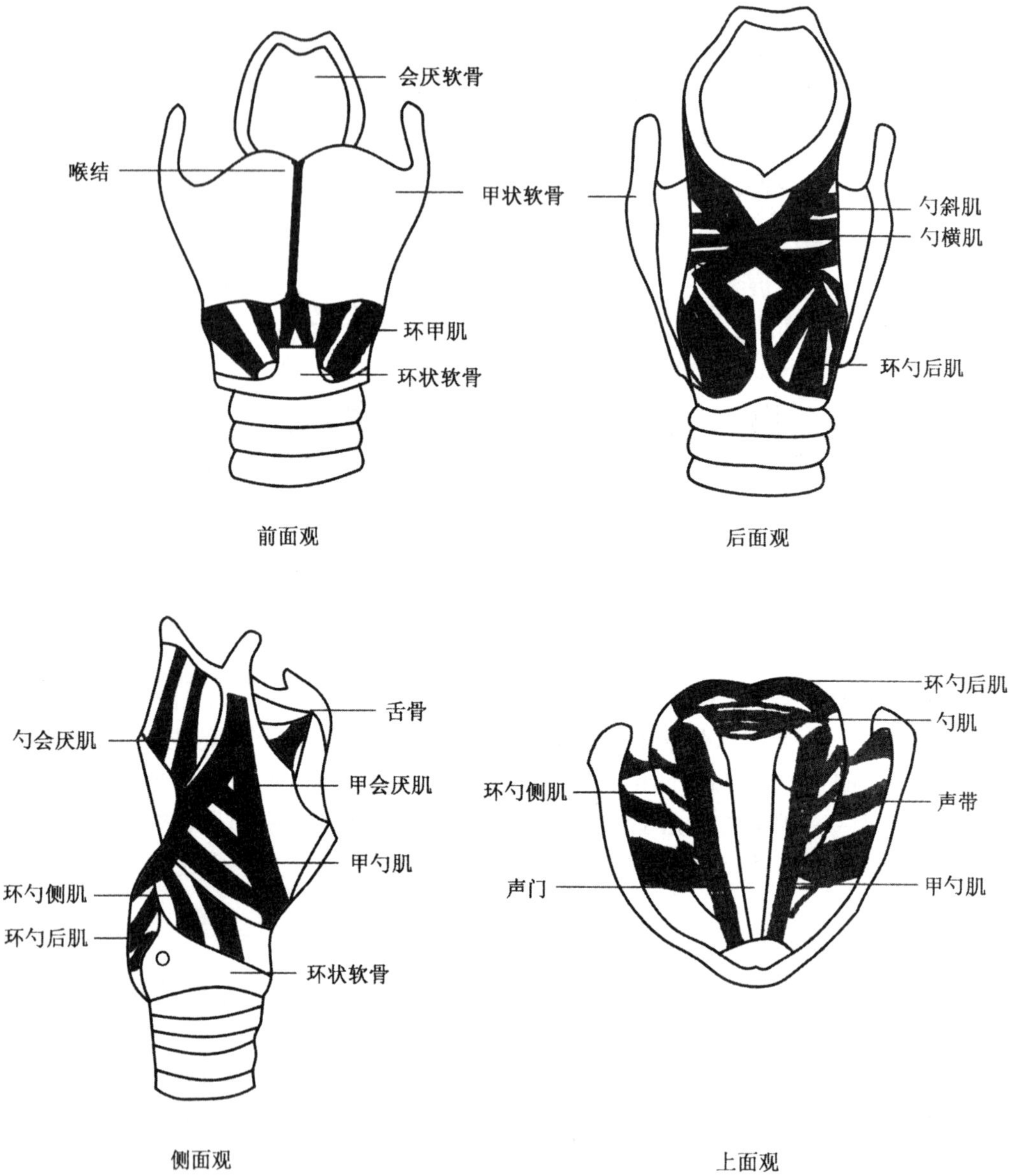

图4　喉部肌肉示意图

除上述肌肉外，主管喉口张缩的包括勺会厌肌、甲会厌肌在内的喉口肌组在人的发声功能中，也起到一定作用。

（四）喉腔

喉腔是喉的软骨支架内部的空腔。这一空腔由室带（假声带）和声带分隔，分为声门上区（室带与喉口之间又称喉前庭），声门区（室带与声带之间）和声门下区（声带与勺状软骨之间，又称喉下腔）。

声带之间的裂隙称为声门。室带与声带之间凹进部分称为喉室，其中有腺体开口，由此分泌出的液体起润滑声带作用。

（五）声带

声带在喉腔内部，室带下方。它的前端起于甲状软骨前骨角最突出部的内下方，后端止于勺状软骨底部前端的声带突。

正常声带由于供血不足而呈象牙白色，边缘较为整齐、锐利，且对称。开启（呼吸）时，两声带间为规则的等腰三角形，闭合（发声）时，前后均不见裂隙。其长度因年龄、性别不同表现出很大差异：男童为 12—13mm，女童为 10—12mm；成年男性为 18—24mm，成年女性为 14—18mm。

声带组织由表层、中间过渡层和体层构成。表层是薄的上皮层和粘膜浅层；中间过渡层是粘膜的中间层和深层；体层是声带肌本身。

声带肌的肌束纤维走行为纵、横、斜三向。横向肌纤维参与声门开启；纵向肌纤维参与声门关闭；斜向肌纤维具有调节音调功能。有人认为，斜向肌纤维在发声活动中缺少弹性变化必然导致音域狭窄。声带肌的运动方式及由此而引起的声音性质的变化一直是发声学研究的重要课题。

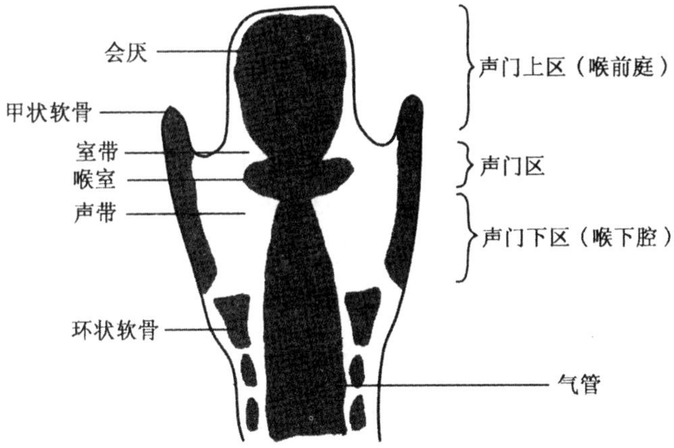

图 5 喉腔各部示意图

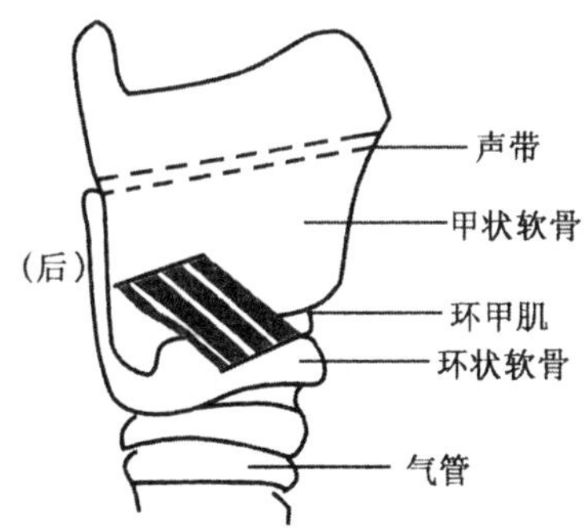

图 6 声带位置示意图（侧观）

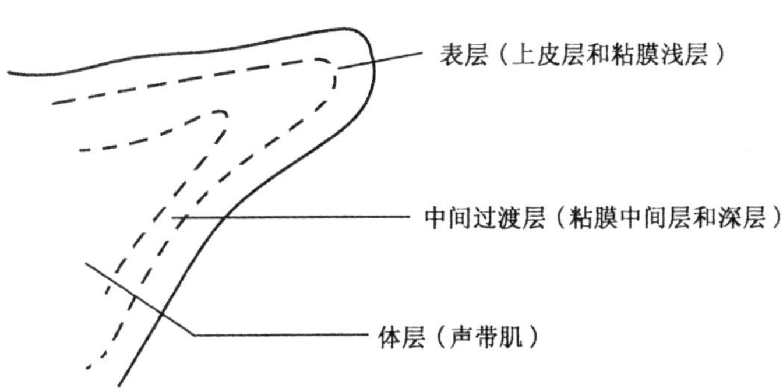

图 7 声带组织构成示意图

喉的发育

（一）喉的发生及青春期的发育

喉的发生始于胚胎期的第一个月末，完成于出生前三个月，大约经历六个多月的时间。

据医学资料介绍，喉的发育在1—3岁比较显著，而3岁以后到青春期前则比较缓慢，男女之间也没有明显区别。正因为如此，儿童时期男女的音色较为靠近，发声能力的发展也十分缓慢。如音域的变化就可以清楚地说明这一问题：

年龄	3—5	6—7	8—9	10—11	12－13	变声期
音名	c^1—a^1	c^1—c^1	c^1—e^2	b—e^2	a^1—f^2	b—d^2

少年儿童音域大略变化表（摘自《歌唱基础与练习）

（二）青春期变声

至青春期，随着第二性征的迅速发展，喉的形态及嗓音也发生明显变化。这种现象在医学上称为“变声”，在传统声乐理论中被称为“倒仓”。变声所经历的时间称为变声期。

由于遗传、性别、环境等内外因素对人体发育的影响，儿童变声开始的时间差异较大。据统计，我国男孩一般开始于12—15岁，女孩一般开始于11—14岁，平均最早为11岁，最迟为17岁。变声期的长短也有明显不同，如以语声为标准，从童声变成成人声一般要经历3—6个月，缓慢者可达一年，个别人甚至达四年。

由于艺术嗓音和自然语声对发声质量的要求有所不同，所以对变声期长短的认识也不尽相同。在存在艺术要求的情况下，儿童进入10岁后，身体健康而嗓音开始变化，即使这种变化可能是微乎其微的，但也可能被认为是变声的开始。此后，虽然经过了平均变声时间，但未获得稳定的成人音色、音域，还可能被认为变声没有完结。这一包括实质变声在内的“变声关注期”大约在10—20岁，即8—10年之间。

医学上，把变声过程分为三期：

变声初期——刚刚开始感觉喉部不适、嗓音不好用。此时如用喉镜检查，喉粘膜及声带均无明显变化或仅有轻度充血。

旺盛期——声音开始嘶哑，气多声少，喉部明显不适。此时如用喉镜检查，可见声带水肿、充血，分泌物增多，声门后端闭合不全或是呈三角形开启（称“变声期三角”）。

变声后期——喉发育终了阶段，旺盛期出现的“症状”完全消失，音色渐近稳定。男性声音中的胸声成分明显增加，音色变得结实有力，音域显著降低，较变声前低一个八度。声带明显变长，喉节突出且呈锐角。女性的音色较变声前宽展而柔和，音域约低6—7个半音，声带长度略有增加，甲状软骨增大，前角圆滑。

有人认为，男声的声音定型与童声时的音高表现有关：低的男童声变声后成为男高音，高的男童声变声后成为男中音或男低音。而女声的声音定型则与发育早晚有关，发育较早的可能成为女高音，发育较晚的可能成为女中音或女低音。这种说法，由于缺少统计标准和数字，尚不能称其为规律，某些情况也表现出与上述说法有矛盾。如，医学方面的统计表明，我国女子较欧美女子发育迟缓，但我国成年女性中，高音类型者偏多，而中、低音类型者偏少。

值得注意的是，有相当一部分人（多为女性），在经历了变声过程、身体发育成熟之后，仍带有明显的童音音色。此种情况在广播学院播音专业学生中也不鲜见。经过分析研究有人提出了“心理变声”的概念，认为这种情况的发生，与某些心理因素有关。所以在变声期不仅要注意发声器官的器质性变化，还应注意到健康的心理发展。只有生理、心理两方面的变化和谐，才能获得满意的变声结果。对于那些生理、心理发展在变声期未能“同步”的成熟女性，进行及时的心理调节，是必要、可行的。实践证明，只要调节得当，并辅助一定方法和一定量的发声练习，是可以收到满意效果的。

（三）“塌中”

人到更年期以后，并非由于疾患而出现的声音突然变坏的现象，在我国传统声乐和医学理论中称为“塌中”。“塌中”是个十分棘手的问题，一旦出现便不可挽救，它给专业嗓音工作者带来的痛苦是显而易见的。

衰老是不可抗拒的生理过程，但并非只要衰老就必然“塌中”。一些调查及研究成果表明，“塌中”一般都出现在功底肤浅、体质较弱或纵欲、嗜烟酒的人身上，而对基本功扎实、生活规律、注意嗓音卫生的人来说，则很少出现。许多德高望重的演员、播音员，虽已高龄，仍然活跃在舞台上、话筒前，就是很好的例证。

第二节　嗓音产生的机理

现代科学的发展，为嗓音研究提供了可靠的手段。研究人员可以通过现代电子频闪喉镜、CT摄影、声学分析仪和电子计算机，直接清晰地观察到发声时喉内及声带的运动状况，并获得说明其机能状态的相应数据，使嗓音研究在经历了漫长的朦胧过程之后，产生了飞跃。

喉的制声过程

对人声形成的认识，应以通过喉部发出乐音的状态和过程为基础。

如果把人的发声系统比做一件乐器，喉即是这件乐器中起振动体作用的一部分，声带大体相当于乐器的琴弦、簧片。

单纯呼吸时，声门由前至后呈等腰三角形打开，所以尽管气流由此通过，但可以不发出声音。欲要发声时，大脑发出的“指令”，通过神经脉冲“传达”给喉部和呼吸器官。在喉肌的作用下，声带由半内收位置移到中线处并靠拢、拉紧，声门缩小或完全关闭。与此同时，储存在肺里的空气在呼气肌群的作用下受到挤压，开始向外输送，沿气管上升的气流在闭合的声门下形成压力，当这个压力大于声带闭合力时，气息便将声带冲开。在声带被冲开的瞬间声门下的压力迅速下降，同时由于声带自身的弹力与喉肌的作用，声门又回复到原先的闭合状态，声门下的气息压力又再一次升高。就这样，在气息由下向上的定向输送过程中，声带产生了开──→闭──→开──→闭的周而复始、连续高速的运动，空气产生了疏──→密──→疏──→密的变化（即振荡），声波就此形成。

声带被气息冲动而产生声波的现象，类似于在两条平行而靠拢的纸条后方持续吹气发出声音的现象，其中的道理包括了空气动力学中的“伯努利效应”。声带及声门的这种运动并非是简单的垂直状或水平状，而是极为复杂的形态。通过动态喉镜的放大影像可以清楚地看到，在每一个运动周期中，开启是从声带下部开始的，继而向上、向外，相应的波动从其下绕至上面，呈翻滚状。关闭时的运动过程则与上述的开启情况相反。

由声带振动而形成的声音叫做“喉原音”，它包含有大量泛音，但未经声道作用之前，音量极小。

声带振动状态与声音特性的关系

人声和自然界其他声音一样，也具有音高、音量、音色等几种声学特性。人声的声音特性与声带振动状态有着密切的关系。

（一）音高及其变化

人所发出的声音都是包括基音和泛音在内的复合音。音高及其变化，是指基音的频率及其变化。

从声学角度说，音高及其变化，取决于发音体在单位时间内的振动次数，次数越高（称频率越高），声音也就越高；相反，次数越少（称频率越低），声音也就越低。

从生理角度说，音高及其变化，取决于声带的张力、振动质量以及气息压力。人在发音时，声带张力越大，声音可能越高，相反则可能越低，这和琴弦的松紧与音高的关系是一样的。声带参与振动的质量也直接影响音高，质量越大，声音可能越低，相反则可能越高，这和一般物体的振动体积与音高之间的关系是一样的。值得注意的是，声带振动的质量不能仅从声带的长、短去认识，应从参与振动部分的整体去认识。否则，通过喉镜所见到的，声音越高声带越长，声音越低声带越短的镜像就难以理解了。下面四个简图的比较，可以看出声带振动质量与音高的关系：

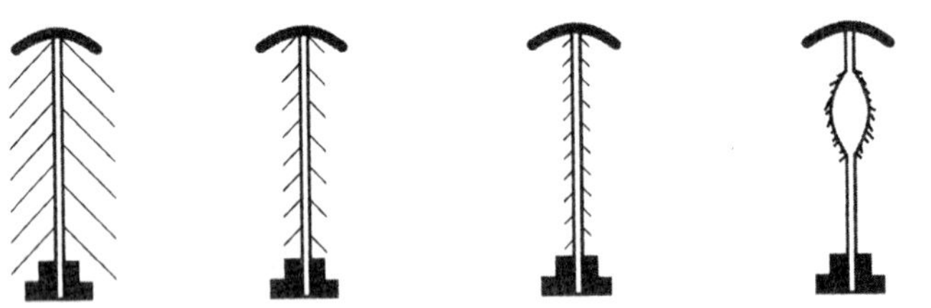

低音　　中音　　高音　　假声（最高音）

此外，在等音量限制下，气息压力增高时，易于激发声带的高频振动，音高可随之提高，相反则降低，这与吹笛子时的感觉相类似。

在保证音色和谐的前提下，人支配自己的音调发生高低变化的能力范围，在艺术发声中称为“音域”。音域的宽窄，是发声能力的重要标志之一。为适应嗓音工作需要，宽展的音域为所有艺术语言工作者所追求，它与发声过程中主动支配喉的技巧，以及呼吸的技巧，都有密切的关系，非一日之功。

（二）音量及其变化

音量及其变化是指声音的强弱及其变化。需要注意的是，音量是指物体振动时声音的客观量，而听者的主观感受则被称为响度。虽然音量决定着响度，但它们中间是近于对数的关系，即音量增加 10 倍，而听起来大约才响 2 倍，音量增加 100 倍，听起来大约才响 3 倍。

从声学角度说，在音高稳定的情况下，音量取决于发音体振动的幅度，振幅越大，声音越强，振幅越小，声音越弱。而振幅的大小，又是由作用于发音体使之振动的外力决定的，外力大，振幅便大，声音就强，反之则弱。

从生理角度说，音量及其变化在一定音高限制下，主要取决于气息压力的大小。声带在同一状态下承受的气息压力越大，引起的振动幅度就越大，声音也就越强，反之则弱。这与打鼓时鼓槌所给予鼓面的敲击力与鼓声大小之间的关系是一样的。

（三）音色及其变化

音色一般是指在相同音高和相同音量前提下，一种声音所具有的本质性特征。音色是个比较复杂的问题，尤其在对人声的认识上，虽然大家都在使用音色这一概念，但所指却不尽相同，显得十分混乱。在宽泛的音色概念中，实际上包括了两个具体概念（语音音色和嗓音音色）和一个相关概念（声音色彩）。

1. 语音音色——指语音范畴中，这一类（个）音区别于其他类（个）音的本质性特征。虽然一般认为语音都是由口腔构造的，但与提供声音素材的喉部也不无关系。

从声学角度讲，语音的清、浊两大类中，清音一般是不规则振动的噪音，浊音一般是规则振动的乐音。清音是在声门大开，勺状软骨充分打开，声带不振动时发出的；浊音是在声门闭合，勺状软骨较为靠近，声带振动时发出的。浊音又可进一步分为声带全长振动、勺状软骨相对靠拢、不泄漏气息的正常浊音；声门上部靠拢，下三分之一开裂，勺状软骨开度较大，声带前三分之二振动，有较多气息泄漏出的气浊音；声带后端紧紧靠拢脱离振动，勺状软骨靠拢，只凭声带前部振动的紧喉浊音（又称喉化音）。

2. 嗓音音色——人们在熟悉的交际范围内，往往听其声就可以知其人。这种在语音音色以外所反映出的发音个体所具有的本质性特征，可以称为嗓音音色。

从物理角度说，嗓音音色是由嗓音频率分布的特性决定的。所以排除词语内容，人们单凭稳定的嗓音音色即可辨别出说话人，无论发音人如何装饰自己的嗓音，声学分析仪器都可以揭示出其“真面目”。

从生理角度说，嗓音音色取决于声带和声道所固有的形态特征。这与一件簧管乐器的簧片和管腔决定着这件乐器的音色，其道理是一样的。

3. 声音色彩——是人通过听觉所获得的对于一种声音的综合印象。音色只是构成某种声音色彩的一种元素。

从物理角度说，满足于不同语言表达方式，适应各种思想感情的声音色彩，都存在于不同的音高、音量、音色、音长的复合对比之中。通过对 60 例播音员、主持人的声音样本分析，我们发现依宣读式、播报式、播讲式、交谈式的次序，他们的基频一般都在逐渐降低，动态范围变小；音量的绝对值在逐渐减少，动态范围变小；音节平均时值依次变短。

从生理角度说，声音色彩的发生和变化，除与呼吸、共鸣、吐字等诸器官的运用技巧有着密切的关系以外，还应看到声带的闭合状况及其张力方面的问题。如声带全闭、张力较大时，易产生明快音色，一般说适用于宣读式和播报式。相对于上述情况，声带较为松弛、张力较小时，易产生柔和自然的音色，一般说适用于播讲式或交谈式。

发声机理学说

发声机理学说是指对声带振动机制的见解。最具代表性的有肌张力——空气动力学说、神经时值学说、粘弹性学说、发音管学说四种。

（一）肌张力——空气动力学

这一学说为凡登白（Vanden Burg）所提出。该学说被认为是肌张力学说和空气动力学说的综合、补充和发展。此学说得到大多数学者的重视和承认。

该学说的主要见解是：在声门启闭的周期性运动中，声门开启是由于声门下的气息压力超出声带闭合力时“冲”开的，而声门的关闭则是在气流通过声门时产生的负压（即“伯努利效应”）和声带肌本身的回弹力作用下完成的。

（二）神经时值学说（又称神经阵挛学说）

这一学说为于松（Husson）所提出。该学说认为声带的振动是由脑细胞发生的节律性冲动通过喉返神经的传导引起的，并不取决于声带张力和气息压力。该学说由于许多学者的重复实验结果不一和与实际发声现象矛盾，已被否定。

（三）粘弹性学说

这一学说为玄户畿一郎所提出。该学说认为声带振动时，是呼出气流使声门开启，而声带粘膜的粘弹性使声门闭合。声门的启闭也并非简单的横向动作，而是由声带下唇至声带上唇的“翻滚”。该学说被认为符合声带的生理特性，是肌张力——空气动力学说的补充和发展。

（四）发音管学说

这一学说为皮扎罗（Pizarro）所提出。该学说认为声音不是声带本身的振动结果，而是呼出气流经过狭窄的喉管时，使管内空气柱振动形成的。这一学说被认为具有重要参考价值。

第三节　嗓音训练规程与使用要领

如前所述，由声带振动所形成的喉原音，是共鸣器官进行声音加工和口腔构字的素材。所以，喉原音和有声语言之间存在着类似原料和成品的关系。喉原音的质量，直接影响发声的最终效果。

为使播音嗓音达到纯净、自然、持久、丰满和富于变化的境界，需在喉部放松的状态下，逐步实现喉部发声能力和控制使用能力的提高。其训练规程和控制使用要领如下：

通过严格的基本功训练，提高喉的发声能力

播音作为一门“语言艺术”，也很强调“生活”、“自然”，但这绝非是生活的原形照搬，而是以纯熟技巧为前提的返朴归真，是艺术的自然。不经严格的基本功训练，没有超乎一般人的发声能力，是不可能取得满意的发声效果的。

在进行发声能力锻炼之前，应首先认识自己的嗓音条件。在生活中，人们的嗓音使用大多带有相当大的主观性。如喜欢高音的人就一味用高调门儿说话，喜欢低音的人就有意压低声音。不顾及自身条件和现有发声能力的主观追求，不仅盲目而且危险，轻则使发声运动受限，声音色彩单调、造作；重则影响喉部健康，使声带受损。

认识自身条件，至关重要的是声音类型的确定，它主要包括“声部”和“号儿”两大方面。这两个概念引自声乐理论，分别指个体音高变化范围在人声总音域中的位置（男高、男中、男低、女高、女中、女低）和音色的“宽窄”（大号儿，小号儿）。“声部”和“号儿”就如同人的高矮和胖瘦的关系一样，没有必然的联系。播音发声的音高运动幅度虽小于歌唱发声的运动幅度，也不似歌唱那样在特定音高区域内去追求某种特殊音质，但由个体条件所决定的声音类型的区别都是客观存在的。确认自己的声音类型，把握住基本的音色特征，在播音发声中，尤其是在挖掘声音潜力的声音训练中，是有一定意义的。

声音类型的确定以听觉主观判断为主，辅之以发声器官特征的客观检查。在主观判断中要注意剔除造作的“伪音色”，而以持久自然的音色印象为准。客观判断主要有赖于声带、声道长度和体型的综合分析。调查表明，在一般情况下，声带长度和声道长度是成正比的。高音类型的人一般声带、声道较短，低音类型的人则较长。高音类型的人一般身材较矮、体型较胖、脸型圆、颈较短、五官较纤小，而低音类型的人则相反。此外，腭拱形状、气管环可见度以及神经肌肉功能等也是鉴别声音类型的几方面因素。

声音类型的确定不是件简单的事情，以上提及的诸多方面应兼而顾之，综合分析，避免以偏概全。另外，在声音发展中，不断验证和调整对发声者声音类型的判断也是非常重要的。从我国播音工作者的现状看，高音类型者较多。这一情况的形成和生理遗传、民族语音、文化习俗以及政治背景有关。着眼于发展，我们不仅应注重现有人员的培养，还应发现和吸收中、低音类型的人才。

在对声音类型有所认识的基础上，就可以进行提高喉的发声能力的训练，主要应包括扩展音高音域的训练，扩展动力音域的训练和虚实变化训练。

（一）扩展音高音域的训练

音域的宽窄是在音色和谐前提之下的音高变化能力的反映。在这方面歌声与自然语声差别是不言而喻的，但对播音发声和自然语声差别的认识往往比较模糊。通过语图仪的检测，我们可以清楚地看到：在播读同一篇稿件时，未经训练的人的音高运动幅度和播音专业人员大不一样，前者大约仅有 7 个半音左右，未超出自然能力范围，而后者已近 15 个半音，大大超出自然能力范围。另外，语图仪的测试结果还表明，在播音表达方式中，音高运动幅度最小的是交谈式，平均大约为 9 个半音，音高运动幅度最大的是朗诵，平均大约为 16.5 个半音，即一又三分之一个八度多一些。由此可见，作为播音专业人员，只依赖于自然发声能力，在音域方面是远远不能满足需要的。依照训练幅度大于使用幅度的常理，播音专业人员的音高运动能力应该定在一个半八度以上。

扩展音域可以采用以下两种方法：

1. 螺旋式上绕、下绕练习：用 ɑ 或 i 音，从说话的自然音高中的某一个音开始（话声域音高男声平均在110～145Hz之间，女声平均在220～295Hz之间)，持续发音，逐渐"环行上绕"，即向高音扩展，而后再由刚才达到的、力所能及的高音逐渐"环行下绕"，周而复始，循序渐进。

2. 阶梯式升高、降低练习：首先可用单一元音或单一音节，从说话的自然音高中的某一个音开始，一次次地接连发音，一个音阶、一个音阶地逐次升高或降低。练习时要注意分辨说与唱的区别，避免发出唱声。

在单元音、单音节的练习之后，可发展到语句练习，即在保持合理语势情况下，整体提高或降低音调。这种练习也是依照音阶的感觉，逐次升高或降低，周而复始，循序渐进。

（二）扩展动力音域的训练

动力音域即音量变化能力。在对播音发声进行量化前，人们的认识较为模糊，现经量化得出的参考数据是：不同播音表达方式的音量变化幅度不同，绝大多数人依照交谈式—→播讲式—→播报式—→宣读式—→朗诵式逐次加大。其间平均声级差在40dB左右，总动力音域的绝对值约在20～90dB。此外，播音发声的音量变化呈较规则的多层次分布。

这一情况略大于日常言语的变化幅度（30dB＋12dB～30dB－18dB)，明显小于歌唱的变化幅度（距歌者唇部20～30cm处测试，最高绝对值可达110dB～120dB)。

播音发声在音量变化方面所表现出的特点，与语言表达的规整性要求，以及电声设备的功能要求有关。其训练要求应在50dB上下，强调规则而细微的变化。

扩展动力音域可采用以下方法：设想不同的听众人数，设想不同的交流距离，采用不同的表达方式。进行这项训练时，应避免用抽象的命令，而且最好首先使用格律诗或文告类稿件，而后再向其他文体稿件过渡。

（三）声音色彩对比变化的训练

播音创作中所要表达的思想感情是千变万化的，作为可感材料的声音，理应有与之相适应的色彩变化。声音色彩变化最主要的表现为虚实变化。就生理机制而言，实声是声带较为紧密靠拢时发出的声音，虚声是声带较为松弛，声门适度开启时发出的声音。丰富的虚实变化与多层次的音高、音量、音长的变化配合，便形成了多姿多彩的声音样式。

应该明确，播音是以"以实为主，虚实结合"的音色为基本色彩声音的，所有播音音色的变化，都是在此基础上的变化形式。"以实为主，虚实结合"的音色，使听众感到结实又不过分明亮，柔和又不显虚空。这种音色是在声带张弛适度的情况下发出的。

"以实为主，虚实结合"的音色可以通过如下方法获得：

第一步：在音高、音量比较自然和"宽窄"适度的情况下，发出实声的a或i的长音。

第二步：基本状态不变，只稍稍放松气力，在带有少许"回音"感的情况下，再次发音。此时，便是"以实为主，虚实结合"的音色。

在取得基本音色的明确印象之后，再进行多层次虚实对比变化练习：

1. 对比练习

(1) 单元音对比，如：

ɑ（实）——ɑ（虚）　　i（实）——i（虚）
ɑ（虚）——ɑ（实）　　i（虚）——i（实）
ɑ（实）——i（虚）　　i（实）——ɑ（虚）

(2) 语词对比，如：

啊（实）——啊（虚）　　啊（虚）——啊（实）
大海（实）——大海（虚）　　大海（虚）——大海（实）
大海啊（实）——大海啊（虚）　　大海啊（虚）——大海啊（实）

2. 过渡练习

(1) 单元音过渡，如：

ɑ（实）$\xrightarrow{\text{实虚}}$ɑ（虚）　　ɑ（虚）$\xrightarrow{\text{虚实}}$ɑ（实）

ɑ（实）$\xrightarrow{\text{实虚}}$ɑ（虚）$\xrightarrow{\text{虚实}}$ɑ（实）

ɑ（虚）$\xrightarrow{\text{虚实}}$ɑ（实）$\xrightarrow{\text{实虚}}$ɑ（虚）

(2) 语词过渡，如：

大（实）→海（实虚）→啊（虚）
大（虚）→海（虚实）→啊（实）

3. 综合运用练习

以思想感情运动幅度较大的文学作品，如诗歌、散文为练习材料较为适宜。根据内容及思想感情表达的需要，具体设计运用虚实音色的变化。如：

日照　　香炉　　生　　紫烟，
(实虚)——→(虚)——→(实)——→(虚)

遥看　　瀑布　　挂　　前川，
(虚实)——→(实)——→(虚)——→(实)

飞流　　直下　　三　　千尺，
(实虚)——→(虚)——→(实)——→(虚)

疑是　　银河　　落　　九天。
(虚实)——→(实)——→(虚)——→(实)

应该说明的是，以上的举例只是粗线条的，其中的微妙变化难于表示。一篇作品在运用有声语言表达时，肯定是色彩纷呈，绝非一种样式。而基本功训练却往往是刻板、单调而且漫长的，但恰恰是日积月累得来的扎实的基本功，才使我们的表达技巧得以丰富和纯熟。

喉部控制要领

(一) 喉头相对稳定

喉头位置和声音质量的关系，早已为人们所注意。近年来，许多嗓音工作者通过一些先进手段，对歌唱演员的喉头垂直动态进行了大量的分析研究，我们对播音专业人员的喉部动态研究则起步较晚。就目前的研究成果来看，我们发现，尽管“说”与“唱”在吐字发声和艺术处理上存在着明显的差异，但在喉头动态方面却十分相似，主要表现在以下三方面：第一，喉头位置与声道的共鸣作用关系密切。在一定范围内，喉头偏高，高频泛音增加，音色脆亮；喉头偏低，低频泛音增加，音色浑厚。第二，有经验的歌唱演员或播音员不论声音怎样大幅度变化，喉头位移却总是控制在较小的幅度内，可以说是处于相对稳定状态。这种稳定是在相反的控制力作用下获得的。比如，由高音向低音过渡，喉头自然下移时，使用向上移的控制力；而由低音向高音过渡，喉头自然高移时，使用向下移的控制力。正是喉头的相对稳定，保证了声音变化时的和谐与通畅。第三，未经训练的人，喉头位移依习惯变化，欠缺控制，一般在音高变化时出现明显的上提和下压，有的人还形成了提喉或压喉说话的不良习惯。超出一定范围的喉位移，破坏了喉头的相对稳定，使音色阻塞且不统一，甚至还造成生理疾患。比如，喉头明显上提的人，多带有“挤”、“卡”音色，喉头明显下压的人，多带有“空”、“浑”音色，而且牵制了舌的运动幅度，明显影响到字音清晰度。在演员和播音员中，发声时有喉头上提习惯的，发生声带小结的比例较大。

在以上的调查分析后，我们会很自然地得出结论——调整喉头垂直位移幅度，保持发声时喉头的相对稳定，是获得变化自然、和谐通畅、润泽丰满的声音的有效方法之一。

喉头位置的调整要通过对喉外肌的控制来实现，可采用如下步骤和方法：

1. 有意提起，降下喉头，反复进行，使其灵活自如。

2. 用手指弹击甲状软骨板，可发现喉头上移时，弹击声由“空”变“实”，下降时，由“实”变“空”。可将“空”、“实”适度时的位置暂定为基准位，而后发元音 a 或 i 的延长音，如果音色自然，无挤压造作，便可将此基准位确认下来，喉头垂直位移的训练均以此为中心点。

3. 发音时，舌位的高低、前后及口腔的开合都会连带喉头上下移动，比如在发舌位偏高（开口度小）或偏前的元音时，喉头往往自然上提，相反情况下则自然下降。在了解这一连动关系后，我们可以利用不同的元音发音来锻炼对喉头运动的相反控制力。比如，利用高舌位、开口度小的元音 i 和舌高点偏前的元音 ü 的延长音，锻炼喉头向下的控制力；利用低舌位、开口度大的元音 a 和舌高点偏后的元音 u 的延长音，锻炼喉头向上的控制力。

（二）喉头相对放松

人在发声时，喉头的压力是客观存在的，它来自于声带的闭合力和气息的压力。依照“肌张力——空气动力”学说，喉原音正是通过这两力的拮抗作用形成的，这个道理我们在发声机理部分已经讲过。喉头相对放松这项控制要领是为避免因对音色的追求而使声带闭合力和气息压力都过分加大而提出的。

由于人体存在的神经反射功能，声带闭合力和声门下压力是一种互为因果的准规则关系，所以在对一定音色追求中，人们在加大声门闭合力时，气息压力也会随之增加，它的增加又会反过来刺激声门闭合力再一次增大，最终造成恶性循环。陷入这种不良发声习惯的人发出的声音大而直，拙力感强，表现力差，同时声带还会因屡屡过力碰撞而形成物理性损伤。所谓放松，就是要打破或避免形成这种恶性循环，使两力拮抗处于最为节省的最佳配合状态。有句话说得很形象“会用声的人使利息，不会用声的人使本钱”。

需要说明的是，我们要求喉头相对放松，绝不是提倡越松越好，因为过松会使气息压力过小，致使声带运动迟滞、松懈，发出的声音极易散、沙、暗，给人以有气无力的感觉。

可采用以下方法调节两力关系，使之在声音运动时保持最佳状态。

1. 利用发“气泡连音”，在缓慢的渐变过程中，体会把握喉放松的基本状态：气泡音是在声带最为松弛的情况下发出的。练习时可先发出颗粒清晰的气泡音 a 而后逐渐加大密度，在气泡音 a 串连成“线”的时候，将 a 渐转为 ei，继而慢慢提高音调，加大音量送出口腔。示意如下：

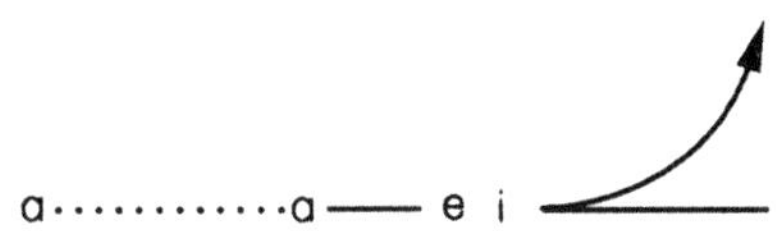

2. 利用弹发元音，在瞬间的“爆发”中，体会把握喉放松的基本状态；交替弹发“i”音和“a”音，并不时变化音高、音量和虚实度。

以上练习能够达到在明显省力的情况下，自由变换音高、音量、音色时，就可以自然通向使用了。

嗓音的训练应注意方法准确，循序渐进，避免盲目追求，嗓音的使用应注重自如声区，避免极限运动。

自如声区是指适中自如的音高和音量的声音活动范围，它介于强机制发声(典型的为既高又强)和弱机制发声(典型的为既低又弱)区域之间。经过训练的嗓音的音高活动范围，一般都可以达到两个八度即24个半音，自如声区的音高确定应是从下一个八度的下¼高点开始，至上一个八度的上¼低点为止。音量的确定则以个人所能适应的范围为基础。

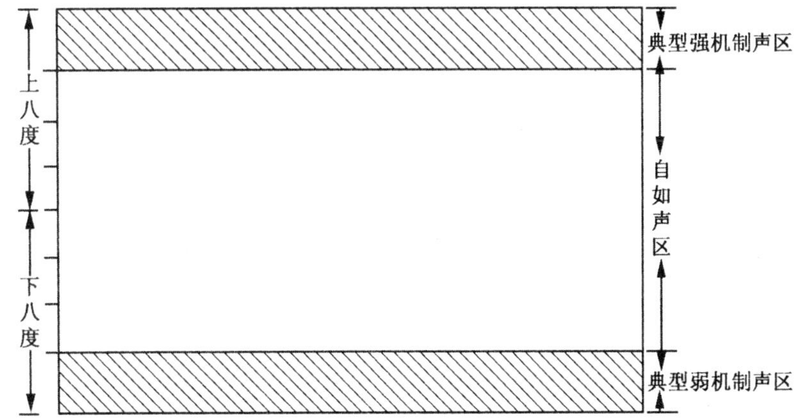

人声是十分现实的，改造它不是一件容易的事，虽然许多学者对此付出了大量的、辛勤的劳动，但至今还存在许多盲点，尤其是对喉这一制声环节的认识更觉得有很多奥秘有待于揭示。随着科学的发展，实践的丰富，经验的积累，嗓音之谜一定会被全部解开，更好地服务于广播电视事业。

第十四章 播音的共鸣控制

播音发声是靠人的发音器官完成的，在人类的声音中，“音色”有两方面的含义：一是指语音中不同的音素，比如［i］与［u］就具有不同的音色；二是指音品（timbre），是声音的属性之一，主要由声音谐音的多寡及各谐音的相对强度所决定，它反映出不同人声的特质[①]。人的声音不同，除了各人发声器官（声带、共鸣腔）构造不同的因素外，还有各人发声器官的谐调方式和共鸣调节不同等因素。共鸣包括受迫振动和感应振动。人体共鸣腔的构造和共鸣情况较复杂，人声的共鸣既有受迫振动又有感应振动，是一种复合共鸣。单纯的喉原音通过声道的各共鸣腔，有的泛音被加强了，有的泛音被削弱或吸收了，当它被送出声道时已有很大变化。人的共鸣控制是通过骨骼、肌肉的运动改变各共鸣腔的形状、容积大小、腔壁的软硬度和弹性来实现的。听众的审美兴趣要求播音发声的共鸣控制采取以胸腔共鸣为基础，以口腔共鸣为主，以混合共鸣为后备的声道共鸣方式。

第一节　共鸣器官及其作用

人类发声的共鸣器官，在喉以上有喉腔、咽腔（喉咽、口咽、鼻咽）、口腔和鼻腔（包括蝶窦、额窦）；在喉以下有气管、胸腔。人的共鸣器官有些是可调节的，如：喉腔、咽腔、口腔、胸腔；有些是不可调节的，如鼻腔；其中口腔的变化最灵活。从改变共鸣腔的形状和容积大小的角度来说，鼻腔是不可调节的共鸣腔，但鼻腔共鸣可通过软腭的上下运动及声束冲击硬腭的不同位置来调节。胸腔共鸣可通过喉器位置高低的控制及胸部振感点上下移动来控制调节（见图 1）。

胸腔及其共鸣作用：喉器的下面连着气管。气管是软骨和膜性组织构成的管腔，下面分为两支。气管、支气管与能张能缩的胸腔构成胸腔共鸣器，在发音的呼气过程中，胸腔可以看做不变的共鸣器。发声时把手放在前胸壁，会感到胸部在振动；声音越低振动感越明显，所以胸腔共鸣也叫“低音共鸣”或“下部共鸣”。再仔细体会一下，会发现振动感

---

① 音品在此处的意义见《辞海》第 2037 页；或《简明不列颠百科全书》第 111 页。

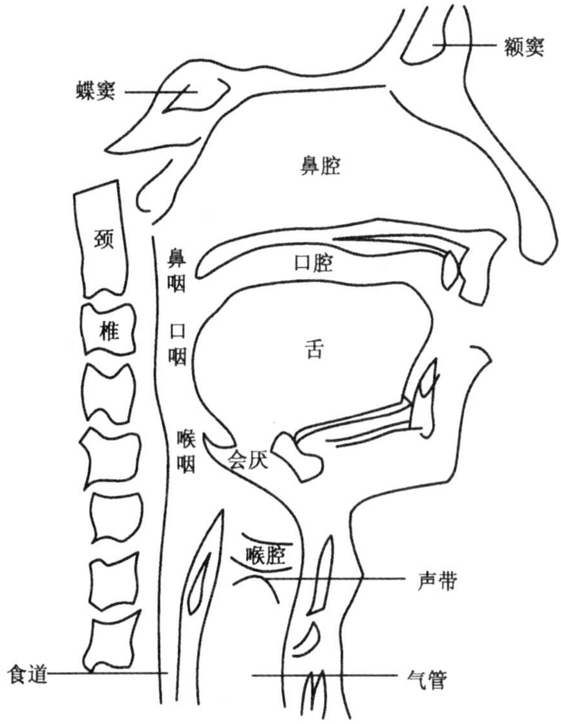

图 1　人主要的共鸣腔

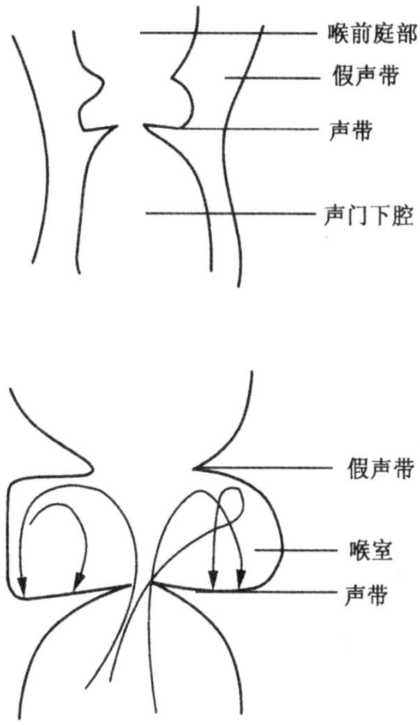

图 2　喉示意图

是沿着胸骨上下移动的：随着声音由低到高，振感集中点由胸骨的下缘上移至喉器的下方。比如：发一个夸张的阳平调的“啊”，可明显地感觉到振感点的上移。我们把这种胸部的振感点称为胸部响点或发声的胸部支点。胸腔共鸣虽不参与语言的制造，但它能使音量增加，并增加低泛音，使声音听起来洪亮、浑厚而有力。

喉腔及其共鸣作用：喉腔包括介于声带与假声带之间的喉室及位于假声带之上的喉前庭部（见图 2）。假声带是声门以上的第一对“门户”，它们平常是张开的，既可以靠拢，又可以下压，使喉室的形状与容积发生变化。假声带本来是声带的保护装置，当强气流冲击声带时，假声带会自动靠拢以阻挡气流。喉口肌肉收缩可以扩大喉室，同时使喉口变细，使声门以上的气压因之升高，能够减轻声带肌对声门下压的负担。在发高音、强音的时候，这种现象比较明显。声带振动发出的声门波，首先经过喉腔得到最初的共鸣。喉室的容积虽然很小，但因它是音波经过的第一个共鸣腔，它的状况对整个声音质量都有影响。如果压迫喉器使喉室被挤扁，原始共鸣得不到充分发挥，会使声音发“横”；如果束紧喉部发音，也会影响原始共鸣而使声音单薄。以上两种状况都会使声音有被“锁”在喉部的感觉，丧失一部分泛音，尤其是低泛音损失较大，从而影响整个发音质量。可见，喉放松的要求对充分发挥喉的共鸣作用也是重要的。喉头可以在一定幅度内降低或升高，降低时，声道变长，有利于低泛音共鸣：升高时，声道变短，有利于高泛音共鸣。但喉头过多的上下活动，容易使喉部肌肉疲劳，徒劳无益地消耗能量。因此，发音时喉部还是基本稳定为宜，只在必要时作适度的调节。

咽腔及其共鸣作用：咽腔是前后略扁的漏斗状肌管，也叫咽管，是个容积较大的“交叉路口”。咽腔的后壁附于脊柱，上起颅底，下连食管；前壁分别与鼻腔、口腔、喉腔相通。咽壁由上至下可分为三段：软腭以上前通鼻腔，称为鼻咽；中段前通口腔，是为口咽；下段连接喉腔，叫做喉咽。软腭的升降可以切断或打开口腔到鼻腔的通路。咽腔处在声道由垂直向水平转变的弯道部位，容积大，变化幅度也较大，是人体发声的重要共鸣腔。咽壁由肌肉构成，通过肌肉的舒张、收缩，可以改变咽管的粗细和咽壁的坚韧度。喉咽部分的咽管必须通畅，咽后壁要直而不弯；颈椎的正直与伸展感可以带动附于其上的咽后壁，使咽后壁正直并有一定的坚韧度。

汉语语音除鼻辅音外，大部分音的声波经口咽进入口腔，因而保证口咽弯道的畅通是保证口腔共鸣的重要环节。口咽的上盖是软腭，软腭的适度抬起可使口咽上部弯度适中：软腭抬起不够使口咽与鼻咽连通，相当一部分声波会冲向鼻腔而形成鼻化音；软腭抬起过高使声道弯道角度过小，相当一部分声波会折回导致声音闷塞；软腭不是向上抬而是向后紧贴咽腔后壁，就完全阻塞了鼻咽腔的通道，失去上部共鸣，会使声音变得苍白、干涩。口咽的前壁是舌根，舌根若向后咽壁挤迫，会使口咽垂直，管道变窄变细，阻碍声波通过，因此发音时舌不宜后缩。口咽弯道的下壁是舌根上缘，欲使口咽弯道的垂直方向通畅，舌根就要适当降低；而舌是附于下颌的，发音时下巴适当降低会带动舌根降低，但以不挤压喉器为度。口咽的状态与口腔的状态密不可分。由于大部分声波在口咽弯道处转变方向。由垂直向上转为水平向前，因而口咽后上部是控制共鸣的一个内感区。

口腔是最复杂、动作最灵活的腔体。它既能上下开合，又能因舌形的变化而改变形状、容积以及被划分为若干小腔体；口腔前面有两道可开闭的门户：上齿、下齿及上唇、下唇；口腔后上方又有软腭这道活门。口腔共鸣对于言语发声至关重要：没有口腔的活动就不可能产生言语声；不适当发挥口腔的共鸣作用，就不可能使字音圆润动听；没有口腔共鸣，喉腔、咽腔共鸣以至鼻腔、胸腔共鸣就无从发挥其效用。播音发声以口腔共鸣为主，其他腔体的共鸣也必须在口腔取得良好共鸣的基础上实现。口腔的前面和上壁是由上齿、上齿龈、硬腭、软腭构成的口盖穹窿。呼出的气息与声波经口咽弯道进入口腔，在接近口盖的口腔上部密度与压力较大，在向前流动中冲击硬腭前及上齿龈中部，这个部位就是发音时最主要的内感区——腭前区。声束射向腭前区不仅由于腭前穹窿对声波的折射使声音更加集中，而且由于这个区域属于三叉神经支配区，当它受到刺激时会增加喉肌的张力，从而增加声音的鲜明性。口腔共鸣使声音明亮结实、字音圆润清晰，口腔共鸣习惯上也称作“中部共鸣”或“中音共鸣”。

鼻腔由垂直的鼻中隔分为左右对称的两部分，底部是硬腭，外面是鼻甲。鼻腔前方由鼻孔与外界相通，后方通向鼻咽腔。鼻腔覆盖着粘膜，并有丰富的血管构成鼻甲海绵体丛。在各种刺激和心理因素影响下，海绵体丛可因充血而膨胀，甚至阻塞鼻道。鼻腔有固定的体积，属于不可调节的共鸣器官。鼻窦是由鼻腔向周围膨出的含气骨腔，包括额窦、筛窦、上颌窦及蝶窦，它们各有小孔口与鼻腔相通。在发超高音时，这些小窦起共鸣作用，使头面部有振动感。鼻腔是个容积较大的固定腔体，它的共鸣作用通过以下几种方式实现：一是在发鼻辅音时，软腭下垂使鼻腔通道打开，声波送出。二是在发鼻化元音时，软腭略垂，声波分两路同时从口腔与鼻腔通过取得鼻腔共鸣色彩。汉语普通话没有单独存在的鼻化元音，以上状况只是发鼻韵母时元音受鼻韵尾影响时的发音状况。三是在用正常谈话音量发口音时，软腭上抬基本堵塞鼻咽，这时大部分声波经过口腔传至体外，小部分声波透过缝隙沿鼻咽后壁传至鼻腔产生鼻腔共鸣。四是在音波通过口腔冲击硬腭时，由于硬腭的传导作用，引起硬腭之上的鼻腔共鸣。在音量较大时这种作用比较明显。五是歌唱家唱高音时，高密度、高压力的声束引起鼻腔及鼻窦的共鸣，形成独特的“金属声”，这种共鸣也称作“高音共鸣”、“上部共鸣”或“头腔共鸣”，一般人在发高强音时也能感觉到。在言语发声中、鼻腔共鸣的前三种方法用得较多。在发口音时，带有微量的鼻腔共鸣能使声音柔和而有光彩，发音省力；但如果鼻腔共鸣过量就会出现“囔鼻音”，使语音的清晰度降低。

第二节　播音共鸣的特点

播音是少数人（播音员、记者、节目主持人等）对为数众多的受众的大众传播，主要社会功效是用有声语言及电子设备向广大受众传达各种信息，同时其附带的审美价值要求播音具有优美动听的声音。播音是大众传播，受众的文化层次、社会背景是多样的、复杂的，而广播电视播音又不能如生活中谈话那样立即反馈，必须尽可能一次说清楚。播音语音作为国家民族语言的语音标准，必然会受到听众、观众监督。广播电视新闻的信息量大，语句严谨，结构比口语复杂，汉语音节信息量也较大，只要有一个音节、一句话听不清，就会影响听众对信息内容的理解。电子设备传播声音信息，不但会使声音个性发生变化，而且混进大量的噪音……因此，广播电视对播音者的有声语言提出了特殊的要求：音位准确、声音纯正、干净集中、穿透力强。这就决定了广播电视播音发声应具备以下特点：准确清晰、圆润集中、朴实大方、富于变化、音高适中、音量不大，但层次变化丰富。

声乐由于其艺术形式审美的要求，需要以某种共鸣方式为主形成特殊的声部音色，比如女高音、男高音的“金属声”色彩。广播电视是直接面对听众、观众的，要取得广播电视与听众、观众“近距离”的效果，播音员的声音要朴实大方，不宜造作。播音用声应在播音员原有言语声的基础上加以改善，既保持自己声音的特色又有适度的美化。在日常生活中，人们有动于衷地谈论事情时，大多用带胸腔共鸣色彩的中音偏低的声音。播音是说话，主要运用以自然音域为主的话声区，音域、音色均接近日常生活中的语声，因此，播音共鸣也应以胸腔共鸣为基础。播音员若以胸腔共鸣这个扎实的基础作为“底座”，发挥胸腔共鸣浑厚、结实的特点，可以使声音听起来朴实大方。当然，胸腔共鸣的运用以不影响字音清晰度为宜，胸声成分过多不但会影响字音的清晰度，而且会使男声较沉闷，使女声过于苍老。

观众、听众看电视、听广播，主要是看懂、听懂节目的内容，优美的语声只具附带审美价值，字音的准确清晰是播音员言语声首要的特点。播音发声应在保证字音准确清晰的条件下追求声音的美化，因此，播音共鸣的泛音要适量，话语声中泛音过强会产生“音包字”的现象。字音主要是在口腔形成的，不同音素特有的音色，是由唇、齿、舌等咬字器官在口腔中不同的配合状态决定的，因此口腔共鸣的调整对于字音的清晰度很重要。播音员只有掌握了细微、精确的口腔共鸣的调节，才能保证各音素有较稳定的音色特征，从而保证自己话语声字音的准确、清晰。口腔共鸣的控制、调节主要通过口腔控制和吐字归音的技巧来实现。口腔共鸣又称作中部共鸣、中音共鸣。播音用声既然以自然音域的中音偏低部分为主，那么播音共鸣的运用也应以口腔共鸣为主。广播电视节目的多样性，要求播音员具备多样式变化自己声音的能力。口腔上通鼻腔、头腔，下通胸腔，口腔共鸣处在上部头腔共鸣和下部胸腔共鸣的连接处。播音员以口腔共鸣为主，在需要时容易向上或向下调整共鸣的配比，使自己的声音能适应广播电视播音多样化的要求。

在一般情况下，播音用声的音域不很宽、音量也较小，但是广播电视有不同的节目形式、内容和节目对象。播音员应该根据自己的声音条件学会灵活地运用各种共鸣方式，调整各种共鸣的比重，使自己的声音富于变化。因此，播音共鸣除以胸腔共鸣为基础，以口腔共鸣为主外，还应以混合共鸣为后备。声乐演员讲究混合共鸣，比如高音声部的混合共鸣比例如图 3 左图所示。

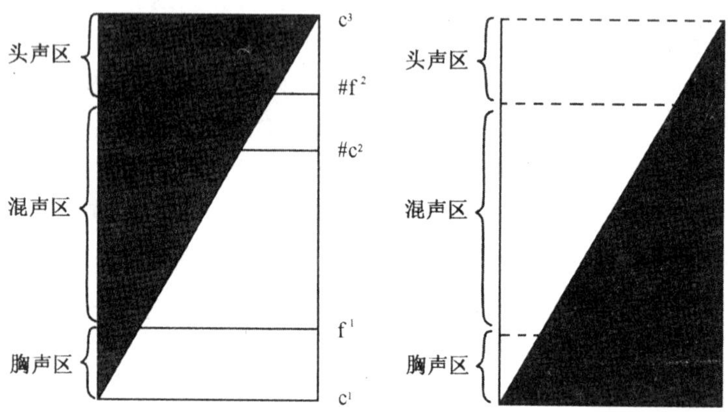

图 3　混合共鸣比例

播音用声以中音为主，因此其混合共鸣应与声乐高音部的共鸣模式有区别，如图 3 右图所示。

普通话播音每分钟要说 200 多音节，不可能有声乐那样的“行腔”时间，所以播音共鸣需要一种相对稳定的最佳状态，我们称作“声挂前腭”，即气柱声束打在硬腭前部，“声挂前腭”的共鸣状态可以使语音集中、圆润。在“声挂前腭”的前提下，播音员可根据节目形式、内容、对象的不同，调节上、中、下各部分共鸣的比例，使声音出现多种音色特征。比如：新闻报道、较严肃的内容，胸声共鸣色彩偏多些，显得分量重些，而知识性、服务性节目，胸声共鸣色彩要少，头腔共鸣色彩可较多些，以减轻庄重感，加强亲切轻松感。再比如：广播与电视由于录音设备有所不同（广播用录音磁带，电视有用磁带录音的还有用光电声转换设备录音的），对播音员的声音也有不同要求，在利用光电设备录制电影胶片的解说时低音的损耗较多，播音员的音域较宽、谐音较多为好。

综上所述，播音共鸣是以胸腔共鸣为基础，以口腔共鸣为主，以混合共鸣为后备的声道共鸣。

第三节　播音共鸣的调节

播音的共鸣调整是在保持播音员个人声音特色前提下的美化，不是追求某种统一的音色，我们将从播音发音的音色、音量、音高、音长四方面来探讨共鸣的调整。乐声物理学认为人体共鸣腔的运用有四条原则：一是共鸣腔体的容积越小，其共振频率则越高，反之共振频率则低；二是共鸣腔的开口度越大，其共振频率则越高，反之共振频率则低；三是颈腔的长度越长，其共振频率则越低，反之共振频率则高；四是共鸣腔壁的密度（density）和弹性（elasticity）越大，其共振频率则越高，反之共振频率则低。播音共鸣的调整也应符合这些规律。

音色调整与共鸣控制

歌唱有美声唱法、民族唱法和通俗唱法之分，戏曲有行当的区别，在同一种唱法、同一个行当里，除去音域的特定范畴外，都追求某种特殊的音色。比如：美声唱法追求“金属声”音色，小生追求一种“假声”音色。播音用声也有自己的音色要求：朴实大方、圆润集中。但是，这种要求是在体现播音员本人音色特点基础上的要求，并不追求某种统一的音色特征。音色由三方面决定：不同的发音体具备不同的音色，比如乐器种类不同，钢琴与小提琴音色不同；对人来说，每个人的发声器官（声带、共鸣腔、声道等）结构都与别人不同。因此每个人的音色也与别人不同；同一个发音体，发音方法不同时也具备不同的音色，比如古琴的同一琴弦用不同手法会取得不同的音色；同一个人用不同的方法发声，比如声带全振动，前三分之一振动，打开声门发声、声带紧紧闭合或是声带发声时留有缝隙……也会导致音色不同。共鸣腔形状不同，形成共鸣腔的物质的密度和弹性不同，音色也不同，比如二胡与小提琴的音色不同；人的同一个共鸣腔会由于肌肉的运动改变形状和内壁的密度与弹性而导致音色的不同，比如唱小生的演员日常说话与演唱时的音色就不同。在这一章里我们主要探讨最后一个方面，即调节共鸣改变音色的问题。播音用声以话声区的中音实声为主，朴实大方、圆润集中可说是播音发声的音色特征。播音共鸣以胸腔共鸣为基础，以口腔共鸣为主。朴实大方的特色通过每个人中音偏实的音域来体现，因此以胸腔共鸣为基础；圆润集中的特色通过“声挂前腭”的口腔共鸣来实现。有些方言区的初学者，通过收音机收听普通话播音，听感上感觉普通话播音声音清亮高扬、集中有力，往往误以为普通话的音域较高，常常追求上部共鸣实现“像播音员”的声音效果。由于汉语普通话的四个声调音高的变化以话声区的偏高成分为多，相对于某些方言声调的下降调来说在听感上是相对高些，其实普通话的绝对音高并不高。由于有经验的播音员在用声时能使声波成束、声束集中、“声挂前腭”，在听感上会感觉他们的播音声音有力，具有一定的穿透力，初学者常常将声音通过共鸣调节获得的圆润集中的特色误以为是音量大，用声时喉头易用力紧逼声带，用很强的气流，结果适得其反，欲达到“声挂前腭”的共鸣效果，需协调整个发声系统各器官。一是需调整呼吸控制，增加呼出气流的密度，使声波能成束。二是声波经过的声道要畅通无阻：喉腔、咽腔、口腔的腔内壁肌肉坚韧光滑，腔体形状保持正常状态，没有挤压、变形等阻碍，以减少声束的损耗，特别是软腭要抬起减少鼻咽处的漏音，才能保证元音的饱满及音色的纯正。三是声波的路线明显，冲击点也明确（如图4所示），声波流畅集中从胸腔经喉腔、咽腔、口腔直接冲击硬腭前部，声束射向腭前区，由于腭前穹窿对声波的折射会使声音更集中，同时由于腭前区属三叉神经支配区，它受到声波的刺激会使喉肌的张力增加，从而增加声音的鲜明性。“声挂前腭”的共鸣状态在发声人的感觉上类似“面罩”的感觉，可以通过发单元音来体会：在口唇外一尺左右的距离选定一个目标，发单元音（比如 a），在意念上努力使声音集中地“打”在这个“点”上，延长发音一直保持“打点”的感觉。此时发声人内部传导感觉振动和音量不大，而客观反馈（录音对比效果）音量不小且音色圆润集中。“声挂前腭”是播音共鸣以口腔共鸣为主的重要特点，可以通过调整口腔控制来实现。

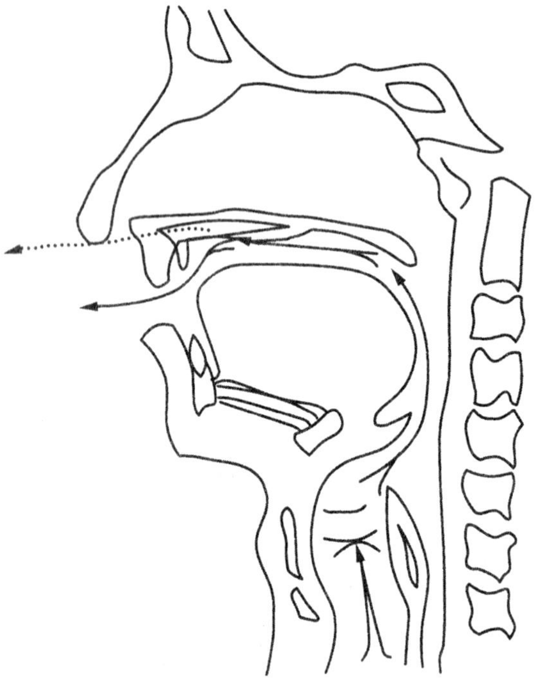

图4　声波路线图示

播音员的声音应有个人的特点，但若这种特点不符合播音的需要时，就要调整和改善。调节共鸣是改善音色的重要手段之一。比如有的女播音员声音较单薄，缺少低音，听感上似“童声”，需从四方面着手调整：打开后声腔，增加口腔的容积可以增加低谐音；放松喉头避免喉室的上提，保证喉室的低位置相当于使颈腔长度加长，可以增加低频谐音；向下调整胸部响点增加胸腔共鸣，可以使音色成熟些；将声波冲击硬腭的位置稍向后移动、语音的舌位适当向后调整，避免语音舌位普遍偏前的现象，因为舌位普遍偏前是孩子说话特有的音色特征之一。又比如有的男播音员不顾自己的嗓音条件单纯摹仿别的播音员通过电声设备损耗后的音色，致使自己的声音录音后听来女声女气，男声听感上似女声是由于高谐音偏多形成了频率在3000赫兹左右的女声共鸣谐音的缘故。可从三个方面调整共鸣：放松喉头、适当降低喉室位置增加颈腔长度，可以减少高频谐音增加低频谐音；向下调整胸部响点，减少头腔共鸣增加胸腔共鸣可以避免形成女声特有的高频谐音；咽壁的挺立和肌肉的紧张度可适当松弛，以增加咽壁对高谐音的吸收作用，减弱咽壁对高谐音的折射，可以使男声增加低频谐音而具备男声的音色特征。

再比如，有的播音员年纪不大，但声音显得过于沉闷苍老，除了呼吸控制、口腔控制方面的问题外，在共鸣方面是缺少上部共鸣，若适当地训练咽壁的挺立和软腭的上抬，调整喉头的位置，加强口腔、鼻腔的共鸣，减少喉腔、胸腔共鸣，可以增加高频谐音使音色变得明亮、轻快。有部分从声乐转行的播音员往往不知该怎么“说话”，音色带有很强的

"唱腔"，部分原因在于他们不明确播音与声乐的音色要求不同，他们在进行声乐训练时强调咽腔共鸣的训练，在播音时仍习惯地尽力扩大咽腔容积，追求"歌唱元音形成于口咽部"的共鸣效果，生怕声音"白"了。播音的元音应在口腔内形成，主要靠口腔的开合度、舌位的高低前后、唇形的圆展变化等口腔控制的调整，像歌唱那样增加咽腔共鸣不但会影响字音的清晰度，还会使声音带有夸张和戏剧性音色，失去朴实大方的音色。而对有些音色单薄、干涩、缺乏明亮度或音量过小的播音员，则可以通过适度的歌唱训练（近似于中音歌手），适当地增加咽腔共鸣、胸腔共鸣，从而改善自己的音色。

播音员若能掌握运用共鸣调整改变音色的技能，不但能改善自己播音的基本音色，还可以根据播音创作表达的需要，有目的地改变音色塑造特殊的声音造型，增强有声语言的表现力。

音量调整与共鸣控制

播音发声音量的特点是：强度不大、幅度不大，层次丰富多样。共鸣对音量的影响主要表现在两方面：混响时间的长短和共鸣腔反射面的吸音系数的调整。当声源停止振动后，由于共鸣腔的反射，声音仍可延续一定时间，这就是混响。混响时间长短对于声音的清晰度及悦耳的程度关系密切。如果混响时间过长，前一个声音还没有消失，第二个声音又出现，前后声音纠缠在一起，使声音混乱听不真切；如果混响时间过短，声音又会"喑哑"。混响时间的长短除了与共鸣腔体积大小成正比外，还与共鸣腔内各反射面的吸音能力直接相关：反射面是软而多孔的，吸音系数大、吸音能力强，混响时间就短；反射面是硬而光滑的，吸音系数小、吸音能力差，混响时间就长。吸音系数不仅与播音室的混响时间有关，在人类发声中，它与发音质量也有关系：声道壁表面越光滑而富韧性，吸音系数则越低，发声的效果越好，音量自然会大些；反之音量则小些。播音并不需要很大音量，但要求声波成束、声音集中有一定穿透力。

因此，播音员既需适当调整共鸣腔的容积大小，又需适当调整共鸣腔壁的密度和弹性。对于在话筒前音量过大的播音员，在共鸣调节方面注意将共鸣腔容积适当地收小些，声道肌肉紧张度的控制适当放松些，可增加共鸣腔内壁的吸音系数，适当地减少共鸣的泛音，语音会更清晰、音色会柔和些。对于在话筒前音量过小的播音员，有必要适当扩大某些共鸣腔的容积（如咽腔、口腔、喉腔等），同时可通过气泡音、咽音、弹发等训练，锻炼声道各部分内壁肌肉的收缩、挺立能力，尽量使声道壁表面光滑而富韧性，降低吸音系数、适当增加共鸣的谐音，音量会适当增大，音色也会宽厚、刚劲些。播音的音量没有绝对标准，应以符合节目需要为准。

播音员应学会用细微的肌肉动作控制共鸣腔的大小变化及腔壁的密度和弹性，使音量要大即大，要小即小，变化多样，层次丰富。播音用声音量的变化幅度一般不能太大、太突然，因为电声传送不适合过大过小、忽大忽小的声音。播音员猛然加大音量时，话筒会爆出强烈的噪音，播音音量若突然过小，在传输过程中易被杂音掩盖使听众听不清楚。

为了适应电声设备对音量均衡的要求，播音员多采用渐强或渐弱的音量变化方式，较少用突发性大幅度加强或减弱音量的变化方式，播音共鸣的调整也以有过渡的渐变方式为主，避免突兀的忽大忽小的跳跃式变化方式。播音音量的调整除与共鸣有关外，还与播音员的呼吸控制、口腔控制（咬字力度）、喉头声带控制有关。同时由于电声设备的特性不同，播音音量也会不同，比如：不同的话筒、录音机、录音间（混响指数不同），是否立体声……都会影响播音音量的调整。

音高的调整与共鸣控制

日常谈话音高的变化幅度仅限于每个人自然音域底部的五六个音。播音员的自如声区以一个半八度以上的音域为好，尤其是中音偏低的部分运用得最多，要练扎实。如果播音使用声区的音域较窄，应在使用声区偏低音域的基础上向高和低两个方向扩展。经过实验语音学测定，播音员的最大音域约为两个八度至两个半八度。因此，播音员也应像声乐演员那样进行严格的训练，有意识地扩展自己的音域。播音员的音域扩展训练与声乐演员的训练不同。声乐演员的音域有明确的音高范围，是绝对音高。播音员只需在本人自然声区的基础上向上、向下扩展即可。因为播音音域没有绝对音高的要求，播音员扩展音域的方法应与说话紧密结合。

扩展音域可选取短句，从中音开始不断重复，每一次均比上一次提高一点儿音高至不能再高为止；从中音开始，每次比上一次降低音高至不能再低为止。还可以结合朗读内容情绪变化的要求，选用多种不同情绪要求的练习材料大声朗读，使音高变化符合情绪变化起伏的要求。播音员一般都承认播音的音高宜适中，以中音实声为主，但一谈到扩展音域往往以为是要使自己的声音拔高，具备发高音的能力。实际上播音用声主要在中音偏低声区，向中部偏低音域扩展，这对一般播音员来说更实用些。有的播音员不能客观地确认自己的自然音域和音色特点，往往将“声挂前腭”形成的圆润集中的音色特征误认为是音高所致，在播音中常有意无意地拔高用声区甚至有的会出现以假声代真的现象，结果失去播音音色特征。

在生活中说话的声音音域很窄，又由于声调的关系，一般人并不注意分辨语音中音高的变化。在生活中音高与音量常常是正比关系，有的播音员误将音高与音量的听感等同，常用音量的大小来代替音高的高低，或相反用音高的高低变化代替音量大小的变化。这在初学播音者的训练中要注意引导。音高的基频由声带运动状态决定，共鸣调整对于音高的变化只是以相应部位的共鸣使音高特性更鲜明。

因此，播音发声除了以胸腔共鸣为基础保证朴实大方的音色、以口腔共鸣为主保证字音的清晰和声音的圆润集中，还需通过扩展音域的训练切实把握上、中、下三部分共鸣的自如贯通，具备对混合共鸣的控制能力。

音长调整与共鸣控制

人类发声的音长主要由呼吸控制决定，在言语声中，音长指音节延续时值的长短，音长变化直接影响语流的速度，并且是形成言语节奏的重要因素。广播电视语言比日常口语负载的信息量大，播音语言的速度一般比口语略慢，广播播音比电视播音又略慢。汉语普通话播音音节的音长一般为0.2～0.4秒。在汉语每分钟200多音节的语流中，音长与共鸣有什么关系呢？我们选同一篇稿件，请播音员和普通人在充分的准备后，限定时间朗读并录音。在听录音时就会发现：同一篇稿子虽然是在相同的时间里被朗读完的，在听感上训练有素的播音员播得要从容些，速度似乎慢些；而一般人读得却匆忙些，速度似乎要快些。如果让普通人用播音员的速度再录同一篇稿，实际所用时间要长。因为训练有素的播音员在与普通人发同样数目的音节时，其音节发音的实际时值较长，而音节间的间隔时间较短。这与播音员口腔控制的功力有关。

每一个汉语音节必有一个主要元音，训练有素的播音员发音时音节的出字、立字、归音过程都似“枣核形”，保证音节中主要元音在音节发声中的时值较长，有了这瞬间的“长”时间，元音可获得必要的共鸣时间，其乐音性才显现，语音就圆润优美，听感也从容。而口腔控制功力不够的播音员和普通人，口腔开度往往不够大，唇舌、软腭、咽壁等肌肉的力量和控制不够好，送出的音节也不成“枣核形”，元音共鸣不显，音节的时值也不易延长，听感上匆忙、速度快。

近年实验语音学已证实，普通话中词的轻重格式的重读音节和语流中句重音的重读音节之所以在人的听感上有“重”的效果，其决定因素不完全在音强上，更重要的是该音节的音长较长，因此给接收者听觉刺激的时间长，留下的印象较深的缘故，因此，播音员吐字归音的训练应注意保证主要元音共鸣的时值。从这个角度说，播音速度的把握不但需调节呼吸控制、吐字归音，还需注意调节共鸣控制。

第四节　共鸣与语音

汉语语音的音位由辅音、元音和调位组成。其中辅音的发音大部分与共鸣无关，元音与共鸣的关系很密切，而汉语的声调调位是音高的固定变化模式，与共鸣调节也有很密切的关系。

在人体共鸣原则中，第三条是：颈腔的长度越长，其共振频率则越低，反之共振频率则高。依据这个原理，我们开始向保温瓶内灌水时，声音较低，随着水面升高，声音逐渐变高了。灌水的过程虽然从开始到灌满都可以听到声音，但只有一瞬间声音最大、共鸣最好，这说明共鸣器有自己的振动频率，它会选择一定的频率成分发生共鸣形成一个共振高峰，同时也抑制或吸收另一些频率成分。共鸣器的这种作用在语音音色的区分上有着重要的影响。

说话时声带振动产生基音的频率叫基频，用 F_0 表示，同时也产生范围很宽的许多附带的频率成分。这些频率成分大部分被声道共鸣腔抑制吸收了，有一些得到共鸣加强，其中有的频率得到特别强化，形成若干共振高峰；频率最低最接近基音的共振峰称为第一共振峰，用 F_1 表示；随着共振频率的升高还有 F_2、F_3 等一系列共振峰。声道的各个共鸣腔有各自不同的形状，被强化的频率成分也不一样，有不同的共振峰值，因而形成不同的元音。F_0、F_1、F_2、F_3 等各代表以它们为中心的一小批频率，F_0 由声带的振动决定，是元音音高的表现；元音的音色则取决于各自不同的 F_1、F_2、F_3。F_1、F_2、F_3 的不同则是由声道中咽腔、口腔、鼻腔等共鸣腔体不同的形态和容积决定的。共鸣腔体的形状一改变，音色就会随之发生变化，比如汉语的“阿”和“衣”都是阴平调（55），而其听感 ɑ 与 i 绝不相同，因为 ɑ 开口度大、舌位在央低位置、唇形为自然唇形；而 i 开口度小，舌位在前高位置，唇形为典型展唇。这三方面使发 ɑ 与 i 的口腔形状、容积都不同，因此二者的共振峰值不一样。同时，只要共鸣腔的形状与容积基本不变，音色就不会变，音高却可以变，比如，汉语 i 有四个声调：衣、姨、椅、义，音高变化不同，但作为音素都还是 i。实验证明，F_1 与口腔的开度有关，口腔的开度越大，F_1 越高；而 F_2 与舌位的前后相关，舌位越靠前 F_2 越高，舌位越靠后 F_2 越低。F_1、F_2 的变化趋向示意如下图：

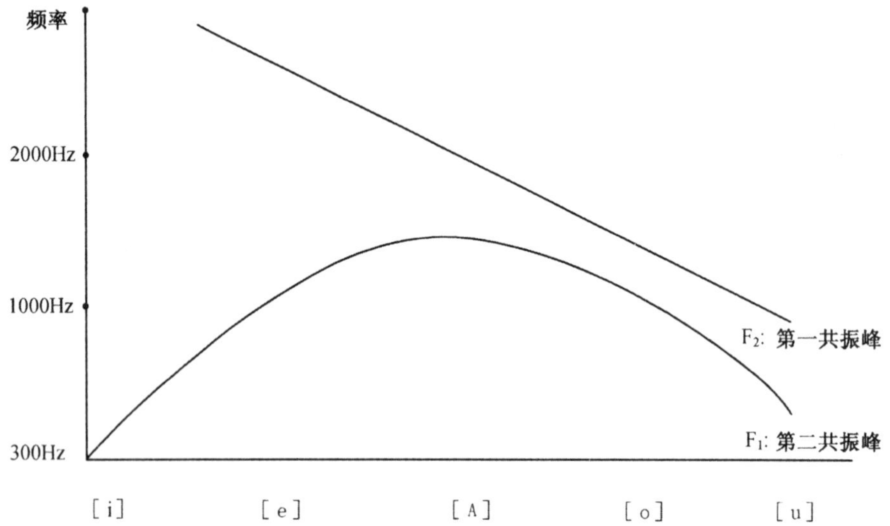

图 5　部分元音共振峰示意图

汉语声调的实质是音高的相对变化，而每个人的发声器官不同，能发的最低音到最高音的能力也有所不同。一般未经训练的正常人，音域范围约为一个半到两个八度，播音员由于工作的需要，自如声区以能达到一个半八度以上为好，极限声区应达到两个八度到两个半八度为好。

在生活中说话时，汉语声调的音高变化幅度不大，在播音时由于情绪起伏的需要，声调的音高幅度相对要比生活中大些，有时音高幅度还很大。据实验，在情绪饱满的大声朗诵时，一个去声（51）可达两个八度音的音域，因此，播音员的声调音高变化与共鸣调整有极紧密的关系。

普通话的阴平调，调值为 55，是声调的音高中相对最高者，因此它需要较好的与中部共鸣贯通的上部共鸣，特别是在发高强音及句尾气息不足时，更应调整好共鸣，否则声音易劈裂、暗哑或是达不到理想的音高，调值下降。

普通话阳平调，调值为 35，音高由中音向高音升去，要保持整个发音过程的共鸣效果，需要使共鸣由中音为主渐调至高音（头腔）为主，因此，口咽腔、鼻咽腔的内壁肌肉要从较松弛状向较紧张状调整，使内壁光滑，少吸收高频谐音，否则声音易飘或易劈裂，特别是窄元音，如 i，一切。

普通话上声调，调值为 214，音高变化较复杂，由半低音降到最低音再转而升高，是许多人发不好的声调。要发好上声，首先是声音下行时，中部共鸣向下部共鸣（口腔共鸣向胸腔共鸣）滑动要畅通，胸腔共鸣音色要渐多、明显，否则声音易噎；其次当音高降到底之后又由低向高提高时，又需注意尽快从下部共鸣向中部、上部调整，比阳平声调音高的变化幅度还要大些，因此，上声发音，胸部响点的上下滑动是很明显的，也只有上、中、下部共鸣都贯通、自如才能使用自如，否则声音不是下不去噎住了，就是上不去“飘”、“劈”。

普通话去声，调值为51，音高是单纯的由高到低的下行，由于音高幅度大，由最高到最低需较好的高音、中音、低音的贯通，如果胸腔共鸣与咽腔共鸣、喉腔共鸣脱节，声音下行到低音时常常被噎住，会出现哑音。

声调音高的变化与共鸣调整的关系是汉语所特有的，应引起播音员足够的重视。

第五节 共鸣与呼吸控制、喉头声带控制、口腔控制

人声的共鸣是复合共鸣效应，人的发声更是由许多与发音有关的器官及有关因素复杂组合的过程。人的共鸣与呼吸控制、喉头声带控制、口腔控制有很紧密的关系。

声音是在空气中产生的，人的共鸣腔内充满了空气，人声也是由于空气流动产生的，因此，共鸣的调节与呼吸控制直接相关。在音量的调整控制方面，除去各部分共鸣的多少与配合外，呼气量的多少及气息的压力大小直接影响共鸣效果，在我们吹小瓶口发音时，气流强了或弱了都不利于共鸣的产生；同理，呼吸气流的强弱对于调节共鸣也很重要。在音高的调整控制方面，呼吸气流的密度和压力对于共鸣控制也很重要。高泛音共鸣需要空气柱有较高的密度与压力，这得靠强呼吸控制状态；低泛音共鸣空气柱的密度和压力相对于高音共鸣可以稍小些，但气流量需达到一定量。作为播音发声，虽然是以中音为主，相对来说较省气，但要满足以口腔为主的共鸣方式，呼吸时的气流也要达到一定的密度与压力，否则“声挂前腭”不易实现，口腔共鸣不到位。在音色的调整控制方面，明亮、刚劲、鲜明的音色，共鸣需较强的气流密度与压力，宜采用较强的呼吸控制；柔和、闷暗的音色，共鸣不需要太强的气流密度与压力，宜采用较弱的呼吸控制。

有了声源才能说得上共鸣，人的声源在于声带的振动，声带的发音正常才可能产生共鸣。播音发声以真声为主结合虚实声变化。真声的发声不但需要有一定集束力的气流，而且以口腔共鸣为主、以混声共鸣为辅是它的特点，只有高音、低音、中音三部分共鸣贯通自如、混合自由，才能显现真声的音色特征。生活中的虚声(气声)是由气流摩擦声门、声带产生的，乐音性差，很少有共鸣。由于电声设备的局限，播音时除非特殊的语言表达的需要，一般不用完全的虚声，而是以稍带实声的“模拟虚声”，因此还应注意保持一定的共鸣。

口腔共鸣是话语声的主要共鸣，是通过口腔控制来调整的。口腔控制所要求的“打开口腔”、“唇舌力量集中”、“声挂前腭”以及吐字归音的“叼住弹出”、“拉开立起”、“到位弱收”、“音节形成枣核形”等，都是为了充分发挥口腔共鸣的效应，更灵活地控制口腔共鸣。良好的共鸣能保证声带发出的声波发挥最大的发声效应，因此，好的共鸣可以减轻声带的负担，永葆用声的艺术青春。

本章写作参考了徐恒的《播音发声学》、周殿福的《艺术语言发声基础》、汤雪耕的《怎样练习歌唱》、沈思岩的《声乐讲座》、薛良的《歌唱的艺术》及约翰·阿斯凯尔的《乐声物理学》。

第十五章 声音弹性

播音员或节目主持人接触的稿件内容千差万别，即兴播讲的话题五花八门，为了准确地表达语言内容及其蕴含的感情色彩，播音员应当具有丰富的声音变化能力以适应表达的需要。单一的声音变化，如声音的高低、强弱，虽然能够表达某些感情色彩的变化，但在实际使用中，声音的变化往往是多种声音要素的结合。如在表现沉痛的感情色彩时，常用的声音色彩中往往既有低而沉重的声音，又伴随着较为缓慢的节奏。综合把握声音各要素，使其适应运动变化的思想感情是播音发声训练的主要目的。

人们在评价播音员声音色彩的综合变化时，常常使用声音弹性一词。久而久之，它从一个临时借用词变为一个具有特定含义的专业名词。声音弹性是综合把握各声音要素，使声音成为表达服务的基础。声音具有弹性，才能成为表达的得力工具，使“以情带声”具有扎实的声音基础，而不致于成为一句空洞的口号。

第一节　声音弹性的含义和作用

什么是声音弹性

弹性一词是物理学名词。在一般语言中可用于比喻事物的可变性。声音弹性是指播音员的声音对所播内容蕴含的思想感情变化的适应能力。简单说，就是声音随思想感情变化的能力。在这里，声音弹性是与声音的单调和少变化相对立的概念。

声音弹性所涉及的表达范围包括两个方面：一方面，不同稿件在内容和感情色彩上总不会完全相同，许多情况下完全不同，这就要求播音员采用不同的声音形式来表现它们之间的区别；另一方面，同一稿件之中的各段落也存在着思想感情的变化，同样要求播音员用声音的变化来表现它们之间的或大或小，甚至十分细微的区别。

声音弹性主要与稿件的思想感情相联系，因为即使用缺少弹性的单调声音也能表达稿件的基本内容。只要照稿去读，避免语音和语法结构上的错误，稿件的意思也可以使人明白。而稿件所包括的更深一层的思想感情，即言外之意却必须要有丰富的声音色彩所形成的不同语气才能淋漓尽致地表现出来。

声音弹性所涉及的声音变化具有这样一些特点：首先是对比性。声音的变化是在比较之中显现出来的，没有快则显不出慢，没有弱也无法感觉到强。一篇稿件之中的起伏变化是在对比之中形成的。尽管有时声音对比强烈，有时不那么明显，但都形成一种对比。

声音弹性所涉及的声音变化具有的另一特点是涉及的声音要素多。虽然单一声音要素，如音高的变化，也可形成声音高低对比变化，使声音具有弹性，但对声音弹性变化来说，更多的范畴是多种声音要素结合在一起的综合对比变化，如刚与柔的声音变化，其中不仅有音色的虚实变化，同时也伴随着音高、音量，甚至发音长度的变化。

声音弹性所涉及的声音变化具有的另一特点是涉及的发音器官多。它与发音过程的各个阶段都有密切的联系，不仅气息和用声的状态对声音变化有直接影响，甚至吐字的力度变化也构成声音变化的重要因素。以刚柔变化为例，坚定有力的声音常常是与吐字力度的加强联系在一起的，而轻松柔和的声音则往往与吐字力度的减弱相关。

与声音弹性有关的声音变化还具有名称不具体的特点。声音弹性中的有些声音范畴其名称与声音关系密切，如高低变化，一望即可知是声音音高变化，强弱则主要指音量变化。而有些范畴的声音内容并不明确，如刚与柔，纵与收，从名称上并不能直接了解它们所包含的具体声音内容。这些名称也可用于表示语气或感情色彩。尽管这些范畴具有名称不具体甚至含混的特点，不易将其声音要素一一分析透彻，但人们还是能够根据自己的经验，准确把握这些声音的不同。

另外，声音弹性各声音范畴的划分具有多样性的特点，除了本章所列举的常见类型之外，人们还可以根据需要进行更细致的划分，以求得到更为丰富多彩的声音变化。

声音弹性的作用

声音弹性是表达稿件丰富思想感情的基本条件，它是从播音的声音训练向表达过渡的重要中间环节。声音训练的目的是为了更完美地表达稿件内容。这里的稿件内容包括稿件的基本意思和播音员理解的言外之意的思想感情两部分。如果仅仅为说明稿件的大意，单调的声音形式也可将其表现出来，因为文字内容和语法结构已经提供了表达意思的基本条件。但播音员所从事的职业要求他们将稿件更深层的含义及感情色彩表现出来，这就不能不依靠具有弹性变化的声音形式。前面几章所涉及的吐字和发声方法都构成声音变化的要素。但在声音的实际运用中，这些要素的变化是混合在一起的。在实际表达中，我们不可能像配制化学试剂那样开列出一张包括声音高低、强弱、音色和速度等声音要素的精确配方，而只能用概括描述各声音要素组合的名称来选取所需要的声音形式。这实际上是从表达需要的更高层次上来把握声音。

声音弹性要求声音形式具有与不同思想感情相适应的能力。这里的适应是指声音形式必须能准确地表达出特定的感情色彩，而不是随意使用声音形式，那样虽然能使声音有所变化，甚至会给人某种“生动”感，但却不是稿件内容所要求的，只能起到“五音乱耳”的作用。细细体会生活中不同感情的声音变化，并将它们移植到播音中，这是将声音与感情贴近，使声音形式与思想感情相适应的第一步。声音弹性与其他单纯声音要素不同之处在于它不仅仅是一种声音的变化，而且还与某些感情色彩紧密联系在一起。

声音弹性还为表达不同和多样化的思想感情提供了坚实基础。思想感情来源于人们对于客观事物的认识和所持的态度。由于认识和态度的不同，造成思想感情上的差别。其中的感情色彩，又与人们的需求有关，能满足人们需求的，会产生愉快、满意、喜爱等感情色彩；人们不满的，会产生厌恶、愤怒、憎恨等感情色彩。人们在表达自己的看法或谈论自己的经历时，总是采用自己习惯的表达方式。词语选择、句子结构及声音形式都具有明显的个人风格，这时的声音形式不会与所要表达的思想感情产生对立。而播音员的表达与此不同。他们要播的稿件很多是由别人写的，而别人的表达方式往往与自己不同，经历也不一样，稿件中所表露的某些感情色彩是自己所不熟悉的。由于性格等原因，有些感情色彩的强烈或细腻程度也是自己表达中所缺乏的。对于表达这些感情色彩的声音形式，自己也较为陌生。这时，稿件的感情色彩与表达这些感情色彩所需的声音形式之间就会产生矛盾。尽管播音员通过理解稿件体会到了其中蕴含的思想感情，却由于自己不习惯而找不到或发不出适当的声音去加以表现。对于这样的问题，只能通过声音与感情结合的弹性训练加以解决。每个人都有自己特定的表达方式，在表达方法上总有自己的不足之处，不可能是十全十美的。在声音的使用上也会有自己不擅长的地方。通过声音弹性的训练，可以弥补自己在声音使用上的不足，使自己的声音能够满足各种感情色彩的需要。

从上面的论述中可以发现，声音弹性在声音与感情色彩的结合上有着重要作用，它表现在以下几个方面：

1. 声音弹性将发音过程中的各单一声音要素结合起来，使之更易于把握和便于使用。

2. 声音弹性强调声音形式变化与感情色彩的适应，而不是单纯的声音使用。它是将声音训练与表达结合起来的重要步骤。

3. 声音弹性有助于各种思想感情的表达，其中包括那些自己不熟悉或不善于表达的思想感情。

第二节　声音弹性的获得

感情体验是获得声音弹性的基础

声音弹性是播音员思想感情变化的外部体现，因此它与感情体验有着直接的联系。感情体验是获得声音弹性的基础。这里所说的感情包括了心理学中的情感和情绪两方面内容。情感是较为稳定的心理因素，它常常受到人的性格、世界观等基本思想要素的影响；而情绪则是比较活跃的，它容易受到外界事物变化的影响，情绪过程在人体内能引起各种器官的剧烈变化。如情绪激动时，脉搏、血压会发生变化，呼吸急促，血液流动加快。情绪过程在人体内能引起相关器官的一系列变化，包括呼吸器官在内的人体发音系统，也不可避免地会受到情绪变化的影响。

人们的感情体验可以由客观事物而引起，有所谓“境与身接而情生”。我们阅读一篇文章，不仅可以从总的内容中感受到作者性格和世界观所显露出的情感，如爱、憎等基本感情色调，同时也跟随着作者的言语经历着事物发展变化的情绪过程。这些都是感情体验的表现。对于播音员，这种感情体验是构成表达的一部分，声音弹性是表达这种感情体验的手段，同时也是感情体验的外部表现。没有感情体验而硬要声音变化，即使声音有对比变化，也只是对听众的一种机械的感官刺激，不能传达应有的感情信息，这样的声音变化是毫无根基的无本之木。有时感情体验不深却虚张声势，常常会造成一种虚假的效果。这些都是播音员应当避免的。

感情的产生在于人们对待事物的态度。感情色彩带有积极与消极的两极性特点，如爱和恨。同时由于程度不同和组合变化而在两极中形成一系列的感情色彩，如喜悦可有愉快、欣喜、大喜、狂喜等一系列程度不同的类型。播音员在进行感情体验时不仅要注意体会基本的感情色彩，还应当特别深刻地体会稿件中细微感情色彩的变化，这样才能形成一条起伏的感情河流，声音变化才能有用武之地。播音员有时声音单调缺少变化，往往是由于情感体验不足，感情缺少变化，而并非是表达手段上的问题。播音员的情感体验不仅要依赖于词语的指示，同时也需要结合自己的经验，运用形象思维去仔细琢磨，准确体验细微之处的感情变化。

气息变化是感情与声音弹性之间的桥梁

情绪体验所作用的人体器官中，与发音直接联系的是呼吸器官。呼吸器官直接为发音提供空气动力。气息状态的变化，不可避免地会使声音发生变化。汉语中许多描绘声音的词都与气息联系在一起，如：气急败坏地说、低声下气地说、趾高气扬地说等等。由此可见气息与声音联系之紧密。气息与感情也有紧密联系，古代就有“气随情动”的说法。现代研究也发现，在不同情绪中，呼吸的次数和呼吸方式都有明显变化。仅就呼吸次数来说，在愉快的情绪状态下，每分钟大约呼吸 17 次。而在悲伤时，呼吸可降至每分钟 9 次，因此悲伤时人们往往要借助间断的深呼吸来补充气息，形成长叹气的呼吸方式。人们在平静状态思考问题时，每分钟呼吸约 20 次。愤怒时，每分钟呼吸达到 40 次。而在恐惧时，每分钟呼吸可达到 64 次。不同情绪状态下的呼吸方式也有区别，一般来说，在无力和放松的情绪中以腹式呼吸为主。而在增力和紧张情绪时，如恐惧，由于腹部肌肉的紧张，常常会限制横隔膜的下降，这时会以胸式呼吸为主，由于胸式呼吸吸气量较少，呼吸次数会迅速增加。

无论是呼吸的次数还是呼吸的方式都会对发音产生巨大的影响，当呼吸次数较少时，发音速度一般较慢，人在悲哀时或有气无力时讲话速度都很慢。如果呼吸次数增加，发音速度往往会加快，欢乐或紧张时的发音速度一般都比较快。使用腹式呼吸，声音比较低，胸腔共鸣多些。而改用胸式呼吸时，声音容易提高，变得明亮起来，由此造成悲哀时声音低沉，欢快时声音高昂，这些都是由于感情和呼吸状态变化而引起的常见声音变化。当然，这些变化只是一种大致的趋势。人的感情是复杂的，气息状态也呈现着复杂的变化，引起的声音变化也是多种多样、丰富多彩的。借助气息的中介作用，感情色彩通过声音变化自然地流露出来。

鉴于气息与感情和声音的密切关系，我们不妨将其称为感情与声音的中间桥梁，借着这座桥梁，声音与感情相互沟通，融为一体。情、气、声三者之间的关系可以这样表述：

感情运动——→气随情动——→声随情变

在对稿件内容感受的过程中，感情转换应当伴随着气息状态的转换。如果播音员的气息是僵持不变的，声随情变就失去了基础，声音必定会游离于感情之外。声音弹性就成了一句空话。

除了呼吸器官之外，面部肌肉和喉部肌肉也受到情绪变化的影响。面部肌肉形成的表情因素对声音音色有一定影响，特别是唇的形状对声音的影响尤为明显，愉快情绪时唇角上抬，音色明亮；消极情绪时唇角下垂，唇噘起，声音暗淡。喉部肌肉在情绪紧张时倾向于收缩，声音变得紧而高；情绪放松时，喉部肌肉倾向于放松，声音柔和、音高适中。喉在情绪过程中的变化不像气息和面部表情那样易于观察，再加上它与气息有密切关系，因此容易被忽视，但更多的是将其与气息状态归纳在一起。

发声能力的扩展是获得声音弹性的条件

这里所谈的发声能力是指对吐字、呼吸、用声、共鸣等各发声要素的控制能力。发声能力的扩展是指对发声既要有所控制，又要有所变化。在学习播音发声的过程中，学习初期常常强调某种状态而忽视其变化，例如学习吐字时强调吐字的力度，而忽视在实际表达中有些字音力度并不很强，特别是那些不需强调的非重音。在学习呼吸时往往强调胸腹联合式呼吸，而容易忽视在表现某些紧张情绪时，也还需要一定的胸式呼吸；在声音使用上强调声音放松时，也容易忽视某些喉音也有其使用价值。我们强调某种发声状态，并将其称为正确的状态是因为它是播音中使用最多而且具有定位性质的基本状态，并不意味着其他状态就没有使用价值。实际上任何一种单一的状态都不可能表达出丰富变化的思想感情。对于发声训练来说，与其说是改正某些方式，倒不如说是补充某些能力或是扩展某些能力。唯有在吐字、呼吸、用声、共鸣等各方面具有多种变化能力，才为获得多要素组合变化的声音弹性创造了必要条件。

发声能力的扩展主要围绕着吐字、呼吸及用声状态进行。吐字能力的扩展主要是指吐字力度的变化能力，吐字可长可短，可轻可重；可发得清晰入耳，也可轻轻带过。这种吐字能力可以避免由于单一吐字方式造成的单调。有人认为播音在发音时吐字不可放松，否则会听不清楚，其实这是一种误解。语句的表达，特别是其较深层含义的表达是通过语调表现出来的，除了声音的高低变化，重音和非重音的对比也是最基本的表达手段，而重音除了声音特征之外，在吐字力度上往往较强，而非重音，特别是那些虚词往往吐字力度较弱。准确地使用吐字力度变化，表达会显得清晰流畅。否则，即使每个字都听得很清楚，也难于表达出“言外之意”。吐字力度除了与吐字时部位的接触力度和气流强度、声音大小有关之外，主要是与发音部位是否准确、唇舌动程大小有关，因此主要是一种吐字方式的变化。

呼吸能力的扩展是指能够运用不同深度和不同方式的呼吸状态发音。胸腹联合式呼吸是一种吸入量较大，呼气控制较强的呼吸方式，适用于各种发音较规整，句子较长，要求中间停顿较少的稿件，而有些较为生活化的、口语性较强的节目，其呼吸状态则是比较放松的，接近生活状态的呼吸方式。即使在同一稿件中呼吸状态也并非一成不变，也还有气息深浅程度的变化。因此，一个基本功良好的播音员应当具有灵活变化气息状态的能力。

用声能力的扩展是人们较为熟悉的，主要是音高、音色的变化能力。音量和音长的变化能力虽然也与声音有关，但它主要还是由气息状态决定的。

如果说声音弹性是色彩绚丽的声音组合，那么吐字、呼吸和用声就是构成这变化的基色，这些基色本身有自己的深浅之分，相互组合，形成丰富的变化。发声能力的扩展就是使这些基色本身也分出浓淡，以便相互搭配，形成最佳组合。

从情到声是获得声音弹性的正确途径

在谈到声音弹性时，人们的注意力常常只集中在声音的变化上。声音弹性虽然以声音变化为其表现形式，但它实际上还牵动着所要表现的更深层面——思想感情。只有符合思想感情要求的声音变化才是有意义的。从这一点上讲，声音弹性具有两层性。一层是声音形式，另一层是话语所蕴含的思想感情。因此，它已经不是单纯的声音训练，而是声音与感情变化结合的训练。

我们在前面曾谈到呼吸是连接感情与声音的桥梁。其中有一点是不应忽视的，那就是这座桥梁主要供单向流通，它的行走方向是从感情到声音，声音从感情中产生，声音是服从感情的。感情是本原，是第一位的。即使在进行练习，其重点是在声音形式上，我们也仍然不能忽略每一练习的内心依据，要从感情出发去寻找适当的声音形式。在训练中，我们所追求的决非单纯的声音变化，而是要与所要求的感情色彩相吻合。不言而喻，声音弹性训练的第一步首先是在内心完成的，播音员要先进行情绪体验，然后再去考虑外部声音形式。这时的声音是感情土地上生出的充满活力的幼苗。

感情与声音的关系还可以表现为另一种途径，那就是由声到情，感情服从声音，声音是出发点。在这种反向的声音产生过程中，声音的变化是根据自己的声音模式安排的，千变万化的感情色彩都被压挤在公式化的有限声音模式中，因而无法表现出感情的细微变化，扼杀了声音的创造性，这种“以声代情”的声音形式不是感情土壤中长出的幼苗，而是硬插在感情土壤上的假花，看似鲜艳，实际上并无活力。

第三节 声音弹性的主要类型和训练方法

声音弹性表现为声音的可变性。离开变化，也就谈下上弹性。声音弹性的变化具有两极对比的特点，分解开来看，可对比的声音要素主要有声音的高与低、强与弱、实与虚、快与慢、吐字的松与紧等。值得注意的是，较为复杂的声音弹性类型往往以众多声音要素混合在一起的复合对比形式出现。在这种情况下，我们常用一些表明感情色彩或气息状态的词来描写这些声音弹性类型，例如深沉与明快，刚毅与柔和，放纵与收敛等。另外，各对比类型中存在着众多的层次，层次之间有细微的差别。声音弹性要求播音员不仅有明显对比的表现能力，还应有表现细微差别的能力。

声音弹性训练是一种与感情色彩结合的特殊的发声训练。由于它还不是表达阶段的训练，因此不应过分强调理解和体验，它所使用的练习材料应当是不难理解和易于体验的简单句段，而不应是需要进行复杂分析的章节。当然，在声音弹性的训练中也可以使用一些完整章节来做练习，但如果其内容和感情过于复杂，需要在理解和体验上花费很大力量，那就会削弱声音练习的分量。

根据循序渐进的原则，声音弹性的类型可分为单一声音要素对比型和多声音要素对比型两类。为了便于学习，在有些类型后面举一些例子加以说明。

单一声音要素对比型

这类声音弹性类型是以一种声音要素变化为主。所谓单一声音要素对比并不否认其他声音变化也混杂其中，只不过其他声音变化不那么明显。这种类型的声音弹性变化较为简单，容易体会和学习，是学习声音弹性的基础。

（一）高与低

这一声音变化主要表现为声音的音高变化。它与各种感情色彩变化相关联。有兴趣的声音常常表现出高低变化，使表达更为生动；缺乏兴趣的声音则缺少高低变化，显得十分单调。一般来说，向积极一端发展的感情色彩，如激动、紧张、喜悦，声音呈升高趋势；向消极一端发展的感情色彩，如安静、放松、悲伤，声音倾向低沉。

在练习高与低的声音变化时，可有意识地利用一些不同含义的句段来设计高低变化。例如：

1. 有层次的高低变化

(1)（高）床前明月光，（次高）疑是地上霜。

（次低）举头望明月，（低）低头思故乡。

(2)（低）它轻轻扇动翅膀飞起来，（高）越飞越高，（更高）越飞越高。

2. 明显对比的高低变化

(1)（高）对面是高耸入云的大山，（低）脚下是波涛汹涌的急流。

(2)（高）孩子们有的在跑，（低）有的在跳，（高）有的坐在那里发呆。

（二）强与弱

强与弱主要表现为气流和发音强度的变化，即音量大小的变化。紧张、有力或激昂等感情色彩常表现出较强音量；而软弱、无力或消沉的感情色彩常表现出较弱的音量。与高低变化相同，在声音的强弱变化中也体现着一些其他声音要素的变化，例如强往往与高音和明亮音色相联系，而弱往往与较低和较暗音色相联系。广播中过于强烈的强弱对比影响收听效果。但作为思想感情的表现手段，适度的强弱对比仍是必不可少的。

强弱变化可用词或句子强弱对比进行练习。

1. 他的心怦怦地跳着。（“怦怦”的声音较强。）

2.（弱）他暗自下定决心；（强）我决不能那样做!

3.（弱）第一锤打下来，他的双手感到有些震动。（增强）第二锤，震得他虎口发麻。（强）第三锤打下来，他整个身子都弹了起来。

（三）实与虚

表现为声音音色的明暗变化，它是由声门开闭状态不同造成的。实声声音响亮扎实，常用于表达严肃、激动、紧张或兴奋的感情色彩。虚声混有呼气声，声音柔和，常与亲切、轻松的感情色彩相连。播音在表现喊叫时为避免过强音量，带用虚声的神似手法来表达。对于一般的讲述，适当的虚实音色变化会使表达更为生动。

广播中新闻政论类较严肃的稿件，常常使用偏实的声音色彩，例如：

(偏实) 瑞典航空公司的一架DC—9型客机昨天从斯德哥尔摩机场起飞不久便出现故障，飞机迫降后被摔得四分五裂，但机上129名乘客却侥幸全部生还。

偏虚些的音色常用于表现较亲切和随便的内容，如：

(偏虚) 听众朋友，在这次节目里我要和你谈谈如何更合理地使用洗涤剂。

学习声音虚实变化还可根据段落中句子感情色彩的变化，例如：

1.(实) 我轻轻地问："(虚) 大夫来过了吗?"(用虚声表示声音轻和亲切的感情色彩。)

2.(实) 虽然大多数人都是这样，(虚) 但也有例外。(以虚声留下悬念，使人感兴趣。)

3.(实) 这些树有的笔挺，像威武雄壮的战士。(虚实之间) 有的端庄，像文静的书生。(虚) 有的婀娜多姿，像是天上的仙女。(用不同音色加强景物的形象)

播音中表现大声呼喊时，常用虚声来模拟，例如：

1.记得是春季，雾蒙天，我正在蓬莱阁后面捡一种被潮水冲得溜光滚圆的鹅卵石，听见有人喊："(虚) 出海市了。"

2.他爬上山顶大声呼喊："(虚) 张华，你在哪里?"

(四) 快与慢

指发音的速度变化。发音的速度变化可形成声音节奏，节奏之中常包含有多种声音要素的变化，如强弱、高低，但速度变化形成的节奏最易感觉。发音缓慢给人松弛、平和之感，发音快则使人感到匆忙、紧张。两者对比变化可形成感情色彩的变化。

不同的文章段落，由于思想感情不同，可有速度的区别，如下面两段：

1.(慢) 他慢慢站起来，轻轻掸了掸身上的土，缓缓朝村边的树林走去。

2.(快) 他赶紧躲向路边，但飞驰而过的汽车还是溅起无数泥点打在他身上。

一段之中的不同句子，也可用速度变化表现不同的感情色彩。

1.(慢) 一望无边的草原上，只有羊群在静静地吃着草。(渐快) 突然，天边出现一团乌云。紧接着，雷声大作，雨点劈里啪啦地掉了下来。

2.(快) 他匆匆跑上楼，用力拉开房门，(渐慢) 只见孩子正在床上酣睡着，他一颗心才算落了地。

(五) 松与紧

在发音中，吐字力度也可形成对比变化。松散的发音使人有随便之感，吐字的工整使人感到正式和严肃。吐字力度的变化常常伴随音量和音长的变化。吐字工整，力度较强往往音量稍大，发音的持续时间较长。从整体上看，播音吐字比口语吐字力度要强，但节目类型不同，吐字规整程度也不一样。新闻类节目吐字较规整，较为轻松的节目吐字略松些。不管哪一类节目，表达中都存在着不同层次的吐字松与紧的变化，吐字方式并非单一不变。例如：

1.(紧) 各位听众，下面播送一条重要新闻。

2.(松) 听众朋友，今天我们来谈一个轻松的话题。

3.(松) 他绷着脸说："(紧) 你这样做是违反纪律的!"

4.（松）事情已过去很长时间了，（紧）但这血的教训却要永远记取。

多声音要素对比型

单一声音要素对比变化是最基本的声音弹性变化，也是播音员掌握声音弹性的基础。单一声音要素对比变化常常在语言的基本单位，如句子上表现较为明显。在句中词与词之间也有所表现，如重音与非重音之间就常有轻重、高低、强弱的变化。

播音员在节目中要讲的话往往是包含许多句、段的完整话语。这就要求播音员不仅能在段落中，而且能在全篇之中把握声音的变化。全篇之中各个段落之间的声音变化往往是多个声音要素混合在一起的变化，这时仅仅用高低、强弱、快慢来把握就显得不够准确了。在较为复杂的语句中，声音弹性往往与语气结合在一起。词、句、段声音变化使得语言错落有致，感情起伏跌宕，声情并茂。

在描述较复杂语句声音变化时，常见的声音对比形式有刚与柔、纵与收、厚与薄、明与暗等。

（一）刚与柔

感情色彩呈现两极性的特点。播音员所播稿件中蕴含的感情色彩也具有这种两极发展趋向。刚与柔便是对这种两极性感情色彩变化的声音描写。这里的“刚”是包括多个声音要素的模糊概念，很难用物理量来衡量。一般来说，刚与实声、较强音量、中高音及吐字有力联系较紧，而柔则与低音、虚声、弱音量和吐字略松散联系在一起。“过刚则直，过柔则靡。”如果这些声音要素用到极端，则会产生硬邦邦的僵直声音或萎靡不振的柔弱之声。刚常与坚定、有力、坚毅、严厉、严肃等语气联系在一起。柔则与轻松、亲切、温柔等语气联系在一起。

（二）纵与收

是指声音放纵与收束。它既指出声音的特点，又与气息状态有关。声音是表现，气息则是根源。一般情况下，当感情处于积极上升状态时，气息是通畅的。随着发音不断使用气息，及时补充气息，语流表现出一种顺畅的行进感。而当感情处于不那么积极的状态时，气息会有所约束，流动变得舒缓而有控制。在语流中，气息的这种起伏变化形成了声音的放纵与收束感。如果气息缺少这种变化，尽管语流中有高低、强弱等声音要素的变化，也还会使人感到感情色彩不足。这是因为气息是感情的最直接体现。缺少气息变化，声音色彩就不能与感情色彩更紧密地连接在一起。

纵与高音、强音、实声、速度较快、气息流畅有关，与兴奋、高兴、愤怒、生气等强烈感情色彩相连。收则与低音、弱音、虚声、速度偏慢、气息控制较强有关，与沉静、谨慎等弱化感情色彩相连。

（三）厚与薄

是与声音共鸣变化有关的声音形式对比变化。当气息吸得较深、喉部放松、胸腔共鸣增强时，会产生一种厚实的声音。而气息吸得较浅，喉闭合较紧，胸腔共鸣较少时，则产生一种细薄的声音。厚与薄常与声音的粗细联系在一起，但声音的粗细与声音高低联系紧密，而厚薄除了声音高低之外，主要是与声音的共鸣色彩相关。厚实的声音与声音的音高较低，音量较强有关，常用于深沉、庄重的语气。而细薄的声音往往比较高，音量也较小，多表现轻巧、活泼、欢快的情绪。

（四）明与暗

明朗的声音共鸣的位置略靠前，声音偏高，略紧。暗声共鸣位置略靠后，声音偏低，略松。明朗的声音容易表现出开朗、欢快、赞颂的情绪。较暗的声音则利于表现深沉、感慨。

由于感情色彩具有的两极性可以用不同的感情对比来加以描绘。因此，声音弹性的对比在种类和数量上都可进一步扩展。上面谈到的只是一些常见的基本类型。如果这些基本类型能够被熟练地把握，那我们就能大致达到声音与思想感情的吻合，通过进一步练习，逐步接近声情并茂、相得益彰的目的。

第十六章

嗓音保护与嗓音疾病

喉是人体发声器官，其内部构造十分精细，使用不当，很容易造成发声器官的损伤或产生各种嗓音疾病。因此，职业嗓音工作者应当了解嗓音保护知识，避免嗓音疾病的发生。

播音员日常嗓音保护主要是根据自己的具体情况，不断纠正错误的用声方式，养成科学的发声习惯，这是积极的保护方式。除此之外，在生活中也应当注意嗓音保护。这种嗓音保护，主要体现在饮食和生活起居方面。

第一节　嗓音使用与保护

使用与保护的矛盾

播音员要使用嗓音，尤其在进行练习时，常常要长时间发声，这种声音训练如果不当，很容易造成嗓音损害。嗓音使用，尤其是练声和嗓音保护之间的确存在矛盾。

练声的过程是机体的训练过程，发声能力的提高是机体不断适应的过程。要获得发声能力的不断提高，需要采用超量恢复的方式。而超量恢复则要求嗓音承担一定的负荷，产生适度的疲劳。对于身体运动训练来说，没有疲劳就没有训练，没有疲劳就不会提高。随着对新负荷的适应，由该负荷引起的生物学改变就会减少，人们就会觉得很轻松。例如，一个人普通运动量练习时心跳每分钟 140 次，大运动量练习后每分钟心跳 180 次，经过一段时间，同样大的强度，心跳恢复到每分钟 140 次，要想进一步提高，就需要再加大负荷，产生新的疲劳，获得新的超量恢复。与此相同，发声能力的提高，也需要不断提高练习的强度或练习时间长度。

没有疲劳就没有能力的提高，但过度疲劳则可能造成伤害。播音员应当了解嗓音保护知识，正确处理使用与保护的关系。

在使用中保护

嗓音的使用和保护是矛盾的，但如果处理得当，二者可以统一起来，使其既有益于使用，又不至于受到损伤。得当的处理方法就是科学用声，正确用声。正确用声的基本原则是用声适度和循序渐进。这一用声原则适用于播音和发声练习的各种场合。发声能力的提高不可避免地要打破旧的平衡，在这一过程中一定要考虑发声器官的承受能力，不可急于求成，否则发声能力得不到提高，嗓音还会受到不应有的损伤。

下面谈谈可能影响嗓音的用声问题及纠正方法：

影响嗓音最常见的问题是发声过度。发声过度是指发声器官超过发声能力或在疲劳状态下长时间工作。经常发声过度容易造成嗓音疾病。常见的发声过度有以下几种：

1. 音色过于明亮。不少播音员在播音时不考虑内容需要，喜欢使用富于金属色彩的极其明亮的音色发音，尽管声音明亮，但自始至终使用，仍使人感到单调。这种发音方式对喉是一种极大的负担，因为发声的时候声带相互并拢得很紧，中间没有一点缝隙，声带振动的时候两侧声带会连续不断地碰撞摩擦，如果发音时间过长，刺激剧烈会引起声带充血。使用这种音色播音或练声，时间长了会明显感到喉咙发干、不适，甚至疼痛。

播音音色应保持与口语明亮程度大体相同或稍微明亮的水平，也就是要将喉部适当放松。在练习或播音时，如果需要明亮的声音，也不要将声带闭合过紧，特别要注意不要长时间发过于明亮的声音。初学者喉部放松是正确发声的基本要领。

2. 用声偏高或偏低。在生活状态，口语发音一般多用中音区。播音作为一种讲话方式，在许多方面保持着口语发音的特点，在音高使用上与口语大体相同，只是使用的音域范围较宽。不懂播音用声规律的播音员，常常一味追求声音的响亮，他们往往将口语经常使用的中音弃之不用，代之以不自如的高音。这种用声，声带同样要绷得很紧，喉部负担沉重，容易造成疲劳，播音时间稍长，喉部就会感到不适。

播音中还有一种用声偏低的现象，在男声中比较常见。他们把声音音域不适当地降到低音区。有的人音色单薄，为了使声音饱满，在播音中极力压低声音，这种偏低的声音听起来沉重、压抑，有时带有浓重的喉音色彩，仿佛是挤着喉咙发出的。这种发声，声带要用力收缩，喉部负担同样十分沉重。

我们讲用声偏高或偏低，是指整个发音都处在偏高或偏低状态，并不是说不能发高音或低音。作为一种基本状态，播音的音高应与口语大体相同，不应过于偏高或偏低。

3. 不适当地加大音量。有人在生活中发音音量不大，但是播音的时候却突然加大音量，而且随着播读的进行，音量会越来越大。由于音量失控，喉部受到强气流的冲击，给喉增添了很大的负担，用声之后嗓子会感到不舒服。其实播音对音量的要求并不高，由于有话筒对声音进行放大，播音只要求音量的大小变化，并不要求一直用较大的音量。而听众收听时可以随意调节音量，不受播音员音量限制。播音员在确定音量时，应该设想听众就在面前，而不是远处的什么地方。这种正确的距离感可以帮助你克服不适当的大音量，有效地控制音量。

4. 用声时间过长。用声时间过长对嗓音也有一定危害。即使发音方法正确，也应在用声时，尤其是声音训练时掌握循序渐进的原则，避免用声时间过长。有些人或者不练，或者不间断一次练很长时间，这些做法都对发声器官不利。初学播音时练声时间不要过长，随着发声能力提高再加长练习时间。另外，在练习中，要间断休息，以避免发声过度。

生活中的嗓音保护

除了正确用声，培养有助于嗓音保护的良好的生活习惯，也是嗓音保护的重要措施。良好生活习惯包括以下内容：

1. 锻炼身体。身体健康状况直接影响发声。播音员应当积极锻炼身体，增强体质。锻炼可采用多种形式，跑步、游泳、球类运动、体操、武术等都是很好的项目。但有些屏气的运动，像拔河、举重，喉要承担很大的压力，容易造成喉部肌肉的疲劳，对发声不利。有些运动项目呼吸过于剧烈，如高速跑、长跑，气流对声带刺激强烈，也不宜在用声前进行。

2. 保证必要的休息和充足的睡眠。良好充足的睡眠是人体解除肌肉疲劳的重要方法。发声器官肌肉的疲劳也同样需要睡眠来解除。播音员每天应保证七至八小时的充足睡眠。

3. 养成良好的饮食习惯。播音员的饮食要尽可能做到定时定量，不要暴饮暴食。刚进餐后不要播音，这是因为进餐后大脑的注意力集中在稿件上会影响肠胃的消化功能。另外，胃的膨胀会妨碍横膈的下降，造成发音气短，这种情况在进餐过饱时尤为明显。

播音员的日常食物应尽量避免刺激性，不要大量吃过冷过热的食物或饮料。富于刺激性的食物少吃为好。有人做过调查发现，对歌唱演员发声有影响的食品依次为：酒、葱、蒜、烟、炒花生、炒葵花子、肥肉，另外，辣椒、酱豆腐、甜食、韭菜、蒜苗、羊肉、虾、醋、芥末等，这些食品会使嗓子发干、口渴、痰多，声音发木、发紧、发闷、嗓子发堵，在播音之前食用应考虑其对嗓音可能带来的不良影响。

有些食物对嗓音有一定的保健作用。根据我国中医理论和经验，以下食物有利于嗓音。芹菜：芹菜可以除热祛风、明目利咽，急性咽喉炎可用；丝瓜：丝瓜凉血清热，解毒利咽，喉肿痛时可食用；萝卜：萝卜有清凉润肺、化痰利咽之功，经常食用，可以保护咽喉；金橘：金橘可理气化痰，清理咽喉；紫菜：紫菜可爽利咽喉，化痰散结，咽喉有异物感时可食用；柿子：柿子有清热润燥的功能，可在咽喉干痛时食用；食盐：每天用淡盐水漱口，可以防止声音嘶哑，咽喉痛时，可用盐少许加开水代茶饮用，有一定治疗作用。

4. 选择适当的练习时间。大脑尚未兴奋，发音器官活动不协调不练，发声器官疲劳或精神状态不好的时候不宜进行大量发声练习，早晨练习应当把嗓子活动开。

正确用声和良好的生活习惯是嗓音保护的两根支柱，经验表明，发声方法正确并注意生活习惯的播音员很少患嗓音疾病，嗓音可以几十年不失光彩。而有些人自认为嗓子好，经常不加以限制地滥用嗓音。不重视嗓音保护的播音员，声音会在很短时间内变坏，不得不过早地离开播音岗位。

第二节　常见发声器官疾病的防治

咽喉不仅是发声的器官，而且是人体的重要关口。它是饮食和呼吸的门户，又是发音的关键部位，虽然是方寸之地，却是生命运动的枢纽。与咽喉有关的发声器官疾病，不可不重视。

发声器官疾病种类很多，对播音员发声影响较大的有以下几种：

1. 咽炎。咽部红肿充血，咽部发干并有疼痛感，急性咽炎大多是上呼吸道感染引起，也有一些是由于发声过度引起。吸烟和用声不当可造成慢性咽炎。咽炎会造成喉部不适，使发声易于疲劳。急性咽炎在发作期间应少用声或不用声，以免由于过度刺激使病程加长或转为慢性咽炎。有慢性咽炎的人应注意是否有发声问题，如有问题应及时纠正，从根本上消灭致病根源。吸烟者应当戒烟。

2. 喉炎。患有喉炎，喉部常常发痒或有灼痛感，用声不多，嗓音就显得十分疲劳。患有喉炎发音时音色粗糙，发不出高音。严重时声带红肿会使声音嘶哑，甚至失音。喉炎往往由咽炎开始，炎症发展扩大形成。炎症引起的喉炎，早晨声哑较重。急性喉炎多由感冒受凉引起，伴有全身症状。开始时咽部和喉口发炎，以后引起下行性感染，由于喉部感觉不明显，为了克服声哑，会用力发声，造成声音挤压，对嗓音形成伤害。以后炎症消失，声哑仍会持续。由于喉肌处于紧张之中，声带在炎症消失后仍会呈充血状态。喉炎主要由上呼吸道感染引起，发病期间要停止用声。

有些人有慢性咽炎，喉部略有不适，症状不明显，不引人注意。慢性喉炎会使播音员的嗓音逐渐发生变化，造成音色变暗或沙哑，声音变低，音量变化困难及用声不能持久。相当一部分慢性喉炎是用声方法不当造成的。

下列疾病可以引发喉炎：

变态反应症。有些喉炎是由身体反应引起的，如花粉反应等。对于水肿性慢性喉炎，应当检查是否是变态反应性喉病。

慢性扁桃腺炎和急慢性鼻窦炎。慢性扁桃腺炎可以引发喉炎，但数量不多。而急慢性鼻窦炎最容易引起喉炎。对于喉炎患者，可以将拍鼻窦 X 线片作为常规检查，以免将此病因忽略。

腺样体肥大症。此病也容易引发喉病，以青少年多见。对于 25 岁以下的青年人，应检查鼻咽腔有无腺样体残体。

气管炎。气管炎的病变在气管粘膜，但是可以累及喉头，喉部会产生慢性炎症，而且多痰。

喉炎急性发作时，可以热敷喉部，治疗全身症状。慢性喉炎应消除致病原因。喉炎发作时如伴随咳嗽，应服用止咳药消除咳嗽。因为咳嗽会使声带剧烈碰撞，刺激声带。喉内滴药可以减轻喉炎症状，但多有副作用，发声急需时可以使用，但不可形成依赖。喉炎发病时应当戒烟，不能饮酒，忌用辛辣，不要大声说话或歌唱，避免刺激性气体和灰尘，饮食不要过冷过热。更重要的是避免用声过度，可禁声 1 至 2 周，以节制发声。存在发声问题的应从根本上改变发声方法，用气息支持发声。

3. 声带小结。成人和儿童都可产生此病。儿童好高声喊叫，患此病较多，以 14 至 15 岁男孩多见。但儿童声带小结可以在青春期前或青春期中自然消失。这种小结可能与声带发育有关。成人小结以女声较常见，发病高峰为 21 至 25 岁，50 岁以上少见。

声带小结是声带边缘长出小米粒大小的突起，常常左右对称。小结位置常位于声带前三分之一处，话声小结可位于声带中部，歌唱形成的小结基底较小，形似尖锥，话声小结多见于教师，小结为广基型。由小结可以判断用声方式。患小结说话声哑，无亮音，发声易倦。高音发不出，音高变低。临床小结有软硬两种，软性呈现水肿样，可以消散，硬性呈纤维性改变，应当手术治疗，保守疗法难于治愈。

声带小结对嗓音危害大，它与发声方法不当，特别是发声过度有密切的关系。很多人在小结产生之前已有慢性喉炎，由于没有及时治疗或坚持错误的发声方法，最终造成声带小结。声带小结会使发音不畅，重度小结音色变暗、声音嘶哑。声带小结应采用药物或手术方法治疗，同时应克服用声问题。

4. 声带囊肿。声带囊肿的主要症状是声哑。检查会发现声带一侧有囊肿，看上去有点儿像声带小结，但声带小结是两侧对称，囊肿为一侧。小结可以在囊肿的基础上产生。发声时囊肿会冲击对侧的声带，使对面声带部位上皮变厚。声带囊肿的治疗可以采用手术疗法。

5. 声带息肉。多见于成年男性。息肉与小结不同，它的体积比小结大，介于小米粒与黄豆之间，生于声带前部或声门下。除了声哑之外，常在喉前部有压迫感。声带息肉不可用保守疗法，需用手术治疗。手术后应当避免滥用声音。

常见发声器官疾病，治疗及时都能治愈，一般不会影响发声。对于嗓音疾病应采取预防为主的方针，只要从日常做起，养成好的用声和生活习惯，就可预防各种发声器官疾病的产生，并能不断提高自己的发声能力，使嗓音更动听和富于表现力。

第三编

创作与表达

Broadcasting
Announcing
in China

第十七章 正确创作道路

播音是一项语言创作活动，但它不仅仅是个语言问题。播音是创作主体（广播、电视播音员，节目主持人）站在媒体的立场，以科学的世界观为指导，对社会生活（含反映社会生活的各类文字稿件）进行观察、体验、分析、综合，以及加工提炼，经过艺术构思，最终以有声语言加以表现的创造性劳动。

播音能否遵循正确的创作道路，是每一位播音创作者面对的基本问题，也是每一次播音创作都必然要经历的实际问题，因此也成为播音创作基础理论中首先要明确的重要命题，并且是播音实践中不能须臾离开的创作指导思想。

第一节 正确创作道路的重要性

随着广播电视事业的发展，全国各地、各级、各部门（广播电视部门、企业、部队等）兴办的广播电台、电视台的播音从业人员，已经数以万计。他们主要是通过各自的言语活动向人们传播着各种信息。我们每天收听、收看到的播音，从正襟端坐、郑重严谨地报告新闻，到满面春风、潇洒平易地侃侃而谈，其间的语言活动异彩纷呈。一个好的播音员应该有很强的语言驾驭能力，能适应各种类型的广播电视节目内容形式，以至风格的变化。与节目和谐统一的播音，当然需要语言的创作，无论是最具播音语言个性特点的新闻播音，还是汲取了朗诵等艺术语言营养的艺术专题片解说，还是恰似日常生活中谈话的主持人节目播音，都是经过加工的语言创作。可以肯定地说，播音不是盲目的、随意的言语活动，也不是以表演为特征的言语活动，更不是仅仅指向主体自身的，自我封闭的言语活动。播音创作的性质有明确归属，有特定的目的，有具体的依据和传播指向，还有与播音创作紧密相关的其他因素的制约。总之一句话，播音创作有自身固有的客观规律。对于播音创作客观规律的认识，构成播音创作道路的质的规定性。播音的创作道路不管正确与否，是客观存在的。而正确的创作道路，则反映播音创作活动的本质与内在联系，规定着实践活动的“模式”和方案。因此，创作主体如果不了解，或忽视播音的正确创作道路，违背其中的客观规律，就会影响播音创作的水平，甚至导致播音创作的失败。

从总体上看，任何节目的播音都是从不同的层面，不同的角度来反映社会现实生活的。那么，就存在着一个以什么样的观点去反映，用什么样的态度去反映，以及为了什么目的去反映的问题，这可以说是个创作原则，创作态度的问题。对于有文稿的播音而言，这固然首先是创作依据——稿件所提供的基础，但播音既然是创作活动，就不仅仅是由稿件的文字符号到播音语言符号的简单转换。将稿件转化为播音作品，必然渗透着创作主体的主观判断，融合进他的思想倾向和情感体验。播音作品传达稿件的内容是否准确明晰，其蕴含是否鲜明深刻，与播音主体的立场、观点及知识、修养、语言功力有直接的关系。没有现成文稿的播音创作活动，如即兴口头报道，即兴述评，即兴的主持串联等等。有关“反映什么”、“为什么反映”的问题，更是显而易见地摆在了播音创作主体面前。这时，不管是否意识到这个问题，创作主体的世界观、价值观都会自觉不自觉地在即兴口语活动中流露出来。因此，创作原则，即创作的出发点、立足点的问题，是任何一位播音创作主体都不可能回避得了的。

再从播音创作过程、创作形式和手段看，不论播音样式和风格有怎样的变化，都可以找到其中的共性，亦即播音创作的规定性。这是由播音工作的性质任务决定的，也是由广播电视传播特点所制约的。创作主体对此要有清醒的认识和比较透彻的了解，并贯穿于每一次播音创作中，以其共性规律指导自己的播音创作。只有遵循播音创作的特定规律，才能提高工作效率，保证工作质量，使我们的播音创作活动与其本身的客观规律趋于一致。

正确的播音创作道路，不只是个认识问题，也不仅仅是个理论问题，更重要的是它的实践意义，而且它的产生，正是在几代播音员丰富的实践中，经过正反两方面的经验教训摸索总结出来的。在五十多年的人民广播历史进程中，在播音创作方面，就有过多次不同层次，不同范围的讨论，例如，播音创作是从稿件出发，还是从自我出发；在播音创作的感情与技巧关系上，曾有过畸轻畸重的偏移；也曾有人受资产阶级新闻观影响，淡化或模糊了播音中应坚持的无产阶级党性原则……实践证明，坚持正确的创作道路，是播音创作的前提，是提高播音质量的重要保证，是广播电视传播的需要，也是广大受众的需要。能否坚持正确的创作道路，对于学习播音以及播音创作实践，都有着直接和深远的影响，是每一位播音从业人员都要遇到，同时必须予以重视的问题。

坚持正确的播音创作道路，就是要求播音创作主体从思想上认识其重要性，从理论上了解其涵义，在实践中认真地身体力行，同时及时了解反馈，注重社会效果的检验。惟其如此，才能从主观动机和客观效果的结合上，从理论和实践的结合上，解决这一播音创作中带根本性的问题，创作出无数符合党的利益，为广大受众喜闻乐听的播音佳作来。

第二节　正确创作道路的规定性

关于正确的播音创作道路，可以这样概括：

“站在无产阶级的党性和党的政策的立场上，以新闻工作者特有的敏感，把握国内外形势的发展变化和人民群众的思想实际，准确及时地、高效率、高质量地完成‘理解稿件

——具体感受——形之于声——及于受众’的过程，以积极自如的话筒前状态进行有声语言的创造，达到恰切的思想感情与尽可能完美的语言技巧的统一，达到体裁风格与声音形式的统一，准确、鲜明、生动地传达出稿件的精神实质，发挥广播电视教育和鼓舞广大人民群众的作用。”①

正确的播音创作道路包含了丰富的内容：播音创作的原则、播音创作的源泉、播音创作的新闻属性、播音创作的自身特点、播音创作的标准和任务。它立足于播音创作自身的特点，着眼于播音创作的大环境，较为全面而深刻地反映了播音创作的质的规定性。

播音创作的党性原则

我国广播电视的性质，是中国人民所有的中国共产党领导的社会主义性质的广播电视。其宗旨是为人民服务，为社会主义服务。播音工作是广播电视传播中直接“面对”听众、观众的中介，毫无疑问要遵循新闻工作、广播电视工作的党性原则。因此，播音创作主体必须坚定地站在党性和党的政策的立场上，在政治上完全同党中央保持一致，宣传党的纲领路线、方针、政策；在思想上坚持党的理论基础和思想体系；在组织上服从党的领导，遵守党的宣传纪律。这个创作原则是容不得半点犹豫和疏忽的，它应成为每一位播音创作主体在每一次播音创作中自觉坚持的立场。

播音创作，绝不等于机械刻板的文字符号向语音符号的转换。是创作，当然要有创作者的热情，当然要倾注创作者的心血和具体的思想感情。正确的创作道路，强调的是创作者的思想感情，与党和人民利益的一致性。是否符合播音创作与党和人民利益的一致性的要求，广大受众透过播音创作者的言语活动，必然能够明确感知到。因为播音创作的语言活动总是受到创作主体的世界观、价值观的支配和影响。世界观在播音中作为创作心理背景的有机组成，起着重要作用，并在创作中有鲜明表现。这是不以人的意志为转移的客观规律。广播电视是“教育、鼓舞全党、全军和全国各族人民建设社会主义物质文明、精神文明的最强大的现代化工具，也是党和政府联系群众最有效的工具之一”，因此，任何违背无产阶级党性立场和党的政策，任何违背人民群众利益的思想感情渗透到播音创作中，都是不能允许的，都会给党的工作造成损失。新闻工作的党性原则，还应作为播音创作的纪律，自觉约束，严格遵守。如果把播音创作当做提高知名度，炫耀播音技巧，捞取私人名利的机会，那就大错而特错了。带着这样的动机播音，是违背播音工作性质的，其播音不仅不会成功，还会在广大受众中造成极坏的影响，最后只有离开播音岗位了事。

因此，要遵循正确的播音创作道路，播音从业人员要认真学习党的路线、方针、政策、准确深刻地领会党的基本路线，不断提高自己的思想觉悟和理论水平。在具体的播音创作中，以对社会主义事业的满腔热忱，从党性立场的原则高度出发，深刻认识所要传播的信息，调动自己的播讲愿望，以自己创造性的劳动，全心全意地为广大受众服务，为建设有中国特色的社会主义服务。

坚持党性立场这一创作原则，应该说，是社会主义事业中一切创作活动具有共性特征的原则，但是对于播音创作又具有特殊的意义。由于播音创作一般都在时间紧迫的情况

① 张颂：《播音创作基础》。

下,主要由个体完成并直接向大众传播。在传播过程中,不可能也不便于得到人们的直接指点,而且今后广播电视发展的趋势,直播节目比例要加重,播音创作能否坚持党的立场,反映党和人民的利益,更是集中地系于播音者一身,所以,就特别要强调遵循播音创作原则的自觉性和一贯性,只有坚持这一创作的出发点,才能使播音创作经得起社会效果的检验。

播音创作的源泉

生活是创作的源泉，同样也是播音创作的源泉，播音创作任何时候都不可能离开火热的社会生活。播音创作需要时代精神的熏陶，需要在生活中汲取营养。熟悉生活与时代精神融为一体，有两条途径：一条途径是指播音创作主体要努力深入实际，要熟知国内外形势的发展变化，要真切了解人民群众的意愿，并时时以新闻工作者的敏感，把握时代氛围，时代精神的实质，想人民群众之所想、急人民群众之所急、爱人民群众之所爱，与人民群众息息相通。因为以这样的思想感情浇灌和浸透自己的心灵，才能忠实地在播音创作中表现出时代的特点，反映出人民群众的喜怒哀乐。

另一条途径，即通过间接经验来熟知现实，这对播音员有着特殊的意义。因为工作体制和分工的不同，播音员（包括主持人）深入基层的机会毕竟不如记者多，他们经常地、并主要地从记者编辑加工的第二手材料中了解形势的发展，而社会各方面的信息又都汇聚到播音员这里。这种现实工作状况，可能产生两种截然不同的结果，责任感强，新闻敏感强的播音员，结合自己的直接经验，自己对生活的观察与思考，能够快捷、便利地尝到“秀才不出门，便知天下事”的甜头，从而使自己的思想感情总是和着时代的脉搏一起跳动。那些脱离生活实际，“躲进小楼成一统”的思想和身体都慵懒的播音员，面对大千世界的种种信息却会生出“司空见惯”、“与己无关”、不以为然的冷漠心态，并殃及播音创作的感情态度，与时代、与生活、与群众形成隔膜状态。显然后者与党的新闻工作者的素质要求是格格不入的。

播音创作要饱含强烈的时代精神和浓郁的生活气息的另一层含意，是指播音创作的声音形式，言语风格必须符合时代氛围，符合受众的接受心理，欣赏倾向。时代前进了，倘若播音创作的风格仍滞留在过去的时代，相对稳定的语言定势若不及时随客观传播大环境的变化，做出控制、调节，就不可能为受众所乐于接受。因此，播音创作者要主动顺应时代潮流的大趋势，积极做出相应的调节变化。对以往成功经验的自我迷恋，自我欣赏，很可能改变以往的信条，脱离正确的播音创作道路，步入“播音匠”的误区；而对时代制约因素的迟钝，语感适应能力不强，或对时代，对受众判断不准，都会有意无意地在创作道路上误入歧途。文革时期播音的“高、平、空”和居高临下的说教，早已为人们所唾弃；一度代之而起的那种远离生活，与受众处于隔膜状态的“冷、僵、远”的播音，也理所当然地受到人们的批评；而一味的“亲昵、迎合”，只不过是使播音创作庸俗化的浅陋的表现，只能一时取悦于某些人。广大受众不是不需要播音创作的热情，在几十年人民广播电视事业的历史中，传播者与受众在传播与接受、创作与欣赏方面已经有了一种默契，即传者与受者需要思想感情的沟通，这是优化传播效果的重要因素。从这个角度出发，播音创作始终需要符合时代精神，充满生活气息的饱满感情，只不过要悉心在分寸尺度上下功夫,离受众更近些,表现更自然些,满腔热情,而又恰到好处地反映社会生活的丰富色彩。

播音创作的新闻属性特征

传播新闻是广播电视传播功能的主体，播音工作具有鲜明的新闻工作的属性。明确这一点，对于坚持正确的创作道路具有两重意义：其一，播音创作必须了解播音语言特点，把握其具有规范性、庄重性、鼓动性、时代感、分寸感、亲切感的特点，既不能混同于日常谈话，又区别于朗诵，戏剧台词等表演艺术语言，而是取生活语言和艺术语言之精华，走自己的路，营造独具一格的具有新闻特色和传播特色的播音语言。因此，在播音中片面追求表演艺术语言效果的创作道路，或把生活中的“聊天”、“侃山”照搬到话筒前的做法都是不可取的，那样做是不可能创造出具有新闻工作特色，适应大众传播要求的播音语言来的。其二，强调播音创作的“准确、及时”和“高效率、高质量”的工作要求，只有如此，才能胜任新闻工作时效性强，真实性要求高的特点。业务基本功不硬，备稿能力弱，话筒前状态差，就无法准确、及时，高效率、高质量地完成播音创作。所以，要坚持正确的播音创作道路，就必须刻苦磨炼各项基本功，提高艺术素养，扩大知识积累，增强语言功力，以适应新闻工作的特性。

播音创作的自身特点

播音创作的特点很多，这里主要分析创作中的认识过程与情感过程的特殊性，以及言语外化过程的特殊性。

这个问题要先从播音创作过程谈起。如果做粗略的划分，播音创作可以分为有现成文稿的播音（简称“文稿播音”）和没有现成文稿的播音（简称“口语播音”）两大类。我们不妨套用一般的创作过程比较一下二者的异同。一般的创作规律可概括为：观察积累——构思——外化。“文稿播音”与“口语播音”在创作过程中主要有两个相异点：一是创作者面对的创作客体不同。“文稿播音”面对的文字，是作者第二信号系统对第一信号系统所接受的现实生活的抽象概括。播音创作主体必须透过文字把握其所反映的生活。“口语播音”直接面对客观生活的刺激，眼、耳、鼻、舌、身等感官，直接感知外界的客观现实。二是构思层次不同。从广义上说，播音也是在说话。说话，总要自觉不自觉地解决“为什么说、说什么、对谁说、怎么说”的问题。“文稿播音”“说什么”的问题已经规定好了；“为什么说”，即作者意图就存在于稿件的字里行间，只是需要播音者去把握；“怎么说”的问题，稿件解决了一部分，但如何用清晰、准确、声情并茂的有声语言，把稿件的思想内容、情感态度传达出来，并适合一定的接受对象的心理，这是“有稿播音”的构思着重点。口语播音“说什么”、“为什么说”等问题原则上统统要自己考虑，要根据节目意图认真观察，积极思索，对观察感受到的信息迅速加工整理形成语点，即说话的意念，亦即所要传达的思想；而后再运用语言知识，选择准确的词语和恰当的句式，把语点扩展为旁人可以理解的语句，语段；随之以清晰准确，生动传神的有声语言形式传达出来。

虽然这两类播音创作形式的具体过程有一定差异，但我们不难看出其中两个重要的共同点，而这两个共同点对于播音创作道路有重要的现实意义。

（一）认识过程与情感过程的特性

不论“文稿播音”，还是“口语播音”，对播音中反映的现实生活一定要有深刻的认识和真切的感受。当然，从某种意义上看，“文稿播音”则需要创作主体投入更多的主观能动性，从线条组成的文字符号中挖掘出多彩的生活形态，否则就有可能失去播音创作的具体依据。

这其中的认识过程和情感过程是不能彼此割裂开来的，二者之间存在着互相引发，互相影响的辩证关系。对稿件，对现实生活的认识，要力求反映事物的内在本质及内在联系，不能只了解稿件语词的表层结构，不能只是就事论事。同时，认识过程中应交织、渗透着情感活动，活跃着生动可感的形象，体验着具体的态度。可是在实际的播音中，总有人有意无意地把认识和情感割裂开来（亦称理解与感受的关系），或浅尝辄止，播音只是把文字符号变成语音符号，谈不上创作；或只注重冷静的理性思考，缺乏真切、具体的感受，因而不能激发起播音的创作愿望。自己没有受到感动，要感染听众也就无从谈起；或虽然注重了情感活动，但对情感的种类、强度却缺乏认识的指导和制约，同样不能准确深刻地反映现实生活。

在播音创作中只有使理解与感受做到水乳交融，情动于衷，才能有真正的播音创作，而感受又总是同理解相联系，理解必然促进感受的深化。认识加深情感活动，情感的价值取向取决于认识的成果，而情感体验的敏锐深入，细致多样，又会反过来扩大认识的内容。播音创作必须正视认识和情感的关系，遵循二者之间密不可分、互为影响的客观规律，充分发挥理解与感受的主观能动性，这是播音创作中不容忽视的心理活动特点。

（二）播音言语“外化”过程的特点

“语言是思想的直接现实”，这句话反映了语言与思维，并包括与情感的密切关系。日常生活中，人们对说话者的“心口如一”、“言不由衷”、“口是心非”，都有灵敏而准确的判断。因为说话人的思想情感既影响其本身的言语行为，也影响听者的情感，尤其播音的言语活动，还必然影响听者对所获信息的理解和感受。播音创作要想“准确、鲜明、生动地传达出稿件的精神实质，发挥广播电视教育和鼓舞广大人民群众的作用”，其言语活动必须“言为心声”、“心口如一”，也就是说，播音创作的“外化”过程中必须使有声语言与思维、感情紧密结合。而实际工作中，三者脱节的现象屡见不鲜。播音的言语活动若与活跃敏捷的思维脱节，“文稿播音”就可能读得“支离破碎”、“有字无句、有句无章”；“口语播音”则会“词不达意”、“张口结舌”。播音的言语活动若与积极灵动的感受脱节，必然使语言干瘪无味，没人愿听。

要克服和防止播音言语的“外化”过程中与思维和情感的脱节，主要应抓住三个环节：一是对传播内容的深刻认识和真切感受，言为心声；二是培养起面对话筒或摄像机，迅即产生与受众真实交流的心理反应能力及言语中主动交流的表达技巧；三是以积极自如的状态进行话筒前的创作，既十分认真投入，又处于轻松灵敏，易于控制调节的状态。话筒前的任何私心杂念都必然影响播音创作，是与正确的创作道路背道而驰的。

播音创作的标准

“达到恰切的思想感情与尽可能完美的语言技巧的统一，达到体裁风格与声音形式的统一”，就是播音创作的标准。

（一）明确思想感情与语言技巧的关系

思想感情与语言技巧紧密相关，统一于播音创作之中。在这个统一体中，语言技巧有其独立性，而思想感情又是语言技巧的主导，二者互相引动、互相影响，缺一不可。

首先在生活中，语言总是与思想感情紧密相随，有没有技巧，技巧的高下优劣，在不同的人那里可就大相径庭了。显然，语言技巧差的人，会影响他的思想感情的传达，降低交际效果。播音创作的艺术属性，直接对语言技巧提出了要求。恰切的思想感情，要靠播音创作主体来体验把握，这是运用语言技巧的内心依据；“尽可能完美的语言技巧”要靠播音创作主体来构思，这是“恰切的思想感情”的具体体现。但是，二者之间并没有必然的联系，不是“恰切的思想感情”必定引出“尽可能完美的技巧”，“心里有”，但不一定“嘴上能”。“恰切的思想感情”和“尽可能完美的技巧”这二者之间的联结统一，正是播音者创作的集中表现。以为只要感情调动起来就有了一切的想法，以及以为卖弄技巧，就可以感动人的想法，都是错误的。技巧，是艺术创作的要求，如果只是个人感情的宣泄，完全不需要讲技巧，因为这是纯粹的个人心理活动。而播音是传播活动，为了使受众接受，为了达到传播目的，必须考虑传播效果，因此，要讲究语言表达技巧。讲究播音的语言表达技巧，是传播的表现性，艺术性的要求。

其次，我们在承认和重视技巧的独立性的同时，一定要坚持以思想感情为技巧运用的主导这个观点。那些卖弄技巧的做法，也许可以迷惑人于一时，但没有真情实感做根基，没有理性思维的指导、控制，难免不在“花里胡哨”的技巧中，暴露出内心的苍白和浅陋，最终一定会遭到贬斥。但有些初学者，往往把着重点放在技巧这一边，认为自己的理解感受不成问题，就是技巧单薄。实际上，技巧虽有独立性，可以单项操练，但思想感情才是源头，才是根本，思想感情体验准确、深刻，就能够启发技巧运用的方向、手段。因此初学者，还是要坚持以思想感情为主导，以充实的内心依据来构思技巧的运用。当然对技巧的追求，也会促进认识和情感深化，技巧的运用在实播过程中还能使思想感情的运动更为集中、更为灵敏、更为联贯，从而使思想感情与语言技巧得到很好的统一。可见，“唯情论”或“唯技巧论”都不符合播音的正确创作道路。这里需要的是“心口相应”和“心口互促”。

（二）处理好声音形式与节目内容、形式的关系

由于播音创作的内容和形式丰富多样，仅就形式而言，从稿件体裁看，新闻、通讯、评论、文艺节目的解说、介绍、主持人节目夹叙夹议的谈话体等等，各有语体上的特色；从广播电视节目传播手段看，广播几乎全部靠播音者的有声语言，电视则有画面、音乐、同期声等因素与播音者的有声语言共同完成创作；而各类节目，各次节目又都有自己独特的语言风格。所有这些因素，要求播音创作与之相适应，相配合，使节目完整和谐、交相辉映，而绝不能以一成不变的声音形式，去应付千变万化的节目的内容、体裁，及不同的风格。也就是说，一方面播音创作要考虑节目的其他组成因素对播音的制约要求；另一方面播音创作主体要掌握多种形态的语言样式，要增强语言的适应能力，只有这样才能圆满完成不同节目、不同风格、不同传播方式的播音创作任务。如果只是擅长播新闻，却播不好通讯，只是会“宣读”，却不会“谈话”，只能“气贯长虹”，而不能“娓娓道来”……抑或只能“复述”、“背台词”，而不善“随机应变”、“出口成章”，只会“聊天”，不能“评论”等等，总之，单一的语言样式、单调的声音形式、浅薄的语言能力，是难以达到

播音创作标准，更难以胜任播音或节目主持工作的。

第三节　正确创作道路的实践性

播音创作道路,既是理论问题,也是个实践问题。我们明确了播音创作道路的重要性和规定性,并不是为了把它"束之高阁",而是要付诸实践,用来指导播音创作活动。因为思想上重视了,理论上明确了,并不等于就一定能遵循正确的创作道路了。由于创作道路与播音者的世界观、责任感,生活阅历、文化艺术素养,语言基本功及美学追求等有直接的关联,加上种种主客观原因,在创作道路上,可能会出现某些偏差或误区,因此,必须强调播音创作道路的实践性,自觉地在实践中持之以恒,并在反复实践中不断检验,修正和巩固。

播音正确创作道路的形成、坚持和发展，离不开实践

播音正确创作道路的形成，来自实践，是广大播音同仁在实际工作中，对播音创作的客观规律的总结和共识。无论是个体，还是群体，也不论是学习阶段，还是在实际播音创作中，只要遵循正确的创作道路，播音水平就会提高，就能稳步前进。而播音失败的根本原因，往往能在播音创作道路上找到。

播音正确创作道路的坚持，只有在实践中才能体现。实践是检验是否遵循了正确创作道路的惟一标准。从工作态度，工作过程，尤其从播音作品中，都可以观察和检验出创作道路是否正确，从而坚持正确的，修正偏差的，使播音创作始终沿着正确的方向前进。况且坚持正确的创作道路的目的，就是要提高播音质量，创作出更多更好的节目，为广大受众服务，为社会主义经济建设服务。

播音的创作道路是反映客观规律的，实践的发展，必然会加深对创作道路的认识，从而推动播音创作道路的发展和丰厚，及时反映出新的客观规律。

总之，播音创作不是个人任意的活动，是受一定思想支配，为实现一定目的的能动的社会实践活动。正确的创作道路，便是播音创作的指导思想，在播音实践和学习过程中自觉地遵循，并坚持下去，成效自见。

实践中要注意纠偏

在播音学习或创作中，在播音创作道路方面走过一段弯路，或出现一时的偏差，这些情况并不少见。仔细分析一下，有意违背正确的创作原则，以自我表现为目的的，尚属少数。不注意从生活中汲取营养，与时代处于隔膜状态的，当然亟待提高认识。而新闻素养及语言功力，更需要坚持不懈的追求。在创作道路上出现偏差，更多的是出于"急于求成"的善良愿望，也是导致顾此失彼、不得要领的原因。比如，有的处理不好模仿和创造的关系；有的在改正自己播音中的缺点时，步入"一叶障目，不见泰山"的误区；有的只注意声音形式的局部的调节，却陷入了盲目性和片面性，失去了整体的把握等等。对创作道路上的"常见病"、"多发病"，我们不妨做些分析。

模仿，无疑是一种学习方法。孩子的牙牙学语从模仿开始；学书法有"描红"、"临帖"；学舞蹈、戏剧，一举手、一投足，一个眼神都有一定之规……学习播音亦然，尤其是在练基本功的初学阶段，气息如何运动，口腔怎样控制，语音如何正确优美地发出，以及重音的强调方法、停顿或连接的处理等等，都是从感性的，直观的对象模仿中学得，并逐渐悟出其中规律性的东西。实际上，在追求播音技巧日臻完善的高水平的过程中，仍存在模仿、借鉴的学习方法，只不过层次更高些罢了。

毋庸讳言，模仿不失为一种学习方法，特别是对于技能性的实践活动，常常是一种重要的学习方法，只不过有的表现为某些细节、局部的刻意追求，有的表现为整体感觉的潜移默化、耳濡目染罢了。但是，模仿毕竟不是创作，是不能与创作画等号的，这个道理早已成为人们的共识，这里不必赘言。而在播音创作的实践中，却常有人因为模仿不当，步入“误区”。究其原因，主要有二：一是误把模仿当做创作的目标，以为在某方面一旦“像”自己心中认定的播音偶像，播音创作就算成功了。于是渐渐脱离节目的内容和形式的要求，用某种固定的声音形式播音，无形中在创作出发点上犯了本末倒置的毛病，因而不能获得创作的成功是理所当然的了。二是不去模仿学习具有普遍意义的反映创作规律的精华，而是模仿音色、吐字习惯等“外壳”、“皮毛”上的个性。声音外壳方面的个性，与人的发声器官生理构造有极大关系，违背自己生理条件的一味模仿，不仅束缚了创作的手脚，丢掉了自己的个性，还可能带来发声器官的病变。何况有些声音外壳上的个性，是“偶像”化腐朽为神奇的结果，别人去模仿反倒可能成了“痈疽”。所以，模仿也要有清醒的头脑，透过现象看本质，某人的声音好，某人的语言洒脱，有韵味等等，既要体味其在声音形式上表现出来的特征，更要探寻其由内到外引发的“酵母”是什么。这才可能深谙个中三昧，汲取精华，为我所用，不断丰富自己，创作出更多更好的播音作品来。

播音的正确创作道路，对播音创作具有“导向”的意义，对每一次播音创作，以至于对整个播音生涯都具有“导向”意义。播音的正确创作道路所包含的内容，在相当长的一段历史时期内具有明显的稳定性。我们一方面要自觉地按照创作道路的要求从事播音创作，另一方面还要经常检验判断自己遵循正确创作道路的情况。实际上，每一位热爱播音工作的从业人员，都要注意从同行（泛指广播电视机构内部），及受众两方面的反应中不断矫正自己的偏差，以收到更好的传播效果。人们需要纠偏的问题会有不同，即使同一个人在不同时期需要纠偏的问题也是有变化的。值得注意的是，在纠偏的过程中，还是要注意创作道路在整体、全局意义上的“导向”作用，尤其要处理好各创作元素之间的辩证关系。例如，不要为了丰富自己的表达技巧，而将技巧与真情实感割裂开来，孤立、机械地去播“设计”；也不可为纠正感情饱满而声音缺乏控制的毛病，而连情感一起冷漠沉重起来。总之，生活中充满了辩证法，在播音创作中，播音的各个创作元素之间，播音与其他相关创作因素之间，也都存在着相互联结、相互影响、相互制约、相互促进的有机联系。只要我们在实践中，在遵循正确播音创作道路的过程中，注意其总体的指导意义，又能在局部的内容上把握其中的辩证关系，那么，正确的播音创作道路就能把播音创作引向为社会主义建设所需要，为广大受众所喜爱的理想境地。

第十八章 播音语言特点的认识与把握

广播电视播音（包括体育现场解说与评论，包括节目主持），是通过电子传播媒介进行的有声语言创作。从有声语言这一角度考察，它区别于生活语言、戏剧语言、曲艺语言……具有明显的自身特点。

语言作为一种社会现象，当然同社会发展有密切的关系。它不但是社会人际交往中重要的、不可或缺的交际和交流思想的工具，它更是文化的载体和显现。它映照着社会与时代的发展，反映着大千世界的变化。语言有社会性却没有阶级性，它不是上层建筑，它在人类历史的长河中，具有十分明显的稳定性。语言也可以有“运动”，如“古文运动”、“白话文运动”，但它从来不会、也不可能发生“突变”、“质变”。语言中语音和语法的变化更显稳定，最敏感和变化较多的是词汇部分，无论增加还是淘汰，无论词性缩小扩大还是词义引申转向，也还是少量的。正因为如此，文言文至今还有认识价值、审美价值，甚至使用价值。正确认识语言的稳定性和渐变性，有利于把握广播电视播音语言特点的质的规定性和包容性。

作为表情达意、言志传神的语言，特别是准确、丰富、精妙、优美的汉语，它的具象性和铺排性，不但具有工具性、符号性作用，更发挥着形象性、情感性功能，成为一种绚丽多彩的文化现象。它反映着历史文化的丰厚积淀，映照着当代文化的深远拓展，表露着民族文化的高雅水准，显现着国家文化的精美特色。它阐释着人们对客观世界的认识，也解析着人们对主观世界的思索，因之，语言才成为“思想的直接现实”（马克思语）。语言的信息共享、认知共识、愉悦共鸣功能，赋予广播电视播音语言以自我生发的广阔天地和世人审视的无限时空。

第一节　播音语言的特点

广播电视播音语言应该具有自己的特点，这是毫无疑义的。这特点以广播电视的性质、任务为根本，以国情为土壤，以民族文化为背景，以历史经验和传播规律为源泉，以提高语言的质量为目标。这特点既涵盖广播播音的“以声传情，声情并茂”，又涵盖电视播音的“声画和谐，形神兼备”，当然包容了不同节目类型，不同表达方式（样式）的差异。对于语言来说，播音语言的个性中，有其共性；对于播音语言来说，又是共性寓于被其包容的诸个性之中。

播音语言的特点，可以概括为“三性”、“三感”，分述如下：

规范性

播音语言的规范性，主要是指语音（声、韵、调）、词汇、语法、语流都要符合普通话的要求，遵从普通话的规范。

广播电视播音，不论节目内容和形式如何丰富多样，不论播音员（包括节目主持人）有怎样的表达习惯、表达特色和风格，都应该坚持规范性。凡是有作为、有成就、受众喜爱的电台、电视台，在规范性方面都达到了一定的水准，就是一个证明。

推广普通话，应视为广播电视的一项重要职责。我国的语言文字规范化问题，不但由宪法作了明确规定，由国家语言文字工作委员会正式颁文明令实施，而且在各省、市、自治区都设有专门机构，联系社会各界共同进行不懈的努力，促使这项工作取得成效。社会主义的物质文明的建设、经济建设、商品流通、国际交往，也强烈要求，迫切期望在更大的范围、更高的层次上，以更快的速度推进语言文字的规范化。“普通话水平测试”是一项具有国家意识、带有战略意义的政府行为。它的实施已经证明并将继续证明，以广播电视播音语言的规范化为基准，必将提高全国广大人民群众的语言规范水平和交际交流效率。普通话水平测试的达标，只是达到了最基本、最起码的规范性要求。随着全民普通话的推广，规范化的进程将会更加科学化、现代化。广播电视播音语言的规范性就会由自律变为自觉行为准则。

面对这一形势，播音语言的规范性就更显得必要和重要了。任何轻视，忽视甚至歧视的看法和做法，都是完全错误的。把播音语言的规范性认做“呆板”的代名词，把规范性同艺术性对立起来，把规范性当成“不自然”、“不生活”的同义语，显然是一种幼稚的、需要进行启蒙教育加以纠正的偏见。

只有坚持播音语言的规范性，才有利于更多受众在“耳濡目染”、“日积月累”、“潜移默化”地展现普通话的全貌中，张扬普通话的优势，进行普通话的示范，形成普通话的氛围，造就普通话的声誉，呈现“讲普通话有益、有效”，“讲普通话光荣”的社会风尚。

推广普通话，已是大势所趋，播音语言应该起到“表率”的作用。然而，这还并非“规范性”的全部内容，它还应包括思维的清晰、语感的准确、逻辑的钳力、艺术的魅力。这些，在本书其他章节中均有论述。

庄重性

庄重性，是指播音员（包括节目主持人）在使用有声语言表情达意的时候，即在话筒前进行播音创作的时候，必须保持端庄、郑重的气质和态度，在语流中充满庄重、可信的意味，“庄重而不呆板，活泼而不轻浮”。播音语言的庄重性，源于有声语言内容的真实性。这真实，是反映客观现实与主观评价的真实，而非艺术夸张、渲染的真实。这真实，是“已有的事实”而非“会有的事实”。

对此，不能理解为装腔作势、故作深沉、不苟言笑、虚与委蛇。但是，庄重性可以

“寓庄于谐”，可以“谈笑风生”。而这，同玩世不恭、插科打诨、哗众取宠、打情骂俏是水火不相容的。

庄重性的核心是严肃认真，一丝不苟，是强烈的事业心和高度的责任感，是新闻工作者高尚职业道德的体现。

庄重性的表现是“善言”而不“轻言”。所谓“一言既出，驷马难追”，就是说开口说话之前要慎重，说话过程中要稳重，尽量不要“失言”，尽力使受众接受、相信、愉悦。因此，对“庄重性”的否定，必然导致“语无伦次”、“油腔滑调”。

生活中常有这样的情况：一种实有其事的现象，一件刚刚发生的事情，有的人夸大其辞，绘声绘色，听的人就会将信将疑，认为“添油加醋”；有的人漫不经心，轻狂作态，听的人就会疑而不信，认为“不必当真”；有的人坦诚直陈，真情相对，听的人就会信而不疑，认为“真实可信”。如果一个人说的是假话，却用一种貌似坦诚的态度骗人，是容易使人上当的。这都说明，用什么态度，说什么话，怎么去说，直接关系到听话人的信任程度、接受程度。播音语言的庄重性正是从广播电视传播的角度，考虑到传播功能与传播效果提出来的。

庄重性，并不对表达方式、语体风格加以限制，它只在下限上对俗言媚语、低级趣味予以摒弃。至于上限，将在美学领域的民族化层面上得到延展，本书不作详论。不过，目前有一种现象值得注意，那就是“居高临下，藐视众生”的所谓“庄重”。播音或主持时，高抬着脸，眯缝着眼，或侧目而视，或指点对方，表现出高人一等的傲气，把采访对象和受众当做“下愚”，好像应该由自己“指点迷津”。这不是庄重性而是狂妄性。其原因是把传者定位于“上智”，语言中当然要竭力追求“思维的火花”和“智慧的闪光”，以显示自己的与众不同。传者确要引导受众，那引导的根基是人类文明的集粹，并非传者自认为的“高超”。把“庄重性”扭曲为“狂妄性”，当然会引起受众的反感。

鼓动性

鼓动性是任何宣传语言所共有的，广播电视播音语言也不例外。广播电视要“鼓舞和教育”全党、全军、全国各族人民，这是勿庸置疑的，广播电视要“以科学的理论武装人，以正确的舆论引导人，以高尚的精神塑造人，以优秀的作品鼓舞人”（江泽民语），同样是毫无疑义的。广播电视“引人向上”，“催人奋进”，是一种必然。这一切，一言以蔽之，就是“鼓动性”。

虽然“鼓动性”一词一度为极“左”思潮所利用，似乎有时难于分辨，其实，在战争年代说“鼓动性”是容易理解的，在建设时期也并不难理解。经过十年浩劫之后，硬要把“鼓动性”同“不喊不革命”混淆起来，从而否定“鼓动性”的内涵，才真令人费解。

播音语言的鼓动性，植根于语言的“情感性”和感染力，情感有多种多样的差异，感染有强弱快慢的不同，却从没有人主张语言可以没有情感，不要感染。大体上，播音语言的发出一定基于一种目的，一种愿望（这种愿望就是一种情感）。尽管事实上存在，却也从没有人主张以让人消沉为目的，以“不想说什么”为愿望。要让人知道说话人愿意说，说出的话让人产生“共鸣”，让人积极、让人振奋，这恐怕是最一般的常识了，难道播音能例外？

当然，不应简单理解鼓动性，以为呼个台号，叫一声“各位听众”或“各位观众”就会使人激动得落泪；或播完一个节目，一个话题就令人“茅塞顿开”、“斗志倍增”。鼓动性，是指广播电视播音语言的整体作用说的，是一种综合性的价值取向，是一种语言传播过程中的内在律动，是“改造自然，改造社会，也改造人自身”的积极入世的人生哲学和传播者作为“良师益友”的社会责任在有声语言中的流露。

政治倾向、思想倾向，在广播电视中是相当明显的，这是宣传的需要。这同讲求宣传艺术，避免“强加于人”并不矛盾。恩格斯所说“倾向性越隐蔽越好”，那是指文学作品；不过任何人也不会理解为取消倾向性。建设社会主义精神文明和物质文明，努力提高全国人民的素质，解放和发展生产力，就是我们的倾向性。其中当然包含着清除殖民地、半殖民地的文化垃圾，帝国主义、封建主义的精神污浊。

播音语言的鼓动性，要求走入千家万户的广播电视帮助人们认识“人是要有一点精神的”，从而受到高尚情操的陶冶，得到心驰神往的审美愉悦，让生活多一些情趣，让每个人都多一分自重、自强。

当然，鼓动性必须坚持实事求是、具体问题具体分析的辩证方法，完全不应该脱离宣传内容、不顾表现形式，更不应张扬自我、强加于人。

时代感

播音，实质上是一种新闻性工作，报告新闻，播送专题自不必说，现场直播、体育解说和主持节目同样带有新闻性。在这些工作中，有声语言的时代感是比较突出的。

所谓时代感，是一种时代精神和时代氛围的心理把握。当前，时代精神是指“爱国主义、社会主义、集体主义”，时代氛围是说“精神文明建设必须紧紧围绕经济建设这个中心，为经济建设和改革开放提供强大的精神动力和智力支持”①。不真正把握时代精神的内涵，不真正感受时代氛围的活力，就不可能在播音语言中“击中时代的弦”（加里宁语），体现时代的脉搏，跟上时代的节奏，从而高扬主旋律，发展多样化。

播音语言的时代感，要求播音创作主体强化时代意识，并在有声语言中激荡着时代气息，回响着时代的脚步声，发出时代的最强音。在弘扬民族优秀文化时，却不发“思古之幽情”，在借鉴国外先进的精神财富时，却不见“奴颜与媚骨”。

丰富多彩的时代，要求丰富多彩的语言去反映。播音语言的内容与形式只有走多样化的路，才能完成这一使命。在我们的播音语言中，必须加大思想的厚度与表现的力度。我们要努力做到新鲜、活泼、舒展、跳脱，表意则意明，传情而情切。

播音语言的时代感，是整个文明社会时代乐章的一个和弦，不应该发出不谐和音。受众从中感受到社会的发展，时代的前进，使自己也加入这追求理想的队伍中，“更奋然而前行”。

时代，是指历史上以经济、政治、文化等状况为依据而划分的某个时期，也可以指个人生命中的某个时期。未来学者奈斯比特和阿博顿妮夫妇指出：“我们迎来了新时代的曙光。我们所面临的是文明历史中最重要的十年，也是不可思议的技术创新、史无前例的经

---

① 江泽民同志在中国共产党第十四次全国代表大会上的报告。

济机遇、令人惊异的政治改革和超乎寻常的文化复兴的时代。这是一个与以往不同的十年，因为它将达到二十世纪的顶点——2000 年。”一种胸怀祖国、放眼世界的民族自豪感便会油然而生。

时代的划分与其特征的凸现都是历史进程中的规律性解读，绝不是一种主观武断的结论。有人说什么“播音员时代过去了，主持人时代来到了。”时代的概念被如此侮弄，也是当今时代的悲哀。只要有广播电视，就会有播音语言，不论是新闻播音、专题播音还是节目主持，这是不以人们意志为转移的规律，而播音语言的时代感，也是不以人们意志为转移的，它包含着优良的传统，当前的丰富体验，也昭示着未来的走向。不论历史发展到什么时代，播音语言时代感是永恒的，离开时代感的播音语言肯定是苍白的、灰暗的。还是现象学的创始人胡塞尔说得对：“我们切勿为了时代而放弃永恒。”

有人认为，“播音不过是照稿子念，稿子写得有时代感，播出来自然也就有时代感。”且不说“照稿子念”也是一种创造性劳动，且不说稿子写得如何同播得如何虽有联系更有区别，就说有声语言中要充溢时代感，如果不进行艰苦的积累和不懈的努力，那也只能是纸上谈兵。情感的聚集与凝注是不可能一蹴而就的。

分寸感

提到分寸感，往往使人一下就联想到“政策分寸”。不错的，在各项文件、文告、政令、法令上，在新闻、评论中，掌握分寸与火候的问题，比比皆是。但播音语言的分寸感比这有着更广泛的含义。任何稿件，任何话题，从句到段到篇，几乎都存在分寸感的把握问题，面对纷繁复杂的人、事、物及其关系，在反映和讲述它们的时候，总有个主次，总有轻重，总有缓急，并在有序的、动态的传播中，显示各自的位置、价值，这些比较中的存在，必须用相应的、贴切的有声语言给以鲜明、适当的表现。于是“分寸感”便自然有了不可或缺的意义。

首先是内容的主次。主要的内容，重点的语句，都要予以突出；次要的内容，非重点的语句，都要予以削弱。

其次是感情的浓淡。感情起伏变化，“浓墨重彩”与“轻描淡写”，在不同的色彩中，“淡妆浓抹总相宜”。

再次是态度的差异。肯定与否定，赞扬与批评，歌颂与贬斥……各自都有不同态度支配下的不同的程度。这程度落实到语言上，就是“分寸”。同样一句话，大体上可以有“重度”、“中度”、“轻度”的分别。

还有语体风格的区分。新闻中、通讯中和评论中，有分寸感问题；知识类、服务类和文艺类也存在分寸感问题；鲁迅、老舍、列夫·托尔斯泰、巴尔扎克、惠特曼和泰戈尔……他们的作品中也有分寸感问题。

最后还有有声语言的发出者，那独特感受、表达习惯、话筒前状态……也会表现出某种分寸感。

可以说，分寸感是有声语言的构成部分，无处不在。成功的播音创作十分注意分寸感的把握，努力避免“过犹不及”的失当处置。由于语言素质方面的问题，特别是文化背景中的某些欠缺，使有声语言的分寸感尚未深入人心，更没有变成人们语感与听辨能力上的要素，所以对分寸感的认识与应用尚需较长的时间，不应急于求成。目前，主要是“分寸不当”的问题，特别是“重度”失重，什么话均“无足轻重”，如果要表达，只是简单地加重声音，显得浊拙。还是要在语言功力上花气力。否则，便会常常“心有余而力不足”。

亲切感

在人际关系上，“疏远”是不容易沟通的；而“亲昵”又会造成某种逆反心理。只有“亲切”才会使交际双方融洽无间。

在广播电视传播中，“传者”与“受传者”的关系应是知心朋友的关系，既不应是“陌生人”，也不应是“私语者”。所谓知心朋友，当然互相了解，彼此知道对方的思想感情，或挚友，或诤友，经常产生“共鸣”。于是，不论谈什么内容，都有“共同语言”；不论“高谈阔论”还是“轻声细语”，都感到“息息相通”。

播音语言的亲切感，从内容上说，要适应“新鲜”、“易懂”、“可信”、“情真”的受众期待心理。广播电视可以传播的东西很多，除了禁忌的内容之外，还不宜传播陈旧的东西，尽人皆知的、老生常谈的，引不起人们的兴趣；难于理解的、听来吃力的，只好“敬而远之”；虚假失实的、东拉西扯的，往往使人产生厌烦；虚情假意的、故作多情的，更令人不愿接受。从表达上说，要张弛得体，控纵有节。那种认为只有“小音量、近话筒、一对一、快节奏”才能产生亲切感的观点，不过是某种形式的追求，容易造成机械的、单一的、雷同化的声音效果，不利于“内容决定形式，形式反作用于内容”的能动和多样化的表达。

播音语言的亲切感，必须像我们一贯主张的那样，坚持传者与受传者“平等”的关系，才可以产生。这是“知心朋友”的一个准则，它制约着播音创作主体的传播心态，在播音语言中充满了尊重、体贴、通达、友善，既不高高在上、颐指气使，又不唯唯诺诺、乞求怜悯，但是，道理上都知道“平等”，语言上却不一定能体现出来。如：或语言傲慢、语气生硬，或缺乏礼貌、出言不逊，或低声下气、吞吞吐吐，或胡乱吹捧、邀宠取媚。这种不平等关系，实在令人不忍卒听。电视上的“笑眯眯”、“甜腻腻”，更会使观众不敢恭维。

播音语言的亲切感，只是同听众、观众之间的一种语言传输心态。而且是一种比较稳定的平等心态。其含义并非以此为目的，以此为归宿。我们的目的是创造一种良好的接受心理环境和氛围，使听众、观众敞开心扉，了解语言内容，达到信息共享。如果一味追求“亲切”，而忽略了内容的准确表达，听众、观众确实感到“亲切”了，但并没有注意内容，或因之而忘却了语言内容，这就无异于“舍本逐末”了，这时的“亲切”还有什么存在的价值呢？

亲切感之中，应该饱蕴着深刻的思想、真挚的感情，应该让这一切通过“平等交流”，给人以乐此不疲的收获。

第二节　“三性”、“三感”的关系

播音语言的特点，简称“三性”、“三感”。这六个特点的关系是怎样的呢？应该如何认识它们的内在联系呢？

首先，它们是具体的。每一个特点都有具体的涵义，不应混淆，不宜泛化。规范性是指语言规范，清晰顺畅；庄重性是指真实可信，落落大方；鼓动性是指情真意挚，爱憎分明；时代感是指胸襟开阔，新鲜跳脱；分寸感是指准确恰当，不瘟不火；亲切感是指恳切谦和，息息相通。这六个特点是各有侧重的，它们各自担负着自身的职责，起着各自的作用。没有一个特点是包罗万象的，也不能以一个特点取代另一个特点。

其次，它们是立体的。播音语言涉及各个方面，有主体的、客体的，有主观的、客观的，有宏观的、微观的。在不同的方位、不同的视角、不同的层面上形成了某种网络，笼罩着播音语言的个性天地。六个特点不是一个面，也不仅是三维空间，而是进入四维的立体结晶。一篇稿件、一个话题、一个节目、一个语气，只用三维空间的坐标定位是远远不够的，必须发挥主体创造思维、创造想象的作用，向多维空间拓展延伸，以显示播音语言的高远时空的生命活力。作为六个特点的多层次、多角度的立体结晶，可以置身其中，可以旁观，更可以透视。正因为如此，六个特点虽然制约着却也生发着播音语言的向心力、凝聚力、催化力。

再次，它们是整体的。六个特点互相联系，不可分离，不宜肢解。它们的核心是广播电视播音的语言魅力。它们的目的是“以事醒人，以情感人，以理服人”。它们的存在，没有“高低贵贱”之分，没有“厚此薄彼”之争，它们齐心合力，分工合作，共同维护着、保证着播音语言的纯洁和健康。整体性，意味着血肉相连，牵一发而动全身。六个特点的密不可分，可以说达到了“你中有我，我中有你”的程度。如规范性，如果缺乏庄重性、鼓动性、时代感、分寸感、亲切感的同时参与，便会降至人际交流的一般水平；如鼓动性，如果不结合规范性、庄重性、时代感、分寸感、亲切感，便可能转向到快板书、诗朗诵，甚至可以包括喊口号、啦啦队。整体性，就不应“攻其一点，不及其余”，不应对某一个特点作孤立的认知。否则，就会闹出“盲人摸象”、“五官争功”的笑话。强调整体性，就是要进行宏观把握，避免“只见树木，不见森林”，并警惕不要陷入静止、孤立、片面的形而上学的陷阱。

最后，它们是基础的。从播音创作来说，既有基础理论，又有美学理论，这六个特点，主要是基础的。所谓基础的，有两层含义：一是凡属播音语言，都应具备，概莫能外。否则，只能说明基础未打好，基础不牢固。二是，作为基础，就必然有“上层建筑”。在这个基础上，从这个基础出发，还可以显示无限的生机与活力。对这个基础提出非基础性要求是不妥当的。

“三性”、“三感”互相之间的关系如上所述，可以用“具体”、“立体”、“整体”、“基础”来概括。“三性”、“三感”既然是播音语言的特点，那么，在用气发声、吐字归音、创作道路、理解感受、诸种技巧、表达规律、文体业务、节目成品、声像形象各个方面都有其明显的特征，这都是本书其他各章节研究论述的内容，并形成了一定的理论体系。把播音语言的特点从整个理论体系中分离开，作静态、孤立的考察那是一种形而上学的方法，为有识者所不取。

播音语言特点，作为一种基础性的“标准”，评判播音语言的是非高下，也未尝不可，不过，跟任何文化现象的评判标准一样，是很难量化的，特别是“口耳之学”，既不能用仪器仪表测量，也不能用多数附议表决。这个标准，基本上是一种“主观评价”，即用“人”的审美感受、美学理想去把握，而这，诉诸文字之后，会损耗、遗失掉许多东西，远不如用有声语言去鉴别，去表述，来得明确、可感。

作为基础性评判标准，不能不考察内容、形式及二者的关系。离开语言内容、语境，离开语言形式、传播，离开节目整体、语言内容和形式的统一，特别是离开“有声语言”，这个“标准”或被架空，失去实践意义，或被扭曲，变得支离破碎。因此，必须从传播效果去考察。如果仅从传播过程的中途——词语组合上，语意形成上，甚至文字稿件上去考察，就混同于报刊编辑、校对了，实质上，便把“有声语言”的创作降低、抛弃了。有声语言的功能包含着使文字语言“增色”、“减色”和“改向”诸方面。“增色”和“减色”易于理解，“改向”的功能往往被忽略。同样一句话，可以按文字表面意思表达，也可以改变方向，按文字表面相反的意思表达。这种情况，不管有意无意，在实践中屡屡发生。在这一点上，我们某些电台、电视台的主管、主编、“把关人”，以及一些理论研究工作者似乎还不大了解，于是才有“只审文字稿件”、“播音只是照稿念”等认识，于是才有“有什么文字语言就有什么样的有声语言”、“文字语言怎样，有声语言就会怎样”等观点。照这样的认识、这样的观点去领导、指导广播电视播音，怎能理解、应用这种评判标准去考察和推动播音质量呢？因此，如何以播音语言的六个特点对播音质量进行基础性评判，是要有共识的，是要有共同语言的，特别是 20 世纪 80 年代后期，人们逐渐认识到“怎么写”“怎么说”比“写什么”“说什么”重要得多，我们如果还停留在只管写什么、说什么，而不管怎么写、怎么说的阶段上，哪里还会有共识，怎么还会有共同语言呢？我们不能固步自封，更不能南辕北辙。这共识，这共同语言，正是对“三性”、“三感”及其相互关系的认识与把握。

不论广播电视如何发展，怎样改革，认识与把握“三性”、“三感”，对于提高节目质量、播音质量，都是有积极的、能动的、广泛的、可感的促进作用。以“三性”、“三感”为基础，播音语言必将在中国的大地上不断得到丰富，并将日臻完美。

第十九章

准备稿件

准备稿件，简称备稿。备稿是每一次具体的播音创作过程中的第一个环节，是播音创作活动的开始。

对于播音创作活动的主体——播音员来说，稿件就是播音创作的客体。现今播音创作客体可以概括为如下三种形式：编辑部门提供的待播出的文字稿件，其中也包括播音员参与采访或编辑工作，自己动笔编写的稿件，此其一；其二，即习惯上称作“提纲加资料(素材)”的形式，这种形式有一定文字依据，但在话筒前播出时语言组织灵活度较大；其三，是播音员的现场口头报道或即兴评述，它完全没有文字稿件，这时的创作客体是我们平时称作“腹稿”的内部语言。以第一种形式为依据的播音，我们可称之为“文稿播音”，以第二、第三种稿件为依据的播音，我们可称之为“口语播音”。

很明显，这三种不同形式的创作客体，经由播音员的创造性劳动，传播到广播电视节目的受众的心理过程是不相同的，这样，播音员准备稿件的方法也不完全一样。不过，目前由于电台、电视台节目的新闻性、综合性很强，加上历史和体制的原因，多数或绝大多数节目都是由编辑部门将各类信息加工整理成文字稿件后，源源不断地送到播音员手中，因此，依据文字稿件的播音，是播音员的主要工作形式。可以预言，这一格局将在一个相当长的时期内存在下去。鉴于上述原因。本章集中论述以文字稿件为播音创作客体的文稿播音的备稿规律和方法。

第一节　备稿的重要意义

播音不是个人的随意活动

播音是播音员在话筒前的有声语言的创作活动，但绝不是个人的随意的言语活动。我们的广播电视是党、政府和人民的喉舌，播出的每一篇稿件都应该反映党和政府的意志，反映人民群众的意愿，应该及时地把党的方针、政策告诉群众，同时还要满足人民群众多方面多层次的精神文化需求。广播电视所具有的传播新闻、引导舆论、普及科学文化知识、提供健康有益的娱乐和社会服务等多种社会职能，正是通过一个个节目实现的。播音员的工作职责就是把各类节目中的文字稿件转化为声情并茂的有声语言，成为广大听、观众喜闻乐“听”的播音作品。

从传播学的角度看，播音员是稿件和受众之间的中介，他既是稿件文字语言的接受者，又是将稿件转化为声音的播音语言的发出者。稿件的内涵，通过播音员有声语言的创作活动传达给受众。传播学一向认为，传播是有意图地施加影响，这一点连西方传播学者也不否认。我们党的新闻工作更是公开声明，我们站在党和人民的立场上说话，在政治上同党中央保持一致。由此可见，在播音员和稿件的关系中，或者说播音创作主体与客体的关系中，播音员不是随意的个体，他们受到客体（稿件，实质是客观实际）的制约，必须积极、全面、深刻地反映客体。换句话说，播音员必须忠实、准确地反映稿件的精神实质，鲜明、生动地传达稿件的思想感情。当然，这里有个大前提——稿件必须真实地反映客观实际，符合党和人民的利益。惟其如此，才能圆满完成播音任务，才能实现稿件的播出目的，亦即电台、电视台的宣传目的。

再者，一般认为依据文字稿件的播音是“二度创作”活动。稿件是作者对于生活的认识和提炼，是作者的“一度创作”。播音作品，是播音员基于对生活的理解，把稿件的文字符号转化为直接可感的声音符号的“二度创作”。试想，如果对创作客体——稿件，没有深刻的了解和把握，这播音创作又从何谈起呢?

以上我们从传播者的角度，说明播音不是个人随意的言语行为。同时，我们还要看到受众一方对高水平播音作品的要求。

广播电视是大众传播的一种形式，它不同于人际传播。在人际传播中，双方既是信息的传递者，同时又是信息的接受者，共处于信息循环、相互依赖的双向闭路系统中。而广播电视传播则在空间和时间上将传者和受者隔开，信息的传播基本上是由传播一方向受众一方单方向流动的，而且这个系统基本上是“开路”的，传播过程中缺乏及时的信息反馈，受众对于传播有极大的自由度和选择性。这种传播状况，无疑对播音提出了更高的要求，只有高质量的有声语言创作活动才能吸引住受众，使受众的无意注意变为有意注意。显然，要拿出高水平的播音作品，播音员必须“吃透”稿件，把稿件变成“自己要说”的话。从播音员文稿播音的创作活动中可以看出，播音员对稿件的依赖是很大的，倘若播音员与稿件之间处于一种生疏或隔膜的状态，是很难产生好的播音作品的。

从文字到有声语言的转换不是简单的对应过程

文稿播音的创造性集中地体现在将文字稿件转化为有声语言的符号转换过程中。稿件的文字语言，和由此转化而来的播音有声语言，是稿件内容的两种不同存在形式，各有不同的物质形态，前者诉诸播音员的视觉，后者诉诸受众的听觉。但是，这二者之间并不仅仅是文字和语音的简单对应。我们知道，稿件是作者对客观世界的认识的反映，是作者思维活动的成果。播音员要将这一思维成果转化为清晰，准确，生动感人的有声语言，必须深入到稿件中去，并透过稿件认识其反映的现实生活，把握作者的思维过程，领悟、体味作者的认识成果。如果播音员只做“字形——语音”这样一种语言表层结构的转换，是远远不够的。

但是，我们日常听到的播音却不乏低水平、浅层次的语言符号转换，它们只是一串串不解其意、不明其理，甚至令人费解、误解的语流。这种现象的存在，固然与播音员的工作态度，语言表达技巧、话筒前状态等因素不无关系，但其中一个重要原因，常常是没有认真备稿，或备稿不得要领所致。

为了说明这个问题，我们必须谈谈语言和思维的关系，而且着重谈谈语言对于思维的依赖关系。语言是人类的思维工具和交际工具，一般说来，语言和思维互相依存，处于不可分割的联系中。思维不能脱离语言，稿件的形成也反映了这样一层关系。另一方面，语言也离不开思维，语言学家普遍认为，如果没有思维活动，没有思想，那么语言作为交流思想，以及思维的工具，也就没有存在的必要。广播电视中的播音，正是凭借语言的声音形式传播和交流思想。如果播音员的有声语言中不蕴含深意，不饱蘸感情，真还不如让人家去阅读书报了。

人们常把那种低水平、浅层次的播音称作“无思维”播音，这话有一定道理。当然严格地说，把稿件上的词句准确地读出来，也还是需要思维的，但其思维的深度、广度上的层次是不言而喻的。那是一种“字形——字音”简单的符号对应和转换，即语言符号的表层转换。这是文稿播音言语心理过程的一种特殊现象。可悲的是，这种语言符号的表层转换，有人能播得一字不错、“抑扬顿挫”，煞有介事（当然是一种固定的腔调）。然而，这样的表层转换恰恰切断了言语与思维的密切联系，造成言语与思维的脱节。所以说，如若备稿时只是满足于排除字面上的障碍，而不深入探究作者写作稿件的动机等一系列问题，那么，播音时难免不出现语言与思维脱节的现象，读罢稿件，自己却不知所云。这样的播音怎么能有明确的思想，恰切的感情？所发出的言语怎么会有生命活力，又怎能达到传播的目的呢？

从理论上讲，语言和思维是相互依存的，是应该紧密联系在一起的，但实际上，语言和思维的关系并非总是水乳交融，融为一体的，语言有时会同思维相离、相异。就拿日常谈话来说，并不总是你要表达什么便能说出什么，也不总是你说出什么便是表达了什么。表达自己的思想尚且如此，何况播出别人撰写的稿件呢？

语言学家索绪尔把语言比作一张纸：“思想是正面，声音是反面”。他同时又提出，这声音不是物质的声音，而是这声音的“心理印迹”，是声音在我们的感觉上产生的印象。可以这样来认识，语音只是有声语言的形式，意义才是语言的核心，稿件是要化作有声语言传播出去的，如果在备稿时没有积极认真和深入的思维（包括抽象思维和形象思维），只做浅层次的，字形——语音的简单对应的符号转换，就不能使语音变成稿件作者和播音员的双重“心理印迹”，就不能渗进播音员的创造力，也就不会产生出好的播音作品。

稿件内容纷繁、形式多样

广播电视身负发布政令、传播新闻、普及教育、提供欣赏娱乐及社会服务等多种社会功能，播音员接触到的稿件内容纷繁，形式多样。正像人们常说的“上至天文，下至地理，大千世界，古今中外，无所不包”，而所涉及内容的深浅、雅俗幅度甚大，风格各异，既有“阳春白雪”，也有“下里巴人”。这众多而丰富的内容，不可能都为播音员所熟知，怎么办呢？“以其昏昏，使人昭昭”是不行的，只有在备稿上狠下功夫才能应付裕如。难怪很多老播音员说，在必要时，播音员“要外行充内行”。这并不是要播音员装模作样，而是要求播音员尽量把稿件中生疏的内容搞清楚，并力争理解感受有深度，保证准确无误，清晰从容地传达稿件，为受众服务。

节目形式的不同，要求多样的播讲方式。在各类节目的播音中，有播报式、宣读式、播讲式、谈话式、演播式等等，不一而足。怎样使播音方式适合节目形式，以及稿件特点的要求，这些都需要在备稿过程中精心考虑，择其“优”者而从之。

第二节　备稿的特点

自觉的传达意识

从具体的备稿过程看，首先要认真地阅读稿件。阅读文章这种活动在生活中司空见惯，但阅读目的却有区别，有的是学习研讨，有的是玩味欣赏，有的则是消遣解闷……从当时的直接行为动机看，这些阅读活动大多属于个人活动。相比之下，播音员备稿时的阅读与思考，则不仅仅是个人活动，因为它始于个人，但不止于个人。备稿是为了传达，要把稿件的内容原原本本地传达出去。播音员备稿时兼有语言接受者和语言发动者的双重身份。因此，播音员在备稿时必须有自觉的传达意识。要传达，就要弄清传达什么？对谁传达？又怎样去传达等问题。简而言之，无非是要求播音员作为“中介”，使稿件与受众沟通起来。一方面是要吃透、消化稿件，与作者的思想感情取得“同步振荡”效应，产生强烈的播讲愿望；另一方面是要想到受众，着眼于“便于听”，通过播音实现稿件的播出目的。因此，在备稿时，应十分专注，进入有意注意的心理状态。有意注意是有自觉的目的和经过意志努力的心理指向。有意注意使思维清晰集中，自觉的传达意识是使播音主体进入良好的有意注意的必要条件。

能动的理解和感受

稿件这一创作客体是作者观察认识社会的产物。在文稿播音中，播音员面对的不是客观现实，而是第二信号系统中的文字语言。播音员必须透过无声息的文字，理解其事，感受其情，领悟其理，达到对社会的深刻认识。接受美学认为，作品并非给定的客观认识对象，只有在读者能动的阅读活动中才能获得现实的生命。借用这一观点，播音员要透彻认识稿件，掌握稿件的价值，必须发挥主观能动性，使文字稿件获得现实的生命。备稿不是消极被动地接受稿件，在认识稿件过程中，可以通过自身活跃的思维想象活动，丰富、补充稿件中的思想感情，将创作主体的情感熔铸于对稿件的认识成果当中去。

备稿的能动性，主要表现在对稿件的理解和感受当中。所谓能动性，是说在备稿过程中要有积极灵敏的思维，以及活跃灵动的感受。一拿到稿件，播音员就要集中精力，开动脑筋，随着一行行文字映入眼帘，迅速接受文字符号的刺激，辨析意义、理解判断，同时打开感情的闸门，置身于稿件构成的环境当中，展开联想、想象等一系列思维和情感活动，从而在心中形成与稿件相一致的思想感情运动线。备稿是一个有序的持续过程，呈现出“专注——活跃——冲动——外化预想”这样一个心理运行轨迹。显然，备稿中的冷漠、机械是要不得的，被动和迟钝是最忌讳的。

“理解是基础，感受是关键”，这是我们在解决备稿问题时必须反复强调的重要观点。在播音员认识和把握稿件过程中，理解和感受是紧密结合在一起，并不断深化的。备稿的能动性集中反映在理解与感受的水乳交融上。

首先，在备稿过程中，感受是在理解的基础上进行的，理解又在感受中不断加深，边理解，边感受，二者水乳交融，互相渗透，互相促进。

其次，在备稿过程中，理解和感受不断得到深化。备稿是一个由局部到整体，又由整体返回来观照局部的不断深化的过程。在反复的分析综合、感受体验中，理解和感受也愈加准确、愈加精细，逐步走向深刻。

为了深刻准确地认识和把握稿件，播音员必须均衡全面地发展抽象思维和形象思维的能力。有的播音员形象思维较强，对文字能产生“感同身受”的体验，但如果不注意理解的深刻及准确理解对感受的制约作用，则可能影响把握稿件的深度，使播音流于肤浅或失当；有的播音员抽象思维较发达，对稿件有很强的理解力，这固然能较好地把握稿件的精神实质，但如果缺乏具体、真切的感受，忽视感受对理解的充实作用，则可能使播音流于笼统和干瘪。歌德说，“只有对自己所要表现的东西怀着深情的时候，你才可能淋漓尽致地去表现它”。做个不甚恰切的比喻：理解好比是渠道，感受好比是渠水。只有理解，缺乏感受，有如空有渠道，却没有水流，对于地里的禾苗毫无作用；相反，只有零碎的感受，却没有深刻的理解，则好比有水流却无渠道引导，水就要乱流，甚至冲决堤坝，淹没农田。

在此值得一提的还有备稿中的初步感受和独特感受。它们共同的前提是集中精力于稿件。初步感受或称第一感受，十分宝贵，有新鲜活泼的特质，最能促使播音主体的感情处于运动状态，因此备稿时要善于捕捉初步感受的刺激和反应。然而，播音员又不能满足于初步感受，滞留于此，因为初步感受尚缺乏深刻理解的依托，往往显得简单、粗糙、零散，甚至不够准确，也就是说，初步感受具有一定的表浅性和不稳定性，需要在深入理解的过程中进一步检验、校正和深化。

独特感受的产生，需要丰富的人生阅历、精辟的见解、广博的知识和高雅的审美情趣为根基，因为独特感受是以人的个性的全部内涵，尤其是以他对物质世界和人类社会的认识为导向和根据的。并不是所有与众不同的感受都可称为独特感受。独特感受合情合理，是出乎常人意料之外，却又在情理之中的感受。任何牵强附会、矫饰做作的所谓感受，都是不符合稿件精神实质的，是不可取的。

摆正播音员和稿件的关系

播音员是稿件与受众之间的中介，在处理好创作主体、创作客体、创作对象这三者关系时，摆正播音员和稿件的关系，是首先要解决的问题。

播音员对稿件的态度，直接影响创作心境和效果。在播音员和稿件这对矛盾中，应该说播音员是矛盾的主要方面。同时，我们可以把稿件看做影响创作的客观因素，播音员自身的态度感情自然是主观因素了。从客观因素的影响看，待播出的稿件，写作水平参差不齐，确有高下，优劣之分。应该承认，稿件中的上乘之作会令播音员爱不释手，如遇知音，会情不自禁地“钻”到稿件中去，产生很强的创作愿望。相反，不大理想的稿件，则常常使播音员皱眉头，倒胃口，兴味索然，影响备稿的积极性和创作愿望。这些都是事实。俗话说："十个指头有长有短"，稿件质量有高有低，这是可以理解的，我们总不能等稿件的写作水平都提高以后再去播。播音员的任务，就是要通过备稿，努力挖掘稿件的精髓，争取以自己音声化的创作性劳动，使好稿锦上添花，为不尽如人意的稿件增色。这与一般的读者或朗读者不同，不称意之作可以弃之不取，播音员在编辑部发来的稿件面前只有完成的义务，没有选择的余地，只有接受下来，用自己的心血和声音去加工，去传播(这里应当包括播音员在时间许可的前提下，对稿件做诸如口语化等方面的加工润色)。

从主观因素的角度分析，提高播音员坚持正确创作道路的自觉性，摒弃个人的杂念，认真、积极地对待每一篇稿件，是正确处理播音和稿件关系的前提。在这个前提下，要特别注意创作主体的思想感情与稿件的精神实质的关系。以往人们强调，播音中"不应掺杂个人的感情"。这种提法的本意是要求播音员站在党和人民的立场上分析认识问题，但由于表述不够严谨全面，易使人产生误解。实际上正如梅益同志指出的："播音员在播音过程中不可能不带有本人的感情，同样，播音不可能不受本人态度的影响"。① 事实上，播音员在备稿时就要打开感情的闸门，播音员自身感情的渗入，在某种程度上会强化或改变稿件的感情品质和感染力。关键在于播音员个人的感情与稿件精神实质的矛盾统一关系。正确的播音创作道路要求播音员本人的思想感情，与党和人民的利益充分一致，要以自身的认识和体会，使正确的感情得到强化和充实，这样，才能态度积极、感情饱满地完成每一次播音创作。倘若个人的感情态度，与稿件的精神实质相悖，或不以为然，或冷漠怠惰，那就有背离党和人民利益的危险，这样的个人感情掺杂到播音创作中去，必然会改变稿件原有的感情色彩或分量，轻则播音失败，重则违背党的新闻工作纪律，给党和人民的事业造成损失。

总之，播音备稿，与一般读者的阅读心态不尽相同，为了创作出好的播音作品，圆满完成党和人民交给的播音任务，备稿时必须具备自觉的传达意识，必须能动地理解感受稿件，必须摆正播音员与稿件的关系，这些就是播音备稿的特点，应成为每一个播音员的自觉行为。

第三节　备稿的要求

准确、迅速、深刻、精细

播音工作是党的新闻工作的一部分，播音员日常担负的工作以新闻性节目播音为主。这样的工作性质和业务范畴，决定了播音员必须具有高质量和高效率的意识。具体到备稿这个环节，从质量上说，要求把握稿件的深刻、精细；从效率上说，要求备稿迅速、熟练。可以说，备稿也是播音员所应熟练掌握的业务基本功之一。

播音的备稿时间，习惯的做法，一般是三倍于稿件播出的时间。有些专题节目的稿件

① 《梅益谈广播电视》。

能够尽早送到播音员手中，因而有较充裕的时间准备。而新闻（消息）稿件则来得较急，稍事准备就要播出。碰到“刚刚收到的消息”，很可能连浏览一遍的时间也没有。总之，就具体的播音创作而言，不可能“十年磨一戏”，面对这些情况，备稿速度不快，怎么能适应工作需要呢?

当然，要求备稿迅速，决不可“萝卜快了不洗泥”，查查生字，顺顺句子，草草了事。备稿快，不等于备稿粗疏，备稿的质量是不容忽视的。我们不仅要求备稿快，同时还要求备稿精细、深刻。作者的思维过程要在自己头脑中“走通”，作者的思想感情要悉心加以感受体验，并引起共鸣，做到稿件的语词序列，感情变化，情节进展，论证展开都了然于心。

电台、电视台的节目已成为我国人民群众重要的、最多的、最广泛利用的信息来源。人们对各类节目的信息量，信息的准确性都有很高的要求。从播音这个环节看，要满足受众尽早、尽多、尽深地了解各类信息的接受心理，就必须从备稿开始做起。备稿的准确，首先是事实准确这个层面的要求，即稿件中的时间、地点、人名、单位、术语、数据及具体事实都要判断清楚，保证能准确传达。人们常说“先入为主”，备稿中的第一印象尤为重要，无数实例告诉我们，如果初次判断失误，就会以讹传讹，出现事实性差错。备稿时的错误判断，除了工作态度或作风上的原因外，主要是因为没有调动自己的知识储备，没有从整体上深刻地认识手中的创作客体。

在事实准确的基础上，受众对信息的准确还有更高层次的要求，这便涉及到备稿的深刻和精细的要求。这就是说，要深刻把握稿件的精神实质，不仅要准确弄清稿件说的“是什么”，更要明白“为什么”，体味出稿件的深层含意，这样，才能为播好稿件提供驱动力。备稿的深刻精细还特别体现在善于抓住稿件重点，做深入的理解，获得具体深切的感受，这样做才能为生动地、富有感染力地传达稿件提供充实的心理依据。总之，深刻精细地准备稿件，决不是停留在文字表面上，不是浅尝辄止，因而也就为克服“一般化”的表达提供了坚实的基础。同样一篇稿件，不同的播音员播，其效果有时竟有天壤之别，这里除了表达技巧，话筒前状态等方面的差别外，根本原因就在于对稿件理解感受深度和精细上的差异了，而这种差异在备稿阶段就开始积淀了。

综上所述，备稿的快速和精细是辩证地统一在一起的，我们既要求备稿的快速准确，也要求备稿的精细和深刻，惟其如此，才能适应广播电视工作及受众的要求。

把稿件变成自己要说的话

备稿的直接目的是为了播出，不是对稿件做文章评析或欣赏，不然，纵使你把稿件分析得头头是道，但是对导向有声语言的转化却并不一定能有直接的帮助。老一辈播音员从他们的实践中总结出一条宝贵的经验：“把稿件变成自己要说的话”。如果做不到这一点，稿件由无声的文字到有声语言的转化，准备工作就不完全，不彻底，转化为有声语言时就脱不掉呆板的“念”味，就少了由衷地对受众“说话”的鲜活气息。

“把稿件变成自己要说的活”，主要包括两层意思，一是指激发播讲愿望，产生积极的言语发动心态；一是指备稿的终结，要在头脑中形成与稿件相一致的思想感情运动线，以及与之相应的声音变化的大致轮廓。

作为播音语言的发动者，要有明确的语言目的，要有说话的冲动和意念，这样才可能有真诚恳切的语言传达和交流。这个道理，语言学和心理学都向我们提供了证明。应付差事的播音和敷衍了事地打招呼一样，是不会产生真正的思想交流的，因此，从一定意义上看，播好别人写的稿件，在调动播讲愿望方面，当然比起播自己写的稿件，或自己直接谈话要困难一些。不过，通过备稿可以克服其中的障碍，明确"谈话"（播稿）的目的，感受到稿件的感情色彩，把握住谈话的方式，态度分寸等等。从言语发动心态的角度看，通过备稿，我们应产生"这个道理（事情、知识等）值得谈，有必要谈"的积极心态。不然，没有一种"我要说"的愿望，就只能处于"要我说"、"轮到我值班"那种消极被动的心理状态，言语的发动会是勉强的、懈怠的。显然，这种应付差事的言语发动心态，只可能做"字形——字音"简单对应的表层转换，是不利于稿件的传达的，所传出的声音也不容易被受众认可接纳。

"把稿件变成自己要说的话"，从如何表达思想感情的角度说，就是播音员备稿时必须考虑表达技巧的选择。稿件可以告诉我们"说什么"、"为什么说"，但是，如何用有声语言去表达，稿件没有告诉我们，就连歌曲演唱者可以借鉴的歌曲作者提示的"轻快、抒情"之类的字眼也没有。显然，备稿决不仅仅是对稿件的分析理解，感受体验，它包括对有声语言表达技巧的预想和准备。在备稿阶段要想象播起来声音形式如何变化，哪里松、哪里紧、哪里低、哪里高等等，可以说，播音员的创作想象集中表现于此。在备稿过程中，理解感受与寻找表现手段总是同步进行的（广义的"同步"），这种外化能力，不仅是一种认识性的想像力，感受力，而且是一种实践性的感觉力、创造性的想像力，是实际完成播音作品的能力。

这些年逐渐丰厚起来的艺术心理学十分重视专业知觉在艺术创作活动中的重要性。所谓"专业知觉"，即"能够用专业艺术形式的眼光去认识一切客观事物"、"用自己头脑中的'图式'去改造对客观事物的一般知觉"。换言之，专业知觉就是用专业的艺术形式对创作客体进行特殊加工，进行"复杂的心理信息转换"①。拿画家来说，他们在观察某些景物时，引发起作画的冲动，脑中就在构图了。音乐家凝神于某场景，内心听觉会出现流动的旋律。乐队指挥阅读乐曲总谱时，内心听觉能浮现出日后演奏的预想效果。电影导演阅读剧本，头脑中会出现一幅幅活动的镜头……播音员备稿时，也应以有声语言表达的艺术形式去认识稿件上的文字，及其反映的客观事物，并以"专业艺术形式"，即有声语言表达技巧对稿件进行特殊加工，转换成有声语言的心理信息。也就是说，要在内心听觉中，闪现出有声语言疏密轻重、高低起伏的变化形态。这样，就有了文字语言到有声语言在心理信息这个层次上的转换。当然，这是在对文字语言蕴含有了深刻、生动的把握的基础上进行的转换。这种转换能力，不仅是一种对语言的感受力、想像力，更是实践性的感觉力，和创造性的想像力，即专业知觉能力。有了这层心理信息的转换，实际的符号转换才有方向、有范围。没有这层心理信息的转换做前导，备稿还只是"纸上谈兵"，并不具备导向实践的作用，那样，备稿和播音就仍是处在隔膜的状态中，那是不符合播音备稿的

① 金开诚、张化本：《艺术知觉的特征和艺术家的知觉能力》。

特殊要求的。

第四节　备稿的基础

我们习惯把具体稿件的准备过程叫做狭义备稿。每一次具体的备稿，都需要调动播音员的全部知识储备，以及政治素养，艺术修养。可以说，播音员各方面的修养就是具体备稿的基础。一个人的修养不是一朝一夕，一蹴而就的，需要在实践中不断地学习和积累。这正是人们常说的广义备稿。

广义备稿主要包括思想政治、文化知识、专业技能三大方面。

较高的思想政治觉悟和理论水平

播音员是新闻工作者，应不断提高思想政治觉悟，具备较高的政治理论修养和政策水平，能够以正确的思想理论为指导，分析认识现实生活中的各种问题，善于在播音中体现党的政策分寸，争取成为一个敏锐、清醒的新闻工作者。

政治素养中当然包括着感情问题，播音员应在立场，感情上自觉地与党和人民站在一起，除了注重平日的政治理论学习外，要特别强调深入生活、接近群众。惟其如此，才能准确地触摸到时代的脉搏，真切地感受到人民群众的喜怒哀乐。熟悉生活、熟悉服务对象，备稿就不会像"雾里看花"或"隔靴搔痒"。深入生活、熟悉群众，对稿件中反映的社会生活、群众的思想，就会有实实在在的感受，就会丰富我们的感情，而不至囿于"小我"的局限。

广博的文化知识

梅益同志早在20世纪50年代就对中央台的播音员指出："播音员就应该有广泛的知识，掌握知识越多、越广泛，播音就会越有成就，像金字塔一样，基础越大，塔就越高。"他还说："播音员应该有这样一个勇气：如果我还不能比稿件的作者知道得多的话，那么至少不能比作者知道得少。"播音员接触到的稿件反映社会生活的方方面面，播音员不可能全知全觉，但必须尽量知道得多一些。有些播音员错字连篇，不懂装懂，以至把"反向电流"播成"反问电流"，把"乌拉圭"播成"马拉圭"。这些因孤陋寡闻、不学无术而造成的贻笑大方的差错，完全可以用加强学习各种知识的办法来加以避免。陆游曾告诫自己的儿子。"汝果欲学诗，功夫在诗外。"其中的道理，不言自明。

深厚的专业基本功和艺术修养

播音员要苦练专业基本功，掌握熟练的语言表达技巧，具有良好的驾驭有声语言的能力。提高语言功力，是播音员应该孜孜以求的目标。声音是播音员惟一的或最重要的劳动工具，如何运用自己的声音，如何以恰切的语言技巧为稿件锦上添花，又如何使播音的声音形式与稿件的体裁及风格和谐一致，这都是播音员磨砺专业基本功中的关键问题。集中到一点，就是播音语感的有无和强弱问题。张颂教授曾精辟地指出："有声语言造诣，最重要的是语感，即接受和储存语言信息，发出和驾驭有声语言信息的悟性能力。"语感是语言的一种社会现象，它是人们在千百万次的语言实践中逐渐形成，并在社会历史文化中不断丰富和发展的。语感是一种综合的心理反应能力，而不是对语言现象个别的、孤立的、机械的反应。从语言信息的接收到传达，都离不开感觉、知觉、情感、记忆、联想、想象、思维等心理活动的影响和制约。语感也有其专业性。专业性语感是建立在专业理论知识和较为丰富的感性经验积累之上的，只有比较透彻地熟知某种（类）语言的特点，并将这些特点纳入自己的认知图式，才可能迅速、敏锐地感受这种语言，并把握它，驾驭它。播音员的语感，要求对语言，特别是有声语言中包含的语音、语法、语义、情感等信息，有精细、敏锐的直觉能力，并可以凭着准确的语感熟练地去驾驭语言。良好的播音语感是播音创作的重要因素，也是形成播音风格的重要条件。在学习播音及播音创作的各个阶段，语感都起着举足轻重的作用。

播音是一门语言艺术，人类各门艺术之间都有共通的东西，加强艺术修养，不仅可以培养艺术通感、活跃感受力、丰富想像力、提高审美情趣，也可以从其他艺术中汲取营养，增强播音的表现力。因此，播音员要向话剧、电影、戏曲、美术、摄影、音乐、舞蹈等姐妹艺术学习，努力提高自己的艺术鉴赏力和表现力。

总之，广义备稿是狭义备稿的坚实基础。平时的学习和积累越丰厚，狭义备稿的质量越高，速度越快。而每一次具体的备稿，就体现着广义备稿的成果，同时也在为广义备稿提供新的知识和体验。广义备稿和狭义备稿，二者互为因果、互相促进、互相补充，从而使播音的备稿能力得到全面提高。

第五节　备稿的方法

人民广播事业诞生以后，就没有中断过备稿方法的总结和研究，其中有老一辈播音员摸索总结出来的一般规律，也有20世纪50年代向前苏联学习的经验，还有当代年轻播音员的新体会、新感受。虽然各人的方法不尽相同，不同体裁的稿件准备起来也各有特点，但还是不难从中找出共性的东西。

从备稿的程序上看，不管什么人，拿到什么稿件，总是要从阅读稿件开始。遇到生字生词，不懂的术语，看不清的字迹等文字上的障碍，要通过查字典，向编辑请教，甚至向有关单位查询等办法搞清楚，才能顺利地认识稿件。在备稿过程中，阅读和思考是反复进行的。思考，包括对稿件的深入理解、感受体验，也包括对表达技巧的构思设计。为了加深对稿件的认识，为了有更理想的传达效果，还可以向编辑或记者了解有关背景。有时遇到重要的稿件，领导同志可能会来到播音员身边，给予具体的指导。最后，在把握稿件的基础上，如果时间允许，常常要上口试播，或把拗口的句段多读几遍。总的来看，在阅读中边看边想，在阅读的基础上集中思考，在时间允许的情况下上口试播，是备稿的主要程序。

在实际工作中，由于各人的水平不同，备稿习惯不同，可供备稿的时间长短不同，这些备稿的基本程序，有的可能会省略，如时间紧迫的情况下就来不及上口试播；有时某些程序要简化，如遇急稿，只能边阅读，边理解，边感受，边做表达设计，不可能再有集中思考，反复思考这道程序。有成就的播音员的经验说明，备稿中思考这个程序是最重要的，因为只有在消化稿件，把握稿件的精神实质，体味稿件的感情上下功夫，才可能有播好这篇稿件的基础。那种拿到稿件，不加思索张口就念，或者不深入思考，只是简单机械地一遍遍反复读的备稿方法，往往是事倍功半的。

从备稿必须涉及到的内容看，我们已经总结的备稿六步（即层次、主题、背景、目的、重点、基调），概括了播音备稿的共同规律，同时又显示出区别于其他语言艺术案头工作的个性特点。备稿六步是在广大播音员的实际经验中总结出来的，它符合播音的正确创作道路，适应新闻工作的要求。关于备稿内容，以前也曾有过“三要素”（是什么、为什么、怎么播）或“四要素”（比“三要素”增加一个“对谁播”）的提法。这些提法固然很有道理，但是这些要素，可以说是一切语言的要素，如艺术范畴中的电影、话剧、朗诵、评书、相声，公务范畴中的演讲、报告、讲课、谈判等言语活动。总之，口头或书面语言的表达或交际，都需要考虑这些要素。这些要素具有太强的普遍性或兼容性。而备稿六步，则着眼于播音工作的特点，既包容了这些要素，更把这些要素具体化了，使备稿的结果能直接指向播音，有很突出的实际意义。因此，备稿六步比“三要素”、“四要素”更具有播音特点的个性和具体性，同时也体现了这些语言要素的运用。如果说，层次、主题，集中解决“是什么”的问题，背景、目的，回答“对谁播”和“为什么播”的问题，那么，重点和基调，已明显地包含着“怎么播”的设想了。

备稿六步，有其步骤意义，也有其内容意义。对初学者来说，为了熟练掌握播音创作的基本程序，为了使备稿的基本功更扎实，要按照这六步的逻辑顺序来消化稿件，化它为我。这六步是一环扣一环的，明确了前一个问题，就使后一个问题的解决有了根据。对于已经比较熟练地掌握了备稿方法的播音员来说，备稿六步更突出、更重要的是它的内容意义，即无论多急的稿件，无论什么样的备稿习惯，要吃透一篇稿件，必须把这六方面的问题搞清楚。此时备稿六步的步骤意义，由于工作中的各种不同情况，已不必强求。那时，很可能是“六步并作一步走”，或“六步并作两步走”。总之，是由备稿内容的综合性代替了步骤的分解性。播音员在备稿过程中的各种思维活动，最终要归结为如何落实到宣传目的上，在短时间内，“六步”中的有些问题可以内部言语的形式意会到，并作为创作的意念存在，而稿件内容的大致轮廓、表达的重点和基调，这三点都要十分明确，这样才能直接指导播音，即使再急的稿件，也要力求做到这三点心中有数。

下面分别谈谈备稿六步的具体方法及作用。

第一，划分层次

播音让受众听得清楚明白，这似乎是起码的要求，但是真正做到这一点并不容易，就连很多有成就的新闻记者也认为“要写出让读者明白无误地了解你所要说明的事情，这比做什么都更困难”[①]。那么，对于播音员来说要明白无误地表达作者写出来的事情，也并非易事。划分层次，就是要求播音员在弄清稿件内容的基础上，进一步了解稿件的布局结构，掌握稿件的铺陈线索和语言序列，以便能够清楚明白地传达稿件。

---

① 《美国名记者谈采访工作经验》。

从文章学的角度看，稿件的自然段是篇章的最小组成部分。为了便于把握稿件的内容结构，驾驭播音语言的发出，我们以自然段这个语言单位为起点，对稿件做进一步的整理。这里有两步工作要做：一步叫做归并；一步叫做划分。

归并，即着眼于全篇，使自然段由分到合，把内在联系比较紧密的段落归并为一个层次。这样，播音员可以透过大于自然段的语言单位提纲挈领地掌握作者的思路和文章的结构，即文脉。同时还要对层次及层次间的关系做进一步的分析，以便在整体上对稿件有比较全面、深刻的了解和把握。这样，播音时才可能表现出明晰的条理性和有机的完整性。在具体做法上，如果稿件篇幅较长，内容较多，还需要把联系比较紧密的层次归并为一个部分。文章中的一个部分，可以由一个或几个层次组成。层次可以由一个自然段或几个自然段组成，这全由内容意义上的松紧关系而定。如果稿件篇幅短，只有两个自然段，当然不必作归并。

拿最常见的几种广播文体来说，通讯报道，小故事等以叙事为主的稿件，可以根据情节的发展、矛盾展开的不同阶段，或时间顺序、空间位置的变化来归并层次。广播评论、广播谈话等以议论为主的稿件，可以根据“提出问题，分析问题，解决问题”的行文来归并。新闻稿件，通常按导语、主体、背景、结尾的结构来归并；只有一个自然段的短新闻，甚至“一句话新闻”，则无所谓归并了。知识性或对话稿件，就要按事物构成特点，或按方位顺序，或依人的认识过程，或据话题的转换来作归并了。总之，通过归并层次，搞清文章发展的脉络，作者的思路在播音员头脑中理顺了，播起来才不至于零散、混乱，让听众不得要领，影响宣传效果。

每一个自然段都要概括大意，同样，层次或部分也应概括出大意。大意可以是一句话，或一个短语，也可用一两个词概括。总之，要简单明了，要反映出主要内容及思路的推进，要反映出文章的发展脉络，起到播音“提纲”的作用。

以通讯《生命之歌的最后乐章》为例：

当今年热闹红火的春节来临之际，躺在医院病床上的雷雨顺同志并没有感到寂寞。

2 月 12 号，农历年三十下午，中央人民广播电台新闻部的两位同志代表全国听众来看望他，送给他一个镶在盒子里的绢制玉兰花。还有听众写给他的一大叠慰问信，又把河南农村一位老中医为他画的两幅水墨花卉展现在他面前。雷雨顺深情地望着画，轻轻地说：“谢谢你们，谢谢广大听众”。除夕之夜，北京 111 中学的王惠琴老师带着十几名少先队员来到医院，与雷雨顺一起过年。孩子们为他带上了鲜艳的红领巾，特聘他为校外辅导员。他嘱咐孩子们好好学习，将来为祖国的四化出力。值班护士专门端来三盆鲜花，病房里一片芬芳。这时候，谁也没有想到病魔正在迫使雷雨顺走向生命的终点。

2 月 13 日，农历年初一的下午，中国科协副主席王顺桐同志把一盆蓓蕾初绽的寿星桃放在病床前，代表科协广大会员问候雷雨顺，雷雨顺支撑着病体说：“我微不足道。”

初二，气象科学院和北大地球物理系的几位同志来到医院。雷雨顺和他们谈论的中心话题是气象科研工作。初三，雷雨顺的病情开始恶化。上午 10 点钟，雷雨顺处于精神恍惚状态。爱人刘秀芳心情沉重地问他：“老雷呀！你是不是要扔下我们?”雷雨顺说：“不，你不要太悲观了。”刘秀芳又问：“如果万一呢?”雷雨顺闭上了眼睛，泪水不住地滴在被子上。他断断续续地说："万一我不行了，有三条要记住：第一，我没有完成的课题要让老吴接着干；第二，我是拿着人民的助学金上学的，对党和人民没有作出什么贡献，我那点书大概有千把册吧，要把它献给国家，也算尽点心意；第三，我万一不行了，你不要对组织提任何个人要求。"刘秀芳默默地听着，把这珍贵的话语牢记在心头。下午3点钟，雷雨顺让爱人捧着录音机，他气喘吁吁地讲了十分钟。这十分钟对气象科研的研究方向、气象科研人员的协作和科技人员的进修等问题提出了宝贵意见。除了那三条，他没有对个人和家庭再说一句话。

初四，这是他生命的最后一天。上午，科学院领导来看望他，他让爱人把录音带交给领导，并且略带歉意地说："讲得不好，本来想今天接着讲，但思想怎么也集中不起来了，我的心劲大的很，可身体像是别人的。"下午3点10分，他吃力地挣扎着要起来，可是力不从心，护士过来帮助他，他用微弱的声音连连说："对不起，对不起。"护士的眼睛湿润了。这是一个多么善良而又坚强的人啊！住院104天，他最怕麻烦别人，在这危在旦夕的时刻，他还因为别人帮助了他而感到不安。

下午4点40分，当他爱人和护士给他擦洗身子的时候，他突然昏迷，值班的医护人员立即全力抢救，终于无效。4点57分，雷雨顺同志的心脏停止了跳动。

5点25分，国家气象局的几位领导同志赶到医院，沉痛地肃立在雷雨顺的遗体前，泪水模糊了人们的眼睛。

雷雨顺同志安详地躺着。在用心弦奏出生命之歌最后的动人的乐章之后，他静静地休息了。

全文共8个自然段。8个自然段的大意可概括如下：

①自然段：春节前夕，雷雨顺住在医院里；

②自然段：除夕，群众来慰问；

③自然段：初一，领导来看望；

④自然段：初二，雷雨顺谈工作，留遗嘱；

⑤自然段：初四，最后的谈话；

⑥自然段：下午，雷雨顺的心脏停止跳动；

⑦自然段：领导赶到；

⑧自然段：安息。

这篇稿件是以时间序列来展开情节的，我们可以参考时间顺序及表现雷雨顺高尚情操的内部逻辑来归并层次：

第一层：①自然段——②自然段；除夕，群众慰问住院的雷雨顺；

第二层：③自然段——④自然段；病情危重的雷雨顺念念不忘工作；

第三层：⑤自然段；生命垂危的雷雨顺心中没有自己；

第四层：⑥自然段——⑧自然段；雷雨顺病逝。

这四个层次之间是衔接很紧密的承续关系，作者按时间顺序写来，随着雷雨顺病情加重，他的言行中闪现的思想光辉，渐显璀璨，耀人眼目。这篇稿件层次间关系较为简单，而有的稿件起、承、转、合较为复杂。但不论复杂与简单，搞清层次间的关系，都能帮助我们理出一条思想感情的运动线，看清思想感情发展变化的层次，也为安排播出时的段落、层次间的停顿，以及语气上的衔接转换打下基础。

划分，是从“便于听”入手，把自然段化整为零，区分出语言推进的小层次。透过语意上的最大单位——小层次，精细地把握稿件的语脉，从而帮助我们在播音时按语意把句子“串成线，抱成团”播得流畅、连贯，语意清晰完整，“串成线，抱成团”，是有经验的老播音员对在播音中组织好语意的形象比喻。它是针对有声语言传达中，句子单摆浮搁，零散孤立，缺乏内在联系的弊病提出来的。国外播音界对这个问题也有类似的提法，认为播音员的水平越高，掌握的语言“单位”越大。另外，从传播对象一方的收听习惯看，也是要求获得完整的语意，而不是互不关联的语言片断。所以说，虽然播音时要在某些重点语句和词语上下功夫，但驾驭有声语言的基本单位应在自然段内的小层次上面，即以小层次为驾驭语言的基本单位。

小层次，可以是一个句子，也可以是一个或数个句群。句群是由两个或两个以上的句子或数个句子组合而成。它们在意义上有紧密的逻辑关系，共同表达一个较为复杂的思想，是相对独立的语言单位。① 把自然段划分成小层次，并搞清小层次间的联系，就是摸清了稿件的语脉。语脉，体现着具体的思想脉络，感情转换。可以说，小层次既反映着内容的发展变化的细致层次，也反映着感情变化的层次。划分小层次，对把握稿件的语脉，对语气的运用有重要意义，它能够帮助我们把体验到的逻辑感受、形象感受，通过恰当的停顿和贴切的语气表达出来。对克服刻板的“念稿”，具有实际意义。因此，划分小层次，是播音员备稿必不可少的一项工作，是把文字语言转换为有声语言时受众清楚易懂的基本方法。

例稿的第②自然段，按内容的推进可以划分为四个小层次：

1．“2月12号……谢谢广大听众。”中央台同志代表听众前来慰问。

2．“除夕之夜……将来为祖国的四化出力。”少先队员来慰问。

3．“值班护士专门端来三盆鲜花，病房里一片芬芳。”病房里充满着温馨的气氛。

4．“这时候……病魔正在迫使雷雨顺走向生命的终点。”雷雨顺病情危急。

这一段的前三个小层次基本上属同一种感情色调，它们之间是并列的关系。中央台的同志、少先队员们以及护士，纷纷送来群众对雷雨顺的关心、热爱和崇敬，雷雨顺与群众的感情互相呼应，充满着深情。具体说，第一小层次是听众的“热情”和雷雨顺的“深情”；第二小层次在“热情”的基础上可增添些生动活泼的色彩。雷雨顺则满怀着对少先队员一片诚挚的“期望”；第三小层次则突出“恬静、温馨”的色彩。而第四小层次是一个转折，与前三层的温馨气氛是个对比，不得不把严酷的事实揭开，这个感情色彩的转换，一定要把握好。不难看出，在划分小层次时，感受、体验以及关于怎么播的构想，都在同步进行着，这样准备稿件，就不是枯燥的理性分析了，而是把分析理解稿件与具体感受结合起来，特别是与语言表达直接挂起钩来，缩短了理解和表达的距离。

小层次，是播音表达的基本语言单位。对稿件中的小层次了如指掌，实际上就是通过

---

① 参见吴为章、田小五：《句群》。

消化稿件，从播音的角度重新组织语言，达到了“把搞件变成自己要说的话”这个要求，也就是落实到语句上了。不论什么稿件，这部分工作对播出都有直接的指导意义，因为小层次的划分，及对小层次之间的联系的处理，为情景再现、内在语，以及停连、语气、节奏等内外技巧的运用，提供了基础和契机。

第二，概括主题

主题，就是稿件的中心思想，是稿件中提出的核心问题。作者通过具体人物、事件所反映出来的看法、主张、态度。中心内容不是主题。备稿不能停留在对稿件内容的一般了解上，不能只知来龙去脉，而不把握其核心。概括主题是由具体到抽象，向理性认识飞跃的过程，是深入了解作者创作意图，进一步掌握稿件精神实质，激发播讲愿望的必需。

概括主题，就是要抓住稿件的主要内容、主要事件，透视其实质。通讯一类稿件的主题，是从人物的言行或事件的发展中挖掘出来的人或事的思想、精神。评论性的稿件其主题就是中心论点。

主题的概括，要切中题旨，言简意赅，要注意它的明确性、具体性和行动性。

所谓主题的明确性，就是指概括主题要有思想深度，要准确。如果理解感受出现偏差，曲解了作者的创作意图，就不可能概括出准确的主题。

所谓主题的具体性，是指概括主题不要离开稿件内容的个性，不可空洞笼统。这样才有利于对“这一篇”稿件的具体把握。

所谓行动性，即概括主题不冷漠，有一定的感情色彩。主题应是自己在对稿件反复深入理解和感受后得出的。一见这个主题，便有了“播出去”的行动意向。

例稿的主题可概括为：通过雷雨顺在生命终结前的感人言行，歌颂我国知识分子忠于党和人民，献身事业的崇高品德。

要想概括好主题，必须提高自己的分析能力和概括能力，通过不断学习和反复练习，达到上述有关要求。

第三，联系背景

背景，主要指的是播音时的背景。任何一篇供播出的稿件都有几种不同层面的背景。稿件内容所反映的时代，是历史背景，它是理解稿件内容时必须搞清楚的；作者写作的时代，是写作背景，它是了解作者创作意图，并深入理解稿件应该搞清楚的；播音背景是指播音时的具体背景。在实际工作中，新闻稿件占的比重最大。这些稿件的所谓历史背景，写作背景与播音背景基本上是一致的。一般情况下，只要提播音背景就可以了。如果拿到的稿件不是“现在时”的，比如一些中外文学作品，或历史文献，就一定要分别搞清这三个不同层面的背景，方能全面、深刻、准确地理解稿件和丰富自己的感受。

播音背景，包括两方面的内容：一是与稿件内容有关的党的方针政策（一般称“上情”）；一是当时的国内外有关形势，及社会的现实情况（一般称为“下情”），其中又包括主流和支流两个方面。

联系背景特别需要广义备稿的功夫。只有平时注重党的方针政策的学习，关心国内外大事，具备较强的新闻素质；只有积极深入生活，接近群众，了解群众，才能迅速地把储存在大脑中的有关信息提取出来，获得对播音背景的深刻认识。

这篇例稿反映了知识分子无私奉献的典型，这是新时期的典型，在建设四化的进程中，党中央特别倡导奉献精神，这是“上情”。“下情”是：在现实生活中，有许多兢兢业业，鞠躬尽瘁的先进人物。它们是中国的脊梁，是四化建设的生力军。蒋筑英、罗健夫、雷雨顺就是他们的优秀代表。在播发这篇通讯之前电台就已介绍过雷雨顺的感人事迹，群众深深为他的精神所感动和鼓舞。但是也要看到，在改革开放的今天，有人“私”字当头，争名誉，闹地位，只讲索取，不讲奉献……这些情况在联系背景时应该考虑到，当然由于每个人的经历不同，会有不同的联想，不过联系背景的范围基本就是这些，即由主题反映的思想，联想党的有关政策，倡导精神，联想现实社会生活中的主流、支流情况。

联系背景，要具体，不可空泛笼统，不可漫无边际。具体，就要紧扣稿件内容，不能泛泛地随意套“上情”、“下情”。比如在考虑这篇例稿的“上情”时，不能因为谈的是知识分子，就与党的知识分子政策挂钩，什么“落实知识分子政策”啦，“关心知识分子生活、工作条件”啦，“重视发挥知识分子作用”啦，如此等等都考虑进去。这样做势必陷入空泛、杂乱而干扰对背景的准确认识。背景一定要紧扣稿件内容和主题来联系，这样对理解稿件才有实际的帮助。

联系背景是激发播讲愿望的重要步骤，因此联系背景要有“可感性”，即要把自己摆在现实生活中，站在党和人民的立场上分析问题，以一颗充满阳光的赤子之心来考察背景，产生一种此事此人，“我有所闻，我有所感”的积极、贴近的心态。这样联系背景，想到的是熟悉的人和事，有过感受体验的事，因而使自己与稿件贴近，与现实生活贴近，与人民群众的思想贴近。这样，才能为产生具有时代气息和生活热力的播音提供充实的依据。

联系背景是为了进一步深入理解稿件，因此还要善于从事物发展的纵向，及其从相关事物的横向上考虑背景。是否能够准确地把握稿件反映的事物在社会坐标系上的位置，直接关系到播音的基调是否恰当，体现出来的政策分寸是否合适。曾经有过这样的事，因为播音员不了解某次重大国际比赛的各种背景材料，不管获得金牌数是否达到赛前的预测，只要报道获得金牌的消息，就喜上眉梢，神气十足，结果与体育爱好者的感受达不成默契，没有共识，反而被受众认为是播音员对体育事业的肤浅无知，其表现出来的喜悦和热情也被看作是虚情假意；还有的播音员不注意把握事物的确切价值，播某县大豆丰收的消息时大喜过望，好像此事可与太空技术的突破相媲美，播到批评性的稿件，便声色俱厉，大有声讨和打倒的气势，而不问事情的性质和有关的政策如何。可见，联系背景影响对稿件把握的准确和深度，关系着实际的播出效果。如果对背景分析不透，播音时轻则苍白无力，重则会因分寸失当，而使受众对事实的真实性产生怀疑。

联系背景时，对事物的主流、支流也应把握得当。正像张颂教授所说：“看不到主流，一叶障目，就容易迷失方向，影响宣传的坚定性；看不到支流，天下太平，就会心中无数，影响宣传的针对性。”①

① 张颂：《播音创作基础》。

第四，明确目的

语言活动总是与具体目的相联系的。作者写稿件有具体的创作意图，电台、电视台选择和组织这些稿件是因为这些稿件的具体宣传目的体现了宣传总目的。播音员要把这些稿件准确、鲜明、生动地传达出去，就一定要明确稿件具体的宣传目的，因为这也就是播音员的播讲目的。

语言学理论告诉我们，语言本身表现为多层次结构，大体可分为表层结构和深层结构。表层结构包含：音位层、词位层、义位层。任何写出来或说出来的话语，都属于表层结构，直接体现出来的是其概念意义。而深层结构的情感意义、功能意义，要靠语言接受者去体味。不过，由于有声语言具有可感性的特点，这就为语言发出者揭示其深层结构提供了可能。关于这一点，有人指出："传达不只是叙述一个故事，它同时要表达一种附着于语言上的意味。意味比故事还重要。"① 这里所说的"意味"，正是我们从播音角度所说的"目的"。

看重写作技巧，讲究宣传方法的人，一般是不会在稿件的表层结构中言明宣传目的的，而是将目的渗透于稿件的字里行间，隐含在稿件内容之中。播音员播别人撰写的稿件，必须要发掘出其宣传目的，否则作者的创作意图就有失落的可能。如果连稿件的播讲目的都没有意识到，作为语言发出者，又怎么可能传达出其中的意味呢？更不用说，由于没有准确的宣传目的在胸，播音的语言传达中会存在着偏离目的的危险。明确播讲目的，是备稿中十分重要的工作，是不可或缺、不可替代的内容。

播讲目的，是指稿件在德、智、美三方面所能实现的社会意义和作用，所能达到的预期效果，所要遵从的诱导方向。

播讲目的是播音员从稿件内容及主题中引申，并在联系背景的过程中准确把握到的。主题囊括不了播讲目的的含意，也不可能取代它的作用。主题是指稿件反映了什么思想，基本上还是就稿论稿，"就事论事"，很少顾及播音背景，很少考虑受众心理和针对性。播讲目的，则要说明稿件的认识价值和社会意义，就必须联系背景，站在稿件之上，结合稿件之外的情况来考虑。正因为明确播讲目的，要准确体现党的方针政策，要敏锐地把握现实，要真切地感受群众需求，因而播讲目的要比主题来得更积极、更有高度、更具指导意义。

我们还注意到，在"现在时"的稿件中，播讲目的一般与主题胶着在一起，是主题的升华。在"过去时"的稿件中，由于所选择的稿件往往是"历久犹香"的优秀作品，它们的主题常常呈现多义性。故此，在不同的时代，不同的播音背景里，播讲目的会有变化，它依据播出时的针对性，在主题某一方面延伸，体现出新的意味来。

播讲目的，产生于对稿件的正确认识、生动体验，而且对播音创作有巨大的能动作用。播音员动脑、动心之后，悟到稿件播出的必要性和迫切性，这是主观与客观相结合的产物，最终表现为强烈的播讲愿望，产生了要把稿件的内容及精神实质，外化为有声语言的内驱力。不仅如此，播讲目的明确，还使我们能分清稿件的主次，以便在播音中突出重

① 李国涛：《语言的纠缠和文体的形式》。

点；播讲目的能够深化感受，加强对象感；播讲目的指引我们在播音中把要突出的重点与对象感结合起来，使播音中与受众的类交流不仅是一种感觉，同时还有了实在的交流目的和交流内容，从而使播音更鲜明深刻，更有针对性；播讲目的，把握着思想感情运动的正确方向，不使具体感受因拘泥于细微末节而失去准确性，以致偏离稿件的主题和目的；播讲目的，还使我们胸中有全局，在技巧运用上有恰当的配置，始终保持积极的播讲状态，认真进行播音创作。可以说，播讲目的，对备稿和播音都有统帅意义，发挥着重要的引导、规范、深化、激励的作用。

在表述播讲目的时，第一要注意不应与主题的表述混淆，要有纲领性；第二，要从背景中的“上情”着眼，考虑其现实意义，不可空泛，要有感染性；第三，注意目的集中，不要面面俱到，更不可主次颠倒，要体现准确性。

《生命之歌的最后乐章》这篇通讯，塑造了新时期优秀知识分子的典型形象。它的具体播讲目的，意在大力倡导奉献精神，激励各行各业的人们向雷雨顺学习，为完成四化的大业而努力工作。雷雨顺的感人事迹使我们深受教育，激动不已，想到当前建设两个文明的重任，想到生活中脚踏实地、默默奉献的先进分子，对比某些人不讲奉献，只求索取的言行，深深感到雷雨顺的事迹大有宣传的必要了，相信他的精神一定会点燃起人们心中的热火，一定会激励人们为四化大业奉献自己的力量。

像这一类新闻性的稿件，因为与党的方针政策或国内外大事紧密相联，或从各个角度直接反映群众意愿和呼声，所以具有很强的针对性。这些稿件的社会意义和作用是明显的，其预期的效果也是不难想到的。有些稿件的针对性不一定那么强，它们的播讲目的常表现为我们所倡导的方向，起着潜移默化的作用，正所谓“随风潜入夜，润物细无声”。总之，每一篇稿件，都可以从德、智、美三方面来挖掘其播讲目的，它们或表现在其中一方面，或几方面兼而有之，总会有起核心作用的播讲目的。

第五，分清主次

我们说过，备稿要从稿件的局部到全篇，在把握稿件的精神实质后，还要再回到稿件的具体内容上来。因为稿件主题的显现，播讲目的的落实，要通过对稿件的细致处理才能实现。分清稿件的主次，突出重点，是落实播讲目的的重要保证。试想，如果只凭热切的播讲愿望，从开始到结尾处处用力，似乎哪里都重要，却往往适得其反，听着吃力，播着费劲，反而淡化或淹没了播讲目的，实际上，稿件的各个部分，各个层次、段落、语句在表达作者意图时起着不同的作用。拿段落来说，有的起过渡作用，有的起支撑作用，有的起铺垫作用；拿语句来说，有的是起始句，有的是中心句，有的是归结句。同样，选材时也必是有详有略，有的几笔带过，有的不惜笔墨。我们在播音时，只有分清主次，突出重点，才能使内容传达得清晰，使播讲目的落到实处，给受众留下深刻的印象。

分清主次，首先要抓住重点。

稿件中，“那最集中、最典型地表现主题的地方，那最得力、最生动地体现目的的地方，那最凝聚、最浓重地抒发感情的地方，那最直接、最恰当地感染受众的地方，都属于重点。”[①] 只要紧扣主题和目的，是不难找到重点的。

由于稿件写法不同，有的重点比较集中，多表现为有一两个重点部分或重点层次、重点段落；有的重点散见全篇，多表现为分散在一些部分、层次、段落中的重点小层次和重点语句。当然，前者的重点部分、重点层次、重点段落中，一定包含重点小层次、重点语句，而且非重点之处可能有重点小层次或重点语句。

如这篇例稿，记者没有直接站出来说话，只是忠实地记述了所见所闻，一共写了 10 件事，但并非平均用力，有的简略，有的详实。从主题和播讲目的看，这篇稿件的重点集中在第二层和第三层，集中反映雷雨顺心中只有工作，只有党和人民群众，惟独没有自己的高贵品质，十分感人。而第②自然段中雷雨顺的话以及第⑧自然段，也是本篇的重点语句和段落。

抓住重点，是为了更好地传达，因此备稿时，要对重点语句、小层次、段落等运用情景再现等调动思想感情的方法，进行深入具体的感受和体验，并反复揣摩有声语言表达形式，这样才可能在播音时达到预期效果。

其次，要处理好主次关系。抓住重点，不等于播音时对非重点处就轻描淡写。重点不是孤立地存在于稿件中，重点与非重点都有一定的内在联系，非重点有的是对重点起铺垫作用，有的是补充说明，有的是交待过程，有的是对比映衬、重点与非重点形成有机的整体。只有弄清稿件的主次关系，重点的表现才不会突兀、格楞，非重点之处也不会像散沙，游离零乱。老播音员深谙其中的道理，形象地把目的比喻为红线，把重点和非重点比喻为大小不等、色彩纷呈的珠子。主张用红线（播讲目的）把大小珠子（重点与非重点）巧妙地联缀成精美的艺术品（完美的播音作品）。

认识主次关系是为了表达时有恰到好处的处理。次要之处，不等于没有感情，重点之处不等于“干砸”、“硬拔”。次要处要交待清楚，感情要适度，不可喧宾夺主，要向重点处推进。在非重点和重点之间，合理配置思想感情的酝酿、积蓄、凝聚和迸发，使重点处水到渠成，自然显现，使主次和谐统一地表达出来。

总之，分清主次，突出重点，是使播音既生动感人地表达，又能深刻鲜明地落实播讲目的的重要保证。能否处理好主次关系，与播音质量高低有很大关系，因此，必须从备稿开始就予以足够的重视。

第六，把握基调

我们在备稿过程中，从许多不同的角度对稿件进行了深入的分析和具体的感受，我们的感情也随之运动起来，并最终以准确清晰、富有变化的有声语言传达出去。在备稿过程中，对稿件的情感特点及其变化把握得是否准确，关系到语言表达的效果，关系到播讲目的能否得到生动的体现。

基调，是指我们播送一篇稿件时所把握的总的感情色彩和分量，而绝不是简单地指播音时声音的高低。基调，一方面是指稿件本身所蕴含的感情色彩和分量上的特点；另一方面还应融入播音员在播讲目的指导下产生的具体态度，以及有关的政策对播讲态度的制

---

① 张颂：《播音创作基础》。

约。这是在播音创作基础理论范畴内对基调把握的要求层次，如果从创作整体效果来看，当然还要考虑节目形式、受众心理及接受习惯、传输方式（如电台、电视台），创作氛围等方面对播音基调的影响、要求和制约。播音基调，是将稿件转化为有声语言时的一种总体把握。它既包含稿件本身固有基调，同时，也必须含有播讲者在播讲目的制约下的播讲态度。

实质上，基调要求播音的表达与理解感受的统一；要求声音形式与稿件体裁风格的统一。可以说，一篇稿件播得是否成功，基调提供着最“直观”，亦即最直接，最容易感觉到的判断依据。如果播音基调与稿件反映的思想感情不符（“奇文共欣赏”，充当反面教材的稿件除外），与播讲目的所要求的态度分寸不符，或相左，或过火，或不及，都会给人“不对味”的感觉。对于基调不当的播音，受众在感情和心理上是不能接受的，轻者不予认同，重者会引起反感，甚至强烈不满，而且势必程度不同地影响播出目的的实现，给节目的整体效果带来不利的影响。

基调对于播音创作如此重要，我们应从哪些因素来考虑呢？

首先，应从稿件本身，即稿件的内容和形式两方面，得到综合的、升华的感情色彩及分量的把握。也就是说，在对稿件有了前面五步的理解感受的基础上，再次对稿件中的人物、事件，对作者的倾向、主张，对文字的语言风格等，做深入地总体地分析和体验，从而概括出“这一篇”稿件的基调特点。如可以概括为“坚定有力”、“活泼幽默”、“轻松舒展”、“深沉凝重”、“朴实含蓄”等等。

其次，要从稿件的外部因素中把握播讲的具体态度及政策分寸。在学习播音创作的基础理论阶段，主要应围绕播出背景和播讲目的，抓住播讲“这一篇”稿件的态度分寸。它可以概括为“热情赞扬”、“深情缅怀”、“热烈讴歌”、“积极倡导”、“严肃批评”、“愤怒谴责”、“耐心说服”、“循循善诱”等等。

《生命之歌的最后乐章》这篇通讯，文笔质朴，没有华丽词藻堆砌；雷雨顺所说的话也很普通平易，然而却寓伟大于平凡之中，令人肃然起敬，赞誉之情油然而生，然而这赞誉崇敬之情又是与沉重痛惜之情交织在一起的，因而声音形式具有质朴、凝重的特点。其基调可概括为：朴实凝重，深情颂扬。

在把握播讲基调上有两点基本要求：一是要求基调贴切，有个性；二是要求基调统一，又有变化。

播讲时基调把握是否与稿件贴切，是否符合播出目的要求，这是衡量播音创作成功与失败的重要标尺。如果把这篇例稿播得平淡轻松，无疑是失败之作；如果播讲态度不积极，就不符合颂扬的要求；如果过于低沉，以至哀婉悲切，也无法实现播讲目的。

现实中，一些播音员在基调把握上常犯类型化的毛病。遇赞扬稿，就“喜滋滋”；遇批评稿，就声色俱厉，缺乏“这一篇”的具体个性。这个偏差，问题出在感情和态度分寸把握不细，失之于笼统，摸到共性，即浅尝辄止，又纳入有某种固定格式的声音形式。这样的基调哪里有“贴切”可言呢？因此，在把握基调时要细细揣摩，使基调恰如其分，具有稿件的个性。这是提高播音质量的一个重要根基。

基调把握的第二个要求中关于“基调统一”，是要求播音有整体感，播音基调应使受众在不经意中获得鲜明的印象和较强烈的感受。一篇稿件总的感情色彩和分量，总是在稿件的各个重点层次、段落及词句上体现得最为鲜明和突出。故此，清醒地把握住基调在稿件重点处的体现，才能有效地显露出主题和播讲目的的红线，而且能够保证声音形式负载的感情色彩及分寸不会“走板”、飘移。

在基调贴切、统一的前提下，播音基调在一篇稿件中不应是“一锤定音”、“一成不变”的，播音基调应随稿件内容的发展而有相应的变化。这样把握基调，一方面能清晰地表达出事件或思想发展的脉络，并能细腻地表现感情发展的变化层次；另一方面，有变化的基调也给播音作品带来曲折、波澜，避免或减少平板乏味、单一枯燥的声音形式，增强感染人的力量，从而艺术地、巧妙地达到宣传效果。

以通讯《生命之歌的最后乐章》为例，第一层，写人们对雷雨顺的崇敬和关心。在凝重的总色彩上，可稍有“亮色”，但不是欢快地度除夕，不可太扬起，应以“舒缓”和“亲切”为宜。同时，透过人们对他的慰问，及雷雨顺的回答，表达出对雷雨顺的赞誉。第二层以赞扬为主，表现为深情、浓重的赞扬。尤其是对雷雨顺谈的三条遗嘱要悉心体味，下功夫选择表达方式。“三条”具体内容不同，感情也有变化，要表达出他对事业的深深眷恋，对党和人民的赤子之心，对个人和亲属的严格要求。在这一层里，妻子不忍出口，又不得不问的话语，这生离死别的沉重心情也应有所点染，只是不能陷入。这一层特别要注意控制，坚定而又艰难地说出那三条遗嘱。第三层，雷雨顺生命垂危时仍记挂工作，惦记他人。这一层开始时声音可以轻一些，这符合当时的情景。后面对雷雨顺高贵品质的赞扬，要加重语气。这里也是一个感情由积蓄到凝聚，再到迸发的过程。最后一层，发现雷雨顺昏迷，节奏要紧张起来；说到抢救无效，基调转为沉重和痛惜，接着把对雷雨顺的深情赞誉凝聚在最后一段，有力地结束全文。当然还应当有更细致的考虑，这里就不赘述了。总之，要做到基调有变化，就必须在稿件重点处有类似“食不厌精”的过细而又深入的体验、揣摩，并且刻意选择表达手段。这也不失为提高播音质量的一个要诀。

总起来看，层次、主题、背景、目的、重点和基调这六个方面，是备稿中必须考虑的，必须明确的。无论是按部就班地分“六步走”，还是“六步并作一步（两步）走”，理解越深，感受越具体，认识越全面，对稿件的把握就越准确，就有了“把稿件变成自己要说的话”的坚实基础和丰富的内心依据，才能较好地驾驭语言的发出。备稿的精细与快速，是辩证的统一的。备稿是以广义备稿的功夫为基础的。备稿是播音员理解能力、感受能力、想象能力、创造能力的集中体现。只有不断地学习和积累，努力提高自己的政治和业务素质，认真准备好每一篇稿件，就定能有效地提高播音水平。

第二十章 播音创作中的感受

播音创作，从本质上说，是播音员对现实世界的认识和反映的实践活动。播音员的有稿播音和无稿播音，就是这种实践活动的具体化。在有稿播音中，稿件文字，作为创作的依据，是播音员、主持人视觉感受器官的直接刺激物，是现实世界的物化形态和观念反映。播音员进行播音创作，首先就要通过感知稿件文字语言的能指符号，理解其所代表的客观事物和所含的所指意义。它不同于人们直接看到和感受到的某个实在的对象和事物。通过词语认知、感受并反映现实世界，这是人类高级神经活动的一个质的特点——第二信号系统的功能，也正是播音创作实践活动的一个本质的特征。在无稿播音中，播音创作主体也要依据提纲、腹稿，或根据现场气氛和受众参与节目的直接反馈，做到情动于衷，感同身受，有感而发。因此，认识播音创作活动中感知、感受的规律，对于播音创作来说，具有十分重要的意义。

第一节　感知觉与播音感受

作为播音创作历史和逻辑起点的感知觉

我们知道，感觉是人脑通过感觉器官对外界事物的个别属性的反映，“是客观事物在人脑中的主观映象”，[①] 如通过视觉感受色彩、形状、大小；通过听觉感受声音；通过触觉感受温度、硬度；通过嗅觉感受气味……感觉是我们认识客观世界的最简单、最初级的形式，同时也是一切复杂心理活动的起点和基础。没有感觉，就不会有人对事物更复杂的反映，世界也就不能被人所认识。因此列宁说：“不通过感觉，我们就不知道实物的任何形式，也不能知道运动的任何形式”，“假定一切物质都具有在本质上跟感觉相近的特性，反映的特性，这是合乎逻辑的”。[②] 播音与其他认识活动一样，也必须以对稿件文字以及客观事物的感觉为认识和感受的基础。只有通过感觉，播音创作主体把握了创作客体的各

① 王朝闻：《美学概论》第 97 页，人民出版社 1981 年版。

② 列宁：《唯物主义和经验批判主义》，《列宁选集》第 2 卷，第 89 页，人民出版社 1975 年版。

种感性状貌，才可能引起更高级的认知和感受活动。

知觉是比感觉更高一级的认识形式，是人脑对直接作用于各种感觉器官的客观事物的整体的反映。它是在反映事物个别属性的感觉的基础上形成的。当人的感觉器官接触到某个外界事物时，感觉器官的神经细胞便把兴奋冲动传达到大脑形成感觉，各种不同感觉（视、听、嗅、触等等）形成联系，综合成知觉的形象，即事物整体的印象。知觉的主要特点在于，它不只反映事物的个别特性和属性，而是把感觉联合成为完整的形象。要知觉一个苹果，就要首先感觉苹果的颜色、形状、质感、气味等个别特征。感觉到外界事物的个别特性越丰富，对此事物的知觉也就越完整。知觉的形成往往受制于社会性因素，在一定程度上，需要由以往的经验、知识来补充，经验、知识常常影响着知觉的内容。同时，主体的主观因素的差异，也使得不同人对同一对象的知觉往往也不相同，甚至同一个人在不同时空条件下，或由于主观情绪的变化，对于同一对象的知觉也可能不同。另外，知觉是受想象制约的，想象以各种联想方式加工和改造着知觉材料。因此，人的知觉就不再是对客观现实的被动的生理适应，而是对社会环境的能动反映。知觉在播音创作认知活动中具有重要意义。在下面的内容里我们将重点探究播音创作中知觉的一般规律。

播音创作，从创作形态上可分为有稿播音和无稿播音两大类。在有稿播音中，对稿件文字语言的感知，是播音创作的出发点。文字语言，包括字形、字音、字义、连缀成词、词组、句子、文章。根据文字语言，透过字形捕捉字义，弄懂这个字、这句话的意思，这是播音创作认知活动的第一步，属于理解的范围。然而，理解字句是不可或缺而又极为浅近的一步。播音创作的认知活动不容许停留在辨字析义上。事实上，随着对文字认知这浅近的一步，长期经验造成的字形与字音、字义的紧密联系，就使得播音创作主体产生了由此及彼、由表及里的某种感受。无稿播音，包括播音员、主持人现场的即兴采访、口头报道；直播室的脱稿话题播音；热线电话节目、嘉宾访谈节目、谈话节目的主持等等。在无稿播音中，播音员、主持人或由于置身现场氛围，或由于与受众直接交流，或由于陈述己见，直抒胸臆，这些来自客观实物的直接刺激，使得播音员、主持人在出口成章之时，比有稿播音在客观上反而更易于做到有感而发（当然，这并不意味着无稿播音不需要感受）。也正是由此，我们把有稿播音中的感受作为我们认识和研究的重点，也就是必要的和必然的了。

播音感受及其特征

对于播音员、主持人来说，播音创作中的感受，就是“感之于外，受之于心”的意思。感之于外，就是通过视觉、听觉感受器官不只是感到文字、声音的存在，而是透过文字、声音的符号，感觉到这符号所代表的具体的客观事物的存在。同时，也正是由于文字、声音符号打开了现实的大门，播音员、主持人才可以接受外界的各种刺激，从而受之于心。受之于心，是指客观事物对播音员、主持人的直接或间接刺激而引起的内心反应和体会。感受，是播音员因语言符号（文字的、声音的）达于客观事物，从而接受其刺激并主动体验产生内心反应的过程。它是语言符号的生成物。但是，这不是必然的。播音员如果无视第二信号系统与第一信号系统的内在联系，仅仅停留在字句的理解上，既不达于客观事物的现实存在，不接受其刺激，也不主动体验，毫无内心反应，那么，感受就会被抑制，字句的含义便会概念化、肤浅化。

由此可见，感受又体现为播音员主观能动作用的结果，它不是任何时候都可以生成的。这主观能动性有先天的某种素质的因素，更有播音创作主体经验积累的因素。播音感受，既从稿件、话题、节目和与受众的直接交流中来，又要融化到播音的有声语言中去。感受本身也是随着理解的深化，感情的积聚，由浅到深，反复推进的。

播音创作中的感受有如下基本特征：

（一）间接性与敏感性的统一

有稿播音时，播音员、主持人通过稿件文字符号感知客观事物与人在外在世界中直接感知实在事物是不同的。这时，播音创作主体的感知带有间接性的特点。尽管文化修养和长期经验使得播音员、主持人理解文字符号的含义并不困难，但是，从文字符号获得的间接刺激毕竟不如来自实物的刺激直接、可感。因此，需要播音员、主持人在文字符号面前保持一种高敏感性，使自己的感觉神经始终处于一种积极、活跃的兴奋状态，不仅善于感受来自语言符号的间接刺激，同时，还要善于以点带面，一触即发地主动体验。这样才能把物化形态的文字变成活脱的感受，并将感受引向深入。

（二）目的性与传导性的统一

播音员、主持人作为传播的中介，他的感受与一般读者不同。读者阅读，没有转达、传播的使命，因此，作为读者其感受可有可无，可深可浅，完全是一种“无意识的行为”。而播音却不同，播音员、主持人之于稿件、话题和节目是为了转达，负有传播的使命。传播的目的性、使命感使他必须超越作为一般读者的心态，而向作者的心态靠拢（有时，播音员、主持人就是稿件、话题和节目的作者）。他必须要有感受，而且必须要沿着文字语言序列的指向有目的地感受，使感受具体、深化，并外化为形象、生动的有声语言，把融合着自己独特感受的作者的感受传导给受众。因此，播音员、主持人的感受是为了传导，他不能“浅尝辄止”，必须不断发展、深化，达到明确的目的性和传导性的有机统一。

（三）单一性与多样性的统一

无论是有稿播音，还是无稿播音，播音员、主持人对稿件的感受与演员对角色的感受是不同的。这个不同就在于感受手段、途径的单一性和感受对象、客体的多样性。演员感受角色的手段、途径是多样的：台词、布景、道具、人物之间的关系、规定情境、导演的提示等等。这些多样性因素可以使演员在一个“近似真实”的氛围中去感受、体验角色。同时，演员感受的对象又是单一的，贯穿始终的和完整的。而播音员、主持人感受的手段、途径却往往是单一的，特别是在有稿播音时只能借助自己的经验与想象去感知已物化了的一个个的方块字，并从这大堆文字符号的碎石里，拣出一些可能是“骨头的碎片”，去重构稿件作者的这具只能“意会”而无法触摸的“恐龙”。同时，播音员、主持人感受的对象和客体还是多样的：不同的节目，不同的栏目，不同的稿件，不同的风格，不同的题材内容，不同的体裁样式，甚至可以在一次创作中同存并在，并且都要求播音员、主持人做到心领神会，有感而发并“准确、鲜明、生动”。这的确需要有一种特殊而又高效的感受能力。

（四）序列性与扩展性的统一

有稿播音，播音员、主持人的感受是沿着稿件文字语言的序列展开的。无稿播音，播音员、主持人边想边说，现想现说，或与对手，或与参与节目的嘉宾、受众沿着相互搭好的思维的阶梯攀谈。语言是与感受相生相伴的。语言的序列有着自身的结构，体现着一种历时线性逻辑的规范与严整。而语词的感知，却要有一定的形象性的扩展。没有一定的形象的扩展，语言必将成为干巴巴的几条筋。然而，扩展是在序列中进行的。枝蔓横生，汪洋恣肆，势必干扰主干，支离局部与整体；而序列性过强，束缚了扩展的手脚，则会出现“严谨有余，生动不足”。因此，播音感受又是形象的扩展性与逻辑的序列性的辩证统一。

（五）新闻性与艺术性的统一

播音从根本性上来说是新闻性质的工作，从其所运用的有声语言手段和感受方式来看又具有一定的艺术性。另外，从播音员、主持人每天播送的大量稿件和主持的节目来看，有的是新闻性的，有的是知识性、服务性和文艺性的。这就需要播音员、主持人在创作的感受阶段处理好新闻性与艺术性的关系，做到二者的有机统一。播新闻性内容的稿件，主持新闻性的节目，其感受的艺术性要服从于新闻真实、客观、公正的要求，感受的序列性要强于扩展性；而播文艺性等内容和稿件，一般来说，感受的扩展性可强于序列性，但还应注意感受的艺术性不能脱离传播的引导、教育、说服功能的制约。从本质上来说，播音感受和表达的艺术性是为更好地传达新闻性内容服务的。

（六）理解性与感受性的统一

从播音创作过程来看，理解在先、感受在后，但二者又是相辅相成、相互结合、相互渗透的。理解与感受的关系是：在理解的基础上感受，在感受中加深理解。不理解或理解不深会使感受偏离稿件的精神实质，使表达的针对性和目的性受到影响甚至削弱；而感受的深浅程度又影响理解的程度和水平，感受不深或不到位，也会造成表达肤浅、呆滞，影响稿件、节目内容传达的生动、鲜明。理解为感受导向，感受使得理解深化。因此，播音员在创作中要注意二者的统一，不能忽视或偏废任何一方。

作为艺术感觉的播音感受

播音，作为一种创造性的有声语言艺术活动，其创作中的感受不能不属于艺术感觉的范畴。“艺术感觉的世界是感觉和知觉的世界”① 艺术感觉既来源于普通感觉，又不同于普通感觉，它是对普通感觉和已有的经验世界的一种象征和超越。这种象征和超越决不是普通的心理现象，而是一种“悟性”的体现。对于播音主持艺术来说，播音员、主持人对于稿件既是一种能动的反映，同时，更表现为一种主体感应。因为反映是有限的，感应则是无限的。感应可以超越一切时空界限，可以使播音员、主持人以自己的精神主体为中介去感受现实、参与现实中各种人等的情感经历。齐越播出了通讯《谁是最可爱的人》后，作者魏巍在写给齐越的信中说“你的播音既把我在文章中表达出来的感情充分地表达出来了，又把我想表达而又没有表达出来的感情也充分地表达出来了”②。郭沫若在听了夏青

① 杨建民：《艺术感觉论》第 12 页，人民文学出版社 1989 年版。

② 与齐越谈话录。

朗诵他的诗后评价到“三分写七分读”[①]。播音巨擘们的生动创造显然已经冲破了传统的刺激→反应（S→R）的单向结构模式，而充分地显示了播音感受作为艺术感受的一种“感应”方式的巨大能量!

由此也使我们看到，播音感受主体（播音员、主持人）是以一种主动的应激性去接受来自客观现实和稿件、节目的感受，使“感觉”和“悟性”构成一种协同关系，从而产生出一个新的参照系。确切地说，播音感受作为艺术感觉的“感应”方式是既诉诸感官的又超越感官的。“感”是文字符号所代表的外部世界对于播音创作主体感官的诉诸（刺激）；“应”则是超越感受器官的信息的积累和主动体验的因素，这就是“觉”，也就是“悟性”。因此，“这种‘感应’是以某个新的参照系骤然之间闪耀在人们对于生活底蕴的理解上的方式，使感觉主体无形中得到感悟，从而悄然地完成某个精神的升华。它表现的是一种取自实在而又超越实在的感觉”[②]。那么，从这个意义上说来，播音创作中的感受也就具有了审美的特征。“审美的根源在于感受力”[③]，它既要服从于稿件文字、节目所表现的外部世界的全部丰富性，又要以客观存在的无限性使人们看到“物质带着诗意的感性光辉对人的全身心发出微笑”。[④]

综上所述，播音感受是播音创作主体接受客观事物和稿件文字的刺激产生内心反应、体会、体验的过程。它既诉诸感官又超越感官，既来自于普通感知觉又超越感知觉。它是播音创作主体对客观世界的一种“感应”方式。而这种“感应方式首先必须是一种“感”的形式。这种“感”的形式是形成播音感受的发生过程的一个重要的历史和逻辑的起点。从这个起点出发，播音感受将走通三级台阶：表层感触的物理场——中层感入的心理场——深层感悟的审美场，而跨向它的“觉”的形式——“悟性”形式。在这里，通过物理场表层感触取得“感”的形式，也就是客观现实和通过稿件文字符号所代表的客观世界诉诸感官的形式；通过心理场中层感入取得播音感受的知觉位置（知觉点）；通过审美场深层感悟取得“悟性”的终极形式，也就是播音创作主体对稿件、话题和节目内容独特感受的主动应激形式。至此，播音感受的“感应”方式才得以完整实现。

第二节　表层感触的物理场——具体感受的定位选择

感受的基本要素：形象感受

播音创作主体的感受首先是从对稿件、话题、节目内容的“表层感触”开始的。而语词形象的感知是播音感受的起点。形象感受是播音感受中最基本的要素。

客观事物、稿件文字作用于播音员的感官，首先引起了视觉、听觉、嗅觉、触觉、时

---

① 与夏青谈话录。

② 杨建民：《艺术感觉论》第16页，人民文学出版社1989年版。

③ 马尔库塞语，《现代美学析疑》第63页，文化艺术出版社1987年版。

④ 马克思和恩格斯：《神圣家族》，《马克思恩格斯全集》第二卷，第16页。

间空间知觉、运动知觉的运动，形成一系列相应的形象的感知，这是语词第二信号系统所引起的记忆表象的运动的结果。这些感知觉在多数情况下并不是客观实在的物刺激引起的，而只是一种幻觉。这种幻觉，正是诸种感知觉的初步内心的体验，我们把它称之为形象感受。形象感受是具体的，它要求播音员通过感官对文字等描述的事物要清晰地“感触”到，进行初步能动的体验。如：“锅里的水吱吱地响，老大娘里屋外屋地忙。烧完热水，又端饺子，又端鸡蛋，香味伴着腾腾的热气，在屋里弥漫。”对于这段文字，播音创作主体不仅要有视觉和听觉，看到“锅”、“水”、“老大娘”、“饺子”、“鸡蛋”、“热气”，听到“水”在“吱吱地响”；还要有运动感觉感到老大娘来回穿梭地忙，有方位感觉即“里屋”、“外屋”的距离感受；同时还有嗅觉，似乎“闻”到了香味。主体透过文字符号具体触到了这一个个生动的形象，就容易体味到老大娘的喜悦之情，找到恰当的表达语气。如果感触不到这具体的形象，是播不好这段文字的。“形象感受一般已经脱离了个别感知的孤立性，进入了综合感知的领域，这一点在播音中极为重要。实际上，这时，播音员已经开始了形象思维的积极活跃的运动过程。”① 在形象感受中，实词所具有的形象性，对产生生动具体的感性形象具有直接作用。

在播音员、主持人通过语词感知外界事物的诸种感觉器官中，视觉与听觉是处于支配地位的感官。心理学研究表明：人从外界接受的信息中，80%—90%是通过视觉获得的，听觉次之。视觉和听觉都是与认识活动关系最为密切的为理智服务的感官。从人类的艺术实践来看，其全部艺术形式都可以被解剖为视觉艺术和听觉艺术。黑格尔说：“艺术的感性事物只涉及视听两个认识性的感觉”，视觉和听觉是人类感觉行为和审美行为的基本感觉。而其他种类的感觉，在感觉行为和审美行为中一般只起辅助作用。因此，播音员、主持人对来自文字符号的视觉和听觉形象的刺激要格外地重视。当然，这也并不意味着对其他感觉的忽视。

在形象感受之中，各感觉不是孤立的，而是互相联系、互相渗透、互相促进、互相作用的，已经开始进入综合感知的领域。这一点在播音中极为重要“在形象感受之中，一切感知觉都处于整装待发的状态。不需要勉为其难地着意动员，只要语言符号发出信息，那几个感知觉的感受性便可一触即发”②。

感受的结构要素：逻辑感受

在播音感受的初级阶段，播音员、主持人不仅感触到语词所代表的客观世界的形象，同时，也感触到语言序列的内在逻辑。我们把它称之为逻辑感受，即播音员、主持人在播音创作过程中对文字、声音符号所反映的客观事物间的关系的主观体验。“对稿件进行分析，任何时候都不可缺少逻辑感受，这是文字语言和有声语言所共有的要求。”③ 逻辑感受包括从语言序列中获得的并列感、对比感、递进感、转折感、主次感、因果感等多种感受。从表面上看，逻辑感受似乎更具抽象色彩，不如语词的形象直观可感，实则这种“逻

① 张颂：《播音创作基础》，第39页，北京广播学院出版社1990年版。

② 同①。

③ 同①，第40页。

辑”的感触，在稿件文字的感受中随处可见。

如：

①“因为我们是为人民服务的，所以，我们如果有缺点，就不怕别人批评指出。”

②“他可能有过许多敌人，但未必有一个私敌。”

③“我们要改变文艺界的作风，首先要改变干部的作风；改变干部作风，首先要改变领导干部的作风；改变领导干部的作风，首先要从我们几个人改变。”

对①句要有一种因果关系的逻辑感受；②句又给人以转折的感受；③句随着语言序列的展开，播音时要有层层递进的逻辑感受，才能表达出步步加重的色彩和分量。

从感受的过程来看，逻辑感受似乎比形象感受具有更高一级的阶段性，但是，这由文字符号、声音符号所体现的逻辑又的确是具体可感的，是能够被播音员、主持人的感官所“触摸”得到的。逻辑感受是播音创作主体把物化形态的稿件文字串成起、承、转、合，环环相扣的有声语言的逻辑链条，是构成全篇稿件整体感受的结构性要素。只有形象感受而没有逻辑感受，播音创作就会有句无章、有点无线，稿件文字还是不能变成一个有机整体的“活东西”。

稿件文字中的关连词对于逻辑感受的产生有直接的指向作用。在没有关连词的地方，播音创作主体也要善于挖掘补充，使它起到承上启下的作用，特别是“没有关连词语而在感受上获得明确表现，正是播音员所应具备的能力”[①]。

感受的物理场与定位选择

按照格式塔心理学派的观点，人的感受最初接触的外来刺激，体现为物理的性质，如视觉感觉光，听觉感觉声音，嗅觉感觉气味，等等。那么，人之所以能把这些无序的、各自独立的外来刺激知觉为整体性的事物，就在于人的神经系统有一种“物理场组织作用”。艺术感觉理论，把艺术家感觉的初级阶段称之为“物理场”，即艺术家“最初的感觉世界与他所面对的外在世界的物理事实之间的关系”。[②] 对播音有声语言艺术创作活动的主体播音员、主持人来说，他通过文字符号所接受的物理刺激与外在的客观世界之间也是一种“物理场”关系，在播音员、主持人神经系统的“场组织作用”下，主体把得到的物理刺激知觉为客观事物的整体。这个神经系统的“场组织作用”实质上就是播音员、主持人感觉的阈限。“物理场组织作用”能力强，说明感觉阈限小，感觉、感受力强，反之亦然。马赫说过：“一切心理事实都有物理的根据，为物理现象所决定”[③]。因此，播音员、主持人不能忽视感觉的重要性，要不断加强和提高自己从语词中获得感受的能力。

当然，播音创作主体对稿件文字语言的感受与人直接感受现实还是不同的。生活中外来的刺激是各自独立的、无序的。而文字语言对播音的可贵之处“在于它造就了客观事物的整体知觉刺激，反映事物个别属性的感觉已融化于这个整体之中”[④]。这使得播音员、

---

① 张颂：《播音创作基础》，第41页，北京广播学院出版社1990年版。

② 杨建民：《艺术感觉论》，第49页，人民文学出版社1989年版。

③ 马赫：《感觉的分析》，第40页，商务印书馆1980年版。

④ 张颂：《朗读学》，第75页，湖南教育出版社1983年版。

主持人在从文字中获得感受时，摆脱了认识客观事物的“表面的、原始的、蒙昧的、混沌的状态”[①]，如同任何事物都具有两面性一样，稿件文字在使播音员、主持人对客观事物的认识变得相对容易的同时，也造成了感觉过程的短暂和简化，即理解性增强的同时，潜在着可能的感受性的降低（这并不是作者的过错）。加之，文字符号表达事物的简约性、概括性、抽象性、精练性和播音创作主体长期经验对文字语言理解性的因素，往往容易造成播音员、主持人对感觉、感受的忽视和淡漠。面对稿件文字，既不达于客观事物，也不接受其刺激和主动体验，而直奔作者观念形态化的“心中之竹”。作为一般的读者，这是可以的。理解了就行了，至于感受不感受，感受深不深，关系不大，因为读者不负有传播的使命。而作为播音员、主持人则不行。只理解不感受，是不能把自己的理解充分表达出来的（只理解不感受，也不可能有充分的理解），因为缺少感觉和感受的过程，与作者写作的心态还有很大的距离。缺少对“自在之竹”的感觉，缺少对“眼中之竹”的感受，这“心中之竹”的表达就缺少内在的依据。这恐怕就是有的播音员、主持人播音为什么缺少热情、无动于衷的症结之一。

因此，在感受的表层感触阶段，播音员、主持人就要随着稿件和话题语言序列的展开，在理解文字、声音、含义的同时，调动一切感官，“触”到语词符号所代表的客观事物——形象的、逻辑的物的存在，“感觉”要到位，这就是具体感受的定位选择。它重在强调播音员、主持人要“有”感觉（感受），要找到这个诉诸感官的“感”的形式。没有这个“感”的形式，感受便不能深化，也就不会有生动的播音创作。

第三节　中层感入的心理场——整体感受的导向选择

具体感受的逐级整合

由稿件、话题和节目获得的形象感受、逻辑感受对播音创作主体来说是珍贵的，它使播音获得了“感”的形式，开始摆脱“无动于衷”的冷漠状态，但不能因其珍贵而徘徊不前，或以第一次感受为终极目标，看不到更高的要求。感受还应向高深发展，这样才能巩固和深化。如果一味在最初的情景中徜徉，播音感受就只能停留在播音员、主持人感受外界现象的物理场的氛围之中，而不可能进入心理场和它的最高层次——审美场的范围。

随着语言序列的展开和对稿件、话题和节目内容理解的深入，随着对语词文字符号形象感受、逻辑感受量的积累，播音员、主持人的感受逐渐地脱离相对孤立的语词感受的材料，而逐渐进入抽象、本质、概括、整体地认识表象的阶段——中层感入。

形象感受和逻辑感受都是在客观事物的具体发展阶段和具体稿件、具体话题的具体环节上产生的。因此，都是具体感受。但是，只有一个个孤立的具体感受是不行的。具体感受只有随着语言序列的发展，沿着语词——语句——小层次——段落——大层次——全篇稿件，逐级整合而导向整体感受，感受对于播音创作才具有实在的意义。“中层感入”，就

---

① 张颂：《朗读学》，第75页，湖南教育出版社1983年版。

是感受由分散的具体导向综合的整体的过程，就是播音感受由量的积累导向质的飞跃过程，就是由“感”的形式的“物理场”导向“觉”的形式的“心理场”的超越的过程。

那么，具体感受是如何导向整体感受？感受又是如何完成从物理场到心理场的逐级整合的超越呢？

首先，是形象感受与逻辑感受的结合。这是语言序列中在语词感受的基础上的最基本的统摄整合。如：

“这些石刻狮子，有的母子相抱，有的交头接耳，有的倾听水声，千态万状，惟妙惟肖！”

播音员不仅“看”到这些石刻狮子不同的形象，体会其不同的神态，还要对“这些石刻狮子”和“千态万状，惟妙惟肖”这首尾两个分句有“领起”和“总括”的逻辑感受；对“有的……”三个分句有“并列”的逻辑感受。最终形成“总——分——总”的逻辑感受。只有这形象感受和逻辑感受的结合，才容易产生亲切、赞美的语气色彩，才可能整合出完整的义音形象。在这里“逻辑感受使我们把握住全篇序列的不可移易，形象感受使我们把握各段扩展的心驰神往。形象感受与逻辑感受互相结合，把稿件的序列、扩展、全貌、细节，尽收眼底”①。形象感受因逻辑感受的规范而“从心所欲而不逾矩”；逻辑感受因形象感受扩展的补充而丰盈、充实，“游刃有余”。具体感受就是在这种规范与扩展中不断深化，完成其逐级整合的。

在具体感受导向整体感受的统摄整合过程中，对段落、层次和全篇整体意蕴及其内在逻辑关系的感受变得明显和突出。“播音员透过各层、各段、各句去理清整篇的序列和脉络线，了解作者谋篇布局的构思意图，概括抽象出具有普遍意义的播出目的和稿件的中心思想”②。在这个过程中，知觉的整体性和选择性的作用更加明显。因为稿件文字本身就是一个张力场，人的语词第二信号系统在能够使人获得与实物一样的现实刺激的同时，还具有表达感觉的丰富性。巴甫洛夫指出：“对于人来说，词也像人与动物所共有的刺激物一样，乃是一种现实的条件刺激物；但同时这种词的刺激物，却是那样的广阔丰富，这是任何其他刺激所没有的。就这一点说，无论是量上或是在质上，都是不能与动物的那种条件刺激物相提并论”③。因此，稿件中的每一个字对于播音员来说，都可能“是一个无底的深渊”。而通过播音创作主体的导向性选择，则使得纷繁、活跃、独立的表象逐级收拢，抱团儿，感受也随着理解的深入而有主次、详略、深浅的区别，从而加强了规整性、有序性和主次感。应该指出，稿件、话题和节目的整体感受是感受的深化，是具体感受的逐级统摄整合，而不是具体感受的混合，“形象感受中，就分布着逻辑感受的神经，而逻辑感受中，也充满着形象感受的血肉。只是在不同的稿件中，有种种不同的情况，或形象感受较浓，或逻辑感受较强，显示着稿件的无比丰富造成的整体感受的千差万别。”④

---

① 张颂：《播音创作基础》，第 42 页，北京广播学院出版社 1990 年版。

② 祁芃：《播音心理学》，第 29 页，北京广播学院出版社 1992 年版。

③ 《巴甫洛夫全集》第 4 卷（俄文版），第 428—429 页，转引自《文史哲》1986 年第 1 期第 88 页。

④ 张颂：《播音创作基础》，第 43 页，北京广播学院出版社 1990 年版。

在播音感受由具体向整体的统摄整合中，播音创作主体完成了由物理场向心理场的超越，使感受由“感”的形式跨入了“觉”的形式。

双重积淀的文化心理结构与“知觉点”的形成

“心理场”，可以说意味着播音创作主体“艺术感觉”中的一种张力，它是播音员、主持人“对自身宇宙的一种整体的、综合的体验”①。在这一阶段，由文字符号引起的物理刺激的知觉，已不是一种机械的因果关系，或者是单一的对应关系，而是一种刺激和反应相互作用的双向运动（S⇌R）。播音创作主体在长期社会实践中形成的观念系统和经验系统双重积淀的文化心理结构，在感受的心理场阶段开始显示其巨大的作用。这一点，在许多优秀播音员出色的播音创作中都能得到证实。

例如，齐越在播送《县委书记的榜样——焦裕禄》之前，曾在山西五台县农村参加社教运动，与当地干部、农民同吃、同住、同学习、同劳动。他深切地感到，农村是多么需要一个带领农民改变农村面貌的有胆有识的带头人啊。正是由于在社会实践中形成了这样的观念和实际感受，在拿到《焦裕禄》的稿件之后，随着内容的展开，“一种蕴积内心的强烈播讲愿望在胸中奔涌，一年前农村生活的体验，穆青同志的报告，帮助我很快就沉浸在通讯描写的情境中，想焦裕禄所想，急焦裕禄所急，流着热泪，几乎是一气呵成录完长达 70 分钟的通讯。”② 因此，齐越在谈到他的创作体会时说：“播音员依据稿件进行播音再创作也需要经常深入火热的生活。一个播音员如果没有生活的体验和感受，缺少对现实生活的真情实感，只简单地把文字变为声音，无论如何也不可能把稿件的精神实质，人物的内心世界揭示出来的。”③

还比如，夏青经常播送毛泽东同志的文章，播得很自如、准确，连毛主席的风格也能清晰地体现出来，颇具权威性。这是与他多次见到毛主席并聆听毛主席讲话分不开的。有一次，夏青在中南海听毛主席对中央委员的讲话，谈辨别风向问题。毛主席说话调子并不很高，讲话善用典故，把重大的政治问题讲得生动、形象、风趣、自然，让人容易接受。夏青感到，这对他播好毛主席的文章启发很大。因此，他再播毛主席的文章，在深入学习和领会精神实质和文章背景，力求播得准确、庄重的同时，还争取做到鲜明、生动、幽默风趣、大度、自然，做到“轻松自如地说明一大道理”④。

苏轼曾经说过：“求物之妙，如系风捕影，能使是物了然于心者，盖千万人而不一遇也。”⑤ 播音感受的中层感入，既是“表层感触”具体形象感受，逻辑感受的综合和深化，又是创作主体观念、经验双重积淀的文化心理结构作用的结果。在“心理场”知觉层次上，主体的文化心理结构既为感受提供“参照”，又为感受导向，它是创作主体心理空间的强大的内驱力，是使播音员、主持人在稿件文字所代表的现实生活面前始终保持一种高敏感性和高亲近性的必要条件。有了这个“内驱力”和必要条件，播音员、主持人就能克

① 杨建民：《艺术感觉论》第 55 页，人民文学出版社 1989 年版。

② 齐越：《献给祖国的声音》第 86 页，中国广播电视出版社 1991 年版。

③ 同上。

④ 姚喜双：《播音风格探》第 120 页，中国文联出版社 1992 年版。

⑤ 《中国历代文选》第 2 册第 30 页，上海古籍出版社 1979 年版。

服时间的无可逆转和空间的难以逾越对于有限感官的障碍，从而形成一种形似“空无一有”，实则“涵盖万有”（司空图《诗品》）的广阔的“心理场”。在观念和经验双重积淀的文化心理结构的观照下，播音创作主体的感受被导向了最终的知觉位置——“知觉点”，即稿件、话题和节目内容的精神实质、整体意蕴。此时，稿件内容的结构、主题、背景、目的、重点、基调已豁然于胸，局部的具体感受已开始进入全篇统摄整合的整体感受，创作的“心理期待”已开始酝酿形成。至此，播音创作主体完成了由“物理场”向“心理场”的超越。

第四节　深层感悟的审美场——独特感受的价值选择

审美体验——播音感受对心理场的超越

播音创作主体“心理场”的建立，并不意味着感受的终结，因为“艺术感觉的进程总是以它自身不断建构起来的载体走向审美自由度”[①]。尽管播音员、主持人在“心理场”知觉层次超越了物理时间和空间，使文字所反映的外在世界达到一定程度的心理化“破译”，并以此建构了相对稳定的心理知觉模型，然而，对于“知觉点”的导向选择又使得播音员再一次获得建构审美知觉模型（“审美场”知觉）的内驱力，从而使播音感受进入了审美层次。而播音感受只有完成从“物理场”感觉到“心理场”知觉再进入到“审美场”知觉的进程，才算达到了它的全部系统性。

播音感受的审美场，体现为创作主体对客观事物和文字语言刺激的主动应激和对稿件、话题和节目内容的深层感悟。这时的感受已带有审美的性质，升华成一种审美的体验。“审美体验是人类各种体验形式的最高层次，它表达了全部人类经验形式的终极经验。所有的人类艺术，都只能诞生于审美体验之中。”[②] 对于播音员、主持人来说，审美体验意味着他对自身局限和生活表象（稿件文字反映的）的不断超越。播音员在审美体验活动中，绝不是被动地接受或简单地反映客观现实和稿件文字，而是带着某种强烈的主动意识，通过自己独特的方式去进行体验，从而将稿件反映的现实客体及其价值主体化、人格化、情感化。王朝闻在区别感觉与体验的不同性质时说：“如果说感觉、直觉、印象、记忆这些心理现象主要是指主体在接受客观对象给予他的刺激和影响，那么，体验和联想、想象、揣测、判断等心理现象一样，则主要是指主体在主动地掌握客观对象的刺激和影响。”[③] 与感觉相比，体验具有更大的主动性。因此，播音创作活动中的感受，也绝不仅仅是创作主体接受文字符号的刺激并简单地反映这种刺激的活动。而当播音员、主持人以审美体验的态度来展开他的艺术感觉，那么，这种感受活动就被赋予了播音员、主持人的主观能动性，而这种在审美体验中所产生的主观能动性，能够使得播音创作主体的感受活

---

① 杨建民：《艺术感觉论》第 62 页，人民文学出版社 1989 年版。

② 同上，第 348 页。

③ 王朝闻：《体验的审美功能》，《艺术研究》（天津）1986 年冬季号。

动呈现出一种主动性。这种主动性驱使主体在接受客观现实和稿件文字刺激形成具体感受的基础上又主动地感受客观现实和稿件内容的意、理、情、趣、蕴。火热的现实生活，模范人物的先进事迹，深刻的人生哲理，感动着播音员、激励着播音员、警醒着播音员。这时“播音员所面临的便是按自己的经验和社会价值的需要，以马克思主义的立场观点，以党的方针政策作指导，从而作出对稿件内容的判断，鲜明地站在党的立场上，肯定所是，否定所非，赞颂真、善、美，抨击假、恶、丑，做到立场坚定，旗帜鲜明”①。在这里，具体感受已深化为整体感受，整体感受已明显地带有创作主体个体独特性的特点。独特的体验和感受产生的对稿件内容鲜明的态度和真挚情感，激荡着内心，形成“意境两忘，物我一体”（王国维语）一触即发，一吐为快的创作应激状态。

独特感受——播音感受的最高形式

独特感受是播音感受系统中最高层次的感受。“具体感受与整体感受中，都以稿件为依据，但不可避免地掺和着播音员个人的感知、认识、修养，那完全吻合稿件要求的，便可以称为播音员的独特感受。”② 独特感受是播音员对稿件内容深层意蕴的一种独到的审美认识、发现和感悟能力，同时，独特感受又是独特的有声语言表达的内在依据，每一个具有鲜明创作个性的播音员，对稿件内容以及稿件所反映的现实世界都有一种不同于其他播音员的独特的感受力。

例如，夏青在1976年9月毛主席逝世后播出《告全党全国人民书》。他当时的感受是“自己的亲人去世了”。他把毛主席既看成是“自己的亲人”，又看成是“中华民族值得骄傲的儿子”，“儿子死了，作为母亲的人民来悼念他！”③ 基于这样独特的感受，夏青播出的《告全党全国人民书》既是沉痛悼念的，又是坚定不移，化悲痛为力量的，催人泪下，感人至深！而这个独特的感受，只属于夏青一人！《假如党员都像她》这篇通讯歌颂了烈属彭翠莲大娘精诚报国、无私奉献的感人事迹。林如的感受是，彭大娘是一个默默奉献的人，没把自己看得多了不起。基于这种认识和感受，林如在表达上多采用内收的语势，“用平凡表达不平凡”，给人以内在的力量，使播音浸人心脾，感人肺腑。播音员在播音创作中“要珍视自己的独特感受，在这方面完全允许创造性地去探索、发挥，而没有必要强求一律”④。

主体有限经验世界的超越和“感觉变形”

在播音感受由“心理场”向“审美场”的转化和超越过程中，想像力（联想、想象）的巨大作用是不能忽视的。想象是一切人类知觉活动的原动力，是唤醒创作主体审美知觉感受的心理驱力，因而成为播音员调动、引发感情的重要手段。世界是无限的，然而作为创作主体的播音员、主持人的经验世界却是有限的。主体实践的有限性造成了知觉的有限性。而客体的多样性和感受的深刻性要求主体不断超越自身知觉的有限性和经验世界的有

---

① 祁芃：《播音心理学》，第31页，北京广播学院出版社1992年版。

② 张颂：《播音创作基础》，第43页，北京广播学院出版社1990年版。

③ 与夏青谈话录。

④ 张颂：《播音创作基础》，北京广播学院出版社1990年版。

限性。这种超越就离不开联想和想象。齐越在录播《把一切献给党》时就运用了想象、联想来弥补他兵工生产知识的不足，丰富自己的体验：他“从兵工事业的白手起家，想到人民广播的艰难创业；从兵工厂在转移中坚持生产，想到电台几次转移确保播音不中断；从兵工战士的流血牺牲，想到广播战友英勇献身……”[①] 这来自情绪记忆的想象、联想、深化着齐越的感受，使他完全沉浸在作者的思想感情里，最后，成功地播录了这部作品。由此可见，播音创作中的感受，既离不开主体自身经验观照，同时又要不断地超越自身有限的经验世界，想像力为感受插上奋飞的翅膀，负载着感受由“心理场”飞向“审美场”的彼岸。

艺术感觉由“心理场”向“审美场”的超越往往是在想象对感觉的变形中实现的。《静静的顿河》中葛利高里抱着阿克西尼亚的尸体时，抬头看到的是一轮黑色的太阳。“感时花溅泪，恨别鸟惊心”，表达的也是一种变形感觉的审美感受和意象。这种现象也存在于播音创作的感受之中。齐越播送《中国工人阶级的先锋战士铁人王进喜》中感受“清晨红日”已不是我们每天早晨看到的太阳那么大。他由于体会到了铁人王进喜“这下把石油落后的帽子扔到太平洋里去了”的喜悦豪迈的心情，他感受到的“清晨红日”顶天立地，有东方半边天那么大。夏青播《告全党全国人民书》时，在他的知觉中，把当时已被抬上神坛的毛泽东变形为“自己的亲人”。这些在播音创作主体的知觉中已经变形的感觉，对于播音创作来说是极为重要和珍贵的，它标志着创作主体的感受已经超越了“心理场”知觉而进入了“审美场”知觉。由此我们也可以得出这样的结论，即播音感受审美场的深层感悟，既是创作主体对稿件、话题和节目整体意蕴的深层体验而获得的某种“悟性”，同时，又是在这种“悟性”统摄下对各局部具体感受观照的超越和升华。

独特感受的价值选择

在播音感受审美场深层感悟中，播音创作主体的“价值观念是一种可能的起决定作用的主体要素”，播音员、主持人的“价值观念和价值取向在他们创作活动中占有至关重要的位置”[②]。马克思主义哲学从来都把人对价值目的追求看作是主体能动性活动的一个本质特征。我们之所以说播音创作主体的感受是“能动的、主动的体验”，是一种对现实世界的“感应”和“应激”方式，就在于播音员、主持人不仅能以符合稿件内容尺度的方式作用于稿件，而且还在于播音员、主持人处处把自己的内在尺度即人的需要，或者说价值的尺度作用于稿件、话题和节目。从这一思想出发，我们所说的播音感受，也可以说是一种“价值的感受——即审美价值的感受”。在这个感受之中，播音员、主持人这个“灵魂工程师不只是塑造别人的灵魂，更多的是借用塑造别人的灵魂的方法来塑造自己的灵魂——用自己的灵魂来感化别人”[③]。作为“站在人物后面的人物”的播音员、主持人，用声音可以创造众多的英雄模范人物形象和优秀的播音作品，而这众多的英雄模范人物的形象和优秀播音作品也创造出了播音员、主持人。播音员、主持人的“分量”并不完全取决

① 齐越：《献给祖国的声音》，第131页，中国广播电视出版社1991年版。

② 杨建民：《艺术感觉论》，第250页，人民文学出版社1989年版。

③ 陆文夫：《小说门外谈》，第49页，花城出版社1982年版。

于他能用声音塑造多少英雄模范人物，播出多少优秀播音作品，而更取决于他的价值观念和价值取向，何以能够使那些物化形态的语言符号转化为意蕴深厚的富于精神价值的声音形象，并如何在强化主体意识的进程中充分展示播音员、主持人的人格魅力和心灵空间，达到自我实现。这就是作为播音创作主体在创作中感受的深层的价值选择。这种价值选择的本身，可以说就是播音创作主体生命的展开。

播音感受，无论是有稿播音的感受，还是无稿播音的感受都是播音创作过程中继理解之后的重要环节，是理解到表达的桥梁。在这里，我们特别是强调表层感触阶段具体感受的不可忽视，它是感受深化的基础，有声语言表达的关口。播音感受，作为一个开放的系统，它的功能就在于它的整体性，因此，它一般不强调阶段性意义，而更重在整体的效应。我们的描述，之所以把它划分为三个层次，是为了更清晰地认识它的系统性，即播音感受是建构与选择的统一。在实际创作过程中，感受既产生于创作的准备阶段，又在形之于声的过程中发挥其作用。实践中，优秀播音员深化感受的获得可能表现为一瞬间的事，当然，这并不意味着感受不需要细心揣摩和发展深化。虽然“感觉”有时比理性的规定更接近真理，但是，这“接近真理”的“感觉”的获得，却是播音创作主体长期实践积累和深厚修养的结果。

第二十一章 情感的引发与聚积

第一节 情感的特征

什么是情感？情感就是人们对与之发生关系的客观事物（包括自身状况）的态度的体验。不同体验，是以人的不同的态度为转移的，因此情感和情绪是人对客观事物的态度的一种反应。如报道科研成果、生产捷报、发现大型金矿或宣传各条战线上的英雄人物的业绩等等，这就使人产生兴奋、喜悦、赞颂等情感的体验；对虐待孩子、赚昧心钱等行为会使人产生不满、愤恨、谴责等情绪体验。可见，情感与态度有关。人在社会生活中总是会同客观世界的许多事物发生关系。

人对于客观事物和自身状况持有肯定或否定的态度这还不够，必须是由这种态度引起的以个体的某种生理感觉为特征的体验，并导致心理的一系列反应。

情感有三种属性，强度、持续时间和性质。强度是一种尺度，如“略觉愉快”、“愉快”、“很愉快”、“非常愉快”。情感的由弱到强，一种情感状态可能延续短时间或长时间。短的可以是瞬间、暂时性的，长的一种心境可能持续几天，情感由单一到复杂，这是情感的性质，是指情感由单一类别向复杂类别的积累、发展。情感强度属性又派生出强度差异的情感形态，共分为三种，就是激情、心境与热情。这三种具有明显强度差异的情感形态，正是播音创造中的情绪状态。那么它们的特点又是怎样的？

激情状态，是一种强烈而具有暂时勃发性的情感或情绪。它能在瞬间爆发出巨大的情感能量，播音创作中的激情是指积极的能给人以动力的激情，在生理和心理上的特征是心跳、呼吸都有明显变化，表现出高度的活跃或抑制，注意力也处于高度的集中。

心境，是一个人在某一段时间内所具有的一种持续性和一般性的情感或情绪状态，往往以同样的情绪状态看待一切事物，此时的许多心理活动都染上这种情感色彩。它的情感能量强度小，是弥漫性地平淡地溢出情绪色彩。它来自对生活的长久的潜移默化的感受，取决于自己的立场观点。它不指向于确定的事物，具有宽泛性，更容易带有普遍性，良好的心境对于创造是很重要的，要学会驾驭心境。

热情，则是对一定事物而生的某种深厚、坚定的情感。它目标明确，有冲动感，急欲发泄而后快。它的满足过程常常伴随着意志活动。

情感的属性和形态在播音创造中往往是综合体现。一般的创作热情必须有，心境也得具备，而激情的运用则可以因人因内容而异。

第二节　情感在播音工作中的动力作用

情感，是播音创作的动力源泉，它对加深认识情感的多维性，对更精细地把握情感的尺度分寸将会提供依据。越是成熟的播音员，驾驭感情越是在细微处显功夫。

情感在播音创造中的动力作用，具体表现如下：

情感在想象中具有能量调节的功能，关键是它伴随着主观体验

齐越同志于1966年2月6日在中央台早报摘节目和其他节目中播送的《县委书记的榜样——焦裕禄》给全国人民留下了难以磨灭的印象，直到今天，我们还清晰记得，当齐越同志播到兰考乡亲趴在焦书记的坟上哭诉："俺兰考人民离不开你呀……"守在收音机旁有多少人都哭了。他播得如此感人至深除了他的功底扎实之外，还要得力于他的阅历丰富。在播焦裕禄之前，他曾参加过山西五台县农村的"社教运动"，在同吃、同住、同劳动中，他深深感到基层多么需要有胆有识的带头人啊！深入生活的体验，一直在激励着他。当穆青同志采写的《县委书记的榜样——焦裕禄》一拿到手，齐越老师越看越激动，看着看着，一幕幕基层锻炼时的景象在脑海中一一地对应，一一地体验。播音时，所有这些直接体验都变成了焕发情感的动力，一种蕴积在齐越内心的强烈情感似汹涌的波涛激荡着他，使他全身心地投入到其情其景之中去了。

可见持久而炽热的情感会激发无限的能量去完成创作，相反，当情绪受到很大干扰时，虽看着稿件，但脑中空空，思维处于半睡眠状态，这是因为情感对于想象的正常参与因干扰而受到破坏，致使想象失去了动力。

情感为想象定向

想象是为了唤起相应的情感，一定的情感表现在播音创造中就构成想象的目的。

如《红岩》片段"前仆后继"中江姐被派到川北准备和亲人会合华蓥山，接近城门时看到城楼上挂着几个竹笼子，盛着一颗颗血肉模糊的人头！这不是悬首示众吗？江姐一惊，转回头，忽然看见城墙上张贴着一张巨幅布告。她的目光，突然被第一行的姓名吸引住：华蓥山纵队政委彭松涛……（江姐内心独白）

这一段是抒发江姐悲痛心情，情绪由喜盼骤然突变成悲痛欲绝，再控制住情感继续去完成任务。这段难度较大的悲痛情感，若没有情感的预定性作为定向指导，想象的展开就较困难，只有通过理解稿件，知道作品要抒发什么情感，抒发到何种程度，才好驾驭情感。

生活当中的情感有相似接近性，如果自己没有直接经验，可以移用相似情感，如失去亲人的体验，把其借用过来也大体上能捕捉到悲痛的生理、心理特点，把它在记忆中唤醒。有了旧有表象的经验，再依据文字提供的情景展开想象，一种情感激越着内心就较容易焕发出相应的情感。

当了解了此段的情感类型以悲痛为主后，那么喜盼的情绪只是陪衬，点到即可，意在掀起感情的波澜，就不要面面俱到地一一展开想象。由此可见想象的展开总是朝向预定目的，并调节着想象，按内容详略得当地去反映。

情感在欣赏接受中的感染作用

从以上论述可以看出想象的过程一直都是伴随着情感的活动，情感对于播音创造过程起了动力作用。情感在收听收视中的感染作用更是被播音同行所重视。下面以感染效果为例：

1966 年 2 月，通讯《县委书记的榜样——焦裕禄》的播出，感染了全国各行各业的人们，有的人还反复收听（此通讯反复重播几次），各阶层人民纷纷来信，写下他们听后的感受，封封来信感人至深。这里摘录其中两封来信片断："从 2 月 8 日起，我连续收听关于焦裕禄的事迹广播，我一向不易掉泪的……而这次，我再三收听广播时，一手握住毛巾，双眼对着报纸上的事迹介绍，不知怎的我分明知道越听越要哭，但我还是一而再，再而三地又听又看……"（广州一位听众来信）。再看山东蓬莱一位听众给中央台的来信："我听了广播以后，焦裕禄的形象不断地在我脑海中出现。我是个民办教师，我要以他为镜对照一下，还差得很远，我要向焦裕禄学习，不图名不为利、一心一意培养祖国后代。"

仅举两例就可以看出播音创作对听众的感染之深。像这样的反响强烈的播音节目还有很多，像《杨水才》、《王国福》、《李月华》、《假如共产党员都像她》等等都给听众留下了难以磨灭的印象。这许许多多英雄的精神一直活在人们的心中，激励鞭策着人们不断奋进。

为什么这些播音能经久难忘，强烈地震撼着人心？归纳起来，有这样的共同特点：他们的情感多是自己切实体验过的，独特而真诚，而且超出了个人的狭小圈子，升华为人世间具有普遍性的情感。

列夫·托尔斯泰认为艺术感染的深浅程度取决于三个条件："(1) 所传达的感情具有多大的独特性；(2) 这种感情的传达有多么清晰；(3) 艺术家的真挚程度如何，换言之，艺术家自己体验他所传达的感情时的深度如何。"[①] 这三条中他最看重真挚，真挚是发自灵魂深处的真情实感。这样的情感，当然会是独特的。艺术家也能找到清晰的表达方式。凡给人留下深刻印象的播音，细致分析都具有以上几方面特点，看来这是带有规律性的经验。

情感，对于播音创作有如此大的作用，那么情感的引发过程又是怎样的呢？

---

① 《西方文论选》下卷，第 439 页。

第三节 情感的引发过程

情感，是更高一级的心理体验，这种体验比感受更深刻，是感之于外，受之于心的更积极、更炽热的反应，同时情感也反映着态度的差异，反映着感受的凝聚，但更具外射功能和主观特征。一个优秀的播音创作者，应该使自己的感情处于一种积极的运动状态，同稿件中的人物同呼吸、共命运、同喜共忧、同笑共哭，才能深深打动听众。

列夫·托尔斯泰谈到情感时指出："人们用语言互相传达思想，而人们用艺术互相传达情感。艺术是以下面这一事实为基础的：一个用听觉或视觉接受别人所表达的感情的人，能够体验到那个表达自己感情的人所体验过的同样的感情。……艺术活动就是建立在人们能够受别人感情的感染这一基础上的。"①

既然如此，从播音心理学的角度把感情要素加以探讨，就非常必要了。这里我们将集中探讨感情动态的一般性问题——感情的动态常势。

情感，在人们心中产生便是动态的、变化的感情，有时它似涓涓细流，有时似惊涛骇浪，有时委婉畅达，有时汹涌澎湃，即使在一篇稿件中也呈起伏跌宕的趋势。

感情，要唤起听众。观众的情感反应，它当然也必须合乎人们在生活中的情感的动态常势，并把这种常势——情感活动的一般趋向，一般规律作为播音形态的趋向和规律。

情感的积累

情感的积累是由弱到强，由单一到复杂，这是最常见的情感变化方式。

例稿《草地夜行》中红小鬼的感情就是经历了由疲惫不堪——不爱理睬到逐渐有好感、亲近到对老红军由衷地钦佩。当老红军陷进泥潭时，红小鬼的情感焦急万分，继而悲痛——化悲痛为力量，情感一步步推进，由弱到强，由单一到复杂，在变化中感情发展到顶点高潮。基于情感变化的这一趋向规律，播音感情常经历这种积累蓄积的动态常势。

又如：杨朔的《荔枝蜜》写蜜蜂，从本不喜欢蜜蜂写起，写了不大喜欢的原由是小时候让蜜蜂蜇了一下，以后每逢看见蜜蜂，感情上疙疙瘩瘩的，总不怎么舒服。作者这次到从化，在那"荔枝树多得像一片碧绿的大海"的地方看到了"蜜蜂满野嘤嘤嗡嗡，忙得忘记早晚，有时还趁着月色采花酿蜜"的情景，而又尝到了那么香甜的好蜜，才牵动了情怀，"想去看一看一向不大喜欢的蜜蜂"。字里行间透着对蜜蜂着实可爱的情感，进而作者以自己深入的观察、独特的感受，写出这些可爱的小生灵"是酿蜜，又是在酿造生活；不是为自己，而是为人类酿造最甜的生活"。此时作者对蜜蜂精神的感叹已经积累到一定的程度，那深情由衷的赞颂，完成了情感力量的积累过程，便必然地在听众心里掀起了由对蜜蜂的赞美，进而赞美为后世子孙酿蜜的人民的情感波澜，把全篇的高潮推导点染出来。在文章结尾处"梦见自己变成一只小蜜蜂"，这里作者不仅是喜欢蜜蜂，而且愿意把自己变作一只蜜蜂，将文章的寓意向更深处推进了，让人回味，发人深思。

---

① 《论艺术》第45页。

如果没有这种积累，哪有情感的动态美呢？播音员每天报道的各条战线上的先进人物及其事迹，其中含有丰富的情感。如果播音员的感情世界贫乏，就犹如缺少动力系统的机车，寸步难行。这样的播音必定是寡情心枯，淡而无味。只有通过稿件文字词句的概念及其运动的刺激，才会迅速让全部的外在感官和内在感官都调动起来，全身心地激活起来运动起来，从某种意义上讲这是完成整个播音创作的心理准备，又是播音创作的动力源泉。

内心的感受

“感受是播音员因语言符号达于客观事物从而接受其刺激产生内心反应的过程。”① 播音中的感受是指通过词句文字的概念及其运动的刺激，引起我们对客观事物的表象联想和想象、体验的过程。这种由文字引起的相关事物的表象是播音员思想感情运动的初级阶段。初步产生的感受是可贵的，在播音创造中能起到某种契机的作用。它使我们脱离了冷漠状态，但不能就此止步，而应细嚼慢咽，反复琢磨，使初步印象向更深刻丰富、更准确高深行进，以便深刻领略。它的作用不仅表现在理解作品，体味作品方面，而且还表现在从理解到表达的长过程中，起到桥梁作用。

对播音员来说，感受就是感之于外，受之于心的意思。它含有先天的因素，感受又是一个自然积累、潜移默化的过程，有人做过试验，同时给两个人讲述鬼的故事，过后，阅读过蒲松龄《聊斋志异》的人在复述关于鬼的描述时增加了许多枝节；而另一位在复述中对鬼的部分大为简化。可见知识的积累，生活的经验都对感受起着制约作用。同样一篇稿件，给不同播音员播读，思想深度却不同。有些人只能进行字表肤浅理解，有些人却能精细灵动地感受其内蕴，播得情真意切。这都取决于他们是否具有自主积累的动力。

感受的种类分为两大类，形象感受和逻辑感受，下面分别说明。

（一）形象感受

语言虽然没有形象性，却能够引起形象感，因为这一现象的心理根据就在于“人的表象经常是和言语、词联系着的”，“过去的经验总是以表象和词的形式保持着，回忆也总是凭借表象和词二者进行的。”②

播音员的感觉大都不是直接由客观外界刺激的结果，而是由于视觉受到文字刺激，感官上的神经细胞就兴奋起来，把冲动传到脑子里而产生感觉。不同类的感觉（视觉、听觉、嗅觉）相互联系，经过综合以后形成知觉。通过知觉就在头脑里形成所感知的外界事物的感性形象也即表象，因为表象只能通过知觉而获得，是知觉本象在人类记忆中的“留影”，也就是保留在大脑皮层上的外界事物的映象。用表象进行的思维活动叫形象思维。

播音员对作品的感受首先取决于作品语言的形象性，文字语言所具有的形象性，是思想感情给人以感染力的明显因素。在一篇稿件中，特别是通讯、故事、文艺性稿件中，听觉、视觉、触觉、运动觉等各种感知觉在作品中并不是孤立地存在着，而是错综复杂地表现出来，这时，播音员已经开始了形象思维的积极活跃的运动过程。在形象感受中只要语言符号引起刺激，播音员对此有敏锐的感受，体验就会一触即发，媒介仿佛已经被赋形

① 张颂：《播音创作基础》。

② 《普通心理学》上册，第231页。

了，一看到这些文字，一种情感就激荡在内心，情不自禁地犹如喷泉涌之。

形象感受的思维特点是不脱离具体感性材料，是人们把丰富素材经过加工改造成生动的形象。同时它伴随着强烈的情感色彩被掺进内容中，既可呈现过程性，又可体现目的性。

（二）逻辑感受

分析理解文字作品的过程中，除了形象感受外，还有逻辑感受的问题。逻辑感受有两方面：一是语言本质要准确，不能含糊其辞；二是语言链条要清晰，不能模棱两可。

从逻辑感受的思维特点上看，它注重以具有普遍意义的概念形式为着眼点。它的思考是逐步脱离感性材料，抽象、本质、概括地认知表现。它的思维是在大脑皮层左半球的下顶叶、枕叶和颞叶接壤处。

从稿件的结构上看，篇篇稿件都在结构上表明了逻辑关系。要由播音员透过各层、各段、各句去理清整篇的脉络线和序列，了解作者谋篇布局的构思意图。概括、抽象出具有普遍意义的播出目的和稿件的中心思想。实际逻辑感受的过程就是体现原作者的创作过程。

通过逻辑感受，使播音员增强了整体与局部、主与次、详与略的驾驭能力，遇到结构松散的文章时，它可以提携骨架以突出各段、各层、各句的内在联系，使纷繁的形象感受归拢成堆，紧凑抱团儿，加强了规整性、有序性，克服了不必要的有句无段无章的支离破碎感。一旦感情被激越起来，想挣脱僵绳时，就会有严谨的起、承、转、合的链条在驾驭着驰骋的情感，使其起伏跌宕，“从心所欲而不逾矩”，原因是由于逻辑感受在把握着全局和基调。

事实上，每篇稿件都离不开逻辑感受和形象感受，前者是稿件的脉络和神经，后者是稿件各段的扩展和血肉，只是在不同稿件中，两者各自显示的作用有所不同罢了。它们都是从具体稿件的具体环节上产生，都属于具体感受。而要达到感受的深化，就要超越具体感受，进入整体感受，使内容和形式达到完美统一。

当稿件中的人、事、物、理被播音员深切感受到之后，播音员所面临的便是按自己的经验和社会价值的需要，作出对稿件内容的估价、判断，旗帜鲜明地肯定应该肯定的东西，否定应该否定的东西，赞颂真、善、美，揭露和抨击假、恶、丑，做到立场坚定，态度鲜明。若对稿件无动于衷，超然脱俗，就传达不出稿件的精神实质，甚至违背稿件的播讲目的。

第四节　情感的强化过程

这是指围绕一定的抒情中心，提供听众视觉、听觉、触觉等不同感官的适宜刺激条件，而这些刺激作用于感官所唤起的情感，使激情中心所抒发的情感又是同一种类。这种多角度同向感受的生理机制在于，这些刺激经由不同的感官转换为不同的神经冲动，经由不同的传导途径向神经中枢传入，不同感觉的神经冲动都沿着一条通路经脑干网状结构，又传到大脑皮层的非特异区，弥散在大脑广泛区域。这样，一定的情感就被激活了。正因为不同感官的信息可以在这样一个通道上如众流汇聚般地合到一起，作为合流去激活情感。所以不同感官传入的信息越多，或者说不同的感官越是被充分地调动起来，接受和传入信息，它们所形成的激起情感的合流就越强有力。

例如通讯：《爱的凝聚》记述了辽宁某县一个七岁孩子被牲口踢伤，颅骨破碎昏迷不醒后，铁路部门破例停车，到秦皇岛车站时，争分夺秒地用汽车把垂危病儿送到医院，经医生全力抢救，儿童得以脱险，转危为安。这个故事赞颂了一方有难、八方支援的精神。

这里围绕着爱的凝聚这一情感中心，在听众面前，先是展开听觉、视觉不同感官传入刺激："由牡丹江开往天津的152次直快列车，在一个四等小站，嘎地停住了，两个中年男子托着一个满脸是血，瘫软昏迷的小男孩，匆匆来到车门前，乘务员把他们接上了车，列车一声长鸣，飞驰而去。"接着双方多角度同向感受。

小利军的父母抱着失血过多，脸色苍白的孩子，心急火燎——求援——焦急万分——又惊又喜——感激。

再看值班员立即报告紧急情况，锦州铁路分局调度决定：特殊停车一分钟。秦皇岛接到通知，备车接站立即把病童送往医院；急诊室紧张抢救——儿童得救。经由不同传导途径向神经中枢传入唤起不同感官的积极活动。这两类情感在各自的起伏递进联系中不断地向一处积累，这里那里伸出援助的手，向一处凝聚，排忧解难，终于由单一到混合，再由混合进一步融成一种更深的、被强化的情感，使播音、听众都被激动起来。

在播音感情的表达中，使这种情感活动的能量在积累中不断增强，成为皮层上的优势兴奋中心。这时又形成较弱的兴奋点。前者便把自己的能量输送给后者。这种情感便在积累中被凝聚起来，被强化了。这是属于顺向凝聚强化。凝聚强化的办法是多种多样的。而逆向强化是指由强化条件所唤起的情感，其性质与被强化的情感性质相反，但由于被强化情感的优势地位，与之相反的强化情感不仅没有削弱它，反而对它起到了强化作用。

这是依据了神经过程的互相诱导的规律，这种规律体现在大脑皮质上所发生的兴奋过程与抑制过程之间的相互激励的过程。性质相反的两种情感是，当一种情感处于兴奋过程时，另一种情感则往往处于抑制过程。这两种过程并不总是截然分开的。倒是经常地有所交替，正因为这样，人们的情感活动才是复杂的。

以前面列举的《草地夜行》看，一方面是干粮吃光了，皮带也煮着吃了，空着肚子继续往前走，红小鬼疲惫地恨不得"在稀泥地上躺一会儿也好啊"，后来从军部走回来找掉队小鬼的老红军帮助小鬼把枪扛过去往前走，一会儿又落下一大段。老红军不容分说，背起"我"往前走……老红军被可恶的草地夺去生命，以这一逆向强化，一下子把感情凝聚到饱和点上。红小鬼此时的情绪着急悲痛，老红军为了保存他而宁愿牺牲自己。老红军这种舍生忘死的崇高革命精神激励着他，红小鬼"我"虽然疲惫不堪，但一想到老红军的形象，他内心凝聚的这股力量使他再一次地坚强起来，"我抬起头，透过天边的风雨，透过无边的黑暗，鼓起勇气，迈开大步向着部队前进的方向走去。"

这就是神经活动的兴奋与抑制过程的相互诱导，即兴奋过程的激励作用可以使抑制过程加强，抑制过程的激励作用也可以使兴奋过程加强。在这相互诱导中，情感就被强化了，凝聚了。

第五节 情感的触发过程

情感在不断的积累中感受被强化，播音员的思想感情在一步步地运动着：一方面播音员要调动起一定的情感经验；另一方面要点燃触发点，使感情在积聚的基础上点燃起来。这触发点必须具有能够引起播音创作主体的一定态度，它越是唤起创作主体的强烈愿望，就越为情感活动提供动力。

齐越教授播《为了周总理的嘱托》，介绍植棉劳模吴吉昌的事迹这篇通讯时，他说："在备稿时我想起 1976 年 1 月 8 日早晨广播传来周总理逝世的讣告和不祥的哀乐，使我惊呆了（与吴吉昌当时反应是相同的），随即闪现两年前我被恢复播音以后在人民大会堂，在敬爱的周总理身边播读译稿的情景……我万万没想到这竟成最后一次见到总理！我还想起周总理视察广播大楼时握着我的手亲切嘱咐：'一定要用延安精神做好工作！'"

齐越同志从自己的切身经历中，调动起一定的情感经验，使他的感情和吴吉昌的感情息息相通，都一样地深切怀念着周总理，永远遵照周总理的嘱咐去工作，去生活。因此迅速点燃触发点，激发起强烈的愿望："我应当向吴吉昌学习，要让更多的人也向吴吉昌学习。"

情感也是一种态度的体验，齐越同志在分析理解稿件时，由表及里，十分注意挖掘先进人物身上的本质特征。表达时做到想人物所想、急人物所急、恨人物所恨、爱人物所爱，与之同呼吸共命运，从而深深地感染了听众，产生了感情的共鸣。在凝聚的感情基础上找到触发点，使之燃烧起来，此时的情感状态在生理上和心理上都会表现出明显的激情特征，如心跳的变化，呼吸的变化，肌肉活动的变化等，心理活动的高度活跃，注意力高度集中就是处于一种激情状态，它能在瞬间爆发巨大的情感能量。

激情要有特殊的触发条件，一是有刺激强烈的景物事物；二是情感积聚到足以爆发的强度。通讯《假如共产党员都像她》介绍河南襄城十里堡乡烈属彭大娘的先进事迹，赞扬她无私奉献的精神。我们分析一下这篇稿件触发激情的触发点在什么地方。"暖风徐徐吹，阳光金灿灿"彭翠莲大娘望着丰收在望的麦浪筹划着秋后给大儿子石奇办喜事，没想到一纸加急电报使大娘从欢乐的峰巅跌到了悲伤的谷底。儿子在一次意外的施工塌方中，为搭救三名战友牺牲了。下面有这样一段描述："彭大娘迈着沉重的步子来和儿子告别。烈士的遗体是从几吨重的巨石下面撬出来的。彭大娘走上前去俯下身子仔细地端详着儿子，声音低沉地说：'是我的儿子，这是我的儿子。'"这一段话是很容易掀起感情的波澜。按习惯彭大娘的话可能就让感情宣泄出来，林如在播彭大娘这句话时，没有采用感情放纵的表达方法，没有给人以泣不成声之感，而是浓缩感情，控制音量，以控制后的惊人冷静，说出了这句话。林如这种控制住自己的感情很有分寸说出的话，看似没有激情，事实上反而进一步掀起听众感情的波澜。此处为什么不采用宣泄感情的播法呢？下面这段话，揭示出了大娘的思想基础：团政委紧紧握住彭大娘的手，含着热泪饱含歉意地说："大娘，我们对不住你，你养了一个好儿子。”彭大娘说：“一条命换了三条命，石奇他死的值得。”彭大娘对儿子的死的评价揭示了她质朴崇高的思想境界。这样的博大胸怀，林如采用浓缩感情与表达的清淡，即感情浓缩的清淡的表达技巧，对刻画彭大娘这种刚强无私的内心情感是多么吻合贴切啊。

“是因为自豪还是为了宽慰战士们的心，她没有掉一滴泪。没人的时候她用被子蒙住头，浑身抽搐，实在支持不住，下了床独自到山坳里放声大哭”。这一抑一扬两相对比，大娘的骨肉亲情与深明大义的高贵品质，被淋漓尽致地抒发出来了。

激情、热情、心境的综合调动必然引起内部体验和外部表现。凡抒情性稿件多见于高潮处，体现激情最真挚、最浓烈。激情因人而异，齐越同志播人物通讯时激情洋溢，能在瞬间爆发巨大的情感能量。而林如同志在播《假如共产党员都像她》时也深深打动了听众。许多人跟着彭大娘的心在颤抖在流泪，但林如和齐越在激情的强度和持续时间上有所不同。她的情感能量在整个心灵中在弥漫性地流动，心理活动也都染上这种情感的色彩，表现形式上没有明显地洋溢激情，却是含蓄、淡淡地出，可见激情是因人而异，表达样式的丰富多彩，也要因人因内容而异。

从以上所举的例子已经可以看出，感情经过积累、感受强化过程，实则在凝聚，“蓄之既久，发之愈烈”，情感集中凝聚形成了焦点已达饱和状态，此时播讲目的也将成为触发点使其爆发。此时的触发点是容易寻觅的。

情感的引发过程通常是抒情类稿件居多，引发过程是你中有我，我中有你，互相融合，很难清晰体现阶段性。

第二十二章 内在语的开掘与分类

在人类运用有声语言进行交际的实践中，有时或由于性别、性格、语言习惯的原因，或限于说话的场合、环境，以及说话双方的身份、地位，或出于得体、礼貌和策略的需要，人们说话经常要委婉些、含蓄些、隐晦些和含糊些，而不能太直截了当。这种“话里有话”的现象，在语用实践中可以说是比较多见的。

播音创作所依据的稿件，是作者认真实地采访、选择素材、提炼主题、布局谋篇、遣词造句、精益求精的结晶。如果播音员、主持人就稿论稿，就句论句，不去开掘，不求深意，稿件文字深层的含义就会失落。如果播音员、主持人是在话筒前临场、即兴组织语句，完成胸有成竹的播音任务，语言表达中却信口开河，不讲究优化词语组合，不注意深入浅出、言简意丰，播出的语言就必然干瘪、浅薄。在实际工作中，播音员、主持人都有这样的体验：乍看一篇稿件，似乎平常，但经过反复分析、感受，就感到味道很浓，含义不浅。这正是播音员、主持人对稿件认识的由表及里深化的结果。从艺术创作的角度看，在平庸中见神奇，于浅近中察深意，在语句的有尽之言中挖掘、赋予无尽之意，这正是播音创作的内涵所在。北宋大文学家苏轼所说：“言有尽而意无穷，天下之至言也。”说话如此，播音也不容忽视，这也应成为每一个播音工作者刻意追求的目标。

语句的“话里有话”、“弦外之音”、“味外之味”，就是我们所要说的内在语。它是帮助播音员、主持人把稿件变成自己要说的话，把思维成果变为有声语言，使思想感情处于运动状态的重要方法，对播音表达有直接引发和深化含义的作用。

第一节　内在语的含义

播音的内在语，就是指那些在播音语言中所不便表露、不能表露，或没有完全表露出来和没有直接表露出来的语句关系和语句本质。在朗诵艺术、戏剧表演中，演员要支配自己的语言和形体动作，也用这个方法，其术语叫“潜台词”或“潜语”。

戏剧大师斯坦尼斯拉夫斯基曾说过：“只有当人们借自己的经验从内部赋予所要表现的作品的潜台词以生命的时候，在这部作品里，同时也在演员自己心里，才显露出作品所要表达的精神实质，创作的意义就在潜台词上。”[①]《朗诵艺术》的作者B·阿克肖诺夫说："首先要包括：确立朗诵者对作品的态度，断定那些能帮助当代人理解作品内容的内在语，并使那些内在语指导你的朗诵，达到对听众进行思想教育的目的。”[②]

播音，作为以稿件为创作依据，以艺术化的有声语言为创作手段的新闻实践活动，当然与朗诵艺术和角色化的戏剧表演有着本质的不同，但作为有声语言的共性，都要显示出、显露出语言的精神实质和逻辑链条，使有声语言富有创作的意义和生命的活力。在播音创作中，内在语有着极为重要的意义。

首先，内在语是承续语言链条的结节点。播音语言总是比生活中的口头语言要精练、简洁。一方面是由于语言本身的符号性、概括性所决定的；另一方面也是由于创作的依据是经过深思熟虑、精心加工润色所造成的。从语句的逻辑链条来看，不要说段落、层次间常常没有明显的承上启下的词语，就是句子、小层次之间也往往省却了衔接转换的关联词，使得语言链条的逻辑关系不明显。播音员、主持人播音时如果不明确隐含性关联词，搞清语句关系，语气就有可能播得不准确、不清楚，缺乏应有的说服力。而内在语（隐含性关联词或关联词短语）则可以帮助播音员、主持人搞清语句之间的关系，播起来语气就容易准确，也益于受众理解。

第二，内在语是语句目的的集中体现。每一篇稿件、每一个话题所包含的具体思想感情总比写出来的文字深广得多。任何时候，不可能也不必要把语句包容的具体内容和思想感情表达净尽。另外，不同的语言环境、不同的语言目的，即使是同一句话，也会表达出不同的含义和感情色彩。而确定一句话的本质意义，就需要从具体的语言环境中来准确地把握它的语句目的，也就是挖掘出更深一层的意思，抓住内在语。换句话说，准确把握了每一句话的内在语，就是准确把握语句的目的和态度倾向。这样才能做到准确、鲜明、生动地表达出这一句话的精神实质。

第三，内在语是确定播音表达语气的依据。播音创作是以语句为基本表意单位的，具体地说，就是通过有声语言的语气把句子的思想感情准确地表达出来。语气包括内在的、一定的具体思想感情和外在的、一定的具体声音形式两方面，而这两方面都是由内在语决定的。如，同是一句话，由于内在语不同，表达的语气就不一样。（见下页图一）

由图可见，有什么样的内在语，就有什么样的表达语气。播音员通过对更深刻的语句本质的挖掘和把握，建立鲜明的语句关系，找到语言表达恰当、贴切的语气，从而体现出“这一句”的独有色彩和分量。B·阿克肖诺夫说：“没有内在语，语言就没有什么作用。我们想要赋予字句哪怕是一点点色彩，也都要由我们的内在语所决定。”[③]

第四，内在语是播音创作性和播音员、主持人创作个性的一个重要标志。播音，是一种创造性的语言艺术活动。它的创造性不单是在于把文字符号转化成有声语言，不单是把思维成果简单地诉诸有声语言，而更在于通过播音员、主持人的理解、感受，挖掘并表现

---

① 张颂：《播音创作基础》第58页。

② 引自B·阿克肖诺夫《朗诵艺术》。齐越译。

③ 引自《朗诵艺术》第82页。

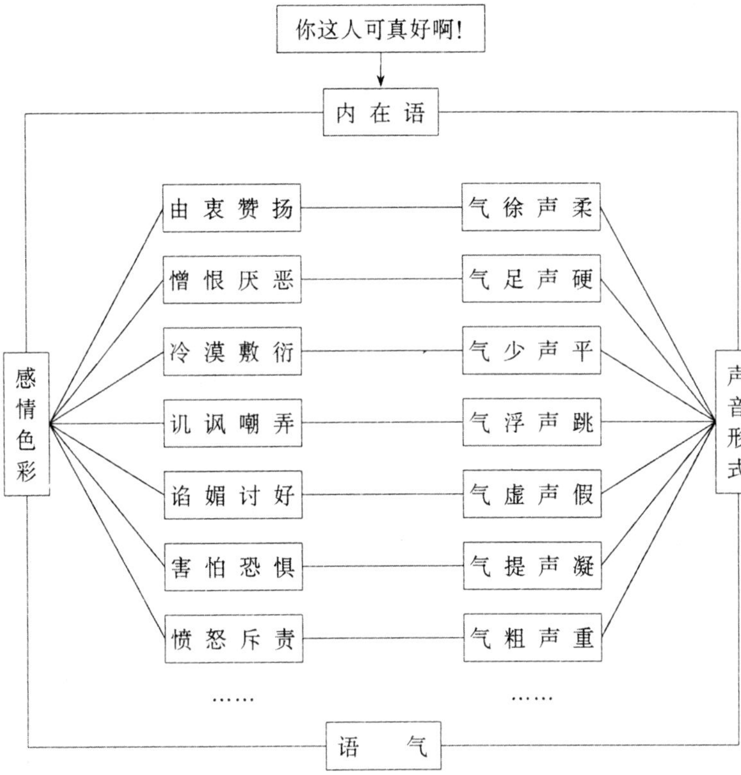

图一

出了词语表面所没有的东西，即想表露而又不便表露，或者无法表露，没有直接表露和全部表露的内涵，造成了信息欲的超值满足和愉悦的声音审美感受。内在语来自播音员、主持人创造性的劳动，来自播音员、主持人深刻的理解和独特的具体感受，因而使得内在语又不能不带有播音员、主持人较为明显的个性色彩，使得不同播音即使是对同一篇稿件、同一个话题的理解、感受，甚至表达也相互区别。实践证明，能否准确、鲜明、深刻而又独特地确定和把握内在语，往往是播音员、主持人播音水平高低、语言功力强弱的一个重要标志。

第五，内在语是新闻播音真实性的一个重要保证。播音工作从其根本性质来说，是党和政府广播电视宣传舆论工具的重要组成部分。播音员日常所播出的许多稿件和节目属于新闻宣传的性质。新闻宣传的真实性，要求播音员、主持人不仅要做到内容不播错，而且要做到态度、感情和反映事物整体和本质方面准确无误。而准确把握内在语则能够确保新闻类内容播音的整体真实。比如，在改革开放的新形势下，又重提发扬“艰苦奋斗”的光荣传统，内在语应为“很有必要”，这在表达的语气上就应是十分肯定的、赞成的；如果内在语确定为“没啥必要”，表现的语气就必然是怀疑的，甚至是否定的，与播音目的和具体语句本质相背离，就造成了新闻播音的失实。由此可见，播读字音的准确无误，并不等于就做到了播音的真实准确，而只有准确挖掘出更深刻的含义和把握到的鲜明的语句关系，才算是做到了新闻播音的整体真实。

这样，播音员、主持人的播音就不再是一个个孤立的字、词、句，明晰、准确的内在语会激活我们的有声语言，使播音员、主持人切实地把语句变成自己的发自内心想要说的话，传达给受众。所以，运用好内在语为播音语言表达的准确、鲜明、生动，提供了充实的内心依据。当然，内在语只是播音员、主持人的心理活动，是一种主观意念和思维与感情运动的反应。它并不在播音有声语言中复现。它对有声语言的表达只起着引发、深化的作用。

第二节　内在语的作用

内在语的作用概括起来有两大方面：揭示语句本质和揭示语言链条。

语句，无论是文字语言还是有声语言，都是划分出来的最小的表情达意的使用单位。语句的语义结构，也就是句子所需要表达和能够表达的全部思想内容，是由客观事理、语言目的、具体态度和感情评价这四个要素构成的。

客观事理，指句子所要表达的现实中的事实或道理；语言目的，指说话的人说这句话的意图、目的；具体态度，指说话者对所说话中事理的认可倾向，即是真实的，或是虚拟的，还是希望发生的；感情评价，指的是说话者对句子所述事理的褒贬倾向。

然而，句子的语义结构，即上述各意义要素的总合，就等于句子所要表达的思想吗？不一定。只能说，语句的语义结构是句子所要表达思想的基础。而说话者最终通过句子的语义所要表达的思想却要取决于语言环境，即言语的整个片断，主要是指“这一句”的上下文。例如：

“下雨了。”

单看这个句子，其语义是表示说话者对客观存在着的一种自然现象的肯定。但说话者的意图是否就是想说明“下雨了”这样一个事实呢？可能是，也可能不是。说话的人可以通过这句话表达其他的意思。如 1）谈话时对方想走，说话的人有心挽留，便说：“下雨了。”意思是“别走了！”2）谈话的一方问对方：“昨晚上怎么没来呀？”回答说：“下雨了。”意思是说明没有来的原因，而不是想告诉对方“下雨了”这个事实。[①]

因此，对语句的语义要做两个方面的分析：一是脱离开语言环境和上下文，来确定语句的基本意义，我们可以把它看成是句子的表层意义；一是结合语言环境和上下文来确定句子本来所要表达的思想涵义，即实际意义，我们可以把它看成句子深层的内在含义。我们所说的语句本质，就是指句子在具体的语言环境中深层的内在含义、态度感情。揭示了语句本质，可以引发出贴切的语气，使得有声语言深刻、丰富、耐人寻味。

如小故事《中计》一稿中，当写了新战士洪松彪中计承认了是他到菜地帮房东张大爷干活的，并要掏钱赔偿“损失”后，下面有这样一段话：

① 王振坤等：《语言学基础》。

“张大爷看到这个情景，倒哈哈大笑起来，大娘也跟着笑了起来。她疼爱地拉着小洪的手说：‘孩子，你受委屈啦。’”

从“孩子，你受委屈啦”这句话的表面来看，其语义结构是认定洪松彪受委屈这一客观事实。如果理解、感受只是浮于表面，表达的语气就会是同情大于喜爱的，甚至带有难受的色彩，气息和口腔状态则会是“气沉声缓”，语流迟滞感强。但是，这样的表达是不准确的。因为结合上下文语言环境仔细分析，大娘是既为自己所设计谋成功，终于找出帮他们干活的战士而感到高兴，同时看到小战士纯朴、认真、着急的样子，既喜爱，又感动。所以，“孩子，你受委屈啦”这句话，说出来虽有安慰、道歉的意思，但更主要的还是喜爱和高兴的色彩，而绝不能有难受的色彩。其内在语是“孩子，看你还当真啦”，这样以爱为主的色彩，其声音形式必然是“气缓声柔”的，造成一种温和感。这样的表达才准确，同时，也深化了稿件军民鱼水情的主题。

可见，揭示语句本质，把握明晰、准确、态度鲜明的内在语，对语气的表达有直接的作用和影响。内在语在指导和引发有声语言方面有着特殊作用。正因为如此，就要求我们把握的内在语能够真正揭示语句深层的内含义，即语句本质，而在稿件的深入理解和具体感受上下功夫，这是准确揭示语句本质的保证。

内在语的作用是为了把握语句的本质，即语句的主要意思，然而非主要语意，即语句的表层意义也不是无足轻重的。为什么这句话要这样说而不那样说？这也是挖掘内在语所要考虑的。如《补旧》中，彭总在一次补旧衣服时对秘书讲了他苦难的童年，然后很有感触地说：“那时候，什么活没干过？什么苦没吃过？今天住在这个圆明园，皇帝老子住过的地方啊！”彭总为什么会有这样的感慨？除了自勉以外，也是为了教育秘书。这两句话的内在语应为：我们现在吃的这点苦算不了什么，该知足了。通过自勉的方式对秘书的感染、教育更深。由此可以看出，非主要语义，即语句的表层意义，往往是认识语句主要意义，即本质意义的途径。参照表层非主要语意的线索，结合上下文语言环境，才能更准确地把握语句目的和语句本质。

内在语第二个方面的作用是揭示语言链条。语言链条是一种形象的说法，实际就是指语句间的逻辑关系。揭示语言链条，就是搞清句与句、段与段、层次与层次是怎样衔接成一个有机整体的。搞清楚它们之间的内在联系，使我们获得或并列、或递进、或因果、或转折、或分合、或假设等等情况的逻辑感受，从而明了文章上下衔接，前后照应的承续关系，接着把我们理解感受到的逻辑关系以内在语的形式显示和引发出来。特别是在稿件那些文气不太贯通的地方；在那些段落、层次需要做明显转换而又不好衔接的地方；在那些需要赋予语言以动作感、形象感，以使状物、抒情更具色彩和感染力的地方；在那些需要与受众交流并唤起他们注意、引发他们思考的地方等等，都可以运用内在语来衔接、过渡、铺垫和转换，以找到恰当、自然和贴切的语气，从而把稿件播得文气贯通，衔接、转换自然，造成一气呵成、浑然一体的效果，增强有声语言的表现力。

我们以小故事《中计》的第三段为例，看看如何设计段落，小层次乃至语句的承续关系的内在语：

“刚刚18岁的洪松彪，哪见过这个场面啊，小伙子沉不住气了，马上开口说：‘大爷，大娘别发火，昨天是我跑到菜地里去的。我看你们二老年纪大，大爷成天忙着队上的事儿，顾不了家，就抽空帮你们干了点活。谁知道我不会干，给你们添了麻烦，真对不起你们。有多大损失我一定赔。'说着就伸手掏钱包。"

以上这一段话，语气的变化非常丰富：从沉不住气急于表白，到愧疚地安慰劝说；从急切地说明、解释，诚恳地道歉，到实心实意地表示赔偿。句子之间的关系也较为复杂：既有因果关系，又有转折关系，又有递进关系。基于这样的感受和认识，可以这样来设计这一段语言链条承续的内在语：

"（要知道）刚刚18岁的洪松彪，哪见过这个场面啊，小伙子沉不住气了，马上开口说：'大爷、大娘（请你们）别发火，昨天是我跑到菜地里去的。（因为）我看你们二老年纪大，大爷成天忙着队上的事儿，顾不了家，（所以）就抽空帮你们干了点活。（可是）谁知道我不会干，（反而）给你们添了麻烦，真对不起你们。（您别着急）有多大损失我一定赔。'说着就伸手掏钱包。"①

用不同的内在语把这一段话在播音员内心里串起来，使语言衔接、转换都找到准确的心理依据，提示播音员找到恰当、贴切的表达语气，这样再播起来语言就活多了，逻辑脉络清晰、语气衔接转换自然，人物的言情神态就能较好地表现出来。

运用内在语揭示语言链条，既可以用"因为"、"所以"、"虽然"、"但是"、"如果"、"结果"、"那么"之类的关联词，也可以用简捷的短语使上下文自然衔接起来，过渡好上下句、前后段，以便清晰准确、联贯完整地播好每一篇稿件。特别是在评论性、论说性稿件的播音中，内在语揭示语言链条的作用就显得更为重要和不可忽视。这是因为稿件以理服人，论说性强，影响、征服受众靠的是观点鲜明、正确和逻辑的力量、严密。而内在语就是展示语句逻辑关系最重要、最有效的手段。尤其是对稿件中那些关系复杂而又省略了关联词的多重复句，则更见功效。播音员可以通过补设隐含性的关联词或短语，使复杂的逻辑链条了然于胸，使逻辑感受更加具体、准确，同时获得色彩鲜明、分寸适当的表达语气。

在直播新闻性节目时，揭示语言链条的内在语就更加显示出它的巨大威力。直播，要求播音员状态积极，全神贯注，思维敏捷缜密。思维与稿件内容的瞬间游离都可能导致口播差错或语不达意；同时，高度紧张的工作氛围和担心出错的巨大心理压力，往往对播音员大脑相应部位的优势兴奋中心产生抑制。这种抑制的结果，常常冲淡播音员、主持人对稿件内容的印象，影响其注意力的集中和情绪的稳定，降低其自信心，最终削弱传播的效果。而内在语则是解决这一问题的有效手段。备稿时，播音员、主持人可用文字将相应的关联词语标在稿件句段启承转合的关键之处。直播时，则可利用视觉的提前量从这"逻辑的路标"得到前置提示，以找到准确衔接转换的自然语气。这样播音员、主持人思维逻辑的走向与稿件逻辑的走向始终保持一致，其思想感情依照稿件内容而发展运动。内在语帮助播音员、主持人进入创作的佳境，越播越顺畅，越播越有信心，从而保证有效、安全的播音。

内在语作为揭示语句本质和语言链条的重要手段，在电视播音中同样可以显示出其重

---

① 括号内的文字是内在语的内容，后同。——编者

大作用。电视传播，由于视觉形象因素的介入，增强了播音员、主持人与受众交流的直接性；又由于播音员、主持人面部表情和身态表情副语言手段的参与，使内在语获得了更大范围的施展天地。播音员、主持人既可以通过抬头来表示稿件逻辑的启承转合；又可以用眼神来传达稿件语句深层的实际意义或其他寓意；还可以运用面部表情表达稿件文字所暗含的褒贬态度和情感信息。副语言手段的介入和参与，会使言语表情更加自然、和谐，易于接受。因此，电视播音员、主持人应充分利用表情手段丰富多样的条件，运用好内在语的内部技巧，往往可以取得更好的传播效果。

第三节　内在语的分类

内在语的运用是比较灵活的，它既可以用在语句、段落、层次之前、之间，又可以用在语句、段落、层次之后。具体说来，它既可以起到发语作用、寓意作用、承接转换作用，又可以起到提示作用、回味作用和反语作用。按其性质和作用的不同，大致可分为六类：

发语性内在语

无论是播一篇稿件、一次节目，还是播节目预告、天气预报，哪怕介绍语和串连语，播好开头是十分重要的。可以说，播好开头是决定受众能否继续收听下去的关键。发语性内在语可以帮助播音员、主持人把开头播好。所谓发语性内在语，就是在呼号、节目、稿件、层次、段落、语句之前，加上适当的词语。播音员、主持人把这些词语作为开头在内心播出来，并与稿件原来开头的词语自然地衔接，把其“带发”出来。例如：

在呼台号之前加发语性内在语：

(各位听众，我们这里是) ××人民广播电台!

在一次节目开头加发语性内在语：

(青年朋友，俗话说) 少壮不努力，老大徒伤悲……

在一篇稿件开头加发语性内在语：

(您知道吗，听众朋友?) 在祖国西南边陲的密林深处，有一座边防哨卡……

在一个语句、段落开头加发语性内在语：

(司机同志:)车祸往往出在一个瞬间,但它给人留下的痛苦和损失却是深刻而深远的。

由于常年累月地重复，播音员、主持人容易把台号呼得冷漠、呆板、平淡和流于形式。在呼台号之前，加上亲切的发语性内在语，有益于调动播音员、主持人的情绪，把台号呼得热情、亲切、彬彬有礼又富于活力；有的节目、稿件的开头，写得比较呆板、突兀，使播音员、主持人不容易找到自然的语气，这时就可在前面加上一个称呼语、问候语，或者一个疑问短语，用这些发语性内在语“带发”，以找到播好开头的恰当的语气；稿件中有一些语句、段落需做明显转换，或需特指强调，可在其前加一呼语或其他短语，可使语句的指向性更强。

除此之外，发语性内在语还是解决某种心理源性发音障碍的有效手段。有的播音员、主持人由于某种心理原因，在要呼台号时，或开始播音时，或见到某些字词处于稿件开头位置时，常常出现发音困难。这是一种心理源性发音障碍。遇到这种情况，播音员、主持人可运用一个适当的发语性内在语做开头，有利于把要播的内容自然地“带发”出来。

总之，播音员利用好发语性内在语，容易使播音一开始就进入良好创作状态，找到亲切、自然、贴切的语气，赢得受众的好感和认同，为进一步的交流奠定良好的基础。

寓意性内在语

寓意性内在语是稿件文字的“弦外之音”，是隐含在语句深层的内在含义，是结合上下文语言环境挖掘出来的语句本质和语句目的。需要引起注意的是，我们所说的寓意性内在语所体现的语句本质和语句目的，在褒贬态度、感情评价和客观事理上，一般说来与语句文字表面的意思并不是完全对立的。因为意向截然相反的内在含义一般比较容易判断，语气把握起来也较容易。比如，热恋中的姑娘嗔怪地说男朋友：“你真坏!”“你真傻!”其实是说他“你真好!”“你真可爱!”语句本质与文字表面截然对立，把握、判断并不难，难于判断和把握的是意向色彩或程度、分寸上的细微差异。我们把这种情况的内在语称之为寓意性内在语。比如，鲁迅的小说《孔乙己》中有这样一句话：

“孔乙己是站着喝酒而穿长衫的惟一的人。”

到咸亨酒店喝酒的人，大体上有两种：穿短衣的站喝是做工的穷苦人；穿长衫的坐喝是有钱人或阔绰的读书人。这些在小说一开始就作了交待。那么，孔乙己属于哪种人呢?“孔乙己是站着喝酒而穿长衫的惟一的人。”这句话的语句本质，在指明了孔乙己身份的同时又多了一层含义，即揭示了他的性格特征：穷困潦倒而又死要面子——这一内在语与文字表面在方向上大体一致，只不过又多了一层寓意。由此也可以看出，寓意性内在语的挖掘和把握对上下文语言环境依赖性更强。离开上下文语言环境，就很难抓住这“弦外之音”、“言外之意”的确切含义。

寓意性内在语的把握，除了参照上下文语言环境之外，还应注意结合作者的写作风格，语言习惯，文章的主题，人物的性格、身份、心理、语言和所处的环境，以及人物之间的关系，甚至还要从全篇整体的高度去分析、判断。例如前边举过的《补旧》中的例子，仅从上下文语言环境就很难把握彭总所说话的内在含义，还必须从当时的时代背景，彭总所处的环境，他的性格、心理，以及他与秘书的关系等等去综合分析，才能准确把握彭总所说的话的深刻寓意。

新闻稿件中寓意性内在语的把握，还要结合语言简练、言简意赅的特点，作者经过认真选材，精心构思，写作中有时对某些内容，特别是对一些复句的某一部分有所省略，而被省略的部分往往与内在语有关，有的被省略部分本身就是语句“另有所指”的寓意性内在语。如，广播评论《司机同志，请注意行车安全》中，有这样一段话：

“我国城乡道路标准低，质量差。这几年我们的经济建设迅速发展，各种车辆又大量增加，客运货运空前繁忙，这是造成车祸的主要原因。解决这些问题不是一朝一夕的事情：道路的标准、质量只能逐步提高；车辆增加，运输繁忙，这是好事。那么，目前怎样才能使车祸减少，减少，再减少，使司机平安、乘客平安、行人平安呢?”

难道“道路的标准、质量只能逐步提高；车辆增加，运输繁忙，这是好事”。这两句话仅仅只是表达了文字表面所阐述的客观事理吗？显然不是。从语法角度看，它们都各自省略了一个表示结果的分句：

"……解决这些问题不是一朝一夕的事情：道路的标准、质量只能逐步提高（显然，靠提高道路标准、质量来减少车祸不行）；车辆增加，运输繁忙，这是好事（看来靠减少车辆来降低车祸也不行）……"

括号中这两个表示结果的分句就是寓意性内在语。在这里结构的残缺，却使得语言练达、蕴藉，单位语言片断的信息量加大，更发人深思、引人思考。残缺部分的语意则要通过相应的富于寓意的语气体现出来。因此，结合全篇整体和上下文语言环境，再从语法的角度进行分析，也是把握寓意性内在语的一个有效方法。

对稿件文字、语句深层寓意，即寓意性内在语的把握，是播音员、主持人完成播音创作任务的一个重要方面。这是因为，受众如果作为读者来接受稿件内容（假设他具备正常的理解力、感受力），那么稿件语句的内在寓意，一般是能够被领悟的（即使有看不懂的地方，也可以停下来玩味、琢磨，或回过头来反复阅读，直至理解）。但是，如果作为听众来感知稿件内容，那情况就不同了。这时，他的理解，感受在很大程度上被播音员、主持人的语气制约住了（即使是同一句话，播音员、主持人理解、感受不同，表达语气不同，表达的语意就不同）。因此，播音员、主持人的语气，对受众来说，既是一种引导，也是一种强制。这种传播的特殊性使播音员、主持人的播音会出现两种可能：一种是如果播音员、主持人对稿件文字、语句深层寓意吃透并通过语气准确表达了，那么，受众的理解也随之深化；另一种是如果播音员、主持人的语气只表达出文字表面的意思，而没有表达出文字深层的寓意，或者把这种寓意表达偏了、错了、反了，那么，受众的理解也将出现偏差。所以，播音员、主持人在进行播音创作时，对寓意性内在语（特别是不易辨别的、与语句文字表面意思有差别，但又不是截然对立的寓意性内在语）要给予充分的注意。

关联性内在语

稿件的内容是用逻辑和语法建构起来的。稿件中的语句关系有的用文字表示出来，有的则没有用文字表示出来。所谓关联性内在语，就是指那些没有用文字表示出来的语句关系，具体地说，就是那些体现语句逻辑关系和语法意义的隐含性关联词，以及关联词短语。

"她打了寒颤，（虽然）风又掀起她的衣襟，（但是）这次她没有去拉。"

"中国不坚持走社会主义道路不行，（而）不改革开放也不行。（因为）我们不能再耽误了，（所以说）改革开放的胆子要再大一点，步子要再快一点，（从而）使得经济发展的步子更快一些。"

关联性内在语的最大特点，就是通过挖掘出语句间隐含性的关联词或关联词短语，使语句关系更加明晰。不管是并列关系、顺承关系、总分关系、选择关系、条件关系、目的关系、取舍关系、连锁关系，都可以运用隐含性的关联词或关联词短语内在语来衔接，特别是多种语句关系交错的多重复句，则更见成效。稿件中那些没有用文字表现出来的关联词或关联词短语主要是由于文字语言的概括，简约和精练使然。要把稿件内容转换为有声语言，就需要通过语气把语句逻辑关系准确地体现出来，从而使受众正确地理解稿件的精神实质。播音员如果忽略对稿件文字、语句的逻辑关系的分析、把握，有时就会造成表达语气的偏差。请看下面的例子：

"车祸问题是个全社会的问题，需要各个方面配合解决。在这里，我们谨向司机同志进言：……"

对这段话如果不做深入分析，准确把握其语句关系，表达时，就很可能形成这样的处理：

"车祸问题是个全社会的问题，需要各方面配合解决。在这里，我们谨向司机同志们进言：……"①

这样表达的结果，是把这两句话处理成了并列关系。第一句逻辑的指向性仿佛是告诉受众，下面将要阐述社会各方面应如何配合解决车祸问题；而第二句却又说"谨向司机同志们进言"，致使这两句话在逻辑上相互矛盾，造成语意不清和语言目的模糊。如果结合全篇"要司机同志注意行车安全"这一总的播出目的和上下文语言环境，再从语法的角度仔细分析，就会发现两个句子关系是一种让步转折关系。第一个句子是让步部分，居次要地位；第二个句子是转折部分，居直接体现语言目的重点地位。表达上应这样处理：

"（当然）车祸问题是个全社会的问题，需要各方面配合解决，（然而）在这里，我们谨向司机同志们进言：……"

这样处理是把第一句"放下来"播，不做特意强调；而第二个句子用加重语气播出，就突出了一个指向明确的语句重心，从而也就突出了"司机是解决车祸问题的关键"的语句目的。

在播音创作中，播音员、主持人就是这样通过在语句、段落、层次间分析、挖掘出隐含的关联词或关联词短语，而把握其逻辑关系，使前后句、上下文语言链条的衔接更加自然、顺畅和符合逻辑，从而使语意和语言目的表达更加准确。所以可以说，关联性内在语是使播音有声语言的链条向语言目的定向推进的路标，是播音员、主持人表达语气起承转合的重要依据，是播音有声语言所表达的稿件文字、语句富于内在逻辑力量的关键所在。

关联性内在语的准确把握与播音员、主持人的逻辑思维、逻辑感受能力有关。它是播音员、主持人逻辑思维的结晶。因此，播音员、主持人既要熟悉运用概念、判断、推理等逻辑手段表达思想感情的一般规律，同时还要熟悉现代汉语有关的语法知识（譬如词法、句法知识）；在分析、感受稿件时，不能只注重理解句意，同时还要重视分析句子之间的关系；要善于从句群、语段，即小层次的角度去把握相对完整的语意和语言目的。在这里，要特别注意敢于打破标点符号的限制。有些句子表面上看是各自独立的，但深入分析，可能就是一个完整语意的复句关系；另外，还可以从全篇逻辑、结构的特点上去把握、分析关联性内在语。一篇稿件之中，作者运用逻辑和语法手段时，往往会表现出某种特点，如频率较高地使用某一种句式，或让步转折，或假设递进等等，一般在重点句、段，这种特点则更为明显。这一特点也可为我们挖掘隐含性的语句关系提供线索。

总之，播音员、主持人应该明确：稿件中用文字表示出来的关联词，只代表全篇稿件部分的逻辑关系和语法意义，而要想使所有语句的表达语气都符合逻辑，就必须在那些没有用文字表示出来的语句、段落和层次间挖掘出相应准确的内在逻辑——关联性内在语。能否准确地把握稿件文字、语句的关联性内在语，这既是播音员、主持人对稿件的理解、感受是否深化的一个重要标志，同时又是对播音员、主持人逻辑思维能力和语感能力高低

① "·"表示强调主要重音，"—"表示次要重音，下同。——编者

强弱的检验。

提示性内在语

什么是提示性内在语？先请看一组例句：

①“听众朋友，最近有一件事传遍古城西安：(什么事呢?) 一位居民提着一口有毛病的铁锅找到市政府，要求帮助退换。”

②“本台消息：根据对全国残疾人抽样调查的结果推算，我国各类残疾人的总数约有5164万人。(1/20!) 这是一个值得全社会关注的数字。”

③“2月5日13时50分左右，正在当班的扳道员谭定德听说变压器旁有个小孩被电击倒了，心里一怔：(不好!) 儿子正在那儿玩，莫不是他?”

④“清晨，我到公园去玩，一进门就闻到一阵清香，(啊，荷花!)我赶紧向荷花池走去。”

⑤“本台消息：中国万宝电器集团公司的主要产品万宝牌电冰箱，按目前的生产进度，今年的总产量将达到100万台。(真了不起!) 这个数字将使万宝公司跻身于世界八大电冰箱生产企业行列。”

上面这组例句中括号里的内容就是提示性内在语。

提示性内在语用于语句、段落、层次之间，也是为了解决上下句语气衔接的问题，但与关联性内在语又有所不同。它不是以关联词或关联词短语的形式出现，而且内容上也更加丰富多彩。差别还不仅仅在于此，更主要在于挖掘关联性内在语，虽然也需要播音员、主持人付出创造性的劳动，但从其反映的语句关系来看，主要还是稿件文字本身的逻辑使然。因此可以说，这是一个“沙里淘金”的过程。而提示性内在语则往往是稿件文字本身所不固有的，它是播音员、主持人发挥主观能动性和创造性所赋予稿件的。这是一个“点石成金”的过程。在语句间，特别是那文气不太贯通，前后句转换突兀，语气不好衔接的地方，设计一个恰当的提示性内在语就可以找到下句较为贴切的语气，使语句自然地衔接过渡。如果说，关联性内在语重在使语句的逻辑关系更加严密，那么，提示性内在语则更重在使表达语气富于灵动的活力。

提示性内在语以其形式的灵活多样，内容的丰富多彩为播音员、主持人创作思维的发挥和创作个性的施展，提供了更为广阔的空间。

（一）设问呼应

在两个句子、段落和层次中间，用设问短语过渡，诸如“什么事呢?”“为什么呢?”“什么原因呢?”“那么，该怎么做呢?”“有哪些意义呢?”等等，以找到下句生动、贴切的叙述语气。这种提示性内在语还有利于语言表达与受众心理相呼应。因为这些设问短语往往也是受众听到此处时所产生的自然心理反应，如例句①。因此，运用好这种提示性内在语，也有助于调动受众对传播过程的参与，构成潜在的双向交流。

（二）提醒关注

下句的内容需要播音员、主持人用关注、关切，引起注意、警觉的语气播出时，可在该句之前加一个提示性内在语，以提示播音员、主持人在播下句时体现出关注的色彩。这种提示性内在语有的可以由前句引申、概括出来，如例句②。用这个由前句内容中概括出来的我国残疾人与全国人口的比例数做提示，引发播下句时的关注色彩；有的可根据不同情况和需要加上一个相应的短语，如“请注意”、“要注意的是”、“需要特别指出的是”、“不容忽视的是”等等，用这些短语来过渡上下句，引发播音员、主持人相应的表达语气。

（三）表现情态

在播表现人物心理活动、人物语言，或需表现某种特定感情色彩的句子时，可在该句之前加一相应提示性内在语，如例句③。加上“不好”这一内在语，可以提示播音员、主持人用语气表现出人物当时的心理状态。有时前后句的感情色彩转换较大，为准确表达下一句，可在两句中间加一提示性内在语，如：

“‘砰’的一声，张某一脚踢开炊事班的门。(怎么回事?) 炊事班战士小梁见这情景，先是一愣，接着上前询问。”

第一句表现的是怒的色彩，第二句表现的是疑的色彩。用这个疑问短语过渡，就可以提示播讲者转入疑虑的语气。

（四）展示过程

提示性内在语还可以用来展示判断或动作的过程，如例句④中，最后一句话与前句跳跃性太大，加上一个表示判断的提示性内在语来过渡，以找到下句应有的色彩和分寸。有些表示动作的句子，可用提示性内在语来过渡，来展示动作的过程，使语气生动、形象，富于动感，还有助于调动受众的想象，增强语言的感染力。

“我接过来一看，(可不是嘛!) 横是横，竖是竖，补得就是不错!”

（五）感叹强调

在进入重点语句之前，或下句需要表达有感叹、强调等较强烈的感情色彩的语气时，可用一提示性内在语，强调或加重语气，如例句⑤。

总之，提示性内在语是激活播音语气的一个重要方法。当然，从广义上来说，所有种类的内在语，对播音员、主持人都是一种提示和引导。但是，那种既符合稿件文字、语句的内在逻辑，同时又能够充分展示播音员、主持人的独特感受、独到见解，并富于创造性的“点石成金”的“提示”，才是我们这里所说的提示性内在语的真正内涵。

回味性内在语

上文结束，不管漾开缓收，还是戛然而止，都给人以语已尽情尚存的印象。让受众回味什么，思考什么，想象什么，憧憬什么，要靠回味性内在语具体引发。

回味性内在语一般用于段落、层次，特别是全文的结尾处。大体上有四种形式：

（一）寓意式回味

“这幅画一直挂在我的书桌前，多年来不曾换掉，因为我需要它。”(它常常催我向上!)

“这张照片的主人已经不在人间了，照片本身也在一场浩劫中化成了灰烬，但是，当时的情景却永远留在我和妻子的心里。”(彭总永远活在人民的心中!)

用内在语把前句的深刻寓意体现出来，并造成一种耐人寻味的氛围。这种形式的内在语与那种用于语句、段落中的寓意内在语有一定的相似之处，即都是体现语句深层的内在含义。但不同之处也是较明显的。寓意式回味内在语处于段落、层次或全篇的结尾，它不仅体现这句的内在含义，往往还负有统括上文和结论全篇的责任；同时，它还要造成某种氛围，让受众有所思索，有所回味。

(二) 反问式回味

在有些稿件、节目的结尾，加一反问式呼语，诸如："您说对吗，听众朋友?""听众朋友，您同意我的观点吗?""您听懂了吗，听众朋友?"这种反问式回味内在语实际上是对前句语意或全篇结论的肯定并有强调意义，同时，对前句句尾语势所表现的色彩引申、指向和推送作用，能够进一步沟通传受双方，深化双向交流。如：

"小朋友，要想掌握和运用我们祖国优美、丰富的语言，就要学好语文，学懂、学通，一点也不能含糊。"(你们说对吗，小朋友?)

"虽说现在生活好了，可离'小康水平'还差得远呢。咱们能只顾眼前乐，忘了大目标吗?"(您说是不是呢，听众朋友?)

(三) 意境回味

这种回味性内在语既好像是"千言万语尽在不言中"，又好像是没有什么确定性的内容，仿佛就是为了造成一种意境和氛围，引导受众或思考，或想象，或憧憬，或感叹，或遐想。它既是前句语势及所表达的色彩、分量的引申和推送，又仿佛是全篇稿件主题思想、精神实质的挥发和伸张。有时甚至用一个简单的标点符号，也可以使播音员、主持人通过视觉的提前量得到前置提示，运用恰当的语气造成相应的意境和回味的无限空间。

"冬天来了，春天还会远吗?"(……)

"我急忙唤回我的猎狗，带着它走开了。"(……)

(四) 线索式回味

有些稿件中，在一些段落、层次和全文结尾处重复出现相同的句子，如广播通讯《桌子上的表》。在文中和结尾三次出现桌子上的表"滴滴答答地走着"，与战士们几进几出，不曾动它，形成了强烈鲜明的对比，使主题思想得到深刻揭示，使人们对那块"滴滴答答"永远走着的表留下了难忘的印象。对这种线索式出现的句子，应结合上下文和主题，设计相应的回味性内在语，找到恰当的语气，以达到调动受众的想象，深化主题，加深印象的目的。

新闻广播电视宣传具有较强的引导、教育和说服功能，我们播出的任何一篇稿件都不是无的放矢的。恰当地运用好回味式内在语，可以较好地发挥新闻宣传的引导、教育和说服功能，使受众在回味、思索、遐想和憧憬之中受到启迪、熏陶和教育。

反语性内在语

反语性内在语直接体现了语句表层意义与深层内在含义，即语句本质的对立关系或对比关系。一般说，在上下文语言环境中比较容易把握。

(一) 对立型反语内在语

对立型反语内在语表现为与文字表层意义相对立的趋向。如：

"只要略有知觉的人都知道：这回学生的请愿，是因为日本占据了辽吉，南京政府束手无策，单会去哀求国联，而国联却正和日本是一伙。读书呀，读书呀，不错，学生是应该读书的，但一面也要大人老爷们不至于葬送土地，这才能够安心读书。报上不是说过，东北大学逃散，冯庸大学逃散，日本兵看见学生模样的就枪毙吗? 放下书包来请愿，真是可怜之至。不道国民党政府却在12月18日通电各地军政当局文里，又加上他们'捣毁机关，阻断交通，殴伤中委，拦劫汽车，横击路人及公务人员，私逮刑讯，社会秩序‘悉被破坏’的罪名，而且指出结果，说是‘友邦人士，莫名惊诧，长此以往，国将不国’了！”（简直是岂有此理！）[1]

这里上文中的“大人老爷们”，是指腐败无能的国民党政府；“友邦人士”，是指实为侵略者帮凶的外国势力。鲁迅先生用这种表面意义与深层含义截然对立的形式鲜明地表达了自己的否定的态度和蔑视、嘲讽的感情色彩。这种反语性内在语一般多出现在评论、杂文里的驳斥性、否定性、讽刺性的语句段落，它与宣传目的、主题基调、语言环境的依赖关系显得更为紧密。确定和表达这种对立型反语性内在语，就要紧紧抓住语句本质与表层意义直接对立的趋向，用反义的和否定的语气鲜明地把这种对立体现出来。

（二）反问型反语内在语

反问是通过问句的形式表达确定的意思的修辞方法。同平铺直叙的表达相比，反问语气色彩强烈，能够激发受众的感情，引起深刻印象。如：

“中国人死都不怕，还怕困难吗？”（显然，也不怕！）。

“过去三年的一关也闯过了，难道不能克服现在这点困难吗？（完全能够克服！）没有美国就不能活命吗？”（我们将活得更好！）

问句本来表示判断，具有不确定性，但通过反问的语气却有了确定内容，这种对立是比较明显的：否定句用反问语气说出来就表达肯定的意思，肯定句用反问语气说出来就表达否定的内容。这反问语气的内涵就是我们所说的反语性内在语。可以说，在上下文语言环境中把握、确定反问句的内在语是比较容易的，关键是表达时反问的语气要鲜明、强烈，否则所要表达的确定性的内容就不明显，给人印象也不深刻，会削弱反问句特有的功能。

（三）双关型反语内在语

双关是利用语音或语义的关系，使语句同时兼顾两种事物的修辞手段。这种修辞方法，有意让某个词语或句子有两种意思，表面上说一个意思，实际上却另指一个意思。这个另指的意思是语言目的所在，也就是我们所要把握的反语性内在语。在这里，语句所兼顾的两种事物一般并不表现为截然对比的关系，而是一种对立关系。这是与前两种形式的反语性内在语所不同的。如：

①黄浦江上有座桥，
　江桥腐朽已动摇。
　江桥摇，眼看要垮掉，
　请指示，是拆还是烧。[2]

②“‘雅’要地位，也要钱。古今并不两样，但古代的买雅，自然比现在便宜；办法也并不两样，书要摆在书架上。或者抛几本在地板上，酒杯要摆在桌子上，但算盘却要放在抽屉里，或者最好放在肚里。”[3]

---

① 鲁迅：《“友邦惊诧”论》。

② 《天安门诗抄》。

③ 鲁迅：《病后杂谈》。

上面例①“江桥摇”文字表面是说江桥摇动，实际是指江青、张春桥、姚文元一伙末日将至。言在此意在彼，一语双关，巧妙地表达了人民群众对“四人帮”的无比痛恨，含蓄而深刻。这是一种利用音同或音近的条件使词语和句子一语双关的谐音相关形式。例②利用“算盘”的本义和转义巧妙地构成双关，表面是说具体的算盘，实际是指“心机”而言，讽刺味道很浓。这是一种利用词语或句子的多义性在特定环境下形成的语义双关形式。与谐音双关相比，语义双关更为常见。[①] 播音员在备稿中，要抓住双关反语内在语或句子表面意思对比鲜明的趋向，表达时用较含蓄的、饶有意味的语气把暗指的意思体现出来，以增强稿件的表现力和有声语言表达的感染力。

（四）非对立型反语内在语

在稿件、文章和语用实践中还有这样一种现象，即有些句、段，即使联系上下文的语言深层含义，大体上也是一致的，同向、同质的，但在表达的语气中却需要渗入一定的与语句意义有别的，甚至是相对的色彩。例如：

“正因为这样，所以马克思是当代最遭嫉恨和最受诬蔑的人。各国政府——无论专制政府或共和政府——都驱逐他；资产者无论保守派或极端民主派——都纷纷争先恐后地诽谤他，诅咒他。”[②]

无论是表层意义，还是深层含义都是说马克思遭到反动统治者的驱逐和资产阶级的诽谤和诅咒，而成为“最遭嫉恨和最受诬蔑的人”。那么表达的语气就很容易因句中较多的贬义词而带有否定的色彩。这与全篇赞颂、崇敬和怀念的基调是不和谐的，自然不能说是准确的。如何避免这种情况？就需要进一步从全篇整体，即主题、基调、目的的高度做出判断和评价：马克思所遭受到的这一切，恰恰从反面说明了马克思的事业的不朽和人格的伟大。占人口绝大多数的无产阶级和劳动人民却是深深地爱戴、崇敬他的。有了这种理解和感受，表达的语气就会在说清语意的同时，流露出对马克思的崇敬和对反动阶级蔑视之情，特别在说到那些贬义色彩的词时，要透出一丝对反动阶级蚍蜉撼树之举不屑一顾的色彩，以淡化这些词语表面的贬义色彩。

由此可见，这种内在语与语句的本义实际上也是一种对比关系。因此，我们把这种表面意义与本质意义大体一致而又要表现一定的反义色彩的内在语，称为“非对立型反语性内在语”。这种反语性内在语不是以与语句文字表面意义相对立为标志，而是以不产生负面效果为目标。对它的把握，除了联系上下文语言环境，更要从全篇整体去分析、感受，做到既准确表达语义，又不出现消极的负面的效果。

总之，稿件中那些反语性语句，往往是作者独具匠心的点睛之笔，播音员运用反语性内在语引发相应的语气加以准确表达，对稿件主题的深化，目的的昭示，基调的统一和感情的抒发有积极促进作用，会使稿件的表达更具色彩和感染力。

以上划分出的六种类型的内在语，初步展示了内在语的丰富性以及它在调动播音员的感情、引发贴切的表达语气方面的积极作用。但需要指出的是，这只是提供了一个可供参

---

① 黄伯荣、廖序东：《现代汉语》。

② 恩格斯：《在马克思墓前的演说》。

考的基本范示，并没有也不可能囊括内在语的所有形式，也不可能解决所有内在语方面的问题。如果用这六种基本类型去机械地套用和规范千差万别的语句，则无异于削足适履，作茧自缚。

第四节 内在语的最优化

（一）内在语是对稿件理解和感受的集中概括

内在语作为语句的实在意义是随着语句目的、语言环境的不同而变化的，因此，从孤立的语句中寻觅到的内在语往往具有不稳定性和不确定性。稿件中的语句，作为构成稿件有机整体的个体局部，是受宣传目的、主题思想和整体基调制约的。宣传目的、主题思想和整体基调一经确定，内在语就具有了相应稳定性、确定性和排他性。语句内在语的最优化是服从于稿件的整体，即宣传目的、主题思想和整体基调的。只有深刻理解、感受了稿件的主题思想，准确把握了稿件的宣传目的和全篇总的感情色彩和分量，才有可能确定和把握语句的内在语。离开了宣传目的统帅，离开了稿件整体基调的制约，具体语句目的就成了无本之木，无源之水，内在语就如同断了线的风筝，飘忽不定。

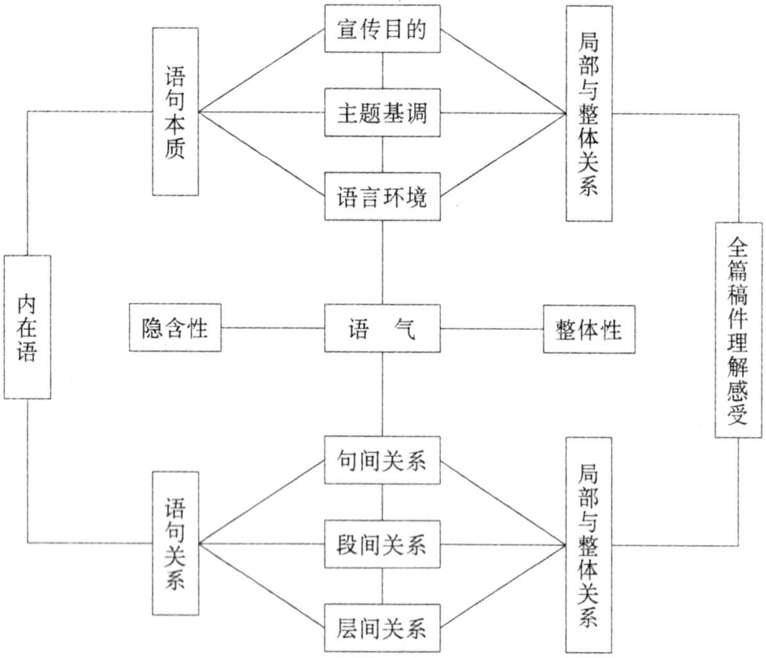

图二

内在语与全篇稿件理解、感受的关系如上图。

可以说，稿件的宣传目的就是全篇稿件总的内在语。它落实在语句的主次关系上，通过揭示语句本质和语言链条的作用，从语气上表现出来，鲜明地突出稿件的精神实质和针对性。

（二）在稿件的重点和难点上把握内在语

由于词语本身文字符号的概括性和新闻语言的直观性和晓畅性，使得稿件中许多语句的内在含义和逻辑关系变得自然与易于把握，因此没有必要句句都找内在语。但是，对重点语句的本质含义则应深入挖掘。重点，是宣传目的和主题思想的落脚点，是全篇的关节所在。重点语句的内在语把握不准，就不能深刻传达出稿件的精神实质，同时，还要注意在难点上把握内在语。所谓难点，是指语句本质不好把握，或文气不十分贯通，播起来又不好衔接的地方，似雾里看花，扑朔迷离。往往在难点上，内在语更可以显示其巨大的功效。一个恰当的内在语能够在一定程度上弥补稿件文字的缺陷和不足，使语言表达或柳暗花明，或锦上添花。如果在重点，难点上把握不准内在语，那么“全篇稿件播音的根基就不牢，语言技巧的运用就会无所措手足，播讲目的和社会效果也就落空了”。[①] 只要积极开动脑筋，牢牢把握宣传目的和针对性，加深具体感受，就会突破难点的障碍，把握准确、鲜明的内在语。

有些稿件中人物的语言，特别是人物的直接引语，要特别注意，作为内在语把握的一个重点。稿件中人物语言的内在语是比较丰富的，有的时候，非结合上下文、人物的语言目的、人物之间的相互关系，以及全篇整体，仔细推敲，深入挖掘不可。否则，表达的语气就难以准确反映人物的身份、性格和语言的目的。

（三）要注意语句本质的差异

这里一般有两种情况。首先，要在搞清语句表层意义的基础上，根据语句目的和上下文语言环境挖掘出语句深层的含义，并准确判断和把握具体的态度分寸。因为有时语句文字的表层意义与深层意义即使是同向、同质，但也会有程度、分量和分寸的细微差别，而往往难以把握的正是这样的内在语，所以，需要深入感受、细心揣摩。第二，有些语句，从文字上看，似乎是这样；深入挖掘后，内在语应是那样，即表层意义与深层含义异向。这时的内在语应与语句深层含义的意向相一致、相统一，而不被文字表面的意义所迷惑。以上两个方面，都可以大大显示内在语的威力，同一个语句，内在语的意向不同，语意也就不同。“向雷锋同志学习”，内在语应为同向，表达肯定的意向；如果内在语改为异向：“没啥必要”，就会表达出否定的意向。由此也不难看出，播音员的立场、观点及世界观的正确与否对内在语的确定和把握，乃至对整个播音创作的影响和支配作用是不容低估的。

也正是由于此，播音创作的表达功能在很大程度上就被内在语制约住了。播音中表达得不准确，甚至播反了，首先要看看内在语是否恰当。若内在语无误，再去找表达方法上的问题。

（四）内在语要鲜明、简捷、有说服力

挖掘、运用内在语的目的是深化对稿件的理解、感受，使自己的思想感情运动起来，获得贴切的表达语气，更好地传达稿件的精神实质。因此，内在语的把握应力求避免朦胧模糊，而要鲜明、确切。“内在语越鲜明、越确切，我们断定作品某些部分时所提出的任

---

① 张颂：《播音创作基础》，第 58 页。

务也就越正确、越肯定。”① 内在语的表述应力求简捷、精确可感，有说服力。因为“没有说服力的内在语，语言就不能引起预期的反应”②。由于内在语概括表述的精确可感，在话筒前播音时，不必字斟句酌地去重现一遍，只要由此一点，唤起相应的体验即可。鲜明、简捷、有说服力的内在语往往能使播音员产生一种发现的欣喜和惊奇，转而又会产生一种急切的表达欲和一吐为快的创作激情，并使之获得创作的幸福感和满足感，鲜明、简捷、有说服力的内在语催动着、感奋着播音员去生动地创造、准确地表达。

播音员在运用内在语这一调动思想感情进入运动状态的重要内部技巧的时候，“不要忘记和语言血肉相连的思想感情，要准确、鲜明、生动地表情达意。……播音既要在总体上把握准全篇的基调，又要播一句，是一句，就是播出这一句话来，在你脑子里得清晰地明确要表达什么。这一句和另一句之间是有机地、逻辑地联系起来的，就如同我们周身的血脉一样，是一贯相通的”。③ 老一辈播音员积数十年播音实践经验总结精辟地阐明了内在语的真谛，值得每一位播音工作者，特别是初学者认真体味，仔细揣摩。内在语的把握与逻辑感受有着极其密切的关系，属于逻辑思维范畴。初学者要学会简约地表述内在语。在备稿时，尤其要注意内在语是否准确可靠。只要勤于琢磨，勤于体验，勤于积累和总结，终会达到熟能生巧、应付自如的地步。否则思想水平的低下和文化修养的欠缺，则会导致心有余而力不足。因此，提高自身各方面的素质是掌握内在语这一内部技巧的一个必不可少的先决条件。

---

① 《朗诵艺术》第82页。

② 同上。

③ 齐越：《寄语青年播音员》第73页。

第二十三章
想象的特点与运用

第一节　想象的作用

科学家、发明家的大胆假设，作家的新作品的问世都是先在脑海中浮现出创造的形象之后才开始一步步创造的，他们的想象都是不依据现成的描述而独立地创造出新的形象，在普通心理学中称为创造想象。

文艺范畴的想象有自己的特点，人们的想象多是依据现成的文字描述，结合自己的阅历去展开并补充文字所描绘的形象。这种通过文字或言语的描述获得作品中形象的想象，普通心理学中称为再造想象。

任何一个人当他听故事时，都会在脑海中不由自主地随别人对故事的讲述而想象故事中的情景，这种想象是被动的无意想象，它和播音中的想象是不同的。

播音员的想象不同于一般的被动想象，这种想象是有着很强的目的性和自觉性的，属于有意想象，是按着一定的任务和目的去展开想象的。所以播音员的想象，既要以语言内容为依据，又要用播音员自己的丰富生活积累来补充。通过播音员的想象把语言文字描述变成了形象的连续活动的画面，同时通过播音员自身引起与语言内容相应的情感，并且把这种情感表达出来，使别人也体验到这种情感。看来播音员的再造想象有着自己的特点。

播音想象不是任意驰骋的，它必须遵循语言内容规定的目的、性质、范围、任务。它要以稿件提供的材料为原型，要符合内容的需要，要服务于视听的需要。播音想象要促使思想感情进入运动状态以达到播讲目的，因此说播音中的想象是调动情感的手段。一般称之为“情景再现”。

在日常生活中当你向别人讲述刚刚看过的一场电影时，首先要在自己的脑海里看到所叙述的电影中的有关镜头后才能说出一些情节。当你向别人描述长城时，必是先在脑海里闪现长城的雄姿后才说出，简言之，就是看到了再说，这样脑海中不会出现空白，而且形象鲜明，感受具体。

一些在电台跟记者一起参加过采访的同志，回来后再播他所采访的稿件时，就感到感情异常充沛，得心应手，这里除了自己亲自经历受到教育外，更主要的是在播音时，脑海中不再是空白，也不仅仅是文字的反映，而是有了鲜明的现场形象的反映。一经由文字刺激唤发出情绪记忆库中的有关情绪记忆表象，催动着情感作用于播音语气，使之绘声绘色，如临其境、如闻其声。

生活中说话的规律也是一样，是通过思维后，把看到的东西说出来。播音也应该符合说话的规律，但事实上并不全都按生活的规律行事，有些人一拿起稿件，往往就自觉不自觉地违背了生活的规律，脑中空空的只有方块汉字符号的反映，结果是思维与语言不同步，播音似念，平淡呆板令人乏味。这一切多是自身感受不具体和缺乏想象所致。

播音员所播稿件内容十分广泛，上至天文下至地理，古今中外，无所不包。播音员经历再丰富，也不可能事事经历，播音员亲自经历过的事情毕竟十分有限，更多的是播别人写的稿件。作者对所写稿件必须是亲身经历过、体验过的，而播音员不一定亲身经历过，可是播音工作却要求他播得如同亲身经历过的一样，并要把听众也一起拉进去，这就需要依据稿件内容展开想象，把稿件上的文字变成形象的感受，然后把此情此景活灵活现地再现给受众，这种化作者感受为自己心声的工作就很重要，非同一般。也许有人会问，你怎么能听得出播音员有没有感受？回答是肯定的。播音员经过对稿件内容的再三推敲，反复消化，把作者的稿件内容化成自己的感受后而进行的再创造，人们听来，感到内蕴深厚，有血有肉，确实领略到其人其事其景。可见运用想象加深对稿件的具体感受是播音员必须具有的能力。只有想像力丰富，才能去感受别人的经历，才能从中捕捉到真情实感。

诗人不都是“闺女少妇”，何以能感受到她们丰富而细腻的内心情感世界，写出许多感人肺腑的传世佳作呢？因为人是具有观察、想象等高级神经活动机能的，所以人能通过想象去体验别人的思想感情，这里只能是相应的一种情绪的感受，不可能完全和亲身经历的一样深刻，所以运用想象去唤起相应的情绪，对理解作者所体验到的，而我们没有感受的情感是很必需的，无论是电台还是电视台的播音员都要训练想象，发展自己的想像力。

人的大脑有四个功能部位，根据医学报告，一般人较多用的是感受区、判断区、贮存区，而只动用了想象区的百分之十五。因职业不同，运用想像力的多寡也不等，演员的激情为什么调动得那么迅速及时？这与他们的想像力丰富，感受力强是分不开的；作家、科学家、侦探人员都广为应用着想像力，他们的想像力都很发达，这是长期使用的结果。

好的播音员也必须是感受力强，想像力丰富的人，一看稿件文字就能迅速及时地运用想象，焕发出相应的情感来。

当然，想象不是凭空产生的，它是客观事物在人头脑中的加工和反映的结果，要丰富发展自己的想像力，就必须努力学习，不断积累知识。同样一篇稿件，有人只能就字面肤浅理解，而有人却能补充丰富作者所没有写出来的那些亲身感受，所以同样一篇稿，不同的人播，思想深度不同，感情色彩也不同。可见知识的基础越扎实、丰厚，生活的积累越丰富、坚实，想像力的驰骋面就越广阔。

想象是形象感受的基础，形象感受一般已经脱离了个别感知的孤立性，进入了综合感知的领域，这一点在播音中尤为重要。

在形象感受中一切感知觉都处于整装待发的状态，往往一篇稿件总是可以引发起多种多样的感受。

第二节　想象的特点

既然想象是帮助播音员调动情感的一种手段，那么学会如何驾驭它、应用它，并了解它的特点就显得非常重要了。

想象要有具体的视象

何谓“视象”？当你给别人讲述看过的一部影片时，你的脑海里顿时会浮现出影片中的一些画面，这些画面尽管不是连续的，也不一定十分清晰，但它的映现使你立即唤起有关的情绪，这种不是真的看到，而是在“想象中、回忆中重新映现的画面”，俄国戏剧艺术家斯坦尼斯拉夫斯基把其称做“内心视象”，简称“视象”。视象在有声语言的再创造中有什么意义呢？斯坦尼斯拉夫斯基说过：“没有视象就不能表达自己的见解”，又说“应当锻炼自己善于敏锐地正确地激发形象，不仅应当尽力把自己的视象传达给别人，还必须使别人看见他们”。

好的画家能给不在他面前的人画像，因为他内心视觉好；音乐家能奏出刚刚听过的旋律，那是因为他内心听觉好；好的播音员应具备一看见文字稿，就能迅速捕捉到有关的形象，敏锐地激发出相应的情感，生动准确地用语言把稿中情景再现给听众。

播音员播音时，脑海中若只有文字符号的话，就只会去机械地念，那样做将会令人生厌。只有迅速透过文字的刺激捕捉到视象，这就为播出真挚的感情提供可靠的依据。

以谢璞的散文《珍珠赋》中的一段为例，原文写道：“在一只渔舟上我们大开了眼界，一位白发老渔人从舱里捧出一把珍珠来，只见那颗颗珍珠有大如羊奶子头的，有小如红豆的，光华夺目，滢光熠熠，我们不禁问：‘每年可以收多少颗珍珠哇？’老渔人笑着说：‘这里的珍珠不是论颗数，而是论斤两的，汉寿县有个大队今年就可以收珍珠 110 多斤哪。’”这段描述，作者是经历过的，但播音员却未必有类似的经历，如何调动起播音员的情绪，使之比较贴近作者所经历过的情感呢？播音员必须通过想象去“经历一番”依据稿件上文字联想到有关的表象，并依人、事、景进行表象组合加深理解感受的过程，使文字活起来，变成切切实实的感受，并通过想象、联想，运用积累的知识经验使其充实丰富起来。当播音员似乎能看到光芒四射、熠熠生辉的珍珠的样子时，细致地感受到珍珠的颗粒大的到底有多大——羊奶子头大；小的有多小——红豆那么小，这些想象具体化后，还可依据文字的描述，仿佛领略到了老渔人那朴实无华、豪爽健谈的音容笑貌，似看到了捧着珍珠的动作与神态……总之，呈现在脑海中的形象愈清晰，情感焕发得就愈具体贴切，因为凡是人们熟悉的东西，表象总会深刻些、准确些。当播这段文字描述时，就能把这些情景栩栩如生、活灵活现地再现给受众，让受众也像听到了、看到了、感受到了洞庭人民人工养珠获得丰收的喜悦之情。

总之，感受能力越强，想象越丰富也就越能引起心灵的活动，被激起的感情也就越强烈，播读起来感染力大为增强，也就能深深地打动受众。

想象要引发真实的感受

播音工作对感知觉能力要求较高，一个好的播音员得有颗易感的心灵，因为人类情感是极其丰富复杂的，而播音工作就要反映他们的思想境界，报道他们的感人事迹。如果播音员情感世界贫乏冷漠，就无法播出振奋人心的消息。情感丰富感受力强，才会有较好的知觉效果，在知觉客观事物时才能迅速诱发出真实的感受，唤起相应的情感，例如：《偏食袋》中的片段：

“到了猪圈我俩拌好猪食，喂了猪，我呆着正没事，忽见连长走到猪圈旁边的空草坪上，从鼓鼓囊囊的口袋里掏出两颗手榴弹对着40步开外的一个小土墩。拉开架式，先是左手一颗，紧接着一扭身，右手又是一颗，两颗手榴弹像一根绳拽着似的，不偏不倚砸在一个点上。

“蓦地，我恍然大悟，这不正是连长的‘偏食袋’吗?”

通过分析理解稿件，得知这篇稿件的目的在于激励大家用苦练精神掌握过硬本领。此段落就是作者直接体现目的的所在。怎样播才能给听众留下深刻印象呢？首先必须把连长投弹的那手绝招是怎样的活龙活现地具体感受到。“40步开外的小土墩”有多远距离？不想象给播成很近就不对了。“拉开架式”是怎样动作？（两手握着手榴弹，拉开架式，身体的重心转移落在左腿上……）“先是左手一颗”（有人给播得轻飘飘的，让人一听就知道他缺乏感受，感到这手榴弹就像扔在脚下似的……手榴弹出手投掷得很远是一种什么样的劲头，要有投弹实感），“紧接着一扭身，右手又是一颗”（左右手开弓）。只有当你真实地感受到连长的那手绝招时，才能播出新战士“我”的赞叹、钦佩来。

作者写出来的文字有限，我们在备稿时要把作者的感受再进行加工，变成自己的感受，把作者没有完全写出来的字里行间的寓意挖掘出来。当你心里生出了比稿件多好几倍的词句，这时你才能把稿件文字化成自己的感受播出来。这样才能有动感，才能真实地再现出连长的那手绝招。此处运动觉可以帮助播者使之绘声绘色，引人入胜，牵动着听众的好奇心，而且还想进一步了解这手绝招是怎么取得的呢。

作者写出的文字有限，备稿时要把作者的体验，通过自己的再加工，借助运动觉的刺激，唤起投弹的身体力行的感觉，才能化成自己的感受。经过思考、联想、想象等心理活动的积极运转体验，摸索出准确贴切的表达来，你才能播得准确逼真。

运用想象调动情感时必须借助感觉、知觉记忆，像听觉、视觉、嗅觉、味觉、运动觉等一定的媒介刺激诱发出类似的情感，选用什么作媒介可以因人而异，比如有的人听觉记忆好，就可以诱发听觉媒介的参与，如当脑海中一响起《国际歌》的旋律，悲壮的情绪便油然而生，借此迅速进入情景，去播读英勇就义的有关章节，容易迅速唤起相似的情感，产生真实的感受，因为任何的情感调动都离不开感知觉，都离不开内心依据。

想象唤起情绪记忆、联想的参加

播音界老前辈齐越同志为广大听众留下了许多感人至深、让人久久难忘的播音，《把一切献给党》、《王若飞在狱中》、《在彭总身边》等等。他的播音突出的特点是富于激情。那么齐教授是怎样引发激情的呢？他说：“我收到一些听众来信，他们听了我的不少长篇播音，还希望听到我播总理的长篇。我自己也有个愿望，就是在我还能用声音工作的有限时间里，要到话筒前，去歌颂老一辈革命家的丰功伟绩和高尚情操。”当接到《大地的儿子》这个长篇后，他进行了充分的大量的案头工作，如到资料室找来有关总理的画册，“四·五”运动的照片，及总理逝世，人民爱总理的悼念文章等等，又联想到总理对广播的关怀，齐越教授说：“我永远忘不了周总理视察广播大楼时握着我的手亲切嘱咐：‘一定要用延安精神做好工作。’我患病住院时是周总理叫人转来他老人家的亲切关怀的……当我被‘四人帮’剥夺了话筒前的战斗生活达五年之久，是周总理的关心过问才使我获得解放，恢复了播音，没有总理的关怀就没有我的今天……”齐越同志激情澎湃，开始录音，一气呵成，播出后收到许多听众来信。

齐教授的经历丰富，想象联想也极其丰富，引发的情感感人至深，令人难以忘怀，那是因为他的激情与听众产生了感情上的共鸣，才收到如此非同一般的艺术效果。从齐教授的体会中，可以看出播音是一门综合艺术，现实生活是播音创作的艺术源泉。

又如祝希娟在演《红色娘子军》中琼花犯纪律打南霸天一场戏时，她想象了琼花的家史，其父母的惨死，又联想到展览中的“血衣”、“破被”，在实拍过程中，祝希娟抓住琼花“父亲遗体”和“一声声惨叫声”的刺激，一下子激发出琼花的眼神中迸发的怒火。演戏和播音毕竟还不完全一样，不过，有些创作方法还是相通的，可以相互借鉴的。诸如移情或寻找感情上的相似性等等，都可以迅速及时地调动感情。

再如原中央人民广播电台播音员王欢同志在早报摘节目中播女排夺冠消息，播得激动人心。可是她头天晚上并没有看到电视中播出的这激动人心的场景，又为什么能播得这么鼓舞人心呢？一来是消息让人兴奋，二来她借用了类似情感的刺激与调动，早上她上早班来，听到编辑、记者们热烈议论着头天晚上“清华”、“北大”师生热烈欢庆的沸腾情景……由于这些诱因的刺激，顿时使王欢联想起60年代第26届乒乓球锦标赛夺冠的情景，一种兴奋激动的喜悦心情油然而生，这为她能成功地报道女排夺魁的喜讯打下了坚定的基础。

播音员运用想象、联想去感受体验，使自己的情绪动起来，做到与稿件中的人、事、景同呼吸共命运，为他们的痛苦流泪，也为他们的喜悦欢笑。想象联想中情绪体验越强烈，越使人感动，也越易产生情感上的共鸣。

想象要求创作主体置身其中

要把语言内容所叙述描写的一切作为亲眼所见亲身经历，进入具体的事件场景中去，不能无动于衷，与语言内容中的人、事隔着一层。播音员置身其中必须设身处地，获得一种现场感，好像“我就在”似的，去感受对象的心理过程和心理特征。

福楼拜写到包法利夫人自杀的时候，自己口里也仿佛出现了砒霜的味道。

只有设身处地的想象，才能触景生情，使情感燃烧起来，作家往往是带着激情创作的。

聂耳在谱写《义勇军进行曲》时，“冒着敌人的炮火前进”——他眼前仿佛展现出义勇军为中华民族的生存而浴血奋战的画面，创作的冲动像泉水一样喷涌而出，简直连写都来不及。

杨沫写《青春之歌》，当写到卢嘉川牺牲前给林道静的那封最后的信时，作者的泪水滚落在稿纸上，一滴滴把稿纸都浸湿了。

作者在写作时是如此动情，那么播音员就要分析、思索，展开想象，在感受的体验中，使自己的情绪也燃烧起来。播者只有设身处地与稿件中的人、事、景产生了共鸣，使自己的深层心理富于活力，体验到其景其情的意蕴，才能播出感人至深的作品来。

例如："正在这时，大雨点劈里啪啦打下来"。

这句话既可以播成欣喜的情绪盼雨，又可以播成讨厌的情绪。到底采用何种语气播，就取决于稿件上下文规定了什么样的具体情景，究竟为我们的再创造提供了什么样的条件和依据。只要能设身处地展开想象，就能唤起准确、诚挚的感情。再如《一件珍贵的衬衫》中的一段：

"那是1972年8月3日夜晚，我刚刚学会骑自行车不久，在马路上想超别的同志，不留神插到了快行线。突然一阵紧急刹车声，一辆大型（红旗）轿车紧贴着我身体的左侧，嘎的一声刹住了。我刚扭过头，见"红旗"车后座旁的窗帘刷地拉开了，周总理那慈祥的面容立即跃入我的眼帘。呵，我仔细再看看，真是我们敬爱的周总理。周总理正亲切注视着我，目光中充满了关切，充满了爱护，充满了深情，像在询问：'同志，碰着了吗？受伤没有？'……

"这时总理的司机站在我身旁问我：'同志，碰着没有？'我才赶忙回答：'没事儿！没事儿！'

"有关人员迅速察看了现场，决定留下另一辆'红旗'轿车送我去医院检查，总理的车才开走了。"

这个片段就是要求我们置身其中去展开想象，也就是要我们把稿件中的人、事、景，当成自己的亲身经历；假如是我处在此情此景中会有什么反应？又是怎样的心情？车祸时的情景：嘎的紧急刹车的刺耳声，窗帘刷地拉开，人们围观上来的情景，想象越细感受越具体。如不这样播此段，可能出现截然相反的感受：一种是持兴奋激动态度；另一种持内疚、惊讶态度。持第一种态度，就认为不管是什么环境场合能见到总理不容易。持后种看法强调此时是出车祸的特定语言环境，后来采访刘秀新本人，她在谈这一段感受时说："当时出了车祸，人都围过来，我羞得脸通红想快点离开，这场面不好意思。当我看到被撞的是总理的车时，我说不上是什么心情，但很不是滋味儿，想让总理的车快走别出事。"透过刘秀新的心理活动，我们不难揣测出到底持哪种情感更准确了吧，显然持后一种"内疚"情绪才更准确。

由此例可以看出，只有置身其中把自己摆到车祸的现场中去体验，当成自己的亲身经历，体会在这种情况下会是怎样的反应，什么心情，才能焕发真实感情。

综上所述，想象有四个特点，即要有视象，有真实的感受，还要唤起情绪记忆和联想的参加，并且要置身其中。这四点谁先谁后不必严格区分，因为想象过程的四个特点是相伴随地一涌而现，也会因内容的不同而有所区别，有所侧重，在播音艺术中，想象只是调动情感的手段之一，更何况它也要与其他手段相配合加以运用。

第三节　想象的运用

条理清晰，有主有从

对稿件的人、事、景展开想象时，要设想到哪些该处理成远景，哪些该处理成近景或特写？脑海中既要有想象画面的变化序列，又要做到有主有从，使想象的运动方向更明确，即它要围绕着作品的主题和目的而展开。凡直接揭示抒发主题、目的的细节就应该细致推敲，展开想象联想，使稿件中的近景或特写展现得越具体真切，越使文章播得生动逼真。反之与主题目的关系不大的地方，大可不必去想象，笼统带过即可。如前例《珍珠赋》全篇在赞颂洞庭人民人工养珠战天斗地的干劲和喜获丰收的情景。在全文中实写珍珠的仅有一段，可以说这一段对点染主题是至关重要的，为了播出作者的创作意图，播音员就要动用生活积累，去补充、丰富具体感受，并唤起相应的情感，通过播音把受众带到其境其情中去，使之受到感染，这样作品的播讲目的就达到了。

有的人了解想象的作用后，就毫不吝啬乱用一气，不去分析稿件主题目的，却抓住任何一段细微末节就尽情想象，结果把稿件播得支离破碎，变成了想象的“展览”。把手段当成一切，这是本末倒置，应引起注意。有的稿件易上口并掀起情感波澜；有的稿件文字工整规矩，但不够生动活泼，播音员不能仅凭兴趣去处理，因为播起来生动的地方，并不见得都是重点，不易出效果的地方也并非都不重要。所以播音员不能毫无准备地跟着感觉走，要学会整体布局，善于突出或削弱，对易上口易出效果而又不是重点的枝枝杈杈要割舍削弱一带而过，起到陪衬作用即可，而把力量集中使在刀刃上，使重点鲜明、醒目、有分量，一听就能引起注意。所以播音不能以个人好恶左右稿件，更不必每句每段都一一展开想象，应该让播者跟着稿件的目的走，做到红线穿全篇，使各段各层向目的主题的光点聚集，各找各的位置，各显各的作用。

运用时瞬间闪过

准备时想象可以细致入微，尤其是对点睛之笔，更要花时间、花气力，反复体味、琢磨、推敲如何表达为好，一旦到了话筒前就不能中断播音去追求视象。举例说，大雪后的清晨，当你上班到了电台，值夜班的同志问你：外面冷吗？你在回答之前脑海中一定迅速呈现出上班路上的情景：脚下的积雪吱吱作响，北风吹得人们裹紧棉衣，衣领还要翻立起来……然后才回答：“真冷！”在旁人看来你几乎是不加思索地说出来的，然而在你的脑海中虽然仅仅是一闪而过，但确实浮现的是具体景象，是由景唤起情而回答的，可见想象是瞬间闪过，稍纵即逝的。

艺术应源于生活，但又要高于生活，而不是生活的照搬。当驾辕的马惊了，拖着马车顺坡道直奔下去，在坡道的一端，一群孩子正在坡道上玩耍，30 米、20 米、10 米……眼看一场车毁人亡的事故就要发生。当然，实际上惊马可能要用一定时间才跑完这段距离，但播音中的想象要比现实生活中的情景短促得多，从一闪而过捕捉到让人揪心的紧张、焦急之情就能使文章播得贴切、准确、生动。若是在播 30 米、20 米、10 米时，每个数字之间都停半天，留出车子实际行驶的时间，这样，想象必然会冲淡那种特有的紧张惊险的情绪，如此照搬现实生活，想象就变得僵死了。可见运用想象是一瞬间、一闪而过的，目的在于捕捉到应有的情感，使之进入情景，达到情景交融的地步。

以稿件为依据，用生活经验、经历去丰富补充

以稿件为依据，在为播讲目的服务的主要情景上，要学会用自己的经验经历去补充和丰富，可以用间接经验、耳闻目睹的经历去补充和丰富，使情景更逼真。

当然每个人都有一定的局限性，他不可能亲身经历一切事情，尤其是播音员每天接触的稿件，内容是很广博的，不可能对篇篇稿件都有深入生活的经历，要播好这些稿件，就要或多或少地借助于间接经验，或者依据生活的积累去丰富、补充。在平时要做有心人，广泛地向社会学习，诸如看电影、电视、话剧，读文艺作品，看摄影、绘画、人物传记，听别人介绍……都可以丰富我们的见闻，增强我们的感受。这就要求播音员勤于动脑，善于分析，向生活学习，在日常的所遇、所见、所闻中积累素材，以便用时信手拈来。

鲁迅先生也说过："作者写出创作来，对于其中的事情，虽然不必亲历过，最好是经历过。诘难者问：那么写杀人最好是自己杀过人，写妓女还得去卖淫吗？答曰：不然。我所谓经历是所遇、所见、所闻，并不一定是所做，但所做自然也可以包含在里面。"

其中直接的生活体验、生活感受仍然是十分重要的基础。没有这个基础，间接经验不可能化为血肉丰满的形象。只有在这个基础上才能合情合理地联想自己未曾经历过的一些事情，才能使间接经验和直接经验、生活感受融为一体，从而创造出绘声绘色的形象，深深地去感染人。

要想使我们的播音创作，做到受众喜闻乐见就必须要有生活，要争取尽可能多地深入生活，并与之共鸣，到播反映他们的稿件时，才能有坚实的思想基础。

注意心理条件的诱导性

运用想象还必须要有相适应的心理条件。虽然稿件文字所反映的是客观存在，但如果你没有与之相适应的心理条件，你就不能正确地感受到其情其景。

荀况说："心忧恐，故享万物之美而盛忧。"反之在愉快的心境下看到的即使是不很美的东西，也感到很愉快。可见心境对想象有很大影响，真可谓"登山则情满于山，观海则意溢于海"。播音员处于工作状态中的心境犹如催化剂，当看到稿件文字时，就能迅速造成其心境的波澜起伏，此时唤起与之相适应的艺术表现，就能最大限度地发挥感人动情的作用。

心理条件对想象的作用，既可助一臂之力，起促进作用，又可以反转过来起干扰作用。这里应该锻炼加强自我控制能力，时时处处以事业为重，而绝不以个人心境去左右播音，即使遇到意外事件，也要学会控制自我，排除不利心境的影响与干扰，使之能按稿件内容要求，去迅速调动情感。

心理条件的诱导，归根到底是修养问题。每个人的感受范围和程度都会有很大的差异，这里有经验上的差异，更有知识艺术修养上的差异。正如马克思所说："如果你想欣赏艺术，你必须成为一个在艺术上有修养的人。"播音员不能只局限于个人兴趣的狭小范围，应该从工作需要出发，去培养广泛兴趣，努力加强各方面的修养，因为人的审美心理多具有易感性，只有与作者所描述的东西有相应的感觉，才会最大限度地发挥感人动情的作用。

第二十四章 受众心理研究

广播电视的发展趋向窄播化、栏目化，这就要求传者要对受众的接受心理做认真的研究与探讨，重视前馈、反馈，以期获得最佳的社会效应。所以要熟悉宣传对象，要重视在收听收视过程中受众的个性心理特征，对受众的不同文化层次与需求及审美态度要进行分析，只有当你了解了受众对所宣传的内容和所反映的情趣与愿望时，那么你的宣传——播音主持才更能做到有的放矢。

第一节 受众心理定势

受众的思想反馈和行动反馈是极为珍贵的，他们将通过广播、电视受到感染，得到启发，精神面貌发生变化，对本人、家庭、社会都将起到不可估量的作用。

按照定势说，外部环境和个体需要是决定人的意识和行为的两个基本因素。个体在需要时，会产生一种焦急不安的状态，而当个体进入需要即将得到满足的情境时，就会形成一种完整的心理状态，这种状态就叫做行为的定势。

定势是一种完整的心理状态，是个体对某种行为做好的一种准备。

生活中交谈的双方如果是兴致勃勃，一方特别想听下去，另一方讲得才会津津有味；若是听的人敷衍不感兴趣，那么说的人也会因扫兴而失去说下去的愿望。为了使人形成某种行为的定势，他应当有一种对这种行为的需要，进入一种相应的情境中。如果播音员、主持人面对镜头或话筒时，没有他想象中的受众，他就不会有播讲的愿望。同样的道理，受众没有期待，也就不会自动视听此节目。

按定势说，在外部因素和内部因素对一个人起作用时，这个人就会形成一种完整的个性状态，一种行为的准备性，它给予这个人随后的心理活动以一定的方向。在人身上产生一定方向的动作定势后，人就会在定势的影响下看待和考虑那些以一定方式同这种定势联系着的现象。定势就能为人对周围环境的适应和按照人的需要改造环境建立心理基础。

播音员、主持人在播讲时应当考虑到听众的社会心理状态，使受众能够接受他所宣传的思想和观点，受其影响，达到预期目的。

受众的共性心理定势

（一）了解受众的关切点

受众不会是主动想受教育才收视收听节目，他们多是出于主观需要，如期待着在节目中听到最新消息，看到最快的动态，为了扩展增长知识，或对某方面有浓厚的兴趣，这是广播电视受众的共同心理状态。

新闻工作者的活动是一种社会活动，他们的传播目的离不开收视对象，只有了解熟悉受众的心理需求，才能使传与受沟通起来，为此传者就要有强烈的受众意识，研究受众心理。

举个实例，时间久，但说明问题。

1981 年 10 月，胡耀邦在纪念辛亥革命七十周年大会上发表讲话，10 月 9 日新华社播发了 1400 字的消息，10 月 10 日又发表了讲话全文，有几千字的篇幅。

外国记者不可能用这么大篇幅，他们从读者关切度出发，选取报道内容。

美联社记者霍尔斯坦 10 月 9 日发出了 380 字的消息，引用了胡耀邦讲话中这样一部分："以中国共产党负责人的身份，请蒋经国先生以及台湾各界人士来大陆和故乡看看。(这样短的消息中还加上描写）胡是在中国革命家孙逸仙的像下讲这番话的。副主席邓小平坐在胡的旁边。在这位党的领导人发表 40 分钟讲话的时候，邓小平抽着烟。"

当然，我们的国情不同，报道的角度、着眼点不同，但是他们的报道牢牢扣住受众的关切点却是值得我们学习的。

我们的新闻经过长期的探索，锐意改革，迈出了可喜的步伐。像《焦点访谈》、《新闻调查》受到广大观众的好评，收视率排在全国前几名。

这些栏目之所以受欢迎是因为栏目的容量大，有深度，对当前的新闻热点和广大观众所关注的重大事件、社会现象进行了深入、全面的调查分析，提供了客观、系统、权威的信息。

1998 年夏季，长江流域遭到了百年不遇的洪涝灾害。汛情的发展牵动了亿万人的心。从各方调集来的解放军日夜奋战在大堤上，新闻媒体迅速派出战斗队，分赴各个抗洪战场。江泽民主席、朱镕基总理纷纷来到抗洪第一线，带去党中央的关怀与慰问。《保卫荆江》《保卫哈尔滨》《长江第六次洪峰》一个个扣人心弦的报道及时与广大观众见面了。人民群众心系灾区，从早晨就打开收音机、电视机：早间新闻、新闻 30 分、新闻联播、早报摘等等，连制作周期较长的"焦点访谈"、"新闻调查"都及时地向人们详尽地报道了抗洪情况，比新闻更细致、深入，对群众悬着的心不能不说是个慰藉。广大群众纷纷捐款、捐物，向灾区人民伸出援助的手，邮局免费向灾区汇款，铁路部门优先调拨抗洪物资为其一路开绿灯，又有多少志愿者到中华基金会为捐赠物资打包装运……真是举国上下、万众一心，拧成一股劲儿，一切为了抗洪赈灾，新闻媒体的连续报道，前方后方赈灾的一桩桩感人肺腑的事迹在人们心中激荡。"还是社会主义好"，灾情面前，全国总动员，一个号令，万众一心，中华民族显示出空前的凝聚力！这一时期的报道最大地满足了受众的期待心理，深受观众的欢迎。

（二）与受众心心相印

以新闻节目为例，一般新闻节目在广播电视中占的比重最大，视听率最高，且服务面最广，在受众视听的设想上要比其他专题节目笼统。拿中央人民广播电台的《新闻和报纸摘要》节目来说，它的听众是全国人民和各级干部，听众如此广泛，是不是谁在听就播给谁听，不用设想受众呢？不是的，盲目播讲会导致播音的空泛，无目的性，也就无愿望可言。那么播讲者一定要设想听众，此节目设想的受众不宜具体细致，可设想成全国各级干部、群众，尽管他们的年龄、职业不同，文化层次不同，收听目的不同，但有一点是共同的，即共同的期待心理，希望得到新的动态、信息、知识、精神。当播音员、主持人备完稿，需拿出很短的时间思考一下：这样的内容播给哪些受众最易引起反应，一想到此，就会激发播讲的热情，一吐为快。像大兴安岭扑灭森林大火、全国人民慰问灾区人民送衣被送温暖、奥运会比赛战况……这些报道同受众的心紧紧相连，受众期待着事态的进展，传播者只有在了解了受众的心理、特征、要求，才能播出新闻的新鲜感，郑重、清新、明快的播读给人以力量和鼓舞，“早报摘”的播音节奏与清晨的振奋昂扬与忙碌应是协调合拍的。

又如晚上中央电视台的《新闻联播》节目，因为有画面或提示性字幕，一般受众更喜欢比早报摘的速度要快些，因为是坐在电视机前收看，从播讲的音量上较比电台要略收，语气干净利索，语流明快就行。虽然传者与受者间的距离跟其他节目相等，但从接收心理讲，观众认为这是在收看党和政府发布的新闻，所以播读采用郑重规整、仪态端庄、含蓄的风格要比“小音量、近话筒”的交谈式和富于表情的播讲方式更能为人们所信赖。尽管有人批评播音员、主持人报告新闻正襟危坐过于呆板，但更多的受众却承认这种播音风格，认为这样客观传达政府方针政策让人信服。遇有重大新闻，这种语言样式的播读更显示出语言功力和内蕴丰富的特色。

像《凤凰早班车》的新闻也很有受众，想听听不同渠道的反映、说法，对鲁豫的活泼、贴近受众的轻松地说新闻也很欣赏。

广播、电视传媒中开设的各种栏目，都是为了满足不同年龄、不同职业、不同文化层次、收视目的不同的广大受众的期待、新奇、得益、求知等心理的，所有这些都激励着传者与受众的种种心理相适应，拉近距离，做到有的放矢。

当然，受众的期待心理，会因不同的历史时期、不同的社会环境而有不同的反应。

受众的特性心理定势

广播电视受众除共性心理外，还有特性心理及其个性特征。

（一）特定受众的收听、收视心理

比如专题节目在对受众的设想上要比新闻节目细致具体得多，做到熟知对象特征心理，站在对方立场上，适应他们的需要，才能够拉近与受众之间的距离，达到预期的宣传目的与效果。以《青年节目》为例，青年的意识、生活是开放的，用一种好奇审视、批判眼光看世界，又能接收知识、信息，对青年播讲，要考虑其心态、受教育程度、知识素养，有责任对其道德标准、观念、审美情趣、价值观施加正面影响。若用说教式、灌输式，青年人就不买账了。宣传必须适应新时期青年的心理特征，从他们关心的生活、学习、婚恋、处事等方面的问题入手，不迁就，不迎合，寓情于理，平等亲切、感情真挚地交流探索，娓娓谈心才能加深与青年人之间的互相理解、相互信赖，在潜移默化中渗透。

又如《残疾人生活》节目是对象性很强的专题节目。如何使中我国人口近百分之五的残疾人跟上社会发展的步伐，使他们能过上较好的生活，是摆在我们面前的一项重要任务。要让残疾人喜爱这个节目，就必须反映残疾人最关心的问题，想他们所想，急他们所急，给他们之所需。然而他们的困难要求都非常具体实际也合理，在一些具体问题上帮不了忙，就用此节目充分发挥新闻舆论的优势，尽可能地为残疾人解除些痛苦和疑虑。

《残疾人生活》节目既有面向社会的广泛性，又有时刻不忘为残疾人服务的针对性。《残疾人生活》的主人是残疾人，办此节目的宗旨以反映残疾人为主，反映他们就业、教育、健康、康复、婚姻等方面的苦与乐，喜与忧，展现残疾人奋进不息、残而不废的胸怀和自尊、自信、自强、自立的精神风貌，并为残疾人之间，以及和健康人之间交流思想、沟通情感，寻求理解、增进友谊架起桥梁。

再剖析中央电视台《实话实说》。

《实话实说》栏目的总制片人说："本谈话节目的根本冲动就是尊重人，尊重人的办法就是让人说话。"

栏目开办之初，在选择嘉宾上，由开始的"明星"故意调侃，不说实话，不是真诚地与观众交流，后来选择嘉宾注意在现场中筛选那些语言表达能力强、率直，能把生活中生动活泼的谈话带到节目里，成为节目的闪光点。

这种谈话的形式，需要观众与观众之间的交流，主持人与观众、嘉宾之间的交流，从中展示人的个性，折射出整个社会的心态，使节目充满了人情味儿。

而崔永元这样的主持人是《实话实说》制片人在确定节目定位时的正确选择。

能不能启发大家发言，这是一个引导的艺术，能使现场观众交流、交锋，崔永元善于调动现场气氛，抓住观众在说实话说大白话当中的一些有风采的地方，形成全场的活跃因素。他驾驭话题、组织讨论的能力极强，对偏于"感性"的观众发言能"提纯"、"概括"；对"抽象"的发言，又加以"稀释"而不失幽默机智；充分发挥了主持人在节目中的激活、引导、调节的作用。崔永元的表现和节目定位、宗旨是很吻合的。这个栏目赢得了受众的青睐，收视率很高。这与准确把握受众的特性心理分不开。

像常办不衰的"少儿节目"就因为有特色，节目定位好，才能永葆"青春"。

（二）特定受众的环境特点

环境包括自然环境和社会环境。

中国地域辽阔，南北地域之间的受众有很大的差异，同是大城市，北京的受众和上海的受众也有差异，这些差异有经济因素、自然条件的不同，更多的是传统、历史、文化的印记造成的。

如上海人很精明讲实惠，接受新事物快，思维敏捷，富于竞争力，在欣赏节目上更喜欢活跃创新的内容和反映市井生活的节目。而北京人生活在首都，是政治、文化的中心，传统文化给北京市民以很深的影响。北京人关心政治、关心国内外大事，喜欢民族特色浓郁的，特别是表现老北京特色的节目。另外这里文化氛围浓厚、人才云集，欣赏品味高雅、严肃。外地人听了北京热线反映说：北京听众品味就是高，透着文化。

再比如是农村，经济政治情况差不多而由传统文化、欣赏习惯造成的不同影响，使之欣赏趣味也很不相同。像广州郊区的农民由于受港台等影响，欣赏趣味更商业化；包括演员的台风都如此，而北京郊区的农民则更传统些。

在我国城乡受众的差异是很突出的，首先表现在文化素质上的差异。我国全民的文化素质与发达国家比是低的，特别是边远农村、山区，连小学教育都没有普及，文盲、半文盲的比例是惊人的，而城市的文化素质要比农村高得多，农村则差些，而西北、西南偏僻山区更甚，连电视都未普及。从文化娱乐的丰富性上城市又比农村丰富得多，所有这些决定了城市受众对节目质量要求更高。拿收视率来说，新闻类节目、时政类栏目、焦点访谈、东方之子、实话实说、新闻调查等，城市受众的收视率要高于农村，城市知识分子阶层要高于普通市民。对重大新闻的电视收视率又高于其他媒体，如海湾战争爆发的消息，城市观众从电视获得信息者为57.1%，报纸为21.5%，无线电广播为11.8%，农村观众从电视获得信息者为51.5%，报纸为9%，无线电广播为2.5%，电视在三大媒介中占绝对优势。

（三）特定受众的类型分析

不同年龄的受众，收听收视也有着各自的心理差异。比如男性喜欢粗犷、刺激性强的节目如体育类、竞技类和武打类节目；女性感情细腻喜欢有人情味、情节曲折的电视剧或生活服务类，时装表演类节目。老年人在家时间多，看电视消遣娱乐居多，他们喜欢平和的、节奏不太快的节目，还喜欢忆旧、回顾。中年人家务负担重，尤其是女同志在劳动之余，喜欢看生活真谛、指点迷津的节目。

儿童是一支最活跃、热情、忠实的受众。电视对他们是影响最大的传播媒介。中国社会科学院新闻所于1992年1月进行了一次《小学生电视传播调查问卷》显示，电视对儿童择业的影响最大，占调查儿童总数的36.7%。小学生所选择的职业按人数排列顺序为：占第一位的是“文艺工作者”，这主要是电视上歌星、影星的影响（被调查的对象父母大部分是工人），儿童的心理特征：喜欢新颖、奇特的形象和内容，节奏快、跳跃性强、生动活泼的节目。

文化素质较高的受众喜欢新闻联播、焦点访谈、新闻调查等节目，而文化素质属中档的大多数受众也爱看新闻联播，要求信息的通俗易懂，追求新鲜、新奇等。

另外可以依稿件主题、目的对受众进行设想。在具体稿件的主题、目的中开掘，给什么样受众听最能收到效果。以“偏食袋”稿为例，节目确定了在《军事生活》节目中播，仅此还不够，还要对稿件进行深入挖掘。一方面掌握稿件的主题、作者意图、观点、当前播的现实意义；另一方面要分析估量在军中播给哪些对象最适宜？播给作者吗？显然不合适。播给苦练军事技术的战士听吗？也不是，因为这样设想，播讲者就会产生自愧不如，引发不出播讲的愿望。若是设想播给那些想提高技术而又找不到途径的战士听，“偏食袋”精神才能引起反响，收到预期效果。当然，广播时受众收听是不受限制的，也许别的人也听了，从中受到教益，这是可能的。正如许多成年人也喜欢听少儿节目一样。播者对受众进行设想，毫不排斥设想的受众以外的人收听，播者所设想的受众也可能不在听众之中，这没有关系。因为设想的目的在于激发播讲者的播讲愿望，真真切切感到播讲的必要性和迫切性，所以引发播讲的强烈愿望是设想受众的根本目的。

第二节　播音、主持对受众的诱导效应

正面诱导

受众中不全是期待接受的心理定势，这种情况下应该通过宣传工作改变他们的立场。这时传播的成功与否要用播音员的立场和受众的立场之间的差别的缩小程度来衡量。传者的影响效应越大，受众对所宣传的问题的立场就靠得越近。如陈景润出访美国期间，社会上谣言四起，说什么陈在美国要求政治避难，不回来了等等，一时间谣传沸沸扬扬。一传十，十传百，正当人们迷惑时电台的早报摘节目里播了一条消息：陈景润同志在美国访问期间，利用空余时间到美国图书馆去查阅资料。消息不长，一经播出，谣言不攻自破，此后再没有这方面的流言蜚语了。可见正面诱导的作用。又如美国貌似公允地攻击中国不讲人权，一时间蒙蔽了一些人，但美国轰炸我驻南斯拉夫使馆的行径，使许多中国人擦亮了眼睛，认清了口口声声讲人权的美国实行的是最不讲人权的强权政治。事实胜于雄辩，正反两相对照，原来对美国抱有幻想的一些大学生，再不信美国的所谓“人权”了，开始思考，一定要富国强民，学习更加勤奋。

实事求是

新华社北京1992年1月9日电，航空航天部长就新近卫星火箭发射故障一事对记者说：“我们完全有能力防止故障再次发生。”

这条消息发布之前，人们都知道我国1992年内承接了三颗国外卫星的发射任务。面对这一故障，舆论会怎样?我外交部对这次故障采取了实事求是的态度，如实报道了此事。当记者问到这次故障对1992年内我国预定发射的三颗国外卫星有何影响时，两位部长说：“在技术上没有任何影响。因为发射卫星采用的将是长征三号运载火箭，与发生故障的火箭不是一个类型。当然航天系统会通过这件事更加重视质量，真正做到稳妥可靠、万无一失。”

这条消息面对纷起的舆论，实事求是地对此事表明态度、信心，争取和诱导了舆论向一定方向指向。

这即是用心理学有关定势改变规律的认识，进行诱导指向。

播音时，不能就事论事，须了解文化背景，深入开掘字里行间的言外之意，弦外之音，有了明确的目的，播音时自然会分寸恰当，晓之以理，动之以情，让受众心悦诚服地接受诱导。

诱导欣赏趣味

舆论传媒与受众的关系，历来有截然相反的两种态度。一种是一味追求收视率，不惜讨宠献媚，迎合受众，使诱导变得低俗化；另一种是站得高、看得远，积极引导，提高受众的欣赏情趣和品位。

1995年在中学生中有一些如醉如痴迷恋外包装漂亮的港台歌星，形成“追星族”，这

与我们的传媒过量地宣传歌星不无关系。这些歌星有他们的特点，但不能因为群众喜欢就一阵风地一哄而起地宣传。文艺欣赏还负有普及提高任务，像新年转播的维也纳音乐会就反映了整个民族的音乐品位。还有像1999年新年在北京音乐厅举办的《中国唐宋名篇音乐朗诵会》，一曲曲荡气回肠的千古绝唱，开启着一次次美的旅程，此活动在北京引起强烈反响，使欣赏品位向高雅迈进。

第三节 受众中的知觉偏见

威信分析

据说美国电视网新闻节目主持人丹·拉瑟在当今美国是口才最好，老练成熟，穿着素雅大方，没有庸俗的富贵气，举止庄重，风度最佳的一流新闻节目主持人。他报道、分析、解释新闻的能力是他获得成功的主要原因，在新闻报道中很有威望。凡是经他口播出的内容往往会收到身价百倍的效益。他的年薪曾达到二百万美元，创美国新闻史上最高纪录，所以美国广告界也不惜出重金聘请他为公司做广告，虽然出了一些“血”，广告收入还是盈利。这一现象说明人们对权威过分尊敬与服从心理。人们自有“亲其师，信其道”的习惯，宣传者本身威信高则其宣传效果就好，宣传者威信不高则其宣传效果差。

威信，即“声威信誉”，众所共仰的声望威信有两方面内容，即专业性和可信性。

专业性因素指播讲者的专业水平是训练有素的，经验丰富、知识渊博、技巧娴熟的可称为此方面的专家。

可信性因素指播讲者的人格特征，外表仪态，对人诚恳与否，对事公正与否，播讲时精力充沛，还是疲倦乏力；语调坚定，还是语调平淡软弱；是幽默自信，还是胆怯被动……

总之人们需要有权威的、有声望的人来扩大对人们的影响力。如果受众自己认为播音员、主持人有这样一种特性，其播音就能获得较强的影响力。

播音员、主持人的形象欠端庄稳重，气浅声浮，言语没分量，就容易引起受众的反感。尤其是播者的为人品质要高尚，作为一个人，人们不单看他在电视上的言谈举止如何，也要看他在日常工作、生活中其人品如何。人品不好的宣传员，既不能代表一个新闻机构，也不会受到观众的信赖。宣传者的品质修养欠佳，作风有问题，那么他就会失去其在受众中的威信。受众一般都会不由自主地迅速接受他们所爱戴的播讲者所宣传的观点，同时也会不由自主地以批判态度对待他们不喜欢甚至讨厌的播音员、主持人所播讲的内容。

第一印象不可忽视

两个素不相识的人第一次见面所形成的印象称为第一印象。在广播电视中传播者给受众留下的第一印象也不容忽视。第一印象主要是获得对方的表情、姿态、身材、仪表、年龄、服装等方面的印象。这种初次的印象在对人认知中发生一定的作用，它往往是以后交往的依据。

从事电视播音和主持的传播者的修养中仪态素质也是个重要的方面。仪态对于传播者司职以及建立人际或群际关系有着奇妙作用。仪表素质关系到传播者自身形象，为自身发挥作用创造条件，形成吸引力和亲近感，他可以使受方产生某种感应，产生合作的愿望，因此仪表素质也是传播者的修养之一。

仪表素质体现着内在的品格，是自尊、自重、自我完善的一个重要方面，是传播者自身风格见诸行为风度、仪表的表现。仪表也包含着他在群体中的活力。这活力体现在他对人的礼貌、尊重、友好、平等、感官愉悦方面，所以要注意仪态素质，树立美好印象。

第一印象的作用往往先入为主，形成一种固定的看法。

有人给两个学生测试了若干道数学题，其中学生甲前半部分题都做对了，后半部分题都错了；学生乙前半部分题都做错了，后半部分题都对了。两人对错题目相等，可是给人印象是学生甲比学生乙对题率高，这就是第一印象先入为主起的作用。讲课也是同样道理，第一、二节课的效果好坏很关键，前面课讲得很精彩，即使中间部分稍逊色点，也比前面效果不好，后面渐渐好起来的讲课效果要好，因为第一印象会先入为主影响着后面的认识，此说法绝不是让人们取巧，只重头不重尾，其实结尾也很有学问，这里是让人们学会讲课的艺术，把富有感染力的部分调到前面讲效果会更好。

如果环境、条件不允许修正第一印象，那将留有很多遗憾。比如广播伊始、电视的开头如果不能引起受众的兴致，受众就可能改换频道、频率或关机。鉴于此特点，从事广播电视工作的人千万不能忽视第一印象的作用，很好发挥其特点为我所用。

第一印象固然重要，但也不是不可改变的，冲破这种刻板印象必须经过不断交往，才能修正刻板印象所造成的“余像”。比如中央电视台播音员、主持人邢质斌并不很漂亮，但经过长时间交往，观众对其形象条件不再挑剔，而是被其颇有功底的语言功力所感染。日复一日，观众由印象一般到就欣赏这明快、干净利索的播音风格，有些受众还亲切地称她为“小钢炮”，言语间流露着对这位播音员的喜欢与信任。这说明从事电视工作的同志要重视形象仪表的作用，但更要重视语言的基本功。

偏见、逆反心理

偏见，是个人对他人或其他团体持有的缺乏充分事实根据的态度。偏见的特征是偏见认知成分，就是刻板印象，偏见含有先入为主的判断。

宣传上的生硬命令，只会引起心理上的抵抗。当某些人有意识有步骤地企图迫使别人接受某些不能同意的原则时，随着这种活动的强化，人们会对这些原则感到越来越不能接受，因而也就越来越加强他们对这些原则的否定态度，心理上的抵抗是个人感觉到某些方面享有自由行动的权利被剥夺，自身激发出的一种动机状态，目的是想确保行动的自由。这也是传者与受者的距离太远所致。另外好奇心的驱使往往产生了与宣传意图相反的效果。例如越禁止看的，却越易流传。报刊上点名批判某部小说，反而使一些人产生更要看看这部小说的念头。有些广告假借“儿童不宜”故弄玄虚，上座率反而高，这就是收视中的消极逆反心理，需加以注意。逆反心理往往是传播者本身及传播内容、方式不当而触发的。还有报道的失实，不真实最容易激起受众心理上的反感。了解了上述情况，宣传就要引导，避免不良倾向的出现。要力求宣传客观、真实、全面，注意分寸，让受众参与，平等对话，拉近与受众的距离。

第二十五章 传者与受众之间的沟通

播音创造和受众接收是个反馈的循环系统，传者尊重受众是由宣传的宗旨所定，也是宣传自身的内在要求，离开了受众，宣传就失去了存在的价值与发展的动力。受众的能动作用表现在其产生的评价具有舆论和推动宣传的功能。既然传者与受众是双向反馈的循环运动，就必须加深双向心理研究。作为传者，播音创作主体只有具备熟知和理解受众的层次水平和期待要求，才能使播音有的放矢，同时受众的期待、好恶、意见和建议，可调整、完善播音创作，而好的播音创作又可陶冶、影响、改变受众的趣味与需求。两者在推动促进宣传事业的发展中起着互补互动的作用。

第一节 受众心理对播音员、主持人的影响

受众热心期待是创作的动力

中央台播音员、主持人虹云曾接到大量听众观众的来信，她说："我被热情的来信感染激励着，到了镜头前真地把镜头当成了观众，心理状态就好，因为我全身心地热爱听众、观众。"

正因为虹云同志深深懂得受众热诚期待的心，才能不断完善播音技巧，向个性化风格迈进，使她在《午间半小时》节目播音时，针对受众的期待心理，探讨出用小音量、近话筒的谈话式播音。许多听众在饭桌前边听边吃，此时传者似乎与每个家庭的听众融为一体，好像也变成了餐桌上不可缺少的一员。这个节目自开办以来，确实调动起了听众的兴趣，收到了极好的反馈效果。

受众的热心期待给传者以激励，使传者能想受众所想，急受众所急，了解受众的心理、兴趣、需要、要求，使播讲更具有真诚性、情感性、全身心投入，与受众间的沟通感代替了冷漠感，抓住了受众的注意力，引起共鸣，起到激励鼓舞作用。

观众的期待，是传者播讲的动力。又如 1998 年 11 月 15 日中央电视台第一套节目在 9 点 20 分现场直播"98 珠海国际航空展开幕式"。

白岩松担任现场解说与主持，他根据观众需求，先向人们介绍了这次航空展开幕式举

行的地点——珠海机场。因为飞机起落密度不是很大，在这里举行开幕式并不会影响机场的正常运行。

接下来穿插背景介绍（资料运用）：“我国举行航空展还是第一次，在国际上还算小弟弟，法国在我们之前，已经举行过90多次了……”使观众在等待开幕的间隙长了知识。

白：“98条彩带已经陆续接近了地面。”“飞机上两名跳伞运动员陈莉和吴利红分别展示着中国国旗和航空展会旗在空中飘舞，并准确到达预定地点，他们真不愧为跳伞冠军。”白岩松边看边说，现场感强，并还插入“现在隐隐约约能听到观众的谈话声。”“平日严肃的珠海机场，今天就像迎接盛大节日，实际上就是在欢庆盛大的国际航空展开幕式。”（改口改得快，灵活！一般没听出来。）

白：“特技表演是承受风险的表演。大家都有体会，普通人在乘坐过山车时仅几分钟的上下翻飞运行，已是胆战心惊了，特技飞行员在天空做出比这要惊险数十倍的高难动作，其惊险程度就可想而知了。比如，俄罗斯空中勇士、前苏联飞行员在法国巴黎做飞行表演时，飞机右擎发生故障，他沉着冷静地驾驶飞机，飞离人群稠密的地方才跳伞，就在他离开飞机仅两秒，飞机爆炸坠毁，他成为人们传颂的传奇式人物。”

这些介绍，使等待开幕式的观众听得津津有味。

被邀请来作嘉宾的原中国空军副司令员林虎将军又穿插介绍了如何看飞机表演。表演分三类：一类，机组编队，配合一致，这是礼仪性表演；二类，飞机性能表演；三类，飞行员技巧表演（看飞行员胆量、技巧）。

这些介绍，对如何观看是一个很好的指导，让人增长了必要的知识与见识。白岩松一边跟林虎同志聊着，一边从耳机中听着主席台上的动静……当林虎正说着，白岩松说：“好了，将军！现在开幕式即将开始，李鹏走进飞行现场主席台”……导入开幕式。珠海市委书记、市长黄龙云致开幕词……

当飞行表演开始时，林虎将军技术上内行，白岩松与之配合，衔接得很机智，如：

林虎：表演要在观众的视线之内。

白：表演也要在摄像机的视野范围内，中央电视台为了这次报道在珠海架了18个机位，从不同角度拍摄表演。

当画面摇出站在山顶上的观众时，白岩松马上接了一句“看来他们是省下了二百多元门票的观众！”电视观众会心地笑了。

林虎：飞行员做了个180度翻飞。

白：“倒飞”，飞行员头是顶在仓盖上。

林：承载的是负荷，时间不能长。

……

历时两个半小时的现场直播，引人入胜，白岩松的主持机敏睿智。

要使受众鲜明地感觉到播音员、主持人所报道的是他们所关心的、感兴趣的、最新鲜的事实，传播者就要有敏锐的新闻敏感，掌握动态，明确针对性，抓准反映时代的新鲜气息，尤其要感受到每条消息的时新点在何处，如事件本身新、政策新、角度新、动向新等等。这些时新点恰恰是这件件消息的价值所在，把握好点，就容易捕捉新，以新夺人。例如：

“在中小学中出现了一股不好的攀比风。小学生比谁有了变形金刚玩具，中学生比谁穿了‘耐克’、‘狼牌’高级运动鞋。上海市某中学抽样调查，初中一年级中，有5.4%的学生佩戴有金项链或金戒指。学校担心，这种辐射波是否影响其他学生。

“如何在中学生中树立正确的攀比观念，这是加强中小学生思想教育的一个重要课题。在学校中，学生如果不能在学习成绩、思想品德的攀比上蔚然成风，而在比谁有高级玩具、高级运动鞋、金银首饰上形成风气，那么，就意味着学校对学生的思想教育工作没有做好。”

这条消息以中小学生攀比什么这一新苗头提出问题。指出的中小学生中树立正确的攀比观念是思想教育的重要课题。新苗头若是不正确引导，等形成风气再做工作就晚了。感受到新苗头对学生的危害，一种责任感驱使着不谈不快，但播音又不要主观色彩太浓太过，让受众反感。宣传就是讲策略，度要掌握好，才会取得最佳效果，耐心疏导比生硬指责好。

又例如《世界新公害——电脑病毒》：

“据新华社讯 3月6日，一种称‘米开朗琪罗’的新型计算机病毒将在世界范围内发作，大约500万台计算机可能遭到它的袭击，许多计算机用户苦心经营的各种数据可能化为乌有。祸不单行，一周以后，‘黑色星期五’计算机病毒将再度兴风作浪。据统计，目前已发现的计算机病毒达1000多种，它们使得全世界的计算机用户们应接不暇，叫苦连天。

“计算机病毒是一种特殊编制计算机程序，能搅乱、改变或摧毁计算机中的软件，轻则给计算机用户开个玩笑，重则使整个计算机网络瘫痪，用户们的心血将付诸东流。计算机病毒的传染性极强，只要你们的计算机同其他计算机联网，或者使用新的软件，计算机病毒就可能不知不觉地到你的计算机中安家落户，等待时机给你捣乱一通。

“在意大利艺术大师米开朗琪罗生日3月6日发作的‘米开朗琪罗’计算机病毒被认为是危害性最大的计算机病毒之一，它是一种专门为了彻底破坏计算机存储系统而设计的病毒。据统计，它的这次发作将造成直接损失约3亿美元。这种病毒传播速度极快，去年4月人们首次在瑞典和荷兰发现它的存在，如今它已几乎遍布全世界。”

这种新闻，既向受众传播新闻，又向他们提供知识。这种新闻要捕捉一个新字、传达新意、以新夺人，自然就会受到人们的欢迎。知识能产生力量，任何客观事物都有它自己发生、发展的规律。人的行为违反了这些规律，就会导致失败甚至造成灾难；顺应了这些规律，就会取得成功。求知求新的需要，实际上是人类创造发明的前导。

可见，受众的各种心理需求，是创作的动力。一想到这些需求，传者就能孜孜不倦地求索以适应受众的各种需求。可见受众的热心期待，是创作的动力。

受众需求具有引导传者调整创作内容、形式的功能

受众通过各种渠道方式，把自己的意见反映到电台、电视台，提出要求建议或批评与表扬，这种种反映就是受众对广播、电视的评价和反馈。目前，传媒部门都有通联队伍专门从事收集反馈工作、调查其对各栏目的反应，根据他们的需求来调整、改进内容和形式，使栏目办得让人更加喜闻乐听。

中央电视台各档节目的改版，新闻多层次的播报，使信息时效性更强了；经济、时政应有尽有。北京电视台也在异军突起，节目更新很快；所有这些变化，使受众获益匪浅。在不自觉间，就被更多地吸引到电视机前……可看的、好看的节目太多了，各取所需，应有尽有。

至于受众调查，国外由于竞争激烈，对受众调查比我们好，我国在这方面起步晚，方法简单，但后来者居上，借鉴别国的科研成果少走弯路。过去的调查只涉及受众兴趣、爱好 、情感等描述性分析，现在有受众态度量表，还有各个专题的态度量表，不仅对态度分析还对影响态度的各种因素进行多元统计分析，为研究受众心理提供了丰富的数据。

过去对受众调查只是意见、态度的问卷设计，现在调查扩展到“社会交流对受众接受心理影响”、“影响受众收看兴趣的若干因素”，从中可见对观众心理反应和规律的调查由浅入深，由窄到宽的变化。北京广播学院柯惠新博士采用线性结构方程式模型的方法，对观众态度因果关系模型研究首次建立了广播电视传播效果的定量模型，填补了我国传播学领域的空白。

对不同受众要调整表达方式

中央人民广播电台的《小喇叭》节目的对象是学龄前儿童，他们还没上学，不识字，可是渴望知道世界上一切新鲜有趣的事。孙敬修——“孙爷爷”的播讲最大特点是自然、口语化，有稿像无稿似的，每次播讲都把话筒当成小朋友，讲的事清楚，小朋友一听就懂，如：“汁液可以喝”他就改成“用小刀一割变成水了”，而不会误以为“枝叶可以喝”。播讲中自然流露着爷爷对孙子的爱抚、关切、启发的口吻。与小朋友的呼应，多运用重音，使语意表达更明白清楚，适合小朋友接受的表达方式，唤起了几代人的童心。他的亲切来自他的为人。他尤其爱孩子，爱他的听众，他给所有写信的孩子复信，邮票他自己买。听众想念北京，他在天安门折了松枝给寄去，后来这位听众成了医生，成了孩子的妈妈，她还领着孩子到北京来看望他。

而《农村节目》又有自己的特点。播音员采用站在农民当中，同农民直接谈心，把听众放在平等的地位，多用商量、建议的口吻，通俗口语。讲政策时也多采用“对话”、“说新闻”等新形式，把道理“磨细”、“化开”讲清说透，让农民听得清、听得懂、喜欢听。

就是在同一对象节目中语境不同也会制约表达的不同。

如播怀念周总理的文章，如果在周总理刚刚逝世的日子里播，那就应以沉痛哀悼为主基调。若在今日播，则应以继承遗志，发扬其精神为主。

广播只能借助有声语言来表达，所以要调整表达方式。

电视除了语言表达之外还有形象，那表达样式的要求就更复杂。电视节目除语言的表达方式因不同对象而有所不同以外，还有神眼、姿势甚至服饰都要注意。

过去对台湾广播的播音员是采取盛气凌人居高临下的态度播讲。后来收到台湾听众反映：“共产党的播音小姐这么凶，我如果回大陆天天这样受训斥，那可受不了。”自十一届三中全会以来，对台广播的《空中之友》采纳了台湾听众反馈来的意见。创作班子以徐曼小姐的口吻来编写稿件。徐曼同志又注意发挥自己嗓音柔美甜润的优势，加上多年基本功练就的气息支撑，使声音在运用上柔而不媚，轻而不嗲，既亲切诚挚又彬彬有礼，给听众以美的享受。

在宣传朱伯儒的事迹时，铁城和雅坤拿到稿件边看边流泪，像朱伯儒这样的党员太值得歌颂了。他的事点点滴滴，不是壮举，但让人动情。他们认为朱伯儒是默默无闻朴实无华地做着这一切。宣传他，在语言表达上也应采用质朴含蓄，不要过于渲染，让受众在不知不觉中，从事实中受到启发，得出结论。播音员、主持人不像过去宣传王国福等人那样激昂地高声讴歌，而是用较冷静地发自内心地向人们诉说着朱伯儒遇到什么人、什么事、怎么处理的。少雕琢，情意浓、愿望强地诉说："你看看朱伯儒一个月挣多少钱，给不相识的人花多少钱？过去，他坐上火车去看老大爷……青年走上歧路，他伸出手拉一把……"朴实无华地诉说引起听众的好感，不知不觉中进入了积极收听的状态，产生联想、产生共鸣，进行自我教育。

这种朴实的播讲与朱伯儒其人其事的风格相吻合。感情与稿件贴切，一下子拉近了与听众的时空距离，远在天边，收听时却像近在眼前，收音机深入家庭炕头。听众反映这样的宣传真实可信，很解渴。

又如《实话实说》崔永元的主持很有平民意识，他和在场的观众是平等的，面对面的交谈，聊得幽默，侃得自然，画龙点睛，总结观点，主持得心应手，赢得观众好评。

而《焦点访谈》的主持人方宏进，憎爱分明，语言犀利，充满了正义与责任的点拨和评论，让观众拍手称快!

敬一丹那充满女性的温柔，对失学儿童充满诚挚的爱心，深挚富于哲理的评说，在深深打动着观众的心。

受众的期待对传者的心理压力

临时来电台、电视台录音录像的文艺团体或某厂矿的业余文艺爱好者遇上播音员、主持人正在工作，出于好奇围观。还有前来参观的人看电视播音员、主持人怎么录像。主持人来到观众当中采访也会遇上观众出于好奇围观等等。有人说：受到较多关注的暴露型工作往往比隐蔽型工作更易让人感到压力、疲惫。遇到这不可避免的围观时，围观受众对传播者的心理是有影响的，从量的方面看，其影响的大小分为三级：一是感觉水平，即仅仅依靠某一感官察觉到参观者的存在，这时，参观者往往处于传播者大脑皮质的兴奋中心以外，所产生的心理影响主要是注意转移；二是知觉水平，就是对围观者外部特征有清晰的了解，这时，传播者发觉自己正受到注目，因而产生客观自我认识；三是意识水平，就是对围绕受众的身份及其与自己的关系所知甚明，激发起一定的情绪，考虑自己对之的态度。

从质的方面看，产生的心理影响包括：

（一）注意转移

围观者的存在给他们增添新的刺激，这必然诱发一定程度的注意转移，对老练的播音员、主持人来说，有人围观更容易进入稿件。对新播音员、主持人来说，遇到有人围观就容易注意分散。

（二）情绪激发

当对围观受众认知进入意识水平时出现的心理活动，激发一定的情绪。现代社会心理学实验表明：旁观对当事人活动效率的影响与活动难度有关。难度自然是相对于主体的技能水平而言的。技能水平实际上就包含了注意分配的水平。具有高度熟练的技能，擅长分配注意力，就能泰然处之。

播音员、主持人创作受自我意识调节。

当有围观受众在场，而自己又认为在某方面或以某种理由优越于他们，这种情况特别容易激发人的自我表现本能。自矜、自负、自傲、自满的人，因此而变得格外兴奋。自惭、自卑、自怯、自逊的人，对客观自我所作的估价是否定性的，他们一旦面对围观受众(尤其是权威性的受众)，每每产生强烈的自我贬抑。自我估价偏低者会由于焦虑而陷于慌乱，一时手足无措，紧张，以致丧失应变力。自我估价适中的人，自如、自在、自信、自明、自得，不易为情境所左右；即使有人旁观，他们仍然安之若素。

播音员、主持人的技能水平与自我意识有联系，技能水平高超的，自我估价为肯定性；技能水平不足者，自我估价则为否定性。不过，自我估价常有主观色彩，无能而自满或才高而自逊的情况并非绝无仅有。要增强适应性，只有从提高技能水平与树立正确的自我意识着手，才能应付裕如。

上述分析表明，围观受众的存在，可能使播音员、主持人进入规定情境，振奋精神，发挥潜力，也可能使之注意分散，情绪低落，降低效率，要解决这一矛盾，必须正确处理传播者与围观受众的关系，并努力提高业务技能。

第二节　巧妙的宣传方式

疏导说服

转变受众不正确态度的方法很多，其中疏导和说服，不强加于人是一种巧妙的宣传方式。宣传内容固然重要，但让受众喜欢传者，信任传者，其宣传效果将事半功倍。怎样才能赢得受众的爱戴呢？这是绝不哗众取宠，讨好献媚；也不是为了亲切而嗲声嗲气，播讲者与受众间应该是平等的、融洽的、真挚坦诚的。包括对孩子播讲，也要以朋友身份交谈，而不应该用哄孩子的口吻播讲，更不能居高临下端着架子来命令训斥人，受众对此最受不了，逆反心理也最强。这样做的结果只会适得其反。只有注重宣传方式方法，才能达到良好的宣传效果。下面举例说明：

有人用不同方式说明龋齿和健康的关系

方　式	反　应	效　果
1. 强硬说教（牙烂了痛苦、感染） 2. 中等方式诉说 3. 用轻微方式诉说	1. 引起强烈焦虑 2. 中等程度 3. 轻微程度	1. 量少（被试中有 8%） 2. 中 3. 最遵守口腔卫生（被试中有 38%）

由此可见宣传要实事求是地提供信息，不夸大、不缩小，说服宣传要晓以利害，只有讲究宣传艺术才可能被受众信赖。

真诚、亲切

随着改革开放，电台、电视台节目越办越活，很富有生气。一大批受人们称赞的节目和许多富有特色的主持人纷纷涌现，这些为听众、观众青睐的节目在播讲及主持上有以下共同点。即：

（一）真诚性

由于传播者能想受众所想，急受众所急，把握对象的心理要求，依据受众的兴趣与关注的问题进行有针对性的播讲，使播音或主持能适应受众的需要，自然地与他们融为一体，满足受众的需求，传者的真诚热心，高度热诚征服了受众，驾驭了他们的注意力。

（二）情感性

由于设想了受众的要求，强化了受众的兴趣，与受众间的沟通感取代了冷漠，因此情感上引起共鸣，起到激励鼓舞的作用。

（三）丰富性

此种播音用声接近日常谈话，音色富于变化，语气上也丰富，避免了长时间同一频率所造成的抑制，保持受众心理上的兴奋状态，使之乐于接受熏陶疏导，从中得以收益。

（四）亲切性

因为播音员、主持人不是居高临下，也不是灌输式、说教式的播音与主持，而是针对受众的期待心理，平易自然给人一种亲切感，如崔永元的平民意识，让受众乐于接触，因此拉近了节目与受众的距离。让受众感到主持人或播音员就在他们中间。

第三节　传者的自我调节

与受众间离的表现与原因

表现在有声语言上语气平淡呆板，没有起伏；或速度快得似自言自语，或抻甩拖沓没有播讲的兴致愿望，让人听而生倦。

表现在非语言上多见于电视播音中的不敢抬头，一抬头就播错，找不到行，接不下去，或为了抬头而抬头，抬头亮相内容中断，或是抬头作“看状”，眼神儿没反应，更有甚者屏幕出像视线过高或过低所造成的翻眼白呈蔑视状等，更为观众难以接受，影响了宣传效果。

这多是因为播音员、主持人所处的特殊的工作环境所致。播音员、主持人坐在播音室面对话筒或摄像机没有听众观众实体在现场（远不如演员可借助剧场中观众的反馈刺激），播音员、主持人看不到听众、观众，而事实上却有千家万户的观众坐在电视机前收看或各自在晨练中、上班路上在收听。播音员、主持人必须在得不到反馈的环境里播音，工作的特殊性要求播音捕捉对象感要迅速及时，“呼之欲出”。训练有素的播音员、主持人只要往话筒前、摄像机前一坐，投入工作，一种强烈的播讲愿望就会油然而生，立即精神焕发，眼神中闪着光，这就是一种良好的交流状态，熟能生巧。

而特殊的工作环境对初学者平添了束缚，使新播音员、主持人坐在话筒前，摄像机前，“目中无人”，“心中无人”，导致播音缺乏对象感的现象形成。

能不能因为看不见受众，就可以不管宣传对象，只管播音呢？不行。这样做，不能吸引人、说服人、感动人，达不到预期的播讲目的。

斯坦尼斯拉夫斯基说过：“没有对象，这些话不可能说得使自己和听的人都相信有说出的必要。”要努力做到“心中有人”，心里要有受众。为着他们，想着他们，不忘记他们。这就要学会与受众交流的技巧。

反馈是一个保证传播生生不息的要素，在传播的过程中，只有当有机会收听反馈——对对方所传内容作出的反应得到反馈，传者才能与之呼应，也才构成了双向交流，播与听看的双向性（像演员与观众就属于这样的交流）。而播音的传都是单程的，他不能直接接收到受众——受方反应的反馈（只有通过“通联”沟通式深入基层才能得到受众的反馈）。播音工作性质决定了这一特定条件，要提高播音单程传播的效果，就要与受众交流起来。

获得对象感

“对象感”正是被播音员、主持人用来作为使感情动起来的一种手段、一种途径，它属于某种联想和想象中的东西。播音员、主持人必须设想和感觉到对象的存在和对象的反应，必须从感觉上意识到听众的心理、要求、愿望、情绪等，并由此而调动播音的思想感情，使之处于运动状态。这种情况并不是播音员与受众之间的语言交流，充其量只是感情的单向流动。播音员、主持人设想和感觉到的受众情况，只是主观表象、意象，与客观实际不能等同。说到底这种设想和感觉仍然是属于播音员、主持人自己感情单向流动中的一个组成因素。①

播者与受众之间感情的给予和接受是在想象中进行的（不含现场主持节目或采访等有受众在场的情况）。受众对传的信息有何反应，哪儿明白易懂，哪儿不易弄懂，播讲时易懂的地方清楚带过；播到费解的地方，为了照顾听众便于接受，可放慢语速，或把该强调处加重语气等，播讲者为听众设想得越细致，越多地熟悉听众的需求，越能在播讲中与听众产生更多的交流语气，情绪的呼应、起承转合越能丰富活跃，有根有据地交流起来。播讲者似乎感觉到了受众的喜悦、愤怒、悲痛、欢乐等各种反应，这些又引起更强烈的播讲愿望，对象感更强了。在播方与受方之间，感觉上已建立起互相激励、鼓舞的“默契”，用这种设想来弥补播音时“目中无人”及收不到反馈的缺陷是大有裨益的。

从听觉、感觉上是可以判断出哪次播音有无对象感的。这种凭耳力、眼力的感觉功夫在心理学上称为“感觉阈限”。我们需要这种本领，只有对声音语言的听觉能力发展了，才能提高鉴别力，为播音质量的提高创造条件。

（一）主题、目的是研究的依据

对受众进行具体设想，就要依据语言内容所反映的主题、目的去进行设想，而办节目

---

① 张颂：《播音创作基础》。

的宗旨和节目所提供的范围可以作为参照的因素。当然，理解感受语言内容是根本，在这个基础上设想受众，才能获得与受众拉近距离的效果。

怎样在语言内容所反映的主题、目的中开掘才能使对象感不失之笼统呢？以《偏食袋》为例，它已标明放在军事节目中播，但是主要应该是播给想提高技术而又找不到途径的战士听。因为对这样的听众，“偏食袋”精神才能引起反响并收到预期的效果。

如果稿件中没规定在什么节目里播，你更要依据内容进行挖掘。比如以《田副局长退礼》一稿为例，你消化吃透了稿件的主题思想后，就会有针对性地展开联想：当前社会上一些不正之风，走后门拉关系，精神污染严重等。要抵制新时期的精神污染，就要从自己做起，提倡像田副局长那样照《准则》办事，不吃请的好品德。《田副局长退礼》这篇稿件使我们受到教育。社会上有些人怨天尤人说什么“社会风气就这样有什么办法，只能随波逐流”；还有的干部认为，“不要白不要……”播音员一想到现实社会中还有这样的听众，我多么想让他们振奋、感动起来以实际行动来抵制资产阶级思想的侵蚀！再联想到这篇稿件，像田副局长这样的干部真是党的好干部。《田副局长退礼》这篇稿件的内容使我受教育，而设想的对象的一些糊涂认识又使我们着急，从内容到对象两者结合起来就能激发出播讲的愿望，播音时才能播得由衷，赞得更热烈。通过对具体稿件的分析，设想出这样的内容播给什么样的听众最有必要，最容易收到明显效果。同时还可以设想出听众的年龄、职业，收听的人数，文化程度等，在备稿过程中设想得越具体，对获得对象感越有利，越能针对听众的特征进行宣传播讲。

下面以中央人民广播电台的“新闻和报纸摘要”节目为例看对受众的设想。这个节目的受众是全国各级干部和人民群众，既然听众如此广泛，到底还要不要设想受众呢？不设想不行，因为盲目地播讲容易导致播音的空泛、无目的性。有对象感的播音必须是对着具体的受众，只有具体的受众的反应才会对播音发挥积极作用。对收听“报摘”节目的受众要进行估量，如他们的年龄、职业不同，文化水平不同，各自收听的目的也不同，但有一点是相同的，即共同的期待心理，希望得到新的动态、信息、知识、精神，当播音员了解了新闻的内容之后。不妨拿出很短的时间在脑海里过一下：这些内容播给哪些人听最容易引起反响，例如：播评职称、分房子的消息最好面对直接受益的听众播讲，一想到这些受众的期待心理和听后的强烈反应，顿时会激发起播讲者的强烈播讲愿望。

假若条条新闻，传者都能周到地设想对象，那么，其播讲必定会掷地有声地给人留下深刻印象。但是，目前实际状况并不是都能做到这点，涉及受众直接利益或热点问题的设想就真切、具体，反之，则失之笼统，这也说明我们的播音还有待提高与完善。

以上讲的是依据语言内容所反映的主题、目的对受众进行设想。

（二）办节目的宗旨、形式是参照因素

节目提供的范围和办节目的宗旨可以作为设想受众的参照因素。

专题节目与新闻节目有所不同，它有特定的对象和范围，这就要做到熟知对象，站在对方的立场，适应他们的要求才能与之沟通，拉近距离才能收到预期的效果，如《青年之友》节目，它的主要对象是城市中具有中等文化水平的青年，这个节目又是思想教育性节目，宣传的内容必须适应新时期青年人的心理特征，从他们关心的生活、学习、婚恋、处

事等方面的问题入手，以准确的事实为基础，平等亲切、感情真挚地与之交流。采用娓娓谈心的播讲方式，更容易加深与青年人之间的互相理解、相互信赖，在潜移默化中渗透观点看法。

又如《对残障人》节目是对象性很强的专题节目，这个节目的对象多是指生理上有某些残疾，但生活上基本能自理的。要做到使残障人喜爱这个节目，就必须要反映残障人最关心最迫切的问题，要想他们所想，急他们所急，给他们之所需。然而他们的困难要求都非常具体实际也合理，在一些具体问题上帮不了忙，就利用此节目充分发挥新闻舆论的优势，尽可能地为残障人解除些痛苦和疑虑。如一位少女身患肿瘤偏瘫在床，她的父母已经去世，生活陷入困境，绝望中她向主持人倾吐心中苦水。主持人很关切地劝她要鼓起勇气与疾病搏斗，同时也呼吁社会伸出热情的援助之手。后来，许多听众来信来电鼓励安慰她，纷纷捐款捐物并到医院看望她，群众的资助使她得以做了手术，出院后她给主持人写信说："那么多人关心我，我没理由悲伤失望，感激你们使我获得新生。"

《对残障人》节目的方针就是反映他们就业、教育、康复、婚姻等方面的苦与乐、忧与喜，展现当代残疾人自信、自强、自尊、自立的精神风貌，并为残障人之间以及和健康人之间交流思想、沟通感情、寻求理解、增进友谊架起桥梁。

总之，专题节目的对象虽已确定了，在参照节目提供的范围和办节目宗旨的基础上，还应该依据语言内容所反映的主题、目的、深入开掘，具体设想出急需指点迷津的受众才能获得最佳的对象感。

（三）播音员自我感觉的调节：时时处处感受到受众

播音员就主体自我感觉而言，要想时时处处感觉到受众的存在和反应，就得展开想象，播者与受众之间思想感情的给予和接收是在想象中进行的。听众（受方）对传的内容的反应：哪些地方明白了？哪些地方不大明白？哪儿会很有兴趣地听，受众听到什么地方会流露出喜悦，怎样与播者的思绪同起伏……只有当传播者真的从自我感觉上时时处处感觉到受众的存在和反应才能与之产生语气、情绪、情感上的交流与呼应，才能使自己的播音起承转合很丰富、很活跃，有根有据，才能"交流"起来。如果你在传播的时候脑中没有展开想象，没有感觉到受众的存在和反应，那么你的播音尽管表面上"热情积极"，但因为没有具体对象，就变得像是对空播讲或是自言自语，从听觉上感觉不到你是在给人讲，受众听不进去（不似看戏，花钱买了票，不好看也硬着头皮看完），受众不爱听，会毫不客气地关掉收音机。可见要想取得好的宣传效果，必须要想方设法赢得众多的受众，使你的播音为受众所喜闻乐听。这就要抓住受众的注意力和受众自然交流起来，并针对受众的收听心理，有目的地、有感受地绘声绘色地讲给他听，你和受众之间在思想感情上有给予、有接受、有呼应，我们确实感觉到受众在听、在想，并且随着我们的内容的发展，随着播音员思想感情的运动，产生思想感情的共鸣。我们似乎感觉到了受众的喜悦、愤怒、悲痛、欢乐等各种反应，而这些反应又引起了我们更强烈的播讲愿望，激发着我们更饱满的感情，于是对象感就更强了。在我们的感觉上似乎和受众之间已经建立起互相激励、互相鼓舞的无形的"互动默契"，用这些估量、设想来弥补播音时"目中无人"，接收不到听者——受众反应的回馈的缺陷，这样自我感觉上有了与受众的"交流"，客观实体上（在听众收听的过程中）才能与之产生思想感情的交流，如若自我感觉上都没有“交流”，客观上肯定交流不起来，抓不住受众的注意力。

从听觉上是可以感觉得出哪次节目的播音是交流起来了，而哪次节目的播音与受众还没有交流起来，所以要常听别人、别台的播音，常听就能锻炼敏锐的耳力。这种凭耳力、眼力的感觉功夫在心理上称为“感觉阈限”，我们需要的正是这种感觉阈限的本领。只有对声音、语言的听觉能力发展了，才能提高鉴别力，才会为播音质量的提高创造条件。

（四）镜头前自我感觉的调节

前面提到了表现在非语言上的缺乏对象感就是指电视播音的“交流”，它也有一定的特殊性，即受方——观众可以看到播音员（传者），而播音员却看不到观众。如何弥补这方面的不足呢？还是要借助想象，电视播音员必须面对镜头寻找感觉，要能意识到观众的存在和反应。一旦坐到播音室面对摄像机，在镜头前自我感觉良好，就能意识到这是在面对着观众说，视线所及之处就好像看到了观众期待的目光，顿时眼神发亮似乎看到了观众，语言也有了着落，面对着观众神态也松弛自然起来。一般地来说，抬头不要过于频繁，在稿件开头问候、稿件结尾再见、与观众直接对话的时候，都应该抬头，这样做是尊重观众，礼貌待人的表现，观众会感到播者语气的亲切、诚恳。

另外在句子的核心处（重心）或层与层、段与段之间的转换处也可以抬头交流。若是遇上急稿、难稿尽量少抬头，抓住好读易记的短句抬头交流。

总之，“抬头的时机要合理，掌握要灵活”。借助大脑浅层记忆，抬头时继续说内容不中断，不能因抬头而产生间歇感，抬头的动作要自然，大大方方地抬起头来看着观众说。不要头不动，抬头只是翻眼，那样会造成一是图像不好看，二是对观众也显得不尊重。再有，播音员视线的高低是否合适也有不少奥妙：视线抬得过高，易导致屏幕图像翻白眼儿，感觉不雅观，视线过低又呈蔑视状也不恰当。最好的视线应取平视中稍下点，即稍微带点俯视为好。当然播音员视线的高低还要以各电视台的摄像机与播音台的位置的高低不同而有所不同，有的视线所及在摄像机镜头底沿处为好，有的则看镜头最好，还有的看镜头顶部，不能一概而论。这需要播音员自己去摸索总结。

播音员的眼神不能虚，若是视而不见，观众则跑神儿，也不能眼睛无固定位置地东看西看，否则眼神飘则欠稳重，抬头看的方位要稳、准、固定，只有“心中有人”，眼中才会有神。

要想使屏幕上的图像与观众形成自然的交流，可以多播些节目预告，从此入手能比较容易地捕捉到交流的感觉，因为节目预告属服务性很强的节目，对象感也较比其他稿件好驾驭些。

新闻节目的难度要大些，新闻语势多规整明快，这就要求播音员在理解感受上更得下功夫，认真领会内容后再播，把稿件文字化成自己的感受，播时做到心中有数。凭借着短时记忆，看上一句时余光扫视着下句，虽不能过目成诵也要有一目十行的本领，找到合适的停顿位置抬头交流，再低头接着播，内容不断线，语意不紊乱，让人听了感到播音员播音流畅娴熟。这种功夫是在镜头外练就，在镜头前体现的。

“从内容出发”对电视播音员更为重要，一定要防止注意力他移，传达内容是首要的，其他的如形象、视线、口形大小等等辅助手段都解决在训练阶段，摄像机前只想着要播的内容。

第四节　传受间的沟通样式

随着广播电视改革的深入，节目也越办越活，交流的形式也在跟着变化，这就要求我们学会依节目的不同风格及办节目的不同宗旨而变化，及时调整不同的交流渠道和交流样式。

下面简述几种不同形式的交流与把握：

首先是与想象中的对象“交流”。播音员通常是比较端庄严肃地面对着观众在那里播讲，形式多是男女一人一条的“轮播”、“对播”，对手之间没有交流关系。播音员只与想象中电视机前的观众“交流”呼应（“交流”用引号是因为客观上虽然与观众在交流，但播音员面前并没有实体观众，只是面对摄像机，交流在此时只是单程的传递）。

还有一种交流是通过与对手的交流达到与观众、听众的交流，我们称之为“间接交流”。这时的交流对象不全是想象中的对象了，而是以通过与对手的交流为主兼顾着观众，像目前活跃在屏幕上的形式——主持人节目就属于这种形式的交流。如《正大综艺》节目最早的主持人姜昆和杨澜，对手间合作得就很默契、和谐、自然。有姜昆同志的捧、衬、补才得以托出杨澜的自如洒脱、活跃。如果对手不与之合作或不会合作，那么两人都会感到不自如，撒不开，还别扭，影响整个节目的效果。后来此节目由赵忠祥同志和杨澜同志合作，赵忠祥同志娴熟洒脱，杨澜同志出于对老师的尊敬，在主持节目时照顾与赵忠祥同志的交流多于与观众的交流，做学生的身份多于主持人的身份。主持人形象略有不足，这是合作最初阶段的不适应，后来彼此适应了就好多了。

王雪纯那甜甜的笑和挥洒自如的主持，以及很有功底的语言基本功在《正大综艺》栏目中一经亮相就赢得了众多观众的青睐。她在谈到和搭档合作时说：“我们要一起做一件事情，为着这个根本的目的，我们可以推心置腹地沟通、交流、磨合。观众看我们合作的节目时感到舒服比我们自己感觉舒服更为重要。”说到搭档的更换，她说：“变化初始会给人带来不适，但和新搭档从互相适应到配合熟练也是一个十分有意义的过程：只要真正地交流沟通，真心地相互扶持，这种不适感仍会很快消失。”

主持人节目的交流必须把握好交流的途径，两个人必须要交谈起来，双方要真听、真问、真思考，如果一方没听、没想，只是等着接自己的词，就会让人感到交流不起来。对话双方交流不起来，观众就不感兴趣了。为了使主持人合作自如，就要求两人要共同准备资料，探讨编辑节目的整体构思，衔接与转换，主持人的话题的切入点要找准，从哪儿说起要说得巧、中听，并能最迅速地引入主题，此外也应熟悉合作者彼此的特性、语言习惯，也好临场即兴发挥，应变得力、得体，两人搭配是可贵的默契，只有互相理解多为对方着想，才能相得益彰。

与间接交流相对的就是直接交流。

播音员、主持人经常还有外出任务，如到大会宣读文稿或采访，口头报道等等，面对听众观众直接播讲，这时就要及时调整与受众交流的途径。

因为此时不再是与想象中的受众交流，而是面对真人实实在在地交谈，“交流”两字的引号去掉了，与对方反馈处于同步，反馈及时，作用显著，这是播音员、主持人返璞归真的好机会，要抓住时机有意锻炼自己活跃于各种场合的本领。此时若能拿着话筒站在不同人面前，朴实自如地提问，问话得体又不失风度，让人感到确实具有新闻工作者的能力与素质，这样的播音员、主持人适应力强，接触面广，定会受欢迎。而对那些经验不足或缺乏现场采访锻炼的播音员、主持人，关在播音室与想象中受众交谈可以自如，一旦真的与受众交谈，面对大庭广众却紧张、羞涩，交谈不起来的，更要有意识地走出播音室，深入基层与各阶层受众广交朋友，了解他们熟悉他们，善于和各种人物交往，来锻炼自己当众演说的本领。只有知难而上，才能练出本领，适应各种渠道的交流。直接交流时要注意，首先要自信、沉着、热情、镇静，既不慌乱，也不随便，举止端庄大方，情绪要与现场气氛吻合。若是采访，要注意把被采访者带入事件中，善于提问又会诱导，锻炼自己能在各种场合下自如谈话的能力，即可在2—3分钟内让不善言谈的人自如开口，又能与专家交谈并不失时机地发表懂行的评论，驾驭采访，使之在和谐、亲切、自如的气氛中进行。当然这要建立在熟悉意图、明确宗旨、大量占有资料的基础上，又具有出口成章、言之有物的语言表达能力。

《实话实说》中崔永元的主持，属于直接交流，更多情况是无稿即兴进行现场报道，这就看平日的政策水平，还要有充分的案头准备，同时还要有敏锐的应变能力等，涉及到素质修养。

总之，外出采访、直播与话筒前播音，两者非但不矛盾，还可以相辅相成。外出当众播音获得的感受有助于话筒前的播音，使之更有的放矢，积极地调动情感与想象中的受众交流。不管交流渠道如何围绕着交流形式而改变，但创作道路的根本原则是不能变的，要从内容出发，让形式更好地为内容服务。

直接交流中的话题讨论方式的特殊要求：

（一）全面充分的准备

1. 主持人的准备

（1）确定话题：确定的话题要适合参加者的水平，使每人有言可发。

（2）理解话题：包括话题的含义要求、讨论目的，以便向参加者作正确说明。

（3）确定讨论程序：如何提出话题；如何说明解释话题；按怎样的步骤引导这一讨论，同时临场的应变能力要强，思维敏捷，出口成章（要有充分的信息量和知识储备，内蕴深）。

（4）提前通知参加者：时间、地点、内容、要求。

（5）会场准备（不能背景、道具总出问题，干扰讨论）。

2. 参加者的准备

仔细分析话题、确定发言要点，准备好发言材料。

（二）尽职尽责

1．主持人的职责

（1）明确交待话题讨论的目的。

（2）认真、积极地倾听并思考。

主持人不在于表达自己的意见，应以真诚、认真的态度听取观众、嘉宾的意见。主持人的专心倾听，会使发言人增强谈话兴趣；当然在倾听过程中还要擅于思索，有极强的应变能力，当有人讲出重要见解时，及时重复，引起注意；遇到冷场或不善于言词的观众时，能善于启发、诱导，点燃思维的火花；遇到离题又能委婉、礼貌地巧妙切入主题。

（3）总结讨论。

明确结论，意见一致，要重申观点；意见不一致，要分述各方意见；总结还要对讨论情况进行评议，肯定成绩，指出不足，感谢观众嘉宾的支持、关注。

2．参加者的职责

（1）认真听（观点、意图），判断不同点、相同点。

（2）积极发言：观点明确、论据充分，重点突出，简明扼要。

（三）尊重他人

礼貌发言，不抢别人的话头，不垄断谈话，不打断别人发言，尊重少数人，也尊重多数人。

（四）要求

1．专心倾听，正确理解发言实质，积极思考、增强应变力。

2．发表意见时要有针对性、有条理。

3．发表不同意见，询问时，态度要冷静、诚恳、不能感情用事。

4．主持人要善于启发诱导，避免冷场或“开无轨车”，要善于归纳总结，有明确题目和预定的目的。

第五节　传者与受众的关系

广播电视的传者与受众，是关键的要素，没有这些，就谈不到社会效应。传者熟悉受众的共性、特性心理，了解受众的需求，在传者与受众间的关系上，做到真挚、坦诚、融洽、平等，即使对孩子播音也要以朋友身份平等地交谈，而不是用哄孩子的口吻播读。研究了受众心理，在电视播音中就不会出现固定模式，如不顾内容地“低头看稿抬头笑”，使表情与内容脱节。当受众看到播音员、主持人笑时有莫名其妙之感；如一味追求冷，板着面孔播报新闻会给人一种距离感。了解受众的接受条件，是需要情感沟通的，这样就不会居高临下端着架子，以命令训斥口吻播读；也不会为了讨好献媚，去迎合受众中的低格调，广播宣传本身应肩负起引导舆论导向的责任，因势利导地去引导舆论。

随着改革开放的不断深入，各地电台、电视台广开思路，大胆探索，相继创作出不少为受众喜闻乐听、喜闻乐看的名牌节目，他们注重与受众的交流，让受众更多地参与节目，大大地调动了受众的积极性，给人留下了难以磨灭的印象。像奥运会的报道、质量万里行的报道、卫星发射的报道等等，观众的参与，使其达到了情不自禁的地步。许许多多专题片的播出，牢牢地抓住了受众的注意力。若不了解受众的需求，就谈不到社会效应。传者为了适应宣传的需要，要尽量扩大生活的领域，并深入下去，“了解各种人，熟悉各种人，了解各种事，熟悉各种事”，同更多的人做知心朋友，只有这样，我们才会熟知更多人的需求心理，才能使宣传更有的放矢，把千百万受众吸引到收音机旁、电视机前来。而广大受众的反馈又是传播者改革广播电视工作的重要依据，受众不仅是广播电视的传播对象，而且是广播电视的服务对象，广播电视事业是为他们兴办、发展的；广播电视节目的设置是为他们服务的。没有受众，广播电视就没有生命力；没有受众，广播电视就没有存在的必要。受众与广播电视是相互依存、相辅相成、相得益彰的统一体。

第二十六章 话筒前状态及其调整

第一节 话筒前状态的重要性

话筒前的状态是播音成败攸关的问题

是不是备稿充分就一定成功呢？不一定。因为这里还有一个话筒前临场发挥的问题，比如一些人在下面做了不少准备，稿子都快背下来了，或者对提纲、资料、话题等具体内容都做到心中有数了，可是一到话筒前却脑子发空，什么都想不起来了。这就是说，有了准备，话筒前的状态也不一定是百分之百的良好，不一定就能如愿以偿。

也有这种情况，稿件准备不够充分，播出来还不错，这不能说是备稿不重要，只能说是话筒前的状态的重要。

话筒前状态好，可以使准备充分的语言内容非常自信地表达出来，甚至超常发挥。有了良好的状态，即使遇到较急较紧的稿件，也可以播得沉稳，应付自如。可见好的话筒前状态，能使注意力高度集中，大胆、积极、振奋。

凡经历过多年直播锻炼的播音员都有这样的体会：直播能锻炼播音基本功，尤其是稿件来得紧急时，心里只有语言内容，身边编辑忙碌的情景似乎都感觉不到了，真有点“视而不见”，注意力高度集中也不爱出错了。

好的话筒前状态，能使播音锦上添花；不好的话筒前状态，则使播音功败垂成。

话筒前状态是播音员的基本功

话筒前状态和每个播音员有关，和播音员的业务知识水平有联系。

（一）话筒前的工作态度

有的播音员不热爱自己的工作，这山望着那山高，话筒前无精打采，遇到不高兴的事在播音中就显露出来，或者不重视话筒前的状态把其视为儿戏等等，这些都要不得，必须努力克服。

播音界老前辈在这方面为我们做出了榜样。例如中央人民广播电台林田同志在“早报摘”节目值班时，突然接到父亲病故的消息，但当时找不到人替班，她就以工作为重，克制住失去亲人的悲痛情绪。那天的"早报摘"节目内容多是些捷报类的新闻，于是林田同志尽全力以饱满的情绪完成了当天的播出，在场的编辑还称赞她播的情绪很好。过后当她向领导请假去办丧事时，同志们才知道她为控制个人的感情付出了多大的努力。

再如，辽宁海城大地震时，一位当地播音员当时腿部已经受伤，在那种时候如果心理素质不过硬，吓也吓跑了，可是播音员临危不惧，坚守岗位执行上级命令，指挥群众撤离，为此而立了功。

而现在有的播音员值早班不按作息时间睡觉，次日起不来，一个电话就不上班了，造成误播，两相对照，对待工作的态度是多么的不同。这是播音员个人素质问题。

当然话筒前状态不好不等于都是有思想问题，要具体情况具体分析。

（二）话筒前的心理状态

话筒前的良好状态不一定是随播龄的增长而必然增长的，不要以播音时间短来原谅自己，要力争尽快把握正确状态，严格要求自己，利用每一次到话筒前锻炼的机会，不失时机地把握状态，只有在实践中体会、锻炼才能养成良好的习惯，打下扎实的基本功。

第23届奥运会上，从许海峰勇夺手枪慢射金牌的过程，不难看出比赛中良好的心理状态是多么重要。开始，许海峰求胜心切，情绪不稳，打到第四发子弹仅中8环。后来他停下来，平静一下心绪，恢复了良好的心理状态，再迈步走上靶位，连中两个10环，为我国夺得第一枚奥运会金牌。可见在比赛的紧张状态下，不失时机地调整与把握自己的心态，这是获得良好的状态必不可少的条件。播音员在心理状态的要求上与体育比赛有相同之处，都必须培养良好的心理状态和习惯。

上海广播电台获"十佳"称号的女播音员方舟同志，在一次直播热线中，意外地把不知谁放在她腿旁侧的暖水瓶碰倒。面对爆炸声和钻心的伤痛，方舟同志没有中断播出，硬挺着坚持把这次节目播完。同志们把她送到医院，确诊为一度烫伤。后来上海台为方舟同志的表现记了一等功。

有了这样过硬的心理状态，什么险情都能镇定处之。工作交给这样的同志，让人放心。

进播音室前做好准备

"有备必自信"，把分析稿件化成自己的感受，具体准备有：

（一）文字准备

对生字的注音（有时标个声调即可，有时标拼音或注汉字，因个人情况而定。目的是提示自己容易出错的地方。不清楚的字一定要描清楚（因为播音员思想集中于稿件，播到不易辨认处就易卡壳儿出错）。播音员还要有分辨各种不同字体的本领，不同记者、编辑字体不同，有的稿件都删改花了，在稿件的上下左右放了不少"气球"，播音员不能因稿件字迹乱而播错，因为听众、观众不知道这些也不会因此而原谅的。即使现在稿件由计算机打出来，但仍需注意这个问题，不能掉以轻心。

（二）技术准备

稿件要剪裁开，以便翻页。

核查顺序：稿件要核对顺序、页码，以免漏播、错播。

对手之间合作：两人都坐在播音室来共同完成一个节目，一方播时另一方要为之创造条件，不做小动作以免干扰对方播音，一方播完要向对方点头示意，为对方接着播创造条件。

(三) 表达上的准备

静下心来想内容，想目的，想针对性；培养酝酿感情，焕发相应情感；轻声读两句，调调儿“弦儿”，以免张嘴打磕巴或出现“痰堵门”；坐姿以坐在椅子前三分之一处，欠着点身为好。因为这样坐，精神振奋，播讲欲望强，反之，坐满则易呈现懒散的状态。

总之，表达上的准备犹如一种“临战”的状态，好像战士即将上战场时的心境，有了“求战”心切的情绪，渴望一吐为快，这就具备了良好的工作情绪。

第二节　不正确的话筒前状态及其调整

话筒前状态不正确的种种表现

(一) 紧张怯阵

有不少刚刚步入工作岗位的广播、电视播音员，在面对实播或考试容易出现紧张怯阵心理，其表现是：紧张过度，丧失自信，不能自我控制。看着稿件视而不见，脑中形成空白，思维滞塞，言辞不畅，心理负担重，出现越播越快、越紧，声音捏挤、抖颤，气浅声浮不能自已，肌肉僵持，表情不自然，不敢抬头交流等等。

形成紧张怯阵的原因：实践经验少；环境的改变，如录音改直播，播音室改大会或晚会直播，观众由不见面改当面观看等等；情绪气氛的改变，如过于严肃的气氛，紧张情况的发生等等，还有播音员因为台号呼不好，经常接到听众来信，领导也批评，渐渐形成压力，一张嘴就害怕，很长时间还呼不出来，对此现象同行称之为“恐惧症”。患了恐惧症，严重者不得不改行。

(二) 懈怠

懈怠的表现：情绪低落，四肢无力，动作懈怠，意志消沉，思维不畅，无精打采。

懈怠的原因：播音员过度疲劳，休息不好或缺乏事业心，或意志力不强，就易出现冷漠懈怠。

(三) 应激反应衰竭

由于过度兴奋、过早兴奋出现的状态，这是由于精神过度紧张而造成身体上的各种异常反应。如考前或主持晚会开始前，情绪过早地进入兴奋状态，情绪特别高。如果得不到及时缓解，必然过多地消耗能量，到了“战时”反而精疲力竭了。

这种“应激”现象的出现如得不到及时缓解，就会逐渐出现“应激反应衰竭”。从生理机制上分析，是由于大脑皮层兴奋性过高而产生扩散，导致皮层对植物性神经系统和皮层下中枢的调节活动减弱而造成的。

播音或主持节目的临场经验不足，自我控制能力和适应能力差，或对自己期望值过高等等都容易产生这种“应激反应衰竭”。

（四）追求技巧偏离稿件内容

想技巧和形式而离开了所播内容这就是杂念在干扰。如有的播音员到话筒前还想气息对不对，声音这么发好不好，小腹怎么没使上劲儿……这样的播音怎么能不失败呢？

脱离内容的声音、气息无所谓正确不正确，但不是说话筒前就一点也不能想声音、气息。

话筒前拿到稿可以先念几句，调整好自己的声音、气息状态。

在有稿件播音中不能考虑声音语速，但播着播着感觉到太促太紧了，这时要调节：一要适当，二要迅速（在该缓的地方有意慢下来）。这种调节是在万不得已情况下进行的，一般不提倡。会调节，也指分配好注意力，这正如有的人可以边织毛衣边干其他事，但此时必须是其中的一种技能是娴熟的情况下才能做到的。

不正确状态的合理调整

以上讲的这些不正确状态，其表现的失态多产生于心理障碍没有及时排除才造成的，所以要消除心理障碍就要采用有效措施，具体办法有：

（一）生理调控法

就是通过控制和调节生理变化的手段来解除紧张心理，增强信心。因为在一定的心理活动情况下，有什么样生理上的变化就有什么样的心理现象，把握了生理变化与心理活动的关系就便于控制与调节。

例如：考试或直播前当自己一旦意识到生理上的变化：脉搏急促，呼吸加快，心跳加速，气息浮浅时，可采用以下措施：

1．“深呼吸”

可缓解紧张情绪，使僵持的声音、气息得到些许的调整。大口吸气还是无济于事，只有深吸一口气——屏气——呼气（徐徐呼出）同时收缩腹部三角区的肌肉，这样可以防止造成恐惧。

深呼吸可以减少疲倦，并能产生能量。在考试前出现紧张时，在别人毫不觉察的情况下，做做深呼吸，可使紧张情绪得到缓解。

2．“调调弦儿”

坐在播音室面对话筒播上几句，自己调调声音，就好似京胡在演奏前要调调弦儿是一样的道理。稿件起头处播几句，高潮处试几句，以便找准合适的用声范围。

（二）心理诱导法

考试、直播、主持晚会等关键时刻，有些播音员总爱自己吓唬自己，诸如：“我嗓子发干声不好”、“我可能播不好……”无穷尽的泄气念头在脑海中萦绕，这些刺激只能给自己带来不安，人为地制造紧张空气，这是信心不足的又一种表现。

心理诱导法是用含蓄的暗示方法，对人的心理和行为产生影响，给人脑以兴奋的刺激。

暗示的意义在于，树立必胜信念，克服一切不利因素，实现积极的自我暗示。稳定自己的情绪才能发挥水平。

无论是自我暗示，还是他动暗示进行心理诱导时，切忌不要用消极暗示。诸如：“别慌”、“别紧张”，这些暗示语所以是消极的，是因为它可能引起心理负担产生。在考试等关键时刻，应尽量避免使自己产生不安的反面刺激，应当用积极的暗示，如：“我会成功”、“我的状态很好”等等。这种积极的暗示对心理诱导作用影响很大，一定的目的意志能在一定程度上控制自己情绪，克服紧张情绪的不良影响。

当然心理诱导的暗示方法还有许多，如不要把考试、直播看得太重，形成精神压力，更不能把出错与个人得失联系起来，应把考试当成一次学习成果的汇报，是检验自己劳动成果的机会，这样，调整就会自如从容得多。

（三）心境的培养

一个运动员参加重大比赛就有一个竞技状态问题，这个竞技状态就是情绪状态。分析运动员的竞技状态就可以发现它的形成是多因素的，包括气候、环境，饮食、睡眠状况，还有运动员自身的心情、意志、性格等等。最佳的竞技状态往往是综合优势的充分发挥。对于播音创作主体，在播音过程中也有一个“竞技状态”问题，这就是心境。

优良的环境条件可以为播音工作创造、提供、保证最佳心境，发挥最高水平；而另一方面播音必须培养“抗干扰”的能力和适应各种环境条件的稳定心境。

播音员面对环境嘈杂的干扰，应该有视而不见、充耳不闻，一心只想稿件内容的状态，这样才能全身心地投入创作。

人的情绪状态是十分复杂的，既有外部刺激引起的变化，又有内在因素产生的影响。播音创作主体要想获得最佳状态，就不能让自己的心境处于被动的位置，而必须注意主动调节自我情绪，以工作为重，以党的利益为重，去热情讴歌先进人物可歌可泣的事迹。人都有七情六欲，但到了镜头前，就只能以语言内容，以宣传目的为准绳来调节自己的心境。播音员甚至连饮食起居都要从工作出发，有劳有逸，保持健康的心态，这一切对提高工作效率是很有意义的。

（四）排除杂念法

有的播音员一到话筒前、镜头前极易产生杂念（所谓杂念就是与播音内容无关的思想念头）。它的产生干扰着注意的集中。

杂念种类很多，表现如跑神、走思，眼中看字口里念心里乱，不知所云。有个别播音员到了话筒前总也摆脱不了杂念的缠绕，如直播刚一呼台号就涌出一堆杂念：“编辑、记者都在听着我播音，要是出了错多难为情……”、“化妆如何，形象好不好……”就是没想内容，或者是边播边想后面的名词术语太难念，可别出错等等，这些都属杂念。杂念一占据主位，就会直接干扰思维的方向与内容，注意中心被抑制，注意的集中就要被破坏。

注意的兴奋中心被抑制，思维没有指向并集中于所播稿件内容上，而指向并集中于不该注意的杂念上去。遇到这种杂念纷扰时，可以采用排除杂念法，用所播稿件内容或播讲目的来诱导自己，把注意集中到播音的内容和目的上去。因为一个人对于某个对象注意越集中，那么对于其他对象也就越模糊，因此用上述办法抑制杂念产生，可使注意保持稳定集中。

第三节　正确的话筒前状态

正确的话筒前状态有这样一些特征。

思维清晰、信心十足

凡有过直播锻炼的播音员有个共同特点：从不敢放松备稿，只要不播出总是稿不离手，口中念念有词，稿件多熟也放不下，紧张振奋的情绪一直保持着，直到播出为止。据心理学研究表明，内在紧张可以抑制心理作用过程，也可以活跃心理作用过程。在播音创作过程中懈怠不振作是最要不得的，适度的紧张是积极的心理活动所必需的，过度紧张会引起抑制和精神疲惫，所以正式播出时保持适度紧张是必要的。这里强调"紧张度"，凡事适度恰到好处为好，过与不及都不行。

直播能使播音员的思维锻炼得清晰敏锐，因为直播使播音员必须要在理解感受稿件上花工夫，播时话筒前精神状态又高度集中，这样稿件开掘得就深，作者意图把握得就准，稿件的内容层次脉络清晰，目的像红线把内容贯穿起来，思想感情紧扣着稿件的具体内容而运动。即使放下稿件也能背着复述出内容梗概，如此清晰的思维，自然已经化成了播者的独特感受，加之话筒前敏捷的适应力的锻炼，播音时就会胸有成竹、信心十足。

知觉活跃，愿望强烈

人们的知觉活动都可能不同程度地伴随着一定的情感活动，播音工作更是离不开情感活动。一个好的播音员必须具有较强的情感知觉的能力。因为人类情感是极其丰富和复杂的，而播音工作就要反映他们的思想境界，报道他们的感人事迹，如果播音员情感贫乏、感情冷漠，就根本不适合从事播音工作。只有情感丰富，才会有好的知觉效果，才能多情善感，在知觉客观事物时，才能迅速诱发起内心的情感经验，产生相应的情感带动起丰富的想象、联想。想象与联想的展开又丰富了情感活动的内容，提高了情感活动的水平，播出感人至深的作品来。

创作者的意图明确、内部技巧又娴熟，能迅速地捕捉到最期待收听、收看这方面内容的受众心理，所以能引发出强烈的播讲愿望，一吐为快；此时的精神状态是积极的、振奋的，情绪酝酿是炽烈的；机体适度紧张，内部生理变化表现为：呼吸加快加深、心搏加速加强、血管舒张、血液含氧量增加；心理变化是自信，对取胜充满信心，对内容充满了兴趣，所言积极由衷。外部表现形式：声音自如，神态轻松，又全神贯注。

进稿迅速，注意力集中

从呼台号、报题目、播开头，就要全神贯注到稿件中去与稿件同呼吸共命运，依语言内容起伏，引导着受众体会领略，真是想稿件所想，急稿件所急，依语言内容起伏跌宕，播得引人入胜。对播音伊始不容易进入稿件内容，而需要渐渐才能进入所播的内容中去的播音员，则要付出一定的努力，使其从一呼台号开始，就把注意力牢牢地稳定在预期的目的上。

注意力的集中与分散表现在各人身上是有着个性差异的。有的人很快能集中起注意，而有的人注意不易集中，却很容易分散。

现在各地电台和电视台多采用新闻直播，而新闻节目多是时间紧、来稿急并要求准时播出，这给播音工作平添了难度，能否胜任新闻直播或录音任务就成了衡量播音员能力大小、水平高低的标准之一。要准确无误播出，达到优质高水平，除了进行大量的专业技能训练外，尤其要重视注意力集中的训练。其训练方法很多，如让学生或新播音员先集中注意力听一段故事或新闻，然后让其详细复述。这里要按要求训练，要求学生在听的过程中边听边记下重点句子，整理出层次、情节发展提纲，并用自己的话复述。也可以让新播音员在同一时间内领稿，限时准备、定时收回，然后让每人写出或复述出稿件内容梗概……这些方法可以锻炼调节自身的注意方向，保持注意的稳定集中，增强抗干扰的能力。又如在每次播音训练中有意插入一两条临时稿件，这种带有临时、突然性的变化，对注意集中的训练很有好处。心理学分析："在精神高度集中的情况下一个人会沉浸在他所注意的对象，而注意不到周围所发生的事情。"①

播音员自如驾驭把握自己的注意力，对于播音创作是很重要的。要维系注意力，一个是自身的状态，有些播音员自己没有播讲愿望就照本宣科，让人听来乏味，只有自身的状态积极、兴趣盎然、主观能动性充分调动起来了，这种状态下的注意才是最容易稳定持久的，也是最富于感染力的；另一个是内容与表达，内容若是单调呆板，或生吞活剥，注意则难以稳定，若内容是丰富变化的，则容易抓住受众的注意力。

话筒前的姿势体态及其他

话筒前的姿势体态不讲究也会影响状态的自如。如有的播音员一边播音一边哆嗦腿；有的播音员把上身趴在桌子上；有的播音员下意识地用脚打拍子；还有的播音员在播音时，用一只手捂着自己的耳朵等等。这样就会因姿势的不正确而影响到声音、气息的通畅自如。

电视屏幕前坐姿要正，稿件、人体、头、腿要成直线，有时为了构图美观也可采用侧坐。侧坐也要成直线，要有精神劲儿，腰眼要挺，头不要有规律地摆动。胖人坐时胳膊可以稍收着点贴近身体，使图像呈收势，不给人以太宽的感觉；瘦小者坐时把胳膊在播音台前稍扩开些，图像也可显得饱满舒展些。

屏幕前只要稍稍注意嘴的动作不要过大即可，切忌不能为了美不敢张嘴，甚至连字都吐不清晰，那样就会失真、做作。女播音员要注意不能抬头总是笑，可以因内容的不同而流露笑意，呈兴奋状态就可以了，更不能假笑或笑出声来，即使播音员性格开朗外向，在口播新闻中还是以端庄、含蓄、矜持为好。因为电视播音员是以党的宣传员身份在工作，在宣传讲解党的方针政策，不宜过多地显露表情及个人的性格，但是也不能不问内容，全都冷面相对，与受众无形中加大距离感。

话筒前的用声力度问题是个值得探讨的问题。电视播音和电台播音是有区别的。广播电台的新闻播音要比电视台的新闻播音在语言力度上稍强一些，电视新闻因为有画面图像，受众收视的距离更近些，所以采用以小实声为主，控制性较强，这样用声在收视过程

① 《普通心理学》。

中声音与画面融合相贴、不噪不咋，比用声不控制，力度过强的声音更受欢迎。

在屏幕前播音还要寻找一下镜头前的自我感觉，坐在播音室面对摄像机，要意识到这是面对着观众说，视线所及处好似看到了观众们期待的目光。技巧娴熟的播音员一看镜头，顿时眼神发亮，有了聚焦点，“看到了”观众，神态自然松弛，自我感觉也就良好，自然就能赢得交流的主动权。

第四节 播音员意志品质的培养

意志是人所特有的心理现象。意志不仅调节外部动作，还可以调节人的心理状态，所以在训练播音员时，意志品质的培养又是不可忽视的重要环节。

一个优秀的播音员必须是意志坚强的人。意志力强可以克服不利因素的干扰，如有意外情况发生时，可以克服紧张慌乱，强使自己保持镇定，在嘈杂纷乱的环境中，意志可以对注意、思维等认识活动进行调节，排除干扰，把注意力集中于工作内容上以顺利完成任务。可见锻炼坚强的意志是多么重要，而意志和认识过程有着密切联系，离开了认识，意志就无从产生，所以锻炼坚强意志必须从以下几方面入手。

首先要树立为播音事业努力奉献的精神

播音战线上的一些老同志给我们做出了榜样，他们辛辛苦苦不分昼夜，坚守在播音岗位上，及时向受众报道最新消息，传播各方面的知识，鼓舞人们不断进取。他们为了广播电视事业的发展，贡献了自己的青春乃至毕生精力。广播电视不仅时效性强，还拥有最广泛的受众。广大播音员要看到社会影响和注重社会效果，并且自觉地树立为播音事业而奋斗的精神。

事业心不强的人很难有坚强的意志，只有对事业执著追求，才能生出高涨的热情，为此要加强职业道德教育，热爱本职工作，思想境界越高，意志越坚定。

树立明确目的

具体目的越明，热情越高，意志品质提高越快。

新生入学、新播音员步入工作岗位时都要重视专业思想和意志品质的培养教育，让其认识到苦练基本功的过程也是培养锻炼意志的过程。认识提高了，有了自觉性，就会有毅力、有决心去克服外部内部条件所造成的因难，冬练三九、夏练三伏，不畏惧并持之以恒。

克服不利情绪干扰

情绪可以成为意志的动力，也可以成为意志的阻力。对事业冷漠者很难有坚强的意志。意志力薄弱而消极情绪强烈则会导致行动半途而废。意志力坚强可以克服不利情绪的干扰，使行动持之以恒。意志对情绪的影响可以使播音员抑制个人的不愉快情绪，从工作出发激发宣传热情，积极去宣讲党的方针政策。

总之，认识、情感、意志密切联系，彼此渗透，不是孤立的一种心理活动。加强思想修养，善于控制自己的情绪、情感，摆好自己在集体中的位置，树立正确的自我观念，而人生观、世界观又制约着意志的培养。

第二十七章 播音表达规律概说

播音表达是一种特殊的表达。它是通过电子媒介传输到收音机、电视接收机再刺激人们的耳朵和眼睛的表达；它是新闻工作者借助有声语言“以事醒人、以理服人、以情感人”的表达，一般来说，它是“目中无人、心中有人”的表达。这种特殊的表达所产生的表达规律，既符合有声语言表达的一般规律，又带有自身的特殊性。

规律，也叫法则。它是事物之间内在的必然联系，决定着事物必然向着某种趋向发展。它是客观存在，不以人们的意志为转移，但人们能够通过实践认识它、利用它。人们在规律面前不是无能为力的，认识它是为了利用它，发现它是为了遵从它。如此，人们在改造主观世界和客观世界的过程中，才可能从自发到自觉，从“必然王国”到“自由王国”。列宁曾经生动地指出：“……当我们不知道自然规律的时候，自然规律是在我们的意识之外独立地存在着并起着作用，使我们成为‘盲目的必然性’的奴隶。一经我们认识了这种不依赖于我们的意志和我们的意识而起着作用的（马克思把这点重述了千百次）规律，我们就成为自然界的主人。”① 我们逐步认识播音表达规律的过程，同样是使播音创作主体逐步成为“主人”的过程。

第一节 思维反应律

在表象、概念的基础上进行分析、综合、判断、推理等认识活动的过程，称为思维。作为人类特有的一种精神活动，在播音创作中占有极为重要的地位。

反应，是指有机体受到体内或体外的刺激而引起的相应的活动。不论是对客观外界事物“直接”的刺激，还是对语言符号的“间接”刺激所产生的相应的有声语言（包括副语言）行为，在播音创作中同样占有极为重要的地位。

在播音创作中，创作主体的思维是否积极，反应是否锐敏，关系到是否进入了“创作圈”、能不能实现创作理想、能不能称之为“创造性劳动”，这自然成为一条必须遵从的规

---

① 《列宁全集》第14卷，第194—195页，人民出版社1957年版。

律。

积极的思维和锐敏的反应，同广义备稿和狭义备稿有着内在的深刻联系，同播音创作主体的修养、气质、性格、能力有着密切的必然联系，但总要归结到、凝聚到、体现到、统一到“话筒前”的创作状态上。而创作状态上的眼看、心想、耳听、口说，都离不开思维反应过程。

无论是报告新闻、播送专题、现场直播、主持节目，创作主体在话筒前的思维反应过程都有其在生理、心理、物理、化学诸方面的反应。与一般的有声语言行为所不同的是：目的十分明确、思路十分清楚、理解相当深刻、语言相当简洁。因此，思维反应过程如电光石火，稍纵即逝；看、想、听、说一气呵成；由表及里、由己达人浑然一体。而这一切，主要表现在有声语言的有感而发、有的放矢、有序流动上。

在话筒前，有时以文字稿件作为创作依据；有时以即兴发挥作为创作成果。即兴发挥，也应有准备、有储备，叫做“有备无患”。即兴发挥，虽然没有文字稿件为依据，即“无稿”，但也是在话筒前播音，而不是随意闲聊。说什么内容、如何遣词造句、怎样表达，都不能违反思维反应律。事实上，从构思、选择话题、搜集资料、拟订提纲，到“话筒前”由内部语言到外部语言，思维反应过程都在积极推进。这其中，从立意、分层到每一个完整的句子，到上下文的衔接，无时无刻不在紧张思索、字斟句酌，无时无刻不在把构思、话题落实到语流中。以为“即兴发挥”是不经过“深思熟虑”就“随口唾出”；以为“深思熟虑”、“字斟句酌”只是慢慢琢磨、反复推敲，有意无意地避开“慎重”的含义，起码是缺乏话筒前实践经验的说法。在话筒前，内部语言向外部语言转化，“必须从压缩而简要的、自己能明白的思想，向展开的具有规范的语法结构的、能为他人所理解的形式转化”，同时，“当一个人出声地说出他当时所说的东西时，他可能同时在考虑下一步将要谈的内容”，[①] 那思维的积极、反应的锐敏，已经非常明显了。稍有疏忽便会言不由衷、词不达意。

以文字稿件为依据进行播音创作，同样是如此。把文字稿件变成自己要说的话，谈何容易！它以广义备稿为储备，以狭义备稿为具体出发点，努力理解稿件、把握稿件、驾驭稿件，并显现有声语言的创造思维蓝图。层次、主题、背景、目的、重点、基调，步步深入，环环紧扣，没有哪一处可以离开思维的积极和反应的锐敏。话筒前播音，是一项新闻性工作。每一天的每一个节目，都时刻反映着大千世界的最新发展与变化。有的稿件是最新消息，要立即播出，连看稿的时间都没有。这时，就要从容镇定地“边播边准备”，在顺畅的语流中，努力体现目的、突出重点、掌握分寸、把握基调；有的稿件，有一定时间准备，就更要调动一切积累，“精耕细作”。到话筒前，则集中精神，力求准确、鲜明、生动地传达出稿件的内容。这个创作过程，正是积极思维、锐敏反应的过程，来不得半点懈怠。不了解这一点，硬说“照着稿子念”是“容易的事”，恐怕是自己在念稿子的时候从不动脑筋，一味地“照本宣科”的缘故。

---

① 曹日昌主编：《普通心理学》下册，第39页，人民教育出版社1980年版。

文字稿件是一种制约，特别是重要文告、政策法令，“不要播错一个字”，[①] 说这是“照本宣科”是不正确的。所谓“照本宣科”，意味像和尚念经，死板无味，毫无创造发挥。播音的创造性同“照本宣科”不应相提并论。正是在这种严格的制约中，就更需要积极的思维、锐敏的反应，以达到表意传神的目的。不知“个中三昧”可以学习了解，如果自己“照本宣科”时连音也念不准、句子也读不顺，却反过来否定以文字稿件为依据的播音创作，岂不有“吃不着葡萄却说葡萄酸”之嫌。

思维积极、反应锐敏，并不是人人都可以做到、都可以做好的。确有“睁眼看字不动脑，张口说话不动心”的情况，有时还会给人以语流顺畅的假象。这样的播音当列入“赝品”之列。

第二节 词语感受律

感受，即感之于外受之于心。没有感受，就不会有人与外界的联系。作为广播电视播音，是一种有声语言的创作。创作主体首先要作为一个“社会的结节点”，观察、了解社会；作为一个新闻工作者敏感于社会的种种变化，然后必须以一个有声语言工作者对反映的社会变化进行分析、综合，“成于外而化于内”，以自己的身心感受融于有声语言中，并表达出去，使听者或观者产生相应的感受，或解意，或明理，或生情，或审美。可见，一般说来总是集中于“词语感受”。

有声语言是词语组合起来的语音链。不论是从文字链转化而来，还是由意识流生发而来，语音链不应是一个个词语的简单缀合，而应是充满意念和感受的鲜活语流，是思想感情处于运动状态中的“形之于声”，并“及于受众”。

词语，是一种“符号”，按巴甫洛夫的说法，属于第二信号系统。人们把对客观世界的万事万物及对它们的认识用这符号来代表，来称谓；又通过这符号来认识世界和人自身。汉语这类符号却在一般符号的意义上又有显著的特殊意义。这同汉字、字的声韵调是密切相关的。

汉字，有“六书”，即指事、象形、形声、会意、转注、假借。简单地说，每一个汉字都有具象来源，而汉字的成形和演化，积淀了极其丰富的人文内涵，远远超出了对口语的依附，可以“形入心通”。每个字、每个词都可以令人产生丰富的联想与无穷的玄思。这就是为什么“书法”长盛不衰的一个原因。同时，也是当人们把文字语言转化为有声语言的时候，眼睛看到“字”、“词”，绝非只想到“字音”，必然要因字而思义，因字而生象。只是这样反复多次后，此类情形不再得到有意注意罢了。

字的声、韵、调，也有表意功能，且具有强烈的色彩感。如“白杨”，阳平声、中重格式给人以向上、挺拔的感觉；“垂柳”，先阳后上，先短后长，给人以向下、飘柔的感觉。

---

① 《中国人民广播回忆录》，第 111 页，中国广播电视出版社 1983 年版。

仅此就能说明，不论是见字出声，还是听声想字，汉字、声韵调所刺激的不只是视觉和听觉，而是深入到了内心。这“字”与“声韵调”的巨大情境力量本身，确是“词语感受”的一项人文潜能。这远不是用符号本身的价值所能估量得了的。

播音表达，词语感受是关键。词语的刺激必须拓展、深化为词语所代表的客观事物的刺激，从而使这刺激达到有序化和强化，再受之于心，达到“气盛言宜”[①] 的境界。一串词语，或在眼前，或在脑际，最终只是“符号”，引不起内心的反应，那么，就只好在播音艺术殿堂外徘徊，跨不过门槛去，更无法登堂入室，平板、冷涩的语流便是结局了。如果从一串串词语中发现了同所反映的大千世界一样的生动变化，有所思、有所感，白纸黑字变成了人文景观、沧海桑田，创作主体便获得了广阔的创作空间，也获得了灵动的创作心境。

词语感受，也有“阈限”。有人粗疏，有人精密。播音表达中，有时可以粗疏些，有时需要精密些。但从总的方面看，还是越精密越好。感受阈限达到精密的程度是要花大气力的。词语感受阈限达到精密的程度同天赋、同勤奋都不无关系。有人走上播音岗位后终不能与播音结缘，主要是词语感受太差，无法走进有声语言的创作圈中去。有人在播音岗位上工作数年，形不成一定的特色和风格，原因也在于词语感受不足，特别是缺乏独特的具体感受。某一个词，某一句话，在不同的上下文中，在不同的语言环境中，在不同的自然、社会的氛围中，在不同的对象面前，创作主体会产生相应的心态。在不同的心态里，便包容着十分具体的感受。如“月亮”这个词，代表着月球向地球挥洒的银光，有时“月如钩”，有时“皎皎空中孤月轮”，有时是“明月几时有”的追问，有时是“明月出关山”的感慨，有时是“杨柳岸晓风残月”的离情寄托，有时又是“月儿弯弯照九洲”的悲凉。这些具体感受之间差异自显，把握不准，驾驭不了，就会笼统和空泛；没有了区别，有声语言的感人之力、动人之处也就湮灭了。

第三节 对比推进律

广播电视播音，是按时间的推移传播的。而汉语又以自己的语序特征呈现时间的流动。这二者共同造成一种时间感。时序、语序强化了播音表达的动态通达，造就了语调和节奏的波浪式和曲折性。

有稿播音和无稿播音，在播音表达上都必须遵从对比推进律才可以显示意念、抒发感情，才可以避免平板、呆滞。

对比，大到这个节目和那个节目、这篇稿件（或话题）同那篇稿件（或话题），小到这一段同那一段、这一句同那一句、这个词或词组同那个词或词组，都出现高低、强弱、快慢、虚实、明暗、松紧……的对比。对比产生变化，变化显露主次、是非、爱憎、浓淡等。

---

① 韩愈《答李翊书》中说：“……气盛则言之长短与声之高下者皆宜。”

推进，如后浪推前浪，一个词接一个词，一句话连一句话，连绵不断，起伏跌宕，给人以“文思如泉涌”，“不尽长江滚滚来”的气势。推进揭示思维进程、语意铺排、逻辑联系、情境变迁等。

在有声语言中，最忌字句的“平摆浮搁”，最应避免“有字无句，有句无章”。之所以出现这种现象，不一定是思维、感受的问题，有时竟是字顿、句散不能“串成线、抱成团”的表达功力问题。在没有经过学习、训练的人们中，大多以为“怎么想就怎么说”，好像这方面的问题容易解决。其实不然，不是有的记者采访时，说的话像小学生念书么？不是有的播音员（或主持人）播音如背生书、唱小调么？如果遵从对比推进律，也许可以“对症下药”，得到改善呢。

对比推进律，是在一定目的下，不同感受、不同态度、不同情感、不同色彩和分量的对比及其在声音上产生的对比变化向着一定方向显示流动的态势，推动有声语言向前跃动的驾驭能力。只有对比，才可能向前推进；只有推进，对比才会有生命活力，二者相辅相成。

在播音中，不论是否有充分的准备，都应该认真理解语言内容的“思路”、“文路”。在此基础上，努力驾驭有声语言对比推进。一个词与下一个词，一个词组与下一个词组，一个短语与下一个短语，一句话与下一句话，都要找到、预感到“下一个”的趋向与态势，从而与“这一个”相区别。这样产生的对比就不是生造的、违心的，而是有充分依据的、有感而发的。如果走入“为对比而对比”的固定腔调里，创作道路就会迷失方向，就会走到错误的路上去。

对比推进，在表达上应该注意把握“幅度”和“速度”。不是幅度越显著越好，速度越快越好。幅度要把握“可感度”，速度要把握“可听性”。不重视“可感度”，对比容易失去表达分寸；不重视“可听性”，推进容易造成信息损耗。当前，主要问题是可感度过弱，几乎觉不出什么变化；可听性较差，几乎听不出什么主次。克服的办法，最好是：练习时“夸张”，应用时“适度”。

对比推进律应该是思想感情的运动状态和相应的声音形式曲折变化的自如而有弹性的综合，而不应只停留在单纯追求声音变化上。

第四节　情声和谐律

在播音创作中，“以情带声，声情并茂”一直是创作主体的创作思想的核心。事实上，如何处理好“情”与“声”的关系，并不是一件轻而易举的事。很多人正在为此而进行不懈的追求。

从老一代播音员的经验宝库中我们发现，他们在这个问题上有一个共同点，那就是：感情要酝酿、聚集到十分，声音要节制、收束到八分。这样，听来就能入耳入心，这也是对初学者提出“宁可情足声欠，不可声足情欠”这一要求的初衷。

在语言表达上，情声不和谐的现象比较普遍，这是什么原因呢？大约有二：一是内心准备不充分，无动于衷，感情不饱满；二是表达技巧不扎实，“木讷无文”，声音少色彩。这就会造成“言不由衷”、“情不见辞”的效果。

感情的“外射性”，表明感情的生发并不以“内倾”、“自省”为满足，而是要抒发、要表露的。但是，感情达不到一定浓度，达不到一定火候，就产生不了“外射”的需要。硬要抒发，强迫表露，那是“挤”出来的，违背了“情之所至”的原则，必然导致“虚情假意”。

语言的“工具性”，表明语言的使用并不以“华丽”、“巧妙”为归宿，而是要蕴藉、要负载的。但是，语言的蕴藉和负载再深刻、丰富，如果不给以相应的声音形式、表达技巧，充其量不过是“茶壶里煮饺子——有口倒不出”。声音形式并不是一句空话，恰当贴切的声音形式使蕴藉与负载强化、美化，而生硬、呆板、纤弱、萎靡的声音形式却能使蕴藉与负载扭曲与窒息。

情声和谐，正是使“言为心声”同“为情造文”结合起来，达到“表里如一”、“形神兼备”。为此，情应饱满、声要节制。饱满并非“泛滥”，节制并非“削弱”。

在情声和谐的问题上，我们的播音表达曾受过两方面的干扰。在强调“情”的时候，受到过“唯情论”的冲击：激情就是一切，有了感情就有了一切。谁要是讲声音的运用和技巧的重要，谁就是大逆不道；在强调“声”的时候，又受到过“唯美论”的侵袭：声音是第一位的，声音或以刚为佳或以柔为先。在近数十年，强调“情”而轻视“声”的时间较长，大约是同极“左”思潮有关。至今我们对“声”的研究仍显得薄弱，与此不无关系。从20世纪80年代中期以来，很多人把播音认作“信息的沟通”，更是把声音、技巧的要求置诸脑后，不屑一顾。把“字正腔圆”当作过时的、保守的要求，连“情”也只限于人际交流的范围了。“情声和谐”的规律被冷落了。

严重的干扰并没有使有志者、有识者迷惑彷徨，他们仍然坚持“声随气转、气随情动”、“气托声、声传情”的情声和谐律，仍然在播音创作中发挥着有声语言的社会功能。

今后，还会出现认识上的摇摆和实践上的反复。但是，如果明确了、把握住情声和谐律，大概就不至于摇摆太大、反复太多了吧。

第五节　呼吸自如律

播音表达中的呼吸，首先是胸腹联合呼吸，其次是以快吸慢呼为主，再次是“语”、“气”结合，最后是呼吸无声。这四点，可以说是话筒前有声语言表达的需要，是呼吸自如律的基础。

话筒前的呼吸，当然要满足人体的“气体交换”需要。但话筒前进行有声语言的创作，却以心理活动为主，因此，生理需要要服从心理需要，服从有声语言表达的需要，这是呼吸自如律的前提。呼吸仅能满足生理需要，播音表达过程常常为此被打乱、牺牲心理需要，是不可能遵从呼吸自如律的。

呼吸，即气息的吸入呼出。情为气之本，气为音之帅，气息是发声的动力，也是表情达意的一个手段。气息的控制是关键。

呼吸自如，是指气息的深浅、多少、快慢、通道宽窄、支点态势……均能“因情用气，气随情动，以气托声，以声传情”，达到“从心所欲而不逾矩”的程度。

呼吸本是一种生理机制，但可以受到后天的训练使之潜能得以发挥。通过训练，气息逐步达到自如。未经过训练，却想用理智控制，强行运用，往往事与愿违，有时还会发生呼吸系统的病变。

自如的呼吸，是呼吸系统整体协调动作的产物，不是某一部位、某一动作“单刀赴会”的结果。在话筒前，两肋的左右扩开与收拢对于协调丹田、膈肌、腹直肌、腹斜肌、呼气肌肉群、吸气肌肉群、胸肌、喉肌……有着重要的作用。而两肋的左右扩开与收拢如何扩收、扩收的力度与幅度、扩收的速度，都同话筒前状态、思想感情的运动状态有密不可分的联系。在表情达意过程中，呼吸状况瞬息万变，呼吸系统同神经系统、循环系统等也有着不同程度的接通与相互感应。因此，在话筒前，不必也不应专注于呼吸变化。与其在话筒前着力调节控制，不如在训练中强化各种机理、机能。

胸腹联合呼吸法不是一朝一夕就可以掌握的，必须经过一定时期的训练，使之成为呼吸习惯。形成习惯非常重要，“习惯成自然”，到了话筒前就会“不觉吸气气自来，只觉情生气自行”了。

呼吸自如是为了用气发声。有气息支撑，辅助的声音才会圆润持久、刚柔自如。呼吸自如不同用声自如结合在一起，就会互相干扰；相反，二者结合，相互通达，情、声、气融为一体，那“同声相应、同气相求”的境界就差不多实现了。

有一种认识，把“胸腹联合呼吸法”看成异端，好像有了它反而播不好了；不学习掌握它，倒是“自如”得多。这种认识之所以不正确，是因为否定了人的机理、机能的潜在力量，同时夸大了自然习惯的力量，降低了“自如”的标准。当然，日常谈话不显得费力，因为有极大的随意性。到了话筒前，即使没有任何艺术魅力的追求，至少也要让听者顺耳、顺心。呼吸自如只理解为“不吃力、气息够”，那是一种误解，因为要做到这一点是非常容易的，并不需要训练。在准确、鲜明、生动的表达过程中，呼吸自如就需要极强的适应力与控制力了。因此，呼吸自如，必须以表情达意为主旨，不应以自我感觉为尺度。真正达到了呼吸自如，也同样可以“不吃力、气息够”，那时，只觉得心应口、心口如一、情随物转、气随情迁，如此才是“自我感觉良好”的内涵。不正确的认识有时变成不利因素，阻碍我们遵从呼吸自如律，不能不引起我们的警觉。

有一种认识，把话筒前的有声语言创作等同于日常生活的谈话，没有任何呼吸方面的要求，吸气声音大而且频繁，令人无法忍受。播音的语言功力表现在“字正腔圆”“呼吸无声”方面。在个别语言内容需要用吸气声、呼气声表现某种心理状态之外，绝大部分语言内容必须做到“呼吸无声”，才会排除噪声干扰，提高信息传播的有效性。要达到“呼吸无声”，当然要加强训练，强化语言功力，但这首先要摒弃自然主义，破除对日常口语的迷信。

第六节　自我调检律

在语言发出过程中，说话的人自己也听得到自己说的话，即使说话的声音很小。一方面，语音产生的声波，通过空气传导返回耳鼓，这种返程距离相当近，一般没有太大时差，说和听几乎是同时的；另一方面，语音发声的机制使发音器官的动作、振动产生了“内传导”，就是“默诵”甚至“阅读”时也有类似情形。这两方面共同造成了“自我倾听”的状况，而这又是“自我调检”的基础条件。

自我调检，即自我调整、自我检验的统称或简称。说话的人因为目的、内容、环境、对象的不同，常常调整自己的心态、语态……在说话过程中，还在随时调整；在调整中，同时在检验调整得是否适当、准确。一旦发现不适当、不准确，便再进行新的调整。如夜里谈话，一般是用较低、较弱的声音，但偶尔激动，突然大声说了半句，自己感到不适当，马上又用小声说出后半句。如跟朋友争论一个问题，偶尔说了一句“你这是诡辩!”发现不妥，马上解释：“对不起，我用词不当!”如此等等。

播音表达，要遵从自我调检律就复杂得多了，对于创作主体在经验、修养、造诣、功力方面的要求也高得多了。

在话筒前，不论广播还是电视，首先状态要积极松弛。状态松懈被动是不会进行什么调检的。

在话筒前，要正确处理“精神集中播内容”同“自我倾听、自我调检”的关系。语言内容”、语言形式永远是最需要注意的，是最主要的，不可稍有疏忽。“自我倾听、自我调检”一般只处于注意的边缘。不应本末倒置。

然后，还要正确处理“自我倾听”同“自我调检”的关系。自我倾听，处于表象层面上。只是在“意外”的感觉发生时，某个兴奋点才闪烁。这个兴奋点吸引了一定的注意力，在电光石火般的判断后，进入表达过程。实施了调检，兴奋点消失，经常性的“意外”感觉会干扰注意中心。调检的疲软，也会分散注意，影响表达的进行。

在话筒前，自我调检的内容当然是“调整”和“检验”两大部分。调整后要检验，检验后要调整，边调整边检验，边检验边调整，统一于表达过程，着意于重点和难点，融会贯通于有声语言（包括副语言）的畅达之中。

自我调检的范围，包括内部与外部，包括生理与心理，包括气息与声音，包括感情与技巧，包括主体与对象这种种方面与相互关系。广播有语言与音响效果的关系，电视有语言与画面的关系（画面也包括主体的眼神、表情、姿态、仪表、服饰）。

自我调检的实际应用，必须建立在创作主体自信的基础上。没有自信，缺乏自信，事事“听天由命”，便不会有自我调检意识。自信才可能积极主动，以高标准自我调检，不会敷衍了事，或怨天尤人。

自我调检的实际应用，要在实践经验不断积累的过程中，掌握多种方法。检验要有体验的灵敏反馈，调整要有导引的具体环节。模糊和生硬往往会偏离调检的目的，更显被动。

以上六条规律，互相融合，互相支撑，共同为播音创作铺路架桥，既是相当高的要求，又是不可违反的规律。可能还会有某种规律，可能还会有更准确的表述，那一定也是从实践中来的。

第二十八章

广播电视即兴口语基础训练

第一节　广播电视即兴口语的特殊性及创作原则

信息化与提高口语质量

叶圣陶先生在解释“语文”一词时说：“嘴里说的话叫口头语言，写到纸面上的叫书面语言。语就是口头语言，文就是书面语言，把口头语言和书面语言连在一起说，就叫语文。”

口语是运用有声语言，通过口说耳听进行交际的；书面语是运用文字，通过手写眼看来传递信息的。它们彼此关系密切，互相区别，互相依存，互相影响，都是人类最重要的交际工具。

我们中华民族有着讲究“口才”的悠久历史和传统，崇尚说话艺术，崇敬那些能言、巧辩、勇敢、自尊，从而捍卫了国家民族利益的人。《曹刿论战》、《烛之武退秦师》、《邹忌讽齐王纳谏》、《触讋说赵太后》、《晏子使楚》等故事之所以能够代代相传，能言善辩、巧于辞令的辩士之所以能够成为家喻户晓的人物，原因正在于此。

令人遗憾的是，几千年封建社会落后的生产方式和交通状况，使各地之间交往困难，文化闭塞。秦始皇实现了“书同文”，但没有实现“语同音”，口语素质无法得到提高。特别是以后又逐步确立了以文取士的科举制度，使“重文轻语”的现象越来越严重。无可否认，我国口语研究的现状还相当落后。改革开放的深入，社会交往的频繁、生活节奏的加快，特别是科学技术的日新月异，使口语的作用越来越显得重要。

在《天方夜谭》中，阿里巴巴用“芝麻，芝麻，开门来”的咒语打开了一座壮丽的洞窟，而在二十一世纪的今天，现代电子技术真的使神话里用口语叫开无穷宝藏大门的幻想变成了现实。现在，人们可以用口语指挥机器，用计算机进行复杂的语言文字的信息处理。在现代化的车站、码头、飞机场，可以通过口语自动识别机来订票，甚至开汽车、开飞机都可以通过人机对话进行指挥和管理。目前，多媒体电脑已成为各国电脑生产厂家的重要产品之一。

现代社会的高效率、高信息化，必然会使口语信息传递的使用范围更广泛、更普及。科学技术越向前发展，口语的作用越不容低估，因此，越来越多的语言工作者产生了危机感和紧迫感，认识到口语研究的现实意义和深远意义。

尽管有人预言总有一天机器将代替人脑，甚至于一种叫做“情感电脑”的东西将创造出人造感情，但我们相信高仿真技术再高明，也无法仿真出人的精神、人的信仰、人的原创性、人对语言艺术的感受能力。面对一个正在到来的充分利用口语的时代，我们应该清醒地认识到迅速提高全民族的口语素质，是一场新的语言革命，是一项艰巨而复杂的任务。

在这一方面的工作中，播音员和主持人有着义不容辞的责任。广播、电视，由于在传播手段上占据着巨大的优势，因此容易被接受，深得群众喜爱。我们播音员和主持人每天都要运用口语同广大受众进行交流，事实上，每天都在利用黄金时间对全体国民进行口语的传播与示范。

自从“主持人节目”形式以清新的姿态走入中国广播电视的园地，便引起社会各界的关注，得到了广大受众的喜爱。经过十多年的发展，“主持人节目”形式已遍布全国各地台站，应运而生的节目主持人队伍也以惊人的速度壮大起来。这支具有蓬勃生机的队伍，闯出了路子，创出了成绩，这一点必须给予充分的肯定。但是也不能不看到，一段时间以来，各种轻视播音、轻视学院正规教育、轻视语言功力的观点四处蔓延，使播音创作、播音教学受到一定程度的干扰。相当一部分人，在没有经过严格选拔、培养、考核的情况下就仓促上岗，思想修养、职业道德、知识结构、专业素质诸方面的欠缺，直接影响了节目的质量。广播电视中传出的语言，特别是一些没有稿件作依据的即兴口语节目，错误屡出，流传甚广，危害极大。

面对这种令人忧虑的局面，有识之士尖锐地指出：“语言文化，鱼龙混杂，泥沙俱下，语言品质，一味迎合，每下愈况。物质文明的发达不能舍弃精神文明的建设，精神文明的升腾，离不开语言文化的崇尚。语言发生了危机，危机产生了恶果。这绝非对巨大成就的漠视，这正是对取得更大成就的焦虑。”①

全球信息化的到来，必然会加快广播电视事业改革的进程。要能够在激烈的竞争中立于不败之地，当然要在提高新闻时效、扩大信息容量、丰富节目内容和形式、更新传播技术、完善传播技巧诸方面下功夫，但有一个重要的方面无论如何不容忽视，就是语言。前面提到，竞争的焦点在文化。广播电视是口耳之学，播音员、主持人不是用文字而是用有声语言进行传播，因此，能否体现与张扬民族文化精神，关键的关键还是要看广播电视口语的质量。

口语的质量如何，实际上直接关系到广播电视事业的生存与发展。播音员、主持人要不辱使命，不辜负时代，就应该在语言学习上多下功夫，努力发挥汉语口语的优越性，提高广播电视口语传播的质量。必须明确，有稿件作依据的口语传播如此，没有稿件作依据的即兴口语传播同样也不能降低质量的标准。

---

① 张颂：《播音语言通论——危机与对策》，北京广播学院出版社出版。

广播电视即兴口语是一门科学，一门艺术，系统、深入地研究这一课题，是我们面对历史、现实、未来所必须做出的选择。

口语表达的特点及表达的过程

广播是听觉的艺术，电视虽说是视听兼备的艺术，但它同样不是让人通过阅读文字，而是通过口头语言即有声语言来进行传播。在广播电视节目中，有声语言是阐明主题，揭示深刻思想内涵的主要工具。无论怎样完美的音乐、音响、图像，离开有声语言，都难以明确、清晰、完整地将复杂的事物、丰富的人物内心世界、深层的理性思辨过程、节目的精神实质和精髓充分地表达出来。

我们在播音、主持艺术人才的培养目标中明确提出这样的口号："有稿播音锦上添花，无稿播音出口成章。"

无稿播音，即基本没有文字稿件作依据的播音，或叫"提纲加资料"的播音。它既区别于书面语，又区别于通常所说的"播音"（有稿播音），而是播音员、主持人通过广播电视电子传播媒介，于话筒前即兴完成的口语活动。① 即兴口语是广播电视有声语言中一种不可或缺的重要表达形式。

（一）口语在具体运用过程中，与书面语相比，它的表达方式有这样一些特点

1. 现想现说

书面表达可以从容思考，反复琢磨，想好了再写。而口语表达则没有这样的条件。它受语言环境的严格限制，在与特定听众对象的现场交流中，不断产生刺激、反刺激，不断产生新的想法、新的话题。为此，要不断调整思路，组织语言。它来不及深思熟虑，要在一种高度集中、快捷的思维过程中，即兴而谈，现想现说，对刺激迅速作出反应。

2. 语音稍纵即逝

书面表达可以字斟句酌，落笔之后还可以进行修改；书面文字可以反复阅读，长期保存。而口语表达张嘴就是一串语词，好像电石火花一闪而过，一言既出，驷马难追，说出去的话就收不回来。

3. 语言灵活多样

书面语一般要求语法规范、逻辑严密、词语庄重。使用口语时，离不开特定的对象，也就是在什么场合、对什么人说都是具体的。由于口语对语境的依赖性强、交流速度快、环境提供的信息量大、听众对象又常常就在眼前，因此句式多变化，多采用短句、自然句、省略句，结构比较松散；词语生活化，上口入耳，通俗易懂，语气变化多，停顿多。

4. 语音和态势语有特殊功效

口语表达超越死板的文字符号，可以运用丰富多彩的语音、调势、语气、节奏和表情、姿态、手势这些口语表达的特有手段来表情达意。

（二）口语表达的特点使其形成了独特的表达过程

1. 内部语言阶段

语言学家从语言对精神活动的作用着眼，称语言是思想的物质化身，是思维存在的物

① 张颂：《播音语言通论——危机与对策》第121页，北京广播学院出版社出版。

质形式。“语言是思想的直接现实”。离开语言的纯粹的思想是不能形成的；离开思想的纯粹的语言也是毫无意义的。比如，我们在想“为人民服务”的时候，是凭借“为”、“人民”、“服务”这三个词并把它们组成句子而形成和实现的。“先想后说”或是“现想现说”，事实上都是思维和语言手拉手共同完成的。

人在说话前，先要产生说话的动机、愿望，即“为什么说”、“对谁说”、“说什么”、“怎么说”，思考这些的过程，也就是组织内部语言的过程。在这一阶段，要完成说话内容的轮廓，主题词语，或一些“语点”。比如，“小平南巡”、“党和国家的前途”、“中国特色的社会主义”、“思想和理论基础”，这些压缩了的“语点”形成了，但具体的话语系列还比较模糊。

2. 扩展、编码阶段

在这一阶段，要通过扩展、编码，使内部语言转换成外部语言，即完成由“想”到“说”这一过程。

在内部语言阶段，我们的脑子里只是形成了一些“语点”，现在，要把“点”连成“线”。选择恰当的词语后，按照一定的语法规则，将简略粗疏的信息点，扩展、丰富、编码为完整的句子，将语意清晰地表述出来。比如，把“小平南巡”、“党和国家的前途命运”、“中国特色的社会主义”这一组主题“语点”，编码为语义完整的一段话：“邓小平同志视察南方的讲话，高屋建瓴地阐述了关系党和国家前途命运的一系列重大问题，为建设有中国特色的社会主义指明了继续前进的方向。”

3. 传送、反馈阶段

把内部言语扩展、编码为一定的语句之后，说者要借助发音器官发出的声音把信息传送出去，听者则凭借听觉器官来感知这种声音信息、理解信息的内容，并作出相应的反应。这反应又反馈给说者，使说者边说边监听自己的话，边从听者的反应中发现问题，及时对自己的语量、语调、内容等进行调节。

了解口语表达的特点及其过程，目的在于掌握和更好地运用这一表达形式的规律，使口语表达训练更具有系统性、针对性。

即兴口语创作的特殊要求

日常生活中的口语交际，在现想现说的过程中，不可能字斟句酌、反复推敲，所以，难免出现措词不够恰当、语句不够规范、逻辑不够严密以及缺少层次性、体系性和完整性等等现象。广播电视口语，尤其是一些现场直播节目的语言，受时间、环境的严格限制，在不少情况下，基本上也是在现想现说的状态中即兴完成的。但由于广播电视是大众传播媒介，受众广泛，节目时间宝贵，因此，广播电视口语一方面不同于书面语、不同于有稿播音或录播节目，它的表达往往是一次性完成，容不得反复思考、琢磨、修改，而且是“一言既出，驷马难追”；另一方面也不同于日常生活中的口语交际，它面向社会、公之于众的公开性，决定了不该是生活口语的原生态。广播电视口语要在有限的时间里，尽可能多地增加语言的信息量，同时又使传达信息的语言具有高度的准确性，它是在现场交流中即兴完成的规范化、艺术化的语言创作活动。

口语表达的特点使其形成了独特的表达过程，即：从内部语言向外部语言的转换。

“无稿播音出口成章”，是对话筒前完成这一转换过程所提出的要求。

1. 内部语言的组织，是口语表达的基础和前提条件。

广播电视口语讲究效率，没有迅速而有条理的内部语言的组织，就不可能有流畅而清晰的语言表达。无稿播音不是任何个人随意的语言活动，传播者的语言动机必须受广播电视宣传的性质、目的、任务及传媒特性的制约，在临场发挥中即兴产生的语言动机，必须具有强烈的目的性、严密的逻辑性、鲜明的倾向性。要锻炼在话筒前迅速、有条理地组织内部语言的能力，说到底，还是要靠平时对知识、生活的长期积累。一个学识浅薄、孤陋寡闻的人，在短暂的时间里，是不可能敏捷地捕捉到有价值的语言信息点，更不可能将这些语言信息点进行有效的分析、归纳、综合、生发，即使搜肠刮肚，到头来还是白费口舌。

2. 在完成由“想”到“说”，即通过扩展、编码，使内部语言转换成外部语言的过程中，传播者组合语言的能力就显得格外重要，而词汇“仓库”的丰富又是组合语言能力的保证。言不及义、废话连篇、枯燥乏味，是词汇贫乏的表现。

“文化革命”中有一首歌，从头至尾只有一句话：“文化大革命好！就是好！就是好！”语言之贫乏，精神之穷困，在这里达到了登峰造极的程度。因此，无论怎样地大呼小叫都是苍白无力的。

1993 年，作家冰心老人曾在“冰心研究会”筹备会议上，请女儿代读了一封她写的“上同人书”，全文如下：

研究是一个科学的名词。科学的态度是：

严肃的、客观的、细致的、深入的，容不得半点私情。研究者像一位握着尖利的手术刀的生物学家，对于他手底的待剖的生物，冷静沉着地将健全的部分和残废的部分，分割了出来，放在解剖桌上，对学生详细解说，让他们好好学习。

我将以待剖者的身份等待解剖的结果来改正自己！①

这篇简短的发言，引起了场内阵阵的掌声和笑声。老人家用生动形象的比喻、准确精当的语言，表现出了谦虚的美德和博大的胸怀。

我们中华民族有着重视炼字炼句的传统。“吟安一个字，捻断数根须”；“为求一字稳，耐得半宿寒”；“吟成五个字，用破一生心”“两句三年得，一吟双泪流”这就是历代文人沿袭的追求。

广播电视口语是经过提炼的更高层次的口头语言，规范化是它必须遵循的原则，艺术化是它必须追求的目标，炼字炼句的传统应该继承，因此，它更需要扎实的语言功力。

3. 在传送与反馈信息的过程中，传送者要具备良好的声音状态，娴熟的发音和语言表达技巧，以及认真同听众交流，及时调节、整理语言的能力。

广播电视口语的声音特点基本上可以归纳为这样几个方面：一是准确清晰。准确是指吐字规范，字音标准。清晰是指语音具有较高的分辨率，即使在有杂音的环境中也能使人听清楚；二是圆润动听。指要有较好的声音音色和较高的吐字技巧；三是质朴大方。指发

① 《张锲散文选》，第 96 页，解放军文艺出版社 1995 年 1 月第 1 版。

音要接近生活中的讲述，与朗诵或表演有明显区别；四是富于变化。指发音要避免单调，无论吐字力度，还是音高、音色、音强，都应随节目内容和感情色彩而变化。[①]

在话筒前临场、即兴进行的无稿播音，应该符合播音语言艺术发音的要求，也应该符合播音语言艺术表达的规律。离开了对内在语的开掘、对想象的运用、对受众的研究与沟通、对话筒前状态的调整，以及对停连、重音、语气、节奏等技巧的运用，口语表达势必会变得干瘪、空泛、无的放矢，从而失去艺术的表现力。

一段时间以来，“字正腔圆”被有些人嘲笑为“保守”，丰富的播音语言内外部技巧被有些人嘲笑为“公式化”、“单调”、“生硬”、“呆板”。于是，沙哑、有气无力、含糊不清的声音被视为有特色；洋腔洋调被视为时髦；别字和错字被视为不可避免的家常便饭。以上偏见的产生，源于对广播电视口语认识的浅薄。通过分析口语表达的特点及表达过程，我们会发现广播电视口语是一个系统，它有其自身的规律，它讲究文明与道德、质量与品位、艺术性与典范性。

广播电视作为党和政府的宣传工具和大众传播媒介，既要坚持党性又要坚持人民性。因为，党的总目标、总任务、总路线以及方针和政策，在根本上是与广大人民群众的利益相一致的。广播电视是党和政府联系人民群众的“桥梁”和“纽带”，是党和政府也是人民大众的喉舌。它要把党和政府的声音传播出去，同时还要及时反映人民群众的呼声，满足人民群众获取各方面信息的需求。“以科学的理论武装人，以正确的舆论引导人，以高尚的情操塑造人，以优秀的作品鼓舞人”，江泽民总书记提出的任务，正反映了广大受众对广播电视工作者的期待。作为广播电视重要手段的有声语言表达，必须服从广播电视宣传的总的目标和任务，有稿播音如此，即兴口语表达也同样如此。

第二节　即兴口语表达基本能力的培养与训练

即兴口语表达的基础训练

(一) 注意的训练

注意是人们心理活动的指向性和集中性，是对客观事物的一种定向反射。它保证机体能够清晰地感受周围环境的刺激物，作出适当的反应。注意和认识过程分不开，它是一切认识过程的基础和开端。即兴口语表达的现想现说、语音稍纵即逝、语言环境复杂多变、交流对象具体可感等特点，决定其思维过程必须高度敏捷、集中、清晰、灵活。没有注意做前提条件，这一过程就无法完成。

1. 注意的稳定性训练

注意的稳定性，或称注意的持久性，是指对所选择事物贯注的程度和持续的时间。如果我们在主持节目或采访过程中，不能排除来自主观或客观方面的干扰，注意不能长时间集中于一定的对象，而出现松懈或分散的现象，即使是片刻的“分心”，也可能会严重地

---

① 《中国播音学》，第63页，北京广播学院出版社1994年10月第1版。

影响工作质量。通过大量的观察训练、听辨训练和在各种复杂的环境中进行的抗干扰训练，来加强注意的稳定性，使我们能够在一种自觉的目的制约下，把注意力集中到听和说的内容上，进入一种全身心投入的良好创作状态。

2. 注意的范围训练

我们在同一时间内能感知到的对象的数量，叫做注意的范围。注意的范围大，在同一时间接受信息量就大，听知的辨别力、选择力、组合力就强。播音员、主持人要同各种各样的人打交道，要能适应各种场面、各种环境，要有"眼观六路，耳听八方"的本领。否则，遇到复杂的情况就会顾此失彼，顾前不顾后，口语表达的过程就会出现混乱无序的状态。

注意的范围和知识、经验有很密切的关系。我们越熟悉的东西，注意的范围就越大。要提高这方面的能力，首先要打好专业知识的基础，语音规范、语言流畅、表达清晰，表述自如；不仅如此，还要注重生理素质、心理素质、政治素质、文化素质的综合培养。播音工作的性质决定了每一个从业人员必须做个有心人、杂学家，因此，要有相当丰富的知识结构，要不断积累工作经验，不断加强现场的驾驭能力，才能在即兴表达过程中，扩大注意的范围。

3. 注意的分配训练

注意的分配是指在同一时间内注意力分配到两种或几种不同的动作上。善于分配注意，对即兴口语表达是十分重要的。举采访为例，既要研究采访对象，选择提问角度，又要边听边记，边观察边分析，边判断边归纳边整理新话题等等，一个"一心不能二用"的人就很难胜任这项工作。

注意分配的主要条件是熟练。如果两种或几种动作都是生疏的，都需要高度的注意，结果必然是手忙脚乱。因此，要熟练地掌握口语表达各个环节的特征、要领，要自如地掌握听知的技能、技巧，还要学会熟练地操作必要的机器设备。熟能生巧，熟练，才有条件合理、充分地分配注意。

（二）知觉的训练

知觉是我们对作用于感觉器官的客观事物的各种属性、各个部分的整体反应。即兴口语表达是一个复杂的思维过程，也是一个综合的实践过程。加强知觉的训练，对于促进思维的发展、提高口语表达能力，是至关重要的。

知觉的主要特点是：整体性、选择性和理解性。知觉的对象是由不同部分构成的。一个既有多种属性又有整体性的事物，仍被感知为一个有机、统一的整体。加强整体性训练，目的在于提高我们透过个别现象，抓住事物的本质和规律的能力；提高我们归类合并、浓缩提炼、整理加工语言的能力。我们进行知觉活动时，常常在许多对象中优先地把某些对象选择出来予以反映，或者在一个对象的许多特性中优先地把某些特性选择出来予以反映，这就是知觉的选择性。

注意的指向性，是对一定事物的选择。加强选择性训练，目的在于使我们剔除杂质，取其精华，在丰富的材料中，选择出重点，选择出最需要的东西，为即兴口语表达服务。人们对对象进行感知时，总是用以前获得的有关知识和自己的实践经验来理解所知觉的对象。

理解性是知觉的核心。只有在理解的基础上，才能整体、深刻地把握事物，并高效、精当地做出选择。

（三）记忆的训练

写文章的时候，需要什么材料可以去查工具书、去图书馆；口语表达所需要的一切材料则只能从记忆的仓库中寻找。口语表达现想现说、稍纵即逝的特点，不允许反复修改、查找资料，因此，要想在话筒前、镜头前出口成章，就要靠平时的学习、在实践中的日积月累。只有“记忆仓库”备货齐全、品种充足、花色繁多，即兴口语表达才能运用自如，“得心应口”。为了一定的目的和任务，采取一定的措施和方法，经过必要的意志努力去进行识记以取得记忆的结果，这叫做有意识记。在有意识记这一思维过程中，不仅要服从记忆的最高任务，还要使这一活动具有高度积极性和自觉性，才能达到良好的效果。人对一切事物的记忆，都是从识记开始的，识记就是信息的输入和编码的过程。记忆的基本条件是理解，只有理解了的东西才能记得快，记得牢。例如科学定义、规律，或文艺作品等等，这些材料本身是有意义的。我们首先要找出材料本身的内在联系，再找出新材料与自己已有的知识之间的联系，懂得了这些意义，就能比较容易地记住这些材料。

需要识记的内容是多种多样的，所以，识记的要求和方法也应该是多种多样的。可以记一篇文章的基本思想、观点、内容；也可以在理解了全文的论据和逻辑关系之后，运用提纲进行记忆；可以逐段逐句地全文背诵；也可以记下精彩的词语。另外，对一些抽象的概念、数字以及人名、地名等等，还需要进行机械识记。以上诸方面能力的培养，构成了口语表达基础训练的主要内容。打好坚实的基础，即兴口语表达能力才能系统、稳步地得到提高。

思维方式的训练

人们是用语言来表达思想的，思想是思维活动所产生的结果，语言是思维的直接现实。人的思维活动是认知过程的高级阶段。“思维是在感性认识的基础上形成概念，并且运用概念进行判断和运用判断进行推理的过程。”

思维能力的培养，在即兴口语表达这一系统工程中占有着重要的位置。加强思维能力的训练，目的在于提高即兴口语表达思路的畅达性、反应的敏捷性、推理的缜密性，使即兴口语表达过程形成活跃、积极的思维状态。

（一）发散性思维与集中性思维

发散性思维，“是指思路从某一中心向不同层次、不同方向辐射，从而引出许多新的信息的思维方式”。[①] 它“是一种开放、多向、立体的思维空间，而不拘于点、线、面上的推延，能够把你所拥有的资料、知识和信息‘用足’。其思维模式如空间爆炸状，即由一个点向任何空间放射出去，每一条轨迹，都可以形成思维的过程，最终达到目标，则成为解决问题的办法”。[②] 在临场即兴发挥的口语表达过程中，发散性思维可以帮助我们扩

① 国家教委师范教育司组编《教师口语》，第180页，北京师范大学出版社1996年4月第2版。

② 赵航：《选题论》，第31页，辽宁教育出版社1998年7月第1版。

展思路，围绕一定的主题、观点，调动记忆“仓库”中尽可能多的知识储备，并通过想象和联想，快速搜索形象化、具体化、生动、鲜活、贴切的论据用以说明、支持论点。

集中性思维，“是将许多新的信息围绕中心进行选择、归纳和重新组合”。[①] 它“和‘发散性思维’相同之处是，在这一思维活动中，先要尽量多地占有信息材料，尽量地拓展思路，善于辨识、分析、把握、挖掘它们，并将其序列化，使之具有‘活力’。而不同于‘发散性思维’的运动轨迹在于：不是从一个‘爆炸核心’点向尽可能多的想象空间去发散，去创造更新的内容；而是从无数个点上进行向‘心’运动，把已知的信息、材料及可利用的各种因素向一处收束、聚焦、集约”。[②]

如果说，发散性思维的特点是一个“放”字，其训练的重点就在于加强思维的开阔度；集中性思维的特点是一个“收”字，通过训练，要使我们能够在“放”的基础上，将无数活跃的思维的闪光点，经过提炼、浓缩、优化组合出有价值的共同的属性、共同的本质，得出带有普遍性的结论，追求即兴口语表达的深度。

（二）正向思维与逆向思维

“正向思维是指常规的思维方式，逆向思维，是指与常规思维反向的一种思维方式。”[③] 加强非常规性和灵活性的逆向思维训练，有助于我们在思考一个问题的时候，敢于打破盲目的思维定势，摆脱固有观念和思维框架的束缚，在现成的结论面前，能够提出疑问，能够“采取与传统观念相反的方向和与传统观念相对的方法来进行思考”，使即兴口语表达能够以创新的精神，在求异思维中，从新的角度探索问题并得出新的结论。

口头表达方式的训练

在这一节里，将对即兴口语表达的方式分项加以说明，并提出训练要求。目的在于了解它们各自的特点，掌握使用的规则。

（一）口头复述

口头复述是指运用口头叙述的方式重复自己说过的话、重复别人说过的话和将看过或听过的材料内容重复出来的一种练习活动。

口头复述的过程是一种把听到、看到的语言信息经过理解、加工，然后将记忆的信息内容转换为口头语言表述出来的过程。复述要求忠实于原始材料，不得歪曲、调换主要内容，观点，情节。但它又不同于机械背诵，它是在理解的基础上，经过详略的处理，突出重点，对语言重新加以组织，基本上用自己的话转述材料内容的。常用的口头复述训练方式有以下几种：

1. 口头详细复述

对原始材料进行十分详细的复述。用自己的话严格遵照原来材料的内容、顺序、结构，完整、准确、清楚地叙述。在此基础上，可以适当将复杂的语法结构调整得简单些，或将长句子化为短句子，将书面语化成通俗易懂的口语。

---

① 国家教委师范教育司组编《教师口语》，第180页，北京师范大学出版社1996年4月第2版。

② 赵航：《选题论》，第40页，辽宁教育出版社1998年7月第1版。

③ 国家教委师范教育司组编《教师口语》，第181页，北京师范大学出版社1996年4月第2版。

持之以恒、循序渐进地进行口头详细复述训练，可提高注意的稳定能力，学会全神贯注地将注意长时间集中于一定的对象；可加强记忆能力和按照逻辑线索全面把握材料内容的能力，使思维具有条理性，使口语表达具有连贯性。

2. 口头简要复述

简要复述即是：在总体把握原始材料的基础上，经过分析、综合，概括出中心、主干、要点，略去铺陈、解释性、修饰性等次要部分，简明扼要地复述出原始材料的基本内容。

记叙性材料简述要抓主要人物、事件发展的脉络；说明性材料简述要抓事物的特征、本质、功能、方法；议论性材料简述要抓中心论点及分论点。简要复述虽要求要言不繁，但不能因简害意。应力求用最经济的语言表达出最主要的内容，必须做到结构完整、条理清楚、语言准确。简要复述训练的目的在于进一步提高分析、比较、选择和归纳、综合、概括的能力，进一步加强整体性、选择性和理解性，使思维向语言的转换更快捷，顺畅。

3. 口头创造性复述

创造性复述即依据原来材料的内容，根据复述的目的、要求，对内容或形式作某些创造性的变换和扩充的复述方式。

变换，是将原有材料的人称、结构、体裁、语体等加以变换。

变换人称——把原材料的第一人称“我”，改为第三人称“他”，或把第三人称改为第一人称。

变换结构——把原材料的叙述顺序加以改变。如为增加悬念把顺叙改为倒叙，或为使头绪清楚，把倒叙改为顺叙等。

变换体裁——如把诗歌改为散文等。

变换语体——如把文言文改为现代语体口述出来等。

变换型创造性复述相当于作文中的改写。这一训练的目的在于培养多角度、多层次地认识和表述事物的能力，提高思维的灵活性和机动性，反应巧妙，表达生动。

扩充，是在理解原材料内容的基础上，经过合理的想象和联想，丰富细节、扩展情节、续编结尾、增加修饰性、说明性的内容等。

扩充型创造性复述相当于作文中的扩写。训练的目的在于培养创造力、想像力和逻辑思维能力。变换和扩充必须以原材料为依据，切不可违背原来的思想、内容、风格，切不可任意发挥、胡编乱造。

（二）口头描述

描述，是通过观察，将人、事、物、景等表达对象的特征及形态，用形象的语言描绘给人听的一种口语表达方式。它具有直观性、具体性、形象性等特征。

口头描述是一个快速“看”——“想”——“说”的过程。

1. 观察能力的训练

“看”，即观察，观察是口头描述的基础和起点。契诃夫说：“作家务必要把自己锻炼成一个目光敏锐、永不罢休的观察家！”“要把自己锻炼到让观察简直成为习惯。”观察能力对于播音员、主持人同样是非常重要的，它不仅可以帮助我们积累生活、发现生活，还可以帮助我们深刻认识生活和及时反映生活。播音员、主持人要做一个热心人、有心人，要养成观察的习惯，学会观察的方法，以强烈的社会责任感，以一双充满激情的目光观察社会、观察周围的人和事。描述的目的和要求不同，观察的方法可以十分灵活。观察，无论是由上到下或是由下到上，由远及近或是由近及远，由人到物或是由物到人，由整体到局部或是由局部到整体，都需要注意以下要求：

(1) 观察要具体。它体现在两个方面，一是全面，要多方位、多角度地了解全貌；二是细腻，只有对事物的声、色、形进行细致入微的观察，才能用形象、生动的语言作逼真的描绘。柳永的《望海潮》，将钱塘江的壮观、杭州的繁华、西湖的俏丽如泼墨写意般尽收笔底。如果没有对全貌多层次、多层面的观察，是无法描绘出这样的巨幅画卷的。而他的《雨霖铃》，又将一幅“恩爱千般，歧路相别”的“工笔画”展现在了人们眼前。无论是“烟柳画桥，风帘翠幕，参差十万人家。云树绕堤沙，怒涛卷霜雪，天堑无涯”这样的大视角，还是“执手相看泪眼，竟无语凝噎”这样的细腻笔法，都离不开作者全面而细致入微的观察。

(2) 观察要深入。要善于透过人物的服饰、表情、动作等细节，发现人物的内心世界；要善于透过事件的个别现象，发现内在的联系；要善于透过实物的表象，发现本质的特征；要善于透过画面的背景、色调，捕捉其深邃寓意等等。中国古典画论讲究“废物象而取其真”，能取其真者，需有一双孙悟空的火眼金睛，即：要能够透过现象看本质。

2. 感受能力的训练

面对人、事、物、景诸观察对象，如果不能感之于外，受之于心，就不能深入地理解观察对象，也就更谈不上迅速、有条理地组织好内部语言和词语序列。

感受，包括形象感受和逻辑感受。在描述训练过程中，重点要加强形象感受的能力。形象感受，就是要在接受观察对象刺激作用时，使视觉、听觉、味觉、嗅觉、触觉、空间知觉、时间知觉、运动知觉都进入一种积极的综合感知状态，并通过“各感知觉的互相联系、互相渗透、互相促进、互相作用”，激起内心的反应，引发感情的运动，继而寓情于景将观察对象绘声绘色地描述出来。

蓝蓝的天上白云飘，
白云下面马儿跑。
挥动鞭儿响四方，
百鸟齐飞翔。

如果要描绘出这样一幅画面，我们就必须调动起全部的感知觉。要具体感受画面的色彩，如蓝天和镶嵌在上面的白云，一望无边的青青绿草以及黑骏马，红鞭儿，色彩斑斓的飞鸟；要通过想象和联想具体感受画面提供给我们的声音，如嗒嗒的马蹄声，脆亮的挥鞭声，交响乐般的百鸟鸣叫声；要有运动着的镜头感，有远景、中景、近景、特写，让画面在人们的眼前活起来；还要体验主人公——骑马者自豪的心情。总之，描述，不仅要能够设身处地，还要能够触景生情。不仅要用眼睛看，用耳朵听，用嘴说，更重要的是用心，用自己的心灵去真切地感受。要充满热情地对待人、对待社会、对待大自然。

据《资治通鉴》卷二百一十六载：“天宝十载四月，剑南节度使鲜于仲通讨南诏蛮，大败于泸南。时仲通将兵八万……军大败，士卒死者六万人，仲通仅以身免。杨国忠掩其败状，仍叙其战功……制大募两京及河南北兵以击南诏。人闻云南多瘴疠，未战，士卒死者什八九，莫肯应募。杨国忠遣御使分道捕人，连枷送诣军所……于是行者愁怨，父母妻子送之，所在哭声振野。”诗人杜甫采用通俗的口语，将亲眼所见、亲耳所闻的这一历史事实撼人心弦地描绘了出来：

车辚辚，马萧萧，行人弓箭各在腰。
耶娘妻子走相送，尘埃不见咸阳桥。
牵衣顿足拦道哭，哭声直上干云霄。
道旁过者问行人，行人但云点行频。
或从十五北防河，便至四十西营田；
去时里正与裹头，归来头白还戍边。
边庭流血成海河，武皇开边意未已。
君不闻汉家山东二百州，千村万落生荆杞。
纵有健妇把锄犁，禾生陇亩无东西。
况复秦兵耐苦战，被驱不异犬与鸡。
长者虽有问，役夫敢申恨？
且如今年冬，未休关西卒。
县官急索租，租税从何出？
信知生男恶，反是生女好；
生女犹得嫁比邻，生男埋没随百草！
君不见青海头，古来白骨无人收。
新鬼烦冤旧鬼哭，天阴雨湿声啾啾。

《兵车行》之所以为历代推崇，不仅在于它真实地描述了一幅触目惊心的凄惨画卷，更在于描述过程中，诗人内心所迸发出的强烈的心灵感受所给予人们的震撼。有人这样评价《兵车行》：“寓情于叙事之中。无论是前一段的描写叙述，还是后一段的代人叙言，诗人激切奔越、浓郁深刻的思想感情，都自然地融会在全诗的始终，诗人那种焦虑不安、忧心如焚的形象也仿佛展现在读者面前。”没有如此强烈的感情投入，就不可能将观察到的一切如此动人地描述出来。

3. 转换编码的训练

“语言作为交际的工具，是以作为思维手段或载体为前提的。不过，作为思维载体的是语言的内部形态，作为语言交际工具的是语言的外部形态。”① 要将观察和感受到的东西“说”出来，必须经过由语言的内部形态转换为外部形态的过程，即经过由内部语言向外部语言的过渡——一个较为复杂的转换编码过程。内部语言，是在观察和感受的过程中，受生理、心理、语言等多方面因素的影响而产生的。它可能是一种“浮动的意念”、一种“具体的表象”，一些感觉或色彩的“碎片”、一些简单的“语点”，因此，它具有不

① 于根元等：《语言哲学对话》，第184页，语文出版社1999年5月第1版。

完整性和不连贯性。“内部语言是外部语言产生的基础，而外部语言则是对内部语言加工处理的结果和外在表现。”[①]“加工处理”的过程即转换编码的过程，即调动语言积极地参与思维活动，用确切的词语与思维内容相契合，使思维逐渐清晰化、具体化并最终穿上“合体”的语言外衣的过程。这一过程的任务是：按照事物的内在联系，将所要描述的事物进行梳理排列，将散乱的“碎片”穿成一条明晰的“线索”，调动知识储备用以丰富、扩展信息点并将形象性的东西词语化，序列化，程序化。

转换编码要靠思维与语言的紧密结合才能完成，思维品质的高低，会直接影响转换编码的速度与质量，而转换编码的速度与质量，又会直接影响即兴口语表达的最后一个环节——“说”能否顺利完成。因此我们认为，转换编码不仅是口头描述训练的重点，也是即兴口语表达基础训练中的重点之一。通过训练，使思维品质得到综合改善，使思维向语言过渡的途径更加畅通。

（三）即兴评述

评述，即有评论有叙述。与复述和描述的不同点在于，它不仅要述所见所闻，更重要的还要谈出所感。夹叙夹议，评述结合，使这一表达方式具有综合性特征。从复述到描述，从描述到对事实的叙述，从对事实的叙述到思考、立论、即兴谈出自己的观点，思维活动越来越复杂，表达的难度也越来越大了。

明确评述的基本要求，具备评述的基本能力，为今后能够胜任广播电视新闻评论工作打好基础，做好准备，是评述训练的主要任务。

1. 叙述的要求

（1）事实必须准确无误

述是评的基础，如果所述的内容失去真实性，评就会脱离实际。因此，评述的首要任务是掌握真实的材料，确保事实的准确无误。走马观花、道听途说，是新闻工作者的大忌。要舍得花功夫、下力气踏踏实实地搞调查研究，才能扎扎实实地掌握到第一手真实的材料。在1997年11月江泽民主席访美期间，美国有线电视网CNN在其新闻中为指责中国政府虐待囚犯，竟采用了美国演员理查德·基尔在反华电影《红色角落》中的一个镜头：中国的监狱警察一个耳光将基尔扮演的囚犯打倒在地……[②]用电影片断冒充新闻素材，是一种公然亵渎新闻真实性的行为，因此，无论其指责多么激烈，也是没有任何说服力的。1999年3月5日上午，朱镕基总理底气十足、表情从容、话语铿锵有力地在人民大会堂做了1.5万字的《政府工作报告》，据统计，其间，全场共响起了18次掌声。尤其是当讲到“年初确定的改革和发展的各项目标基本实现”时，全场掌声最为热烈。[③]国民生产总值比上年增长7.8%，虽然略低于8%的预定目标，但这是在抵御亚洲金融危机的冲击和战胜国内特大洪涝灾害的情况下取得的，来之不易；7.8%与8%，仅0.2%之差，但

---

① 李晓华主编《普通话口语教程》，第239页，河南大学出版社1996年5月第1版。

② 王纬主编《镜头里的“第四种势力”——美国电视新闻节目》，第181页，北京广播学院出版社1999年6月第1版。

③ 《北京晚报》1999年3月8日第4版。

老百姓却从这简单的数字中了解了一位敢于说实话的总理；了解了一届求真务实值得信赖的政府班子。人们说，这18次热烈的掌声不仅是为来之不易的成就而鼓，更是为我们党和政府的实事求是的作风而鼓。经历过“大跃进”“文化大革命”的中国老百姓，从一个简单的数字中，掂量出的是历史的分量，是来之不易的“真实”的分量。以上两个事例是否可以清楚地说明，真实、准确是叙述的第一要求。真实、准确，来源于扎扎实实的调查采访。因此说，培养认真负责的工作作风，培养善于发现有新闻的事实、善于全面而准确地把握事实并能够将其转化为报道或评论的能力，是叙述训练的重要内容。

（2）条理分明，重点突出

写文章讲究层次结构，话要说得清楚明白，也要讲究条理性。在对所要叙述的人、事、物、景进行深入、细致的观察之后，接下来，不是想到哪儿、看到哪儿、听到哪儿就说到哪儿，而是要快速地理清叙述的线索，确定叙述的顺序，抓住叙述的中心；明了先说什么，后说什么；哪儿轻，哪儿重；哪儿开，哪儿合；哪儿详，哪儿略；怎样开头，怎样结尾；怎样衔接、过渡、呼应等等，清清楚楚地交待出人物和事件发生、发展的时间、地点及原委过程。

（3）鲜活生动

鲜活生动，即：不是陈芝麻烂谷子，不是假话、空话、套话；要思想新、立意新、角度新、构思新，语言还要富有意趣、情趣，充满灵性，具体形象。林语堂先生在散文《说北平》的开头这样写道：“北平好像是一个魁梧的老人，具有一种老成的品格。一个城市与人相似，各有不同的品格，有的卑污狭隘，好奇多疑；有的宽怀大量，豪爽达观。北平是豪爽的，北平是宽大的。他包容着新旧两派，但他本身并不稍为之动摇。”

有人这样点评：“（林语堂先生）意欲理性地说明北平，却还回归到感性地述说北平，你应能体会到作家主体的审美眼光、审美趣味，是多么重要。”在林语堂的笔下，北平是形象可感的，因为他用的是鲜活的语言，通过恰当的比喻，使抽象的变得具体化，深奥的变得浅显易懂，概括得既生动又比较准确。广播电视即兴口语不同于书面语，它既不可能给说者提供反复修改的机会，也不可能给听者提供反复琢磨的时间，因此，叙述要力求具体、鲜活，少用抽象的概念，多用生动的事实来说明问题，使人闻过则明，听过则通，扣人心弦，引人入胜。为很好地完成这一阶段的训练任务，我们还可以根据以上三点要求，进行大量即兴命题讲述的练习，目的是为了顺利完成从组织语词——语句——语段——语篇的跨越，使叙述更具有完整性、条理性。

2. 立论的要求

（1）实事求是

实践是检验真理的唯一标准，而经得住实践检验的理论，必须以客观事实为依据。即兴评述只有严格遵循实事求是的原则，才能提炼出科学的、经得住检验的论点。

实事求是，即：论点应该建立在事实的基础上，即：结论应该产生在调查研究之后。

（2）由表及里，由浅入深

鲁迅先生曾经指出过这样一种现象：“（从《红楼梦》中）经学家看见了《易》，道学家看见淫，才子看见缠绵，革命家看见排满，流言家看见宫闱秘事……”这说明主体对客体的认识是有差异的。因此，立论，既要以客观事实为依据，又不能忽视主观能动性的重要作用。

人们对于真理的认识，有一个由表及里，由浅入深，由现象到本质的过程。对于客观事物内在本质规律性的分析、理解、认识越深入，论点建立的基础越坚实，对论点的开掘也会越有深度。《庖丁解牛》给我们的启示就在于，对客观事物认识的不断深化，是在实践基础上的对于事物内在本质和规律的准确把握。

（3）见解独到

明代文学家冯梦龙的好友在为他的小品文集《古今谭概》所作的序中说："然则谈何容易？不有学也，不足谈；不有识也，不能谈；不有胆也，不敢谈；不有牢骚而积于中而无路发摅，亦不欲谈。"有人用"知识爆炸"来形容我们所处的这个时代知识更新的范围和速度，有学、有识，就要不断学习，接受新事物，了解新生活，既了解党和政府的大政方针，也要了解老百姓的愿望和要求；除此之外，还要有胆、有情，敢于爱憎分明地坚持真理，敢于说真话。只有这几者全部具备，才有可能获得真知灼见，确立的论点才可能有新意，有独到之处。

3．几种常见的论证方法的训练

论证，"就是用论据来证明论点的过程和方法"，是由论据到论点的联系方式，即从论据的真实性推出论点的真实性的推理形式的总和。熟悉和掌握论证的方法并能够恰当地运用这些方法将论点和论据有机地联系在一起，是即兴评述训练必须完成的任务。

（1）演绎论证

演绎论证即"引用众所周知的普遍原理或者用公认的科学原理与道理推断出一个论点的论证方法，它是从一般到个别的论证方法。"①

在《触詟说赵太后》的第四段中，触詟从诸侯之子孙没有三世而侯的说起，分析其原因在于："位尊而无功，奉厚而无劳，而挟重器多也。"接着，自然而然地从这里将话题一转，推导出：

今媪尊长安君之位，而封之以膏腴之地，多予之重器，而不及今令有功于国，一旦山陵崩，长安君何以自托于赵？老臣以媪为长安君计短也，故以为其爱不若燕后。

触詟在这里运用的就是演绎论证的方法，由一般（诸侯之子孙没有三世而侯的原因）到个别（推导出"为长安君计短"的过失），循序渐进、循循善诱，具有说服力。

（2）归纳论证

归纳论证就是"通过一些个别的事例（论据），归纳其共同的属性，综合它们的共同本质，得出一个带有普遍性的结论（论点）。"②

李斯的《谏逐客书》为说明逐客到底错在哪里，李斯按时间的先后，历数了秦穆公、秦孝公、秦惠文王、秦昭襄王四位秦国君主任用客卿的事例。摆事实，无非是为了讲道理，目的是要一步步归纳出如下结论：

---

① 仲富兰：《广播评论——功能、选题与语言艺术》，第192页，复旦大学出版社1997年11月第1版。

② 同上。

此四君者，皆以客之功。由此观之，客何负于秦哉？向使四君却客而不内，疏士而不用，是使国无富利之实，而秦无疆大之名也。

在这里李斯运用的就是归纳论证的方法。归纳论证以事实为论证的基础，因此事实要真实，具有典型性；归纳要求准确，具有概括性。

（3）比喻论证

两事物只需要有一类似之点，即可用一事物比喻另一事物，从而论证一个比较抽象的事理。①

孟子的《鱼，我所欲也》其论题在于“舍生取义”。孟子主张“性善说”，“义”是“性善说”的主要内容之一，所以孟子把“义”看得比“生”还重要。而“生”与“义”是抽象的概念。为了便于理解，孟子用“鱼”喻“生”（因为，鱼是美味，但人人得而食之）；用“熊掌”喻“义”（因为，熊掌也是美味，但其美远甚于鱼，且不易得）。孟子用比喻论证的方法，形象地说明了“生”与“义”的价值的高下，使人对他所提出的“舍生取义”的主张有了更深的理解。

1995年5月，中央电视台播出了题为《医生们的困惑》的报道。主持人水均益就是运用这种方式，将极其复杂的波黑局势，概括论述得既准确透彻，又形象可感。他说：波黑冲突像一个久治不愈的病人，后来来了好多医生给病人会诊。但是，病未见好转，人们却对医生们的处方和动机产生了怀疑，医生之间也产生了分歧和争论。用“医生和病人”的比喻作基础展开论证，简洁明了，通俗易懂。

这种论证方式将逻辑思维与形象思维融贯一体，充满机趣，寓理于具体、可感的形象之中，便于人们理解、接受。

（4）类比论证

把两种具有某些相同或相似的属性的事物进行比较，用一事物的属性来论证另一事物也应具有的属性，从而确立论题的真实性。②

《晏子使楚》中写了一段楚国君臣预谋诬陷齐人为盗的故事：

晏子至，楚王赐晏子酒，酒酣，吏二缚一人诣王。王曰：“缚者曷为者也？”对曰：“齐人也，坐盗。”王视晏子曰：“齐人固善盗乎？”晏子避席对曰：“婴闻之，橘生淮南则为橘，生于淮北则为枳，叶徒相似，其实味不同。所以然者何？水土异也。今民生长于齐不盗，入楚则盗，得无楚之水土使民善盗耶？”王笑曰：“圣人非所与熙也，寡人反取病焉。”

面对楚王咄咄逼人的进攻，晏子没有正面反驳，而是运用类比论证的方法，将橘树生长在淮河以南是橘树，生长在淮河以北就成枳树，原因是水土不同这一自然现象，联系到人在不同环境的不同表现。这一机巧的类比，使晏子变被动为主动，反置楚王于尴尬的境地。

类比论证不强加于人，是在类比中自然而然地推导出结论，常能体现出一种寓刚于柔

---

① 陈宗明：《逻辑与语言表达》，第326页。

② 同上。

的说服力。

(5) 因果论证

这一论证方法是通过论证事物发展的因果关系，来揭示事物发展的必然规律。王充的《订鬼》，其论题在于："凡天地之间，有鬼，非人死精神为之也，皆人思念之所致也。"也就是说，世上本没有鬼，所谓"鬼"，不过是产生于人的畏惧心理，而不是人死后精神变鬼。为了讲清道理，王充运用因果推理，来论证"鬼"的由来：

致之何由？由于疾病。人病则忧惧，忧惧见鬼出。凡人不病则不畏惧。故得病寝衽，畏惧鬼至。畏惧则存想，存想则目虚见。

因为"病"所以"畏惧"，因为"畏惧"所以"存想"，因为在病中胡思乱想，才会出现幻视，这就是见"鬼"的原因。通过这环环紧扣的推理过程，"鬼"的虚假性就被揭穿了。

(6) 反驳论证

反驳是用自己的论证推翻别人的论证，它包括直接反驳和间接反驳。

李斯的《谏逐客书》精心挑选了一系列最能说明"客何负于秦哉"这一道理的典型材料，针锋相对地反驳秦国宗室大臣就"郑国事件"借题发挥来攻击客卿的言论，从而维护了自己的论点。鲁迅先生的《"友邦"惊诧论》用铁一般的事实，揭穿了国民党反动政府的谎言，直截了当地反驳了"友邦人士，莫名惊诧，长此以往，国将不国"的荒谬论点。这两篇文章都采用直接反驳，如此论证常具有短兵相接、一针见血的特点。

间接反驳包括归谬法与反证法。毛泽东在《反对党八股》一文中说：我们有些同志喜欢写长文章，但是没有什么内容，真是"懒婆娘的裹脚，又长又臭"。为什么一定要写得那么长，又那么空空洞洞呢？只有一种解释，就是下决心不让群众看。因为长而且空，群众看了就摇头，哪里还肯看下去呢？

在这里，毛泽东运用的就是归谬法。即，先假设被反驳的对象是真实的，然后再将被反驳的对象（一种论点或是一种做法）进行合乎逻辑的引申，引出其结论或结果的荒谬，其错误的结论或结果也就不攻自破了。

反证法是通过证明与被反驳对象相矛盾或相对立之处，证明与被反驳对象对立的论点的正确性，根据排中律的原则，也就指出了被反驳对象论点的荒谬和错误。

《史记·滑稽列传》中有这样一个故事，说楚庄王非常钟爱的一匹马死后，楚庄王居然让群臣为马服丧，听到对此不满的议论，他竟然下令："谁再阻止，判死罪！"宫中有个戏子跑到楚庄王面前大哭，楚庄王问他为什么哭，他答道："这匹马是大王最心爱的。以楚国之大，什么东西弄不到，现在以大夫礼埋葬这匹马，太寒酸了！我要求用君王的礼来埋葬。"楚庄王问他怎么个埋葬法，戏子又回答："我请求雕玉作棺，刻梓为椁……齐、赵王走在送殡队伍之前，韩、魏王担任后卫。这样，各诸侯知道了，就晓得大王贱人而贵马的事了。"

这个戏子运用的就是反证法，有人这样分析"戏子"论证的高明之处，要证明"不该用重礼葬马"，又不能直接触犯"龙颜"，戏子机智地先提出了一个反论题："该用重礼葬马"，提出这一反论题的目的是为了引出下面的判断："各诸侯会晓得大王贱人而贵马"，而引出这一对楚王非常危险的判断，目的在于用间接论证，证明“不该用重礼葬马”的正确性，也就反驳了“该用重礼葬马”的荒谬性。[①]

我们当然不可能要求即兴口语表达必须成为名垂青史的经典之作，但作为语言工作者，应该树立精品意识，应该有“语不惊人死不休”的追求。前人为我们留下了极其丰富的文学创作的宝藏，在这一节中大量举这些名篇佳作为例，无非是为了更好地学习和借鉴。在掌握论证方法这一训练阶段，对于这些名篇佳作，不仅要求熟读，还要求能够背诵。如果能学会熟练地掌握以上所运用的论证方法，无疑会使即兴评述条理更清晰，论证的逻辑性更强。

在这一阶段，还可大量进行演讲、辩论的强化训练，目的在于提高评述的综合能力，特别是熟练运用几种常见的论证方法的能力。

适应语境的训练

（一）语境的内涵

语境，是指言语环境和使用语言的环境。它包括语言的自身环境和语言的外部环境两个方面。

语言的自身环境，是指言语片段或者说上下文、前言后语的连接环境。

语言的外部环境包括主观和客观两个方面，主观方面如：谈话参与者的年龄、职业、身份、思想、修养、性格、处境、兴趣爱好、文化层次、心理背景等等；客观方面如：社会环境（政治、经济、文化、时代、历史、民族、风俗背景等等）和交谈环境（时间、地点、场所、交际对象等等）以及传播环境（传媒语境——传播媒体与媒体的要求、栏目语境——栏目与栏目的要求、节目语境——节目与节目的要求等等）。

（二）语境训练的基本要求

与书面语相比，口语表达对于环境的依赖性更为明显。换句话说，就是口语表达无法脱离一定的语言环境来进行。不同的语言环境，不仅影响和制约着口语表达的内容，还影响和制约着选择、运用、组合语言手段的方式和方法。因此说，适应语境的训练，就是要从适应语言的外部环境入手，进而选择到恰当而具体的语言自身的操作方式和方法。

适应对象：要尽可能多地了解对象，还要清楚自己所处的位置，摆正自己与交谈对象的关系。

适应社会环境：只有了解谈话所处的政治、经济、文化、时代、历史、民族、风俗背景等等，才能准确地把握所谈内容的精神实质，做到恰到火候，分寸得当。

适应交谈环境：吕叔湘先生曾经说过：“此时此地对此人说此事，这样的说法最好：对另外的人，在另外的场合，说的还是这件事，这样的说法就不一定最好，就该用另一种说法。”[②] 可见交谈环境的重要。分析并适应交谈环境，可以帮助我们选择最佳的谈话角度和方式并取得最佳的谈话效果。

适应传播环境：适应传播环境，就是既要明确媒体的性质、任务，又要明确栏目甚至

---

① 季世昌、朱净之编《对话·演讲·论辩》，第85页，江苏教育出版社1990年3月第1版。

② 《修辞学习》1986年第1期。

节目的风格、特色，这样才有可能在服从媒体、栏目、节目的共性要求的基础上，充分显现出谈话者的个性风采。

第三节 对话性即兴口语的训练

对话性即兴口语，就是谈话双方面对面的即兴交谈。在节目中，“对话”，是指主持人与采访对象或嘉宾之间“为交流信息、探讨问题而进行的口语交际活动”。

对话性即兴口语虽然采用的是人际传播的方式，但最终要达到的仍然是大众传播的目的。因此，“要以广大听众、观众为指归”，“不可忘记广大听众、观众的需求”，不可陷入日常闲聊的状态。

对话性即兴口语的特征

(一) 双向交流，互相促动

与即兴独白性口语不同，对话性口语是通过谈话双方面对面的直接交流，在一种有来有往、有问有答、互相支持、互相启发、互相推动的状态下共同完成的。双向互动的特征，使对话性口语具备这样一些优势：其一，面对面的交谈，使信息交流更准确、更真实，效率更高、速度更快；其二，有利于调动受众对节目的积极参与意识，使主持人与受众的关系更为紧密，彼此之间思想感情的沟通也更为及时、便利；其三，“问中有疏，答中有导”，互相补充，“彼此意会”，使所谈话题的内容由浅入深，丰富多彩；其四，一场充满灵性的交谈，可以避免独白性口语的单调，使场上气氛更活跃，情绪更热烈。

(二) 目的明确，针对性强

对话性口语虽然是即兴而谈，比较灵活、自然、随意，但不管是两个人还是若干人以何种形式对话，只要进入大众传媒，它要面对的就是所有收听或收看广播、电视的广大受众。这种公开性和广泛性，决定了从谈话对象的选择到话题及环境的设定，都必须具有针对性和目的性。也就是说，必须围绕一定的宣传目的和任务，既考虑到广大受众的需求，又考虑到谈话对象的身份、职业、兴趣爱好、性格特点、知识水平、理解能力等诸方面因素，有的放矢、条理分明地展开话题。

(三) 权威性和代表性

广播电视对话性即兴口语节目“是以面对面人际传播的方式，通过广播电视媒介进行的大众传播活动”。为达到大众传播的目的，应尽可能选择那些在某一领域、某一行业、某一方面，资历较深，经验较丰富，能够回答广大受众普遍关心的问题的人士作为谈话对象。这些人士的参与，无疑会使对话，尤其是人物访谈和专题讨论类节目，更具有代表性和权威性的特征。

(四) 灵活多变，充满机趣

对话是双向互动的，无论事先准备得多么充分，也不可能完全预料到对方谈话的思路，因此，不可能照本宣科。在即兴交谈、现想现说的过程中，积极地交流与反馈，快速地思考反应，会不时碰撞出灵感的火花，会不断出现新的兴奋点。这不仅会使所谈论的内容充满机趣，还会使对话更具有真实感、现场感，使节奏明快热烈，气氛活跃生动，形式变化多样。

对话性即兴口语的案头准备

主持人既是对话的创意者、策划者、组织者，也是最后的完成者。因此，对话性即兴口语节目的案头准备，应包括对节目主题、内容及表现形式的拟定；对被采访者的选择和了解；对话题及提问顺序、角度、方式的设定；对现场环境及现场观众的设计安排等。案头准备越充分，即兴表达才可能越顺畅，在临场发挥的过程中，甚至会得到意外的收获。

（一）了解谈话对象

谈话，是在双向互动的交流过程中完成的。也就是说，它要靠主持人和谈话对象的共同参与才得以进行。我们在这里所说的对象，应包括采访对象和现场的嘉宾。

知己知彼，指挥若定：熟悉对象，了解对象，主持人才能有的放矢，与对象产生默契的交流；反之，无的放矢，就可能会挂一漏万，出现差错。主持人在直播现场，就如同战地的指挥员，只有知己知彼，才能指挥若定，百战不殆。因此，有经验的主持人都很重视事先对对象的了解。了解和交流得越多，现场指挥时心中越有数，谈话越投机，气氛越和谐，越有益于主持人对现场的整体控制。

增进感情交流，深入人物的内心世界：俗话说：酒逢知己千杯少，话不投机半句多。谈话投机，其前提是彼此之间的了解和信任，若是彼此都能把对方认作“知音”或“知己”，才可能敞开心胸，谈得无拘无束；反之，彼此知之甚少，感情隔膜，谈话必不投机。因此，在案头准备的过程中，尽可能对谈话对象多做一些深入研究，这有助于增进彼此的感情交流。泛泛而谈，不可能打动人、感染人；只有心灵的对话，才可能对生命的意义作深层次的探讨，才可能给人以启示。这需要谈话双方的深入理解与信任做基础，离开了这个基础，就很难深入到人的内心世界，就很难把握对象的个性，也很难触及到那些真正有价值的话题。

（二）拟定话题

广播电视对话性即兴口语与日常生活口语的最大区别在于，它不是兴之所至的发散型随意漫谈，而是在具体目的制约下即兴完成的，具有条理性和集中性的语言创作。拟定话题，是案头准备工作中的一项重要内容。因为，拟定话题的过程，对于对话的策划者、组织者和最后完成者的主持人来说，既是深化认识节目内容和主题的过程，也是具体体现对话的条理性和集中性的设计构思过程。

1．选择话题的基本原则

要在有限的节目时间里，通过对话，尽可能丰富地满足广大受众多方面的需求，那么，就必须精心选择每一个话题。

要有信息含量：真正好的话题，应能够尽可能多地提供有价值的信息。要具有精确性、时代性、科学性、指导性、前瞻性、启示性。忌谈空话、套话、假话、废话。

要切入现实生活：真正好的话题，应能够大胆触及社会的热点、敏感点，及时回答群众关心的难点、疑点问题；不隔靴搔痒或回避矛盾，不拾人牙慧，不炒剩饭。

要具有一定的社会意义：真正好的话题，不应一味表现小情小调和小圈子内的闲言碎语。要善于从那些能够反映甚至能够影响当今社会变化的人物身上，挖掘出那些对历史、现实、生命、宇宙的透彻理解及深层次的哲学思考，为社会生活增添一些理性色彩，为社会进步做一些有意义的探讨。

要具有丰富的感受层面：真正好的话题，要给人以思想的启发、知识的补充、信息的共享、情操的陶冶、艺术的感染。总之，要具有健康的情绪、情感，要能够在即兴对话中碰撞出智慧的火花，为人提供多方面、多层次的感受。

要有个性风采：一个栏目是否有影响力，一场对话是否有吸引力，重要因素之一是看主持人是否有个性的魅力。主持人的个性，是通过独特的思想见解、独特的思维方法、独特的外型设计、独特的语言表达方式（对话中的独特的提问方式）体现出来的。要敢于选择那些既能够展现主持人的个性风采，又能够揭示谈话对象真实个性的话题，使谈话更具个性。

2．拟定话题的几个要点

找准切入点：找准切入点，对于增强信息的密集度，稳定谈话双方的情绪，营造一种宽松和谐的气氛，都十分关键。找到一个好的切入点，就是为谈话的成功打下了一个好的基础，它不仅可以帮助采访者，还可以帮助被访者迅速准确地进入角色，进入话题，进入节目所规定的语境。

精选角度：人们看问题的角度不同，实际上反映的是人们对事物的认识和把握的程度不同。所以，精选角度的过程，说到底还是对客观事实认识和深化的过程。一要有高度。一叶障目，是因为目光短浅。“欲穷千里目”，就得“更上一层楼”，也就是说，只有站在一定的高度看问题，才能对事物的发展变化有前瞻性、全局性的把握。统揽全局，视野开阔，才能敏感地捕捉到那些有价值的新闻事实，并能从看似普通的事实中，挖掘出不同寻常的政治含量。二要有广泛的关切度。只有选择那些真正同广大人民的利益息息相关的话题，才会具有广泛的关切度；具有广泛的关切度，我们所谈论的话题才能在群众中引起广泛的反响。三要有深度。我们所谈论的话题，如果仅仅着眼于对个人命运及情感的描述，仅仅着眼于对某一新闻事件来龙去脉过程的说明，就很难深入到谈话对象的内心世界，也很难透过事物的表面现象去探寻其规律和本质。就事论事，不痛不痒，这样的话题，既不可能激发人们情感的共鸣，也不可能引发人们深刻的理性思考。要有深度，就必须完成由现象到本质，由事入理的“追问”过程。离开了充分的案头准备，话筒前、镜头前的对话就会成为一种盲目的行为，就很难保证谈话的质量。因此，要认真研究背景材料，了解对象，要精心选择谈话的角度，精心拟定话题。除此而外，对于一些重要的采访，在有条件的情况下，最好能多制定几套方案或进行模拟采访练习，以备临时发生种种难以预料的变化。

主持人在对话中的心态把握

主持人在对话中起着核心作用，是对话的实际组织者。因此，他的形象是否具有亲和力，他的性格和气质是否具有吸引力，会直接影响被采访者或嘉宾、受众的情绪情感，会直接影响谈话的气氛甚至节目的质量。主持人的亲和力和吸引力源于内在的修养。在双向互动的对话交流过程中，主持人内在修养的水平，会毫无保留地集中体现在其待人接物时的心态把握及分寸感的把握上。

（一）互相尊重，平等相待

在“大人物”面前，不唯唯诺诺，无“小人物”的自卑感；在普通人面前，不趾高气扬，无名人、明星的优越感。国家元首也好，山野村民也好，只要来到话筒前、镜头前，就都是我们请来的客人，谁也不比谁高，谁也不比谁低，我们都是平等的人。

（二）要实事求是，忌哗众取宠

在对话性即兴口语表达的过程中，主持人能否通过自己的言谈举止，营造出一种宽松和谐的气氛，要看主持人是以自我表现的心态，故弄玄虚、装腔作势、哗众取宠，还是实心实意、实事求是地要解决点实际问题。

（三）设身处地替对象着想

一个善解人意的人，才能有人缘，而一个主持人的人缘好坏，会直接影响到他与谈话对象关系的融洽程度，影响到谈话的质量。所谓善解人意，关键是看你能不能设身处地地替对象着想。设身处地地替对象着想，想方设法地为对方提供方便，甘当陪衬，及时补台；还是故意出难题、设障碍，冷嘲热讽、冷眼旁观，这显然不是一个简单的技术、技巧问题，而是人格和职业道德水准的反映。把握前一种心态，不仅会使对话成为一个愉快的过程，还会使自己的朋友越来越多，路也越走越宽；把握后一种心态，不仅会使对话质量受到影响，而且自己别扭，别人也别扭，跟谁合作都是一锤子买卖，路会越走越窄。

聆听的训练

（一）聆听训练的意义

对话，是边听、边想、边问、边答交替进行的语言交流过程。一个不善于聆听的人，不管怎样能说会道，也未必能成为一个受人欢迎的谈话对象。因为，对话不是单向、封闭的活动，它需要有来有往，双向互动。所以，会听才能会说，听是说的前提和基础，听和说在对话中起着同样重要的作用。聆听是一门艺术，它有其自身的规律、特点和训练难度。首先，与“阅读”相比，“聆听”的思维含量相对要更大些。因为“听”不具备“看”的直观性和具体性，所以在“听”的过程中，思维起码要完成两个任务：一是运用形象思维，让无形的语言信息在脑子里活起来，并将其丰富为有形而可感的东西；二是运用逻辑思维，对于那些零散、抽象的信息点，要进行条理化、具体化的分析处理。另外，“聆听”的速度并不能由听者自己掌握，语音稍纵即逝，没有条件像“阅读”那样反复琢磨，更不可能停下来颠来倒去地听，因此，与“阅读”相比，“聆听”的思维速度相对要更快些。①还有一点，就是“聆听”的思维过程要比无声的“阅读”更复杂，“听”与“看”必须密切合作，互相支持，互相补充。要“听其言”还要“观其行”，要善于察言还必须要善于观色。思维含量大、速度快、过程复杂，“聆听”的难度在于此，特点也在于此。抓住特点，坚持训练，对于改善和提高思维品质将会大有益处。

（二）聆听的技巧和需要注意的问题

聆听需要耐心。

---

① 宁鸿彬、郭外：《听和说的技巧》，第3页，北京理工大学出版社1988年12月第1版。

随便插话，随便打断对方或表现出不耐烦的样子，会分散对方的注意力，影响对方的情绪。能够耐心地倾听，是一种良好的品质和教养，它会用安详和宁静的神情去战胜浮躁的心境。

聆听需要热心。

目光呆滞，表情麻木，会影响谈话的气氛，减弱说者向人倾吐的热情。能够热心地倾听，是一种强烈的责任感和旺盛的生命力的体现，那热切和真诚的目光足以消除人与人之间心灵的隔阂。

聆听需要专心。

边听、边看、边想、边记，一心二用不可能同时完成这么多环节。要聚精会神，不仅要听清说者的思路，抓住其重点，还要善于察言观色，能听出弦外之音，言外之意。

聆听还要虚心。

知之为知之，不知为不知，要以真诚的态度，虚心求教，认真探讨问题，提高说者的兴趣；而不能抱着挑剔的态度，装腔作势或居高临下，表现得不屑一听，干扰说者的思绪。

对话性即兴口语的现场把握

在对话性即兴口语表达的过程中，主持人（记者）的核心和主导作用，体现在能够从头至尾把握话题的发展趋向，把握现场的气氛和节奏上。避免被动，争取主动，才能有效地“把握”，因此，应该注意以下几个方面：

一是，目标要集中，提问要具体。空泛的提问，会让人感到无从说起，或造成冷场，或使话题零散，东拉西扯，不着边际。因此，有的主持人给自己提出了硬性规定，即，永远不使用类似这样大而空、架子十足又让人不得要领的语言：“那么，请您就这个问题谈一下自己的感受。”提问集中而具体，为话题的展开限定了范围，主持人（记者）就可以在对话现场争取主动权，就可以在明确目的的制约下，一步步引领着话题朝着事先预想的方向发展，而不是聊到哪儿算哪儿，被动地让对方的思绪或情绪牵着鼻子走。

二是，要具备很强的理解力，能够及时摸清对方的思绪。采访对象或嘉宾的水平参差不齐，要善于将他们或清晰或混乱，或深奥或直白，或规范或含糊不清、零散无序的话语进行条理化的分析归纳。面对较强的谈话对象，不要“答非所问”或无的放矢地问一些无关紧要的问题，而要让对方获得一种心智对等、棋逢对手的感受。你有感而问，他不吐不快。正如一位主持人所说：“一个主持人不可能在每一个领域里都是专家，但是他必须有相应的理解能力和分析能力。”具备这样的能力，你才能迅速有效地融入话题，控制话题，通过与对象真实交流，谈出真知灼见。面对思维水平和语言表达能力较弱的谈话对象，还要及时帮助他分析归纳，提醒诱导，“补台”“救场”，而不致偏离主题，涣散场上气氛。

三是，主题明确，线索清晰。对话犹如放风筝，无论飞得多高多远，那根线却始终牢牢地攥在自己手里，主动应变，收放自如。牢牢抓住对话的主线，抓住主动权，就要头脑清醒，冷静果敢，随机应变，把握机会。

四是，要见缝插针，善于调整对话的节奏。无论多么精彩的话题，如果一味紧张或一味平铺直叙，都会使人感到疲倦。要密切关注对象的情绪变化，合理利用心理注意的最佳时间，通过语气的变化，重点的强调，话题的转换，角度的调整等手段，层次分明、张弛有序、有起有伏地不断激活对象的心理兴奋点。

第二十九章 停 连

第一节 停连是有声语言的“标点符号”

停连

停连是指在有声语言的流动过程中，声音的中断和连接。我们给停连下的定义是：在有声语言表达过程中，声音中断、休止的地方就是停顿。反之，那些不中断、不休止的地方（特别是有标点符号，而不中断、不休止的地方）就叫连接。

为什么要有停连

作者写的文字稿件，不能从头到尾不点一个标点而一气呵成。它要借助标点符号来标明句读和语气等等，来表达自己的感受，阐明自己的思想、观点。同样，播音员在有声语言的表达过程中，也不可能一口气把全篇稿件播完，就像人们日常谈话或开会做报告不可能一口气把话说完一样，中间必须有停顿和换气的地方。如果不停地说，既不符合说话人的生理、心理要求，听话的人也不可能听懂、听好。因此，有声语言的表达也必须有自己的标点符号，那就是停连。

当然，这样说只是一种比喻，不能将停连与文字语言的标点符号完全等同起来。

大家知道，语言是人类所特有的用来表达思想、交流思想的工具，是一种特殊的社会现象。它由语音、词汇和语法构成一定的系统，一视同仁地为各个阶级服务。作者写的文字稿件属于文字语言，他的创作是借助文字的视觉功能，在读者的心目中建立起具体的形象。在创作过程中，作者必须恰当地组织句子，严格地选择词汇，正确地使用标点符号等等，最后形成社会成员约定俗成、可以接受的文字语言。因此，文字作品是一种具有比较稳定体系的语言实体。

有声语言播音则不同。播音时，播音员要把稿件内容传达给受众，就变成了具体的说话人。有声语言是靠声音同受众的听觉记忆进行交流的，而听觉有一听而过不便于记忆的局限性。因此，在创作过程中光有普通读者的理解和感受是不行的，必须寻找一些共同的表达规律，使有声语言的表达“有章可循，有法可依”。而“停连”正是其中的规律之一。

第二节　停连的位置和时间

语法是词的构成、词的变化规则和组词造句的规则的总和，也就是使用同一种语言的人共同理解、共同接受、共同遵守的语言组合法则的整体。因此，我们在有声语言的运动过程中，也必须遵守这个法则，并用停连表现这些法则。

在播读稿件时，句号、问号、感叹号是表示一句话完了的意思，停顿时间相对较长，逗号表示句子较小的停顿，顿号表明并列的意思，冒号用以提示下文等等，我们都可以在有声语言中给以准确表达。这是符合语法规则的。但是，掌握了语法只是准确地使用停连的基础，两者应区别开。正确地运用语法是全社会使用语言的人共同遵守的总模式。有声语言是在这个总模式基础上的个人说话活动。个人的说话活动往往打破有些人把几种符号规定为停多长时间，必须在哪儿停等等的限制。

因为，在很多情况下，文字语言的标点不能满足有声语言标点的需要。在这种情况下，有时文字语言该停的地方，有声语言不一定停，文字语言不该停的地方，有时有声语言必须停。这里有生理的需要，也有表情达意的需要。生理上的需要是句子过长、内容较多，不可能一口气把它读下来，需要调节气息，同时也便于受众理解。

如："中国政府代表、中国常驻联合国日内瓦办事处代表团临时代表侯志通今天上午在日内瓦关贸总协定总部向总协定总干事邓克尔博士递交了一份照会。"

这句话有63个字。如果中间不换气按正常的播出速度播，是不可能把它完整地播完的。如果是深吸一口气能够用很快的速度把它播完，也会憋得难受，受众也不可能听懂。这是生理需要的停连。

表情达意需要的停连就更多了。这时需要打破标点符号的限制：文字语言该停的地方，有声语言不能停，如果停了语意就不会清楚；文字语言不该大停顿的时候，有声语言却要有较大的停顿。

例①："根据市场的变化∧厂领导开始重视国内市场的开发。"

例②："他们确定了'生产、销售、服务'一体和全方位、多层次、多渠道的经营方针。"

例③："每种产品都有大、中、小三种规格。"

例①中间没有标点，但我们有声语言必须在"变化"后停顿，处理成有标点。再看例②和例③两句的顿号处理，例②的两组顿号应处理成连接号，呈停而不断的连接方式较为合理。而例③的顿号则不同，要处理成中间没有标点，句子内容才清楚。这也是打破了标点符号的限制。所以说，停和连不论在哪里运用，都要服从内容和思想感情运动的需要，这才是有声语言的真正标点——"停连"。

第三节 停连的分类

前边说的“什么是停连”的问题，下面我们看看停连的分类。我们把停连归纳成十种类型。它们是：区分性停连、呼应性停连、并列性停连、分合性停连、强调性停连、判断性停连、转换性停连、生理性停连、回味性停连、灵活性停连。

这十种停连虽不能把所有的停连方式都囊括进去，但如果掌握了这十种停连后，就可以在此基础上举一反三，繁衍出多种方式。但要注意不论运用哪一种停连，都不能脱离开稿件内容的要求和思想感情运动的需要。

区分性停连

区分性停连包括的内容较多也较灵活，稿件中词或短语之间、句与句、层与层、部分与部分之间都有区分性停连。

例：“锅里再放醋、白糖∧炒成汁，再放少许淀粉，汁炒稠以后，放凉了才能用。”

这短短的一句话，词与词之间是什么关系呢？先看锅里再放什么？是再放醋、白糖，放好这两样以后再炒成汁。如在顿号处停，就成了“白糖炒成汁”了，作料少了一种。因此，必须在“白糖”后边停。这就叫区分性停连。这是较容易的区分性停连，还有较复杂成分的句子，更需要掌握好区分性停连。

例：“中国政府代表、中国常驻联合国日内瓦办事处代表团临时代表侯志通∧今天上午在日内瓦关贸总协定总部∧向总协定总干事邓克尔博士递交了一份照会。”

这个句子中间只用了一个顿号，修饰成分多，所以就需要播音员区分好，播清楚谁在哪儿，干了什么。如果按上边做标记的区分性停连来处理就明白多了。相反，如果不细致区分句子成分，就容易在表达过程中出现语意不清或语气不顺的问题。

还有一种因停连不当出现的错误，在播音中也常出现，易使受众费解。

例：“在董村西街里，只要一提起长波喂的那头大黄牛……”

这句话的意思是，名叫“长波”的人喂养的大黄牛。因此，一定要在“长波”后边稍作顿挫，可有的人停在“喂的”后边，变成了“长波喂的”大黄牛，这样语意就不清楚了，人名不叫“长波”而叫“长波喂”了，使受众产生了费解。这种不顾语意的随意停连的问题，在日常播音中出现得很多，又往往引不起人们的重视。所以，应注意区分性停连。

呼应性停连

呼应性停连是在有“呼”有“应”的句子里体现呼应关系的停连。这种停连要理清句子成分中哪个是“呼”哪个是“应”。其实也是在理清语句的本意上进行的。要分清是一呼一应，一呼几应还是几呼一应，或者是先呼后应等等。

例①：“下面请大家欣赏∧两首维吾尔族民歌。”

其中“欣赏”是“呼”，“民歌”是“应”，这是一呼一应。因此，一定要在“欣赏”后边停。

例②："什么是人情味儿？于锡财觉得，无非是多讲点人之常情，多尊重人、理解人、爱护人呗！"

这一段中第一句话是"呼"，而"无非是"后边是"应"，这是一呼四应。这种呼应性停连关键在"呼"和"应"的交接点处停。不论是几个"应"，"应"与"应"之间都属于并列关系。如果只注意了开头的"应"，而不注意后边的几个"应"，出来的结果就成为"一呼一应"而不是"一呼几应"了。

还有一种较复杂的呼应关系，大呼应中套着小呼应。

例："广州市万名共青团员和青少年，大张旗鼓地开展'高举雷锋精神的火炬、设计90年代新广州'的宣传行动日活动。"

这句话就较复杂了，"开展"是大呼，因此，在它的后边一定要停。"宣传行动日活动"是大应，因此在它的前边也要停。这个大呼与大应中间还套着两个小呼与小应，小呼与小应之间又是并列关系，所以，在"高举"与"设计"后边也可以有小停顿，但绝对不能超过大呼与大应的停顿时间，而且还不能破坏两个小呼小应之间的并列关系。从这点可以看出，呼应性停连在较复杂的句子中，更能发挥它的作用。

并列性停连

并列性停连，是指稿件中的语句之间属于并列关系，这种语句之间的关系，播音时处理的方法基本相同，而且是播音中常用的一种手法。像朱自清的散文《春》的开头。

例："山，朗润起来了，水，涨起来了，太阳的脸红起来了。"

这三句之间是并列关系，在停顿时一般处理是一样的，不能有的停顿时间长，有的停顿时间短，反之就会破坏它们之间的并列关系。

还有一种是稿件中有一连串的并列关系，稍不注意就会使语句关系不清；如果运用并列性停连，就显得简单明了了。

例："服装上直的、斜的打折，利用纽扣、花边、花结对服装进行修饰……"

这一句一看便知是由两个小并列组成的一个大并列关系。因此，在"直的、斜的打折"后边一定要停。再具体一点就是，要显示出小并列，还必须在"服装上"、"利用"、"花结"的后边停顿。

还有一种是一连串的顿号之间的并列关系，处理不好，易使句子不清或接不上，这时可以分组停连，也不破坏它的并列关系。

例："涉及核技术、能源与交通技术、电子与通信技术、新材料、新工艺、测试分析技术、化工技术机械工程与矿山技术、医疗卫生与生物技术、环境保护技术、管理工程与软件技术等方面。"

这一段按上面的方法停，既不影响它们之间的并列关系，又可在每个停连处换气。相反，如果完全按顿号来停，就显得单调呆板或散乱一片了。

句子中用"和、与、跟、同、及"这些连词时，要处理好并列关系。

例："冒充新加坡影视公司驻华代表、美国旧金山驻深圳办事处、北京华夏艺术中心代表和长春电影制片厂《姊妹乾坤剑》摄制组导演……"

这一段“和”的前后是并列关系，而“和”前的两个顿号之间也是并列关系，这样句子就较长了，既有顿号之间的并列关系，又有“和”前后的并列关系。因此，要在“和”的前后都停顿，不然就易在“制片厂”的后边停，如果这样停就多出一个并列句，听起来就易产生误解。

分合性停连

分合性停连一般用于分合性句式上。有的句式是先分开说，然后再总起来说。这种句子的停连位置往往在分与合的交接处。

例：“只见那颗颗珍珠，∧有大如羊奶子头的，有小如红豆的，∧光华夺目、熠熠生辉。”

这一段按文章的发展序列，“珍珠”后边该分说了，所以要停，再往下两个“有”句是分说，后边是总括，因此，在两个“有”句后边也一定要停。一般情况下这种分合性句式，都有“领起”句、“分说”句和“总括”句这么三项。凡遇到这样的句式都要在它的“领起与分说”、“分说与总括”的交接点处停连。这样播讲省力，受众也听得清楚。这就是分合性停连。

强调性停连

强调性停连是播讲人因感情和强调重点的需要而运用的一种停连，是在重点的“前”和“后”加停顿，以突出重点。

例：“不管洞身多窄、空气多不好、时间多长，他∧都能忍受。”

为了强调“都能忍受”就在它的前边停，就显出了他的坚强。这是重点前加停顿。

例：“打量，∧就是上上下下地看，就像要看出什么问题似的。”

为了强调“打量”而在它的后边停，这样就突出了“打量”和别的看法的不同。

例：“在许多场合，∧司机∧是决定出不出车祸的关键。”

这一句为了强调“司机”，在司机的前一句就要放下来快带过去，然后停顿，接下来再把“司机”一词突出后停顿，而且这个停顿要比前边的停顿时间长且干脆，使受众立刻感觉到“司机”的重要性。

这种强调性停连从全篇稿件看，运用得较多，凡是你想要强调的重点，不论大与小都可使用强调性停连。当然离不开感情色彩的衬托，同时也和重音有直接的关系，这里就不展开谈了。

判断性停连

既然是判断性停连就应有思维过程，在思维过程中的感受就应明显。比如说，此事物是什么样？表达中应怎样体现？这就需要运用判断性停连。因此，在稿件中有判断过程表现的时候，就应在判断、思索的地方进行判断性停连，以表达出此时的思维过程。

例①：“老遛听到了一声似乎是树倒的声音。∧不好，有人偷树了。”

第一句：“听到了一声似乎是树倒的声音”之后要判断，是怎么回事儿？凭着职业敏感，立刻想到是有人偷树。有了这个过程以后，再说“不好”。因此，在“不好”之前一定要有个判断性停连。思维也跟着运动，受众也随着你的感情而运动，这样的停连就是判断性停连。

例②：“噢，∧他明白了。”

随着“噢”音的出现，心理也应该有“明白了”这个过程，而表达时“噢”音要延长音节后停顿，再接着说“他明白了”，这样整个判断过程就出来了。

有的人表达时易急，还没等体现出这个过程就接下文了，这样就不成其为判断性停连了。

转换性停连

转换性停连是由一个意思转向另一个意思的时候运用的停连。在转换时感情色彩要出来，感情色彩不够，就转换不过来。这种停连在稿件中运用的也较多。在层与层、段与段、句与句之间都有这样的停连。

例：“按说日子好了，吃点喝点享受点，也没多大不是。∧可细细想来，钱挣得那么不容易，就这么流水似的花了，值不值呢?”

这一段中的转换是以“按说……可……”来体现的。因此，在“没多大不是”后边一定要停，在接下一句时，心里要先转过来后嘴上才能出声，这样出来的效果才能自然。另外，转换性停连在与其他技巧配合时也是很重要的。还有，当内容没有转换性词语而内容也是转换性语句的时候，就更需要掌握好转换性停连的位置和时间了。

生理性停连

生理性停连不是指播讲人本身气息不够时而使用的停连，而是指稿件中的人物因生理上的需要产生的异态语气。如：上气不接下气、断断续续、口吃等状态。运用这种停连也需要有播音员的感情色彩做陪衬。

例：“‘不！不……不是!’雪老倌一个劲儿地解释。”

这里的几个“不”是稿件中的人物，急得满脸通红，不知说什么好时的神态再现。因此，在表达“不”时可以运用生理性停连，并随着上下文的脉络自然进行。同时播讲人主观上也应感受到当时人物着急得说不出话来的心情，这样才能和稿件中的人物心理相吻合。但应注意，只要表达出人物心里明白急得嘴上说不出来的心情就可以了，不能不顾内容人为地去渲染。如有些通讯中常有人物在临终前的嘱托，断断续续地说出，我们在表达时要掌握好上下文的关系，此人物发展到此时是什么样的，在这种情况下运用生理性停连就易准确了。

回味性停连

回味性停连，关键在于“回味”。既然是回味就不能一播而过，而是给受众留下回味想象的余地。因此，要加深受众的印象，可以在感情运动的情况下运用回味性停连，那么在什么地方用呢？一般在稿件中有需要展开想象发人深思的地方运用。运用这种停连，停的时候时间要给足，在强调的词后边停顿才叫“回味”。

例①：“李支书望着雪老倌的背影，呆呆地站在那里，一动也不动，一直看他走远、走远……”∧

随着思想感情的运动，在播完“走远……”之后一定要有一个较长的停顿才能接下面的内容。这段的背景是“雪老倌”不够万元户，上级硬让他凑数，奖给他一辆自行车，因此，雪老倌来退车。退车后李支书望着雪老倌的背影，心情之复杂是可以想象的。表达时的停顿过短就不发人深省了，留给受众的印象也不会深，这是整个一个情节完了以后运用的停连。另外，还有句中需要回味的。

例②：“锅里的水吱吱地响，老大娘里屋外屋地忙。烧完热水，又端饺子，又端鸡蛋，香味∧伴着腾腾的热气在屋里弥漫。”

在“香味”后边要有一个回味性停连，这个停顿的时间要短就不易感觉香。因此，当播到“香味”时，要使受众感觉到热腾腾的水饺马上就能吃到一样。

灵活性停连

灵活性停连是针对生搬硬套地运用停连而言的。因为，每个人的文化修养不同，声音条件不同，表达方法就不可能完全一样，更何况多种技巧之间又是相互渗透相互交叉的呢。因此，不一定非要一是一、二是二地分清这里用什么停连，那里用什么停连；非要在这里停或那里停等等。只要在内容允许的情况下，又符合思想感情运动的需要，在哪儿停受众更能接受，你就可以灵活运用停连，这就是灵活性停连。

例：“他来到北海岸边，细心观察：∧哪天桃花开了，哪天柳絮飞了，哪天布谷鸟∧叫了。这些自然现象的变化，他都做了翔实的记录。∧遇到工作紧张或者外出，他就让爱人帮着∧留心燕子什么时候会飞来，也让他女儿帮着观察∧北海的水什么时候初融，还让邻居的孩子向他报告∧哪天杏花开了第一朵。”

这一段既有分合性停连，又有并列性停连。第一组并列关系中三个“哪天”的分说句都很短，句子中间不停，句子之后停是很正常的。但是，为了不显呆板，前两句不停，后一句就可以在“布谷鸟”后边用一个小顿挫，这样既不打破并列关系，又显得灵活，更吸引受众。同样，后边的一组并列关系也可以这样。三个并列句“让……”的停连，灵活性更大。可以在“帮着”前边停，也可以在“帮着”后边停。还可以在“留心、观察、报告”的后边停。只要不影响语意，能够加强同受众的交流就行。哪样停更能使受众接受，更能符合感情的需要，就运用哪种停连，就在哪儿停。总之，灵活性停连是为了加强受众与播者心理交流，随思想感情运动而灵活运用的一种停连方式。

以上介绍了十种停连，但应注意有了这十种停连不是所有停连问题都解决了。播音是一门综合艺术，表达过程中会因内容的不同、稿件体裁的不同、播音员本人的素质不同等等，技巧的运用也会千变万化。因此，停连的运用绝不能生搬硬套，而是把基本方法掌握后，每个人可在不断探索中、不断发展中前进。总之要“依文意、合文气、顺文势”。

第四节　常见的停连处理方式

有了停连的位置和时间，那么用什么方式才能表达出来呢？这也是很关键的问题。光有方法不知道怎么运用，方法就成了空理论。

停顿方式

（一）落停缓收

落停是指在一句话、一个层次或一篇文章结束后使用的。落停要求声音随着内容的需要进行。内容需要到此处收住，而声音也要处于落式放下来，然后缓缓收住，气息也正好在落收时用完，停的时间稍长，这适合于全篇稿件的结尾。如果在稿件当中使用落停，那么落停后接下一句时，必须重新换气。当然思想感情运动线时刻不能断。落停一般用于较平稳的、松弛的内容。而在这种情况下的落停一般都是缓缓收住。

例①："盼望着，盼望着，东风来了，春天的脚步近了。"

说到"近了"两个字的时候，要放下来，声音处于落式。"近了"两个字要拉开"近——了"缓缓收住。而要把"近了"放下来，就要把"春天的脚步"几个字快带过去，成稍上扬的趋势，这样才能显出后面"近了"两个字的落停和缓收。

还有在全篇文章结束时也有落停缓收的。

例②："乌篷船，很不起眼，它也在发光，多好。"

"多好"后落停，同时带有很浓的感情色彩，发自内心地赞美乌篷船，声音放下来后再缓缓地收住。

（二）扬停强收

从"扬停强收"这几个字就可以看出，一般呈上扬趋势的差不多都用强收。这样的停连句用声大些，气息支撑也较有力，唇舌的力度也较强。一般情况下，在稿件内容表达较雄壮、自豪、坚定的情节时运用扬停强收。

再有，如果是在稿件当中运用扬停强收，停顿后接下一句时就要放下来了，不然会给人全篇结束的错觉。

例："公培波抱着嗤嗤冒烟的炸药包，以迅雷不及掩耳之势跃出哨位，奋不顾身地扑向敌人。敌人被公培波的举动吓破了胆，掉头就跑。"

当播到"扑向敌人"时，语势呈上扬强收的趋势，然后接下一句时就要放下来缓起了。这和节奏有直接的关系。这里不赘述。

如果是全篇稿件结束而使用扬停强收，就应有结束全篇的感觉，此时是上扬后强收结束全篇，而不能给受众留下还没完的感觉。

连接方式

（一）停而徐连

这种停连给人一种似停非停之感，平时常用"顿挫"来形容。这种顿挫主要是以连接为主，因为顿挫有时不需要喘气或深呼吸，是声挫气连，一般用于较舒缓的内容，而且适合于一句话或一段当中的连接。

例："吴炎昌还如数家珍地向我们介绍了附近哪个厂生产毛絲纶，价格多少；哪个小企业今年发展最快，支书姓什么，厂长有什么脾气。"

这一段中的几个连接都用徐连，不用换气，而是在句头换好后把整句话说完，但声音上一定要有小小的顿挫，顿挫后一悠就连起来了。这种连接一般用于并列性停连较多。

（二）停后紧连

停后紧连一般用于有标点符号，内容又联系紧密的地方。这种停顿是停后迅速连接，给人中间没有接点的感觉。有时甚至不用换气，只用胸中的余气一就就可以了。一般是紧连快带，这里往往是在紧连的前后用慢来显示，慢中有快。

例："老遛听到了一声似乎是树倒的声音。∧不好，有人偷树了。他大声喊：∧'谁，站住。'一边喊，一边追了上去。"

这一段的第一句结束后是判断性停顿，所以是慢处理，慢后该快了。接"不好"时紧连，并且把"有人偷树了"快带过去才能表达急迫感。同时在"大声喊"后也应紧连，直到结束都是紧连快带。这样处理动作感强，情节发展线也清楚，顺势而下。

停连的处理方法大致有这几种，但在运用时就不见得局限于这几种方法。在这几种方法的基础上去发挥自己的创造，也一定要遵循从内容出发并符合思想感情运动的需要这一原则。同时还注意与其他技巧的密切配合，重音、语气、节奏的不同，停连的处理也会有不同，如，"快中有慢、慢中有快、欲扬先抑、欲抑先扬"的技巧就与连接有直接的关系。

最后，我们把播音的停连符号在这里约定一下，使有声语言中的停连标记尽量统一起来，逐渐被运用有声语言的人所承认。

、　挫号，停顿的时间较短，用于没有标点而又不影响内容连贯性的地方。

∧　停顿号，停顿的时间稍长，用于句子或小层次之后。

$\wedge\!\!\wedge$　间歇号，停顿的时间更长，用于句子或大层次之后。

⌣　连接号，用于有标点而需要连接的地方。

∧____　灵活符号，用于长句子中没有标点而需要换气或顿挫的地方，这种顿挫不影响内容的完整性。

例：

本台通讯员报道："本市水泥厂核心区和水源三厂、八厂防护区的44项污染源、已经得到全面治理。这是今年市政府为群众办的环保实事之一。$\wedge\!\!\wedge$

"本市从1981年开始着手治理水源污染源，主要工作是∧清除一些单位修建在水源井核心区和防护区范围内的渗井、油库、厕所等设施、以及垃圾堆。∧到去年为止，全市已经完成了、85项污染源的治理工作。、今年市政府列入计划需要治理的项目有23个。许多单位予以积极支持。$\wedge\!\!\wedge$"

这一条的第二自然段的第二句，用了灵活性符号，因为句子长，从头至尾读下来较难，听众也不易懂，同时如果断句不当还会出现错误。在"一些"后边停，成了"清除一些"，句子不通，在"单位"后边停更不行，成了"清除一些单位"，更令人费解。这样在句子长、易出现停连不当、播讲人又不好记的情况下使用灵活性停连符号，会很有帮助。

第三十章

重　　音

第一节　重音的概念

什么是重音

什么是重音呢？语言是由各个句子组成的，句子又是由词和短语构成的，而词语在稿件中所占的分量有重要些的，又有次要些的。其中，那些最能体现语句目的、最能表达思想感情的词或短语就是重音。因此，我们给重音下的定义是：在播音中，那些根据语句目的、思想感情需要而给以强调的词或短语就叫重音。

重音不同于词的轻重格式

重音是对语句而言，是指句子中间根据内容和思想感情运动的需要所强调的词语。它是针对语句目的而言的。语句目的不同，重音的强调也就不同。

例：“我去看电影。”

如果语句目的要回答“谁去”的问题，那么重音就放在“我”上。语句目的是回答“做什么”的意思时，那么重音就应放在“看电影”上。而语句目的是要说明“去还是不去”的时候，重音就应放在“去”上。这就是语句重音。

但是，还要强调，语句重音虽然是指一句话的重点，但也不能孤立地只在一句话里确定。因为在节目中，每一个句子都是系统中的一分子，尽管是语句重音也不能脱离开具体的上下文而独立存在。

词的轻重格式是指音节之间的音强比较，多数情况下词的轻重格式在语流中是不变的，即相对稳定。这是受语音规律限定的。

例如：“政府”是中重格式，而不能读成重中格式，这是约定俗成的。可很多人在初学播音时往往把中重格式错读成重中格式，听起来似乎是重音问题，但实质上是词的“轻重格式”问题。这样一来对语句重音的强调就起了很大的干扰作用。

重音不等于重读

顾名思义，“重读”就是加重声音朗读。它只是加重声音这一种表达方法。而重音是有主有次的，那么，光从有主有次这一点来说，强调重音都用加重声音来处理也是矛盾的。主要重音用加重声音来处理，次要重音也用加重声音来处理，就没有主次之分了。

再者，重音并不是一成不变的，不要求每个人强调的重音必须一致。因为，播音重音是在语流中体现出来的。所谓在语流中体现是指：在发声时，语音不是一个个孤立地发出，而是连续发出的。在连续发出的语流中，一个音或一个词往往可能由于邻近音或邻近词的影响，又加之播讲人表达方法、表达风格的不同，或每个人运用节奏的快慢、声音的高低强弱、感情色彩的变化、气息的深浅不同等等而发生一些变化。因此，重音的强调也不可能每个人都限于重读这一种格式。

再有，重音是播讲人在准备稿件过程中，通过感官接触到稿件中所反映的事物、现象，然后经过认识感受，使稿件内容在头脑中有一个概括的反映。在此基础上将主要重音和次要重音从稿件中提取出来，加以概括而形成的重音，到表达时，重音的强调已是播讲人从感性认识到理性认识的一个飞跃了。每个人的感受能力、概括能力各不相同，重音的表达也不可能只有一种方法“重读”。

同时，如果重音都用加重声音来强调也显得单调呆板，而且也不符合思想感情运动的需要。特别是在较轻松、舒展的稿件中更不能都用加重声音来强调重音，很多是用语气来体现的。所以重音不等于重读。

习惯重音不符合内容的需要

我们知道了重音是对稿件中语言目的的集中概括，重音所表达的是具体语句的重点或语句之间的关系。就这一点来说，重音和稿件内容的要求是一致的。从重音和稿件内容的关系来说，稿件必须借助于一定的语言材料而存在，必须通过语句以及语句之间的关系巩固下来。而重音则是依据稿件内容而存在的，所以重音离不开稿件，稿件内容的需要是重音的基础，不表现稿件内容的重音是不应出现的。

而习惯重音是播讲人无意识强调出来的，它不依据稿件内容而存在。因此，它往往不符合稿件内容的需要。人们用言语进行交际包括两方面：一方面是，说话人运用语言这个工具来表达自己的思想；另一方面是听话人通过这样的工具来理解对方所表达的思想。所以说，不管说话人是有意识还是无意识传达出来的语言，听话人都据此理解说话人的思想感情。传达得准确，给受众带来方便，反之会给受众带来麻烦或误解。因此，不符合内容需要而出现的习惯性重音必须杜绝。

第二节 语句重音的位置

前边已经明确地写道，重音是语句重音，是在语流中把握的。既然是在语流中把握就不能孤立地看一句话而确定重音。播讲人必须通过在对全篇稿件的理解感受的基础上，明确具体语句在全篇稿件中所处的位置和分量，才能确定语句重音。

我们把重音的位置分成十种：并列性重音、对比性重音、呼应性重音、递进性重音、转折性重音、肯定性重音、强调性重音、比喻性重音、拟声性重音、反义性重音。

当然这里例举的十种重音也并不是说所有的播讲人运用的重音都只限于这十种。我们知道，每一个人不论说话，还是做文章都有自己的特点。这种特点表现在两个方面：一是对语言材料的选择和运用，这是构成个人语言特点的主要方面；二是社会成员在运用语言时会不同程度地超出已有语言材料和语言规则的范围。所以说，这里所例举的十种重音并不限制个人技巧的发挥。但我们这里总结的十种重音是在对大量的语言材料、语言现象概括分析之后抽象出来的，反映了重音位置的主要方面。掌握好这十种重音，会对我们的播音表达起到纲举目张的作用。下面我们具体谈谈这十种重音。

并列性重音

停连中有并列性停连，它是显示段落、语句、词语的并列关系的；而并列性重音是指在段落、语句中有并列关系的某些词或短语。我们要通过有声语言显示它们之间的并列关系，不光是运用并列性停连，而且也要在那些具有并列性关系的词或短语上确定重音，这就是并列性重音。既然是并列性重音，那么至少也得有两个以上同样重要的重音。

例①：“利用纽扣、花边、花结对服装进行修饰。”

例②：“山朗润起来了，水涨起来了，太阳的脸红起来了。”

例①是并列性语句中的一句话，而这句中的“纽扣、花边、花结”是并列性重音。它的目的是说明如何对服装进行修饰的。三个重音同等重要属于并列性重音。

例②中有三个并列句，要显示它们的并列关系，一是要运用并列性停连，二是要运用并列性重音。“山、水、太阳的脸”为一组，“朗润、涨、红”为一组，这两组并列性重音，应以前一组为主，后一组为次，一经突出就表明“山、水、太阳”都染上了春天的气息，语句目的很明确，重音又都在两个以上。

再有《中国石拱桥》中的“赵州桥、卢沟桥”这两个并列重音，它的意图在段与段之间属于并列关系。先说赵州桥，再说卢沟桥，都是中国古老的石拱桥，但这两座桥特点不同。因此，强调了这两个并列性重音，既明确了语句目的，也显示了全篇的行文线索。这两个并列性重音超出了具体的语句。

从以上例句中我们可以看出，并列性重音不论是词与词、句与句或段与段之间，只要有并列关系，肯定会有并列性的词或词组。因此并列性重音要依据并列关系来确定。

对比性重音

现实生活中，一些对立的事物，如美与丑，真与假，善与恶，都是相比较而存在的。根据这个规律，作者在创作中，也常常把一些对立的事物放在稿件中。通过比较、对照，使事物的特征表现得更加突出，事物的形象更加鲜明。这样的构思，用语言表达出来，就是“对照式”结构，在这种对照式结构明显的句子中，我们找出对比性重音。

例：“目前组成希腊联合政府的三大政党在这个问题上意见不一，新民主党赞成保留美在希腊的军事基地，泛希社运主张进行谈判，左翼与进步联盟则要求美国撤走军事基地。”

这一段中的几个对比性重音：保留、谈判、撤走，意图在于表明了三大政党对于美在希腊的军事基地的不同态度，而其中的三大政党的名称又属于并列性重音。还需要注意的是，凡有所强调就有所排除。

例："新华社雅典消息"。

这样简单的一个开头，没有对比的意思，可很多播音员确强调了"新"，就成了"新华社"了。既然强调了"新华社"，也就意味着还有什么"旧华社"，这样就给受众带来了误解。甚至有个别人在播讲时，强调了"新"这个重音，自己却毫无觉察，这句话要强调的应是"雅典"，强调了"雅典"，就说明不是别的什么地方，这才符合语句目的的需要。因此，在没有对比性词语时，要找重音就应根据上下文来找。如果是单独的句子，找出重音要看强调重音的意图是否符合语句目的要求。

呼应性重音

停连中有呼应性停连，即一呼一应，一呼几应等类型。它可以使文章层次清晰，结构严谨。而呼应性重音也是揭示上下文呼应关系的一种有力方法。

呼应性重音中的问答式呼应，它和停连中的一呼一应很接近。

例："他还有一个美名，叫什么呢，叫'老抱子'。"

这句话实际的意图是想说明"还有一个名字叫'老抱子'，""还"是呼，"老抱子"是应。由此可以看出，这种呼应性句子的重音，就在表现呼和应的主要词语上。还有一种呼应性重音叫分合性呼应。

例："只见那颗颗珍珠，有大如羊奶子头的，有小如红豆的，光华夺目、熠熠生辉。"

这种分合式呼应，往往有领起、并列、总括这么三个部分。重音就在它的领起词和并列词上。这种并列中的重音往往同等重要，处理起来不能分主次。

递进性重音

作者所描写的对象，往往不是凝固不动的，而要一步步地向前发展，一步步地深入。这种递进结构的稿件，我们用的是递进式重音。这种递进式重音也要按稿件的结构发展而步步深入，来显示它的递进式关系。先看较为明显的连珠式句式。

例："决心上阵不利则守城，守城不利则巷战，巷战不利则短兵相接，短兵相接不利则自尽以殉国。"

这种连珠句式的重音要落在递进的词上，第二次出现的词不能成其为重音。当然，不是连珠句式的句子另当别论。

下面再看看按行文过程来找的递进式重音。

例："您坐过乌篷船吗？……窄窄的船身，低低的船篷，船篷是用竹片夹着箬壳编成的。篷上用烟囱灰和着桐油漆成黑色，绍兴人把黑色叫成乌，它就叫乌篷船。"

这个例子是按文章的行文过程来找重音的。这里也有第二次出现的词作为重音的。选择重音时只要留意后一个重音总是比前一个重音揭示更深一层的含义就可以了。这就叫递进式重音。

转折性重音

递进性重音是揭示同一方向进展的内容。而转折性重音正和它相反，它是通过对相反方向的内容变化的揭示表示现说话者意图的。

例："轰"的一声，敌人坐上了"土飞机"。哨位完好无损，战友安然无恙，公培波却被强大的气浪冲倒，昏了过去。"

这一段，“哨位”和“战友”是并列性重音，“公培波”就是转折性重音了。

转折性语句，由于语义上的差别，表现形式分为“重转”和“轻转”两种。因此，我们选择这类重音时也要注意具体内容的变化，不能千篇一律。

肯定性重音

稿件中在表达对事物的肯定态度时，一般都用肯定性词语：“是、不是、无、有、没有”等等。有声语言不能单纯地看这些肯定性词语，而是要看整句话的意图是什么。一般有两种情况，一种是要肯定“是什么”，一种是要肯定“是”还是“不是”。

例①：“不要开枪，大伯，是我。”

例②：“27 号，晴转阴，有霜冻。”

例③：“最近几天，没有雷雨，天气以晴为主。”

例④：“可要给我送礼，好事就变成了坏事。羊肉我不能收。”

例①和例②中的重音回答了“谁”和“什么”的问题，属于第一种情况。例③和例④的意图在于“有没有”、“能不能”，属于第二种情况。这都是肯定性重音。

强调性重音

所谓强调性重音，就是把句子中表达感情色彩的词或词组加以强调，以突出某种感情。

例①：“老遛为了护林，硬是把烟瘾往肚里憋，一直憋了十年。”

例②：“不该得的钱，一分钱也不要。”

例③：“刘玉昆手中小小的笔，真是一支铁笔呀！”

例④：“乌篷船，很不起眼，它也在发光，多好。”

以上例句中的重音都属于强调性重音，只是强调的范围，感情色彩的浓淡程度不同而已。这种强调性重音，在稿件中用得比较广泛。还有一种重复性强调重音，虽然出现得不多，但它也是存在的。

例：“李支书望着雪老倌的背影，呆呆地站在那里，一动也不动，一直看他走远、走远……”

这种重音和单纯的重复不同，它是为了加强感情色彩的浓度而重复的。因此，两个都应给予强调，这是必要的重复。由此可见，重复出现的词有时也可以作为重音。

比喻性重音

比喻是使语言形象生动的修辞手法之一。语言中所要说明的事物，若为人们所不知，或知之不详、知之不深，可以用巧妙的比喻，化抽象为具体，变深奥为浅显，使语言顿生情趣，令受众难以忘怀。有声语言表达中把那些比喻性词语作为重音，就叫比喻性重音。

例①：“这头牛个大，膘肥……四条腿像木头柱子一样。”

例②：“大运河穿过威尼斯，像反写的‘S’，这就是大街。另有小河道 418 条，这些就是小胡同。轮船像公共汽车，在大街上走。”

例①是《我们祖国的语言》中的一句，这篇稿件是在少儿节目中播出的。这句把“牛腿”比成“木头柱子”，便于小朋友记住祖国语言的形象、生动。因此，在表达时应强调“木头柱子”这个重音，才能准确表达。

例②中用的是暗喻，把“运河”说成“大街”，把“小河”说成是“小胡同”。这从一个刚到这里的旅客的印象出发，既恰当又新鲜，形象地表达出了对威尼斯的初步感受。需要注意的是，在运用比喻性重音时，不能一见比喻词语就做重音处理，要看它是否是重点。

还有，比喻性重音多是化抽象为形象的，因此，表达时要注意它的形象性，要具体地感受到它的形象性所在，才谈得上生动。

拟声性重音

顾名思义，所谓拟声性重音也就是句子中的象声词类。拟声性重音也和比喻性重音一样，也应注意，不是所有的象声词都可以做重音，而要看它在句子中的位置是否重要。

例①：“轰的一声，敌人坐上了‘土飞机’。”

例②：“轰的一声巨响，敌人的一发炮弹打中了他的右大腿。”

例③：“屋瓦上响起了哗哗哗的声音，击打在人的心上。”

例①例②都用“轰的一声来表达，而例①中的象声词可以作为重音，因为，它烘托了战士消灭敌人后的那种胜利的喜悦气氛。例②中的象声词就不能作为重音了，重音应放在主人公受伤上。如果重音放在象声词上，语句目的就错了。

例③中的象声词，“哗哗哗”是表达当时那种特定的狱中环境和人们的心情，应作重音。因此，运用拟声性重音一定要看它是否是句中的重点，是否符合语句目的的需要。

反义性重音

在一些稿件中，作者为了揭露事物的本质，有时利用正话反说或反话正说的修辞手法，目的在于把要否定的事物的不合理性表达得更充分，将作者的愤怒和憎恨之情表达得更强烈；把要肯定、赞美的事物的特点表现得更鲜明，从而渲染作者喜爱、欢乐的感情。这样往往比正面说的效果更好些。而我们在表达这样的语句时，怎样才能把语句的反义性表达出来呢？这就需要抓住反义性重音，把赞成或反对的态度表达出来。

例：“你们把困难全都要走了，一点都不给我们剩，可真够‘自私的’。”

这个例句中的“自私”，是正话反说，属于反义性重音，表达对此事的肯定，这样才能符合语句目的的要求。如果播成否定的重音，语句目的就错了。

由此可以看出，在强调这些反义性重音时，还需借助语气，同时强调时不可一带而过，也不可字字着力，要注意和上下文的关系。

以上列出了十种重音的位置，这十种重音不是孤立的，而是互相补充、互相联系的。同时，如前所述，这些并没有穷极所有的重音类型，它们只起引路的作用，更丰富的重音内容还需要播讲人在实践中不断探索和补充。

第三节 重音的表达方法

确定了重音的位置以后，还有一个如何表达的问题。重音有多种多样的表达方法，它和其他技巧也有直接的关系，特别是语气。选择好重音后用什么样的语气说出来，直接关系到所要表达出的重音属于哪一种类型，稍一变化就会出现不同。同时重音的表达和理解、感受也有直接的关系。这里不能过多触及其他的内容，下面只谈两种常见的表达方法。

高低强弱法

任何事物都是相对的，有高就有低，有强就有弱，有声语言也是一样，要想加强语气而强调某个重音，同时必须把次重音和非重音相对放低或减弱，才能显示出强调的效果。因此，在强调重音时需要"欲高先低，欲强先弱"或"低后渐高，弱中渐强"。这就是高低强弱法。

例："他把从五营带回来的一把蒜苗高高举了起来：'你们看，这是什么？这仅仅是蒜苗吗？不！它使我看到了一种精神，这种精神应该成为咱们炮兵旅的旅魂！于锡财称得上我们的旅宝。'从此，于锡财便获得了'旅宝'的美名。"

这一例句有一个特定的语言环境："高高举了起来"，既然是"高高"举了起来，那么在说"你们看"的时候，就不应做低处理。因此，语势要上扬，那么后边的重音"蒜苗"在强调的时候也必然要高。而后边的"不!"是个肯定性重音，强调时就要放下来低处理了，不应和蒜苗这个重音同样高。这就是高和低的区别。

再往下看，"精神、旅魂、旅宝"是递进式重音，要强调出它的递进感，相对来讲强调时三个重音应渐渐加强，当然这种递进式重音也并不是狠劲儿地加强，而是随着内容的进展自然地流露。这三个强而重的处理后，"'旅宝'的美名"中的重音，就要放下来弱而轻地处理了。它的强调和前边的强调形成了鲜明的对比。这就是"强"和"弱"的区别。

总之，这里的"高低强弱"法，在运用时要随着感情的运动自然地流露，才能使受众听着顺耳，没有雕琢的痕迹。

快慢停连法

这是表达重音的另一种方法。把次重音或非重音用快速带过去，这就是"快"；强调重音时，用"慢或延长音节"来处理，这就是"慢"。在强调重音时还可以在重音的前后运用"停顿"这一表达方法，也可以运用连接。这就是"快慢停连"法。

例："'瞪'表现了二虎子对日本鬼子的恨。鬼子呢？他一边说话，一边用眼光往男的一边溜，想看出谁是干部来。'溜'是斜着眼睛看，写出了鬼子贼头贼脑的样子。"

这段中的重音"瞪"强调的时候用慢速来处理，而且强调后要有一个较长的停顿，停顿后紧连下一句，并用稍快的速度带过这句话，同时这句话的次重音"恨"在强调的时候，也应相应地快带过去。这里就包括了"慢、快、停后紧连"的处理方法了。

再往下看，"溜"和"斜着"这两个重音，"溜"也应用慢来强调，而且适当延长音节，强调后有一个大的停顿，而停顿后的连接还不能用"紧连"，因为"溜"的后面紧接着就是重音"斜着"，因此，要停后缓连，"斜着"这个重音才能强调得清楚而形象。

以上介绍了两种简单而常见的重音的表达方法，大家可以在这个基础上不断探索，在实践中发挥自己的创造才能。但要注意，不管运用什么方法表达，都应在思想感情运动的支配下，按照稿件内容的要求顺势进行。

第三十一章
语　　气

斯大林在《论马克思主义在语言学中的问题》中指出："语言是工具、武器，人们利用它来互相交际，交流思想，达到互相了解。"交流思想，是运用语言进行交际的基本内容，与此同时，人们也在运用语言彼此表达感情。拿书面的文字语言和口头的有声语言比较，在表达思想感情时，有声语言具有明显的优势，那就是它的直接可感性。有声语言的直接可感性使有声语言比文字语言能传达更多、更丰富的信息。有声语言通过听觉直接作用于人的思维和情感，那语音序列，以及附着在语音序列上的多姿多彩的声音变化，能把人的思想和感情生动而细腻地表现出来。

有声语言作为人的思想和感情的物质载体，具有无穷的表现力。郭沫若说："音有万态之殊。"英国的萧伯纳曾拿"是"字的书面表达与口头表达做比较：说一个"是"字有50种方法，可是写下来的只是一种。我们看，这一个"是"字若为一个独词句，它无所谓重音，也无需停连，那么语言发出者采用什么绝妙的方法显露各不相同的思想感情呢？这就是"语气"！语气，是播音的重要表达技巧。它要求表现思想感情的贴切性、丰富性和深刻性，要求声音形式的曲折性和变化性。

第一节　语气的概念

语气，是人们，特别是有声语言工作者经常使用的概念。不过在实际使用的时候，不同的使用者所说的"语气"的内涵和外延并不完全相同，因而使这一概念有过大的模糊性，存在一定的混乱。还有的人习惯于用"语调"这一概念来谈论语气这种技巧。那么，播音的重要技巧——语气，它的涵义到底是什么呢？它是否与"语调"同义呢？我们不妨做一些比较和分析，力求使"语气"这一概念得到较明确的界定和解释。

语气和语调

我们先看看辞书对"语气"一词的注释。

《现代汉语词典》：〔语气〕①说话的口气；②表示陈述、疑问、祈使、感叹等分别的语法范畴。

《辞海》：〔语气〕通过一定的语法形式表示说话人对行为动作的态度，如陈述语气、祈使语气、虚拟语气。现代汉语用语气助词“的、了、吗、呢”等和语调表示各种语气。

再看对“语调”一词的注释。

《现代汉语词典》：〔语调〕说话的腔调，就是一句话里语音高低轻重的配置。

《辞海》：〔语调〕句子里声音的高低变化和快慢轻重。句子都有一定的语调，表示一定的语气和情感。如陈述句多用下降调，疑问句多用上升调等。

通过比较，我们可以看出，辞书对“语气”的解释基本是在语法学的范畴内做文章，偏重于“语气”本身的语法意义。同时，我们由“说话的口气”的解释，又可进一步查到语气是指“说话时流露出来的感情色彩”(《现代汉语词典》)。不过，两部辞书的诠释均未涉及到语气的声音形式。

关于对“语调”一词的诠释，两部辞书都谈到了声音形式，提出表达思想感情的某些声音因素。

我们认为，辞书关于“语气”、“语调”的诠释，对我们认识播音创作中语言表达技巧之一的“语气”的实质有很大的帮助，而且也是奠定“语气”概念的基础。播音学是一门实践性、技能性极强的学科，特别是对于技巧性的概念术语，力求在保证科学性的同时具有一定的可操作性。因此，我们还不能满足于辞书对“语气”仅停留在语法范畴内的解释，有必要从有声语言运用的角度揭示其质的规定性。而人们在解释“语调”这一概念时，仅从语法范畴的句式上，把它与声音形式做了“一一对应”、较为简单划一的限制，往往无法包容生活中蕴含丰富的声音形式。如疑问句，可用上升调，也可不用上升调。随便举个例子：“难道可以这样做吗?”严厉地训斥，可用上升调；语重心长地启发，似乎用句尾下降的处理更好些；而内疚地自责，处理起来又不同于前两种情况……传统的“语调”概念不能与“语气”概念画等号，否则就容易使人陷入某种固定的、形而上学的框框，而无法反映语气本身应具有的感情色彩和分量的丰富性，以及声音形式上的多样性。如果只是按“语调”的对应关系处理句子，很可能使有声语言的表达趋于僵化。

正像文学家、艺术家谈论“感觉”这一概念时，声明它完全不等同于心理学范畴“感觉”一词的含义一样，播音学中的“语气”概念，与“语调”及语法学范畴的“语气”概念也是不能完全等同的。张颂教授在《播音创作基础》一书中指出：“语气是思想感情运动状态支配下语句的声音形式。”“播音的语气，必须由两方面构成：一方面是一定的具体思想感情，一方面是一定的具体声音形式”。我们说，这个解释揭示了播音语气的内涵，突出了有声语言的特点，易于从有声语言形式及其思想感情依据两个方面去把握。因此，可以认定，这个解释对播音理论研究与实践来说，是科学的、恰切的，具有很强的可操作性。

语气的实质

语气的实质，也就是指语气的内涵。从张颂教授给“语气”下的定义中，我们可以把握到这样三个要点：其一，语气以具体的思想感情为灵魂；其二，语气以具体的声音形式为躯体；其三，语气存在于一个个语句当中。

只有受具体的思想感情支配的语句，才是有生命的，可感的。在播音中尤其要注意语气的思想感情的具体性。语气的具体性，通过对语言本质和语言链条的理解、感受、体验，是能够把握到的。它包括喜、怒、哀、乐、欲、恶、惧等人类情感的不同色彩，还包括各类感情色彩中的不同级差（分量），同时，也包括语言链条中反映出来的“并列”、“递进”、“转折”、“因果”、“领起”、“总括”、“主次”等思维的逻辑轨迹。此外，在语言传播过程中，与受众的交流、呼应也靠语气来体现。所以说，重视语气思想感情的具体性，有充实的内心依据，才能带来语气表达色彩的丰富性。

丰富的思想感情，必须透过变化多样的声音形式才能体现出来。声音形式又能对语气的感情色彩起反作用。刻板、单调，以不变应万变的声音形式，抑或对声音形式的选择、驾驭不当，都会使本来要表达的思想感情退了色，变了味，而使有声语言应具有的直接可感性的优势被极大地削弱。语气是“语句的‘神’与‘形’的结合体”①。在具体的声音形式中，包含着声音、气息、口腔状态三方面多层次、多侧面的变化，具有很强的技巧性。声音、气息、口腔状态在具体的思想感情支配下，不仅各自要以相应的姿态出现，它们之间还要有巧妙的组合与配置。正所谓，因情用气，气随情动，以气托声，以情带声，音随意转，声随情出，最终以声、气传情。不同语句的具体声音形式必然是各不相同，变化多端的。要想提高播音表达的技巧，就要正确认识并善于运用语气——这个传情达意的核心手段。

句子，“是表达完整思想的、具有一定语法特征的，最基本的言语单位”。“每个句子不仅表达一定的客观内容，还表达说话人对说话内容的主观态度”②。是的，句子是稿件中最基本的、独立的言语单位。每个句子都有一个独立的、完整的意思，而具有“这一句”的具体语气。“这一句”与“那一句”的语气可能相近，也可能相异，不管是什么情况，“这一句”与“那一句”的语气应该是有差别的，有自己的个性的。

不过，我们也注意到，具体句子的语气不会静止地、孤立地存在。给出一个孤立的句子，它的语气常常是多解的。语气的具体和明确有赖于它所存在的语言环境（语境）的明确和稳定。例如这样一句话：

“正在这时候，大雨点噼里啪啦打下来。”

这句话的语气应该是什么感情色彩？又是什么分量？答案恐怕是仁者见仁，智者见智。它可以是久旱之时盼来大雨的欣喜，也可以是游兴正浓时遭到雨淋的懊丧；它可能是“漏屋偏逢连阴雨”的焦躁，还可能是其他种种境况下的无奈、自嘲、恼火、顽皮、幸灾乐祸、别有情趣、担忧不安……显然，语境的不同，说话人心情的不同，造成了不同的语气。

要把握到贴切的语气，必须重视语境对具体语句的制约和影响。

语气和语境

应当承认，影响稿件句子语气的，不仅仅是“具体的思想感情”，还有许多不像“语句”所反映的客观内容那样具体的因素，它们也对语句的语气起着作用。张颂教授谈到这

① 张颂：《朗读学》。

② 高名凯、石安石：《语言学概论》。

个问题时指出："对语句声音形式起支配作用的，有许多因素，只说'具体的思想感情'就显得不够全面、不够充分了。""语气这个精灵的千姿百态不能不受到主观和客观、时间和空间的制约，不能不受到播音员的美学理想、审美感受、审美趣味等的浸染。"[①] 这里所谈的对语句声音形式起支配作用的"许多因素"，便是语境。

语境，指语言存在和使用的环境。语境对人们使用语言有约束力量，可以决定并影响语言手段的选择和使用。这一客观规律，对于播音创作中语气技巧的运用有十分重要的意义。

语言学界对语境研究颇多，尽管字面上提法不尽相同，但并无实质上的分歧。综合各家观点，可以把各种影响语言表达的语境因素概括为"言辞语境"和"言辞外语境"。"言辞语境"，指言语交际时所依赖的上下文和前后句。它始于句子语境，大至段落语境、篇章语境，表现为言语的内容和形式。"言辞外语境"，指言语交际时所依赖的各种主客观因素，即言辞形态以外的，又与言辞密切相关的各种因素。其主观因素是指说话人的目的、身份、思想、修养、心情等；客观因素是指说话的时间、场合、对象等。

在播音创作中，语境对于语气影响主要从三个方面来考察：第一，具体的语句既处于前后句上下文的句子语境中，也处在一定的段落语境和整体的篇章语境中。认识到这一点，并善于在多层次的语境中把握语句的语气色彩，分量和语势，就可能更准确、更深透、更得体；第二，具体的语句存在于节目之中，脱离不了一定的文（语）体形式、传播方式（广播、电视）、录播空间（现场、演播间），及特定的时代氛围、传播对象的收视、收听心理等客观因素的制约，因此，这些语句的声音形式，还必须与节目构成及传播的诸种因素和谐一致；第三，语气最终是由播音创作主体传导呈现出来的，那么，创作主体的创作态度、创作状态、语言条件、语言功力、美学追求等因素必然要影响语气的效果。

正因为在播音创作的实践中，语气技巧的运用，除了受"具体思想感情"的支配外，还要受到众多语境因素的影响，而使声音形式带上了某种特色，所以，我们在播音的业务研究和学术论文中，又可见到诸如"播音语气"、"传播语气"、"对象语气"、"文体语气"、"人物语气"、"语义语气"等种种说法。这些提法也许让人产生疑惑：语气定义不是强调"语句"这个存在单位吗？上述种种提法显然超越了语句单位，这些语气概念是否科学呢？为了对语气这个播音创作的核心技巧有比较明确的认识，还是让我们来做一些具体分析吧。

首先，应该肯定地说，任何概念都不是静止的，它总是随着人们对客观事物认识的深化而不断丰富和发展的。播音创作实践需要对一些带有规律性的语气现象做出抽象概括。当然，这些有附加限制词的语气概念的出现，必须有客观存在的条件和根据。语境因素的变化要求语气的适应，这就是在特定语境中形成语气声音形式特点的客观基础。可以说，张颂教授为"语气"下的定义揭示了语气的普遍规律，如果我们把它看做语气的种概念，那么强调某些语境中特殊规律的，加限制词的语气概念便是派生出来的属概念。

其次，不妨具体认识一下一些派生语气概念的根据及其内涵。

---

① 张颂：《论播音语气》。

播音语气，是在以篇章语境为基础的更大范围内，同时考虑到“言辞外语境”的制约，拿播音与朗诵、演讲、相声、话剧、电影等语言艺术，甚至与日常生活口语做比较，概括了播音语言表达特点而存在的。播音语气区别于其他有声语言的显著特点，是它的“明晰性”、“庄重性”和“规整性”。在声音形式上表现为“字正腔圆、呼吸无声、格式正确、轻重恰当、逻辑严密、不涩不粘、语势平稳、不浓不淡”等特点。① 这些特点涵盖了广播、电视各类节目播音的语言样式的特征。在播音创作中，既是播音主体运用语气时必须有的总体把握，也是通过具体的语句声音形式表现出来的。

文（语）体语气，显然是在篇章语境层次上划分出来的，并同时考虑到节目的形式和风格的制约。它主要指因文（语）体基本表达特点的差异，而反映在播音声音形式上的特征。如新闻播音，要用播报的语言样式，规整紧凑，新鲜明快；通讯播音，要用播讲的语言样式，起伏顺畅，引人入胜；评论播音，则适宜用议论的语言样式，从容透彻，言之成理；主持人节目播音，则以谈话的口吻，或侃侃而谈，或娓娓道来，语流密度虽大，但疏密变化较为灵活，吐字力度较为轻巧，等等。这些语言样式，是各类文体播音中语句声音形式的共性特征，即语气的躯体的共性特征。

对象语气和传播语气，主要因言辞外语境因素的影响而形成各自的特征。如对象语气，指根据不同接受对象的心理特点和接受水平，采用不同的语气。传播语气，指根据不同的传播方式、手段，采用适当的语气。这些因传播对象、传播方式不同引起的语气变化，主要是语气声音形式在分寸、分量上的差异。

以上这些派生的语气概念，语言存在范围较大，共性特征突出。而语义语气、人物语气概念，存在范围较小，似乎更符合语气种概念的涵义。

语义语气，显然是在句子语境层次上划分而来的。“句子的语义，指句子所要表达和所能表达的全部思想内容”。句子的语义要素有四个，即：“客观事实、说话目的、说话者态度、说话者的感情评价”②。显然，从这四个方面能把握到具体的语气色彩和分量，并由此选择和确定语气的声音形式。

人物语气，专指播音创作中人物语言的传达。把握人物语气，可以从两个方面考虑，一方面由人物性别、年龄、身份、职业、性格、文化修养等较为稳定的因素，来确定人物的基本语气，它主要反映为用声吐字方面的特征；另一方面，要由人物所处的环境、时间、人物关系、心理状态、语言目的等变动因素，来决定具体的语气，它侧重于具体的感情色彩的把握，以及对基本语气声音形态的支配。

通过对以上语气派生概念的剖析，我们应该承认它们存在的合理性，不过，我们有必要搞清语气基本概念与带有限制词的语气派生概念的关系，起码有以下几点需引起注意：

第一，张颂教授为“语气”下的定义，反映了语气质的规定性，反映了语气的普遍规律，是我们认识语气这个精灵的基点。语境因素派生出来的语气属概念，反映语气在不同范畴中的特殊规律，而且已越出播音创作基础范畴，涉及到播音文体业务理论、电视播音

---

① 张颂：《播音创作基础》。

② 王振昆等：《语言学基础》。

理论、播音心理学。

第二，各个语气属概念的共性在于，都包涵语气种概念的两个共同要素：思想感情和声音形式。区别在于，由于外延的差异，使概念内涵的侧重点有所不同：有的侧重于思想感情方面的具体性；有的侧重于声音形式方面的共同性。一般来说，侧重于思想感情具体性的语气属概念，它们的语言单位较小，如语义语气，存在单位是句子。而侧重于声音形式方面的语气属概念，它们的语言单位较大，如文体语气、对象语气，存在单位是篇章、节目，传播语气存在单位更大——广播播音、电视播音。

第三，语气的具体性与语气的共性，有着相互依存、相互制约的变动关系。语气的具体性是表达的基础，若不强调它，播音则不可能准确、鲜明、生动地传达各种信息，而只能是机械刻板的语言流。语气的具体性是必须坚持的，同时，也要考虑传播方式、语体特点、对象心理等语境多因素对语气的制约作用，这样才能更好地实现传播目的。也许可以这样说，语气的具体思想感情色彩和分量要准确把握，声音形式可以灵活驾驭。其灵活性，主要在于气息状态、兂声状况、吐字力度、语势变化幅度的适度控制上；其尺度，应掌握在声音形式的变化不能失去或偏离特定的具体的思想感情。如稿件中的人物语气，在较准确地把握其具体的神采的同时，其声音形式要遵从播音语气的特征，不能混同于人物扮演的演播语气，而人物语言在新闻中与通讯的语境中，声音形式又应有程度的区别。

我们在语境与语气上用了较多的笔墨，无非是为了理顺关系，以便更好地学习和运用语气这一核心技巧。在基础理论学习阶段，还是要紧紧把握语气的特定内涵，在语气的具体性上下功夫。

第二节　语气的感情色彩和分量

语气感情色彩和分量，是语气的灵魂。要想选择出恰当的声音形式，必先准确地把握到“这一句”语义的实在意义，这是由理解感受文字到驾驭发出有声语言的前提。

语气的感情色彩

语气的感情色彩，主要是从态度和感情的类别上把握住语句的本质。张颂教授从语句包含的是非和爱憎两方面做了归纳：“是非，是指正确、错误、反对、支持、赞扬、批判、严肃、亲切、郑重、活泼、坚定、犹豫……等态度方面的具体性质。爱憎，是指挚爱、憎恨、悲痛、喜悦、热望、焦急……等感情方面的具体性质。态度、感情交融一体，可以展现各类语句的丰富多彩。”①

语气感情色彩的把握，一要贴切，二要丰富，三要深刻。贴切，是指对稿件语句本质理解感受准确，与稿件语言本意相一致，不能呈似是而非，模棱两可的“中性”色彩，更不能是相反色彩（播反面文章除外）。丰富，是指对稿件语句本质体验得细腻，能体现出思想感情发展变化的层次，如果只有“类型化”的语气色彩、清汤寡水“一个味”贯下

① 张颂：《播音创作基础》。

来，是无丰富性可言的。深刻，是指在整体中把握具体语句的语气，播出主导的思想感情，不能为追求语气的生动变化而失去播出目的的统帅。

如何把握到语气准确的感情色彩呢？首先，要遵循正确的播音创作道路，与党和人民的态度感情相一致。在这个基础上把握到的语气才会是准确、贴切的。离开党和人民的立场的感情体验，不可能与稿件的精神实质相一致，自然语气的贴切性就无从谈起。

具体地说，语气的贴切性受到稿件播讲目的和基调的制约。稿件的总色彩就体现在基调中。那些重点语句、重点段落、重点层次的具体语气，汇成了基调的总色彩。除此之外，稿件中还会有其他色彩，它们间接地烘托、映衬，或通过对比显现着基调的总色彩。在判断语句的具体感情色彩时，要扣准语句本质，切忌见字生情、断章取义。如若体验到的感情色彩不准确，就会偏离播讲目的和基调，而步入歧途。例如艾青的著名诗篇《大堰河——我的保姆》，其基调是深情地抒发对劳动人民的热爱，悲愤控诉旧社会对劳动人民的压榨，目的是鼓动人们为着养育我们的劳苦大众向黑暗的旧社会斗争！诗中有这样一段：

“她含着笑，提着菜篮到村边的结冰的池塘去，
她含着笑，切着冰屑悉索的萝卜，
她含着笑，用手掏着猪吃的麦糟，
她含着笑，扇着炖肉的炉子的火，
她含着笑，背了团箕到广场上去
晒好那些大豆和小麦，……”

这里，写大堰河勤劳善良的美德，既浸透着作者的爱，更表达了作者对大堰河默默忍受生活重压的极大同情。语气中爱戴和同情并存，赞美也染上了辛酸和悲凉的沉重色彩，表达起来声音形式有“气沉声轻”的特点，语速较为迟缓。这里绝没有轻松和舒心的“笑”，更不是赞美大堰河面对苦难生活的“乐观”。很清楚，如若离开这首诗的主题和基调，带有喜色，“气提声高”地表达这含笑劳动的情景，就大错而特错了，是与原作的思想感情极不相符的，当然是不贴切的。

语气的丰富性，来自具体、深入、准确的感受。只有感受深入了、具体了，才能体验出思想感情发展变化的细微层次；只有感受是准确的，才能把握到“这一句”与别一句的联系和差异。总之，心中明了各个语句的语气差异，才可能谈到有声语言具体丰富的语气变化。

我们以小故事《中计》为例，故事说的是房东张大爷巧用计策，获知新战士小洪帮他干活，方得以表达感谢之情的事。当新战士小洪禁不住张大爷用计，以为自己闯了祸，急忙拦住佯作要去“找指导员说个清楚”的房东老两口时，说了这样一段话：

“大爷、大娘别发火，昨天是我跑到菜地里去的。我看你们二老年纪大，大爷又成天忙着队上的事儿，顾不了家，就抽空帮你们干了点活。谁知道我不会干，给你们添了麻烦，真对不起你们，有多大损失我一定赔。”说着就伸手掏钱包。

新战士小洪这段话的感情是很丰富的，有着具体的内心变化，他先是“急忙劝阻”，继而“老实承认”，随之“内疚自责”，最后“执意赔偿”。小战士的思想感情发展变化的层次，在表达时并不以书面上的标点为界，必须深入进去，方可体察到其中语气的细微差异和变化位置。如“大爷、大娘别发火”这一劝阻，因急切，而“气促声高”；“昨天是我

跑到菜地里……就抽空帮你们干了点活”，小战士以为自己好心办了错事，老老实实地说清原委，毫无夸耀表白或委屈之意，因而“气缓声轻”；接下来的话“谁知道我不会干，给你们添了麻烦”，这里是深深的内疚和自责，声音形式上表现为“气沉、声音渐高、渐重”；最后两小句，小战士诚恳急迫地边说边掏钱包，“气息上提”、“声高而重”。通过此例可以看出，只有深入细致的体验、揣摩，并辅以声音气息上的变化，才会带来语气的丰富性。

语气的深刻性与贴切性、丰富性是分不开的，它更突出对语气中主导色彩的准确把握。生活中映入视觉的色彩是绚丽多姿的，只一个红色，如果加上不同配比的其他色彩，不知能演化出多少各不相同的红色来，像朱红、洋红、紫红、莹光红、胭脂红、玫瑰红、桃红、粉红、赭石红、铁锈红、暗红……不一而足。稿件中的感情色彩也一样，常常不是一种感情类别，而是以复合的形态出现，如“又惊又喜”、“喜忧参半”等。因此，在把握稿件具体的感情色彩时，要着意抓住其中起主导作用的感情，才可能准确传达稿件蕴含的深意，防止见字生情，防止理解感受及表达的肤浅。这就必须处理好理性与感性的关系，以稿件的主题、目的作为衡量语气色彩是否准确的标尺。

我们仍以小故事《中计》为例，当小战士中计，承认是自己做好事后，稿件中有这样一段话：

张大爷得意地说：“孩子，你中计了，从打你们到我们村来搞训练，给大家伙干了那么多的好事，可我们就是不知道是谁干的。昨晚上我和你大娘一合计呀，就想出这个小计策来。果不出所料，你们还真中计了”。

如果只从字面含义看，张大爷为自己用计成功的得意心情溢于言表，但是联系到全文，联系到张大爷用计的目的，就会清楚地看到，字里行间充满张大爷对解放军的感激之情。“得意”是次要色彩，表现了一种老百姓与战士亲如一家的幽默感，“热爱”和“感激”才是这段话的主导色彩，这段话的语句本质是：“真打心眼里感激你们哪!”这样的认识和感受才是与播讲目的相一致的。确定了这段话的语气以感激之情为主导色彩，那么表达时就要有恰当的处理。像这段话一头一尾关于“中计”的“得意”色彩需有所控制，语言朴实，不事张扬、渲染，第一句以“中度”分量处理，末一句以“轻度”分量处理，于亲切、幽默中表现军民鱼水深情，而表达感激之情的中间那句“从打你们到我们村来搞训练，给大家伙干了那么多的好事，可我们就是不知道是谁干的”，则以“重度”分量处理，感情真挚、浓烈，“干了那么多的好事”的“赞扬感激”与“就是不知道是谁干的”的“真挚急切”在声音形式上可有较大幅度的起伏松紧变化，从而使真挚的感激之情生动而鲜明地传达出来。相反，如果绘声绘色地以“重度”的分量表现“得意”之情，听起来倒是热闹火爆，实际上必然冲淡以致淹没了“真挚深切的感激”这一主导的感情色彩，偏离了小故事的主题和播讲目的。

语气的分量

语气的分量，是指在把握语气感情色彩的基础上，区别是非、爱憎的不同分寸的“度”。强调语气的分量，就是要求我们掌握语气感情的分寸、火候，表达时不瘟不火，恰到好处。语气的分量，是实现语气贴切性、丰富性和深刻性的重要因素。

语气的分量可以从两方面去把握：一是语气感情色彩本身的级差；一是外部相关因素

影响下态度分寸方面的级差，二者融合在一起，共同构成了语气的分量。前者是语气分量的个性因素，后者是语气分量的制约因素。

感情色彩方面的级差，主要指同一感情类别里浓淡程度的不同，它是语句本身固有的个性。如一句话的感情色彩是高兴，但到底是狂喜，还是大喜、欣喜、沾沾自喜、窃喜、满意？……肯定有分量的区别。

态度分寸方面的级差，首先是由有关方针政策决定的。有明确的政策观念，播音的分量才好把握。新闻播音常常关系到有关政策的具体体现；其次是由语句主次关系决定的。实质上就是由稿件播讲目的和基调决定的。播讲目的具体地落实到重点语句上，基调的色彩集中地体现在重点语句上，这些重点语句的语气分量自然就要鲜明得多，浓烈得多，突出得多。

语气分量的个性因素和主次因素之间，以主次因素为主导方面，个性因素呈现的分量要服从主次因素决定的分量，这才是语气准确的分量。

“每一种质都有无限多的量的等级，例如颜色的深浅，硬和软，生命的长短等等。”[①]人类的感情也一样。感情的浓淡，态度的分寸，其级差是众多而精细的。为了简略而通俗地说明问题，暂以重度、中度、轻度来区别语气的分量。这里的轻重区别并不与声音形式的轻重直接挂钩。重度的语气分量，可能在声音形式上相对“气足声重”，但也可能“气弱声轻”。语气“度”的区别，主要在于给人印象的鲜明程度上的差异。重度的分量，表达时色彩鲜明突出，给人印象深刻；中度的分量，表达时色彩稍淡，“点到为止”；轻度的分量，表达时色彩较淡，往往以“轻轻带过”的淡化方式处理。

语气的色彩与分量的关系

辩证法告诉我们，质与量是事物在发展过程中所具有的两种规定性。质是事物固有的性质、特征和特点，是区别不同事物的关键所在（如语气的色彩）。量是事物存在的规模和发展的程度（如语气的分量）。然而世界上万事万物都有它们的一定“尺度”，超出这个尺度，事物就要转变它的性质。只有全面地把握事物的质和量，才能正确地认识事物。

语气的色彩和分量的关系，如同事物的质与量的关系，只有准确地把握语气的感情色彩和分量，语气的传达才有可能贴切和恰当。语气的分量，是掌握分寸的问题，要求掌握一个恰到好处的“度”。表达时，语气的分量“过火”，抑或“不及”，对语气色彩都有重要影响。列宁谈到真理和谬误的关系时，也曾谈到这个奇妙的，然而又是至关重要的“度”。他说：“只要再多走一小步，仿佛是向同一方向迈的一小步，真理便会变成谬误。”[②]宋玉的《登徒子好色赋》说得更形象，“增之一分则太长，减之一分则太短。著粉则太白，施朱则太赤”。这都说明了分寸、分量对事物的质的影响。语气的分量是对感情色彩的进一步体验，也是理性成分对感情的观照。播音中，语气的分量如果“不及”，达不到一定的“度”，那么表现出来的语气色彩就不鲜明，不透亮，显得“瘟”；反之，如果分量“过火”，超出了一定的“度”，轻则主次颠倒，重则改变了感情的色彩，与语句本质

---

① 《马克思恩格斯全集》。

② 《列宁全集》。

不符，或者使受众产生逆反心理。

播音工作是新闻工作的重要组成部分，同时又是一门语言艺术。语气的感情色彩和分量把握得怎样，关系到党的方针政策的传达是否准确；而从美学意义上看，语气的感情色彩与分量又关系到传达的生动与否，亦即“真”与“美”的问题。

第三节　语气的逻辑意味和交流意味

语气的逻辑意味

稿件是由一句句话、一个个段落组成的。这些语句、段落各有自己的作用。它们之间又都存在着这样那样的内在联系，形成逻辑严密、环环相扣的语言链条，组成完整的篇章。在将稿件的文字语言转化为有声语言时，那上下衔接、首尾贯通的语言链条中的逻辑环节，能否让受众从听觉中清楚地意会到呢？我们可以肯定地回答，语气运用得当，是能使有声语言具有逻辑意味的。语气中具体而精确的逻辑意味，能鲜明而活脱地传导思维的轨迹，使有声语言富有联贯性和流动性，充满生机和活力。如果忽略了语气的逻辑意味，那原本存在于文字语言链条中的逻辑环节就可能丢失、断裂，而成为零碎的错杂组合。

对语言的逻辑感受，是使语气具有逻辑意味的内在依据。值得注意的是，对语言链条的逻辑感受不应是静止的理性分析，我们需要的是转化为有声语言的动态反应，即直接指向具体的声音形式的语言反应。这也是一种语感——对文字语言语法和逻辑关系的迅速判断，以及对相应的有声语言声音形式的直觉预想。

我们以吴伯萧的散文《记一辆纺车》的一小段话为例：

①纺线也需要技术。②车摇慢了，线抽快了，线就会断头；车摇快了，线抽慢了，毛卷、棉条就会拧成绳，线就会打成结。③摇车抽线配合恰当，成为熟练的技巧，可不简单，很需要下一番功夫。

这段话由三个句子组成，①句是领起句，强调纺线的技术；紧接着②句便举例说明纺线技术何在，这又是从两个方面来说明的，句内存在并列关系；接下来的③句是对前句的总括，及对①句的呼应。基于这样的认识和逻辑感受，表达时，①句句尾不能降低，而应处于这一句的顶端，引起受众注意，并传导出要讲下去的意味，恰似文字标点中“冒号”的感觉，使①句有了“领起”的意味。②句衔接处，可在内部言语中插入“比如说”、“你看”之类的内在语，句头“中起”，有一种“具体说”、“举例说”的例证感受，从而使①②句建立了明确的内在联系。③句衔接时，可用“所以说”这样的内在语来带动句子，并将三个小分句连起来说，略事停顿后再说最后一个分句。这样既强调了纺线的技术性，与开头形成呼应，又有小结的意味。

可以看出，把握住语言链条的逻辑环节，并用语气传导出其中的逻辑联系，就会使有声语言富有生命的活力。要播出语言中的逻辑意味，就必须对语言链条的逻辑环节有准确的把握和驾驭，是转折关系的，不能播成“递进”；是领起关系的，不能播成“并列”；是总括关系的，不能与前边的语句“不搭界”。稿件语言链条的各个环节，或并列、或递进、或转折、或总结、或因果、或选择，显现出思维的严密和活跃。这些逻辑环节，有的以关联词的形式显现出来，有的则隐含在语言序列中，需要在深入理解感受的基础上把握，最好能上口播一播，检验一下有声语言的形式与对语气逻辑关系和语句本质的把握是否相符。如果对语言逻辑环节判断不准，或心中无数，播出来语气的走向就不对。例如电影录音剪辑《芙蓉镇》的解说词中，用一段话，把胡玉音与秦书田在扫街过程中互相关心的情节，跟王秋赦巴结李国香的情节串联起来：

①天还没亮，正是妖鬼横行的时刻，这里却闪出了人间的一丝光明，它呼唤着人的信念、尊严，珍惜着人的抚爱、同情。②终于从地球上站起来的人类，历经漫长岁月，万千年后的今天，人们还在为坚持站立遭受劫难，③也许四肢着地会更稳当。

这段解说词可以说是一波三折，①句是对男女主人公真挚善良心灵的赞美；②句是为人们在文革中遭受的磨难而叹息；③句却转为对王秋赦这类小丑的讥讽。这“三折”之间没有关联词，却隐含着转折关系。这里稍一疏忽，就很可能以“递进”的语气来播第②句，直到“人们还在为坚持站立遭受劫难”，才会感到语气的逻辑关系不对了。这一句语句本质中深沉叹息的色彩也难以表达了，同时还会影响下一个逻辑环节的转换。

语气的逻辑意味并不是孤立存在的，它总是同语气的感情色彩和分量结合在一起，充分地体现出语气的具体性。换句话说，只有从语言本质和语言链条两个方面来把握和驾驭语气的运用，语气才是具体而丰满的。

语气的交流意味

语气的交流意味来自两个方面的要求：一是播音创作的特殊环境，二是语言的传播必须适应对象。

首先，我们要看到，电台、电视台各类节目的播音，绝大多数都是在面前没有听众、观众的情况下进行的。受众在时间和空间上，或仅在空间上是同播音员隔开的（热线直播）。这就意味着，播音的传播过程中，一般不可能得到受众及时的、直接的反馈，因而播音的传播方式具有单向传送的特点。

心理学家把人类的有声言语活动分为会话言语和独白言语两种。通常把聊天、座谈、辩论等情况下的言语活动称为会话言语。会话言语在心理活动上是比较简单的形式，双方都以对方的言语，或表情动作等非言语信息为刺激，及时调节自己谈话的内容、用词、速度、音调、语气等，从而达到交流的目的，播音业务范畴中的现场采访、现场主持等节目形式就有及时得到反馈的便利条件，从而支持言语过程积极进行。心理学家把报告、演讲等比较长时间的独白的言语活动称为独白言语。这种言语的支持物只是自己谈话的主题和自己吐露的词句，它没有传播对象直接给予的支持，心理上比有对方支持的会话言语要复杂得多。依赖文字稿件的播音，可以归入独白言语，不过比起报告、演讲这类独白言语又多着一层困难，即它连受众的非语言信息反馈都得不到。即便是现场采访、现场主持，当播音指向收音机旁、电视机前的受众时，也还是缺乏受众的直接刺激，因而播音的言语过程在心理上更为复杂。

要得到好的传播效果，要把受众吸引住，就必须使单向传送的播音，具有双向交流的听觉效果，这实质上是一种“类交流”。“对象感”正是解决播音语言指向问题的一种特殊的心理技巧。这种心理技巧在语言上的体现，与停顿、语气有重要关系。播音员在播音过程中要有交流意识，特别是在需要交流、呼应、提示的地方，如稿件重点处，段落层次衔接处，直接称呼受众处，语气中就要融入主动给予、回答期待、相互探讨等“交流”的口吻。这样，才能使播音语言获得有明确对象的指向性，产生一定的交流效果，把受众召唤、吸引到节目中来，以期达到交流传播的目的。

其次，语言的传播交际都要考虑对象，要适应对象的心理需求、接受能力和接受习惯。《人类信息加工》一书谈到：“微妙的社会习俗支配着谈话和写作，要成为一个语言的有效使用者，人们必须考虑听众的特征：他们的知识、他们的社会背景、他们参加交往的原因。”可以说，重视传播过程中接受对象的有关因素，适应对象特点，是提高语言表达效果的一个基本原则。

谈话、写作不看对象，无异于“对牛弹琴”。这样的例子，生活中不胜枚举。所以在信息传播中，一定要注意语言的得体性。语言的得体性，一方面表现在词汇和句式的选择上，另一方面就表现在细腻的表达情感的口吻语气差别上。广播电视节目早已注意到这个影响传播效果的重要因素，因而有许多为特定对象设置的节目。这正是出于对某一受众群在接受心理方面的共性特点的考虑，即便报道同样一件事，在遣词造句上也应具有不同特点，在有声语言的表达上更应体现出与特定对象交流的明确指向，这样的播音才有交流意味。所以说，在语气的把握上，除了语句本身所含有的感情色彩和分量的规定性外，播音时还必须考虑对象的特点，在语气上有所调整适应。比如，对少儿广播的语气，不能用来对解放军指战员；对台湾同胞广播的语气，不能用来对大陆听众；对体育爱好者的广播，语气中应具有干练明快、朝气勃勃的特色；对老年朋友的广播，则要满含敬意和亲切，以及耐心周到的情意，如此等等，不一而足。

第四节　语气的声音形式

语气中所蕴含的丰富细腻的思想感情，要由一定的声音形式才能体现出来。有声语言的一个显著特点，就是能够传递远远多于词句表面所含有的信息。语音形式一旦出现在具体的呈动态的语言环境中，它的信息量会大大增加。这正是有声语言不同于文字语言的显著特征所在。从语气技巧的角度看，如果说，语气的思想感情（包括感情色彩与逻辑，交流意味各方面）是语气的灵魂，那么，声音形式便是语气的躯体。正因为语气的思想感情是丰富多彩、不断变化的，所以它们的声音形式也应该是曲折多样、不断变化的，否则声音形式无法包容那色彩各异的思想感情。语气多变的声音形式，可用“语势”这个概念来说明。

语势的涵义

语势，指一个句子在思想感情运动状态下声音的态势，或者说，是有声语言的发展趋向。[①]

---

① 张颂：《播音创作基础》。

语势，包括气息、声音、口腔状态三方面多层次、多侧面的立体变化及多重组合。这些方面的变化，既是在语言发出时能够驾驭的，又是在语言发出后可以从听感上加以分析的。气息方面，可以有气息位置深浅的不同，气息量多少的差别，送气速度快慢的区分；声音方面，又有高低、强弱、长短，及音色的精细变化；口腔状态方面，在每一个特定的音位中，都可以有口腔松紧、开闭，舌位前后、高低的变化。语势中这三方面的变化，又是“你中有我，我中有你”，是综合地表现出来的，这也正是有声语言的立体性表现。

上述变化因素，在一句话中的句头、句腰、句尾均依具体的思想感情显示出不同的态势。在句与句、段与段衔接时，也存在怎样“承上”，又如何“启下”的选择。只有曲折多样的语势，方能成为具体丰富的思想感情的载体。语势的曲折性和波浪式，是语气丰富变化的外部特征。

语势的种类

为了概略地描写语势的曲折性和波浪式，张颂教授在他的《播音创作基础》一书中，将有声语言中的语势分为五种基本形态，即波峰类、波谷类、上山类、下山类、半起类。这是很形象的概括，道出了语势所具有的波浪式的动态特点。

波峰类：语句的句头、句尾较低，句腰较高。如：“天边一丝光亮也被黑暗吞没了。”

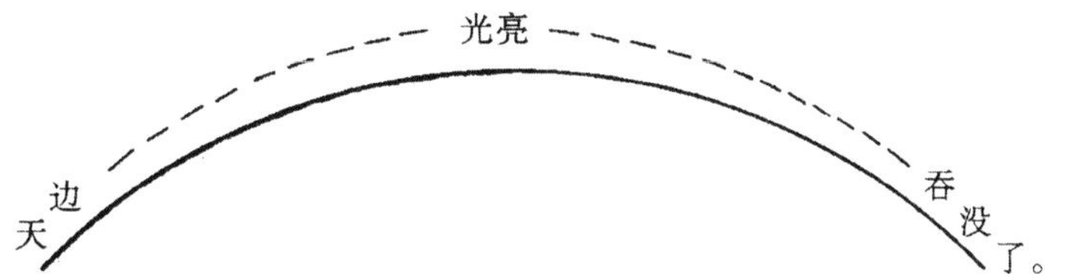

波谷类：语句的句头、句尾较高，句腰较低。如：“为了革命，他被这可恶的草地夺去了生命。”

上山类：语句的句头较低，而后逐渐上行，句尾最高。如：“有些人只会空想，不会做事。

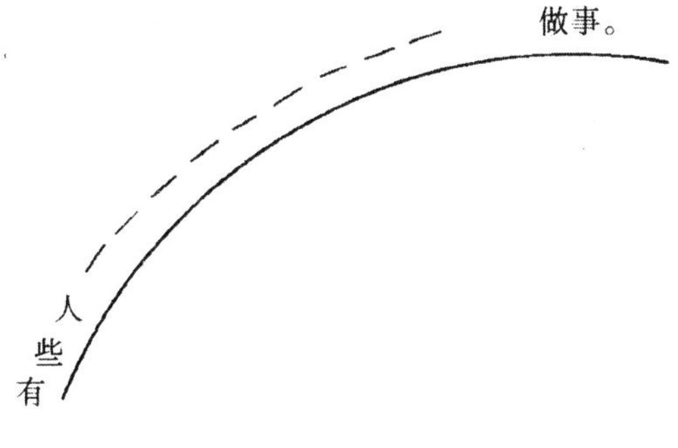

下山类：语句的句头较高，而后顺势下行，句尾最低。如："萧纳尔发现，咪咪已经离开了人世。"

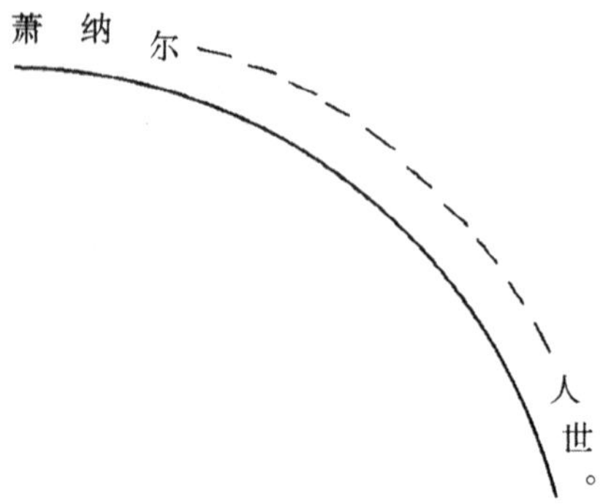

半起类：语句的句头稍低，中间稍高或又有曲折，句尾气提声止，却又不在最高点上，只起来了一半。如："小同志，你的老家在哪儿?"

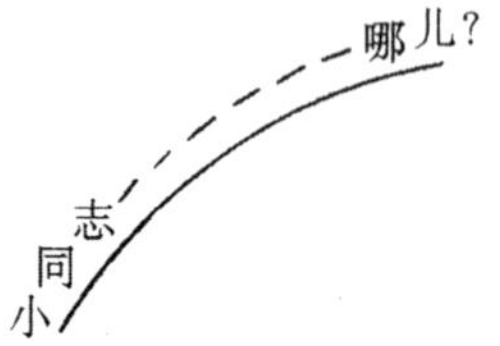

很明显，对语势的态势只能做大致的描写，那句头的起点，句尾的落点，其高低的级差是相当多，相当细密的，何况还有强弱、快慢的因素掺杂其中；而句腰的变化里，又会有许多微妙的曲折，总之，语势多样的态势难以用语言描述完备。

上述五种语势类型也是大体的分类，是最有代表性的类型。它并不可能包容客观中存在的各种语势。所举的例句，也不意味着只有那一种语势是正确的，它完全可能因上下文语境，或因语言发动者的独特感受，而呈其他类型的语势，这也是不足为怪的。对语势做这种大体的分类，意在使我们了解语势的曲折性及波浪式的特点，根据思想感情的变化，在句子的关键部位做出巧妙的处理，从而得到多样的、能与具体思想感情相匹配的具体语势。张颂教授在论及语势基本类型时，就强调了"语无定势"这一客观规律，其实践意义是非常强的。

总之，语势的多姿多彩，既是传神地表达稿件思想感情的需要，也是受众的心理需求。单调的、一成不变的声音形式对听觉的刺激是微弱的，非但不会吸引受众与之产生共鸣，反而易使听觉出现疲劳，令人昏昏欲睡。受众对缺乏语势变化、机械刻板的播音，也有对付的办法，或"充耳不闻"，或中断收听。这样结局，对于播音员来说，不啻是做了"无用功"，其宣传效果也就可想而知了。

语势的变化方法

语势的变化，反映在受众的听觉上就是声音形式的变化。那么，声音形式变化需要什么条件呢？从技巧角度看，又怎样实现声音的变化呢？

（一）要变声音先变状态

这里所谓“变声音”，即语势的变化；所谓“变状态”，即感情状态和用声状态的变化。“要变声音先变状态”，是语言表达的原则和方法。说它是原则，因为其缘于有声语言中感情、气息、声音三者的辩证关系；说它是方法，因为它抓住了声音变化的“钥匙”。

播音的语流，是在播音者的心理、生理、物理三个平面上进行复杂的转换而形成的。语流的心理平面有两层含义：其一是指播音时的总体心态，即话筒前创作状态；其二是指播音中随稿件内容的发展变化的具体心态。松弛而积极的话筒前状态，是灵敏、活跃的思维和情感活动的前提。话筒前状态紧张或懈怠，都不会有积极灵动的思维和情感活动，也就不可能产生具体而真切的心态变化。语流的生理平面，是指在具体的思想感情支配下，发声器官对气息、共鸣各方面的控制；语流的物理平面，是指声音的音高、音强、音色、音长诸方面的表现。总起来说，语流的心理平面，是语流声音形式发生变化的动因，其生理平面，是语流声音形式发生变化的条件，而语流的物理平面，则是声音形式变化的结果。“要变声音先变状态”，即是说，想赋予语流以丰富的感情色彩和生动多样的语势，必先变化具体的情感状态，并据此调节控制气息、声音、口腔的状态，从而得到能恰切表现出文字中所蕴含的思想感情的声音形式。简言之，要变化声音形式，必须从改变情感状态着眼，从变化语势入手。如果违背这个规律，要么语势无大变化，要么即使有变化，也会显得矫揉造作，有“玩技巧”之嫌。

在以上诸种状态的变化中，气息状态的变化有着举足轻重的特殊意义。气息状态，一头连着情感状态，“气随情动”，另一头连着声音状态，“以气托声”，成为联结情感与声音的关节点。声音的变化要靠气息的运动来“铺路架桥”。“气息控制是由情及声，由内及外的贯穿性技巧。”①

气息状态的变化要由具体的情感状态来引发调节。气息状态的调节又可以反转过来催动情感的动势，并得到“以情传声”的效果。在播音语流中，气息的多少、快慢、“上提”、“下松”的种种变化，与口腔控制的松紧、开闭等状态相配合，带来声音丰富多彩的变化。有时，气息还会直接站到有声语言队伍的“前列”，作为表达感情的一种特殊手段，像“抢气”、“就气”，“带出气息声”等等。总之，只有在感情运动起来的状态下，气息也运动起来，语流才可能呈现出起伏有度、疏密相间的姿态，从而也才能体现出思想感情发展变化的进程，使播音达到声情并茂。

以冰心的散文《小橘灯》中的片断为例。这是在文中的主人公“小姑娘”做了一盏小橘灯，关切地递给“我”时，作者写道：

①我赞赏地接过，谢了她，她送我出到门外，我不知道说什么好，她又像安慰我似地说：“不久，我爸爸一定会回来的。那时我妈妈就会好了。”她用小手在面前划了一个圆圈，最后按到我的手上：“我们大家也都好了！”显然地，这“大家”，也包括我在内。

②我提着这灵巧的小橘灯，慢慢地在黑暗潮湿的山路上走着。这朦胧的橘红的光，实在照不了多远，但这小姑娘的镇定、勇敢、乐观的精神鼓舞了我，我似乎觉得眼前有无限

① 徐恒：《播音发声学》。

光明!

由于篇幅关系，我们不逐句分析，只拣其中几句来说明感情、气息的运动状态，及语势的变化。①段开头，由于“我”看到“小姑娘”在艰难的处境中，勇敢地担起照顾母亲的责任，并为自己做了一盏小橘灯，“小姑娘”的早熟、体贴、灵巧、乐观深深打动了“我”的心。因此，句头的气息不是很平稳的，应以较兴奋的心情，快速进气，气息位置提得较高，并顺势高起句头，而后有控制地转慢、转轻地说“谢了她”，语势是下山类。

①段的最后一句，“显然地，这‘大家’也包括我在内”，这里表现“我”被“小姑娘”坚定乐观的信念所感动，心中颇不平静，却又是内心深处的活动，因而要深深地吸口气，声音较低起句，在“大家”处声音送得较高，而后用一个停顿，声停同时气也暂时屏住，再缓缓地下行点送出“我”字。此句中的“大家”形成“波峰”，“我”又恰似“波谷”，语势曲折，能含蓄而又动情地透露出一种“幸福”和“快慰”的感情。

②段，“我”的内心仍在翻滚，边走边想自己遇到的事情。起句时可先深而缓慢地进气，以较平静的中音说出，语势较为平直，呈半起类。下句“这朦胧橘红的光……”句头可能较快地进气，平接上句，以表现“我”内心涌动的激情，但又控制着，既轻且低地说到“照不了多远”。紧接着，心情激动，赞叹、鼓舞、力量一起涌上心头，急吸一口气，气息上提，快而有力以较高的声音说出“但这小姑娘的镇定、勇敢、乐观的精神鼓舞了我”。此句与上一句的音高、音强、语速都形成明显的对比。而后，语句上行，整句呈上山类语势。在“我似乎觉得”之后可以有个小小的顿挫，“眼前”二字说得较轻，稍有延长，内心再次涌动，并控制着内心的激动，以较高但较轻的、适度的虚声结束全句。

当然，完全可以有其他不同的处理方法，但一定要符合人物和规定情景的要求。播音时，只要我们把握住情感的具体发展层次，在句子的关键部位，引动气息的变化，辅以口腔的不同控制，赋予声音以色彩，形成多变的语势，就会传导出准确、鲜明、生动语势，就会传导出准确、鲜明、生动的思想感情来。

（二）语势变化的关键部位

我们可以对任何一个语句（独词句除外）做句首、句腰、句尾的大体划分。语句的句首、句尾，承担着承上启下、衔接转换的任务。这里既有语言链条的承上启下、衔接转换，又有情感方面的承上启下、衔接转换。语句的重音是语句目的的显露点，重音灵活地与句中某一部位结合，也是构成语势变化的重要表现。总之，句首、句腰、句尾是语势变化的关键部位。

这些关键部位在具体思想感情支配下，会有气息、声音、口腔各方面多层次、多侧面的变化，以及它们的多重组合。不过，千变万化之中都有一个共同的规律可循，这就是：“句首忌同一起点”、“句腰忌同一波形”、“句尾忌同一落点”①。“起点”，包括起句的高低、快慢、轻重，当然还有气息的“上提”或“下松”作后盾。句腰的“波形”，一定要从不同的细微感受中抓区别，使之有高低起伏、松紧疏密、强弱轻重方面的落差幅度。句尾的落点，不仅有音高、音色方面的变化，还有强收、弱收、急收、缓收方面的区别，并

---

① 张颂：《朗读学》。

兼有气息粗细、顺滞、余竭等等状态的不同。

以朱自清的散文《春》的结尾为例：

①春天像刚落地的娃娃，从头到脚都是新的，它生长着。

②春天像小姑娘，花枝招展，笑着，走着。

③春天像健壮的青年，有铁一般的胳膊和腰脚，领着我们上前去。

这三段文字是文章的重点层次，也是点睛之笔。作者热情畅快地讴歌春天，他热爱生命、热爱生活的思想在这里得到升华。这些语句的感情色彩是一样的，但是如若只凭热情，放开声音高昂地“喊”出来，可有点儿煞风景。其实，只要我们深入体验，就会获得细致的甚至独特的感受，从而造成语势上的差别，充分而细腻地体现作者的思想感情。

①句，恰似在自己心里体味，起句较高，但轻，像欣喜地观看睡在摇篮中的新生儿，生怕出气大了吹着娃娃的小脸儿，因而句腰只在“娃娃”、“新的”两处略略抬起，声音较轻而高，略有虚声，语速舒缓，巧用停顿。句尾“它生长着”，前三个音节音程较长，最后一个字“着”，是轻声，在音高的中部，同时短促而轻巧地收起，似盼望着、关注着“春”的“长大”。

②句，似看到“春”的“长大”，对春的赞美脱口而出，并和这“小姑娘”一道快乐、活泼。可稍低起句，紧接着以高而明亮的声音说出“小姑娘”，而后声音放开，语速较快，呈跳动之势。

③句，作者抑制不住对春天、对生命和生活的热爱，似宣言般地说出这句话，具有很强的感召力。起句高而强，句腰的波形不重在音高的变化，而是加强了吐字的力度和气势，声音洪亮、铿锵有力。这个语势的句腰波形，与前两句拉开了距离，显出很强的分量，使这一句成为重点中的重点，并向句尾的重音制高点推进。句尾是上山类语势的顶峰，“上前去”三字，一字一顿，高而有力。细致地说，“上”是去声［51］，居中起音，落下的幅度尽量大些。“前”字［35］音程加长，在“上”的较低落点的映衬下会显得更高昂响亮。“去”字就着“前”字的［5］下落，但音程短，要果断有力地在［3］左右收住。这样既有结束感，又把重音“上前去”的味道给足了，语句本质的色彩和分量也传达出来了。

在以上所谈的一般规律中，还有必要强调一下句尾的特殊作用。句尾的态势，既显示语流的走向，担着承上启下、衔接转换的任务，又是“传达感情的豁口”。句尾不一定只是句子最后的一个音节，也可能是一个词、词组，甚至一个短语。不管哪种情况，句尾的声音和气息的态势有很强的表情性，尤其当语句重音处在句尾时，更是如此。如连队小故事《偏食袋》中的一句话：

“原来弹柄是铁的，那周围已经磨出了亮光。”

此处讲新战士从连长练投弹的特制手榴弹的“铁柄”“磨出了亮光”，感受到连长从难从严、持之以恒的苦练精神。语句本质是钦佩、赞扬。重音“亮光”恰在句尾，虽是句子的结束，声音却不可低落，要扬上去、气息托住，缓收，给人以回味思索感。若句尾沉下去，就给人“睹物伤情，物在人亡”的感觉，成了敬佩怀念之情。显然，句尾处理若被忽视，语句本质色彩和分量都会受到影响而前功尽弃。

第五节　克服“固定腔调”

播音是一种语言创作活动，创作最忌刻板和肤浅。然而我们日常听到的播音，有许多却令人难以承认是创造性的劳动。这类播音所传达出来的有声语言，无清晰之意，无鲜明之情，可又貌似“亲切”地“忽高忽低”。它不是有血有肉、充满感情地对你说着什么，倒像是接通了一部语言处理机，不管文字上是什么含义、什么感情、什么风格，只要经过这部机器的处理，全都“熨平烫好”，变成了一样的格式传达出来。这类令人厌烦的腔调，我们称之为播音中的“固定腔调”。

“固定腔调”的几种表现

“固定腔调”，顾名思义，即指以固定不变的声音形式应万变的播音内容。从它们的声音形式看，大体有以下四种类型：

（一）“保险调”

具体表现是语流中停顿多，连结少，中速“行驶”，匀速前进，语势单一。

这种情况，一般说是因为播音员事前不备稿，播录时为了少出差错，少打结巴，于是逢词组便顿挫，借此间隙迅速扫瞄后面的语词。这样出差错或打结的可能性自然会减少，保险系数会随之提高，然而这种心中无数，顾及单位很小的语言反应，往往只是字音与字形的简单对应，很难形成积极连贯的思维及含义深刻的语流，所以听起来断句碎，且语言缺乏内在的逻辑联系。

还有的人用“保险调”是为了稳，为了显得“操练有术”。播音时不管长句、短句，不管句子间有何种逻辑联系，关系是紧密还是疏松，也不问语句含有什么样的思想感情，有无内心节奏的变化，语流的推进总是四平八稳，一板一眼，不紧不慢，中速“行驶”，匀速前进。

“保险调”还有一个病症，就是语势单一，而且多为“拱桥形”，即句首低起，句腰拱起，句尾下落，且起伏度很小，语势平平，语句中极少松紧疏密、高低起伏的变化，听起来很是乏味、令人昏昏欲睡。

（二）“唱调”

具体表现是拖腔拉调、高低起伏呈格式化的“规律”。

“唱调”与“保险调”有密切联系，但也许是意识到少连多停的“保险调”使句子断得过碎，影响语言的流畅，于是便套用“扬停”的处理方法，不加区别地“逢逗（号）必扬”，“逢停必扬”，而且这个扬起的音节还被着意加重延长，有的还发生了较大的声调扭曲，音节末尾添个上扬的小弯。如“……进行了谈判”，“判”是去声，有“唱调”癖者，偏读成拐个小弯的调值［534］。

再者，“唱调”还有个逢结构助词、逢介词甚至量词，必拖、必重的陋习。即遇到“的、着、了、过”、“在、对、把、让、为、从、自”等虚词，或“个、种”等量词，总有一个懒洋洋，又颇似自得的拖腔拉调。这样一来，语流中的抑扬顿挫全有了一种不合情理的“规律”，形成了一种固定的格式。

（三）“主持人调”

“主持人调”可分为两个阶段，两种表现。

20世纪80年代初，主持人节目刚刚兴起时，为着所谓“亲切”，不少主持人模仿港台味的普通话，虽然不及某些歌星那样明显，但普通话中的轻重格式、轻声等语音表现却有被“港台味”同化的趋向。最常见的，是那一声“听众朋友”。纯正的、大大方方的普通话里，“友”读轻声；有的主持人不读轻声，有的反把“友”字说得又长、又重、又高，尾音几乎达到声音的顶端，给人一种娇揉造作的感觉。

待这种以模仿港台味普通话为代表的“主持人调”遭到受众批评和贬斥因而有所收敛后，有的主持人为追求“自然地说”的效果，在声音形式上又形成了新的套路：句头向上一挑，紧跟着向下一滑，任句腰、句尾低而弱地流淌出去。这种语势，不是不可以用，只是用得多了、滥了，也就成了一种“灾难”。乍听起来，这种腔调的句头似乎挺积极，有点儿交流意味，但整体上却给人“自说自话”的印象。结果，主持人的语言目的和重点，就被单一的、自然主义的所谓“说”的声音形式淹没了，而不能很好地“入耳、入脑、入心”。

（四）“念调”

这里所说的“念”，当然不是小学生似的“念书调”，而是一种层次稍高些的“念”。其主要症结在于缺乏对语流的整体驾驭，把力量平均地分散在一个个孤立的句子上了。应该说，有这种“念调”的同志的创作态度还是认真的，只不过，他们不善于抓住大的语言单位的主次关系，同时语流中又少有声音高低、强弱、明暗、刚柔、虚实、断连及语气、节奏方面多层次的、丰富的对比变化。虽然这种“动了情”的腔调句句都有小的波澜起伏，实际效果却显得平淡，恰似“吹皱一池春水”。当然，“吹皱一池春水”也不失为一种语言样式，然而，这里指出的“念调”，由于播得拘谨，不舒展，那些小波澜呈现出太多的“似曾相识”的听觉印象，因而很难拨动听众的心弦，很难引起大家的共鸣，因而缺乏感染力。另一方面，由于某些句子处理上的“雕虫小技”用得过于频繁，结果使语言失去了其自然大方的光彩，以及活泼多变的生活气息，而给人以“念稿”的感觉。

“固定腔调”的危害

“固定腔调”有不同的层次，在播音新手及个别老播音员中都有一定的市场。不少基层播音员误认为：“播音就应该是这个样子，这样才叫播音。”岂知，这恰是盲目的、不分良莠的机械模仿。他们学到的，都是应该屏弃的，是违反语言表达规律的，有与播音语言特点相悖的毛病。而那些被基层播音员和一些新播音员误认做样板的、带有严重“固定腔调”的老播音员，往往对自己的“调调”尚不自觉，甚至加以欣赏，视为“技巧”、“风格特点”。

虽然存在于播音中的这些“固定腔调”不是一个层次，有的生硬，有的“圆熟”，但其实质和危害是相同的。不论产生“固定腔调”的原因是什么，实质上都是有声语言与思维及感受脱节的表现。若不正视这一问题，及早克服播音中的种种固定腔调，那么，带有“固定腔调”而又不以为非的新播音员，就可能形成顽固的语言定势，难以真正迈进播音创作的大门。那些养成“固定腔调”积习的老播音员，也会因此束缚住自己的手脚，使语言表现逐渐趋于单一化、模式化，终究无法踏入播音艺术的佳境。总之，播音中的“固定腔调”使播音语气单调、呆板，令受众反感，直接影响传播效果，因此亟待克服。

“固定腔调”的形成原因及克服方法

形成“固定腔调”的原因很多，有创作道路问题，有创作技巧问题，等等。其中最主要，也是最直接的原因是缺乏思维与感受这一中介，尤其对于文稿播音来说，更是如此。也就是说，持“固定腔调”者，在文字语言转化为有声语言的过程中，只有字形与字音“一一对应”的表层转化，只是眼看字形，口读字音，恰恰省略了或绕过了动脑、动心，亦即深入思维与感受这一使语言与思维、情感结合起来的重要环节。这种肤浅、刻板的“认字”似的反应，是难以形成完整而明确的意念，也是难以产生灵敏、深刻的感受的。没有明晰的思维，没有深切的体验，传导出的语流怎么可能“言为心声”呢？怎么会有生命的活力呢？

克服“固定腔调”的方法，无非从两方面入手，一是正视播音创作过程中思维与感受的决定作用；二是提高语言表达技巧。

正视播音创作中思维与感受的决定作用，就是要求播音员遵循语言与思维、情感密切相关的基本规律。播音要努力避免语言与思维、情感脱节，如果播音时思维表浅、迟缓，感情封闭淡漠，就不可能产生好的语言表达效果。播音，这种具有某种特殊性的言语过程，要做到言之有物，言之有情，言之有理，要增强可听性和接近性，务必要“心随物转”，“由己达人”。所谓“心随物转”，即保持敏锐而准确地随稿件内容变化而及时转换的思想感情运动状态。所谓“由己达人”，即有强烈交流意识及交流意味的主动积极的语言表达。这样的心理状态，这样的语言指向，就是把自己真切的思想感情传达给受众的创作状态，再加上生动活泼、丰富多样的语言表达形式，所发出的语言才会是态度真诚、目的明晰，为广大受众所喜爱。

此外，我们还可以从心理学和美学的角度，认识克服“固定腔调”的必要性和紧迫性。心理学研究告诉我们，人的大脑对单调重复的刺激会产生抑制和厌倦。“固定腔调”对于听众和观众，无疑是一种单调重复的刺激，对传播只会起适得其反的作用。从美学角度看，大家都知道“文似看山不喜平”的道理。变化即运动，运动才有生命力。一成不变，以不变应万变的“固定腔调”是无丝毫活力可言的，不能产生优秀的播音作品。

解决了认识问题，还必须解决具体的技巧方法。克服“固定腔调”的方法，就是在播音创作基础理论的内外技巧之中，同时，还需要用气发声、吐字共鸣基本功做基础。从大的方面讲，还是要强调遵循正确的创作道路，要多听、多思、多上口，努力地、多方面地锤炼语言表达技巧，使语言的声音形式与其蕴含的内容得到完美的统一。尤其要锻炼培养精妙的语感，善于辨别、判断、记忆和选择语流中的各种信息因素，提高对语言的感受力和驾驭能力。清代文学家刘大櫆谈写作时曾说：“文贵变……一篇之中段段变，一句之中句句变，神变、气变、境变、音节变、字句变。”我们要抓住语气这一核心技巧，充分重视语气的具体性、多样性，语势的曲折性、波浪式，使各种“固定腔调”得到彻底克服，不断创作出受众喜爱的优秀播音作品。

第三十二章
节 奏

生活中充满着节奏。自然界寒暑季节的更替轮转，大海波涛的时起时落，人类社会的进化推演，以至我们心脏的搏动起伏，肺部的吐纳呼吸，都有各自的一定节奏。节奏，是随着客观世界物质的运动而产生的。物质运动的盈虚涨消，升降沉浮，和合分离呈一定规律的变化，就构成了节奏。

节奏在艺术中更有其特殊的作用，它是使美的内容得以表现出来的一种外在形式。艺术的节奏，要比现实事物的节奏更为鲜明，更为完善，更符合人的审美心理节奏。在音乐中，节奏是乐曲结构的基本要素，是音乐的重要表达手段，对欣赏者的情感有直接而迅速的影响；在舞蹈中，形体动作的节奏构成了丰富的舞蹈语汇；绘画，则讲究线条、色彩、光影及构图的节奏；戏剧、电影中，既有情节变化、镜头运动的节奏，更有人物内心情感、语言动作的节奏；就连看似静止的建筑，也因为十分注重空间组合的节奏，而被称为“凝固的音乐”。可见，巧妙地运用和创造节奏，会给人带来新鲜活泼而又耐人寻味的美感，从而吸引着欣赏者去探寻其中的精神、情感、气韵和意味。

播音，从某种程度上讲“也应列入艺术语言的范畴”①。事实上，播音创作也确实有着显著的艺术属性，理所当然，节奏也应成为播音的重要表达技巧。

第一节 节奏的概念

节奏的涵义

生命的真谛在于不断的运动，有运动就会有节奏。“宇宙中的节奏不是人为的，它存在于统一的天体，存在于统一的宇宙，存在于统一的大自然，存在于生命本身。”② 正因为如此，古今中外多少艺术家、心理学家、美学家、哲学家都对节奏深入探究，发表自己的看法。他们从不同角度、不同侧面阐述节奏的内涵，尽管他们的表述方式不一，但就其

---

① 周殿福：《艺术语言发声基础》，第71页，中国社会科学出版社。

② 杜义芳：《艺术心理学教程》，第8页，云南人民出版社1990年4月版。

内容实质来看却有许多共同点。这些共同点正反映了广义的节奏概念的实质，概括起来有以下三点：

（一）节奏是主观和客观的统一，也是生理和心理的统一

一般地说，节奏来自外界事物变化的刺激，由于人类文化历史的积淀，使我们对节奏有一定的情感体验。这种对节奏的敏感，是主观和客观的统一，也是生理和心理的统一。因为它以人的生活经验为基础，以人的生理条件为前提，使直接感应到的节奏形式产生的生理体验心理化了。例如鼓声，非洲战鼓那激越昂奋的敲击，儿童鼓乐队那单纯稚气的鼓音，轻音乐中小军鼓那轻快俏皮的鼓点；再如电影里"鬼子进村"那呆滞沉闷的节奏，都由不同的生理感应，带来截然不同的心理感受，产生各个迥异的联想，引起强烈的感情共鸣。

人们可以感应节奏，也同样可以运用节奏从事创作活动。正如美学家朱光潜先生指出："节奏是主观和客观的统一，也是生理和心理的统一。它是内心生活（思想和情趣）的传达媒介。艺术家把应表现的思想和情趣表现在音调和节奏里，听众就从这音调节奏中体验或感染到那种思想和情趣，从而引起同情共鸣。"①

（二）节奏的变化由各种不同要素的对比组合显现

《简明美学辞典》一书对节奏的诠释明确指出：节奏"指艺术作品中各种可比成分连续不断的交替"②。美国一本介绍表演艺术的小册子《演技六讲》对此也有相同的看法："节奏是一件艺术品中所包含的各种不同要素有次序、有节度的变化。"③

应该说，这个观点是符合实际的。比如诗的节奏，主要表现在韵律、平仄等要素的交替变化上；小说的节奏，则表现在情节的轻重缓急及文字的疏密浓淡上。不过，我们最终要讨论的是播音节奏，所以这里我们着重于对声音、语言节奏中不同要素的认识。不少人以为节奏便是速度的同义语，这实在是一种误解。节奏的要素中确实包含着速度，但决不仅仅是指声音的时值关系。《辞海》在音乐的有关词条中便指出："音响运动的轻重缓急形式形成节奏"，"其中各音的时值和强弱不同形成节奏"。这里指出的声音节奏包括：轻重强弱、缓急时值。我国古代《乐记》上说："节奏，谓或作或止，作则奏之，止则节之。"意思是说，断连顿挫是形成节奏的要素。现代大文豪郭沫若先生在论到诗的节奏时指出："或者先抑而后扬，或者先扬而后抑，或者抑扬相间，这表现出来变成了诗的节奏。"④ 郭沫若所说的"扬抑"，显然不是声音的时值关系所能包容的，它们更多地反映着声音的"力"的关系。当然这所谓的声音的"力"，不独指声音的轻重强弱，还有高低、明暗等多方面的因素在内。不过，我们若对声音的节奏要素做一个抽象的概括，可以看出，其可比成分的变化运动主要反映在两个方面，即"时间的节奏"和"力的节奏"。

（三）节奏是交替出现的有一定规律的有序运动

节奏反映物质运动过程的有序化的律动，物质存在的有序性，是节奏形态的深层原

---

① 朱光潜：《谈美书简》，第 79 页，上海文艺出版社 1981 年 9 月版。

② 〔苏〕奥夫相尼柯夫，第 124 页，知识出版社 1981 年 7 月版。

③ 〔美〕理查德·波列斯拉夫斯基，第 101 页，中国电影出版社 1980 年 9 月版。

④ 《郭沫若论创作》第 247 页。

因。人的各生理系统的节奏性活动，在一般情况下是自律的，是意识不到的，但它们的运动节奏都是构成生命的依据。这种生命节奏，“它们的活力所形成的神经敏感性，可以超意识地捕捉住这种节奏，并以这种节奏作为依据去感受与衡量外部的节奏，在这种感受与衡量中，对于节奏的体验也就产生了。”① 也就是说，人的生理和精神的构成与发展的运动性、有序性，构成了人的节奏能力的深层基础。劳动中打夯或纤夫拉纤时所喊的“号子”，是有秩序、有规律的运动，它合于人的生命节奏。节奏整齐才能形成合力，使动作更准确、更有力、更鲜明、更合理，最终也才会更有效地达到劳作的具体目的。如若虽有变化运动，但处于一种无序状态，与生命节奏也无内在联系，那么，仍是不可能形成节奏的。

朱光潜先生在谈到声音的节奏时指出：“有段落才可以有起伏，有起伏才可以见节奏。”“音波始终单调一律，无节奏。轻重相间见节奏。”② 这一观点又进一步说明声音的节奏，是指声音各种可比成分有规律、有秩序的运动。

以上关于节奏的生理、心理基础、主客观关系、节奏所包含的可比因素，以及节奏是有序的律动的观点，是广义的节奏概念中的本质内涵，这是我们认识播音节奏概念的基础。

播音节奏概念

“在播音中，节奏应该是由全篇稿件生发出来的、播音员思想感情的波澜起伏所造成的抑扬顿挫、轻重缓急的声音形式的回环往复。”③

这个定义初看似觉拗口，实则精练地概括了播音节奏的要点，我们可以从四个方面去认识。

（一）播音节奏是以思想感情运动为依据的声音运动形式

正像我们在谈论广义节奏概念时所强调的，播音节奏也是主观与客观的统一，生理和心理的统一。换句简单的话说，声音运动的节奏是有内心依据的。

“无稿”播音时，现实事物、新闻事件的刺激，引起播音主体思想和情感的运动，主体思维、情感运动过程的速度、强度便以不同节奏的有声语言运动形式表现出来。如体育播音员做球赛现场解说时，场上竞争激烈，攻势变化多端，这些外界因素刺激解说员生理、心理上迅速感应，此刻他们的观察判断十分敏锐，语言组织快捷，脱口而出的解说也呈现出迅捷、紧张的节奏。如若场上队员进攻节奏放慢，或消极防守，解说员的心理节奏必能感应到这种变化，他可能在此时请专家评球，或介绍一些资料性的有关信息，其语言节奏显然会有相对和缓、轻松的变化。

有现成文稿的播音，播音主体思想感情的运动变化源于稿件，故言播音节奏“由全篇稿件生发”。此时，稿件便是播音主体把握节奏的主要客观依据。对于播音主体来说，一方面对稿件的内容与形式的整体把握，稿件与创作氛围等相关因素的关系应了然于心，成

① 高楠：《艺术心理学》，第319页，辽宁人民出版社1988年1月版。

② 《朱光潜美学文学论文选集》，第199页，湖南人民出版社1980年12月版。

③ 张颂：《播音创作基础》，第109页，北京广播学院出版社1990年3月版。

为播音“有感而发”的客观依据；另一方面播音主体应有“由衷而发”的主观意向，这是指播音主体能动地接受稿件刺激，使自己的思想感情处于积极的运动状态，产生生理节奏的适度变化，唤起心理节奏的相应变化。情真意切，才会有“思想感情的波澜起伏”。而这“波澜起伏”的体验越是精确，它们从口头上表达出来时就越需要节奏这种表现形式来体现。

（二）播音节奏的外部形式表现为有声语言流的抑扬顿挫、轻重缓急

播音节奏是一种外部形式，但不是僵死的、机械的、空洞的形式，而是能够表现出“情感生命”的、有“意味”的形式。现代生理学、现代心理学的研究都已证明，人的内心情感与具体可感的外部形式之间，存在着一种相互对应的关系。如果没有这种对应关系，情感就无法通过与它相应的形式得到表现。按照符号学的观点看，播音中的声音形式便是播音作品的表现符号，是所传播的思想感情的表现符号。平板、单调的声音形式不可能表现出丰富的思想感情，那与内心情感相对应的流动变化的声音形式，才是播音主体所追求的外部形式。

播音作品与其他艺术作品一样，是质（媒材）、形（形式）、意（内容）三位一体的有机整体。什么是播音的媒材呢？很显然，有声语言是广播电视播音最重要的、共同的物质材料。节奏这种表现形式，在播音中就是由有声语言这一物质材料中各种可比成分的对比组合构成的。有声语言，除了语音序列外，还有一个附着在语音上的“超音段成分”，即“横跨一个音节或词，或一个短语、句子的语言成分，如声调、语调”。[①] 实际上，“超音段成分”就是我们常说的语流中声音抑扬顿挫、轻重缓急的表现。那些附着在语音形式上的声音高低、强弱、快慢、断连等方面的变化，即有声语言的可比成分，也正是组成播音节奏的基本要素。它们的承续、主次、分合、对比等多层次、多侧面的立体变化，形成有序的律动，便形成播音节奏的存在形式。

（三）播音节奏是具有一定特点的声音形式的回环往复

节奏是要素有秩序的律动，正如张颂教授在《播音创作基础》中指出的：“一记钟声、一次涛声，形不成节奏；一蹬石阶、一根木栓，也形不成节奏。没有声音形式的序列、呼应、再现、反复，只凭一个词、一句话，又怎么能谓之节奏呢？播音中，从稿件的第一句到最后一句，在这全过程中声音形式的回环往复才构成这篇稿件的节奏。”[②] “回环往复”，是节奏的核心，其声音形式的多数性和相似性是“回环往复”的必要条件。没有两个以上具有相似特点的声音形式的呼应、反复，是无节奏可言的。所谓相似特点的声音形式，是指重点句、重点层次、段落相似的基本语气，以及相似的语势转换形式。总之，相似的基本语气、相似的转换形式，形成了一篇播音作品主导节奏回环往复的态势，从而使节奏鲜明地显现出来，让人有所觉察。

我们从播音表达的视角，试析王维《九月九日忆山东兄弟》一诗的节奏回环往复的表现。

---

① 陈明远：《语言与现代科学》，第151页，四川人民出版社1984年6月第二版。

② 张颂：《播音创作基础》，第109页，北京广播学院出版社1990年3月版。

独在异乡为异客，每逢佳节倍思亲。

遥知兄弟登高处，遍插茱萸少一人。

诗中尽写远在他乡的游子思念亲人的孤寂悲凉的心情。那低沉缓慢的基本节奏在诗中反复出现，使每一个读到它的人都能引起强烈的共鸣。这首朴素无华而又高度概括的诗，浸透着诗人孤独惦念的情思和深沉郁闷的语气。首句和第二、四句的句尾，虽然它们落点的高低、轻重略有区别，但都呈下行语势。整首诗，语速沉缓，起承转合，亦都采取渐转，并由扬转抑的转换形式。于是，这首诗相似的语气色彩和分量，相似的语势，及相似的转换形式，在语流中回环往复，造成了全诗低沉缓慢的节奏。

我们再来看一则拦惊马救少年的消息：

3月6日上午，河北滦县城内一条公路上，3匹马拉着一辆大车向北箭一般地狂奔，车把式已被摔在路边。前面，有14名小学生正走到丁字路口，被这突如其来的险情惊呆了。

“快闪开!”路旁飞身闪出一位解放军同志，迎头去抓马缰绳，因惊马来势太猛，没有抓住。他又侧身一闪抱住马头，惊马长嘶一声，前蹄腾空而起，把他悬吊起来，他紧紧抱住马头不放，被拖出二十多米，车终于停住了。这时马车距离小学生只有三米多远，好险呀!

车把式赶上来紧紧握住解放军的手，可当人们追问他的姓名、住址时，他微笑着离开了人群。人们经多方询问，才打听到他是当地驻军某部特务连指导员贾久玉。“六一”前夕，部队召开大会，给他记了三等功。

在这则消息中，事件本身紧张的节奏跃然纸上。首段险情的铺垫，那揪心的语气里就透露着紧张的节奏。在重点段里，赞扬的、急促的语气几乎一气呵成。舍身勇拦惊马的几个动作“迎头”、“抱住”、“不放”作为重音，有着较高、强力、短促的共同特点，使紧张的节奏在此更为显著。在结尾的非重点段，节奏舒缓下来，与重点段形成鲜明的对比，但其明快、赞扬的语气色彩与重点段有相似之处。从转换形式看，不论是险情的铺垫，到“飞身闪出”勇拦惊马之人，还是险情解除，到人们的感激、赞扬，及部队的表彰，其间的开端、发展、高潮、结局的转换，都采取由慢转快，由抑转扬的转换形式，并有较大幅度的转换等相似特点。

显然，具有一定特点的声音形式在播音语流中回环往复的表现，能使人感应到某种鲜明的节奏。所谓“一定特点的声音形式”，就是指相似的语气、相似的语势和相似的转换形式。这些相似性一般反映在重点语句、重点段落和重点层次之中，它们的反复出现，构成了回环往复的节奏特征。

（四）播音节奏的整体性

节奏由“全篇稿件生发”，它立足于全篇，由播出目的和稿件主题统率，被基调所制约。一篇稿件的基本节奏具有相对稳定的鲜明个性，同时又富有变化性，寓变化于齐整中。节奏与基调关系密切。播音基调是稿件总的感情色彩和分量，以及播音创作主体的态度感情的统一。这内在的把握，要靠语气和节奏的声音形式来体现。节奏在体现基调的过程中主要起着结构整体的作用；也就是说，一篇播音作品中节奏的起伏跌宕，显现出事物的运动过程，这是一个有机的整体，而非零散碎落、有句无章的随意闪烁。

节奏的整体性，首先要求那回环往复的主导节奏与基调一致，保证基调落实于外部形式时的准确。拿朱自清的散文《荷塘月色》来说，文章集中三段文字对荷塘月色作了极精致美妙的描写，使人体味到轻婉、和谐、清幽的意境，很容易引起人的美感。但如果孤立地、片面地体验这种感受，朗读时以轻悠、舒缓的节奏来处理，就会偏离文章整体的基调。实际上，作者压抑于现实，向往超脱，然而又不能超脱的沉郁之情才是文章的主要感情色彩。在节奏布局上，要由沉郁而起，转为带有淡淡喜悦的对超脱的向往，最终又回到更加不可排解的沉郁中去。低沉、缓慢，是贯串通篇的主导节奏。只有使沉郁的节奏回环往复、鲜明地出现，才能保证节奏与基调的一致。

其次，节奏的整体性还要求节奏布局的相关性，及节奏发展的层次性。一方面，播音节奏的鲜明突出，是在与非重点处的辅助节奏的转换对比中显现出来的，因此必须注意非重点处相对模糊或较弱的辅助节奏与主导节奏的对比映衬。这就是播音中主导节奏与辅助节奏的相关性，有了非重点处的配合，全篇节奏才能形成一个显示运动状态的、有活力的有机整体。另一方面主导节奏的声音形式的相似性并不意味着完全等同，主导节奏随着内容的推进，它的发展是具有层次性的。完全等同的节奏重复，虽然也不失为一种节奏类型，如木鱼的敲击声，但这种节奏未免太单调、太乏味了；更何况，世上本没有完全相同的事物。因此，节奏的整体性还要求观照主导节奏中相似语气中色彩、分量的细微差别，以及相似语势、相似转换形式的同中有异的变化。主导节奏的回环往复不应是简单的重复刺激，而应有一定的强调或加深，从而表现出情感酝酿、积蓄、凝聚、迸发的发展过程。这节奏布局的相关性，及节奏发展的层次性，使节奏的展现更为丰满、立体和醒目，这可以说是播音节奏整体性的深层含义。

以上，我们从节奏的内心依据、节奏的外部形式、节奏回环往复的特征，以及节奏整体性特点几方面讨论了播音节奏的实质涵义。不过，人们也许会发现，播音节奏的概念与语气的概念有一定的交叉。这主要体现在两方面：一是节奏和语气这两种表达技巧，都强调以思想感情的运动为内心依据；二是两者都以声音高低、强弱、快慢、断连方面的变化为外在表现形式。

为了从理论上廓清这两个概念的界定，我们必须认识语气与节奏的相异之处。

第一，从存在范围看，播音基础理论中的语气概念，以语句为存在单位，存在范围较小。只要赋予具体的语句以一定的思想感情，就会有具体贴切而又不同于其他语句的确定语气。这种语气的不可替代性，可以说是语气的个体性。节奏的存在单位明显大于语气，必须有多个相似语气的回环往复才能形成节奏。从这个角度看，节奏具有群体性。所以，对散文体的稿件做节奏设计时，我们可以说“章节奏”、“段节奏”，而不说“句节奏”，因为到了句子这个范围，往往用语气来作更具体的说明。也许有人会说，诗歌等韵体文的节奏不就表现在句子上吗？不错，但这正是由于诗词等韵体文语言的高度凝练浓缩，那诗句实际上与散文中的段落处于同等的地位，担负着起承转合的作用，因此，诗词中的句子，从文章结构上看，与散文体中的句子是不同的，表面看是“句节奏”，实质上是“段节奏”。

第二，从确定语气或节奏的过程看，二者具有一定的逆向性。具体语气的确定，虽然也要考虑全篇整体或播讲氛围等大语境的影响，但更主要的是立足于上下文的具体语境，着力于语气的精微贴切，而后再考虑更大语境的制约。因此，可以说，语气确定的过程是由局部到整体，并侧重于局部。节奏确定的过程则相反，必须立足全篇，由整体到局部，抓大的变化轮廓，以“段节奏”为变化单位，着意于节奏的整体布局。

第三，从语气和节奏的精神内涵看，语气更为具体，节奏则相对笼统，表现为“类”的或有一定模糊度的情感体验。心理学家曾做过试验，给被试者注射肾上腺素，引起一定生理变化，但这种较强刺激产生的情绪体验并不是很确定的。正像音乐只能表现普遍的、抽象的情调，却不能表现特殊的、具体的情思一样，节奏与感情色彩并不一定对应。例如，凝重的节奏，既可以表现深沉的爱，也可能表现深刻的恨；反之，赞扬的感情色彩，既可用高亢的节奏，也可用低沉的节奏。

廓清语气和节奏概念的交叉与分界，对于我们运用这两种技巧是很重要的。

第二节　节奏的作用及其成因

播音节奏的作用

在播音中，节奏技巧的合理运用，能从整体效果上的动感表现，强化所传达的感情，感染受众，激起共鸣。从不同角度看，节奏具有激发调节功能、强化表现功能和引导定向功能。

（一）激发调节功能

对于播音创作主体来说，节奏首先在调动、酝酿感情时，便显示出它的活力。因为我们可以借助对外界节奏的体验调动感情，以一定的心理节奏触发语言表达节奏的成型。

已故表演艺术家、语言艺术家董行佶曾谈及借助节奏调动感情的经验。他朗诵贺敬之的诗《西去列车的窗口》，就由联想夜晚静听火车车轮与铁轨的撞击声，把自己带入规定情境，引发与诗情一致的心理节奏；他朗诵散文《橘园颂歌》时，又是想象文中的海军大尉踏着石子路的沉闷的脚步声，把自己引向烈士陵园，获得了沉重、肃穆的感情体验及相应的心理节奏，而这准确的心理节奏又为语言节奏奠定了基础。

（二）强化表现功能

对于播音作品来说，节奏有强化表现的功能。心理学家的试验发现“由弱到强发生的情感刺激，只要以一定的关系把它们组织起来，就可以有效地强化情感”①。播音节奏，便是通过声音形式的组合变化来强化情感的。节奏在播音的语流中，一方面表现为重点处主导节奏的回环往复，一方面表现为主导节奏与辅助节奏衔接转换时，声音形成起伏、松紧、变化有致的落差。播音节奏的这两种表现，从同向（主导节奏的回环往复），或异向（主导节奏与辅助节奏的对比映衬）角度，强化了感情，使情感具有“浮雕性”，凸现于接

① 高楠：《艺术心理学》，第580页，辽宁人民出版社1988年1月版。

受者的心理感觉，增强了播音作品的艺术感染力，有助于播音的鲜明性、严整性。

在播音创作中，主导节奏的反复出现和不断强化，使主导节奏得以肯定和成型，使所需强调的感情鲜明突出。而主导节奏与辅助节奏的对比映衬，则增强了情感的易感性和通俗性，使人易于感应和记忆。因此，在播音中要善于运用节奏，使播音语言成为具有美感价值的、有序的、鲜明生动的语言。

（三）引导定向功能

对于播音的传播对象，节奏在接受过程中有引导定向的功能。从受众的角度看，节奏的表现意义还在于它能异常有力地、直接地，几乎从生理上感染受众。毫无疑问，节奏的作用决不停止在生理刺激阶段。人的情感与生理、与经验有着必然的联系，因此节奏的生理刺激可以迅速实现生理感应的心理化，上升为对节奏精神内涵的体验。

机械平板的节奏，只能造成接受者心理上的无差别感知，形成因单调而造成的听觉和心理的疲劳，飘移了自己的注意。相反，节奏的鲜明易感，则可吸引受众的注意，调动他们的精神，引导他们的情感运动，以至改变他们的情绪。例如，我们随手打开收音机，正好传出人名单的播报声，这平稳而均匀的节奏首先吸引了我们，继而，这节奏的扬抑、轻重、缓急程度，又进一步引起思维情感的活动，从对播报节奏的感知，结合以往的经验，就会迅速判断这是在表彰先进，还是公布通缉犯名单？是新的机构组成人员，还是治丧委员会名单？显然，播音的节奏和语气能引导我们的判断，并改变我们的情绪朝着节奏给定的方向运动。

播音节奏是声音这种物质材料运动变化的形式，它能由播音主体创造，也能由播音主体控制，并能由接受者所感应。在播音节奏逐步形成，并传导出来，继而被接受、被感知的过程中，声音形式所蕴含的思想感情就被清晰而又鲜明地传达出来了。当然，节奏这种表达技巧，是与语气、停连、重音等反映思想内容的技巧综合发生作用的。节奏和其他技巧一样，是表现思想内容和情感，表现传播目的的手段。不过，由于节奏加入到语言表达技巧的队伍中来，使播音的声音形式更具有立体感，更具有直接可感性和整体性。

播音节奏的成因

这里，我们着重从播音主体运用播音节奏的角度来讨论播音节奏的成因，换句话说，即讨论影响播音节奏的相关因素。

（一）体察存在于客体的节奏

所谓客体的节奏，意即存在于外部世界的节奏。对于播音来说，客体即稿件或现场事物。节奏是事物的运动形态。现场事物的节奏是流动的、活灵活现的，具有很强的刺激作用，便于感应和捕捉。比如，同是在人民大会堂，召开人民代表大会共商国是的现场气氛与节奏，同召开文艺晚会欢度佳节的气氛节奏，肯定是不同的。在现场做报道，或主持节目的人，一般都能从中受到感染，进而调整自己的生理、心理节奏，以至语言节奏，力求与现场节奏相吻合。

稿件所反映的客观事物或思想观念的节奏，是透过凝固的文字语言形式反映出来的。由于文字概念的抽象性和间接性，体察稿件的节奏，比起体察现实事物的节奏要困难些。我们体察稿件中的节奏可以从两方面入手：一是从整篇稿件中体察思想感情的运动节奏，一是从语言文字的风格特点，看其对节奏的影响。只有兼顾这两个方面，才能准确地体察由文字这种媒体材料构成的节奏特点。女词人李清照《声声慢》一词，是一篇著名的悲秋赋，若只看词牌，及对词意的大致理解感受，也许会以为沉缓是此词的节奏。吴小如先生却结合着此词的文字风格特点作了深入的分析："原来的《声声慢》曲调，韵脚押平声字，调子相应地也比较徐缓。而这首词却改押入声韵，并屡用叠字和双声字，这就变舒缓为急促，变哀婉为凄厉"，此词"既不委婉，也不隐约"，而是"以豪放纵恣之笔写激动悲怆之怀"。① 可见，体察稿件的节奏，必须考虑文字特点、风格样式这一因素对节奏的影响，这样捕捉到的、存在于客体的节奏才是全面的、准确的。

（二）激活主体的生理、心理节奏

从现场或稿件体察的，存在于客体的节奏，毕竟仍是属于外部世界的节奏，还不能直接使播音创作的接受者感觉到，因此，播音创作主体在敏锐地体察外部世界的节奏之后，必须迅速调节自身的生理节奏，并激活自己的心理节奏。节奏所以在创作和欣赏中具有普遍的有效性，很重要的原因在于它具有人类普遍的生理依据。不过，单纯的生理变化只是构成情感体验的一个依据，情感性质的最终确定，还要受制于认识和环境。我们不能满足于对客体节奏产生生理的感应，还应该，而且也完全能够做到，从客体的节奏中看出它所表现的情感的性质及特征。这是融入了理性的情感运动，同时生理上的节奏感应也要适当保持，当然这是作为一种情绪体验的记忆保存的。

还有一点应当指出的：接受客体的节奏，激活自身的内部节奏，一般要求主体与客体节奏一致。但在某些情况下，由于主体与客体对事物反应评价的态度不同，或受目的、环境等方面的影响制约，主体必须对自身的内部节奏作出适当调整，或在情感类别的方向上，或在情感的强度上作出调整。决定是否调整的原则有两点：一是根据立场及具体目的的要求；一是优化传播效果的要求。

（三）考虑传播对象对节奏的需求心理

无论广播还是电视的播音，都是面向听、观众的传播，都是有接受者的。这种传播不是在一个封闭的反馈循环系统里，而是处在一个时间及空间上都极为广阔的开放的反馈循环系统里。节奏作为一种手段是为了更好地达到传播效果，因此在运用和创造节奏时，不能不考虑传播对象——接受者在节奏方面的心理需求和承受能力。

事实上，我们的播音一直十分注意依据受众心理调整播音节奏。受众心理不是孤立存在，也不是静止不变的，它必然受到时代政治、经济、文化及传播方式和收视环境等各方面的影响。例如，在各个不同历史时期，播音节奏在语速和力度上都有过明显的变化，其变化缘由皆为适应接受大环境对受众心理的影响。即使在同一时期，同一天，也依不同时间受众心理节奏的变化，或不同对象节目的特点，调整播音节奏。

不考虑受众心理及接受环境的制约，仅凭客体节奏，或只凭主体节奏，就直接物化为播音节奏传达出去，往往是不能让人接受的。比如，有的人以舞台朗诵的强力节奏来解说电视专题片，无端地强化节奏，使人感到格格不入，而生反感。有的陷入自然主义，追求

① 《唐宋词鉴赏词典》，第1213页，上海辞书出版社1988年4月版。

一种“低声絮叨”的节奏，结果使人昏昏欲睡，同样令受众厌烦。

（四）熟悉语言声音形式的节奏要素

以上所谈到的关于体察存在于客体的节奏也好，激活主体节奏也罢，还是考虑传播对象的节奏需求，都是创作主体在自己内心把握的节奏。这内部节奏只有透过声音形式各种要素的组合，才能外化为播音的节奏。播音节奏是一种表达的外部技巧，若创作主体没有对有声语言节奏要素的感觉，特别是对声音长短、起伏、轻重、高低等方面细腻的分辨及驾驭能力，播音节奏的变化就无从实现。因为语言声音形式要素的变化组合，是播音节奏的外部特征。声音形式有规律的变化，形成一定的节奏，从而刺激接受者的生理和心理。因此，如果对有声语言节奏要素的语感不强，播音时就可能难于形成节奏，抑或是表现出来的节奏与内心预期的节奏不相吻合，甚至大相径庭。

美学家宗白华先生在谈论常人欣赏文艺的形式时说，在艺术欣赏过程中，常人（即普通人）偏向于艺术所表现的内容，而不甚了解那创造的表现的“形式”。歌德说过：“内容人人看得见，形式对于大多数人是一个秘密。”形式对于常人来说“是微妙不可把握的神秘，至多也是心知其美而口不能言”。但是，宗白华先生又进一步指出了常人对艺术形式方面的两点“潜伏”的要求：一是要求“在形式结构上要条理清楚，章法井然、使人一目了然，易于接受”；二是艺术的内容“须在这‘形式’里面渲染得鲜艳动人，热闹紧张，富有刺激性……”① 宗白华先生的这一见解说得十分透彻。显然节奏这种语言表达技巧在满足广大受众对“形式”的潜伏要求方面有着极其重要的作用。作为播音主体，要想运用好节奏，创造好节奏，当然必须熟悉有声语言的节奏要素，并能予以巧妙自由的驾驭，使播音节奏鲜明，让人一听了然，从而更生动地传导出播音内容的深刻意蕴。由此可以看出，重视语言基本功的训练，气息运用自如，声音富于弹性，声音形式松紧疏密、高低起伏变化适度，这是运用播音节奏的物质基础。

第三节　节奏的类型

节奏的类型，表现为有较多相似特点的声音形式。一般是从声音形式的强弱、起伏、快慢等方面的变化来归类的。

运用节奏时，一方面要掌握节奏的基本类型，以确保思想感情的表现准确、鲜明和完整；另一方面也要注意节奏的丰富和变化，以烘托思想感情变化的层次性，增强生动感人的力量。

节奏的基本分类

人类的思想感情，是人的心理行为中最为纷繁复杂的一面，似乎难以描述尽，不过，人们还是试图给其一个概括的描述。我国古代思想家认为，人禀七情——喜、怒、哀、惧、爱、恶、欲。可见，对于复杂的事物，还是可以从中找一些基本特征或内在联系，而

① 宗白华：《美学与意境》，第180—182页，人民出版社1987年4月版。

作出概略的分类的。张颂教授着眼于节奏声音形式及其精神内涵的特点，把节奏分为六种类型：轻快型、凝重型、低沉型、高亢型、舒缓型、紧张型。① 这六种分类，主要是从声音形式的速度、力度和亮度方面的特点来划分的。各节奏类型的具体特点只是轮廓上的大体相似，并没有刻板划一的模式。请看六种节奏类型声音形式上典型的特点：

（一）轻快型

多扬少抑，声轻不着力，语流中顿挫少，且顿挫时间短暂，语速较快，轻巧明丽，有一定的跳跃感。全篇重点处的基本语气、基本转换，都比较轻快。朱自清的散文《春》、柯蓝的散文《困难》，就是典型的轻快节奏。

（二）凝重型

多抑少扬，多重少轻，音强而着力，色彩多浓重，语势较平稳，顿挫较多，且时间较长，语速偏慢。重点处的基本语气、基本转换都显得分量较重。景希珍的回忆录《在彭总身边》、王愿坚的小说《草地夜行》、广播通讯《生命之歌的最后乐章》，就是典型的凝重节奏。

（三）低沉型

声音偏暗偏沉，语势多为落潮类，句尾落点多显沉重，语速较缓。重点处的基本语气、基本转换多偏于沉缓。夏衍的报告文学《包身工》、老舍的小说《骆驼祥子》片断《在烈日和暴雨下》就是典型的低沉节奏。

（四）高亢型

声多明亮高昂，语势多为起潮类，峰峰紧连，扬而更扬，势不可遏，语速偏快。重点处的基本语气、基本转换都带有昂扬积极的特点。袁鹰的散文《井冈翠竹》、茅盾的散文《白杨礼赞》是典型的高亢节奏。

（五）舒缓型

声多轻松明朗，略高但不着力，语势有跌宕但多轻柔舒展，语速徐缓。重点处的基本语气、基本转换都显得舒展徐缓。老舍的散文《济南的冬天》，以及散文《桂林山水》都是典型的舒缓节奏。

（六）紧张型

声音多扬少抑，多重少轻，语速快，气较促，顿挫短暂，语言密度大。重点处的基本语气、基本转换都较急促、紧张。闻一多的《最后一次的讲演》、外国文学作品《麻雀》《跳水》、广播通讯《电视急告》，都属于紧张节奏。

这六种节奏类型，主要从语速的快慢，音调的扬抑，声音的轻重方面划分归类。如果我们单就其中的语速因素分析，则轻快型、高亢型、紧张型都具有语速较快的特点，而凝重型、低沉型、舒缓型的语速就比较徐缓。在语速快慢差别的基础上，可以进一步看出，轻快型与凝重型的主要区别还在于轻重分量，即语言力度上；高亢型与低沉型明显的区别在于声音的扬抑，即语言的亮度上；舒缓型与紧张型的区别也有着着力轻重的差异。

此外，这六种节奏类型声音形式的特点，只是概略地反映其具有代表性的规律，实际

① 张颂：《播音创作基础》，第111页，北京广播学院出版社1990年3月版。

上每个类型都包含有许多亚类型。了解节奏类型的典型特点，有利于对节奏声音形式的驾驭和感知。

主导节奏与辅助节奏

在任何播音作品中，总是会有一种带有全局性和整体性的节奏类型占据主导地位，也就是该件播音作品的基本节奏，我们称之为主导节奏。然而，主导节奏并不是孤立存在的，必定有非重点处的其他节奏类型局部渗入，这样播音作品的节奏才显得丰满生动。那局部渗入的节奏类型即可称为该件播音作品的辅助节奏。播音作品的节奏表现，就是由主导节奏与辅助节奏复合在一起组成的。

主导节奏与辅助节奏的复合，并不是不同类型节奏的任意叠加或混和，二者必须能够形成有机和谐的整体。主导节奏与辅助节奏之间存在着辩证统一的关系，可以概括为：主导节奏的特定性；主导节奏与辅助节奏之间的内在同一性；主导节奏与辅助节奏相互作用的多样性。

首先，主导节奏的特定性表现在两个方面。第一，主导节奏的类型特色在回环往复中不断强化，从而具有鲜明的特定性。如《草地夜行》的节奏属凝重型，那草地的险恶，小战士的极度疲惫，老战士身陷泥潭而拼尽最后的力量解救小战士，以及小战士最后奋力追赶大部队，凝重的节奏在其中回环往复，并不断强化，形成深沉感人的力量。一般情况下，主导节奏的特定性往往体现在数量上。但也有的作品，辅助节奏在全篇多次出现，只是在重点处的点睛之笔，主导节奏才鲜明有力地凸现出来。例如冰心的散文《小橘灯》，全篇大部分是低沉的节奏类型，但在重点处，那高亢的主色调出现了：

“我赞赏地接过，谢了她，她送我出到门外，我不知道说什么好，她又像安慰我似地说：‘不久，我爸爸一定会回来的。那时我妈妈就会好了。’她用小手在面前划一个圆圈，最后按到我的手上：‘我们大家也都好了!’

“我提着这灵巧的小橘灯，慢慢地在黑暗潮湿的山路上走着。这朦胧的橘红的光，实在照不了多远，但这小姑娘的镇定、勇敢、乐观的精神鼓舞了我，我似乎觉得眼前有无限光明!”

低沉节奏类型在《小橘灯》中大量渗入，这是由文章内容的特定情境及该文含蓄的风格决定的，但其积极昂扬的基调，要求高亢的主导节奏。不过，由于节奏类型的概略性本身具有模糊度，因此《小橘灯》的高亢节奏并不是典型的“扬而更扬，势不可遏”的声音形式。它的高亢型节奏，具有昂起后又深深转入内心，即句尾转轻，转入内心力量的特色。如果忽略了这些，以低沉节奏为主导，则不能准确体现该文的基调。

第二，主导节奏对辅助节奏的影响，往往使渗入的辅助节奏也带有主导节奏类型的特点，如《生命之歌的最后乐章》是凝重节奏型。开篇的一段，叙述中央台记者代表全国听众来病房探望，以及少先队员与雷雨顺同志共度除夕之夜，这里渗入了具有舒缓型和轻快型的节奏的某些特点，不过由于雷雨顺病情恶化，将不久于人世的特定情境。这渗入的辅助类型也自然受到凝重节奏的影响，并非典型的轻快节奏，于是，热情体贴的慰问中有沉缓的色彩在相掣，诚挚的感谢和鼓励中又有吃力的成分隐现。这样，渗入的辅助节奏就不会对主导节奏起干扰和破坏作用，而是与主导节奏融为和谐的统一体。

其次，主导节奏与辅助节奏的内在同一性形成了跌宕起伏、和谐统一的播音节奏。一篇作品中的事物之间的联系是客观存在的，它们各自从不同的侧面，不同的层次，不同的角度反映作品的主题，使主题丰满鲜明。主导节奏与辅助节奏的有机融合正是以作品的这种辩证统一为基础的。仍以《草地夜行》为例，其中小战士路遇老战士的对话中，则有轻快、高亢的节奏类型作为辅助节奏渗入。这不但使《草地夜行》的播音节奏在整体上显出曲折变化的动感，更从另一个侧面，表现出主人公的革命乐观主义精神和坚定的革命信念。同时，也使得播音节奏的精神内涵丰富和深化了。

再次，在播音作品中，主导节奏和辅助节奏之间的相互作用存在着多样性，或前后照应、或铺垫烘托、或对比映衬……大体上可概括为相反相成和相辅相成两种关系。如《跳水》一文中，船员们拿猴子取乐，及猴子和孩子的嬉戏，那轻松活泼的气氛，那轻快的辅助节奏，与令人“大惊失色”的紧张节奏，是相反相成关系，强烈的色彩反差的对比，突出了戏剧性的场面。散文《春》，那向往春天，热爱生活的积极轻快的主导节奏贯串全篇，文中动静结合的描绘独具特色，如描绘“春雨”的段落，恰似一幅朦胧静谧的水墨画，那舒缓的辅助节奏对轻快的主导节奏起着相辅相成的作用。

第四节 节奏的转换方法

流动和变化，是节奏技巧的特点，主导节奏的回环往复，离不开主导节奏与辅助节奏之间的转换承接。播音节奏的转换，依内容的具体变化可能处于层次之间，或段落之间，也可能是在自然段里的小层次之间。究竟在何处，需要我们从内部节奏的转换变化着眼，来考虑语言外部节奏的具体运用。总之，节奏转换的基本规律、基本转换形式，以及具体的转换承接技巧，对于播音创作具有实际操作的价值。这是运用节奏的关键所在。

节奏转换的规律

“对立统一”，这一宇宙间事物发展变化的根本规律，是节奏转换的哲学依据。“对比照应”，这一中国美学中的形式法则，是节奏转换的艺术技巧依据。

对立、对比，是事物矛盾的表现。有矛盾就有对比，如节奏中的扬抑、轻重、疾徐等不同要素的对比。有对比，才有变化，才会显出事物的多样性和运动状态。同时，矛盾着的事物之间互相排斥，又互相影响，既有对立，又有统一。在矛盾的统一体中，对比使事物的特征更加鲜明，更易于为人觉察感知。例如，在一片红旗、红气球中的一把红伞，绝不如万绿丛中的一朵红花那样鲜明醒目。还有人们常说的“若要甜，放点儿盐”、“石本顽，水流则动”，以至“鸟鸣山更幽”这样的诗句，正反映了人们因相关事物的对比映衬，强化了心理感受的事实。

对立统一的规律理所当然地被人们用以指导创作实践。中国的画论在这方面有许多精辟的论述。于安澜在《画论丛刊》中说：“将欲作结密郁塞，必先以疏松点缀；将欲作平远舒徐，必先以峭拔陡绝；将欲之虚灭，必先之以充实；将欲之幽邃，必先之以显爽。”人们十分重视艺术创作中一张一弛、一起一伏的妙用，弛是为了张，伏是为了起，反之亦然。

能存在于一个统一体中的对立因素，必然存在某种内在联系，因而才能相互照应，彼此间或相反相成，或相辅相成。有了事物“从这一姿态到另一姿态的转变”①，事物的发展变化才会显出过程的运动状态，才能形成一个谐调的、有生命的有机的整体。

在播音节奏里，相对比的因素总是以一方为主，以另一方的变化来强化、衬托为主的一方，从而显出主导节奏的个性，即特定性，以及主导节奏与辅助节奏的内在同一性，形成既统一又变化的整体节奏。如孟浩然《洛中访袁拾遗不遇》一诗：

洛阳访才子，江岭作流人。

闻说梅花早，何如北地春。

整首诗的节奏是属低沉型的，以抑为主。然而第三句“闻说梅花早”却是适度的一扬，这“一扬”反而更令人留恋家乡的春色，起到了引起下文的“扬而更抑”的作用，伤感的情绪更加浓厚了。

节奏的基本转换形式

声音的高低、轻重、疾徐三方面不同的对比组合关系，构成播音节奏的基本转换形式。

（一）欲扬先抑，欲抑先扬

声音向高的趋势发展，称为“扬”；声音向低的趋势变化，叫做“抑”。扬、抑二者本身是对比而言的，并没有什么绝对的标准。声音的扬、抑都有许多层次。“扬有稍扬、再扬、更扬；抑有稍抑、再抑、更抑等等不同程度的差别。”② 不过，无论声音高低的表现有多少层次，以抑作扬的铺垫，或以扬作抑的衬托，就加大了扬抑变化的幅度，较之缺乏对比映衬的扬抑变化，有了一种“事半功倍”的功效。总之，以不同程度的“欲扬先抑，欲抑先扬”组合起来的节奏转换，才越见其扬，或越见其抑。

请看《草地夜行》中老战士牺牲自己，解救小战士的情节：

①天边的最后一丝光亮也被黑暗吞没了，满天堆起了乌云，不一会儿下起大雨来。我一再请求他放下我，怎么说他也不肯，仍旧一步一滑地背着我向前走。

②突然，他的身子猛地往下一沉。“小鬼，快离开我！”他急忙说，“我掉进泥潭里了。”

③我心里一惊，不知怎么办好，只觉得自己也随着他往下陷。这时候，他用力把我往上一顶，一下子把我甩在一边，大声说：“快离开我，咱们两个不能都牺牲！——要……要记住革命！……”

④我使劲伸手去拉他，可是什么也没有抓住。他陷下去了，已经没顶了。

⑤我的心疼得像刀绞一样，眼泪不住地往下流。多么坚强的同志！为了我这样的小鬼，为了革命，他被这可恶的草地夺去了生命！

《草地夜行》的节奏属凝重型，从扬抑的角度看，以扬的色彩为主，这与深情地颂扬

---

① 罗丹语。

② 张颂：《播音创作基础》，第112页，北京广播学院出版社1990年3月版。

革命前辈舍己救人的高贵品质，及表现他们坚定的革命信念是一致的。②段和③段集中表现了老战士的光辉形象，既是全篇的重点，也是这个层次浓墨重彩的着力处。节奏上可做如下的安排：①先抑，②稍扬，③更扬，④抑，⑤抑中有扬、扬起又抑。这样，扬抑有秩序地组合在一起，节奏起伏跌宕，唤起强烈的情感运动，发出震撼人心的力量。如若此处没有节奏的明显变化，抑或是③扬起后，就一直“扬”下去，那就不会恰如其分地表达出凝重、崇敬、无限惋惜，甚至自责的强烈情感。

扬抑的组合，其色彩的浓淡、分量的轻重，与主次有关。以扬为主要色彩的，节奏转换变化中，扬的色彩要浓烈些，抑的色彩作为扬的铺垫和陪衬存在；反之亦然。

（二）欲快先慢，欲慢先快

语流的快慢，是节奏转换变化的又一对重要的组合关系。语流的快与慢，是由吐字音节长短的差异，由顿挫次数的多少，由顿挫之后衔接的紧松不同来区分的。

请看《跳水》一文中船长机智救子一段：

①正在这时候，孩子的父亲——船长从船舱里走了出来，手里拿着一支枪，本来要打海鸥的。②他看见儿子站在桅杆顶端的横木上，就立刻向他瞄准，同时喊：“跳到水里，赶快跳到水里，不跳我就开枪了！”③小孩在上面摇晃着，没有听明白爸爸的话。④“跳到水里，不然我就开枪了！……一、二……”在父亲刚喊出“三”的时候，小孩把头往下一低就跳了下去。

《跳水》一文的节奏属紧张型，而且这一段又是重点段，是紧张色彩最浓、分量最重的地方，但也不宜开口便快，而要从紧张中找出较缓之处、稍缓之处，那样，船长的机智、果断、沉着才更鲜明。从内容上看，上文叙述众船员看到船长儿子因被猴子的戏弄激怒，一直追到桅杆顶端的横木上，稍一疏忽就可能摔得粉身碎骨，紧张的节奏令人窒息。接下来的这一段，船长并不知道甲板上发生了什么事，他要做的是日常航海生活中一件普通的事——打海鸥消遣。因此，①处语速缓进，语气较为平和，与上下文的紧张气氛形成一种反差；②处立刻转慢为快，采取了奇特的解救措施，瞄准儿子，迫其跳入海中。这快中当然还有加重的因素，显示出智慧的力量。这样处理，就与船长刚到甲板上来的悠闲心情，以及上文众船员和孩子在险情面前木然惊呆的情形，形成了鲜明的对比。在主导节奏——紧张快速之前，有慢和轻的辅助节奏的对比映衬，使船长的惊人之举异峰兀起，赫然挺立，令人起敬和感佩。

快与慢的层次性也是十分丰富的，同时二者在语流中又常常相互交替进行，快与慢本身要适度。慢，不能使人有“拖沓”和“抻”的感觉；快，也不应让人产生“耳”不暇接和“赶”的急促感受。故此，要想“慢而不拖”、“快而不乱”，在节奏运用上可以注意“慢中有快、快中有慢”的互补组合。也就是说在缓慢的语流中找到可以适当加快的地方，或在较疾的语流中找到可以适当放慢的地方。这种快慢相间的组合，既可以用在段落间，句群间，句子间，也可以用在词组或音节间。如此，快慢节奏的变化会更丰富，更自然，避免单一、刻板的弊病。

为了做到“快而不乱”，还可借鉴戏曲表演中“紧拉慢唱”的表现方法，即句与句之间衔接很紧，而句子里边不“开快车”。这是一个既使内容传达清楚，又表达出急切之情的好方法。比如广播通讯《电视急告》中，播音员的报告词：

"急告病儿——邱波，不能服用错拿的药物。汉阳区第二门诊部今天下午5点30分，有一份大人服用的土霉素、APC、颠茄合剂被邱波的家长错拿，急告病儿家长，邱波不能服用此药。"

为了让观众听清楚，迅速找到病儿，避免人命事故的发生，报告词的节奏是急促、紧张的，但如果说得太快，就会听不清楚，反而起不到应有的作用（当然如有字幕配合，会好得多）。从这段报告词的处理来看，为达到急告目的，播时各分句与分句之间，有的不予停顿，有的仅做短暂顿挫，采取紧连的方法；而在病儿姓名、"错拿"，及时间、地点、药品名称处适当放慢速度，音节稍加长，"快中有慢"，这样就能做到"快而不乱"，达到预期的目的。

对于舒缓节奏的处理，一方面要求气息长而轻匀，处在一种持续时间较长而控制力精微的弱控制状态，同时心理状态舒展、充分，才能做到"慢而不断"；另一方面也要在慢中找到能够稍为加快的地方，就能做到"慢而不拖"了。如散文《桂林山水》中的一段：

"我看见过波澜壮阔的大海，欣赏过水平如镜的西湖，却从没看见过漓江这样的水。漓江的水真静啊，静得让你感觉不到它在流动；漓江的水真清啊，清得可以看见江底的沙石；漓江的水真绿啊，绿得仿佛那是一块无暇的翡翠。船桨激起的微波，扩散出一道道水纹，才让你感觉到船在前进，岸在后移。"

这里的舒缓节奏，表现为音节较长，句子停顿较多。不过，这里的停顿，一般采取延长停顿前的音节而后衔接的方法，并不是加长停顿的时值。另外，在句中找到可以加快的音节，如"漓江的水真静啊"中"漓江的水"几字可适当加快，而"真静啊"可以拉开了说"真——静——啊——"。这就从快慢组合上，巧妙地运用对比，欲慢先快，使语流显得更悠长、更舒展。与此同时，延长停顿前的音节而后衔接的办法，也保证了语流的舒缓和流畅。

（三）欲重先轻，欲轻先重

声音形式的轻与重，与吐字力度、口腔松紧及气息密度有关。吐字力度强，口腔控制紧，气息密度大，声音就重；反之则轻。轻与重还与声音的虚实有关，虚则显得轻，实则显得重。如散文《麻雀》中核心的三段：

①风猛烈地摇着路旁的白桦树，我顺着林荫路望去，看见一只小麻雀呆呆地站在地上，无可奈何地拍打着小翅膀，它嘴角嫩黄，头上长着绒毛，分明才出生不久，是从窝里摔下来的。

②猎狗慢慢地走近小麻雀，嗅了嗅，张开大嘴，露出锋利的牙齿。突然，一只老麻雀从一棵树上飞下来，像一块石头似地落在猎狗面前。它蓬起了全身的羽毛，样子很难看，绝望地尖叫着。

③老麻雀用自己的身体掩护着小麻雀，想拯救自己的幼儿，可是因为紧张，它小小的身体发抖了，发出嘶哑的声音，它呆立着不动，准备着一场搏斗。在它看来，猎狗是一个多么庞大的怪物哇！可是它不能安然地站在高高的没有危险的树枝上，一种强大的力量使它飞了下来。

这里的节奏显然属于紧张型。老麻雀拼尽全力拯救自己幼儿的举动，使人联想到伟大的母爱。②③两段着重描绘了老麻雀护子的情景，讴歌了母爱精神，感情浓烈，分量很重。①段从内容，从感受上都反映出一种较轻的节奏，播音节奏是轻而较慢的。此段的“轻”，恰可映衬强化②③段的“重”。不过，②段第一句由轻渐渐转到稍重，从“突然”起加快语言节奏，加重分量，以一气呵成之势，表现出老麻雀全力救子的形象，真像“一块石头”似的，毫不犹豫、毫无畏惧地落在那“庞然大物”——猎狗面前。这里欲重先轻的节奏转换，使受众心理感到重重的一击，果真是出乎意料，令人叹为观止！

为了更巧妙地运用节奏的轻重转换，除了形成轻重或虚实的前后对比外，还应注意它们之间的交叉、过渡，做到重中有轻，轻中有重，实能转虚，虚能转实。这“虚”，指略带气音的半虚半实之声，而非声门全开，耳语般的虚声。如②段中，老麻雀毅然绝然飞落下来。“蓬起了全身的羽毛”，这是老麻雀拼命拯救幼子的有力写照，但它毕竟太小了，所以，下文紧跟着的“样子很难看，绝望地尖叫着”，就可适当转轻、转虚，这才符合情理。到③又开始由虚转实，略加重。从“可是，因为紧张”开始，又渐轻，稍虚，接下来的句子里轻重、虚实有不同程度的变化，直到第二个“可是”就要逐渐积蓄力量，逐渐推上去，重重地说出“一种强大的力量使它飞了下来”，从而完整、真实、生动地刻画出老麻雀不畏庞然大物、勇救幼子、令人赞叹的、不同凡响的形象。

以上几种基本的节奏转换形式，由于它们的概括性和抽象性，因而具有普遍性。在实际运用时，情况是多种多样的。有时用一种转换形式，更多的是两种或两种以上转换形式交织在一起综合运用。这样，才愈见节奏的立体性和丰富性。

节奏转换的技巧

写作上有“只承不转是呆笔，只转不接是败笔”的说法。同样的道理，播音如果只有单调重复的节奏，只有承续关系，而没有转换变化，也会显得沉闷，缺乏生气；相反，如果只有节奏的变化，却不注意转换衔接的技巧，也难免显得生硬突兀，给人支离破碎的感觉，不能做到圆顺自然，也就破坏了节奏的整体性。因此，在节奏形式转换时，还要讲究转换技巧，要紧密结合稿件内容，根据情节发展的曲直，感情变化的起伏，思想阐述的深浅主次，而有不同样式的转换，从而使节奏转换形式与思想感情的变化更为熨帖吻合，表现形式更为丰富多样。

所谓转换技巧，主要是从转换的速度、幅度和向度（顺逆指向）来说的，即突转、渐转；大转、小转；顺转、逆转。

突转，是指节奏形式的转换速度快，一般在内容发生较大的、明显的变化时采用。突转往往用在句与句，或段与段之间，很少出现在句中。如《草地夜行》中，老战士执意背起疲惫的小战士追赶大部队，不料陷进沼泽的泥潭中，老战士要小战士“离开”自己，这两段之间就是个突转。（前边有引文①②两段）老战士背小战士赶路一段节奏较缓，较低沉。而第二段，险情的出现是刹那间的事，说时迟，那时快，就在这样容不得人多想的情况下，老战士毅然把生还的希望留给小战士。这两段之间的停顿很短，迅速由缓转沉的节奏转换为紧张、扬起的节奏。

大转与突转有相类似的地方，同是节奏形式的明显转换，不过，大转一般用在前后内容衔接不是那么紧凑之时。尤其在同一段落中，如果句与句之间前后独立性较强，有着明显的转换，那么转换前的停顿有时甚至长于段落间的停顿。如散文《月光曲》中的一段：

①他好像面对着大海，月亮正从水天相接的地方升起来。波光粼粼的海面上，霎时间洒遍了银光。月亮越升越高，穿过一缕缕轻纱似的微云。②忽然，海面上刮起了大风，卷起了巨浪，被月光照得雪亮的浪花一个连一个朝着岸边涌过来。

这段文字描述了由音乐家演奏的钢琴曲而引起的联想。这是一幅月光下大海先静后动的活动画面。①小层是那样抒情、幽静，节奏舒展、缓慢、轻柔。然而，大海由静到动的②小层是个大幅度的变化，好似刹那间大海变了脸，播音节奏应明显地转为紧张、有力而强烈。这里的转换适于用大转，而不用突转。①小层的句尾“微云”音节可延长，此处停顿也较长，目的是使①小层的清幽意境得以较为充分的展现。若用突转，则前边的“静”伸展不开，尚未引起听众展开联想和体味，便急急转入“动”的画面，反倒削弱了动静对比给人的强烈感受。

逆转，主要地指内容色彩上反方向的转换，重在色彩的变化，而变化的幅度或速度，则视具体情况而定。如以上两例，都属于感情色彩上的逆转。第一例，老战士坚持背着小战士过草地，完全有走出草地的希望，岂料，老战士却陷入泥潭，两人都可能走不出去。第二例，原本那样平静明亮的海面，却骤然刮起大风，大海完全换了一副面孔。从逆转的幅度上来说，第一例略小于第二例，因第一例是在低沉的节奏中，抑中扬起。这一“扬”受到“往下一沉”的“抑”的制约和影响。因此，第一例的转换可以说是以突转为主，并兼有逆转、小转的特点；而第二例，逆转幅度是很大的，可以说是以逆转为主，兼有大转的特点。

渐转，指节奏形式转换时采用缓转慢回的办法，往往在比较统一而略有变化的氛围中出现。如散文《春》一文里描绘春草的一段：

①小草偷偷地从土里钻出来，嫩嫩的，绿绿的。②园子里，田野里，瞧去，一大片一大片满是的。③坐着，躺着，打两个滚，踢几脚球，赛几趟跑，捉几回迷藏。④风轻悄悄的，草软绵绵的。

这幅“春草图”的节奏是十分轻快的。人们带着欣喜的心情，发现春天，扑向春天，享受春天，充满热爱春天、热爱生活的清新气息。这短短的几行字，细致的观察、细腻的心理活动，有一个由静到动，又由动到静的内心节奏变化过程。①句仿佛是欣喜地发现脚下长出了嫩绿的青草，而后放眼望去，原来青草已不知不觉连成片了，于是不由得扑向田野，尽情享受春天的温馨与活力，最后似乎是玩累了，又坐在草地上，细细体味那“吹面不寒”的轻风及“软绵绵”的嫩草。这样一个内心变化过程，感情色彩是一致的，其节奏变化可作如下安排：①句轻起，稍慢些，似在观察中渐渐涌起欣喜之情。②句略加快，声音逐渐扬起放开。③句紧接，并由慢到快，由轻渐强地推上去，利用语速及轻重的变化，表现出强烈的动感和拥抱春天的心情。④句前的停顿稍长，继而深吸一口气，似细细体味青草的芳香及春风的和煦，渐渐转慢，转轻。这“春草图”中的节奏转换就适宜用渐转的方式，递次地、渐渐地在“慢”中渗入“快”，在“轻”中渗入“强”，逐步增加转换方向的因素。

小转，即指虽有转换，但幅度不大，主要是分寸尺度上的变化。顺转，是指感情色彩上基本一致，从顺向关系的不同角度，不断积累、逐步深化感情的过程。散文《春》，全篇基本都采用渐转、顺转、小转的节奏转换技巧，把春草、春花、春风、春雨、春天的人这样几幅画面串起来，从不同的角度描写春天，直至最后推向结尾，尽情地有力地讴歌春天。

综上所述，可以看出突转、大转、逆转所具有的共性，即转换前后节奏变化明显，或猛然转折，或突然迸发，或大力推进，而且一般转换之前的内容是铺垫、映衬，转换之后的内容是重点。它们的区别在于突转偏重于转换速度之快，大转偏重于转换幅度之大，逆转偏重于转换前后色彩的明显反差。总之，这几种转换技巧都给人以陡转突折的生理和心理感受，从而增强了播音作品的吸引力和感染力。

渐转、小转、顺转的共性，是转换前后的内容一般没有明显的主次之别，多处于并列或递进的关系中，转换前后虽有节奏变化，但其中蕴含的思想感情基本属于同类色彩，因而节奏的转换主要地呈现出变化的层次性。它们的区别：渐转，是对比因素的渐次渗入，既然是渐转，就有一定的数量，多用于句中、句间；小转，偏重于转换幅度上的特点，可用于不同色彩间的轻度转换，但不用于两级的转换；顺转，多用于段落、层次间顺向内容，不同角度叙述的衔接转换。总之，这些转换技巧都给人以渐转慢回的感觉，能十分具体、细腻地表现内部节奏变化的动态过程，因而也同样增强着播音作品的吸引力和感染力。

这些转换技巧，要视稿件的具体内容，具体的思想感情运动方向和状态，加以选择运用。同时，既可用单一转换技巧，也可两种以上转换技巧综合运用。

节奏的转换形式、转换技巧虽然可以总结归纳出这样一些具有普遍性的规律，但这些规律并不是一成不变的固定模式。依据思想感情的运动节奏，合情合理而又巧妙地作出语言节奏上的处理。这样的播音节奏才是自然可信的，也才能起到强化感情，吸引听众，达到宣传目的的作用。美学家宗白华曾说过："艺术是创造出来的，不是'如法炮制'的"，"一切艺术中的法，只有法，是要灵活运用，要从有法到无法，表现出艺术家独特的个性与风格来，才是真正的艺术"。① 此话无疑对我们会有所启发。

第五节 节奏的运用与控制

节奏的转换形式、转换技巧，都涉及到节奏的实际运用，只不过，那是着眼于局部，做"分解动作"式的介绍。这一节，我们从整体上谈谈节奏的总体布局，并结合实际谈谈对节奏的控制。

节奏的总体布局

一篇播音作品的节奏无论怎样转换变化，总会呈现出自己的个性，因为播音节奏是在

① 宗白华：《美学与意境》，第340页，人民出版社1987年4月版。

整体中体现出来的，形成播音节奏的整体性，才能有鲜明的个性。所以，我们在对播音客体（稿件或需报道的现场事物，或需即兴表述的思想观念）做艺术构思时，必须立足全篇，从整体上考虑节奏的安排。节奏的总体布局主要从两方面考虑：一是主导节奏的回环往复要鲜明；二是起烘托、映衬、铺垫、对比作用的辅助节奏与主导节奏要和谐，形成一个有机的整体。

节奏的总体布局，显然与整个结构有关，不仅结构的层次脉络要清楚，还要明确其中的主次关系。这种对结构的把握不能停留在文学关于结构的含义上，应更进一步地把握思想感情起承转合的运动节奏。这是构思播音节奏，从播音客体的运动节奏形式转化为播音主体有声语言节奏形式至关重要的环节。创作主体的思想感情如果没有形成运动的节奏，那么语言节奏就不可能和谐熨帖，只是硬贴上去的附加物。

如《草地夜行》的主导节奏是凝重的，它主要表现在重点层次、重点段落、重点语句以至重音上多有较重较强的力度，音调上多抑少扬，较为低沉，语速较慢；转换形式以由抑转扬为主，而且多采用突转、大转的办法。文章第一层描写草地的险恶环境及小战士疲惫掉队的情况采用抑的节奏；第二层表现老战士鼓励并背起小战士去追赶部队，先是一扬，后又转抑；第三层表现老战士牺牲自己，救出小战士，是由抑转扬，扬到接近顶点，紧接着是重重的一抑；第四层，写小战士牢记老战士的嘱咐大步追赶部队，由抑而转扬。全篇节奏大体呈抑——稍扬——稍抑——扬——最抑——再扬这样一个运动布局，这是一个波浪式推进的，整体都显示凝重特色的节奏安排。

再看一看《跳水》的节奏布局。《跳水》的主导节奏是紧张型，但紧张型的典型特点——多扬少抑，多重少轻，语速快，音程短等声音形式主要在文章重点部分出现，而占全篇几乎三分之二的篇幅是辅助节奏的铺垫和对比。如第一层描写人们在甲板上看猴子与孩子嬉戏，完全是与紧张节奏相反的轻快活泼的节奏。这是对重点层次紧张节奏的对比。第二层写孩子被猴子激怒爬到桅杆横木上这一意外的险情的出现，轻松欢快的节奏逐渐向紧张的节奏转化。众人的惊诧失色，映衬船长的机智、镇定、果敢。于是，第一层轻松节奏的对比映衬，以及第二层抑而轻且虚的节奏，铺垫烘托出第三层紧张有力的主导节奏。不过可以清楚地看到，无论第一层的“轻快”，还是第二层表现内心紧张的稍低、稍虚的节奏，都有语速“快”的特征，这正是“紧张”这一主导节奏对辅助节奏的影响。就这样主导节奏与辅助节奏先相反相成，后相辅相成，成为有机的整体，轻重交错，起伏跌宕，更增添了故事的戏剧性和惊险性，为生动表达故事的主题和意义服务。

节奏的总体布局尤其要避免单调。切忌遇高亢节奏便“一扬到底”，遇低沉节奏便从头至尾“抑而不起”。必须悉心找到“扬中有抑”、“抑中可扬”之处，以形成有对比、有变化的运动的节奏。总之，要注意节奏的鲜明性、丰富性、变化性和整体性，只有这样才可能运用好这一技巧，真正实现节奏对于思想感情的表现功能。

对比适度，控纵有节

（一）对比适度，控纵有节的根据

声音形式有规律的运动变化，是形成节奏的重要条件，运用声音形式的对比是形成节奏的一条规律。但是，对比的运用必须适度，既不可抛开思想感情运动的内心依据，也不可为显出节奏的变化而恣意夸张声音形式的对比度。

广播电视播音节奏中的对比必须适度，这是由播音工作性质等因素所决定的。

第一，播音内容大多具有新闻性，语言声音形式的刻意夸张和极力渲染是不适宜的。声音形式要符合新闻语言的真实性特点。

第二，广播电视的传播深入到家庭，并以个体接受的形式为多，加之时代氛围的变化，受众要求播音更平易亲切、轻松自然，要求朋友般的沟通。因此过分强烈对比的节奏已不太适应当今大众传播的要求。

第三，广播电视与剧场舞台的传播手段是不同的。大起大落强烈对比的声音形式不适应电子传播手段。话筒灵敏精细，过高过强的声音会失真。电波传送过程中有衰减，过弱过低的声音听不清。广播只有诉诸听觉一种传输方式，过快的语流稍纵即逝，捕捉不住。

第四，从美学观点看，表现形式要讲究和谐就应“避免顶点”。强度适宜的刺激和表现形式才能保证整体和谐。把丰富的意义和多样化的形式组织在一个统一结构中，就应注意形式与内容的协调性；注意各形式因素之间的谐调性。试图以强烈对比的形式去刺激受众，反会误入形式主义或玩弄技巧的歧途，从而破坏播音作品的美感和魅力。

节奏的运用有一个敢于和善于运用的问题。节奏贫乏单调，甚或缺乏节奏意识，不会安排布局节奏，固然不好。没有节奏的帮助，表达的形式难免过于简单，而形式所反映的感情就可能被淡化，失去生命力，使受众感到乏味、厌倦。可是，滥用节奏，或节奏混乱无序，无疑会导致创作主体的主客观分离，生理心理感受脱节，把生理作用提到第一位，去代替思想感情的召唤力量，结果也就破坏和干扰了受众的接受。因此，节奏的变化必须对比适度，控纵有节。

（二）节奏运用易出现的问题

节奏的运用，当然要以思想感情运动状态为前提条件，以声音弹性为物质基础。无此两点，就可能只在形式上做文章，无依据地乱变；或是心里有，转化为声音形式时却力不从心。除了这根本的基础之外，节奏的运用尚需一定的调节控制的经验。缺乏控制节奏的经验，往往会在两方面出现问题：对比失度，以及转换时机失当。张颂教授关于“扬中有抑，抑中有扬”，“快中有慢，慢中有快”，“重中有轻，轻中有重”的提醒，是克服对比失度的良方。在同中找异，实际上不仅是找对立因素，同时也要找相关因素，使它们携起手来，避免“一快就乱”、“一高就喊”，或“一重就拙”、“一弱就软”、“一慢就断”、“一低就懒”等等极端化的毛病。再者，转换并不一定只有突转、大转、逆转，不也还有渐转、小转、顺转这类较为和缓的方法吗？又比如，“扬”，也不是只有“重扬”，难道不可以有“轻扬”、“虚扬”吗？无疑，这众多的声音高低、强弱快慢、虚实的排列组合，正是从技术角度为我们提供了控制节奏，避免对比失度的方法。总之，可以从声音形式对比因素中的辩证关系入手，来控制调节播音节奏的对比变化。

转换时机失当主要有两种表现：转换超前和转换迟滞。

转换超前，往往是创作主体感情运动积极，但却易陷入局部，缺乏整体把握和控制，或表达技巧、转换手段单一造成的。转换超前的情况大多出现在由抑转扬，由慢转快，由重转轻之时，而且常常是重点处，一到这里，立时声高气急，声音也加重地“顶”上去，忘记了“好钢用在刀刃上”这个常识性的经验。“起”得早，又“步步高”地顶上去，所以往往本想浓墨重彩，却气息急促，声嘶力竭，功亏一篑。如前文所引《跳水》片断，若从船长走上甲板起，就“剑拔弩张”，一下子顶上去扬起来，那么，船长命令孩子跳水的两次惊心动魄的喊话就简直会到了极限，难免成为一种噪音，而缺乏游刃有余的艺术感染力了。因此，越是在由“弛”向“张”的状态转换时，越要注意：第一不要扬起得过早；第二要找出哪里是“引发之势”，哪里是“重点中的重点”，合理分布力量；第三在“引发之势”的句子里运用“强中找弱，扬中找抑，快中找慢”的方法进行调节控制，这可以叫做“微调”。有了这样的铺垫，就能使“重点中的重点”水到渠成，这正是“好钢用在刀刃上”之意。

转换迟滞，多数是因为思想感情运动状态不佳，反应迟钝，口比心快，无法转换；也有的是因为缺乏控制经验，来不及转换。节奏的转换与停顿有密切关系，节奏的转换往往可以在停顿时找到契机。这就要强调无论停顿时间长短，思想感情不可断线，转换时，或以情景再现唤起内部节奏的变化，或以思维轨迹中的逻辑感受唤起内部节奏或松或紧、或主或次的变化，从而抓住停顿时机，主动及时调节有声语言的节奏。

有时节奏转换是在语言行进中逐渐过渡，并非利用停顿的当口调节控制，而是在由静到动、由隐到显的较细致的铺陈中推进转换，那么，就需要有控制地、渐次地、“小剂量”地加入转换形式的因素成分，由量的积累实现及时的转换，避免转换的迟滞，甚至完全没有节奏的转换变化。

第四编

广播播音与主持

Broadcasting Announcing in China

第三十三章 新闻播音

新闻是广播宣传的主体。不认识这一点，就不是一个称职的广播宣传工作者。播音工作是广播宣传中的一个重要组成部分。因此，努力地总结新闻播音的经验，探索新闻播音的规律，提高新闻播音的质量，以适应新闻改革的形势，就必然成为全国播音工作者责无旁贷的光荣任务。

第一节 重大的责任，光荣的使命

当前新闻播音的情形是怎样的呢？不少播音员同志对工作认真负责，努力钻研业务，他们奉献给受众的是高质量的新闻播音产品。人们从他们的新闻播音中，不仅领会了新的精神，明确了方向，得到了知识，而且获取了美的享受，受到了鼓舞。他们在广大的受众中享有很高的声誉。但是也有一些新闻播音，听起来平淡无味，尽管消息的内容千差万别，表现形式丰富多彩，他们却播得毫无特色。令人遗憾的是，还有一些新闻播音的问题已不止于平淡。他们播的是新闻，念起来却无精打采，应付差事，重音不准，停连混乱，语气不对，一听就知道，播音员对这条消息的内容根本就没弄明白。这些现象虽不代表新闻播音的全貌，却不能不引起我们播音界的注意。

新闻播音中存在上述情况，有主观和客观上多方面的原因。但最重要的原因，是一些播音员对新闻播音任务的重要性还不够了解，缺乏责任感和使命感。

随着现代科学技术的发展，广播已成为最强大、最有效的舆论工具之一。我们党历来非常重视新闻工作，始终认为，我们国家的报纸、广播、电视等是党、政府和人民的喉舌。这既说明了我们工作的性质，又说明了它在党和国家中的极其重要的地位和作用。许多党和国家的领导及工作人员就是广播爱好者。他们每天都要听新闻广播，从中了解政策宣传和实行的情况，了解各方面的动态。很多电台的领导和总编室经常接到各级党政领导的电话，对新闻节目提出表扬和批评意见，这在人民广播史上屡见不鲜。各级党和政府不仅从路线、方针、政策的高度关心广播的新闻宣传，而且每逢重大事件发生或面临重大宣传任务时，对广播的新闻宣传更是格外地重视。这是因为广播新闻宣传能使党的纲领路线、方针政策、工作任务和工作方法，最迅速最广泛地同群众见面，使群众知道真理，有了共同的目的，团结起来，为自己的利益而奋斗，从而起到组织、鼓舞、激励、批判、推动的作用，起到联系党和人民的桥梁和重要渠道的作用。

党和国家关心广播的新闻节目，广大的人民群众也需要广播的新闻节目。中央台和各省、市台历次做的听众调查，以无可辩驳的事实证明，新闻节目是最受群众欢迎的节目之一。中央台的“新闻报纸摘要”节目和“新闻联播”节目，各省、市台的全省联播和全市联播节目，其收听率之高，拥有的听众之多是惊人的。每天早晨，在众多的家庭里，在人们上班的路上，在散步或锻炼的退休老人的身旁，我们都会从他们携带的半导体收音机里听到新闻广播的声音。这生动说明，广播新闻节目和我们的新闻播音是多么深入人心，人民是多么需要它!

通过新闻播音，准确及时地宣传党的路线和方针政策，全心全意地为人民服务，这是党和人民赋予我们的光荣使命，也是我们应负的重大的社会责任。当我们一踏进电台大门的时候，只要想做一名新闻广播工作者，我们的历史使命就确定了，重大的社会责任就已经落在我们的双肩上了。

从广播电台——我们工作的集体这个小范围讲，播音员也负有重大责任。新闻改革是广播宣传工作改革的重点和突破口。从采写、编辑到传播的过程中，播音员担负的是最后一环——传播的重任。记者、编辑的辛勤劳动，电台各部门协同努力的成果，最终都要通过新闻播音的质量体现出来。新闻播音的质量包括两方面的内容：其一是及时播出，其二是发挥播音员有声语言的优势，准确、鲜明、生动地播出。及时播出，指的是播音员对新闻传播的迅速性的适应能力和应变能力，即播音员能在极短的时间内驾驭稿件，甚至不备稿也能及时顺利地播出，包括直播的能力。发挥有声语言的优势，指的是播音员充分发挥自己的主观能动性，通过自己的再创造活动，给文字语言注入生命，使它变成准确、鲜明、生动的传情达意的有声新闻语言的能力。只有这二者兼备，广播新闻的传播才能最充分地发挥自己的优势，取得最佳的宣传效果。记者和编辑的辛勤劳动，整个电台协同努力的成果才能最终地得以充分体现。

具备及时播出的能力已经不容易，能及时播出，且能充分发挥有声语言的优势就更困难。这是对担负新闻播音任务的播音员的素质、水平、功力的全面而又严格的检验。

达到这个境界不是轻而易举的，需要我们进行长时期的坚持不懈的努力，需要坚强的毅力。我们的新闻播音不能满足于“念字机器”的播出状况，只要我们能深刻认识党和人民赋予我们的光荣使命，只要我们充分认识对电台这个创作集体的重大责任，就一定能以坚强的意志，排除来自主客观各种不利因素的干扰，把我们最大的能量纳入创造性的思维和活动的轨道。

第二节　新闻播音的特点和优势

特点是指人和事物所具有的独特的地方。那么，新闻播音的特点是什么呢?

新闻播音和评论（指新闻评论）播音不同。评论播音是对新闻事实用概念、判断、推理的方法进行分析论证，从而阐明自己的观点，提出解决问题的方法，所以评论播音是在讲道理。

新闻和通讯虽同属新闻体裁，但它们的播音特点也不相同。通讯可以用叙述、描写、议论、抒情等各种方法和多种结构形式，生动形象地写人记事，有情节，有细节，有作者鲜明的感情色彩，播来引人入胜，虽也讲究时效性，但不如新闻严格。所以通讯播音类似讲故事。

新闻播音既不同于讲道理，也不同于讲故事，它是把刚刚发生的人们关心或人们应该关心的事情迅速地告诉人们。

关于新闻播音的特点，说法很多。沿用时间最长的说法是“准确、鲜明、生动”。这个提法源于毛泽东同志对写文章和写文件提出的要求。后来引进新闻界，把它作为新闻写作的标准。我们再把它引入播音界，说新闻播音应该准确、鲜明、生动，当然也很适用，但它对通讯和评论播音也同样适用，并非新闻播音独家所有。所以把它说成是新闻播音特点不够准确。20 世纪 80 年代初出现了一个值得注意的提法：用事实说话，新鲜感强。这是播音系的播音文体业务教研室对新闻播音特点进行长期的研究讨论提出的看法。这个提法揭示了新闻播音的本质特征。但是新闻播音是播音员的一个完整的向前运动的创造过程的最终体现。这个提法准确地指出了新闻播音特点所应包含的内容，但没有反映出播音员创造思维活动的指向和目的。我们认为，新闻播音的特点应该是：用事实说话，以新动人。这个提法，不仅包含了新闻播音特点的全部内容，而且体现了播音员的创造思维活动的指向，直至如何形之于声，怎样及于听众这一完整的创造动作过程。也就是说，新闻播音是把最新发生的事情原原本本地报告给听众，努力挖掘出事实本身的力量吸引听众，而且要以其新鲜性去打动听众。

听众对不同的广播节目有不同的心理需求。听众收听文艺节目，是为了通过对艺术作品的欣赏，得到审美享受和有关的艺术知识。收听知识性节目是为了了解自己所需要的知识。而听众收听广播新闻是为了要从中了解国内外发生的重大事件，了解国内外各个领域的新动态，了解他们所关心的各种新的信息。因为这些都关系着他们的命运、前途，影响着他们的工作、学习和生活。也许有人认为这样说未免有些夸张。其实不然。比如我们播送了一条关于住房改革的消息，这直接关系到几亿城市居民的生活，引起他们极大的关注是必然的。然而不止于此，房屋管理和经营部门、建筑行业、建材生产、银行信贷、保险事业等等，也会对这条消息所传播的信息给予极大的关注。因为住房政策的改革直接关系到他们的工作和业务。党和国家的重大决策，农业生产的丰、歉，工业生产的形势，市场动态，以至动力、交通、文教、卫生、国际上的重大事件……总之，新闻节目的内容涉及到全社会，这些动态无一不牵动着社会主义中国的主人——十几亿中国人民的心。

在各种新闻传播工具（如报纸、电视）的激烈竞争中，广播新闻宣传的影响力为什么毫不减色？这是由于电台各部门共同努力，充分发挥广播特长的结果。播音员有声语言的优势就是其中的一个重要方面。

新闻广播中的有声语言，包括播音员的有声语言，记者采访的有声语言，采访对象的有声语言，新闻人物的讲话，等等。其中最主要的是播音员的有声语言。也就是说，新闻广播有声语言的优势最集中、最主要的体现者是播音员。

首先，播音员大都经过发声方面的训练。他们能讲标准的普通话，声音好听，口齿清楚。作为广播宣传主体的新闻广播是否以标准的普通话为主要语言，直接影响到收听效果和广播宣传的严肃性的问题。党和政府为什么一直很重视并大力推广普通话？因为我们是一个地域广大、人口众多的国家，也是一个多民族的国家，有多种方言和民族语言。方言是为一个地区人民服务的，民族语言是为一个民族服务的。中华人民共和国成立以后，人们之间交往频繁，不用说全国，就是一个省，一个市，往往有多种方言。如果没有一种共同的语言，将势必削弱语言的交流工具的作用，对改革开放，对我国的四化建设是很不利的。新闻广播是面对全国、全省、全市人民广播的。广播本身就肩负着推广普通话的任务，新闻广播如不以普通话作为最主要的语言，必然对宣传效果产生极其不利的影响。比如一条录音新闻，除记者提出问题之外，主要内容是被采访者用浓重的方言回答问题。他的讲话，虽有少数懂这种方言的听众能听懂，大多数人却听不懂。这条录音新闻的播出效果就不能不受到影响。同样，播音员的声音悦耳、口齿清楚，对于新闻的传播也是非常有利的。声音难听，影响听众的收听情绪；口齿不清，影响听众的接受程度。听觉艺术，一瞬即逝，听众听不听你的节目又有绝对的自主权，其不利影响是不言而喻的。我们这里对方言播音和民族语言播音没有丝毫贬低的意思，因为这里讨论的是普通话新闻播音的问题。我们也没有在新闻广播中排斥其他有声语言的意思。有时一条新闻，甚至一次节目，都有可能以其他有声语言为主。但就新闻广播的整体来讲，从语言这个角度讲不能不以普通话为主。

其次，播音员大都经过播音理论和技能的训练，因而在驾驭稿件、掌握表情达意的规律和技能方面，也有着其他人不可替代的优势。记者写的稿件自己并不一定能播好，播音员播读别人写的稿件却能播得有条有理、声情并茂，这已被数十年广播事业的实践所证明，现在的实践仍在证明这一点，以后的实践也必然会继续证明这一点。我们丝毫没有贬低记者或其他人的意思。记者有记者的主要工作，播音员有播音员的主要任务。各司其职，各扬其长，互相协作，才能创造出广播新闻的最佳成果。

有声语言为什么是广播新闻的优势之一？我们首先把口语和书面语作一个比较。口语可以用丰富多彩、生动形象的语调、语气来传情达意，再辅以表情、动作等副语言，可以为听众不费力地领会、接受，听者也基本不受文化水平的限制。但口语容易出现词不达意的现象，并有大量的重复、衬音、衬词、省略、残缺等弱点。书面语则简洁、严密、完整，传情达意清楚准确，但是却失去了口语中多种活跃的因素。看书、看报必须具有一定的文化水平，就是文化素质较高的人读文章，对于一句话包含着什么思想感情、有何言外之意等等，也要经过一番思考的功夫才能领会。我们广播新闻中的语言，是由记者和编辑根据广播特点精心加工和提炼成的广播新闻书面语言，然后再经播音员的再创造而形成的新闻有声语言。它扬弃了口语和书面语的不利因素，兼容了两者之长，从而形成了听众最容易理解、最易于接受的一种更高层次的语言——体现了“用事实说话，以新动人”这一特点的新闻播音语言。正是由于新闻播音语言的这些长处，就使它成为发挥广播优势的重要因素之一。

第三节 “用事实说话”和真实感

新闻播音的特点是用事实说话，以新动人。所以“用事实说话”是播音员运用新闻播音语言首先要再现的一个特点。“事实胜于雄辩”，这是人们熟知的道理。新闻价值主要体现在新闻事实上，是靠事实本身的力量打动和影响听众的。

“用事实说话”在新闻播音中的体现首先是真实感的获取与表达的问题。所谓真实感，就是播音员依据新闻稿件提供的事实材料，通过情景再现等一系列播音创作思维活动，把自己并未亲历的事件，加工成似乎是自己亲身去采访的实实在在的事情一样。这种对新闻事件耳闻目睹、亲临采访的感觉的语言体现，我们就称之为新闻播音的真实感。

新闻播音当前多数是以新闻稿件为依据的再创造活动。新闻稿件所报道的事实，大多数不是播音员亲眼目睹或亲身经历的。一次新闻节目有数条以至十余条消息，它们反映了不同时间、不同地点、不同领域所发生的不同事件，要播音员事事目睹、事事亲历也是不可能的。这样，播音员在新闻播音的再创造活动中首先就遇到一个“有无其事”的问题——报道的真实性问题。如果播音员对所报道事实的真实性持怀疑态度，在再创造活动的过程中就不会发挥创造的积极性和主动性，在话筒前就会感到心虚。如果对真实性的问题漠不关心，只是抱着单纯任务观点去工作，他的播音就必然失去有声语言的感染人的活力，成为平淡无味的念稿。只有对我们广播所报道事实的真实性确信无疑，树立坚定的真实信念，在再创造活动中才能调动起自身的一切积极因素，充分发挥主观能动性，信心十足地去完成传播任务。因此树立真实的信念是新闻播音再创造活动中能否充分体现“用事实说话”这一特点的一个非常重要的问题。

树立真实的信念，就要对我们党和党的新闻事业有一个历史的、全面的认识。我们党是无产阶级政党，以解放全人类为己任；以全心全意为人民服务为自己的根本宗旨，代表着最广大人民的根本利益。世界上没有一个政党能像中国共产党这样正直无私。我们党是唯物主义的信奉者和实践者，敢于面对事实，提倡实事求是。毛泽东同志早就说过：“我们反攻敌人的方法，并不多用辩论，只是忠实地报告我们革命工作的事实。”“共产党不靠吓人吃饭，而靠马克思列宁主义的真理吃饭，靠实事求是吃饭，靠科学吃饭。”1980 年党的十一届五中全会通过的《关于党内政治生活的若干准则》也明确指出：“忠于党和人民事业，说老实话，做老实事，当老实人，光明磊落，表里如一，是共产党人应有的本质。”党的新闻事业就是要把党领导人民进行斗争的情况如实地反映出来。因此真实性的原则向来都是我们党的新闻事业，包括广播新闻事业的根本原则之一。

不错，我们党犯过错误，我们的新闻宣传也出现过失实的错误，如 1958 年的“大跃进”及其宣传，十年动乱和那个时期的宣传。对这些现象我们应该作出历史的全面的评价。我们党领导人民所进行的事业是消灭阶级和剥削，建设具有中国特色的社会主义并逐步向共产主义过渡，走的是前人从来没有走过的道路，在探索中出现曲折是在所难免的。

然而正是因为我们党是无私的，所以才敢于正视自己的错误，揭露自己的错误，改正自己的错误。正如党在十一届六中全会通过的《中国共产党中央委员会关于建国以来党的若干历史问题的决议》所指出的："忽视错误，掩盖错误是不允许的，这本身就是错误，而且将招致更多更大的错误。但是，32 年来我们取得的成就还是主要的，忽视或否认我们的成就，忽视或否认取得这些成就的成功经验，同样是严重的错误。……坚持真理，修正错误，这是我们党必须采取的辩证唯物主义的根本立场。"我们应该全面地看待党的历史，同时应该看到，党领导下的新闻事业基本上真实地反映了党领导人民斗争的历史，并不断总结经验，采取措施，向失实现象作斗争。因此，我们对广播新闻宣传的真实性应该树立起坚定信念，对今后克服个别的、局部的报道失实现象的前景应该充满信心。

我们一方面要对党的新闻事业的真实性原则有一个全面的认识和估价，一方面还要在实践中去检验和体验我们新闻报道的真实性。这就要求播音员经常不断地深入生活，了解全国人民在党的领导下所进行的伟大斗争的实际情况，去了解我国各个领域所发生的实实在在的事情。尤其是在党中央和各级党委发布了较为重要的决策的时候，播音员更应该主动地深入到生活中去，以新闻工作者所应有的新闻敏感去观察生活，分析生活，体验生活，从而取得党的政策执行情况的真实的丰富多彩的第一手感性材料。这样，我们才能对广播新闻宣传的真实性有了从感性到理性的认识，确立起对广播新闻宣传的真实性的坚定信念。

真实的信念是播音员从具体新闻稿件中获取真实感的前提和动力。没有这个前提和动力，播音员对具体的新闻稿件就不会产生真实感。但是有了真实的信念并不等于就产生了真实感。真实感是在这种真实信念的推动下对具体新闻稿件进行加工而获得的具体的感受。

真实感是由两方面构成的：一是把稿件中的新闻事件加工成自己耳闻目睹的实实在在的事情；二是以记者身份出现在现场的采访意识。

把稿件中的新闻事件加工成似乎是自己亲身去采访的实实在在的事情，首先要充分运用情景再现这一技巧再现当时的场景或与采访对象交谈时的情景（这里我们只论述"真实感"是如何获得的，不是研究整个创作过程。所以除情景再现外，其他的创作环节和相应的创作手段我们不在这里一一论述）。以下面这篇新闻稿件为例：

"本台驻吉林省记者周玉琛报道：今天，26 号，上午 8 点 50 分，长春第一汽车制造厂生产的第一百万辆汽车，在锣鼓声中，从总装配线上，缓缓开了出来。

"1956 年 7 月 15 号，这个厂生产出我国第一辆汽车，结束了我国不能生产汽车的历史。现在，这个厂每年生产 7 万辆汽车。汽车质量也有了明显提高。

"中共吉林省委书记、副省长赵修，今天上午来到长春第一汽车制造厂，向全厂职工表示祝贺。"

看了这篇稿件，在播音员的眼前就应该立刻展现出长春第一汽车制造厂当时那隆重、热烈、喜庆、激动的场面。整个厂区彩旗飘扬，到处是欢乐的人们。各方面代表来了，省委书记赵修同志来了。人们不约而同地聚集到总装配车间前广场的两侧。总装配车间的门前和广场两侧挂着醒目的横幅标语，车间门外两侧由本厂工人组成的锣鼓队伍，更增添了现场的喜庆气氛。8点，8点15分，8点30分，8点40分，8点45分……人们的心情越来越激动，越来越紧张。多少双目光都紧紧盯着总装配车间的装配线。突然，锣鼓声震天而起，随着一声汽车喇叭悦耳的长鸣，长春第一汽车制造厂的第一百万辆汽车出现在人们眼前，从总装配线上缓缓地开出。8点50分！这是一个历史性的时刻！人们欢呼，人们跳跃，赵修同志脸上挂着激动的泪花，和厂长紧紧拥抱。工人们激动得流下了眼泪，老工人更是激动得老泪纵横——当这里开出中华人民共和国自己制造的第一辆汽车的时候，他们还是20岁上下的年轻人。现在，当他们看到自己生产的第一百万辆汽车开出总装配线时，他们已成为50多岁的汽车制造战线上的老将。这是汽车制造厂从诞生到成长的历史过程，是人民共和国成长壮大的历史缩影……

可以看出，这是播音员通过情景再现，把稿件上的文字转化成生动的形象的过程，是播音员对事件的理解并从现场气氛中受到感染的过程。随着这个转化过程的步步深入，这形象就愈益变得更加具体、丰富、生动，播音员对事件的理解就愈加深刻，从现场气氛中所受到的感染也愈加强烈。这时，新闻播音的真实感就不呼自来了。

然而播音员的工作不能只限于此。播音员是新闻事件的“目睹者”，同时又是这个事件的“采访者”。因此他不仅要受到事件的感染，而且还要始终贯穿着采访意识。感染越深，产生的报道意识就越强，最终形成了迅速传播的创作冲动。情景再现是使文字化为形象并从中受到感染的过程，采访意识又给这个过程规定了明确的创作指向。这样所产生的真实感才能脱摆自我激动的局限，达到感之于内、宣之于外的境界。采访意识的规定性的影响，还区分了情景再现在新闻播音和通讯播音两种创作活动中的不同。在通讯播音中，播音员运用情景再现这个手段，不仅要把握事件发展的完整过程，而且对人物的个性特点、声音笑貌，对情节、细节、环境等等都要进行细腻的观察和体验，以适应通讯播音的特点。在新闻播音中，播音员也运用这个手段，但他的任务和创作意向却不在细腻地描绘事件的全貌，而是要抓住这情景，这事件最关键、最重要、最能反映事件特点的地方，以利于用简洁概括的语言，以最快的速度把人们所关心的事件最及时地报告给广大听众。长春第一汽车制造厂第一百万辆汽车问世这件事，如果以通讯的形式出现，可以写成500字甚至更长的文章。但是这条新闻却还不到200字。

我们所报道的新闻事件中，其中一部分的真实性是明显的，真实感的获取也不太困难。如重要的会议消息，体育比赛，文艺演出等等我们较为熟悉的事情。但更多的情况是我们不熟悉，甚至没有听说过的，那么对其真实性的认识和真实感的获取就很不易了。所以播音员如果没有深厚的生活积累和广博的知识，缺乏新闻工作者特有的新闻敏感和符合于新闻工作的形象思维能力的培养和训练，是很难把握新闻事实的特点，很难获取到真实感的。新闻播音的“用事实说话”这一特点，也就很难得以体现。

第四节　“用事实说话”和播音员的态度

我们研究了“有无这样的事实”即新闻事实的真实性问题以后，立即就会产生另一个问题："为什么要用这样的事实说话?"这就是新闻倾向性的问题。

新闻的本源是事实，没有事实也就谈不上什么新闻了。当今世界，每天发生的事情多得数不胜数。在这事实的海洋中究竟选择哪些事实进行报道？为什么对一些领域的事报道得多，而对另一些事却报道得少，有些事却不在新闻广播中加以报道？这时就出现了不同的新闻价值观，不同的选择标准，反映出新闻机构不同的倾向性。在阶级社会里，这种倾向性主要表现为阶级性。正如毛泽东同志指出的那样："在阶级消灭之前，不管报纸、刊物、广播、通讯社都有阶级性，都是为一定阶级服务的。"阶级性，即在社会中占统治地位的阶级的意志，它对新闻机构的宣传有决定性的影响。不同的阶级，就是对同一件事情的报道也大不相同。以下的两条新闻就生动地说明了这一点。

〔新华社 1949 年 1 月 31 日电〕世界驰名的文化古都，拥有 2 百万余人口的北平，本日宣布解放。北平的解放是伟大的中国人民革命运动中最重要的军事发展和政治发展之一，……北平的人民很久已像亲人一样渴望着人民解放军。在知道了人民解放军即将开入北平之后，北平的工人、学生、市民连忙热闹非凡地筹备着盛大的欢迎仪式，并且因国民党军全部出城之一再延期而感觉不耐。人民解放军即将和平开入北平的消息，使这个古城突然恢复了青春的活力，从 1 月 23 日起物价顿然下降，街道上重新拥挤着欢天喜地的行人，他们到处打听着解放军入城的确实日期，询问着和传说着解放军和共产党的宣传品的内容。

这是新华社关于北平人民对北平解放、解放军即将入城一事反映的报道。这样一件不容怀疑的历史事件，当时的美联社是如何反映的呢？请看下面的一则消息。

〔美联社 1949 年 2 月 3 日电〕今日北平给它的共产党征服者一个热闹的欢迎，这只有这个经常被征服的城市才能做到。共产党向拥挤着的成千上万的人显出一两件东西看看——长达数里的缴获来的美国的各种车辆。长列的市民在这个热闹的欢迎游行中把嗓子都喊哑了——正如当日本人占领北平他们欢迎日本人，当美国人回来他们欢迎美国人，当中国国民党人回来欢迎国民党，以及数百年前欢迎蒙古人与鞑靼人一样。北平在欢迎他的征服者方面是素享盛名的。

对北平人民欢迎解放军这个事实，美联社作了和新华社截然相反的报道。日本侵略者占领北平，北平街头确也有人"欢迎"。"欢迎"的人群里，除亲日分子和没有民族气节的极少人外，绝大多数人是被日本侵略军和汉奸用枪和刺刀逼到街头的。美国人和国民党进城，北平人民确实到街头表示过欢迎，不过那是对打败日本侵略者和对中国取得独立自主的喜悦。但为时不久，美国吉普车在中国土地上横冲直撞，美国兵在中国各处胡作非为，国民党反动统治的黑暗和腐败，很快就令北平人民和中国人民失望了，并激起了人民的反抗，终于在中国共产党的领导下把他们彻底地赶出了中国大陆。美联社记者竟然把这样的"事实"硬塞进这条消息中作为污蔑和丑化中国人民欢庆解放的佐证，他们的阶级倾向性是何等的鲜明!

然而从研究新闻学的角度，上面两条消息却生动地说明了新闻事实的现象真实与本质真实的关系：本质真实必然通过现象真实反映出来，可是现象真实不一定能反映事物的本质真实。新华社的消息就是现象真实和本质真实统一的范例。他们进行报道所取的立场，反映出了他们的唯物史观。美联社的消息所反映的现象真实却歪曲了事物本质的真实，因为他们终归逃脱不开唯心史观给他们带来的厄运。

美联社的这条消息绝不是记者的个人行为，也绝不是美联社这样一个新闻机构的孤立自发的行为，他们是美国统治集团的喉舌和舆论工具。因此他们必须完全站在美国统治集团的立场，忠实地反映美国统治集团的意愿。不仅美联社如此，美国的报纸、电台、电视台都是这样。所有资本主义国家的重要新闻机构也都是这样。因为在阶级存在的社会里，任何报纸、通讯社、广播、电视都不能不从属于一定的阶级，从属于一定阶级的政党或集团。

我们国家的新闻事业是无产阶级的新闻事业。无产阶级代表了人民的根本利益。所以我们公开表明，我们是站在无产阶级和人民大众的立场，是党、政府和人民的喉舌。在新闻宣传工作中，我们既要坚持真实性原则，也必须坚持党性原则。

立场问题是一个根本的问题，对于一个播音工作者来说至关重要，对担负新闻播音任务的播音员尤其重要。因为只有有了正确的立场才能对我们国家的现实有一全面的分析和估价。不错，社会主义作为人类历史上新生的社会制度，在前进的道路上难免会遇到困难，会遭受挫折，但是它能够克服任何困难，战胜任何曲折，不断向前发展，显示出不可战胜的生命力。通过建设和改革，我们的社会主义物质文明和精神文明会越来越发展，我们的社会主义制度会越来越完善，越来越显示出优越性。我们党和国家的事业是蒸蒸日上的，全国人民在党的改革、开放政策的指引下正在阔步前进，创造着自己光明而美好的未来。这就是我们的新闻播音每天都在揭示的一个基本事实。不错，我们的社会生活中也有阴暗面。我们的新闻播音应该揭露和打击敌对势力，对人民内部的缺点错误以同志式的态度提出善意的批评，但阴暗面毕竟不是我们社会生活的主流。因此我们要以正面宣传为主，通过新闻播音，热情地宣传人民群众在实践中的新成就、新经验，提高人民的社会主义积极性，鼓舞人民的斗志，推动社会主义事业前进。这就是我们的新闻播音所应起的社会作用。

从思想上真正明确新闻报道的真实性和倾向性的关系问题，现象真实与本质真实的问题，我们作为一名党的新闻工作者应该站在什么立场，当前新闻报道应以什么内容为中心，以及新闻宣传应起到什么作用，对于新闻播音的再创造十分重要。这是我们进行具体创作的前提和基础，指导着我们解决播出每一篇具体稿件都必须明确的“站在什么立场、以什么态度、用怎样的事实说话”的根本问题。这个根本问题的解决，为我们新闻播音的整个再创造过程规定了方向。

新闻播音语言之所以能最充分地体现广播宣传的优势，一方面是因为它能以简练、严密、完整的语言，准确清晰地叙述新闻事件；另一方面还能在叙述过程中清楚地表露出播音员因事而生的态度和感情。实践不可辩驳地证明，播音员的态度和感情，能对听众产生深刻的心理影响，起着感染听众、引导听众、影响舆论的重大作用。著名播音员列维丹在苏联伟大卫国战争时期的播音所发挥的重大的舆论力量，给人留下了深刻的印象。我们的播音员在抗日战争中，就以他那充满战斗精神的语言所表露的必胜信心，鼓舞着广大人民的斗志。在解放战争中，国民党统治区的人民偷听新华广播电台的广播，不用听呼号，只要听到播音员的播音就能分辨出这是发自解放区的声音。中华人民共和国成立以后，在数十年的社会主义革命和社会主义建设的过程中，新闻播音也同样发挥着它的独有的作用。当然，党的正确路线和人民的伟大创造实践是广播宣传力量之根本。但我国新闻播音的憎爱分明、充满胜利的信心和积极进取的独特风格和优良传统，对听众所产生的影响也是不容忽视的。不仅在社会斗争领域，在人与自然斗争的领域，新闻播音的有声语言也发挥着不可忽视的作用。比如关于灾情的报道。这是一种自然现象，对于河水猛涨、台风来临之类的报道，并无阶级之分，人们从报纸上看到这类消息，只能了解到这种自然现象的情况。如黄河水位已达到什么危险程度，大约于什么时候将到达什么地区，到这个地区后水位可能发生的变化，等等。人们从文字上了解到这些情况时，可能产生多种思想，引起不同的情绪，比如惊恐、不安、慌乱。可是同样的消息，通过播音员之口一字一句地传达出去，其效果就大不相同了。播音员通过自己的有声语言所表露的党对人民的关切之情，会给人民带来安慰和温暖。播音员那沉着镇定的态度会使人们的情绪稳定下来，鼓舞人们去和自然灾害斗争。这就是播音员的立场、态度、感情通过新闻播音语言所产生的力量。

为了充分地发挥这个特点，我们来分析一下播音员的再创造过程，研究一下应该注意的几个问题。

在拿到新闻稿件后，播音员就要十分关注地去了解稿件传达了什么事情。一边了解所发生的事情，一边就要立即对它进行分析、判断，随之产生自己对它的看法和评价：这是件好事还是坏事？自己对它是赞成还是反对？不管这最初的看法是对是错或全面、深刻与否，这种油然而生的自发的“第一感觉”对新闻播音创作是很可贵、很重要的。因为这说明你已被新闻事件所触动，并迅速做出了自己的反应。这是从事新闻播音工作的人平时必须注意训练和培养的一种能力。广播新闻宣传争分夺秒，播音员对事物能否立刻作出判断，确立自己的态度，迅速地调动自己的感情就显得极为重要。反应迟钝对新闻播音创作是不利的。至于那种拿到稿子就念，念完了就播，播完了就忘的做法，对新闻事件采取漠不关心的态度，更是不足取的。

产生了“第一感觉”，立即就要以党的政策为准绳，调正自己的最初判断和情感，使其和党的政策一致起来。党的政策是根据我国全局情况和人民的长远利益制定的。个人的看法难免有局限性和片面性。比如对纪念徽班进京二百周年纪念活动的宣传，一位不喜欢京剧，更不懂得京剧的播音员看到这一消息后，第一个念头可能是：“不就是个京剧吗？何必这样大张旗鼓地宣传？”可是当他进而考虑到党的文艺政策，考虑到京剧的地位和影响，就会意识到这个宣传体现了党的发展民族的、科学的、大众化的文化，推陈出新、古为今用的文艺方针，其影响已超出京剧的范围，自己最初的念头是从个人兴趣出发的，必须屏弃。这时他就会从个人的立场转到党的政策的立场，眼界宽了，看得远了，于是开始时不以为然的态度转变成了热情歌颂的态度。这个“转变”，就是播音员把初步的感性认识提高到理性认识以取得更深刻的感性认识的升华过程。不能以个人的感情代替党的政策，播音员必须站在党性和党的政策立场——这是新闻播音必须要遵守的一个原则。不注意加强政策观念和平时的政策学习，是适应不了广播新闻宣传迅速及时这一特点的。

有这样一种说法：“新闻是用事实说话的，态度应该客观，不要强加于人，要让听众自己去思考。”这种说法是极为片面的。所谓态度，就是人们对天然的、社会的、物质的、精神的需要是否得到满足从而出现的肯定或否定的感情。语言是人类最重要的交际工具，人们依靠语言交流思想。人们说的每一句话都是为了一定的目的而说的，都包含了具体的思想感情，都包含了对所谈事物肯定或否定的态度。“应该肯定还是应该否定，一时还拿不准”，这不是没有态度，是在继续进行分析判断。“不表态”，“顾左右而言他”，这本身就是一种态度。人们在相互交谈的时候，无时无刻不在表明自己的态度，不存在什么“强加于人”的问题。是否强加于人，不是语言要不要表露态度，而是说者和听者的关系是否平等的问题。十年动乱期间的播音之所以给人以强加于人的感觉，是因为林彪和“四人帮”把广播当作专政的工具所致，而不是语言要不要表露态度的问题。至于“让听众自己去思考”，实际上是抹杀了有声语言的功能和特点。实践证明，播音员通过新闻事实表露自己的态度和感情，并没有代替也不能代替听众自己的独立思考和判断，而是引导听众进行更深一步的思考。这正是有声语言的传播所应取得的社会效果。

然而我们也必须看到事物的另一面。“用事实说话”，事实毕竟是第一性的，是客观存在。新闻播音必须体现事实的客观存在的性质。态度和感情的表露寓于对事实本来面目的叙述之中，不是直接的，而是含蓄概括的。这是新闻播音表露态度的方式同评论播音和通讯播音表露态度的方式的区别。我们曾说“新闻播音的态度应该是明朗的”，而没有用“鲜明的”这个提法，意在区别它和评论播音表露态度方式的不同，而不是不要表露态度。新闻的真实性原则和党性原则要在新闻播音中得到协调统一的表现，以形成新闻播音语言表露态度的独特方式，这就是我们的看法。

第五节　历史　新闻　新鲜感

“以新动人”是构成新闻播音特点的又一重要因素。

只有事实，但如果它不是新鲜的事实就不是新闻。新闻播音的真实感体现了新闻事实的真实性；新鲜感体现了新闻事实的新鲜性。这两者结为一体，密不可分，构成了新闻播音所独具的特色。

从采访的角度讲，“新”包括两个含义：一是新发生的值得报道的人或事，一是新发现的值得报道的人或事。从写作的角度讲，“新”则包括四个方面，即时间新、内容新、思想新、角度新。这四者不是互相割裂的。时间新是指新发生或新发现的，内容新和思想新是指值得报道的人或事；角度新指的是稿件写作和报道的角度。稿件是进行播音再创作的依据。了解这些知识对于新闻播音再创作活动是很必要的。

新闻播音不是新闻稿件机械式的再现。不能说怎么播就体现了时间新，怎么播就体现了角度新，等等。新闻播音是再创作活动，是播音员从新闻稿件的内容和形式引发出来的，并涉及到新闻播音受众的复杂情况，及新闻节目的形式和播出时间等诸因素的综合性的复杂的创作思维活动的过程。新闻播音语言则是这复杂活动结果的外部表现。所以我们对新闻播音的新鲜感的研究不能把稿件当作惟一的因素，应该以稿件为主要因素之一，同时还必须考虑到和新闻播音有关的其他因素，并对它们之间的关系加以分析。

所谓新鲜感，从听众接受的角度讲，就是要使听众鲜明地感觉到播音员报道的是他们关心或感兴趣的最新鲜的消息，从而吸引他们的注意，并从中受到感染。

从播音的角度讲则有所不同，播音的新鲜感是与真实感的获取同时产生的。在本章的第三节里我们是这样表达真实感的：播音员依据新闻稿件提供的事实材料，通过情景再现等一系列播音创作思维活动，把自己并未亲历的事件，加工成似乎是自己亲身去采访的实实在在的事情一样。这种对新闻事件耳闻目睹、亲临采访的感觉的语言体现就叫做真实感。这样，从播音创作的角度讲，新鲜感是否可以这样概括：把刚刚在事件发生现场的所见所闻迅速地报告给听众的迫切感。

新闻不是历史，历史也不会被当做新闻。但是新闻与历史却有很多共同之处。首先它们的本源都是真实的事实；第二，它们所报道所记载的都不是一般的事情，而是重要的事实；第三，这些重要事实是被各司其职的人（如新闻工作者、史学工作者）报道出来或记载下来的；第四，在阶级和阶级斗争还存在的社会里，它们都是在一定阶级的思想指导下被报道或被记载下来的。这些共同点说明，新闻和历史虽然是不同的两个事物，却有着极为紧密的内在联系。可以这样说，历史是新闻的记录、积累和综合；新闻是历史的发展和继续。可见，了解历史对我们的新闻播音再创作是多么重要。当然，多方面的知识积累对播好新闻节目也是极为重要的。但从社会发展的角度讲，可以毫不夸张地说，播音员不熟悉历史、不研究历史，对稿件所报道的新闻事件就不能有更为深刻的理解和感受，就不能明晰它究竟新在何处。我们认为，为了提高新闻播音的质量，播音员必须学习中国历史知识，必须学习和研究鸦片战争以来的中国近代史，特别是要学习和研究中华人民共和国建立以来的历史，其中尤为重要的是党的政策发展和社会演变的历史。这是进行新闻播音再创作，提高新闻播音质量所不能忽视的一个条件。在新闻稿件中，不少背景材料就是引用的历史材料，许多新闻本身就是历史的继续，比如我们前面引用的“长春汽车制造厂第一百万辆汽车问世”这条消息就是一个典型的例子。如果一位熟知中国历史的播音员拿到这篇稿件，一些有关的重要历史镜头就会立即涌上心头：“旧中国连铁钉都要靠进口；新中国成立不久——1953 年，此厂开始动土兴建，那时这就是振奋人心的消息；1956 年，仅仅三年，此厂落成并生产了我国自己制造的第一辆汽车。这消息一传开，人们振奋、激动、自豪……现在又生产出第一百万辆！……”此时他会感慨万端。在这“感慨万端”中就包含了他对新闻事件的深刻理解和切身的感受，同时包含了他对此事新鲜性的深刻领会：此厂生产出第一辆汽车时，新中国刚刚开始摆脱贫穷落后的状态。而现在，当它生产出第一百万辆汽车的时候，我们已开始向“四化”进军！他播音中的新鲜感，就是在历史的基础上很自然地引发出来的。这样的理解和感受，就为表达创造了良好的条件。反之，如果一位播音员不熟悉历史，过去的一切在他的脑海里都是空的，拿到这篇稿子以后，他不论怎样努力地准备，其理解和感受也不过只能达到“生产得真多”、“这是件好事”之类的空泛、肤浅的程度，其播出效果自不可和前面那位播音员相比。

播音员的新鲜感是在多种因素的刺激下产生的创作活动。这些因素往往又不是孤立的，而是几种因素的合力形成的对播音员感官的刺激。只不过因情况的不同，某种因素对播音员的刺激显得更加明显，更加突出，使播音员最易于捕捉到、感觉到而已。据此，我们可以把这些因素归纳为以下几点：时间的因素、稿件内容的因素、稿件形式的因素、听众的因素。

时间新、时效性与新鲜感

时间新是事件发生和公开发布的时间差。时间差越小，新鲜性就越强。时效性是指采、写、编这个过程的工作效率。时效性越强，时间新这个特点就越突出，新闻事件的新鲜性就越强。时间新这个因素对播音员的感官刺激最为明显，最容易引发播音员的新鲜感。比如“长春汽车制造厂第一百万辆汽车问世”这条新闻，第一百万辆汽车于1983年2月26日上午8时50分开出总装配线，当天发出稿件，当天播出。再比如下面这条新闻：

“本台记者王奇云自洛杉矶报道：中国射击运动员许海峰在北京时间今天（1984年7月30日）凌晨在奥运会自选手枪60发的比赛中，以566环的优异成绩赢得了第23届奥运会的第一枚金牌。

“在发奖仪式上，国际奥委会主席萨马兰奇先生亲自授予许海峰金牌。这不但是中国体育代表团在本届奥运会上获得的第一枚金牌，也是中国奥运史上的第一枚金牌。

“中国另一名射击运动员王义夫以564环的成绩获得铜牌。瑞典运动员拉格那·斯冈奥克获得了银牌，他的成绩是565环。”

这件事发生在1984年7月30日凌晨，中国国际广播电台记者组迅速将消息发回，中国国际广播电台及时向全世界作了广播。中央人民广播电台也在早晨的“新闻和报纸摘要”节目中抢发了出去。这一类新闻，时效性如此之强，时间新的特点如此鲜明，最容易振奋播音员的精神。加之当时整个播出环境的争分夺秒的气氛，极易引发播音员把现场情况迅速向听众报告的迫切情绪。这时播音员的新鲜感之强烈是可想而知的。

内容的趣味性、重要性与新鲜感

上述两条新闻不只是时间新，而且内容也很为重要。只不过在当时特定的情况下，时间新这个因素显得更为突出罢了。

我们遇到的更为大量的消息，时间新的特点不如上面的情况突出。但其内容的重要或其趣味性一旦为播音员领会和掌握，也能引发播音员的新鲜感。

新闻的趣味性是指新闻内容能引起广大听众收听的兴趣。和寻怪猎奇、追求刺激不同，趣味性或者具有一定的思想性，或者思想性虽不甚明显，但对人们的工作、学习和生活却是有益的、积极健康的。例如能引起人们普遍关心和感到兴趣的新的科学发现、人类社会和自然界的一些新的现象，以及探险考古、风土人情、社会和家庭生活中富有情趣的事情，等等。这一类消息也极易引起播音员的兴趣，从而引发他迅速将其报道给听众的迫切心理。比如：

“黄龙乡（在四川省松潘县）许多地方新箭竹已经发芽，并且长到80公分左右。在黄龙乡早已销声匿迹的大熊猫又重返家园。4月10日，三舍村护林员孙德龙等人巡山时，发现了一只正在吃食的大熊猫，4月20日三舍村农民李德明在窖沟又发现一只正在玩耍的大熊猫。4月25日，三舍村农民马玉贵等人在小沟还发现两只大熊猫正在发情交配。”

这是发生在我国自然界的一件事情。大熊猫是世界上的珍稀动物，我国是大熊猫的故乡。20世纪80年代以来，大熊猫主要生存和活动的四川省，大批箭竹纷纷开花枯死，它们的生存受到严重威胁，引起了我国和世界公众的瞩目。几年后情况如何？1984年5月，这条消息及时地报道了这一带的情况。那成片的新生箭竹，活泼可爱的大熊猫，很容易引起播音员的兴趣，播音员也知道有很多人都关心着这方面的情况。所以这一类消息也比较容易引发出播音员的新鲜感。

反映我国人民在党的领导下向实现四个现代化这一伟大目标进军的新闻，是广播宣传的主要内容。这是我们国家社会生活的主旋律在广播新闻中的反映，内容涉及到社会各个领域，对于引导舆论、影响舆论、推动社会前进起着重大的作用。因此这些新闻从内容上讲都很重要。播音员能否把握住这个重要性并从而引发自己的新鲜感，是我们为了提高新闻质量需要给予极大的关注和进行着重研究的问题之一。只要播音员真正认识到稿件内容的重要，就一定能引发出新鲜感。在这里，播音员的使命感和责任感、政策观念和政策水平起着关键作用。

这里所说的重要性，就具体稿件来说可以分为两大类：一类是事件本身就是很重要的大事，比如党和政府的重要决策、重要会议、社会上发生的重大事件，对国家建设和人民生活有重大影响的自然灾害、天气预报等等。只要播音员克服与己无关、置身事外的不正确态度，它们就比较容易引起播音员的重视和引发播音员的新鲜感。还有一类，其特点是小中见大。表面看，人是平凡的人，事是平凡的事，其实在这“平凡”中反映出重大问题、重要思想、重要动向。播音员如果没有一定的政策观念和政策水平，缺乏新闻敏感，就容易忽视它们。像中央人民广播电台1983年2月播出的一条新闻：

“本台消息：天津市宝坻县一位叫陈光兴的农民，最近从农村来到天津市科技情报所，要求查阅有关葱蒜种植方面的科技资料。

“陈光兴对情报所的工作人员说：‘我在队里承包了二十多亩地，是种植葱蒜的专业户。我查阅资料是为了掌握种葱蒜的科学技术。’

“天津市科技情报所帮助陈光兴查阅了全国各地近四年来有关种植葱蒜的技术资料，并且复印了8篇技术资料让陈光兴带回家阅读。

“陈光兴临走的时候，拿出25元钱交了科技情报咨询费。”

这条新闻所报道的人和事，实在平凡得很，通篇都用事实说话，作者未加一字评论。可是播音员如果对我们党的农村政策发展演变的历史了然于胸，他马上就会想到，从1978年党的十一届三中全会以来，农村生产责任制和农村专业户在广大农村兴起并在党的扶持下蓬勃发展。到1983年1月党中央发出了《当前农村经济政策若干问题（摘要）》的一号文件，对农业生产责任制、人民公社体制改革等重大问题作了政策性规定，这是党的农村政策发展的一个重要历史阶段。党的正确的方针政策解放了农村的生产力，发挥了广大农民的积极性。一号文件又进一步对农村的重大改革作了政策规定，解除了农民怕政策变的顾虑。一号文件发布以后情况如何？从这个高度，播音员从这条新闻中起码可以得到三个信息：第一，农民的心安定了；第二，农民开始摆脱贫穷落后状态；第三，他们的目光开始转向科学种田，转向通往农业现代化的大道。这时播音员就会体会到这条平凡消息中的不平凡之处：用事实肯定了党的农村政策是正确的，同时反映了农村的一个新的重要动向。它的播出，将会对农民产生鼓舞和引导作用。播音员真正地体味到这消息的重要，把平凡而又重要的新动态报告给其他农民的迫切感便顺理成章地产生了。这种做法，在新闻播音的创作过程中叫做联系播出背景。怎样在看似平凡的稿件中迅速、准确地抓住其重要之处，这是新闻播音的一个难点，又是引发播音员的新鲜感，提高新闻播音质量的一个关键。

稿件的形式与新鲜感

这里的形式指的是报道的角度、稿件的新颖的结构方式，形象生动的语言，等等。

在新闻播音创作中经常会遇到这种情况。在引发播音员新鲜感的诸因素中，稿件新颖的表现形式首先给播音员的感官带来强烈的刺激，引起播音员的创作兴奋。在它的带动下，其他因素的作用也随之而来。这就是稿件的内容与形式的辩证关系所起的作用。请看下面的新闻：

"浙江永康拖拉机厂根据农村的需要，生产一种'价格相当一头牛，效率胜过两头牛，牛的活儿它全会'的小型拖拉机，受到各地农民的热烈欢迎。这种工农3型小型手扶拖拉机是三到四个马力，每台的售价大约一千元，相当于一头牛的价格，许多农民买得起。

"随着我国农村承包责任制的发展，地块划小，大马力的拖拉机销售量减少，各地出现买牛难。永康拖拉机厂根据市场信息，迅速设计出工农3型手扶拖拉机。1982年生产的1600多台在浙江、福建、安徽、广西等地使用，耕地，耙地效果良好。它耗油省，维修简便，比养牛耕地合算，经过改装，配套，还可以抽水和作运输用，农民拍手称赞。最近，这种小马力拖拉机经过来自各地的农机专家和农民共同选型鉴定，认为适合我国当前农村水田作业的实际需要。这家厂今年计划增加产量。"

这条消息和上面引用的消息一样，反映了十一届三中全会以来，尤其是1983年中央一号文件发布以后农村发生的深刻变化。但它没有直接说农村的情况，却讲农机制造业为农村生产了什么新产品，角度十分新颖别致。它的导语，把这种机器和农民最熟悉的牛作比较，语言形象生动，这种吸引人的表达形式，会立即引起播音员的兴趣。继之播音员就很自然地想到这一事件的意义和它反映的新动向——农村的变化也给与其有关的行业带来变化。于是在播音员的眼里，这条消息已不同于一般的广告式服务性的新闻，而是寓农村大好形势及其对有关行业的影响这一重要动向，于服务性的新闻之中了。这种从形式深及内容引发新鲜感的方式，我们也应加以肯定，不能排斥它。

听众与新鲜感

听众是新闻播音成果的需求者、接受者，同时也是播音质量的检验者。我们虽然看不见听众，但在播音创造的全过程中，听众的影子无时无刻不在伴随着我们。听众这个因素，对于我们新鲜感的引发、加强、巩固、再生，都有重要影响。

新闻播音的真实感和播音员的态度，是以稿件内容为依据产生的，具有相对的稳定性。新鲜感的产生虽然也是以稿件为依据，但还受稿件以外一些因素的影响，它的作用主要是影响着新闻播音语言的色彩。新鲜感的产生和真实感、态度的产生不同，往往带有突发性，即在新闻播音再创作的过程中，在某种因素的刺激下，突然而来，出人意料。一旦产生，播音员就有一种茅塞顿开、豁然贯通、思潮如涌、愉悦欢畅的创作快感。也就是说，新鲜感往往以灵感的形式出现。它的产生推动着整个新闻播音创作向纵深发展。有时某一条新闻中产生的灵感，可以带动起整个这一次新闻节目的播出情绪。实践证明，灵感在播音创作中是存在的，是起着积极作用的。新闻播音时间性很强，备稿时间往往较短，因此以新鲜感的捕捉为其特点的播音创作灵感尤其应该引起重视，加以充分运用。

新鲜感（或称新闻播音创作灵感）的产生带有突然性，但它又是事物的必然性的特殊反映。它是在播音员的日常积累和丰富的创作经验的基础上产生的，是播音员把全部精力和注意力都集中在具体的新闻播音再创造的活动上，在认真地思索、艰苦地探求时产生的。不具备这两个基本条件，临时乞灵于新鲜感的降临，新鲜感对于这样的播音员是不予惠顾的。

真实感、播音员的态度、新鲜感，在播音员把新闻稿件转化为有声的新闻播音语言的过程中起着什么作用呢？如果把稿件比做一个人体，那么真实感给人体注入了生命；播音员的态度给人体注入了思想感情；新鲜感则给他带来了朝气蓬勃、精神焕发的神采。而我们的听众所需要的，正是那充满生命力和思想感情，并富有神采的新闻播音。

第三十四章 评论播音

第一节 评论播音的研究范围

评论播音，顾名思义，就是播音员在节目中对某些事物进行评论，发表看法。

当前世界上大多数国家广播评论的传播方式主要有两大类：一类是评论作者写的文章由播音员去播送，一类是由评论员直接出面发表评论。后一类方式我国尚未广泛使用。目前在我国，广播评论的宣传是由撰稿者和播音员共同努力，最终由播音员来完成的。即使将来是以评论员直接宣传的方式出现，当前这种方式也不会被取代，仍会发挥自己的独特作用。评论的这种传播方式是本章的主要研究范围。

从内容上分，评论文章包括经济评论、军事评论、哲学评论、史学评论、文艺评论等等。新闻评论是评论文章当中的一类，报刊、广播、电视新闻宣传中的评论文章，主要是新闻评论。

新闻评论属于政论性的新闻体裁。

政论文章和学术论文有所不同。学术论文可以不涉及政治问题或主要不是议论政治问题，而是从学术研究的角度出发对本学科领域中的问题进行分析论证。政论文章则不同，不论是什么领域或哪个学科的学术讨论，只要涉及到政治，特别是涉及到重大政治问题时，政论文章都必须从政治和思想的角度对其进行分析论述。从这个意义上讲，新闻评论和政论有着共同的特点。但新闻评论所特有的强烈的新闻性，又使它明显地区别于政论文章。新闻评论的评论对象是现实社会生活中刚刚发生的重大事件、重要倾向或人们虽不注意但必须引起人们注意的问题。所以新闻评论对现实社会生活有着直接的针对性，而且时效性也很强。适时发表，它就能充分发挥影响舆论、引导舆论的指导作用。一旦错过时机，就失去了发表的价值。比如在党和政府召开重要会议时发的评论，为庆祝重大节日所发的评论等等，就很清楚地说明这一点。再比如，1988 年 8 月 8 日，一场大台风席卷杭州，西子湖畔的大树几乎全被刮倒。当晚，浙江人民广播电台在 22 点新闻中播发了浙江台倡议杭州市民投入义务救树的活动。在倡议书之后播放了一篇评论：《以实际行动报答大树的恩情》。浙江省电台以当天发生的事情，当天发了倡议书，并立即以广播评论的形式进行号召和动员。新闻评论只有抓住时机，才能充分显示它的优势和发挥它的重要作用。如果事情已然过去了好几天，再发这篇评论，就没有什么意义了。

新闻评论虽然有着很强的新闻性，但是它和消息、通讯等新闻体裁也有明显的区别。消息和通讯，不管是概述还是详述，都体现了用事实说话这个重要的特点，其主要表现手法是记叙；新闻评论则是通过对新闻事实的分析来讲道理，其主要表现手法是议论。它们之间的区别是显而易见的。新闻评论既有别于政论，又有别于其他新闻体裁，却同时又兼有二者的主要特点，这就使得新闻评论成为一种独立的新闻体裁。

在报刊、广播和电视宣传中，新闻是其主体，新闻评论是其灵魂。它们各展所长、紧密配合，形成了新闻宣传的主旋律。

我们播音界所说的“评论播音”，指的是广播新闻评论的播音。广播新闻评论既具备新闻评论的特点，又注意结合广播、电视宣传特点，使其利于受众收听、收看。

我们知道，自人民的广播和电视事业建立以来，电台和电视台基本是转发报纸、新华社和一些新闻及政治刊物的评论文章，自己写的适合广播和电视宣传特点的评论文章则为数不多。报刊、新华社所发的评论文章主要是适合于受众阅读的，这对播音员用有声语言作为主要传播手段，充分发挥有声语言的优势，总会产生一定的影响和限制。宣读的色彩、转述的色彩就必然要明显一些，播音的节奏和速度也不能不尽量舒缓一些，即使那些适合于受众阅读的文章也尽可能播得有利于受众收听。但改革开放以来，广播新闻评论这支新军，已经生气勃勃地出现在新闻宣传的阵地上，从数量到质量，从内容到形式都有了飞速发展。现在，从中央人民广播电台、中央电视台到地方广播电台（站）、已经从过去基本上是转发其他新闻宣传工具的评论，逐渐转变到主要是发表自己的评论了。当然，以自己的广播新闻评论为主，并不是排斥其他新闻工具的评论。即使是今后，电台、电视台仍然会转发报刊等新闻工具的评论文章。但“以我为主”这一局面的形成，已是不容置疑的了。这个现实，要求播音员不但要继续掌握和研究转发其他新闻宣传工具评论的播音技能，而且更要注意研究广播新闻评论的特点，在技能和理论上适应这个形势变化。

广播、电视有两个重要特点影响着广播新闻评论的写作和传播。其一是受众是通过听觉接受，因此广播新闻评论必须有利于受众收听；其二是受众的广泛性，尤其是它的受众不受文化水平的限制，因此广播新闻评论应该适应多层次受众的需要。广播新闻评论在体现新闻评论共性特点的同时，还要体现自己的上述特点。这样就形成了广播新闻评论的基本特点和要求：第一，主题要高度集中，一事一议，一题一议，使受众的注意力集中在一件事、一个问题上；第二，主题要通过语言直接地、鲜明地表露出来，使受众一听就能明白你的看法和主张；第三，篇幅要短，那些长篇大论、深奥复杂的评论文章，不用说听，就是看，受众也很吃力。因此在广播电视的评论中这类稿件不多；第四，语言要精炼，简明易懂，干净利落；第五，形式要更加生动活泼。这主要指播音员必须充分发挥有声语言表情达意的直观性和导向性的长处，同时也指要利用广播、电视可以充分运用音响、图像手段及播音与其协调为一整体的问题；第六，要以基层群众为主要宣传对象。

前面我们已经提到，目前，广播、电视的评论播音，绝大多数属于有稿播音，即播音员以稿件为依据进行再创作。有时稿件不是由播音员播讲，而是由作者自己播读。很明显，在他播读时，同样属于以稿件为依据进行播音再创作。就是说，播音再创作必然要受到稿件的制约和影响。所以了解稿件的特点对研究广播新闻评论的播音是很重要的。

至此，我们的研究对象就很明确了——本章主要研究的是新闻评论中广播新闻评论的以稿件为依据进行再创作的评论播音理论（以下简称为评论播音）。这当然要涉及评论播音技能方面诸多的问题，如稿件的准备，内、外部技巧的运用等等。但是本章的任务不是系统讲述评论播音的技能，而是从理论方面对评论播音进行探讨。

第二节　保证评论播音质量的基础和前提

人民的广播电台和电视台是党和人民以新闻宣传为主要手段的宣传工具，是党和人民的喉舌。新闻报道是广播、电视宣传的主体，新闻评论是广播、电视宣传的灵魂。

新闻评论不但有强烈的新闻性，而且有鲜明的政治性。鲜明的政治性是评论的最重要的特点之一。在广播、电视宣传中，新闻报道的任务是对历史进程中发生的最新的事实及时地进行报道，其中一些具有典型意义的事实有什么重要的社会意义；一些重要的社会动向或倾向应该如何对待；一些重大的问题应该如何分析、怎样解决……这些任务则主要靠评论来完成。简要地说，新闻报道的任务是报道事实，新闻评论的任务是发表意见。两者紧密配合，发挥对广大人民群众的组织、鼓舞、激励、批判、推动的作用。什么是发表意见？发表意见，就是表明自己对事情的立场、看法和态度。作为党和人民的喉舌，广播、电视主要就是通过评论公开地直接地对时局、对新发生的重大事件表明自己的态度、主张、看法，鲜明地表明自己的政治立场，从而影响和引导舆论，推动社会前进。播音员是广播、电视这个宣传集体的代表。评论是通过播音员之口传播给人民群众的，因此播音员的政治立场问题就不可回避地摆到我们面前，这是保证评论播音质量的基础。

在世界上还没有彻底消灭阶级之前，政治立场是任何人也无法回避的现实问题。我们知道，人到一定的年龄，对人生、对人类生存的价值和意义，对主观世界和客观世界，对精神世界和物质世界，都会形成自己的看法。这就是人生观和世界观的问题。人们的阶级立场、政治立场不同，人生观和世界观也不相同。一些人没有觉悟到这一点，他们的行动就带有明显的自发性、盲目性，做事就缺乏动力，不够坚定。一些人觉悟到了这一点，他们就能自觉地按本阶级的意志去行动、去工作，努力地促进本阶级事业的发展。任何一个人，不管其自觉与否，他的人生观和世界观都始终指导着他的行动，他的言行都在反映着他的阶级立场、政治立场。毛泽东同志指出："在阶级消灭之前，不管报纸、刊物、广播、通讯社都有阶级性，都是为一定阶级服务的。"作为党和人民喉舌的播音员，如果不自觉地正视这个问题，怎么能代表广播、电视这个宣传集体发表意见？还谈得上什么保证评论播音的质量？

当前提出这个问题更有其迫切的现实意义。从世界范围讲，旧的政治格局已经打破，新的政治格局尚未形成，正处在大变动之中。这个局面决不是短时间能够改变的。从国内范围讲，我们必须坚持改革开放，发展商品经济。在这样的情况下，我们能不能坚持社会主义方向，就成为关系我们党、国家、人民命运和前途的问题。作为党和人民的重要宣传工具，广播、电视在这个斗争中负有重大责任。新闻评论在宣传党的路线、方针、政策方面，有不可推卸的责任。特别是在党的重大决策的发表或出现一些突发事件的时候，对担负评论播音任务的播音员来说更是一个严峻的考验。如果不能和党中央保持一致，必将影响评论的宣传质量，在社会上产生不良影响。这种教训不乏前例，我们必须引以为戒。

平时自觉地注意对自己人生观、世界观的改造，坚定自己的政治立场，就为保证评论播音的质量，使评论充分发挥作用打下了坚实的思想基础。在这个基础上才可以谈如何解决播好评论必须具备的两个前提。

第一个前提是要有党的喉舌的坚定立场和敏锐的政治眼光。具体地说，要播好评论，播音员必须锻炼和培养这样一种素质，那就是在分析和思考问题时，心里总是要装着人民群众，眼睛总是要注视祖国的前途。人民的利益和祖国的前途，是播音员观察与思考的出发点，是播音员必须通过平时的艰苦努力所培养的观察与思考的习惯。比如福建台曾播出评论：《“及时雨”为何落不到田里头》。内容是说改革开放时期中央为了促进粮食生产的发展，几次发出通知，决定实行一项对农业的优惠政策，即粮食合同定购与供应平价化肥、柴油和发放预购定金“三挂钩”。这项政策当即受到农民的拥护，被他们称作“及时雨”。但是这些优惠还没到农民手中就被供销社、营业所和乡、村干部用各种借口和手段截留了。评论对这股歪风提出了严肃的批评。播出这篇评论的播音员如果觉得自己生在城市，长在城市，“三挂钩”的政策与自己关系不大；或者虽然也意识到它很重要，但此事毕竟离自己太远，所以这个“重要”也不过是一种空洞的理性上的感觉。在这种情况下，播音员是无法引发播讲愿望的，是无法唤起那种既扎实又热烈的播讲情绪的。反之，如果播音员拿到稿件立即就能想到，十几亿中国人民中有近九亿是农民，调动农民的生产积极性，能够使农民富裕、安定，这是多么重要的事！从我们国家的发展看，十几亿人民的吃饭问题，绝不能依靠别人的恩赐，只能靠自力更生发展粮食生产来解决。粮食生产上去了，那就不止是解决了吃饭问题，而且对于全国的安定团结，对于整个经济建设，对于建设具有中国特色的社会主义，也是至关重要的。播音员只有以这样的立场和眼光来分析这篇评论，那强烈的播讲愿望和热情，才会油然而生，不唤自来。

第二个前提是要培养从政策和理论的高度观察、分析社会的能力和习惯。一个人观察和分析问题的角度不同，对事情就会有不同的理解。高度不同就会影响对事情的理解的深度。毛泽东同志说过：“我们看事情必须要看它的实质，而把它的现象只看作入门的向导，一进了门就要抓住它的实质，这才是可靠的科学的方法。”比如，党的十一届三中全会以后，开始执行一项新的政策：农民可以把自己剩余的农副产品拿到城里去卖。于是农民名正言顺地进城做买卖了。这件新事物一出现，城里就发生了好多新情况：在国营副食店旁边出现了许多农民的副食摊点；东西的质量不错，可是价钱稍贵一些，个别的小商贩还有坑骗顾客的现象；摊点周围的环境卫生差了；市面比过去乱了；交通比过去拥挤了……城里人的言谈话语之中，对这个新鲜事挑毛病，表示不满意的多，表示赞同的少。作为一名播音员，就不能只看到这些表面现象，而是要从政策的高度冷静地去观察和分析这些现象。这时你就会发现，好多城里人口头上虽然表示不满，可是到这些摊点买东西的人却越来越多；国营副食商店也一改以往“只此一家”的态度，开始注意商品的质量、外观和对顾客的服务态度了。于是你就会理解到，党的这一政策，既调动了农民的积极性，又补充了国营商店的不足；既给农民带来好处，也为城里人提供了方便；并使国营商店在竞争中改善自己的工作。但是由于这是一个新生事物，它的出现也必然会带来一些新的矛盾，比如上面说到的市容、交通等问题。但这个政策经实践检验，毕竟证明了其主流是应该充分肯定的。至于一些新的矛盾和问题，则完全可以通过市容管理、市场管理等办法加以解决。通过这样的观察和分析，我们就会透过城里一些人表面上不太满意的现象，看到了这项政策实则受到城乡人民拥护的本质，同时对这个新生事物的发展产生了关切之心，并有了一定的预测。这个时候再播有关的评论，播音员看问题的角度和理解和深度，才达到“党的喉舌”的层次。这样做不仅是播音员的政策和生活的积累过程，也是培养播音员新闻工作者的素质和思维方式的过程。

评论的时效性很强，播音员拿到稿件以后，没有那么多的准备时间，本章所提到的“一个基础，两个前提”，待拿到稿件以后再临时抱佛脚是不行的。不具备这个基础和这两个前提，保证评论播音的质量和充分发挥它的作用，就近乎是一句空话。

第三节　评论播音必须观点鲜明

评论播音的最根本的特点就是必须观点鲜明。这也是对评论播音的最基本的要求。

所谓观点，就是从一定的阶级利益出发对事物或问题的看法。我们所播的评论中的观点，就是从党和人民的利益出发，对事物或问题所发表的看法，这也就是平时我们所说的评论文章的论点，或叫中心论点。

广播、电视不是随意发表评论的，而是从不同的角度和范围，就对党和人民的事业有着一定意义和影响的重要事物或问题发表评论的。凡是对党和人民的事业有利的事，我们的评论就要肯定它、歌颂它，对它予以支持和提倡。凡是对党和人民的事业有害的事，我们的评论就要否定它，揭露它，批判它。所以，观点鲜明就是态度鲜明、是非分明，就是阶级的立场和态度在具体评论稿件中的体现。这是关系到评论播音成功与否的核心问题。当前我们有些评论播音之所以不令人满意，主要的原因之一，就是不论是立论还是驳论，都平平板板地念出去，不痛不痒地摆出去，失去了评论的战斗锋芒。

是非分明，憎爱分明，首先要敌我界限分明。对于国内外敌对势力所搞的颠覆、渗透、破坏、“和平演变”等阴谋活动，我们的评论播音必须旗帜鲜明地给予揭露和打击，毫不手软，毫不留情。当前我们评论涉及的问题大多属于人民内部矛盾的范畴，这就要求我们必须划清正确和错误的界限。有些事，从个人或局部看，也许是可以理解或可行的，但从全局看，对党和人民的事业则是不利的。从当前的利益看似乎是有利的，用发展的眼光来看，则是不利的。评论是在全局的背景下，用发展的眼光去评论一件事物或一个问题的，所以我们分析和理解一篇评论的中心论点亦即观点，必须立足于事业的全局和发展，切不可囿于稿件就事论事。否则评论播音就会失之于简单、肤浅、片面，这就是我们平常所说的评论播音欠深度的主要原因。

评论播音的目的，是用鲜明的观点抑恶扬善，推动事业前进。为了充分发挥这种社会作用，播音员应该自觉地把握和理解宣传评论的观点的针对性、必要性和及时性。请看下面由福建浦城县台播发的一篇评论：《“及时雨”为何落不到田里头》。

“今年，党中央给种田人又来了个优惠政策，就是实行粮食合同定购与供应平价化肥、柴油和发放预购定金的‘三挂钩’。我县农民把这政策看成是种好粮食的‘及时雨’。可是有些乡村的农民埋怨说，‘及时雨’迟迟落不到他们的田里头。原来，这‘及时雨’落到半空，就被一股股歪风给刮走了，化成了某些人的油水。

“这空中挡‘雨’的歪风来自何方呢？

“一股歪风来自基层供销社：某些有批发权和保管权的人截留化肥，挪用柴油，用于送人情，谋私利。富岭镇农民反映，在用肥季节，全镇有五分之二农民买不到挂钩化肥；永兴乡农民揭发，在第一季度，永兴供销社挪用 5 吨农用柴油，占县里分配指标的 39%，使全乡三分之一家农户买不足定量柴油，影响了农田机耕。

“另一股歪风来自营业所：一些农村金融人员怕麻烦，认为定金发下去，以后收不回来，倒不如不要发放定金更省事。

“还有一股歪风来自乡、村干部：他们趁机从定金中任意扣除农民的各种欠款。据 5 个乡镇不完全统计，被截扣的预购定金已有 36 万元之多，占应发放数的 15%，造成一部分农民没有资金买化肥和柴油。

“这三股主要歪风直接破坏了粮食的‘三挂钩’政策，克扣了党中央给农民的好处。农民们气愤地说：‘及时雨’下不来，禾苗长不齐。那‘龙卷风’不刹不得了！

“这歪风的风源在哪儿呢？说穿了，还是刮风者的思想问题。这些掌管着大大小小财力、物力的基层干部、职工，身在农中不为农，头脑中缺少为农业服务，为农民服务这根弦。他们为了图自己工作方便，为了捞点小便宜，可以欺上瞒下，对党的政策乱打折扣。

“农民们把党的好政策比作‘及时雨’，试想，这种歪风不刹住，及时雨怎么会顺顺当当地落到田野里？那中间梗阻不排除，好政策又怎么会原原本本贯彻到底呢？”

针对性就是指对准什么人和什么情况而发表意见。不管是从正面阐述道理，或表扬好人好事的属于立论的文章，或揭露、批判不良倾向的属于驳论的文章，都有鲜明的针对性。这篇评论（以下简称《及时雨》）揭露了某些基层供销社、银行营业所的领导、职工和一些乡、村干部克扣、截留、挪用化肥、柴油和粮食预购定金的错误做法及其恶劣影响。党中央和国务院一贯十分重视粮食生产。1986 年 10 月，国务院专门发出了《关于完善粮食合同定购制度的通知》。1987 年 3 月，国务院办公厅又发通知，同意商业部等单位关于粮食合同定购与供应化肥、柴油和发放预购定金挂钩的实施办法，要求各地认真施行。在这个通知中明确指出，此项政策有关部门必须“保证落实，不得失信于民”，“任何部门、单位和个人，都不准以任何借口截留、开后门、挪用或侵吞”，“不准克扣、拖欠和截留”。为此，《人民日报》还专门发表了评论员文章《取信于民》。而某些人置这一切于不顾，置国家的利益和农民的利益于不顾。对于他们的错误怎么能容忍！

通过这个例子我们可以看到，针对性解决得越鲜明、越具体，播音员对评论对象的态度也就越鲜明、越具体，对评论观点的理解就从似懂非懂的状态，跨入到从悟生情、产生“要评一评、论一论”的愿望的再创作阶段。

如果说把握和理解评论的针对性是解决了评论对象，即“评论谁”或“评论什么”的问题。那么把握和理解其必要性，则是明确“为什么必须评”的问题。

农业生产，特别是粮食生产对于我们国家的经济建设，对于全国人民的生活有多么重要，是众所周知的。这篇评论是1987年6月20日播出的。这时正值夏粮的后期管理、开镰收割迫在眉睫的时刻。播音员要解决为什么必须评的问题，就必须了解1987年夏粮生产的形势。1984年，我国的粮食生产获得了大丰收。但在1985年，因自然灾害严重粮食减产的幅度较大。1986年粮食总产虽然有所回升，却仍然没有达到1984年的水平。这引起了党、政府和全国人民的重视。因此，国务院于1986年10月发出了《关于完善粮食合同定购制度的通知》，而且于同年11月，党中央和国务院又召开了中央农村工作会议和全国农业工作会议，专门讨论和部署农业生产特别是粮食生产问题。关系到1987年夏粮生产的1986年的秋冬播种工作，就是在这个背景下进行的。因为受到各方重视，形势很好。可是天有不测风云，1987年春天自然灾害频繁。所以国务院办公厅于2月初又发出了《关于加强麦田管理，力争夏粮持续增产的紧急通知》。3月中旬，有关主管部门召开全国电话会议，专门部署了抗灾和春管工作。《通知》和电话会议都强调了保证农用物资供应的问题。1987年的夏粮生产是这么重要，进行得如此艰苦，从中央到农民为夺取夏粮丰收付出了那么大的努力。6月份又正值后期管理、丰收在望的关键时刻，这时却有少数的部门和工作人员违反政策，克扣、截留化肥、柴油和预购定金，不揭露和打击这股歪风，任其蔓延，后果不堪设想。经过这样的认识，播音员就把握和理解了宣传这篇评论的必要性。这时播音员的播讲愿望已从产生继而达到了“必须评一评不可”的强烈程度。从创作情绪的发展过程这个角度讲，评论播音的创作已跨入后期阶段。

把握和理解评论的及时性的问题，是在上述基础上进而明确“为什么现在必须评”的问题。6月份是夏粮后期管理的关键时刻，管理工作的好坏直接影响着夏粮的产量。就福建省来说，6月中、下旬正是双季早稻最后追肥的季节。这个时候不仅要抓紧夏粮的后期田间管理，而且要加紧为夏收和播种秋粮做准备。工作环环相扣，争分夺秒，一点也轻忽不得，耽误不得。这就是每年一度的农村最紧张的三夏大忙季节。可以想见，化肥、柴油、资金在此时是多么重要！这时播音员就会迫切而又具体地感到：对克扣、挪用、截留这些物资和资金的行为必须及时揭露，造成舆论压力，以迫使这些人紧急刹车，悬崖勒马。对这消息，必须现在就评，再也不能拖延——已然激发起来的播讲愿望，愈益强烈，此时已达到箭在弦上，不得不发的境界。

把握了针对性，使播音员明确了评论的对象；把握了必要性，使播音员鲜明地认识到为什么必须要评论这一事物和问题；把握了及时性，使播音员迫切地感觉到为什么现在必须要评论它。这是播音员的理解和感受由低级向高级的发展过程，是播讲愿望由产生到强烈，由强烈到待发的过程。经历了这样的再创作过程我们就会发现，播音员对这篇评论的观点的把握，已达到了较高的境界，这时评论的播讲目的问题自然而然地产生并明确了。

比如，这篇评论经过这样一番分析，播音员自然而然地就要替农民向党、向政府、向全社会呼吁：马上采取措施，立即刹住这股歪风！这正是这篇评论的播讲目的。果不出所料，这篇评论播出后的第九天即6月29日，国务院就立即发出了《关于坚决落实粮食合同定购"三挂钩"政策的紧急通知》并于6月30日在《人民日报》头版头条发表。这时候我们还会发现，经过这样的从感性到理性、从社会实践到党的政策的孕育过程，播讲目的再不是生搬辞藻，游离于创作主体之外的东西了，而且完全符合播音创作"准确性、纲领性和感染性"这三项标准和要求。从播讲愿望和播讲目的的角度讲，这时播音员的评论播音再创作已达到了话筒前的"临战"状态。

评论播音必须观点鲜明，同时也要注意掌握分寸。观点鲜明，态度鲜明，体现了评论播音的战斗性、倾向性。掌握分寸则体现了评论播音的政策性和科学性。这两者结合，才完美地体现了评论播音指导作用的既坚持原则，又实事求是的科学态度。

分清是非，爱憎分明是掌握分寸的前提。谁是谁非尚未辨明，分寸是否得当的问题就无从谈起。

掌握分寸的过程，实际上就是播音员以马列主义、毛泽东思想的理论和党的政策为依据，对不同质的矛盾进行分析的过程，就是用不同质的方法解决不同质的矛盾的过程。政策体现了区分。比如，是敌我矛盾还是人民内部矛盾？在人民内部矛盾中是正确还是错误？错误达到了什么程度，是什么性质的？也就是说，评论播音的再创作不仅要分清是非，而且要冷静地、实事求是地区分构成是或非的不同层次。反映在播音中就是分寸感。比如我们前面所讲到的评论，其中所揭露的现象自然是很严重的，是令人气愤的。可是我们冷静地分析一下就可以看到，除个别人外，多数人所犯的错误仍属人民内部矛盾的范畴，不论是"为了图自己方便"，还是"为了捞点小便宜"，多数还属于思想认识问题。这和国内外敌对势力对我们的破坏有着质的不同。所以国务院对此采取《通知》或《紧急通知》一类的行政命令的方式，而不是采取用打击敌人的那种专政的方式、镇压的方式。行政命令也有强制性，但它仍是解决人民内部矛盾的另一种方式。毛泽东同志在《关于正确处理人民内部矛盾的问题》中说："人民为了有效地进行生产、进行学习和有秩序地过生活，要求自己的政府、生产的领导者、文化教育机关的领导者发布各种适当的带强制性的行政命令。没有这种行政命令，社会秩序就无法维持，这是人们的常识所了解的，这同用说服教育的方法去解决人民内部的矛盾，是相辅相成的两个方面。"所以在播这篇评论的时候，播音员对这些人所犯的错误当然应该表示愤慨，同时也应当清楚地知道——这是对犯错误者的严厉批评而不是对敌人的打击。

在谈到掌握分寸时，我们还要注意留有余地的问题。这里有两层意思：一是当敌我矛盾交织在一起，事情尚在发展之中，敌人的面目尚未暴露清楚时，要用对待人民内部矛盾的方式去处理。这时的评论播音必须掌握好这个火候；二是不论是表扬还是批评，评论播音的态度和感情都不可发挥到极点，都要注意"有理、有利、有节"。留有余地，不同于不鲜明、不直率、不坦诚，也并非完全出于论战的策略性的考虑。从根本上说，这是辩证唯物主义的矛盾运动的观点，事物向前发展的观点的体现。

在本节结束的时候，我们要重复地提及新闻和历史的关系，要重视学习和掌握历史知识和情况。广播评论也是一种新闻性的体裁，当然也不例外。我们对上面所举的评论，只不过做了很简单的分析，但已经涉及到1984年以来的粮食生产情况和相应政策的发展情况。从这里还可以看到，本章第二节所讲的播好评论所具备的“一个基础、两个前提”是多么重要。试想，我们对上述评论的分析，如果没有这个基础和这两个前提，全靠拿到稿件以后再去想，那怎么可能呢？

第四节 评论播音必须逻辑严密

逻辑是思维的形式和规律。研究思维形式和规律的科学就是逻辑学。

逻辑包括形式逻辑和辩证逻辑两部分。多数播音员对形式逻辑比较熟悉，这对我们分析理解评论稿件，正确地选择运用表达的手段和方式，都是很有益的。不过形式逻辑只能揭示事物的最简单的联系和关系，是人类思维规律的初级形式。而我们所评论的对象是纷繁复杂的，所以我们也应该学一些辩证逻辑的知识。辩证逻辑是人类思维的高级形式。掌握了这方面的基本知识，才能使我们从客观世界的复杂性中，从它的发展和变化中，从一种形式向另一种形式的转化中来认识客观世界。

从写作的角度讲，评论文章包括论点、论据、论证三个要素。论点是作者要表明的观点，是评论文章的灵魂，统率全篇；论据是论述和证明观点的材料；论证则是用论据证明观点的方法和过程。当然，这只是评论写作理论的一部分，评论写作理论的内容是很丰富的。播音员学习和掌握这些知识，对于搞好评论播音无疑也是非常必要的。

但是，无论是学习逻辑知识还是评论文章的写作知识，都是为了指导评论播音实践，为把评论播好。那种死记硬套的方法对评论播音不但毫无益处，而且是很不利的。就拿“判断”这个思维的基本形式来说吧，单就有关理论中的判断的种类来讲，光是按质和量划分和组合就有全称肯定判断、全称否定判断、特称肯定判断、特称否定判断四种。其他诸如或然判断、实然判断、必然判断、直言判断、假言判断、选言判断……我们知道，概念是用语言中的词或词组表示的，判断的语言形式则是句子。一篇评论有那么多句子组成，我们怎么能一句一句地考虑哪句是或然判断、哪句是选言判断、哪句是全称肯定判断、哪句是特称否定判断？再比如，在评论写作理论中，有关论证的理论只是其中的一小部分，但就这一小部分中的论证方法讲，论证的方法也有多种多样，像演绎论证、归纳论证、因果论证、条件论证、例证论证、类比论证……在分析稿件的时候如果我们把注意力放在分辨论证方法上，觉得只有辨明了论证方法才能达到论证有力的要求，显然是不切实际的。

广播评论的时效性很强，写作和播音都要受这个特点的制约，这是不言而喻的。所以我们一方面提倡学一些逻辑和评论写作知识，因为这对我们的评论播音和研究评论播音理论很有用处，学得越多、越深，运用得越熟练，就越好。另一方面我们还必须强调，这种学习只是为了更好地指导评论播音实践，提高评论播音水平。就是进行理论研究，这些理论也要从实践中总结出来，再回到实践中去指导实践并接受实践的检验，最终也是为了播好评论，为了提高播音再创作的水平，因此我们学习这些知识，应该贯彻学以致用的原则。

评论播音必须逻辑严密，这就是说，播音员必须要把握评论稿件推理和论证的过程，并充分运用内、外部技巧，用有声语言体现出这个推理和论证的过程。为此，评论播音首先就要做到条理清楚。

从整体讲，播音员必须搞清文章分几个阶段或从哪几个侧面进行分析和阐述，从而论证文章的论点的。这属于层次的归并问题。比如《及时雨》这篇评论由八个自然段组成。这8个自然段体现了这篇评论说理的四个阶段：一、提出问题："及时雨"为什么落不到田里头？——被歪风刮走了；二、单刀直入地分析了歪风来自何方及其所带来的危害和恶果；三、进而分析了刮风者的思想根源；四、由此，提出了必须刹住这股歪风的紧急呼吁，这是全文的论点。这样，就把全文的八个自然段归并为四个层次：第一层次，即第一自然段；第二到六自然段为第二个层次；第七自然段为第三个层次；第八自然段是第四个层次。层次的归并使我们把握了这篇文章讲道理的总体结构，四个阶段之间需安排较长的停顿，以示一个论理阶段的终了和新的论理阶段的开始，这样，就鲜明地体现了几个阶段之间的区分。层次大意的提炼又使我们明晰地把握了每个阶段语气的基本样式和它们之间语气的转换和过渡。比如，《及时雨》第一个层次是愤慨地提出问题，第二个层次由愤慨转入激愤，用确凿的事实材料对这股歪风加以揭露。第三个层次则由激愤地揭露转而一针见血地指出歪风的思想根源。从而水到渠成地转入第四个层次，以设问的方式大声疾呼：赶快刹住这股歪风！转换与过渡，体现了几个说理阶段之间的内在联系。如果这几个阶段之间有明显的过渡词语或句子，就要充分利用这些词语或句子来完成语气的转换，以体现论理的发展过程。这篇评论的前三个层次之间的过渡，就是由两个设问句完成的。几个阶段之间若没有这种过渡的词语或句子，就要运用内在语这个内部技巧来完成语气的转换。经过了这样一番工作，文章的整体结构就很清晰了，表达的构思也清楚了。

要达到条理清楚这个要求，还要分析和把握每一局部的推理过程，解决每个层次的语气组合的构思。比如《及时雨》的第一个层次，由四句话组成。经过分析，我们可以看到，这四句话分三步完成了这个层次的推理过程。第一、二句话带着欣喜的感情，以肯定的语气表示对党的这个政策的拥护态度和感激之情。这是这个层次推理的第一步。这两句话的语气要紧凑严密，一气呵成，不能见逗号就顿，见句号就停。否则就要把推理的第一步念得散乱了。这两句话的后面要安排一个停顿。这个停顿，给了受众一个回味的时间，并很快地引发出受众的态度："对，这个政策，简单、明确、实际。好！"于是和播音员的感情有了交流，产生了共鸣。这就为播音员向推理的第二步的转折创造了条件。这第二步就是这个层次的第三句话，播音员的态度和感情到这里忽然一转：政策虽好，可就是到不了田里头——愤慨地提出矛盾。这后面也要安排一个停顿，以增加气氛，引起受众的注意："有这样的事？为什么？"于是就转入了推理的第三步，即这个层次的第四句话，愤慨又明确地指明出现这个矛盾的原因：歪风刮走了"及时雨"！这种推理过程中安排的停顿，其长短依内容的表述、情感的发展而定。一般地说不能长于层次之间的停顿。经过这样的工作，这四句话就不是互无关联的了，而是清晰地体现了这个阶段的推理过程。播起来的语气也就不会是平铺直叙、一念到底，而是有起伏、有变化地体现了语气的组合，并为论理转入下一阶段造成了“势”，创造了论理过程向前推进的条件。这样，播音员就从文章的局部到整体，理清了推理和论证过程的脉胳，使有声语言达到条理清楚的要求。

逻辑严密这个特点，不但要求评论播音要条理清楚，而且要重点突出。

张颂在《播音创作基础》中是这样阐述重点这个概念的：“那最集中、最典型地表现主题的地方，那最得力、最生动地体现目的的地方，那最凝聚、最浓重地抒发感情的地方，那最直接、最恰当地感染受众的地方，都属于重点。”在评论播音中，播讲目的决定着重点的确定和表达。新闻评论有着鲜明的针对性、政治倾向性和对现实生活明确而又具体的指导性。这些都集中地由播讲目的表现出来，所以前面讲的“条理清楚”，其意义不止于让受众听清楚推理的过程，而且要通过条理清楚的推理过程，让受众的思维和播音员的思维同步，明确推理和论证的意向。这就是以播讲目的为依据确定重点和语句重音的表达问题。比如《及时雨》的第一个层次，重点就应放在推理过程的第三步，而不能放在第一步上。因为这篇评论的目的是呼吁人们刹住歪风，而不是论证“三挂钩”政策好在哪里。再比如第二个层次，这个层次在这篇评论中占的篇幅最大。它不但回答了“是谁刮的歪风”，而且分析了他们为什么刮风，刮走了多少化肥、柴油和预购定金，给当前的粮食生产带来了什么影响。这四个方面的问题当然不能都是重点。那么，重点究竟应该放在何处？离开播讲目的，这个问题就无法确切地得到解决。这篇评论的目的不是对刮风者做思想工作，而是向社会发出紧急呼吁。如果刮走的东西不多，事情也就没有那么严重了。因此，“谁”刮走了“多少”（数字部分）这两点，就必然是这个层次应该着重加以强调的地方。依据播讲目的确定重点，重点体现了播讲目的，这就是播讲目的的“纲领性”在评论播音中的重要表现之一。

没有重点，逻辑推理就失去了依凭，失去了方向。没有严密、科学的逻辑推理，评论的观点和目的就无从表现。

条理和重点这两方面的问题都解决好了，评论播音的逻辑严密的特点才能充分地发挥出来，表达的构思才能全面、具体、清晰，使播出达到纲举目张的境界。

第五节　评论播音要以理服人

评论播音是播音员作为广播或电视这个创作集体的代表，通过对某一事物或某一问题进行政治的、思想的分析，向广大受众讲清楚道理，目的是指导当前的社会实践，影响和引导社会舆论，也就是说，评论播音有着鲜明的服务社会的目的。欲达此目的，那种拿起稿子就念，念完稿子就交差式的单纯任务观点当然不行。以命令的口吻强迫别人接受我们的观点也不行。只有使受众听了我们的评论后能自觉地进行思考，并乐于接受我们的观点，这才是评论宣传的最佳效果。这就是评论播音的第三个特点——以理服人。

我们的评论播音怎样才能做到以理服人？首先，要解决播音员自身对所宣传的道理的信念问题。试想，播音员自己对评论所讲的道理不理解，不相信，甚至持反对态度，怎么能把评论播好？我们前面关于“一个基础，两个前提”，以及如何才能做到观点鲜明等方面的论述，目的之一就是要解决播音员的信念问题。其次，播音员还要搞清我们对事物或问题的分析是否实事求是，分析的方法是否是辩证的、科学的。否则，即使观点是正确的，也难以达到令人信服的结果。我们前面关于逻辑严密的论述就是要解决这方面的问题的。

为了使受众能自觉地思考并乐于接受我们的观点，评论播音还必须有感染力，以自己真挚的感情去打动人，决不能板着面孔说话。这也是评论播音必须注意的又一个问题——寓情于理，以理服人。为此，播音员必须自觉地把握讲道理的感事、生情、论理这三个过程。

在论述这三个过程之前，我们先举一个例子。比如一位播音员有一个刚上中学的孩子，由于周围环境的影响，这个孩子整天沉迷于有关打斗、凶杀、色情的黄色书刊中，不好好读书。老师的批评，家长的管教，作用都不大。眼看着一个天真可爱的孩子变成这样，这位播音员内心的焦虑是可想而知的。正在这个时候，他拿到一篇关于开展扫黄工作的评论。评论大声疾呼：“取缔黄色书刊，救救孩子!”这位播音员拿到这篇稿子以后，肯定是百感交集，往事一幕一幕地涌上心头。播起来，那态度，那感情，播讲目的，播讲愿望，这一切都不呼自来。播后，内心仍然激动不已。

类似的情况，每一位播音员都会遇到过。它说明，倘若我们所评论的对象是自己所熟悉并且感触很深的事物或问题时，播起来就会愿望强烈，感情饱满，得心应手。相反，如果播音员对所评论的事物和问题知之不多，甚至根本不了解，更谈不上什么感受，播起来总是平平淡淡甚至格格不入。所以为了播好评论，对所评论的事物或问题的熟悉与体验就成为我们事先必须注意解决的问题。所以从上面的例子中，我们得到的第一个启示就是要想播好评论，首先要把自己置身于所评论的具体事物或问题之中，把不熟悉、无感受的具体事物，通过想象和联想，变成熟悉的、有所感的事物。这就是讲道理的第一个过程——感于事的过程。

这个例子中还有一点应引起我们的注意：这篇评论所评论的事不但是这位播音员熟悉的事物，而且因为满足了他的教育子女的需要和愿望，所以他对党和政府的这个决定是发自内心的坚决拥护和支持，对黄色书刊的作者、出版者和发行者则是坚决反对的，是憎恶的。概括地说，这位播音员在具体感受的基础上，联系自己的需要和愿望，对所评论的事物产生了鲜明而又具体的态度和感情。若再做进一步的分析，我们又会看到，他的这个需要和愿望是和党的愿望、人民的愿望相一致的。所以这个态度和感情已经超出了个人局限，升华到党和人民的愿望和需要的高度，体现了党性的立场。这就是这个例子给我们的第二个启示：在“感事”的基础上，联系自己的需要和愿望，对所论事物产生出具体、鲜明的态度和感情，并使其纳入党的政策和人民需要的轨道。这就是讲道理的第二个过程——由感生情的过程。

这两个过程，就是对所评论的事物或问题的感性认识过程。在这个基础上再看评论所讲的道理，就再不是空洞的、与己无关的了，就会切身地感到这是那么切合实际，针对性是那么强，当前社会是那样需要它。强烈的播讲愿望便很自然地产生。这时，才能顺理成章地进入讲道理的第三个过程——以情说理的过程。从而使我们的评论播音摆脱了干巴巴念稿的状态，跨入有声有色、入情入理、富有说服力和感染力的境界。

评论播音的主要弊病之一，就是播音员没有自觉地主动地完成感性认识过程。那种认为评论播音只是属于抽象思维的逻辑推理，不需要什么形象感受的看法，是片面的，是一种误解。因为具体和抽象这两者是对立统一的关系。一方不存在，另一方也就失去了存在的条件。这个辩证唯物主义的认识论的基本观点，对于评论播音再创作的活动也是有着重要的指导意义的。

以理服人，还有一个播音员如何认识和处理好与受众的关系问题。

与其他形式的节目和稿件比较，相对地说，评论播音总是严肃些、端庄些、郑重些。这是由它的性质和任务所决定的。如果播音员为了追求严肃、端庄、郑重，播评论的时候就端起架子，板起面孔，有意无意地带着教育人的口吻，结果将适得其反，达不到教育人的目的。

我们对社会生活做一下分析就会看到，人们的社会生活本身就有大量的属于严肃、郑重的内容。比如工作、学习、理想、道德、法律等等。工人不做工，农民不种地，知识分子不工作，人们就失去了生存条件。如果人们不讲道德，不遵守法律和各项制度，社会就要发生混乱，正常的社会秩序就无法维系，人们也就不能正常地生活。这些郑重、严肃的内容就构成了社会生活的主体部分。评论播音就是这部分内容在广播、电视宣传中的一种反映。我们前面举的《及时雨》、有关开展扫黄工作等评论，播的时候如果不反映出严肃、郑重的社会基调，人民肯定不会满意。所以评论播音的这种色彩，绝不是表面化、形式化的东西。如果播音员不从思想上正确认识，不从深入生活、把握生活、反映生活的深度去解决，那么，评论播音出现板面孔、端架子的倾向就不足为怪了。

但是评论播音如果过于“严肃、端庄、郑重”了，受众不就会觉得不够亲切了吗？这种担心是没有必要的，因为亲切问题也不是一个简单的形式问题，很难说什么形式就必然亲切，什么形式就必然不亲切。从人民大众的精神需求看，他们对广播、电视的需求是多方面、多层次、多色彩的。凡是满足了他们的需求、反映了他们的心声的，他们就都会感到很亲切。比如播《及时雨》、开展扫黄工作这一类的社论或评论，难道就不应该“严肃、端庄、郑重”地播出吗？播音员把它们“严肃、端庄、郑重”地播出了，受众收听以后，尤其是种粮食的农民、孩子的父母和学校的老师听了以后，会觉得不亲切吗？当然，当这些评论这样播出以后，有一些人感到不舒服、不亲切也不足为怪，因为这些评论所批评或揭露的也许正是这些人，可谓击中要害。这也正是评论播音应该起到的另一方面的社会作用与社会效应。这正说明我们用严肃、郑重的态度，伸张了广大人民的正气，打击了极少数人的歪风。受众听了这样的评论播音才感痛快淋漓，备觉亲切。其次，亲切的问题，从播音员对受众的关系讲，它意味着真诚、理解和关切，意味着播音员与受众之间心灵的相通、感情的共鸣。播音员不仅要从道理上懂得我们的工作是为人民服务的，而且要多深入群众，和他们交朋友，建立起纯洁而又真诚的友谊。对他们的需求，我们能真诚地理解，对他们的困难，我们能真诚地关切，每当我们拿起评论稿件，这些朋友们的一切总是能很自然地涌现在我们面前。这样，在播的时候，播音员与受众才能心心相印。由各种具体的评论稿件所表现出的郑重、端庄、严肃的总体色彩才会引起受众的共鸣。

我们的评论播音要体现以理服人这个特点，播音员还要正确地认识评论播音的指导性问题。为此，就应该正确地理解中国共产党和人民群众的关系。

中国共产党建立以来的全部历史告诉我们，中国共产党代表了全国人民的最高利益。中国人民对党是拥护的、爱戴的。在战争年代是这样，在社会主义建设时期也是这样。中国共产党是全中国人民的领导核心，没有这样一个核心，社会主义事业就不能胜利。只有在中国共产党的领导下，中国人民才推翻了压在头上的三座大山，实现了当家作主的愿望。同样，建设美好未来的伟大理想，也只能在中国共产党的领导下才能实现。群众运动往往带有明显的自发性和盲目性，中国共产党就正是代表全国人民的根本利益和长远利益，站在历史发展的高度，用马列主义和毛泽东思想的科学理论，指引着全中国人民克服自发性和盲目性，为实现自己的利益而奋斗。这些，都已经是被无数的历史事实所证明了的。正如列宁同志所说的："党是阶级的先锋队；它的任务决不是反映群众的一般情绪，而是引导群众前进。"评论的指导性，就是党的这种"引导"在广播、电视宣传中的具体体现之一。

中国共产党人清楚地知道，群众是真正的英雄，人民，只有人民，才是创造人类历史的真正动力。党代表着人民的利益，引导人民充分发挥自己的创造性去实现自己的理想，离开了人民群众就将一事无成。所以党是人民的公仆，对人民的领导体现了全心全意为人民服务的思想。毛泽东同志在《愚公移山》中说过这样一段话："现在也有两座压在中国人民头上的大山，一座叫做帝国主义，一座叫做封建主义。中国共产党早就下了决心，要挖掉这两座山。我们一定要坚持下去，一定要不断地工作，我们也会感动上帝的。这个上帝不是别人，就是全中国的人民大众。全国人民大众一齐起来和我们一道挖这两座山，有什么挖不平呢?"当然，这两座大山早已被挖掉了，但是这段话却形象地说明了党和人民的关系。党不是强迫命令人民去做什么，而是要通过自己不断地工作去"感动上帝"。但又不是群众怎么说党就怎么做，而是认清了人民的根本利益，引导人民为实现这个目标去奋斗。这就是党对人民的既是领导又是服务的关系。广播、电视宣传就是党的"感动上帝"的工作的一个重要组成部分。评论是广播、电视宣传的旗帜，更是一刻也不能忘记自己肩负着"感动上帝"的重任。播音员有了这样的认识和责任感，评论的指导性，播音员的身份和位置，播音员与受众的关系等关系着评论播音再创作的根本问题，就会顺利地得到解决。总之，评论播音能不能"以理服人"是播音员如何正确看待党和人民的关系，如何正确对待人民群众的问题。简而言之，是播音员能否真正树立唯物史观的问题。那种认为体现评论播音的指导性对听众就不平等，若对听众平等就要抹掉评论播音的战斗锋芒的看法，显然是极其片面的。

第六节　美学修养、主持人的议论及其他

从第三节到第五节的题目，归结起来就是评论播音的特点：观点鲜明，逻辑严密，以

理服人。这个特点，统率着评论播音再创作的全过程，是评论播音再创作的共性问题。

在评论播音再创作的全过程中，还反映了播音员美学修养的问题，即播音员的审美能力和审美趣味的问题。从美学角度讲，不管自觉与不自觉，从拿到评论稿件进行准备到坐在话筒前准备播出，播音员在这个过程中都是审美主体，稿件则是审美对象。也许有的同志认为，审美的问题只是对艺术而言的，评论文章是抽象思维的产物，不是艺术作品，所以不存在审美的问题。这种看法是值得商榷的。我们中国历代文学家的论文之所以能留传至今，历久不衰，首先是因为他们论理深刻周密，能给人以启迪；其次也是因为他们的作品有着很高的欣赏价值，读起来余味无穷，令人爱不释手。中国近代和现代名家的著名论文，如毛泽东同志的论文、鲁迅的杂文，也都是令人百读不厌的精品。新闻评论从新闻性的角度看是“易碎品”，一旦失去时机，也就失去了发表的价值。但从文章欣赏的角度看，好的新闻评论却是“长寿”的。这是因为新闻评论写作，对技巧也是很讲究的。从评论的题目到角度的选择，从篇章结构到遣词造句，都要求角度新颖、形式活泼、语言生动。广播评论对这一点的要求就更高。不然的话，只是干巴巴地讲道理，不但受众不愿意听，就文章本身讲，也会影响其深度和语言的凝练。比如《及时雨》这篇文章，把“三挂钩”政策比作“及时雨”，把截留比作“歪风”、“龙卷风”，及时雨能否落到田里头影响着禾苗能不能长齐。这些比喻就很生动形象，体现了农民性格纯朴的美。如果播音员有一定的审美能力，不但可以从中形象地理解到这个具体的事物，而且能领悟到“及时雨”与“禾苗”实际反映了农民对党的感情，“龙卷风”则反映了在执行党的政策过程中某些势力采取“对策”的复杂情况。这样，播音员不仅有了审美的愉悦和满足，对文章的理解也更深了一层。我们的播音前辈们的一些评论播音听起来总是那么“有味儿”，不仅是因为他们对问题理解得深刻，表现力强，而且也与他们的审美能力有很大的关系。我们的前辈，如齐越、林田、夏青等同志都有着很高的文学艺术修养。评论文章一经他们之口，不仅给人以启迪、鼓舞和力量，而且总是那么个性鲜明，斐然粲然，这当然和他们的艺术修养是分不开的。

随着广播评论的发展，播音员的评论播音创作面临着许多新的问题，等待我们去研究解决。单就从播音员的身份这个角度讲，播发报刊和通讯社的评论，播音员是转达者的身份：“《人民日报》这样说……”；播发广播、电视自己的评论，播音员则成为这个创作集体的代表：“我们认为……”；如果播音员就是广播评论员或作为节目主持人发表评论，身份又发生了变化：“我认为……”身份的变化，对播音再创作产生着巨大的影响，这决定着传者和受者的关系，决定着语言方式的选择。

广播评论形式的变化，不但影响着播音员的身份（评论员直接出来评的时候，主持人评的时候，都属于评论播音的二度创作）和语言方式的选择，也影响着语言样式的选择。过去评论播音的语言样式基本上是宣读和播讲。但当谈话体的评论和主持人发表议论时，谈话和交谈的日常言语的特点就很突出了，这就是过去有人称之为的交谈式或谈话体。

这些新的特点，都离不开评论播音“观点鲜明，逻辑严密，以理服人”这个共性特点，或者说，它们是“大同”。然而“小异”却绝不是可以忽视的，这是新形式的个性特征，今后我们应该给以足够的注意，下大功夫加以研究总结。

在广播评论的传播方式中，有一个新的趋势应该引起播音员的注意。当前我国基本采取作者写、播音员播的方式。但是我们不能排除作者写、作者播的广播电视评论员直接出面的方式。这种方式，在对稿件理解的深度和增强时效性上都有一定的长处，并使评论的传播方式更加多姿多彩。但同时也出现了一个谁能当评论员的问题。评论员要求具备成稿（或者付诸文字，或是腹稿）和表达（原属播音员的工作）两种能力。也就是说，“评论员”的形式将来如果出现，其充当者不只是具有写作能力的人学会了播音技巧就可以做，也包括具有表达能力的人掌握了成稿能力也同样可做。或者说，不是只能由谁来做，而是谁有能力谁就可以做。这才是最有利于事业的择人标准。如果能这样，即使这种新的方式不会取代目前的传播方式，但播音员不应被动地满足于自己狭小的天地，而是应该努力地提高，大胆地进取。

我们特别想就主持人这种形式与评论播音有关的问题谈一谈我们的看法。不少研究主持人节目的论文中，个人评论权（或有的说是个人评议权），是作为主持人节目的重要特点提出来的。主持人和播音员有什么区别？据说，播音员播评论是端着“电台编辑部”的架子，端着教育人的架子，与受众明显地处于不平等地位，说的话是千篇一律的“官方语言”，照本宣科等等。主持人因为是以“我”的形象出现的，所以就克服了这一切毛病。这些说法，我们认为没有全面反映历史的真实，不符合自我们人民广播诞生以来评论播音发展的历史实际。1940 年 12 月 30 日中国共产党建立了第一座人民广播电台，并开始播音。从这个时候开始，无论是抗日战争、解放战争时期，还是中华人民共和国建立以后，我们的评论播音都是以播音员播送评论稿件（即代表电台编辑部）的方式与受众见面的。但人民群众从来也没有觉得这种播音方式是在教训人、不平等。相反，人民群众觉得这些评论播音说出了自己的心里话，听起来很“过瘾”。就是在 1958 年“大跃进”的时候，虽然因为忽视了客观经济规律而犯了“左”倾错误，但由于同时也反映了广大人民群众迫切要求改变我国经济文化落后的普遍愿望，所以单从“平等”与否这个角度讲（仅仅是从这个角度），群众也没有觉得我们的广播和评论播音是在教训人，感到有什么不平等。但是十年动乱期间却是例外。那时由于众所周知的原因，广播、电视被当作了专政工具，评论播音更是代表了“无产阶级司令部”的声音。尤其是“两报一刊”社论、梁效之流的大文章一广播，不管愿不愿意，一律都要老老实实坐在那里收听。这段时间，评论播音确是教训人，不平等。这种情况持续了十年之久，给人们留下了深刻的印象。尤其是 20 世纪 60 年代、70 年代出生的人，他们一接触广播，听到的就是这种声音，对“动乱”以前的情况却不了解。所以一些人产生这种错觉，认为我们的广播、我们的评论播音历来如此，是可以理解的，也是不足为怪的。但是对播音、对评论播音进行理论研究就不应采取这种未经周密调查的以偏概全的态度，就应该用科学的、历史唯物主义的态度去正确地、全面地了解和对待历史。

所谓“个人评论权”，“个人”的含义是什么？有人说，不是“代表本台编辑部”发表评论，而是“代表自己发表评论”。有人说得更为清楚：“一言以蔽之，完全是个人的，不代表任何人。”只代表自己是不可能的，因为没有哪一个政党、政府或者老板办的电台会发工资雇人来骂自己、专拆自己的台。这是一个很明显的道理，也是当今世界广播、电视宣传的现实，更是评论播音的现实。

从这些朋友的文章中，我们想他们可能并不是说“我想怎么评就怎么评”，而是说“党是这样看的，我作为主持人，以‘我’的身份和适合这个身份的语言方式去传达党的看法”。因为他们也都强调了主持人必须努力学习党的政策，坚持党性原则。如果是这样，那么，主持人就和播音员一样，仍然是党的喉舌，无非是传播者的身份和语言方式采用了新的形式罢了。在这种情况下，主持人发表的评论或议论，在语言传播这个环节上，仍然脱不开“观点鲜明，逻辑严密，以理服人”这个创作规律。

主持人这个新的传播形式，受到广大受众的喜爱，也受到全体广播、电视工作者的重视和支持。我们应该下大力气总结这方面的经验，让这支新花开得更加鲜艳、繁茂，结出更加丰硕的果实。然而，我们不能不恰当地抬高某种方式，而贬低另外一种方式。一花独放不是春，万紫千红才是春，这是人所共知的真理。广播、电视的多种传播方式（包括评论的不同的传播方式），应该是各展其长，协同作战。我们的目标只有一个，那就是如何充分发挥党的喉舌的作用。只有通过团结、协作、竞争，共同完成党的宣传任务，才会享受到胜利的喜悦。

第三十五章
通讯播音

通讯，是新闻报道的基本体裁、重要体裁之一。与消息相比，通讯以详细具体、形象生动报道新闻事实见长。通讯时常是消息报道的补充和深化。广播中的通讯，必须经过播音员的再创造性劳动，才能有效地传播到广大听众中去。通讯播音，便是广播宣传报道中，播音员将通讯稿件转化为感情真挚、形象生动的有声语言传播工作。

近年来，国内新闻界开始将“通讯”体裁归入“新闻专稿”（简称“专稿”）的范畴，引起一些播音员、主持人的模糊认识，称“现在都播专稿不播通讯了”。因此，有必要在这里专门谈谈通讯和新闻专稿的关系。何为新闻专稿？据曹璐、吴缦所著《新闻专稿教程》称，新闻专稿其实是一个集合概念，是在报刊、广播、电视中运用的、除消息以外的所有报道性新闻体裁和报道形式的总称。也就是说，新闻专稿既不是某种体裁或形式，也不是所有新闻报道体裁和形式，它属于新闻报道范畴，以提供具体的新闻事实为主，从而有别于新闻评论；而在新闻报道体裁和形式中，它又不像消息那样强调迅速及时、简明扼要，而比消息更加详细、具体、生动，更注重深度，表现手法也更为多样，因此被人们看作繁体新闻。所以新闻专稿所涵盖的，是与消息相对应的其他各种报道性新闻体裁和报道形式。

随着社会的发展，社会生活日益丰富多彩，新闻写作形式也在创新和变化。新闻专稿的种类日渐增多，而且还不断有新的体裁和报道形式出现。目前大体可分为两大类：一类是各种媒体共同的体裁和形式，如通讯、调查报告、专访，以及提供新闻背景材料的解释性报道、资料性文章等等；一类则是适宜广播电视特点的一些独特报道形式，如实况转播、实况剪辑、广播（电视）讲话、录音（录像）访问等等。综上所述我们应该明确，新闻专稿不是与通讯体裁相对立的一个新概念，通讯只是新闻专稿里的一种体裁而已。

通讯有具体生动写人记事、以情感人、容量大等优势，所以这种体裁很适合深入宣传党的方针政策、形势任务，深入反映我们时代涌现的新人新事、新精神、新风貌、新成就、新经验，深刻揭露社会流弊，深入反映社会的发展变化。是听众喜闻乐见，记者、编辑喜写乐用的一种体裁，在广播宣传报道中使用频率较高。通讯播出的重要性决定了通讯播音是播音员的重要工作内容；通讯体裁特点决定，通讯播音与新闻播音、评论播音等其他语体播音相比，独具特色，在表现方法上有自己的独到之处。本章将在以往对通讯播音研究的基础上，对通讯播音理论与实践进行新的探索。下面就通讯播音语境、语言特点、表达特性及各类通讯播音表达，进行重点阐述。

第一节 通讯播音语境

语境学的研究成果进一步使我们认识到人的言语行为与语境的紧密联系。王德春先生说，“使用语言的人都是在特定的环境，即在特定场合，就特定的范围，为特定的目的，向特定的对象进行交际。这特定的环境对语言的使用提出了特定的要求。”① 他还强调指出，“语境对人们使用语言有约束力量。”②

播音是以口头表达的形式工作，也就是播音员和听众说话。说话的情况各有不同，在几百人的会场上做报告与跟自己的一个亲友在家聊天，说话内容、使用的语言材料、说话的口吻等都不相同。在家里和父母说话，和爱人说话，和子女说话，即使内容相同，使用的语言材料和口吻也不相同。即使对同样的对象，说同样内容的话，使用同样的语言材料说，而在对象病重住院时说与在对象过生日时说，口吻也绝不相同。这就是语境对人们使用语言的约束力量。要取得好的语言交际效果就必须注意适应语境。播音的实际语境是播音员坐在空无一人的播音室里，面对话筒，嘴里念着别人写的稿件，但从广播传播整体看，播音员是以广播电台的形象、新闻工作者的社会角色的形象，以电台一员的身份，出面为听众办节目，向听众传播新闻信息，为听众介绍知识、提供服务、提供娱乐节目等等。在播音员有稿播音范畴，播音员不管写稿，因此对写什么内容、用什么体裁写、使用什么语言材料写、怎么写好稿件等，没有直接责任，但怎样按照已写成的稿件的要求去说好，却是播音员的重要任务。为取得好的宣传报道效果，播音员就要从节目宗旨、体裁特征、稿件内容出发，根据生活中积累的不同语境中说话的经验，来设计、想象播音的具体语境。其中节目、栏目的特定性是一种语境，稿件内容是一种语境，体裁也是一种语境。

通讯体裁为播音提出了怎样的特定语境呢？

首先，通讯体裁的社会功能——详细具体、形象生动地报道那些有重要社会意义的典型新闻事实。

（一）它规定了通讯播音的言语对象范围确定了播音员与这些言语对象的基本关系

即播音员只要是播通讯，就是跟那些欲详细、生动知道新闻事实的特定对象讲述，针对他们关切的心情，以满足他们的愿望，为他们进行报道。

（二）规定了播通讯的特定目的

即通过尽量详尽具体，形象生动的新闻报道，来深入宣传那些具有重要社会意义的典型人物、典型事物，给人以思想上的启迪。

---

① 《语体略论》第9页。

② 《修辞学探索》第65页。

（三）规定了与听众交谈的总体范围

即通讯所谈的内容都是真实的人、真实的事，都是有重要社会意义的人或事物，有典型性、代表性的人或事物。

另外，通讯体裁还以其如下特点为通讯播音限定了语境，形成了对通讯播音的制约：

1. 时效性

通讯和消息都是新闻报道体裁，除了真实性外，时效性是它们的共同属性。然而相比之下，通讯对时效性的要求没有消息那么严格，因为采写通讯比消息更需要时间，因此通讯报道出去的时间与事发时间差可以很小，也可能稍大，但必须是及时地报道。

2. 生动性

新闻报道体裁都必须用事实说话，但以通讯和消息比较，消息叙事要求简洁、概括、直截了当，不展开交待情节、细节，通讯报道则要求展开交待详情，生动再现情景、过程、细节。

3. 语言的从容舒展性

消息语言言简意赅，语句紧凑，总体节奏平稳、明快；通讯语言则亲切自然，口语感强，细致具体，多扩展。语言内在节奏比较从容舒展，总体起伏较大。

4. 结构灵活多变性

消息对结构有一定形式要求，多数消息由导语、主体、背景、结尾四个环节组成，按“倒金字塔式”结构叙事，而通讯结构方法则讲究灵活多变，让人感到常见常新。

5. 表现手法的丰富细腻性

消息主要依靠叙述手法报道新闻事实，通讯表现手法则很丰富，它可以运用叙述、议论、描写、抒情的手法，还可以运用叙事的人称变化、线索、悬念、照应等等文学表现手段报道新闻事实。对作者感触深的，重要的情节、细节，表现细腻。

6. 感情色彩的鲜明、浓重性

消息以客观提供事实的方法进行报道，通讯则以强烈的参与意识进行报道，作者把自己看到的、听到的、感受到的诉诸笔端以飨听众，主观色彩鲜明浓重。

通讯体裁上述主要特点，从播音员说话范畴，说话内容，思路，语感，方法，感情，心理等等总体方面，为播音再创作限定了语境，提供了创作领域。

通讯是一种比较成熟的体裁。它的产生、发展及特点的形成，是长期适应社会对大众传播——详尽、生动提供新闻事实的这种特殊需要的结果。它的社会功能和上述诸方面特征是社会公认的，是写、说、读、听各方共同意识到的。在广播传播中，是为写、说、听三方面所共识、共求的。播音员播通讯时，必然要按稿件体裁的要求来播，通讯体裁特征自然便成为通讯播音语境的重要组成部分。

每一次通讯播音，播音员不仅要进入其内容规定的情景，而且要进入通讯体裁规定的语言环境，在体裁制约下进行再创作。每播一次通讯就是一种语境进入，在高度日常化的播音工作中或集中的学习、训练中，长期地、多次反复地进入同样的语境，即通讯播音语境，进行语言活动，必然形成一些行之有效的语言表达内外部的规律。这便是既区别于在新闻播音语境下形成的新闻播音规律，又区别于在评论播音语境下形成的评论播音规律，或在其他文章体裁语境下形成的其他文体播音规律的通讯播音规律。

善于在与相近体裁的比较中掌握通讯特点，进入通讯播音语境，调整好通讯播音创作心态，获取通讯播音体裁感，是掌握通讯播音规律进行通讯播音创作的前提。

第二节　通讯播音语言特点

通讯体裁的社会功能、体裁特点所构成的语境，极大地影响着播音员的个人发挥，促使通讯播音语言区别于新闻、评论或其他文体语言，形成它自己的一些特点，主要有：

亲切朴实感

人际交流的经验告诉我们，播送通讯必须以平等、友善、诚挚、平和的态度对待听众，和听众建立起思想感情交流的心理基础；另外，通讯体裁的真实性特征也决定了应该把我们的所见、所闻、所思、所感，真挚、朴实、原原本本地告诉听众。只有听众对你说话有亲近感、信任感，才能引起听众思想感情的共鸣。以教育者的姿态，居高临下教训人；简单生硬，强加于人；言不由衷，淡漠乏味；矫情造作，卖弄技巧等表达形式都应注意克服。

随着半导体收音机的普及、小喇叭入户，听众收听条件改善，现在人们多以个别收听或少数几个人收听广播为主。为适应这种收听环境，取得好的接受效果，目前通讯播音多以少对象、近距离，熟人相见，促膝倾谈状为虚拟的语言交流环境，通讯播音语言总体呈亲切朴实感。

从容畅叙感

消息体裁为满足听众在有限的时间内尽快、尽多获取新闻信息的心理需要从词句选择，篇章结构到新闻节目编排都体现出一种内在紧张、密集的节奏特点，所以新闻播音有一种紧张、明快感。相比之下，通讯与消息在报道时效上的差异，及通讯报道详实、细腻的特点决定，通讯播音需要我们塌下心来，以比较从容的心境把自己的所见、所闻、所思、所感，充分地、尽兴地告诉听众，唤起听众的想象和体验，所以通讯播音呈从容畅叙感。

通讯播音的从容畅叙感与通讯播音是有时间限制的新闻传播活动，是两个不同的问题。既要在限定的节目时间内播完稿件，又要注意外松内紧，让听众感到你的报道很详尽、很充分。

新鲜兴奋感

通讯时效性尽管不及消息那样强，但必定有时效性，是对新近发生、新近发现的新闻事实的及时报道。另外每篇通讯所独具的新闻价值，反映出的新人、新事、新成就、新经验、新风貌，包括新问题，无不使通讯洋溢着新鲜的生活气息。由通讯的这种时新性所决定，通讯播音中往往荡漾着一种新鲜而兴奋的言语感觉和魅力。因此通讯播音区别于一些文学记叙文诵读，区别于历史故事、回忆录播讲，后三者在艺术表达中可以有一种时间回溯感，甚至有一种境界悠远感。

真切参与感

消息的客观报道手法决定新闻播音员是把主观置于事外，而通讯的写作手法决定播送通讯时播音员是把主观置于事中、景中，是全身心投入内容后的一种“真知”、“真见”、“真觉”支配下的言语外射行为，感受真挚，描述自然、活脱。通讯播音的真切参与意识是语言参与感的内心依据，语言表达的真切参与感是把听众带入稿件情景，使听众触发收听兴趣和产生思想感情共鸣的钥匙。

起伏流淌感

通讯体裁线索清楚，层次分明，推进有力；内容上主题贯穿，有主有次，有开有合；思想感情有抑有扬，有起势、有发展、有高潮，连绵不断。通讯全篇轻重缓急、起伏跌宕、淌淌汩汩、沸沸扬扬形成通讯播音语言上的起伏流淌感。

由己达人感

体裁特点决定，播音员以记者播者相融和的身份，以新闻工作者的面貌介入通讯播音状态。满怀对生活的热爱、信心和强烈的社会责任感，把自己感受深刻，对社会、对听众有重要意义的新闻事实告诉听众朋友。描人、状物、绘景、抒情，句句入心，事事入理，感染人、启发人、鼓舞人，以期引起听者思想感情共鸣的热情充溢于字里行间。因此，通讯播音语言呈现较强的行动性和由己达人感。

自言自语，自我陶醉，自我宣泄，或客观介绍等语言状态都与通讯播音不相适应。

由己达人感是启发人、打动人、鼓舞人的言语愿望、热情，由己达人也是一种言语行为。由己达人热情高，愿望强，不等于方法上的直、浅、露，更不是强加于人的生硬态度。

第三节　通讯播音的思想性

通讯播音的主题思想

通讯报道的内容各不相同，有人物通讯、事件通讯、经验通讯、风光概貌通讯等等，但每篇通讯都体现着一个中心思想，即主题思想。通讯播音的思想性首先表现在主题表达的鲜明、准确上。通讯播音是二度创作，原稿中的主题思想就是播音的主题思想。通讯稿件写得好坏可能有差别，但都有主题。但这不等于说通讯稿件本身有主题，播音时就自然而然地有了主题。在通讯播音实践中，播音员对稿件主题思想的把握存在很大的偏差。

一是无主题播音。有的人就事论事，没有深入表现主题的意识，播音显然就失去了起码的思想性。有的人片面强调没时间备稿，没时间找主题，看见稿上写着什么，就说什么，看到哪儿，就说到哪儿。这样做不仅播音谈不上思想性，而且肯定是播得有句无段，有段无章，支离破碎，散乱一片。也有的人自谓有经验、有技巧，无须看稿也能播生动，因此也不重视对稿件中心思想的领悟。见字生情，见景生义，形式化的高高低低，快快慢慢，一会儿花红柳绿，一会儿狂风暴雨；一会儿喜，一会儿怒，这些花、柳、风、雨，喜、怒、哀、乐之间究竟有什么内在联系，作者抒发它们的主旨是什么，一概不知，只是跟着感觉走，所以也必然造成播音的内容割裂、松散、浅显，甚至把主题搞偏、搞错。

二是不善于概括主题。有的播音员文学基础较差，不善于概括主题，把通讯所反映的内容、所说的话题当成主题，播音时难免就事论事，没有什么中心思想贯穿。

三是错误地判断稿件主题。稿件一般只有一个主题，播音员的任务是根据对稿件的分析正确认识它，并在播音时把这个主题化作自己说话的主旨。对一些主题比较明确的稿件，播音员是比较容易作出准确判断的。有些通讯信息量很大，多方位交织着反映我们的生活，播音员如不注意推敲，就容易以次为主，犯错误判断主题的毛病。如稿件中一方面写基层同志不顾情面、不顾场合，敢于尖锐地向领导反映意见；一方面写领导同志重视群众意见，喜欢爱提意见的人。主题到底是歌颂那位同志为了国家和人民的利益，心怀坦荡、仗义执言的精神呢，还是歌颂领导同志虚心倾听群众意见，自觉接受群众监督的优良作风？这就需要借助自己的写作知识和经验，对稿件进行仔细推敲，慎重地判断稿件的主题思想。

四是播音中发挥不了主题统帅题材的作用。有的同志根据写作知识可以正确概括出通讯主题，但一到播音时，分析是分析，表达是表达，一件件事单摆浮搁，失去中心思想贯穿始终的作用。怎样找通讯的主题？即在概括自然段段意的基础上，把意思紧密的自然段归并成层次，概括出层次的大意；再把意思紧密的层次进一步归并成部分，概括出部分的大意；根据各部分的大意及各部分之间的内在联系，最后挖掘出一篇通讯所要表达的本质意义——主题。

对主题的概括有无偏差，可以运用前边提到的，播音员已有的写作知识加以纠正。例如，看作者描述、议论、抒情的重点，看作者选材详略、选材角度，稿件结构关系，也可以参考标题提示的方向等等。

掌握主题，是为在紧张的播音过程中能运用主题思想统帅、支配口头表达，让所有的材料都为说明中心思想服务，所以概括主题不必拘泥于“通过……说明……”的形式，而更注重概括的准确性、简洁性、行动性。

主题概括的准确性，指播音员对稿件主题的认识要和稿件作者所要说明的中心思想一致。

主题概括的简洁性，指用尽量简短的话，直截了当地表明自己对中心思想的确认。

主题概括的行动性，指播音员对主题的态度和宣传主题的言语行为。通讯通过题材说明主题，不像数学推导那样理智、平静地找出说明关系，而总是带着个人（作者——播音员）对主题的深刻感受，并极力通过大众传播媒介向广大受众传播自己对主题的这种感受和态度，使主题具有强烈的行动性。我们常用“热烈歌颂……”、“热情赞扬……”、“深情赞美……”、“愤怒揭露……”、“深刻揭示……”等等方式表述主题，这种感情性、程度性的副词，加谓语动词，加宾语的表述形式本身，就既包括了通讯所要传播的中心思想，同时也包括了传播者（作者——播音员）传播这个思想内容时的真挚感受和态度，即言语行为（如：歌颂、揭露、宣扬等）及言语行为过程中的基本感情色彩和分量（如：热烈、热情、愤怒、深情、深刻等等）。

通讯播音的宣传目的

对主题的正确把握只是使我们的通讯播音具备了初步的思想性，因为我们的眼界还局限在对这一篇稿件说明了什么的认识上。广播传播是社会范围很广的传播，只有认识到稿件内容、主题与当前社会生活的紧密联系，认识到当前为什么要向社会宣传报道这个主题，宣传这个主题的目的、意义是什么，才能使我们的通讯播音具有了播讲的自觉性，具备了较高的思想性。电台是党和政府的宣传机关，通讯播音中常常体现一定政策需要、形势需要，体现一定的政策精神，政策口径，恰当把握其中的政策性，是通讯播音具有更高思想性的标志。

在通讯播音实践中，对宣传目的的认识和把握往往存在如下偏差：一是，对通讯思想性的认识仅仅停留在对稿件主题的理解上；二是，分辨不清主题和宣传目的有什么区别；三是，没有认真体会把握宣传原因、宣传目的给通讯播音表达注入的生命和活力，认为宣传目的与播音无关，故而觉得把握宣传目的是多余的、形式主义的事情。为此有必要首先明确稿件主题与宣传目的意义上的区别。

主题，是通讯中作者通过新闻事实即通过人、事、景、物等所要说明的中心思想、主要观点。播音员掌握稿件主题仍然属于掌握话筒前“说什么”或说的“是什么”的范畴；通讯的主题就包含在内容中，因此掌握主题的方法主要是对稿件内容进行分析、概括的方法。一篇通讯写好了，它的主题就是恒定不变的。主题与传播背景无关。例如解放战争时期的著名通讯《刘胡兰慷慨就义》、《西瓜兄弟》，抗美援朝战争时期的著名通讯《谁是最可爱的人》等等，无论当时、现在或将来，时代怎么变化，社会环境怎么变化，人们的心理，包括人们认识这些通讯的眼光怎么变化，它们的主题却总是恒定不变的。

宣传目的（这里主要说通讯播音具体的宣传目的），是宣传报道者（编辑、记者、播音员）通过播送这篇通讯，希望或者说企图在广大听众心里产生的某种影响、发挥的某种作用。播音员掌握通讯稿件宣传目的，已属于掌握话筒前言语行为的原因、目的的范畴，即“为什么”要报道个内容、宣传这个主题？“为什么”现在报道这个内容、宣传这个主题？许多人和事都是多侧面的，“为什么”选择这个侧面进行报道？等等。通讯的宣传目的在稿件与播出背景的联系中产生，因此播音员掌握宣传目的方法，是从稿件出发，联系播出背景，进而掌握宣传目的。理解、体会宣传目的的过程是播音员对稿件认识深化的过程。

通讯的写作目的与播音员的播出目的是一致的，统称宣传目的。但报纸写出的通讯靠文字直接传递给读者，读的人联系发表背景去体味宣传目的，智者见智，仁者见仁，而广播通讯是一个连续传播过程，先靠播音员联系播出背景，体会出记者的写作目的（即宣传目的），再把自己体会、认同的写作目的化为自己的播出目的（宣传目的），传播给广大听众，唤起听众的思想感情共鸣。在再创作中播音员若忽视内容与播出背景、宣传目的的紧密联系，忽视联系背景，明确宣传目的的必要性，播音将变成没有激情，没有归宿的盲目言语行为。这样通讯的写作目的也就在播音员传播的过程中失落了。

背景，包括上情、下情两方面。上情，指党和政府在实行领导，贯彻执行纲领路线、方针政策方面对宣传工作的需要；下情，指形势，指社会各方面的实际情况对宣传工作的需要。下情有主流、支流之分。

背景，有历史背景，现实背景；有全局性大背景，有不同范围的具体背景。

如何联系背景，明确通讯播音宣传目的是什么？首先，我们需要弄清这篇稿件里倡导、宣传了什么政策精神和指导思想；第二，要弄清当前为什么要宣传这种政策精神、指导思想，即，弄清这篇稿件是根据、针对现实社会生活中什么情况、什么问题，迫切需要宣传这种政策精神、指导思想的；第三，根据或说针对这种形势需要宣传这种政策精神、报道这个内容，企图达到什么宣传目的、收到什么社会效果。

下面以通讯《大老齐成了“香饽饽”》（中央台“对农村广播”节目播出稿）为例进行说明。

这篇稿件通过农村实行生产责任制前后，公社助理农艺师齐永臻的境遇对比，宣传了党的新农业政策好，农村科学种田形势好。具体体现了当时宣传党的农业政策和农村形势的必要。

为什么当时需要宣传农业政策和农村形势？这就需要具体联系历史背景和当时的播出背景来认识：过去在极“左”路线指导下，农业管理体制上集中过多，生产上搞行政命令、瞎指挥，分配上搞平均主义大锅饭，生活上是越穷越革命，大大挫伤了农民的生产积极性，干活大轰大嗡，出工不出力的情况越来越普遍，没人真正关心科学种田；再加上极“左”路线指导下错误的知识分子政策，更造成农村不关心科学种田、不重视科技人才，像大老齐一样农业科技人员无用武之地，科学种田发展不起来。具有伟大历史意义的中国共产党第十一届三中全会以后，拨乱反正，努力排除极“左”路线的干扰，回到实事求是的正确路线上来，农业政策放宽，逐步推行各种形式的生产责任制，让农民作农业生产的主人，大大调动了农民的生产积极性，在不长的时间里农业生产就出现了转机。生产发展了，收入增加了，农民生活开始富裕起来。尝到新政策甜头的广大农民怀着对党的农业政策的拥护心情，怀着对农村前景的希望，自愿对农业作更多投入，因此生产积极性迅速转移到科学种田上来。这时候，我们的农业科技人员就显得太缺了。农民形象地把农业科技人比作“财神爷”。据当时很多报道说，不少地方出现抢“财神爷”，抢不到“财神爷”就抢走他们的铺盖，甚至抢他们的爱人，千方百计邀请农业科技人员帮助的趣事。通讯《大老齐成了“香饽饽”》反映的就是当时形势的这个主流。

但是，人们毕竟刚从极“左”路线束缚下解脱出来，实行农业生产责任制时间还不长，对党的十一届三中全会路线，对新政策精神不十分理解，不十分放心，怕再被扣上“走资本主义道路”的帽子，所以在新政策、新形势面前，犹豫观望的多，指手画脚的多，“农业生产责任制对吗?”“农村形势好吗?”“搞联产承包以后，农村科学种田，农业机械化等还有希望吗?”……一时间成了不少农民、主管农村工作的干部，甚至全国人民共同关心、迫切需要回答的问题。但这是当时形势的支流。

尽管这只是支流，但如不很好解决这些思想问题，党的政策就不能顺利贯彻执行，农业吃大锅饭的局面就不能很快扭转，农业生产就不能顺利发展。正是针对这种具体的政策需要和形势发展中人们普遍关心、迫切需要解决的实际问题，我们有必要及时播出这篇通讯，用当时农村中《大老齐成了“香饽饽”》这样的真人真事说服人们、鼓舞人们。

宣传农业政策、农村形势可以报道农民收入增加、生活水平提高，但在这之前已报道很多了。《大老齐成了“香饽饽”》通过农村一个普通科技人员处境的变化，从农村科学种田这个侧面进行报道不仅角度新，而且从更深层次上反映出党的政策符合实际，得人心，农村形势好。

这篇通讯的宣传目的，就是企图通过这个具体而有说服力的典型事例，加深人们对当前农村形势和党的政策的理解，解除后顾之忧，增强信心，同心同德推动形势向更好的方向发展。

联系播出背景，明确宣传目的应注意如下问题：

1．要从稿件出发，不要离题万里

2．要具体，不要笼统、空泛

最好根据稿件多联想背景中那些自己直接或间接听到、看到、感觉到的具体情况，充实自己对宣传报道针对性、宣传目的的认识和感受。

3．既要重视理解，又要重视感受

联系播出背景，明确宣传目的，是一个分析理解过程，同时也是一个调动、积聚感情，萌生报道态度，激发播讲愿望的过程，所以不可忽视感受的意义。联系背景、分析针对性、明确宣传目的，要尽量把自己摆进去，联想我们自己及周围人的思想实际，例如由《大老齐成了“香饽饽”》的内容和主题，想到由于各种原因，当时还有不少人转不过弯来，指指点点，忧心忡忡地批评、议论情况，自己心里不由为政策贯彻中遇到的困难，对形势发展中遇到的问题着急、担忧情况，激发起宣传报道的责任心、紧迫感和鲜明态度，进一步掂出手中这篇稿件的分量，感到这篇通讯的内容、主题对于回答现实问题，宣传形势、政策，是多么合适、多么重要！这篇通讯发得多么适时！宣传报道的热情、言语的欲望如骨鲠在喉，想立刻打开话闸把它传播出去，通过这个真人真事去启发人、说服人、教育人、鼓舞人，让更多的人像自己一样从中获取信息、有所感悟。

4．对背景的理解感受，要实事求是

因为对播出背景、针对性、播出目的的准确理解、感受，是播出时播音员掌握政策分寸、火候的内心依据，因此要强调实事求是。

首先，对背景中主流、支流的感受要实事求是。比如《大老齐成了“香饽饽”》的背景，从主流方面说，当时实行农业生产责任制不久，农村形势开始好转，因此不要以为好像一实行生产责任制什么问题就都解决了，形势一片大好，等等。这不符合实际。根据当时情况，对形势主流的认识与感受只把握到农业势头不错、大有希望——这个分寸就可以了。在这个基础上引导人们对政策放心，齐心协力发展大好形势，就比较实事求是、令人信服。从支流方面说，对现实存在的问题、困难的认识和感受也要实事求是，既不要由大化小，感到无所谓，也不要为刺激自己的播讲愿望和热烈情绪，吸引听众的关注，就主观夸大对问题、困难的理解与感受。

另外，通讯报道的题材可能是凡人小事，但反映的却都是事关全局的大问题，因此我们不能因为是篇小通讯就掉以轻心，忽略它的社会意义，淡化对它的感受。

第三，比如实行农业生产责任制初期，农业出现转机，但这时新政策遇到的困难、阻力显然还比较大；随着生产责任制的深入贯彻，农业形势越来越好，政策贯彻中遇到的困难、阻力则越来越小；随着农业生产责任制的不断完善，农业形势更好了，但往往原有的问题逐渐解决了，在新形势下又会出现新情况、新问题，也就给我们宣传报道提出新的背景、新的针对性和新的任务。因此，即使对同一个问题的报道（如：对各项政策、对各业形势的报道；对党员党性、原则性的报道；对干部作风的报道，等等），不同时期的背景情况不同，针对性不同，宣传报道目的不同，播音员理解、感受的内容、分寸也应不同。

5. 不要牵强附会

通讯都有主题，有播出背景和宣传目的，但不一定都有具体针对性。比如风光概貌通讯，介绍自然风光、名胜古迹、异地风情等等，就不一定都是针对具体问题而发。要具体稿件具体分析，不可生搬硬套。

6. 注意日常学习和积累

通讯报道面很广，拿到每一篇稿件都要根据内容，迅速、准确、实事求是地联系播出背景，明确针对性和播出目的，不是当时用功或一时灵感所能奏效的。要靠新闻工作者的强烈社会责任感、使命感支持，平时坚持不懈地学习政治理论，学习党和政府的各项方针政策，关心时事政治，关心社会生活各个方面的历史、现状及前景，既关心成绩也关心问题。日常的学习，对广泛的社会生活、社会发展的关心、注意，培养了播音员的新闻敏感性，这样，即使在很短的备稿时间里，拿起任何一篇通讯也能从稿件内容、主题，迅速涉及播出背景，找出播出目的，燃起播讲热情，使通讯播音具有丰富的内涵和深刻的思想性。

第四节　通讯播音的逻辑性

通讯播音的任务是报道新闻事实，逻辑严谨、叙事清楚是对通讯播音的基本要求，尤其是广播通讯一瞬即逝，一个关节没听清楚，后边的内容就不知所云了。

通讯播音不仅依靠稿件中典型、生动的事实说明主题和宣传目的，逻辑性也是通讯播音表现主题和宣传目的的重要手段。例如通讯《马大傻》，赞美护林员马文卿为了护林坚持原则不讲情面的精神。其中连举了两个例子，前一个例子说，有几个人没办手续在马文卿管的林区内砍了六棵杉树，说是公社党委让砍的，也是经大队书记同意了的，可是马文卿一棵树也没让拉走；后一个例子说，马文卿的岳母到山里收松叶，顺便砍了一根小松树作拐杖，马文卿知道后追了好几里远，动员岳母到大队办了罚款手续。一个人能否坚持原则秉公办事，一般情况下容易办到，关键时刻则要看他能否过两关：一个是上级领导关、顶头上司关；一个是亲属关。因为这两种人和个人利害关系最直接、最密切。以上这两个例子就不仅从生动性和典型意义上，而且从问题的并列关系上强调了马文卿忠于职守秉公办事的精神。

逻辑性首先、主要地表现在结构上，在段落内部，当然还表现在语句关系上。

结构是文章各个组成部分的搭配和排列。它体现着作者谋篇布局意图，行文思路，叙事脉络，是作者表现主题的重要方面。

通讯播音就是和听众说话。正式说话也有结构和思路问题。先说什么，后说什么，哪里详说，哪里略说，按什么关系说等等。不过通讯播音是二度创作，播音时的思路是播音员把作者写稿的结构意图、脉络内化的结果。因此要加强通讯播音的逻辑性，首先要通过结构分析掌握通讯叙事规律，理清我们的思路。

怎样通过结构分析掌握通讯叙述的逻辑性？让我们以通讯《大老齐成了“香饽饽”》为例进行说明。

(一) 概括段意

在初步了解内容和感受的基础上，首先要弄清每个自然段的段落大意，言语中心。

从播出需要出发，概括大意应注意：①准确、简练、具体；②照应标题。

(二) 进行归并

根据各自然段的段落大意，我们把内在联系比较紧密的自然段归并为一个层次，归纳出层次大意。

篇幅较长的通讯，还有必要把内在联系比较紧密的层次进一步归并成部分，归纳出部分大意。较短的通讯可能没有部分、没有层次，只由几个自然段构成。内设小标题的通讯，每个小标题内的内容就是一个层次或部分。

每个自然段在稿件中的作用不同、分量不同，有时一个自然段就是一个独立的层次，甚至独立的部分，另外几个自然段才构成一个层次（一个部分)。如通讯《大老齐成了“香饽饽”》的归并情况：

第一部分：题目《大老齐成了“香饽饽”》是什么意思？

第二部分：大老齐是谁？

第三部分：他怎么成了“香饽饽”了？

第一层：他以前啥样？

第二层：实行生产责任制以后他成了“香饽饽”了！

第四部分：如今大老齐怎么样了？

归并工作使通讯分散的内容在我们的认识和感受上变成了一个接一个的小话题，而且这些话题连成一个整体，从宏观上增强了播者的整体意识；归并工作的结果还使我们体会到稿件从全篇到局部一层接一层的包含关系。

(三) 逻辑分析

即分析每层包含关系内部的内在联系。仍以通讯《大老齐成了“香饽饽”》为例：第一部分是“开头”，第二、三部分是“展开部分”，第四部分是“结尾”。其中第二、三部分之间是递进关系。第三部分内两大层之间是对比关系。

归并工作，使播者从稿件内层层包含关系中，加深了对稿件纵向贯穿和纵向凝聚方面的意识和感受；分析工作，则进一步使播者体会到每层包含关系内部的逻辑联系，加深了横向联系和横向凝聚方面的意识和感受。

通讯不仅一般比消息篇幅长、容量大，而且叙事手法灵活，情节、人物、景物，作者的思想感情发展等等，常常像长藤，枝枝蔓蔓把稿件结构、层次、层次间的内在联系隐蔽、包裹在其中，不认真分析处理，播起来有拉不断、理还乱的可能，直接影响播音的条理性、连贯性、整体感和逻辑力量。通讯写法尽管灵活，只要认真考察，通讯结构方法仍然有自己的规律性。

从全篇着眼，通讯一般由：标题、开头、展开部分、结尾四个环节组成。标题引出话题，开头继标题之后展开话题，采用不同手法，如：开门见山、感人的情节、倒插笔等等，进一步引起听众对内容的兴趣、关心、注意；展开部分则展开来，或从方方面面，或从头至尾，具体解释、说明、回复开头引出的问题；结尾照应全篇、结束话题。有些叙事性通讯由标题、起、承、转、合等五个环节组成。

通讯常见的结构方式有：

按时间顺序结构——即按时间发展顺序为线索组织内容，如讲人物成长变化，事情发生、发展过程。多以时间顺序为叙述线索，步步揭示主题。按时间顺序结构又以顺序为主，也常有插叙、倒序的变化情况。

按时间顺序叙事的通讯，播音时就要注意有一系列显示时间推进、内容发展、主题显现的重音和语气呼应。例如通讯《生死关头》，歌颂一个普通女共产党员孙桃英为了人民群众的生命安全光荣献身的崇高精神。其中有这样一段：

“下午，桃英本是在外面掌称的，见地窖里的进度有点赶不上，就钻进了地窖，和土族小姑娘李三月花一起往外掏洋芋。大约五点多钟，桃英伸直腰喘了口气，忽然看到两根角柱倾斜，土块不断落下来。她大喊一声：‘窖要塌了，快出去！’离窖口较近的周毛草和侯八月闻声跑出了窖外，而小三月花竟愣住了。‘轰’的一声响，靠地窖最里边的木架塌下来，土层压住了桃英和小三月花的腿脚。孙桃英不顾自己的安危，她用全力帮助小三月花拔出了双腿，大声喊道：‘快出去！’三月花焦急地问：‘桃英姐，你怎么办？’孙桃英斩钉截铁地说：‘不要管我，你快出去！’并伸出右臂尽全力把她推了出去。孙桃英的右臂还没来得及缩回，上层和窖上几千斤洋芋都落了下来，压住了她的全身，露在外面的只有头和那只为救三月花伸出的右臂。”

其中，“下午”——情节如何——主题显现如何；“大约五点多钟”——情节如何——主题显现如何；窖塌以后——情节如何——主题显现如何，…… 时间——→情节——→主题，三者间应该有相关联的重音和语气呼应。下午、情节如何、主题如何；大约五点多钟、情节又如何、主题又如何；窖塌以后、情节又如何、主题又如何……随着时间推移，情节层层发展，主题步步深化，这中间又应该有相应的一系列递进性重音和语气呼应，使我们的叙述沿着时间发展顺序向前推进。

另外，播按时间顺序叙事的通讯，如还能根据内心体验注意生动表现出时间进行感、事情发生的过程感及叙事者—— “我” 的内心活动，那么就不仅能播得条理清楚，而且会灵动感人。

按空间顺序结构——即以作者观察事物的视线，走访的路线，总之按空间变换的顺序为线索组织内容。如，从远说到近，从低说到高，从外说到里，从这个单位说到那个单位等等。

播按空间顺序结构的通讯就需要注意，随空间转换，内容层层展现，主题步步深化。

如通讯《砥柱中流小孤山》中有这样一段：

“山路全部用石板铺成，婉蜒曲折。来到山门前，一抬头就可以看到门额上康熙的题字：‘灵照江屿’。进入山门，龙耳洞、弥陀洞、琼崖滴翠、先月楼、界潮祠等依次出现在眼前。高悬在半山腰上的启秀寺，寺内佛龛修饰一新，香火不断。寺外迎江而立的门墙上写有两副对联：

‘气障百川偏号小，山侪五岳孰云低。’

‘碧汉空中悬古寺，白云堆里响残钟。’

出启秀寺，山路越走越陡，……”

其中第一句“山路全部用石板铺成，婉蜒曲折”。是个总括、领起句。从眼前起步上山处说起而后说到：

“来到山门前，……”

“进入山门，……”

“高悬在半山腰上的启秀寺，寺内……寺外……”

“出启秀寺，……”

这种空间——内容——主题之间，都应有相对应的重音和语气呼应。来到山门前，见到什么；进入山门，又见到什么；到启秀寺，寺内什么样，寺外有什么；出了启秀寺又怎么样等等，步移景换，随空间连续转换，内容递进展现、主题层层深化。这中间又相应地有一系列递进性重音和语气呼应，使我们叙述的内容沿着空间变化顺序向前推进。

播按空间顺序结构的通讯，如能根据想象、联想，置身其间，注意生动表现出叙述者——“我”每到一处的新鲜、兴奋的感受，行走其间，看、听、闻、问、触摸等感受，那么全篇不仅会播得条理清楚，而且也更灵动感人。

按逻辑顺序叙事——按逻辑顺序叙事的通讯，首先应重视关联词句所引起的逻辑表达。稿件中像：因为、所以，不但、而且，虽然、但是，首先、另外，“好，这一下，大老齐也时来运转了”等等关联词语，明显地提示我们前后文之间的因果、递进、并列、转折等等关系，要求我们按前后既定关系处理重音及语气呼应。

由关联词语引起的上下句之间的逻辑关系，稍加注意，比较容易表达清楚，因为上下文离得毕竟很近，逻辑照应比较直接；而事关全篇逻辑关系的，如段落之间，尤其是层次之间、部分之间的逻辑关系，表达起来就困难得多。例如，部分与部分之间的一个关联词语，就需要引起我们播这一部分的整体的逻辑意识和重音、语气呼应。这时，一个关联性词语应带动一个部分，托起一个层次、一个段落，而不能只引起关联词语后第一句话的逻辑反映，否则，前后更长的篇幅便从逻辑链条中失落，成为孤立无着的内容。

例如通讯《马大傻》：

“‘马大傻’，真名叫马文卿，是湖南省慈利县苗市公社星星大队的护林员。方圆几十里的人，都知道他‘大傻’的名。

……

“1976年春，他刚当上护林员，就碰到了这么一件事：大队一位负责同志到马文卿管的山上砍了一担杂木棒，损坏了一棵小松树，老马巡山的时候发现了，抓住这件事不肯放手。他左一个‘护林制度要严格执行’，右一个‘领导同志要带头遵守’，弄得那位同志下不了台，最后硬是在群众会上作了检查，还交了5块钱罚款。这一下可不得了，有的说：‘还没当几天护林官，就动了太岁头上的土，还想不想端那饭碗？真傻！’有的说：‘太不会转变了，真是傻得出奇！’从此，人们就叫他‘大傻’。

“马大傻真傻吗？不，当护林员就得要这股子‘傻劲’。

……

……

“正是凭着马大傻的‘傻劲’，星星大队一千五百多亩林山才能这么郁郁葱葱，满目苍翠。过去那种封山封不住，乱砍滥伐常常有的现象不存在了，干部群众打心眼里夸他们的护林员，说：‘看山护林就是要这样的‘大傻’。”

其中：①“方圆几十里的人，都知道他‘大傻’的大名。”②“……真是傻得出奇！”③“马大傻真傻吗？不，当护林员就得要这股子‘傻劲’。”④“干部群众打心眼里夸他们的护林员，说：‘看山护林就是要这样的‘大傻’。”四句，就不应只在上下句中看它们的作用，而是在完成全篇起、承、转、合关系中发挥它们重要的关联作用。

稿件中有些地方字面上没有显示逻辑关系的关联词语，而通过结构分析、根据上下文之间内在联系的分析，我们完全可以感觉到其间的既定关系，这时就需要我们选择恰当的关联词语做内在语，补充上心理的逻辑链环，将稿件中深层的、隐性的逻辑关系显性化，以引起表达中重音、语气上的逻辑照应。

有些稿件，部分、层次间没有关联词语连结，或仅靠简单的关联词语做内在语起不到推动内容发展的作用，有时我们还有必要利用想象中情景转换的方法，引起表达的逻辑力量。如通讯《活在人们心里的马老师》，第一部分写山村教师马金锁为救学生被洪水冲走，牺牲了，山村里的人们悲痛万分。第二部分立刻转到写马金锁朝气蓬勃，刚从高中毕业，受党支部的委托，千辛万苦办山村学校，认真教学等等内容上来。这两部分之间就适宜于用想象中情景转换的方法，引起内容上的跳跃、转折效果。

通讯篇幅较长、内容较多。为了突出主题和宣传目的，通讯叙事不仅有条有理而且有详有略，有开有合，常常是序列、扩展相穿插。播音表达时既要注意序列中的扩展，又要注意扩展与序列的联系。序列像藤、扩展像瓜，表达时要顺藤摸瓜。常出现两种倾向：一是只注意序列，语气表达扩展不充分、不生动；一是一经扩展就不可收拾。扩展后的部分，逻辑感觉回不到序列中来。通讯中的扩展部分常常是详细叙述，描绘部分，像场面、情节、细节、环境、人物、景物、心理描绘部分，等等，而这正是表现主题、宣传目的的重点部分，所以尤其要注意：序列要清晰，扩展要充分。

一般说通讯稿件本身逻辑关系是清晰、严谨的，然而稿件写作的逻辑性不能代替播音的逻辑性。通讯播音的逻辑性还要靠播音员对稿件正确的逻辑认识、生动细腻的逻辑感受及语言的逻辑表述能力来实现。

第五节　通讯播音的生动性

消息与通讯是两种重要新闻报道体裁，消息以短（篇幅短小）、新（内容新鲜）、快（报道及时）、多（信息量大）见长；通讯则擅长把报道触角深入到社会生活的深层、细部去，通过生动、具体的描述反映那些典型新闻事实，深入宣传其中所蕴含的具有普遍社会意义的主题思想，因此与新闻播音相比，形象性、生动性，是通讯播音的突出特征。

通讯播音要生动，就要做到言之有物、言之动情、言之得法。

言之有物

通讯的主题都有积极社会意义，甚至有很强的针对性，但通讯不是简单、直接阐释主题和播出目的，而是通过把具体人、具体事按照一定线索展现给受众，使受众于情理之中不知不觉与作者产生思想感情共鸣，从而达到宣传目的，所以播通讯要掌握通讯表现主题具体、言之有物——这个特点，懂得通过哪些人、哪些事、哪些景物，乃至哪些情节、细节表现主题和播出目的，怎样通过人物、事物、景物，情节、细节表现主题和播出目的，然后沿着叙述线索把听众带进一个个活生生的典型场景，使听众似介入其间，“悉其巅末，洞其幽微”，从而自然而然地和播者（作者）产生思想上的共识。优秀的通讯播音都善于通过展现事实引导听众自悟。有时通讯中有些重点语句起破题作用，播音时必须要抓住这些破题句，但是是在展现事实的过程中引导听众至一定感受深度之后，依情顺理，水到渠成地托出这些破题句，引起听众自悟与共鸣。忽略具体内容的作用，单纯依靠强调重点句、破题句表现主题和播出目的，难免过于直、白、浅、露，不仅在听众心理上没有生命力、说服力，而且会产生强加于人、生硬说教的效果，使接受心理上产生阻抗，大大削弱通讯报道效果。

通讯播音要做到言之有物，还必须注意运用情景再现的手法充实播者的内心，心里有了，嘴里才说得活脱、感觉实在。托尔斯泰在谈自己的写作经验时曾说：你们应该看清你们打算去描写的东西，看得清清楚楚，历历在目。在没有把这些看清楚之前，千万不要动笔去写，然而，一旦当你们把这些都看清楚之后，你们的语言就具有精确性了。通讯播音也有一个“应该首先看清楚”打算去描写的东西的问题。当然，播音中的看清楚属于再造想象的范畴，即播者需要先根据稿件文字描述，联想那些自己亲身经历过或间接看到过、听到过，和稿件内容类似的人、事及各种具体情景，充实对稿件内容的体会和想象，比如，我们要介绍钱塘大潮，虽然可能没真正见过钱塘大潮，但却可能从高处俯看过江、河、湖、海，领略过巨浪拍岸的景象。即使连江、河、湖、海也没见过，我们总会从电影、电视、绘画、摄影作品中领略过巨浪冲天的神韵，由此生发为对钱塘大潮的形象感受和观潮时的情感体验。心里有了生活，说出来才真切。

在想象活动中，让我们的听觉、视觉、嗅觉、味觉、触觉、时间觉、空间觉、运动觉等等，都随着稿件描述的情景活跃起来，使我们透过文字描写，在想象活动中不仅看到、听到，而且闻到、触摸到……总之全身心感受到稿件中发生的一切是什么样、怎么样的情景。作者笔下的人物、事物、景物，场面、细节……一幕幕清晰有序、鲜活可感，好像自己也进入稿件描写的生活中亲身经历了一番，观察认识了一遍一样。稿件重点报道的人物、事物、景物等的主要特点是我们深入感受的重点。这样，我们不仅知道稿件发生了什么事，而且心里有了对这些人与事的最初、最鲜明、最具体的感受，以此达到内心充实、丰富，为而后的由己达人创造出初步的内心依据。

言之动情

有人说通讯稿件中传达的是基于事实的报道者（记者）的主观信息、主观认识、主观感受。我们认为很有道理。有些通讯稿可能通篇并没有一句作者直抒胸臆的话，但播者在看稿过程中通过文章结构、逻辑关系、报道角度和材料的详略安排，以及选词择句，都可以毫不费力地明显感到作者的观点、态度、感情。比如通讯《市委书记听“放炮”》，标题很容易吸引读者去关注市委书记的工作作风。通讯开头部分是这样写的：3月中旬的一个晚上，山西省长治市委书记张正书在家里盛情招待了一位身着粗布衣服的“特邀客人”——平顺县留村党支部书记、山西省特级劳动模范桑林虎，张正书热情诚恳地请桑林虎这个“炮手”当他的“业余顾问”。紧接其后的是追述：两年前新上任的市委书记张正书下乡到留村，桑林虎就市直机关作风问题，怎样毫不客气地向他开了一“炮”，意见直爽、尖锐，使张正书感到既突然又吃惊。事后张正书一调查，桑林虎的意见属实，就在市直机关干部中，也毫不客气地来了个作风整顿。从此，张正书对桑林虎刮目相看。通讯处处流露出作者对张正书同志为搞好工作，真诚听取群众意见，自觉接受群众批评监督的优良作风的钦佩和赞美，因此，作为二度创作，要播好通讯也必须像作者一样投入真挚、充沛的感情。

以事服人，以情感人是通讯播音获得宣传报道效果的重要因素。如何调动感情？首先自己要做稿件的一个忠实的读者，塌下心来，以求知、新鲜、好奇的心态默读稿件、进入稿件，克服消极的职业性重复劳动所造成的厌烦心理和见字出声、见字生情状态，敞开襟怀，通过想象融入到稿件所展开的情景气氛中去。伴随着事情的发生、发展、变化，围绕人物的思想、言行，景色、环境变化等等，诱导自己获得一系列与作者相近的情感体验及对稿件中人物、事物的相应态度。随着对稿件的感受及认识的逐步深入，我们的态度应越趋坚定、明朗，感情也应逐渐积聚、升腾，形成一种感情外射、由己及人的传播热望。这是在形象感受过程中，我们应从稿件里获得的最初的，也是最新鲜、真挚的情感体验和初步态度。

对稿件的感情，还来自对稿件播出必要性的认识。以《市委书记听“放炮”》为例，孤立地看其中的长治市委书记张正书同志重视群众意见、自觉接受群众监督的作风，感情就浅，甚至会觉得，一个党的干部就应该这样，但是把稿件放到一定播出背景中去，我们就会有新的体会，一方面我们会感到党要领导全国人民完成四化大业，必须继续坚持党的传统作风，即实事求是的作风、密切联系群众的作风及批评与自我批评的作风，因此，以正面典型大力宣传坚持密切联系群众、批评与自我批评的作风，很重要，是政策需要，也是形势需要；另一方面，也应看到当前确有些干部占据领导地位之后，出现以权谋私、独断专行，以至为虎作伥、违法乱纪等不良行为，败坏了党风及社会风气，这些问题的出现引起了社会的普遍不满。了解了这种背景，才会真切感受到张正书同志思想作风的可贵，感受到宣传张正书同志思想作风的针对性、必要性，激发起播讲的社会责任心、使命感和播讲张正书同志事迹的积极性，这样就会从更深层次上调动起来，溢于言表。

调动感情，主要是调动对稿件内容的具体感受和播讲愿望，调动宣传主题思想的热情。但也要注意从稿件写作技巧、作者创作匠心方面，调动自己的新鲜感和对稿件的喜爱及播讲兴趣，从另一个角度提高通讯播音的审美情致。

在播音员先作为稿件的热心读者默读稿件，悉心感受的过程中，体验接受心理也是调动感情的一个方面。比如，回味一下自己初次看稿时的滋味及心情变化，哪里猜测，哪里悬想、期待，哪里最动心，哪里高兴，哪里难过，哪里感叹、彻悟，哪里感情发展到高潮等等，可以帮助我们初步体验听众收听的心理状态、心理过程，预期我们的播讲效果，设计表达方法，提高有声语言表达的使动性，从另一个角度增强播讲兴致。

调动感情需注意一些问题：

首先，要全神贯注。注意保持感情新鲜、真挚、深刻。在生活中和朋友交往，是越熟越好，但在通讯播音中和自己的感情打交道则不同，保持初次看稿的新鲜体验和分析、理解稿件后的深刻体验，才能保证话筒前感情的真挚和充沛。要善于把情感体验过程与技术设计、处理工作分开来。因此，通讯备稿次数不在多少，时间不在长短，关键在于精神要专注。张口就念，跟着感觉走，反复上口、不过心，都是消磨感情的行为，与通讯播音规律背道而驰。

另外，要定向感受。既然通讯稿件中传达的是基于事实的报道者——即作者的主观信息，主观认识和感受，那么要播好通讯，播音员必然要根据稿件提供的作者的思想感情发展形态，定向调动自己的感受，力求从感情色调、浓淡、深浅、主次，思想感情发展的脉络、态势、方向等方面，获得与作者相近的体验以至表达。比如，作者珍爱、拥戴的，你不相信甚至反感；作者愤懑、震惊的，你觉得无所谓；作者虽然喜欢这个人物，但在稿件中主要是对另一个人物的赞美，而你却同样喜欢这两个人物，同样赞美这两个人物，如此等等，与作者思想感情相左或相悖，当然是播不好通讯的。另外，像作者开始起兴了，你还没动静；作者感情已经推进一步了，你的心才开始触动；作者感情转换了，你的感情仍沿着原来的方向发展；作者思想感情已经汹涌澎湃了，你的感情却落潮了等等，也同样不会把通讯播好。

第三，要具体感受。看通讯稿就像脑海里过电影，感受有粗有细，远景、近景、特写，推、拉、摇、移，心里要跟着场景走。即使一些交待、叙述性的语言，像时间转换、场面转换等等，在我们心里也要像电影切换镜头似的，引起内容跳跃，这样，具体的时间进行觉、空间运动觉才能支配着我们的情感跃入新的形态中。表现主题和播出目的的情节、细节，感受更应注意具体性。虽然作者在稿件中把主要的心理活动、语言、表情、动作、神态、形象等等写出来了，但还要靠技巧，使文字变成真挚的体验。而且，文字语言表述总有其局限性，这也要靠我们根据自己的直接或间接生活经验去充实，才能具体体会并表现出那字里行间包含的生动、丰富的感情特征。

第四，要注意分寸感。通讯是新闻性体裁，报道内容不仅都是发生在人民群众身边的真实的人和事，而且都是新近社会上发生的事。通讯播音要注重感情调动，但作为二度创作，感情的调动和传达，在分寸火候把握上与作者和谐、默契，经得起社会真实的检验，是播音趋于成熟的象征。喜、怒、哀、思、悲、恐、惊，各色感情分寸要把握得当，需注意稿件用词上的提示和限制，通过日常的观察和积累来帮助我们把握感情分寸。

通讯播出一般都有一定社会背景，体现一定政策精神，那么播音时还应把握住这篇稿件在社会生活中的恰当位置、分量，把握好所体现的态度分寸。

感情的色调、浓淡首先是稿件自在、自有的。播音时如何处理浓与淡，既有与写作风格、手法和谐一致的问题，也有播音员个人气质、修养、审美取向、播音风格乃至个人先天条件等方面的差异问题。允许不同的人有不同的处理方法。但播音的感情浓淡把握应以播音员感情饱满、态度鲜明为前提，有了这个前提，“浓妆淡抹总相宜”。当然感情的浓淡也有个分寸问题，应做到：

浓而不陷：即情浓但不要陷进感情漩涡，不能自持，忘记播出任务和宣传目的；

淡而不离：即情淡但不能脱离内容发展，让感情游离在稿件之外。与己无关，不辨是非曲直，善恶美丑，必然失去报道的立足点，影响报道效果。

第五，高潮问题。通讯稿件的作者在叙事的过程中有感情起伏的变化。一般一篇稿件都有一个感情发展高峰，我们叫它通讯的高潮。高潮是一篇通讯中表现主题、宣传目的的重点部分，是作者思想感情最激越、亢奋的部分。作为二度创作，播音员应在理解、体验的基础上确定高潮的位置，并顺势把自己的感受、技能调动到位。

稿件内容不同、目的不同、基调不同，高潮部分的感情色彩不同，有喜悦、昂扬的，悲痛、凝重的，祥和、舒展的，淡雅、婉约的，等等。每篇稿件内所体现出的作者感情起伏程度不同，高潮的陡、缓形式也不同。有的高潮陡起，有的起势相对比较平缓。每篇稿件高潮的位置也不同，有的在前部，有的在中部，有的在后部。这一切都应根据对具体稿件的认识和感受作具体处理。

言之得法

通讯播音要做到生动完满，还必须掌握表达上的特定规律和方法。

（一）说、念、诵、播，要语气相宜

说、念、诵是生活中常见的三种语气形式。广播中，由于播音员与受众特定的交流环境，播音员所播送的稿件内容、体裁、风格、语言等多方面特点的需要，在说、念、诵的基础上演变出播读、播讲、播报等语气形式。通讯体裁特点决定，通讯播音一般不以单纯的说或单纯的念、诵，也不以播读为主要的、基本的语气形式，而常以播讲式语气为主。播讲语气，即半说半念，说的成分居多。这种语气亲切自然、生动活泼，也不失郑重，而且这种形式灵活性强，向其他语气形式转换过渡较自然灵便。为适应不同稿件内容、写作风格、语言特点的需要，播讲语气中可以适当糅进一定朗读的语气。像通讯《县委书记的榜样——焦裕禄》、《为了周总理的嘱托》这类长篇通讯，主题分量重、容量大，提出了事关党和国家的大问题，而且稿件写作有一定文学色彩，书面语成分较重，很多人播这类通讯在播讲语气基础上，吸收一定朗读的语气，增强气度恢弘，严肃、郑重，感情真挚、深沉的效果，另外，像《马大傻》、《甜蜜的笑》这类新闻小故事，反映的是一人一事，写得比较短小活泼比较口语，因此往往在播讲语气中更多地吸收一些说的语气，容易使人感到亲切自然、生动活泼，收到小中见大、少中见多的传播效果。

一篇通讯的表达以一种语气为主，根据稿件内容和表现手法的变化，还要注意其他语气的穿插配合。例如我们以播讲语气为全篇播音的基本语气、贯穿语气，其中人物说的话、人物间的对话及人物心理活动内容，则需在人物心理活动、思想情状的支配下，转用日常说话的语气来表现。在与其他语气形式的比较中，说的语气与日常人们交流思想感情的惯用语气形式最贴近，语言熟练，连带特点突出。另外有些通讯还常通过表现看什么东西，如看书、看信、看报、看匾额等等，或通过念什么东西、默读什么东西等等细节描述，展现特定内容，在与前后语气比较中，若恰当运用念的语气表现所看的内容，不仅能有益于表现清楚所看到的文字内容，而且能形象生动地再现看时的心情和神态变化，使表达生动活泼，增添感染力。

通讯播音中念的成分太重，或语气单调，缺乏各种语气的配合，都会限制语言的表现力，是通讯播音表达不生动感人的原因之一。但是语气的选择和运用，无论是通篇的基本语气，还是其间穿插的其他语气，都要从稿件具体需要出发，而不是单凭个人习惯、爱好来选择。在具体运用过程中，语气间转换要自然、流畅，与全篇格调和谐、统一。

（二）叙述、描写、议论、抒情，要手法得当

消息以叙述为主；评论以叙述、议论为主；通讯表现手法最丰富，以叙述、描绘为主，还有抒情、议论，以及其他一些文学表现手法，如线索、照应、人称变化等等，相应地来说，通讯播音的表现手法也应当丰富。根据具体稿件写作手法的变换，当叙则叙，当描则描，当抒则抒，当议则议，运用得当，必然增强表现效果。有些播音员对稿件的理解感受尽管比较好，但有声语言表现手法单一，结果力不从心，大大削弱表现力。最常见的问题是以叙述方法代替描绘，甚至代替抒情和议论，表达过分拘谨，使许多生动的情节、感人的议论、真挚的抒情都淹没在一种单调的叙述形式中失去应有的光彩。这也是造成通讯播音平、直、浅、淡的原因之一。这里着重介绍通讯播音中叙述、描绘、议论、抒情的要领。

叙述——是向人们交待时间、地点、人物、事情的前因后果、来龙去脉，把人物、事物、景物的总体情况、大概情形、基本特点、问题实质告诉听众，把分散的内容归纳起来，有层次、有联系地讲给听众。叙述在通讯播音中主要起序列作用。如果把通讯播音比成河流及河流边的湖泊，描绘处就像一个个大大小小的湖泊，叙述则像贯穿各个湖泊的河流。叙述、描绘相穿插，使整篇通讯播音有展有收。

叙述的主要特点是语句紧凑，语意较概括。叙述的内容里由许许多多生动可感的事实及过程充实着，以特定感受充实着，所以叙述虽概括却不失充实、丰盈，概括而不流于空泛、苍白。按照叙述的概括程度，叙述又可分为概括叙述和具体叙述——也称详细叙述。叙述手法强调的重点常在说明性、判断性词语及体现逻辑关系的对应性词语上。

描绘——以对稿件的理解感受为内心依据，将稿件文字描写的情景化开来播，把字句里所固有的形、情、意展现出来，把人物、事物、景物、情节、场面、细节变为听众脑海中生动可感的画面。出神入化，使听者如闻其声，如见其人，如临其境，达到让事实出来

说话的目的。用描绘的手法展现的重点常在体现主题和播出目的动态性词，及一些修饰、限制性词，如动词、形容词、副词、数量词、象声词及比喻性词语上。

描绘是通讯播音表达中的扩展部分，是表现主题最具体、生动，最主要的部分。描绘是通讯播音区别于新闻、评论播音的特殊手段。一篇通讯播完了，听众不可能记住我们说的每一句话，但生动描绘出的那些触动人心的情节、场面、细节，却能使人经久不忘，产生深远的影响。

议论——是对稿件描述的事实感慨万端，不发议论不能尽兴情况下，播者（即作者）直接说出的“自己”的看法、感想。议论是由通讯里的具体内容引发的。议论是以个人感受，以个人思想流露的形式，揭示事物的本质，深化主题，引起听众思想共鸣。议论部分一般都是表现主题、播出目的的重点部分，是全篇思想感情的凝聚点。我们进行议论时，要以全篇事理、情感积淀为基础，感情一定要真挚，内心要充实，认识要深刻，议论要透彻。

抒情——是由稿件内容激发的感情升腾喷发。抒情也可以说是对内容的一种形象化的议论。抒情是以个人（播音创作中是以播音员个人）感情流露的形式，引起听者的感情共鸣，使听者深化对主题、播出目的的感受。抒情的地方是全篇思想感情发展到高潮时的触发点。

（三）环环紧扣，前呼后应

通讯一般由标题、开头、展开部分、结尾，或标题、起、承、转、合几个环节构成。语气上前呼后应，环环紧扣，是通讯表达意趣横生的手法之一。

播音员通过各部分的大意，体会标题与开头、展开部分、结尾之间的内在联系。例如：

标题：《市委书记听“放炮”》

第一层：长治市委书记张正书盛情招待桑林虎，请他当“炮手”（开头）；

第二层：张正书为啥请他当“炮手”（展开部分）；

第三层：张正书认真听“放炮”（结尾）。

这种环环相扣的大意在播音时作为内在语，从语气、重音上引起各个环节的紧密呼应和联系，吸引听众在对一个又一个环节的连续关心、注意中，接受我们报道的全部内容与主题。

广播听众多处于随意收听状态。通讯标题虽然短小，却是最先和听众见面的部分。为把听众引向对正文的关心、注意，播标题应以吸引听众的意识和行为引出话题，克服平铺直叙的习惯。根据标题风格和具体特点，语气中诱导听众对话题产生心理上的关心、好奇、注意，引起听众收听正文的期待感。

标题播得好，从听觉效应上引起听众的短暂注意后，还必须靠通讯开头的魅力继续扩展期待效应。每篇通讯开头的手法各不相同，但作者都有一个想出奇制胜吸引受众的主观意图，因此要播好开头，除了要注意语气上和前后环节的紧密衔接，注意开头与主题的关系之外，还要充分注意抓住这一篇通讯开头部分吸引人的特点，运用表达技巧饶有兴致地夸张、强调，把它生动地体现出来，造成听觉效果。比如开头是呼天抢地的悲伤情节，是对人生命题的严肃思考，是不可理解的反常现象等等。

展开部分是通讯报道最饱满、表现主题最重要的部分。播好标题、开头，在播者意念中引起了听众的收听兴趣和期待，实际上更多地引发了播者自己要往下讲，要满足听众期待感的热情和兴趣，为播好展开部分创造了一个良好的语境和心态。

要播好展开部分首先应注意从语气、重音上，使展开部分与标题、开头呼应紧密，针对标题、开头在既定方向上引起的听众的悬想、猜测、疑问展开叙述，用生动的事实解释、说明，回复标题、开头引出的问题。例如通讯《市委书记听“放炮”》。

假如在标题的语气中，我们使听众感到我们将介绍一位市委书记听人提意见的事，引起听众猜想：这个书记是谁呀？他听人提了意见之后怎么样了？（可谓一呼）

开头部分则仅回答了标题引出的第一个问题，即这位书记是谁，然后就避而不答第二个问题了，而且还通过对“长治市委书记”与“身着土布衣服”的老桑——这种地位、形象悬殊的交待，通过市委书记对老桑“盛情招待”的礼遇，使听众原有的好奇心又加重了一步，即：这个老桑到底是什么人？张书记为什么要听他“放炮”、请他当“炮手”？（可谓二呼）

展开部分则针对标题、开头在听众心里引起的这些层层悬想，用生动的事实一一予以应答。这样，展开部分才能紧紧扣住标题、开头，全篇前呼后应，连贯完整，一气呵成。

通讯的结尾是全篇报道的结束，又常常是喻示主题，提高听众兴趣，给听众以启发、教育、鼓舞的重要部分。稿件播完了，却给听众留下某种回味和思考。

播好结尾，首先注意结尾与文章前部分的联系，前呼后应，完满结束全篇。如通讯《在生死关头》，在这篇通讯的开头，我们向听众提出了一个很严肃的问题：“一个人在生死关头，是把生的希望留给自己，还是让给别人？请看土族女共产党员孙桃英是怎样用实际行动回答的。”展开部分就具体讲了在生死关头孙桃英的表现，结尾说“年仅 32 岁的孙桃英，把生的机会留给了别人，而自己却牺牲了！”播这个结尾就要注意重音、语气，它是对展开部分的总结，又是对开头提出的那道人生选择题的严肃回答，对标题、开头的遥相呼应。通讯播音若忽视首尾这种严格的呼应意识、呼应处理，全篇就容易播散。另外，播结尾既要注意点题鲜明，又要注意方法含蓄。结尾常常有点题，强调播出目的的作用，作为一篇稿件的播音，无疑主题、播出目的是应表现鲜明的，但是方法上应讲求艺术性，既避免简单具实，又避免生硬，好像强加给听众、教训听众。如《市委书记听“放炮”》，最后一个自然段有结尾作用。这个结尾字面上要告诉大家，由于张正书同志从人民的利益出发，正确对待群众批评，他和桑林虎同志心想到一起，话说到一起，一直谈到很晚。但结合播出背景和目的考虑，播这个结尾就不能太具实，只把听众简单引导到对这一人一事的了解上，而可以通过张正书同志的优良作风引导听众展开广泛的联想和想象，语气中使听众由张、桑二人交谈到深夜的具象升发为对干群关系水乳交融，一条心、一股劲，共图四化大业的美好前景的向往。

第六节　通讯播音的技巧性

情景再现、内在语、对象感，重音、停连、语气、节奏，是通讯播音成功的主要技能保证。与新闻、评论播音相比，通讯内容丰富、情节跳跃、写法灵活、感情色彩纷呈，亦或汹涌澎湃，亦或低回婉转……常融于一篇，因此通讯播音讲求更多的技巧性，这里仅阐释其中几点：

用声技巧

体裁需要决定，新闻、评论播音主要使用实声、中声区，音量也适中，声音色彩一般比较明朗。就一篇稿件而言，随报道、议论内容的变化，用声上会有些微高低、大小、强弱、明暗变化和区别，但与通讯播音相比，用声相对平稳，变化幅度有限。通讯播音也基本使用实声、中声区主述，但稿件风格、基调、内容差异大，这篇和那篇的用声形式差异也大。就一篇稿件而言，常因情节、内容扩展，感情起伏变化大的特殊需要，必须以声音高低、强弱、虚实、色彩明暗等等不同程度的对比变化作为技巧，以适应通讯播音表情传神的需要。以《市委书记听“放炮”》为例，这篇稿件在通讯类播音中用声形式算是比较单纯的，对比变化也不算很强烈，但为了生动地再现内容，表情达意，在这篇稿件内部仍然需要借助用声技巧辅助其他手段表达。比如用中声区主述；表现老桑的话，用声可略高于叙述，刚劲、明朗些；表现张正书的话，用声可略低于叙述，柔和、沉稳、厚重些。配合内在感受支配下的语气、节奏等变化，就可以较容易地把叙述与老桑、张正书的形象区别开来，把两个人物的思想性格特征刻画出来。再以有关老桑一段话的表达技巧为例：“桑林虎呷下一口茶说：‘说是党政分开，有的地方只是一门子抓经济。/你说，既然都埋头抓经济，党组织还要它干啥？/你们当书记的实地瞅瞅，一些村里的党支部都散架了。/上级党委不抓，下边谁当紧？’”根据我们对全文的理解感受，此时桑林虎怀着对党的无限忠诚，对张正书同志的信任，滔滔不绝地把对有关基层党组织建设的意见都抖落出来了。心情上是越说越着急，越说越激动，语气上越说越铿锵，节奏总体上渐渐加快。若按符号提示的层次，在用声上用抑、渐扬、再抑、再扬的技巧相配合，桑林虎的形象就容易表现得比较生动、完满。紧接下边两句“张正书边听边频频点头，不时插问几句。/时针已指向深夜 11 点，书记同农民的交谈意犹未尽……”这时随着内心视象的变化，脑海中像运动镜头一样，从桑林虎的近景渐变为：灯下，二人交谈的小全景；时钟特写；灯下二人交谈的大全景；户外万籁俱寂，惟一亮着灯光的窗口映现着二人交谈的身影……在这种感受下，我们的思想感情也很快地转换，支配语言转入轻声、低缓的叙述中去。实践中，前边那段话用声渐次转向高、强，后边这两句渐次转入低、轻。用声上这种由高、强到低、轻的较大幅度对比，作为一种技巧在生动刻画两个人物精神面貌，突出张书记的思想品格、展现干群关系方面都起着特殊作用。

再如，“通讯《访问中国人民解放军越海侦察英雄胡维志》一篇中，有一段写在一个小岛上，胡维志和跟他一同出来侦察的战友遇见了，同来的战友喊道：‘班副，你可上来啦!’如果仅仅看见稿上写着‘喊道’于是就兴奋地大声喊，那错了，因为，离他们不远就是敌人阵地，如果大声喊叫，岂不是要暴露目标吗？只有设身处地地想象当时的情境，才能避免这种错误。正确的处理是：同来的战士离开了胡维志游到这个小岛上来以后，当他正要探明这里离自己的阵地（大陆）有多远时，一回头忽然看见海边有个黑影在爬动，是谁呢？是敌人？也许是副班长？仔细一看，果然是班副，就惊喜地喊道（用气音）：‘班副！你可上来啦!’”（摘自中央人民广播电台播音组集体讨论，张洛执笔《把现实中的情景鲜明地再现在听众面前》一文，此文收入李越编著《播音导论》，引用时略有修改。）这个例子说明，通讯播音所需要的用声虚实的技巧运用，在正确、生动刻画环境上的重要作用。

综上所述，若在通讯播音中，继续保持新闻的用声状态，必然严重妨碍通讯的形象描绘和感情抒发，使表达陷于僵持、平板、枯燥的状态。

用气技巧

通讯播音用气形式与新闻、评论播音有较大区别。特别是区别于新闻播音：简明报告的语气，长句多，语句关系紧密，吐字清晰饱满、干净利落，因此，新闻播音呼吸多处于强控制状态，快吸慢呼，中途抢气现象较多，送气要求比较平稳均匀。“气动而声发”，单纯从通讯播音用声形式的丰富性及对比变化需要出发，就可以看出通讯播音用气需要较高的技巧性。通讯体裁的功能、通讯的内容特点、感情特点、写法特点需要呼吸的深浅、疾徐，呼气时的强、弱不同控制方法，吸气时的腹肌弹动，倒吸气、憋气、就气、叹气，呼吸时气流经过口腔、鼻腔的擦音等等，多种多样的呼吸形式，呼吸现象都可以作为技巧，带动语气、声音色彩等等的变化，辅助其他表达手段，表现特定的形象、环境、气氛、感情色彩。“气随情动”，例如，人在愉快的时候，气吸得就比较浅，是快吸快呼，呼吸间运动较快；人在痛苦悲哀的时候，往往是将气慢慢吸入后稍停，然后快呼出来，继而转入慢而深的呼吸运动状态中。风貌通讯《钱塘大潮》中观潮一段，需要我们为听众展现大潮雄浑壮美的景象：

“①Ⅴ潮水来时，站在钱塘江堤上向东极目远眺，②Ⅴ在远处波涛起伏的江面上，忽然出现一道白线，好像有亿万条银白色的鱼在宽阔的江面上跳跃、追逐，又好像一群洁白的天鹅排成一线展翅翩翩飞来。③Ⅴ转瞬之间，你就能听到春雷轰鸣般的潮声，接着高头大浪滚滚而来，水声隆降而动地，巨浪滔滔而掀天。④Ⅴ潮头近时，但见眼前陡然出现一堵三四米高直立的水墙，排山倒海，翻腾咆哮；白花花的潮头飞溅雾空，玉城雪岭际天而来，震撼激射，吞天沃日。⑤Ⅴ苏东坡的诗句，‘欲识潮头高几许，越山浑在浪花中’，正是这幅奇景的生动写照。⑥Ⅴ接着，潮峰便激如雷电似的一闪而过，激涌而去……”

当然在播音中要完成这段描写首先要靠语气、节奏变化，要在用声大小、高低、刚柔、虚实上下功夫，同时也需要用气技巧配合。重要的是要选好气口，利用气口，调整好心理及呼吸状态：“Ⅴ”表示几个换气的大气口；在气口处要求内心视象、思想感受迅速转变，同时迅速调整呼吸形式，进入新一层的语气、节奏状态。在这一段里我们假设由六个“Ⅴ”表示六个大气口，按想象和感受的情景，相对把内容分为六个小层加以体现：

第一小层，神清目朗，极目远眺，心旷神怡。所以第一个大气口处转入气息沉稳，处于舒展自如的慢吸慢呼状态；第二小层，极目远眺，忽然兴奋地发现远处的江面上潮涌初起，所以在新鲜、兴奋感受支配下第二个大气口处，腹肌轻微弹动，借助此时轻快的吸气擦音，将我们的新鲜、兴奋感受生动地传递给了听众。紧接着在想象中但见远处潮涌生处，像一道白线，又像展翅翩翩飞来的洁白天鹅，运动优美而轻盈，所以第二个大气口之后，呼吸逐渐转入快吸慢呼、浅吸气为主的特征；第三小层，潮头渐近，潮涌高而渐猛，潮声逼人了，我们介绍大潮的心情也愈渐亢奋、激动，所以第三个大气口之后，呼吸转入快而渐深为主的特征；第四小层、高头大浪冲到眼前，吼声动地，勾魂摄魄，所以第四个大气口之后，呼吸转入急而深为主的特征。第四小层的掀天巨浪和动地潮声深深震撼了我们的心灵，大自然的雄浑魅力使我们和听众越讲越兴奋，越讲越激昂，到第五个大气口时，我们为大潮所感动、倾倒，所以情不自禁地深深地吸一口气，并运用吸气擦音把我们深深的感动传递给听众；然后深沉、轻缓，字字清晰地抒发出下面我们的慨叹“苏东坡的诗句，‘欲识潮头高几许，越山浑在浪花中’正是这幅奇景的生动写照”！待到第六个小层，我们的视线继续追踪那潮涌时，只见潮峰已过，激涌而去，在远处的江面上恢复了平静。所以第六个大气口之后，呼吸运动减慢，吸气深，送气控制均匀、平稳，然后浅浅地补一点气，舒缓地托住、吹出，用以传达我们在享受潮涌后平静下来的满足情绪。

在通讯播音实践中，由于叙述事情，刻画人物，表现稿件不同的风格，会有更强的动态感和复杂情绪变化，必然对气息运用技巧有更高的要求。通讯播音若有意无意地坚持新闻播音、评论播音的呼吸方法，必然牵制通讯播音时的表情能力以及用声、语气、节奏、停连的活泼变化，严重影响表达效果。

吐字技巧

各种文体播音普遍要求字正腔圆，但有时通讯播音则需要以吐字刚柔、口腔控制松紧、发音圆扁、音节长短、位置前后等等对比变化，复合运用，辅助其他手段传情达意。

例如“小李!”这个短话，写在稿上都一样，播出来的效果可以很不同，吐字就是技巧之一。每个音节短小些，吐字轻柔些，辅以亲切的语气、小声、轻快型节奏，就可造成亲切招呼近旁同志的形象感受；若“小李——!”第二个音节加重、延长、可以辅助音高、语气，展现稍远距离呼叫小李的形象感受；若“小——李——!”两个音节都加重字头，延长音节，可以辅助音高、语气、虚声色彩，有效地表现远距离呼叫感，或不知其所在，寻找呼叫的形象感。通讯《活在人们心里的马老师》中，表现年轻的马金锁从中学毕业后回到自己的家乡，党支部决定让他当民办教师，马金锁非常激动，“夜晚，马金锁躺在地铺上。山村的夜，格外宁静。‘哗——，哗——!’松涛声传过来了，又传过去了。他睡不着，脑海里像被那不尽的松涛卷起了波澜，思绪万千。”“hu——ɑ”第一个“哗”的字头稍重，然后用明和舒展的虚声拉开、延长，于渐无声时归音到 ɑ 位；第二个“哗”，字头“hu”再加重些，然后用明和舒展的虚声进一步充分拉开、延长，渐无声时归音到 ɑ 位。以生动描绘松涛声响、山风的动感，辅助其他手段表现出山村夜的宁静气氛中蕴藏的勃勃生机，以烘托马金锁决心为山区教育事业献出青春的热切心情。再如：“他用一双粗壮的大手有力地划着双桨，哗——，哗——! 耳边响起有节奏的水声，我们的船迅速向湖心驶去。”“她哗，哗撩着盆里的水，三下两下就把那盆衣服洗出来了。”这三个例子中都用了象声词“哗，哗”，但播音中吐字技巧不同，辅以不同语气节奏，就能展现不同事物的形象，动态特征。通讯《谁是最可爱的人》中有一段，写战士马玉祥冒火救朝鲜小孩，“……我就用脚踹开门，扑了进去，呀！满屋子灰洞洞的烟，只能听见小孩哭，看不见人。………”“踹”和“扑”两个重音，除了从语气、节奏、音强上给以恰当强调外，吐字刚劲、喷弹有力，也是表现马玉祥救人的焦急心情和勇猛行为，产生特定动作感的重要手段。再如“呀！满屋子灰洞洞的烟，只能听见小孩哭，看不见人。……”描写在危险的烟熏火燎的屋里摸索着找人，语言外部节奏转缓，但内部节奏却加紧，气提声收，吐字也必须内收外展，于轻缓中表现在危险的环境下，紧张的气氛及警觉、谨慎的观察、分辨心理活动。

语气节奏

通讯播音的语气、节奏形式远比新闻、评论播音丰富，是通讯播音的重要表达技巧。

通讯写作的风格特征十分鲜明，在通讯播音中播音员个人的风格也便于得到展现。无论通讯稿件的写作风格还是播音风格，在播音中主要通过语气节奏来体现。有的播音表达词轻语淡，节奏平和舒缓，给人以情展声收、自然婉约之美感；有的播音语气真挚热情，节奏变化鲜明、跌宕，给人以热烈奔放、亲近坦诚之美感；有的播音京腔京味，节奏明朗、跳荡，给人以厚朴纯真、豪爽通达之美感；有的语气深沉，节奏凝重，给人以深情持重之美感；有的语气亲切、细腻，节奏活泼、轻快，给人以轻巧流畅之美感等等。

在通讯播音中，情节推进，叙述中插入人物言谈话语，心理活动、表情动作刻画，景物或环境气氛描写，书信等内容引用及作者的感触等等复杂情况，也主要需要依靠恰当转换语气、节奏来体现。

如通讯《学科技致富“凤凰”飞来》开头：“杨喜荣，河北省阳原县南辛庄乡四十亩淮村人，她有个哥哥叫杨兆平，聪明能干，是村里数一数二的好青年，可由于这儿穷，村里的姑娘往外嫁，外村的姑娘不愿来，他已近而立之年还没对上象。”表达时，在内心感受带动下，需要由平和、愉快介绍的语气，平稳、舒展的节奏转入较亲切、热情的夸奖语气，明朗、轻快的节奏，然后又逐渐转入较同情、惋惜的语气，较低沉、缓慢的节奏。以此，很快在故事开头创造了一种压抑气氛，引起听众关注，促进情节开展。

通讯播音中表现人物的言谈话语，特别是表现人物对话，难度比较大，因为我们不仅告诉听众人物说了什么意思，尤其要通过人物说话的口气、情态来深入表现人物的思想情绪，使人物思想品格——这种人心深层的，又是非常抽象的东西，通过说话的语气、节奏还原成听众生动可感的内容，巧妙地传递出“言为心声”的信息。生动表现人物的言谈话语，首先通过语气节奏辅助其他表达手段区别人物；第二，运用语气节奏使人物生动起来。这就要把握人物的思想特征，精神面貌，话的中心意思和说话的目的性，同时还必须根据稿件提供的线索把握住人物的性格、性别、年龄、职业、文化层次、社会经历、社会位置，说话环境、说话时的心境、说话人与语言环境中人物的关系等等特征，进入人物状态，然后运用特定语气、节奏表达出来。如通讯《学科技致富“凤凰”飞来》，讲了因为家乡贫穷，杨喜荣聪明能干的哥哥已近而立之年还没对上象。母亲决定用刚高中毕业的喜荣为哥哥换亲，又被喜荣给拒绝了，这时有这样一段情节：

“一天晚饭后，喜荣见哥哥正靠着被子抽闷烟，桌上堆着好多烟头，便说：‘哥，你咋抽那么多烟?’

‘没事干。’说着，他吐出个烟圈。

‘为啥不看看书，学点知识?’

‘初中毕业，看不懂，也没用。’哥哥依旧躺着抽烟。

‘种地也得讲科学，不然的话，就不能高产多收，看不懂不要紧，我可以教你。’喜荣见哥哥不吭声，便说：‘你可要知道姑娘们的心理，找对象主要看对方有没有本事，会不会赚钱。’

心有灵犀一点通。杨兆平猛地坐起身，将烟头一扔：‘你说该学点啥科技知识?’

‘就学这些。’喜荣将事先买好的《农村科技大全》和《蔬菜栽培新技术》两本书往哥哥面前一放。兆平说：‘还是妹妹有主意。’”

喜荣和兆平性别不同、性格不同、精神状态不同、身份不同、处境不同、心情不同，表现两人对话时，音色、语气、节奏对比要鲜明、强烈，才能使听者从听觉上把两个人物区别开。从稿件提供的线索：喜荣不同意换亲但爱哥哥，同情、关心哥哥；当代高中毕业生，有见识、积极上进；本身性格又比较善良、沉稳、开朗有主见。这些是喜荣的心理要素，也是表现喜荣说话语气、节奏的主要依据。初中毕业，参加农业生产；家乡贫穷，30岁还娶不上老婆；好容易说能换亲，妹妹又不同意；本身性格又比较内向、倔犟；理解妹妹，但又想不出解决问题的方法；心情压抑、烦闷。这些是兆平的心理要素，也是表现兆平语气、节奏的主要依据。表达过程中，播音员担负着叙述和描绘不同人物语言等任务，所以进出人物心理要快，语气、节奏转换要快而鲜明、准确，点到为止。再辅以音色对比，表情动作，就可以生动表现人物的语言形象。

随着内容发展，人物语言语气、节奏又应有鲜明、细腻的变化，才能促使情节推进。以前段引文中喜荣语言的语气、节奏变化为例：

虽然喜荣坚决反对换亲，但她同情、关心哥哥的处境，积极想办法帮助解决问题。她左思右想，终于找出了学科技致富这条道，于是高高兴兴买好书来找哥哥。见哥哥愁苦的样子，怀着既心痛又嗔怪的心情走近哥哥，由抽烟试探着引起话头；而后见机劝哥哥看书学知识；见哥哥不感兴趣，喜荣又进一步启发、鼓励；最后见哥哥头脑还不清醒，就干脆单刀直入，针对当时哥哥心里最主要的婚姻上的疙瘩，激发哥哥的觉悟。哥哥终于明白她的心意了，这时喜荣才愉快而略带调皮地把事先准备好的书放到哥哥面前。在内心感受支配下，随着这一系列心理发展线索，语气细微变化，节奏也由沉缓、轻柔，逐渐转向平稳、明朗，又转向较明朗、跳荡，再转向轻松、跳跃。

语言环境中任何一个因素的改变，都会促成说话语气、节奏的明显差异。播音员日常要注意观察生活，积累经验，从广泛的意义上为通讯表达做好准备。例如通讯《还礼》，讲的是我军连队生活故事，其中干部战士也有喜怒哀乐，但表现连队干部战士说话，语气、节奏明显区别于其他环境中其他职业的人，也不能一口学生腔。《还礼》讲的是春节刚过，朱排长听说战士李成尧探家归队了，就去看望他。一跨进宿舍门，小李就赶忙站起：“排长，过年好!”板板正正向朱排长敬了个军礼。朱排长没还礼就忙去握小李的手。

小李见这样，就没有去握排长的手，双方搞得很尴尬。事后排长自觉反省，从中认识到自己忽视尊重战士的问题及其危害性，主动在晚点名时当众批评自己，官兵关系从而更亲密融洽了。其中刻画朱排长晚点名点自己名的一段话，不仅要符合连队干部、战士说话的特点，还必须符合部队晚点名时排长训话的特定语言环境，对着百十人训话，气氛严肃，语言高度概括，语句简短，褒贬分明，节奏铿锵高昂。若表现朱排长晚点名点自己的名时，语言节奏、语气不符合这种特定语境，比如，语气温和、亲切，节奏轻松缓慢，必然让人感到朱排长平时训别人理直气壮，今天批评到自己嘴就软了，根本没有自我批评的诚意。这样就歪曲了人物形象，严重影响主题和播出目的的表达。

在通讯播音中不仅在表现人物时，要注意把握语气、节奏特征，表现任何事物都应注意根据对它们外形、色彩、质地、体积、重量、运动或其他本质特征的认识、感受，把握表述它们的语气、节奏特点。如通讯《白石山上观云海》，先介绍白石山的形象：参差不齐的山峰，恰似一把把利剑，直指苍天，惟有毛泽东的著名诗句"刺破青天锷未残"方可形容它们的雄伟和气势。再看那山体，悬崖壁立，一色青灰的岩石，在阳光下发着威严的光，千万年的风吹日晒雨淋，它们依然保持着尖锐的棱角，由此可见它们的坚强。根据稿件描写，我们对白石山特征的主要感受是山峰刃立，坚强、威严。后边主要说白石山的云。云给我们的主要感受是升腾、飘逸，奔腾翻滚，云海茫茫。因此播这篇通讯描述山，需要以较庄重赞叹的语气，铿锵沉缓的节奏为主；描述云，则需要以惊异赞美的语气，轻柔舒缓的节奏为主。二者对比鲜明、强烈，又各有变化分寸。

如果悉心体会，通讯稿件内部都有自在的语气、节奏，然而转化为有声语言表达时却要依靠播音员的再创造能力了。有些播音员播通讯自始至终保持一种温和讲述的语气，四平八稳的节奏，或把新闻、评论播音的语气、节奏规律带入通讯播音，无形中都会影响通讯语言表达的生动性、表现力。

表情动作

用语言表达思想感情只是人的重要表情方式之一，通常称为言语表情。实际上，人处在思想感情状态时，言语表情、面部表情、动作表情及人的肌体都会产生相联系的一系列反应。中国有很多成语就生动反映出这个道理，如：手舞足蹈、捶胸顿足、咬牙切齿、面红耳赤、目瞪口呆、心惊肉跳、毛骨悚然等等。播音时，当我们全身心投入稿件规定情景后，丰富的再造想象活动，同样不仅会激发我们强烈的言语愿望、言语表达行为，也会刺激我们产生生动的面部表情、动作表情和肌体内部反应。换句话说，没有相联系的肌体其他反应，不会进入真挚的感受状态。当然播音员主要依靠言语表情工作，所以理应十分注意训练提高言语表达能力和技巧，但决不可忽视面部表情、手势、动作、肌体筋肉感觉对言语表情的推动作用。在生动的想象和感受活动支配下，面部表情、手势、动作、肌体感觉，在通讯播音中主要有以下作用：

可以诱导自己更真切地进入稿件规定的情境；

可以影响语言的感情色彩；

可以使语言描述增加形象感、动态感和力度；

可以使我们的言语表情更准确、充分、细腻、传神，强化言语表情效果。

例如，随着想象和感受的变化，播音时一颦一笑、撇嘴、瞪眼、眨眼、摇头、点头、招手、蹬腿、掂量、推挡、攥拳、努劲、跺脚、欠身、定睛、仰望、俯瞰、遥望，播对话时内心视象和表情、眼神的变化，动作姿态的感觉……都是很自然、很必要的语言表达助动行为。

同时应该强调的是，有声语言必定是播音员传播信息与听众交流思想感情的惟一手段，播音时的表情动作不是为了让人看，听众也一概看不见，所以在强调表情动作对语言表达的助动功能时，又必须反对在话筒前过分强调手势、动作表情的表达功能，忽视语言在广播传播中的作用。这不仅无助于言语表情，还会适得其反，分散语言表达精力，甚至干扰、破坏语言表达连贯性、完整性。播通讯不是演戏，也完全不同于当众朗诵，不仅听众看不见我们表演，而且真正播起来语流速度很快，没有真正抬手动脚的空当，因此准确些说，播通讯时的表情、手势、动作以寻求内里感觉、肌体感觉为主。手势、动作很小，心到为止，而想象、感受活动带动下的内里筋肉感觉却准确而“充分”。另外，过度的手势动作还将干扰对手播讲情绪，以致造成话筒前的杂音，声音不稳定等问题。

综合运用，对比变化

通讯播音要表达的感情不是单一的，而表达思想感情的手段也不可能是单一的，通常需要理解、感受与表达技巧的协调，需要内外部技术配合运用，重音、停连、语气、节奏、吐字、用气、声音、色彩、表情，动作等等各种表达手段配合运用，才能较好表达我们对稿件内容的认识和感受。请看，中央人民广播电台播音组集体讨论，张洛执笔写的一篇讲述通讯播音经验的文章，是怎样反映通讯播音技巧的综合运用情况的：

“《谁是最可爱的人》里，有一段，写的是战士马玉祥冒火救出朝鲜小孩：‘……我就用脚踹开门，扑了进去。呀！满屋子灰洞洞的烟，只能听见小孩哭，看不见人。我的眼也睁不开，脸烫得像刀割一般。我也不知道自己的身上着了火没有，我也不管它了，只是在地上乱摸，先一摸，摸着一个大人，拉了拉没拉动，又向大人的身后摸，才摸着一个小孩腿，我就一把抓住抱起来跳出门去。’”

“这样几句话，如果稳稳当当、平平板板地照念，也未尝不可，但却无法传达出当时的情景和气氛。只有设身处地地想象出当时的情景并以与此相符的声调来表现，才能使大家看到这幅鲜明多彩的图画。”

“只有这样理解才能满足听众视觉上的要求：‘我就用脚踹开门，扑了进去’这一句，加重‘踹’和‘扑’二字，语气中使它们具有沉重的分量，像是真的猛然一撞。‘呀！满屋子灰洞洞的烟……’‘呀！’用气声，音量不要太大，但必须带有惊讶的神情。不过，要记住：是由于窒息的空气，呼呼的火苗和小孩的哭叫声刺激你惊讶得喊出声来，而不是大声惊呼‘呀’！因此，在播这句时，一定要具体的想象满屋子灰洞洞的烟，小孩的哭声等情景，并且，让它们动起来！整个这一段要急促一点，因为在那样猛烈的大火中是不可能悠闲地散步的。但在摸着找的时候，不妨稍微慢一些，从而显出来在浓烟滚滚中，什么也看不清，到处乱找的情景；同时，通过想象的活动，并运用停顿，使每句介绍动作的话都活动起来，就是说，使它具有动作性。如‘先一摸（摸到一个人的胳膊，不像是小孩的——这时，要停一会，表现出思忖的时间，但不能停得过久，使情绪中断）摸着一个大人，拉了拉（通过想象的活动拉了一下）没拉动（这时小孩又哭出声来，好像就在附近，于是——），又向大人身后摸，才摸着一个小孩腿（通过想象急忙抱起来往门外跑去），我就一把抓住抱起来跳出门去。”

“当然，更重要的是在全部想象的活动中贯串着对朝鲜人民的爱，只有当你具备了这种感情，才能跟马玉祥一起着急，并不顾一切地在浓烟烈火中寻找那位朝鲜孩子。”（摘自《把现实中的情景鲜明地再现在听众面前》一文，此文收入李越著《播音导论》。引用时略有修改。）

在综合运用技巧方面还要注意对比之中求变化的原则，懂得无低不见高，无虚不见实，无圆不显扁，无快不显慢，欲扬先抑、欲抑先扬的辩证关系。而具体变化形式、对比幅度就要从稿件内容和感情发展的实际需要出发具体决定了。对比幅度要适度，对比幅度当大要大，当小则小。一篇通讯播音若整体缺少适度的大的对比变化，即总体反差都太小，其间细微的变化便没份了。听起来就会感到平平板板“一道汤”，但若一篇通讯播音到处是大幅度的对比变化，缺乏应有的细腻的转折、推进，听起来又会感到虚张声势、一惊一咋，失去了通讯播音朴实亲切的感染力量。

技巧要为传达稿件内容、思想感情服务。对稿件内容、播出背景、播出目的的理解和感受，是运用技巧的内心依据，没有内心依据的滥用技巧不仅没有生动性，反而易使听众产生逆反心理。“大匠不示人以巧”，不要为表现技巧而表现技巧，技巧不能掩盖我们对稿件理解及感受上的浅近和苍白。

在谈了通讯播音方法、技巧之后，再谈谈通讯播音“无技巧”问题。“‘技巧是一种才能’（乔治·桑语），没有技巧即无创作之谈，这是基本常识。”（引自曹志培《“无技巧”境界》）然而一个成熟的播音员播起通讯来一般感觉不到自己在用技巧，也很少考虑在什么地方要用什么技巧。听他们的播音也只有为内容所吸引，有身临其境之感，并不为技巧分神，就是因为播音员在理解体味到稿件情景、真谛之后，在话筒前的一种酣畅的表述，和听众一起倾心的侃谈。这种无技巧感觉可称为通讯播音的“无技巧”境界，即理解、感受与表现能力高度融合后不留痕迹的高境界。明唐顺之为董中峰的文集写序时称：“法寓于无法之中”。通讯播音从有技巧、学技巧到无技巧的经历，应当是业务成熟的必然经历。

第七节　各类通讯播音要领

各类通讯播音要领

（一）人物通讯播音

人物通讯是通过方方面面集中刻画一个人物，特别是通过人物处在典型矛盾冲突中的思想行为，表现这个人物的思想品格，揭示人物的精神境界。我们播出的人物通讯，多以宣传我们时代涌现的先进人物的先进思想、先进事迹为主，为大家树立学习的榜样，推动社会进步。

人物通讯可以较全面写一个人，如《人民的好医生李月华》、《活在人们心里的马老师》；也可以着重表现人物的某个侧面，如《“我是共产党的支部书记”》，着重表现仉振亮同志牢记自己是共产党的支部书记，自觉坚持党性原则的精神；还可以通过一个典型事例表现人物一个方面的思想品格，如《在生死关头》，通过窖塌时孙桃英舍己救人，壮烈牺牲，表现她作为一个共产党员，为人民的利益，英勇献身的精神。

人物通讯播音要领：

1. 人物通讯要播清楚，就要注意交待清楚何地、何人，通过何事，从何方面体现人物何思想。另外，脉络要清楚，注意人物通讯多按逻辑顺序、时间顺序讲述。

2. 要播好人物通讯，首先要抓住通讯所宣传的人物的思想实质，进而联系播出背景、针对性，深入体会当前宣传这种思想的重要性、必要性，提高宣传报道的热情和主动性，态度鲜明、感情饱满。

3. “人因事显”。注意通过一件或多件事，在矛盾冲突中充分表现人物思想品格，精神面貌。如《“我是共产党的支部书记”》，就通过五件事，描写仉振亮同志在吃喝、金钱、虚名、亲人利益等的诱惑与党性原则的矛盾冲突中的表现，歌颂他牢记自己是共产党的干部，自觉坚持党性原则、维护党的利益的崇高思想。

一方面要注意刻画好矛盾对立方面如何发展、变化，一方面就要注意刻画好先进人物如何分析矛盾、解决矛盾，直至胜利。如《在生死关头》，一方面表现天空突然阴暗、阵阵寒风袭来，给生产造成的困难，一方面就要刻画孙桃英在矛盾面前的表现；一方面要表现地窖两根角柱怎样忽然倾斜、土块不断落下，进而“轰”的一声，地窖里边的木架塌下来，土层怎样压住了孙桃英和小三月花的腿脚，最后土层和窖上几千斤洋芋都落下来，压住了她的全身，危险一步步威胁着窖里姐妹们及孙桃英的生命安全，另一方面就要注意刻画孙桃英在生命安全受到步步威胁的情况下，她的言行及思想发展情况。

人物通讯经常通过以下矛盾刻画人物：

（1）人和自然的矛盾

如《在生死关头》，主要通过刻画地窖塌陷给群众和自己的生命安全带来威胁时，中心人物的所作所为，来表现人物的崇高思想和行动。

（2）人与人之间的矛盾

人与人的矛盾性质不同，有先进与落后的矛盾、正确与错误的矛盾；也有先进人物与坏人、与敌人、与恶势力的矛盾。如《“我是共产党的支部书记”》就通过人与人之间先进与落后、正确与错误的矛盾冲突，来刻画仉振亮。

（3）人物内心矛盾

客观世界的矛盾反映到人物身上，常常引起人物这样那样的思想活动，产生内心冲突。先进人物也是人，有思想矛盾是正常、自然的，关键是先进人物思想斗争的结果和一般人不同。展现人物内心矛盾斗争，是深入揭示人物思想，使人物报道真实可信的重要方面。

4. 人物不仅有思想，而且都是有血有肉、有感情、有性格的活人，所以描绘要生动，要通过对人物外貌、语言、行为、表情、动作、心理、活动与周围人的关系，表现出“这一个”人物的特征。

5. 注意通过周围的人，间接表现主要人物。如《“我是共产党的支部书记”》中，通过食堂大师傅的解释，间接表现仉振亮的思想作风。

6. 注意处理好先进人物与周围人的关系。不要为表现先进人物的先进思想，就在语气强调和表达上把先进人物描绘成神。先进人物也需要从组织领导，从周围同志，从亲朋好友那儿得到启发、鼓舞、同情、帮助。不要把先进人物孤立起来，不要把周围的人都当作陪衬。如《“我是共产党的支部书记”》中，在注意刻画仉振亮的同时，也要注意实事求是地表现改革开放时期，周围其他人思想上出现的问题。

7. 注意人物通讯与事件通讯的区别：人物通讯是通过写事来写人，表现人物思想，一人多事；事件通讯则通过写人来写事，一事多人。

（二）事件通讯播音

事件通讯是以报道典型事件为主的通讯。通过详细描述一件事发生、发展、变化的全过程，特别是通过一些感人的情节、细节描绘，说明一个问题，表现一定思想意义。如小通讯《中计》，就是通过房东张大爷、张大娘老两口设计，新战士洪松彪“中计”的来龙去脉，歌颂军爱民、民拥军的军民鱼水情意。

事件通讯播音要领：

1. 事件通讯要播清楚。应注意交待清楚：何时、何地、何人、何事、何因、何果。另外要摸清事件通讯叙事的脉络。事件通讯多按时间顺序写，从事情的发生、发展、变化讲到结果，为了叙事生动、主题突出，有时也有倒叙、插叙等变化；另外，有的事件通讯还有空间变化穿插。如著名通讯《为了 61 个阶级兄弟》。还有些事件通讯按起、承、转、合关系写。

2. 要播好事件通讯应避免就事论事，流水账似地叙述。注意事件发展的高潮，注意通过这件事所表现的思想性。联系播出背景、针对性，明确现在报道这件事的目的、意义，态度鲜明、感情饱满。

事件通讯有从正面报道，提倡、宣扬、歌颂某种思想、精神、风尚；歌颂、宣传我们的社会制度、国家形势的；也有从相反角度报道，揭发、批评某种不良思想、作风、不良行为，或提出问题的。

3. 要播好事件通讯应避免平铺直叙，注意再现其中有典型意义的情节、细节，根据情节发展、思想感情变化，有起有伏描述事件进程、高潮。另外，要抓住影响事物发展变化的关键因素。

4. 要播好事件通讯，还要处理好事与人的关系。

“事因人生，人因事显”，要反映事件必然要牵扯到参与事件、构成事件的人，所以我们应注意刻画好事件中的人物，特别要注意揭示典型人物的思想境界。如《中计》，我们要报道军爱民、民拥军这件事，必然要落墨到故事中张大爷、大娘、战士洪松彪这几个人物形象上。刻画出这几个人物的音容笑貌、行为思想、情感；揭示出这几个人物的精神境界，才能体现出报道这件事的主旨。

事件通讯常常描绘几个、十几个，甚至几十个人物，通过刻画人物群像体现事件本质意义，表现社会风貌。小通讯《中计》刻画了三个人物，而《为了 61 个阶级兄弟》共写了30多个人物，通过他们为抢救61个阶级兄弟积极寻药、送药的思想行为，表现一方有难，八方支援的协作精神及共产主义风格，体现这篇事件通讯的主题。

（三）概貌通讯播音

概貌通讯内容十分广泛：报道某个范围的新气象、新风尚、新面貌、新变化，如《夹道万竿成绿海——记著名风景区莫干山的绿化》、《今日南韩继》、《鲁迅故乡的乌篷船》等。报道自然风光、名胜古迹、革命遗址现况等，如《钱塘大潮》、《卢沟桥记游》。报道一个建筑工程，或一个集贸市场、一个展览会、陈列馆等的风采、景象、内容等，如《赶山会》、《内蒙古涮羊肉真鲜美——记北京农展馆第二届农副工产品展销馆见闻》。报道异地风情、社会风貌、习俗等，如《日本的学生街》、《在瑶寨作客》。

概貌通讯能广泛提供各地、各条战线、各方面的新情况、新变化，既有新闻性，也富于知识性、趣味性，能使人扩大视野、增长知识、陶冶情操、开阔胸怀、受到多方面的启发、教育和鼓舞。

概貌通讯播音要领：

1. 内容要清楚。首先要交待清楚所报道的是何地、何情况，并抓住报道对象的特点展开描绘。

《钱塘大潮》的特点，前边我们已经说过了，《鲁迅故乡的乌篷船》，就要围绕在农村改革的形势下，乌篷船已成为商品流通中的纽带这个新特点，进行生动报道。

第二，脉络要清楚。概貌通讯多按空间顺序结构，有时也兼有逻辑顺序，按问题的方方面面情况介绍描述。播音时要注意走访、观察事物的方位变化，走访、观察的路线须清楚、步移景换，要有空间转换感。另外，概貌通讯常穿插对比材料、历史、知识以及神话传说等等，播音时应注意记叙与穿插的关系，记叙与穿插界线要清楚。

2. 要避免播散。概貌通讯形式很多，像游记、巡礼、侧记、见闻等等，有时貌似很散，东走走西说说，实际都有凝聚的内核。我们播概貌通讯时，心境要调整得比较闲暇，语调要比较从容、舒展，好像是自己的所见所闻一样，信口说来，洋洋洒洒，思绪万千。实质上除需廓清布局以外，主题、宣传目的也必须十分明确，才能产生形散实不散的效果，给人留下回味和思考的价值。

3. 概貌通讯有的有一定针对性，有的没有十分具体的针对性，但在特定背景下播出，都有主题，有明确的宣传目的，如某友好国家元首访华期间，我们播送某国游记、见闻，是为了增进两国人民之间的了解，沟通两国人民的感情，为来访创造友好气氛；我们播送《鲁迅故乡的乌篷船》，是为了深入宣传农村经济改革的好形势，给广大人民群众以鼓舞；我们播送《钱塘大潮》、《卢沟桥记游》是为陶冶情操，开阔眼界，培养、激发人们的爱国之情。

（四）经验通讯播音

经验通讯也叫工作通讯。这类通讯是直接反映和指导当前实际工作的。主要是生动具体地记叙和分析在贯彻党的纲领路线、方针政策，完成党和国家各项任务的实际工作中，出现的经验和问题，从中提出带有规律性的东西，指导和推动面上的工作，有广泛的学习参考价值。

经验通讯播音要领：

1. 明确针对性和指导意义。由于经验通讯联系实际特别密切，指导性非常强，因此播送经验通讯必须注意联系播出背景，明确播出针对性和指导意义，使我们的宣传报道有的放矢，同时增强播音的社会责任感、迫切感和语言的行动性。

如通讯《宰鸭风波》，主要针对有些连队干部责人严、责己宽，战士有意见不敢发表，结果影响战士积极性的发挥及连队工作的深入开展。我们播送这篇通讯，意义就在于启发连队干部以及广大基层干部要注意正确对待战士、群众，严于律己。

如通讯《“维尔康”搁浅“北冰洋”》，是提出问题、分析问题的经验通讯。这篇通讯报道：由于北京北冰洋食品公司领导人忽视商标在商品竞争中的作用，不懂商标法规，目前有使自己已经享誉京城，打向国外的名牌产品“维尔康”成为“黑户口”的危险。北冰洋公司早以“北冰洋”商标注册，却花了300万元宣传费宣传“维尔康”。现在“维尔康”已享誉京都，打向国外创汇，而1988年4月5日崇文区工商管理局通知他们，“维尔康”商标已被山西阳泉饮料厂先注册一步，这一下北冰洋公司的“维尔康”由于没有法律保护就有成为“黑户口”的危险。尽管北冰洋公司认为自己使用在先，担负出口创汇任务，气壮如牛，但不合理合法。要得到一个使双方都满意的协商结果，还要费些周折。

这篇通讯在当时的针对性、指导意义就特别强。党中央实行开放搞活的政策以后，我国商品经济发展加快，而人们经营商品的知识和经验还没有积累起来。商品经济观念不强，商业法规方面的观念也不强，体现在商品注册商标上的问题就相当普遍，如享誉中外的“101”毛发再生精，它的注册商标却是“章光”和“象东”。假如有一天也有人把“101”注册商标抢走了，不同样会酿成“维尔康”这样的苦果吗？针对商品经济发展情况下出现的这些新的迫切需要解决的问题，播音员就会感到非常有必要及时播出这篇通讯，积极指导工厂企业，加强全面竞争意识，加强法制观念，提醒他们避免重蹈北冰洋公司的覆辙，促进我国商品经济的健康发展。

2. 这类通讯经常通过人物或作者的分析、议论，从具体经验中归纳出有普遍指导意义的经验或教训来。这些分析、议论，常常是经验通讯的重点或主旨所在。

3. 尽管这类通讯有提出问题、分析问题，介绍、推广经验的任务，但在播音中也应十分注意通过表达的形象性、感染力来实现，避免生硬说教。

（五）主题通讯播音

主题通讯也叫综合通讯。这类通讯所报道的内容往往突破一个具体单位、具体部门的限制，也不受一件具体事、一个具体人的制约，而是为了说明一个有重要社会意义的主题，按一定逻辑把几个人或几件事组织在一篇稿件中，进行综合报道。如《淡淡星光耀北天》，便从一心扑在基建工作上、善于经济核算、献身林区教育事业等三个侧面，分别报道了内蒙古牙克石林区，三个不同单位的三个北京籍大学毕业生，十几年、二十几年如一日，志在边疆，建设边疆的平凡而感人的事迹，共同说明一个针对性很强的主题，即新时代的青年知识分子胸怀祖国、志在四方的宽阔襟怀。

主题通讯播音要领：

由于主题通讯中的每个侧面都是一个相对独立的小故事，可以自成一体，播音时如果掌握不好，容易忽略全篇、播散。针对这个问题提出两点：

1. 注意主题红线贯穿全篇，每个侧面都要与主题紧相呼应。

2. 注意抓住每个侧面表现主题的侧重点，既要注意各个侧面的区别，又要注意相互照应。

（六）录音通讯播音

“录音”，指所报道的新闻事物的实况录音或被采访人物的讲话录音。这里说的录音通讯是在通讯播音中适当穿插实地音响或被采访人物的讲话录音。这种形式不仅通过播音员介绍，而且还试图更好地发挥广播传播“听”的优势，通过发送实地音响和新闻人物直接说话录音，进一步增强报道的生动性和传真性效果。

在录音通讯中，播音仍起主导作用。播音员注意的重点仍然是本篇通讯所集中说明的主题、报道目的、层次、主次、叙述脉络、基调等等，同时注意，把录音纳入稿件内容进入总体归并、划分的范围，明确录音在表现主题方面的作用，只有这样，播音时才有整体控制意识。在整体意识支配下，就要注意哪些话主要靠播音员来说，哪些话是留给音响（包括被采访人物讲话录音）说的；注意使用录音的位置，每段实地录音、人物讲话录音与上下文的关系；播音时，注意播音语言与录音衔接处的语气照应和情绪、节奏协调。在播音与录音的衔接关系上，有如下情况：

有时是播音引出录音。如中央人民广播电台播出的《万里长江第一坝》中的两个例子：例一：“……谈起当年鏖战的日日夜夜，当时葛洲坝工地的党委书记，大江截流总指挥长刘书田至今还会流露出一种豪情。（刘书田谈话录音）”

例二：“……前不久，记者来到这夫妻俩陈设简单的家里，此时作为家庭主妇的徐鸣琴谈起话来仍然不离工作。（徐鸣琴谈话录音）”

有时是录音带出播音。如《万里长江第一坝》中的两个例子：

例一：“（现场欢呼声）欢呼吧，跳跃吧！长江，这条仅次于亚马逊河、尼罗河，居世界第三位的大河，到底被勤劳、勇敢、智慧的中国人民拦腰斩断！”

例二：“（泄洪浪涛声）大坝闸门提起，洪水奔腾而下。这气势，让人想起千军万马在攻坚，让人感受到一种不可战胜的力量！……”

由播音引出录音时，播音不仅不能很生硬地收束，造成闯出的效果，而且播音要为录音的出现做好情绪、气氛上的铺垫、准备；由录音带出播音时，播音要在录音所造成的情绪、气氛的延长波上推进、点染或收束，播音不要不顾录音的情绪、气氛、节奏，直突突地出来，造成闯出来的效果，影响整体和谐、流畅。因此在录音出来时，播音员要想象出录音放出来的可能效果；张嘴播音之前，在想象中先感觉一下录音气氛的存在。

录音通讯有时还要求播音员的介绍与录音实况混播。这就要求播音员有创造性想象，想象出混播后应有的整体效果，进而在整体想象中去追求播音的一份完美；另外，播音时要有层面感。录音音响压低混入，播音员的介绍压在音响上面，要清晰、起主导作用；第三，录音通讯需要混播时，播音员的介绍要严格注意，主动追求与录音气氛、节奏和谐、统一。录音气氛很热烈，播音很平淡不好；录音气氛很平静，播音很吵闹也不好；录音作为背景比较平稳，播音节奏太铿锵了不好；录音作为背景，节奏舒展开了，播音节奏太拘谨了也不好。这都容易使播音游离在现场气氛之外，影响整体的完美、谐调与纪实效果。

（七）配乐通讯播音

配乐通讯播音总体以通讯播音为主、音乐为辅，根据通讯内容发展、感情变化的特点配上适当情绪的音乐，目的是辅助播音起烘托情绪、渲染气氛的作用。

播配乐通讯除了仍应注意播音表达自身的连贯、完整、集中、生动、主次关系把握、感情发展外，还应注意与所配音乐在感情色彩、气氛、节奏、强弱等方面的和谐。音乐节奏舒缓、优美，播音语言也应舒缓、优美；音乐轻快、跳跃、播音语言也应随内容发展比较轻快、跳跃；音乐推起时，播音也应加强，音乐减弱时，播音也应减弱。在播音语言进行时，在想象中，耳边有一种音乐进行感，语言和音乐才容易和谐、完美地配合。另外，内容的转折部分，有时靠播音转折，有时靠音乐转换，因此，录音前播音员尽可能先听听音乐，得以从中受些启发，或者请教一下记者、编辑，了解一下音乐安排的意图也是大有裨益的。有时意图是以音乐表现为主，播音就不要和音乐争强，等音乐弱下来后播音再慢慢进入；有时意图是播音和音乐一起推上高潮，播音就要顺势推上；有时意图是以播音为主，音乐作衬底，协助表现环境、情绪、气氛，播音就应在主要层面上挥洒。因此配乐通讯不仅对播音员的新闻素质，而且对其音乐素养、语言表现力也提出了较高的要求。

尽管人们对有些录音通讯、配乐通讯存在的文艺创作化倾向另有歧见，但录音通讯、配乐通讯在广播中是客观存在的、具有一定积极效果的形式，这是我们研究录音通讯、配乐通讯播音的意义所在。

不同情况下播送通讯应注意的问题

通讯是一种体裁，广播里各种节目都可以根据自己的宣传报道宗旨，选用这种体裁。新闻节目、各种专题节目、主持人节目，都经常播送通讯。通讯播音固然有自己的特点，但它在特定节目中播出，一定要符合整个节目的要求。

（一）新闻节目中播送通讯应注意的问题

根据以往的经验，新闻节目中播送通讯常有两种情况：

1. 辟出整个新闻节目时间或辟出一个专栏，专门播送一篇通讯

这往往是因为这篇通讯反映了事关全局的重要内容，有普遍的宣传报道意义。在这种情况下，通讯播音有相对的独立性，我们完全可以根据通讯体裁特点，按照通讯播音规律展开报道，充分发挥它形象感人的特长。

这种情况下播出的通讯往往篇幅较长，应注意克服散和平的问题。要从全篇着眼，大手法地确定高潮、起伏，确定主次、连带。着眼低、高潮多、起伏碎、重点多、不敢连带，就易散易平。这种情况下播送通讯，还应注意具体设计与听众的交流形式。

2. 新闻节目中以消息为主，间或播出一两篇通讯

新闻节目要求信息量大，在规定时间里，为听众及时地、尽多地提供新闻性强的信息，因此新闻节目中播出的通讯稿件从内容到写法都与专题节目有区别。如《钱塘大潮》就不适合在新闻节目用，有些通讯稿进行压缩、删改之后才适合新闻节目需要。

新闻节目的任务决定了新闻稿件结构严谨、言简意赅的特点。新闻节目的任务和新闻稿件的特点又决定了整个新闻节目播音特点，节奏明快，吐字利索，语言概括、简洁，重

点回答“是什么”的问题，不详细回答“怎么样”的问题。自然，这种情况下新闻节目中的通讯播音也要符合整个节目的要求，符合听众收听新闻节目的总体心理需要，因此穿插在新闻节目中的通讯播音比专题节目中的通讯播音节奏紧凑、明快，语言较简洁、概括，吐字利索，播的成分加重，说的成分减弱，不展开描绘情节、细节、形象。当然对全天各次新闻节目，各台具体要求也不同，有的午间以后或晚间新闻，整个节目节奏放慢，播出时间宽裕，这时通讯播音就可播得稍舒展点；有的台晚联播节目就是面向基层、面向农民播的，考虑基层干部群众，特别是广大农民的收听条件，接受能力，一般晚联播节目速度稍慢，语言也更通俗口语，这种情况下播送通讯也更容易扬通讯播音之长，展现通讯生动感人之优势。

总之，新闻节目中播通讯，既要保持通讯播音形象、生动的特点，又要适应新闻节目的要求，受新闻节目播音样式的制约。同时注意具体情况具体对待。

（二）专题节目中播送通讯应注意的问题

各种专题都是针对特定对象的收听需要、收听兴趣、接受能力，进行深入细致的宣传报道，因此专题节目中的通讯播音除了可以充分发挥通讯播音特点以外，还要注意与特定对象的交流，满足特定对象的收听需要。

对象不同，播音速度、语气不同，强调的方法、强调的方面也不同。如少儿节目中的通讯播音速度就要慢些，语气热情、亲切，根据孩子的生活经验、知识水平、接受能力、认识事物的习惯，循循善诱。以老师、叔叔、阿姨，或他们的大朋友的身份和孩子们讲话。

专题节目中的通讯播音，宣传报道对象更具体，针对性、目的性更明确。如“伟大祖国”节目，通讯比较多。收听这个节目的听众多是对祖国大好河山、名胜古迹、各地风情及全国各地新气象、新变化感兴趣的热心听众。他们多是有一定文化水平、积累了一些这方面的知识的人。在这个专题节目中播送通讯，首先不能怠慢听众。要把听众当成某一个方面的行家，要了解这些特殊兴趣爱好的听众对通讯的哪些内容会最感兴趣。播音时针对这些听众特别关心的地方，针对这些听众欲知、未知、应知的情况，播深、播透、播充分。另外我们不仅要形象生动地告诉听众祖国哪里是什么样、怎么样，并把自己的感受告诉他们，不仅使听众增长知识、开阔眼界，还使他们得到感情上的熏陶和美的享受。

（三）主持人节目中播送通讯应注意的问题

主持人节目中的通讯播音，也要讲求形象、生动、感人的效果。

主持人节目中的通讯播音，要注意节目主持人的形象连贯、完整，主持人的主持心理要贯穿，不要一会儿是以主持人身份说这些内容，一会儿又是以播音员身份播这些内容。另外根据稿件写法，还要注意通讯播音中主持人的参与感。一般通讯播音是播音员通过稿件文字间接感受生活；通过分析、理解、感受，尽可能把作者——把别人的思维、感受和语言表达形式等等，努力化为“我的”，再播出来。这是一个复杂的再创作过程，这中间容易失落生活的质朴气息和真实感。节目主持人参与节目采写、编辑、制作，说出的是自己的直接感受和思维结果，使主持人节目中的通讯播音参与感强，朴实、可信。

主持人节目中的通讯播音还要注意符合整个节目的语言样式及与听众交流的特点：近

距离、一对一的交流；小音量、谈话体；保持主持人个性化的语言特征、风格特点，及我是主持人，我来主持这个节目的心理特征和主持行为特征。

在长期的广播宣传实践中通讯播音逐渐形成了自己的特点、规律。要播好通讯首先应该掌握通讯播音的一般规律，是我们入门的钥匙，但这还不够。通讯题材广泛，手法灵活，我们还应根据每篇稿件的具体情况进行具体的创作。

各种文体是有区别的，各种文体的播音自然也是有区别的。我们首先应该重视这些区别，但又不能绝对地看待这些区别，认为通讯播音只能这样，不能那样，不敢越雷池一步，这就限制了我们创作的灵活性。别林斯基曾说："……艺术越接近它的某一界线，就越会渐次地消失它的一些本质，而获得界线那边的东西的本质，因此，代替界线，却出现了一片融洽双方的区域。"想想看，在通讯播音与消息播音，与一些文学作品朗读的交界处，实际上不是也存在着这么一些小小的融洽区域吗？

社会在发展，人类在进步，人们收听广播的心理需要在改变。文章体裁，乃至播音方法也会在社会实践中逐渐演变。在掌握通讯播音基本规律的前提下，我们应该面向未来，注意研究通讯写作的新变化，解决通讯播音的新问题。让我们的宣传报道从内容到形式更加适应日新月异的新情况。

第三十六章 文艺播音

本章研究的是有关文学艺术内容的广播稿件的有声表达规律。作为播音文体理论的分支，这一章的研究范畴有一定的特殊性。文艺播音不同于前面几章对于新闻、评论、通讯播音的研究，那几种统属于新闻类，要研究的是同一类的不同稿件体裁对播音的特有的规定性影响，而本章要研究的是文学艺术这个特殊意识形态领域中的各类、各种体裁广播稿件的播音共性规律。

文艺播音是把文艺广播稿件文字变成有声语言的一种艺术再创造。文艺广播稿件形式多种多样，我们这里所研究的仅是最常见的串连词、解说词和评介稿三种稿件的有声表达的共性规律。文艺动态消息和文艺评论虽也属文艺广播稿件，但从有声语言表达规律的相近性考虑，将其纳入新闻和评论播音的研究范畴更为适宜，本章便不涉及了。文学作品朗读、广播剧演播、电视译制片配音从广义上讲也可以归属于文艺播音范畴，可是作为本书研究对象，就未免过于边缘了，所以本章也不准备涉及这方面的内容。

文艺播音和其他播音一样，都离不开从内容出发这一基本原则，离不开以宣传目的为主导，离不开语言表达的一般规律，离不开话筒前的全神贯注等这些播音创作都必须遵循的共性要求。但是，文艺广播的性质、任务和作用决定了广播文艺节目的特点，进而使文艺广播稿件有其独特之处，依附于稿件的文艺播音也因此具有一定的个性特征。揭示文艺播音各个环节最突出的个性特征，正是这一章旨在达到的目的。

第一节　文艺广播稿件的循环准备过程

文艺广播担当着进行思想教育、传播知识和提供文化娱乐的任务，广泛地起着教育、认识、审美和愉悦作用。广播文艺是一种社会性和群众性都很强的文艺品种，又是一种纯听觉艺术品种。广播文艺节目是文艺编缉以社会上的文学艺术作品为素材，依据自己的认识、感受和文艺广播宣传对内容和形式的特殊要求，重新加工创作而成的艺术作品。每一个广播文艺节目都可以说是文艺编缉的主观与文艺作品的客观相结合的统一体，每一篇文艺广播稿件都是文艺编缉这种艺术意象构思的物化再现。

文艺广播稿件的文字结构形式比较特殊，如串连词和解说词这两类稿件往往是有段无章，甚至是有句无段，不能独立构成完整的章节。评介稿虽然文字本身能独自成章，相对独立存在，但也经常需要有录音素材的穿插配合、辅助佐证。总之，文艺广播稿件只有和录音素材相结合之后，才能显示出它的完整思想内容、结构形式和艺术构想。

面对如此有特色的文艺广播稿件，播音员的案头准备工作也呈现出和一般新闻类稿件准备的不同之处，其中最突出的特点就是它的循环准备过程，或是说循环认识形式。

对文艺广播稿件的充分准备，是在由稿件到原作，又由原作到稿件的循环认识过程中实现的。这里所说的原作即泛指将要播放和介绍的文艺作品本身。它是文艺编缉进行创作的素材，在广播文艺节目中它以录音素材的形式出现。

稿件是认识原作的向导

在一般情况下，播音员是先接触稿件，而后在其引导下间接地接触原作。不论这个作品是播音员原已熟知的还是不熟知的，当通过稿件认识它时，必然会带着编辑主观意象的影响来重新认识和感知它。每个播音员固有的欣赏渴望、需求、素养、能力在和编辑的倾向性影响结合在一起之后，便形成一种心理定势，这就是接触稿件之后，认识或重新认识原作之前产生的特有审美期望。宣传员的职能和编辑的倾向性认识，对播音员的审美期望总是产生很大的影响，甚至是决定性的影响。在对原作的认识和鉴赏中，这种审美期望是一股不由自主的内驱力，它制约和引导着播音员的感情反应和思维趋向。比如在原作释放的大量不同层次、不同色调的思想和艺术信息中，播音员总是敏感地捕捉和自身世界相适应的那些东西，而筛掉其他。从这个意义上讲，稿件是认识原作的向导，对快捷、现实地理解原作起着明显的向导作用。

稿件对认识原作的显著向导作用既有积极的一面，即引导我们更好地向原作的深层进发，也可能有消极的一面，即使我们因此而产生满足情绪，对原作浅尝辄止，使认识流于泛泛。我们应避免后一种现象的发生，借助于稿件的指引，努力全面地去捕捉、体味原作的精髓。

原作是理解稿件的基础

我们在重视稿件的向导作用的同时，更强调理解原作是理解稿件的基础，因为和一切倒“T”字型的认识规律一样，我们只有在丰厚、坚实的对原作的理解基础上，才有可能实现对稿件的再认识。倘若播音员停留在稿件文字对原作的梗概提示的单薄基础上，不再对原作的内容、主题、艺术形式、风格特色等进行探讨，那么，他对稿件的认识也只能滞留在肤浅的初级阶段，出现见字生情、无具体审美快感、表达千篇一律等弊病便不足为怪了。再者，稿件仅仅是一种以语言符号为媒介因素的文学样式，它自身既不能出现如同舞蹈那样的视觉形象，也不能出现如同音乐那样的听觉形象。文艺广播中触及的其他艺术样式所具有的感觉因素，都得通过播音员相应的想象而成。播音员对此的想象能力，自然与他对这类艺术原有的形象积累、欣赏经验积累，尤其是对这个作品的形象记忆、情绪记忆的积累成正比。从这个意义上讲，对稿件的深切理解感受也得建立在对原作的具体丰厚的感受根基上。

对原作内容的了解是极其简单的，对原作主题的开掘却需要动番脑筋，而在对原作这一具体艺术形式的深切感受中领悟原作的审美价值，那就更是播音员要潜心追求才能达到的了。文艺作品的作者，往往把自己的思想感情倾向巧妙地渗透在具体的情节、场面中或是特有的节奏、旋律中，自然地有时甚至是很含蓄地流露出来。因此需要播音员对作品产生的时代背景、作者的思想和艺术倾向、作品中所描写的典型环境和典型性格等都有所了解，了解得越广越深，对其主题的概括才会越准确。稿件往往在以上某个方面有所提示，播音员敏锐地捕捉到这一点，用它来“点化”自己，更可准确迅速地悟出作品的真谛。

了解原作内容、概括原作主题的过程，不是纯理性的分析，而是边理解、边感受，理解制约着感受，感受加深着理解。只有当我们沿着稿件提示的轨迹去充分感受原作，“用自己的心去体会作者的心”时，才可能在丰富多彩、情真意切的感知中领悟到原作作者的艺术构思，进而按照自己的审美理想对原作进行下意识的补充和加工，最终实现作品的审美价值。

艺术作品总是以独特的感性形式充分表现着普遍的理性内容。不同的艺术形式以不同的表现手段作用于我们感官，使我们获得的感受大不相同。如，同是表现“大年三十晚上，北风呼叫，漫天大雪，杨白劳挑着一副豆腐挑子回来了……”我们从文字描写中，从屏幕上画面的变化中，从音乐旋律中或舞蹈造型中获取的感受尽管其理性本质是一致的，但感受形式却完全不同。正是和艺术形式统一的特有的欣赏感受，使播音员品出了作品的“味道”，实现了作品的审美价值。为此，播音员对将介绍的作品的表现手段不能很生疏，要具备最基本的知识，并能从感性上接受它，进而引起一定的情绪反应。对于广播中经常出现的几种艺术形式，人们更应利用一切机会，积累较多的感性材料和有关知识，不断丰富自己的欣赏经验，提高鉴赏水平。那种仅从个人爱好出发，偏废某方面的做法，于播音工作是无益的。

在具体感受原作之后，若能再宏观地理性化地对其思想性和艺术性有个基本评价，搞清它的精华所在与不足之处，便会更好地理解编辑意图，有意识地主动地与编辑制作人员配合，创作一个内部格调一致、色彩调和的文艺广播节目。

领会编辑意图，实现对稿件的再认识

前面谈到广播文艺节目是编辑的主观与文艺作品的客观相结合的统一体，每一篇文艺广播稿件都是文艺编辑艺术意象构思的物化再现。因此，我们可以认为，对稿件的再认识是在理解原作的基础上以及对编辑意图的探寻和领悟中实现的。

为了更好地完成文艺广播的任务，编辑总要站在党的政策、方针的高度，根据整体政治大气候的需要，依照具体文艺作品素材的情况以及广播线性传播的特点和播出时间的限制，对素材进行摘选、加工，组合制作出新的广播文艺节目。具体指导这种选材、加工、制作的思想，我们笼统地称之为编辑意图。

广播文艺节目内容古今中外俱全，形式变化多端，重播率高，使用时间长，编辑意图也较复杂多变。面对复杂的情况，播音员探求编辑意图可以从以下几个方面入手：

1. 为什么能播：广播作为党的宣传舆论工具之一，对于社会上的文学艺术作品和演出行动，总要有自己的取舍标准。对“为什么能播”的探求，即可明了编辑对作品的政治方向，艺术水平、知识价值和可听性的宏观估价。

2. 为什么在这个时间播：什么样的文艺节目在什么时间播出，是编辑依照宣传计划统一安排的，尤其是在某些特殊的时间内，如重大政治活动、文化活动、节假日、纪念日期间和重要新闻播出前后，就更注意所播出的文艺节目在内容、形式、情绪方面与整体宣传的配合，做到步调一致，形式、气氛和谐。这里既有政治宣传方面的需要，也有适应听众收听习惯，满足他们欣赏需求方面的考虑。对“为什么在这个时间播”的探求，可以帮助我们从整体上把握编辑对这一节目的播出目的的追求和具体理解他对节目基调、收听环境气氛、播出效果的设想。

3. 为什么这样加工、组合：为了更好地完成文艺广播的任务，编辑需要对将要播出的作品进行再加工或重新组合。编辑对作品的具体加工组合方法，直接体现着编辑意图。常见的方法可以粗略地归纳为以下六种：结合原作的具体情况，增加讲解和介绍，帮助听众理解、欣赏或是增长一些文艺知识；根据原作的优、缺点，有意识地扬长避短或略加褒贬，以提高作品的思想性、艺术性和听众的鉴赏力；夹叙夹议，画龙点睛，赋予原作更现实、更积极的社会意义，以在更广阔的时空纵横面上启迪观众；根据广播听觉艺术线性传播的特点，进行必要的重复、提示和说明，以弥补听而不见之不足，发挥听得真切和想象空间开阔的优势；根据播出时间的限制进行剪摘或增补，以充分利用有限的广播时间提供更高更佳的欣赏内容；根据作品的思想内容、情绪气氛、艺术形式、作者或表演者以及艺术流派等某一方面的相近性或多样性，将几个独立的小节目或节目片断编排组合到一起，以形成一个更加符合当前宣传形势需要的、立意更加清新突出的广播文艺节目。在对“为什么这样加工、组合”的具体探索中，我们对编辑的艺术构思有了切实的体味和具体的想象，一个原本由编辑设想出的广播文艺节目的雏形，便逐步在播音员的脑海中再现出来。自然，这个再现的形态总会和编辑设想的形态存在着某些差异，并表现出播音员个体审美倾向的不同影响。

在对编辑意图由宏观到微观的逐步探寻、领悟中，我们不仅又一次修正和加深了对原作的认识，而且实现了对稿件的再认识，勾勒出新的广播文艺节目蓝图。因此可以认为探寻编辑意图是文艺广播稿件循环准备过程的关键环节，在由稿件到原作，再由原作到稿件的双向逆反认识过程中，它起重要的枢纽作用。

据以上所述，我们可以认为在文艺广播稿件的循环准备过程中，播音员审美认识的形成不是由具体到抽象，而是先由抽象到具体，再由具体到抽象的。

经过对文艺广播稿件的循环准备，播音员的内心再不会是空泛笼统的认识和零散肤浅的感受。原作和稿件在播音员心中也不再是独立存在的个体形态，二者依照一定的构想(再现的编辑意图)，相互渗透，相互制约，彼此弥合，熔铸成一个新的、活生生的广播文艺作品。这孕育中的新作，使播音员处于创作兴奋状态，它催动着播讲愿望，并将诱发和下意识地制约影响着语言的表达。

第二节 文艺播音的主要思维形式

研究文艺播音创作时的具体思维方法和规律，可使优秀播音员的那原以为神秘莫测的艺术创造构想变得明朗化，使它既可意会也可言传，这样便可为大部分播音员所掌握，对迅速有效地提高播音创作质量、培养播音人才是很有价值的。正像有人说的，研究贝多芬第九交响乐只能使你赶上贝多芬，而研究产生第九交响乐的艺术思维活动，就可能使你超越贝多芬。另外，为了更鲜明地和前几章新闻类稿件播音形成比较，这里特别分析一下文艺播音的思维形式，也极为重要。

文艺播音员虽然也带有一定的新闻宣传属性，和文学、音乐、舞蹈等艺术创作有所不同，但是作为语言艺术，尤其是一门以介绍文学艺术作品为主要题材的语言艺术，它的思维活动就必然兼有艺术欣赏和艺术创作的部分思维特性，即艺术思维特性。艺术思维活动是一种极为复杂的心理现象，这一节里不可能也无必要将艺术思维的特性、分类和结构都一一系统展开。下面仅就文艺播音过程中最主要、最突出的艺术思维形式——形象思维的某些问题做一些分析。

（一）*活跃的形象思维活动贯穿文艺播音始终*

形象思维就是“不脱离形象想象和情感的思维”，它是“包含想象、情感、理解、感知等多种心理因素、心理功能的有机综合体。”① 在文艺播音的全过程中，不论是理解原作、认识稿件，还是语言表达设计和话筒前的有声创作，无处不是在播音员积极活跃的形象思维活动的指挥、推动下进行的。尤其是在文艺播音的稿件理解阶段，形象思维这种有意识的显思维活动，更是起着特殊的认识作用和审美作用。

形象思维活动的作用，还表现在文艺播音的最后一环——给予听众，最终实现广播文艺作品的价值。文学艺术是通过具象概括来反映客观世界的本质，通过催动读者、听观众的形象思维活动展开相应的想象和联想，来最终实现作品的价值和意义。好的文艺作品所以感人，不是由于它有多少抽象高深的议论和多少干瘪的抒情词句，而是由于它给予不具形的思想感情以优美、准确、鲜明的形象。这就是艺术的感染力。文艺播音的任务之一正是结合广播文艺听觉艺术的特点，努力发挥和增强这种艺术感染力。

形象思维与抽象思维是构成人的思维的两个方面，在播音创作中两者很难截然分开，往往是交叉作用的。艺术中的“抽象”不同于科学中的“抽象”，它从不脱离事物感性具体特征去揭示本质。也可以说艺术中的本质和现象是从不分离的。我们这里强调形象思维在文艺播音中的重要性，当然不是排除抽象的逻辑思维的作用，逻辑思维总是对主题的挖掘、形象的概括、艺术构思等等起着指导和制约作用。另外，形象思维作为思维，也已不是纯粹的感性的东西了，而是带有美感的性质。这种美感是以长期的逻辑思维的理智认识为基础形成的。

---

① 李泽厚：《关于形象思维》、《形象思维续谈》。

(二) 文艺播音中的形象思维活动主要表现为自觉的表象联想和自觉的再造想象

由所感知的或所想起的事物而回忆起有关的事物的联想活动，和根据语言、文字或其他符号图示的示意，在头脑中形成相应的新形象的再造想象，这两种心理活动是文艺播音中形象思维活动的主要形式。比如介绍歌曲《美丽的风帆》：播音员在稿件文字的刺激、提示下，联想起歌曲那柔美、飘逸的旋律，联想起歌唱家丰富深厚的表情，联想起曾见过的大海或在电影中见到过的飞翔的海鸥和由近而远漂逝在海天之间的风帆……然后把这一切再作为提示和条件，想象出自己未曾直接感知过的情、声、景交融的画面——蓝色的海面上微风徐徐，波光闪闪，点点鸥鸟飞舞鸣唱，一支白色的风帆渐渐远去、远去……一首轻柔的友谊之歌在海面上荡漾，回旋，渐渐地消逝在海天之间……丰富的联想和想象，不仅可以使播音员在接触到稿件文字之后就能够“听到”和感受到歌曲原有的听觉形象和它负载的情感信息，而且还能够“看到”和感受到歌曲没直接表现出的视觉形象和情感信息，大大丰厚了歌曲的内涵。

由于联想活动本身就是记忆的一种形式，再造想象也是在过去感知的形象材料的基础上“再造”出来的，所以播音员只有掌握大量的形象材料，才能在文艺播音中使形象思维活跃起来。

(三) 文艺播音中形象思维活动的个性化与概括化的统一

形象离不开表象，但是并不是所有的表象都是有意义的。文艺播音中的形象思维活动较日常生活中的形象思维活动更有目的、有计划、更积极主动，是因为它能将偶然的现象加工，使之成为具有社会本质意义的必然现象。这也正是文艺理论中常常提到的通过偶然的现象揭示必然的规律的典型化方法。文艺播音过程中，无论是对原作的理解感受，还是对广播文艺作品的有声再创造，播音员的所有形象思维活动的一个突出特征，就是这种典型化方法所体现的个性化与概括化的辩证统一。

比如，在解说舞剧《小刀会》时对吴健彰这个人物的理解和介绍：清朝官吏吴健彰是个走狗的典型，我们把他的动作归纳为几种不同的狗型——挨打后摇尾乞怜的狗；狗仗人势躲在主人背后狂吠的狗；受宠若惊摇头摆尾的狗；夹着尾巴随同主人溜走的狗。这几种狗型既是具体的吴健彰这个人的偶然，又是所有走狗卖国贼这类人物的必然。在这种形象认识的基础上，围绕解说词“帝国主义分子露出了侵略本性，疯狂叫嚷要发兵围攻上海城，消灭小刀会！洋枪队立即出发，吴健彰尾随而去！”展开的情景再现、有声表达，绝不会与围绕解说词“我们部队出发了，老吴也跟着去了”展开的情景再现、有声表达相混淆。吴键彰也不会是个含糊不清的人像，而是个令人厌恶的走狗像儿！正是文艺播音中形象思维所具有的这一特征，才使播音员的认识具体而深刻，才使播音员能将众多的人物形象和画面，有条有理地、形象鲜明地记忆和再现在脑海里。这也是话筒前形象感能召之即来，播出语言形象鲜明的必备条件。

(四) 文艺播音中形象思维活动和情感活动互相促进

在文艺播音中，不动声色的冷漠，无心驰神往的僵硬呆板，都只能使认识干涩枯竭、感情壅滞，绝然达不到准确深刻理解、鲜明生动表达的目的。而调动起活跃的形象思维活动，使它和情感活动互相促进，正是根治这种固疾的灵丹妙药。

文艺播音是项再创性艺术活动，它与艺术家创作活动有所不同，它不必再从生活中去提取概括典型环境中的典型性格，鲜明的艺术形象已造就摆在那里，主要是靠播音员去理解、去欣赏、去介绍它了。所以，形象思维活动与情感活动的互促作用，在一般文艺创作中和文艺播音创作中所表现的形式还不尽相同，所侧重的方面也不同。可以这样认为，艺术家十分强调感情对形象思维的作用，而我们更重视形象思维对播音员情感的推动和强化作用。比如在介绍舞剧《小刀会》最后一幕时，有这样一段解说词："小刀会虽然失败了，但是它给了帝国主义和清朝反动统治以沉重的打击，在中国人民反帝反封建的斗争史上，写下了光辉的一页!"如果没有丰富的形象思维活动做基础，这段感情凝重的解说便容易成为干巴巴的说教或空泛的口号，无从震憾听众的心灵。倘若播音员从这一幕开始，就全身心地投入到那活生生的形象中去，情况就完全不同了："……在漫天飞雪中，女将周秀英把身负重伤的元帅刘丽川扶靠在山坡上的一棵大青松树下，一曲悲壮的颂歌扬起：'啊——天苍苍，地茫茫，飞雪弥漫，暴风逞狂，看巍巍青松屹立高岗，一点春意山河壮……'刘丽川解下宝刀双手交给周秀英，勉励战友们坚持斗争，不要悲伤。他仰望苍天，背靠青松，牺牲了！悲壮的颂歌，直冲九霄：'啊——，愿英灵不朽，祝大地重光，旦复旦兮，日月辉煌。……'在歌声中，周秀英满怀悲痛告别元帅，高举义旗率领小刀会将士们又继续前进了！一缕朝霞，在队伍消失的前方升起，悲壮的颂歌在天地间回荡：'啊——愿英灵不朽，祝大地重光。旦复旦兮，日月辉煌。'大幕在歌声中徐徐落下……"人们对小刀会的评价和强烈的民族自豪感，会油然而生，它既准确、深刻，又丰富、生动，为语言的形象感人奠定了基础，为激发听众产生共鸣提供了可能。

强调形象思维对播音员情感的推动作用和强化作用，并不等于忽视情感对形象思维活动的促进作用。播音员在拿到稿件后首先产生的好奇心理和探索心理，就是最初形成的一种情感动力，它促使播音员去直接领受原作中那生动活脱的形象。而后，随着原作的逐渐展开，播音员形象思维的逐渐活跃，播音员的情感波澜也会随之起伏，涌向深处，并产生了想感染他人和宣传的愿望。这些情感被积蓄储存下来，当再接触稿件时，即会以一种冲动的形式表现出来，我们通常称它为播讲欲望，这种欲望会驱使一个个记忆表象浮上心头。在情感活动发挥动力作用的同时，它对形象思维的提炼作用和结构作用也会在文艺播音创作的每一步中表现出来，促使形象思维活动有选择、有侧重地进行，并将零散的表象组合成完整的广播艺术形象，表现出统一的基本情调。

（五）文艺播音中形象思维活动向潜意识的转化

播音员的形象思维活动开始是一种有意识的、自觉的显意识活动，当它由于不断的重复而渐渐固定化、程式化和自控化时，便转化为无意识的、不自觉的潜意识活动了。在文艺播音的各个阶段，形象思维向潜意识转化的情况大量存在。这种转化是文艺播音由必然王国逐渐向自由王国迈进所必需的。

下面我们选取一段文艺播音实例，来具体观察分析这种转换是怎样实现的。

交响诗《白求恩》的广播介绍稿最后一段：

"尾声，乐曲独具匠心地为我们安排了一个意味深长的段落，先由黑管奏出第一主题的片断，弦乐器同时奏出变化的第二主题，然后由弦乐器和铝板琴，接着木管乐器和铜管乐器也相继加入，演奏出一连串从弱到强的，向上进行，透明的大和弦，全曲在辉煌的全奏的明亮和弦中结束。伟大的国际主义战士白求恩永远活在中国人民心中!”

播音员备稿时，首先要将文字提示的内容有意识地转化成音乐形象，而其中对于乐曲特有的旋律、节奏、和弦、配器等具体的听觉形象的联想，还要经过分别注意、反复熟悉、记忆、回忆等着意过程才能实现。但是当这一联想活动重复多次后，便会沉积到潜意识里了，即看到稿件文字，便会下意识地在脑海里立即浮现出那特有的流动着的音乐形象，并能直接受其情绪的感染。在实现这一转化的同时，解放出来的部分形象思维活动能力又向更深层次伸展，比如对于乐曲未能直接展现的视觉画面的想象——丛林中行进的医疗小分队；炮火硝烟中给伤员做手术的白求恩；高耸入云的纪念碑……当这种想象反复展开，画面真切可感后，它又会作为一种信息积沉到潜意识中去，待受到稿件文字刺激后，便即刻会有一股情景交融、炽热宏伟的乐感在心头不由自主地升腾起来，并强烈地催动着有声语言表达出这种情感。与此同时，解放出来的形象思维活动能力又向有声语言的表达设想方面伸展发挥。而后，在一系列的设想、实践、修定、再设想之后，有声蓝图也沉入潜意识，形象思维的主流又去追求话筒前有声表达的艺术效果……

从以上的具体分析中，我们认识到文艺播音中播音员形象思维活动是怎样向潜意识转化的，正如《艺术心理学教程》中概述的那样：“在有意识的读、听、看、思的过程中，储存在记忆部位的信息逐渐潜沉下来，进入潜意识区。”认识了这个转化规律就该通过主观努力来促使转化的完成。那种不肯下功夫对稿件进行反复的揣摩，不经一步一个脚印地实施刻苦训练，就企盼能得来向潜意识的自然转化，轻轻松松地达到老播音员的“下意识”创作境界，只能是一种不切实际的幻想。倘若如此被动地等待下去，也许会在“多年媳妇熬成婆”的缓慢积累中，有朝一日幸运地完成这一转化，到达播音自由王国，但岂不也白白地耽误了许多时光。

储存在潜意识区的记忆信息并不是任何情况下都能浮起，参与指挥播音活动的，播音员需借助某些显意识的形象思维活动的诱导、刺激，才能逐渐唤起潜意识活动，使自己处于创作兴奋状态。

文艺广播稿件不同于新闻类广播稿件，在一般情况下不是备过稿后立即播出。备稿和播出之间的时间间隔越长，原来储存在潜意识区的信息，就越难迅速唤起。当播音员拿着曾准备过的稿件坐到话筒前时，尽管多年养成的职业习惯会使他下意识地把话筒当做知己的听众，一股影影绰绰的交流欲望悄悄地打开了他的心扉，但是这些毕竟是太笼统、太纤弱了，不足以激起特定的情感波澜，更无法推进有声语言的下意识涌流。如果此时不能将原先备稿时的感觉迅速唤起，就会忽然觉得心中一片空白，连最初有的那点播讲欲望也会泯没。在关键时刻，不可等闲视之，需要从沉入潜意识的记忆中迅速提取一点或几点印象最深刻、形象最鲜明可感的材料，将其再行想象温故得新。这点有意识的形象思维活动就会像火花一样，将似乎已经疏远、淡漠了的潜意识点燃，再次燃起感情的火焰。这一点可以是备稿时形象思维活动中的任意一点，如对某一段旋律的回忆、对某一画面的想象或是对介绍词有声表达的某种设想等等。这些点在备稿阶段后期，已大部分沉入潜意识区，话筒前的有意识提取，可以刺激潜意识在瞬间与显意识沟通、交融，于是播音员就会像获取了灵感一样，又能在那音乐王国里心驰神往起来，紧跟着一串串妙语佳句便泉涌而出。此时可以说进入了播音的“创作最高境界”。①

以上所说的这种由潜意识向显意识的逆向提取，再反促潜意识发挥作用的方法，是播音员在话筒前为迅速进入创作状态，而实施的一种排除干扰、填充空白的有效自我诱导方法。但是需知这种诱导激起的创作灵感带有很强的不稳定性，因此特别需要全神贯注、避免打断和分散注意力，而且一旦进入状态就要立即开始播音，在播音的过程中使这良好的状态得到巩固和加强。与诱导相反的是话筒前过多的理性要求和提示，那将会干扰潜意识作用的发挥，增加心理负担，使语言生硬造作。

（六）文艺播音中的形象思维具有一定模糊性

我们不排斥文艺播音过程中形象思维的准确性，但是更注意它所具有模糊性。正是由于它具有这种主动的模糊功能，方能使我们的文艺播音创作跟上时代的艺术潮流，更便于表达人们“日趋复杂的观念和感情，更有利于满足现代人的某些审美要求。”②

形象思维的模糊性在文艺播音的各个阶段有着不同的表现。在备稿阶段，主要表现在对原作的理解欣赏和对未来广播文艺作品的设想上。由于文艺作品本身就是模糊信息的载体，带有很强的不确定性，所以播音员在理解欣赏它的过程中形象思维活动也必然带有明显的模糊性。比如交响乐中音乐形象的模糊性、舞剧中舞蹈语汇的模糊性都是很突出的，播音员在理解欣赏它们时，根本无从追究某一乐句所表现出的情绪与其具体音响成分构成的确切关系，或是去记忆某一舞蹈语汇的精确动作复合。播音员在潜心获取那不可穷尽的深层情绪的体验之后，可以领悟作品的总体情感变化和事件进展，却无法准确地概括出那具体乐句、动作的句意。播音员围绕原作而展开的一系列联想、想象活动也同样带有明显的模糊性，对同一作品的介绍，在不同播音员的脑海中，绝不会出现相同的原作模拟和相似的想象。正是这种模糊性给播音员的认识、感受和想象带来了多样性、灵活性。与新闻播音中对新闻事实的认识比较，无疑这里思维的模糊性更显著些，想象的天地更加广阔，想象的内容和方式更加富于播音员的个性特色。

对即将产生的广播文艺作品的设想，包括对编辑艺术意象构思的想象和对自己播音语言的想象，这些想象同样具有模糊性。尽管在播音员心中那有声蓝图是既鲜明又具体的，但是和土木工程蓝图、模型比较，它还仅仅是趋向性的勾勒，仍然是相当模糊的，甚至是无法用语言精确地将其描绘出来。文艺播音对有声语言形象感的追求——不求形似但求神似，也使这种设想的模糊性更加显著。类似以上这种可以清晰地感之却难以精细地言表的现象，在文艺广播稿件的准备阶段处处可见，这正说明文艺播音中播音员形象思维活动的模糊性确实是明显地存在着。

当播音员坐在话筒前进入创作状态时（不包括自我诱导阶段），他的形象思维活动的模糊性较备稿时更为突出。话筒前形象思维活动呈现出的已不再是备稿时那鲜明生动的具体艺术形象、那设想清晰的具体听众群体，此时这些潜沉化作了一种情景声色交融的、多

① 托尔斯泰：《论文学》。

② 杜义芳：《艺术心理学教程》。

方位交流着的复杂综合性感觉。这种感觉似乎是更模糊了，但实质上是更准确鲜明了，我们称它具有高级模糊性。话筒前形象思维的高级模糊性，为播音员用艺术语言“表达自身的更复杂、更深刻、更丰富的感情，提供了无限的可能性”。同时，也促使播音员更轻松自信，顺畅自然地投入到下意识的有声创作中去。文艺播音中形象思维的模糊性使整个文艺播音创作具有明显的模糊性，并使新生的广播文艺作品成为新的模糊信息载体。

文艺播音的有声语言和文艺节目整体一起被听众接收，听众的欣赏过程，同样体现了形象思维的模糊性。有人说过艺术形象是一，欣赏者的审美感受是万。这话是很有道理的，听众的想象是实现艺术形象的必由之路，听众的想象充实和扩展了有限的艺术形象。听众的审美活动是一种运动形态，它不断地丰富、充实、改造着广播文艺节目，因此听众头脑中的节目不是定型化的，它因人而异，可以说听众的审美活动自身就带有模糊性。

对文艺播音中形象思维的模糊性有了正确认识，便可避免由于认识混乱而引起的种种弊病。比如，以为备稿时曾浮现在脑海里的形象，都应在话筒前再一一清晰地联想起来，就将导致错误的追求，使文艺播音的情感运动断断续续，语言零零碎碎，失去连贯统一的色彩。再如，把高级模糊性和低级的含混性混为一谈，便纵容了将纯自然的低能自封为返璞归真的错误，助长不认真备稿、不刻苦钻研技巧的消极松懈作风的蔓延。

“跟着感觉走”，这是文艺播音经验谈中较为时兴的一句话。我们以为这条经验的本意并非是对理性制约的否定，只是对感性影响的充分肯定。这里的“感觉”并非只是初级的感性的知觉，而是融进了播音员全部生活经验的审美感受。这句话内涵丰富，准确、形象、凝炼地概括了文艺播音中形象思维活动的多种特性，指出了从根本上纠正文艺播音“白、水、僵”和“假、过、做”现象的途径。这是一条很可取、很有价值的经验，并可以广泛地应用于表演艺术领域。

广播文艺节目经由原作者、编辑、播音员、听众的层层加工创作，几经失落又几经补充。在这个演绎变幻过程中，形象思维活动的特性得到充分展现，形象思维活动的作用得到充分发挥，一个崭新的、更丰富、更现实、更有时代气息、更有个性的广播文艺作品便在逐渐生成。

第三节 文艺播音的语言魅力

文艺播音语言魅力，就是指这项播音有声语言的审美感染力。“有声语言是播音员创造性劳动的最终体现”。[①] 文艺广播稿件的有声表达，是播音艺术表达规律的特殊个性体现，它自然遵循着一切播音表达的共同规律，同时也显示出鲜明地浸润着共同规律的独特性。

有声语言是播音艺术的物质材料，它依照稿件内容和形式的相近和相异，构筑成不同文体播音独具特色的有声形式。文艺播音语言魅力的本质，是这项有声语言的复杂功能所

① 张颂：《播音创作基础》。

产生的综合性美感效应，它主要来源于艺术形象的美学力量。文艺播音正是倚仗于其有声形式所显示出的三项主要功能——形的喻示、情的点燃和提供美的享受，才呼唤出听众的美感共鸣，才能对人们的精神、情感起陶冶作用。通俗地说，播音员在进行有声表达时，倘若在以上三方面实现其追求，便能使自己的文艺播音具有感人的魅力。

形的喻示

播音员作为一个热情介绍者，他的语言不是直接塑造具体艺术形象，而是通过多种手段间接地传递形象信息，最终以诱发听众的想象实现其传达形象的目的。我们将播音员的这项语言功能称之为形的喻示。

文艺作品主要是通过塑造形象来抒发思想感情，如果播音员的语言不能诱使听众“看见”、“听见”特有的艺术形象，便只能使文艺作品变成概念和声音的结合了，根本不能表达出任何思想感情。这样的语言会很快从听众的意识中滑过去，即使他已坐在收音机旁，也难以控制走思，最后仍不能进入艺术欣赏的境界，甚至恍惚间不知所云。

当然，获得丰富的内心视象是谈论这项语言能力的前提，但这不等于有了活生生的内心视象，就必然具备了喻示形象的语言能力。一项语言能力的增强是需要经过一个由里及表、由表及里，再由里及表、由表及里、由此及彼的反复体味、摸索的刻苦实践过程。

播音员和演员，两种不同的身份，进行着两种不同的艺术创造，他们虽然都在追求艺术语言的“形象化”，但其内涵却有着质的差异。前者通过介绍来传达形象，后者通过扮演来塑造形象。播音艺术借鉴戏剧表演艺术的技巧是必要的，但若全盘照搬，甚至连语言技能训练方法也原封不动地挪用过来，那便会使文艺播音的语言追求偏离方向，失去自己应有的魅力。

播音员在广播文艺节目中的稳定的介绍者身份，决定他必须使用自己的原有音色，不能采用声音化妆的方法来刺激听众的想象，实现其传达形象的目的。借己形，喻他人之神是播音员传达形象的关键。我们认为只要能传达出形象的内在精神气质即神似，再通过适度的声音对比和语气、节奏的变化对具体形态有些喻示，就可以从多方面提示听众，使他凭借自己的生活经验，想象出那“不似之似”的形象。将我国画论的“不似之似似之”的理论引申到文艺播音的语言技巧运用方面，是符合语言表达的普遍规律和文艺播音的个性要求的。

播音员虽不宜运用声音装饰，但可以利用音高、音强、音长、音色的适度对比变化，对时间、地点、形态、动作及由此引起的观赏者的情绪反应等等有所喻示，以此来加强被介绍者的“形”及“神”的可感信号。尽管听觉对形象的感知是间接的，但是只要有声语言能对听众提供一定量的形、神提示信号，即“对（听众的）想象提出形象”，听众便会使自己的想象更接近原有的艺术形象。举个例子来印证一下：比如“从草丛里跳出一个大眼睛的……”这句话，如果处理成节奏紧张，“从草丛里”的语气是阴森森的，“跳出一个”说得又重又拙，“大眼睛”三个字极度夸大压低并咬死……那么，跳出来的就是一个老妖怪！如果处理成节奏轻快，“从草丛里”的语气是明朗的，“跳出一个”说得轻巧而有弹性，“大眼睛”三个字稍有夸大扬起并轻捷灵巧……那么，跳出来的就会成为一只梅花鹿！

日常进行大量的多种多样的对比练习，对播音员加强这项语言功力是绝对必要的。练习应由大跨度对比开始，而后逐渐转移到小跨度的细微对比。有计划的由强到弱的对比控制，不但可以加强播音员的对比意识，而且还可以逐步熟悉、掌握对比技巧，丰富表达能力。大跨度练习是用对形象差异较大的形态的介绍，促使播音员突破原有语言模式，从状态、气息、声音、语气、节奏几方面加大对比变化幅度和体会对比变化的效果。比如利用“它一闪一闪地不见了”这一句介绍，来分别喻示狗熊、松鼠、蜥蜴和天鹅。播音员需用对比变化较大的有声语言，显示出这几个形象在多方面的差异：

狗熊——天刚蒙蒙亮，平视、20 米外林木间、笨拙肥硕的身躯、有力迟重的动作，旁观者紧张担心；

松鼠——阳光明媚，稍仰视、三四米渐至六七米外树木上、轻巧可爱的小躯体、敏捷跳跃的动作，旁观者喜悦遗憾；

蜥蜴——日落黄昏，俯视、足前一两米石边至草丛中、灰绿凹凸不平的肉躯、摆动尾巴贴地速行，旁观者厌恶恶心；

天鹅——霞光四射，仰视、树梢掩映的天空、洁白的身躯、硕长的颈项前伸着、翅膀缓慢有力地扇动着，旁观者产生一种圣洁的美感。

小跨度的细微变化练习是借用对形象差异较小的形态介绍，促使播音员在体会了大幅度对比的效果之后，进而把握对比变化的分寸，使对比变化的技巧更加娴熟。比如利用时间、地点、人物的不同变化，围绕“我发现一个……”组合成不同的解说词语，做反复练习体会把握语言的细微对比变化：

天刚蒙蒙亮（早晨、中午、黄昏时分、半夜）我发现一个小姑娘（小伙子、黑大个儿、麻脸女人、瘦老太太）站在门槛上（躺在门前、立在门中央、蹲在门口、躲在门后）。

由于播音员日常接触的稿件以新闻体裁居多，有声语言的对比变化幅度一般不如总接触文艺作品的演员，尤其是音长和音色的大幅度变化，对很多播音员来说是陌生的，其中音色的变化更是微小，往往是只注意到乐音音色即音品的变化，而从不敢使语音音色即音位有丝毫的调整，比如稍含混一点、叼死一点、偏前一点、靠后一点等等。所以在进行对比变化练习中，播音员在全面体会音高、音强、音长、音色、语气、节奏的变化控制时，要特别锻炼自己的薄弱环节——音长和音色的对比变化。

文艺广播稿件尤其是评价类稿件中，经常出现大量的术语，这对播音员来说，往往是生疏的，很容易将它作为一般概念而忽略，但实际上常常是这些术语，在此类艺术形式中是最恰切、最精辟、最形象、最能表明情感的了。因此，我们要特别强调，播音员应十分注意通过对术语的有声表达，准确鲜明地喻示形象。

视觉形象的描写在一般稿件中出现的次数比较多，而对听觉形象的描写，一般稿件中较少，只有在文艺广播稿件尤其是音乐广播搞件中才较多的出现。因此，熟悉喻示视觉形象的播音员要特别培养、锻炼自己喻示听觉形象的能力，尤其是通过术语来提示、帮助听众回忆、想象音乐形象。比如介绍《美丽的风帆》一歌的作曲技巧，稿件中有一段并不难解的语言：“曲作者运用附点八分音符和错落有致的三连音，通过上下起伏的旋律线的发展，步步递进，层层深入，烘托、升华歌词赋予的美好意境。歌曲在高潮部分以‘啊’寄情，拖腔渲染，宛如春蚕抽丝，绵绵不断。然后乐句扩充再现，多次重复，力度递减，渐渐消失，既表现了风帆的远去，也抒写了我们心中不尽的情意。”播音员首先不能满足于读懂这段文字，而要随着文字的展开，产生相应的声音表象的想象和联想，使这段歌曲特有的旋律和演唱韵味萦绕在耳，并由此生发出景的想象和情的运动。而后，播音员变化自己的有声语言，尽力传达内心对这段文字景情声色的综合性感受，其间需特别注意对“附点八分音符”、“三连音”、“步步递进”、“乐句扩充再现”、“力度递减”等术语的听觉形象的喻示。如果我们不能通过有声语言的变化，将这段音乐形象绘声绘色地勾勒出来，那么这段介绍就会完全失去活力，不可能激起听众对歌曲的再现想象，不可能使他们产生审美感受上的认同和情感上的共鸣。

情的点燃

形象地表现和情感地表现都是艺术的特征。艺术作品只有形象还远远不够，它还必须有情感、有韵味。只有形象而无情感的作品如同僵尸一般，没有任何生命力；富有感情的作品，“才有奔腾的血液，蓬勃的生气，旺盛的生命力，才能诱发观众、读者的情感，拨动他们的心弦，震撼他们的心灵。”[①] 广播文艺作品“寓教于乐”，在潜移默化之中发挥着陶冶高尚人格的内在情感的作用。播音员在广播文艺作品中，是用有声语言的流动变化传递情感信息，它既有具体的内容又有可感的声音外部形式，因此兼备了再现性艺术和表现性艺术的某些功能，不但能如文学语言一样状情，还能如音乐一样直接激发听众的情感体验（情绪的感染和情感的激发）。由此可以认为播音语言是具备了迅速将听众的感情在欣赏广播文艺节目中点燃，并诱导它继续定向燃烧的能力。这个能力发挥得如何，取决于播音员对此的追求是否得当和他具体驾驭有声语言的功力。

文艺播音语言传递情感信息有它自己的方式。播音员不能如演员般直接抒发角色的情感，也不能像朗诵的人那样代作者抒发情怀，他只能附身在广播文艺节目之中引发、诱导、推动听众的情感运动。文艺播音中情感的艺术表现，是播音员能动的主观审美的反映，带有认识、整理、组织、推荐的性质。它首先是对作品的内在情感进行发现和理解，而后以自己的认识、感受将其重新整理、组织，最后以推荐的形式完整地呈现出来。可以认为，文艺播音中的情感既有再现原作情感的客观性，又有表现编辑、播音员意识的主观性。它们互相渗透、互相影响，构成一种特有的情感运动形式。

播音员在备稿阶段积蓄的所有情感，在形之于声时，主要以一种情感形式——浓厚的介绍兴致出现。这是一股按捺不住的心理冲动，它下意识地驱动着有声语言去介绍艺术家的水平、去描绘舞台上那翩然的舞姿、去解释某乐曲的曲式、去转述某一角色的心理、去点化……等等。这贯穿始终的浓厚介绍兴致，就是将听众情感点燃的火种。火种不熄火势不减，听众在播音员的热情引导下欣赏节目，他的欣赏热情和欣赏能力也会相互促进，推波助澜，形成熊熊之势。

当然，浓厚的介绍兴致不等于要求有声语言都处理成振振有词、张张扬扬的呼唤。那种平均使力、有张无弛、样式单调的声音形式，不但不能引起听众持久的好奇和激起听众

---

① 杜义芳：《艺术心理学教程》。

内心的波澜，反而会造成听觉上的疲劳，注意力的分散和情绪的抑制。浓厚的介绍兴致随着节目的逐渐播放，应展现出它多彩多姿的形态，例如：广播文艺节目开始，出现在录音素材之前的“开场白”，是以显著的热情、肯定的赞扬来引起听众好奇求索的心理，并同时用感受细腻、色彩准确的具体描述，将播音员对作品感受最深的部分提出放大，以帮助听众准确捕捉艺术初感，形成他欣赏前的心理定势，使其在以后的欣赏活动中沿此方向进行，有所取舍，有所侧重。比如在“每周一歌”专栏中介绍歌曲《听，国旗的飘扬声》，它的开场白的处理就明显具有吸引和引导的作用：“每当鲜艳的五星红旗在晨曦中冉冉升起的时候，亲爱的朋友，您会想到什么？想必您一定会肃然起敬，为祖国的腾飞而兴奋，为母亲的伟大而自豪吧。当然了，我们这个幅员辽阔地大物博的祖国，是有许多的东西值得我们去歌颂，但是今天给大家介绍的这首歌曲，作者只是从‘沙沙飘扬的国旗’这个万象之中的一个侧面，来表达他们对祖国的无限深情。他们把视觉的形象与听觉的感受巧妙地结合起来，使人们在听到这首歌曲时，就有一种身临其境的感觉。这也是歌曲的成功所在”。这段介绍词的开始以热情亲切的呼唤、设身处地、感触万千地轻轻发问，将听众带到了晨曦中的广场上，带到了面向五星国旗冉冉升起时的特定心境中，一股豪迈的情感即刻会在听众脑中升起，此时播音员再以赞同肯定的语气和听众呼应，将这种兴奋的自豪感加固。而后，语气明显一转“但是今天给大家介绍的这首歌曲，作者只是从……”引起听众的极大好奇，并特别去注意和感受那播音员用相对缓慢、轻飘、情深的语气传达出的“沙沙飘扬的国旗，这个万象之中的一个侧面”的视觉、听觉形象，一种新颖的感觉，一缕由赤子心底发出的对祖国母亲绵绵不断的深情，由弱到强浸透了听众的全身。以后随着播音员很内行的点化赞赏：“把视觉的形象和听觉的感受巧妙地结合起来……”听众也会颇有感触地认同歌曲的成功，并会形成心理定势，在以下的欣赏中极力捕捉身临其境的感觉，极力注意视、听的巧妙结合，极力去强化和证实“新颖和成功”的认识。

在广播文艺节目进行当中，播音员适应录音素材内容和形式的变化需要，利用叙、描、抒、议、疑等多种语气的协调配合，逐渐地加固听众的稳定注意。同时感染引导其不断地体验、思索、联想，使他或“入乎其内”，沉浸于节目所创造的艺术世界中陶醉一番；或“出乎其外”，对节目的各个方面，尤其是它的佳妙特色之处，进行有距离感的体味。

在广播文艺节目的后半部分或结尾处，播音员往往顺应节目的运动收尾形式、顺应听众对节目由局部到整体的认识需求、顺应听众由局部肤浅的感受到对艺术形象意蕴的领会的自发趋势，采取与听众“心心相印”的顺势呼应语气，将听众即将想透但还不够明朗的感受、认识点破。这种呼应语气的把握应是很讲究分寸的，既要满足听众的期待欲望，又不能超越他的预见或是授于感太强使他产生推拒的心理。恰到好处的“点染”、“点化”、“点破”语气，能呼唤和推动听众的情感共鸣和使他因得到承认与满足而产生愉悦的感受。较高级的文艺播音还应引导听众在欣赏节目的同时，也引导他借助节目认识自己，改造、提高自己。这种引导作用虽然大部分是在节目进行完了才开始发挥出来的，但它毕竟是一项很重要的引导，这种对听众审美升华的推动应是播音员孜孜追求的高目标。一位文艺编辑说得好：“人心沟通，情感呼应，是最佳审美效果，这正是编辑们的审美追求。”架设情感桥梁，实现听众与艺术家和编播人员的心里沟通，不也是播音员的审美追求吗！

在文艺播音有声语言的情的点燃和引导的具体体现和训练中，要注意两点：一是体现时的宜收不宜放；一是训练时的宜放不宜收。

首先，艺术心理学认为，好的艺术作品总是给欣赏者留出较多的空白和不确定性，形成潜在的召唤，以调动欣赏者的想象、反思、探究的积极性，在艺术作品和欣赏者的“对话”中，共同进入一个艺术世界。正因为如此，我们不主张在广播文艺节目中，播音员把一切都讲尽，把所有的情都讲透，还是不要代劳阻碍听众再创造欲望的发挥为好。再者每一个时代的听众的鉴赏需求、趣味、能力、视野总是潜在地影响着广播文艺创作发展的方向和总的水准。随着改革开放的深入，社会心理发生了很大的变化，欣赏心理也随之出现了变异，尤其是在青年人的收听群体里这种变化反应更为强烈，他们要求艺术作品内容更加广泛新颖、形式更丰富多样，还要求节奏上的快速和自由参与、自由驰骋。面对这样的收听对象，我们的文艺播音难道不应该舍弃那种启蒙式的说透的方法吗，难道还留恋那种政治色彩浓重的简单鼓惑吗，还是“收着点儿”好，留给听众自己去认识吧。过犹不及，过多的指点、过强的煽动反而会引起听众的逆反心理。而且从广播的线性传导特点看，稍淡的引导即便有些欠，还可由听众的想象、认识进行补充，可是太浓重的牵拉，就会形成干扰，而且无法补救。

播音员的语言技能训练和播出时的语言技能使用，两者目的不同，所以要求也不尽相同。上面阐述的技能使用时“宜收不宜放”的种种缘由，都是基于收听效果的总体考虑，而在技能训练时我们提倡“宜放不宜收”是基于文艺播音语言能力的有效提高考虑。播音员的有声语言有一种习惯定势，那就是总沿着新闻类稿件的有声表达规律延展，这是由于日常工作接触的和耳濡目染的几乎全是新闻类体裁的节目，久而久之，自然形成了难于跨越的语言定势。如果训练时不采取“宜放不宜收”的方针，那无力的小波小折、小曲小伸是无法突破定型声圈的习惯定势的。训练中的“放”，首先是为了大胆解放思想，解放表现力，其后才是为了鲜明地对比、感觉有声语言的多彩变化和情感的复杂运动的关系以及切实提高有声语言收纵自如的能力。

以上分别谈了“形的喻示”和“情的点燃”两个大问题，只有在达到情和形的完美统一之后，我们才能进而涉及“提供美的享受”这一更高级的审美要求。

提供美的享受

一切艺术作品都是通过提供“美”的享受对人的感官和心理实施特殊的感化，广播文艺作品也不例外。广播文艺作品不仅通过美的声音的传导使听众获得悦耳的快感，而且还由于它所具有的语言功能，使听众同时得到“理智的满足加上情感的陶冶”①，这是一种更高级的审美快感，被称之为美的情感的感动。广播文艺作品的认识作用和教育作用都是寓于其审美作用中的。一切美的事物都必须具有美的形体，一个受听众欢迎的广播文艺作品的形体美是体现在多方面的，就作品中播音员的有声语言分析，它的美主要体现在自身的音乐美和与录音素材配合的和谐美两个方面。

---

① 《艺术心理学教程》。

（一）自身的音乐美

体现音乐美的语言，才能在准确、鲜明、生动地表达语言内容的同时，给人以美的享受。什么是语言的音乐美呢？语言学家王力先生曾经说过："语言的形式之所以能是美的，因为它有整齐的美、抑扬的美、回环的美。这些美都是音乐所具备的，所以语言的形式美也可以说是语言的音乐美。"语言的音乐美即和音乐自身的美感一样，是通过语流（旋律）的起伏高低，节奏的快慢交替，力度的强弱变化，音色的明亮悦耳等等方面显示出来的。

文艺稿件不同于新闻稿件，编辑有充裕的时间锤打文字，而且可以使用精美的文学语言，所以很多文艺稿件的语言形式和它所介绍的作品一样，是很优美的。比如"对这首《拉兹之歌》的旋律，我们也许并不陌生，到处流浪的拉兹，在倾诉人世间的冷漠和孤苦，在忿忿不平地质问，命运为什么对他竟是那样残酷。是啊，从法庭到监狱，就是这个令人辛酸、沉痛的故事的开始和结束。"[①] 又如"诗人因闻喜讯，而呈喜态，由呈喜态而唱喜歌，开怀畅饮，纵情高歌，是狂喜的又一表现。这时的饮酒，不是借酒消愁，而是以酒助兴；这时的放歌，不是长歌当哭，而是纵情欢唱，既歌今日之喜，又唱明日之行。由唱喜歌而思喜归……"[②] 类似上两例中那样精美的语言，在广播文艺稿件中是处外可见的。因此，在把握稿件内韵的基础上，从吐字行腔方面，扩展其圆润、流转的美；从节奏处理方面，突出其因语节对称（顿逗对称）、韵尾呼应所形成的诗歌般的回环美；从语气变化方面，展现其因音色明暗虚实相承，音调抑扬顿挫相间，语流连绵起伏、飞溅跌宕所形成的音乐般的旋律美，是非常必要的。只有这样才不至辱没稿件的文采，才能锦上添花。也只有这样才能发挥广播文艺这一听觉艺术的优势，给予听众听觉上的愉悦并使他们在对美的感受、体验中，在情感上受到感染，培养高尚的情操。

在文艺广播稿件中，最集中、最典型地体现音乐美的莫过于歌词、戏词介绍了。对它的播读规律进行研究可以使文艺播音语言体现音乐美的问题得到普遍的启迪。

戏词用词凝练、优美、有文采，而且有一定的格律。适应这些格律的需要，有声表达需注意三方面的问题。

第一，上、下句呼应，顿挫有律，着力体现整齐的美。戏词一般是两句一组，上、下句不仅感情上互相呼应，而且在语流曲线的运动趋势上也呈现出上行和下行的一扬一伏的呼应，同时在顿挫安排、停连规律方面也很讲究，构成节拍的整齐、呼应。比如以下的三种处理方法：

字数相同、顿挫相同：

辕门外——层层甲士——列成阵，
虎帐前——片片鱼鳞——耀眼明。

字数不同，调整节拍使顿挫相同：

忽听得——堂上——一声喊，
来了我——忠心报国——谢瑶环。

---

① 电影剪辑：《流浪者》。

② "阅读与欣赏"：《喜情喷发，泼墨淋漓》。

字数相同，顿挫按词义交替更换的：

绵绵古道——连天上，
不及——乡亲——情意长。
洞庭湖水——深千丈，
化作——泪雨——洒潇湘。

切忌随意停连，打乱节拍，破坏戏词固有的整齐美。

第二，蹴住韵脚，一韵到底，着力体现回环的美。戏曲唱词继承了古诗和民间文学的传统韵律，一般是句句用韵或隔句用韵，一韵到底。播音员要依据这个特点，将韵脚的字音读准，其韵母归音时归得全些并有微弱的加重和延续，这就是“蹴住韵脚”。每一韵脚自身的重读还不能完全体现出音乐美，需要上、下句配合变化，使全段戏词中同类乐音在同一位置上反复出现，前后呼应，才能构成声韵的和谐很自然地体现出回环的美。如《借东风》中诸葛亮上坛台一段是江扬辙，韵脚全落在“ang”上，此韵在全段中反复回环：

习天书学兵法犹如反掌，
设坛台借东风相助周郎。
曹孟德占天时兵多将广，
领人马下江南兵扎（在）长江。
……
这也是时机到难逃罗网，
我诸葛假意儿祝告上苍。
耳听得风声起从东而降，
趁此时返夏口再作主张。

应尽量避免将韵脚前一个字下意识强调的不良表达习惯，如读成“犹如反掌”、“兵多将广”、“祝告上苍”。这一习惯会明显地削弱韵脚的分量，使句与句间的呼应感涣散，全段的回环美也必然因杂乱而中断。

第三，声调鲜明，字音真切，着力体现抑扬的美。戏词中所用字音，是依平仄的互相调节安排的，播音员将字的声调读准、读鲜明，才能造成每一句戏词声调的高低起伏和句句相连后整体波澜的呼应和推进，使整段戏词似音乐的旋律一样富有起起伏伏的抑扬美。汉字的声调是不能脱离字音单独孤立强调的，因此我们在此还需提示一下对字音的清晰度要有一个适度把握。字音真切并不是主张将字叼得越死越清楚越好，而是要依据情感色彩的变化和抑扬曲线的流动势态，就情就势而成。比如前一例中的“耳听得风声起从东而降，趁此时返夏口再作主张。”这句戏词，它的前半部上句平声多，而且要有一种听风声微起由远而近的喜悦感；它的后半部下句仄声多，而且要有一种当机立断的自信感。这就使上句的字音相对地叼得轻些、力度小些，而下句的字音则相对地叼得重些、力度大些。吐饱归稳，叼而不狠，松而不混的吐字归音有利于声调高低起伏的自如变化，增加了戏词的抑扬美。

整齐的美、抑扬的美、回环的美，都是整体美，在戏词中是互相包含，彼此影响的。比如顿挫有律和平仄调节，不仅着力体现了整齐的美和抑扬的美，同时也体现了回环的美，几种美只能互相渗透、强化，不会互相排斥。

歌词并不都是工工整整的五言、七言律诗，经常是长长短短，声韵、节拍都比较随意自由。比如歌曲《保卫黄河》：

风在吼，
马在叫，
黄河在咆哮！
黄河在咆哮！
河西山岗万丈高，
河东河北高粱熟了，
万山丛中抗日英雄真不少，
青纱帐里游击健儿逞英豪，
端起了土枪洋枪，
挥动着大刀长矛，
保卫家乡、保卫华北、保卫黄河、保卫全中国！

又如歌曲《听，国旗的飘扬声》：

朝霞冉冉升起，东方露出微明，
你听，你听，国旗的飘扬声。
沙沙，沙沙，国旗的飘扬声。
那是花儿在欢笑，
那是水儿在歌唱，
那是春风在传送。

阳光洒满大地，山河一片光明，
你听，你听，国旗的飘扬声，
沙沙，沙沙，国旗的飘扬声。
那是时代的召唤，
那是中华在振兴，
那是妈妈在叮咛。

这两首歌的歌词都是长短句结合，韵脚也不很整齐，但是我们仍能看出，它还是比较有规律的。任何一首歌词，不管它的随意性多强，只要它能唱出来，它的词就一定有自身的规律性。认识、显现其规律的一面，正是播音员应该做的，只要结合歌曲的旋律、节奏特点，掌握住歌词句型、句式的特点，以情感带动处理好韵脚、节拍，就仍然能够把歌词读得琅琅上口、合拍入调。少数民族歌曲和外国歌曲由于翻译上的困难，它们的歌词句式更加自由，经常韵脚也很不统一。遇到这种情况，我们只要从内容和形式的对仗上详细分析，并参照谱曲者的处理，也能寻找到一些对应的规律，尽所能扬长补短，将其播读得铿锵有致。

文艺播音的语言一旦具备了整齐、抑扬、回环的美感，它便是和谐悦耳的语言，便具有了吸引听众、打动听众，陶冶听众情操的魅力。

（二）与录音素材配合的和谐美

文艺广播节目是一种综合性听觉艺术，它包含多种声音样式，除了播音员的话以外还有音乐、音响和对白。它们之间互相配合、和谐一致，才能浑然构成一个新的艺术品，才谈得上向听众提供美的享受。在以上那几种声音样式中，只有播音员的话可调性最大，怎样使播音语言主动与录音素材（音乐、音响、对白的总括）协调配合，便是实现和谐的关键。

在文艺广播节目里，播音员的话和录音素材都是表现手段，它们不论以插播还是混播的形式配合，都得统一在“这一个”节目里。这种统一既包含着基调的同一性，也包含着体现这同一基调的变化一致性。这是一项最基本的要求，是探讨具体的和谐技巧的前提。

在每一个节目里，作为表现手段的播音员的话和录音素材不仅应相互关联具有不可分的统一性，而且它们还该是有主有从，相辅相成，有机结合在一起的。这可以称作是结构和谐。

不同的主从关系，要求播音员所起的作用不同，由此而确定的语气也不同。比如，以播音员的话为主时，播音员要起到主讲的作用，需运用多种语言表达技巧，把要叙述、分析、描写的全部表达出来。录音素材只起烘托、陪衬、证实等辅助作用。评介类稿件大部分就是以播音员的话为主的。以录音素材为主时，播音员仅起串连、解说、点化的作用，播音员的话居从属位置，为录音素材铺垫引路、烘托气氛、解释说明。相对来说，此时播音的语气、节奏可较为平淡、和缓，只要能适应录音素材情绪的变化，相应地水涨船高就行了。串连类和解说类稿件中大部分是以录音素材为主的。

一个文艺节目从总体讲是以一种手段为主，其他为辅的，但是在局部，时常出现主从的转换。播音员必须在细微分析录音素材的基础上，做到“它主我从，它弱我补；它从我主，它强我撤”，使语气灵活变化，避免僵化。处理这类转换时，一方面要注意变化的灵活性，使语言色调浓度自然加大或减小，另一方面要注意整体的统一性，使语言色调变化恰当适度，不破坏“撤到戏后”或“站到台前”的总体感觉。

播读经验中常见的“进进出出”这个词语，它的本质除了有调节主、客体间的距离这层含义外，还有另一层意思，那就是我们上面谈的由于表现手段的主从转换，引起播音员心理位置感觉的变化，从而影响具体语气的变化。即是播音语言为主时为“出”，播音语言为从时为“进”。寻求恰当的过渡、处理好过渡句（词），是促成连贯自然转化的关键性技能。

播音员在明确总体的主从关系和具体的主从转换之后，便能恰如其分地把握语言，使之既不“喧宾夺主”，又不“畏缩不前”，既不“欠”，又不“溢”，奉献给听众一个内部结构和谐的文艺广播节目。

广播艺术是一种时间艺术，播音语言和录音素材都在相同的时间内流动，它们不仅流动方向相同，主流支流清晰，而且汇合后流动波澜相互融会、相互推动，生发出推波助澜的勃勃生机，显现出流畅、隽永的意境美。我们称此为流动和谐，它是体现广播文艺作品形式美的重要方面。

节奏协调是构成流动和谐的最重要的元素。所谓节奏协调，并不是要求播音语言要和录音素材节拍完全一致，那既是不可能的，也是无益的。节奏协调是一种整体的协调感，要求播音员在对录音素材的节奏形式有准确、强烈的感受的基础上，选取得当的语言表达样式，并能随时在高低、强弱、松紧、快慢等方面适应录音素材的变化而相应变化。节奏协调了，播音语言便自然地与录音素材汇融成一体，相映生辉，使内容趋向深化，使形式渐臻完美。节奏不协调，播音语言和录音素材就会相互阻塞、撞击，甚至互为干扰。节奏对人的感召力是很强的，尤其是音乐节奏，它有时甚至可以不依靠其他表现手段而存在，并发挥其表现作用。播音员即使没有充裕的时间去反复体味原作品，但只要捕捉到录音素材中那特有的节奏感，便可在驾驭语言时“跟着感觉走”，使自己的语言就势而行。“就势了”，播音语言和录音素材的节奏协调一致，就有了基本保证。

下面以中央人民广播电台的《欢乐音乐会》节目为例，来具体展示一下播音语言和录音素材节奏协调一致的融会过程：音乐会一开始由轻巧欢快的电子琴曲《欢乐》领入，播音员采取男、女短句对播的形式进行解说。较短的音长、明快的音色、略抬起的音调和轻巧弹动变化的音强，构成了播音语言的轻快节奏，再加上男女播音员一呼一应、一起一落的语气配合，便与《欢乐》乐曲天衣无缝地造就了音乐会的欢乐的开场气氛。《欢乐》乐曲结束，播音员以轻快节奏衔接，继而逐渐加大音强和稍许拉开音长，语句呈现头伏尾扬的上挑趋势：“……这次音乐会有一个特点，就是它的曲目除了供大家欣赏以外，还可以伴奏跳舞!”紧接着，第一支歌曲《在节日的晚会上》的前奏以鲜明的圆舞曲节奏跃出，播音语言的轻重对比也随之加大，句尾明快上扬，跳跃的节拍感越加突出。此时语言和音乐互相推进，造就了音乐会开始人们欢快起舞的热烈气氛。当晚会进行到最后时，以节拍平稳的广东音乐《喜洋洋》做结束曲，此时播音员稍降声调、音长自如拉开、音强的轻重对比减小，用一种舒展柔和的音色悠悠荡荡地将结束语不露痕迹地糅进乐曲中……晚会结束了，一种欢愉后的满足感仍弥漫在听众心头……真是相得益彰，浑然一体!

解决了节奏协调这一整体和谐的关键，并不等于排除了所有的不和谐因素，我们还必须留意局部的甚至是点上的处理，以防止由于疵点过多而破坏了整体的和谐，其中最具普遍意义的是语言和素材衔接、重叠处的特殊处理。

为了不使播音语音和录音素材交错、衔接的痕迹过重，影响整体的顺畅美，播音员应尽力避免闯进闯出的现象。所谓“闯进闯出”，就是指播音员插入语的开头一、二个字和结尾前的一、二个字毫无顾忌、毫无控制地齐头齐脑的处理方法。我们应该找到一种“话头顺着音尾就势推进来，话尾牵着音头而拉出去”的感觉，就着这种感觉将头、尾的第一、二个字，相对地轻读、延长、叼松，使之似取斜削薄的木条一样，不漏缝隙，不破坏纹路地镶入录音素材的波纹中。例如，歌曲《大海一样的深情》之后，插入介绍：“《大海一样的深情》是一首抒情歌曲，它以深沉柔美的曲调……”这段介绍的开始，要在歌曲的袅袅余音中，轻轻就势推进来，不能歌曲一完，便以开口大的“大海”二字强音领先，破门而入，而应将开头的“大”字尽力收拢，减弱，而后在“海”字再轻轻地展开，整句话都控制在轻柔、缓慢、优美的语气中。这样，才不会由于介绍词的闯入，而立即驱散听众心头徐徐缠绕的余音，使歌曲的意境消失、使听众美的享受终止。

再如，歌曲《驼铃》播放前插入介绍："……这时主题歌以合唱的形式出现，把影片推向高潮!"这段介绍的结尾，应该为能引出歌曲前奏那悠远、深重的弦乐和驼铃声，而将感叹号处理成颇有感触的删节号，将句尾的"高潮"二字归音放松，呈开放式，含蓄地拉出去。倘若处理成在感叹号上高昂慷慨而上的样式，后面的歌曲前奏便无有可顺之势，必然产生歌曲从零开始，与介绍两相隔离的局面，节目的整体气氛和情绪的推进也要为此受损，听众心中因"尽情"而产生的美感，也随之化为乌有，这岂不是因小失大!

以上所讲的和录音素材协调配合的种种理论，在播音实践中的运用效果如何，还取决于每个播音员对录音素材的理解感受能力的强弱和对广播稿件的文字语言的理解感受能力的强弱，即乐感和语感的强弱。乐感和语感的培养，除了刻苦学习外，主要在于坚持长期的欣赏实践，并在实践中有意识地多方面地进行积累。一个肯于多听、多看、多想、多练的播音员，一定能摸索出适合自己声音特点的和多种录音素材配合和谐的规律。一定能够创造出更多的内部格调统一、结构合理、流畅自如、韵味十足的广播文艺作品，为听众提供更多的、高品位的美的享受。

在文艺播音的语言魅力这一节里，我们从文学艺术特征角度和文学艺术作品的社会功能角度，谈了"形的喻示"、"情的点燃"和"提供美的享受"三个问题。这三个问题虽然是分别论述的，但是这丝毫不能冲谈我们对它们之间互相渗透、互相融合的密不可分性的认识——形因情而活，情寓形之中，形与情都以美为前提又以美为目的，只有达到它们的完美统一，广播文艺作品才会有强烈的艺术魅力。

第四节　文艺播音的创作境界

文艺播音的创作境界，就是播音员在进行文艺播音时的话筒前状态。

一个播音员如果不能把对稿件的认识和语言表达技巧化为自己的血肉和灵魂，如果他在话筒前不能沉浸于特定的创作境界之中，那么他将前功尽弃，再多的知识、再新颖的观点、再纯熟的技法也不能成为精美的广播文艺作品。创作境界包括播音员走进播音室面向话筒后的特定时空条件和播音员此时所具有的持续性的情绪状态即播音创作心境。播音员的创作心境对他的语言行为有着重大影响，是关系文艺播音创作成败的关键环节。

关于播音员创作境界的一般规律，前面已经阐述过了，文艺播音自当遵循，这里不再重复。

本章节的内容主要是分析播音员从事文艺播音创作时的创作境界特征，以及实现自我诱导的方法。

创作主体与欣赏主体

文艺播音的创作境界分析，应从对文艺播音的创作主体（播音员）的身份和欣赏主体（听众）的状况的认识开始。文艺播音中，播音员以热情介绍者的身份出现，不论播出的节目样式如何，播音员的这个身份始终不变。宣传的责任感应是这种身份的根基。不管你个人的好恶如何，只要是电台决定播出的，即便厌烦它，也得想方设法使自己有喜爱之心，因为这是你的责任；即便挚爱它，也不能似观众一般，忘乎所以地投入，因为你还负有责任。

文艺播音的听众，并非是专对你播音感兴趣的人，而主要是那些对这类节目感兴趣的个人或小群体，如喜欢戏曲节目的戏迷们，是为了听戏才打开收音机的。这些听众，不论是第一次听，还是听过多遍了，不论是从头听起，还是从中间进入，他都会兴致勃勃、"爱不释耳"、迅速投入。一般来说，特定的身份感和对象感构成了特定的交流感，这些感觉是创作境界特征形成的重要因素。但是文艺播音仅此却不够，还必须加上一项对原作的情绪记忆。

对原作的情绪记忆

播音员坐在话筒前，一切录音素材都不会再复放一遍（除个别电台使用耳机，同步播放录音素材），他脑海中所呈现的，大部分是对原作的情绪记忆。情绪记忆不是对感之过的原作的重复再现，而是有选择、有创造性的，是一种重建活动。艺术心理学认为"艺术即情绪记忆的审美表现。"在本章第二节中曾谈到过，情景再现在话筒前是以高级模糊形式出现的。它的角度和提法虽和现在我们说的情绪记忆大不相同，但其实质是相同的。大家可凭自己的经验回忆一下，当你坐在话筒前解说一出戏的时候，你是否还会像备稿时那样将一幕幕的情景，过电影似的再现出来呢？不会的！此时你尽管仍为这出戏所激动，但已失去了历历在目感，对戏的回忆和想象大部分已被转化成散点式的情绪记忆。此时的情绪记忆与当初的形象记忆比较，并非是被淡化了的一种记忆。相反，由于它曾被遗忘精选、被主观情感加热，在备稿阶段又被反复重温，它不但未被淡化，且更具概括性和可塑性。那在话筒前个别闪现的短暂形象记忆，是提取情绪记忆的编码，依靠它的检索，可以立即将对位的情绪记忆唤上心头。比如，刚刚回忆起电影《知音》主题歌开始的乐汇："山清清——"，甚至这一乐汇还未完，那似水的柔情，似絮的思念便已充溢于心。总之，播音员这个热情介绍者在话筒前就是凭着他对原作的情绪记忆和想象，用充满兴致的有声语言，向那些期待着的听众们不停地做着介绍。

经过以上的阐述，大家可以清楚地看到文艺播音特有的创作心境是在热情介绍者以自己的情绪记忆和想象，将听众和原作沟通时形成的。如果也像戏剧表演理论那样，用一句话："我就是……"来概括扮演者的创作心境特征，那么我们文艺播音员的创作心境特征，是否可以概括成"听我给你介绍……"

创作境界的解析

文艺播音的创作境界，可以认为是坐在播音室之内，打开话筒之时的时空条件，再加上播音员在这一段时间内所持续的"听我给你介绍……"的情绪状态。这样的创作境界并不是很容易进入的，需将它解析开来，从不同角度分别反复体味、调整，最后才能形成一种下意识的心理定势。下面即结合播音实践中出现的有关问题，从心理调整、心理训练的角度简单地谈三种关系。为了能从根本上进行调节和叙述的便捷，下面的阐述将把情绪记忆还原成原有的形态，并用"我"代表"播音员"，用"戏"代表"原作"：

我和戏的关系——出于对这出戏的了解和喜爱，我产生了推荐、介绍它的欲望。这种欲望是一种内驱力，驱动着我的一系列的心理活动定向展开，促使我的播音语言积极主动，充满兴致和情趣并有外射的呼唤力；我在戏中人物感情的推动下，产生相应的情感连动，这种情感运动如波浪起伏，从未间断，但又和角色情感保持着一定距离，从未被角色化，它始终是“我”所特有的。我既没有变成人物在那里感叹（扮演），也没有成为人物的代言人在替他抒怀（朗诵），我仅仅是很热情地向听众介绍他的情感（解说）。

这一关系处理不当，常常出现两种倾向。一种是过分投入，模拟被介绍者的感情，使语言表达近似扮演或朗诵，结果使听众感到过分，分散他对原作的注意力，同时也使整个广播文艺节目出现明显的不协调色彩。另一种是播音员的感情没有被激发起来，仍远远地游离于被介绍对象之外，他的冷漠会使有声语言过分客观，或是懒散、懈怠，结果不但不能提起听众的兴致，反而会“掣肘”、扫兴。

我和听众的关系——我的听众出于好奇和消遣的需要，在工作、学习之余来收听这个节目。他们中尽管有人对此戏已有一定的欣赏经验积累，但并不反感我得体的介绍，甚至还会产生认同的快感，至于那些渴望得到讲解和帮助的听众来说，他们对我的期望更是显而易见。但是我明白，不论哪类听众，他们都是为了更好地听戏才需要我。

面对这样的听众，首先我不会忘记他们，同时我的心中只有助他们为乐的热情，而无表现自己的杂念；另外，我不愿对他们看戏有丝毫的打扰，也不想把什么强加给他们或是故作亲昵来招揽他们看戏。

此关系掌握不好时，最容易出现的问题是或陷入自我陶醉和急于自我表现、或好为人师和矫揉造作，其结果都是帮人不成反让人生厌。

我是戏和听众的媒介——使双方发生关系的人或物，被称为媒介。由于我的沟通才使听众能“看”成、“看”好一出戏，离开我，听众和戏很难发生直接的联系，所以，我是它们的媒介。媒介的作用是客观的，但是在全神贯注的创作境界里，媒介感却带有很强的主观性，它只存在于我的想象里：戏在我的前方，听众在我的侧旁，只要戏一开场，我便眼盯着戏，嘴够着听众，一心二用；我努力把听众的注意力引向台上，戏渐渐地吸引了他们，我渐渐地不被人注意，听众只是在下意识里接受着我不断施展的影响；我与戏和听众似乎是在一个不等边三角形中，各据一垒，惟我左顾、右盼、维系其间。

媒介感是文艺播音创作境界中，很有特点的、具有关键性意义的一种感觉。它是在我和戏、我和听众两种关系交织、渗透的基础上生成的综合性感觉。媒介作用发挥得好，可以使听众既离不开我，又不明显地感到我夹在他和戏的中间。媒介作用发挥得好，还可以使我超越媒介的简单传导性能，而使听众的情感预热、升温，使戏得到补充和放大。

媒介感并不是种僵化的、笼统的、固定不变的心理感觉，它可以随不同类型文艺广播稿件的变化，而有所调节。比如播串连词时，播音员似乎身居小小舞台中央，直接面对数十名听众，逐个介绍将要播放的节目。每当一个节目即将介绍完毕，他就逐渐往旁边边撤去，并同时将节目演播者引到台前。当节目结束时，他又逐渐走到台前，将上个节目送下，介绍下个节目，并将其引到台上；播解说词时，播音员似乎撤到了一定距离外的观众席上，一个或几个听众就坐在他的近旁。播音员虽和听众近在咫尺，却是通过节目才完成他们之间的间接交流。在个别的讲解、议论处，播音员回眸和听众进行短暂的直接交流，而后又会返回到原有的位置，继续解说；播评介稿时，播音员是居于主讲席上，面对数名听众进行着直接的交流。只有灵活地把握住这些细微的、变化着的心理感觉，才能说捕捉到了文艺播音创作境界中的关键性感觉——媒介感。

播音员一旦在话筒前能沉浸于特定的创作境界中，便为有声语言充满对介绍对象的理解和兴致、充满对收听对象的热情和体贴、充满与介绍对象艺术特色紧密相关的美感神韵提供了保证。文艺播音创作所企盼的认识的升华、意境的深远、灵感的闪现和飞腾才有实现的可能。

第三十七章 节目主持艺术

在现有的播音学和播音范畴中，“节目主持艺术”既是主持人节目的新课题，也是播音学的新课题，它应成为播音学的一个基本课题，同时也是一个重要的课题。因此首先应该对主持人节目播音作个较为准确的界定。一方面要说明主持人节目播音内涵，同时还要将它与其他播音方式相比较。

“传统播音”是一个广义的概念。可以这样说，凡是在电台、电视台的专业工作者，在话筒前、屏幕前所从事的活动，都是直接向听众、观众传播信息的有声语言活动。这里所说的传统播音是指以播音为主要职业的工作人员。播音员的主要任务是把编辑部门采访、编写的各类节目的文字稿件转化为有声语言向受众传播。播音创作主要是二度创作。

“节目主持艺术”从理论上看应该以一度创作为主，也就是平常所说的播音员“要说自己的话”，但它不排斥在节目中的二度创作，这其中也有不是自己的话但要按“自己要说的话”去处理的情况。因为一个人的精力毕竟是有限的，素材是由“创作集体”提供，但要演化成“自己的话”，给听众、观众的感觉是主持人的思想、意识。节目中的主持人也当然应该具有编导的素质，以期在节目形成过程中，尤以在话筒前、屏幕前显示出主持能力及自己的特色、风格。

第一节 主持人节目播音界定

什么是“主持人节目播音”？人们对广播电视的这种播音形式有着不同的理解。

有人认为它是记者、编辑工作职责从幕后转向台前职能的延伸，已不属于播音学的范畴之内了。有的认为播音员把稿件换成第一人称并加以口语化，较自由地说出来就行了。有的说，主持人节目就是由负责节目的领导，采编播一起来。有的甚至认为，只有演员才能胜任节目的主持。如此等等。

这些看法，各有其理由。但有的失之宽泛，有的又失之于偏颇。有的还只是一种肤浅的认识。显然，应该对主持人节目播音进行研讨，它究竟指的是什么，并赋予它科学的涵义，这样才有研究的基础。

播音——节目主持的重要手段

从整体上看主持人节目，它是由节目的主体、节目的手段和节目的对象构成的。节目对象与节目主体之间的联系必须有一个中介环节，整个中介环节就是节目手段。因此，节目手段是主持人节目主体为实现其效果，使其作用于节目对象的中介环节。主持人节目手段包括采集、编辑、制作、组织、串接、播音、形体、图示等等。其中采集、编辑、制作、组织、串接、形体、图示都是非播音手段，而播音则是主持人节目最主要的交流手段。

同时，播音是一种载体，广播电视中所有节目都是通过播音来完成传播任务的。同样，主持人节目也是通过主持人来向受众传播信息的，它同时也接受信息的反馈，这都离不开物质载体。由于主持人节目里的信息是广播电视信息的一部分，因此，主持人传播信息，也必然要以广播电视传播信息的主要方式播音及其代用形式，如形体、图示、音响等作为传播的载体，通过不同的主持人节目传播各种信息。这种利用有声语言传播信息的过程，实际上是播音过程。

主持人节目中的主持人就是在播音，他就是播音员，而不必理会这位主持人是编辑或是传统播音的播音员出身。《广播电视简明辞典》对“播音”这个词的解释为“广播电台、电视台由播音员、节目主持人、编辑记者在各类节目中面向听众、观众直接传达信息的有声语言活动”。这就是说，做主持人节目的播音员不一定来自播音专业。同样如此，当编辑、记者，也不一定出自新闻专业。它是一个广义的概念。“播音这个概念已经涵盖了广播和电视；播音员这一概念也是发展的，广播播音员、电视播音员、广播电视节目主持人（各种样式、不同类型）都是直接面对广播电视受众，以有声语言为手段的专业的语言传播工作者。”① 在这里，不必拘泥于所使用的播音方式，播读式、播讲式或谈话式。虽然在节目主持中多使用谈话式，但它毕竟是播音的一种方式。

广播电视在实现其宣传效果的过程中，主持人节目的播音员主要借助播音来传播信息并协调与受众的关系。在列举的节目手段中，播音是最基本的传播手段。在主持人节目中播音员起着主要传播者的作用，其他手段都是为了播音这个最重要的手段而服务的。但是，它也要求主持人节目的播音员及其创作集体，在充分调动播音这个手段的同时，也要充分重视和调动前期的其他手段，如采编、制作等，使围绕主持人节目目的所进行的播音活动获得最佳效果，以满足受众的需要。

因此，主持人节目要达到宣传目的，必须用播音这个手段来传送，以与受众的交流为基础。一个主持人节目前期准备工作做得再好，如果没有播音员来主持，受众也就无从了解你这个节目的内容，也就不会达到预想的结果。“主持”是一种能力，不同的人可以体现出不同的节目主持的能力。受众是在收音机、电视机前才会感受到这种能力的。可以说，“台前”的主持能力，节目主持人的播音艺术，是实现其节目所达效果的关键所在。从这个意义上说，离开播音这个手段，主持人节目就不复存在。播音在主持人节目中的作用是至关重要的，它是主持人节目中最重要的一个要素。

---

① 张颂：《播音创作基础》第7页，北京广播学院出版社。

从播音看主持人节目特征

播音创作形式是多样化的，并且各有自己的创作范围。确立主持人节目播音范围面临的首要问题是对“主持人节目”怎样理解，尽管这不是所要探讨的主要内容，但它确是主持人节目播音的前提。

关于什么是“主持人节目”问题，说法纷呈。从播音这个特定角度看，主持人节目有以下几个特征。

首先，在主持人节目里，播音员以主持人身份出现在节目中，具体地说，就是主持一次节目的全过程。他要力求创造一种自然的和谐的氛围使自己的声音、形象进入到家庭中去。播音员的主持身份是真实的个人身份。无论是叙述、介绍、评论、采访、串接等都使用第一人称，以朋友之间的谈话方式作为主要的播音方式，允许播音员有自己的思维方式，有自己的语言习惯，与受众进行直接交流。无论播音员在幕后是不是真正的节目主持，但他出现在话筒前、屏幕前的时候，要表现出有驾驭整个节目的能力。

其次，在主持人节目中，播音员创作依据可以是形成文字的稿件，也可以是提纲加资料，甚至只是腹稿；允许口误，允许改正，还可根据节目行进时间的控制对内容进行增删，还可在不偏离播出目的的前提下即兴发挥，给予了播音员灵活处理节目的权力，而这一切都是即席的、现场的。就创作依据来说，可以是自己编制的、采录的，也可以是“节目创作群体”帮他完成的。

再次，从受众接受方式来看，主持人节目较好地体现了广播电视的本质特征，那就是群体化的传输以及非群体化的家庭收视。这是由于主持人节目多为“板块”及实行了栏目化，同时收听、收视由大群体向小群体到个体转化的结果。传播信息多样化了，收听、收视家庭化了。播音艺术具有了家庭性。播音员在近距离直观中“面对面”地传播信息，同时受众也在同样情况下接受信息。受众可不受任何约束迅速展开针对所播信息的评价，使情感得到抒发。从被动的静观接受，实现了主动的动静结合，呈现出传受之间的双向交流。

最后，主持人节目的播音员固定出现在一个专题性节目中，很少在其他节目中出现。同时，节目播出时间、节目名称都具有稳定性。另外，播音员不只是单纯地播稿了，除了传播信息之外，现场采访、主持座谈讨论、人物专访、电话回答受众提问、现场实况转播等均由主持人出面进行，实际上它已具有人际传播的特点了。

基于主持人节目具有以上几个方面的特征，一个问题很自然地出现在我们面前：如果把主持人节目看作是一种特定的节目形式，为达到一定的宣传目的，播音员充分利用这种形式，以自己特有的节目主持艺术为听众、观众服务，那就完全可以称这种播音为“主持人节目播音”。

主持人节目播音的主创方向

传统播音与主持人节目播音都是通过话筒及屏幕实现其有声语言活动的，主持人节目播音的本质属于播音，具有所有播音本质的共性即用综合手段直观地传播信息的宏观共性。主持人节目播音能否成为一种新的播音形式，取决于它对客观世界的反映是否具有与众不同的特征。在播音方式中，由于反映客观世界的角度、手段、媒介及接受形式上的差异，主持人节目播音又不同于传统播音，正是不同的方式使其显现出独特的处理技巧，并表现出自己的个性。两种播音又有其不同的创作方法，通过比较可以看出主持人节目播音的主创方向。

	传　统　播　音	主持人节目播音
创作起点	一篇稿件	一次节目
创作依据	文字稿件	文字稿件、提纲、资料、腹稿
内容提供	由编辑提供成型的稿件	由创作集体提供成型的稿件或自编
播音方式	以播读为主的录播方式	以交谈式为主的直播方式
创作位置	第三人称的客观叙评的播音	第一人称的主导地位

从以上这个简单的表格中可以看出传统播音与主持人节目播音存在的区别。

首先，最大区别莫过于在创作位置上。主持人节目的播音员是作为一个完整节目的主持人出现在话筒前、屏幕前的。“主持”有两方面的意思：一方面，从节目的选题、采访、编制到播出有较大的发言权；另一方面，指有处理节目的能力，包括从采访、编制到播出。从“主持”二字的含义可以看出，播音员在主持人节目中应该是中心人物，起主导作用。

但是，主持人节目只是一种传播活动的形式，是一种节目形态。而主持人节目播音则是从节目播出的角度划分的一种播音类别。可以这样认为，不管播音员是否是节目的总编辑、负责人，也不管他是否有采访、编制节目的能力，在节目播出中，在与听众、观众见面的时候，他们应该是处在主导地位，是在主持一个完整节目播出的全过程。主持人节目播音是作为主持手段的播音，在这里“用于主持过程”是主持人节目播音的前提条件，播音员在主持过程中的立足点是一次完整节目，且处在中心位置上。

当然，做一个主持人节目的播音员，如果能拥有对节目的指挥权，能亲自参加节目的采访、编制等程序，对于他在后期播出中就会有运筹帷幄之后的顺畅自如之感，但目前能拥有指挥权的只是凤毛麟角。一般说，在节目播出时间长、周期短的主持人节目中都有一个“创作集体”来配合前台主持人的播音，但是播音员不能依赖这个集体。每次播出前至少要了解从采编到制作各个环节上的工作，如时间允许应尽量做其一部分工作，这对于播出可产生事半功倍的效果，因为整体节目的质量是与播音员在前期节目准备中参与程度成正比的。当然对于受众来说，也不会因其主持人是否参与或参与多寡而失去主持的意义。

其次，正是由于播音员所处的主导地位，因而他的创作有一定自由度。这个自由度受节目体制、本人能力等因素的制约。它表现在充分把握播音依据的前提下可以存在自己的思维，可以照稿说，也可以脱稿，即兴式的“说自己的话”；也可以打破预先的设想，临时调整自己的话题，向着更准确、更深入的层次进展，以期取得更好的效果，这就是充分发挥播音员的创造性。因而他的播音依据可以是形成文字的现成稿件，也可以是提纲、资料，也可以只是腹稿。与传统播音依据来比，它丰富多了。随之而来的就是播音创作的多样性。张颂教授说：“从播音专业的基础上，应该提出这样的要求：有稿播音，锦上添花；无稿播音，出口成章。”这正是主持人节目的播音员应具备的条件。这个“出口成章”既要有章法，同时也有一定的即兴。

另外，主持人节目的主持人播音时运用第一人称，而且采用交谈式的播音方式，长期固定在一个节目中。这与传统播音运用第三人称播音，用播读式、播讲式为主的播音是不同的。传统播音的播音员可以在任何时候，出现在任何节目中，它不固定在一个节目里，但主持人是固定在一个节目中，一般不在其他节目里出现。

以上几点不同都是从播音员在节目中处于主导地位所派生出来的。目的都在于力求接近受众，使主持人更具人情味，从而使节目达到所预想的后果。长期固定在一个节目里播音，对于主持人个性的形成及与节目融为一体无疑是有好处的。

某一门艺术认为很美的事物及表现方式，对它的分支来说不一定完美，或许恰恰相反。既然主持人节目播音在实践上已得到受众的承认，那就意味着播音员用自己独特的方式来进行播音创作并拥有特殊方法来传播信息。正是这一点，虽然传统播音与主持人节目播音都属于播音这个大范畴，但播音创作及形式的不同就会有自己的体裁意识和感受方法。因此它们才具有不同的个性。主持人节目播音，虽拥有传统播音的许多特点，但又与传统播音有一定区别。它融合了传统播音的许多表现手段，而成为一种新的播音方式。它有自己的时空和交流对象，并用符合传播媒介的特征和适于家庭收听收看及其受众需要的方法传播信息。主持人节目播音概念已超越了传统播音界限，其外延已由播向主持拓展。它对有声语言的运用是建立在驾驭节目基础上的。

主持人节目播音概念要点

“主持人节目播音”这一概念的要点如下：

以节目主持的身份在固定的广播、电视节目中，对听众、观众进行的播音创作活动。播音员在节目播出中处于主导地位。既是主持人，又是播讲人。

他的主要职责是传播信息、介绍知识、评介问题。回答受众问题、进行人物专访、组织受众讨论。设计、组织、串接一次节目的各个部分。

主持人应当具有较高的理论水平、文化素质和道德修养，以及一定的组织能力。

从播音角度看更需要深厚的语言功力。语言应规范，用气发声、吐字归音要训练有素，应懂得和善于运用有声语言的各种表达规律和方法。具有独立构思、出口成章的能力，以及较强的应变和临场发挥的能力。

播音员以个人身份与受众进行交谈式为主的播音。语言要质朴、热情、亲切、自然，以缩短与听众、观众的距离，增加亲切感，以期成为受众信赖的朋友，增加节目收听、收视率。

播音员应该具有编制节目的能力。一次节目中应参与或部分参与节目的采编、制作，以使节目更加整体化、系统化，以体现驾驭节目的能力。

播音员在主持节目时不是扮演角色，语言与形象不可戏剧化、程式化。但应有鲜明的个性特色，力求与节目的性质、特点相适应，必须以更好地达到节目的播出目的为前提。

可以说，这个概念表明，主持人节目播音虽然从属于播音范畴，但播音已带有一度创作的能动性了。主持人节目里的播音员所展示的才华，在广播电视领域中逐渐向全方位发展。他不是一般的播音员，并非一般的记者、编辑所能胜任的，他需要具备特殊的素质。

在明确了“主持人节目播音”这一概念后，还需要对主持人节目播音特点作进一步分析，以便掌握其规律，有效地对主持人节目播音即节目主持工作进行组织准备。

第二节　节目主持的特点

整体性

播音员在主持人节目里的主要工作是播音，但它的根基却是在驾驭节目能力上。这表现在对节目全局的把握程度、掌握技能的多样性以及掌握知识的全面性。这三个方面构成了主持人节目播音的整体性。

主持质量的好坏是以播音员对节目整体把握的程度为基础的，它好比是地基与房子的关系。一般来说，受众是不以播音员是否具有对节目真正的主持身份来评价播音的，他们只是用听觉和视觉来和播音员见面的。但对于播音员自己来说，对节目全局的把握，是和主持质量紧密相关的。而最有利的身份莫过于对整个节目拥有领导权、指挥权，进而在播出时能做到行云流水，出口成章。它的好处是在节目采集、编辑、制作中可以很好地贯彻自己的意图、观点，因而在播出时，必能熟能生巧，体现出自己的个性特点。这样的事在我国主持人播音历史上不乏其例。播音员的领导权、指挥权表现在应具有制定节目方针、报道计划、编制节目的权力，这个权力要贯穿于节目的始终。贯穿可以理解为，在节目制作过程中的每一个环节上，都存在着播音员的点拨，都渗透着他的影响，而不必包揽制作的全过程，其他的事要由创作集体来完成。在大型综合节目以及播出周期短的主持人节目里，都为主持人配有一个创作集体，这个集体是为播音员服务的，播音员是这个创作集体的领导人、主编，他握有充分的主动权。从节目的选题、录音，图像的剪辑，文字稿的形成都由他最后审定。整个创作集体的工作是围绕他进行的。节目的风格、特点、表现形式都由他最后完成。播音员对节目握有领导权、指挥权，对于大多数主持人节目的播音员来说是鞭长莫及的，但它的确是一个努力方向，是走向作为高层次节目主持人这一目标的必由之路。他的思想可以贯穿节目制作的各个环节上，对各环节的工作了如指掌，从而会使节目整体上协调一致，有利于形成节目的个性及传播。

具有领导一个节目才干的播音员也必然在业务能力上是出类拔萃的。它表现在掌握技能的多样性上，在广播、电视业务的理论上应有一定的广度。播音、采访、编辑、摄录等，虽不必样样精通，但应有所涉猎，以一专带多能。在这里播音是最重要、最基本的技能。从节目播出到与受众联系，都离不开有声语言。无论是话筒前、屏幕前，还是采访、开讨论会，有声语言是必不可少的。在主持人节目中只有掌握了播音技巧并熟练地使用它时，才会完美地为受众服务。一个主持人如果缺乏运用自己声音能力，就会直接影响节目传播效果。当今被誉为美国三大电视网的明星主持人彼德·詹宁斯就是播音员出身，他曾在加拿大安大略省一家广播电台做了六年播音工作，然后转入 ABC（美国广播公司）的。目前我们国内的著名节目主持人很多是播音员出身。但要指出的是，这里绝非是把播音员简单的转换为主持人。不具备播音技能，想当好主持人那是困难的。同时也说明播音这项技能应优先于其他技能，而作为被考虑的条件。当然我们也不能忽略采编的技能。既是主持，他就应具有一定的记者素质，应经常亲自采访、亲自编排节目，把受众带入新闻现场。节目主持人如果不具备新闻敏感和独特的采访的能力，就会失去新闻，那么他也就不能胜任主持人的工作。刚才谈到的詹宁斯一年之中要往返于世界上几十个城市亲自采访并做现场报道。但目前也并不是由主持人包打天下。随着传播技术的发展，信息的大量增值，在时效上竞争激烈。时效成为新闻机构生存的条件之一。在国外或国内新闻性节目的主持人不必事必躬亲，主持人大都配有一个创作集体来策应，他只需具备编导能力，而应把主要精力投入到日常播出上。技能的多样性可以给主持人以很大的活动空间，犹如鸟儿长了翅膀，使主持人在节目传送的蓝天中能自由翱翔。多样性使主持人的能力具有了整体性。

主持人节目播音的整体性，还不只限于领导能力以及技能多样性把握的程度上。除了主持能力外，政治文化素养、社会生活阅历以及在节目中的应变、即兴能力都对主持人节目播音的好坏有着直接影响。知识面越宽，联想就会越丰富，越能引发即兴话题，并能提高应变能力，从而达到预期效果。这就是主持人应具备的“专”与“杂”相结合的金字塔型知识结构。这个“杂”就是专的“铺垫”。黑格尔说：“无知是不自由的，因为和他对立的是一个陌生的世界。”没有知识如同瞎子一样，在主持中难免存在盲目性。在这里理论功底与知识的储备是重要的。理论功底差，认识、判断事物难免流于肤浅，有些报道及述评就会停留在直观的浅显层面上，对其内在意蕴挖掘就不可能深广，这样就不会也不能正确引导受众。知识面狭窄，有时会使人陷入捉襟见肘、孤陋寡闻的窘境。很难对接受的信息进行“筛选”，需储备的，需要扬弃的不知所云。理论与知识的综合便是主持人应具有的把握全局的宏观意识。就主持人来说他应该体现在四种能力上：一、辨别能力，对所采集的素材作正确的辨别，提炼出受众需要的新的价值或受众的需求。二、透视能力，透过事物的表象能够看到本质，以深邃的目光，洞察接触的复杂的社会。三、创造力，在节目的选题、技巧的变幻、语言、开拓新境上不因循守旧，以丰富的想象，创造出满足受众需要的东西。四、反应能力，也指应变能力和即兴能力，这是节目主持所需要的。主持人所具备的这几种能力无一离开理论与知识的储备。主持人应奋发学习，提高理论素养，不断吸收新思想、新学科来开阔知识视野，加厚自己的功底，使自己所主持的节目得到升华。

接近性

随着传播手段逐渐的现代化，促使广播电视整体面对的受众已从大群体向个体演化了。另外受众地位的提高，广播电视仅产生了“中度效应”，创作价值已作用于传与受双方了。大众传播学者认为，传播过程不仅是起源于传播者，止于受传者的单向过程，而是一个动态的双向过程。在实际传播中，传者与受者角色不断变化。主持人节目与听众关系要比一般节目与听众密切得多了。如把听众请进直播室采访、讨论问题或热线电话的使用已使其具有了人际传播的特点。因而传播内容在很大程度上满足了受众的需求。这就为主持节目的播音员与受众的接近创造了良好的条件。

心理学认为，传播与接受的关系包括地位关系、空间关系。地位相近的人易产生接近，空间距离近的人易产生接近。要想得到传播过程中好的效果，就要缩短传与受之间的心理距离。主持人节目播音时，主持人与受众的关系是放在一个层面上的朋友关系。因而传与受之间的关系是平等的。我们知道，主持人面对的受众因节目不同，层次水平也不同。但每一个受众都有头脑，每个人都有自己对生活的见解，每个人的内心都是一个世界。因此，主持人是不能小看自己播音对象的。受众可以接受或拒绝你所传内容，也可对此重新进行解释，也可用于另一目的，这是主持人不能左右的。主持人应该摆正自己与受众之间的平等关系，逐渐建立朋友之间的关系。只有这样主持人与受众才能共同面对生活，面向社会。关系融洽了，受众才愿意听取你的见解，接受你的观点。同样，空间距离也不是一个纯粹的地理概念，广播电视的现代化手段已为我们缩短了与受众的空间距离，重要的是发挥近距离的优势。只有遵循这一规律，才能充分发挥主持人播音的作用。

形象的自然性使主持人与受众之间产生了接近性。

主持人形象不完美，不标准，有缺陷，有瑕疵，即在生理上如外形、声音、吐字有缺欠，与传统的播音相比欠规范性。但这种不完美的形象与标准的形象比较，更显具有个性。这个个性就是主持人个人特点。正是因为主持人形象的不完美，表现出他与受众是无二样的，这样就会使不完美的受众产生了理解、同情、接近，这与一般受众追求真切的社会心理相吻合，与传统播音相比，透着一种新鲜活力。由于主持人具有的突出特点和生理外貌以及表达的个性化，从一个普通人常态的不完美，完成了向艺术美的转化。于是常态的“缺欠”在生动表达作用下，调动了受众的兴趣和收听收视的愿望。由于不标准的形象使主持人个性化更加突出，这样不完美的形象在受众心目中产生了“与我一样”的感觉，从而促使受众对主持人更加主动接近，增加了亲切感，达到了广播电视调动受众的兴趣和情绪的宣传目的。

运用第一人称，采用谈话的播讲方式，主持人与受众之间的关系更加具体化。

新闻机关的主要任务是传播一定的信息，长期以来是采用传统播音进行的。同时播音员的地位也存在着一定的正式性，也就是“代言人”、“喉舌”的作用，对受众来说，有一种权威感。再加上采用宣读式、播报式的方式，显得庄重有余、活泼不足。而主持人节目播音使用了第一人称与受众进行交谈式播音，把信息以一对一的形式告诉听众，主持人以自己的思想感情、行为方式、语言习惯出现在受众面前。通过个人的经历把一些政策性的问题婉转地介绍给受众，从而具有了很强的个性特征。这种个性形象置身于受众之中，由于具有人情味，受众常常把主持人看成是自己人。这样受众就会自觉不自觉地接受了主持人的观点、主张，而这些观点、主张正是新闻机关的总体思想。

主持人节目的优势在于采用了采编播一体的形式，减少中间环节，增加信息量，增快传播速度，而这一切还取决于它使用的直播方式，使传受同步。受众在第一时间看到的东西往往感觉更亲切，为主持人与受众之间的接近创造了条件。

主持人虽与受众相隔千里，但近在咫尺。主持人传播信息会给受众以此时此刻，此情此景之感，会使节目的真实性让受众得以感觉，节目的感染力大大增加。由于身临其境，受众有货真价实的感觉。而录播，受众会感觉遥远，昨日黄花，不成其为新。

受众对于突发事件需要及时了解，希望迅速得到利害相关的消息，以及主持人的见解。直播可以迅速提供这些信息服务，从而会使受众感到了时代的脉搏，录播贻误时间的结果，使得受众感到慢三拍。

直播为受众参与提供了机会，反馈及时，双向交流，沟通彼此间的联系。如体现在热线电话的使用上，使播音有了直接反馈的工具，从而使主持人与受众的联系带有了直接性，在主持中直接显现出来并直接作用于播音中。这种直接性还带来了即时性，受众可以在节目进行中，或在一个话题之后与主持人进行交谈。这样受众的心理、情绪、态度、愿望、反应、评价，可被主持人直接了解及察觉，同时主持人也可随时对节目进行调整，以满足受众的心理。另外，采用直播方式也可使受众当场耳闻目睹主持人的音容笑貌、行为举止、表情神态，久而久之可促使传受双方的关系更为协调。

主动性

主持人节目的播音员在一定权限范围之内有充分的主动性。它表现在节目前期的参与以及在播出中主动表达。

在前期，播音员可根据自己的时间及能力主动参与创作。一般来说，要参加一两项或在一定的时间内有若干次参与。由于播音员在前期参与了组织报道，采集、整理、筛选、编排、剪辑、审定等各阶段有其劳动成果。在节目后期又与听众、观众见面。整个过程穿针引线、评述结合。这样，他就能针对自己的个性特点在准备节目时有所侧重，有所渗透。播音员就会在任何一个环节上，如节目的结构、内容的安排、采编方式上避免与自己的个性特点不一致。因此也就能够主动控制整个节目的播出，可以自如地表达想法，把主题组织到受众欢迎的话题中去，为节目传播创造了条件。

在播出中，也可主动积极地表达。播音员根据听众、观众的需要，时间的宽裕程度，按照自己的表达方式以及自己的语言习惯、特点来播音。他有选择词语的自由和有助于节目内容的即兴发挥。在内容上可做删减和扩充。这是由于播音员熟悉背景材料，对所主持内容了如指掌。当然这一切要受到整体报道思想的束缚。串接词的使用、结论性的评述都可有自己的构思及安排。现场的调度及录音选择、镜头切换，也是根据播音员的想法，在全面平衡后来统一安排的。

在进行人物专访、主持讨论会以及在热线电话中，播音员除按计划进行外，可展示随机应变的能力。如在一瞬间依靠一句话或一个事物的触发修正自己的内容，对所说的话题迅速进行组织、处理、调整。反之当现场及热线电话中受众对某个问题迷惑不解时，播音员可以重复、引导、提示、补充，使整个话题沿中心意思进展。当他们对播音员的想法、见解有不同意见时，播音员还可随时随地以冷静的头脑、豁达的态度、礼貌的举止，认真作出自己的判断以求圆满地完成节目所要达到的播出目的。当内容少、时间富裕的情况下，还可插上一些幽默语言及笑话或插播音乐，以防空场。

整个播出准备工作往往已经认为做好了。一旦播出时，会发生意想不到的变化。节目也许没有按照自己的安排去发展。尤其是现场主持，播音员面对的不仅是受众，还有现场的受众、采访对象。他们对播出内容以及主持人的见解，随时会做出反应。有的表示兴趣，有的赞成。有的疑问，有的冷淡，甚至反对。播音员对受众的反应不能置之不理，应根据变化了的现场，随时调整自己的内容，不管此时是否有稿件或提纲，应该灵活处理，以适应受众的需要。

播音员处在节目的核心位置，熟悉、了解节目的各个环节。播音员应以播出目的为准，对所设想播出内容及结构，随时与助手及创作集体交换看法，听取意见，以期提高整个节目播出质量。建立与创作集体及助手的良好融洽的关系是节目播出的保证，否则播音员孤掌难鸣。因此播音员准备节目时应考虑计划实施的可行性及变化性。在保证内容完整的前提下，对所播内容应有所伸展、预测与准备，既有简单的提纲，又有详细的提纲。在说明主要问题或疑难问题时，要多储备些实例以防万一；运用幽默及笑话时要恰到好处，不可随便，适可而止，全盘考虑。

主持人节目中的播音员是以自己的言语活动来向受众展开话题及传播信息的，当然这是由主持人节目这种形式决定的。因此，播音员具有设计节目、安排内容、组织节目、串接节目的主动权，也就是可以按照自己的设计、构思、语言来主持节目，创造主动表述的条件。当然在这过程中播音员也是把自己置于受众全面审查和检验的地位。他们会对播音员的主动行动所产生的效果进行评价。从另一方面来说，也会对播音员德、智、语言、思维、涵养、仪表提出严格要求。

情感性

由于主持人节目的特征，主持人节目的播音员与受众的情感联系较之其他节目影响力要大一些。

这里除了传播内容、内容的编排等要在情感色彩上满足受众的需要外，另一方面便是主持人与受众的情感关系。播音员为和受众建立良好的关系，要树立和改善自身的形象，以获取受众的好感，扩大节目的影响，而这一切都是在一定的感情色彩的体验和表现的基础上才能产生。从主持人节目性质看，播音员的播出活动都是为了使受众对他建立信任感和亲切感。而播音员自己首先要对受众有着丰富的情感。播音员除自己要有时代感、美感外，应该是让受众一听一看后就容易接近的人。这一切不是做出来的，应该发自真心，是愿意为受众服务的自然思想的流露。这样播音员与受众的心便会自然地沟通起来，进而才能使所谈的内容与受众产生共鸣，拨动受众之心。应该承认，在主持人节目中播音员和受众的感情沟通是内容沟通的先决条件。

另外，由于主持人节目本身的灵活性。多与受众带有直接联系，也为播音员与受众的感情的建立奠定了基础。播音员可通过现场与受众，通过热线电话与受众可以直接地、及时地得到反馈。播音员能较为准确地把握受众的心理，领会受众的意向，且对受众态度和蔼可亲，受众便会产生"自己人"效应。受众是有感情的，并且有对外界的感情需要。播音员对受众的这种感情予以满足、尊重，又能对一些不正当的情感加以引导。无形之中，播音员与受众之间便会从相互理解到相互感情的沟通。

在主持人节目中，播音员作为主持人是长期固定在一个节目中，随着时间的延续，播音员的形象会深深地印在受众的心里。而在这期间，主持活动不断强化受众的心理。受众的需要，播音员会尽量满足，受众感到播音员是在想其所想，说其所说，急其所急，无论什么事都领先受众一步，提醒、诱导、告之，且所传信息内容深刻，极富哲理。受众的心理被强化后，什么事都想听听播音员的见解、想法或求得播音员的理解、帮助。播音员的威望，从时间的流逝中及自己的努力中，逐渐在受众心目中建立起来。双方的关系融洽了，受众便会自觉不自觉地接受播音员的观点和主张，而这些观点和主张实际是新闻机关的观点和主张。

第三节　主持人节目传播的基本形式

根据大众传播学的观点，主持节目的过程是一种信息传播的过程。主持人节目播音在主持过程中的应用，应该体现在主持过程中的信息传播形式。

主持节目过程中的信息传播有两种形式：一种是单向传播，另一种是双向传播。

以一定的程式方法进行信息交流，称为信息交流模式。

1949 年信息论的奠基人克劳德·香浓在《通信和数学理论》中提出了一个传播简图，揭示了信息传递的一般规律，它构成了许多传播过程模式的基础。下图为香浓提出的一个组成模式。

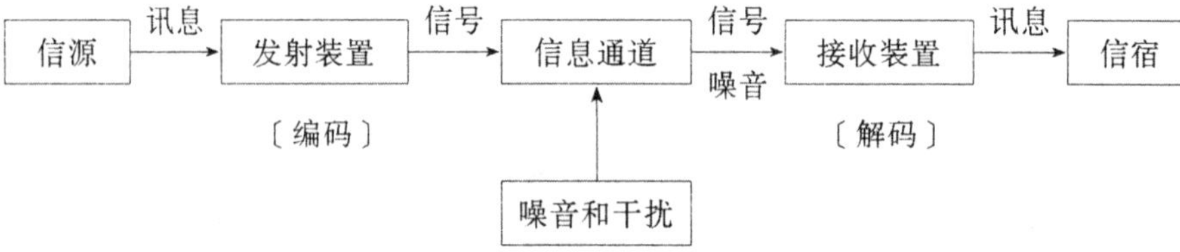

这个模式的两个端点分别为信源和信息要送达的目的地即信宿。两端点通过几个中间装置连结起来，以实现信息传递的目的。这些中间装置有：(1) 信源从一系列讯息中选出一个准备传播出的讯息，由发射装置将讯息变换成适于信道的信号（编码过程），使讯息成为可以传递信号的传递装置。(2) 信息传递的通道，所谓信道也就是传递者将信号传递给接受者的媒介。传递者将制成的信号通过媒介传递出去。(3) 接收者接收信号还原为原来讯息（解码过程）的接收装置。这样一个传播过程就完结了。

香浓的这个传播模式在广播电视中广泛应用着。它的缺陷是没有受众的反馈，是单向的直线性传播模式。要想得到受众的反馈，一个是不能及时，另一个是需进行专项调查。

另一个模式为双向传播模式。它是由传播学者威尔伯·施拉姆提出的。在广播电视这个传播媒介中的模式如下图：

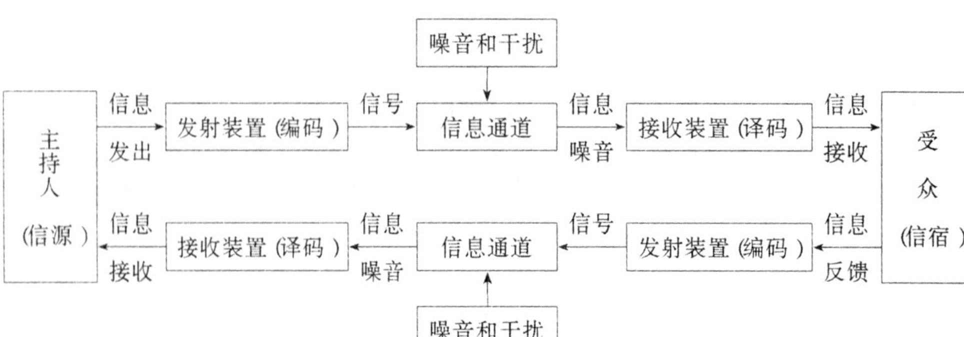

从上图可以看出，传播者和接受者在编码、译码、传递信号时是始终相互影响的。传播过程不仅仅是起源于传播者止于受传者的单向过程，而是一个动态的双向过程。虽然受众的反馈要比人际传播难，但随着节目形式多样化，以及设备先进化，也不会成其问题。从总的趋势看，广播、电视为了适应日益信息化的社会需求，其结构都在向双向互动模式转化。在这个模式里出现了反馈。它特指接受者对传播者发出信息的反应。传播者可以根据反馈检验传播效果，并据此采取进一步行动。

双向传播是主持过程的信息传播的典型形式，可以把单向传播看成是双向传播的某一阶段。在实际传播中，传者与受传者也在进行角色的变化。在主持过程中，受众的反馈要比一般节目的反馈来得快，来得及时。所以我们研究主持的过程，主要是探讨双向传播的主持过程。掌握了这种基本模式，有利于在主持节目过程中创造并运用最有效的实现双向传播交流的具体模式。

从威尔伯·施拉姆提出的这个模式来看，主持人向节目对象客体发送信息，要经过“编码”、“信息通道”两个阶段，而接受信息的时候，还要经过排除噪音的“译码”阶段。所谓编码指节目主体与节目受众客体在发送信息的时候使传递的内容符号化，即有声语言及相关的表情形体。编码后信息称之为信号。在收到各种信息符号后，主持人与受众都要进行译码，即把收到的信息符号还原为信息，称为译码。主持人节目中，双向交流是其主要的传播方式。主持人在发出信息符号后，可以接受受众的反馈信息，又可成为接受者。接受者在发出反馈信息后，同样也成为发送者。施拉姆的传播模式可以反映出主持过程中传播的基本形式。

第四节　主持人节目播音的表现特征

主持既然是从属于播音范畴，它当然必须遵循播音的一般规律。但是主持人播音是一种特殊的播音，它当然也有一些特殊的表现特征。

主持人节目播音的特殊表现特征，应该受主持人节目要素的影响。根据传播结构是传播关系总和的理论，它应受发信者、信息及受信者三者之间构成关系的影响。也可以说它要受到节目主体、节目信息和节目对象的影响。从而形成与主持人、内容和受众有关的表现特征。这些特征是：播音员个人身份介入特征，节目内容呈现过程特征以及与受众共同创作特征。

下面主要介绍前两种特征。

播音员个人身份的介人特征

在主持人节目播音中的播音员具有双重身份，即播音员的身份和主持人的身份，如果除去主持身份，播音员自己对节目所起的作用是同一般节目播音所起的作用是一样的。但是在主持节目的过程中，播音员的主持人身份当然是不能除去的。作为主持人的播音员，不但要在播音中体现出自己的主持身份，而且还要通过节目展示作为主持人的形象，这种展示及表现，就是播音员主持身份的介入特征。

播音员主持身份的介入，主持人自我形象的表现和展示，是在主持人主持节目过程中经常遇到的规律性现象。

虹云主持的《空中信箱》曾播发的《望斌斌早回家》一文，在表述对斌斌爱心的同时，也设计了呈现自己优点的话语。虹云："我想到弟弟常说的亲切之声的虹云老师您了。如果弟弟没出事，他在失望、孤寂奔波之中，听到熟悉的声音是一定会迷途知返的，他带着一个半导体收音机。""爱心"是主持的基调，主持的内容。"斌斌如果听到虹云老师的亲切之声，他一定会迷途知返的"，从这句话中可以体现出一般的听众对虹云的爱，对虹云的信任，以及虹云本身的力量、能量。在这里虹云本身的优点则是播音员主持身份和主持形象的自我表现和自我推销。她表现自己的优美形象正是要听众接受自己的形象或调节自己在听众脑子中的印象，也即是推销自己的形象。

同样，倪萍在向观众讲述一位母亲十五年如一日为自己孩子输血的动人故事后，代表电视台将一张5万元支票送给了这位母亲。此时受众在无形之中感受到了倪萍本人极富同情心、善解人意的形象。实际上倪萍在无形之中也在推销自己的形象。肖晓琳在《观察与思考》里表现自己观点正确、分析透彻的同时，总是千方百计表现自己追求真理的诚意和把握真理的自信。肖晓琳的形象在观众心目中得到了升华。

播音员主持身份的介入，在于展示自己的主持形象。而展示自我形象的目的，又是为了加强自己在主持人节目中的地位，从而更好地实现自己的主持目的。虹云在"寻找斌斌"中，将自己的美好形象成功地显现在听众面前，就会使受众很容易接受她传递的爱心，从而加强了她在节目中的地位。而倪萍在观众中留下的美好印象，对于她今后所主持的节目，就会更好地被观众所接受，同时也会确立倪萍在节目中的位置。肖晓琳在议论中，如果她追求真理的诚意和把握真理的自信，受众已认为是不可怀疑的，那么她在议论中的论点、论据和论证就会显得更加有力，也更能为观众所接受。这些都证明了自我形象的展示，对实现节目播出目的有着举足轻重的作用。

这里所谈的播音员身份的介入和形象的展示同非主持人节目播音中所说的思想感情的体验和表现是不同的概念。在一般节目的播音中，都会有播音员思想感情的流露，如通讯、文艺评论、新闻节目。但这种对稿件本身的体味、感受及表现，它的目的不是制造播音员自己在受众心目中的形象，或是播音员有意控制、调节自己在受众心目中的形象。他的目的是通过这种对稿件思想感情的流露，起到对受众感染的作用。因此就有了"不被听众所感觉到的播音，才是最好的播音"这样的说法。主持人自我形象的表现，其目的是调节节目主体——播音员在受众心目中的形象，以加强自己在受众心目中的地位，起到调节主持人与受众关系的目的。所以自我形象的表现是主持人自我形象的强化，而不是稿件的思想感情的流露，这种自我形象的展示，在一般播音中不能说没有，但可以说表现得不突出，没有像在主持人节目中那么普遍，那么重要。

主持人自我形象的展示要着眼于积极的方面，切忌消极地表现自我。积极的表现是在实事求是基础上的表现，它将主持人的自我形象真诚地呈现在受众面前。有声语言与形象是节目与受众之间得以交流沟通的最重要的媒介。"诚于中而形于外"，主持人心理上、态度上的诚，形之于有声语言，出现于屏幕上就会使受众感受到可信赖的语言品质及形象品质。这种品质的有无对于实现节目目的，树立主持人的形象会产生意想不到的效果。虽然它有取舍，有强调，但仍会被受众认为是真实的。相反，消极表现的结果是为了实现自己的个人利益而将自己虚假的形象呈现在受众面前，不但有失身份，同时也有损于自我形象的表现。在主持人节目中表现自我是必要的，但必须是真诚的，而不是虚假的形象。积极的表现有利于形象的树立和产生预想的结果，消极的表现往往事与愿违。

在节目中，播音员以自我身份的介入来主持节目，作为播音员，要根据播音的运行机制来进行播音；作为主持人，他又要根据节目的目的和主持的特征来主持。主持人以个人身份介入播音是必要的，但不能违背播音的基本规律；而按播音基本规律运作是正确的，但又应不忘记主持人节目的主持身份。

节目内容呈现过程特征

符号是传播的基本要素，主持人和播音员借助于什么样的符号系统，把具有一定内容的信息传递给受众呢？不同的内容有不同的呈现形式。主持人节目内容的呈现与非主持人节目内容的呈现应该是不同的，从而形成它自己的特殊之处。当然主持人节目内容呈现过程，总是尽量选择有利于主持的播音形式，而不采用不利于主持播音的形式。主持人节目播音与非主持人节目播音同作为有声语言传播的形式，它们有许多共同之处。但是主持人节目播音使用的时候，要赋予它们以主持的形式。主持人节目中的播音员直接向受众表达自己的情感，直接向受众陈述自己对某个问题的看法、观点，必要的时候还可把受众请进直播间，面对面地交换看法、意见。这些形式在非主持人播音中是看不到的。可以这样认为，主持人节目内容选择主持人播音形式，而且主持人节目内容创造了这种主持人播音的形式。主持人节目形式的选择是主持人内容呈现过程的一个特征。

主持人节目内容呈现过程的形式选择，主要以所采用的这种形式是否有利于主持。这个标准与非主持人节目的播音是不一样的。

主持人节目内容呈现过程的形式选择，应该以已有的播音形式为基础，它应以是否有利于主持为依据，对已有的播音形式进行选择。在这里已有的播音形式，即交谈或口语化的播音是最佳的呈现形式。当然要使它产生一定的效益，还须做一些符合节目呈现形式的改革。在传播活动中，怎么选择内容呈现形式是至关重要的。对播音员来说，语言符号必须能准确地表达所传递的意义内容，能够把自己掌握的信息、知识、见解完美地组织起来。如果受众熟悉同一种符号系统，那么播音员的这些知识、见解就会很容易被受众破译。如果两个或两个以上的人，为了一组双方都有兴趣的信息符号聚在一起，这样就构成了传播关系，这就是说，符号共享是传播的基本前提。在此基础上，传播双方意志的沟通才是可能的。这里并不是说传播双方只要做到符号共享，就能毫无障碍地沟通想法。

由于广播电视所具双重传播的性质，节目的播音的符号可以是有声语言的，也可以是非语言的视觉的、听觉的。符号可以是说的话、写的字（受众来信），也可以是姿势、表情、眼神、服饰、实物（向受众展示一物品）等。播音员在与受众交谈时，受众不仅要对他们所说的作出反应，而且也会对他们种种外在表现作出反应。在所说的不同符号中，交谈式的口语化有声语言是播音中最基本的语言符号系统，起着主持节目主要承载者的作用，其他载体与其相比，从总体上说，它们处于辅助地位。

在整个主持过程中，播音活动是一种充满主动性的行为和活动，因此，主持人通过编码传播信息是处在信息传递的主导位置。对内容的体现不是自然的呈现，而是充满了积极主动的意向。主持人编码要求达意，受众解码时才能不曲解原意。主持人与受众有一方在编码或解码时出了差错，就会影响传播效果。主持人不仅应注重内容的选择与质量，而且还应顾及对受众的影响力。因此对任何一次播音来说，主持人应尽最大努力，缩小在各个环节上存在的障碍，力求让受众按主持人要传递的意义来理解内容。尽管受众理解的内容和主持人所播内容不可能达到完全一致，但经过努力是可以接近的。主持人通过编码传递信息应该是一次有效的过程，这就是内容的呈现应是一种控制的呈现。当有声语言不能适应传递内容、表达情感的需要时，就要根据表达需要进行调整，如一句话的组织，甚至一个词的选择，甚至于态度分寸要重新编码，对有声语言重新作一番排列组合，以排除干扰，保证信息的畅通。可以说，主持人节目内容的呈现，是播音员的一种主动控制呈现。

播音员的主动控制呈现其目的还是控制受众对节目的接收，其接收效果通过及时反馈得到。如一家电台与面粉公司合办的一次节目中先由播音员以采访公司经理的形式出现在话筒前。然后请听众通过热线电话抢答，抢答的内容就是经理回答播音员的问题。诸如公司的历史、公司的产品特点，以及获奖情况等等。此时播音员对所播内容马上得到回馈。实际上节目的意图十分明显，那就是对受众全力施加其产品的影响力，以达到促销的目的。此时受众获奖后还可去电台领奖，奖品即是小包装面粉或制成品。在非主持人节目中，播音员也在时时发布大量的信息，以使受众获取自己所愿了解的消息，至于受众接受了吗？接受到什么程度，播音员的意图是不具体的。只是传播信息而已。可以说，在主持人节目中，播音员不但要对受众施加影响，发布信息，而且要及时掌握这种影响力的效果大小，以调整自己对节目的设计及认识。

在主持人节目的播音中，除内容呈现的形式选择及其主动控制的特点之外，节目的播音还有一个类型上的区别。它的类型区分大致与非主持人节目相似，如新闻性节目播音、娱乐性节目播音、服务性节目播音、体育性节目播音。按时空分还有播音室播音及现场播音。播音形式的呈现各具特点。不同类型的内容，有不同类型的呈现特点，这就是内容决定形式。同属于主持人节目，但由于类型不同，体现出的形式也不同。其思维方式、口语表达差异较大。

第五节　主持能力对播音的影响

主持节目的能力是播音员参加和影响主持过程的能力，它在一定意义上，体现了播音员本人的素质。播音员主持节目的能力的大小是和节目的效果一致的。在主持人节目播音中，播音能力与主持能力有直接的关系，同样播音效果与主持节目的能力也有密切的关系。但播音能力与主持节目的能力是不一样的，因为播音能力中有主持的因素，同时也存着与主持无关的因素。播音能力中的主持节目因素就是一部分主持能力，它不是所有的主持节目的能力。例如，现场播音员的控场技能，有时可运用形体动作来表达一定的思想感情。“会场里灯火辉煌、人头攒动（我走上舞台），我站到了麦克风前，微笑扫视一下全场，然后用片刻无言的宁静控制了全场，沸沸扬扬的场内一下变得鸦雀无声。”[①] 这样的控场技能体现出播音员一定主持节目的能力，而这种能力并非是播音能力。因为播音即使是电视播音也不能光凭播音员的目光、表情来表达思想感情，形体动作毕竟只是“伴随语言”。另外，形体的“片刻”也要比“停连”所占用的时间多，这已不是一种“播音节奏”了。可以认为主持节目能力的一部分可以转化为播音能力，从而可对主持人节目传播产生一定的作用。

下面分别介绍几种主持能力对播音的影响。

自身魅力

魅力是主持人吸引受众的一种力量。主持人要有吸引受众的意识。以其恰到好处的外部形象、精湛的语言技巧、富有哲理的内容吸引受众的注意力。主持人要善于运用自己的魅力引起受众的注意并使他们进而受到主持人的影响。心理学认为，“注意”是心理活动对一定事物的指向和集中。凡是从外界进入心灵的东西，都要通过它。在主持节目过程中，要使受众最大限度地获得节目输出的信息，并对节目产生美好的评价，主持人就必须有强烈的吸引意识，紧紧抓住受众的心理需求，打开受众注意的“大门”，集中和保持受众的注意力。

主持人的魅力在播音中的体现，在于其主持节目的吸引力。节目的吸引力又进而对节目的实现起着决定性的影响。中央电视台《经济半小时》节目，在“消费者权益日”时，配合国家有关部门打击伪劣产品，维护消费者利益。节目主持人对某地生产的一种化妆品进行了点名。结果，这种化妆品一夜之间便从全国的化妆品柜台里消失了。除了各方面的因素以外，体现了节目主持人吸引受众的力量及其权威性，也体现出受众对节目主持人的信任，进而使节目本身的影响力也大大增强，使节目决策者的意图的实现得到了保证。北京电视台在《社会·经济 18 分钟》这个新闻性节目中，对北京清河福利院的孤儿们的生活进行报道。主持人就“怎样使这些孤儿们得到社会的温暖”这个话题与观众进行了讨论，从而引起了广大受众对孩子们的同情之心。他们无意识地接受了主持人的观点、想法，并付之以行动。每到节假日，清河福利院的门口挤满了人群，“慧芳妈妈们”早就把孩子“抢光”了。主持人魅力得到了体现，受众的心灵得到了一次升华，社会作用大大超出了预想的结果。

魅力是形象、举止、气质、修养等综合表现。有外貌、衣着、声音、口才等外在的美，同时又有学识、阅历、涵养、风度的内在美。主持人与受众面对面的交流，首先应该让受众喜欢，如果一出现在受众面前就让受众感到不舒服，就会影响节目效果，甚至危及这个节目的收听、收视率。当然，对于主持人来说绝非是以貌取人。心理学有“首次效应”之说，首次效应，也即主体对事物的第一印象。它是外界刺激物在人的大脑皮层优势兴奋中心留下的最初印痕。心理学家发现，当一个人对某个问题没有什么固定的观点时，常常比较容易接受所遇到的第一个观点，从而形成积极的心理定势。给受众以美好的印

① 见《话说电视节目主持人》第 65 页。

象，具有一定的吸引力应该说是主持人成功地打开了受众的审美阀的结果。德国美学家费希勒提出过一个审美原则：人们的神经中枢有一个审美阀门，只要设法打开这个由视、听分析器组成的阀门，审美对象才能被主体所接纳，同时在想象、理解、情感力协同作用下，进一步产生美感的"首次效应"。应该说主持人要产生良好的"首次效应"，不能不考虑应当具有令人悦耳悦目、悦心悦意的外在美。一次感性直觉往往不一定抓住审美对象内在的美。受众在反复收听、收看过程中，才能体味到主持人内在的意蕴。主持人内在气质的美是使节目富于生命力的根源，他应善于充实、提高自己的学识、涵养，才会使节目立于不败之地。

主持人所表现出的魅力也是主持人自我才能的展示，在展示自我过程中，使节目内容得以深入人心。

应变能力

由于受众的参与，广播电视节目已不是单纯的"我传你受"，特别是现场与热线，主持人与受众都是在变化的交流中完成一次节目过程。主持人要适应这种变化的情境，就必须具备一定的应变能力。应变能力指在节目进行中，主持人根据现场变化，调整自己的言行及对策的能力，以期掌握节目的进程，控制受众的情绪，协调节目的各个组成部分，使节目按预定播出目的完成任务。

主持现场节目，不同于有稿播音，有文字依据，可按事先准备方案进行。在受众参与的情况下，节目行进中往往会脱离主持人的设想。主持人必须具备随机应变的能力，以适应已变化了的情境和话题，要在短时间内，以某事物的触发、察觉、判断为依据，修正自己的编码或程序，对有声语言或现场迅速组织、调整、变化。这就需要反应机敏，应付裕如。机敏来自智慧，而智慧又来自丰富的知识，另外还要有改变自我，改变环境的信心。非凡的见识，超群的胆识，才能做到随机应变。

"有一位记者提供了一条街头无证摊贩出售羊肉串卫生不合格的报道。审定后我又要求记者作了一些改动，配片时我又向记者多了解了一些背景情况，待到晚上直播时，当我按计划把开头话说完之后，接下来应该是放录像，可意想不到的事发生了，镜头没切过去还停留在我身上。我用余光看了看正前方的监视器，应该意识到出故障了。一刹那间，我立即张口说了几句和羊肉串相关的话，但不敢展开话题，谁知道出的是什么故障？需补救多少时间呀？万分紧急时，有人用特殊方式传递给我这样一个信息：'磁带找不到了，多说几句。'在这种情况下，我没有着慌，大脑在高速运转选择词语，把编前、编后、片中解说词都未曾提到过的背景材料介绍了大约40多秒，待知道片子找到后又笑着说了一句，情况不再介绍了，还是请大家看记者的报道吧。"

这样，山西台《电视桥》节目主持人李忠莲所遇到的一起播出事故就被避免了。没有对节目内容的全面把握，没有一定的应变能力，即使审了片，也不一定应付得好。

在一次直播中，主持人余声把话筒递到一位姑娘跟前。她将废旧物资提炼的过程回答得很流利。

"完全正确！请问你是做什么工作的？"

"物资回收。"姑娘腼腆地说。"怪不得你了解得那么清楚，"主持人话锋一转，"那么你脖子上的项链也是这样提炼出来的?”“不……不是，是我自己买的。”姑娘说完自己也笑了，现场的气氛也随之活跃起来。

这个实例说明，主持人没有较宽的知识面和丰富的人生体验，就不可能游刃有余地把现场气氛调节起来。

一般说，要使自己具备一定的应变能力，技巧的“功底”是重要的，知识的功底更为重要。语言的肤浅，应变能力弱，往往反映了思想的肤浅。因此，应把一定的时间用在提高自己的道德修养、文化素质上。有了一个充实的头脑，在节目出现意想不到的情况时，即使语言不够流畅自然，也不至于措手不及，说不到点子上。

主持人宋世雄的现场播音，不但内容准确丰满，而且富有文采。如“梁艳在 3 号位扣了一个漂亮的快球，她笑了，笑得那么甜，好像是在自言自语：就这么打。在比赛场上，梁艳打了好球笑，拦网成功了笑，接对方扣球摔救滚翻以后也笑……”运动员梁艳活泼可爱，浑身充满青春活力的性格展现在听众面前了。文思不敏的主持人临场是讲不出来的。然而文思敏捷是靠日常积累，事先的案头工作做后盾的。说一百句话，就要积累两千个句子，如果用一百个句子说一百句话，就会失之肤浅，无应变力基础。要想应付裕如必须有两千个句子垫底。这就是博闻强记、厚积薄发。才可避免现场失误，避免尴尬局面的出现，达到化险为夷之目的。

控制能力

主持能力中有一种控制能力，对于播音有积极影响。它一方面指主持人控制自我情感和态度的能力，另一方面指对播音现场的控制能力。

在具有了一定人际传播成分的主持人节目中，播音员与受众的相互作用处在一种低水平上，主持人往往易暴露出真实面目。如对一些问题的看法、观点，从交换意见开始，到争执不下结束。在传统录音播出中，播音员会表现出较斯文，较有教养。怎么样分析和对待这种实实在在的工作特点。不能善于控制自己的情感，怎么能谈得上和受众建立起和谐的关系呢？任何失误，任何失控都必将严重损害主持人的形象。反之，主持人若能严格要求自己，善于克制自己的情感，特别是在任何情况下都不丧失自己的人格，常常可以将自己从困境中解脱出来。那么他给受众的印象也会是具有高度职业修养和道德情操的。上述两种正反表现的关键，就是主持人能否有效地对自己的言行进行控制，使自己处于理智状态，以有利于节目的正常进行。并使自己在与受众交流中处于主动地位。

一家经济电台在 1993 年 3 月份以“学雷锋”为话题的一个节目中，受众当场提出了与主持人不同的意见。主持人于是与受众展开了舌战，以主持人的“我们不能同意你的意见，我们将保留我们的看法”的慷慨激昂声中结束了与这位受众的对话！然后挂上了电话机。在这里如果主持人对所阐述的内容加强一些感化性，或及时做一些让步，力争改变受众的立场，使受众按照主持人既定的内容，形成新的思想意识是再好不过了。否则就应尽可能避免同受众立场尖锐的对立，更不要激怒受众的情绪。一方面要用真挚的感情激发受众的感情，牵住受众的情绪，使他们自觉或不自觉地接受主持人的意见，以削弱他们的观点对社会的影响。一方面主持人应认清受众作为信息的接受者并不是机械物。他们的接受心理除了受到社会影响之外，还会受到节目其他种种因素制约。

主持人是节目的主体。出色的节目主持人不仅要有广博的知识及语言表达能力，同时还要有控制现场播音的能力。主持人节目具有一定的开放性。它是一个信息循环流通的过程。播音员将头脑里储存的信息传达给受众，受众会随之产生相应的心理反应，形成反馈信息回传给主持人，从而对节目的再输出发生影响。节目要想达到预想的结果，就必须与受众建立起良好的信息交流关系。在这里对现场的控制能力是重要的。在主持人自己中心意识附近，应该用相当一部分注意力来接收和处理受众的反馈信息。目的是一方面尽可能使内容激起受众兴趣，引起受众注意，满足受众要求。要知道，采访对象或节目本身并不都是受众关心和理解的，通过主持人的引导，使受众兴趣大增。主持人引导采访对象说出自己不愿说的话和受众想听的话。通过主持人简单平易的提问、对话，引导采访对象把不易理解的专业术语浅显地讲出来。把节目引上广大受众最感兴趣的轨迹上去。目的的另一方面则是使节目不偏离主题。把采访对象讲不到点子上的话语，通过主持人的引导简而快地回到主题上去。

山西电视台主持人李忠莲是这样谈她采访一位因公牺牲烈士姐姐的过程。

“请问，您一共有几个弟弟?”

“4 个”

“吕乐昌是您最小的弟弟吗?”

“是的。”

“您比他年长多少岁?”

“16 岁。”

“听说吕乐昌是您一手拉扯带大的，您同他感情最深，是这样的吗?”（她脸上的肌肉急速地抽搐了一下，强忍悲痛地答道：）

“是的，我父母去世早，乐昌从小吃了不少苦，是我一把屎一把尿把他拉扯大的。他很懂事，这次他临出车前，还对我说，回来后给我打扫屋子准备过年，可谁知一去……”她哽咽了，泪水在她眼眶里直打转，看得出她在用极大的毅力克制着自己，手在不停地抖动。此刻我意识到她抖动手在寻找感情依托。几乎在同时，我在别人觉察不到什么时把手伸过去，她一接触到我的手，立刻像触电一样抓住我的手，使劲地捏着，我的动作传递着我们之间的感情，包含着理解和真诚。我没有插话打断她的思绪，我知道这是她的感情爆发点，此时无声胜有声，我要允许她有个缓冲过程。沉默了七八秒钟，她又开始处于克制状态，她接着说：

“我虽然失去了弟弟，我觉得他为人民利益而死，死得值得……”

（紧接着我强忍泪水说了一段结束语：）

“乐昌同志虽然离去了，但我想当太原市民吃上鲜肉时，是不会忘记他的。他永远活在我们心里，请你们全家一定多保重。”

在这里主持人把节目与受众之间的时空距离拉近。当晚播出后，在社会的反应强烈，许多观众都是含泪观看的。在采访之前，李忠莲曾告诉她接受采访时应控制情绪，否则放声大哭，会直接影响受众的收看效果。但作为烈士的家属应该有泪，李忠莲在发问时触动了她的伤心处，从而使她的感情有一个爆发点。发自内心的强烈克制力和外在刺激力结合在一起，使被采访对象既不致放声大哭，又会情不自禁哭出泪来的最佳效果。在这里李忠莲很好地驾驭了现场的进程，控制了现场情绪，使节目按既定播出目的体现了出来。受众是节目系统的客体，受众的心理如何，直接关系到节目的成败。因此，主持人应正确控制处理现场有关因素，针对受众需求，使节目达到预期目的。

语言表达能力

在播音员主持能力的诸多因素中，与主持人节目播音关系最密切的是语言表达能力。它指播音员在主持节目过程中表达思想感情的能力。它大体包括有文字稿件为依据，简称有稿；没有文字稿件，只有提纲和腹稿的，简称无稿。这两种表达能力即是语言功力。“这两种语言功力，在不同的节目中，在不同的主持过程中，会有多有少，有轻有重，有的可能全都有稿，有的可能全都无稿。”其中的关键是主持人主体意识的强弱。全部有声语言都应遵从是“自己要说的话”这一条根本规律。“自己要说的话”，从“话”上来说，有稿时，有一个转变过程，把稿件变成自己要说的话；无稿时，有一个生发过程，把所见所闻、所思所想，变成自己要说的话。从“说”上看，要真想真说，有“非说不可”的强烈愿望，还要得心应口，有“心口如一”的表达技巧。“这两种功力，掌握起来却不容易，运用起来又有各自的特点和优势。从长远观点看，两种功力都有永恒的价值”。①

节目是通过传递信息，沟通媒介与受众的联系，在每一主持过程中，几乎离不开有声语言这个载体。大众传播工具的功能，如果缺少语言交流的畅达，怎么可能达到理想的发挥？语言作为信息传递的最重要的工具，只有在熟练和掌握它时，才会完美地为受众服务。而语言功力的强弱，必然会造成传播效果上的大相径庭。应该说，语言功力是主持人节目播音的第一职业要求。这个要求应等同于对播音员的要求。这就是主持人节目中的语言表达同样存在发声技能、语言技巧，及其各类文体播音能力等综合条件问题。

对于以声音为主要物质手段的主持人节目来说，没有悦耳动听的声音、标准的发音，节目的美学价值就要大受影响。好的声音不仅能准确地表达出主持人丰富多变的思想感情，而且会声声入耳，娓娓动听，使受众被吸引到节目之中去。同样，规范化的普通话语音也会使受众羡慕的。日本广播协会（NHK）声称是代表了标准的日语。同样英国广播公司（BBC）中的播音，号称代表着最标准的英语。他们的播音能以代表自己国家最标准的语言为荣，那么我们为什么要降低对语言的标准呢？试想，声音不佳，语音南腔北调，节目能取得良好的播出效果吗？主持人节目中的播音员应对声音进行有效的锻炼，以达到圆润、悦耳，使受众舒心的境界。

语言技巧中，主持人同样要掌握正确的创作道路。这是播音的基础理论，应熟知和掌握从理解到表达，从感受到感情的一些规律。运用情景再现、内在语、对象感、重音、停连、语气、节奏等技巧使节目内容的表达得到升华。这些要素要根据节目内容与情感的需要，相互交替、衬托、呼应，有秩序、有节奏地变化着，从而激发起受众的情感。播音中如缺乏语言表达的能力，有声语言会变得枯燥、乏味、呆板。感情会单调、冷漠，结构会平庸、散乱。白开水式的表达显然不能引起受众的兴趣，也绝不可能给受众以启发和教

---

① 《话说节目主持人》第258页。

显现个性

主持人在节目里呈现“自我”形象。他依照自己的生活实践、艺术修养、心理结构去观察客观事物，并将事物的特征和内心感受加以有序的结合，使其具有独特性。另外主持人具有不同的气质、素养、经历，体现在有声语言上常常带有个人的生活习惯和个性、气质所决定的常用语词、语气特点。听众熟悉后，很容易分辨出谁是谁。不同的主持人对事物存在不同的感受，甚至结构安排，语言色彩，语言风格各有区别，会产生不同的表现形式。显然不同的主持人都有属于自己的、独特新颖的情感模式。这样也就带来播音的独特的语言个性风格。语言所显现的个性，对受众构成了强烈的吸引力。

第七节　有声语言创作原则

主持人是以真实的自我出现在受众面前的，无论模拟交谈或与受众直接交谈都含有了人际传播随意的特点，节目面向社会大众。在轻声漫语之中将思想、观念、知识输送给受众，潜移默化地对受众施以影响。同样受众也从社会价值观念出发，希望从节目中获取知识、信息及启迪。每一位受众都需要理解主持人所播的一切内容，而不至于莫名其妙，不知所云。主持人与受众都具有目标的一致性，这是传播的基础。有声语言创作原则中的坦诚、平等、切境、得体等方面，是主持人节目播音中应该遵循的，它受制于节目所达到的传播效果所包括的特殊内容。这些原则贯穿于主持节目有声语言运用的始终，是使节目目标得以实现的基础。

真诚

主持人与受众的接近性要求有声语言创作上的第一原则应该是真诚。语言是主持人与受众得以交流、沟通的媒介。“诚于中而形于外，慧于中而秀于形”，语言真挚、热诚，意诚、情真，可产生感人的魅力。心理学证明，人有一种偏向于相信“自己人”话的心理倾向。主持人只有把受众当成自己人敞开心扉、平等相待、赤诚相见、推心置腹，才能使受众消除戒备心理，架起与受众感情的桥梁，节目也才会赢得受众的心。主持人心理上、态度上的真诚表现在有声语言上，使其在受众的心中成为可以信赖的朋友，真诚与否关系到节目的效果。

上海一位听众拨通上海东方电台《东方大哥大》栏目，向主持人反映了她所居住的地段已经半个多月断了煤气，却始终没有人修理。主持人当即通过电波呼吁，希望有关部门应该重视此事。第二天，也是这位听众拨通了《东方大哥大》的电话，她按捺不住兴奋激动的心情说的第一句话是：“煤气修通了”。主持人凭着热诚相待受众而赢得了受众的信任。同样在东方电台《夜莺热线》节目中，有一次在深夜主持人通过话筒苦口婆心的劝说，阻止了一个失业青年的极端念头。一位在沪的外国女学生深夜拨通了《相伴到黎明》的热线电话，诉说了她的困惑，经过主持人朋友式的开导，最后她表示今晚可以安然入睡。在《蔚蓝夜话》中，人们愿意把许多白天不愿公开的事放到夜间倾诉……由于主持人的诚挚之心，治愈了在紧张的生活节奏中而滋生出的各种各样的“都市病”，有效地调节了受众的神经，缓解了受众的冲突，其作用是难以估量的。

主持人的空间和时间虽小，影响的天地却大，他们的一举手一投足都牵动着受众的视线和情感，影响着受众的思路和情绪。常见一些主持人为了“活跃”气氛，装模作样，出语随便，轻浮虚假。“放”得过分。

“刚才大家听到的是童安格演唱的《伴你入梦乡》，我希望我们的节目也伴您进入梦乡”。(北京某电台 1992 年)

“‘各位观众，电视机一次使用的时间不能太长，3 个小时就会发热，4 个小时就会爆炸，请收看完我们的节目后，关掉电视机。’这是一家电视台的节目主持人劝慰受众的一次话。然而下一次节目播出时，主持人又说：‘各位观众，关于电视机一次使用的时间是没有限制的，我只是和大家开了一个玩笑！也正是这个玩笑，当天竟使供电局节约了几亿度电！’，‘非常感谢大家’”。(某电视台 1992 年播出)

“可惜，我们的主持人实在太煞风景，他似乎想用‘风趣机智’的语言活跃场上的气氛，但弄巧成拙。其实，我们电视台、电台这个档次的主持人一抓就一大把。要直接面对数千名观众，他就得有真才实学才能不被人笑话。明明郑智化已在开场白讲了他去年也在这里演唱，但这位先生居然问：‘你来大陆演唱过吗?’这种愚蠢的‘主持’顿时让全场观众十分反感。他们不约而同地‘嗷……嗷……’想中止他这类废话的堆砌。但这非一朝一夕能使他长进的，他又不断用‘你不是正常人’、‘你作为一个残疾人’等等不礼貌的字眼来和郑智化‘调侃’，愤怒的观众再次‘嗷……嗷……’地轰他下台。这位先生是经常在屏幕上和广大电视观众见面的。”(《中国文化报》1993 年第 46 期)

受众心理上总是把主持人看成是朋友，不能容忍任何隔膜和虚假。无哗众取宠之心，有实事求是之意，才能取信于你的节目对象，使他们接受你的观念、思想、信息。主持人语言华而不实，开出的只能是无果之花。强调提供信息的真实可信，是与节目的根本目的相一致的。广播电视这个传播媒介的根本目的，是通过有计划的工作，使自己和受众之间相互理解交流、适应，形成互益关系，从而发挥出更大的能量。要达到这个目的，节目主持人在受众中的形象和信誉是非常重要的，只有语言真诚才能打动受众，从而博得受众的信任。

“各位观众，前天，有一位观众贴近我的耳朵小声告诉我说：‘你上次在节目中说的史无前列，不对，应该是史无前例。本不想告诉你怕伤害了你，但……还想告诉你，因为我特别喜欢你主持的节目！’”“观众指出我的读音错误我非常感谢她，说明我还要不断地学习……”(《综艺大观》主持人倪萍语)

心理学有关研究认为，人们总是愿意并会主动宣扬有利于自己的事情，而不愿意公开不利于自身的方面，然而人们恰恰忽略了另一个同样的道理：从人际关系中的心理感受看，公开不利于自己的事情，往往会引起对方的好感和信任，造成双方人际关系的融洽。这是使人信赖、使人消除戒心的有效途径。倪萍在节目中敢于揭短，实事求是，维护了受众的利益，因此博得了观众的信任和好评。事实也正是如此。坦诚相待使她和受众的关系也更加融洽。

平等

应和受众放在一个层面上，尊重受众，以礼待人。从主持人节目看，尊重受众，讲究礼貌，除了道德和伦理上的意义外，还有其更深的意义，那就是平等对待受众，它直接关系到广播电视在受众心目中的形象和声望，同样与节目所要实现的根本目的密不可分。因此，也应引起主持人的注意。

在一次热线有奖抢答完毕后，某地电台的节目主持人对听众说："领奖的听众，请明天下午两点到本台来领奖，过时不候!"节目本是加强与受众联系的一次好的机会，竟让主持人一句不负责的，无礼的话打发了。即使想领奖的受众，被主持人的冷言冷语所困惑，甚至不想去领了。如果换成这样的说法："明天下午两点来领奖，请大家不要错过机会!"提示性的语言，多好！又有礼貌，又透着关切。

类似上面的说法在节目中并不少见，怎么样去实现与受众的平等，的确是要探讨的。在主持节目的过程中，可以发现主持人与受众的地位是不平等的。当然这里不是指其他政治地位、人格等的不平等，而是从传受双方所具有的地位不同来谈的。为什么说节目的创作价值在于受众呢？最浅显的理论是，电视机、收音机的开关掌握在他们手里。他们想听就听，想不看就不看，而且受众挑选的是节目，也可以打热线电话同你探讨问题，也可以不去理睬你的问题。主动权在受众那里。应该无条件为受众提供信息，否则节目的根本目的难以实现。可以说，在传受双方出现了人际传播的特征后，我们主持人更是处在一种"被动"的地位上。必须平等对待受众，以便增强节目的传播效果。所以受众是主动的地位，而主持人是被动的地位，仅从这一点看，主持人与受众也是不平等的。主持人应有所心理承受。只有承认这点，才可能通过我们的播音，平等、有礼对待受众，以得到受众的理解、尊重。

国外有一位节目主持人，他身材魁梧，声音洪亮，这本来是一种优势，然而他每次在主持节目时，却尽量想办法要坐下来，以便"缩小"自己的身体并放轻自己的声音。这样的做法使主持人显得非常明智，因为他要和受众"平起平坐"而不是盛气凌人地"俯视观众"，"教训"观众，主持人和观众进行朋友式的交谈，传受双方平等。

中央电视台《七巧板》的主持人鞠萍在征询小朋友意见时曾问："你们说，人们愿意叫我老师呢？还是愿意叫我阿姨呢？还是叫我姐姐呢?"在场的小朋友思想了片刻后说："我们愿意叫你鞠萍姐姐!""姐姐"的这个称呼不但与小朋友的距离拉近了，而且体现了这些小观众愿意让主持人平等对待他们。

传播有其特殊的规律，传播者和受众是平等的，受众这个"靶子"中弹后不会立即倒下，每位受众都有头脑，每个人都有自己对生活的见解。受众可以将所传内容或接受或拒绝或重新解释或用于另一目的。我们只有充分遵循这一科学规律，才能赢得受众。主持人不能隔着受众、隔着生活，把生活肤浅化。要使有声语言上表现出平等，首先在心理上应有真正平等的意识。主持人希望受众无条件地接受和关心自己传播的信息或自己的观点，但前提是应与受众建立友好的关系，同时也要关心他们、帮助他们。上海东方台，每播出一百个听众电话，就有80%的问题得到了反馈，其中50%的责任单位能够在收听后主动解决问题。一位受众评价说："过去新闻点是围着领导转，东方台的新闻更多的是围着群众转”。所以在5分钟的《东方大哥大》节目期间，每10秒钟就有800多个电话拨“大哥大”热线。在这里群众参与与主持人贴近生活和平民化是分不开的。从以上的事实可以看出，对受众不能轻薄，尤其对受众提出的问题应及时予以答复或解决。受众如果发现主持人采取消极漠然态度，不能及时作出明确反应，就会不知道主持人怎么样看待自己所表示的一切，就会对主持人产生茫然或厌倦，从而导致传播效果的减弱。

主持人应培养自己是到朋友家做客那样的心理状态，有礼貌、可亲、可敬，表现出学识、涵养、风度和通达人情，以朋友的口吻、以服务员的口吻与受众交谈，给受众留下淡雅谦和的印象。古人语：“满招损，谦受益”。自满有失，谦虚受益。事业成功的原因固然是多方面的，但谦虚谨慎，平等待人，广交朋友是其重要原因。

切境

主持人的语言运用是处在一定的语言环境之中。切境，就是要求语言运用时切合当时的语言环境。这里不是单指上下文或说话的上下句，而是指主持人与受众交流时的社会环境、自然环境、交流场合，以及双方的有关因素，如身份、职业、经历、思想、处境、性格等所构成的主客观因素，也可称言语环境。主持人在与受众交流时与环境相适应，才能获得好的交流效果。语言环境对语言运用起着制约作用。语言环境对语言的这种制约作用不是对语言表达消极地限制与束缚，而恰恰应理解为二者之间的适应性、灵活性。要求主持人的言语表达必须顾及到语言环境，从而使传受双方的信息沟通得以最大限度的通畅。

（一）言语表达与社会环境

主持人的言语表达要在一定的时间、空间，面对一定的受众进行，必然要受到这些客观条件的限制。一方面应理解为主持的思想内容要受社会环境制约，一方面语言形式的采用也要同社会环境相适应。

“您那茶沏好了吗？要不您先喝我的？我倒不是舍不得我这壶茶，我是怕从您那电视机往外倒开水，再把您电着！哎！我眨巴眼可不是忘词了，我是在思考一个问题，就是我们电视节目主持人在和观众荧屏相见之时，是不是需要先笑一下，观众朋友！既然是朋友有什么就说什么。

“如果您发现了有这么一首歌，请您给我来封信，寄到如意电视台‘一壶茶’茶长收，我送您一本挂历，今年的！

“所谓绅士味就是不能用庸俗的东西去讨好别人，这是艺术创作的原则，要是中国的大老爷们都成了这种风度，那就完了，您就别龙的传人了，您就龙的丢人吧！”

上面引用的是一次业余节目主持人大奖赛第二名获得者主持的“一壶茶”的片断。

富于幽默的语言以及形体动作使得他的主持赢得了掌声和笑声及评委的好评，可是这种形式再也没有在以后的广播电视中出现。的确，主持人把一个严肃题材说得妙趣横生，体现了他的创作才能，使得受众不得不沿着他的思路做认真的思考。但是，这种形式似乎与今天的社会生活还贴得不太紧。不是说这种形式不需要，但存在着超前意识。中国历来是礼仪之邦，无论做什么事，讲什么事都讲礼节、分寸。不像西方国家的人，观念、意识都是开放式的。主持人在节目中很难把握幽默分寸，稍一过火就是油腔滑调，而火候不够就是俗不可耐了，当然文艺节目如相声那是另外一回事了。

同样在一家电视台的播音节目里，主持人用这样的语言来解说“意大利足球甲级联赛”的：“啾！这个球又进了！这个人就是秃头先生维亚利！现在带球前进的是伦蒂尼，我报一下他的身价，伦蒂尼的身价现在是一百个亿——（稍停）人民币。”主持人在采用西方体育解说员煽情式的解说方法。音调高昂，情绪饱满，主持人始终与现场观众一样热烈。而坐在电视机前的中国人似乎没有解说员那样的激情为什么呢？首先放的片子是意大利的，而且不是现场，不是同一个时间、空间。其次是讲给中国人听的，中国人一向耐心有余，要想动情则是很难的，他们不会为西方一场足球比赛去扔电视机或把自己的孩子抛向空中，但的确爱看热闹，不过是冷静的、有控制的。试想主持一方兴高采烈，而受众一方默默无语，这是令人尴尬的事。这样的解说一般很难让受众适应。因为他们听惯了宋世雄虽热情但不瘟不火、不偏不倚的主持了。由此可见，言语表达要受社会环境的制约是不言不喻的。

（二）言语表达与场合

主持人运用有声语言传播信息或与受众交谈，离不开一定的场合，在同一社会环境下表达同样想法时，不同的场合要有与它相应的语言形式，以达到节目的根本目的。

“各位听众，现在给您介绍一下今天下午的天气情况，今天下午多云转雨。请外出的朋友出门时带好雨具，本来我预定的外出采访活动也不去了！……”

这样坦率的言语是不必在听众面前直言出来。不去采访也罢，但何必发宣言呢？幸亏现场的受众不爱较真，否则就会有鼓动大家在雨天不必上班之嫌。主持人不顾及语言环境的轻率言谈是达不到所要的效果的。

（三）言语表达与受众特点

主持人的言语表达一定要注意受众的特点或采访对象的特点，应根据不同的对象选择恰当的言语形式。这里包括对象的身份、职业、思想、性格、处境以及文化教养等。这些对言语表达具有直接制约的效果。

一次，一家电视台《走进名人家庭》栏目的主持人到一位收藏古玩的名人家里采访，她看到一个盘子非常漂亮，便请收藏家拿了出来，停了片刻，主持人问：“这个盘子值多少钱？”主人稍加思索后没有直接回答主持人的问题，而是说，这个盘子从收藏价值来看，它有与众不同的地方，从欣赏价值看又有与众不同的地方，给主持人上了一课。而主持人似乎也没意识到自己的言辞有失检点。面对一位知识丰富的收藏家，主持人显得浅薄了一些。

在王府饭店，某电视台的主持人访问了台湾一位影星。主持人问：“你每来一次北京是不是感到都在变呢？是不是都有不同的感受哇？”这位影星此时愣了一会，然后缓慢地说：“北京的天好蓝啊！北京的天好高哇！我来的时候台北在下雨……”从主持人的问话，我们不难得知，她想让这位影星赞美一下北京的新变化，可是采访对象没有顺着主持人的话题走下去，而做了一个所问非所答。主持人与采访对象交流时，没有考虑他的身份、职业、处境等因素，因而也就没有使话题延续下去。这个例子说明主持人对受众因素的正确把握，是节目成败的关键。

得体

得体也是主持人节目中主持人语言修养的一个组成部分。说话写文章要讲究三性，集中性、连贯性和匀称性。集中性和连贯性主要是思路问题，而说出话来得体便是匀称性的具体要求。主持人在传播信息中既要考虑主观目的，也要顾及客观方面的要求，这样传播效果才会好。

得体首先应体现在语言的简洁和朴实上。主持人节目在广播中多采用直播手段，主持人灵活处理节目，即兴发挥，使得节目真实自然，以实现与受众的充分交流；又因为有声语言的口语化，使得主持人语言成为一种带有大众传播和人际传播双重方式的交际语言。在传播信息过程中真实、可信，应成为第一要求。受众在现时代的收听收视状态，都呈现出快节奏的趋向，且有针对性地选择接收，因而要求节目简洁、实用。受众听不懂、有问题还要打电话给你，跟你探讨。因而应将书面用语逐渐地转到口语上。所以主持人说话，少形容词，少描绘，更没有浪漫的抒情语言，以避免在和听众交流时造成不必要的麻烦，应让受众感到真实、自然，然而简洁、朴实并不是语词选择的乏味、单调、啰嗦。节目还应体现出生动、活泼的一面，节目要富于生命力。由于生动、活泼要受制于简洁、朴实，主持人还应充分发挥自己的创造性，在话题的选择角度、内容上体现出来。

其次，得体还应在有声语言的分寸上显现出来，而不能因其词语的选择或语气不当而让受众产生误解，影响节目播出。

“我们到那里采访，既长了见识，又看到了职工们的改革热情，真是一箭双雕哇！”

“这次节目，我跟大家谈谈股票，介绍一下上海、深圳的股票市场，请你们见识、见识！”

“在敬老院里，过着风烛残年的老人们！”

“一箭双雕”、“见识、见识”、“风烛残年”这几个词放在这里使用，不错，但用在这里不确切，分寸不合适。“一箭双雕”与“一举两得”，“学习”、“看看”、“见识”，这些词的用意都差不多，但如果换一换，岂不更好。而“风烛残年”的确也比喻人已衰老，接近死亡。殊不知长期以来人们已经赋予了字面上没有的特定内涵，即专指境况悲惨的老人，实际上应换成“安享晚年”才不会出现歧义。这种随心所欲的做法是不负责任的，已使受众产生了误解。同样的意思，换一种不同的说法，就会使有声语言增色，反之就会减色。主持人的话是代表着广播电视这个机构，要表达得恰切才好。

另外，在有声语言的得体方面，还应尽量选择一些模糊用语。所谓模糊用语是出于在表达时的策略，使其留有一定的回旋余地，不要把话说得过死。受众是主持人的朋友，朋友之间的谈话应毫无强加于人之意，应是商量的语气、试探的语气。

“这位朋友，虽然你的具体情况我不太了解，但是从来信中可以看出，你还是十分关心和在意自己的家庭的，那么在积极经营自己家庭过程中，你是不是也体味到了一种满足的快乐和甜蜜呢？如果是的话，那么我想，你所操心营造出的这个家庭正是你的成就所在，也是值得你自豪的。家庭、事业两全毕竟是困难的事情，那么只要料理好其中的一方，你又何必为另一方的不满意而过分地苦恼呢？”

以上这个例子中的“不太了解”、“可以看出”，“是不是”、“如果是”都是一些模糊词语。在与受众交往中，使用一些模糊用语，可以避免把话说绝，因为有时我们了解和熟知的毕竟是有限的，这样会给自己留有余地；适当地采用模糊用语，还可以使对方感到你很关心他、富于人情味，你也会更加主动。

还有在语言表达得体上，可使用委婉语。主持人在与受众交往过程中，有时不宜于直接把意思说出来，采取委婉曲折的说法可以表达主持人的言外之意，让受众思而得之。

"小卫红的父母，把你们的孩子找回去吧！让他回到亲人的怀抱。在亲人的微笑里，忘记过去的忧伤和恐惧，重新面对生活，做出自己的选择。父母的爱能舔平他幼小心灵上的伤疤。每一个孩子都是祖国的花朵，都应该有鲜花一般的童年。可小卫红呢，却远离亲人，一个人在外擦皮鞋，当搬运工，苦苦思念着自己的父母。小卫红的父母，你们能听见孩子梦中的呼唤吗?"

这一段话是要劝慰丢弃孩子的父母快快把孩子找回去，全段语气委婉、感情真挚。如果采用命令式的口吻，一方面孩子的父母会产生逆反情绪；另一方面也会显得主持人不近人情。使用委婉含蓄的语气使得主持人更富同情心、人情味，以情感人，会产生意想不到的效果。

第八节　主持人语言能力的形成

在受众心目中，主持人在节目制作过程中怎样决策、怎样编导，并不重要，关键是节目播出后的效果。受众自然是从播出的节目中考察、评价主持人水平的。主持人语言功力如何，直接影响节目质量和主持水平。在主持人节目中最有效的传达手段还是语言。"语言功力应该包括两个方面：一个就是有稿的时候，应该使文字的东西变得更丰富更有内涵，说一句通俗的话就叫'锦上添花'，如果没有这样一种功夫，是不能胜任这一工作的；还有一个方面就是在没有什么文字的东西，只能打腹稿或者是即兴的说话时，应该有一种语言的功夫，叫做'出口成章'。"[①] 这两种功力，在不同的节目里，在不同的主持过程中，会有多有少、有轻有重，有的可能全部有稿，有的可能全都无稿。其中的关键，是主持人主体意识的强弱。全部有声语言都应遵从是"自己要说的话"这一条基本规律。主持人节目中播音员的有声语言的样式应是口语化。主持人的语言能力就是口语表达能力。

无稿播音的程序及能力

无稿播音中，播音员口语的运用技巧和能力的一个特点就是与动态环境的结合。口语有对话和独白两种形式，用于播音时都是处于动态环境之中。对话语言中的交谈语境，就是一种动态环境。主持人要随时根据与受众交谈语境的变化来改变自己语言的内容和形式，如话题的转换，语言技巧的运用，都要受动态环境的影响。这样在主持过程中，就形成了一种临场发挥的能力和技巧。这种临场发挥的能力和技巧，是一种特殊的应变能力和应变技巧。通常说的口语能力，就包含动态语境中的临场发挥的能力和技巧。

---

① 《广播电视播音与节目主持人》第452页，辽宁人民出版社。

主持人无稿播音能力是指运用口语表达思想感情的能力。口语能力是主持人综合能力的体现。它包括主持人的知识水平，它体现在词语的选择的生动和丰富、准确上。思维水平，表现出语言的概括能力，以及逻辑性的高低。而个性特征可以决定个人的主持风格，它是与节目融为一体的格调特色，主要指语言、形象等。在一次节目里，从主持人所谈话题内容上可以了解他掌握知识的深度和广度；从话题的选择及层次之间的过渡，大体可以了解他的思维敏捷及逻辑性。另外从有声语言里，也可以听出他的语言表达技巧的成熟。可以说，主持人的口语能力是一种综合能力。

一次口语过程，意味着一次复杂的生理和心理活动过程。首先说话要有动机，它指大脑思维的蕴蓄阶段，一般称为内部言语，即动机、意向。大脑为了将动机、意向更加明晰，而迅速选择合适的词语，并把它们组织成句子，这些句子被一定的语法规则组织起来，然后迅速通过发声器官表达出来，成为外部语言。一次口语表达就这样完成了。可以看出，主持人口语能力的形成大体决定于三个方面：内部言语的生发组织能力、语言快速组合能力、有声语言表达能力。

（一）内部言语生发组织能力

内部言语生发组织能力是形成口语能力的第一要素。它指在临场发挥中即兴产生的意念，也就是动机、意向。由于主持人接触周围的事物，或与受众或对手交换意见时产生了一些想法，或是讲述自己的看法、表露自己的思想感情时，或是提出希望时产生了一定的想法。这些想法就是动机、意向，也可称为语言信息点。主持人的敏感程度，决定捕捉语言信息点的能力。这些信息点是压缩的、微小的，主持人此时要在短暂的时间里进行分析、归纳、综合以及生发想象。从而初步形成较为连续的、单向的意义排列；也就是语言的最初原始形态。它呈连续的、成串的词组，带有一定意义的内部言语。在这里内部言语组织的速度快慢，取决于出口能力的流畅、连贯。当然还只是内部语言，只是有了主题想法，词语之间只是一种松散的联系，它是形成快速语言组合能力的基础。

（二）语言快速组合能力

首先有了主题想法和片断的、呈松散联系的内部语言基础，进而将它扩展、充实、放大成一定的句式表达出来；另一方面在扩展过程中，又会受到环境、对象，以及主持人自己生发的潜在内容、话题，或受众反应等多种因素的影响，使得内容不断丰富，话题不断展开，较为连贯地、流畅地表达出来。

语言快速组合，自然和思维的敏捷程度有关，但不能忽视口语词汇的储备。只有词汇丰富，说话的时候才有更多的选择余地，充分表达自己的思想。反之知识贫乏，词汇储备少，说起话来，词语穷尽，就会枯燥乏味，缺乏表现力。宋世雄在平日积累了大量的语言、文字、艺术方面的资料，阅读分析了多部文学作品。他读了李清照的词《声声慢》，“寻寻觅觅，冷冷清清，凄凄惨惨戚戚……”一连串的叠字和双声字，给人以潇洒急促的感觉，后来他用在了解说中。“李玲蔚在比赛场上前前后后，左左右右，长长短短……”显出解说的生动性、丰富性。另外还要熟知语法规则，使词语的排列组合正确无误。这是构成快速语言组合能力的第二个重要条件。它可避免语言结构的混乱，促使语言的清晰。

（三）语言表达能力

内部语言经过快速语言组合后成为连贯的意思，但要经过发声器官变成有声语言，传播才能得以进行。从发出声音的明亮、圆润，吐字的清晰，到掌握一定的语言表达技巧，再到准确无误地传达出或谈出内容的精神实质，不具备语言表达能力，那么口语能力还只是一种形式而已。语音不纯，发声干涩，无感受，无节奏，受众就会感到厌倦，甚至反感，从而影响节目根本目的的实现。它是口语能力的外部表现形式，也是主持人口语能力的重要组成部分。

口语能力是一种综合能力，虽然把它的过程可以分解，但实际运用时这三者是交换进行，回环往复、快速敏捷地几乎同时动作。这期间任何一个环节出了差错，都会影响口语的进行，哪个环节都不能轻视。在这里，口语表达由于受动态语境的制约，主持人是不可能将内容和语言事先构思成一个完整的篇章。有些口语化的内容经过整理后也可能成为完整的篇章，那是因为它们借助了写作的手段，或者有腹稿、提纲。有时即使没有文字提纲，但也在脑子里构思了这个提纲，但还须整理才能成为完整的篇章，它不是口语自然形成的。“无稿主持，需要临时选择词语、组织语序、承前启后、主次有致，而异于随意闲聊。”

无稿播音的即席口语

主持人节目开放式播音中，主持人与受众双方都在积极配合着使节目正常地进行。然而现场情景会发生不断变化，主持人在没有任何准备的情况下需要随机应变，积极利用一切有利条件，充分调动一切言语表达手段，达到预期的播出目的。

认真倾听——首先认真倾听受众讲话。在听话时适当点头或做些手势，表示自己在注意听。多与受众交流目光，必要时插一些短话或提问，一方面进一步明确对方谈话的含义；一方面表示自己对受众的谈话感兴趣。重要的是自己判断一下是否已经听清了受众谈话的内容和含义，这一点至关重要，它是使自己在临场表达时的前提条件。有时主持人没有听清对方的含义或受众没讲完就马上打断对方。由于没有完全理解，以致使自己的临场发挥没有产生一定的效益，甚至有的时候心不在焉。在听受众讲话时任思绪流连于其他不相干的事情上，这是主持人应该忌讳的。因此主持人在听取受众想法时应该全神贯注，要想约束自己，可以采取“侧耳倾听”的办法。这种特殊的姿势，会使受众感受到来自你的尊重，同时也有助于你凝神听清。这是主持人临场就答的先决条件。

捕捉话题——听清了受众的意思，主持人临场发挥的关键在于思维的快捷上。面对庞杂的各色人，一定会遇到五花八门的问题。纷乱中或自己失误或因现场受众的失误，难免会出现一些预料之外的，甚至是尴尬的问题，或是被临场的情景所激动，不可遏制内心的情感，主动想插入话题之中。怎样处理这些场面，应变能力，既可使话题活泼生动情趣盎然又可以化险为夷。听受众讲话时，一定保持警觉，一旦即席讲话，临场不至于无所适从。要在一瞬间，依赖某事物的触发，对言语进行迅捷的组织、变换、调整，这就需要反应灵敏，应付裕如。人们都希望自己能口若悬河。然而，“悬”河之口有它的源泉，这个源泉就是智慧，也就是丰富的知识和独到的能力。

（一）根据现场变化灵活处理

主持人在现场与受众对话不是机械的，而是随着现场的变化而变化，一般应采取更为特殊的表达方式。

靳羽西在上海市郊七宝时，了解到一个农民家庭每年除了吃穿用之外，尚有近5000元积蓄。

"你那么多钱现在准备买什么呀?"

"现在不准备用，再过两年用。"

"为什么呀?"

"那时我女儿要出嫁了。"

"你给她买什么呀?"

"她要什么，我买什么，我有这个能力嘛!"

"那我也要给你做女儿了。要不要?"（众人一阵笑）

"欢迎你回来，喜酒总有你喝的。"

"你就像我妈妈一样，她见到别人老是说，'我的女儿还没有先生'。"（又是一阵欢笑）①

靳羽西的灵活应答，不但活跃了现场的气氛，而且使主持人更加平易近人，亲切可爱。

（二）借助现场情景气氛变换言语方式

现场中，由于各种因素的相互影响，会产生一定的气氛。主持人在组织语言时，就利用现场气氛组织言语，以增强表达效果。

一次北京经济台主持人在"大明星"节目中与演员宋佳、张学津对话。

宋佳："我非常感谢观众对我的关心，我今天之所以有些成就是与观众的爱护和支持分不开的。但是有些观众对我也采取了不友好的态度，他们说我……（此时宋哭出声来）

主持人："宋佳现在心情很难过，我非常理解她。哎，张学津先生，在家庭生活中宋佳也会遇到不顺心的事吗？您作为丈夫是怎样处理的呢？我们很想了解一下。宋佳，请您休息一下。"

此时张学津也做了很好的回答。在这里主持人巧妙地利用了现场出现的一点"紧张"气氛，从容地把"球"踢给了张，不但缓解了气氛，而且给宋留下一定的时间，同时受众也会感兴趣地收听下去。此时如果主持人反应迟钝，也许会产生冷场现象。

（三）围绕话题选取材料

主持人心中已有了话题，就要设法围绕话题加以扩展。要善于临时选取和组织材料，防止讲起话来漫无边际、枝蔓横生。

主持人围绕话题选取材料，除了选取眼前的人和事，还要靠平日材料的积累。没有平日的积累，灵感不会出现，戏剧场面也不会出现。

主持人无稿播音中的即席口语，还可利用自然环境以及借助主持人眼前的实物来增强

---

① 徐德仁、施天权：《时代的明星》，第53页，复旦大学出版社。

表达效果。即席口语的智慧来自主持人本人的能力。主持人应锻炼自己的智力结构，使之适应现场无稿播音。尤其是回忆、分析、概括、推导、想象、应变六种能力上应下功夫。主持人的思维应敏捷，他需要在短时间里能够分析出受众话语中的“言外之意、弦外之音”；他应迅速从大脑中提取储存的知识，需要“以不变应万变”的能力。因此，主持人应不断在平日里加强自己的智力修养。对任何事情都应发生兴趣、观察细致、有所感受、分辨准确、找到对策，久而久之，主持人的即席讲话能力一定会有一个提高。

有稿、脱稿播音形式在主持中的运用

在主持人节目中，主持人的语言能力还体现在有稿和提纲加资料上。这两种形式作为主持人的创作依据，他的有声语言样式还应是主持人“自己要说的话”的口语形式。

（一）有稿的运用

初上主持人节目，尤其是直播形式，主持人所需材料应该事先写得详细具体，而不应用提纲和资料这种形式。使用详细具体稿件的目的并不是为了照稿播读，而是避免出现差错。初上节目，主持人难免紧张，有些事情可能是预料不到的。结结巴巴、丢三落四、语无伦次、杂乱无章的现象会发生，以致影响节目播出效果。只有将播出内容达到烂熟于心的地步时，现场直播才会胸有成竹、侃侃而谈。怎么样做到烂熟于心？就是应该在熟悉和记忆上下功夫。但要舍得花时间、用气力。

一次，无锡电视台请叶惠贤主持“农家乐”现场直播晚会，中午将四千字的稿子交给他，晚上，只见他手持话筒轻松地一口气说出了参加晚会的四个“家”——乡镇企业家、农村经济改革家、前来演出的农民艺术家，还有三世同堂的农民“一大家”。他的头微微一侧，笑容可掬：“这么多的‘家’相聚在城中公园，这是无锡历史上少见的。”一席话，说得大家由衷地笑了。

叶惠贤的奥秘无非是运用记忆法。对于主持人这台晚会他先记住了三大块，晚会背景、节目参加者、要达到的目的，然后用自己的话掌握全稿。这是采用了提纲挈领记忆法。难记的数字、人名、地名，使用了机械记忆。如，一个演员的名字很怪，他的谐音是“十小节”，他就用音乐中的“十小节”来记他，以至于真的名字忘记了。可以说叶惠贤的功夫，一半用在了记忆上。他的观点是：“博闻强记，厚积薄发”，这对于主持人来说不能不说是个好经验。

照稿播音，多用于专业名词术语多的科技方面内容的节目。稿件存在着专业术语，大量的统计资料、技术数据。因为这类问题如果离开了稿件，容易出现差错。要遵照原来的材料结构、顺序，甚至要把材料中的大多数语句都能保留下来。但一些书面语句式、倒装句式要改为口语句式，使受众听起来明白、流畅。尤其注意，主持人应采用口语方式，防止思维与有声语言脱节，使受众感到主持人在说自己的话，不要忘记边想边说。

（二）提纲加资料的运用（脱稿的运用）

提纲和资料是主持人经常使用的依据。实际上就是脱稿主持。这种方法，灵活自如，使主持人与受众的交流会更加密切，增强播出效果。脱稿主持也要经过认真准备和练习之后，列出一个提纲来讲。需要明白的是，在提纲中，必须准确地反映出事实、事理、数据。这样就不必担心因记忆错误而造成事实不准确，以保证内容的周密、严谨。在把握素材的基础上，能分析概括出要点，重要语句加以保留。那些次要的材料、过渡性段落、插说和阐释部分，可以不列入提纲。新闻事件，记住主要事件的梗概或主要人物性格发展变化的脉络。一般知识，对事物的特征的说明和对事物本质的说明，应概括性地列入提纲。一般的述评，应将材料中的中心论点和分论点，立论和驳论列入提纲。总之要在提纲中体现出材料的主干。在主持播音中，尤其是电视节目主持，往往是只需瞟一瞟提纲，以便对受众能够保持足够的注意力。由于主持人的意识在事实上、观点上，而不在词句上，因此，具有一定的灵活性。当发现或下意识感觉受众没有明白主持人所叙述的事实或观点时，可以换一种方式再讲一遍。内容准备充分的话，可以适当增加一些实例，也可把次要的事例略去不讲。对于受众容易掌握的内容，时间又不充分时，也可略去一些次要的例子和事实。

无论是有稿和脱稿作为口语表达依据，在准备阶段都要通盘考虑。要考虑讲述要点的数量，节目的时间，受众的需要以及必要的直观演示资料。为了使节目收到好的效果，可在稿件或提纲上把要点和关键词语划出来，还可在空白处做出标记，以考虑时间不够用怎么办，时间充裕时增添些什么例子。还可运用卡片。介绍情况时使用一种卡片，介绍一个要点时用一种卡片，提出结论时用一种卡片。这些都是使节目获得较好效果的办法。

第九节　节目主持技巧

节目主持是一种技巧和艺术。播音员在节目中是核心人物，他既要向受众传播信息，还要担负着组织、引导受众认真接收节目，同时担负着把散乱的节目素材像珍珠那样和谐地串接起来的职责。在节目主持过程中，播音员如果思维敏捷，善于随机应变，把节目的组成部分安排得有条不紊、连贯紧凑，可以对节目起到增辉生色的作用。主持人节目的主持技巧是播音员运用有声语言为实现节目的播出目的而采取的控制手段。

控制的目的

在同一文化背景下生活的人们，共同掌握了一套约定俗成的符号系统，并按照同一套符号系统进行信息转换，一般不会使媒介与受众之间出现隔阂。尽管如此，由于相互之间的位置、需要、动机、兴趣等方面的差异，对符号的理解很容易发生主观化倾向，从而造成传播困难。主持人发出符号的含义与受众对这些符号的解释可能不一样。传播学者认为，两种含义完全一致是罕见的。为了达到节目预期的目的，尽管受众理解信息与主持人发出信息不可能达到完全一致，但经过努力可以使其尽可能地接近。主持人节目的播音员必须根据有声语言符号的输出和反馈情况，控制好自己的言语行为，一旦发现偏离目的，就要加以调节，重新组织话语形式。在这里要紧紧抓住并控制好编码环节，利用合适、准确的编码去诱导、影响受众。主持人有声语言控制，主要是寻求口语表达最佳方式，做好编码工作。当表达一方按照预期的目的发出话语信息，由于用词不当，或对受众了解不周，会引起受众的误解、反感，这时就要进行调节、控制。换另外一种词、一种说法、一种形式，使受众易于理解，乐于接受。有时主持人在节目初始阶段按原定编码进行表达，可到了中间部分或因受众现场或电话参与，或因本人兴之所致，违背了题旨，偏离了原定的目的，同样需要自觉调整、控制有声语言行为，回到原编码或设想中去。这就是播音员在主持过程中贯彻目的性原则和最优化原则的控制手段，以期保证受众有效地在解码时接近信息的原始意义。

节目前期控制

主持人节目在未播出之前，播音员必须对节目进行精心准备，周密的考虑和设想，或对创作集体的策划、意图、结构安排等作宏观和微观上的熟知和把握。由于这一阶段出现在节目播出之前，控制得好坏，对节目所要达到的预期效果起着决定性的影响。

（一）把握话题，了解结构

节目的话题只有一个，无论是由谁拟定，主持人都应心中有数。要想使节目获得最佳效果，必须围绕一个话题，一个中心，不断在质和量上展开、强调、重复，使一个单一的中心鲜明突出。所以没有“触类旁通”，拉拉杂杂地说东道西只会使受众的思路难以集中在一个问题上，必然影响节目的播出目的。

节目的话题是节目的核心，它应成为一个高潮，是目标所指。这个高潮并不是突如其来的，它的存在和产生须有几个间接话题作铺垫。这些间接话题的出现，使得中心话题更加有基础、牢固、丰满。不然的话，受众会不知所云，因而话题难以展开。这些间接话题是什么？与中心话题形成一个什么逻辑关系，是因果、类比、主次，还是反衬、说明、背景。主持人应明了或预先加以设计。

在一次节目中，主持人确立的中心话题是崇拜不能代替爱情。他一开始并没有谈这个问题，因为这样一来受众会感到突兀，会失去节目与受众之间的交流语境。于是他设计了这样几个受众感兴趣的话题：

——听说一个小伙子在听了一位因公致残的女英雄的事迹报告后，与她喜结良缘。这样的爱情牢固吗？

——一位军人由于钦佩残疾女青年的品质和为人与女青年成婚。蜜月未度完，他们就离婚了。

——为什么以爱的名义结成伴侣，而又往往事与愿违呢，因为没有真正的爱。对英雄的崇拜，决不能代替爱情。

希望青年朋友在成婚之前，认真想想，自己的婚姻里是不是有真正的爱。

由于设计了上面几个间接话题。主持人头脑很清楚，同时也会使受众的思路活跃起来，如果此时“热线电话”开通，受众也会从各个角度热烈、自然地参加进来讨论。

间接话题的把握可以使问题向着高潮井然有序地发展。节目进行中，由于时间的控制或受众的直接参与，可能会激发出更新鲜、更深入的话题。主持人要预先有所设计，有所准备，以避免话题的平庸、单调，要保持话题的高潮迭起。在这里可以轮换或控制受众使用不同的思维方式。形象思维使话题显得生动活泼，可以增加主持人与受众的亲近感，使气氛活跃。而逻辑思维的使用，会使话题显出哲理性、明辨力，起到推进话题的作用。“条条道路通罗马”还可在话题中运用发散思维，使话题得以拓宽，向各个方向波及，形成多种新思路。如果在预先设计时能考虑到变换、交叉使用不同的思维方式，话题必然色彩纷呈、高潮不断。另外，在获得新的间接话题时，向中心话题前进时要持续地保持题目对受众的吸引力，要控制住前进的节奏，使话题展开时渐进有序，要引而不发。不要把话说尽说全。受众参与时要“反主为仆”，应对受众的意见表示赞同或补充后，退之次席，以鼓励受众从容发表见解，或提示提供新的由头以引导受众的思维热度。当然，如果受众偏离了话题，主持人要“反仆为主”了，抓住主导权，加以导向。在具有人际传播特点中，主持人更应避免惟我独谈、汪洋恣肆、情绪过激。再有，为了使话题持续增温，呈现出不平静的场面，主持人在间接话题与间接话题转换时注意调整语气。

“您也许会说了，这有什么新鲜的，眼下这种事多得很!”

“是啊，这样的消息是很多，正是因为这样的事情多了，我才想跟您议论几句。”

“这样的婚姻果真是有情人终成眷属吗?”

“听众朋友，您说呢?”

“我说是有的，例如纺织女工邓阳春和战斗英雄安忠文的爱情，的确是纯真的。”

以上的“是啊，这样的消息是很多”，利用它来转折语气，以引起受众注意，使平静的内容，投入了不平静的因素。利用“听众朋友，您说呢?”反问语，来引起受众更大的兴趣，主持人利用反问的语气，自己作了回答，这个回答使气氛更加活跃，受众自然会再一次引起注意。其实在这里，主持人想把话说完全，以避免其片面、武断。同时也为点题创造了一个转折条件，因为这样结合的婚姻，美满幸福毕竟太少了。这些可带动语气转换的词语，起到了刺激语境，同时也起到了条理明晰的作用。当然在与受众座谈，或在现场时，还可运用形体动作调节话题变化，如面部表情的冷热，就可使主持人表现出话题深入的冷热，此时受众会得到一种暗示，是继续还是停止。

主持人在节目的准备阶段，还要围绕着节目的宗旨和目的，对节目的整体构成要熟悉并成竹在胸。它包括各个小栏目的内容或话题，以及栏目或话题之间的内在联系，恰如其分地掌握节目组成部分的先后顺序。

节目信息的传播是有层次性的，有先后顺序，有组成部分。节目信息的组成部分和它们的先后顺序、前后联系等等，就是层次，实际可称为小栏目。节目结构的呈现要依靠层次的安排，依靠层次的完整，层次的匀称，层次的侧重和层次的间隔。层次的完整和内容的完整是实现节目目的的保证。在内容完整的基础上，才会出现栏目的完整。栏目的完整体现在整体结构上可看出头、腹、尾。头、腹、尾是否联系紧密，要看小栏目之间的过渡和照应。再看内容在栏目中的比例是否适当，这就是匀称。在播出时重点非重点在栏目中是如何安排的，要心中有数，尤其是直播中避免出现偏差。明确了重点和非重点是如何安排的还不行。再进一步掌握哪些材料和观点是必不可少的，哪些又是可有可无的。这样在现场播音时，根据对时间的控制来掌握取舍。重要的素材不丢掉，这就是侧重。整体节目要体现出色彩，不能千篇一律。在这里主持人应如何设计或创作集体是怎样编排的，要有周全的考虑和领会，心中要有数。各类素材，包括录音、录像的穿插，采访、现场报道的穿插，音乐的穿插等在各层次或小栏目中是如何体现出来的，要丰富多彩，避免千篇一律。还要看看在内容上是否体现出层次的间隔，这里指正面材料和观点与反面的材料和观点在各个小栏目里是怎样结构的。这些结构的方方面面要了然于胸，不然就找不到前进的方向。

(二) 建立与受众的心理相容关系

节目题材广泛。一个内容完整、形式活泼的主持人节目需要丰富的素材。但主持人没有精力，也没有必要亲临现场采访、制作，它要由为主持人节目服务的创作集体来完成。主持人常常委托记者去采访。除文字材料外，还有现场录制的音响、人们的谈话、记者的口头报道，以及准备插播的补充音乐等。这些材料表面看似乎没有什么内在联系，显得杂乱无章。但主持人在采用时在两篇报道、两个小节目或层次之间，要插入适当的语言把它们串接起来，以起到衔接沟通、承上启下的作用。主持人的串接语言在使用的时候，正是建立起与受众心理相容关系的时刻。是否体现接近性，要掌握好时机，并预先要有所设想和准备。心理相容关系是社会心理学的一种理论，即在双方之间建立起融洽的关系。有了这种相容关系，一方面会和受众的距离缩短了，另一方面达到吸引受众收听收看节目的目的。主持人语言的使用会起到关键作用。

“良言一句三冬暖”，在节目中使用礼貌语言，受众会感到你很亲切，关系也会很快融洽起来。如您好，谢谢，请，您听明白了吗？您同意我的说法吗？欢迎您继续收看我们的节目等，这些寒暄语的使用虽短，但你运用起来，会显出既有礼又高雅，是节目整体的外包装，一定要有所使用和设计。

开场白是主持人与受众最初的实质性接触，良好的开端等于成功了一半。除了必须的内容介绍和体现主旨外，要创造赢得受众好感的条件，以便使受众继续接受正题。

男：“今天是教师节，我和我的同事向全国的教师们问好！祝愿老师们在桃李丛中，弦歌声里，生命的春天常驻。感谢老师们教书育人，耕耘灌溉，使祖国的英才辈出！”

女：“听众朋友，老师的奉献是无私的。正像老一辈教育家陶行知先生说：‘在人世间捧着一颗心来，决不拿半根草去。’”

“正因为这样，老师们的物质生活是清苦的，可是在精神上是富有的。请想想吧：当老师看到自己的学生一批批成长为国家有用之材的时候，难道不感到自豪吗？当这些学生头发都白了，仍然带着一颗童心，满怀感激和敬爱的心情来看望老师的时候，老师，能不高兴吗?”

上面所引的这几段开头话，开宗明义，开门见山。一句问候的话，一句祝愿的话是使一般受众进入了主持人思维的程序，“噢，今天是教师节，主持人的心装着每一位听众，想的真周到!”受众的心会一下子稳定了下来，想进一步听听主持人聊些什么呢？而作为教师的受众，更是感到亲切，尤其主持人那句赞美的语言，会使他们激动起来。主持人的语言无疑拉近了与教师的距离，沟通了与教师的情感，起到了“一石激起千层浪”的良好效果。

1992 年奥运直播报道伊始，在节目开场白中，主持人宁辛指着自己穿的大红上衣说：“我今天特意穿了一件红衣服，因为奥运开幕了，我的心情特别兴奋……”

另一位从幕后走到幕前的主持人说：“我不会主持节目，今天特意请来另一位主持人，我准备炒自己的鱿鱼……”但这位“奥运沙龙”的主持人毕竟没有逃脱主持的角色，过了几天，他在屏幕前又说：“没办法，观众还得忍受我这张脸，我总不能让宁辛早晨四点就爬起来吧!”

看得出来宁辛的面部表情满面春风，真挚的情感油然而生。面对全国的观众谈起自己的着装，绝不是什么噱头，而是与受众贴近的真情实感。而另一位主持人跟观众亮底儿的心里话，看得出一点没有要当明星的“野心”。两位主持人没有表现出什么“模式”，“无意中”袒露了个人的真率、坦诚。在毫无虚荣地自我剖析的时候，受众难道没有和他们交上朋友吗?

面对今天的受众，刻板机械的语言串接会使他们厌烦，当然不同的节目有不同的要求。但理应独具匠心、文采斐然。在栏目与栏目中间，话题与话题中间，受众最易分散注意力，怎么样把他们吸引过来，沿着节目一直看下去听下去。下面是中央电视台《艺苑风景线》男女主持人在“严肃点”与“说三道四”中间，在“兵马俑博物馆”的一段过渡语。

女：“虽然时间很短，但我们还是来到了‘秦俑馆’，来看一看这些沉睡了两千年的兵马俑，他们在想些什么？现在改革的春风吹遍了神州，也吹绿了八百里秦川，在新的环境下，他们在思考些什么呢?”

男：“他们也面临着挑战，然而却失去了机遇。”

女：“对！我真希望每个观众在这种新环境下能站直了，别趴下。”

男：“对！把握住机遇，不光是站直了，而且要昂首阔步，勇往直前!”

这段串接词风趣、幽默。为两个小栏目的衔接作了过渡。男女主持人之间的“闲聊”并没有忘记与受众进行三角交流。时刻抓住受众不放，深刻得当，生动诱人。

节目的结束语是节目的有机组成部分。一个称职的节目主持人，应使受众得到始终如一的完美印象，就要求认真设计新颖脱俗的结束语，“好的结尾，有如咀嚼干果，品尝香茗，令人回味再三”。应再次抓住这个机会温暖受众、贴近受众、感染受众、鼓舞受众。

在一次以慰问科学工作者及他们的夫人为主题的《综艺大观》直播中，结束语是这样的：

男：“生死相依，苦苦相恋。苦苦恋着自己的亲人儿女，苦苦地恋着祖国，苦苦地恋着寻求真理的道路，苦苦地恋着人世间纯洁的理想和感情!”

女：“这就是我们的科学家，这就是我们的知识分子！他们对事业，对爱情执著地追求，对于我们青年人是个很好的教育。节目结束的时间就要到了，在这里我们衷心祝愿祖国科学事业兴旺发达!”

男：“朋友们，希望你们多多保重，为祖国做出更多的贡献，谢谢大家。”

在《为您服务》节目的一次播出中，主持人再次向受众说明，不能收取大家的礼品，她是这样说的：

“节目还剩下一点时间，我向观众说几句话。前些天我收到了一封署名老曲的来信，从信中我了解到，老曲同志曾经给我寄来 50 个小香包。这些小香包，是老曲同志从 4 月份就搜集布料连夜赶制寄给我们的。但还是被退了回去，她很伤心。老曲同志，说实在的，看了您这封信后，我们全体工作人员半天都说不出一句话来，尤其是我，心情久久不能平静。老曲同志，能允许我叫您一声曲妈妈好吗？曲妈妈，如果我们无意之中伤了您的心的话，那么我们当着大家的面郑重地向您道歉，但愿不要为此而中断了我们的友谊，并希望您能以朋友的情谊理解我们。”

“亲爱的曲妈妈和其他关心我们的观众朋友们：办好节目是我们义不容辞的责任。我们通过节目把真诚带给了大家，大家也以同样的真诚回报了我们！曲妈妈这50个小香包我们永远挂在心上。这难得的情意，这深厚的感情将激励我们竭诚地为您服务。”

上面引用的两个结束语，同样的是再一次联络了受众的感情，心理相融关系得到了再一次升华。“好像登山涉水之后，重又回到了原来的出发点，坐定下来，得以转过头去温习一番刚才经历的山水一般。”这样的结束语不但使受众，同样也会使主持人自己感到舒适。

主持人节目中播音员的一个主要作用就是疏通和建立与受众之间的和谐的关系，但这种关系不会自己产生，它必须经过主持人预先的认真的设计和策划，经过一步步程序求得实现的。主持人节目的这种前期控制，就是整体节目设计的一个重要部分。节目前期主持人的语言设计可以产生预想不到的后果，是节目实现根本目的的前提。

（三）明确受众，预防不解状态

“说自己的话”不同于播稿件，要根据交流对象的特点恰切适度地选择言语形式，以避免受众理解的模糊或不解。一方面可以从提高受众的理解能力入手，另一方面要注意播音员表达时的恰当。在这里只谈播音员如何运用语言所组成的言语形式恰到好处地表达自己的思想感情。在主持人节目中，内容的确定是由节目播出目的决定的。播什么不播什么都必须符合节目和播出目的。当然如播出需要，与受众探讨一些深奥的哲理或艰深的理论，就不能回避，所以说预防不解状态，不是一律采取避开理论问题。在内容上预防不解问题原则上要深浅适度。深浅适度的关键要根据受众的特点，根据受众对言语形式的适应能力。

例1　男：“作为老大哥老大姐，咱们是不是向青年朋友进一忠言，跟他们谈怎样摆脱前瞻心理，从自我麻烦中解脱出来。”

女：“好啊，我先跟年轻的朋友说一点，把回忆的触角从对过去岁月的‘定格’中拉回来，不要过多地回顾，现实才是最重要的。”

例2　女：“有一次，辽宁队出国比赛，电视台不转播，省里一大批球迷凑了一大笔钱，打国际长途电话，一个拿着话筒听，一个人在旁拿着电喇叭向大家报告，大厅里挤满了男女老少，都在揪着心，那场面真感人！”

男：“不懂足球，你就不会真正了解球迷，当一个真正的球迷，没有大度的胸怀，没有一定的修养，没有做人的常识，你就不配稳坐在那个宽敞的看台上！”

上述两例基本是属于年轻的受众。但第一例的受众是针对一些较有教养的且有恋爱经历的年轻人。而第二例的受众的范围较为广泛，有工人、农民、个体户，同时也有学生。言语形式的选择前一例较文雅、含蓄，而后一例的言语形式的选择则显通俗、直率。所以言语形式的选择应遵循量力而行的原则。这是因为受众的经历和文化教养不同，对言语形式的识别能力，言语的意义的理解水平不一样。

另外，一个人的年龄，文化知识和理解话语的能力关系更为密切。这就要求主持人的言语表达更要符合受众的文化水平、年龄层次，否则不仅达不到预期的效果，而且有时还会闹出笑话，产生不必要的误解。

25届奥运会，当体操小将陆莉在高低杠决赛中获得冠军后，主持人与陆莉有一段对话：

问：“陆莉，你回去后，准备把金牌送给谁呢?”

答：“我回去，我回去问问我妈妈。”(陆莉当时愣了片刻，顿时语塞后作答)

问：“请问你，拿到金牌后有什么感受?(主持人对上述回答并不满意，但仍不甘心)

答：“我觉得……我觉得……我……不会说。”(此时陆莉瞪着大眼睛，口吃了)

问：“你想家吗?你喜欢吃什么?”(主持人似乎领悟到了什么)

答：“我现在就想回湖南，我想我爸爸，妈妈。”“我喜欢吃冰激凌!”(陆莉此时恢复了孩子般的天真，流利地做了回答)

从上面的例子可以看出，主持人与受众交流时没有顾及对方的年龄。十几岁的小姑娘，能深层次理解金牌后面的意义吗?笼统地问一个孩子的感受，不符合她们的心理及阅历。主持人的言语表达要想达到预期的目的，就必须顾及他们的知识水平、年龄、接受能力。这就需要对受者的经历、职业、年龄有所了解，从而采取相应的言语表达形式。同样一个理论问题，主持人和一位对某个问题研究颇深的学者展开讨论，讨论的言语形式不仅应有较高的层次，而且应该有一定的深度。相反与一位刚接触此理论研究的人开展讨论，层次深度就应降低一些。同一深度的内容，用不同的言语形式说出效果有很大区别。言语形式的恰当与否，对于受众的理解力与适应力起到极大的作用。因此言语形式要注意深入浅出的原则。

另外受众在收听或收看过程中对节目内容理解的差异是存在的，这表现在错误理解上。这种现象不利于信息的交流及节目要达到的效果。这种错误的理解在播出之前是可以预先知道的。主持人应推断哪些地方容易引起受众的错误理解，可以通过分析节目内容，来确定易出现的地方，然后针对这些问题可以周详地叙述，以便堵塞容易出现的漏洞。

男：“关于‘超越自我’这个词儿，有人提出了不同的看法。我看过一篇不长的文章，认为人是不可能超越自我的。他举了个例子，说一个优秀的长跑运动员，无论跑得多么快，可以超越所有的对手，但是跑在最前边的还是‘自我’怎么能超越呢?”

女：“您说，这位作者是不是有点抠字眼儿了。”

男：“我也是这么看。其实，超越自我和战胜自我的意思差不多。我国古代关于战胜自己的的提法有很多，比如说，老子说过，‘胜人者有力，自胜者强’，是说战胜别人的只是有力量而已，能战胜自己的才是真正的强者；《吕氏春秋》里也有，‘欲胜人者必先自胜’这样的话；隋朝王通的《文中子·周公篇》里也说，‘自知者英，自胜者雄’。这些话都是提倡人要能够战胜自己，这里的战胜自己当然是指战胜自己身上的弱点。同样，说超越自我，就是指新我超越自我。”

上面这个例子在解释“超越自我”这个概念时，不但作了通俗的讲解，而且谈古论今，旁征博引，避免了解说的片面性。在引用古代的提法时，又加了必要的解说，受众不但不会产生错误的理解，而且留下的印象更加深刻。

节目现时控制

当节目进行实际播出时，主持人对节目内容的控制进入现实控制。它主要表现在传受双方两个方面。在节目中，主持人编码越准确越合适，驾驭语言能力越强，那么他在传播过程中损失的信息越少。受众在接受节目时的能力越强，整个节目的传播效果也越好。但现实控制的着眼点还应放在主持人编码的适当上，只有编码合适，受众对节目的解码才能接近信息的原意，达到节目的根本目的。

（一）根据所传信息特点，语言形式力求正确合适

作为主持人，在节目内容传送的过程中，应尽量引导受众确切地理解所播内容。主持人与受众沟通和理解程度，取决于所播内容的效果。方式越好，信息传递量也越大，沟通和理解的程度也就越深。但这一切需要通过正确合适的语言形式来实现。正确的语言形式虽是内容传送的基础，但合适、得体才会产生好的效果。请看下面某电视台一次节目的开头话。

主持人："观众朋友，我是在楼顶上偶尔俯瞰一眼都市的面容。我突然发现在人挤人的街道上，一行行行人像大蚂蚁，一辆辆汽车像甲壳虫，整个都市多像一张大棋盘。他们中的每一个人都有各自的酸甜苦辣，悲欢离合。"（下面接小栏目《轻松节拍》字幕出）

这个节目按一般人的理解的受众应是青年学生，整个节目基调应是赏心悦目、气氛欢快的。后面几个小栏目如《走走看看》、《严肃点》、《娱乐瞬间》、《当日金曲》也可以说明这个问题。"开头话"是节目的开篇。开篇中应定好适宜于表现主题的基调，它既要照顾整个节目，又要为下个小栏目打好基础。主持的话，"他们中的每一个人都有各自的酸甜苦辣，悲欢离合"，怎么能和节目基调合拍呢？至于说为下个栏目打好基础更是强求，后面的栏目是《轻松节拍》。主持人是节目内容与受众的媒介，应起到"架桥"的作用，这个桥怎么样让观众通过呢。另外，主持人的开头话由三个句子构成。对青年所言，何必用隐晦、曲折的比喻。蚂蚁、甲壳虫、大棋盘，怎么样导致人的酸甜苦辣，悲欢离合，让受众摸不着头脑。所以重要的是主持人要把握所传递的信息类型的不同特点和不同的传播方式。就这次节目的开头话来说，向青年观众传递的信息，用这样的语言形式是不合适的，因为既没有考虑受众，又没有把握节目的基调，语句形式采用迂回曲折的方式也完全没有必要。可以说，在对象及节目特点、基调上主持人所采用的语言形式出现了失控。类似这样忽视言语形式的得体、合适方面，在主持人节目中还是可以见到的。主持人可以随机应变、灵活运用，但要把握不同内容的不同传播方式，以实现传播中的控制。

（二）减少信息损耗，克服信息冗余

在主持人节目传播过程中，主持人编码或传送、接受过程中由于信道干扰而产生的信息差现象：一种是信息在编码发送或接收解码的过程中引起的信息失落现象；一种为信息编码的重复，或者编码形式与语言环境不协调造成原意之外的多余信息。主持人在传播信息过程中，要依靠传受双方对语言形式及信息内容的共感和认知，一旦共感和认知受到破坏就会出现不一致的现象，也就是信息差。

信息损耗，就是信息失落现象。请看一例。

女主持人："大家都知道孙道临同志曾经在电影《李四光》中成功地扮演了科学家李四光的形象。在我的印象里，您一生演了很多的知识分子，我想，您一定对他们有很多的了解，是这样吗？"

男主持人："有一定的了解吧！"

在这里，女主持称与他一道主持节目的孙道临同志为“一生”所演的知识分子形象有很多。虽有崇拜之意，却给受众带来了孙道临同志的一生已经完结之感，不会再出演知识分子这样的信息。这种用词不当便会有损于人们对孙道临的尊敬和期望。

信息在传播中，由于语言形式不合适，也会产生信息冗余。请看一例。

女主持人：“刘德华先生，您的择偶标准是什么？”

刘德华：“一定是中国人，黄皮肤，黑头发。”

女主持人：“那到底是什么样子呢？”

刘德华：“嗯……长头发，大眼睛。”

女主持人：“您看我可以吗？”

刘德华：（显然很窘）“可以……但头发短了些！”

以上这个例子说明，主持人编码时虽与语言环境联系得较为紧密，但原意之外产生了多余信息。在这里女主持人没有顾及自己的身份，同时更没顾及年轻的受众心情，似乎有“近水楼台先得月”之嫌。更为不当的是与刘德华这个被采访者“热爱祖国”的原意相左。信息冗余容易产生误解。

（三）依据信息反馈，对内容方式进行调节

主持人节目的优势就是与受众的双向交流，直播形式的电话使用，现场与受众的交流都充满了人际关系的和谐。可以说，这种节目形式的信息反馈是及时的。为了使信息的传送符合受众的特点，为受众所理解、认可。对于反馈信息应充分了解，并随时调整信息内容和传递方法，使信息传递顺畅。

在一次为老科学家举行的金婚仪式上。女主持人采访一位科学家。

女主持人：“您对今晚的金婚仪式有什么感想呢？”

女科学家：“感谢中央气象台，今天晚上给我们机会……”（持续 2 分钟）

女主持人：“好的，好的，阿姨今天很激动，把她的心里话都说了。”

女科学家：“今天中央气象台举行别开生面的会，应该在国际奥林匹克比赛中拿一个金牌……”

男主持人：“心里的话真是说不完啊！”

女主持人：“是啊！阿姨非常激动，把中央电视台说成了中央气象台，我想心情是可以理解的。”

上面这个例子一方面收集了被采访者的反馈，一方面又对反馈回来的信息进行了更正，同时把女科学家的心情传给了受众。女科学家年岁大了，思维欠敏捷，但男女主持都没有使她难堪，而是从各个角度为她圆了场；同时控制了节目，使节目顺利进行。

以上所谈几个方面还没有包括主持节目时控制的各个方面。在“现时控制”中，主持人应从节目整体去构思、把握，有时还会遇到意想不到的事情，都需要做出灵活处理，发现问题及时解决，这样就会使控制手段更加完善。

第三十八章 谈话节目主持

第一节 广播谈话节目的性质

有人认为谈话节目是“舶来品”，因为美国在1921年开播第一个谈话节目，是“专家对着听众讲话，而不要听众参与对话的节目”。到了1933年，广播谈话节目给了听众较多的参与机会。发展到20世纪80年代，新闻谈话节目成为最受人们欢迎的节目样式之一。自1992年以来，广播谈话节目成为美国收听率排行第二的节目类型。

中国的人民广播也早在20世纪50年代就有了“广播谈话”这个节目的名称。中央人民广播电台的“广播谈话”节目是一档“以谈话的方式阐述对新闻事件和社会问题看法的广播评论形式”。节目的形态是由节目编辑撰稿，由一位或者两位播音员以亲切自然的态度、流畅有趣的语言、深入浅出的道理播讲给听众。有时是播音员对听众“独白式”的播音；有时是播音员之间对话。听众是播音员间接传播的对象。但是这个“广播谈话”节目和现在探讨的广播谈话节目形态并不一样。

目前在广播电视界比较流行的谈话节目形态来源于国外的“TALK SHOW”，直译为“交谈的展示”。港台地区称之为“脱口秀”，大陆把这种节目形式称为“谈话节目”。有学者把“谈话节目”界定为“由主持人邀请有关人士及受众，围绕公众普遍关注的重要问题，在轻松和谐、平等民主的氛围中展开讨论的群言式言论节目”①。在广播谈话节目中，听众比较熟悉和喜爱的有中央人民广播电台的《午间一小时》，北京人民广播电台的《人生热线》，上海人民广播电台的《市民与社会》，广东人民广播电台的《今日热线》，深圳电台的《今夜不寂寞》，甘肃人民广播电台的《人生驿站》，辽宁电台的《休闲时光》，佳木斯电台的《星星点灯》等。我们发现广播电视谈话节目中，除了“群言式的言论节目”，也有这样的节目形态：通过热线电话和网络的形式点播歌曲、咨询、投诉等。节目主持人与嘉宾和打进电话的听众交谈、回答提出的问题、不同程度地满足他们的要求。听众经常

① 吴郁：《主持人的语言艺术》，第402页，北京广播学院出版社。

在电台的音乐频道、经济频道、科教频道、交通频道等收听到点播音乐节目、购物指南节目、医疗咨询节目、货品交换信息节目、心理咨询节目等。我们姑且把这一类型的节目称之为服务类谈话节目。因此，在本章论及的广播谈话节目是指“在广播媒体中，由主持人邀请嘉宾及听众在轻松和谐的氛围中就某个预定话题展开讨论，或者通过接听听众的热线电话为其提供精神和物质服务的交谈互动式节目”。谈话的行为发生在主持人、嘉宾、听众之间；方式是主持人、嘉宾、现场听众在演播室中展开谈话，或者通过热线电话，演播室内的主持人、嘉宾与收音机前的听众展开谈话。从类型上分，广播谈话节目基本上有两大类：群言式的话题类谈话节目和“小众化”的服务类谈话节目；从内容上分，广播谈话节目基本上分为：新闻类、社教类、娱乐类、体育类、商务类、心理健康类、医药医疗类等等。无论何种类型、何种内容的广播谈话节目与电视谈话节目相比，自身共性的特点非常鲜明，主要表现在以下几个方面：

高效、实效地运用电话手段

电话沟通手段的运用，拓展了广播谈话节目制作、传播的时空，节目形态因此比电视谈话节目丰富。

热线电话的普遍开通和充分使用是广播谈话节目的显著特色和优势之一。运用热线电话的节目有直播方式的，收音机前的听众可以与节目播出的同时参与到节目中去；也有录播方式的，听众可以在任何时间或热线开通时间给节目组打电话，经过节目制作人员的选择、编辑，在相应的节目中采用，并引发谈话和反馈。运用热线电话的方式不同，主持人的主持方式会相应地有所调整。直播节目中，对热线电话的处理是即兴的，鲜活、现场感强，但由于对听众打进电话的内容不可预知，主持过程中容易出现不周到、不完善的应对；录播节目的热线电话是作为节目的素材事先编辑并处理妥善的，主持人在节目中表现得有问必答、游刃有余、恰当得体。

电话手段在广播谈话节目中的作用还表现为一种便捷的采访手段。和电视媒介相比，广播节目的传播只诉诸声音形式，信息全部由声音传送。在条件不允许的情况下，节目创作人员可以通过电话采访采集所需的素材。只要把声音素材发生的时间、地点、语境交待清楚，听众可以通过联想和想象较为准确地理解节目传播的内容。在“9.11”美国被恐怖分子袭击的事件报道中，电视节目只能通过电话采访报道事件发生第一现场的情况，电视画面用记者的照片或其他并无过硬信息的图像充实，这同广播节目没有实质上的区别。而广播节目由于传输手段的便捷可以达到时效性更强、信息量更大、形式更加灵活的效果。在电视谈话节目中有时会在现场插播外采的小专题，也许只是几句话，为了追求现场感，创作人员要花很多时间和精力实地采访、制作，在经费和时间上付出较多；而广播节目可以利用电话把声音素材采集过来进行编辑制作，简便、省时、省力。电视谈话节目尝试做过心理咨询和心理疏导的内容，也是通过热线电话或者网络与电视机前的观众交流，传播效果不理想，而这种节目形态非常适用于广播媒体，所以心理健康类广播谈话节目一直占据着收听率和听众参与率较高的位置。

谈话嘉宾比较少

这是由广播谈话节目的局限性决定的。如果谈话嘉宾过多，即使主持人交待了他们的姓名、身份、背景等，听众还是很难在他们发表谈话时确认他们的身份、背景，及时地“对号入座”，特别是就某个问题大家你一言我一语交叉发言时，听众很难将说话人的声音和与自己的想象、理解及时地对位，影响对节目内容的理解和接受。所以，广播谈话节目“群言式”的形态受到一定的制约。

充分尊重和体现公民的话语权

谈话现场之外的听众参与广泛而且便利。收音机前的听众可以随时随地通过热线电话的方式参与到谈话现场中，可以在主持人的调控下发表观点看法，与主持人和嘉宾交谈。拓展了谈话节目的无限空间，充分发挥谈话节目提供给更多人说话机会的功能。从另外的角度来说，听众一旦参与到节目中发表言论也就成为了大众传播者，须对自己的态度和观点负责，他们的话语也要符合大众传播的要求。所以广播谈话节目的把关和引导功能必须是强有力的。

谈话的观点真实、独到，谈话的气氛朴素、热烈、民主

广播谈话节目的嘉宾和参与节目的听众都是只闻其声，不见其人，情绪相对比较放松，公开言论的心理压力比较小，对自己的表情、形体、衣妆等外在形象和身份、阶层、背景等社会形象顾虑有所忽略，所以易于和乐于将自己的真实想法和独到见解和盘托出，容易营造畅所欲言、真诚热烈的谈话气氛。

对主持人的语言功力要求高

主持人的语言不但要清晰、准确、生动、有趣味，还必须抓准说话的时机，控制好话量。特别是演播室中的谈话节目，现场中听众看不到、不容易感受到的情况要靠主持人描述给听众，以免丢失节目的信息或者致使听众在收听节目时产生误解。该描述什么，什么时候描述，怎样描述完全依靠主持人的语言功力了。所以，主持人不但要锤炼说什么、怎么说，还要说得有意味、有风格，否则以“说”为主的谈话节目就毫无生气。广播谈话节目的制作班底相对电视比较薄弱，主持人在节目中的作用和功能尤为明显和重要，因此直接影响节目的质量。

第二节　广播谈话节目的现状

发展情况

中国的广播谈话节目诞生于20世纪80年代初，兴盛于80年代末和90年代初。进入90年代中后期，广播谈话节目的热点效应逐渐被电视谈话节目冲淡，标志是1996年4月28日中央电视台谈话节目《实话实说》的开播。但是，随着广播电视发展和受众成熟度的提高，广播谈话节目仍然占据着数量相对稳定的听众群。这个听众群的基本构成是：学生、城市流动人员、老人、“开车族”。到21世纪初，几乎所有省、市以上的广播电台都至少有一档谈话节目。

20世纪80年代中期的珠江经济广播电台高擎广播改革的大旗，开创了“珠江模式”，主持人节目如火如荼地发展起来。在主持人节目中，热线节目成了全国各地很多系列台竞相开办的节目形式。最主要的形态有音乐点播、医药、商品导购、心理疏导、投诉咨询等。专门就某个话题进行讨论的节目形态稍晚些才出现，内容一般涉及时事政策法规、社会热点话题、情感敏感问题等等。在上述谈话节目的类型中，收听率最高的是音乐点播、医疗咨询，主要的听众是青年人和老人。随着全社会国民素质的提高，话题类谈话节目的听众不断增加，正慢慢形成一个新的收听高潮。在话题类谈话节目中，与时下社会热点问题、情感方面问题有关的内容，有社会知名人士、文艺界名人参与的节目比较受欢迎。

主要类型

从制播方式来看，有直播、有录播；从听众参与形式来说，有现在时接通热线电话，有主持人转述听众的来信或来电；从谈话现场来看，有的邀请嘉宾，有的没有嘉宾参与，有的邀请现场听众，有的不邀请；从形态方式来看，有的穿插外采，有的只是清谈。如果从节目的内容上看，有新闻类谈话节目，比如中央人民广播电台的《午间一小时》；有社教类节目，比如甘肃人民广播电台的《人生驿站》；有经济类节目、法制类节目、军事类节目、科技类节目、医药卫生类节目、文艺类节目、心理情感类节目等等。广播电台普遍开办的谈话节目形态一般是录播的：有热线电话参与的、不邀请现场听众的；清谈式的节目内容一般有音乐点播、社会热点话题讨论、医药咨询、心理疏导等。

主要问题

进入到21世纪，中国的广播谈话节目已经从“全国上下大点歌，广播电台唠闲嗑”的盲目狂热的阶段步入了节目形态多样化、节目内容精粹化的冷静思考阶段。与20世纪80年代末、90年代初的广播谈话节目纵向比较，今天的节目质量有了长足的提高。但是，从全国范围内横向比较，我们发现许多广播电台的谈话节目存在着一些问题。主要表现在：

1. 盲目跟风，谈话节目蜂拥而上。有一段时期，医药咨询导购节目在各个电台遍地开花，有人开玩笑地说“电台成了药店，主持人成了坐台医生”。这话并不让人感到可笑，而是令人忧心忡忡。这是对频道资源的严重浪费，对听众收听权的极不尊重，是缺乏科学考察、缺乏独立分析、缺乏创新精神的表现，也是广播节目传播思想片面和幼稚的体现。

2. 为谈话而谈话，节目内容空洞无物。有些电台在头脑发热、亦步亦趋的情况下开办了谈话节目，并不仔细研究谈话节目的优势和劣势，也不着眼于节目质量如何保证，更不思考怎样推陈出新，徒具谈话节目的外壳，不能发挥这种节目类型的实质功能，白白浪费了时间和精力，虽然不费力，也无须投过多的制作经费，但并非因此能讨好节目市场。

3. 主持人素质和水平参差不齐。有人说谈话节目的主持人是真正意义上的主持人，话语虽然稍嫌肤浅和外行，但从主持人必须游刃有余地驾驭谈话这个角度来看，不乏几分道理。而现实中有些主持人理论修养差，知识面窄，甚至思想上经常暴露出这样那样的薄弱点和错误。在很多问题上表现得严重的“己昏昏”，故怎能“令人昭昭”呢？另外，有些主持人片面地重思想、轻语言。认为只要内容充实深刻，语言表达算不了什么。殊不知，语言是主持人思想和素质的写照，语言形象的低劣严重地损害主持人的整体形象。

4. 有些主持人对谈话节目的语言要素认识有偏差。他们认为在谈话节目中主持人说话少是最大的失败，于是煞有介事地、滔滔不绝地炫耀“出色”的口才；有人认为音色甜润温柔就是语言美，殊不知有声语言表达的形式一定要与思想感情的真实运动相吻合、相贴切，否则只是徒具呆滞的声音形式美的外壳。只有确立正确的有声语言表达观，才有可能成为称职的主持人。

第三节　广播谈话节目的制作

创作主体构成

广播谈话节目由于形态不同创作主体的构成有所不同。话题类谈话节目和大型咨询类谈话节目（比如，政策法律咨询、医疗医药咨询节目等）的创作主体的构成人数相对较多，职责分工比较细。主要有制作人、策划人（组）、导播、编辑、记者等。制作人负责确定节目的选题，把握节目的整体运作，协调与节目相关方面的关系，为节目的播出把关；策划人（组）寻找和思考选题，协助制作人设计节目流程；导播负责接进热线电话，推进节目进程；编辑负责录播节目的剪辑制作，对节目反馈进行整理和回复，并据此总结节目的经验教训；记者的职责是采集节目需要的素材，并在节目录制时提供必要的保障；主持人保持与各个创作主体的良好沟通和合作，在话筒前进行把握节目导向、推进节目进程、驾驭现场、沟通嘉宾、受众与节目互动的有声语言表达。有些类型的谈话节目创作人员队伍比较简化，比如音乐点播节目、心理疏导节目等。一般主持人担负制作人的职责，并且兼具采访、编辑、播音的能力，相对独立地完成节目的制作和播出。

节目的制作过程

1．策划阶段是确定指导性方向的阶段，是理顺与节目制作思路相关的具体工作的准备阶段，其中确定选题是关键而艰巨的主要工作

广播谈话节目进入策划阶段（这里的策划是对每次节目的具体设计，不是对栏目的总体规划），提纲挈领、首当其冲的任务是确定话题。话题的内容范畴一般是一段时间内的社会热点现象；生活中普遍存在的矛盾；突发的新闻事件；联系新文化、新科技、新知识的话题；听众关心的特定问题、具有兴趣价值和讨论性的观点；有关名人名家的话题；潜在的、一旦被揭示能发人深思的故事等等。话题的来源有政府部门发布、摘取自其他媒体、听众提供、记者采访、生活中的邂逅经历等等。一般具有热点性、普遍性、故事性、大众化、情感化、娱乐化、陌生化等特点的话题普遍令听众感兴趣。话题选择的原则是必须符合党的宣传政策，符合当前的舆论导向，反映正确的世界观、人生观，符合“三个代表”的要求，紧密联系实际，贴近时代，与时俱进。对话题的具体研究包括明确话题的导向性、必要性、针对性；突出新鲜点和独特价值所在；了解相关理论背景、政策依据；设想由此话题引发不同观点的可能性；涉及话题启承转合的脉络和走向；通过何种方式推进话题的拓展和深化；预测可能引发的消极或者反面的观点和言论等。

话题确定之后，搜集相关的背景材料并加以分析研究、恰当取舍、为我所用；准备所需的相关录音素材或者及时采访人物、事件；邀请嘉宾并开始由浅入深地接触、研讨和磨合；如果需要，邀请与话题相关联的现场听众，并对他们进行整体或者具体的了解；与主

持人充分沟通，交换看法，以便在可调整阶段统一思想、达成共识，避免后期出现事倍功半的情况。

2. 设计详细制作方案，必要时撰写或简或繁的脚本

制作方案不仅是节目录制的流程，在技术层面设计有保证的前提下，重点放在谈话结构方式、节奏和特色的设计上。

谈话结构方式决定节目是否清晰、有力度、有影响，其作用是显而易见的。是开门见山亮出观点，然后围绕讨论、各抒己见，还是例举现象、层层剥笋、细细剖析，最终得出结论；是假设一个舆论领袖，主持人激发其他参与者针锋相对，在交点上碰撞出光彩，还是大家搭台唱戏、相互支持，为共同的结论增砖添瓦……这些结构方式不仅决定谈话形式的多样性，对听众的思维方式有一定影响。谈话的节奏和结构一起使节目有了启承转合、峰峦叠嶂，有了波峰浪谷、起伏跌宕，让节目在动感中套牢听众的耳朵，抓住听众的兴趣，同时也是在激励主持人、嘉宾和参与谈话的听众保持良好的精神状态，使谈话得以鲜活流畅地进行。

节目的特色是统一于栏目整体风格的，但每一期节目都可以因为话题、嘉宾、听众的不同而抓住本期的特点，设计出别具一格的形式来。有的创作人员主张撰写详尽的脚本，认为节目应该在可控制的范围内有序的进展，起码可以做到有备无患。而有人认为这样做就扼杀了谈话即兴的新鲜感和灵感爆发，使节目陷入呆滞刻板、死气沉沉的既定框框中。他们主张只列出谈话提纲，主持人在录制现场根据当时的语境和契机即兴发挥。笔者认为，采用何种文本依据要看话题的重要性、复杂性、多元化、不可预测性等因素的限制，对于郑重、严肃、重大、复杂、敏感的话题，脚本尽量详细；而相对轻松、有定论的社会话题、娱乐话题等依据提纲即可。另外，还要考察主持人的习惯、要求、能力等为节目量身定做。

3. 现场录制

广播谈话节目的现场录制是前期准备厚积薄发的结果，是节目成败的关键。由于现场的不可预知因素和不可控因素比较多，所以前期准备即使非常充分细致也很难预测节目录制的效果如何。因此，节目主持人的精神状态和思维质量、主创人员的协调配合与丰富的现场经验对节目录制效果起着至关重要的作用。现场录制注意技术设备的仔细检查、现场听众的情绪调动和引导、嘉宾发言的大致方向和主导精神的确认，而现场谈话的中心——主持人的现场表现尤为关键。主持人的任务不仅是说，更重要的是听并且让别人说。让嘉宾和听众畅所欲言却不脱离主题和主线，并且在遵循节目流程设计的情况下把握现场即兴出现的新鲜点和闪光点，使之为节目效果的加强增添活力。广播谈话节目的现场要按照直播的方式录制。如果寄希望于后期制作而对现场录制的节奏和流程不加控制，极易出现现场拖沓冗长、无效内容多、气氛沉闷、人员懈怠等不良现象。即使后期制作可以编辑加工，断裂、造作、斧凿的痕迹也很容易留在听众的脑海里。就像写文章时我们追求文气一气呵成、流畅自然一样，节目录制也应该随着时间的推移记录真实的现场状况，这时的真实是在符合节目主旨、时长等条件要求下有效调控的真实。

4. 总结工作

如果能够在节目录制结束后马上组织主创人员总结经验教训、提出问题是有实际意义的。特别是主持人和策划人、编辑交换心得是必要的。因为主持人在录制节目过程中随时都有自我的判断和评价，但因为主要精力在谈话过程中，很难冷静客观、宏观整体地看待问题，而策划人、编辑、记者是“旁观者清”，有时间和能力对现场的情况清醒判断、深入分析、有所体会。但对主持人的内心世界和处理问题的动机和思路，策划人、编辑、记者有时是不能及时揣度准确的。录制后的总结正好使两方面相互沟通、交换体会，使大家对这场录制认识得更加全面、细微、具体、深入。如果不能及时总结，许多鲜活的感受和体会可能会丢失和耗损。另外，如果能够征询现场听众的意见和建议，更能准确判断录制效果的好坏，毕竟节目是做给听众听的。而许多节目经常任凭现场听众带着没有机会表达的宝贵意见和建议离去。如果没有现场听众的参与，要通过网络、电话等手段对听众进行跟踪调查，寻求反馈。把打进热线的听众的电话号码登记下来，以便取得进一步的联系和交流。

主持人的职能

1．前期策划中的任务

有人把谈话节目的主持人称为“真正意义上的主持人”，虽然对节目主持人的概念和内涵有所误解，但仍然可以看出谈话节目对主持人的要求是比较高的。主持人与听众的直接交流在谈话节目中占很大比重，而且是及时性交流。面对浩如烟海、情况复杂的听众和可能提出的任何问题，主持人的掌握节目导向、顺利推进节目、与听众良好沟通的能力尤为重要。这些能力不是百试不爽的技巧捷径，也不是天外来客式的灵感闪光，而是基于对节目深刻独到的理解和了如指掌的熟悉。而这些无疑必须通过前期制作的深入细致的准备工作才能获得。不应要求主持人策划、采访、编辑、主持事必躬亲，以“采编播合一型”为荣，但对节目传播效果有至关重要影响的程序和具体工作，主持人须有必要的参与并认真执行。

首先，参与选题的选取和确定。这里并不是说主持人要对节目的选题负责，而是对策划人员提供的选题进行剖析和取舍。剖析选题的过程是对节目宗旨和定位的又一轮理清和明晰，是深入掌握选题重点、实质的思维过程。在剖析和取舍中，主持人对选题理解的层次性更鲜明、动态性更确定，对选题的意义提炼得更加简练突出。

第二，深入挖掘话题，提出自己的思路和见解，与创作班底全面沟通和磨合。确定选题之后，主持人要把自己对话题的见解和思路公开讨论。广播谈话节目尤其是大型话题类和咨询类的节目，涉及的内容比较深入，面临的情况比较复杂，驾驭的导向问题比较艰巨，需要创作人员到位的沟通和默契的合作。主持人只有把自己的观点公开讨论才能消除可能存在于创作班子中的沟通不畅、思路不同、努力方向各异等内耗隐患。在讨论中的态度应是真诚的、独立的、反复推敲的，以便在磨合中达成接近最佳节目传播效果的共识。

第三，与谈话嘉宾适度接触，掌握有效信息。谈话节目中邀请嘉宾参与的情况很多。比如，谈论某一话题或者回答咨询时，邀请相关方面的业内人士、专家；邀请新闻事件的当事人或者目击者；邀请听众关注的文艺界名人等。节目录制前，主持人和嘉宾的接触是因人而异、因事而异，但是总的原则是适度、和谐。在接触过程中了解嘉宾的背景、性格、表达习惯、观点等。对嘉宾性格的了解有助于打开话题、引导交谈，对性格开朗、外向的人要注意控制和调整，对性格内向、深沉的人要注意启发和引导。对嘉宾背景的了解有助于准备和确定提问的方向、扩大交谈的信息量和交谈的融洽度。对嘉宾观点的了解是避免在某些问题上与之发生不必要的分歧而导致“道不同不相与谋”的尴尬。适度的原则是指与嘉宾的接触保持在工作的范畴中，个人感情因素掺杂得过多不利于正确客观的传达信息；在观点的碰撞上不必挖掘过深，否则嘉宾失去对话题讨论的新鲜感，录制节目时的表达欲望会大打折扣。和谐的原则是指节目的主题和嘉宾的见解要能够和谐地在节目进行中体现，节目主题和嘉宾的见解不一定追求一致，但一定在节目中要有充分地体现；主持人和嘉宾的相处是平等、真诚、融洽的，互相之间不能存在保留、虚伪和隔阂。

第四，设想节目录制时的情况，做好应对意外的准备。基于经验和前期的准备工作，熟悉和把握节目录制时的可控因素，设想不确定因素中比较活跃的方面是什么。比如，嘉宾健谈，滔滔不绝而不可遏制或者相反的情况；嘉宾临时改变观点；听众尖锐、难以回答的问题；听众违背舆论导向的言论；听众的冷淡反应或者过于热情而难以控制的局面等等。主持人设想得越充分、细致、周到，节目录制就越流畅、谈话氛围更轻松和谐，甚至出现出乎意料的积极的节目效果。

第五，对时间控制有大概的预想。由于嘉宾和听众的参与和谈话的即兴程度，广播谈话节目不像有些节目对时间有确定和完全的控制。所以主持人对节目进程的阶段、各阶段的容量要有所计划，否则会陷入时间节奏失衡的凌乱状态，使节目的整体效果因此而前功尽弃。

2. 节目录制或直播前的准备

在播音创作基础理论中，我们把话筒前状态作为重要的部分来论证，强调了有稿播音时心理和思维的有效调整。广播谈话节目中主持人的话筒前工作是有稿播音和无稿主持的有机结合，播音的成败同样仰仗话筒前状态的镇定、自信、积极、灵活。广播谈话节目主持人的话筒前状态的好坏依靠背景材料的充分准备、精神状态的良好调节和与相关人士的融洽配合。

首先，将获得的背景材料进行必要的梳理，使之清晰化、条理化。掌握背景材料并不是死记硬背或者生吞活剥，而是要把材料与节目的主题结合，从材料中发现问题，发现可利用的价值，对节目的内容和主题起到丰富、深化的作用。充分准备背景材料对增强主持人对现场驾驭的自信心有很大裨益。

其次，主持人在节目录制前要把握互动式交流的心理状态。广播谈话节目是主持人与嘉宾、听众面对面或者通过热线电话进行现时的交谈，和其他类型的广播节目的单向交流（类交流）有主持状态上的区别。要求主持人亲切、时刻观察交谈对象的反应及时应对，极力营造使自己和交谈对象轻松舒畅的谈话氛围，因此主持人不但要自己克服紧张慌乱、消极被动的心理状态，还须揣度谈话对象的心理，使他们处于“知无不言，言无不尽”的畅快情绪中。即使很有经验的主持人也难免有紧张情绪，不熟悉大众传播媒介工作的嘉宾或者听众更不必说。所以，在节目正式录制之前主持人要找到恰当的谈资与嘉宾或者现场的听众沟通，彼此熟悉，根据嘉宾的性格、表达习惯和现场听众的精神状态对他们施以导向性影响，让大家在轻松自在的气氛中进入正题。

再者，广播谈话节目的制作需要多工种的配合，比如统筹人员、导播人员等和主持人的配合在谈话进程中的合作不仅关系着节目录制的效率，而且对主持人、嘉宾和听众的谈话质量有很大影响。广播谈话节目的成功录制依赖于谈话进行的顺畅、和谐，这需要涉及录制的所有人员的众志成城，而主持人应该勇于担负协调和控制的职责。

3. 节目录制中的驾驭作用

主持人在广播谈话节目中的驾驭作用是通过有声语言表达来实现的，他们要具备敏锐细致的观察力、缜密快捷的思维力、举一反三的联想力、果断明朗的决断力、机智灵活的应变力、清晰到位的表达力，精心详尽的准备、周到具体的组织、及时精确的反馈、关注人文的宗旨是有效驾驭的基础和保证。驾驭职能的内容主要体现在引导话题、承上启下、牵线搭桥、拓宽挖深、处理反常、营造氛围、协调关系、梳理澄清、推进流程、总结收尾等。

4. 正确对待听众的反馈

听众的反馈分为两类：及时反馈和延时反馈。一般及时反馈是直接交流式的，可以是面对面的或者通过电话回应；延时反馈是间接交流，通过信件、网络等媒介传达讯息。相比较而言，在广播谈话节目中经常出现听众的及时反馈，比如现场的听众或者收音机前的听众致电对主持人或者节目直接评价或提问。正确对待听众的反馈是指对听众的反馈进行客观准确的分析判断，出于有利于节目传播效果的目的对听众的反馈做出相应的处理。对待面对面的及时反馈主持人要保持冷静和真诚的态度，以平和的心态对待正面和反面的反馈，不能掺杂不符合大众传播者身份的个人情感。对于一时难以进行分析判断的反馈以友好真诚的态度做第一时间的接受，然后进一步处理。牢记一点，人无完人，金无足赤，能够全面看待自己和听众是正确对待反馈的前提。

第四节　广播谈话节目的主持

对主持人背景的要求

节目主持人的谈话风格和个人魅力是广播谈话节目是否吸引听众的重要指标之一。每一位节目主持人都有个性特点，有自己独有的谈话习惯，但是否被听众接受、认可、喜爱就不能靠主持人的先天条件和“大自然”状态了。常说“言为心声”，主持人的生活阅历、素质修养、个性人格、知识结构对谈话节目的质量和风格影响至关重要。

首先，广播谈话节目的主持人的生活阅历应该比较丰富。高尔基说“人生就是大学”。在生活这所大学中学到的是“知识的知识”，是驾驭知识的智慧。在生活的浸染和历炼中，不仅了解天南地北的见闻，体察斑斓社会的民情民生，体会不同人生际遇况味，更能从中汲取经验教训，挖掘思想深度，开拓思维立体空间。生活阅历丰富的人更具有举一反三，融会贯通，高瞻远瞩，触及灵魂的灵动、宽大和厚重。他呈现给听众的节目应该是有滋有味、意味无穷的。

第二，广播谈话节目主持人应具有综合素质和深厚修养。这里着重谈一谈心理素质和思想修养。主持人特殊的职业性质和工作环境使心理素质成为其他多种综合素质的展示窗和突破口。很多节目主持人的教育背景和教育经历堪称高等级，有时却表现出缺乏自信、言语不周、语无伦次、被动应付等，不能做到与教育水平相符更不必说上佳了。在很大程度上，这是受到不完善的心理素质的干扰。主持人心理素质的主要方面是意志品质，要求是稳定灵活的，善于主动自如地调控心理状态，自我监控和反馈能力比较强。谈话节目主持人的心态是心理素质的重要表现。适时调理心态，警惕“精神导师”和“情感垃圾桶”的心理错觉。主持人的心理素质主要表现在谈话方式、对话语气等语言表达形式上。除此之外，主持人要有较高的思想修养，脱离就事论事、就人论人的狭隘视界，善于从根源上和高度上看待问题、分析问题、解决问题。

第三，主持人个性人格的重要性。谈话节目主持人的个性无论是外向还是内向，都必须是开放的、积极的。谈话是人与人交流最简捷、最直接、最常用的方式和手段，只有谈话的双方是敞开心扉、真诚相对的，上述的优势才能发挥得淋漓尽致。听众和主持人交流时，一般有强烈的心理趋向，对谈话对象主持人没有选择的余地，不能有过多的要求，所以主持人的个性须善于开启谈话对象的言路，不开放、不积极的性格是难以做到的。主持人的人格是长期吸引听众的钥匙。俗话说“日久见人心”，在谈话节目中试图遮盖人格上的缺陷是难于上青天的事。要想成为听众的朋友必须完善人格、内炼品性。主持人的基础人格是以人为本，体现善良的、宽容的、无私的、慷慨的、正义的、执著的基本特点。人格魅力的光辉能够在一定程度上弥补主持人在技巧和操作层面上的不足。

第四，主持人的知识结构应该是立体的、不断升级和更新的。在信息科技发达的时代，主持人和听众站在吸收知识的同一起跑线上，所谓“术业有专攻，闻道有先后”不能成为主持人知识结构单薄和老化的借口。主持人应时刻保持小学生的心态，坚持站在信息更新的前沿。对于主持人来说，“不患不懂患不学”。在知识不断更替的过程中，主持人可以建立一个机动的学习和吸纳的体系，锤炼继承和创新的能力，这使主持人受益无穷，同时也是听众的福音。

对主持人思维的要求

广播谈话节目要求主持人有独特的思维方式和思维品质，应该是多维度、立体化的，基本特点是深刻、宽阔、快捷、逆向。主要体现在心理反射、恰当反应、语言组织、营建语境、驾驭现场等方面。

在广播谈话节目的特殊语境中，思维的深刻性表现在对谈话所涉及问题思考的深度、对谈话对象话语理解的深透、对谈话主题挖掘的深刻、对谈话矛盾根源追溯的深入等方面；思维的宽阔性体现在对材料联系性的辨析、对谈话关系的周全牵涉、对现场气氛的灵敏调节、不同谈话对象话语的顺畅承接等方面；思维的快捷性体现在对现场尴尬局面的巧妙圆场、对不理想谈话效果的快速纠偏、对过激或者对立情绪的及时缓和、对松散懈怠和偏离主题状态的果断调整等方面；思维的逆向性主要体现在出乎意料或情理之中的观点导入、别具一格的处理矛盾的方式方法、自然流露的幽默主持风格、独辟蹊径的开场和收尾，以及谈话结构样式等方面。谈话节目主持人的思维方法和品质并不是先天的，也不能完全依赖自然流露，必须根据谈话节目的特点、要求和目的有意识地培养。在培养过程中，经验和借鉴是老师，但警惕陷入工匠式的技术操作层面不能自拔，一旦被某种模式所规定，思维就陷入了趋于呆滞和死板的境地，上述提及的“四性”自然被扼杀了。

对主持人语言的要求

“聊”是广播谈话节目主持人语言表达容易陷入的误区之一。广播谈话节目主持人的语言表达样式是“谈话”，它不等同于人际交流中的“说话”、“聊”、“侃”。近年来有传播学研究人员主张“大众传播的人际化”。借鉴人际传播中利于大众传播效果的因素是无可厚非的，但把大众传播等同于人际传播，甚至认为人际传播形态才能吸引受众是完全片面的观点。人际传播中个人化、私密性、随意性、极端性的成分比较多，这些是完全不适用于大众传播性质、职能、对象和环境的。有人强调广播谈话节目主持人的语言亲切自然、轻松幽默，实际却表现为随意、懒散、调侃、粗糙，或低声下气、或口齿不清、或南腔北调、或口头语泛滥……

广播谈话节目主持人的有声语言表达要求分为两个层面：基础层面和美学层面。基础层面要求清楚、流利、规范、简洁；美学层面要求清晰、流畅、适度、高雅、幽默。两个层面的要求是广播谈话节目避免日常化、庸俗化泛滥的原则和手段。特别说明，基础层面和美学层面不是割裂的，没有高低贵贱的分别，他们是水乳交融的，是在节目进行中自然流动的，在对待不同对象、处理不同情况、适应不同主题、体现不同特点的语境中，基础层面和美学层面的表现是各异的，而作用和意义是相同的。但是基础层面和美学层面有共同的前提就是国家宪法和法律对广播电视节目有声语言的根本要求：使用规范标准的普通话。

在对有声语言表达的基本要求下，主持人可以充分发挥创新能力，开拓主持风格的空间。并且，广播谈话节目的形态极为鼓励主持人彰显丰富多样、独具特色的风格。在目前我们研究所能涉及到的广播谈话节目中已经表现出各具特色的风格。由于节目在时长、内容、功能、形态等方面的差异，节目本身的特点各异。主持人的主持个性要和节目特点相得益彰，因此不同节目的主持人有各自的特点。即使是同一档节目的主持人，因为教育背景、性格气质、思想修养、语言能力等因素的差别，主持人特点应该鲜明迥异。这里我们不对主持人个案进行例举和剖析，只对不同形态的广播谈话节目，归纳总结对主持人语言的基本要求。

（一）话题类谈话节目主持语言特点和要求

1. 讲究开场白和结束语的构思和形式

话题类谈话节目中交谈的对象比较多，线索比较繁杂，在交谈中出现意见和看法的磨合、争论、调和等情况，容易给听众造成收听和理解上的难度。主持人有必要在开场白中把节目的主题、谈话方式、嘉宾的主要观点以巧妙的构思和不断出新的形式渗透给听众，激发听众饶有兴味、明明白白地听节目。

开场白的方式有叙述新闻由头（或播放录音素材），引出主题；介绍节目题材的当事人，具体切入主题；开门见山地亮出观点，揭示主题；观察现场，即兴抒情议论，引出话题；看似随意聊聊趣闻轶事，实则为正题做好铺垫；介绍特约嘉宾，吸引听众的注意力；

以音乐、歌曲、文艺作品录音等为引子，自然过渡到话题；引用名言警句、俗话谚语、憧憬回忆等语言方式开场，预告节目的题旨……当然根据节目的题材、掌握的背景资料、可操作的程度、特殊的条件约束等，还可以采用和创新其他方式。

结束语的方式一般有主持人通过重复或者强调话题的观点发表议论、抒发感情；查漏补缺，使节目避免片面、偏颇、绝对；留有余地，营造回味无穷、意犹未尽的传播效果；照应开头，使节目听上去虎头豹尾；以问题作结，提起进一步的深入思考；对谈话过程中的闪光点、特别之处的提示，突出本期节目的特点；下期节目预告或者征询建议、意见、选题等；对嘉宾、听众、给予节目支持的人表示感谢，并对听众做充分的鼓动和号召；以音乐、歌曲、文艺作品作结，照应整个谈话的主题……以上列举出的谈话节目开场白和结束语的方式并非大全，也不必恪守一定之规，原则是贴合节目的内容、主题和结构，自然流畅、浑然一体。

2．讲究话轮转换的技巧性

谈话节目的交谈性和口语化使它比其他形态的节目在话轮转换上复杂而且多变。主持人若采用单一或者单调的几种转换方式，容易使节目陷入刻板的模式中，拙劣而简陋。常见的话轮转换方式有恰如其分地概括精练上一轮谈话，抽取其中一点引出下一轮发言；若观点发生对立或不同，要点明冲突点，“激化矛盾”，在辩论中推进话题发展；拨云见日，及时而得体地打断跑题、过长、啰嗦、无序、无趣的谈话，牵回主线，重申主旨；谈话短路或者陷入狭窄曲径时，引入开阔视界的材料或观点，激活大家的思维；适时提问，了解事实，加强效果，引导话题；采用巧妙的多种变形方式重复重要的、标志性的、独特的、模糊的话语，起强调或澄清的作用；风趣、幽默的言语调节当下的气氛……运用话轮转换的技巧依赖敏锐的观察力、细腻的感悟力和快捷反应力，通常我们常说的灵感思维在这里很重要。当然灵感不是天外飞仙，要保证有充分的准备和知识的积累做基础。

3．语言讲究逻辑性和修辞并重，确立正确的有声语言表达观

话题类谈话节目的题材和话题大致分为时政、社会热点、难点问题的探讨；新闻事件的分析和评论；社会生活、经济生活和科技领域中重大和新生问题的关注；生活方式、伦理道德、法律秩序、文化娱乐、体育休闲等话题的交流和沟通等。不管话题的严肃或轻松，节目风格的端庄或诙谐，主持人的主持特点是庄重或幽默，主持语言都要力求富于逻辑性和修辞美，以语言文化作为思维的后盾。逻辑就是力量，这种力量不仅仅体现在微观的哪句话、哪段话上，而且体现在节目整体构思中语言的秩序和结构上。逻辑性还意味着简洁和利落，不仅在语言组织上，在语言表达的节奏、语气和力度上都要有所体现。语言的节奏要紧凑利落、抑扬顿挫；语气亲切质朴，切忌直白、平淡、冷漠；语言的力度体现在主持人的坚定的语气和自信、真诚、平等待人的态度上。

讲究言语的修辞是谈话节目主持人必备的意识。主持人言语的修辞在很大程度上体现主持人语言表达的特点，主持人语言风格的物质基础也在于此。言语的修辞手段有比喻、对偶、回环、排比、夸张、反讽、飞白、仿拟、顶接等。讲究修辞要协调语音的声、韵、调，使声音琅琅上口、抑扬顿挫；词汇和词义追求丰富、灵动、蕴藉深厚，避免用词重复呆板，索然无味；同一个意思的内容，表达的句法结构要根据不同的情景予以选择，不要

千篇一律，要适当调整和变换以便增强语言的表达效果；有声语言还讲究停连、重音、语气、节奏的表现创意。

有人说语言是交际的工具，是文化的载体。语言的发送、传输、接收、内容、形式都渗透和表露文化的意味，简言之，语言也是文化。所以有些谈话节目主持人认为自己有声语言表达形式上的欠缺并不影响节目的质量和深度，并不影响谈话节目应有的文化含量，这种观点是简单机械的、故步自封的。听众在收听节目时不可能刻意地分析主持人表现的具体方面，主持人的有声语言在听众的头脑中以整体印象存在，所以任何细节上的缺失和不足都会对主持人形象产生负面影响。主持人判断和评价自己和听众的相互作用时，以己之心度人之腹，一定要科学、客观、冷静。学养深厚、硕果累累的大学问家说起话来木讷呆板、平淡无奇我们或许可以理解和接受，毕竟通过他的文章著作我们可以得到宝贵的文化知识财富；但是一位运用有声语言传播信息、知识、思想、情感的节目主持人，语言表达平淡无奇，听众会无所适从。我们不否认在极为特殊的情况下听众可能关注有声语言所传播的内容（比如突发新闻事件的现场报道等），但主要以有声语言为交流途径和方式的广播谈话节目长期与听众“相处”，主持人如果缺乏播出节目的精品意识，每况愈下、索然无味、油枯灯尽的结局是不言而喻的。

广播谈话节目的有声语言表达是一种特殊的语体，它的即兴、实时的特点不仅不能成为主持人降低对有声语言表达逻辑性、修辞美的要求，而且应该为有声语言灌注更多的新鲜和活力、智慧和巧妙，同时有声语言的文化意味也通过逻辑性和修辞美体现出来。

4. 幽默语言在广播谈话节目中的独特魅力

有人说幽默是智慧、修养的最高层次和体现，不无道理。幽默不应是某个人的特长和专利，而是广播谈话节目主持的共性。目前我们之所以把幽默特征作为某个主持人的个人主持特点，是因为有人缺乏幽默的人生态度和生活心态。幽默不是贫嘴、不是饶舌、不是调侃、不是讽刺挖苦；幽默是宽容、是平和、是大气、是恰到好处。在广播谈话节目中，难免遇到各种各样的困境、迷惑、消极的言谈，会接触到形形色色的事件和人物，在交谈的随机性下蕴藏着极大的不可预知。幽默的语言在这样的情境之下就是清凉剂、润滑剂、舒缓剂、镇痛剂。幽默所传达出平等、乐观、虚怀若谷、举重若轻的信息比无数说教和解劝的大道理更有价值和影响。在广播谈话节目中，主持人幽默的基石是积极乐观平和的人生态度和蕴藉深厚的文化沉积。幽默的本质是善意、合作、奇巧，天马行空而不逾矩。幽默的表现手段是有声语言，幽默的效果是轻松、感动、深思，给听众和嘉宾充分的自由，使节目如行云流水、舒畅自在。

5. 弥补广播媒介给收听谈话节目造成的缺失

广播谈话节目发展到今天，节目的制作思路和制作形式越来越朝开拓性、多样性方向发展。话题类谈话节目不仅邀请嘉宾参与谈话，还设置热线电话与听众及时对话，也有节目邀请听众到播音室参与谈话并发言，更有些节目邀请摄影师、摄像师到谈话现场拍摄图片和音像材料，以便供给网络或留存。还有些节目把谈话的现场搬到播音室外，厂矿、学校、公园、商场等开放式场所录制节目。参与节目录制的因素越多，发生的影响和行为也越多，而且有些是不可避免和不必避免的。比如，拍照的“咔嚓”声、意外声响、嘉宾的表情动作、现场环境等等。收音机前的听众在想象谈话现场的情况时，并不能完全判断有些音响的来源和意义，在抑制不住好奇心却不得其解或者无所适从的时候，容易产生烦躁情绪，影响收听的正常心理。这时主持人一定要为收音机前的听众着想，通过清楚和必要的说明、解释化解听众的猜测和疑问，把听众的注意力和思考力牵引到谈话内容而非无谓的疑惑上；在谈话现场出现的有些画面对加强谈话的传播效果有较大的影响，比如，嘉宾因激动说不出话而静场，听众特殊的表情动作，物质环境中有意义的信息等都需要主持人揭示、解释、说明，让听众听个清清楚楚、明明白白，让他们的想象结果更真实，利于谈话效果的实现。

（二）日间服务类谈话节目主持语言特点和要求

日间服务类谈话节目一般指各类日间播出的热线咨询节目，比如解答百姓生活中的疑问、医药医疗信息咨询、商品信息咨询、各类考试信息咨询、法律帮助咨询、残疾人问题咨询等等。这些节目的主要特点是以热线电话导入问题、主持人解答或者请人解答为谈话结构和主要内容，以尽量完善地为听众提供服务、使听众有所获益为最终目的。因此，日间谈话节目对主持人的主持语言有以下的要求：

1. 高质量的听话尤为重要

俗话说“会说的不如会听的”，在双向交流的谈话节目中听话是主持人一项重要的能力。特别是在日间服务类谈话节目和夜话谈心类谈话节目中，听话是有讲究、有要求的。在日间服务类谈话节目中，主持人要注意倾听打进热线电话的听众说什么。打进电话的听众中不乏口齿清楚、思路严谨、表达简练到位的，但有些听众好不容易打进电话，难免激动、紧张，在语言表达上表现得局促、凌乱、啰嗦或者有话说不出等。主持人必须具备较高的听话技巧理解听众的意图，抓住问题的重点，有针对性的简洁明了地解答。因此，我们把主持人听话的特点归纳为：机敏性、选择性、反应性、被动性、借助性。机敏性是指主持人在听话时时刻保持高灵敏度的吸纳力，捕捉听众话语中哪怕最微小的细节，分析“话里有话”、“话外之音”，否则听众表述中重要的信息可能流失掉了。选择性和机敏性有一定的关联，主持人机敏地接收到了大量的信息，并不要照单全收，要选择其中体现听众意图的有价值的重点，否则就会不得要领或者曲解听众意图，白白浪费时间资源。反应性是指主持人在听话过程中一定要通过声音在恰当的时机对听众的话语进行反应，否则给听众造成冷漠的印象，容易引起听众的疑虑；被动性是指主持人无论面对怎样的情况都必须把电话听完，不能拒绝或者打断听众的话语，这是谈话节目主持人起码的职业道德和素养。借助性是指主持人借助自己的提示和帮助启发、引导听众把谈话或者问题继续进行，并且努力表达清楚准确，这不仅利于主持人的理解和把握，同时削减收音机前的广大听众的收听障碍。主持人在倾听听众的热线电话时可以在纸上记下关键词提示谈话的要点，以免自己或者嘉宾解答问题时遗漏了应该回答的问题。

2. 起桥梁的作用，要求传达清晰、准确、精炼、效率

在日间服务类谈话节目中，主持人不一定是谈话的中心和主体。比如，现场嘉宾解答咨询、主持人请相关人士解答问题后自己传达等情况下，主持人起的是谈话的桥梁作用，所以切忌喧宾夺主、一意孤行、滔滔不绝。主持人的语言不追求话量多，而要追求传播效

果的清晰、准确、精炼、高效。特别是在嘉宾解答问题时，有些主持人喜欢插话，用自己的语言对嘉宾的回答进行诠释、总结、概括，一定要慎重，不要歪曲了嘉宾的话语实质或者“以己昏昏使人昭昭”，使自己陷入自作聪明的尴尬境地。是否需要通过插话对嘉宾的谈话进行处理，来源于主持人三方面的基础工作：揣度听众是否能听明白；把握了嘉宾的话语精髓；能够用精粹的语言阐明，否则量力而行。

3. 熟识广播特点，服务到位

广播特点是“万变不离其宗”——“只闻其声不见其人”，主持人的作用就是在听众借助声音发挥想像力时尽量助一臂之力。尽量降低听众边收听边想象边理解的不便和难度。有时不便和难度来自于视觉的空白，比如，医药专家介绍一种新药时，药名大家不熟悉，主持人不妨把名称详细地解释一下，以便听众记下正确的名称而不是同音字；或者主持人把药品的包装形象地描述一下，什么形状的瓶子，什么颜色的盒子，什么图案的商标等等。有时专家对政策问题、法律问题、医学问题的解释可能比较专业、生涩，主持人要用准确但浅显的语言进行稀释，或者举个恰当的实例作具体形象的说明。

（三）夜话谈心类谈话节目主持语言特点和要求

目前比较常见的夜话谈心类谈话节目的形态是听众打进电话倾吐心声，主持人舒解或者和听众谈心；主持人邀请嘉宾就某个情感话题与听众聊天；借助综艺形式调剂谈话的气氛，穿插音乐、歌曲、文学作品朗诵、戏剧小品等。由于涉及情感和感情的话题，夜话谈心类谈话节目的主持语言有独特的要求。

1. 善于倾听，听是说的前提和基础

乐于参与夜话谈心类节目的听众一般有三种情况：一种是在情感和感情上遇到困惑或困境，目前没人能为其解决或排遣；一种是有难言之隐，在现实生活中不愿或找不到倾吐的对象；一种是在日常生活中不善于与人交流，只能通过电话在节目中满足表达的愿望。这三种情况的听众在收听和参与节目时，心理上都存在一定的薄弱点，因此在语言表达上存在或多或少的顾虑和障碍。主持人对他们的倾听决定着与他们交流的融洽和深度。倾听的要求是平心静气、细致入微、准确客观、领悟“内在语”。主持人通过倾听接收到的信息全面、准确、深刻才能保证善解人意的精确和到位，否则是“风马牛不相及”，极易造成听众的失落、反感、不信任。由此，主持人和节目的前途可想而知。

2. 语言细腻、真诚、朴实、中肯

我们是否可以挪用一句话“夜话谈心类谈话节目主持人是人类灵魂的工程师”。涉及人的情感和感情的话题是最细密、最精致、最真诚、最自然的谈话时空。在这个时空中，柔嫩和渴望是规定谈话基调的主要因素。主持人要深入细致地了解和体悟听众的内心世界，有分寸、有尺度地探究听众的情感问题并给予得当的反馈。值得注意的是，对听众的理解和体恤、尊重和爱护绝不是绝对认同、顺从、迁就、合流，主持人要有独立的、科学的、正确的、冷静的立场和态度，遵守国家政策法律的规定，遵从社会公认的道德伦理准则，驾驭自己的感情在节目中的表现，关照收音机前听众的感受。因此，对主持人语言表达的要求是细腻、真诚、朴实、中肯。

3. 善于用鲜明的声音形式恰切表达感情和态度，以情带声夜话谈心类节目的主持人须游刃有余地控制和驾驭自己的语言表达，要善于灵活、丰富地运用声音形式。夜话谈心类节目的主持人特别要动真情，真情的感染力要强。这类节目的听众有些是功利性的，比如需要排遣、倾吐、宣泄、解脱，他们对节目的期待值比较高；有些是非功利性，比如，在这个时段正好闲适、清静、寂寞或者无聊，他们对节目的需要是若有若无的。这两类听众的特点是主观情绪色彩比较浓，主体意识比较强，沉浸在自己的情感和想象世界中，对来自节目的信息和刺激有强烈的主观选择性，因此，主持人语言表达形式要丰富，并且要敢于和善于把自己的态度和情感鲜明准确地体现出来，给听众提供强烈而明确的选择意向，同时抓住听众的注意力和兴趣点，形成完整、连续、和谐的谈话和情感交流的“场”。

4．特殊时间和主题制约下的独特语言表达形式

从“夜话”和“谈心”的类型特点上我们轻易地捕捉到这类谈话节目的特定时间和主题——夜晚（或者深夜）、情感。因此主持人声音形式的运用有了外部条件的依据和制约。在天黑人静的时候，时间和环境的因素要求主持人的声音不能音量过大，在声音弹性上偏向于稍虚、稍暗、稍低、稍弱。情感的主题对主持人语言的真诚、质朴、自然、鲜明的要求在上文已经有所论述。特别需要指出的是，强调独特表达形式的时候切忌矫情造作和过于艺术化的处理，不要因片面追求声音的优美动人而忽视了真诚自然情感交流的需要，不要把人类共同情感的沟通和交流搁置于虚幻、虚妄和神化的世界。否则，语言的交际功能会被蹩脚的表达形式干扰和削弱。追求谈话的美感是必须的，但唯美主义的声音形式是要视对象、内容、情境具体运用。

在广播谈话节目主持领域还有大量的问题在这里没有论及，比如，广播谈话节目的生存空间、选题范围和尺度、谈心类节目对主持人心理学素质的要求，主持人的人格魅力，对待致电听众的态度和应对等等，留待今后补充完善。本文基本上就广播谈话节目主持的概括性、轮廓性问题进行阐述，由于篇幅的关系，大部分内容没有展开细化并佐以实证，但重要观点基本明确。广播谈话节目正在发展，在节目形态、制作手段、主持技巧等方面都不断创新，有关的研究正在进行，有望进一步完善，努力做到理论观点具有前瞻性和指导性。

本文根据对下列广播谈话节目和主持人的调查、跟听和分析，得出有关结论，特此鸣谢：薄海英《文艺沙龙》，辽宁文艺广播电台文艺类；常晓丹《人生驿站》，甘肃人民广播电台都市调频综合类；陈婷婷《休闲时光》，辽宁文艺广播电台文化类；范蓉《温馨家园》，上海人民广播电台新闻类；李群《星星点灯》，佳木斯人民广播电台夜话谈心类；李宁《七彩人生》，甘肃人民广播电台社教类；鲁瑾《鲁瑾脱口秀》，浙江人民广播电台音乐调频人物访谈类；苏京平《人生热线》，北京人民广播电台新闻频道社教类；王非《真情面对面》，广东卫星台社会类；王莉《市民热线》，乌鲁木齐人民广播电台新闻时政类；王小勤《今晚我和你》，武汉人民广播电台文艺网综合类；卫东《终南夜话》，陕西人民广播电台生活频道综合类；伍洲同《零点乐话》，北京人民广播电台音乐频道文艺类；吴涛《三间话屋》，大连人民广播电台社会类；徐晓明《星光夜话》，安徽经济电台综合类；雅

清《今夜星空》，乌鲁木齐人民广播电台交通中心情感类；袁杰《午间一小时》，中央人民广播电台社教类；左安龙、路军《市民与社会》，上海人民广播电台新闻类。

本文写作中参考以下书目：吴郁《主持人的语言艺术》，北京广播学院出版社；刘焕辉《言语交际学》，江西教育出版社；周靖《语言交际的艺术》，华文出版社；陈望道《修辞学发凡》，上海人民出版社。

第五编

电视播音与主持

Broadcasting Announcing in China

第三十九章

电视新闻传播分析

从理论上对电视播音进行分析，在我国的播音学界尚处于探索阶段。据笔者所知，第一篇涉及电视播音的论述，出现于《播音学简明教程》（吴郁主编，1988）一书中。虽说无论是电视播音还是电台播音都拥有一种共同的基础，并且这一基础大体已经由张颂教授的《朗读学》[①] 一书构建起来了，但由于电视和广播是两种不尽相同的传播媒介，因此从电视传播所具有的特殊性的角度来考察电视播音，不仅在理论上，而且在实践上都将是很有意义的。就电视播音而言，其种类也是很多的，如纪录片配音，新闻播音，人物采访以及人们谈论得越来越多的节目主持人等。在此，笔者不准备论及上述每一个题目，而只打算集中讨论一下电视播音的一个重要组成部分：电视新闻播音。毫无疑问，由播音员在电视屏幕上“面对面地”向观众进行传播，是电视传播区别电台传播的主要特征；而新闻又是电视传播必不可少的内容。也正因为如此，笔者才从新闻播音这个角度，来对电视播音展开论述。

本文的安排如下：第一节将简单地给出人们所关心的两个核心概念：电视新闻播音及规范化播音，因为这是我们进行分析的逻辑前提。第二节笔者打算建立一个传播学模型，并以此为电视播音员在传播过程中的位置提供一种一般性的说明。在把所传播的“符号”分解为语言符号、类语言符号和非语言符号的基础上，笔者在第三、第四和第五节将分别探讨一下电视新闻播音员应该采取的相应对策，其中，新闻传播过程的“规范化播音”概念，将贯穿此三节的始终。在第六节中，将对全文做个小结并做一些补充性说明。

第一节　电视新闻播音与规范化播音——概念

所谓电视新闻播音，指的是电视播音员（又称新闻节目主持人）在电视屏幕上面对观众直接传播新闻——即我们常说的所谓口播，或在电视画面背后运用声音传播新闻——即所谓的配音。就直接传播或口播而言，又可以有两种具体的形式，其一是由播音员坐在播

① 张颂：《朗读学》，湖南教育出版社。

音室里出画面报告新闻；其二是由他进行现场采访报道。[①]

接下来笔者打算稍微详细地讨论一下我曾经涉及到的新闻的“规范化播音或传播”问题。其核心含义为：播音员应以“局外人”的身份尽可能客观地传递信息，避免因所报道内容——即语言符号本身的不清晰或令人费解，因报道时的语音、语调、语气或节奏等——即类语言符号的不恰当，以及因服饰、表情和动作等——即非语言符号的“不合时宜”而破坏新闻的传播效果。[②]

在这里顺带说一句，本文所讲的播音员，是指那些经过严格而正规训练的，已经或准备从事职业播音的人。换言之，他们均已具备了作为一名播音员的基本素质，即拥有良好的文化修养和嗓音条件。

第二节 电视播音员在传播过程中的位置——一个模型

在讨论传播模型之前，有必要先澄清一下“传播过程”一词的含义。虽然说它的定义形形色色，但是在大众传播学之中，其最核心的内容，不外乎是一种发送者、传递渠道、讯息、接受者以及它所产生的效果诸因素之间的相互关系。传播过程还有另外一种更为形象的表述方式：谁？说了什么？通过什么渠道？对谁说？取得了什么效果？[③] 如果使用一个框架或模型来显示传播过程的话，那么各因素之间的关系便更加一目了然。当然，在这里我们感兴趣的主要是电视传播。因而传播模型的设计，即图 1，也是围绕着电视这种媒介进行的。

图 1：电视传播模型

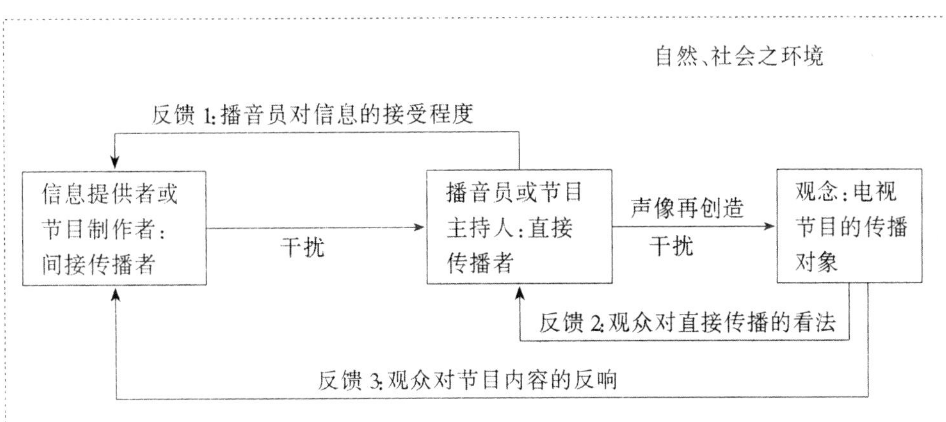

① 李瑞英《电视播音概说》，载吴郁主编（1988）《播音学简明教程》，北京广播学院出版社，第 314—339 页。

② 李瑞英《从传播学角度谈电视播音理论》，载李瑞英和刘连喜主编（1991）《广播电视播音与节目主持人》，辽宁人民出版社，第 254 页。

③ 丹尼斯·麦奎尔和斯文·温德尔（1981）《大众传播模式论》，上海译文出版社 1987 年中文版，第 16—18 页。

在这里，有必要对上述电视传播模型做些说明。首先，“信息提供者”在电视新闻传播过程中，具体指的就是记者或编辑。由于他们只有通过播音员才能与广大观众沟通，故笔者称其为“间接传播者”。其次，出现于传播过程中的干扰，主要来自下面两个环节：间接传播者和直接传播者之间，比方说，双方因对稿件内容及措辞的理解不一致而影响了后者的播出效果（“反馈1”力求解决的便是这一问题）；直接传播者和观众之间，如在传播过程中，播音员因为对语言符号、类语言符号和非语言符号的把握与运用不够准确而损害了传播效果（关于克服此种干扰以及对播音员“声像再创造”的讨论，将构成下一节的主要内容）。第三，作为传播对象，电视观众对节目内容决不是被动的、单纯的接受者，这至少体现于他们能够在继续观看和关掉电视机之间进行选择这一点之上。电视节目的“上帝”——观众是否满意，经常是通过各种反馈渠道而得到反映的。最后，“自然、社会之环境”，指的是某国或者某地区的政治、经济和文化传统等国情，对电视传播的内容及形式的影响。

显而易见，电视节目的直接传播者，在传播过程中扮演的是一个“承上启下”的角色。说他们在电视传播过程中具有某种举足轻重的地位，是因为在观众眼里，往往是没有间接传播者的身影的。由此看来，这些直接传播者的终极目标，唯有创造性地、合理地去满足大多数“上帝”们的需要。

第三节　语言符号的传播

传播者所传播的，至少在部分大众传播学家（威尔伯·施拉姆和威廉·波特）看来，是所谓的符号。一般而言，被传播的各种符号大致可以分成两类，其一是语言符号，其二是非语言符号。①

所谓语言符号，无非是指那些能够表达意思或传递信息的文字。在电视传播的过程中，我们见到的各种新闻稿件、脚本或解说词等，都是语言符号。不言而喻，电视新闻的口播和配音的最终目的，就是把语言符号传播给接受者。

在中国目前的大众传播体制下，播音员在整个传播过程中的角色或分工是很明确的，即把文字符号变成有声的言语（参见图1）。因此，作为信息的直接传播者、播音员首先要做的便是准确地接受来自间接传播者的讯息。毫无疑问，做到这一点是成功地进行传播的基础。

另一方面，在语言符号传播的这一准备阶段，播音员远非一个仅扮演被动角色的读稿“机器”。至于理由嘛，也十分简单：有文字方面的干扰存在。尽管电视新闻稿件是“为耳

---

① 威尔伯·施拉姆和威廉·波特（1973）《传播学概论》，新华出版社1984年中文版，第四章《传播符号》，第65—85页。

朵而写”这一点早已经成为职业记者的基本原则之一[1]，但是由于种种原因，如有些记者只是偶尔为电视新闻撰稿（电视台所用的新闻稿中的相当一部分来自于主要以读者为对象的新华社记者），并且一般而言记者本人并不去直接传播，传到播音员手里的稿件总会有一些于播出效果有害的地方——即本文所称的干扰，比方说过于书面化。这虽不尽如人意，但却为播音员提供了施展其自我才能的机会：他可凭据自己的“口感”和对新闻稿件的理解，来对将要播出的语言符号进行再创作。其再创造的原则如下：第一，尽可能地使语言口语化；第二，尽可能地使用短句子；第三，尽可能地使一个句子仅表达一个意思或观点；第四，尽可能地使每句话“叙事”并少带饰辞；第五，在稿件不能改动的情况下，通过恰当的断句将长话短说。

总之，应该尽最大可能让新闻稿件简洁明确。只有如此，像电视新闻这样的语言符号才能有效地发挥其功能：尽人皆“懂”。要知道，报纸新闻的读者如果愿意的话可以重读某一个句子或某一个段落，而广播电视新闻的听众或观众却做不到这一点，至少不能马上做到这一点。

句子短了，口语化了，意思简洁了，修饰词少了，直接传播者的播讲方式多少也就随之被限定了，似乎也只能用规范的方式来进行传播，因为在播送这类稿件时，你就是再想“感情丰富”地播音，恐怕也不那么容易了吧!

第四节　类语言符号的传播

类语言又称副语言，指的是人们讲话时的音型和功能性发声。属于音型的要素有音色、音质、音量、语调、速率和节拍等等。而功能性发声则主要包括下述几种形式：笑语、哭腔、喘息、叹气以及习惯性的“啊、嘿、嗯”等附加语。[2]它们的一个共同点是，和语言符号的传播一样，均能够表达某种意思，或者说可以传递某种“弦”外之音。一般认为，类语言属于非语言符号——如表情及所谓“体语”——之中一种。我在此将其单独列出并专门讨论，理由有三点。其一，它的传播同语言符号的传播都出于播音员之口，因而有别于其他非语言符号的传播；其二，它的传播和非语言符号的传播均靠的是弦外之音，故又不同于语言符号的传播（我猜想称之为类语言的原因亦在于此）；其三，评价或判断一位播音员水平高低的标准，大多是看他对类语言的运用及把握的能力。

为了分析及叙述的方便，我在此将类语言统称为“口吻”或播讲方式。这样做大致也表明了本文所进行的多是一种带有一般性的或原则性的分析。

从某种意义上讲，儿童电视节目的主持人必须要用对孩子说话的口吻进行传播；解说足球比赛也一定要同足球的“节奏”和比赛的“气氛”相协调。用播音学的术语来说就

---

① 特德·怀特、埃德里安·默本和史蒂夫·杨格（1984）《广播电视新闻报道写作与制作》，中国广播电视出版社1987年中文版，第63—64页。

② 叶家铮（1991）《传播学》，河南美术出版社，第8页。

是，播音要有对象感，意即播音方式应依稿件内容和观众群的不同而有所变化。[①] 不过，电视新闻的传播对象，却几乎是不受年龄、性别、职业等因素影响的广大观众。关于这一点，我们很容易从新闻节目持久高收视率的分类统计上得到证实。[②]因此，考虑到电视新闻的收看者形形色色，播音员试图运用各种“口吻”或朗读技巧——如夸张地突出重音、变化语气语调以渲染某种气氛来“迎合”某一特殊观众群体的做法，恐怕是相当不明智的选择。由此得出的结论便是：电视新闻并不是为特定的人群提供传播服务的；它的接收者从相当意义上讲是一般的、同质的。

换个角度看，在10—30分钟并且常常拥有数十条涉及不同领域的新闻节目播出过程中，要求播音员根据新闻稿件内容的不同而采取各异的播讲方式，显然也是不现实的。我们不妨设想一下，要求播音员一会儿用“最沉痛”的语调播送了一条悲剧性事件，一会儿又极其兴高采烈地报道令人笑逐颜开的消息，肯定是困难重重的。也许更糟糕的是，这将给观众们留下极为不良的印象。在此我想给出的结论是：原则上讲，新闻播音员的播讲方式应“因稿而异”，但这里指的“异”是在规定基调下有所变化，而不是大起大伏。

新闻的“供给”，其目的无非是要让大家了解他们所关心的、刚刚或正在发生的各种事情。从对新闻的“需求”的角度看，人们想要得到的也恰恰是各种信息本身。显而易见，无论是从供给还是需求的角度看，人们注重的乃是信息的内容，或者说是语言符号所蕴含的意思，而不是其他的什么东西。由此而来的结论为：所传播的新闻的内容，优先于新闻的传播形式。

不言而喻，从上述三个结论中我们可以很容易推导出一个更具有一般性的论断：电视新闻播音在对类语言的处理与运用上，应该规范化。

在结束本节之前，笔者打算做几点补充说明。首先，关于直接传播者在传播过程中的再创作，我们仅仅提出了几点原则，但同时我们也应该坦率地承认，要真正做到这一点，在实际工作中是有一定困难的；其次，在我们眼里的新闻规范化播音，无论对口播新闻还是新闻片配音或现场报道，均是适用的；第三，强调规范化播音，并不意味着忽略播音时的对象感问题，而只不过是将电视新闻的传播对象加以一般化、同质化罢了。最后，我们用大家比较陌生的“类语言”概念表达众人熟知的播讲方式或朗读技巧之概念，旨在将播音学与大众传播学融为一体，并在此基础之上力求丰富已有的播音学理论。

第五节　非语言符号的传播

同语言符号所对应的非语言符号形形色色，并且大致可分为两类：体语和物件语言。具体说，体语是指身体的姿势和身体某一部分的动作，比如面部、四肢、头部及躯干的姿

① 吴郁主编《播音学简明教程》，第138—149页。

② 从中国中央电视台所做的定期抽样调查的结果上看，其“新闻联播”节目的收视率相当高，并一般稳定在百分之五十左右。——作者

势或动作。而物件语言，考虑到本文的主题，则主要是指服饰、化妆及演播室的背景布置。[①] 能够传递信息，是它们的基本功能。与语言和类语言之传播大相径庭的是，非语言符号是依靠视觉而不是通过听觉被感知的。如果说前面两节的结论除了适用于电视新闻播音之外也适用于广播新闻播音的话，那么本节的讨论便具有很浓厚的“电视色彩”了。

仅仅说非语言符号能够表达意思，还不足以引起我们的重视。人们对这个问题感兴趣，是因为在两个人之间的传播中，一些专家估计竟有高达百分之六十五的“社会含义”是通过非语言符号来传递的。请注意，电视早已深入到了几乎每一个家庭，因而虽说它是一种大众传播方式，但对接受者而言，电视传播则十分类似两人间的所谓亲身传播。由此可见非语言符号在电视传播过程中“举足轻重”的作用。

考虑到新闻播音的性质，考虑到观众收看新闻节目的目的，笔者认为电视屏幕上的非语言符号的传播同样应该遵循规范化原则，这等于说，在电视新闻的传播过程中，特别是当播音员的面容占据了电视屏幕的二分之一时，要尽量不给非语言符号以“喧宾夺主”的机会。稍微具体些讲，作为直接传播者，至少应给予下面几点“准”原则以足够的重视：

第一，作为一个“单纯的”信息的叙述者和传播者，表情过于丰富、过度起伏、过分夸张都可能损害传播效果；同样，表情呆板冷漠，亦会因拉开了传播者与接受者之间距离而产生类似的后果。看来，最好的对策恐怕还是使面部表情显得平和为好。

第二，衣着正式、考究是提高新闻播音员的这一“消息来源”的可信度、加强其真实感的一个必要途径。此策略至少已被绝大多数电视台的新闻节目主持人所采纳。顺便提一句，服饰的颜色、花色及式样也会“讲话”（制造干扰）的，尤其是在笃信宗教、拥有久远文化传统和政治上十分敏感的国度里。

第三，“淡抹”强于“浓妆”。直接传播者之所以要化妆，主要是由于他们总在强光下工作。不恰当的浓妆艳抹的可能结果，轻则分散观众的注意力，重则引起人们的反感。

第四，用目光和观众进行交流，从而让观众真正感觉到播音员是在同他本人交谈（电视新闻播音与广播新闻播音的根本性区别便在于此），最终达到增进传播效果的目的。显然，只低头读稿不抬头看人至少显得对观众不够尊敬，尽管盲目地、机械地为抬头而抬头也不可取。

一言以蔽之，电视新闻播音员在镜头前不要以取悦观众为理想，而是应以不让人们产生反感或抵触情绪为目标。在我看来，观众对新闻播音员的评价，即电视传播模型中的反馈，并不是依据他面部表情如何丰富多彩，依据服装多么与众不同，依据妆化得是否不同凡响，而是看其是否成功地满足了观众对信息的需求。也许更加意味深长的是，满足“上帝”需要的有效途径，至少在新闻传播过程中，是规范化播音。

---

① 叶家铮：《传播学》第9—11页。

第六节　向高境界追求

既然电视新闻的观众大体上是同质的或一般的，既然从技术上讲在短时间内频繁变换播音方式是不可能的，既然人们收看新闻的目的主要是为了获取信息，既然演播室不是播音员自我表现、取悦观众的舞台，那么电视新闻直接传播者的传播基调也就随之被决定了：客观准确地播送传输信息，即采取所谓的规范化播音战略。而播音员声像再创作，恰恰集中体现在整个传播过程中的各个环节之上：对来自间接传播者的语言符号的“精加工”，对类语言符号的恰当把握，对非语言符号的正确运用。总而言之，是电视新闻播音中突出内容、“退隐”自我，进而使因播讲方式的变换或不稳定而引起的“噪音”或干扰降低到最小，恐怕是电视新闻播音的最高境界。老子在《道德经》中所说的“太上，不知有之”，讲的大概就是这个意思。①

在整个行文的过程中，笔者始终都是在比较一般的，或抽象的层次上展开对电视新闻播音的讨论的，并力求将播音学纳入大众传播学的理论框架之中。正是由于本文的分析大体上总是停留在较为抽象的层次，因此对电视新闻播音的诸多具体问题就显得顾及不够。好在已有的文献大多是论及电视新闻播音的细节问题的，比如说新闻画面与配音解说的关系②，新闻口播过程中的抬头问题③；新闻语言的接近性问题④ 及新闻现场采访报道⑤等。至于讨论广播新闻的文献就更多了些⑥。通过参阅这些文献，读者定会拥有一个关于电视新闻播音理论的完整“图像”。

从传播学的角度来探讨电视播音理论，是我们一直所向往的。尽管迄今为止我们所做的仅仅是一种初步的、不成熟的尝试，但我们仍然打算沿此道路继续走下去，并希望有越来越多的人加入这一行列。我们深信，在播音学与大众传播学相融合的土壤里，一定会结出更为丰硕的果实。

---

① 老子把国君治理国家分成了四等，最好的即所谓“太上”其含义是不让老百姓感到统治者的存在，进而使人民各安其生，各顺其性，即所谓的“不知有之”。我在此引用这句话，旨在强调电视新闻播音员应退隐自我。

② 罗京：《谈电视播音中画面与解说的关系》，载李瑞英和刘连喜主编《广播电视播音与节目主持人》，第228—242页；特德·怀特等著一书的第19章：《电视新闻稿的写作》，第228—243页。

③ 贺红梅：《电视口播新闻交流中值得重视的问题》，同上书第119—132页。

④ 杨丽：《浅析“经济半小时”主持人语言交流接近性》，同上书第364—375页。

⑤ 李瑞英：《电视播音概说》，载吴郁主编《播音学简明教程》第329—338页。

⑥ 常亮：《新闻播音概说》，及铁城：《广播新闻语言特点及表达方法》，分别载李瑞英和刘连喜主编《广播电视播音与节目主持人》，第1—18页，第19—25页。

第四十章

电视播音员的屏幕形象

第一节　电视播音员屏幕形象概说

从广义的角度来说，除了电视片、电视剧以及电视广告中的角色以外，只要是在屏幕上露面、直接与电视观众面对面说话的人，都可称为电视播音员。从狭义上来说，电视播音员是指在电视台内以播音为主要职业的工作人员。我们这里指的是广义的电视播音员的屏幕形象。

电视播音员与电台播音员工作上的最大区别就在于电视播音员要在电视屏幕上向观众“亮相”，观众不但能闻其声，还能见其人。因此，电视播音员除了像电台播音员那样应具备有声语言表达技巧外，还应了解和掌握用自己的形象来表达思想感情的技巧。从这个意义上来说，电视播音员还应掌握表演的某些基本技能，如：注意力的集中，对形体动作的控制能力、运用表情表达不同情感的能力、眼神的运用能力等。但是电视播音员在屏幕上并非扮演角色，这是由电视这门艺术不同于舞台、银幕的特性所决定的。

电视与电影艺术相比，虽然都是运用声、光、色、形、语言、动作、节奏等综合手段进行创作，但电视的现场性、兼容性和观众的介入及参与性、信息性等是电影所不具备的。电视与舞台艺术相比，虽都具有很强的现场性、直观性，但电视又是深入社会及大众家庭的艺术，它的兼容性、传真性是舞台艺术所不具备的；而电视节目中观众的介入和参与性与舞台艺术中观众和演员的交流又不甚相同。电影、舞台艺术是用塑造角色、塑造典型形象来达到它的社会效果的，而电视播音员（无论是新闻节目的播音员，还是各专题节目的主持人）是以本来面目出现的。

由于我国广播电视的性质，在电视节目中电视播音员或者是政府工作人员的代表，或者是社会活动家的代表；或者是观众在电视台的一位消息灵通、见多识广，上知天文地理、国际国内大事，下知民情民趣、柴米油盐，有自己个性的知心朋友。在某些节目、某些场合（比如宣读政府公告、文件时）他们确实体现“国家”、“政府”的形象，而在另一些节目，另一些场合他们则以电视台编导的形象出现，在有些节目中他们又以观众的朋友的形象出现。从这个意义上说，电视播音员的屏幕形象是由节目的性质和要求所决定的。在新闻类及社会问题研讨类的专题节目中，播音员的形象应是庄重大方、态度鲜明的，这才能给人以信赖感。在教育类的知识性及服务性节目中，播音员的形象应是博学多闻、亲切自然、平易谦和的，这才能给人以亲近感。在文艺类节目中，播音员的形象应是潇洒倜傥、含蓄敏锐的，这才能与文艺性节目的欣赏性、娱乐性相一致。

第二节　内在形象与外在形象的关系

电视播音员内在形象的确立是塑造外在形象的依据。

电视播音员的屏幕形象由两方面构成：一是观众一目了然的外在形象，包括播音员的外形长相、形体动作、表情动作、修饰效果（服装、发式、化妆等）；一是观众通过播音员外部形象而感觉到的内在形象，包括播音员的工作态度、政策水平、文化知识水平、美学修养以及风度、气质、自信心等性格特征。由于电视传播的直观性，屏幕形象的外在形象自然引人注目，而且成为第一印象引起观众及播音员对它的重视，这是必然的。也正由于这种直观性，往往使人们（尤其是播音员）忽略了屏幕形象重要的组成方面——内在形象的塑造。

电视播音员是电视这一大众传播工具的必要组成部分。他们的任务，是将电视台各部门工作人员的工作成果，以自己的形象和语言奉献给广大观众。从社会分工来说，播音员属电视台的工作人员，但由于电视使播音员的形象进入千家万户，播音员也就成为有目共睹的社会“名人”。这种“名人”效应，不但使播音员成为社会公众关注和评头论足的对象，也使播音员承受着对自己形象较为关注的沉重负担。电视播音员都想在屏幕上塑造自己的美好形象，却感到无从着手，因而在镜头前常显紧张。这种紧张，往往导致电视播音员在镜头前的失常：动作僵硬、表情呆板、反应迟钝。播音员的形象虽然在电视上是不可少的，但也只是电视节目的一个组成部分。观众直觉的挑剔，虽多数着重在播音员的外在形象上，而实际上，观众对播音员形象的要求，只是收看电视节目的附带审美要求。只要播音员的外在形象与节目内容协调一致，起到引导观众欣赏、参与观众欣赏的作用，而不是干扰观众对节目内容的接收与欣赏，观众对播音员的外在形象并不苛求。因此，电视播音员只有抛弃“名人”给自己的压力，把注意力集中到认认真真地在镜头前完成自己的工作任务上来，才能够在观众中树立起自己的形象。

从电视播音员这一职业的社会功能来看，观众心目中的电视播音员的“形象”应是怎样的呢？电视播音员，应是真诚的、大方的、沉稳的、敏锐的社会活动家，他们认真学习党的方针政策、关心社会动向、深入生活，熟悉群众、了解群众的需要和兴趣，是党和政府与人民群众沟通交流的桥梁。因此，如果电视播音员在镜头前感觉到压力的话，那不应是为“名人”形象的忧虑，而应该是从事电视事业的社会责任感。这种社会责任感，要求播音员自觉地遵从党性原则，按照工作的需要，控制和支配自己的情感和言行，培养广泛的兴趣，掌握渊博的学识，陶冶高尚的情趣。电视播音员只有认识到自己与观众是平等的，才不会受“名人形象”的束缚，在镜头前落落大方；只有对社会动向和人民群众的热情关注，才能在镜头前袒露出播音员的真诚；只有体会到观众的信任，播音员才能有强烈的自信心，在镜头前沉稳、敏锐。随着电视的普及和发展，有些观众对播音员的形象也有较高的要求，不再只满足于外形的端庄、漂亮，而希望播音员在屏幕上不要忸怩作态、不要假模假式、不要笨手笨脚、呆头呆脑……，这些，都要求播音员的内在形象与外在形象统一、协调。

从塑造电视播音员外在形象的角度来看，除了为适应镜头前的工作环境所必须解决的技术性问题外，有相当一部分外在形象是由内在形象决定的，比如：外形的修饰是否得体，将显现出播音员的美学修养和审美情趣的高下；动作和表情是否得当，则显现出播音员表现技能的优劣；言谈举止是否合乎规范，显现出播音员品德修养的水准高低。如果没有播音员的自重和对观众的尊重，就不可能使观众感觉到你的庄重大方；如果没有播音员发自内心对观众的满腔热情和亲近感，就不可能使观众感到你是亲切热情的；如果在节目制作过程中，准备工作做得不认真、不充分，比如：对节目的播出目的、节目编辑的意图、节目的主要内容、节目的风格特色等缺乏了解，播音员就不可能在镜头前做到胸有成竹、随机应变。

电视播音员内在形象的确立是一个较长期的过程，它是伴随着播音员对电视工作性质认识的加深、政治素质的提高、社会阅历的磨砺、文化知识的积累、性格品德的培养而逐渐形成的。由于电视艺术传真性及选择性的特殊要求，电视播音员的内在形象不能用演员扮演角色的方法来塑造，而应根据工作需要和自身条件逐步加以完善。播音员的形象可以从“我”开始，即以本人原有的气质、风度、性格、修养为基础，选择相适宜的节目类型，然后根据节目类型的要求，在播音实践中，逐渐保留并加强“我”原有的与节目类型相适应的、为观众所接受和喜爱的气质、风度、性格及表达方式，逐渐屏弃不适应节目需要、不为观众接受的某些气质、风度、性格、表达方式，最终确立与节目相适应、为观众接受又有个人特色的屏幕形象。电视播音员常常以面对摄像机用视线直接与观众交流的角度造成“家庭一员”的屏幕形象，“扮演”的夸张不适宜这种近距离的交流。扮演的方法往往造成屏幕形象的矫揉造作，这在某些演员主持的电视专题节目中时有所见。电视的切近生活，要求电视屏幕形象具备坦诚、质朴、自然、含蓄的特点，这也是部分业余主持人以本来面目上屏幕而获得观众认可的原因之一。电视播音员只有尽力做到内外统一谐调，其屏幕形象才可能完满、丰富、有个性、有特色。

第三节　外在形象的要求

电视播音员屏幕形象的外在形象，由外形长相、形体动作、表情动作和修饰效果组成。外形长相是与生俱来的，是塑造电视屏幕外在形象的基础，除非用整形手术，一般不易改变。电视播音员的外在形象主要通过形体动作、表情动作的训练以及对外形进行修饰来塑造的。

电视播音员外在形象的基础——形体动作，主要指躯干四肢动作（形体动作）及面部五官动作（表情动作）两部分。每个人生活中都有自己的习惯形体动作，不一定与电视屏幕形象相一致；每个人生活中都有自己习惯的表情动作，也不一定与电视屏幕形象的要求相符合。电视播音员应根据电视播出的特点进行必要的训练，使自己的形体动作和表情动作适应电视屏幕形象的要求。电视是少数人在屏幕上面对多数人的大众传播媒介之一，因此，虽然电视切近生活，但观众对屏幕上少数人的要求，仍带有一定的观赏性，这就要求上屏幕的人的形体动作和表情动作有一定的表演性和示范性，应是较典型的现代人的形象，要适应社会上大多数人的审美观念。为适应表演性和示范性，形体动作、表情动作须具有艺术美、典型美；为适应切近生活，形体动作、表情动作须具有自然美。电视播音员的形体动作、表情动作应是有控制的，训练有素的，又是松弛自如、归真返璞的。

电视播音员在不同栏目中，节目的性质不同，形体动作也应不同。在新闻性节目中，形体动作、表情动作要规范、利落、朴实、大方，只有把握新闻消息的文风特点，才能适应新闻的庄重、真实等特性。在服务性节目中，形体动作、表情动作要松弛、柔和、自信、流畅，才能适应这类节目的亲切感。在文娱艺术性节目中，形体动作、表情动作要优美、潇洒、敏捷，与具体节目的风格相统一谐调，或抒情，或幽默，或风趣，或俏皮……才能适应观众赏析艺术的审美要求。

电视播音员的屏幕形象是通过摄像机镜头的运动、取舍后，再由电视接收机的屏幕呈现在观众面前的。一般来说，电视节目的摄制场所是有足够的空间供播音员行动的，而通过摄像机镜头后出现在屏幕上的场景却是有限的。因此，电视播音员的形体动作和表情动作与电影演员在摄影机前的动作一样，不能随意，它们被景框所限制要比日常生活中的幅度小。电影演员在镜头前的动作最终是由许多镜头片断剪辑组成的，在摄影机前只需注意这一个镜头对形体的具体要求即可。电视播音员由于电视播出的现场性，形体动作、表情动作是一气呵成并由多架摄像机从多个角度给以不同景别出现在屏幕上的。屏幕镜头的连续性和切换的频繁，使播音员形体和表情动作无论巨细，均时刻可能在屏幕上曝光，因此，在镜头前，电视播音员对于形体动作的整体、大局和表情动作的局部、细节都应给予注意。

由于电视“家庭艺术”的特性，以及电视接收机的屏幕相对来说不很大，屏幕上的人物常常以近景面对摄像机的“半身像”的角度，造成与观众直接交流的感觉。为了保证播音员与观众的交流，此时的形体动作和表情动作均应围绕强化有声语言给人的印象这一目的。身姿、眼神、语态都不应分散观众对你说话内容的注意力。在这种电视播音员常用的画面景别中，播音员的头轴、肩轴应平行并与身体主轴成直角相交，这种身姿产生稳定感。身体正直，头颈正直，不要前俯后仰，肩不要上耸，也不要佝偻。虽在说话过程中并非僵硬呆板地端架子，但不可摇头晃脑、懒散懈怠、挠头搔耳、皱鼻吐舌等。在镜头前的一举一动、一颦一笑都应与你要表达的思想感情一致，是为你传达内容服务的。面部的表情动作在电视屏幕的近景中要特别注意。有的播音员一想到有成千上万双眼睛在盯着自己，在镜头前心理就异常紧张，结果是面部肌肉僵硬、表情呆板可笑，不知所措；有的播音员想追求与观众的切近感、生活感，表情动作又过于随意，将生活中本人表情动作的不良习惯也带到屏幕上。

在生活中，表情动作是内心情感与情绪的自然表露。人有什么样的思想情感和情绪感受，一般会有相应的表情动作。比如：心乱如麻，表情则恍惚；心慌意乱，表情则尴尬；心神不定，表情则茫然；心安理得，表情才能自然舒展；成竹在胸，表情才能沉稳自信；心领神会，表情才能聪慧灵活。既然电视是党和政府与人民群众沟通交流的桥梁，电视播音员将社会大众作为自己乐于为其服务的朋友，那么电视播音员在镜头前应集中体现这种服务的热忱，坦诚待人。电视播音员只有调整好自己在镜头前的心理状态，进入自在坦然、全神贯注、积极灵敏的工作状态，表情动作才可能自如灵活。同时，播音员可从两方面着手训练自己把握表情动作的能力：一方面作为电视播音员的必修课，系统地学习表演艺术的某些基本技巧，如：镜头前注意的调整、公众面前肌肉的松弛、镜头前信念的确立……，经过长期坚持不懈的努力，才能具备在镜头前控制自己情感和表情动作的能力。另一方面可在镜子前练习面部表情的控制，注意发现和克服自己生活中不良的表情动作习惯，培养适合屏幕表达需要的面部表情动作和表达方式；其中特别需注意运动幅度较大的皱眉肌、降眉肌、鼻梁横肌、鼻肌、颧颊肌、口轮匝肌、眼轮匝肌等的控制。经过一段时间的训练，将两方面的训练结合起来，持之以恒，必见成效。

播音员出现在屏幕上要说话，所以也应注意口唇的动作。这可以结合发声及口腔控制调整唇形及对与说话相关的肌肉的控制。比如有的播音员发声时牙关紧、下巴往前铲、唇形咧、颧肌提起不好等，不但影响语音发声而且也影响面部表情动作。

电视播音员在电视屏幕上以正面近景镜头出现的次数最多，因此播音员的眼神是至关重要的表情达意的手段之一。在生活中，人们在面对面地谈话时，常常互相凝视对方的眼睛，从中获得语言未表达出来的某些信息。电视播出采用正面近景作为播音员出现的常用景别，正是欲造成与观众面对面谈话的效果，电视播音员必须掌握用眼神传达信息的表达方式。人们把眼睛比喻为人类心灵的窗户，因为人们大脑中不断进行的收集信息、处理信息、传达信息的活动，会通过眼神流露出来。“眼神”即人眼睛里的神采：“神”即魂，思维、思想、内涵；“采”即情，情绪、情感、态度。因此，生活中思维活跃、情感丰富、反应灵敏的人的眼睛，常给人以神采奕奕，目光炯炯的感觉。电视播音员在镜头前出现的茫然若失、呆板涩滞的眼神，除去杂念太多、思维出现空白等心理原因外，在镜头前不善于调整视向、不掌握镜头前眼神运用技巧也是主要的原因。电视播音员在镜头前只有屏弃杂念，将注意力专注于将播出、正播出的内容之中去，真正地与观众“面对面”地交流信息、思维、情绪，目光才可能专注，眼中才可能有神采。同时，也只有注意力集中到要说的话、要播的稿、要主持的节目中去，才可能放松对于自己外在形象、动作的注意，消除紧张心理。

播音员在播出前做好充分的准备（思想准备、内容准备、外形修饰准备等），在播出时才会产生较强的自信心，有了自信心才敢于在镜头前正视观众，并坦然与观众交流眼神；有了这种自信，在播出过程中才会感到有与观众交流的必要；电视播音员有了这种自信，才能使观众对你产生信赖感。电视播音员要做到“目中有人”，在客观环境上有一定的困难：在小播音室里，播音员眼前除了摄像机外就没有别人，顶多有一位摄像师，而摄像师还“躲”在摄像机后面，播音员眼里实际上看到的只有摄像机的镜头，在大播音室里，播音员眼前的人是多一些，但这些人多数是电视台的工作人员，他们在播音员工作时也各自专注于自己的工作，无暇与播音员交流，若他们在播音员的视野内工作、活动，反而会分散播音员的注意力，使播音员的眼神难于专注。这就要求播音员在镜头前将眼前的镜头变为“活人”的眼睛与之交流，而将余光所见的活人视为“布景”，从而保证视向和眼神的稳定、专注。从创作的内部技巧来说，就是运用“对象感”和情景再现，将摄像机想象为你所熟悉的一位观众或朋友，并像对朋友说话那样注视着对方的眼睛——镜头播音，那么在观众看来，你的眼神才是真正“看见”他了。

电视播音员在“对象感”的运用上与电台播音员稍有差别，即在运用对象感时，除了应像电台播音员一样产生“有人在听我播音”和与对方进行切实的思维情绪的交流感之外，还需强调的是：一定要感觉到眼前“出现”一位活生生的观众的具体形象。电视播音员必须运用联想、想象，在意念视觉中不但“看见”了这位观众的“身形”、“模样”，而且在镜头的位置“看见”了他的眼睛，只有这样才能产生与观众“面对面”交谈的眼神效果。

在中景画面中，显示在屏幕上的播音员形体范围比近景多一些，身体的大部分都在景框内，因此若站立姿态以正面对镜头，应根据节目需要或保持水平头轴、肩轴，髋轴的平行、稳定（比如新闻、政论及其他庄重的节目），或有意识形成头轴、肩轴、髋轴之间保持一定的角度而产生活力（比如文娱、艺术、服务性节目），像维纳斯、大卫的雕塑所提示的那样；若以侧面对镜头则需注意脊柱的正直和重心位置的稳定。由于电视艺术性的要求，站如松、坐如钟的舞台形体要求，在镜头前也是适用的，生活中常见的随意弯腰、驼背、凸肚、凹胸、“三道弯”等形体动作均不宜出现在屏幕上。坐的姿态除了保持近景的要求外，两腿的摆放既要符合礼仪要求，又要符合形体美的要求。

全景画面一般出现在现场转播或晚会式文娱节目中。由于全景画面的效果与舞台演出效果相近，播音员与观众之间产生了近似舞台演出的距离感，播音员可适当加大形体动作的幅度和夸张程度，以适应类似舞台演出的形体要求。

综上所述，电视播出对电视播音员形体动作、表情动作的要求是：一、电视播音员的形体动作、表情动作比生活中要规范些，比舞台动作幅度要小些，是对自然形体动作、表情动作经过细微调整而形成的。二、电视播音员的形体动作、表情动作要适应电视屏幕的要求，考虑屏幕景框的限制，根据摄像机取景景别及屏幕整体画面的构图来调整、设计。三、电视播音员应根据节目的内容、风格及播音员在节目中的作用，调整形体动作、表情动作控制的松紧、幅度和特点。

第四节　外形修饰的重要性

电视播音员的外形修饰是塑造屏幕形象的另一重要方面，主要包括服装的选择和化妆（包括脸部化妆及发型的修饰）。电视播音员的外形修饰可从三方面着手：与播出环境谐调；综合治理；树立正确的色彩观念。

电视节目的播出环境常常是由节目的性质决定的，因此播音员的修饰需与节目性质相符：新闻节目应突出新鲜、清爽、明快、时代感，不能太落伍、太保守，也不能太时髦、太新潮，考虑到我国电视新闻播音员有各级政府工作人员代言人的身份，修饰还需注意端庄、大方。服务性、教育性节目应突出生活化、自然美，修饰要精心却以不露修饰痕迹为宜。文娱艺术性节目则不怕露出修饰痕迹，而应突出装饰美、艺术美，这才与节目所要求的欣赏性相谐调。

电视播音员外形修饰与播出环境的谐调，还需考虑具体节目的美工设计、环境布置、节目风格、导演意图等诸多因素。例如：在较敏感的新闻节目里，播音员的服饰也成为被传播的信息而引起观众密切的关注。播音员是穿西服还是穿中山装？穿红色外衣还是穿黑色衬衫？作为搭档的两位播音员服饰的格调是否谐调、一致等等。再例如：在全国青年歌手大奖赛中，从节目性质出发，主持人可以按舞台晚会的要求在服饰上强调装饰美、夸张美、对比美，而不必怕被人说成脱离生活、脱离环境、不自然；同时从比赛具体内容、分类、风格出发，在民族唱法、美声唱法、通俗唱法三台晚会中，主持人的服装、修饰也应有所不同。由于电视播出技术上的要求，有些时髦的服饰或面料不适宜上电视屏幕。例如：穿马海毛衣会在背景轮廓光的衬托下，使人看上去像动物那样“长”出一身根根清晰的长毛；反光闪亮的绸缎衣料在屏幕上形成一滩滩的“光晕水渍”，像穿了没洗干净的衣服；用过于轻薄柔软的面料制作的服装易产生细碎皱褶，在屏幕上会产生类似“睡衣”的效果等。由于电视播出光影效果的要求，屏幕播音员的服饰应选择挺括、平滑、不反光的面料。

电视播音员服饰色彩的选择也须注意与环境、背景谐调，注意既不要与背景混为一体，也不要反差过大。目前的电视设备还不能像人眼一样敏感，不能像人眼那样自由调节亮度变化。电视摄像机充其量也只能还原约 20∶1 的亮度或“反差范围”，即：图像中最明亮的部位不应超过最阴暗部位光线的 20 倍，这样电视才能正确地还原场景。摄像机接受很亮的或反射强的景物与很暗的反射弱的景物的能力是有限的。同时服饰色彩与背景色彩的搭配要避免造成“色后像”的视错觉。电视播出现场的光线、服装和其他光影摄制因素的综合效果，最好控制在 20∶1 的反差范围内，以保证屏幕画面适宜的白平衡。电视播音员的服饰应尽量避免纯白纯黑同时出现的、反差过于强烈的对比。

为了便于电视色键（抠像）技术的运用，服饰尽量避免选择与单色幕布相同的颜色(比如常用的蓝色)。在彩色电视播出中还须注意色光对服饰色彩的影响。电视播出一般应以突出人物为主，有的电视台采用黑白细条相间的斜波纹图案作为播音员的背景，不但转移了观众对播音员的注意，而且过大的色彩反差和斜波纹图案浸润了播音员的形象，因此而产生的视错觉让人感觉播音员的姿势不正、晃动、不稳定。这种喧宾夺主的现象应避免。

电视播音员的外形修饰要注意“综合治理”。无论是服饰、化妆还是发型，均应本着烘托本人气质的原则，全面地从整体效果来考虑。电视播音员在屏幕上出现最多的是半身近景，服装款式的变化及谐调主要体现在领、肩、袖、胸前装饰（口袋、花边）等部位。

在选择和设计服装时要考虑该播音员的体形、形象、气质的优点、特点和缺点。例如：圆脸者不宜选择封闭式领口而应选用V型领或开放式领；脖短者不宜选用高垫肩、高领及横向的胸前装饰品；溜肩者应选用带垫肩的服装，衬衫也应有垫肩；过于瘦削、胸部平坦的女播音员可选用胸前有花边修饰的服装，男播音员着西服时应注意领带与衬衫、外衣搭配谐调……若播音员体形有缺陷，比如：两肩高低不一样，肩过宽过窄等，也可在选择和制做服装时给以弥补。像两肩高低不一样者，可在低的一侧用肩垫，而高的一侧不用肩垫。

化妆应成为电视播音员必备的美学修养的一部分，化妆是运用美术和色彩原理产生的视错觉调整面容和外型给人的视觉形象，达到发扬本人面容优点，弥补或掩盖缺陷的目的。电视化妆的要求可以归纳为：清新大方、五官端正、轮廓鲜明、精心修饰而又不露修饰痕迹。由于播音员社会活动家的身份，电视化妆应清爽、明快、新鲜、自然；由于电视的社会性，为适应大多数观众的审美情趣，化妆要大方。电视是切近生活的艺术，人们的审美要求播音员五官端正，就美术原理而言，人面部形象的美感是由五官的匀称、对称、谐调和面部五官的分布符合“黄金分割”、“三停五眼”规律组成的。电视播音员的形象是通过荧光屏展现在观众面前的，因此，播音员的化妆要适宜“上镜头”则需注意两个问题：一是整个面部的轮廓以及各器官的轮廓要鲜明；二是脸面的立体感要强。

电视这一家庭艺术要求近距离（近景甚至特写偏多）、自然美，播音员的化妆应通过不露痕迹地修饰达到返璞归真的效果，而欲达此目的则需运用化妆术精心修饰。比如：电视屏幕长与高的特定比例与显像管的扫描以横线条为主，形成水平向扩展较强，电视播音员的脸型以瘦长为好。人的脸型用汉字归纳可分八类：田、由、国、用、目、甲、风、申，其中以甲字型（俗称瓜子脸、鸭蛋脸）、国字型、目字型为好，其他脸型需用多层次深浅不同的底色及颊红的不同部位涂布来调整，以达到理想的视觉效果。再例如：五官分布的美学原则“黄金分割律”或称为“三停五眼律”，即：发际至眉心、眉心至鼻尖、鼻尖至下颏这三段距离应是等分的；两眼间距、内眼角至外眼角的距离、外眼角至鬓角发际的距离应是相等的，也就是面部纵轴三等分、横轴五等分，在视觉上会产生匀称、谐调感。一般人天生的五官多数都不完全符合这个规律，多数也并非严格对称：有的一只眼小些，有的一边嘴角高些，有的鼻梁不正不直，有的鼻子过长或过短，有的下颏过短或过长，有的五官都向鼻尖集中，有的鼻头过大或过小，有的两眼间距过宽或过窄，有的眉和眼间距过大或过小，有的嘴太大或太小，嘴唇太厚或太薄，有的肿眼泡等等，每个人应客观地找出自己五官分布的优点与缺欠、不足，然后用化妆术来弥补，使自己五官的分布看上去接近于黄金分割律的最佳分布。

电视化妆既然是为了让人看上去五官端正，就不必处处都化妆，而是画龙点睛地对不足部位进行精心修饰即可。

电视播音员发型的选择也是“综合治理”必须考虑的一个方面，选择发型不能仅以时髦为标准，应从塑造外在形象及美学原理出发，选择能衬托或改善播音员气质、能起到调整脸型、突出个性作用的发型。中国人以黑头发居多，黑色浓重很抢眼，发型的改变会使人的形象变化较大，因此，在选择发型时应慎重。

作为彩色电视时代的播音员，对色彩应有较明确的概念，只有树立正确的色彩观念，才能使修饰达到预期的目的。电视播音员的色彩观包括：一、学习和运用电视色彩学的常识；二、根据电视技术的特点和局限，选择、运用色彩修饰自己的外部形象。目前世界色彩调配较明显地分为两个流派：一派以追求装饰美为目的，所选用色彩以高纯度、高明亮度的饱和色为主，立足于色彩组合的对比、反差。一派以追求自然美为目的，所选用的色彩以接近自然色彩的不饱和色（朦胧色）为主，立足于色彩组合的谐调、统一。

播音员可依据节目的内容、现场环境的布置、导演的风格等选择化妆、修饰的色彩搭配。除需注意色彩反差不宜过大以至影响摄像白平衡外，由于彩色电视的色彩还原尚不够理想，彩色电视系统还会夸张皮肤上红、蓝、绿三原色光的色调，因此还需注意以下问题：化妆与修饰避免选用纯度较高的红、蓝、黄色，它们会浸润别的色彩，在屏幕上形成偏色晕圈以至改变整个画面的色彩搭配、色彩比例；避免使用色彩调配组成复杂的色彩，如紫色、橘红色等。因为这些颜色的现场效果与屏幕效果差距较大；避免用蓝色、灰色、黑色作为皮肤阴影，它们会造成似淤血、不干净的效果，可选用较柔和、与皮肤原有色较接近的棕黄色、深浅棕色和橄榄绿等色代替；避免选用含闪光粉的化妆品和反光强烈的服装与饰物。电视播音员应以有区别、有变化的谐调为自己的用色原则，以选用反差不大的中性暖色调为主。

电视播音员屏幕形象的塑造，既有文化素养、美学修养的因素，又有技术性、技能性的因素，我们只有抓住电视这一传播工具的特性，才能使电视播音员的屏幕形象与各式各样的节目相适应，受到观众的认可和喜爱。

本文写作中曾参考以下书目：〔美〕艾伦·伍赞尔《电视节目的制作管理》，张一心编译；朱羽君《电视画面研究》；刘恩御《电视色彩学》；常大年《化妆常识》；陈原《社会语言学》；侯寄南《演员的形体动作和形象创造》。

第四十一章
电视新闻播音与主持

电视新闻是电视的主要节目，人们观看电视节目，许多时候是为了解每天发生的国内外大事。与广播和报纸、杂志等其他传播媒介相比，电视新闻具有形象真实、具体可信的特点。人们从电视新闻画面中，可以多方面了解新闻人物、新闻事件。这种多维表现方式更贴近新闻真实性要求，因此，电视新闻成为一般人获取新闻信息的主要渠道。

电视新闻以画面作为主要表达手段，但是画面并不能将所有的信息内容都显露出来，还需要语言的解释和补充。因此，电视新闻需要电视新闻播音员的参与才能最终完成。电视新闻播音员在电视新闻节目中所担负的任务依节目不同会有所区别，归纳起来，包括口播新闻、新闻片配音、现场报道、新闻节目主持几种主要形式。

第一节　口播新闻

口播新闻是电视播音员在镜头前面对观众播报新闻稿或做新闻评论的播出形式。单纯的口播新闻是电视新闻最早采用的播出形式。尽管随着节目制作手段的不断丰富，越来越多的新闻用现场图像，但口播新闻仍有其存在的价值。许多突发新闻在图像尚未获得或根本无法获得的时候，可以用口播形式及时播出。另外，有些新闻的内容抽象，不便于使用图像形式，也适合于口播。当然，随着节目制作方式的不断改进，完全由播音员口播的新闻越来越少，但播音员在每条新闻开始前口播一段，介绍新闻主要内容的提示性口播，使用得越来越多。另外，播音员在有些新闻后发表即兴评论，以及参与现场报道，进行播音室访谈和进行新闻节目主持，也都涉及到这种播音员直接面对观众交谈的口播形式。可以这样说，口播是电视新闻播音员与电视观众交流的基本形式，是电视新闻播音员的基本功。

口播新闻的主要特点是电视新闻播音员直接面对观众，他们使用的传播手段主要是形象和语言。电视新闻播音员的形象主要是指面部形象和表情。这是因为人们在听别人讲话时，注意力一般会集中在说话人的面部，电视新闻正是遵循着这一简单的生活原则，在口播时，将画面集中于播音员的面部，多采用上半身或头部特写镜头。虽然播音员的形象方式也曾有过变化，但多少年来，以面部为主的构图方式始终是电视新闻播音的主流。正是由于这一特点，对电视新闻播音员面部形象的要求似乎显得格外苛刻。

电视新闻播音员的形象应当朴实大方，符合大多数人都能接受的审美要求。电视新闻基本上是一种面向各类社会群体的大众化节目，与面向某一特殊群体的电视节目有所不同。我们知道，不同社会人群对于人的相貌有不同的评价标准，正如我国古典小说《红楼梦》中所说：焦大不会喜欢林妹妹。焦大是仆人，林黛玉是官府小姐，两者分属不同社会群体，林妹妹再美，焦大也不会喜欢。长相怪异，过于与众不同的形象，即使美也不一定能得到社会的普遍认同。因此电视新闻播音员的形象应当是朴实大方的，过于特殊的形象往往不易被人们接受。

电视新闻播音员的形象还应当是成熟可信的。人的形象有时不一定能与内心思想完全一致，由于五官形状与位置的不同，具有成熟思想的人可能长着一张不成熟的娃娃脸。尽管我们很难用确切的形象来说明哪种脸型是成熟可信的，但人们对于形象的直接感受是很容易做出判断的。

口播新闻采用较大的头部镜头，播音员的面部形象缺陷会显露得更明显。面部比例不协调或两侧不对称等常见形象问题在镜头中会被放大，甚至一些平时不为人所察觉的形象问题也会在画面中明显暴露出来。良好的电视新闻播音员应当是形象端正、匀称，没有明显的缺憾。当然，仅有一张不令人反感的面孔还是不够的，要讨得多数观众的喜爱，还需要有善待观众的真诚之心。有时，真实可信和诚恳可能比漂亮面孔更得人心。

电视新闻播音员具有良好形象只是具备了非言语表达的基本条件，在播报中，播音员要运用自己的眼神和表情不断与观众交流，表达自己的感受和态度。电视是活动的画面，其中的人和物都是运动的，作为电视新闻演播者，其表情也应是动态的，不应只保持一种姿态和表情。

电视新闻播音员的形象表达包括基本态度、表情变化、目光交流、姿势动作和服装饰物。

基本态度指播音员对待观众的态度和对待稿件内容的看法。这些都表现在播音员的表情中，我们从播音员的表情中就能捕捉到这些信息。有的播音员喜欢用微笑来表示对观众的真诚，有的播音员则用严肃来表示自己对工作的认真，这两种态度都无可指摘。如果脱离开稿件，这两种态度都会受到人们的尊重，只有冷漠才会使人感到不快。但是，当播音员说话向观众传达某些信息时，情况就不那么简单了。有的播音员不管播什么稿子都呈微笑状，似乎是在讨好观众。即使是令人心痛的伤感内容，他们也都以微笑对待。这时，观众会感到播音员虚伪、没有同情心，他们会对微笑是否真实产生怀疑。还有的播音员不管稿件内容多么令人兴奋，也都是一脸严肃，使观众感到不近人情。这些游离于稿件内容之外的表情不仅无助于表达，还会损害播音员的形象。

电视新闻播音员的基本态度应当结合对观众的感情和对所播稿件的感受，它是通过电视新闻播音员的表情和语言色彩表现出来的。有时，播音员本身是怀着对观众亲近的态度，但所播的稿件却是令人忧虑的，他的表情就不一定是轻松热情的，表情所流露出的基本态度会更偏重于关切。

基本态度可以通过面部表情显露，它在播音员一出场时就可以被感觉到。人们从面部表情可以判断播音员与观众的距离程度和这次节目的大体基调。

在播报新闻过程中，主持人的表情应当有所变化。且不说节目中的新闻来自八方，内容五花八门，主持人态度各不相同，即使是相同的内容，同样的感情色彩，也不会自始至终保持同样的情绪力度，总会有强弱的变化。播音员在播读中要根据内容和感受流露适当的表情变化。表情变化会表明你关注着稿件内容，并有所触动，也表明你是全身心地投入到工作中。

新闻播音员的表情变化不应是夸张的，它是通过眼神和眉宇之间的细微变化传达给观众的。这种形象表达特点是与节目本身特点及播音员自身定位紧密联系的。新闻节目是以传递信息为主要任务，它不是以感情来感染听众的，在这一点上，它与其他电视节目是有区别的。新闻稿的内容也都是从报道事实为主，不对事实做过于具体的形象描述，因而不具有故事的生动性。另外，电视新闻播音员只是客观地报道新闻事件，很多时候并不参与其中，发表自己的看法。因此，表情变化不应是剧烈的。不过，有的时候，稿件内容中明显具有感情色彩，需要播音员表达出明显的立场，播音员也应当毫不犹豫地用语言和表情明确地表达自己的态度。

电视新闻播音员表达感情要借助与观众的视觉接触中，这一点对于只有面部镜头的口播新闻尤为重要。播音员播读稿件时，如果没有提示器，就要低头看稿，低头看稿时与观众的交流会受到影响。如果从播读开始，就低头看稿，尽管声音可以传入观众的耳中，但他们会感到你不是在对他们讲，他们只不过是顺便听到。只有当播音员抬头面对观众，形成视觉接触之后，观众才有了对自己讲话的感觉，才能形成相互之间的交流。因此，口播新闻要有与观众的视觉接触。尽管这种视觉接触并不像现实生活那样，双方都能看到对方，但它的作用却与生活中的视觉接触类似。生活中，如果对方看着自己的目光说话，听话人一定会想到对方是认真和诚恳的。

在电视交流中，观众可以看到播音员，而播音员却看不到观众。为了完成与观众的视觉接触，播音员应当利用意念和目光注视的位置，通过虚拟方式达到真实交流的结果。播音员可以将摄像机镜头想象成自己的观众，同时将镜头中或镜头上下的某一点作为注视的焦点，这样，作为观看者的观众就会感到播音员是在注视自己，与自己交谈。

要取得良好的注视效果，可以试一下注视的不同部位。有的播音员直接注视摄像机镜头中心效果较好，而有些人则需要注意镜头前端的上缘或下缘才能取得较好的效果，这可能与每个人眼球生长位置和角度的细微差别有关。

除了注视位置，还应注意目光的焦点，如果看到某一部位时不仔细看清楚，目光就会很分散。播音员在注视时应当看准一点，不要盲目地看一片。否则，观众会感到你目光不集中，没有完全注视自己。初学播音者，可以在镜头前用不同的方法试验一下，确定哪种位置和注视方法更好，找到播出时的准确感觉。

在口播新闻中，将注视的焦点集中于镜头，避免目光散乱并不像人们想象得那么容易。播音员低头看稿，眼睛与稿子的距离不过一两尺。抬头注视镜头，距离可能有几米，眼睛的焦距变化很大，一下子很难适应。没有经验的播音员抬头后一下子找不到注视的焦点，显得很茫然，一旦找到焦点后，眼睛又要低下去看稿子。当低头时，焦距会变短，眼睛同样不适应，找不到该读的地方，容易造成语言的迟疑。另外，演播室内播音员座位处灯光强烈，摄像机所在位置灯光较暗，频繁在明暗之间转换注视对象，眼睛会感到不适。现在，许多有条件的电视台都在演播室中装备了稿件提示器。稿件用字幕或原稿形式投射到摄像机镜头前的特殊字幕玻璃上，播音员看着字幕玻璃，实际上就相当于看着镜头，当你目光聚焦看着字幕时，观众从屏幕上感到就是在看着自己。这种装置既解决了播音员目光注视问题，又省去了播音员抬头和低头所引起的交流障碍。随着这一设备的广泛使用，它已逐步成为电视新闻播音的标准设备。

尽管有稿件提示器的帮助，可以减轻电视播音员的负担，但看稿播读仍然是电视新闻播音员口播新闻必须掌握的基本功。

看稿播读应尽可能延长抬头与观众进行目光接触的时间。播音员应有良好的反应和记忆能力，有些内容看过之后应当适当记忆，这样可以减轻看稿时的负担，能够有更多的抬头时间。

姿势动作和服装服饰也是电视新闻播音员形象表达的组成部分。

电视新闻播音多采用坐姿，一般应采用上身挺直的端坐形式。这种坐姿看上去较为认真严肃，略显死板，但具有正式、权威的感觉，运用于内容较为严肃的各种政治色彩较浓或具有权威发布功能的新闻节目。如果是内容较为轻松的新闻节目，坐的姿势可以有所变化，可以采用靠背椅靠坐的方式，这样的姿势看上去比较轻松、随意。当然，讲话的方式也应当轻松些，一般不使用照稿播读的方式。

电视新闻播音的动作较少。由于使用坐姿，限制了身体的活动，动作局限于上半身，主要是双手、上身和头部动作。双手动作在新闻播报中使用不多，因为电视新闻中播音员的镜头以头部特写为主，双手动作不能完全进入画面，因而没有实际意义。另外，无论是文稿播读还是使用提示器，播音员都要用手摆弄稿件，双手无法用于其他动作。不过，现在有些电视新闻，播音员采用较放松的方式讲述，也使用一些手部动作作为表达手段。上身动作在电视新闻播音中也使用较少，由于画面原因，上身的晃动会使播音员形象不稳，因此在电视新闻播音中，上身的动作是被限制的，尤其是左右的晃动，但是伴随语言节奏而产生的上身轻微动作还是允许的，使用较多的是不影响画面稳定的身体前后动作。如果上身过于死板，一动不动，也会造成身体的僵持，影响画面效果。

电视播音员使用较多的身体动作是头部动作。由于播音员的主要工作是播读稿件，发音时口部的开合不可避免地会影响到头部，再加上发音时语句节奏的影响，都使头部动作更为明显。电视新闻播音员的头部动作有两个特点：首先，头部动作以前后活动为主，左右横向活动较少，这是因为过大的左右活动会使画面不稳；另一特点是头部动作多与发音的节奏相吻合，尤其是语句的重音常伴有适当的头部动作，这种动作方式是生活中发音动作的再现。播读中如果缺少头部动作，不仅画面死板，而且会限制播音员的发音，在缺少节奏支持的情况下，语言也会变得单调、死板。

电视新闻播音员的服装应当端庄大方。在选择服装时，应当注意服装所具有的文化标志。衣着作为文化标志来使用在现代社会中是很常见的。正式场合要穿正式服装，有些场合穿某类服装被认为是不雅。人们往往根据衣服判断穿着者的身份、兴趣、文化品位，将其归入其一类人群。衣帽取人是一般人最初判断其他人的常用方法。

对于电视新闻播音员，在新闻节目中穿用何种式样的服装要仔细斟酌，要意识到选择某种式样和颜色的服装可能向观众传达何种信息。有时，有意识地利用服装传达某种信息，却并不为观众所认识，有意表现被无意忽略了。另一些时候，我们无意间穿用某些服装，却被认为是有意传达某种信息。20 世纪 80 年代，我国中央电视台播音员曾因改穿中山装而被国外报道为是我国可能改变开放政策的一种暗示，直到播音员重又穿上西装，这一猜测才被打消。其实，这位播音员只是碰巧在那一天来不及用自己的服装，临时向别人借了一件中山装，并无表达特殊意义的想法。一件衣服竟然造成国际政治影响，大概是谁都始料不及的。

不管你是有意还有无意，服装会传达某种信息。正确选择服装，可以避免被人误会。下面是选择服装应注意的问题。

服装的基本功能是遮盖身体，过分裸露会使观众对你产生不良印象，这一点对女播音员尤为重要。

电视台演播室内温度一年中可能并无多大变化，但在季节分明的地区，播音员应当根据季节的不同，适当改变服装样式。有些服装，如男子穿用的西服套装、中山装，女子穿用的西服裙装，都是用在正式场合的服装，不会给人明确的季节感，可以在任何季节穿用。

服装要与节目内容和个人身份一致。如果你播报的内容都是重要的政治、经济信息，你还要代表一些机构就严肃的政治、经济和社会问题发表看法，那么，身着正式服装会显示你对问题的重视，也更容易使观众确信你的看法。当然，看法本身具有说服力是首要条件，服装只起添枝加叶的辅助作用。如果观点不能使人信服，什么服装都不能帮助你征服观众。

播音员的服装属于他们自身的一部分，显露出穿着者的文化素养。这种文化素养包括他们的审美趣味、生活态度、兴趣爱好等。因此，成熟的播音员着装风格应具有连贯性和一致性，不要今天是笔挺的西装，明天是怪诞的奇装异服。着装混乱会造成观众对你认识上的混乱，他们不清楚你是什么样的人。

穿着与美常常联系在一起。播音员的穿着也在追求美，但这种美应与节目内容和个人风格一致。另外，播音员还应对奇装异服保持警惕。穿衣服的习惯从一个特殊侧面展示一个人的心理状况。标新立异一方面显示追求发展、不满足现有生活的进取精神，另一方面也表明与多数人认识上的差异。如果你不想脱离一般观众，那就应慎重对待奇装异服。

除了服装，点缀于身体或服装上的小饰物也是传递信息的灵敏之物，不可小视。

常见的饰物有些有保健作用，如眼镜，既可做装饰品，也可矫正视力。有些则只用来美化形象或传递某种信息，或两者兼有之。例如钻石戒指，可表明佩带者的婚姻状况，又起美化作用。有些细小的饰物会表明佩戴者的细心和周到。例如别在上衣上的胸针、徽章。观众对这些注重细节的播音员所做的报道会更容易相信。他们会从小事中看到你对生活和工作的认真态度，增加对你的信任。对于播音员，不应轻易放过这种可获得意外收获，增加被信任程度的机会。

电视新闻播音员常用的饰物有项链、眼镜、发卡、胸针、徽章等，这些都是一般大众使用的装饰物，不会引起观众过多的联想，但也应当正确使用。

项链在女播音员中多见，如果仅仅为了装饰，并不表达特殊意义。项链不要在形状、颜色上过于特殊，否则，观众可能更关心项链，分散对你和语言信息的注意。

耳环、耳坠和耳钉佩带在头的两侧，更容易引起观众注意，使用时应格外慎重。耳环过大会使面部形象明显改变；垂吊的耳环和耳坠会随着摆头而摇曳不定，分散观众的注意力。如果饰物反光，更容易吸引观众的目光，在使用时，应充分估计它们可能产生的影响。

眼镜是一种特殊的饰物，它有矫正视力和装饰的双重功能。过去，由于灯光反射，播音员都尽量避免戴眼镜出现在屏幕上。现在，随着灯光和眼镜技术的发展，眼镜反光已经可以克服。有目的地利用眼镜的装饰功能，可取得某些意想不到的效果。在生活中，戴眼镜的人会使人感到有学识、稳重、办事认真，如果你需要这样的形象，不妨戴上眼镜试一试。另外，眼镜还可改变脸型，使面部的某些生理缺陷和不足得到修正和弥补。眼镜框的形状、颜色各式各样，给你提供了大量选择机会。没有视力问题，也可利用平光镜修饰自己的形象。

以上简单介绍了口播新闻中电视新闻播音员在形象表达上涉及的几个方面。下面我们来看看口播新闻中电视新闻播音员的语言表达。

电视口播新闻是通过语言传达新闻信息的，在本质上与广播新闻并无根本的区别，但口播新闻加入播音员的形象，有时还穿播图像画面，语言形式更适合电视特点，因此，电视口播新闻也有自己的语言特点。

首先，电视口播新闻语句发音自然、连贯。电视不同于广播，观众在听到播音员发音的同时，还看到他们的动作、表情，尤其是口形动作，具有发音提示作用，这样就减少了声音负担，不必像广播那样用力。语句应当连贯、自然，不必过分追求发音的清晰。

电视口播新闻发音时口形动作应当适当，过大的口形动作会影响画面效果。广播中不必去考虑口形动作，只要声音听起来清晰圆润，发音动作不好看也没有关系。电视中其他节目往往伴有身体动作，镜头不像口播新闻那样大，口形动作稍大些也无妨。而电视口播新闻，播音员画面集中于面部，口部动作大会干扰观众的注意力，影响画面效果。电视口播新闻提高发音清晰度应将重点放在加大口腔内舌的动作幅度，而不应单纯扩大上下颌的开合度和过分强调口形的变化。

口播新闻还要注意语言感情色彩与表情的结合。当新闻语言中流露出明显感情色彩时，播音员的表情应当与之相适应，两者都应是内心感受的外部表现。有些播音员可能擅长于用声音表达自己的感受，也有些播音员可能擅长用面部表情表达自己的感受。对于成熟的电视新闻播音员，他应当善于把两者结合起来，将想象同时融入表情和声音中。面部表情与语言感情色彩一致时，可以加强语言的感染力。在口播新闻中，人们对语言感情色彩的感受，有相当一部分是从播音员表情中移植过来的。

如果将电台的新闻节目与电视新闻相比较，你会发现，电视新闻的播音速度要比广播新闻快，电视新闻的节奏感也要强。这是因为在口播新闻中，观众可从播音员的口形中预知一部分语言信息，加快了理解速度，使播报速度可适当提高。另外，播音员在播报时，为了使画面不死板，使用一些身体动作，特别是头部动作，这些动作与语言结合在一起，形成了语言的节奏感。每个播音员都有自己的动作特点，语言节奏也有所不同，这些节奏不应损害新闻内容。有些人过分追求身体动作和语言节奏，可能会伤害内容的表达，影响表情和动作的自然协调。

口播新闻由于有播音员形象的介入而变得有些复杂。形象因素有时是语言表达的动力，有时也会成为语言表达的绊脚石。如果能将两者关系处理好，既可以起到相得益彰的作用，又使新闻内容表达得更为深刻。随着技术手段和节目制作方式的不断发展改进，单纯的口播新闻逐渐减少，口播新闻与图像新闻有相互结合的倾向。不管节目的表现形式会有多大变化，依据稿件与观众面对面交流的口播新闻方式仍然是电视新闻播音员必须掌握的基本技能。

第二节　新闻片配音

新闻片又可称为图像新闻。它是电视新闻记者拍摄、编辑后供播出使用的活动的图像材料。新闻片在配上解说的声音后，可以直接插入新闻节目中使用，也可以穿插在口播新闻中作为图像素材。

新闻片在实地拍摄时，都同期录制了现场的声音，包括现场背景声、人物讲话声等。这些声音可以根据需要决定取舍。有些声音与新闻内容关系不大，还会影响解说和画面，不用反而更好。有些声音与新闻内容直接关联，往往与画面同步出现，例如表现现场气氛的背景声和被采访者的说话声等。

新闻片一般都需要语言解释，说明新闻事件发生的时间、地点、内容、人物等基本要素。有些采用现场报道方式制作的新闻片，记者在现场或编辑过程中已加入解说，完成后即可供播出；还有一些新闻片，不需要严格的声音画面对位，在播音员口播新闻中，就同步将画面播放出去，这种新闻片也不需要配加语言声音。但是，目前有大量的新闻片是编辑和记者完成画面编辑后，将解说词写好，交给播音员进行配音完成的。为新闻片配音是许多电视台新闻播音员的日常工作。

为新闻片配音有两种方式：一种不需要对照画面，播音员只要将文字稿连续播完。这种配音方式多用于语言与画面之间关系较松散的新闻片，语言不需要与某一特定画面相配合；还有一种配音方式需要对照画面播讲，语言与画面要配合在一起，不能有时间的错乱。播音员在配音时，要兼顾语言和画面。

新闻片配音不同于刻画细节和带有抒情因素的专题片配音。新闻片中，语言并非处于从属地位。新闻发生的时间、地点、人物身份及事件过程等新闻因素有时并不能从画面中准确得知，需要语言指明。新闻片中的画面有时只是语言的形象佐证。因此，新闻片配音的声音听起来更像是新闻播报，而不是采用“旁白”的方式。当然，由于电视要兼顾观众收看的需要，这种播报方式可能比口头新闻播报声音略轻，以免干扰观众对画面的注意。

依照新闻片制作方式的不同，新闻片可以有不同的配音方式。

采用现场报道方式完成的新闻片，可以在新闻现场完成配音，当新闻稿在现场写完后，报道记者可以面对摄像机讲述稿件内容，然后在后期制作时，将画面穿插在报道之中。这种配音是先录好语言，然后根据报道内容插入画面。这种配音方式应当注意现场录音环境，应尽量选择较为安静的地点，使记者的声音能够清楚地进入话筒。如果背景较为嘈杂，记者应当将话筒靠近口部，加大自己的音量比例，盖住周围的声音。现场录制的声音如果效果不好，一般不能再加以重现，因为时过境迁，再重新补录往往没有意义。现场录制方式多用于需要尽快播出，时效性较强的社会新闻。

许多情况下，记者无法或者不便于在现场完成新闻稿的写作，他们喜欢拍完素材后，细细思考一下，再完成新闻稿写作。稿件完成后，请播音员配音。这是一种在制作后期完成配音的做法。

新闻片中有一些是以语言为主的，画面是对语言的解释。这类新闻片播音员可直接播读新闻稿，由编辑或记者根据语言长度插入画面。这类新闻多属简单、概括性的报道，缺少细节描述，如常见的会议报道、经济动态报道等。

脱离画面的配音方式并不意味着播音员不考虑画面因素。首先，考虑到画面因素，配音时声音的力度要适当，声音力度过强可能会干扰观众对画面的注意。

其次，语句应当有适当的节奏变化。单一或者过于拖拉的语速会使语言与画面节奏不协调，大量新闻片是由较短的镜头画面组接而成，较少使用单一速度的长镜头，如果语言缺少节奏感，会与画面脱节。

脱离画面配音时可能对播讲时间没有限制，这时应注意播讲速度不要太慢。有些播音员喜欢放慢速度，在个别语句上雕琢，这种情况在广播新闻中比较常见。但是，在电视播音中，你会发现这种雕琢有时是不必要的，画面已经将你要强调的内容清晰地展现在观众面前了。另外，当播讲速度太慢时，也可能造成画面不够用，增加编辑的负担。

还有的时候，脱离画面配音会受到时间限制，编辑有时限制播音员在多少时间内播完，时间会精确到秒。这种情况多是在短时间内塞入太多的字数。遇到这种情况，播音员最好用表核对一下时间，确定适当的速度。有时，播讲速度可能快得令你很难达到。这样快的速度在广播中会使听众来不及反应，但在电视中，借助画面的帮助，这种高速语言表达也还能为人们所接受。快速播读是电视新闻播音中一种受画面限制的特殊应对措施。

新闻片配音的另一种方式是对照画面配音，它是在画面内容编辑完成之后进行的。配音时，播音员看着监视器画面，根据稿件的提示在不同的画面中插入语言。通常，新闻片并不要求稿子的每一句话都要对准某一特定画面，它只要求语言与画面大体对应，在这种情况下，配音工作压力就不会很大，播音员对照画面播读一下，测算好时间，确定播读的速度就可以了。如果中间需要与画面对应，可以在稿件上做一个记号，提醒自己在什么画面插入语言。

有的新闻片的内容较为复杂，对播讲速度和声音画面对应都有严格的要求，这时就要求配音者有一定的应对能力。

新闻片要求语言与画面对应，往往出现在对画面内容做解释性说明的时候。例如，当画面上出现某一人时，语言要同时说明："这是×××。"很多新闻片中都可能出现这种需要及时用语言加以解释的画面，如果需要解释的画面是连续的，中间间隔很短，播音员就要加快速度，否则就可能对不准画面。还有的时候，播音员的语言是为后面的画面做铺垫，这时，也需要播音员掌握好时间，准确地将语言插入相应的画面。例如，在某人讲话的同期声之前，播音员要加上："×××说。"这句话需要在讲话同期声前说完，而且不能有较多的空余时间，否则相互衔接不好。这时，播音员要计算好时间，找到之前的某个镜头，以这个镜头作为开始插入语言的标记。

为了使语言与画面相配合，播音员应当在相关语句旁做上记号，提醒自己在哪个镜头画面出现时插入。有时，解说词内容很多，既要求在有限的时间内播完，又要求其中一些语句与画面对应，这时就应确定合适的播讲速度，使相关语句刚好能在连续的语流中与画面对应。

对照画面配音时，应当对画面有所注意，不能只顾自己播稿。由于播稿要低头看，而看画面又要抬头，初学者往往不能兼顾。如果画面是用监视器播放，监视器应放在一个合适的位置，使配音者很容易就看到画面内容。有时，当配音者抬头看到画面，再低头播稿时，画面早已过去，总是对不准。遇到这种情况，配音者应当提前一两个镜头，把低头和吸气准备说话的时间都计算在内，这样才能将画面对准。

对照画面配音，语言和画面可以一次合成，不需要再对画面和声音进行编辑调整。很多编辑和记者喜欢用这种制作方式。对照画面配音，可以使配音者了解画面内容和画面节奏，有利于确定感情、速度和节奏，使语言与画面和谐一致，许多播音员也喜欢这种配音方式。不过，这种配音方式有时会增加配音的难度，特别是那些需要将语句对准画面的新闻片。

随着节目播出形式的变化，现在的新闻片已不是单独的一条新闻，它需要播音员或主持人的口播串联，才能在节目中使用。配音者在确定声音和播讲方式时，还应当考虑与相关节目播音员口播风格的衔接。

第三节　现场报道

现场报道是电视新闻的常见形式，从事现场报道的现场报道员介于记者与播音员之间。他既要像记者那样参与采访、了解事件过程、撰写新闻稿，又要像播音员那样，在摄像机前面对观众介绍事件内容。

有些现场报道是在新闻事件现场直接完成的，借助两台以上的摄像机，可以在现场完成画面的切换，不必再进行后期加工。这种制作方式可以进行新闻直播，提高电视新闻时效。但不是所有新闻都可进行这种直播，它更多适合于那些在计划之中，事先可以准备的新闻。另外，这种报道方式需要灯光、录音、摄像及画面切换人员的配合，通常是人数较多的报道组才能完成。

更多的现场报道是由两到三人完成的。有时是一名现场报道员加一名负责拍摄的摄像师，需要时再加一名灯光师。他们在新闻现场拍摄完节目素材，还要带回电视台进行简单编辑，才能完成整条新闻的制作。报道员在新闻采访和编辑中起主导作用。有时，一个报道员要在一天中完成几条新闻报道任务。

电视新闻现场报道是电视新闻记者和新闻节目主持人的基本功。从一定意义上讲，现场报道就是简单的现场节目主持。许多电视新闻节目主持人就是从新闻现场报道做起，一步步成长为能驾驭整个节目的主持人。

电视新闻报道员的工作主要包括以下几方面。

1．寻找新闻线索，确定新闻价值。电视新闻报道员有时接受新闻部门的指派，直接到新闻现场采访。但也有些新闻报道员负责某一方面的报道，他们自己寻找新闻线索，确定其新闻价值，获准后前去采访。为获得新闻线索，现场报道员应眼观六路，耳听八方，成为消息灵通人士。他们不仅从其他传播媒介获得线索，还要与政府部门、社会团体保持密切联系，随时了解新闻线索。

2．现场采访，组织拍摄。到达事件现场后，报道员应迅速了解事件发生过程，组织拍摄。在拍摄之前，现场报道员应当清楚拍摄哪些东西，拍摄素材过少或遗漏某些重要画面会削弱新闻的说服力，拍摄内容过多则会增加后期制作的工作量。

除了拍摄有关画面，有时还要对当事人或旁观者进行现场采访。有些突发事件，当事人可能很快离开现场，报道员要及时进行采访，以免遗漏重要情节。现场报道中的采访要简短，新闻中没有长篇大论的时间。提问要简洁，易于回答，要与新闻主题紧密相关。

3．撰写新闻稿。如果新闻内容很简短，报道员可以在现场完成新闻稿的写作。写作完成后，看看需要的画面是否都已记录下来，如有遗漏，可以再补拍一些。如果新闻内容较复杂，可以先将有关事实记录下来，回到电视台再做整理。

4．现场报道。电视新闻的现场报道通常是三段式：先由报道员介绍新闻大致内容，然后转入事件相关画面，最后再由报道员出面结束报道。

现场报道员的画面主要出现在报道的开始和结束。如果有现场采访，新闻中间也可能出现报道员的画面。开头部分，报道员可以简单将事件介绍一下，然后切入事件相关画面。结尾部分，报道员可以对事件进行适当的说明或评论，也可以用一句简单的回报，结束报道。通常，报道员要将自己的身份、姓名和报道地点作为回报的主要内容。回报的作用，一方面是与观众再打个招呼，以示礼貌。同时也提示节目主持人和导播，这条新闻到此结束，可以切入下一条新闻。这在由几十条新闻组合而成的大型直播新闻中，显得尤为重要。

5．后期制作。现场拍摄完成后，要在电视台对整条新闻进行编辑，在头尾之间加入画面，使现场报道变成一条完整的新闻。编辑画面可采用两种方式：一种方式是在现场将新闻稿写好，并在摄像机前播一遍，回来后保留开头和结尾，将中间部分画面去掉，代之以与事件有关的素材，报道员的声音仍然保留。这种插入画面的编辑方式较为简单，但不是所有新闻片都可以使用；另一种方式是当时条件不允许在现场完成新闻稿播出，报道员在完成后期编辑后，要对新闻片中没有声音的部分进行配音。

现场报道员的工作身兼数职，我们既可将其称为记者型的电视播音员，也可将其称为播音员型的记者。

现场报道员直接参与电视新闻的采访和拍摄，在采访中，报道员应了解事件的过程，做出准确的判断。不要用推断去思考，以免得出错误的结论。在不能获得准确结论时，应当尽可能利用现场素材去表现事件过程，由观众自己做出判断。

在拍摄过程中，画面的选取应当客观、公正。有时，选择不同的拍摄角度就会使人得出截然不同的结论。如果从连续的画面中截取一段，可能使某人的形象受到歪曲，这些都应在拍摄和编辑过程中引起注意。

采访拍摄过程中，还应注意及时拍摄那些稍纵即逝的画面。有时，报道员到现场后，只顾了解事件过程，没有及时拍摄有关画面，待到了解清楚，事件已经过去，再拍摄已不可能。现场报道员应有在第一时间获取新闻事件画面的意识，能否及时拍到事件画面是电视新闻能否成功的关键。毕竟，文字写作和对事件的了解都还可以在事后进行。

有时，现场报道员要在新闻事件现场进行采访。采访时要正确选择被采访者。有时，你只需要旁观者作为采访对象；也有时你需要当事人回答问题；还有的时候，你需要某一部门或组织的代表来做说明。一旦你确定某人成为采访对象，就应设法使其站在摄像机前。

为了让不愿开口的人讲话，你可以采取让被访者面对你，而不是面对摄像机的方式进行交谈，这样可以使被采访者更放松些。有的人很愿意与记者交谈，这样的人更适合成为采访对象。有时，可以作出保证安抚一些不愿开口的人。如保证将说错的话剪去，说错之后还可重复，决不会让他们在屏幕上出丑等。这些保证可以使有类似顾虑的人减轻负担。

现场采访时，被访者应站在背景画面不乱的地方，如果背景画面杂乱，会影响观众的注意力。有时实在避免不了杂乱画面，可以加大被访者形象，使杂乱背景尽量少进入画面。

当现场采访结束时，为了后期编辑方便，还应拍摄一些空镜头和补拍镜头备用。

空镜头是采访者在采访中静听、现场概貌或周围建筑、场景的镜头。它们主要用于对被采访者画面进行剪接，剪接后的连续画面会有些错位和跳动，如果在剪接点插入这些空镜头，会使画面更顺畅。

补拍镜头是指采访后，从被访者一侧拍摄一些采访者的镜头，其中包括采访提问的镜头。当使用一台机器拍摄时，采访时镜头一般对着被采访者，无法拍摄采访者的正面画面，补拍镜头可以证明采访者在场，另外还可以插入采访中，代替原先拍摄的不突出的提问画面。补拍采访者提问，所处位置和所问的问题应与采访过程相同，不应有改动。

报道员进行现场报道，还应注意一些细节。除了特殊环境不许可，报道员在摄像机前进行现场报道多采取站立姿势。可以手持话筒，也可以使用由别人操纵的话筒，还可使用别在衣领上的无线话筒。后两种方式在画面中察觉不到话筒。手持话筒会限制手势动作，有些人觉得不舒服；而不习惯手势动作的人反而觉得有东西握在手中更踏实些。

现场报道的开头和结尾最好背下来，不要照着稿子念。这样可以反映出你对新闻的熟悉程度。好在开头和结尾都不会很长，加上稿子又是自己撰写的，背诵难度并不大。

第四节　电视新闻主持

在较大的电视台，大型电视新闻多采用节目主持人方式播出。所谓大型电视新闻是指节目内容重要，节目时间较长，节目构成复杂和收视率比较高的电视新闻节目。许多电视台在早间、午间和晚间开办这种新闻节目。尤以晚间黄金时间多见。这种电视新闻与播报形式较简单的正点新闻不同。大型电视新闻节目投入巨大，收视率较高，往往是电视台最重要的节目。由于大型电视新闻内容较多，时间较长，采用节目主持人方式有利于新闻内容的组合。因此，这些节目多由有经验的成熟节目主持人主持播出。

电视新闻节目主持人的职责不同于一般电视新闻播音员。电视新闻播音员的主要职责是播报新闻，包括口播和新闻配音。而电视新闻节目主持人的主要任务是串联节目内容，将节目内容顺畅地组合起来，在规定的时间内顺序播出。通常，采用主持人方式的电视新闻多采用现场报道的新闻制作方式，每条新闻都由现场报道员制作完成，主持人只要稍加介绍即可播出，不再需要主持人对内容做大量补充。

电视新闻主持人的具体工作内容很多，其中包括：新闻串联、现场采访、即兴评论、现场调度、把握时间等。

新闻串联是主持人用语言将各条新闻连接成一个节目整体，使播出的内容显得完整，主持人的作用是穿针引线，在不同新闻之间形成自然过渡。

新闻串联的常用方法是承上启下。承上是对刚结束的新闻进行回报，简单介绍或即兴评论。启下是对后面要播放的新闻进行预告或简单介绍。由于节目或节目主持人风格不同，有的主持人说得多一点，有的主持人说得少一点，表达方式也有所不同。不过，通常新闻节目都要求主持人严肃认真，话语简洁明快。

主持人的串联词可以事先写好，也可根据新闻内容即兴添加。有些重要新闻，需要主持人在播出前进行简要介绍，其中可能涉及具体的时间、地点和事件过程，为了保证准确，可以把这些内容写下来。如果新闻介绍对说话的准确性要求不高，可采用即兴表达方式。

用于新闻节目主持的串联词并不长，但由于通常采用直播方式，这些串联词中又有即兴成分，观众可以借助语言和表情，观察你的性格、气质、心理状态。因此，不能轻视这些简短的串联词。

电视新闻中有时需要某些负责人或知情者直接到电视台向观众介绍或解释与新闻事件有关的情况。这种穿插在新闻节目之中的演播室现场采访，往往由节目主持人负责。

新闻中直播的现场采访，可以被看作是一条新闻。这种采访的最大特点是时间要求严格。为了保证节目内容的正常播出，超过规定的时间，主持人会主动打断对方，结束采访。

现场采访之前，主持人应告知对方采访的时间长度，使其心中有底。主持人提问应直截了当，因为没有时间做漫无边际的闲谈。所提问题应当是观众急于了解的。直播新闻中的现场采访内容，常常是观众当时最迫切希望了解的问题，被访者的回答应当是简单的分析、说明和介绍。

新闻中的现场采访，由于是在直播过程中进行的，被访者应当安排好进出的时间，不要干扰播出。

现代通信技术的发展，使人们可以在两地之间进行可视通信，这为在电视节目中进行远距离采访提供了技术条件。在电视新闻直播中，也经常使用远距离采访方式访问外地或演播室外的记者、现场报道员或新闻相关人员。

远距离采访有多种方式。一种是通过便携式卫星传送系统。主持人可以看到现场画面，而现场人员仅能听到主持人的问话，但观众可以在电视屏幕上同时或轮流看到问答双方的画面。

另一种远距离采访是通过非专业可视系统进行交流，被采访一方只能提供可视性较差的画面，但可以听到清晰的声音。

还有一种远距离采访是电话采访。观众只能看到主持人问话的画面，听到被访者从电视中传来的声音，看不到被访者画面，为了弥补不佳的视觉效果，有时使用被访者的照片代表被访者一方。

远距离采访可在最短时间内获取第一手材料，对于体现电视新闻的时效性，增加信息、提高新闻价值有重要的意义，因而在电视新闻中使用得越来越多。

远距离采访除遵循演播室采访的一般原则，还应注意一些操作细节。

远距离采访中，对方可能看不到你的画面，只能听到声音，提问应让对方听清楚，不要用一般演播室采访时使用的手势或表情表达重要意思，因为对方看不到。

主持人面对摄像机进行远距离采访时，面部表情常会显得不自然。尤其当屏幕上只有主持人画面，看不到被访者画面时，这种现象更为明显。造成表情不自然的原因是主持人要较长时间看着镜头，但不讲话，仅凭微妙的表情变化表现自己认真倾听对方的态度和内心感受，要求主持人有良好的表情控制能力。

远距离采访，还容易发生双方同时说话的交流顺序错乱，这是因为双方或一方看不到对方要插话的手势、动作或表情。通常回答一方常在一段话后有短暂的空余时间，试探对方是否插话，然后决定自己是否再往下说。如果主持人认为对方的回答已满足了自己的要求，应当果断插入问话。如果稍有犹豫，对方就会开口，这时再问话，就会造成双方同时抢话。远距离采访应当及时、干脆，不能拖泥带水。否则，采访中出现的漏洞会在直播过程中暴露在观众面前，影响主持人的形象。

远距离采访可由主持人控制采访过程。采访结束时，主持人应果断关闭线路。为了节省时间，主持人可在自己认为可以结束的地方关闭线路，而不必与对方打招呼。余下的解释工作可由控制人员来做。前期接通工作也应由控制人员负责，应在线路接通后再交给主持人控制。有些电视台简化工作程序，由主持人与对方联系，观众在屏幕上看到主持人不断向对方呼叫，不仅浪费了宝贵的节目时间，还容易造成久呼不通十分难堪的场面。

在电视新闻节目中，主持人有时要对某些新闻事件发表意见和看法，这些意见和看法有时是事先准备的评论稿，它代表电视台和一般民众的看法，也代表主持人个人。这些评论稿的内容由于准备充分，一般不会出现大问题。主持人另有一些评论是在新闻前后即兴表述的，这种随口而出表达自己态度和看法的言论，把握不好，很容易产生不公正、偏激，甚至伤害他人人格等问题，需要格外注意。

电视新闻常采用可提高新闻时效的直播形式。在直播中，主持人要把握节目进程，控制播出时间。主持人的一个重要任务是随时了解可供使用的时间，在自己可控制范围，调整播出节奏。有时，新闻开播后，还有紧急内容需要添加；也有的时候，计划播出的内容被撤换了。遇到这些情况，主持人应当改变播出节奏；加快或减慢口播速度；增加或减少串联词；加长或减短访谈时间。有经验的新闻节目主持人能够机智灵活地应对时间挑战，准时将节目结束。

电视新闻节目主持人还在新闻播出中起现场指挥调度作用。在他的左右，可能还有负责口播的电视播音员、负责评论的评论员、负责体育内容的体育播音员、负责气象预报的气象播音员，以及参与播出的被访者。这些人都要随着主持人的调动，依次完成自己负担的任务。因此，新闻节目主持人又被称为主播。当然，在较小的电视台，新闻内容较简单，主持人可能既要担负口播新闻，又要负责评论，还要播天气预报，他们要集多项任务于一身。

电视新闻是电视台的主要节目类型，每个电视台都会在节目制作上投入大量的精力，节目的形式也趋于多样化。随着电视新技术的应用，电视新闻的播出形式也在不断发展，对电视新闻播音员和主持人素质会提出更多的要求。这是一片大有作为的电视天地。

第四十二章

电视社教类节目主持

社教类主持人节目在电视节目中占有很大的播出份额，它包含的内容广泛，栏目的专业特点突出，服务的对象性鲜明，节目形态丰富。因之，我们必须认识社教类节目对主持人素质中适应栏目需要的特殊要求，对其主持艺术我们将从主持人与学者专家型嘉宾的合作、把握传授对象的特点、发挥主持人串联作用三个方面展开。

第一节　电视社教类主持人节目的界定和分类

电视社教类主持人节目的界定

电视社教类节目是以社会教育为宗旨的电视节目的总称，其中那些栏目化的（“将同一内容或同一类型的节目归为一栏，使它有固定的名称、标志、开始曲和时间长度并安排固定的时间予以播放”①），设立了主持人的，就是电视社教类主持人节目。

社教类节目的内容十分广泛，它的基本社会功能是教育，包括政治理论教育、理想道德教育；它传播科学文化知识、专业技能，提供经济、法律、医药等多方面的服务。它还关心受众个人的身心发展。社教类节目的传播对象覆盖面相当广，不同性别、不同职业、不同年龄段、不同爱好的观众都可以在社教类节目中找到满足自己需求的栏目。社教类节目在电视节目中占有较大的比例，达三分之一或三分之一强。如今许多电视台实行频道专业化，社教类节目往往不是生活频道、经济频道等一两个频道所能囊括的。采用主持人节目形式的社教类节目，由于主持人的引领，由于节目形式的多样灵活，更是增添了传播的贴近性和参与性。

电视社教类节目的分类

社教类节目与新闻类、文艺类节目相比，内容和形式都具有丰富性、复杂性及交叉性的特点，为了便于主持人了解社教类节目特点，掌握主持艺术，我们采用两种分类方法：按节目内容和社会功能划分；按节目构成和传播形态划分。在这两种分类中，具体的节目

① 赵玉明、王福顺主编：《广播电视词典》，北京广播学院出版社 1999 年 10 月版。

在内容或形态上会有一定的交叉。

（一）以节目内容和社会功能分类

教育性主持人节目：向观众普及文化历史、科学技术、经济、法制、环保、道德等方面知识的教育性节目，以中央电视台节目为例，如介绍国外文化艺术、社会经济、科技发现、人文风情的《环球》；传播自然生态、资源状况、环保发展和野生动植物知识的《人与自然》；反映社会经济生活的《经济半小时》；宣传科教兴国、传播科技知识的《走进科学》、《科技博览》；弘扬祖国文化、传播美术知识的《美术星空》；倡导多读书、读好书的《读书时间》；普及法律知识增强大众法律意识的《社会经纬》、《今日说法》；表现生活、反映时代的《生活》，等等。

对象性主持人节目：一般根据观众的年龄、职业等方面特点为特定观众群体开办的栏目，如中央电视台分别为学龄前儿童、少年儿童、青年观众、老年观众设置的《七巧板》、《大风车》、《第二起跑线》、《12演播室》、《夕阳红》；面向军人、职工、农民 、妇女、少数民族开办的《军事天地》、《人民子弟兵》、《当代工人》、《金土地》、《半边天》、《中华民族》等栏目。

教学性主持人节目：主要指系统性的专业知识讲座栏目，如中央电视台为不同职业、不同年龄的外语爱好者安排的《外语教学》。对不同需求的观众进行文化科学的普及或专业培训的《电视讲座》等。这类节目一般请专业人员播讲，与职业主持人关系不大。不过也有例外，杨澜和王雪纯都主持过涉及英语教学的节目，杨澜主持过英语节目《北京欢迎你》，王雪纯与外籍主持人联合主持过《轻松音乐学英语》，由于她们的英语发音纯正，语言流畅，主持亲切自然而受到观众好评。

服务性主持人节目：这里我们特别要说明的是，按照传统的节目分类习惯，服务性节目是与新闻性、文艺性、社会教育性节目并列的节目层次，它为群众生活的方方面面提供直接、具体的服务。这类节目的内容原本就与百姓生活息息相关，许多服务性主持人节目在功能上兼有教育性、知识性、信息性、服务性，又有属于不同范畴的各类服务，不难看出它对主持人的要求及主持艺术，与社教类节目有许多共通之处。如：提供衣食住行生活服务方面，有服饰、厨艺、住房、家装、气象、交通、旅游、购物、医药健康、婚姻交友等主持人节目；提供经济服务的，有金融证券、商业信息、房地产信息、股市分析等主持人节目；还有专门联系电视台与观众的导视类主持人节目，等等。在电视台的实际操作中，服务性节目制作部门也大多隶属于社教中心，所以，我们把服务性主持人节目纳入社教类节目一并介绍。

（二）以节目构成和传播形态分类

杂志型。把若干不同内容、不同体裁、不同形式的节目单元（也称小栏目、子栏目）加以组合，由节目主持人把它们串联成一个有机整体的节目样式。如中央电视台经济服务类栏目《生活》，由《背景》、《消费驿站》、《百姓》三个板块构成；专为老年人服务的《夕阳红》设有《老人与社会》、《生活顾问》、《走进大自然》、《怡情雅趣》等小栏目。

专题型。与杂志型节目相对应的内容相对集中，可以形成统一主题的节目形式。如法制栏目《今日说法》，每期集中剖析一个案例。主持人约请法律专家在演播室就记者外拍的对某一案件的有关调查，做深入浅出的议论和点评。

访谈型。以栏目主持人与节目相关人物在演播室的访谈作为节目形式，如改版后的中央电视台青年节目《12 演播室》。主持人根据不同的主题约请嘉宾，有时还有现场观众，以访谈来推动主题的深入和拓展。

此外，在节目制播方式上还分参与型、非参与型等，直播、录播等，这里不一一例举。

综上所述，社教类节目的内容与对象的指向性非常强，节目形式丰富多彩。节目分类对于主持人的意义在两个方面：一是主持人必须熟悉并适应节目及对象的特定要求，即主持人知识结构中的“专业性”要求非常突出，如法律、证券、医药、文学、社会学等学科的专业背景；二是要求主持人能掌握相应的主持方式。从主持方式看，主持人在节目中的活动多种多样，就拿通常的节目串联来说，有的在演播室进行，有的在外景主持；有的节目主持人以实地采访与主持为构成节目的主要方式，如湖南卫视深受农民观众喜爱的栏目《乡村发现》，主持人李冰就一直活跃在农民兄弟中间，而这也是旅游节目常采用的主持形式；有的采用谈话节目的形态或演播室的访谈，这就需要主持人具有采访和组织谈话的能力；有的栏目有观众参与，把知识、娱乐、竞赛融于一体，主持人既有演播室的串联调度，又有外拍部分的采访等多种主持形式，如以中学生为对象的大型综合性栏目《第二起跑线》，等等。

第二节　社教类节目主持人的素质

社教类节目主持人的思想素质、语言素质、心理素质，应当说与新闻评论类、文艺类节目主持人基本相同，这里我们主要对主持人所应具备的专业素质进行讨论。

复合型的知识结构

进入 21 世纪的大众传媒由于各种媒介日趋激烈的竞争，必然导致受众需求的细分化和传播者的专业化。在这种变化和发展趋势中，“科教、文卫、法律、经济”几乎是无所不包而又分门别类的社教类节目，其专业性特点更是显而易见。对于节目的主持人，观众往往青睐那些权威性强、可信度高的主持人，希望他们对所谈的知识有较大程度的信息占有和较为透彻的理解。人们常常谈论对“专家型、学者型”主持人的渴求，实际上并非是要求让某一学科领域的专家、学者来专职主持节目，而是希望主持人是该栏目学科方向的“知情人”。因为真正具有可亲可信的传播魅力的主持人不能靠背稿子来主持节目，他应掌握这个领域的“ABC”及其新动向、新信息，熟悉有关的学者专家，并且有与他们对话的资格，能主动积极而又迅速正确地收集节目所需要的信息，善于把握节目的策划立意，能调动自己有关的知识储备，以颇具个性的观察及叙述方式向观众进行传播。

当前，这种在某一方面“学有专长”的专业化的主持人已经脱颖而出，并将大量涌现，这是节目深入发展的需要。中央电视台《今日说法》栏目主持人之一撒贝宁，是北京大学法律系硕士生，别看他年轻，主持起节目来自然大方、剖析问题清晰明确，法律专业方面的底蕴使他与嘉宾的谈话丝丝入扣，重点突出，不抢不堵，恰到好处，因而颇有“台缘”，深得观众好评。以青年观众为主要收视对象的《12 演播室》主持人张泽群，在大学期间学习了新闻学、播音学，工作后又根据主持节目的需要攻读社会学硕士研究生，复合型的知识结构使他对栏目的把握以及与嘉宾的访谈渐入佳境，走向成熟。其他如证券、金融节目的主持人，显然不经过有关专业的培训或是上岗后的自学深造是不可能称职的，更是与“胜任愉快”无缘的。

主持人节目在美国有较长时间的发展，至今他们的主持人水平依然良莠不齐，然而优秀的主持人总是得到赞许，其中不乏可资借鉴之处。据网上下载的资料，美国 CNN 电视台一个以报道时装、首饰、室内设计为主要内容的栏目《风格》的女主持人埃尔莎·克伦施（译音），被誉为“空中电波里的时装女王”、“杰出的时装电视报道工作者”。她及时地从世界时装名城发回最新的时装新闻，对时装模特、时装设计师、室内设计师进行深入而有趣的采访，还给观众带来大型艺术展览和经典家居的报道。1980 年创办该栏目之前，她曾在美国《时髦》、《哈波斯市场》、《女装日报》等报纸和杂志任过记者和编辑。现在每周一次为洛杉机报业辛迪加撰写时装专栏。她的专著《时装》多次获奖。她对时装、模特、首饰业的报道赢得了人们对时装业的尊重和数以百万计的观众。

丰富的生活阅历和人生感悟

社教类节目以知识性、科学性、服务性为主，以实用性、贴近性、针对性为特色，但是不管哪一种社会教育节目都不能搞简单的课堂搬家，知识传播中的科学精神、人文精神，服务中的道德评价、理想导向都蕴涵着人类普遍的生存价值和精神理念，并能引起观众的情感体验和审美感受。随着观众对社教类主持人节目文化含量需求的增强，社教类节目表现出越来越多的人文倾向，因此，其主持人应具有热爱生活、热爱生命的博大胸襟，有对人生细腻深刻的感悟和思索。这一方面取决于主持人较丰富的人生阅历，一方面在于主持人积极向上、坚韧宽厚、善于思索、勤于学习的人生态度。这样才能敏锐地体察生活中的道理和乐趣，才能在与嘉宾、观众的接触中挖掘出生命的意义，张扬人性的光辉。如若不然，主持人虚假的热情会给人“变相广告”的不良印象，苍白的语言更会暴露主持人内心的虚空，而根本谈不到社教类节目主持人应有的可信性和亲切感。

中央电视台《半边天》的主持人张越，好读书、善思考、勤于笔耕，对多彩的人生有深入细致的观察和独到的体验和理解。她思维敏捷、性格爽朗、言辞犀利而风趣。她做的人物访谈常给观众留下深刻的印象。一次，张越把新华社摄影记者唐师曾请到节目里一起讨论“沧桑感”，张越这样介绍唐师曾：

提起“唐老鸭”这个外号，新闻界的同行们都知道他就是新华社战地摄影记者——唐师曾。(对唐师曾）你好！

长久以来很多年轻女性都被这么一个问题困扰着，她们觉得现在的男性越来越女性化，越来越没有男子气，越来越缺乏沧桑感。好多女孩子苦于找不到自己心目中的高仓健，所以我们一直想找一个有资格来谈这个问题，来谈沧桑感的男性跟我们来谈这个问题。于是，我们就找到了唐师曾，为什么呢？别看他年龄不大，可经历却非常丰富。他毕业于北京大学，曾经在秦岭的深山里拍过野生的大熊猫，曾经在神农架寻找过野人的足迹，曾经在藏北高原柯克西里无人地带与野狼共舞，曾经经历过无数次的大火、地震、水灾，曾经在中东战火纷飞的地带多年奔波，而且曾经采访过阿拉法特、卡扎菲、加利、拉宾、纳尔逊·曼德拉这些非常具有神秘色彩的政坛风云人物。而且据说他曾经独自一人不借助武力突破以色列军的防线，使得以军不得不派直升飞机去抓他……关于他的传奇故事，我早就听朋友们讲了很多，所以您应该是一个饱经沧桑的男人了吧？

张越以她对唐师曾其人其事的感悟，满怀兴趣和激情地侃侃而谈，简洁生动而又赞誉有加的介绍，把唐师曾“立体”地引到观众朋友面前，关注和敬佩之情油然而生。

自觉的服务意识、创新意识

在突出社教类节目主持人业务素质中的“学有专长”的同时，我们特别要强调的是主持人的“服务意识”和“创新意识”。观众喜爱高素质的主持人，但是他们不希望主持人在他们面前摆出“专家”、“权威”的架势，“居高临下”、“谆谆教导”。我们倡导“专家”、“学者”型的主持人，是强调其应有的专业知识结构，“学有专长”是成为一个栏目学科领域“行家里手”的需要，是走近观众获得观众信任的“基石”。但是，我们不赞成主持人“突出自我”把“亮点”都集中到自己身上。从传播学的角度看，从我国观众的反映看，以“朋友”的身份出现在观众面前，是社教类主持人定位的最佳选择。主持人在节目中的位置和职责，就是以自己的学识和才能为观众提供认真的、健康的、负责的、便于接受的服务。美国 CNN 电视台《司法园地》栏目一位拥有 40 年法律经验的主持人认为：“如果你了解体育的竞赛规则，或是驾驶规章，你就能了解法律的规定。如果法律规则能用简单明了的英语被解释得清清楚楚，而不是过分法律专业化，那么就易于被人们理解接受。我们只是设法使法律更简单明了，一如它本来面目，法律应使每个人能理解明白，不应对它产生恐惧”。①

1. 服务意识。只有真正树立起为观众服务的意识，主持人才能在节目中摆正自己的位置，也才能激发出创新精神，想方设法、苦心孤诣地精办节目。主持人只有把自己的才华与为观众着想结合起来，才能创作出众多思想精深、艺术精湛、制作精良的精品节目来。

中央电视台资深主持人沈力的主持生涯与社教类节目难解难分。从第一个主持人栏目《为您服务》走到《夕阳红》，始终心系观众，从来都是悉心体察观众的心情，永远平等谦和地以商量的口吻面对观众。她从不抬高自己，更不对观众指手画脚。她处处为观众着想，尊重观众，理解观众心理，真诚地为观众服务。从沈力老师修改润色的播出稿中，不难看出她真诚而强烈的观众意识。一次节目里播放了一段老年人扭大秧歌的节目，编辑撰写的串联词是这样的：

老年朋友，看了这些由老年人自编自演、自娱自乐的舞蹈节目，您觉得开心吗？

沈力老师把它改成：

观众朋友，我们看到了刚才跳舞的这些老同志，论身材吧并不那么苗条，论动作吧也不那么规范。可当他们操劳一生重新迸发出一种热情的时候，身材、动作又算得什么哪！

---

① 网上下载材料。

他们不是在追寻青春的脚步，而是在讴歌幸福的晚年。让我们的心伴着他们那欢快的舞步，一起跳动吧！[①]

我们看到，沈力老师不是只站在一边，局外人似地蜻蜓点水地念编辑写好的串联词，对这个新鲜事，她一方面用心体会跳舞的老同志的感情，并被他们所感动；另一方面，她似乎体察到电视机前老同志的各种心理和反应：有的羡慕，有的跃跃欲试，有的可能不理解，于是她“将心比心”，在屏幕上跟观众做了心灵的碰撞和沟通。她这一改，不光口语化了，还把观众与片中老人的心情联系到了一起。

2. 创新意识。创新意识是主持艺术的重要前提。“电视业的竞争，焦点是节目的竞争，背后是人才的竞争”[②]。社教类主持人节目在一定程度上可以说与观众有着某种天然的联系，这是优势，但是如果不深入考虑节目定位、观众定位，悉心揣摩观众的需求、接受心理、接受习惯，特别是这些方面新的变化，节目也很难有吸引人的力量，更不要说形成为观众所认可并喜爱的风格特色。

比如，做一个少儿节目主持人，首先要有一颗童心，对孩子充满真诚的爱和理解，善于与孩子们交朋友，摆正自己与孩子们的关系，能平等地面对孩子，言谈话语、举止行动都能尊重孩子、信任孩子；其次，要掌握儿童心理学、儿童教育学的科学知识，策划构思的节目应适合孩子们的口味，让知识性、教育性巧妙地隐身于趣味性、娱乐性当中。过去，有些少儿节目急功近利，简单地强调知识性、教育性，少儿节目成了“课堂搬家”。参与到节目中的小朋友只是拖长了声音齐声回答：“是——”“好——”的“小陪衬”，要么就一本正经地说“大人话”。有的儿童节目简单地照搬成人知识竞赛的节目形态，只见主持人在那里兴高采烈、大呼小叫，做活泼兴奋状，而参加节目的孩子却表情木然，不感兴趣。这样的节目连小听众、小观众都觉得假。现在我们看到很多少儿节目主持人能够遵循少儿的身心特点，特别注意开发孩子的智力，激活孩子们的想像力，让孩子真正成为节目的主体。上海卫视的《欢乐蹦蹦跳》的主持人经常和孩子们展开平等而有趣的谈话。一次，主持人与孩子们聊安徒生的童话《皇帝的新衣》，边讲故事边提问题，启发孩子们的创造性思维，最后问到“皇帝出了丑以后会怎么样呢?”那些三四岁的孩子们开动脑筋认真地说：“他以后就让小孩子做宰相了。”有的说：“他再也不穿新衣服了。”有的说：“他再也不听宰相的话了。”孩子们的认识和判断中的童趣与童真，让电视机前的观众忍俊不禁。还有一次，主持人问小朋友：“生日是什么意思?”孩子们争先恐后地回答：“可以吃生日蛋糕!”“吃长寿面!”“能收到生日礼物!”“爸爸妈妈带我去公园!”后来一个孩子说：“是妈妈生下我的日子”……这种启发式、参与式的儿童节目，孩子是真正的主体。我们还看到当主持人豆豆唱起结尾的栏目歌曲时，场上的小朋友全都合着节拍忘情地又唱又跳，用各自的方式尽情地抒发心中的快乐……节目观念和形式上的更新使主持人真正与孩子打成一片，循循善诱，让正直和善良，让知识和智慧如涓涓溪流滋润着小朋友的心田。

---

① 徐敏：《荧屏之路·访主持人沈力》，中国大百科全书出版社 1996 年版。

② 刘习良：《广播电视新闻改革》，《中国广播电视学刊》，1999 年第 11 期。

采、编、播多方面的业务能力

社教类主持人节目不仅内容丰富，社会科学、自然科学、人文科学无所不包，而且节目形式、传播形态多种多样，不拘一格，有的栏目采用杂志型节目形态，有的栏目采用专题型。再进一步看，主持人在节目中所起的作用、所承担的任务、所处的节目制播语境都不尽相同，更不是一成不变的，比如，演播室里没有现场观众时主持人面向摄像机的串场主持，演播室对嘉宾的访谈及与现场观众的讨论，外景的采访与外景的主持，等等。在各种节目形态中，主持人承担所有的与观众、嘉宾之间的交流、与不在现场的电视机前的观众的“类交流”，一方面他应有把握不同语言样态的播音基本功，另一方面，需要主持人具有采访提问的能力与技巧，有驾驭节目进程、组织现场观众的能力。而这些体现在屏幕上展现在观众眼前的主持人的语言活动及主持水平，无不与主持人屏幕后投入的热情和深度有关。过去有些专题型主持人节目，主持人只要说好编辑写就的串场词就可以了，于是有的主持人也就只让自己处在最后一道工序的位置上，不去主动地对节目做整体的深层的理解和把握，一旦栏目要改变形态，比如加入演播室访谈的板块，主持人的作用和分量增加了，那些只是满足于镜头前演播的主持人就显得捉襟见肘，无法适应。显然，主持人节目形态日益丰富的发展，无可争议地把主持人推到一个起主导作用的位置上，具有采、编、播综合能力的“多面手”的主持人将格外受到青睐。

当然，我们并非主张节目主持人“十八般武艺”全拿下，“采编播一肩挑”，这是不现实的，尤其对于电视节目来说更是如此。然而一个优秀的节目主持人，会以其敬业精神、团队精神热情关注并投入节目的制作，以其深刻的领悟力、洞察力及个性化的创作方式为节目增添光彩。中央电视台《环球》的主持人王雪纯就是一位被同事誉为“勤奋而充满灵气”的主持人。她曾与一位法国男青年共同主持一期《法国专辑》。在前期准备中，她一方面深入领会编导的意图，调动自己有关法国文化的积累；一方面积极与法国主持人沟通，挖掘法兰西民族感受生活、表达感情的活生生的细节，把储备的知识与刚刚挖掘到的第一手材料融合在一起充实到串联当中。中法两位主持人热情默契的外景主持自然和谐、生机勃勃。该专辑中还有一部纪实片，主人公是一位热爱中国的法国女画家，王雪纯集采访、撰稿及解说于一身。她张开富有艺术感受力的眼睛，为观众娓娓动听地讲述了一个感人的故事。同时，她还是全片解说词的两位撰稿人之一。显然，王雪纯在创作中全身心的投入与节目创作群体的通力合作、她的热情与采编播多方面的综合能力，以及她在个性化与节目风格之间恰到好处的分寸把握，是《法国专辑》堪称精品之作的重要因素。

第三节　社教类节目主持艺术特点

主持艺术在具体操作层面上与节目形态有着非常紧密的联系，从这个角度看，由于不同类型的主持人节目经常会采用相同的节目形态，如专访、谈话、杂志型等等，所以在主持艺术上自然就会存在某些共性的规律。不过，不同类型的主持人节目在内容、宗旨、功能、对象等方面毕竟各有特色，于是带来主持艺术的一些特殊规律。在这一节里，我们着眼于社教类节目知识性、教育性、对象性的特点，介绍以下三个方面的主持艺术。

主持人与学者专家的合作

主持人在演播室与嘉宾访谈，这种节目形态经常为社教类节目采用，尤其是知识性、教育性强的栏目。一般请来的嘉宾都是专家学者，在这种情况下，主持人如何恰当地把握自己在节目中的位置，处理好自己与学者嘉宾的关系，积极而又得体地发挥主持人的作用，是主持艺术的关键。

（一）恰当地把握主持人的位置

从传播者角度看，我们突出社教类节目主持人知识结构上的“专业性”，强调一个“内行”的主持人才可能真正拥有传播的“可信性”、“亲和力性”。从受传者一方看，观众同样也希望主持人是真正的谈话者，不是一个只会按编导设计提问背词的“表演者”，更不是一个只能在嘉宾谈话时频频点头做倾听状的“应声虫”。但是，大众传播毕竟不是专业层次的学术论坛，它有“科普”的性质，对学者、专家的访谈大多属于“说明性”“意见性”专访，目的是请他们联系实际对其专业领域中的问题为观众做出通俗易懂的解释。主持人作为嘉宾与观众之间的“中介”、“桥梁”，这种位置及关系的把握集中表现在主持人与嘉宾的谈话当中。实践中有的主持人不能恰当地安放自己的位置，极力表现自己在栏目学科领域里的“发言权”。在谈话中不断地以“我认为”的方式发表“高见”，常犯的毛病是好“抢话”、好发表“结论性”的意见，并让专家为自己的“高见”认可表态，以争得与专家学者“平起平坐”的感觉，形成自己的“权威”形象。殊不知这种自我张扬、喧宾夺主的表现是十分令人反感的。其实，谁都清楚真正的权威是请来的专家学者，对于主持人，观众要求他们具有与学者专家一同“面向大众”的对话资格，是指主持人不说贻笑大方的“外行话”，指主持人在栏目学科领域里比一般观众尽量占有较多、较新的信息，并有较为准确的判断。即使主持人在栏目的学科领域学有专长，当他面对观众时，只有把握好比观众仅仅“略高一筹”的分寸，传播才是有效的，才是观众乐于接受的。

主持人的“中介”位置有两个方面需要把握，首先在认识和态度方面。主持人一要协调好与学者嘉宾的关系，尊重他们，积极发挥专家学者的“权威”作用，多以“求教”探讨的口吻与嘉宾交谈，做好嘉宾为观众“解惑”的助手；二要顾及观众的求知欲和接受习惯，做好观众“求知”的代言人。在主持艺术方面，主持人一要对知识重点心知肚明，能巧妙地为嘉宾通俗易懂地讲解知识“找窗口”；二要善于抓准观众的“兴趣点”“疑惑点”及“盲点”，为寻求嘉宾的解答“搭梯子”。总之，从节目的传播目的和“教育”的性质看，主持人要找到“应知”与“欲知”的结合点，找到观众需求与嘉宾专长的结合点，适时地提出有针对性的问题。

（二）积极得体地发挥主持人的作用

主持人与嘉宾谈话主要采用两种形式——提问和插话。它们的作用是：(1) 以提出具体问题的方式，引领谈话方向，控制谈话层次；(2) 适时插话，衔接串联演播室访谈及外采等节目的其他部分，从容驾驭节目进程；(3) 重复嘉宾看法，突出传播重点，加深观众印象；(4) 稀释知识难点，提醒观众盲点，应和嘉宾谈话，活跃谈话气氛，巧妙实现传播目的。

中央电视台《今日说法》主持人撒贝宁经过播出实践的磨合，能够恰如其分地处置自己与嘉宾的关系，并以其法律专业的学识优势准确地把握法律条文的关键，善于找到法律知识与观众盲点的结合部，能得体地补充有关事例，使难点得以稀释，使谈话形象生动、通俗易懂。每接到一个节目，他都认真听取情况介绍、观看记者的实地采访录像，与编导及嘉宾细致探讨勾连节目的思路。在主持过程中，他的思维敏捷、逻辑清楚，语言简洁明确，语气平和而不失活力，神态谦和而不失自信，无论与嘉宾或观众的交流都真诚自然，不强加于人，更不自我表现。一句话，撒贝宁的好处就在于他不把心思用在证明自己如何“专业”上，而是与嘉宾一起力求通过举案说法，条分缕析、深入浅出地把法理给观众讲清楚。

《谁盗用了我的兔子》是一期关于知识产权的节目，我们对撒贝宁在访谈与采访录像的穿插中干净利落的主持驾驭做概要的分析。谈话开始，撒贝宁以聊天方式三言两语直切话题——

主持人：马老师（嘉宾），您好。最近有一个词在街上非常流行，叫“产权”，大家在买房子的时候首先会问，这个房子有没有产权？与此相联接的有一个词也用得非常多，接触越来越广，叫“知识产权”。马老师，您能不能用一句非常简单的话告诉我们的观众什么叫“知识产权”？

嘉宾做了解释之后，接下来播放某商场与某广告公司盗用一位女漫画家创作的兔子做春节广告的调查录像。有关几方各执一词，漫画家主张自己的知识产权，要求侵权方赔偿损失，商场和广告公司却连连喊冤。案情基本清楚，录像播放告一段落，主持人提出第一个层次讨论的问题——原告知识产权之所在：

主持人：我们看到了一只非常可爱的小兔子成为我们今天话题探讨的主角。（对嘉宾）您看了这个案子，您认为首先从广告公司的角度来讲，他的行为有没有侵犯作者的著作权？

嘉宾：……这种使用，没有经过原作者的许可，应该说已经侵犯了作者的权利。

主持人：它应该是构成一种侵犯了。（主持人的应和起强化作用。）

嘉宾：……人们都会认为，这个广告是这个广告公司创作的，作者的权利并没有体现出来。

主持人：事情并不是像广告公司说的（指录像内容），“兔子都是两只耳朵、两只眼睛，四条腿，天下的兔子都一样了”。（此处的插话起“稀释”作用，使理性问题通俗易懂，并与案例紧密联系）

嘉宾：兔子是一样，但画出来不一样，经过画家的构思创作可以出现不同的形象。我们知道像古代的兔子，像迪斯尼……

主持人：光迪斯尼里就有好多只兔子，兔八哥、小兔乖乖。（应和、补充，有自然的谈话氛围。）

嘉宾：他的很多兔子，自己画的都不一样，虽然是一种东西，但是表现出来的形式不一样。

主持人：法律保护的恰恰就是这种风格。（突出法律的要点，加深观众印象。）

当嘉宾进一步就此做了解释后，撒贝宁又以提问的方式将讨论引入此次话题的第二个层次——判断被告侵权的法律依据：

主持人：现在广告公司我们放在一边，再来看商场，负责人认为他们做这个广告并没有赢利，那么您对于赢利与否这个说法是怎么看的？

嘉宾：……实际上间接带来经济上的利益，如果说他没有经济上的考虑，可能顶多能说他不是直接经济上的考虑。

主持人：那究竟是不是以赢利为目的来使用这个广告，赢利是不是构成侵权的一个非常必要的条件？（撒贝宁并非不清楚这个问题的答案，但是为了帮助观众透彻了解构成侵权的法律要件，主持人用案例中侵权方的辩解从反面提出问题，在关键问题上让嘉宾做重点解释，显示了主持人的主导意识与服务意识非常到位）

嘉宾：也不是（解释过程略）……只要违反了法律，没有经过作者许可，一样要承担侵权责任。

主持人：所以说，我们对著作权的好多理解可能还有一些误区。广告之后，我们对于著作权问题继续讨论。（播放广告）

主持人：欢迎各位回到我们的演播室。首先，我们一起来看一下法院判决赔偿的结果是怎样的？

播放采访录像后，主持人针对侵权方的糊涂观念提问，把讨论引向第三个层次——保护知识产权的普遍性。

主持人：马老师（嘉宾），您在作为一个律师的过程当中，您接触到的很多著作权或知识产权案子，是不是很多当事人是像片子中的人一样，觉得自己非常冤枉？

嘉宾：（分析各种侵权人的心理，略去）……我认为还有一种情况，权利人是否充分认识到自己有权利？去主张权利？……如果都像案子里边这个画家的态度……那侵权方觉得自己委屈这种情况会越来越少。

主持人：我有一个朋友就曾遇到这样的官司，他的作品被他人剽窃，在这种情况下他打了官司，而且他说了一句话让我非常地有感触，他说，哪怕对方只付给我一毛钱，我并不是为了钱，但至少是他对我作品的一种尊重。我想如果权利人都能像本案当中这个作者或者像我的朋友那样，能够为了自己的权利斤斤计较，去争取的话，那么著作权的规范使用，我想离我们就不远了。

这里，主持人举例呼应嘉宾关于“权利人应主张和维护自己权利”的观点，并以“斤斤计较”这样鲜明恳切而又风趣的用词，干净利落地结束了这次节目。

精心把握受传对象的特点

社教类节目中有许多是对象性栏目，主持人必须能够深入了解栏目对象的心理特点，能够真诚地体贴特定对象的需求，这是社教类节目主持艺术的一个重要方面。

中央电视台的《夕阳红》是最有代表性的老年节目。沈力这位被观众深深爱戴的主持人已成了栏目的象征。她以同龄人的切身感受，以她“四十年如一日”把观众放在心上的真情出任主持人，她动手改过的稿件，浸透着她对老年朋友的尊重、理解、真诚和关心；她在节目中，无论采访、谈话还是主持老年人的竞赛节目，都处处为观众着想。一句贴心的话，一个关切的眼神，一个临场触发的点子，都闪烁着她诚挚、谦逊、善良、聪慧的人格魅力，成为老年人的知心朋友。

少儿节目的对象是个十分独特的群体，少年儿童正处在长身体、长知识、培养品德、锻炼性格的特殊阶段。孩子们像花儿盼望雨露阳光一样渴求知识，对周围的一切及浩淼的宇宙充满了好奇。他们好学、好幻想，又好动，有时注意保持时间不长，而且在“少儿”这个年龄段中，幼儿、学龄前儿童、小学低中高年级、初中的孩子虽然只相差几岁，但他们的身心发展却处于不同阶段。他们的接受能力、认识水平、兴趣、需求都有各自的特点。对于这一切，主持人不仅要在理论上明了，更要经常深入到孩子中间，仔细观察和研究自己的小服务对象，了解他们小心眼儿里的喜悦与苦恼，知道少儿节目应赋予他们的营养，清楚怎样做才有益于孩子们对营养的吸收。不管少儿节目主持人是“同龄型”，还是“长辈型”，抑或是“朋友型”“老师型”“卡通型”等等，主持人对少儿的身心特点都应该有深切的了解，并在主持中加以体现。

江西电视台少儿栏目《课余时间》主持人舒华有一个介绍陶艺制作的节目，获得了第三届播音主持优秀作品政府奖一等奖。陶艺眼下可以说是一种“时髦”，以此为题材的节目不少。舒华的主持却独具“童趣”的魅力。整个节目以主持人在制陶工作室的参与式采访结构节目。节目中只有两个人：舒华和陶艺社主人蔡杰，但是主持人时时处处以儿童的视点、儿童的情趣去感知，随时把她观察到的、体验到的细节描述出来，紧紧吸引着并不在现场的电视机前的小朋友。舒华熟悉孩子们的思维习惯、语言习惯，了解孩子们的感知特点、注意力特点，她用孩子的眼睛和心灵边问、边聊、边学、边动手，在直观、形象的动态过程中清晰地展示了制陶的三个步骤。舒华对象化的主持有三点很突出：

第一，抓住“知识点”，清晰有序地推进节目，同时通过提问，再转化为儿童的语言习惯加以讲解和提示，如制陶的第一个过程：

蔡杰：做陶有三个过程：第一个就是原料的采集和加工；第二个就是制作；第三个就是烧成。

主持人：嗯，听起来挺简单，只有三个程序，那说白了第一个过程还可以说成是找泥巴和挖泥巴，听起来就觉得特别好玩，那么今天我无论如何都要试一下……蔡叔叔，我知道找泥巴在城市肯定是不行的，最少得到市郊或农村去。现在这里应该有很多很多很合适的泥土吧？

蔡杰：对，我们选泥巴的标准是首先要粘性好。

主持人：那我们江西这个地方是红壤居多，它适不适合制作陶器呢？

主持人还特别注意操作细节上的“知识点”，提出问题引起小朋友的注意，如揉泥时，她问：“这样反复揉的好处是什么？”在拉坯时她又问：“拉坯要用很大的力气吗？”“拉坯有什么诀窍？”

第二，寻找“兴趣点”，触发贴近小朋友生活实际的联想，帮助小朋友加深理解和印象，如泥浆的加工过程中，两人边聊、边做、边讲解，充满童趣的联想使交谈生动而又自然：

蔡杰：你看这是我们的泥浆滤水袋。

主持人：滤水袋。

蔡杰：现在把它倒进去。

主持人：这个倒泥浆的过程啊，让我想到了在农村家家户户做糯米粉的情景，这也是一样的道理吧？

蔡杰：对，就是这个道理。

主持人：同学们，蔡叔叔告诉我们，泥浆水倒进这个过滤袋之后呢，要让它自然阴干。如果天气好的话，大概要一个星期左右，时间还是蛮长的。那么现在呢，这里有一袋泥巴已经阴干好了，下面我们就要把它拿到真空炼泥机去炼泥。

蔡杰：你看，这就是真空炼泥机，现在我们把泥巴扔进去。

主持人：我看这个真空炼泥机很像一管大炮啊。那么下面把泥巴分成两半，先扔一半吧。

蔡杰：这泥巴就炼成了，就像我们平时的橡皮泥似的。

主持人：就像橡皮泥一样，和我们刚刚采回来的泥巴可是截然不同的，这泥巴非常细腻。

第三，富于感知特色和动态的描述非常贴近孩子的心理，形成与电视机前的小观众真切、细腻的交流，使小观众如同身临其境，如主持人下面这些描述，既有视觉、触觉又有动觉、温度觉，活灵活现地传达自己的感知，巧妙地调动了小观众的兴趣和参与感：

蔡杰：现在泥浆打好了，我们把泥浆打一桶。

主持人：用这个大木桶舀一桶浓浓的泥浆水。

……

蔡杰：这泥巴已经很均匀了，然后把它揉成泥团的形状。

主持人：哎呀，揉了这么久，舒华姐姐觉得揉泥巴的感觉有一点像揉面，那么北方的同学一定有这样的感受了，不过呀比揉面是要累多了。

……（拉坯时）

主持人：不行，不行，感觉泥巴在手里要跳舞了！

……（烧制时）

主持人：第三步——烧制。同学们看，在舒华姐姐身后有一个大炉子。我们把炉门打开。呀，这个炉门真是很重呀！把它放在里面。

蔡杰：你看，这就是我们的窑具，把它架起来以后就可以多放一些。现在我们就可以把门关上，开始烧制了。

主持人：我想问一问，这个大炉子里面它的最高温度可以达到多少度呢？

蔡杰：要烧到一千多度。

舒华：要烧到一千多度！那我赶快走开。（边说边跳到一边去了）

能动地发挥主持人的串联作用

串联，应当说是杂志型节目形态最基本的主持形式，当然也是社教类主持人节目最为常用的。由于节目形态各异，有的由一位主持人串联，有的两位职业主持人共同主持，有的职业主持人与特约嘉宾共同主持，但是他们的串联作用都是相同的，概括起来就是两点：一是以个性化的表述方式对子栏目做出恰如其分而又妙趣横生的推介和阐释；二是以平等的交谈方式与观众有情感或观点的沟通和交流。主持人的具体操作可以从以下三个方面入手：

1. 加大信息量，引导收看

首先，主持人要从多种角度、不同层面来理解、感知所传播的节目；其次，主持人要尽量占有资料，并调动自己相关的积累和储备，补充有关知识和信息，以开阔的视野方便观众的理解接受。

2. 激发兴趣，吸引收看

主持人要充分发挥想像力和创造力，努力寻找能够触发观众兴趣和审美的细节，选择贴近观众生活和接受心理的"话头"引出节目。从观众的"已知"引出观众所"不知"，由近及远、由此及彼的"联想"是主持人常用的串联衔接方式。

3. 在交流中推介，在沟通中阐释

"交流""沟通"正是主持人以"人际方式"进行传播的特点所在。主持人不能只是机械地罗列一些相关资料，而应当非常细心和灵敏地预测观众具体的收视心理，并把自己的感受、观点说给观众听，进入与朋友一起交谈共同感兴趣的话题的情境。在实际操作中，把阐释和沟通结合起来，是观众易于接受的方式，补充背景知识，可以帮助观众了解节目内容，谈谈感受，也许在"共鸣"中延伸了主题，而且还体现了一种平等贴近的服务，一种亲切平易的引导，同时还增加了节目的知识含量、个性特点及人文色彩。

中央电视台的《环球》是一个介绍外国历史、文化艺术、风土人情、经济科技并兼有知识性、趣味性、欣赏性的杂志型栏目。我们以《环球》1998 年第 1 期的串联为例，说明以上谈到的三个方面的串联思路。这一期由《远方的人们》、《电影魔术》、《神奇的世界》、《科技传真》、《金唱盘》五个子栏目组成。子栏目之间以片花间隔，以主持人的对话衔接。王雪纯和杨柳的串联有较高的文化品位，有年轻人活跃新锐的思维。语言生动形象、个性鲜明，交流真挚亲切，与栏目总体风格及具体节目特色和谐一致，相得益彰。栏目伊始，二人兴致盎然地从春节中国人的吃食聊到外国人的年节食品中的调料，于是从时间的"近因"跨越地域的距离，引出第一个子栏目《远方的人们》——《种蔓越橘的人》，继而两人简洁地介绍了做调料的蔓越橘的用途、产地、产量、市场等背景资料之后引出片子。

第二个子栏目《电影魔术》——《〈复制丈夫〉的制作过程》。主持人选择大多数观众都知道的新闻由头"双胞胎聚会"做"切入点"，贴切自然，富于情趣，又简洁地介绍了栏目的新内容，交流感很强：

王：记得有人发起过一次这样的活动，就是召集很多双胞胎，甚至四胞胎的家庭来了一个大聚会，我觉得在这样的场合中，不知道会闹出多少笑话来，因为都是长得一模一样的人。

杨：这种场合在生活中是非常难得的，但是在电影中，用电影特技就不难制作出同一个人的几个翻版。

王：是的，美国喜剧片《复制丈夫》就是运用了重叠替身和重复曝光等不同技巧，把同一演员在同一场景中的不同形象表现得妙趣横生。

杨：在我们最新引进的《电影魔术》系列，首先要向您介绍的就是电影《复制丈夫》的制作过程。

第三个子栏目《神奇的世界》——《小心赝品》。主持人在铺垫中设法与观众的“所知”拉近，从更广、更深的角度做了阐释，有述有评，夹叙夹议，视野开阔且收纵自如，引起观众的收看和思考的兴趣：

王：观众朋友，从这期节目开始，在我们的《神奇的世界》栏目当中，将播出系列片《小心赝品》。赝品呢，通常指并非作者原作，而是仿制原作用来乱真的艺术品。

杨：自从艺术品进入商品流通以来，就有伪造的情况出现，所以有人说，造假起源于人类追求金钱利益的贪婪。

王：在今天，制假和出售赝品已成为世界第三大非法交易，仅次于贩卖军火和毒品。

杨：达芬奇的名画《蒙娜丽莎》虽然被认为极难作假，但目前全世界流传的复制品仍有60幅之多。当你徜徉在世界著名的博物馆中，展现在你面前的你最心爱的一幅名画，就有可能是赝品。

王：难怪人们要呼吁“小心赝品”。好，请收看这套系列节目的第一集《真的不真》。

进入第四个栏目《科技传真》——《延时摄影》，主持人从上一个栏目找到“艺术创作”作为“跳板”，推介这个栏目：

杨：其实，人类进行艺术创造，有时就是对自然景观的复制和再现，不过，其中加入了人的创造。

王：比如说摄影术当中的“延时摄影”这一手段，就是它可以控制时间，把一天甚至一年之内发生的事情都用摄影的方法完整地记录下来。

杨：本期《科技传真》介绍的《延时摄影》将为您展现大自然的许多奥秘。

最后一个栏目《金唱盘》，主持人从谈论对爱情歌曲的认识切入，并介绍了歌手的演唱特色，导引人们的欣赏：

杨：无论是几经坎坷终于品尝到爱情的甜蜜，还是彼此缘尽再也不能相聚，人们此时都愿意用歌声来表达内心的感受，所以爱情是歌中永恒的主题。

王；在今天的《金唱盘》中我们要一起来欣赏的这首歌曲《在你离开我之前》，唱的就是一对恋人曾拥有过的美好时光和对这段时光的无限留恋。

杨：歌手莫尼卡拥有一副黑人歌手所特有的富于磁性的嗓音，她的演唱富于变化，时而轻松活泼，时而忧郁低沉。好，让我们一起来欣赏这首《在你离开我之前》。

第四十三章 电视文艺节目主持

文艺节目在整个电视节目中占有很大的比重。打开电视机，除了新闻和各种专题节目，大量的电视剧和各种文艺节目占据着各个时间段，它是电视节目中的重要节目类型。有些大的电视台还专门开辟了文艺频道。

并不是所有的电视文艺节目都需要播音员和节目主持人，有些戏剧、歌舞或音乐节目只需要在开始时用字幕标出节目名称，然后播放就可以了。有些小的电视台，无力自己制作节目，多采用这种直接播放录像的方式。不过，现在越来越多的电视台将各种录像素材经过加工装入节目中，由主持人代表电视台将这些节目介绍给观众，无形中增加了电视台与观众的直接交流，使电视节目更具有人性化的特点，更受观众欢迎。另外，通过节目主持人的串接，还可以将不同类型的文艺节目进行分解组合，突出某一主题，更灵活地把文艺节目介绍给观众，丰富了节目的样式。

借助于节目主持人，不仅可以对原有的文艺节目形式进行改造创新，使之更容易受到观众的欢迎，还可以创立自己的节目形式。现在屏幕上常见的电视综艺节目，电视游戏节目等，也都需要节目主持人的参与。

第一节　电视文艺节目类型

电视文艺节目是伴随着电视事业的发展而逐步增多，日益成熟的。在电视事业建立初期，由于缺少录像技术，多数文艺节目是从剧场或演播室里直接转播的。这些节目虽然可以根据电视的需要，进行场景的变化，但仍然摆脱不了剧场演出的基本模式，缺少电视的特点。

录像技术的发展给电视文艺节目提供了大发展的机遇。借助录像，电视台积累了大量的戏剧、歌舞、音乐节目。这些节目通过剪接，可以进行分解、组合，形成新的节目。另外，利用录像可以很方便地在这些节目中插入各种讲解和播音员的图像。电视文艺节目在具有新的制作手段后，进入了节目形式层出不穷的快速发展阶段。

电视文艺节目可以按照不同的表演形式将其分为戏曲、音乐、歌舞、曲艺等节目类型，但这种分类方式不能体现电视的特点，如果从节目的制作和播出方式来考虑，我们可以把电视文艺节目分为下面几种类型。

1. 串接式电视文艺节目。这是一种体现电视文艺节目制作灵活特点的节目形式。各类文艺节目被分节，然后根据需要，由电视播音员或节目主持人出面将其串接起来。一位演员在不同时间演出的不同节目，可以组合在一起成为一个完整表现这位演员的完整节目。不同演员的节目也可以根据某一主题的需要串联在一起，构成一个新的节目。在这类文艺节目中，播音员和主持人只起穿针引线的作用，他们的目的是将节目介绍给观众，自己是游离于文艺节目内容之外的。不用播音员和节目主持人，只使用字幕，同样可以将节目介绍给观众，只不过显得有些乏味。这种电视文艺节目，现在已经使用不多，尤其是有实力的大型电视台，他们往往要对节目素材进行深加工，制作成更贴近观众的新节目。

2. 专题文艺节目。专题文艺节目是电视文艺节目中数量最庞大的节目形式。它是充分利用电视制作手段编排的文艺节目。这类节目手法多样，名称各异，主持人参与其中，起着组织和引导作用。尽管有主持人和其他人物的出现，但节目的宗旨还是要介绍文艺节目。在专题文艺节目中，主要涉及谈话、采访和表演三种形式。不同的节目，形式侧重不同。有的节目侧重于谈话和现场采访，节目中演出的时间并不太长，但谈话和采访的内容，都是偏重于表演者的艺术生涯。有些节目可能谈话不多，更多的是表演，意在使观众通过表演来了解表演者。利用语言进行介绍和讲解是专题文艺节目的重要特点，而谈话正是节目主持人所擅长的。节目主持人在专题文艺节目中发挥着重要作用。

3. 文艺节目转播。这是一种采取直播方式的传统电视文艺节目，但在表现形式上与过去的剧场转播有所不同。节目主持人代替了传统的报幕员，介绍节目的方式也有所不同。不过，熟悉电视节目的观众还是能够从中看到早期剧场转播的痕迹。转播过程中，节目主持人只起到介绍和串联的作用，观众还保持着剧场的习惯，希望主持人不要说得太多，正式节目早点儿开始。

4. 综艺节目。这是一种由演员、现场观众和节目主持人共同参与的电视文艺节目形式。由于有节目主持人加入，节目形式显得活泼、有趣，娱乐性增强，受到电视观众的普遍欢迎，收视率较高。综艺节目从内容上划分，可分为表演类和游戏类两种类型。表演类综艺节目虽然也掺杂观众的参与和节目主持人的即兴表达，但节目的主要目的还是欣赏演员的表演。这类节目带有文艺晚会的痕迹，有人称为晚会类节目。游戏类节目是以竞赛为内容的综艺节目；可分为动作游戏和智力游戏两类。动作游戏以身体动作、表演等技能作为比赛手段。智力游戏以知识、思维判断和反应能力作为竞赛手段。游戏类节目为了满足电视观众对知名人士的好奇心，常常邀请演员和社会知名人士参加，有的节目还有丰厚奖品奖励。为了吸引观众，有时还在节目现场设有听众热线，鼓励一般电视观众参与节目。

综艺节目主持人需要多方面的素质，包括丰富的生活和文化知识、机敏的反应、灵活对答的语言能力、机智的幽默感、一定的表演能力等。与其他节目主持人不同，综艺节目主持人不仅要用语言、表情、手势作为表达手段，还要使用多种动作。从一定意义上讲，综艺节目主持人是播音员和演员的结合。

除了上面谈到的电视文艺节目类型，还有一些电视文艺节目很难确切地将其归类。我们正处在电视事业快速发展的时代，随着电视新技术的不断出现，电视文艺节目为吸引观众，也将不断地花样翻新，新的节目类型将不断产生。

第二节　串接式文艺节目主持

串接式文艺节目是电视文艺节目中较早的一个品种。最早的串接是由播音员在演播室中直播，介绍不同的演出，穿插在每段文艺节目之间。由于记录手段缺乏和制作昂贵，可供串联使用的节目并不多。随着录像技术逐渐成熟，复制剪接使节目制作者能十分方便地将不同节目组合到一起。开始时，对节目的介绍使用字幕和配音。后来，制作者发现用人物来介绍会使观众感到更亲切。

最简单的节目串接只是按照写好的稿子，简单地将节目名称、演员名字播报出来就可以了。这种串接方式还谈不上真正意义的主持，实际上只是电视化的报幕。尽管样式比较简单，但主持人的面部形象和表情仍然很重要，并不是什么人都可以做好的，通常一些形象较好，具有某些文艺气质的电视播音员被选中从事这一工作。

现在的文艺节目串接多采用主持方式，它是在播读式简单串接的基础上发展起来的。节目编导者发现，利用主持人出现的机会可以让他们多说几句，在介绍节目内容和演员的同时，也可以让他们谈谈与节目有关的趣事，对节目做一些评价。于是主持人不是仅仅播读事先准备的稿件，又增加了一些即兴表达。他们的图像也不仅仅是死板的半身像，而可能是带有手势和身体动作的活动画面。场景也由演播室扩大到室外，背景也充分利用灯光和画面，使其更吸引人。

主持串接式文艺节目，其目的主要是介绍节目，帮助观众更好地收看。主持人的作用并不因其在节目中的出现和插话而改变。出于这一目的，主持人的议论不应过长，也不应偏离节目内容，谈论与节目无关的话题。观众希望欣赏节目，而不是听主持人的介绍。

主持人声音要避免剧场化的报幕式用声。主持人的谈话对象是分散的个体观众，他应当用在家庭中与亲人交谈的方式去与观众进行交流。同时，他们的声音应当个性化和角色化。个性化是指自己的声音和语言要具有个人特点，与众不同。当然，这种不同应表现出自己的优点，而不是自己的缺陷。在这一方面，我们应当多向生活学习，吸取生活中语言自然、表达生动的特点，避免采用加工痕迹较重的播读式表达。有些人习惯于将播讲内容一字不错地背下来，但有时背诵会使表达死板，倒不如只记住大意，到时采用复述方式即兴表达。当然，需要一字不错说出的重要材料，如人名、地名、数字等还是要记住，不能有丝毫差错。

角色化是指自己的身份适应节目的要求。采用主持人方式串接文艺节目，主持人的身份除了是电视台的代表者，还应当是所涉及节目的爱好者、研究者或专家。你应当对这一行有所了解，在外表、气质和声音、语言的使用上都应与自己在节目中的角色靠近。这样，观看节目的观众才会把你看成是他们的知心人，而不是与他们毫不相干的“报幕者”。

串接式文艺节目在电视中很常见，有时以固定栏目形式出现，如播放 MTV、民族音乐、戏曲选段为主的节目。有时是以不固定的单集形式出现，如配合某一纪念日播出的与之配合的专题音乐节目等。

一般来说，串接式文艺节目中主持人的工作量不大，主持难度也较小。多数节目不是直播，录制时可以改正，还可进行后期加工。开始从事电视文艺节目主持时，可以从这类节目入手，逐步积累经验。

第三节　专题文艺节目主持

在电视文艺节目中，专题文艺节目是最多的节目类型。除了现场转播和综艺节目之外，凡是经过编辑剪接，按照一定主题组合在一起的文艺节目都可称之为专题文艺节目。甚至仅由主持人说几句话串联起来的文艺节目，只要冠以某一节目名称，也可称之为专题文艺节目。

根据通常的解释，电视中的专题文艺节目是指运用电视艺术手段，按一定主题构思、录制完成的节目。这类节目以文艺作品录像为素材，经解说、介绍、评述、访谈等方式将其串联而成。专题文艺节目可分为鉴赏、知识、报道和评论等类。

如果从节目内容上划分，前面所谈的串接式文艺节目是以鉴赏为目的，似乎也可归入专题文艺节目类型之中。但是抛开节目制作方式和内容，从主持人参与节目程度和方式来看，电视专题文艺节目显然与一般串接式文艺节目有所不同。电视专题文艺节目中，节目的目的并不完全是为了欣赏艺术，也需要了解与艺术相关的内容。主持人不是用简单的话语介绍节目，将内容串接起来，而是要更多地介绍、讲解和评论。主持的方式也多样化，不仅有单人面向观众的讲解，还可能有多人的交谈、现场采访及实物或资料介绍等多种形式。在这类节目中，观众的注意力不仅放在文艺作品上，而且也注意文艺作品之外的介绍、讲解、评价上。观众通过专题文艺节目，可以了解与文艺作品相关的更多内容。从主持人的主持比重看，专题文艺节目要大于串接式文艺节目。

由于专题文艺节目形式和内容都较多，对主持人要求也各有不同，脱离具体节目，很难把握细节要求，我们只能从大的方面强调对主持人的要求。

1. 专业知识。电视专题文艺节目不像串联节目那样，只要报一下作品和表演者的名字，简单介绍一下作品或表演者即可。它要谈论的内容可能会比较深入，这些内容有些是由编导事先准备好的，但也有一些是需要主持人即兴发挥的，特别是涉及到现场采访的内容。主持人必须对所谈论的专业知识比较了解，才能加入交谈之中，提出与专业有联系的问题，观众也才能从这些交谈中增长相关的知识。专题文艺节目涉及的范围很广，音乐、舞蹈、戏剧、曲艺，门类繁多，五花八门。主持某一专题文艺节目，一定要对相关艺术门类有较深入的了解，包括该艺术门类的发展情况、主要的演员、主要作品、主要流派风格等等。有了专业知识，才能心里有底，说得明，讲得清。

2. 适合节目需要的形象和声音气质。观众接受一位主持人，常常要凭借主持人最初几次节目留下的基本印象，而在基本印象中影响最大的是主持人的气质。能够表现出气质的主要是长相、打扮、表情、举止、声音、谈吐、反应能力等。这些影响气质的因素中，有些是天生的基本条件，有些是后天养成的，还有的是利用人工手段做成的，如穿着打扮。不同专题文艺节目，对主持人的气质要求不一样，主持人应当根据自己的条件，选择与之相适应的节目，这样才能发挥自己的长处。如青年人喜爱的与流行歌曲有关的节目，主持人通常年轻活泼、表情丰富、举止活跃、声音明快、打扮新潮。而以成年人为对象的与古典音乐或戏曲有关的专题节目，主持人应当朴实稳重些，表情和举止应有分寸，声音宽厚，谈吐有度。总之，不同专题节目会有自己的节目风格要求，主持人要根据自己的气质特点判断自己能否做好某一节目。

在体现气质的诸要素中，长相的可变性不大。挑选电视节目主持人，相貌是一个重要因素。但气质的表现是由多个要素形成的，有些要素是可以通过训练改善的。这些可改善的要素，在一定意义上可以弥补相貌的不足，减轻人们对相貌缺陷的挑剔。节目主持人改进自己的气质，应当从可变要素着手，通过训练，使其得到改进。有些人的相貌在主持某些节目中可能会有局限性，但不要过分看重相貌，忽视其他气质要素。

3. 语言表达能力。专题文艺节目主持人应当具有良好的语言表达能力。其中包括脱离稿件的大段即兴表达能力。主持人在节目中常常要比较深入地介绍一些人物和作品，对人物和作品进行比较细致的评价，这些不是仅靠一两句话就能应付的，需要有比较完整的大段即兴表达。这种篇幅较长的即兴表达涉及知识水平、思维记忆能力、语言反应能力等多方面因素。知识水平决定你是否真有内容可说，是否会讲出外行话，因为很多专题节目有自己的特定知识领域。思维记忆能力决定你讲话的逻辑性如何，预先准备的东西是否可以依靠记忆再现出来。在专题节目中，许多看似临场发挥的即兴表达，实际上是事先准备的，或者事先已经准备了一部分。如果把事先准备的东西忘记了，可能会影响表达的准确性。语言反应能力可以使你在转换话题或访谈提问时保持机敏、灵活的话语状态。语言反应能力弱会产生表达不连贯、段落之间停顿时间长、提问不及时、缺少针对性等问题。

4. 临场控制能力。是指在演播过程中，根据节目需要，控制访谈过程的能力。访谈在专题节目中很常见。访谈一般不应排练，否则会影响表达的生动性。在不了解对方会说什么，怎样说的情况下，主持人控制谈话进程的能力就显得很重要。好的节目主持人可以不动声色地通过提问和插话，引导对方的谈话内容向节目的目标靠拢。有些主持人缺少临场控制能力，任凭被访者滔滔不绝，谈话内容离节目需要有很大差距，最后只能依靠后期剪接去修整。也有的时候主持人提问不当，没有抓住实质，得到的回答也可能缺少有用的东西。除了要控制谈话内容外，临场控制的另一任务就是控制时间。现场采访都有大致的时间限制，尽管可以在后期加工时进行删改，但为了保持采访的完整，最好把时间控制在适当范围内。这就需要主持人把握访谈进程，根据时间确定谈话节奏，不要开始时任其自由发挥，快到时间又匆匆将其打断。

5. 个人风格。是指节目主持人根据特定节目需要，结合自身特点所显露的与其他节目主持人不同之处。它体现在性格、气质、表情、语言表达等各个方面。电视专题文艺节目涉及艺术门类多，节目数量也不少，这些节目在构成上，往往都有介绍、评价、播放作品等要素，很容易形成同一样式。解决这一问题，除了加大节目形式区别，探索不同内容采用不同表现方式，节目主持人的个人风格也能产生与众不同的效果。优秀节目主持人应当突出自己的个人风格，当别人的节目受到欢迎，其他主持人受到赞扬时，学习是必要的，但不应陷入单纯模仿，束缚个人风格的发展。

第四节　转播现场主持

电视直接把在剧场或演播室演出的文艺节目转播给电视机前的观众。这是一种很方便的播出形式。在缺少录像技术的年代，这种播出方式是电视文艺节目最常使用的。不过，那时的转播，多是顺路搭车，利用剧场公开演出的机会，把现场实况转播给电视观众。那时，也有一些小型文艺节目，是在电视台自己的演播室中演出。无论是剧场转播，还是演播室转播，都没有专门的电视节目主持人出面。在剧场中，节目由报幕员主持。在演播室，节目之间的转换也仿照报幕方式，或者用字幕代替。传统的剧场演出方式使电视文艺转播缺少自己的表现方式。

现在，用于转播的文艺节目更多考虑电视的需要，无论在剧场，还是在演播室，报幕员常常被节目主持人取代。

转播现场主持人的身份与传统报幕员不同。报幕员是以演出一方代表的身份出现，而主持人是以电视台介绍者的身份出现，由此产生了语言方式的不同。以演出者身份出现的报幕员不便于过多谈论节目，更不便于过分赞扬演出，否则会有卖弄自夸之嫌。他们的身份限制了对演出的评论。因此，报幕员通常只是报告节目，对节目内容作简短的介绍。

节目主持人则不同，他们的身份是介绍者。他们不仅介绍演出的内容，还可以代表电视台，对节目内容、节目形式和演员表演进行评价，由于身处局外，这些评价比报幕员的评价更具有可信性。节目主持人的身份为他们提供了发表评论的机会。当然，文艺节目转播不同于专题文艺节目，观众的主要目的是观赏节目，节目主持人的介绍和评论不应过多。

无论是在剧场，还是在演播室现场主持节目，主持人实际上是面对着两种观众，现场的观众和电视机前的观众。主持人的语言表达，不仅将观众设想为离自己较近的电视观众，还要兼顾到离自己较远的现场观众，主持人的声音距离感应当适当加大，声音应当略微放开些，但应避免传统报幕的腔调。

现场主持时，语言内容最好记住，不要看稿子。

转播现场主持人的主要任务是向观众介绍节目，如果介绍者连节目名称、演员姓名这些基本内容都不熟悉，表明你对节目的基本情况并不了解，你的介绍还会有多大的说服力？如果你还要发表一些溢美之词，对节目进行评价，观众更会认为你是逢场作戏。

有的主持人没有认识到现场主持与报幕的区别，不下功夫记忆主持内容，而是模仿报幕员的做法，使用卡片记录节目名称和演员姓名提醒自己，在主持时，不时拿出来看看。这种做法虽然允许，但其身份已不再是熟知节目的主持人，而只是一个向观众报告节目的报幕员，其作用与电视字幕并无多大区别，只不过一个是诉诸视觉的文字，一个是借助发音器官诉诸听觉的声音。卡片不是不可使用，但它应该用于实在不得已时，而且次数不能多。这种暴露主持人对节目知之不多的做法会影响主持人的形象，造成观众对主持人的不信任。

转播现场有大量观众，场合较为正式，不同于没有现场观众的播音室，主持人应当稳重些，语言和举止应得当，不能过于随便。

转播现场主持可有不同方式。有时采用传统报幕方式，主持人从舞台一侧走出，说完之后退下。还有的时候在现场侧面位置设置一个主持台，需要主持人说话时，镜头会切换到主持台，演出时，画面是表演的镜头。

在转播现场的主持人应当了解每个节目的起始，及时保持与导播的联络。有时，当画面切换到主持台时，主持人还不知晓，或者才开始由木然转到微笑，这些都会暴露在电视屏幕上，造成不良影响。

在现场的主持，可以采取灵活的主持方式，节目时间较长时，主持人可以退下，待到节目快结束时再上场。如果节目较短，主持人应当以观众的身份，有兴趣地观看。这样，无论何时镜头对准你，你都会有良好的精神状态。

转播现场主持有时会使用两名或多名主持人同时主持，此时，应当注意主持人之间的默契配合。多人主持应当事先有所安排，并要适当排练，以相互熟悉和配合。需要注意的是，以观赏演出为目的的现场转播，主持人的主要任务是介绍节目，并不是参与表演。因此，即使多人主持，其交流对象也应是现场和电视机前的观众，不应抛开观众，只顾主持人之间的交流，如果那样，观众会有被冷落的感觉。当然，有的时候，节目导演会让主持人也参与到表演之中，那你的身份就不同了。有时是主持人和表演者的双重身份，这时的主持人应当知道自己何时是主持人，何时是表演者，要能在不同时间转换自己的角色。

第五节　综艺节目主持

电视综艺节目是近年来国内发展较快的节目类型。它是由节目主持人现场主持，有观众参与，穿插各种娱乐表演和游戏竞赛的大型电视文艺节目。电视综艺节目不同于传统文艺表演，看和演的界限被打破，现场观众也成为节目的参与者，有时与演员同台共演。综艺节目中的演出多以娱乐为目的，既有专业演员表演，也有现场观众或嘉宾的业余表演。表演内容五花八门，极具娱乐性，即使艺术性不高的表演，如游戏、猜谜、智力测验、武术，杂技、魔术都可进入节目。这类节目具有新颖、简单、巧妙、幽默的特点。

由于演出形式活泼，为了便于调动电视手段，电视综艺节目一般都在单独布置和设计的演播厅或室外场地进行，而不选用台上和台下界限分明的剧场模式。综艺节目主持也与现场转播主持不同，主持人身处观众与表演者之间，即兴控制节目过程，尽管事先有一定的策划安排，但过程细节并不是规定好的，带有很大的不确定性。主持人要随机应变，灵活应对现场出现的各种意外情况。他们是把握节目过程控制权的真正可以操纵场面的主持人，而不是编导的代言人。

电视综艺节目可分为两类：一类是表演型综艺节目；一类是游戏型综艺节目。

表演型综艺节目是从文艺表演发展而来，又加入了电视节目的参与性和接近性因素，形成适合于电视的特殊表演形式。表演型综艺节目仍保留着演员与观众之间的界线，主持人可能偶尔会从观众席中挑选一两位观众上台回答问题，或协助演员表演，大多数观众的作用是烘托现场气氛，为演员鼓掌助兴，为电视提供观众镜头。主持人的任务则是在各个节目之间设计一些短小的表演片断，或是插入一些风趣幽默的语言，使节目之间的过渡更平顺，更吸引人。

游戏型综艺节目带有游戏性质，它打破了观众与表演者之间的界限，现场观众是游戏的直接参与者，有机会表现自己的才能，不仅仅是烘托场面的啦啦队。在游戏型综艺节目中，还可以根据参与方式的不同，分为以口说脑想为主的智力游戏节目和以身体动作为主的动作游戏节目。当然，也有一些游戏头脑、嘴巴和身体都用，“文武”兼备。

综艺节目中的节目类型较多，表现形式又有很大的不同，因而对主持人的要求也不一样。在这种节目类型中，有许多不同气质和不同主持风格的男女电视节目主持人。

表演型综艺节目是综艺节目中较文雅的一种。我国中央电视台的《综艺大观》是其中具有代表性的一个节目。它历经多年，主持人换过几次，始终保持健康活泼、朴实大方的节目风格。

在表演型综艺节目中，主持人的任务是用话语或适当的表演穿针引线，将不同节目连接起来，形成一个衔接紧密的节目整体，改变剧场演出节目连接松散，观众注意力过分集中，节目整体性较差的缺点。不同于剧场演出报幕的死板方式，节目主持人采用经过适当排练的台词与临场发挥的即兴表达相结合的语言形式，既有事先设计的成分，又要根据场上情况，随机应变，灵活应答。节目主持人要语言得体，态度谦和，待人平等；还要有适度的幽默感，使场上气氛轻松愉快。主持人不应因自己在现场掌握主动权而有高人一等的感觉，如果内心深处有这种想法，很容易在言语、动作和表情中不经意地流露出来，因为在即兴表达中，心理控制会减弱，潜意识的东西很容易显现。这种内心的表露被观众意识到，对主持人的评价会急转而下。有些过去观众印象很好的主持人，往往会由于一句话暴露出人格缺陷，产生对自己的负面评价。一旦良好形象被破坏，需要加倍的修补和很长时间才能恢复。

在表演型综艺节目主持中，主持人除了语言，还要在台上使用手势、动作。这些手势、动作应当简捷、明快，不要过于繁杂。繁杂的手势和身体动作会使人感到主持人内心忙乱。使用手势和动作要注意礼貌，在迎送演员或观众上台、下台，招呼有关人员靠近或离开时，适当的手势比言语更清晰，尤其是说得太多或要与语言同时表达其他意思时，手势和动作显得更为重要。主持人要善于利用肢体语言表达自己的意思。

为了用好手势、动作，节目主持人可以适当进行表演和礼仪方面的训练。不过在使用时，应尽力除去表演的痕迹，如果动作过于夸张，带有表演色彩，观众会怀疑你是否真诚面对他们。

在电视综艺节目中，现在出现得越来越多的是游戏型综艺节目。这种节目更强调现场观众的参与性，内容也更有趣，适合一般人娱乐消遣需要。

游戏型综艺节目主持人可分为口、脑为主，动作较少的智力游戏节目主持人和动作较多，全身心投入的动作游戏节目主持人。

在智力游戏节目中，智力测验和常识判断是最常见的表现形式。智力测验是国外常见的娱乐节目。虽然在20世纪50年代就已普遍在电视台播出，并且在美国出现过轰动一时的作假丑闻，但这种节目形式一直兴盛不衰。在我国，智力测验节目最常见的是针对青少年学生的智力测验节目。根据画面判断正误是一种测试常识的节目形式，它发挥了电视可以直观感受的特点，利用不同画面考察参加者的常识水平，由于有生动的画面，使节目不仅具有知识性，而且更具有趣味性。国内许多电视台都开办过此类节目，最著名的当数中央电视台的《正大综艺》。

主持智力游戏节目，主持人在场内保持相对固定的位置，主要使用语言和手势与参赛者沟通。这种节目多由几位参赛者作为选手，其他人则为观众，观众也有回答问题的机会。有时，由几位参赛选手各带一部分观众，形成营垒对抗形式参赛。不管哪种比赛方式，场上秩序一般都比较稳定，主持人和参赛者、观众都各有其位。

主持智力游戏节目时大量使用语言。语言方式以即兴表达为主，内容多属一般交际用语，话语不长，但要说得轻松、大方而得体，却也不容易。

智力游戏节目要动脑筋去想，参赛者和喜欢节目的观众会集中精力等待竞赛的开始，主持人比赛前和比赛中过多的话语会使观众感到厌烦难耐。主持人的语言应当明快、简练，不仅与比赛无关的内容少说，与比赛有关的内容也不要啰嗦，这样才能使节目保持适当节奏，不致使节目变得拖拖拉拉。主持人语言啰嗦造成节目行进节奏拖拉会使观众注意力不易集中，不能全神贯注，而全神贯注是这种以思考为特征的游戏节目的乐趣所在。当然，集中精力时间过长会使人感到疲劳，适当的时候，主持人应安排放松的时间，主持人可以讲一些趣事，或者欣赏一段节目，让参赛者和观众放松一下紧张的神经。有时，播出一两条广告也能起到放松的效果。

主持智力游戏节目时，有几个环节需要语言表述。

1. 开场。节目开始时，主持人要向电视观众介绍节目的大体安排，参赛嘉宾及现场观众。还要向参赛者说明竞赛规则，回答方式，如何记分等。

开场时的说明要简练，一听就懂，否则，参赛者听不清楚，不断发问，造成纠缠，会影响节目进程。

2. 出题。传统的智力竞赛采用口头念题，参赛者抢答方式。这种竞赛方式可加快比赛节奏，扣人心弦。现在仍有不少智力竞赛节目采用口头问答方式；尤其是针对青少年学生的智力竞赛节目，多采用这种方式。主持人出题时可借助事先准备的卡片或现场字幕进行提问；要事先搞清楚问题内容，不要读错题目，读错题目会使主持人当众出丑。因为主持人在出题时隐含着考官身份，连题目都不懂的考官是不称职的。

有时，出题方式借助屏幕画面或现场演示。这种出题方式活泼、生动。主持人只需稍做提示，不必多费口舌；说得多反而干扰参赛者观看画面和现场演示的注意力。

3. 启发。在参赛者思考答题时，主持人可用适当的语言启发参赛者，使参赛者能将思考的范围接近问题答案。语言启发多用在思考时间较长的问题上，因为思考时间过长会影响节目进程和节奏。如果参赛者都回答不上来，还会影响场上气氛，这些都不是节目组织者所希望的。另外，场上长时间无声，也会显得很冷落。这些都需要主持人的语言启发。主持人的启发可以活跃气氛，但不要有意或无意地将答案泄露，这样会使大家扫兴。

4．打分。主持人要对参赛者的回答评判打分。打分应当公平、公正。虽然是游戏，分数多少并无利益关系，但在众多观众面前，参赛者有时也很看重分数。主持人不应出现打分错误，一旦出现错误应及时更正，并表示歉意。有些可给可不给的分，从照顾参赛者兴致和有利于场上气氛出发，应适当放松要求，不必太死板。当然，对参赛各方应一视同仁，不要厚此薄彼，以免破坏场上和谐气氛。

5．评议。当比赛进行一段或比赛结束时，主持人常对参赛嘉宾和场上各队的表现加以评论。评论应以表扬为主调，尽可能少用批评，尤其不要对落后的参赛者进行讥讽。有的时候，主持人想用幽默的语言，对比赛做一个风趣的总结，活跃一下场上的气氛，结果却弄巧成拙，伤害了场上一部分人。在对别人进行评价时，一定要谨慎行事。

主持智力游戏节目时，主持人较多使用手势示意或指示，让场上人员注意画面或演示；或用手势比画，表示大小、形状；或借助手势表达自己的感情。

动作游戏节目是另一种类型的游戏型综艺节目。在这种节目中，参赛者不仅要说，而且要亲自做。比赛涉及包括体能、模仿能力、语言能力、想像力、判断能力、表演能力等多方面的能力。这些能力都体现在节目编导者编排的有趣游戏中。

动作游戏节目主持人是最活跃的主持人。他们边说边动，不停地向参赛者示意和讲解动作要求，发表评论，打出分数。主持人能把看似忙乱的演播现场安排得有条不紊，使节目不致因场上出现各种意外事情而进行不下去。

动作游戏节目主持人要具备多方面能力。

开朗热情是动作游戏节目主持人的性格特点。动作游戏节目是娱乐性为主的节目形式，充满了编导精心设计的游戏内容。参赛者跃跃欲试，现场观众兴奋期待，全场充满欢快、热烈的气氛。只有开朗热情的性格，才更适合这种场合。沉稳拘束，不利于使现场气氛升温，难于取得热烈兴奋的节目效果。

动作游戏节目主持人还要反应迅速。节目进行中，参赛者可能会提各种问题，有些问题事先无法预料，也可能产生一些意想不到的动作。主持人要及时得体地作出反应。

动作敏捷也是必不可少的。动作游戏节目，主持人往往要参与其中。有些动作主持人还要作出示范，没有灵活的手脚和敏捷的动作，很难做好。

在娱乐性节目中，机智幽默是必不可少的。它体现在语言、表情和手势动作中。机智是细致观察、灵活思考的体现。机智产生的语言、动作，不仅使人想到聪明，有时还会形成令人捧腹的幽默感。幽默应当随着情景自然产生，不能生搬硬套，生搬硬套只会让人产生不自然的笑容。

在动作游戏节目中，主持人的手势和身体动作很多，面部表情也应丰富。主持人应当具有一定的表演能力，善于用表情和动作表现自己或模仿别人，使表达更生动。

综艺节目主持中即兴成分较多，没有固定的程式。主持人更多依靠个人性格、形象特点、语言动作表达方式及多方面综合能力去随机发挥。许多独创的机智语言、幽默动作给人留下难忘印象，其根源并不在于主持技巧，而在于主持人的基本素质和综合能力。受人喜爱的综艺节目主持人，更离不开与众不同的良好素质和能力。

综艺节目为主持人提供了更多的个人表现机会。即兴发挥时自由度的扩大，会使一些主持人忘记语言、动作界限，有意无意地在节目中产生不尊重、轻视、取笑，甚至侮辱对方的行为。也有的主持人在需要控制场面时，非但不调整场内气氛，反而火上浇油，使原本健康的娱乐节目变成格调低下的胡闹。为避免以上这些弊病产生，综艺节目主持人遇到下列问题时，应有所不为。

1. 降低自己人格。主持人的服饰、语言或动作不当，可能会降低自己的身份。有些情况，主持人应三思而后行，不可视作无关紧要的小节。如女主持人过分暴露的服装、过于奇特的发型，可能会向观众传达错误的信息；无意之中流露的不良口语习惯、庸俗低级的玩笑，对异性过于亲昵的动作等，这些都会对主持人形象造成不良影响。

2. 对他人不尊重。主持人的语言、动作、表情如有不尊重他人之嫌，应当慎重使用。不尊重他人的语言方式包括态度生硬，不适当称呼，不适当比喻及开玩笑过分等。不尊重他人的动作有不适当的阻拦，不礼貌的手脚动作，取笑他人的比画等。轻视、蔑视及讥讽的表情也会造成对他人不尊重。

3. 大众不可接受。主持人在使用新奇的称呼、特殊讲话方式和特别的动作时，要考虑大众是否可以接受。综艺节目收视率高，是面向各阶层大众的节目类型。有些只适用于特定人群的语言和动作会使一般人反感，对此，节目主持人应当有清醒的认识。

4. 现场气氛不良。在节目进行中，有时会出现意想不到的情况。此时，需要主持人出面化解，平息不良气氛。主持人不可袖手旁观，更不可火上浇油，使现场气氛紧张或“变味”。在游戏节目中，竞赛得分和评分常会引发小争论，主持人应及时化解矛盾，不可使对立加剧，造成节目气氛紧张。有时，气氛太热烈常会引起一些出格的言语或动作，使比赛的友好气氛被削弱，主持人应及时劝阻、纠正；甚至命令游戏各方掌握尺度，防止局面恶化。

综艺节目是电视文艺节目中最大众化的娱乐节目，主持人要具备多方面的能力才能获得观众的好评。在节目中，他们用自己的语言、表情和动作将节目内容步步推进；同时，也用自己的表现维护着现场气氛。气氛不足时要“添一把柴”，煽动一下情绪；气氛过热时，又要冷处理一下，使场上气氛“降降温”。充满活力、热情奔放而又聪明机敏的主持人才能做好这一工作。

第四十四章

电视纪录片解说

第一节　电视纪录片界定与内涵

真实性质

电视纪录片也有人称电视专题片。在《辞海》中，对纪录影片的表述是这样的："对某一政治、经济、军事、文化生活或历史事件作系统、完整纪录报导的影片。纪录影片所拍摄的内容必须是生活中的真实的事实，不允许任何虚构。"在美国"大学电影协会"出版的《电影术语汇编》中，关于纪录片的定义又作了如下表述："纪录影片、纪录片，一种非虚构的影片，它具有一个有说服力的主题或观点，但它取材于实际生活，并且运用编辑和音响来增进其观念的发展。"从以上两种对纪录片的表述中，我们取其共质即非虚构的真实性。由此可见，真实性，是纪录片（即电视专题片）的创作属性。

纪录片以真实性为基础与追求，纪录片的创作依据是具有实在性和具体性的客观现实的原生状态，不允许虚构与表演，反之，将失去真实性。真实性是纪录片创作的原则与追求。纪录片不只是客观世界的纯粹再现，原因在于，编导者在对客观现实摄录的截取环节与编辑、运思的过程中，都不同程度地融进了编导者的主体意识，形成再现基础上的表现。这正如维尔托夫、格里尔逊等世界电影大师所说的：纪录片是意识形态的工具，是对真实事物有创意的处理。维尔托夫还说纪录片应当"出其不意地抓取生活，然后在意识形态上把它组合起来，叙述一个真理"。格里尔逊则认为纪录片应当是富有创造性的对真实生活场面的处理，应利用剪接、音乐、解说等手段，进行艺术性的加工。这些理论和主张就其实质即"让你看他所需要你看的东西"。因而从这个意义上着眼，纪录片既有再现的性质，也有表现的性质。这也是为什么每部纪录片都有其主题、目的的所在。当然，每部片子主题的表现形式不尽相同，有的明显、有的暗含、有的通过解说使主题显露；有的则通过画面信息和定向组接形成一种启示。但却没有一部片子不带有一定的主题与目的，即或是反映自然与社会中原生形态的一段自然流程也不无其主题和目的。因为选取、纪录这些镜头和流程本身就已经蕴含有某种特定意向了，只不过是以再现的方式来体现罢了。在这种情况下，欣赏主体往往会根据自身的观念意识、文化结构、审美情趣、个性特征等相观照，给予一定的理念提取。

总之，电视纪录片是一种纪实性作品，必须用真实的环境、事件、真人真事等一切自然和社会的原生形态来反映再现客观世界、现实生活或表现创作主体的一种见解与情感。

面对众多的电视文艺作品和电视片，电视纪录片又表现出两重对应：第一是与可虚构、扮演的故事片相对应；第二是与同属纪实性的时效强、主题单一的新闻（消息）片相对应。原因在于：一、虽然新闻（消息）片与电视纪录片都是“以事实说话”或“就事实说”而具有真实性，但新闻（消息）片的创作只能是客观的再现，而电视纪录片除此之外，还有主观的渗透，可以再现也可以表现。二、新闻（消息）片不属于艺术范畴，不需要追求艺术造型和艺术效应，只要求客观、公正地反映现实生活。而电视纪录片介于新闻与艺术两者之间，因而具有二重性，“它在遵循真实性原则的基础上，可以采用比喻、象征、联想、对比等艺术手法，多层次、多角度地反映生活，以加强艺术感染力。”① 三、新闻（消息）片时效性强、内容简单，它只能反映某一事件的一个片断，不交待事件的全过程，不作系统的“纵剖面”报道。而电视纪录片却可以“运用纪实手法，对社会生活的某一领域或某一方面，给予集中的、深入的报道。”② 综上所述，电视纪录片不应涵盖新闻（消息）片。

内涵丰富

电视纪录片是最具综合性的，它涉及的领域、内容、题材很广，大致有：社会面貌、百业新风、人物介绍、风光旅游、经济现象、历史地理、民俗综览、科技卫生、文化教育、生活知识、中外交流以及对政治、军事等重大历史与现实问题的思索与探讨。它们具有政治性、知识性、教育性、服务性与欣赏性。电视纪录片具有内容的专一性、连续性、深入性、针对性和对象的特殊性。不同内容、题材、风格的片子可以区分成不同种类、风格的电视纪录片。例如，可以分为政论片、人物片、风光片、科教片等。

创作多样

电视纪录片，也可以对某一社会领域、社会现象以及人生课题等给予专门、深入地报道或反映。电视纪录片内容和形式的多元化，使它的创作也呈现多样性，在遵循真实性创作原则的基础上，允许采用多种形式和多种艺术手段来进行创作。

例如，在解说的处理上，可分别采用：叙述讲解、议论说理、描绘抒情等不同表现样式，也可有不同人称角度的处理，如对话式、人称交替式等。在片中几要素的处理上，可以是只有画面、音乐、不加解说的，或以画面、同期声为主的，或仅有画面、解说而无音乐、同期声的各种形式。

创作的多样，适应不同种类的纪录片需要，形成内容与形式的有机相合，增强了感染力，促使欣赏主体与创作主体实现同构共识，达到审美追求。

---

① 叶子：《电视记者工作》，第 107 页，北京广播学院出版社 1989 年版。

② 高鑫：《“电视纪录片”与“电视专题片”界说》，中国广播电视学刊 1992 年第 3 期，第 34 页。

第二节 电视纪录片的声画要素及关系
——多维性、相关性、主导性

声画元素的多维性

从信息论和传播学的角度看，电视不同于报纸，在编码与传播过程中，只有视觉符号；也不同于广播，只有听觉符号，它具有视听两种符号并举的特点与优势，具有可视性与可听性。

从理论上讲，电视在所有传播媒介中是使用符号数量最多的媒介。瑞士语言学家佳·索绪尔说："符号是能指和所指结合的产物"，"符号，是一个完整的系统，人通过对它无限的组合，传达和表示无限的意思。"[①] 符号是信息传播的载体。电视中"多种符号的协同作用，产生了其他传播媒介无法相比的大信息量的效果"。[②] 同时，"电视符号传播的多维性也使符号接受者易于准确还原信息"。[③] 电视纪录片的编导者就是利用各种视听符号将自己的创作整合于一体，以求得欣赏主体的同构。在电视纪录片中，视听符号主要源于这几个元素：画面、解说、音乐、音响、同期声和字幕。

画面图像是电视纪录片的基础。电视画面有其自身的语言，它除了一幅幅单个画面符号具有本身的作用外，"重要的是按一定的组合规律，经过一定的组接技巧来表现更为丰富的思想"。[④] 画面图像具有直观性和形象感，能诉诸观众以事物发展、变化、运动的视觉形象。

解说大多是为了图像才产生的，一般而言，它对画面有一种依附性。解说不是对画面图像的简单重复或直白，它是根据特定的情景和情节，对画面图像进行高度补充、丰富、或渲染、点题以增加画面的内涵和意义，与画面配合共同表达一个主题。

音乐在电视纪录片中，多表现为背景音乐，它是为配合图像和解说而存在的。它要受图像符号与语言符号的双重制约，既不能和图像矛盾，破坏声画统一，也不能与解说比例失调，干扰片子内容的阐述。它大多在"躲躲闪闪"中发挥着作用，但却有着不可低估的陪衬、烘托作用。它可以写意也可以写实，更善长抒情。有时，根据不同片种与不同需要，音乐的地位还可以提高。

音响效果是人为制造的自然声响，它的作用是营造真实的空间，使人加强身临其境的真实感，并有渲染画面气氛的作用。

同期声包括与拍摄现场同时而来的人物语言和现场自然声响。同期声的运用，集中表现了电视纪录片纪实、真实的本质，并为表现片子的主题、内容服务。

---

① 刘炘：《电视意识论》第189页。

② 同上，205—206页。

③ 同上，207页。

④ 同上，202页。

字幕代替说明性解说，起提示作用。

有人认为，电视纪录片和其他电视作品中的几个视听元素的关系中，语言侧重表意，音乐侧重表情，音响侧重表真，这并不错，但实际上，语言除了表意之外，也表情、表真，音乐、音响也有表意的功能，这种区分，只是相对而言。

声画元素的相关性与主导性

电视纪录片创作凭借的声画诸元素，在创作当中具有相关性与主导性。相关性，是指每一个单独的创作元素都不可能产生整体效应，必须相互依存又相互制约，才可能产生应有的整体效应。主导性，是指根据需要，有的元素处于主要位置上，形成创作的主导关系。

在电视纪录片创作中，由于片子的内容、题材、风格等多样性，因而在创作中几种元素的使用情况也不尽相同：有的片子几种创作元素都有，有的片子则缺少音乐、音响效果或同期声，也有极个别的片子会不用解说只用字幕，但无论何种内容、何种题材或何种风格的片子，画面图像都是第一性的，是创作的基础。画面和解说都是最主要的创作元素(除去极个别的风光片外)，因为它们分别来自视听两个符号系统，声画并举是电视媒介的优势特征。其他元素则往往以它们为核心，适度地发挥着自己的作用。

在这个创作元素内核里，解说并不是总处于从属地位，实践中，这一关系并非一成不变。在最具综合性的电视纪录片中，画面图像与解说的关系并没有固定的模式。

众所周知，电视纪录片是视听结合的产物，画面是第一性的，是片子的主体。画面具有直观性、形象感，它有其自身的语言，是表情达意的主要途径，它既有叙述的功能，又有抒情的功能，它可以使所要表现的内容具体、可感，富有极强的视觉冲击力。然而，对于所叙述的人物、事件的背景和画面内容的深刻内涵，以及抽象性、概括性、哲理性较强的东西，它却无能为力或力所不及，存在一定的局限性，而弥补这些，却正是解说作用的特点所在。看，固然是电视的本质属性，但不是它的全部属性。边看边听，方可收到声画并茂、视听兼备的理想效果。从某种意义上讲，有时解说更能体现编导的见解与水平。就画面与解说的关系来讲，画面更富有真实感和启示力，而解说则更富有概括力与指向性，二者既有区别又有联系，在一部片子中，往往形成互存互补，相得益彰的局面。

由于画面与解说各自的特点与相互的依存，它们在电视纪录片中的关系大约呈现为三种状态。

（一）*画面为主，解说为辅*

这是传统的认识。此时，画面内容是表达的主体，解说则是围绕着画面展开，处于辅助地位。它是为了介绍、说明、补充完善画面内容服务的。

解说与画面的这种关系是常见的。但无论是介绍说明也好，补充完善也好，此时解说的作用都在于说明画面，使观众这个欣赏主体对画面有一个准确、全面的理解。而离开了画面，解说也就失去了形象的依托，失去了存在的必要。因此，播这类解说时，应当注意把握自己“后撤”的身份位置，以及“让位”于画面（或音乐）的心理感觉，毫无疑问，此时在所有创作元素中，画面是最重要的，它既是主体也是主导。

（二）解说为主，画面为辅

解说与画面的这种关系也存在着。此时片子中，解说所反映的内容远比画面所反映的内容更重要、更丰富，因此，虽然画面仍保留其主体的位置，却不得不将主导的地位让位于解说。换言之，此时，画面的物理形态依然故我，而意义内质却不及解说重要了。此时的解说单独表现着完整、重要的内容，或讲清一个道理，或阐明一种见解。而画面则是对解说的衬托，“为解说提供一个环境、创造一种氛围或增加一些形象感和现场感”。[①] 播这类解说时，应紧紧把握内容的完整性与深刻性。一般的解说词由于要与画面语言相互依存，因而其体裁形式多是有句无段或是有段无章。而这类解说词，由于要深刻、完整地讲清一个道理或阐明一种观点，因此，它大都相对完整，内涵深刻。在播此类解说时，应把握主导心理，解说位置靠前，表达分量加重。

（三）解说、画面互为依存

解说与画面的这种关系更是屡见不鲜。它追求在片中充分发挥画面与解说各自的特点和长处，“以画面来反映片子内容中富于形象性的部分，而以解说来反映画面不易反映或较为抽象的内容，使两者的作用都充分得以发挥，在一定时间内反映出更多的内容，使主题的阐述更加全面、充分、深刻”。[②] 此时，从形式上看，画面与解说若即若离，而本质上却是相互依存、互为补充，共同表现一个主题、一个内容。在播这类解说时，应把握它与画面的多种关系和作用，当靠前就向前，当后撤就跟、让，牢牢把握互补互为感觉。在此种关系中，解说与画面转换主导，而画面依然是主体。

值得提及的是，以上解说与画面间的主导，有时体现在一部片子中，有时却体现在一部片子中的不同段落里，在实践中，应具体分析、具体把握。

第三节　电视纪录片解说备稿的特点
——全方位、整体感、具体性

全方位

电视纪录片解说的备稿不同于一般广播播音的备稿，有其特点。它不能仅限于对解说词本体的理解与把握，更需要理解把握编导的整体创意与画面信息、画面语言，形成全方位的理解和把握。这是由于电视片是由画面、解说、音乐、音响、同期声、字幕这些要素集合起来的多维时空艺术，具有综合性，解说只是其中的一种创作元素，囿于解说词本体不足以明确自己的创作任务与作用，这是解说备稿最显著的特点。

电视纪录片解说备稿一般涉及三个方面、两个阶段形成循环过程：

三个方面，即全片创意、解说本体与画面图像。

两个阶段，即整体把握与具体把握。

循环过程，即看解说词（每段到整体）——观画面——了解创意（形成全方位理解与

---

① 罗京：《谈电视播音中画面与解说的关系》，载《广播电视播音与节目主持人》第239页。

② 同上，第241页。

把握）——再回到解说词（整体到每段）。

编导在创作每一部片子时，都有其立意、风格、表现方式和表现手段等方面的构想，解说者惟有获取到这些，方可置身于一定高度，理解把握到解说任务的大背景，并理解把握住片子的目的和基调，从而选用正确的表达方式参与创作。

获取全片创意，除直接从编导本人处获得外，更重要的是从画面信息、画面语言及解说词本体揣摩而来（当编导不在的情况下，也只好如此）。

对全片创意的理解与把握是解说备稿的基础，它主要体现在画面和解说这两个视听途径中。电视片的创作，就其本质来说是形象思维过程，因此编导在投入创作时，总是围绕着空间（画面）和时间（声音）进行形象思维。从构思、拍摄到编辑制作都离不开一个个具体的形象、画面，编导要将自己对主题的提炼、表现，对内容的结构序列，对表现方式和风格的倾向，以及对手段的运用等诸种信息都一一注入到画面当中，使其成为这些信息的载体，以光影、构图、色彩、镜头运动等物理属性给予人的视觉进而诉诸于心理，结合人们认知事物的规律进行交流的“代码系统”（指具有一定意义功能的“意义代码”和表示深层含义功能的“文化代码”），形成感性和理性认知。

然而，仅以画面往往不足以完全体现编导的创意，那些容易发生歧义的画面内容、抽象的道理、事件的背景、人物的心理活动以及过去时与未来时的回忆与幻想等，由于电视纪录片的真实性创作限定，不允许超现实表现或虚构、表演，因而必须借助于解说体现方可准确达于人。

解说是电视纪录片的重要表现手段。它不仅可以深化主题，突出画面，扩大画面容量，表达作者的创作倾向和意图，而且可以弥补电视纪录片在时间、空间上的局限性，加强观众、画面、作者三者之间的情感交流。电视纪录片解说在配合画面的形象塑造、意境渲染、情感抒发、知识介绍、信息传递等方面起着不可忽视的重要作用。因而，一般来说，只有兼顾解说语言与画面语言的功能，才能有助于把握编导的创意，理解该片的主题、目的、了解其表现方式的特点、风格，形成解说的表达基调，使解说有个总体的表达趋向。同时还应从全方位着眼，对其他创作元素音乐、音响、同期声的参与程度有所了解，作为参考，更准确地把握编导创意。

整体感

在电视纪录片解说的备稿中，了解了全片创意后，还应当在这个总前提下进一步着眼于解说词本体，加强对解说词整体与局部的理解与把握，以求得解说的整体感和准确、深刻的具体感。

显而易见，解说词的体裁特点是有句无段或有段无章（个别的相对成章），这是为了适应与画面语言相交融和互补的需要而形成的。因而，解说语言一般不太连贯、不完整、散化，如果单看解说词，有时会给人前言不搭后语之感。观众在观看片子时，也不能接受这种解说的存在，因此，解说者在准备稿件时，必须参考画面语言和片子脉络再与不连贯、不完整、散化的解说语言整合成一个整体来理解、把握，使每段解说之间互有联系，或是逻辑的承接，或是内容的延续，使画面语言与解说语言之间有衔接、交融，在头脑中织合成一个有声有像的立体时空艺术品。因而，从这个意义上讲，电视片解说的备稿过程中不看画面，仅拘泥于解说词本体，是违反解说创作原则的。在备稿过程中，有了声画的立体蓝图，形成解说任务的整体感，解说创作便不会盲目、被动、无所适从，必然会生发出主动性、立体感和整体感，体现出解说的目的、基调和风格，并形成基本的表达样式。

具体性

在电视纪录片解说备稿的过程中，有了总体趋向、整体感还不能因此止步，还必须落实于解说的各个局部，具体落实于每一段解说词的理解与把握，只有这样才有最终的落脚点。也就是说，在电视纪录片中，每一段解说词都有其相对独立的内涵与作用，对每一段解说词的理解与把握，关系到解说任务的具体落实与处理。解说备稿的特点决定其备稿是个循环过程，它的起点与终点都在每一段解说词上，而对其处于终点位置时的理解与把握自然当高于处于起点位置的水平，不了解整体就不能真正理解和把握局部，因为它是在明晰了全片创意、解说的大背景与解说整体风貌之后的又一次深化认识与升华。

在电视纪录片中，解说的作用大致有五个：

（一）提示说明作用

提示说明，是解说最基本的作用。它是对与解说词对位的画面内容进行说明讲解，使观众对画面所表现的内容有更清楚的认识。

（二）补充丰富作用

补充丰富，是解说的本质作用。它是将不易或不能用画面来表现的内容，通过解说补充进去或使其丰富起来，从而扩大画面的内涵，使观众得到更多的信息，进而更好地理解片子。

（三）深化主题作用

深化主题，是解说的重要作用。它是将编导的立意、观点直抒胸臆地表露出来，成为全片内容的点题、升华，从而更好地揭示片子的精神实质。

（四）连接画面作用

连接画面，是解说的又一基本作用。它是帮助编导推进内容、形成结构的所在。通过解说可以将表面上互不相关的画面有目的并有机地连接起来，使观众形成准确的理解。

（五）烘托添趣作用

烘托添趣，是解说的渲染作用。它可以通过解说将画面上平淡无奇的形象，引发为情趣盎然的联想，或将画面中本已具有的情感意向进一步加深加浓，从而使观众更好地感受画面语言，欣赏片子。

电视纪录片的题材、内容、风格、形式、表现手段各不相同，形成不同的片种，所以，解说的作用也各有侧重。但在大多数片子中，这几种作用都不同程度地存在着。因而，应当在解说的备稿过程中，结合全片创意与画面语言准确无误地理解每一段解说词的具体作用，选择其方式，把握其表达。例如，一段解说，是起深化主题作用，还是起烘托添趣作用；是为即将出现的画面作必要的铺垫，还是为已经出现的一连串画面作出小结；一段解说，是该处理成声画对位，还是声画对立；一段解说，是议论、抒情还是叙述表达为好，这些都应细致研究，都与每段解说的具体作用有关，在备稿阶段就要心中有数，有所设想，表达时，才会水到渠成、浑然天成。在大型系列片《让历史告诉未来》第一集的开头，画面上是春节晚会小兔跳迪斯科的欢乐场面，解说词是："瑞兔，象征吉祥和顺，给兔年的中国带来欢乐。"由于解说者理解把握了此部片子的创意和解说词的整体氛围(此片是对建军60年来所走过的道路的回顾、总结与反思)，因而，她一反常规没有用欢快的语调说出解说词，没有追求与画面情绪的表层和谐，这正是高层次的把握。纵观全片，如果对每部片子的每段解说都能准确、深刻地理解和把握，就会形成完美的解说整体。

综上所述，解说备稿的特点在于：全方位的涉及、循环式的过程和整体氛围下的具体把握。

全方位的涉及，有利于产生准确的目的性，获准解说创作的总趋向，形成解说创作的整体感。正如斯坦尼斯拉夫斯基所言"假使你有一个清楚明了的目的，你可以很快地获得一个清楚明了的内心状态。……假使目的暧昧不定，你的内在情调很容易流于飘忽。目的性质是决定的因素"。如失去全方位备稿的角度，往往会背离或偏离编导创意的方向，形成错误的目的，导致不准确的表达。

循环式的备稿，有利于明晰解说创作的总任务，形成整体感中的具体把握。解说具体把握得准确、深刻与否，表现在对解说词中蕴含的意与情的深刻、准确挖掘和受制于解说整体的全局性两方面，形成既有局部的相对独立性，又有整体意识的受制性，既有解说局部点的深入、确定性，又有解说整体面的联系、统一性。

需要阐明的是，电视纪录片的备稿除其自身的特点以外，它也遵循一般稿件的备稿原则，如对解说词内容、段落、层次的划分；对主题、目的的提炼和把握；对解说背景的了解；对解说重点的明了；以及对解说基调、风格的确定，其中不少与一般性稿件的准备相同，在此不再赘言。

第四节　电视纪录片解说再创作的心理特征——多向性、综合化、效应感

电视纪录片解说再创作的心理取向、心理调动等心理内容不同于一般广播播音，有其差异及自身特征。

多向性

电视纪录片的创作元素和创作手段呈多元化，因此，解说再创作的心理关注便不能仅限于自身，它的心理取向不是单向性而是多向性，它的运思不是一维性而是几维性，呈现立体感。在解说再创作从备稿到播出的整个过程中，解说者的心理始终是全方位运动，它有利于在电视片整体创作中，把握解说这一局部的创造，使全片获得和谐完美的整体效应。

从总体来看，电视纪录片的解说创作具有整体性、结构性的完形心理。且存在兼顾感，兼顾视、听两个范畴中各创作元素的作用及相互间的关系，即兼顾画面语言的内容、形式和色彩；兼顾音乐的起落、旋律情调、节奏；以及兼顾音响、同期声的位置、内容、

性质等。

具体来讲，电视纪录片解说的心理视野主要着眼于画面感及与解说的关系，全片整体效应多取决于此。正确的创作途径和创作方法决定解说的准备与外化阶段都始终参考、伴随着画面感。这里的画面感有两层含义：一是画面感觉，二是画面感受。即在解说心理中始终有与画面配合的感觉，以此来确定、调整解说时的位置与心态。在体味解说词本体内涵的同时，也要体味画面的内涵与情感形成相应的感受，以求更准确、生动、有机地外化表达。

从信息论的角度看，一般播音的创作过程是：

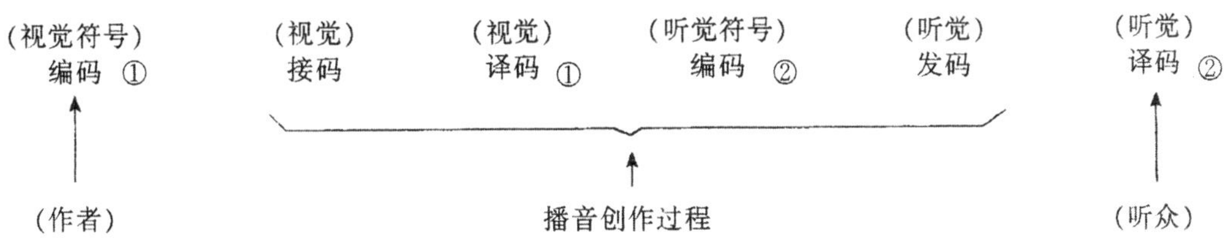

以上是一般播音创作表面信道图。

电视纪录片解说再创作的表面信道图如下：

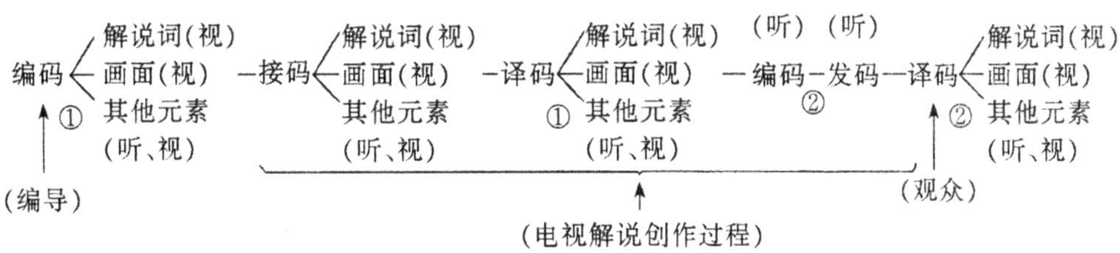

如图所示，电视纪录片解说创作不是编导编码的惟一载体、惟一传达途径，它只是所有编码的一个局部，而它的接、译、编、发码的创作全过程中又不得独善其身，必须在心理上构建成全片整体，形成整体意识，兼顾并关注其他相关元素，融入本体创作转换因素，方可准确把握自身的再编发码。因而，心理取向的多向性是电视纪录片解说心理的特征之一。

综合化

电视纪录片解说再创作的心理过程和心理结构，要比一般播音复杂，呈综合化。

电视解说感觉、感受的产生与调动不同于一般播音，只来自自我想象、联想，是内部心理结构的诱导，是第二信号系统的刺激转换生成物，同时兼有第一信号系统的直观刺激即电视图像的客体刺激，尤其是在声画对位的情况下。但有时，在编导的有意处理下，声画不对位时，画面不能给予解说者应有的直接刺激，解说者从画面中找不到可以用来唤起自身相应情绪、情感的视觉形象时，就只能凭借文字，运用想象、联想等心理过程来调动自身感觉，形成感受并产生相应情感。

例如，一部风光片，当解说词描述、赞叹一处风光如何之美时，单看文字，则需要解说者运用自身经验，再造想象或联想，甚至借代感情，才会引发出与解说内容相应的感觉、感受与情感。而当画面上出现与解说词内容相应的美景时，解说者便可由视觉形象直接引起感受，产生特定情感。这种画面直接刺激，有利于迅速、准确地引发感受，产生相应情感。正如一位解说者所感，一部表现中国改革开放的系列片中的一集《科技腾飞》，为了表现过去没能尽快将科研成果转化为生产力，而是将科研成果锁进保险柜了事的不妥做法时，解说词是这样的："就这么轻轻一锁，锁住了科技人员多少甘苦、多少心血、多少热望。"当解说者看到画面上正锁保险柜的动作，得到及时的刺激，又融入自己对此问题的认识与联想，此时，便产生了特定的感受，迅速形成相应的情感态度，以至说出的语言有内涵、有情感，分寸、色彩也较准确、得体。

然而，不是每一部片子中的每一个段落都是画面与解说词同步，呈现对位局面，而不同步、不对位的局面比比皆是。因此，在电视纪录片解说创作中，第一信号系统与第二信号系统共同参与创作，画面的直接刺激与依据解说词提示再造想象与联想生发出相应感觉、感受的交替、交合状态大量存在，有时二者相对独立，有时却相互融合。从这个角度看，电视纪录片解说创作的心理过程和心理结构呈综合化，因而，形成其心理特征之二。

效应感

电视纪录片的创作主要是由画面语言结合解说语言形成电视语言，分别作用于观众的视听感觉并由此达于观众的心灵，以求产生共鸣。换言之，电视纪录片给予受众的应是整体效应，而不是局部效应，由于解说效应仅是全片整体效应的一部分，因而，解说者在创作的全过程中，心理关注视野不应也不能仅限于解说本体。为了求得整体效应，有时，不得不弱化牺牲本体的局部创作规律与效应来适应全片电视语言的整体效应。让我们来考察一下"整全效应感"的作用吧：

有一部描写某一景点今昔变迁的电视纪录片，画面镜头主要是今日的美景与昔日的资料（中间穿插对几位有关人士的采访），画面色彩多明丽，节奏多平缓，解说词文采飞扬、有实有虚、情感深厚，可以说，每一位解说者见到这样的解说词都会心爱备至，因为它能极大地调动起解说者应有的情感，同时，对它的表达处理也会显现出解说者不凡的表达功力。于是此片的这位解说者便照此处理，时而慷慨激昂，时而细腻轻柔，从解说本体来看，的确情感浓烈、变化多端，如果仅就解说表达评价，的确不失为一次成功的尝试。然而，配上画面结合画面语言再一看，便感觉大不相同了，解说的慷慨激昂、一览无余，使画面语言黯然失色，好似多余，它的变化多端，又不是与画面语言交融的结果，完全我行我素，仅以解说语言本体表达规律为基准。因而，使人观之，有种解说夺戏、抢位的烦躁感，没有与画面的配合感，从而，没有形成全片整体的和谐感。原因不难理解，是解说者太钟爱解说本体，太舍不得牺牲解说局部的效应，因而，置全片整体效应于不顾。这便是丧失"整全效应感"心理的结果。

相反，另一部表现中国改革开放的系列片《对外开放》一集中，在展示了走出文革阴影的中国对外开放的一系列事实后，有这样一句解说词："今日中国，全方位开放的中国。"按照一般语言表达规律来看，它的表达应当是抒情意味的，同时，这种表达也可显现解说者的表达功力，而当解说者在编导的提示下，采用相对客观的语气播出之后，结合全片上下内容、风格来看，这种处理被大家认定是正确的，它是全片整体中的有机一点，而这，正是解说者弱化了表达自身规律，牺牲了本体局部效应，配合画面语言、适应全片创意及风格，形成“整全效应”心理所导致的有益结果。

此外，有时在一段画面的解说中，为了使解说与画面长度配合得匀称，将解说词拆成较为零散的一个个句子甚或一个个词组，从局部来看，它破坏了解说语言的完整性，而从全片整体着眼，则表现为与画面的配合感，因而，也就有了整体的和谐感。

以上诸种处理与表达毫无疑问来源于解说者主体的心理判断、心理选择，这与解说者的整体素质与修养紧密相关，同时，也是解说者整体性、结构性的完形心理所致。（解说再创作的考察结果表明，在解说的创作中，人的整个意识都参与了这一创作活动，不仅是思维这个意识中的一环在发挥作用。）电视解说创作的“整全效应感”是其心理特征之三。

心理取向的多向性、心理调动过程的综合化、心理结果的效应感，这些就构成了电视解说创作的心理特征。至于一般播音的心理共质，在此，不再重复。

第五节　电视纪录片解说与其他元素的相合把握
——相依性、参照性、和谐感

在电视解说创作中，解说者了解了解说的创作规律与特征，了解了自己的任务与位置，更重要的是把握自己的处理。解说创作的特性决定其处理不能仅着眼于本体，而应对其他几个视听元素有所兼顾，按照创作过程中的不同关系与组合，注重对其他元素的相依与参照，求得相合，最终形成和谐完美的电视作品。

关于电视纪录片创作元素构成和关系，以及各元素相合的意义，前面已作过阐释。本节重点涉及电视纪录片解说与其他元素相合的内涵与把握。

一部片子，若想获得创作整体的和谐感，解说必须注意以下几方面的把握：

1. 与片子的目的、风格相贴切。
2. 与画面的情绪气氛相和谐。
3. 与镜头的运动方式、景别、场景相适应。
4. 与画面的段落、位置相吻合。
5. 与音乐的情绪、节奏相融合。
6. 与音响效果、同期声相谐调。

与片子的目的、风格相贴切

解说的把握，首先在于对整部片子基调的把握。如前所述，解说基调的产生来源于对编导的整体创意、片子与解说词的创作风格以及片子的主题、目的等方面的理解与把握。因此，接到一部片子的解说任务，首先要看该片是什么内容、立意何在、运用什么手段和风格来体现的，再结合解说词的具体写法，选择出自己解说的风格、样式以及人称位置，将此融于解说的基调中。切忌理解把握不准，选择不当，与片子基调风格相悖，导致解说创作的失误。实践证明，如对解说总体基调、风格把握不当，局部表达再精细、再投入也

无济于事。

例如，一位解说者将一部反映本地区建国以来各方面建设成就的系列片中的一集《瓜果飘香》的解说（应为政论片）处理成抒情风格了，尽管表达技巧很高，也于事无补，因为它偏离了编导的创作初衷，有损于片子的整体风格，好似整部曲子的不谐和音。究其原因，是解说者只观文字内容，不问片子目的，缺乏正确的创作主导。

同样道理，也不应一见同类题材的片子，表达方法便如法炮制，而应根据片子创作的具体情况，选取正确的风格和语言样式来体现。首部中国经济改革全景系列片《凤凰涅槃》的解说在这方面做了有益的尝试。解说者在编导的提示下，明确了此片目的是反映改革开放以来经济领域各方面的情况，它既有令人鼓舞的成绩，也存在着不少需思索、探讨的问题。此片不只是肯定成绩，更重要的是帮助人们回顾历史、面对现状引起思考，共同关注并投身于未来的改革开放大业中去。此片的创作手法具有新闻纪实风格，表现方式与解说词写法也朴实无华。解说者进入到这种创作氛围之中，修正了解说此类片惯用的强力度、高视点、大气势、扬多抑少的表达模式，而采用凝重、平实、内在、平视角的表达方式，与此片的内容、立意、风格相统一，呈现出一种贴切感。究其细部，虽仍有不尽如人意之处，但总体把握却应该肯定。不少人有这样的看法：看片，并不觉解说突出的好，但也不觉得坏，好像没意识到解说的存在。这也许当是电视纪录片解说的最高追求与最佳效果吧。

不言而喻，解说，不能以不变应万变，不能在不同的每部片子或每一类片子中，都使用同一种表达风格和语言样式。诚然，每一位解说者都有自己表达驾驭语言的能力特点和风格，有的感情丰富，擅长抒情，适合解说轻松优美的风光片或情感性强的叙事片；有的则思辨力强，擅长解说富有哲理的政论片。然而，无论自己的优势如何，当遇到别种内容、风格的片子时，解说者都应选用与之相适应的表达风格与语言样式，把握住特定基调和风格，并不断从心理上调整自己，改变自己的表达定势，去适应此片的要求。从某种意义上讲，抓住了解说的基调和风格，此次创造便成功了一半，因为这实在是解说创作的关键一环。若这一环不准确，可以从内容和形式两方面去寻找原因，进行修正，从把握目的和选择表达两方面入手。

简言之，解说与片子目的、风格相贴切，表现为解说基调的正确把握以及表达风格和语言样式的相适应。在具体落实中，注意避免笼统的模式套用，或固守解说者个体的表达定势。

与画面的情绪气氛相和谐

解说与画面情绪气氛相和谐，是片子声画和谐的条件之一。解说语言的悲与喜、冷与热、严肃与轻松、扬与抑等各种情绪样式及气氛感，都来源于对片子的具体内容、画面情绪气氛的理解、把握与体味。

一般而言，解说的情绪应与画面情绪气氛相同步（但也有少数情况，二者不同步形成对立反差，这是特殊需要，是为追求更深层次的启示与意境）。可以这样认为，画面情绪气氛是解说情绪的基础，或是解说情绪的参照物，除特殊需要外，解说与画面情绪气氛不相依，会呈现声画两张皮的局面，难以使观众从视觉与听觉两个途径中获得统一而丰富的心理刺激，集合为强烈的印象。为此，解说者应紧跟画面情绪气氛，不断调整自己的内心感觉与之相适应，并选取恰当合体的表现方式来体现。

解说情绪的准确，除了内心感觉要跟上外，还要外化到位，方可体现出来，使人感觉到。这就尤为要注意语言色彩的浓淡，语言形式的扬与抑、松与紧等，以及语言技巧的运用。

比如，画面上是表现轻松闲适的异国他乡市景，而解说却语言过紧，这种语言过紧的形式势必影响到应有情绪的表现。因而，解说情绪欲与画面情绪气氛相和谐，不能不抓内外两个环节，把握与体味两方面的内容。

与镜头的运动方式、景别、场景相适应

电视纪录片的画面语言是由一个个、一组组画面组合而成。它是由推、拉、摇、移、跟不同镜头运动方式；远、中、近、特写不同景别；仰、俯不同角度；及内、外不同场景拍摄而成的，解说若想与画面感觉和谐就不能不与其形态相适应，否则也会影响到声画二者的和谐感及表达的生动感、贴切感。

试想，画面上是一个人与久别的亲人重逢时，激动地向对方跑去的动态跟拍镜头，解说却是四平八稳的人物静态叙述，毫无疑问，这种解说处理与画面上镜头运动感不相适宜，缺乏一定的人体动态冲击力，因而，也会不同程度地降低人物内在情感的迸发力。要知道，编导正是为了更有力地表现出人物这种久别重逢时的激动心情，才选用了这种镜头运动方式。如果解说者不理解此意图或不以画面的内容、形式相依、参照，只以一般播音意识来支配自己处理这段解说词，虽则也充满感情，但却是静态的感觉，单听解说还可以，然而一配上画面便觉极不相宜，因为它缺少一种与画面配合的动态运动感和活力。这种表达导致了视觉动态形象与听觉静态渲染的分离状态，这样，不但不能从视、听两个渠道双重刺激受众的感觉与心理，反而因为二者的脱节，降低了其中的视觉展现与听觉深化的渲染效应，使编导对此段落的创作动机失落，也使受众得不到完美的欣赏。

又如，为突出一座石雕像的高大，编导使用了仰拍镜头，如果解说者此时不带有一种自己也仰视的感觉来播这段介绍石雕像的解说词，也会使人感觉与镜头视角不相适应，冲淡了对这座石雕像的夸赞效果。当然，更不该在不经意中播成了平视或俯视这座石雕像的感觉。

再如，景别不同，解说也应显现其不同的分寸，以免造成画面景别与解说的距离感不相适应的局面，形成特写镜头的伴语却似来自中远景的感觉，或是正相反，画面上是大远景，解说却似近在眼前。这些情景都会导致解说与画面镜头的不贴切感。

此外，画面上内外场景不同，解说也应兼顾其环境、氛围因素来把握自己的处理，方可入情入理，使解说感觉与画面感觉相适合。例如，有一部歌颂市政建设设计人员的片子，片尾是这样两句解说词：“啊，人民不会忘记！大地不会忘记！”以此来赞颂那些为市政建设辛勤奉献的设计者们。此片的结尾是航拍的外景大地，解说自然应当处理成一种辽阔激情的赞颂感，以适应外景的辽阔空间感。如同样是这两句解说词，也同样在片子结尾处，而画面上表现的却是深夜室内，设计人员还在专心致志地工作着的情景。那么，此时的解说就应为内在、深情的赞颂感，以适应内景特定氛围的需要。

如上所述，解说者在创作的全过程中，如不看画面，缺乏依附、参照感，单播解说词是不可想象的，也是违反电视解说创作原则的。对画面的相依性与参照性是电视解说与电台播音的不同之处，也是电视解说创作的难点与独特魅力之所在。因此，每一位欲求成功的解说者都不能只注意画面的内容、情感等内涵一面，同时也应注重画面中的镜头运动方式、角度、景别、内外景（甚或影调）等画面外在形态并受其制约。这样，才能与画面内、外两方面感觉相适应。

值得一提的是，我们所说的解说与画面形态的相合、适应，不是要求与每个镜头一一对应，事实上既不可能，也没有必要，但要在编导着意表现之处，必须与之相合、与之适应。

与画面的段落、位置相吻合

电视纪录片的画面有段落、位置，解说也应与其相吻合。解说与画面的段落、位置相吻合，可使受众清楚、准确地体味片子的此段内涵，产生妙趣横生、触景生情的贴切感。若想求得此效应，应注意两个层次的把握。

第一层次的把握，是指解说与画面大段落与小层次的吻合。在解说时，应当注意把握解说的位置，不能使本段落、本层次的内容，错位到上下临近的段落与层次内，以免发生混乱，影响解说与画面的相依与和谐。试举例说明：

比如，一部介绍福建地区风俗的片子，其中一集分别介绍了土楼、悬棺、石旗杆、惠安女和蛇图腾几个风土人情。其中“土楼”一段，是在介绍“悬棺”之前，因此，有关“土楼”的解说词不能上移或下延，要正好与此段落内容吻合。当然，可以探究，此段落的解说是从这一段落画面一开始就说，还是出几个画面后，等到与画面贴合的舒服之处解说再入，或是解说与结尾的画面同步结束，还是解说结束后，让画面再延续至终。这些，没有一定之规，要依解说者对片子的理解与艺术感觉来把握。

有时，在一个大段落中又可分出几个小层次。比如，“土楼”这一大段落又可分为“土楼的外形”、“土楼的建筑材料”、“土楼的实用价值”、“土楼的防卫设施”、“土楼的影响”这样几个小层次，解说时，也要一一对位。在这里，我们不妨把这种只需与大段落与小层次的对位叫做“宽对”。在“宽对”中，若遇解说词过多或过少时，可用“移点法”、“抖散法”与“变速法”来合理处置。即解说词偏多时，试播后，可在本段落或小层次内不影响对位清楚的前提下，将解说的入点和出点前移或后推，或加快语速，以保证画面与解说的“均衡感”。解说词过少时，可在不影响语意清楚与画面对位的前提下，将解说词抖散、多停断几处，或放慢语速，以不使画面太空，显得画面与解说不匀称。编导的有意为之则另当别论。

解说第二层次的把握，是指解说与片中某一具体事物和形象的严格对位与吻合。这种处理有一定难度，但处理好，会给人以恰到好处、妙趣横生之感。例如，解说正说到大型石雕像李老君“它慈祥地注视着数百年来从脚下走过的芸芸众生”时，画面上正有一对打着阳伞的游客进入，来到这座石像下观赏，这就给人十分舒服的贴合感。如这句解说过去了，说下句时游人才进入画面来到石像下，或是游人都离开了，这句解说才出，都产生不了二者相合，颇具意味的贴切感。但在实践中，很难形成解说与画面的这种恰到好处的自动对位，尤其是在解说的进出点不宜改动或解说语言不宜抖散的情况下，这就只能用“变速法”来调整自己的解说，即在整体或临近需严格对位的事物和形象时，用加快或放慢语速来自然、有机地实现二者的严格对位。我们不妨将这种对位叫做“严对”。

无论是“宽对”，还是“严对”中的解说变速，都应有机、自然并有内心支撑，不能为快而快，为慢而慢，要在语言中加强内在感觉，使人觉得快得合情合理、慢得有滋有味。对位点做到有机、自然，会给人以天成合一之妙趣，这也体现出解说创作的独特魅力。

为了便于解说者识别、记忆画面的出入点特征，在此小结几点，仅供参考。在其他条件相同或不易识别与记忆时，可注意以下特征：

1．记景物——即画面中的具体物品或景象。

2．记景别——即画面中同一景物或人物的不同景别。

3．记场景——即画面中场景的内外之分。

4．记动静——即画面中同一景物与人物的动态与静态之分。

5．记人物——即画面中人物的性别、年龄、多少之分。

6．记镜头——即画面中镜头的运动方式、拍摄组接特点。

7．记颜色——即画面中同一景物或人物的着装、饰物等等的不同颜色。

8．记音乐——即与画面相伴的音乐情调、旋律、节奏的特点。

与音乐的情绪、节奏相融合

音乐，是电视纪录片创作的重要元素，它的作用非同小可，它既有很强的表情性，又有一定的表意性，并可体现一种情调、风格。它是编导手中执起的创作元素调色板中的一抹重彩，不是可有可无的陪衬。大型纪录片《望长城》的音乐苍茫、悠远，很容易将人们带入到那悠久历史的长河、广袤浩瀚的空间、深深的幽思与特定的氛围之中。音乐，在片中有着写意、抒情的强烈渲染作用，它也是这部片子成功的因素之一。不可想象一部片子的解说与音乐的风格、情绪、节奏不融合不谐调，会使人看了舒服，对其认可。在实际工作中，有的片子是剪辑后，先去配乐再配解说，也有的片子则是剪辑后，先配解说再配音乐，但无论工作程序如何，为了获得全片的创作成功，解说者在工作时，都应除去对画面的内容、情绪等因素参考以外，还应对片子音乐的情绪、节奏等有所参考或设想，获得特定的音乐感觉，以在解说时选用适当的方式与技巧与之相配合。

音乐在一部片子中，是编导总体设计的一部分，它有时取代解说与画面共同营造一种氛围，或与画面形象相伴，或为画面连接、过渡以其自身素质道出画面运动的更奇妙的艺术效果。音乐是最具催动人情绪的因素之一，因而，它往往被加入到画面语言与解说语言之中，以期增强感染力或共同揭示不同时代、不同国家、民族、区域的情调和风格，以及片子的不同内容、不同情绪。音乐以它的旋律、节奏等体现一种意境、一种情绪。一般而言，音乐的情绪、节奏与片子的内容情绪呈同步，把握了片子，便了解、适应了音乐的性质与感觉。例如，一般风光片的音乐多柔美、舒缓或轻快，解说随片子内容情绪而来的亲切的语气、甜美的音色、柔长的咬字、平缓的气息便可适应其音乐的特征。而一般政论片的音乐多凝重、激越或恢宏，解说随片子内容情绪而来的深沉、激昂的语气，饱满、有力的咬字，力度较强的气息也可适应其音乐的特征。

从理论角度讲，一部片子的配乐，基点在于全片的风格与具体内容和情绪，解说的创作基点也在于此。因此，只要把握了片子，二者的相合便是必然的，解说语言的色彩，语调的旋律，语流的波澜起伏，气息的强弱、长短，咬字的长圆，声音的刚柔等一系列变化大体都能适应其音乐的情绪与节奏。

从具体着眼，解说与音乐欲融合、谐调应注意两方面的问题：一是与音乐的配合感，二是进出音乐、画面感。

与音乐的配合感表现在两点：一是在未配乐前先解说时，对音乐类型、情绪、节奏的想象要正确，毫无疑问，它来源于正确的理解与经验的积累；二是把握有无音乐的解说感觉。由于电视纪录片中的音乐多叙事性，声区多中部，因此解说应注意有音乐时，用声不宜起调过高或过低，尤其是男声不宜过低、女声不宜过高，过高或过低都会游离音乐，显得浮出或沉下，形成解说与音乐的分离感。此外，音乐具有极强的旋律性、起伏感，因而，有音乐时的解说，应注意加强心理上与音乐的配合感，使语言的起伏度强于无音乐时，如此，可以避免语言显平与音乐旋律、节奏不相适应的局面。同时，节奏快的音乐，解说不宜太拖，感觉也应积极，节奏慢的音乐，解说不宜太快，感觉不宜太紧，反之都会造成分离，不谐调感。

注意把握进出音乐、画面感，是解说与音乐谐调的又一方面。

解说与音乐相融合，除去与具体情绪、节奏相融合外，还应把握其进出感觉与方式。一般轻柔优美的旋律，解说多柔进柔出、低进低出、缓进缓出，这样，顺畅、柔和，不使人感觉解说闯进闯出、生硬隔离，破坏了解说、画面、音乐的美感。而激越、恢宏的旋律，解说有时则可硬进硬出、高进高出，以适应其旋律、节奏的性质，并不使解说淹没在音乐声中。在音乐中入解说时，应尽量避开音乐的强拍进入，以防解说与音乐相撞而不融合，使人听不清。比较理想的解说出入感，应为接来送去感，即解说者调整自身的心理感觉并选择适当的方式从音乐、画面中接来相应的情绪感觉再将它们送出去，适应下面的情绪感觉，它可以配合特定的情绪和节奏或柔进柔出、或柔进硬出、或缓进疾出、或高进低出等等。当画面与音乐共同形成一种意境时，解说就应带着这种意境之感融进去进行表达，然后悄然离去，不破坏这种意境的延续。

由于目前大多数电视纪录片的制作都是先配解说后配音乐，即便是先配音乐后配解说的，技术所致，在解说时也很少能听到相伴的音乐，因此，在解说创作过程中，解说者不仅要头脑中有与之相伴的画面，耳畔也要有与之相伴、相适应的音乐，以对自身心理感觉与表达处理进行微调，适应解说与音乐的融合与谐调。因而，对有无配乐以及音乐的类型、情绪、节奏的设想与参考便尤为重要。

与音响效果、同期声相谐调

在电视纪录片中大量存在着音响效果与同期声，解说与它们配合的是否谐调也事关重要。

音响效果是人为制造的自然声响，它的主要作用是营造一个真实的空间，它在纪实性的电视纪录片中的意义与作用尤为突出。让片中画面上的天象或物体发出其特有的声音，如风、雨、雷声或人们生活空间中的各种声响等，都是为了表现某一特定的空间和环境的，给人以真实感。自然音响中各种声音都具有传达一定涵义的能力，都蕴含着丰富多样的表现力，它不仅可以营造一个真实的环境，也可以表现一定的思想感情或情绪气氛，以至作为人物内心状态的折射，增强艺术感染力。所以，自然音响不仅限于简单地传达空间信息，它还具备一定的表现力和象征性，并可独立于视觉画面以外显现其自身存在的价值。在电视纪录片的创作中，编导往往根据其需要全方位发挥自然音响的作用。由于音响效果与音乐一样，大多在配解说之后才合成进片子，因此，解说者在配解说时，也应当对音响的有无、位置、性质有所了解与参考，以使自己的解说采用正确的方式与之配合。试举一例：

如前边所提及的那部表现中国改革开放的系列片《凤凰涅槃》中的第一集，是反映农村改革开放所走过的道路，片首的解说词点出了农村改革的艰难起步，“……鸡叫头遍，18 个在贫困中挣扎的农民兄弟冒死在一张契约上签名画押，决定把人民公社的土地分了，包干到户联营。这些农民死也没有想到，他们长满老茧的手这么轻轻地一按，居然在一个偌大的中国按响了一片惊雷……”此时的画面是农民们正躲在屋檐下观望着落雨的天空，合成后此处有一串雷声。解说者看到这样的解说词和画面，应当理解到编导的创作意图，这串雷声不仅是画面中天象的自然声响，它更是“文革”当时社会氛围的写照与此举的意义所在，因而，它有着一定的象征性和表现力，实际上已超出了画面本身的视觉意义。解说者如果不了解或没有设想到此处有这一声效安排，在表达到此处时，语言没有加强力度并推上去有种与雷声融合的感觉，还是平稳地沉在下面去播，便会与这一声效缺乏配合，形成创作元素间配合失调的局面，影响片子的整体效果。为此，解说者在解说时，也应将与音响效果的配合处理设计在列，适当调整自己的心理感觉以及用声的音高、音强、音长等，以适应二者的有机结合。

最具写实性的声音，无疑是同期声。电视纪录片使用同期声，能增强其真实感与现场感。大型电视纪录片《望长城》的成功，无疑与其采用了大量真实、生动、感人的同期声有关。众所周知，同期声中有现场音响与人物语言，解说与同期声的配合，当注重在与人物语言的衔接上。如果解说不参照同期声中人物语言的感觉，在用声上过扬或过抑、过紧或过松都会与同期声衔接失衡。或者解说者不了解同期声中人物语言的具体内容，而解说词又与之紧密相关时，便找不准二者的契合点，解说感觉难以准确。再举一例，还是那部反映改革开放的系列纪录片《凤凰涅槃》中的一集《对外开放》它的开头，编导自己别出心裁地手拿话筒在深圳车站询问一位过往的旅客知道不知道“圳”是什么意思？对方回答说不知道。这时画面上便出现了一本古书，镜头给出书中对这一文字的解释，解说词是：“圳，一条水沟，深圳，一条深水沟。”如果解说者了解了前面同期声的采访内容，便会顺势而下，加强一种解释的目的感，与同期声自然承接。相反，如果根本就不知道前面同期声中的具体内容，解释的感觉只从画面上出现古书开始，从零开始，没有一种承接感，解说的语气、目的自然不到位，势必影响到编导的创构落实与片中创作元素间的有机过渡和结合。

综上所述，解说要与音响效果、同期声有机配合，着重表现在对音响效果、同期声的性质、作用、内容、位置的了解和把握，并给予适当的融合方式。它体现在解说者的内心感觉与外化形式两个方面。

总之，解说与片中创作诸元素的相合，目的是为获得全片和谐之感，它的获得条件是解说对其他视听元素的相依性与参照性，有了解说与其他元素的主动相合，必会极大促成全片和谐的整体效应，因为解说具有能动性与变通性，具有活力。

第六节　电视纪录片解说的表达特性——生活化、丰富性、多重性

电视纪录片表现的内容、题材较广泛，表现形式丰富多彩，但从总体上看，解说词多具有真实性、通俗性、艺术性、哲理性和抒情性，加之解说创作的特性，这些在解说的用声和表达上便构成了解说语言的相对个性。

解说语言的生活化

如前所述，电视纪录片属纪实创作品性，它的画面与解说内容都具真实性，加之解说的品性决定其语言样式以说为主，表现为生活化，因此，朴实、自然、流畅便构成解说语言的内涵。

朴实、自然在吐字发声形态上接近自然说话状态，但却是更高层次的控制。具体表现为，一般用声，音量不大、小而实，以收为主；咬字，幅度适中，出字，灵活、集中，不弹跳吐字，唇舌滑动多取小动程，口腔开度不过大，总之，吐字发声不夸张，是有控制的自如状态。从语流形态上看，语流畅达，语势多平缓，少大起大伏、连贯、少顿，有明显的前推感。

从表达方面看，不刻板，少雕琢、不夸张、较自如。由于解说有画面的相衬、相伴，有形象的展示，又多处于让画面的地位，因而，解说表达的感情渲染不宜太浓，也不宜太扬，以免喧宾夺主，用声及表达都应适中，不宜饱和。解说语言这些吐字发声和表达的相对个性，符合其以说为主生活化的需要以及与画面配合的创作特性。

解说表达技能的丰富性

电视纪录片的内容、题材与表现形式多种多样、丰富多彩，尤其是新时期以来，电视的飞跃发展与电视纪录片的创作政治性与艺术性并重的发展宗旨，更焕发出创作人员的创作热情并激活了他们的创作思路，于是大量内容、形式新颖的片子不断涌现，其解说形式也异彩纷呈：有生活、自然的对话式解说；有散文体和诗化的抒情性解说；也有思辨性、哲理性的政论式解说；以及第一人称的自述性解说和人称交替的全方位解说等等，不一而足，有时，还要模拟片中人物的语言（当片中人物讲外语或方言时）。创作依据的多样性，必定需要表达技能的丰富性。

解说虽然以说为主，然而对于不同类型、不同风格，使用不同方式、手段创作的不同形式的片子，或一部片子中对解说有不同的需要，往往要求解说具有讲解、朗诵、播读和说的不同语言样式，叙述、议论、抒情、描绘的不同语体以及不同人称的身份感和基本语

气。

例如，有时在一部片子的开篇辞、提示或引词中，需用庄重的播读体来解说，以增强其分量、庄重感或客观性；有时在一部片子中引用的诗词或情感高潮、结尾处根据一度创作，需用朗诵体来表现；有的片子却需用真挚、柔美的抒情方式来体现；还有的片子又需用耐心清楚的讲解式来发挥作用；更有甚者，一些片子则需摆脱第三者解说的角度，说出活生生的片中人物语言，道出其神态与心声。凡此种种，没有丰富的表达技能，不足以胜任解说工作，必定造成一定的局限。有人说，解说是播音语言和表演语言的交叉。此话不无道理，原因在于，解说取其二者的感觉与丰富的技能融于自身，适应自身的创造又不混同其中任何一种（至多有部分交叉），而形成自身的特性。因此，好的解说者应当具备播音员与演员的双重素质和语言功力（具有播音员表达的清楚、规整，演员表达的自然、生动），只有具备丰富的表达技能，方可适应丰富多彩的解说创作。

解说表达样式的多重性

不同内容、类型、风格的片子，韵味、情调、吐字用声、表达方法上都存在着不少差异，可形成不同的表达样式。以一种表达样式对待所有片类的表达方式，是不适应电视纪录片解说需要的。但若从理论上，明确地规定一部片子是什么类型的，该用什么表达样式，恐怕也并非科学，且行不通，因为每部片子的创作，往往既遵从于一般创作规律又不拘泥于此，表现出极大的灵活性和创作个性。然而，如就一般规律而言，从模糊思维角度出发，可不妨划出几点，供初学者参考与借鉴。

政论片，它往往就政治、经济、军事、文化等领域中的某一现象、某一观点、某一热点，作为探讨的内容。创作者有明确的观点与见解，并将此集中体现于相对完整的解说词中，画面多为相应内容的形象展示。在此类片子中，解说词的作用大多重于画面语言和其他创作元素，解说是片子的主导。解说充满哲理性和思辨性，有很强的逻辑力，除去对有关事实的叙述、分析以外，主要是议论。由于解说具有明理性与论述感，便形成“议论型”的解说样式。它的表达特点是吐字多饱满、用气力度较强，用声以实声为主，节奏多凝重或高亢。根据不同风格，有的解说又需平实，相对客观，语势起伏不大。播政论性片子的解说，语言感觉宜为严肃、质朴、庄重、大方，有主体感，视角有一定高度，不宜亲切、甜美，否则会削弱其应有的力度与分量。

人物片（不含文献、历史人物片），它往往将各行各业有代表性或有特点的人物作为反映的对象，以表现一个主题、一种立意。人物片的解说大多为通俗、生活、口语化，形式活泼多样（除第三人称外）；还有第一人称口气出现的；也有第一、第三人称交替出现的，时而是叙述者，时而是人物自己的话；也有的是对话形式的；还有的是男女对播的，解说者既是叙述者，也是片中男女人物的代言人。在人物片中，解说与画面多呈互补状态，解说表现人物的内心活动或介绍人物经历的背景、事件过程等，画面则对人物形象、人物活动、人物生活、工作环境以及人际关系等给予形象性、直观性的展示。因而，解说者一方面要把握好自己解说的角度：是第一人称的，要进入人物的主体心态，是第一、三人称交替出现的，要注意适当、及时地转换心理视角与感觉，另一方面要抓住与画面语言的衔接、相伴的依存感，一般画面多表虚、解说多表实。由于人物片以叙述、倾诉为主，因而，它的表达样式则为“叙说型”。它的表达特点是吐字、用声适中，节奏多舒缓或轻快，表达更接近生活语言，极为流畅、自然。有时，第一人称解说还需要个性化，用声以半实为主；有时需要用半虚声来表达内心之言，表达感觉有很强的交流感，语言亲切、自然，不宜过扬、刻板与过于规整。

风光片，它往往对某一地域的风土人情、名胜古迹等给予展现，以满足人们猎奇、欣赏与拓展视野之目的，它兼有欣赏性和知识性。风光片以展现景物的画面语言为主，解说大多处于辅助地位，仅就风土人情的背景、风光的妙趣、名胜古迹的历史与特点等给予一定的说明、点指，或描绘，或抒情，或烘托。由于风光片以抒情、描绘为主，因而，它的表达样式为“抒描型”。它的表达特点是吐字柔长，用声轻美柔和，节奏也多舒缓、轻快，为了与优美、明丽的画面和音乐相融合、谐调，解说应特别注重突现解说语言的音乐美，注意字音完满、归音到家，有时甚或稍有夸张与拖沓，形成音韵美，好似与音乐共同形成蜿蜒的旋律，产生美感。由于风光片的解说词多引名句、诗词，多用比喻、对偶、排比等句式，多描绘、抒情，因而解说语言也经常呈现一种韵味感和抒情性。根据需要，风光片的解说语言大多可以有所修饰，以使其更加贴合画面、音乐，形成全片整体美感，体现艺术性和欣赏性。风光片的解说，应有兴致，有情趣，要细致地描绘，真挚地抒情，由衷地赞美，表达基调多扬少抑，语言多亲切、甜美、柔和、真挚、投入，不能基调沉、语言硬、语速快和情感冷漠，也不能情感假、语调嗲。反之，都会削弱对景的赞美和对情的抒发感。

科教片，它包括科技、卫生、文体、生活等各个领域的知识与教育。这类片往往将各种需要表现的事物和需要阐明的道理采用动画、特技等超现实手法以及片中人物的实际操作演习，将所要涉及的事物生动地展现出来。而大量的原理、运用等知识却需解说来讲解。因此，在这类片子中，画面与解说是互补性的，由于科教片解说以讲解说明为主，因而它的表达样式为“讲解型”。它的表达特点是表达用声平缓，语言稳实、质朴。有些枯燥的内容更需增强其语言的生动性、形象性和兴味感，以使人更好地接受其内容。科教片的解说，不宜太扬、太飘、太快，要耐心，让人听得清楚明白、有兴。除此之外，产品介绍等商业、生产片的解说也同样适用。

纪录片解说，不仅以上这四种基本样式，还有“明快、参与型”的体育片、“活泼、诱导型”的儿童片等多种解说样式及各种混合型。以上所述表明，不同片类具有基本的解说样式，不同内容、风格的片子均有不同的解说感觉，从这个意义上讲，解说的表达具有多重性，单一性的解说不能适应其需要。

第四十五章

体育播音与解说

体育运动与大众传播媒介有着十分密切的关系。体育运动所具有的健身、竞技和娱乐功能，使其成为一般人感兴趣的活动。尽管报纸、杂志和广播也都能够对体育竞赛进行各种各样的报道，但人们的兴趣不仅在于比分和名次，还在于了解比赛的细节动作，而这些形象化的内容，报纸、杂志和广播都不能满足人们的要求，因为文字和语言描述不能够代替真实的形象动作。在电视普遍使用之前，人们要欣赏体育比赛和体育表演，只能去体育场馆。在比赛现场，他们可以真实地观看运动员比赛，领略比赛的现场气氛。

电视的出现和普及使得一般人可以在家中欣赏到赛场的各种体育比赛。与其他传播媒介相比，电视有着不可替代的优越性，它可以真实再现比赛现场的情景；可以远距离传递图像；它可以利用电子传播设备记录和重放比赛场面；它还可以调动镜头手段，放大各种动作细节，更清楚地看到运动员的比赛动作，这是在比赛现场都无法看到的。另外，电视中的体育解说使许多缺少体育知识的观众了解了运动知识和运动员，以及各种比赛背景，帮助人们看懂比赛，这也是在赛场无法得到的。

省去劳顿之苦，不用去购买价格不菲的门票，坐在家里就能看到世界各地的重大比赛，这种种优越性使得体育运动与电视结合得越来越紧。一方面，体育节目成了电视节目的重要组成部分，据估计，如果没有体育运动，现有节目数量会减少三分之一；另一方面，如果没有电视，体育运动被关注的程度，也会大大减少，体育运动的普及也会受到影响。电视与体育的结合取得了双赢的结果。在当今社会，体育和电视相互借力，都取得了长足的发展，不仅每四年一次的奥运会成为电视转播的重要时机，吸引全球各国的大量观众，平日里的体育节目也是一般人加以关注的电视内容。适应这种要求，我国多数电视台都开办了体育节目，有些电视台还辟有专门的体育频道。

电视体育节目的快速发展，使得体育播音也逐渐脱离一般播音的形式，使其更适合于节目特点的要求。在这一章中，我们将介绍体育播音的形式，体育播音的特点，体育解说的技巧，以及我国著名体育解说员宋世雄的实践经验。

第一节　体育播音的形式

体育播音的形式是与体育节目的形式密不可分的，而体育节目的形式又是随着电视新技术及节目制作人员的创意而不断发展的。因此，体育播音的形式是在不断变化的。打开电视机，我们会发现，今天的体育播音员已不再是正襟危坐地念稿，取而代之的是轻松活泼的漫谈；体育解说也不再是机械地描述场上队员的动作，而代之以与观众同坐的讲解。不过，尽管播音的方式有了改变，但以说为主的职业特征并没有根本的变化。

体育播音大致包括以下几种形式。在这几种形式中，播音员和主持人所起的作用和表现形式都有所不同。

体育新闻播报

像每天都在变化的政治和经济状况一样，各种体育比赛每天都在世界各地举行，新的比赛成绩层出不穷，这些都构成了重要的信息来源。及时将这些新闻播报给观众，使观众了解最新的体育消息，是体育新闻播报的主要目的。

体育新闻播报只是简单地介绍体育信息，不刻意描述细节，它与电视中其他新闻播报有相似之处。播音员应当口齿伶俐、播讲干净利落，反应机敏、表情生动。由于体育节目多带有休闲性质，播音员表现可随意些，播讲形式也可以多样化，可选择较放松的客厅或办公室场景，语调也可口语化。体育新闻播报多出现在专门的体育新闻节目或夹在大型电视新闻节目中作为与政治、经济或气象新闻并列的单元。体育新闻播报可由专门的播音员担任，也可由一般口齿较好的体育记者、体育节目主持人担任。

体育节目主持

体育节目主持是主持人根据节目需要，调动参与节目的其他人，就某一节目主题提供信息，发表意见或进行现场表演。常见的形式有：在播音室中远距离收集不同地点体育记者的现场报道；在播音室或现场进行面对面双人或多人的现场采访；在体育场馆或演播厅内主持趣味性的比赛或现场表演等。

体育节目主持的形式比较灵活，它与体育新闻播报的不同之处是其参与性。节目主持人可以根据自己的安排来控制节目的发展进程，对节目的内容和节目进展起着导向作用。由于节目不同，对主持人的素质要求也不一样。如果是访谈式的主持，主持人应当具有记者素质，对所谈内容有较为深入的了解，能够通过即兴的提问控制内容的发展方向。当然，主持也应具有能吸引观众的生动的语言表达能力。如果是在现场主持带有娱乐性质的比赛或表演节目，对主持人的要求会另有不同，除了反应敏捷，语言生动外，还应有灵活的身体动作能力，活泼的表现力，以及幽默、风趣的个人风格等。

体育专题报道

这是播音员以记者身份对体育人物和体育事件进行多角度采访报道。这种报道常以第一人称出现，除了现场采访之外，报道中还要加入大量的资料图像。播音员既要担负现场采访者，还要在片子完成后担负解说工作。这种专题报道有时是由播音员或主持人负责完成的。有时则是由一个摄制组完成，播音员担负着代表的使命。由于摄像设备性能提高，现在的电视拍摄和节目制作已容易掌握，由两三个人组成的摄制组已经能够完成一般的外出报道任务，这为那些有采访和拍摄制作能力的播音员提供了用武之地。许多体育专题报道是由播音员或节目主持人负责完成的。这些播音员和节目主持人是真正意义上的采、编、播合一的人才，各种专题节目为他们提供了大量的实践机会。

新闻和专题片配音

为电视记者和编辑制作完成的各种体育新闻和体育专题片加上解说是体育播音员日常需要做的工作。在大的电视台或专门的体育频道，配片子是由不出图像的专门播音员完成的。但在较小的电视台，这些工作也要由出图像的播音员和节目主持人来做。这些片子种类繁多，涉及内容广泛，播讲时要受到画面和时间的限制，因此需要播讲者具有一定的专业素质，反应要快，口眼配合得当，出错少。配音的目的是使观众了解片子的内容，并非是以播音员的身份对观众讲话，观众也并不关心说话的是什么人。配音人是幕后参与者。

体育比赛解说

这是体育播音员担负的一种特殊工作。如果从播音形式上看，体育解说是体育播音与其他播音工作最明显的区别。体育解说在内容和形式上都是其他电视节目所不具备的。

体育解说依据体育比赛项目，节目形式和节目制作方式可采取不同的解说方式。例如可根据解说目的不同分为动作解说和评论解说；也可根据解说人数分为讲述式的单人解说和对话式的双人或多人解说；还可根据解说地点不同分为现场解说和播音室解说。

体育解说的目的是对比赛中运动员的动作、比赛的技术、战术作出解释，帮助观众观看比赛，同时要让观众了解与比赛有关，而画面上没有的相关内容，使观众得到更多感兴趣的信息。另外，它还可以表达解说员的看法，达到与观众交流、烘托气氛的作用。

在体育播音中，体育比赛解说是一项与众不同的特殊播讲形式。它是体育节目与播音结合的一种特殊形式。本章将主要介绍体育解说。

第二节　体育解说的主要内容

打开电视机观看一场体育比赛实况，我们会发现不同的解说员除了讲述的风格各不相同，讲述的内容也有区别。有些人讲述的内容集中于运动的动作，有些人则喜欢谈论运动员的背景和生活趣事。由于体育解说是根据比赛进程即兴表达，并没有现成的稿子，解说员讲述的内容，更多地受到知识背景、个人爱好、注意力范围等多方面因素的影响。有经验的解说员除了具有个人特点，还需要了解观众心理，知道观众想了解什么，说观众感兴趣的内容，而不是只顾自己。

说什么内容对体育解说至关重要。体育解说不同于有稿播音或事先准备好内容的节目主持。解说者无法预料比赛过程的具体细节，也无法预料运动员会采用何种比赛策略；有些比赛，解说者甚至连哪些队员上场都不清楚。解说者不可能事先将解说细节设计好，只能根据比赛的实际情况，随机应变地选择解说内容。体育解说是一种高度即兴的播讲形式，它要求播讲者思维敏捷，语言反应迅速。

所谓思维敏捷，语言反应迅速并不仅指见到什么说什么。有些人认为体育解说只是对比赛过程的客观描述，只要嘴能跟上，见到什么说什么，就能做好这一工作。这种认识是片面的。电视画面本身就提供了形象过程，解说者能看到的，电视观众也能看到。如果解说者仅仅用语言将赛场上大家都看到、并且看明白的情况描述一遍，那他的解说只是画面内容的简单重复，对于大多数观众，这种语言解释可能被认为是多余的。还有人认为，体育解说不应该再说画面内容，它应该提供画面中没有的信息，对画面内容进行补充。但是，真在解说中使用这种与画面"隔绝"的方式，解说与画面又很难协调在一起。

其实，解说员既需要描述画面内容，也需要补充画面没有的东西。画面上出现的内容观众并不一定都能注意到，用语言描述那些需要观众注意的细节并不一定多余，它会引导观众注意这些应该注意的地方，增加欣赏的乐趣。解说者是用职业眼光来提醒观众。我们知道，在许多体育比赛，尤其是现场转播的体育比赛中，镜头提供的画面常常比较杂乱，解说员的现场描述可以引导观众注意那些不明显，但却需要注意的细节。有经验的解说员并不是总将目光盯在画面最明显的地方，简单介绍每个画面的大体内容，而是顺着自己的思路，捕捉着重要的画面变化，哪怕这些变化处在画面的角落里，也不会逃过解说者的眼睛。补充画面没有的内容固然可以增加观众获得的信息，甚至会使某些单调的比赛增加不少兴趣，但这种补充并非越多越好，过多与比赛关系不大的内容会干扰观众对画面的注意力，影响观众收看。

一个好的体育解说员，应当在适当的时候，向观众提供他们需要的内容，这些内容既包括画面信息，也包括画面之外与比赛有联系的信息，还包括能引起观众共鸣和思考的各种认识和感情抒发。

尽管我们不能具体规定电视体育解说员在什么时候说什么话，但他们要说的话大体上还是可以归纳为几类的。这些话包括：比赛场面描述；比赛动作解释；运动员背景介绍；比赛相关背景介绍；个人认识看法。

比赛场面描述

众所周知，在电视中，观众可以清楚地看到比赛现场和运动员动作。据此，有人认为解说者不必再对比赛场面进行描述，这种看法是不全面的。现代体育运动中，许多运动项目有严格的比赛规则和动作要求。运动员在赛场上的走、跑、跳与生活状态中的身体活动有着不同的含义和目的。观众看到这些动作，并不一定就了解这些动作的意义。这时，解说员的现场描述可以帮助观众看懂和了解比赛。

解说员用语言描述比赛场面时，不应当仅仅作一般的口语描述，而应当从体育的角度对画面进行解释。那些与比赛关系不大的画面内容，那些观众十分熟悉、可以看懂的画面内容，解说者可以不必多做解释。例如，许多比赛赛前场地比较混乱，运动员、裁判员和教练员来来往往，对于这类画面，解说者不必多做解释。而一旦运动员正式入场，比赛将要开始时，解说者通常会说："现在运动员已经列队入场。"这句话表面看是对画面内容的重复描述，但它同时还有比赛即将开始，提醒观众注意的作用，观众不会感到多余。从体育角度对画面进行解释，还体现在词语的使用上。例如，篮球比赛中用"传球"、"运球"

来表示球的传递和行进。如果用“扔球”、“拍球”这样的日常用语表示，解说的意义就会大大削弱。

在对比赛场面进行描述时，应当避免只对画面主体进行描述的简单做法。导演切换出的镜头画面，有时并不能集中反映出需要注意的重点部位。这时，解说者应当提醒观众注意画面的某些部位。这种情况经常出现在场景较大的画面中。这种画面，观众感受到的画面语言较为笼统，不知道画面的目的是什么，注意力往往较为分散。如果有解说者加以指引，观众的目光就会集中，传达的信息会更明确。

解说者在对比赛场面进行描述时，不可避免地要涉及到场上的运动员，解说者应当熟悉场上的运动员，知道运动员的名字。有时解说者喜欢用运动员比赛的编号代替他们的名字，这样可以使语言更简练，也避免了辨认的困难，因为有时场上运动员活动频繁，很难看到运动员的正面，辨认起来较困难，而比赛编号常常写在运动员背后，辨认较为容易。不过，观众可能更希望知道运动员的名字，因为名字叫起来更为亲切，只有知道了名字，才是真正认识了这位运动员。当然，更好的表达方式是既说出名字，又说出号码，观众可以对号入座，更快地熟悉运动员。

在对比赛场面进行描述时，不要局限在一时的比赛细节上，赛场上的情况瞬息万变，过分纠缠细节，可能会耽误时间，遗漏重要内容。例如，有时场上运动员很多，动作很快，解说者无法看清楚是哪位运动员得分，为了不耽误时间，可以先说明是哪一方运动员得分，一般来说，观众最想知道哪一方领先，比分是多少，至于是哪位运动员进的球，可以在这一情节过后再加以回顾说明。这种照顾第一需要的灵活手法，在足球、排球、篮球等多人球类竞赛解说中尤为重要。

描述比赛场面，应当熟知项目竞赛规则。熟知竞赛规则，能使解说者对场上运动员动作、裁判员的处罚、得分与否作出准确的判断和解释。电视与广播在接收方式上的最大不同是电视观众可以清楚地看到画面，当观众可以清楚看到比赛实况时，解说者不必再用语言去勾勒比赛画面，而是要把诸如动作名称、动作是否正确，可能产生的后果之类包含更多内容的信息传达给观众。

一场体育转播往往持续几个小时，观众会不断加入收看者的行列。解说者在描述比赛现场时，应不厌其烦地反复说明这是在何时、何地进行的何种比赛，比赛双方的身份和到目前为止的比分。刚打开电视的观众首先要了解这些信息。有些得分较快的项目，如篮球、排球，即使解说者不重复播报比分，观众也能在很短时间内了解比分情况。但是，像足球这种得分很少的比赛项目，如果解说者不重复播报分数，稍晚打开电视的观众可能很长时间都不知道比赛双方的进球情况，这会大大挫伤观众的观看兴趣。现在，随着计算机技术的应用，电视屏幕上常会自动打出运动员和比分情况，但口头报分会更及时，更易于被观众接受，解说者应当更多地使用口头报分。

电视在转播各种体育比赛，尤其是大型的国际比赛中，大量使用图标、文字、数字表示参赛的国家、运动员的名字和比赛分数，解说者应当学会利用这些资料。在国际比赛中，这些资料多用英文显示，解说者应当熟悉相关的英语词汇，尤其是各种运动项目和国家名称的缩写，这些缩写简化了名称，减小了长度，但是却给辨认带来一些困难，有时不同国家名称缩写后很容易混淆。解说者在解说过程中应当随时与屏幕上出现的字幕资料进行核对，当发现不符时，应当及时更正自己的失误，如果解说者是在演播室中依据现场发回的画面进行解说，这些字幕资料可以帮助解说者了解运动员和比赛状况。如果解说者是在比赛现场面对场地解说，他面前最好能有一台监视器，随时收看到传送的画面，以避免解说与画面显示资料出现矛盾。

电视体育转播直接地把比赛场面呈现给观众，观众可以自己去感受和判断，省去解说者许多口舌。解说者要做的，是帮助观众和引导观众更好地观看比赛，使他们从比赛中了解更多令人感兴趣的内容，得到更多的享受。

比赛动作解释

体育解说中的另一类话语是对运动员使用的动作进行解释和说明，这些话语带有专业性，都需要解说者用简单易懂的方式说出来。例如，在解说田径比赛中的跳高项目时，常常会涉及到运动员使用的跳跃方式，是剪式？还是俯卧式或背越式？各种方式的优劣及产生过程等等。再比如，跳远是由助跑、踏跳、腾空和落地四个动作环节构成，在转播跳远时，对运动员的这些动作进行解释和分析，可以帮助观众了解有关跳远的运动知识，并对造成运动员成绩好坏的原因有所了解。对比赛动作进行解释，解释得是否准确是衡量一个体育解说员是否具有专业知识的重要标准。

在向观众解释运动员动作时，可以根据该项目对动作的技术要求和运动员完成这些要求的个人特点两方面组织解说内容。

技术要求是根据比赛项目的自身特点产生的技术动作。通常，各个运动项目都有自己的技术要求，这些技术要求是相对稳定不变的。如足球中的传球、射门动作；篮球中的投篮动作；跳高中的过杆动作；跳远中的助跑动作等等。可以说，所有的体育比赛项目，都有自己的特有技术动作要求。解说者应当了解自己解说的体育项目所特有的技术动作要求，这样才能在转播中对运动员的动作进行合理的解释。

各种体育项目的技术动作各不相同。有些体育项目技术动作很多，要求也很复杂。解说者没有必要对这些复杂的技术动作一一解释，而需要择其重点。在与技术要求相关联的动作环节中，有时常有一个关键动作会对完成结果起决定性作用，这个动作做不好，往往会影响得分结果。对于这样的动作，解说者应当格外注意。例如跳远中的“踏跳”；投掷项目中的“最后用力”；跳水中的“压水花”，高低杠中的“下杠”等都属于这类技术关键。当涉及这些关键动作时，解说者应当提醒观众注意。

每个运动员都有自己完成动作的个人特点，正是这些个人特点构成运动员的动作风格。尽管每一运动项目都有自己的技术要求，但是运动员在完成这些技术要求时，会因人而异，体现出自己的技术特点，显示出个人独特的技术风格。在体育解说中，解说者应当仔细观察不同运动员的动作特点，及时向观众说明，这样可以避免解说的千篇一律。

在解释比赛动作时，应当注意构成动作的各个要素。构成不同体育项目技术动作的要素大致有身体姿势、动作路线、动作时间、动作速度、动作力量、动作节奏等。

身体姿势是指身体各部分在动作过程中所处的状态和位置。一个完整的动作会有开始姿势、动作过程姿势和结束姿势。不同的运动项目有不同的姿势要求，有些姿势是比赛规则所要求的，如自由体操开始之前的造型动作，跳水、体操中各种规定的动作姿势。有些项目的姿势不是比赛规则所要求的。例如跑步项目中的起跑姿势、跳高运动员的过杆姿势，这些姿势可由运动员选定，比赛规则并无一致要求。运动员采用的不同姿势，有的可以使身体处于最有利的位置，有的可以取得更快的速度，更小的阻力。在跳水、技巧、艺术体操等强调外部表现的运动项目中，姿势还可以加强动作的美感。在体育解说中，指出各种姿势的特点是对技术动作更细致的解释。像体操之类强调形体美感的运动项目，解说时应当注意对身体姿势的说明。

动作路线是指身体在做动作时的移动路线。人的身体是由多个关节构成的复杂整体，人的身体可以有上下、左右、前后六个基本方向的动作，动作的轨迹有直线和曲线两种。曲线运动可以有转动形，也可以有抛物线形。单杠的大回环就是转动形，而跳高、跳远、跨栏等项目中的腾空动作都属抛物线运动。在比赛中对运动员的身体移动路线进行解释说明，可以使观众更细致地注意运动员的动作。

动作时间和动作速度也是介绍比赛动作时值得注意的细节。

动作时间是完成技术动作所需要的时间。它往往是动作质量或运动成绩的标志。田径运动中的径赛项目多以时间来表明成绩。有些项目虽然不是以时间来表明成绩，但某一动作持续时间是动作是否完成的标志。例如，举重中杠铃举起后的持续时间和体操吊环项目中十字悬垂动作持续时间都对动作是否完成有举足轻重的影响。在解说这些项目时，解说者应当格外注意动作时间这一因素。

动作速度也是一个重要的动作因素。动作速度是指身体在单位时间内位移的快慢。不同体育项目对动作有不同的速度要求。有些动作要求速度快，如短、中、长跑，足球中的射门等。也有些项目要求慢速，如花样滑冰中的慢动作。

有些体育项目对动作的力量和动作节奏有明显的要求。如跳高时踏跳的力量，游泳时的动作节奏。这些动作要素不好，就会影响比赛的成绩，在解释这类动作时，应当注意动作要素的特点。

比赛动作解释可以穿插在比赛场面描述中，由于时间短，可以用三言两语简单介绍，也可以利用比赛中的间歇，如上下场、暂停等空闲时间，较为详细地加以介绍，既增加了观众的知识，也填充了空余的时间。

运动员背景介绍

在体育解说中，可以根据需要，穿插介绍一些运动员的背景材料。有时，比赛场上没有进行比赛，观众在电视机前等待会感到很无聊，此时的电视画面往往是比赛场地的全景或漫无目的的零乱画面。这时，解说者可以利用与运动员有关的背景材料来填充时间。它可以活跃气氛，也使观众增加了对参赛队员的了解。不管是老运动员，还是比赛的新手，观众都会对其场外的情况抱有兴趣。即使在比赛进行中，穿插一些与比赛有关的生活轶事，也能增加解说的情趣。

有关运动员的背景介绍，应当是真实可靠的。解说者应当从可靠的信息渠道获得这些内容，不应使用道听途说的材料。电视转播吸引大量观众，传播不可靠的信息可能会造成难以预料的后果，严重时可能会涉及法律问题。通常，供解说用的各种背景材料应当事先准备好，有些材料可能用不上，但多准备一些总比没有好。有时，比赛会由于出现问题而耽搁较长时间，在等待中，需要解说者用话语打发时间，这时，事先准备好的材料会派上用场。有些材料可以记在脑子里，但也有些材料涉及到数字、时间，仅凭记忆有时很难保证准确无误，不妨把一些重要而又难记的材料记在纸上，随时备查。

涉及运动员的材料，应当与体育比赛有关。与比赛无关，涉及运动员个人隐私的内容，即使能引起观众的兴趣，也不应随便公之于众。从公开发表的材料中获得的信息，如报纸杂志的报道、访问记、运动员本人撰写的文章和发表的言论，一般不会涉及到运动员的个人隐私。解说者应尽可能从公开渠道获得信息。如果你在比赛之前对运动员做过采访或与运动员有过接触，了解一些外界尚未知晓的情况，你应当主动征求运动员的意见，是否可以将这些信息用在电视中。哪些可以用，哪些不能用。没有获得运动员的许可，随意披露一些内幕消息，会给电视台和解说者本人带来意想不到的麻烦，轻者会破坏与运动员或体育界的关系，影响今后的工作；重者可能会引起法律纠纷。由于解说者是以电视台工作人员的职务身份从事解说工作，其行为责任往往要由工作单位承担，不负责任的言论可能会将电视台牵涉到法律纠纷中，随着我国法律体制的健全，公民维权意识的提高，公共言论引发的法律纠纷越来越多。有些在常人看来很一般的内容，都可能成为知名运动员的个人隐私，他们不愿意让公众知道，以免自己或家庭的生活安宁受到破坏。如自己的住址、家庭成员姓名、工作单位、个人的身体状况、婚姻状况等等。类似信息在私下议论影响不大，但在电视节目中出现，可能造成严重后果，解说者应谨慎对待。

在电视转播中，解说者的主要任务是介绍比赛情况，并不是介绍运动员以往的生活和训练。有关运动员个人情况介绍不要过多，不能影响对比赛的介绍。在解说中使用运动员背景材料的目的是使观众更好地了解场上的运动员或比赛。但有时也用来填充空余时间，调节解说气氛。

个人认识和看法

体育解说在介绍比赛情况时，不免会夹杂解说者个人的认识和看法。这些认识和看法，不仅表现出解说者的知识水平和道德素养，还会影响电视机前观众的情绪。

在发表个人看法时，解说者应保持冷静客观的态度、积极向上的精神和宽容大度的胸怀。

解说者在解说时，不应是冷冰冰地旁观，体育比赛的竞争性，常常使解说者的心情随激烈的赛场变化而起伏不定。特别是在重大国际比赛中，强烈的民族自尊心会使解说的心情发生微妙的变化。解说者在热烈的情绪中应当保持冷静，客观对待比赛双方，不应偏袒或贬低某一方。如果解说者在解说之前就怀有成见，很容易在言语中暴露出自己的倾向性。解说者应当为各方在竞赛中出现的精彩场面叫好，给予正面评价。偏袒或贬低一方并不一定是用言词夸奖或者诋毁对方，有时对一些比赛场面视而不见，默不作声，也表现出解说者的个人倾向。有失客观的解说是违背职业道德的。

解说者怀有积极向上的精神会使其对比赛的看法更多一些正面评价。即使比赛出现令人不愉快的事，解说者也应从正面去认识，减少牢骚和抱怨。牢骚和抱怨有时会使观众对解说产生反感，影响他们观看比赛的兴致。心理状态消极或者情绪不好时，常常会使解说者不自觉地在言语中流露出抱怨或不满之情。

体育比赛竞争激烈，比赛场上常会出现争抢犯规或裁判不当。对这样的情节，解说者可以发表自己的看法，但应注意保持宽容大度，少用斥责或讥讽言词。在没有明确判定之前，解说者不应自作主张，认定运动员犯规或裁判失误，这种显示自己更高明的做法可能不会受到观众的认可。即使运动员或裁判有误，解说者也不应在这些负面细节上纠缠，应当尽量减少这些特殊情况对观众心理的不良影响。体育转播是时间性很强的节目形式，解说者不可能对比赛细节做更深入的分析和探讨，尤其是这种涉及谁对谁错的事，往往不是一两句话就能说清楚的，体育解说应当避免深陷其中，不能自拔。类似问题由比赛之后时间较宽裕的其他节目探讨更合适。

有些解说者喜欢在转播中预测比赛结果，这种做法是不明智的。比赛过程充满了变数，开始时一帆风顺，结束时却可能一败涂地，戏剧性变化在体育比赛中层出不穷。解说者应当谨慎预测比赛的结果，不要轻易预言谁胜谁负。事实上，解说者的预测成为现实并不会令观众佩服，观众会认为你了解情况，理应有准确的预言。而一旦你的预言落空，观众却会对你的认识能力大打折扣，甚至成为取笑的话题。

比赛相关背景介绍

有些体育项目比赛持续时间较长，如马拉松长跑、自行车越野赛等，解说者有较多的空闲。还有些运动项目是间断紧张型，比赛中有较长的停顿时间，供运动员上下场或裁判打分，如体操和田径项目。解说这些体育项目，可以准备一些与比赛有关的背景材料，填充大量空余时间。这些相关材料内容很广泛，可以是该项目的发展历史、现状；参赛队和运动员的情况；比赛场地和城市风貌；还可以是与比赛有关的珍闻趣事。总之，要使观众在看不到精彩画面时，用话语内容吸引他们，不使他们感到枯燥无味。有些解说者每次比赛都使用相同的背景介绍，虽然填充了时间，但却不一定能获得好的效果，因为体育节目有固定的观众群，他们每次都会收看转播节目，重复他们知道的信息会使人厌烦，还不如不说。解说者应当尽可能使用最新的，第一次使用的背景资料。

初学体育解说，会感到不知说什么好。实际上，可供解说的内容很多，上述几方面是解说的主要内容来源，但并非全部来源。要想确定说什么，最好让自己处于观众的地位，设身处地揣摩观众心理，这样才能了解观众想知道什么，自己应该说些什么。

第三节 体育解说的方式

电视体育解说与广播体育解说有所不同。在广播中，解说者要把赛场上的情景用语言描绘出来，使观众头脑中产生联想的画面，电视体育解说没有这种需要，使得解说的压力减轻，解说风格也趋多样化。

体育解说对发音速度有特殊要求。广播体育解说依靠快速发音，可以在有限的时间内传达更多的赛场信息。高语速才能与快速的比赛动作相吻合，达到解说与比赛同步。在解说乒乓球、篮球、排球等速动运动项目时，这种快速发音能力尤为重要。电视体育解说也有类似要求，在比赛快速进行时，解说员要对运动员的动作进行同步分析，就需要具备快速发音能力。快速发音是体育解说员的基本能力要求。

快速发音可以从两方面进行训练：一方面是大脑的快速反应能力，要在极短的时间内对赛场变化作出反应，组织好语言；另一方面是快速吐字能力，口齿伶俐，表达清楚。初学者可从这两方面着手，训练自己的快速发音能力。

快速反应能力可分为两个训练阶段。首先训练语言描述，将自己看到的事物活动过程尽可能同步地用语言描绘出来，可以选取体育比赛录像，对着电视屏幕练习；也可以选取生活场景，面对现场或录像练习。练习时应从简单画面开始，逐渐增加难度。当语言描述能力提高之后，应加入自己的分析。在描述现场的过程中，不时插入自己对现场活动的分析，分析内容可以是各种动作的作用，可能产生的后果，以及其他合乎逻辑的推测等。最终应当使自己的语言既有表面的描述，又有现象背后的分析。

快速吐字能力应结合发音进行训练。可以利用民间流行的绕口令及说唱艺术使用的快口段子作为辅助练习材料，也可以自己设计一些解说常用语句材料作为练习材料。当吐字速度加快时应保证字音清晰，不应当丧失吐字清晰，单纯追求发音速度。

体育解说使用什么样的声音并无严格标准。广播中的体育解说常采用较高和较单薄的音色。这可能是因为体育转播中背景噪声较大，较高的声音能与背景声音形成区别，使听众听清楚。此外，单薄的音色可保持快速而清晰的发音。电视体育解说也保持着广播体育解说的这种发音风格，大部分解说员使用较高的声音，尤其是发音速度较快的动作解说，几乎都是高薄音型的解说。

体育解说的方式可根据解说内容侧重不同分为描述式解说和评论式解说；根据解说人数分为单人解说和双人解说；还可根据解说场地不同，分为现场解说和演播室解说。

描述式解说多见于乒乓球、排球、足球、篮球等动作速度较快的比赛项目。描述式解说要对运动员的动作进行适当的语言描述，用语言将观众的注意力集中于比赛的中心。同时，帮助观众了解比赛的脉络，解决观众由于场上运动员动作快而看不清、看不懂的问题。描述式解说可以减轻那些不熟悉比赛的观众观看比赛时的理解负担。尽管观众从电视上可以看到运动员的动作，但解说者仍需对动作进行讲述，因为这些动作往往具有特殊的意义，有些动作还有自己的名称，这些都需要用语言描述才能弄清楚。终究大多数观众还不是体育专业人员，对比赛动作、战术知之甚少。描述式解说介入比赛进程，解说会随比赛起伏有剧烈的情绪变化，可以烘托比赛气氛。解说员似乎是观众身边一位既懂行又热情的知心朋友，他的喋喋不休不会使观众厌烦。没有他，独坐在电视机前的观众会感到冷清。

评论式解说适用于比赛气氛较为平和、动作较简单或速度较慢的比赛项目，如网球、垒球、台球、游泳等。这些项目，比赛动作不很剧烈，解说员对动作的描述比较简单，评论性的分析较多，解说风格比较理智。看这种比赛，观众多抱着欣赏的心情，情绪起伏不大，解说员的作用是对比赛进行分析，带有讲解的意味，使观众能从中得到更多的信息。

单人解说常用于描述式解说，要求语言连贯，发音速度较快，两人很难协调配合。有时担任解说的有两人，但另一人只是在比赛空闲时进行分析，在比赛中仍由一位解说员独自解说，这种解说实际上仍是单人解说。

双人解说多见于评论式解说。解说者可以有适当分工，也可以采用对话方式，双方互相搭讪。双人解说不适宜对比赛过程进行跟踪讲解的描述性解说，这种速度快的解说由两个人交替进行会造成解说的混乱。

双人解说需要解说者之间相互配合，解说者之间需要一定的分工，话语的转换应当自然、流畅。双人解说时两人应当尽可能采用对话方式，相互之间有所关照，不要两人都只看监视器，这样相互之间没有照应，很容易争抢话题，或者双方都不说话。有时，在体育解说中请一位专业人士作为顾问，解说者不时地发问请教，这种双人解说可以弥补解说者专业知识的不足。不过，请专业人士参与解说一定要对参与者有所了解，在解说前双方有一些约定，以避免在解说过程中偏离解说内容，造成话语不当，引发各种争议。由于解说具有即兴表达的特点，体育比赛又具有较强的竞争性，场上容易产生情绪的大幅起落，这些都会影响解说，如果请来的搭档自控能力很弱，很容易产生各种不当言论。

电视体育解说还可分为比赛现场解说和演播室解说。现场解说的解说者身处比赛现场，解说者常坐在比赛场地边上或观众席上。有时，转播场地条件较好，解说者是在与现场隔绝的专业转播间内进行解说。在场边或观众席上解说背景噪声较大，解说者应将话筒靠近口部，最好使用与耳机连在一起的体育解说专用话筒，这样可以使你转动头部观察场上情况时，话筒与口仍保持较近的距离。有时，场上噪音很大，为了减小背景噪音，可以让口离话筒近些。有的解说员用加大音量的方法压制噪音，但加大音量会使表达不自然，不如靠近话筒更有效。解说音量适当减小，不仅可以节省气力，不致使你过早疲劳，还可以使声音听起来更自然、亲切。在现场转播间解说，一般听不到场上的噪音，解说者可以不受干扰地确定自己的音量，但为了跟随场上的比赛气氛，解说者应当用耳机听到现场的声音，解说者耳中鸦雀无声不利于解说，会削弱语言的生动性。

现场解说的好处是为解说者提供了一个视野宽阔的空间。解说者可以随时了解比赛场内场外的情况和裁判员、观众的动向，为电视机前的观众提供屏幕上看不到的信息。还可以根据场上情况，为后面的解说做准备，也可以引导导播将画面转到需要注意的地方。现场解说并不意味着解说者可以不顾播出画面，随意对比赛进行解释。实际上，现场解说时，解说者面前也有监视器，解说者不仅要注意现场的比赛进程，还要注意监视器上正在播出的画面。解说者要与负责画面切换的导播密切配合，才能取得现场转播的成功。现场解说者应当服从导播的调度。当导播将画面切入时，解说者应当主要就屏幕画面内容进行解说，特别是人物特写和动作特写，这些强调的画面往往需要解说者用语言加以补充说明。当然，这并不意味着解说者只需盯着监视器画面解说而不必顾及现场。解说者可以随时插入屏幕画面之外的内容，例如场外记分牌上的比赛分数变化；观众席上的反应；不在画面上的比赛另一方的状况等等。有的时候，配合默契的解说者还可通过解说引导导播将画面转移。例如，现场解说者发现运动员准备入场了，他可以用“运动员准备入场”这句话提醒导播将画面切换到运动场入口。在比赛中，解说者也可通过解说请求导播将画面切换到更合适的位置。例如，解说者可以用“我们现在看看×××的情况”这样的话语，请求导播将镜头切换到另一位运动员身上。当然，这种“指挥”导播的做法需要解说者与导播的约定和对转播摄像机位置的深入了解，只有那些配合良好的转播小组和经验丰富的解说者才能运用自如。

另一种解说方式是演播室解说。这种解说方式使用得越来越多。随着供转播的体育比赛越来越多，有限的解说员不可能都去现场进行解说。另外，有一些体育比赛是从全国各地或世界各地转播的，比赛地只为各地转播台提供画面和场上的声音背景，各转播台只能在自己的演播室中为这些比赛画面配上解说。

演播室解说是一种难度较大的解说方式。解说者只能从电视屏幕上得到比赛现场的信息。从某种意义上讲，解说者的视线受到了限制，他不能看到屏幕之外的现场状况，不能看到在屏幕形象周围发生的情况，不能像现场解说那样眼观六路，耳听八方，这样会使解说者处于被动地位。由于没有准备时间，突然切换的镜头画面会使解说者措手不及，影响解说者的反应速度。

演播室解说需要有一定的现场解说经验，这可使你借助经验，想象屏幕画面之外的状况，做好心理和语言准备。在演播室中解说，有一些环节需要格外注意。

首先，解说者要对参赛运动队、队员和比赛场地有尽可能多的了解。解说之前的充分准备，可以使你在解说中产生更多的话题。有时，画面上出现的人物和动作会调动你的记忆，使赛前得到的信息派上用场。谁也说不清楚哪些素材能够在解说中用上，这些素材的使用更多带有随机性和偶然性，但准备总比没有好。

其次，是注意全景画面。演播室解说的最大困难是解说者的目光受限，他不能像在现场那样随意观察场上的动静。当屏幕上是某一运动员特写镜头时，解说者不能同时从画面上了解裁判在哪里，场上观众反应如何，其他运动员位置等。加上电视屏幕较小，画面需采用中近景及特写镜头，更增加了解说者了解比赛全貌的难度。解说者由于不了解情况，往往不能及时说出画面人物的现场位置、跑动方向，造成延误。演播室解说应当格外注意反映场地情况的全景画面，随时了解场上大的背景情况。

在演播室解说还要注意语言的简练。在演播室解说时，解说者处于被动地位，他不知道追随某一运动员的镜头画面会延续多长时间，他与不熟悉的导播之间没有默契，镜头可能随时转换，如果语言过于繁杂，当镜头转换时会造成被动，语言与画面配合不好，解说内容与画面形象分离。为了使语言与画面配合，解说者应当使用简练的语言，可以及时结束，以适应画面的突然变化。

演播室解说还应注意利用屏幕上出现的文字、数字或图形信息。各种国际比赛一般都向转播国传送标准化的比赛画面，画面中会伴随许多相应的信息材料，如比赛名称、场地名称、场次、比分、运动员名字、个人简历等。这些一闪而过的画面都是不可多得的宝贵资料，解说者应尽可能留意，并及时告知观众。这些材料多使用英文，解说国际比赛的体育解说员，适当的英语水平是必不可少的。

还有一种演播室体育解说是将已录制好的国外体育比赛录像重新剪辑加工，配上中文解说。这种解说不是与比赛同步的直播，解说员可以反复观看比赛录像，确定自己的解说内容。这种解说难度较小，初学者可用来作为练习。这种类似配音的解说有充分的准备时间，但解说者最好不要用文字写下自己要说的话，那样会减少即兴表达的活跃气氛，会使解说变得死板、枯燥。当然，一些难记的人名、地名、需要提醒自己的简单提示，可以记录下来备用，但千万不要养成对文字的依赖。体育解说更多依靠对现场状况的即兴描述，而不是播稿子。

解说录像的致命弱点是解说者开始解说时就已经知道比赛过程和比赛结果，这会在一定程度上影响解说者的情绪变化。有经验的解说者会仿照现场比赛，不露声色地随着比赛进程，逐渐在语言之中展示自己的感受和心理预期。如果在比赛开始时，就使观众从语言和声音中感受到比赛过程和比赛结果，丧失了心理预期，都会使观看过程变得索然无味。录像解说不要“开门见山”，应从“一无所知”开始，最终达到“水落石出”。

体育解说是一项专业性和实践性都很强的技能，需要具备多种素质才能胜任。解说者不仅要有伶俐的口齿，还要有机敏的反应能力，准确的判断和快速分析能力。除了这些，他们还应是体育方面的专家。

第四节　体育解说实践

当好体育爱好者的耳目

(一) 长期磨炼

体育比赛，瞬息万变，播音员要在快速、多变的情况下，把比赛场上的实况，用优美的语言，迅速、准确而生动地转播给观众、听众，这是一项过硬的基本功。这个基本功，需要在漫长的生活旅程中一点一滴地熏陶、培养和磨练。我（本节作者宋世雄，下同。——编者注）从 14 岁起，就喜爱听体育实况转播。当时，我被老播音员张之同志那轻快流畅、有述有评的播音技巧迷住了。我记录着他广播时的词汇，模仿着他的声调和语气。那时我才是初中二年级的学生，但在足球场上，我已经成了一个“小球迷”。由于少年的好奇心，我把驰骋球场上一些名将的名字记得一清二楚。比赛看得多，连他们的动作也熟悉了。后来，我当了体育播音员。1961 年 4 月，在第二十六届世界乒乓球锦标赛的球场上，我第一次参加播音。在不断的实践中，我学会了不光用高矮胖瘦来识别运动员，而且注意细致地观看每个队员的特殊习惯动作。比如，著名足球运动员容志行跑向角旗罚角球时，习惯用一只手在脸上胡噜一下，像是擦擦汗，又像是叮嘱自己要沉着、冷静；篮球前锋邢伟宁当对方把球投中以后，在篮下经常晃一晃头，把掉下来的头发甩上去，好像是说：“怎么让他投进了”；女排主攻手张蓉芳扣了好球总要咬一咬嘴唇，像是自言自语：“就这么打”……掌握了这些，即使是在雨天，运动员身上滚满了泥巴，或者是在灯光暗淡的夜晚看不清他们的号码；还是在队员密集球门前的一刹那，都能比较准确地认出他是谁。

把队员认出来，还得把他的动作说出来，这就是我们通常说的“记忆加表达”。记忆靠多看，表达靠多练。我喜欢作文，更喜欢口述、演讲和口头作文等活动。尤其是口头作文，它同体育转播一样，是即席的，它促使我思维活动十分紧张。我有时看一幅画，读一首诗，练习做些口头作文。有时又站在街头路口，观望四方。我看看周围的环境，穿梭的车辆，来往的行人，选材、构思，最后通过口语表达出来。这是一种逻辑思维能力的培养，也是一种分析问题能力的训练。

体育播音员把运动员记住了，把场上的情况说清楚了，这还不行，还要说得快。这是对体育转播表达技巧的特殊要求。要想说得快，就必须要熟。在比赛场上，边看边说是一种方法。在比赛场外，把平时转播经常使用的术语都背下来，也是一种比较有效的练习手段。一些经常使用的术语，场下倒背如流，场上就能运用自如，就能够熟练而有条理地表达多变的比赛情况。

话一说快了，嘴就容易“拌蒜”，播音员就要在平日里念念“绕口令”，唱唱单弦，也可以根据自己的艺术爱好，选择多种多样的锻炼方法，练习吐字发声，严格掌握轻重缓急、抑扬顿挫。

我喜爱京剧，言菊朋的吐字精确，谭富英的抑扬顿挫，梅兰芳的委婉大方，程砚秋的柔里有刚，裘盛戎的韵味浓郁，这对我掌握转播技巧都很有帮助。从他们精湛的表演艺术中，我明白了什么情况下采用什么声音、什么感情、什么语调。比如裘盛戎在《赵氏孤儿》中演唱的那段汉调“我魏绛闻此言，如梦方醒，却原来这内中还有隐情……”裘盛戎在唱到“隐情”二字时，故意拉慢，加重语气，成功地表达了事物的复杂变化，听了耐人回味。后来我把裘盛戎那种演唱变化幅度比较大的技巧，用在我们转播的解说上。在足球转播中说到“射门！球——进了”，或讲到“三比零”时，都采用了放慢节奏、烘托气势的方法。

（二）做运动员的忠实朋友

要把体育实况转播好，它要求体育播音员长期徘徊在运动场上，生活在体育健儿之间，做运动员的忠实朋友。1978 年，在曼谷举行的第八届亚运会上，电视通过卫星向全国转播了中国、日本女子排球比赛实况。为了准备这场转播，我同中国女子排球队的姑娘们朝夕相处。我看她们练球，找她们谈心。知道了谁是恬静文雅的队员，哪个又是幽默执拗的选手，但仅仅了解简单的人物性格还不够，广大听众、观众更需要的是有血有肉、新颖生动的人物形象。要做到这一点，播音员必须熟悉运动员的心理脉搏。不但要访问她们，要记、要看，而且还要细心地观察她们的生活。在我同运动员们朝夕相处的一段日子里，一次，一个激动人心的场面使我落了泪。

那是在中日女排比赛前的一天下午，在中国运动员房间里，队员们正抓紧时间进行身体训练和治疗。18 岁的郎平为了提高身体机能，增强腿部力量，躺在地毯上，让医生站在她的腿上踩来踩去。郎平疼得掉下眼泪，咬破了嘴唇，但她没有喊叫一声。一分钟、两分钟、三分钟……她坚持着，顽强地坚持着，她知道“疼”和“苦”是提高身体素质，攀登高峰的必经之路。我问她：“这时候，你在想些什么？”她果断地告诉我：“敢打、敢拼，还得敢赢。”一种埋藏在感情深处的东西，终于被眼前生动的事件触发了。这是多么可敬的小将啊！从她们身上不正可以看出新中国运动员刚毅而稳重的气质，机敏而豪爽的个性吗？我在转播中向听众、观众介绍说：“亲爱的听众，当你看到了运动员的精彩表演，可曾想到，她们是付出了多少代价啊！年轻的小将郎平为了提高身体机能，让医生站在她的腿上，她流着泪，忍着疼，不喊一声……她这样对我说：‘我是个新队员，我要接受严格的考验，接受最艰苦的训练，绝不能被困难吓倒。'”讲到这，我再也抑制不住内心的激动，我的声音是颤抖的、真挚的，几乎是一个字一个字从嘴里蹦出来的。

我懂得了什么叫“用汗水换取胜利”，也看清了谁是可爱的人，这就是深入生活的收获。这正是周总理生前讲到的“长期积累，偶然得之”。深入生活，有了深刻的感受，就觉得有话要说，有先进人物要支持。

在实况转播中，选择一些具有特色的题材和独特个性的人物，通过自己的构思，用生动的语言表达出来，才能使人听了之后，像是展读一部文艺作品一样，受到艺术感染。

（三）体育场上的“导游者”

体育，包罗万象。高难技术和新的战术气象万千。一个体育播音员单单知道一点竞赛规则和一般的技术、战术，做古老、陈旧的公式化的报道，是不能满足听众、观众的要求的。它要求播音员具备丰富的体育知识，还要有形象化的表达能力。1978 年 10 月，在中国青年杯足球赛期间，我同上海足球队的教练坐在一节车厢里从南京返回上海，他给我上的那堂生动的“旅途足球课”打开了我新的视野。他告诉我：一讲到足球比赛，人们都会提到中锋精彩的射门，守门轻巧的扑救，而把足球场上重要的传、接球抛在一旁。可是，在一场比赛中，有百分之八十的时间是在传球和接球。运动员把传、接球比喻为足球场上的语言。“足球场上的语言”说得多么形象啊！的确，在激烈的足球比赛中，队员是没办法用语言表达自己的思维和意识的，那么他们靠什么进行思想交流呢！靠传球、接球。比如，头脑清楚的控制球的队员把球传到了左边，就等于是告诉同队接球的人“快，往左边跑，那里没人防守，从那发起进攻最合适”。以后，我在转播中，介绍运动员打什么位置，有什么特点；报道体育战术，介绍体育项目等等，尽量注意做到形象化。

热情的观众来信告诉我，虽然在电视屏幕上看到了扣人心弦的比赛，但是还希望听到播音员准确而有内容的解说。

1978 年，在西半球阿根廷举行的第十一届世界杯足球赛，牵动着亿万体育爱好者的心弦。广播、电视通过通讯卫星录制了比赛实况，把这一高水平的足球盛会展示在人们的面前。解说的配制，是 6 月 26 日凌晨一点在画面传送的同时在北京一次完成的。因为我们没有到阿根廷比赛现场采访，这给解说工作带来很多困难。为了完成任务，我在解说词配制之前，在有关部门的大力协助下，翻阅了国外的许多报纸、资料，搜集了阿根廷队、荷兰队、意大利队、西德队的名单、号码，每个运动员的身高、年龄、特点和他们的照片，反复地背，细心地记，尽可能把运动员对准、认清、记熟。

我在熟悉每个队员的同时，还比较详细地研究了这几个队的技术、战术特点，分析了各队的实力，掌握他们在历届比赛中的成绩以及世界杯比赛的有趣镜头。有了这些必要的准备，仍不能反映这次盛会的特点。足球迷们还想知道谁能夺得桂冠，更想欣赏世界最高水平的足球艺术。这时候，播音员就需要按照群众的脉搏及时回答人们所关心的问题。体育播音员所扮演的角色应该是一位出色的向导，把成千上万的“旅游者”带到欢乐的“足球世界”。

（四）丢掉“胡涂的影子”

体育转播解说是语言的艺术，它要求播音员精密地、准确地、合乎逻辑地使用语言。

明明白白地叙述一件事情，清清楚楚地表明一个观点。鲁迅在《二心集》中写道：“倘若永远用着胡涂话，即使读的时候，滔滔而下，但归根结蒂所得的还是一个胡涂的影子。”作为一个体育播音员最忌的是说胡涂话，最怕的是给听众、观众留下胡涂的影子。九年前的春节，我在转播乒乓球表演赛实况时，追求“漂亮”的词藻，使用了“流星”“闪电”“精湛的球艺”等不符合实际的形容词，把观众引进了迷魂阵。转播的失败，教育了我。绝对不能哗众取宠，矫揉造作，更不能炫弄“学问”，自我陶醉。转播的语言要准确、简练和生动。要做到这一点，必须下一番功夫，阅读大量的古今中外的优秀作品，开阔视野，丰富知识，积累词汇。

60年代初，我刚学体育转播时，我的老师张之同志就告诉我，阅读是掌握语言的基础，并给我安排了丰富的阅读科目。确实，阅读可以不断纯洁自己的语言，增强对语言的敏感性，提高鉴别和运用语言的能力。我读了《三国演义》上的《温酒斩华雄》就很受启发。这篇短文描写的是各路诸侯联合讨伐董卓取得首次胜利的情景，战斗场面不大，但写得扣人心弦。全篇虽然不到六百字，但刻画了不同的人物性格。在读者面前，华雄的骁勇，诸侯们的惊恐，敌对双方的阵势，诸侯联军内部错综复杂的矛盾等等，无不历历在目。超群不凡的关羽，精明的政治家曹操，性格爽朗的张飞，满脑子偏见的袁术等，无不栩栩如生。阅读之后，使我感到作者的每句话都经过精心的锤炼，没有浪费片言只语，在运用语言方面足以作为学习的楷模。

口语化，是体育转播语言风格中最突出的特点。用口语描绘出视觉形象，是广播、电视体育播音员的基本功。语言大师老舍在谈到语言风格时，曾经这样说过：“我还始终保持我的‘俗’与‘白’。对于修辞，我总是第一要清楚，而后再说别的。”这是老舍坚持了一生的主张，我想也应该作为我自己一生中实践的指南。老舍用口语来刻画人物，用人物自己的话来表达人物感情的语言艺术，是我们体育播音员应该认真学习的。

（五）集体劳动的结晶

做一个体育播音员需要经验的积累和才能的磨练，更需要有一颗火热的心和一个冷静的头脑。常年的工作使我养成了一种习惯，一见到运动场上的话筒，就感到兴奋。这就好像是足球运动员见到足球场上绿茵茵的草坪，闻到阵阵清香；游泳运动员看到了碧波荡漾的水面，心里真有一种说不出来的甜美。体育转播的解说并不是一件轻松的工作，不用说事先要做大量的采访准备，转播时思想上又不能有一丝一毫的走神，几个小时不停地说，说得口干舌燥；就是每次晚上转播完了以后，由于神经高度紧张，几个小时之内，是不能入睡的，一闭上眼睛，脑子里就闪现出激烈的比赛场面。是什么力量鼓起我战斗的勇气呢？是祖国的信任，人民的重托。体育转播凝结着我对祖国炽热的心情，连接着我和千万个听众、观众的心。

在广播、电视里和大家见面的是几个播音员，但在我们身旁却有许许多多的导演、编辑、记者和技术员，他们兢兢业业地为转播工作发挥了自己的作用。他们为我提供了大量的技术数据、采访了现场的精彩镜头，我从战友那里得到了充足的“能源”。

当我感到困难的时候，党给了我无微不至的关怀。领导上为体育转播工作提供了各种条件。给我们订阅了内容丰富的国内外报刊、资料，尽量安排播音员深入生活、观摩和学习。

一封封寄自祖国各地的热情洋溢的来信，鼓舞着我的斗志，增添了我的智慧和力量。是啊，只有靠党、靠集体的力量，才能使自己镇定、安详；只有靠人民的智慧，才能担当起人民的“耳目”。我每次离开运动场上的话筒，就像一个蹩脚的学生离开考场一样，等待着老师指点自己弥补在生活经验方面的缺陷。人民是我们事业的坚强后盾。

全身心地投人

我和体育实况转播有着如胶似漆的感情，它使我充满了幸福，成为我惟一的爱好。因为体育转播凝结着我对祖国炽热的感情，连接着我和亿万听众、观众的心……

(一)“只有爱好才是最好的老师”

当回忆起自己所走过的道路时，我又想起了爱因斯坦的一句名言：“只有爱好才是最好的老师”。我喜爱看体育比赛，也喜爱玩球。上小学时，我就是个小球迷。技术并不出众，可乒乓球的快速推挡，篮球的定位投篮还都有那么点味道。上了初中，我所在的那个学校小足球活动开展得相当普及，几乎百分之九十以上的学生都会踢球。分拨比赛时，我是个小守门员，看守着用两个书包摆成的小球门，考验和锻炼了我的毅力。我爱玩，更爱看体育比赛。因为体育可以锻炼身体，焕发青春活力，可以培养勇敢顽强精神和吃苦耐劳等优秀品质。更重要的是，体育可以激发爱国主义精神。正是因为体育有这些特点，所以对我具有特别的吸引力。足球场上的“万里长城”张俊秀、神射手张宏根，篮球场上的“龙头”钱澄海、神投手杨伯镛、李少芬、杨洁，乒乓球台前的多面手王传耀等都是我所崇拜的人。他们的许多习惯动作，深深地印在我的脑海里，至今还记忆犹新。比如，足球宿将年维泗的衣着与众不同，他总是把自己运动衣放在短裤的外边，射门射偏了，经常是一弯腰，用双手胡噜一下脸，表示懊悔；篮球名将钱澄海习惯在自己运动短裤的后兜里放一块白色的手帕，一只手运球时，另一只手总在指挥同伴跑动，表现出了他的核心作用；足球左边锋方纫秋头发上抹点油，梳得整整齐齐，显得镇定自若，从容不迫……他们力争上游的精神、藐视强者的自信，昂奋向上的思想、智慧、勇敢和力量一起涌进我幼小的心灵。

上学时，没那么多时间看比赛，后来从收音机里听转播球赛，我一下子被张之老师有述有评、绘声绘色的解说迷住了。当时，我只有 14 岁，是个初中二年级的学生。坐在家里听转播，不但使我了解了全部比赛的进展情况，而且使我得到了更丰富的体育、文学知识，提高了我的逻辑思维能力和想像力。我在想，体育播音员不是广大听众的耳目吗？他使千里之外的听众如临其境，从中得到激励、鼓舞。我越想心中越热，觉得整个身心同体育转播贴得更紧了。一种酝酿很久，埋藏在心灵深处的东西触发了，立志做个听众的好耳目。我春夏秋冬几乎是每场不漏地收听记录张之老师的转播，从中汲取丰富的营养。一年四季，我长期坚持转播练习，以便为从事这一工作创造条件。

(二)“劳动，再劳动”

伟大的社会主义祖国是我培植坚定生活信念与理想的沃土。我这个不满 20 岁的幼稚青年，得到了党的深切关怀和重视。1960 年 5 月 23 日，我来到了日夜盼望的中央人民广播电台。我的愿望实现了，这是多么幸福啊！

两天之后，我国登山队攀登上了世界最高峰珠穆朗玛峰顶峰的喜讯，使我得到了鼓舞和力量，也使我深深地懂得了体育实况转播如气象万千的群山，横亘在我的面前，需要付出艰苦的劳动去攀登。少年时代，对体育转播的酷爱，为我未来的进步提供了条件，但这并不是天才。高尔基说过："天才……就是劳动，再劳动。"要当好体育播音员，就要学习马列主义和党的路线、方针、政策；要学会掌握播音技巧，提高语言表达能力；要熟悉体育知识。这是体育播音员的三个基本功。

体育比赛紧张激烈，波澜起伏，瞬息万变。体育播音员在高度紧张兴奋的情况下，用最快的速度，恰如其分地把比赛场的情况介绍给听众、观众，不是一件很容易的事。口齿伶俐、吐字清晰、反应迅速、声音圆润，这是体育播音员必须具备的条件。我刚开始练习时，感到很难。说话说快了，就说不清楚，不是吃字就是打结巴；说话时间长了，声音又容易嘶哑。为了提高播音素质，我用多种办法进行练习。有时一个人在空洞洞的房子里练习演讲；有时召集一群小朋友给他们讲故事；有时看一幅画练习口头作文；有时站在繁华的街头路口，描述来往的车辆和行人，训练我立意构思、布局谋篇以至遣词造句的能力。到比赛现场进行转播练习之前，我先把转播当中的常用术语背得滚瓜烂熟，比如足球转播中的这段话："现在中国队前卫任彬在中场得球，他一脚长传，把球递给右边锋丛者余。丛者余沿着右边线带球，对方后卫上来阻截，丛者余过了一个人，到了底线，突然一脚传中，张宏根在禁区里抬脚射门，球进了！……"我背了几百遍。这样一天又一天地练，一遍又一遍地说，终于掌握了体育播音的技巧。一次我在日本转播七场世界杯排球赛实况时，在20天的时间里要熟悉9个队的一百多名运动员，确实是比较难的。有些运动员名字很长，从语音结构上来看也很复杂，转播时要念快，真有点"拌嘴"。但由于平时坚持背诵"吃葡萄不吐葡萄皮儿，不吃葡萄倒吐葡萄皮儿"等各种绕口令，做声母、韵母、声调对比练习及气息吐字综合练习，有了播音的基础，所以转播中不管比赛场上怎么千变万化，仍能做到运用自如。

张之老师告诉我，掌握播音技巧是第一步，要提高水平，需要在语言上下功夫。确实，体育转播解说是语言艺术，它要求播音员精密地、准确地、合乎逻辑地使用语言。我知识浅薄，文笔拙劣，在学习、运用语言上就更要付出艰苦的劳动，下一番苦功夫。我学习了"老广播"的经验，积累了语言、文学、艺术等资料，阅读分析了优秀作品，很受教益。优秀的古典文学作品，它的笔法的精练和巧妙，有时确乎达到了惊人的程度。我读了《水浒》中"武松打虎"就很受启发。作者在描写人虎相遇时，没有赋予武松以任何英雄行为，惟一的就是躲闪："闪在青石边""闪在大虫背后""闪在一边""又闪在一边"。这一个接一个的"闪"字，表现出武松的机警敏捷。读过之后，我在琢磨：如果在体育转播中，也能做到捕捉人物特殊动作，不是能够更好地表现人物形象吗？后来在中古女排比赛时，我报道梁艳就借鉴了这种手法。我抓住梁艳爱笑的特点，做了描述。我说："梁艳在3号位扣了一个漂亮的快球，她笑了。笑得那么甜，好像是在自言自语：就这么打。在比赛场上，梁艳打了好球笑，拦网成功了笑，接对方扣球，摔救滚翻以后也笑……"这样，就把她那活泼可爱、浑身充满青春活力的性格，展现在听众面前了。

古今中外的语言大师们，在他们的作品中结构严谨，语言生动，闪烁着智慧与哲理的警句，使我深思不已。我读了老舍的《离婚》和《茶馆》。《离婚》中，马老太太在窗外的发话，《茶馆》中，人贩子和破产农民的对话，使我看到了老舍高度的语言技巧。他潜心思考、字斟句酌，让口语担负着对话、叙述和描写的任务，开阔了我的视野。后来，我在转播中下功夫学习了老舍用口语来刻画人物，用人物自己的话来表达人物感情的语言艺术。比如，在转播中介绍郎平时，报道了她对我的谈话："我真想不干了，可我舍不得啊！"这12个字，没有慷慨激昂地发表为国争光的宏论，而是有提问，有自答，是深情含蓄的诗句，看出了人物的高尚的精神境界。又比如，报道中国女排队长孙晋芳鼓励新队员陈亚琼的那句话："你紧张什么，无非是考虑个人得失，你要豁出去干嘛！"这句话说得多么得体，口气、神态、音调、节奏，都是那么符合人物的身份、性格、年龄、特征。孙晋芳的这句话不是一般的豪言壮语和高谈阔论，而是自然地流露出她对新手的关心，反映出中国女排是个团结的战斗集体。

体育，包罗万象。广播、电视除了经常转播足、篮、排、乒乓、羽毛、冰球外，还转播手球、水球、游泳、跳水、体操、技巧、武术、举重等等。对于我这个既没有学过体育专业理论，又不是运动员出身的体育爱好者来说，要熟悉那么多体育知识，更要付出艰巨的劳动。我一边看教科书，一边用跳棋子在桌上摆战术，学习基础知识。看书的同时，我经常到比赛场上看比赛，可是因为自己不懂，再加上体育运动的快速、复杂多变，书上说的和现场看到的总对不上号，我就拜教练员、运动员为师，请他们结合比赛给自己上课。有一次，我和前国家足球队队员唐凤翔同志一起看足球比赛。他指着比赛场问我："你看现在中国队是什么阵型？""防守是四三三，进攻是四一二三。""进攻说得对，防守是四二一三。"我就是这样不知交了多少答卷才从不及格到及格。

教练员在我的采访本上画上了许多新战术的图解，来信中谈到的也是体育比赛的新技术、新战术。在足、篮、排球中，排球新技术、新战术最多。体育播音员一般只懂得排球比赛规则，只熟悉基本技术、战术就不可能转播好80年代的排球比赛。怎么办呢？我特地向国家级教练员张天任同志求教。不久，张天任同志看着世界杯中古男排比赛录像，给我分析了曹平的"前飞"这种打法，我听了如获至宝。说真的，还有什么能比获得知识更高兴呢？然而，知识的获得，离不开艰辛的"劳动，再劳动"啊！

扎根在生活的土壤里

我从实践中体会到，扎根在生活的土壤里，是搞好体育实况转播的重要一着。

鲁迅认为，像《毁灭》这样的优秀作品，是"非身经战斗的战士，不能写出"的。同样，深入生活也是我们从事转播工作的第一个重要课题。我经常思考：体育播音员除了需要有熟练的播音技巧，形象的语言表达和丰富的体育知识，把比赛场上的情况介绍给大家以外，更需要善于观察、勤于思考和抓住人的特点，把栩栩如生的人物形象，展现在听众和观众的面前。长期以来，我经常生活在教练员、运动员当中，这是我不可少的"生活基地"。好像蚕吃桑叶，蜂采花蜜，时时刻刻离不开它。为了在转播中塑造出血肉丰满、呼之欲出的人物形象，我从熟悉运动员、教练员的各个生活画面和细节着手。比如，每次下雨天进行足球比赛时，我都看到，坐在场外的教练员和替补队员都不穿雨衣或打雨伞，聚精会神地研究着比赛。是一股什么精神激励着他们这样做呢？那年，在广州我选择了一个下雨天去采访北京足球队练球。我既不穿雨衣，也不打雨伞，和他们站在一个行列里，给他们捡球。不一会儿，我全身都淋湿了，也沾上了泥巴。但这时的雨，没有给我寒冷的感觉，相反，我却被运动员们朝气蓬勃、生龙活虎的劲头感动了。他们热爱自己的事业，忠于自己的事业，把事业看得比生命还重!

胜利是令人羡慕和神往的。那么，运动员胜利后的喜悦，又表现在哪里？我在比赛场上观察，在训练场上寻找。我和教练员彼此热情地祝愿，和运动员一次又一次地谈心。经过长期的学习、观察、体验和研究，我获得了丰富的生活素材，捕捉到生动的形象。性格爽朗的女排队长孙晋芳，只要一吐舌头，球就打顺了；倔强的“铁榔头”郎平若挥舞起双臂，球就扣“疯”了；而文静、深沉的周晓兰打了好球，却像没那么回事一样；泼辣的足球运动员左树声射进了球，总是左脚跳起，挥动右臂，轻快得像长出了两只翅膀；而腼腆、憨厚的沈祥福踢进了球，却总是羞羞答答……

1980年，中日女篮在天津比赛，领导上安排我去深入生活。刚刚换下场休息的刘建设，看着比赛分牌上中国女篮获得的“111”分，高兴地对我说：“今天可‘盖’了，唰、唰、唰，得了3根冰棍!”我被她那形象的比喻给说笑了。她又接着跟我说：“我们除了爱吃3根冰棍，还爱吃一个小鸭子。”“小鸭子?”刘建设扑哧笑了：“嗯，胜一场得2分，这‘2’不是个小鸭子吗?”从只言片语中，我品尝出运动员胜利后的喜悦，也看到了她们的渴望胜利、发奋向上的精神。

郭沫若同志曾说：文章不只是用笔墨在写，而应当用生命在写。蔡文姬创造的《胡笳十八拍》是用整个灵魂吐诉出来的绝唱。几十年来，体育界的生活给我的东西太多了：我亲眼看到五星红旗在国际体坛上冉冉升起，分享着幸福和欢乐；我亲耳听到体育健儿拼搏的声息，知道了怎样才是不虚度年华；我听到了他们用大无畏的利剑刺破自私与软弱，认识了什么是美好的心灵；我看到了他们献出了宝贵生命，懂得了人生的价值……是教练员、运动员燃起了我生命的火花。我热爱他们，产生了赞颂他们的激情。要赞颂他们，就要洞悉他们的内心活动。中国女排领队张一沛向我介绍说：“我们要有超人的技术，就要付出超人的代价，付出超人的劳动。”教练员袁伟民说：“我们攀登世界高峰这段路要有牺牲，我们为了给祖国争光，腿断了也要上。”真挚、恳切的谈话，表现了共产党员的钢铁意志，倾注了他们对祖国炽热的感情。在那些年，我珍惜一切机会观察他们，和他们交谈；多次地接触，使我感到中国女排的同志们是生活的搏击者和探索者。但我并没有满足。恩格斯说：“人物性格不仅表现在他做什么，而且表现在他怎么样做。”这就要求自己要以挚爱运动员和怀着追求真理的饱满激情，细致地观察，去揭示人物的内心世界。为了在世界杯排球赛转播中，做好对人物精神面貌的刻画，从北京一上飞机，我便开始挖掘中国女排运动员的心灵美。在飞往东京的旅途中，我品尝着陈招娣送给我的橘子、陈亚琼从家乡带来的栗子，心中感到格外的甜美。我看到了陈招娣津津有味地读着文学作品，眼中放出了喜悦的光芒；我听到了梁艳许多感人肺腑的话语，倾诉了她一生的志向……到了东京以后，我看她们练习，参加她们的准备会，找领队、教练员、运动员谈心。郎平跟我说：“这次我是第四次来日本，别人曾问我日本是什么样，我也不知道，没玩过一次。这次来，心中想的就是场场拼，每一个球、每一分都拼。在困难的时候，我要有很强的信心，我不能动摇，要发扬敢打敢拼的精神，从困难中摆脱出来。”我在练习场上，看到了她们“从困难中摆脱出来”的生动情景：

分组比赛时，一组队员假设先以 0 比 7 落后，有意给自己出个难题；

患有夹骨裂的孙晋芳为了减轻伤部负担，躺在地板上，头脚垫高，身体悬空，把 5 公斤重的杠铃片放在肚子上，一分钟一分钟坚持着；

陈招娣为了增加腿部力量，负 55 公斤重的杠铃练习深蹲；

陈亚琼左臂受伤，缠上纱布，坚持练习……

在比赛场上，我看到了她们勇敢的献身精神。张蓉芳左脚的踝关节受伤，疼痛得站不起来，当裁判做了换人手势时，张蓉芳摆着手表示“不换”；陈招娣不顾腰痛，趴在地上做准备活动……

在准备会上，我听到了她们的誓言：“我们要用最大的勇气，夺取最好的成绩”；“保持战斗的情绪、顽强的意志和高昂的士气，当一个‘拼命三郎’……”

听到这些真切的话语，看到这些拼搏的场面，使我深深地感到，她们有理想、有抱负、有丰富的情感和博大的胸怀。她们的生活是美的，心灵是崇高的。正因为我有机会同教练员、运动员生活在一起，他们的情感打动了我，在解说中才能有性格化的描写，也才能打动听众、观众。

茅盾说过：“对旧作仍然感到满意，那表示自己停步不前。”我常用这句话告诫自己，更清醒地看到自己的不足。因此努力学习马列主义，提高政策水平和为人民服务的本领，这是我一生要努力奋斗的。

第四十六章 电视广告播音

电视是年轻的大众传播媒体。电视的普及率极高，因此，电视广告成为最有冲击力的广告形式，改变着人们的观念，影响着人们的生活。

第一节 电视广告的类型

电视广告是一个由图像和声音组成的直观的视听形象系统，它可以使人们直接看到商品本身，通过直接的物象显现去触发一种直接性的感受。

电视广告的类型

我国大陆最早出现的电视广告是1979年1月26日上海电视台播发的“参桂补酒”的广告。这条广告片长1分35秒，以三至五个插片的静止画面构成，没有使用运动镜头，很像是电视新闻。

自1983年以来，我国电视广告一直快速稳定地增长。截止到1999年上半年，全国电视广告经营单位共有2947户，广告从业人员2.54万人。

依播放形式，电视广告划分为：

节目广告　指广告主提供一个节目，然后在一定的时间内播放自己公司企业形象或产品的电视广告。广告时间依节目长短及提供制作费用或赞助费用的多少而定。

插播广告　插播广告是依照节目与广告的一定比例安排的固定的广告时间，所以必须受电视台标准时间单位的限制。

在我国大陆，插播广告又叫常规广告，即在每天分配的固定时间段上按时播出。插播广告的价格比节目广告要便宜得多，广告主也有选择电视台和播放时段的自由。

依广告传达内容，电视广告划分为：

商业广告　指以营利为目的，传递商品或服务讯息，以引起消费者的注意和兴趣或好感，通过说服与劝诱，引发消费者购买行为的广告。

商业广告包括商品广告、企业形象广告、促销广告等。

公益广告　以关怀大众、回馈社会为目的的活动属于公益活动，为推动公益活动而诉诸媒体宣传的做法，就是公益广告。

电视广告“三要素”

电视广告是由图像、声音、时间构成，它们被称为电视广告的三要素：

（一）图像

图像是呈现在电视屏幕上的映像，是具体动态的景物的形状与颜色的影像。图像是电视广告的主要构成要素。

（二）声音

声音源于现实生活，是在客观现实生活中记录下来的声波通过电视机还原的结果，是各种声音信息的再现，有很强的表现力。声音在电视广告中的作用也是非常巨大的，是电视广告的重要组成部分。声音又由人声、音乐、音响三部分组成。

（三）时间

电视广告的主要特征是将所要传达的信息存放在时间的流程中，离开了时间因素，信息就无从传达，因此电视被称为时间结构性媒体。

第二节　电视广告的声音指向

视与听是人类接受外界信息最重要的渠道。

据美国全国广告人协会的调查报告：广告中如果没有图片，将减少75%的效果，但如果广告词中没有声音的配合说明，效果将减少25%。

电视广告中，画面的重要性不言而喻，它能让观众“直接”看到事物的原样。然而，画面只能再现某一事物在特定时间和空间里，用摄像机镜头所记录的外形或场面，对事物的来龙去脉和前因后果则难以交待清楚。

声音，尤其是人声则不受时间、空间的限制，它可以讲述过去，也可以描述现在和未来；可以说此地的事，也可以说彼地的人。因此，声音在电视广告中往往弥补着画面传播的局限性。

作为电视广告的声音

作为电视广告的声音具有以下特点：

（一）形象生动，感染力强

电视广告画面增强观众观看广告的兴趣；声音突出商品诉求重点。这种声音与画面的视听合一，能够逼真的、突出的从各个方面展现广告商品的个性，直观性最强，乃其他任何媒体所不能比拟。

（二）贴近生活，影响力大

今天，可以毫不夸张地说，没有一种媒体像电视这样与我们有着如此密切的联系，没有一种方式能像电视广告这样影响着我们的生活。

五彩缤纷的画面，亲切自然的话语。电视广告调动了包括有声语言在内的所有艺术手段，向受众营造出一个温馨的氛围，唤醒了人们心底的潜在需求，使人们更加渴望享有更新更好的生活，更加渴望拥有更新更好的服务。

据抽样调查显示：电视广告对北京市居民购物有相当影响，近五分之一的居民表示在选购商品时，受电视广告的影响较大。40%的被调查者认为电视广告对他们购物有影响。换句话说，四成居民购物受电视广告左右。

（三）补充画面，揭示内涵

电视广告的直观性，容易造成信息传达的局限性。因此，有些东西用画面难以完整、明确地表达出来，有些复杂的意义和深奥的道理用图像也是反映不出来的，这就必须用声音即有声语言加以补充、说明、提高和延伸。

电视广告原本就是同时诉诸观众的视觉和听觉的，看不明白也要让人听个明白。如果视觉对图像迷惑不解，听觉再无清晰明确的感知，那就真是“视而不见，听而不闻”了。所以，电视广告一般用有声语言来补充画面所不能提供的部分，或说明有关商品的状态、性质、成因、功用，或介绍有关的知识等等。

（四）画龙点睛，锦上添花

图像，虽然也有通过现象表现本质的功能，但总是不如语言来得直截了当。形象思维常常是附着在画面上，而抽象思维则往往便于表达在语言中。有声语言与电视图像的配合是多角度的，它不仅起补充说明作用，还对画面内容起提高和升华的作用。

（五）信息量小，转瞬即逝

全世界的电视广告长度差不多，都是以5秒、10秒、15秒、20秒、30秒、45秒、60秒、90秒、120秒为基本单位，最常见的电视广告是5秒和30秒。目前也有超过1分钟的达到3分10秒。

电视广告时间极短，所承载的信息量自然也少；电视广告以图像运动为主，人声的出现就更为短暂。因此，瞬间即逝，不易记忆。另外，在同一时间里，播放多则广告，相互干扰较大。

（六）时间太短，再创作难

众所周知的以秒计算的广告时间，给广告播音带来再创作的局限。要准确、完美地表达广告内容，便要在语气、节奏、停连上有所设计有所施展，时间短、空间少要求则更高，对广告播音者的标准自然也高。

广告播音的声音指向

广告播音的声音要凸现广告主题，昭示主体形象。它包括：

（一）推销性

在产品新上市或企业新开张时，为了让消费者尽快认识商品的功能或企业的情况，使之做到“家喻户晓”，以利销售，广告的目标主要是通过介绍商品或服务来引导消费者认识商品。

广告播音应该热情耐心，具有新意，给人春风扑面、耳目一新的感觉。

（二）催化性

当企业产品已经有了一定的知名度，为了提高消费者指名购买率，使他们由犹疑到抉择。这时候的广告目标主要表现在以坚守、说服为目的。

广告播音应该更具个性，更加煽情，大有观众不掏钱决不罢休之势。

（三）赋活性

当企业或产品品牌在市场具有较稳固的销售量及知名度之后，广告进入以提醒及强化受众记忆为目标的阶段。为了不让消费者忘却自己的品牌，广告应该赋予商品以生命力，并以此去感化消费者的心。

广告播音应该成熟大气，继续张扬，赋予商品以新的活力。

（四）整体性

实际上，广告的介绍、说服、提醒、纠正这四种目标往往并不是单一、序列的存在，通常是交叉在一起的。另外，电视广告是画面与声音的结合，尤其要注意的是这二者之间的关系。

广告播音应该兼顾多方，注意整体。在表达技巧上句子"要抱团"，语气的承接要和谐统一。在与画面的关系上，要记住自己配角的分，不要抢"戏"。

（五）准确性

收看广告，受众没有选择的余地，思维要紧紧跟上播讲的进度，被动地听着播音员传递信息的连续话语。另外，广告时间是非预见性的，又非常短促，自然容不得充裕的时间去反复思考、推理判断。

因此，电视广告要让受众每个字都听得清，每个词都听得懂，每句话都听得明白，广告词的写作自然要生活化、口语化。而广告播音则必须遵循"平行规律"，即让声音的播出和收听平行、同步，让语言表达的程度和信息量与受众的言语感知能力和接受程度相适应。

为了减少声音播出与言语感知的"时间差"，声音指向的准确性就显得不可缺少。

准确性包括正确的重音、恰当的节奏、合理的夸张以及与广告文字风格相吻合的语气。

广告播音的声音选择

电视广告在经历了前期准备阶段、实际拍摄之后，在后期制作过程中，选用合适的声音形象播出广告词，同样也是一个不可忽略的问题。

众所周知，有声语言的亲切自然、准确贴切、诚恳真挚、生动优美方可营造一个宽松的环境、一份亲切的氛围。

广告播音如若赢取这个宽松这份亲切，在声音形象的选择上，就必须注意多种制约因素——

（一）性别差异的选择

1. 男性的声音形象

男性的声音形象，应该是浑厚、粗放、醇和、有磁性，具有一定的气势和力量感，当然有时也不无温柔。

例如：

拥有桑塔纳，走遍天下都不怕。（上海大众桑塔纳）

东奔西走，要喝宋河好酒。（河南宋河酒）

徐工徐工，祝您成功。（徐工机械）

与狼共舞尽显英雄本色——七匹狼.（七匹狼制衣）

这里，在商品的性别定位上，广告主对商品——轿车、重工机械、酒、名牌夹克等的使用者划分明确，广告语也多为直诉主题的广告口号，选用的男性音色刚劲有力，充满孔武之气。充满阳刚，力度感强，这是由男性自身本质所决定的，运用得当，自然与广告相得益彰；但有些时候棱角不必过于分明，勾勒出线条即可。

男性的声音形象，依据广告内容、广告诉求的不同，有时体现为醇和、温柔。

例如：

滴滴香浓，意犹未尽。（麦氏咖啡）

味道好极了！（雀巢咖啡）

农夫山泉有点儿甜。（农夫山泉矿泉水）

这些广告语都比较平实、真挚，均不属大起大落、跌宕起伏的豪言壮语，而使它们平中见奇、陡增魅力的是广告播音的再创作。

2. 女性声音形象

有一项调查表明：美国广告中的人物，从性别角度来分析，女性占 70%，洗涤用品的人物几乎全是女性，食品等广告上的女性也比男性多一倍，化妆品就更不用说了。

尽管关于广告中的女性性别歧视问题，在广告界一直存在两种意见，但是，女性美的确给画面带来美感和吸引力。充满青春活力的身姿，健康细腻的肌肤，乌黑亮丽的秀发，顾盼流波的眼神和勤快利索的手脚，贤妻良母的品德……无不诉说着化妆品的功效、洗发水的功能、洗衣机的先进，等等，直接传达的是商品的信息和商品的利益。

女性的声音形象，应该是文雅轻柔、温和柔弱、亮丽清纯的；应该是甜而不腻，美而不妖的。女性凭其特有的温柔细腻、浪漫多情的声音形象，烘托出一种梦幻意境，帮助塑造广告商品的品牌形象。

例如：

金利来，女装真皮皮包，女士专美的世界。（金利来皮包）

香喷喷，好吃看得见。（康师傅方便面）

安尔乐的保护，体贴又周到。（安尔乐卫生巾）

相比较而言，选用女声的电波广告中，女性形象在情感表现上大多求美求柔，这也许与人们的普通审美心理有关。生活中，对于男人的“丑”“脏”“糙”，似乎都可以容纳，但却难以接受“丑女”“厉妇”。于是，女性的声音形象更显细腻温柔、一往情深。

很多时候，广告播音声音形象的性别选择受着广告商品的主要消费者的性别限制，二者最好一致。上面提到的广告实例中，大多在广告语上就显现出男性特征或女性特征。当然，还有的时候，广告语上的性别暗示并不是与消费者的性别完全对应的。

（二）年龄差异的选择

如果严格地从声音形象本身将人们的年龄做一个划分的话，可分为：婴儿、幼儿、童年、少年、青年、中年、老年。这些年龄都有可能出现在广告当中，自然需要配以合适、贴切、符合各自年龄声音特征的声音。

1. 婴幼儿声音形象

一位富有经验的广告前辈曾告诫说："广告切忌不要离开小孩和动物。"

孩子的声音形象自然是天真烂漫、活泼可爱，多带些稚气、娇气，少带些霸气、骄气，因为广告对孩子也有着潜移默化的教育意义。

有人针对儿童广告说过这样的话："由少儿表演的广告就应该由少儿配音，但不少广告画面上出现的是小孩，喇叭里传出来的却是成人的声音。"其实，画面中出现孩子形象的广告，除非是特别具有童音的播音员，一般都应该选用孩子来演播，更显真实。那种用声靠前，努力装出来的"老小孩"声音怕是只会削减广告的播出效果。大人装扮小孩，音色还不是主要的问题，主要的问题是对逻辑链条的感受。孩子说话往往缺乏逻辑的感受或是感受不准确，恰恰这一点是很多成人忽略了的，或是难以"学"会的。

2. 青年声音形象

在广告播音中，青年的声音形象，朝气蓬勃，充满活力，像银铃般脆响，像溪水般欢快，像朝阳般蓬勃，具有鲜明的时代感，强烈的动作感。

例如，《新七喜》电视广告

画面：深蓝的天空。一望无垠的大海。小伙子在海边放风筝。姑娘在海滩翻看着书。一瞥之下……小伙子喝着"新七喜"，灵感顿生。他让五彩的风筝飞临到正好给她一片阴凉的地方，于是……两位年轻人并肩躺在了海滩上……

旁白：新七喜，清爽口感，带给浪漫的第七灵感——热情激起　清爽七喜

绚丽的画面，富有节奏的吉他声。诗一般的天地，诗一般的年轻人。

广告词中的"第七灵感"与"七喜"的吻合决非巧合，而"热情激起"也与整个广告创意相贴合。

播音选用的是男声，不加雕饰，清新自然，语气中颇有几分得意与惊喜。

3. 中年的声音形象

台湾作家董桥有一句很经典的话："中年是下午茶。"中年是承上启下的年龄段，生活的阅历和机遇给了中年稳健，中年的声音形象是沉稳的、醇厚的，少了从前的那一份浮躁但并不缺乏朝气，多了几分成熟和自信但并不张扬自大。对他人持一种宽容，对自己抱一份责任。

例如，《创新碧浪洗衣粉》

男声旁白：创新配方，新一代碧浪洗衣粉把一次到位的特强洁力带到全中国。

女声：我先生做事特认真，他是酒店餐厅经理。什么事都是高标准、严要求，可有时，这顽固的油渍……用辅助品，使劲搓，还不行。怎样才能一次就干净呢？

男声旁白：用创新碧浪！碧浪创新配方，有更多强力酶，即使打了结，其特强洁力照样深入纤维，将顽渍一次瓦解清除，不用辅助品，不用使劲搓。

女声：只洗一次，油渍就没了。用创新碧浪，真是焕然一新，没得说！

男声旁白：一洗去污，一次干净——创新碧浪！

4. 老年的声音形象

尊老爱老是中华民族的传统美德，同样的风尚也贯穿在电视广告当中，尤以药品和具

有保健功能的保健药品居多。

老年人的声音形象，应该注重精气神儿，稳重、厚实、醇和、老成，犹如陈年老窖，回味绵长。

又因为老年人大都饱经沧桑，不事雕琢，所以说话通俗易懂，大白话多，最是口语。

例如，《新中华牙膏》

画面：爷爷和孙子一起划拳。

孙子：我赢了！

画面：递给爷爷一颗花生，算作对爷爷的惩罚。

爷爷：小菜一碟。

画面：爷爷很轻松地咬动了花生。祖孙继续划拳，爷爷又输了。

孙子：麻花儿，你咬得动吗？

爷爷：行！

孙子：哎——?!（不解地）

画面：儿媳蹲在孙子的跟前。

儿媳：小华，用新中华，你的牙齿会比爷爷的更厉害。

男声旁白：新中华含氟新突破，它含钙更加氟，预防蛀牙，令牙齿更坚固。

孙子：又赢了。哎，慢着，我帮你咬。

画面：孙子也很轻易地一口咬动了大麻花儿。

男声旁白：新中华牙膏，让中国人的一生强健。

"孙子"的话语经历了一个由得意——不解——佩服的过程，语气上变化较大；而"爷爷"的话语则始终含有一份自信与宽容，语气上也没什么变化。祖孙二人的对话就这样产生在划拳论输赢的游戏当中，很口语，很生活，也很温馨，将老人含饴弄孙尽享天伦之乐的幸福表现得淋漓尽致。当然，对话的指向性是产品宣传——是新中华牙膏让爷爷能够咬得动花生、麻花儿，是新中华牙膏让爷爷输了也不被动、尴尬，爷爷牙齿的坚固靠的是新中华牙膏。

（三）播音方式差异的选择

播音方式是由插音员在播音时的身份所决定的。一般来说，播音员在播新闻、通讯、评论时处在第三者的位置上。他们是以电台、电视台工作人员的身份对这些新闻性文字稿件，通过规范的有声语言进行转述的，身份是转述者。文艺播音中，播音员通常是以热情的介绍者的身份出现，这里隐含着第一人称的运用，但身份应是介绍者。在主持人节目中，播音员是以第一人称出现的，身份是"我"自己。

广告播音，播音者有时以第一人称出现，身份是"我"；有时以介绍为主，身份是介绍者；有时又以评点为主，身份是评论者。

据此，广告播音方式主要包括：独白式、对话式、解说式。

1. 独白式

独白，以第一人称出现，有时是广告中的角色，有时是产品的拟人化。使用第一人称指代角色，这在广告中很普遍。这种被指代的角色往往就是某类商品的已然消费者或理想消费者，此时，第一人称在广告语言中的作用就是进行消费证同。

“证同就是证明相互之间相似的一种感觉。心理学家早已证明，人与人之间越相似，相互说服的可能性也就越大。”[①] 广告大师大卫·奥格威说：“你应该在你的文案中用用户经验谈。比起不知名的撰稿人的话，读者更易于相信消费者的现身说法。”广告当中，名人推荐式或普通消费者的现身说法多用的是第一人称，通过“我”的引导，将消费者的消费欲望与角色期望统一起来，从而实现证同。

独白式广告播音较易操作，因为播音时一般只需一人至多两人，成败胜负仅系于一身。有时如与好友讲述故事；有时如对亲人回忆从前；有时又似急不可待地向人介绍自己的使用经验。或娓娓道来；或快人快语；或注满深情；或一本正经——“一切尽在掌握中”。

2. 对话式

对话式，包括男女声对播、同性别对播、多人混播等形式。对话式播音大多出现在情节型广告中。这类广告以情节作为内容发展的线索，在情节的发展中，广告主题自然显露出来。情节在电波广告中只是一种形式上的外壳，是为了展示广告主题、树立产品形象服务的。这里的情节构成不是复杂的、贯穿始终的、具有强烈矛盾冲突的故事，而是一种简单的、局部相对完整的生活片断，或称作具有情节因素的生活内容。它通常以生活的一个片断为切入口，直接深入到广告产品上。

生活中的场景多种多样，单人的，双人的，多人的，众人的等等。作为截取生活片断为切入口的情节型广告，自然也要涉及众人的群众场面，广告播音也就有了多人混播，有时还需要群杂的效果。

多人混播需要注意的是：广告时间短，你一言我一语，容易造成人多杂乱的局面，应该让主调突出，辅调和谐。即使在群杂时，也要使主要声音形象明朗、清晰、突出、鲜明，真正做到既无人声鼎沸，也无人声嘈杂，只让它形成一种对话背景而已，让这个热闹的背景气氛为广告主题渲染。

在对话式广告播音中，必定要遇上“我”“你”“您”“他”“我们”“你们”“他们”这样一些人称角色指代。需要指出的是，这里的人称指代不是在构拟已然消费者和未然消费者，或是广告主和消费者之间的对称关系，而只是在表明对白中人物彼此之间关系的人称指代，换句话说，是为了情节铺陈的方便。因此，对话式广告播音有一定的难度：没有铺垫，缺少过程，这便需要播音者能够迅速进入播音状态，敏锐把握表达方式；在极短的时间内，明确身份，理顺关系，调整语气，拿捏分寸，集中、快速地表现一种直接的因果关系。

3. 解说式

解说，即对广告的产品进行简要的概括说明，或直截了当，或直抒胸臆。依据诉求类型的不同，解说式广告播音又可分为客观解说和主观解说两大类。

---

① 屈哨兵：《广告语言方略》，第101页。

（1）客观解说

对广告产品的形象、特点作直截了当的介绍，有时加上摆事实、列数据的方式。

（2）主观解说

对广告产品带有个人感情色彩的评点解说。

如果说客观解说主要是摆事实，讲道理，以理服人，以事实服人的话，那么，主观解说则主要是采取心理攻势，从情感上打动人。

（四）播音个体差异的选择

“乐之框格在曲，而色泽在唱。”播音是一种再创作。播音时，由于审美追求和当时客观环境的不同，由于个人修养和文化底蕴的不同，还由于对稿件主题的理解和把握不同，因此，播音主体都有一个属于自己的创作表现方法和创作表现手段，都会在播音创作上带有鲜明的个体色彩，形成自己特有的形式或风格。广告播音因为播音个体的不同，也呈现出多样性；因为每个人的经历、性格、气质、修养、审美追求、专业水准都有不同；因为每个人的音色、音高、音量、节奏不同。又因为电波广告的时间受到极严格的控制，所以短时间里给人最大冲击的往往是播音者的音色和音量。

不同的音色和音量带给人的心理感受是相去甚远的。

1. 音色

音色是指声音的特色。因为广告产品、广告形象以及广告创意的不同，广告客户常常选择不同的音色加以表现。

由不同性别、年龄的发音体，不同的发音方式形成的不同音色，往往是广告客户最为重视的因素。因为可以利用这些不同的音色进行商品暗示和消费者暗示，这直接关系着受众对广告产品的印象，也是广告播音的最重要的手段。

由不同的性别发音体形成的不同音色包括：男声、女声；由不同的年龄发音体形成的不同音色包括：童声、青年声、中年声、老年声等；由不同的发音方式形成的不同的音色包括：醇和音、宽厚音、稳健音、果决音、兴奋音、沉静音、轻柔音、圆润音、活泼音、沙哑音、脆亮音等等。

2. 音量

音量是指声音的强弱、轻重、大小。音量基本上相当于“音强”，但有时也和音高有一定的联系。通常，音量强的、重的、大的，声音表现就高一些；音量弱的、轻的、小的，声音表现也就低一些。广告播音中的音量受着广告内容的不同以及同一广告中信息地位和语义内容不同等因素的制约。有专家经过统计发现，中强音量是广告播音音量的主要体现形式。而决定整体音量强弱的，是具体的广告产品、主体和创意，是与广告词密切相关的。[①] 需要注意的是，创意不同，音量的选择也不同。

例如，同样是酒类广告，因为品牌、产地、历史、口味等基本内容不同，广告创意也就不同。因此，在音量的选择上也应该有所区别。有的选用高强音量，有的选用低强音量，营造一种或温馨或热烈、或沉静或庄严的氛围，同时也给酒的消费层次定位。

---

① 屈哨兵：《广告语言方略》。

另外，同一条广告中，由于广告语言自身的信息地位、语义内容的不同，在音量上会呈现出不同的变化。那些信息地位高、语义内容重要的，其音量选择就可能趋强，或者趋弱，无论趋强还是趋弱都是为了营造一种变化，通过变化来表示一种强调。

第三节 广告播音的艺术创作

电波广告，早已超离了“产品加地址”的原始表现手段，早已走过了“省优、部优”的直白式诉求方式。现今的电波广告，在广告内容上更加注入文化内涵，在广告创意上更加追求品牌个性，在广告播音上更加注重其复杂性和特殊性。

如果说，新闻性在播音的多层性质中（既包含自然属性，又包含社会属性；既有新闻性，又具有言语传播和艺术的属性）占据着举足轻重的位置，那么，在广告播音中艺术性则是排在首位的重要因素。

如果说，“新闻的真实性原则使得播音创作中播音员情感的表达与演员表演中情感的表达有了质的区别。”那么，广告的商业性因素使得广告播音在语言表达上允许适度夸张，广告的艺术性信息也使得广告播音与演员表演中的情感表达有了相应的联系。

广告播音的特殊性

广告播音的特殊性表现在：

（一）艺术化

广告播音的艺术化，主要表现在吐字发声和语言处理这两方面。

在吐字归音上，不必都那么字正腔圆，尤其是在情节型广告中，应该根据广告中人物的身份、性格和语言情状等不同情况加以调适。如果是电视广告，还应该与画面中人物说话时口型的大小、说话的状态相吻合，或是字形较扁，或是唇舌较松。在用声上，自然是经过训练的、有所控制的，但有时为了需要，往往打破一般播音的规范，例如用假声，挤压声带，压喉等等。在语言处理上，有时应讲求自然化、生活化，但又不是纯自然的生活状态和生活语言，它是有一定控制的吐字发声、用气技巧与生活中的语言情态及语言样式的有机结合。有时又要注重吐字的力度，甚至在表达方式上需要类似戏剧语言的夸张。总之，广告播音在语言处理上，往往用声幅度大，语势变化也大。

（二）角色化

电波广告中的人，男女老少、黑白丑俊、雅俗贫富、工农商学、天南地北。这里的人不是一个概念，而是“人物”；不是抽象的，而是具体的，是由各种条件制约和界定的“社会人”，他必定结在一个由各种社会关系构成的网中。

“人物”一开口，或是独白，或是对白，便会显露出鲜明的性格特征，便会展示出人物之间的关系。与通讯播音中人物语言求“神似”不求“形似”不同的是，这时候的广告播音其实更像影视配音，需要为“人物”的语言角色化配音，有时还需要在不同程度上为声音化妆。广播广告的“人物”语言角色化，需要的是体现性；电视广告的“人物”语言角色化，需要的则是再现性。

（三）个性化

在广告创意策略中，有一种后起的、充满生命力的新策略流派，叫做品牌个性论。品牌个性论的要点是，个性是最高的层面，品牌个性比品牌形象更深入一层，形象只是造成认同，个性可以造成崇拜。因此，为了实现更好的广告传播效果，应该将品牌人格化，有人说就是思考“如果这个品牌是一个人，它应该是什么样子”，这里包括找出品牌的价值观、外观、行为以及声音特征。

对于宣示广告、标版广告，声音上要表现出品牌的特定个性。有时为了保证系列广告中品牌的统一性，有的广告客户甚至希望专门“买断”一位广告播音者的声音。

个性化的声音与广告产品相结合，让受众在视听上将它们融为一体，让声音成为产品个性的代表从而产生独特的魅力。声音的个性化应该是独具一格、令人心动的。声音的个性化应该是语言表达的一种高境界。

（四）陌生化

陌生化是指在广告语言的设计中突破语言的常规建构，在句法、词汇、语音等方面进行陌生化处理。一般情况下，人们对各种常规语言建构早已形成了一种习惯性或“自动化”的感觉倾向，这种习惯性或“自动化”的感觉倾向往往会导致人们对普通的一些语言事实视而不见、察而不觉，换句话说，也就是感觉趋向迟钝，反映在广告传播中，则必然会减弱广告的诉求力量。因此，与一般播音文体不同的是，广告播音需要陌生化，需要通过对声音要素进行一定程度的改造和设计，改变受众的习惯性和“自动化”，以新鲜、新奇、新颖的声音形式刺激受众的感觉神经，并以期引起受众的新鲜感和时代感，再以一种批判、挑剔、审视的眼光去感知广告声音，从而接受广告信息。

广告播音的陌生化表现在：一是与方言词汇和语法有关的陌生化。“一方水土养一方人”，一方水土也“生长”着一方广告，广告具有鲜明的地域特色。然而，带着浓郁地方色彩的方言口语，通过广告正逐渐为其他方言区的受众所认识所理解。如上海话有“勿要太……”说法，粤语中有“即……即……”格式，现在的广告中就有“不要太潇洒!”（杉杉西服）和“即冲即饮”、“即开即奖”的句式。二是与方言语音有关的陌生化。依据广告内容、广告创意以及目的、对象，在广告播音时适当偏离普通话语音规范，或在音色、音强、音长、音高等方面作出一些特别处理。广告播音的陌生化也许是最与传统意义上的播音相违背的，与语音的规范化相冲突。

其实，广告从本质上说就是一种商业活动，所使用的手段又属于艺术的范畴，再说，宽松的创作环境、多元化并存的现代格局更使得广告播音不同于本质上是新闻性质的其他播音。

它允许咬字时不那么字正腔圆，用气时不那么气自丹田；它可以是瘪瘪的、松松的、嗲嗲的，气息可以提着紧着，还可以憋着；它可以全是实声，也可以全用气声；它还可以带点港味儿，有点儿方言。当然，这一切只是为了表现广告主题，突出广告产品，目的是促进销售。

不同类型电视广告的播音再创作

依据电视广告的表现类型，播音再创作的方式有：

（一）故事型

香港一位有名的儿童连环画家曾说过这样一段话，现在的人们多爱听故事，儿童爱听，成人也爱听。的确是这样，好的故事情节可以吸引注意力，情节的高潮能够满足人们的好奇心，并与受众产生直接的交流。很多优秀的电视广告采用的就是讲故事的表现方式，将一个可信的事实安排在一个可信的环境，并且和产品发生关系，然后设计出故事的开头引子、中间发展和最后结尾。人们听清了故事，人们也记住了品牌。但是，单靠画面来讲故事，肯定不够味儿；既然是讲故事，还得靠“嘴”。

例一，《飞利浦 GENIE828 手机》

画面：一只手将飞利浦 GENIE828 手机往桌上一扣，男青年甲一脸的沮丧。

男青年甲：唉……

男青年乙：哎，你怎么这副德行呀？

画面：乙给甲倒茶水。

男青年甲：唉，刚和女朋友闹翻，她叫我别再找她。

画面：附近传来茶杯落地碎裂的声响，甲下意识地偏过头去，显得若有所思。乙悄悄按下手机上的一个键。

男青年乙：你说的是谁呀？

手机显示：现请说话

男青年甲：Amy 嘛！

手机显示：已接通

男青年甲：唉，说真的，是我不对，我不该发脾气。

手机中的 Amy：彼特对不起啊，其实我也有错……

画面：甲一愣，立即抓起手机——

男青年甲：Amy 吗？好，我马上过去。

画面：乙得意的眼神；甲将不锈钢小勺扔进玻璃杯发出清脆的声响

画面：（字幕）飞利浦 GENIE828 声控移动电话

飞利浦

让我们做得更好

这是一个恋人间吵嘴又和好的故事。这是一个朋友间“助人为乐”的故事。而这所有的一切都与最新推出的声控电话有关：是声控电话帮了朋友的忙，是声控电话使恋人和好。

短短 30 秒，故事讲完了，新型飞利浦声控电话特别又新奇的功能也深植观众的心里。这条广告的播音，因为画面人物角色化的缘故，更像是为影视配音。这里的人物对话应该生活些、自然些、情绪些，特别要注意的是人物前后情绪的对比，人物间的关系以及最后意想不到的结果。

两个好友在咖啡室里碰面了，一个满脸沮丧，一个半是关心半是调侃。

“哎，你怎么这副德性呀？”男青年乙音量不大，语气随意。

而男青年甲的一番话语气生硬，语势上扬，显得气鼓鼓的。

按说，听了好友的这番话，接下来应该是一大堆的劝慰、开导。但是这个故事不是这样讲的，倘若真是这样的“老套”，也就无新意可言，自然也不值得我们在这儿用作范例了。

乙没有多说话，他灵机一动。

乙在决定以声控电话做文章时，问了一句：“你说的是谁呀?”

这里，为了引出甲说出女友的名字，在“你说的”之后作了一个稍稍的停顿，既是给手机显示“现请说话”一个时间，又为的是强调后面的“是谁呀”，重音放在“谁”字上。

整句语气显得别有用心，同时也给电视机前的观众留下一个悬念：乙在干嘛，既是好友怎会不知道对方女友是谁？刚才动了一下手机，又为什么？

甲并不知道乙的良苦用心，自顾自地说着话，“Amy 嘛!”音量高强，内在语颇有点儿“今天你怎么了，我女朋友你都不知道是谁?”可一声叹气之后，音量立即降低，语气也柔和了许多，虽是面对好友，更像是自言自语“唉，说真的，是我不对，我不该发脾气。”满是后悔，满是歉意。

让甲意想不到的是，他的话音刚落，搁在桌上的手机忽然开口说话，传来的竟是 Amy 的声音，并且也是后悔也是道歉。

甲的音量顿时提高，语势上行：“Amy 吗？好，我马上过去。”语气里转且满是惊喜，满是兴奋。同样，这个结局也是电视观众意想不到的，但当这个戏剧化的结果出现在观众面前的时候，故事发展中间存有的疑惑，一下化为乌有，换来的是会心的一笑。

故事型的电视广告，其表现方法几乎都是以感性为出发点，解决的问题也大多是心理层面的，比如挫折感、失败感、孤独、忧郁、失恋、忧伤、懊恼等等。而借由商品带来的感受，或会心一笑，或友情的流露，或温情的拥抱，这一切非商品功能性的介绍，往往更能够打动人心，所谓“感人心者，莫乎于情”。

为故事型广告播音——

1）要注重心理活动的细微变化，因为这变化往往与产品的功能有关，于广告的效果产生直接的影响。2）要明确故事中人物的身份、人物之间的关系；注意对话中语气的衔接、情绪的变化。3）要有良好的声音造型能力，以保证有较强的语言表现力。4）要做到“四吻合”：与广告模特的内在气质相吻合；与广告模特的内心感觉相吻合；与广告模特的表情动作相吻合；与广告模特的口型开合相吻合。

（二）生活片断型

生活片断型是截取一个真实的生活场景作为广告表现的环境，再现真实的生活片断，展示人们对产品的需求。这种广告形式的切入点不是商品，而是商品的使用者。这样做的目的是为了让人觉得商品已经成为生活中的一部分，无意中就暗示了它与消费者的关系是密不可分的。这种广告形式也缩短了广告与消费者之间的心理距离，使广告贴近观众，使产品深入生活。给观众的感觉是，广告中的人物不是模特，不是明星，就像是身边的亲戚、朋友和邻居。一间普通的办公室，一间寻常的家庭厨房，超市里、马路上、后台化妆间，居民小区里……真实可信的画面环境，朴实平常的人物形象，让人顿生亲切之感。这里，广告模特的表演成分少了，生活气氛多了。

通常这类广告表现的大都是广告中的人物渴望好吃的食物、好看的衣服、好用的化妆品、好玩的去处和方便的服务等。

例如，《农夫山泉》

画面：一位中年的男老师正在“透明”的黑板上书写。

画外：传来“啪”的一声响，是农夫山泉特别瓶盖儿发出来的。

男老师画外音：嗬——上课时最好不要发出这种声音。

画面：下课时，学生簇拥在老师的身边，老师举着农夫山泉瓶端详。

男老师画外音：下课了嘛，嗬——

众学生（紧接）：有——点——儿——甜！

画外音：农夫山泉有点儿甜！

——在饮料市场竞争激烈的情况下，一种新兴的矿泉水要走进市场，占领一片天地，谈何容易。

据说，农夫山泉的特别瓶盖儿是这个新兴品牌能够脱颖而出的一个重要因素。

这条广告就是以这特别瓶盖儿的声响作引子，截取了教室这个生活场景。

在播音时，需要精心处理的是两声叹词：“嗬——”。

老师正在板书，安静的教室里忽然传来“啪”的一声响。老师转过身子，声音一沉：“嗬——”气流全部从鼻腔里出来，语势下行，表现出老师的不满和威严。

“上课时最好不要发出这种声音”要说得严肃些，语气较硬，重音放在“这种”二字上，内在语则是提示电视机前的观众：请注意这种声音，颇有些“东边日出西边雨”的意味。接下来的一句话，语气大变，因为场景变了。下课了，老师和学生之间更像是朋友、父子、父女。“下课了嘛，嗬——”，又一声“嗬——”，但与前一句的语气、语势截然不同，声音从咽腔发出，语势先上挑后下行，声音呈曲折性。尽管后面没再说什么，但仅这一声叹词，语气本身的内在语就已经很明显了：下课了嘛，当然可以发出这种声音。那么，可以发出这种声音又意味着什么呢？“有—点—儿—甜——！”众学生们拉长了声音的欢叫，一字一顿，有点儿像背书，却带着几分调皮，几分戏谑。不知不觉中观众知道了：“啪”的声响代表着农夫山泉矿泉水；农夫山泉矿泉水“有点儿甜”。而这恰恰是这条广告的诉求焦点。最后一句“农夫山泉有点儿甜”是广告主题句，由“老师”的声音说出，语气上承接的是上一句学生们的，但少了调皮，多了亲切与规整。因为是广告主题句，商标名称就显得尤其重要，播音时，“农夫山泉”是重音，但不是重读，音量为中强音量。一个小小的顿挫之后带出“有点儿甜”，让产品的独到之处以听觉的方式刺激着观众的耳膜，激发起观众的购买欲望。

生活片断型广告，没有情节型广告故事的起因、发展和结果，它的结构简单明了，每一个画面都保持着连贯，一步一步让观众产生兴趣，最后让观众产生意想不到的结果。这时往往也是广告主题句出现的时候，因此，广告主题句的播音将直接关系着整条广告成功与否的关键，播音到位，将是画龙点睛；播音不当，很可能前功尽弃。

（三）解决问题型

开门七件事，柴、米、油、盐、酱、醋、茶。生活中，谁都会遇上各种各样的困难、各种各样的疑惑、各种各样的烦恼。那么，如何解决这些问题呢？广告可以帮你忙。

解决问题型广告通常选择一个人、一个家庭或是一间办公室，有时再设计一点情节，让问题出现，将问题暴露，然后推出某种产品，解决人们的问题，巧妙地暗示人们不妨一试。

例如，《太太口服液》

画面：一位俏丽的少妇面对观众说着心得。

女声：身体虚，脸色黄。太太口服液，纯中药成分，调理内分泌，肌肤健康，人也精神。气色好，日子过得更好——太太口服液

一般说来，人们对与自己生活中有着切身关系的问题尤为关切，所以问题一经提出，很容易抓住观众。

一旦将问题提出，便要不生涩地、巧妙地引向产品的介绍，将产品的功能、特色表达清楚。诉求的重点是解决开篇提出的问题，以帮助观众对产品的了解，并增进观众对产品的信任程度。

以上这条广告就是这样，片子一开始，便开门见山，提出了“身体虚，脸色黄”的问题，这时的播音语气应强调出沮丧、懊恼。“怎么办?”的焦虑情绪。

紧接着的产品介绍，语势不宜过高，以免引起观众的反感，尽量地平易些、通俗些，在平和中说服人。

最后的广告主题句，要在介绍得平和中拔起，音量加强，语势升高。

“气色好，日子过得更好”呈上山类语势，语气里透着得意和幸福，当然还有诱惑：看我这样好，你不想试试吗?

解决问题型广告播音要特别注意问题提出前后音色、语气、情绪的对比反差。提出问题前，音色暗淡，语速较缓，情绪低落；提出问题后，音色明亮，语速较快，情绪欣喜、兴奋。

对于产品的介绍，不要过于夸张，语气上变化也不宜过大。须知，耳提面命式的教训早已为人们所厌恶，和风细雨式的介绍更能够深得人心。对于设计了一定情节的广告，要分析清楚其侧重的因素。因为构成情节的因素很多，如环境、事件、人物，以及动作、表情、语言、心理活动等等。

电视广告在构成情节时，不大可能充分调动所有的因素，而只能侧重一至两种因素作为主要支撑来构成情节，原因是广告的时间有限，目的也单一。因此，清楚本条广告侧重的是哪种因素，可以作为播音时语言基调的重要依据。

(四) 人物佐证型

在正式去商场之前，大多数人会征询周围人的意见，倾听别人的指导，并且，格外关注视听传媒中播出的同类广告，看看广告里是怎么说的。于是，电视广告中的人物佐证型广告便有着独特的优势。人物佐证型广告要用同期声，视听同步合一，使证人与观众直接对话与交流。人物佐证型广告依据证言人的身份、职业与知名度的不同，又可细分为：名人佐证型、专家佐证型和普通消费者佐证型。

1. 名人佐证型

生活中，我们每一个人在这社会里都属于某个相关群体，这种相关群体为个人的所思所为提供了“参考依据”。专家、名模、体育明星、歌星、演员、企业家等等，都是某一领域相关群体中的倡导者，对这个群体中的其他成员甚至其他群体中的成员有着巨大的影响。名人推荐型广告，名人的话自然由名人说了，真正让播音员说的已经不多了，有时甚至不需要了。然而，说“已经不多了”的话，关键在于与名人说话语气的衔接，要水到渠成，顺理成章，特别要防止各说各的产生“二层皮”的现象。不过，也有例外的时候。

例如，《扶他林乳胶剂》

画面：奥运会体操全能冠军李小双在家做着家务。只见他玩着各种体操动作技巧，轻轻松松地擦地、抹桌。

男声旁白：要把家务做得好，身体灵活是个宝。哎——当心！万一扭伤拉伤的……

李小双：我有扶他林。

男声旁白：清爽的扶他林乳胶剂，无色无味，迅速渗透直达患处，有效缓解肌肉疼痛。

画面：李小双一个漂亮的后空翻，一下坐在了沙发上。

李小双：怎么样？做家务也有9.9分吧。

男声旁白：缓解肌肉关节疼痛，扶他林显身手。——诺华制药。

这条名人推荐型广告，有些特别，广告播音者说的话要比名人多。这时的旁白应该注意交流对象的变化：

“哎，当心！万一扭伤拉伤的……”是对“李小双”说的，是一瞥之下情急之中的脱口而出，生活化些，表露关切之情；

“清爽的扶他林……”则是对受众进行的产品介绍，尽显亲切、温和之情。

2．专家佐证型

专家是社会生活各个领域、学科的专门行家。专家往往受到公众的尊敬和推崇，在普通人的心目中，专家的意见充满了严谨的科学性和毋庸置疑的权威性。专家的证词大多以科学道理为依托，讲得深入浅出，有凭有据，容易使消费者信服、折服，赢得消费者的信赖。①

例如，《全新碧浪漂渍洗衣粉》

男声旁白：为什么小天鹅选择全新碧浪漂渍洗衣粉？

画面：在背景上写有“小天鹅顾客服务部”的地方，小天鹅客户部主任钱蔚文向大家说着他们的理由——

钱蔚文：小天鹅给予顾客优质服务，每年提供的有关上万的机洗的建议时，都介绍新碧浪漂渍洗衣粉。我们的测试显示，只要低水量，两勺碧浪，就能够洗掉多种顽固的污渍。所以，小天鹅给成千上万位顾客试用新碧浪漂渍洗衣粉。

男声旁白：小天鹅和全球40多个品牌一致选择新碧浪漂渍洗衣粉。

这条广告的播音基本都是原人原声，尽管钱蔚文的普通话带着方音。

---

① 中国广告协会电视委员会、北京广播学院电视系编《电视广告创意与制作》，第16页。

专家佐证型广告播音要明确身份。这时的“我”是广告产品这一领域的专家，所说的话代表这一领域的最新信息、最新建议、最新效果。要注意语气。因为有科学道理、相关数据做依托，语气自然便显得沉静、自信、果决，同时又不乏亲切和耐心。还要掌握节奏。严谨的治学精神和公认的权威性带来的是节奏上的稳健、中速。

3. 普通人佐证广告型

来自一般的普通百姓的证言同样也有着不小的影响力，他们对产品的认识和看法，他们对产品的介绍和推荐，都会对消费者是否决定购买起着至关重要的作用。因为同是普通人，没有戒心，也无须防范，极易沟通、相互理解是选用这种广告形式的最有力的条件。

例如，《奥妙洗衣粉》

画面：一位长相普通、说话带有口音的少妇，面对观众，说着她的经验……

男声旁白：奥妙，去污效果，有目共睹。

少妇：没有用奥妙的时候，衣领呀袖口呀，特别难洗，我用小牙刷去刷，还是有一点点黄渍会留在上面。开始用奥妙，也是通过朋友介绍，她说奥妙洗得很干净。结果用下来，我确信它真的可以做到，很白很干净。

男声旁白：奥妙，污渍油渍，不留痕迹。

少妇：我最注重的还是它的去污力。

相貌平常又不施粉黛，声音普通又带有口音，可就是这样一个普通人，让受众感觉是隔壁的邻居，是对门的大姐，是认识的朋友，由她说出来的话可信，尽管仔细检查她的话语会发现有些句子不很规范。

“少妇”的话由原人原声，旁白则不必与她的语气等同，不可太随意，应该正式些，尤其是广告主题句“奥妙，污渍油渍，不留痕迹”。

（五）示范解说型

俗话说，耳听为虚，眼见为实。电视媒体既有耳听又有眼见，视听结合，优于其他任何媒体。这种视听结合的特性为广告当众示范解说提供了可能。让消费者亲眼看见产品的样式、产品的生产场地以及产品的操作流程，从而对产品的功效产生信服感。

信服是赢得准顾客的关键所在，也是激发消费者购买欲望的重要因素。示范解说型是最容易在受众心里激起信服的形式之一。

例如，第五届全国优秀广告作品：《嘉顿薄饼》

画面：整个制作薄饼的工艺流程。画面色彩明丽，特写镜头、特技手法多，具有极大的诱惑性。

画外音：（男声）片片追求完美，嘉顿香葱薄饼当然有所坚持，要有适当的厚度，才能够薄够脆；要有精选的香葱和芝麻，味道才能恰恰好；要有恰到好处的烘烤过程，才能金黄香脆。嘉顿香葱薄饼坚守上述原则，片片干香松脆，带来优质享受。——嘉顿薄饼，片片讲究，薄饼典范。

全片没有广告模特，主角就是嘉顿薄饼。衬着圆舞曲的优美旋律，主角薄饼以及作料香葱芝麻都在翩翩起舞。眼睛里看着的是馋人的薄饼，耳朵里听到的是诱人的声音。

男声的音色醇和，节奏不紧不慢，紧扣画面；尤其在解说嘉顿薄饼所坚持的几条原则时，不瘟不火，语气中自有一种大家风范，也与整条广告明丽、典雅的风格相吻合。

示范解说型广告播音要特别注重广告词中有关产品性能的介绍。性能中有的是在原有基础上改良的，有的是最新开发的，更多的很可能强调的是独一无二的，等等，这些都应在事先了解清楚。只有这样，播音时才能够清楚该强调什么，该突出什么。

（六）幽默型

幽默是人类精神生活中不可缺少的调味品，也是人类心理活动中非常重要的润滑剂。在市场经济的交往中，厂商和顾客处于买方与卖方的对立面上，厂商要努力宣传自己的产品如何出色，顾客却对宣传保持警惕，对产品百般挑剔。正如幽默在日常生活中常常帮助人们摆脱困境一样，在巧妙地协调广告与商品特点的尴尬关系方面，幽默便显示出它非凡的魅力。幽默型广告的作用就在于用它的诙谐、机智、俏皮、调侃、风趣使顾客情不自禁地发出会心的微笑，从而化解这种对立的情绪。

例如，《三九皮炎平软膏》（动画篇）

老痒痒挠：凡事不求人。你痒吗？找我好了，包你满意。

小痒痒挠：我叫老头儿乐，人们都喜欢我……（三九皮炎平软膏出现了）

老痒痒挠：瞧你那愁眉苦脸的样子，出什么事了？

小痒痒挠：我、我乐不起来了！

画外音：三九皮炎平软膏。

这条广告的产品是专治皮炎的外用药，但它不以“皮炎”为诉求而以“止痒”为卖点，让从前的痒痒挠“失业”了，这个角度很独特，也新颖。

广告采用的是动画的形式，将具有悠久传统的“痒痒挠”拟人化了，给予“痒痒挠”的形象又颇有些原始木雕艺术的韵味，本身就很有趣，很抓人。

为“卡通”人物配音，需要声音上的化妆，需要表达上的夸张。“老痒痒挠”用声偏后，咬字发瘪，语气中是傲视一切又“古道热肠”的口吻；“小痒痒挠”噘着嘴唇、一字一顿的说话方式，充满童趣、奶声奶气的自白，都营造出一个浓郁的幽默氛围，极具感染力。

幽默型广告播音要选取与画面形式相吻合的语言基调；要找准可以产生效果的句子、词组或字眼儿；要在语言外部形态上寻求放大与突出，以求得夸张的效果；还要在画面情态的发展上寻求“包袱”的设计和抖落，以求得气氛的渲染。

（七）气氛渲染型

气氛渲染型广告，注重营造感情的氛围。通过对一系列画面的渲染烘托使特定的气氛浓郁，并让这浓郁的气氛感染、打动观众，最终达到广告主题深入人心的目的。在营造浓郁气氛的时候，往往用的是一组生动、热情、活泼、快节奏的画面，这些画面本身并不是一个故事，也不是一个情节，但连接在一起在同一时间播出，就传达出一种情绪。

那么，一幅又一幅的画面是靠什么连接在一起的呢？往往是音乐，是人声。

例如，《诺基亚手机》

画面：“叶利钦”；月球上，宇航员蹦跳走步；大街上，老妇人弹跳走步；海滩上，有人在拿大顶；马路上，交警指挥车辆像是在跳踢踏舞；父亲和儿子正抢着玩遥控车；“撒切尔夫人”仰面朝天放风筝；“克林顿”赤脚坐在泳池边玩着手机上的游戏……

男声：我们知道每个人心中都有童趣，所以，我们的移动电话备有游戏功能。——科技以人为本。诺—基—亚

这是一条非常典型的气氛渲染型广告。且不说广告中的几位世界级大人物是真是假，单就画面与音乐、人声的配合，简直可以称作艺术品，让人百看不厌。这条广告30秒钟，却有十几个场景，十几个人物，每一个人都调皮、天真地在做着一件事情；每一个场景都洋溢着快乐和童趣。

观众在依次呈现的画面中并没有读到一个故事或是一个情节，但相信，每一个人都会被这画面上快乐的气氛和幸福的情绪所感染——原来，人们在不经意间流露出来的是这样一份美好的情感。

整组画面是在一首节奏感很强的黑人歌曲中进行的，透着欢快，透着俏皮。然而，倘若没有人声的解说，也许观众仅仅是陶醉在一种气氛之中，那就不是广告了。恰到好处的男声，将画面上的大人物、小人物、顶尖级人物、普通民众、男人、女人、大人、小孩共同具有的童趣联系在了一起，归结为诺基亚的经营理念——科技以人为本，所以我们在移动电话上备有了游戏功能。

这时的男声与画面、音乐的基调呈现出一定的反差，显得比较冷静，因为画面、音乐已经处处洋溢着了欢快的气氛，观众也已经在画面和音乐中受到了感染，接下来的应该是广告诉求，所以用一种稳健的语调说出，自然更为观众所认可。因此，语势走的是直行，但情绪和状态是轻松的，这点与画面的内容也是相吻合的；宽厚、低沉、稳健的音色，传达出作为一个跨国企业的大家风范。

整条广告的画面让观众们感受到了“诺基亚”在创意上的独具匠心；音乐让观众们产生了对“诺基亚”的喜爱之心；而人声则激发起观众们对“诺基亚”真正拥有的占有之心。

气氛渲染型广告播音要画龙点睛，不抢风头。一般说来，气氛渲染型广告的气氛营造靠的是画面的烘托，广告词并不多，有的甚至没有人声。需要注意的是寥寥几个字、短短几句话与画面构成的关系，声音的表现上，或同样热闹，或形成对比，绿叶扶红花。

后记

Postscript

《中国播音学》自 1994 年出版以来，受到社会各界，尤其是广播电视界的好评，曾获得教育部、国家广电总局教材奖和北京市优秀社科著作奖。为满足广大使用者的需要，我们对该书进行了重新修订。修订后的《中国播音学》(修订版)，除了对原有章节进行了修改，还增添了一些涉及广播和电视节目主持的章节，使其能更全面地反映这一学科的新进展。

《中国播音学》的修订得到教育部的重点教材立项，并得到北京广播学院有关部门，尤其是北京广播学院出版社的大力支持，在此表示感谢!

参加本书编写的作者多数是北京广播学院播音系的教师，中央电视台的著名播音员、主持人李瑞英、宋世雄同志也参加了本书的编写，在此也向他们表示感谢!

《中国播音学》(修订版) 各章作者如下：

第 1 章　姚喜双
第 2 章　姚喜双
第 3 章　姚喜双
第 4 章　姚喜双
第 5 章　姚喜双
第 6 章　陈京生
第 7 章　王　璐
第 8 章　王　璐
第 9 章　王　璐
第 10 章　王　玲
第 11 章　陈京生
第 12 章　李　钢
第 13 章　李　钢
第 14 章　蔡乃雅
第 15 章　陈京生
第 16 章　陈京生

第 17 章　吴　郁
第 18 章　张　颂
第 19 章　吴　郁
第 20 章　傅　程
第 21 章　祁　芃
第 22 章　傅　程
第 23 章　祁　芃
第 24 章　祁　芃
第 25 章　祁　芃
第 26 章　祁　芃
第 27 章　张　颂
第 28 章　鲁景超
第 29 章　马桂芬
第 30 章　马桂芬
第 31 章　吴　郁
第 32 章　吴　郁
第 33 章　毕　征
第 34 章　毕　征
第 35 章　张　慧
第 36 章　高蕴英
第 37 章　白　龙
第 38 章　柴　璠
第 39 章　李瑞英
第 40 章　蔡乃雅
第 41 章　陈京生
第 42 章　吴　郁
第 43 章　陈京生
第 44 章　罗　莉
第 45 章　陈京生（第一、二、三节）　宋世雄（第四节）
第 46 章　曾志华

编者

2002 年 12 月